主　编：郭　戈　刘立德
副主编：邓友超　韩华球

中国教育科学

（2014）

中国教育学会教育学分会　组编

人民教育出版社

·北京·

图书在版编目（CIP）数据

中国教育科学. 2014/郭戈，刘立德主编；中国教育学会教育学分会组编. —北京：人民教育出版社，2015.5

ISBN 978-7-107-25208-2

Ⅰ.①中… Ⅱ.①郭… ②刘… ③中… Ⅲ.①教育科学—中国—文集 Ⅳ.①G40-03

中国版本图书馆 CIP 数据核字（2015）第 122727 号

人民教育出版社出版发行

网址：http://www.pep.com.cn

人民教育出版社印刷厂印装 全国新华书店经销

2015 年 5 月第 1 版 2015 年 8 月第 1 次印刷

开本：890 毫米×1 240 毫米 1/16 印张：47.25

字数：1 300 千字 印数：0 001～1 000 册

定价：106.20 元

（联系地址：北京市海淀区中关村南大街 17 号院 1 号楼 邮编：100081）

前　言

《中国教育科学》年刊正式创刊于2002年，是由中国教育学会教育学分会组编、人民教育出版社出版发行的大型文选教育学术年刊，旨在系统总结我国教育科学理论的发展状况，向海内外全面展示我国教育科学研究的成果，以促进中国特色、中国气派、中国风格的教育科学体系的建立和完善，推动教育事业的科学发展。

编辑《中国教育科学》年刊的指导思想是：高举中国特色社会主义伟大旗帜，以邓小平理论、“三个代表”重要思想和科学发展观为指导，全面落实十八大精神；坚持“百花齐放，百家争鸣”方针；强调精品意识，内容要有较高的科学性、学术性和代表性；倡导理论创新和实践创新。

希望本年刊的编辑出版，不仅有利于教育工作者对自己所从事的学科、专业和研究领域的深入了解，而且有利于了解相邻学科和其他学科的建设情况，有利于学科之间的借鉴、融合，有利于开阔学术眼界。

本年刊每卷都收录了上一年度公开发表的具有代表性的教育科学研究成果，原则上参照全国教育科学规划领导小组下属的学科组的设置分类，即：教育基本理论与教育史、教育心理、比较教育、德育、教育管理、教育发展战略、基础教育、高等教育、职业技术教育、成人教育、体育卫生美育、民族教育、教育信息技术，共13类。年刊每卷分类可不同，本着宁缺毋滥的原则，视各卷具体内容而定。本着自圆其说、文责自负的原则，我们尽量保持文章原貌，只根据编辑出版工作要求，对一些文章作了必要的技术性处理；引文著录方式和作者的职称、职务以原文为依据。

我们热诚期盼教育学人关心这个园地、爱护这个园地，使她在存史、资政、育人方面真正成为激励广大教育工作者积极学习教育理论、热情创作教育学术精品、不断钻研教育科学和探索教育规律、推动教育理论创新的学术园地。

中国教育学会教育学分会

2014年11月

目　录

总　论

教育基本理论与教育史

教育心理

德 育

基础教育

高等教育

职业教育与成人教育

教师教育

教育发展战略

教育经济与管理

比较教育

教育信息技术

总论

深化教育领域综合改革*

□袁贵仁（教育部部长）

党的十八届三中全会通过的《中共中央关于全面深化改革若干重大问题的决定》（以下简称《决定》）对全面深化改革做出重大部署，其中围绕党的十八大报告提出的“深化教育领域综合改革”总体要求，明确了教育改革的攻坚方向和重点举措，对于促进教育事业科学发展、努力办好人民满意的教育具有重要指导意义。

深化教育领域综合改革的重要性和紧迫性

《决定》立足社会主义初级阶段基本国情，直面现代化建设需要解决的体制机制问题，回应广大人民群众关切和期盼，在全面深化改革特别是推进社会事业改革创新方面把深化教育领域综合改革摆在突出位置，充分体现了以习近平同志为总书记的党中央站在党和人民事业全局高度，加快社会事业改革创新、着力保障和改善民生的政治决心和战略考虑。

（一）改革是新时期教育事业发展的强大动力

回顾改革开放35年的辉煌历程，以邓小平同志为核心的党的第二代中央领导集体，高瞻远瞩地提出“教育要面向现代化，面向世界，面向未来”的重要方针，20世纪80年代中期发布关于教育体制改革的决定，坚定不移推进教育改革。以江泽民同志为核心的党的第三代中央领导集体，强调把教育摆在优先发展战略地位，发布面向21世纪的教育改革和发展纲要，努力构建充满生机的中国特色社会主义教育体系。党的十六大以来，以胡锦涛同志为总书记的党中央，围绕建设人力资源强国、努力办好人民满意的教育做出战略部署，特别是2010年发布教育改革发展规划纲要，努力推进教育事业科学发展。党的十八大以来，以习近平同志为总书记的党中央继往开来，形成了全党全社会关心支持教育改革发展的良好局面，我国人才培养体制、考试招生制度、现代学校制度、办学体制、管理体制等多方面改革正在向纵深推进。我国教育快速发展，从人口大国转变成为人力资源大国，正在向人力资源强国进军，这完全得益于持续深化的教育改革所注入的活力动力。

（二）教育改革是新的历史起点上全面深化改革的重要组成部分

随着我国发展进入新阶段、改革进入深水区，经济社会发展面临许多新情况新问题新挑战，教育也深度融入改革开放和现代化建设大潮之中。在中国特色社会主义事业五位一体总布局中，社会建设与经济建设、政治建设、文化建设、生态文明建设密切联系。按照《决定》关于“紧紧围绕更好保障和改善民生、促进社会公平正义深化社会体制改革”的新部署和“必须更加注重改革的系统性、整体性、协同性”的新要求，深化教育领域综合改革不仅要破除制约教育事业科学发展的体制机制障碍、促进教育体系自身完善，而且要与各项改革事

---

* 原载2013年12月17日《人民日报》。

业相互配合、协同攻关，为经济社会发展、实现“两个一百年”奋斗目标提供人才和智力支持。

（三）深化教育领域综合改革是满足人民群众对多样化高质量教育需求的可靠保障

我国已进入全面建成小康社会的决定性阶段，人均国内生产总值由世纪之初的1 000美元上升到目前的6 000美元以上，社会开始由生存型消费进入发展型消费阶段，广大人民群众对通过接受良好教育提高自身素质、增强发展能力、改善生活质量，以及更好服务国家社会的愿望愈加迫切，也更为多样化。习近平同志明确指出，我们的人民热爱生活，期盼有更好的教育、更稳定的工作、更满意的收入、更可靠的社会保障、更高水平的医疗卫生服务、更舒适的居住条件、更优美的环境，期盼孩子们能成长得更好、工作得更好、生活得更好。深化教育领域综合改革，就是要以实现好、维护好、发展好最广大人民根本利益为依归，以立德树人为根本任务，以促进教育公平、提高教育质量为主线，以改进政府教育管理方式、激发释放学校办学活力、构建全民终身学习体系为重点，努力满足人民群众对多样化高质量教育的现实需求。

深化教育领域综合改革的攻坚方向和重点举措

教育要发展，根本靠改革。《决定》关于深化教育领域综合改革的新部署新要求，集中反映了今后教育领域以改革推动发展、提高质量、促进公平、增强活力的总体思路，也明确提出了今后工作的攻坚方向和重点举措。

（一）深化教育领域综合改革必须坚持立德树人基本导向

如果说社会主义核心价值体系是兴国之魂，那么，立德树人作为教育的根本任务，就是深化教育领域综合改革之魂。《决定》明确提出“全面贯彻党的教育方针，坚持立德树人，加强社会主义核心价值体系教育，完善中华优秀传统文化教育，形成爱学习、爱劳动、爱祖国活动的有效形式和长效机制，增强学生社会责任感、创新精神、实践能力”，字里行间深深寄托着对青少年一代的殷切期望。我们党在探索中国特色社会主义教育发展道路的进程中，在弘扬中华优秀传统文化、积极吸收各国优秀文明成果的基础上，赋予立德树人以深刻理论内涵和全新时代特征，意义非常深远。今后教育领域的所有改革，都必须坚持立德树人基本导向，始终高度重视教育和帮助学生打牢共同思想基础、端正政治立场和前进方向、砥砺品德陶冶情操、激发历史责任感、树立正确的世界观人生观价值观，将个人成长成才与投身实现中华民族伟大复兴中国梦的实践紧密相连。

坚持立德树人基本导向，本质要求是育人为本、德育为先、能力为重、全面发展，尽力为每个学生提供适合的教育，让每个孩子都能成为有用之才，成为德智体美全面发展的社会主义建设者和接班人。《决定》要求强化体育课和课外锻炼，促进青少年身心健康、体魄强健，改进美育教学，提高学生审美和人文素养；要求统筹城乡义务教育资源均衡配置，实行公办学校标准化建设和校长教师交流轮岗，不设重点学校重点班，破解择校难题，标本兼治减轻学生课业负担。这就是要把全面实施素质教育的宏观政策要求细化为学校教育的具体安排，把中小学生尤其是小学生从过重课业负担下解放出来，使其腾出更多时间探究思考、加强锻炼、了解社会、参与实践。

坚持立德树人基本导向，必须积极为多样化、个性化、创新型人才成长提供良好环境和机制。《决定》强调加快现代职业教育体系建设，深化产教融合、校企合作，培养高素质劳动者和技能型人才；创新高校人才培养机制，促进高校办出特色争创一流，以及推进学前教育和特殊教育改革发展，清晰表明了我们党关于促进全体人民学有所教、学有所成、学有所用的政策基点。深化教育领域综合改革，必然要在更新教育观念、理顺结构体系、创新培养模式、加强能力建设、推动内涵发展上下功夫，全面形成与社会主义市场经济和全面建成小康社会相适应的充满活力、富有效率、更加开放、有利于科学发展的教育体制机制，尽快办出具有中国特色、世界水平的现代教育。

（二）深化教育领域综合改革必须有利于促进公平提高质量

教育领域综合改革要以解决人民群众关心的热点难点问题为着力点，加大攻坚力度，力求取得突破性进展。

考试招生制度就是教育领域综合改革“牵一发而动全身”的重点领域和关键环节。《决定》明确了“探索招生和考试相对分离、学生考试多次选择、学校依法自主招生、专业机构组织实施、政府宏观管理、社会参与监督的运行机制”的改革方向，着眼于从根本上解决一考定终身的弊端，提出坚持义务教育免试就近入学；试行学区制和九年一贯对口招生；推行初高中学业水平考试和综合素质评价；加快推进职业院校分类招考或注册入学；逐步推行普通高校基于统一高考和高中学业水平考试成绩的综合评价多元录取机制；探索全国统考减少科目、不分文理科、外语等科目社会化考试一年多考；试行普通高校、高职院校、成人高校之间学分转换，拓宽终身学习通道。相信这一制度改革的顶层设计，再跟进系列配套政策，将是我国教育考试招生制度系统性综合性最强的一次改革，将显著扭转“应试教育”倾向，更加有利于促进学生健康成长、科学选拔人才、维护社会公平，彰显有教无类、因材施教、终身学习、人人成才的理念，为亿万学生提供多样化的学习选择和成长途径，搭建符合基本国情的人才成长“立交桥”。

促进教育公平，是坚持社会主义制度下教育公益性普惠性的必然要求。在社会主义初级阶段基本国情条件下，我国城乡、区域教育发展还不平衡，贫困地区、民族地区教育发展滞后状况有待改变。对此，《决定》在部署深化教育领域改革时强调大力促进教育公平，健全家庭经济困难学生资助体系，构建利用信息化手段扩大优质教育资源覆盖面的有效机制，逐步缩小区域、城乡、校际差距。促进教育公平，需要循序渐进和制度创新，既要把促进公民受教育机会公平摆在突出位置，又要善用政策手段促进公共教育资源配置公平，还要更加重视促进教育制度规则公平。这些都将是深化教育领域综合改革的着力点。

（三）深化教育领域综合改革必须构建政府、学校、社会新型关系

按照党的十八大精神，《决定》专门就加快转变政府职能进行具体部署。深化行政体制改革，创新行政管理方式，进一步简政放权，最大限度减少政府对微观事务的管理，特别是加快事业单位分类改革、推动公办事业单位与主管部门理顺关系和去行政化、建立事业单位法人治理结构等，都是亮点，必将为深化教育体制改革创造良好外部环境。《决定》还提炼出教育管理和办学体制改革要点，大的方向就是构建政府、学校、社会之间新型关系，落实和扩大学校办学自主权，建设依法办学、自主管理、民主监督、社会参与的现代学校制度。

“深入推进管办评分离，扩大省级政府教育统筹权和学校办学自主权，完善学校内部治理结构。强化国家教育督导，委托社会组织开展教育评估监测。”《决定》提出的系列改革举措，关键在于推进中央向地方放权、政府向学校放权，通过建立“管办评分离”制度，明确各级政府责任，推进学校分类管理，规范学校办学行为，发挥社会参与作用，形成政事分开、权责明确、统筹协调、规范有序的教育管理体制。政府将更多运用法规、规划、标准、政策、公共财政、信息服务等手段，引导和支持学校发展。

“健全政府补贴、政府购买服务、助学贷款、基金奖励、捐资激励等制度，鼓励社会力量兴办教育。”《决定》提出的极具创新性的政策要求，就是坚持教育公益性原则，健全政府主导、社会参与，办学主体多元、办学形式多样、充满生机活力的办学体制，要求各级政府因地制宜采取多样化政策措施，引导社会资金以多种方式进入教育领域，支持民办教育事业发展，并积极鼓励行业企业等社会力量参与公办学校办学，形成以政府办学为主体、全社会积极参与、公办教育和民办教育共同发展的格局。

深化教育领域综合改革的保障措施和行动路径

当前和今后一个时期，是教育系统深入贯彻党的十八大和十八届三中全会精神、继续落实国家中长期教育规划纲要的新阶段，对深化教育领域综合改革来说也是难得的重要战略机遇期。我们一定要把思想和行动统一到中央关于深化教育领域综合改革的重大决策部署上来，抓住历史性机遇，统筹安排改革保障措施，坚定不移实现中央改革决策部署。

（一）进一步凝聚深化教育领域综合改革的共识

我国改革开放35年的经验表明，任何成功的改革都是上下左右通力合作、紧密配合，都是群众广泛参与、集体同心攻坚的结果。我们要把《决定》精神落到实处，必须科学分析、深刻认识当前教育体制机制积弊，尽快克服改革动力不足、缺乏有效措施手段、不敢或不愿打破常规的想法和做法，在各级政府、教育系统和社会各界中凝聚起改革的高度共识，形成深化教育改革的强大合力。按照中央的要求，凡涉及群众切身利益的教育领域综合改革重大政策举措，一定要正确处理改革发展稳定的关系，坚持改革力度、发展速度、社会可承受程度的统一。除完善专家咨询机制、注重配套政策措施到位等环节外，更重要的是从制度层面提高教育决策科学化、民主化水平，要求在重大教育改革实施前进行合法性审查和风险评估，根据需要向社会公开征求意见；在改革实施中加强检查监督和定期评估，对于出现的问题及时进行妥善处理及动态调整，避免产生大的偏差，并加强党内监督、民主监督、法律监督、舆论监督，确保人民群众知情权、参与权、表达权、监督权行使顺畅，为重大教育改革付诸实施创造更加有利的环境。

（二）不断完善上下联动、各方协同创新的改革推进机制

改革是复杂的社会系统工程，如何避免改革的碎片化是包括教育系统在内的各地区各部门都要直面的问题。《决定》强调加强和改善党对全面深化改革的领导，充分发挥党总揽全局、协调各方的领导核心作用，并对各级领导班子和基层组织提出了明确要求。深化教育领域综合改革，在不同部门之间会有一定的职能交叉和需要协调的关系。围绕《决定》所布置的教育领域综合改革各项重点任务，要在国家层面制定指导性意见，注意加强部委之间的政策协调，逐项明确本届政府任期内重大教育改革清单。地方要以加强本级教育统筹为重点，制定综合改革方案，落实国家重大教育改革任务，体现省域教育改革特征，重在解决本地的实际问题。国家建立鼓励支持改革激励机制，对改革成效显著的地区和学校，在资源配置、权力下放等方面给予更多倾斜支持。

（三）继续坚持系统设计、整体推进、重点突破、试点先行的改革路径

深化教育领域综合改革，必须立足基本国情、坚持全国一盘棋，但决不能“一刀切”。根据《决定》总结的“加强顶层设计和摸着石头过河相结合，整体推进和重点突破相促进”的改革重要经验，要继续沿着系统设计、整体推进、重点突破、试点先行的改革路径，按照《决定》提出的教育领域综合改革任务以及2020年在重要领域和关键环节改革上取得决定性成果的时间表，对国家和各地的教育改革试点进行整体评估，形成新的改革方案，加强统筹，多措并举，以点带面，扎实推进。

走内涵式综合改革之路*

——关于进一步推进基础教育改革的若干思考

□ 刘利民（教育部副部长）

教育要发展，根本靠改革。习近平总书记多次强调，我们必须以更大的政治勇气和智慧，不失时机深化重点领域改革，并指出，深化改革开放，要统筹谋划、协同推进；要尊重实践、尊重创造，鼓励大胆探索、勇于开拓。李克强同志也指出，改革开放是我国发展的最大“红利”。深化改革，要化繁为简，突出重点，积极寻找牵一发而动全身的突破口。党的十八大报告明确提出，要深化教育领域综合改革，着力提高教育质量。改革，尤其是综合性改革，应成为基础教育领域的主旋律。

目前，随着《国家中长期教育改革和发展规划纲要（2010—2020年）》（以下简称《教育规划纲要》）的颁布，实施了“四面三层”（国家统一实施、地方承担试点以及基层自主改革三个层面，围绕培养模式、办学体制、管理体制和保障机制四个方面展开）的改革，启动了425项国家教育体制改革试点。各地各校各单位积极探索，积累了丰富的经验，但迫切需要增强改革的协同性、系统性，以形成强大合力。

另外，我们已经进入后4%（国家财政性教育经费支出占国内生产总值比例达到4%）、后“两基”时代，中央、社会乃至教育系统内部，对教育改革的期望越来越高。这是我们推进基础教育改革的优势，同时也是巨大的压力。

因此，基础教育今后的改革，应坚持尊重基层首创精神、遵循教育规律、让人民满意的原则，按照系统性、整体性、协同性的要求，顶层设计、突出重点，提出具有战略意义的总体改革部署。

一、适应时代需要，树立新的基础教育改革观

深入领会中央精神，今后推进改革，至少要把握三点：一是改革没有退路，要继续坚定不移地推进；二是改革要有系统思维、战略思维，要从散点式改革转向协同性改革；三是改革要抓住根本问题、重点突破，遵循规律、科学推进。

基础教育当前最根本的问题是什么？第一，促进公平；第二，提高质量。党的十八大报告对这两者着墨甚多，《教育规划纲要》更是提出，促进公平是国家基本教育政策，提高质量是教育改革发展的核心任务。促进教育公平，不仅是世界教育发展的大势，也是构建社会主义和谐社会的内在要求；提高教育质量，是基础教育的永恒主题，而随着我国经济社会的发展，百姓对教育的期盼、需求被大大激发、释放，优质教育资源供给不足与需求强烈之间的矛盾，将是我们今后必须长时间面对的大

* 原载《人民教育》2013年第10期。

问题。

对此，我们采取的主要措施是，以义务教育均衡发展解决公平问题，以全面实施素质教育解决质量问题，以综合改革解决热点难点问题。但是，这些措施并没有收到令人满意的效果。主要原因是：第一，改革缺乏系统的衔接、联系，缺乏上位核心概念的引领，共识不够明晰，力量无法凝聚；第二，对改革的深层次问题认识不足，导致改革目标与群众需求不尽吻合，改革效果打了折扣。以义务教育均衡发展为例，目前各地的做法主要是在硬件设施等方面着力，以为只要硬件上去了，校舍漂亮了，设施完备了，均衡就实现了。岂不知在全面实现“两基”后，群众对教育的需求已从“温饱型”转向“小康型”，外在的低水准的教育公平已不能满足他们的期望。于是，一方面，各地教育公平稳步推进；另一方面，“择校”热屡禁不止，农村向县城、教育质量比较弱的地区向教育水平高的地区“教育移民”现象，也蔚为风气。

这警示我们，传统的以硬件指标为主的均衡发展观急需改变，单纯的外延式教育改革急需改变。基础教育的未来发展，应树立起新的改革观，走“内涵式综合改革”之路，即以质量提升为核心，以综合改革为抓手，实现基础教育高水准公平发展。这样，公平与质量便有机联结起来了。实际上，教育公平问题在很大程度上是质量问题。没有质量的提升、内涵的丰富，教育公平往往容易流为空谈。

二、以县域教育改革战略为支撑，积极推进内涵式综合改革

基础教育走“内涵式综合改革”之路，实施县域教育综合改革战略是支撑，建立教师（校长）定期流动制度是基础，特色发展、课程改革和教育文化精神培育是核心。

（一）实施县域教育综合改革战略，促进区域教育科学发展

区域改革是教育改革的落脚点。“郡县治则天下安，县域强则国家富。”教育也是如此，县域改革是区域改革的基础、关键，最可能取得大面积突破，并形成战略性影响。当年湖南汨罗经验，就直接引发了后来在全国推广的素质教育改革。目前教育改革缺乏活力，一个重要原因就是县域改革不够活跃，基层改革的积极性和创造活力还没有被充分调动、激发起来。今后基础教育的改革策略，当以县域改革战略为支撑，以县（市）为单位，进行综合改革实验，取得突破性经验后，再大面积推广。

实施县域教育综合改革战略，与国家推进的“省直接管理县（市）财政体制”改革相呼应，与城镇化发展重大战略相适应。可以预见，随着行政体制改革的深化、城镇化速度的加快，以县（市）为单位的教育改革，将会占据越来越重要的位置。教育改革不能滞后于这一形势，尤其是基础教育，可率先提出并实施县域教育综合改革战略。

实施县域教育综合改革战略，符合基础教育“以县为主”的管理体制，符合尊重基层首创精神的原则，自下而上“逢山开路、遇水架桥”，容易闯出一条新路。

推进县域教育综合改革，至少应当包含以下内容。

第一，坚决落实政府责任，激发县域改革自觉性、主动性。有人以为，落实4%之后，政府对教育的责任就完全兑现了。这种认识是片面的。教育是百年大计，是系统工程，怎一个4%了得？把教育放在经济社会发展中的什么位置，决定一个区域的发展后劲。各地党委、政府都应树立起一种意识：教育是一个地方的核心竞争力，是区域发展最亮丽的“名片”，要争当教育书记、教育县长（市长）——这才是长远的、真正的教育责任担当。也唯其如此，县域教育综合改革才会有自觉性、主动性、积极性。

第二，树立新的区域教育发展观，把课程教学置于改革的核心。当前，教学质量或课程教学改革，已经上升为国家教育改革的核心环节；课程教学改革已不仅仅是学校教育的微观问题，更是关乎教育改革成败的宏观问题。因此，区域教育改革的

重点应从学校硬件建设转移到学校内涵发展上，树立起新的区域教育发展观。新发展观的要义，就是把课程教学改革置于区域教育发展的核心地位，或者说，课程教学改革应成为一个地方教育行政部门乃至当地党委政府关注的核心和焦点。

需要强调的是，行政关注课程教学，不是要直接插手学校的教学改革事务，而是要以推动学校制订中长期发展规划、进行教育综合督导评估等方式引导学校实施素质教育、提高教育质量；同时尽可能提供各种条件和舞台，促进教师尤其是校长把主要精力放在潜心育人、创新教育教学方式、提高专业素养和教学质量上。

第三，自觉依法治教，厘清行政与学校的关系。政府该承担的责任要百分之百地担起，比如教育经费投入、学校设施配备、教学人员配置等，应由行政做好保障，从而解放学校。该还给学校、校长、教师的教育教学自主权要不折不扣地放还，厘清行政与学校的关系，还校长、教师专业本色，激发学校自主发展、内涵发展的动力。

第四，以县域为主实现高水准教育公平。一方面，按照目前的管理体制，县级政府要对基础教育负主要责任，尤其是在教育质量方面；另一方面，与外延式发展不同，内涵发展必须从学校实际、师资状况、地方经济社会条件等出发，不可能也不应该用统一的标准模式推进。各地情况千差万别，即使在某个省份内，市与市、县与县之间，教育改革发展情况也不尽相同乃至迥然有别，大面积统一推进教育内涵发展，是不现实的。因此，基础教育的内涵式发展，高水准教育公平的实现，应以县域为主，因地制宜创造性推进。如果全国大部分县（市）在课程教学、学校管理、教育科研等内涵改革方面，都找到了适合自己的发展方式，那么，基础教育的质量、群众对教育的满意度都将会跃上一个大台阶。

不过，必须指出的是，以县域为主实现高水准教育公平的前提是县域财政充足，可确保教育经费投入；如不能做到，则需省级政府在经费上加强统筹，切实解决县域教育改革的后顾之忧。

第五，以省为单位全面推进素质教育。必须承认，考试尤其是高考，直接影响中小学素质教育的实施。高考招生是以省为单位的，全面实施素质教育也应以省为单位推进。如果省级教育行政部门认识到位、行动到位，素质教育就不难推进，否则便举步维艰。现实中不乏这样的例子：某市或某县尝试进行以素质教育为导向的改革，但所属省份内其他一些地区仍搞片面追求升学率，其结果，很可能高举素质教育大旗的受“伤害”，不得不走回头路。相反，有的地方下决心在全省范围内强力推进素质教育，全面建设合格学校，全面贯彻国家课程方案，全面培育合格学生；把时间还给学生，把健康还给学生，把能力还给学生，家长叫好，学生受益，成效显著。近二十年来，全国上下大力推行素质教育，取得了巨大成绩，但不时出现“回潮”现象，“负担重”至今仍是基础教育的顽症，从体制上看，根本问题就在于没有充分明确省级教育行政部门的主管责任。今后，应在国家层面，逐步建立健全素质教育省级政府负责制、问责制，国家有关部门应加强对各省（自治区、直辖市）实施素质教育状况的监测、督查，并将监测、督查结果在全国性媒体上公布，切实督促各地推进素质教育，让每个孩子健康幸福成长。

（二）稳妥推进教师（校长）县域内定期流动，为义务教育均衡发展夯实制度基础

“择校”说到底是择校长、择教师。义务教育最大的不均衡，是校长、教师资源分布的不均衡。没有优质的师资，就没有优质的教育。学校的标准化建设，只是实现均衡发展的基本条件。义务教育均衡发展，是要促进每所学校硬件、软件（主要是师资）条件的基本均衡，而根本在于软件均衡。硬件均衡是相对容易实现的，只要政府有决心，而软件均衡则是一个难题。根据国际经验，推进教师（校长）县域内定期流动是一种比较好的选择，比如规定在同一所学校任教超过一定年限的教师、校长，必须交流到县域内其他学校。当然，建立县域内教师（校长）定期流动制度，不但要在如何流动、教师（校长）权益如何保障等细节设计上周密

考虑，同时还需人事等其他相关制度配套改革为保障，稳妥推进。目前，国家有关文件已提出要推动教师流动，但尚缺乏具体操作层面的制度性规定。各地的主要做法也多停留在支教层面，或建立优质学校帮扶薄弱学校的松散联盟等，在一定程度上促进了均衡发展，但难以根本解决问题。在国家尚未明确建立教师（校长）定期流动制度之前，可在总结一些地方教师流动经验的基础上，把好的做法制度化，鼓励更多地区在县域内朝着教师（校长）定期流动制方向迈进。当然，在推动教师（校长）定期流动的同时，我们要尽量避免学校文化的传承受到影响，避免造成新的“千校一面”。

（三）推行特色学校发展战略，形成基础教育生动活泼的发展局面

差异、特色，是基础教育生动活泼发展不可缺少的元素。均衡发展、教育公平不是搞“大锅饭”，而是承认差异、多样。均衡发展不是把千万所中小学办成“一所”学校，而是要办好每一所学校，即在硬件、软件都达到一定水准的基础上，实现学校个性化发展。一个区域内的每所学校都有了自己的“个性”，才能在整体上满足群众不同层次、不同方面的教育需求，才能为每个学生提供适合的教育。这就要实施特色学校发展战略。特色发展不是简单的差异发展，而是在承认学校差异的基础上实现高质量的优势发展；也不是特色项目发展，特色项目可以作为特色发展的切入口、突破点，但“点”不能代替“面”。特色发展是以特色办学理念为核心、引领，逐步形成学校的特色课程、特色教学、特色教研、特色管理等，最终要培育出成熟的、独特的学校文化精神。如果拥有相当的教育教学改革自主权，并具备一定的教育自觉，每一所学校都可以实现特色发展。特色发展，将为教育改革尤其是县域教育改革注入强大的活力。

特色学校发展战略的精髓，是要推动学校自主发展。如前所述，“内涵式综合改革”的核心任务，是提高教育质量，改革重心从硬件资源配置转向教育系统内部改造和学校自身转型，从外延式发展转向内涵式发展。因此，教育改革发展的主体，就不再局限于政府，学校的角色也越来越重要，学校将从依附于政府的被动发展转向自身的自主发展。特色发展，就是要激发和保护学校的自主性、创造性，尽量推动每一所学校自主制订中长期发展规划，自主明确学校发展方向，自主凝练学校发展特色，自觉传承或培育独特的学校文化，全面提升学校教育质量。

（四）深化课程改革，实现人才培养模式创新

在基础教育阶段，课程改革是促进人才培养模式创新的重要载体。新课程实施以来，从课程管理体制到教材编写机制乃至课堂教学，都发生了很多积极的变化，尤为重要的，是解放了校长、教师、学校。许多地方、学校在课程教学方面进行了大量的有益探索，涌现出了一批有理想并勇于改革实践的教师和校长。这在课改以前是不可想象的。当然，课改也存在一些问题，比如，改革的重心有时偏移，过于关注教学改革，以致有人认为“课改”就是“改课”；支撑课改深入推进的理论准备还不充分、全面，以致一线教师缺乏方向感，并容易引起人们对课改的误解；一标多本的教材多样化编写机制尚需完善；等等。

课程改革不存在要不要继续进行的问题，而是如何进一步深化的问题。今后，课改应在以下几方面大力推进。第一，回归课程本位。科学把握课程改革与教学改革的界限，把重点、重心放在课程改革上。引导大家认识到，“教什么”比“怎么教”更重要。在修订好课标的基础上，如果我们能推动各学科研制出一批科学的、优秀的高水平教材，那么课改就成功了一大半。第二，健全教材多样化编写机制。可探索建立一支高度专业化的各学科教材编写“国家队”，同时鼓励其他有资格、有实力的出版社参与竞争。这样，保证至少有一套高水平的教材作引领，以激发真正的竞争，从而有力促进教材的多样化。第三，下大力气开发课程资源。课改把校本课程的开发权赋予了学校，鼓励教师成为课程开发者。这为一些学校、教师提供了“用武之地”。但我们也要看到，还有许多学校、教师限于自身条件、能力，难以履行开发课程的职责。教育

部门应组织有关方面，大力开发、提供丰富的课程资源，以保证每所学校都能真正开设充足的校本课程。否则，随着课改的推进，校际之间的差距可能会进一步拉大。第四，给予学校更大的课程开发、设置空间。课程多样化是人才培养模式创新的根本。在实施国家课程方案的基础上，鼓励每所学校都建设自己独特的课程体系。现在，有的中学开设了极为丰富的选修课程，让每个学生都能拥有自己的课程表，深受学生和家长的欢迎。这样的学校多了，基础教育就充满生机活力了。第五，进一步厘清基础教育阶段的课程教学性质，保证课改继续沿着科学的方向迈进。一方面要面向世界，全面、系统、科学把握世界教育改革大势和先进教育理论（既学习发达国家的先进经验，也借鉴发展中国家的有益探索；既及时吸收当代国际教育改革思潮的养分，也潜心研究国外古代、近现代教育思想理论），另一方面要面向历史和本土，继承优秀传统，立足中国土壤，这样才能总结、提炼出能有效指导课改的教育教学理论。第六，以课改为抓手促进高中优质、多样化发展。可探讨如何赋予普通高中更大的课程设置、开发权，大力提高校长的课程规划、领导能力和教师的课程实施能力，增加每所学校课程的丰富性、可选择性。

（五）用文化“改造”学校，办有文化品位的教育

说起改造学校，我们一般认为，就是校舍的改造，设施配备的完善。这当然是必要的，但远远不够。实质上，一所学校的变化，往往不在于外观，而在于气质，即文化精神。可是，在“应试教育”的大潮中，一些人急功近利，把教育矮化为技术，甚至窄化为分数。有人感叹，我们学校培养出来的人，有能力没教养。文化的缺位，将危及教育的品质。因此，教育改革的一个重任，是潜下心来梳理、传承并酿造富有特色的区域和学校教育文化精神。一所好的学校，必然具有深厚、优秀的文化。南开之所以是南开，就是因为它形成了“允公允能，日新月异”的办学精神。同理，一个区域教育之优劣，决定于其教育文化精神境界之有无与高低。文化是一种风气。一个区域的教育系统有良好的风气，其教育质量就有最底线的保障；相反，则必将走向堕落。一个懂得珍惜、呵护优秀教育文化精神的区域，将会自觉以文化的眼光、文化的方式去“改造”学校，为学校长远发展奠定坚实的基础，为当地教育保留元气、增加生气。广大基础教育工作者，包括教育行政人员，应大力提升自身文化修养和文化自觉，把教育办得有文化品位、文化内涵和文化风骨。

三、建立健全保障机制，为改革提供良好的制度环境

推进基础教育“内涵式综合改革”，需要国家层面建立健全有关保障机制，为改革提供良好的制度环境、舆论氛围。

（一）健全国家教育质量监测和督导评估机制，引导区域、学校注重内涵发展

推进“内涵式综合改革”，必须高度重视国家教育质量监测和督导评估的保障作用。

教育质量监测要重在引导各地和社会树立新的教育质量观。第一，监测的内容应包括学业水平，同时要包含学习能力、情感、兴趣等，尤其要有体质健康的项目。为全面推进素质教育，可以学业水平、学业负担、体质健康等三项内容为主。第二，监测结果要及时向社会公布。借鉴公布各省学生体质健康数据的做法，择机在全国性媒体上公布各省（自治区、直辖市）学生学业水平、学业负担、体质健康状况。

督导评估要实现重心下移和由“硬”到“软”的转变：从督导评估省级政府为主到督导评估县级为主，促进县域教育改革发展；从关注硬件资源为主到关注软件资源、内涵发展为主（比如可以把学校是否制订、实施中长期发展规划，是否忠实实施国家课程方案作为督导的重点），尤其要把“人”（教师发展）放到督导指标的核心位置，比如可重点关注一个地区教育经费占当地 GDP 的比例，教师工资收入及培训、教科研经费占教育经费的比例

是多少——内涵发展、质量提高关键在人、在教师。

（二）尽快建立现代学校制度，保护和激发校长、教师的改革积极性

推进"内涵式综合改革"，关键在于学校有改革发展的自主性、积极性，即要有教育自觉。如何唤醒学校的教育自觉？关键是要在全面实现教育现代化的过程中，尽快建立起现代学校制度。现代学校制度的核心是处理好两种关系：一是处理好学校与外部的关系，即厘清学校与行政、社会的关系，重在明确学校的教育权利；二是处理好学校内部的关系，比如每所学校都要制订章程，重在保障教师的专业自主权和形成学校内民主的风气。只有建立健全现代学校制度，校长、教师的权责得以明晰，学校才可能成为教育改革最活跃的细胞，良好的教育文化精神才能逐渐形成并得到呵护。

当前，群众对权利保障和政治参与的需求在不断增长，反映在教育领域，就是家长对学校教育的知情权、表达权、监督权、参与权有强烈的渴求，年轻教师、学生的权利意识、民主意识明显增强。建立现代学校制度，则可回应这一趋势，保护和激发校长、教师的改革积极性、创造性。

（三）以校长、教师专业标准为依据，改革教师培养培训模式

教育部已经颁布了中小学、幼儿园校（园）长、教师专业标准，教师培养培训将以此为依据作相应的调整。应尽早组织专家队伍，对标准细化进行研究，改革师范教育课程。

教师培养方面，在注重人文素养、学科素养的同时，应高度重视实践能力的锻炼，吸收中等师范教育的经验，把教学技能、教学组织能力置于教师培养课程教学的重要位置，突出师范性。

教师培训要进一步改变精英模式，更多地面向一般教师、校长，实行平民培训。同时以培训基本技能为主、观念更新为辅，多让受训者在实践、操作的过程中去领悟先进理念。大面积培训县级教育行政部门管理者，推动县域教育改革。

（四）完善教师表彰内容，鼓励教育家办学

传统的教师表彰，以师德为主。为促进内涵发展，关于基础教育国家教师表彰的导向，可适当向业务能力方面倾斜，多奖励教育理念先进、办学水平突出、教育教学改革成果出众，形成了自己独特的教育思想、教育实践和教学风格的教师、校长、教研员、教育局长（厅长）等，鼓励教育家办学。

加强综合改革　平稳涉过教育改革“深水区”*

□ 钟秉林（中国教育学会会长）

教育作为社会事业的重要组成部分和重要的民生问题，一直受到社会各界的高度重视和广泛关注。当前，我国的教育改革已经步入“深水区”，教育发展的内外部环境更加复杂，教育决策的复杂性增大，改革举措实施和创新探索的难度增加。深入分析教育改革步入“深水区”的原因，探索平稳涉过教育改革“深水区”的对策，对于进一步深化教育改革，促进我国教育事业的健康可持续发展具有重要意义。

一、教育改革步入“深水区”的原因探析

教育改革发展过程中众多矛盾和热点难点问题的产生，有着多方面和深层次的原因。概而言之，教育主要矛盾的转化和发展方式的转变、教育发展内部和外部环境的变化、教育诸影响因素之间的相互作用和相互制约，以及不同教育利益相关者的博弈，使得教育决策的难度明显增加，教育政策的出台和教育改革实践的推进更为艰难。

（一）教育主要矛盾转化，发展方式转变，质量和公平问题凸显

20世纪末以来，我国教育事业取得了令人瞩目的发展成就。免费义务教育全面实现，高中阶段教育加快普及，学前教育和职业教育快速发展，高等教育进入大众化发展阶段，2012年高等教育毛入学率达到30%，高考录取率超过75%。数据表明，“上学难”的问题得到根本缓解，入学机会已不再是社会稀缺资源，中国已经在规模上成为名副其实的教育大国。与此同时，“上好学校难”的矛盾日益凸显，经济社会发展和人民群众对高质量教育的迫切需求与优质教育资源的严重短缺，已经成为当前我国教育领域的主要矛盾，并由此引发了培养质量、教育公平、学生就业、自主办学等一系列社会高度关注的热点和难点问题。[1]

显然，为了破解教育改革和发展的难题，必须面对和解决三个重大现实问题：一是如何在规模适度扩大的同时努力拓展优质教育资源，重在提高教育质量，尤其是提高人才培养质量；二是如何在提高教育质量的长期过程中科学合理地配置有限的优质教育资源，大力促进教育公平，尤其是保证入学机会均等；三是如何不断增强中国教育在国际上的话语权，尤其是提高在国际学术界的影响力，积极推进教育国际化。因此，提高教育质量、促进教育公平、推进教育国际化，将成为今后一个时期我国教育发展的时代任务。而教育发展重心的调整必然导致我国教育发展方式发生根本性的转变：从以规模扩张和空间拓展为特征的外延式发展，转变为以提高质量和优化结构为核心的内涵式发展。[2]在此背景下，学生、家长、学校举办者和社会公众等教育利益相关者更加关注教育质量和教育公平问题，公共问责的重点也指向了学校的人才培养质量和办学水平。

* 原载《教育研究》2013年第7期。

（二）学校内涵发展任务繁重，建设周期较长，与社会期盼形成强烈反差

毋庸置疑，缓解教育发展主要矛盾的根本途径是拓展优质教育资源，提高各级各类学校的办学水平和人才培养质量。但教育发展和学校建设有其自身的规律性，其特点之一就是更需要长期积累。经费充足、规划得当，硬件条件（如基础设施、仪器设备、图书资料等）可以很快得到改善；学校重视、认真探索，软件管理水平（如教学管理规范化、制度化等）亦可在不太长的时期内得到提高。但是，仅有硬件、软件条件的改善还远不足以办好一所高水平学校。国内外学校的发展实践表明，教师队伍整体水平的提升，优良办学传统、校风学风、学校文化以及鲜明办学特色的形成，都需要经过几代师生的努力，需要长期的积淀和社会的认可，不可能一蹴而就，也不可能用钱堆砌。从这个角度而言，长期积累、厚积薄发，是教育发展和学校建设进程中一条不可逾越的规律。这就决定了这一矛盾将在相当长的时期内存在，而且当前在某些方面愈加凸显。社会广为诟病的办班热、辅导热、择校风、条子生、考试移民、考试舞弊等现象之所以屡禁不止，其背后深层次原因之一就是学生和家长对于优质教育资源的追求和非理性的竞争。

随着教育体制改革的不断深化，学校的办学自主权进一步扩大，各级各类学校作为质量建设和质量监控的主体地位正不断得到强化，教育质量尤其是人才培养质量越来越成为学校办学声誉的载体和生存发展的生命线。当前，各级各类学校内涵建设和特色发展的任务十分繁重，需要遵循教育规律和人才成长规律逐步探索、稳步推进，而改革和发展的成效则需要在若干年后才能得以显现。显然，这与当前社会公众对于高质量教育的急切期待，以及部分学校和地方政府急功近利的教育绩效观形成了强烈反差，导致在教育政策制定和改革举措实施过程中往往容易发生违背教育规律、干涉学校办学自主权的现象，且容易招致社会公众和媒体对教育改革的种种不满和非议，使改革的难度进一步加大。比如，实现规模、结构、质量、效益、速度（节奏）协调发展，是教育事业健康可持续发展的关键，如何克制动辄通过扩张规模、增加经费收入的冲动，把发展重心真正放到优化结构、提升质量和改善效益上来，并且坚持循序渐进、保持合理的发展速度，是学校在内涵建设过程中不可回避的重大现实问题，也是对地方政府和学校领导班子驾驭教育发展全局能力的考验和检验。

（三）教育利益相关者增多，利益诉求呈现多元化的价值取向

随着教育规模的不断扩张和教育体制改革的逐步深化，教育利益相关者增多，不同利益群体强烈地表达自身的利益诉求，其价值取向呈现出多元化趋势，有的价值取向甚至是相悖的。客观地讲，社会各界对教育问题的关注之广泛、抨击意见之尖锐、观点建议之多样、价值冲突之激烈，为其他领域所鲜见，这无疑会影响到教育改革的社会环境和舆论环境。教育决策的形成过程和教育改革举措的出台过程，往往体现为不同利益群体的“博弈”过程，也必定会触动某些利益相关者的切身利益；面对不同价值取向的激烈冲突，决策者和实施者不得不有所取舍，求得妥协和平衡，而这又往往招致各方的不满和非议。

比如，作为国家教育制度重要组成部分的高考招生制度，为维护教育公平和社会公正做出了历史性贡献，但由于不能完全适应经济社会发展和教育改革的现实需求（如基础教育课程改革、高等教育大众化发展等），且其公平性遇到新的挑战（如高考移民、考试加分等），近年来要求改革的呼声日趋强烈。由于涉及不同群体和千家万户的利益，在分类考试、多次考试、自主招生、综合评价和多元录取等改革方案的调研过程中，利益冲突激烈，观点众说纷纭，这一方面增强了改革高考招生制度的驱动力，另一方面也增加了改革的复杂性和艰巨性。[3]

（四）教育体系内部改革关联度增加，系统改革已成为必然要求

随着教育改革的不断深化，改革张力逐步加大，系统性不断增强。一方面，对某一层次或类型

教育的内部改革而言，单项改革往往难于深化和实质性推进，迫切需要加强顶层设计和系统改革。如高等学校的人才培养模式改革，不仅与人才培养目标、内容、方式和条件等直接关联，而且与高校发展定位、学术治理结构和管理体制机制等密切关联，必须举全校之力，从教育观念、制度建设、教师队伍、培养方案、教学过程和质量保证等方面统筹设计和系统改革，才能取得实质性的效果，切实提高人才培养质量。再如，基础教育课程改革的推进，不仅要求中小学校转变观念，按国家课程标准开出相应课程，也要求学校在教师专业化能力提升、课堂教学模式创新和校本教材建设等方面进行系统的改革。

另一方面，教育体系内部不同层次、不同类型教育之间的内在联系更加紧密，一项教育发展政策或改革举措的出台，往往涉及学前教育、基础教育、高等教育、职业教育等相关教育领域的改革和发展，需要各教育领域之间统筹协调和系统推进。比如，培养创新型人才既需要高等学校改革人才培养模式，不断提高教育教学质量，也需要中小学校乃至学前教育发挥启蒙性和基础性的作用，从小培养孩子们的学习兴趣和学习习惯，保护他们的好奇心和求知欲，养成他们的综合素质和创新意识。[4]再如，中小学实施素质教育，既需要深入推进基础教育课程改革，也需要平稳推进高考招生制度改革；幼儿园教育“小学化”倾向的纠正，也需要幼儿园教育和小学教育的协同配套改革。

（五）教育与经济社会联系更加紧密，内外部协同改革已是大势所趋

在大学从社会边缘步入社会中心的进程中，教育发展与经济社会发展的联系更加紧密，教育改革和学校发展往往受到教育外部制度、政策和舆论环境的影响和制约，教育政策的制定和改革举措的实施实际上已经远远超出了教育的范畴，迫切需要教育领域内部和教育领域外部统筹研究、协同改革。

比如，大学生实践能力的养成，既需要高等学校高度重视，优化人才培养方案和课程体系，加强校企合作育人；也需要企业切实承担起社会责任，在接受大学生到企业参加实习实践教学、参与大学的实验教学和创新创业教育等方面履行应尽的职责和义务。再如，大学生就业形势严峻，既要求学校提高人才培养的适应性，加强对毕业生的就业指导与服务；也需要政府和企业积极推进经济发展，提供更加充足的大学生就业岗位；还需要用人单位转变观念，更多地吸纳大学毕业生就业。又如，民办教育的发展涉及教育、财政、民政、税务、工商等十余个政府部门的管理权限，关乎投资者、办学者、管理者和广大民办学校教师、学生的切身利益，只有加强统筹协调和系统推进，才有可能破解发展难题，吸引民间资金进入教育领域，鼓励和规范民办学校的发展。[5]

外来务工人员随迁子女在当地参加高考（俗称“异地高考”）问题，是一个教育改革步入“深水区”的典型案例。尽管除西藏之外的 30 个省份已经在 2012 年年底先后出台了“异地高考”政策，但社会议论依然不断，尤其是针对“北上广”的方案。究其原因，一是不同利益群体的多元利益诉求发生冲突，在保证教育公平的共识下，外来务工人员关注子女的受教育权和考试权，户籍人口关注子女进入“好大学”的机会不受影响，地方政府关注支撑城市可持续发展的资源条件，有些学者则更加关注高等教育的区域供求均衡；[6]二是教育领域内部和外部改革不协调，社会管理改革不配套，尤其是户籍管理制度改革滞后，城市人口身份的“双轨制”长期存在，增加了经济发达省份和一线城市制定“异地高考”政策的复杂性；三是政策执行不到位，个别地区甚至由教育行政部门负责甄别考生和家长身份，超出了其职能和权限范围，影响了政策执行的力度和有效性。[7]显然，“异地高考”涉及对户籍制度、社会保障体系、公共服务制度、高考招生制度等一系列制度体系的调整，是跨区域、跨领域、跨部委的综合性改革，只有加强统筹研究和协同改革，才有望从根本上解决问题。

二、涉过教育改革“深水区”的政策与对策建议

把握经济社会和教育发展的大趋势及阶段性发

展特点，进一步转变教育观念，积极回应社会关切，遵循教育发展内在规律，加强系统研究和综合改革，是平稳涉过教育改革“深水区”的必然选择。

（一）加强政策研究，转变教育观念

教育改革能否平稳涉过“深水区”，首先取决于政府部门和学校是否具有新理念，即所谓的观念创新。教育改革和发展的实践表明，任何教育观念的创新都不是无源之水、无本之木，它是在对传统进行价值反思和对现实审时度势基础上的适时调整和应对。

教育行政部门要重视教育观念的更新，树立涵盖和统筹各级各类教育的大教育观、科学的教育政绩观和统筹协调的管理观念，在转变政府职能、探索宏观管理路径和手段的过程中，打破不同管理部门（如司局或处室）之间的壁垒，克服各自为政和部门本位主义倾向。在制定涉及不同教育领域（如高等教育和基础教育）改革和发展的重要政策时，要通过联合调研和共同论证等方式，加强沟通协调和合作研究，提高政策制定质量，从教育全局的角度推进教育改革的不断深化和各级各类学校的健康可持续发展。

学校要高度重视教育观念变革在学校改革发展实践中的重要先导作用，通过多种形式开展教育思想大讨论，树立先进的教育观与教育价值观、现代的教学观、富有时代内涵的人才观和多样化的质量观，并在达成共识的基础上将其转化为师生的改革行动。在学校改革和发展过程中，要努力践行科学的发展观，坚持育人为本、质量立校、特色强校，处理好规模、结构、质量、效益和速度之间的辩证关系，抓住重点、加强综合、彰显特色。在发展规划和政策设计、改革举措制定和实施等方面，要切实增强统筹协调、综合改革和系统推进的意识，扎实推进学校的内涵建设和特色发展。

（二）加强教育研究，促进科学决策

教育系统内部的复杂性和外部发展环境的约束性，使得教育规律越来越隐蔽和复杂，仅靠纯粹思辨与经验判断已经难以全面准确地把握教育发展的规律和特点，迫切需要教育科学研究提供有效的理论支撑和决策咨询。因此，加强教育科学研究，为教育决策提供科学依据和参考，是平稳涉过教育改革“深水区”的重要前提。

教育行政部门要加强对教育科研工作的宏观指导和信息服务。一是加强对教育科研的统筹规划和规范管理，稳步加大研究经费投入，引导广大教育科研工作者紧密结合教育改革和发展的实践诉求开展研究；二是在加强数据信息系统建设的同时，有选择地对学校和科研机构开放统计数据信息，提高数据资源的使用效益；三是加强项目评估和经验总结，促进研究成果的辐射和推广；四是重视教育学术社团功能的发挥，有计划地将有关管理职能或项目逐步转移、下放到教育学术社团，从政策设计、资金安排、项目实施和管理监督等方面加强对教育学术社团的管理和支持力度。[8]

学校和研究机构的教育科研工作者要增强问题意识和实践意识，高度关注我国教育改革和发展进程中的重大理论和现实问题。要善于从教育实践中发现和提炼“真问题”，重视研究方法和手段的创新，从理论研究与实证研究、定性分析与量化分析相结合的角度进行深化研究；力求发现规律、升华理论；要不断提高科学咨政和指导实践的水平，增强教育科学研究的针对性和决策服务的实效性，在推动教育综合改革、促进教育科学民主决策、服务学校内涵建设和特色发展等方面做出贡献。

（三）加强制度建设，建立协调机制

完善教育综合改革的相关制度，建立健全统筹协调机制，加强相关管理部门之间和各级各类学校之间的沟通协调与协同规划，稳步推进教育综合改革，是平稳涉过教育改革“深水区”的重要保障。

建议教育行政部门研究梳理、调整和制定相关政策与规定，从制度和机制上保证教育改革发展的协调性与延续性，引导教育内部各领域和各级各类学校加强沟通交流，促进相互之间的理解和支持，协同进行改革探索。一是建立有关职能部门（如高等教育管理部门和基础教育管理部门）之间的会商制度及相关文件的会签制度，提高制定相关政策的科学性、协调性和针对性；二是推动建立不同教育领域和各级各类学校（如高等学校和中小学校）之间的共同研讨机制，如召开相关工作研讨会、定期举办大中小学校长论坛等，促进观点交锋，相互启发借鉴，协调改革步伐；三是在充分论证的基础上，在中国教育学会或高等教育学会下成立相应的二级学术团体，为各级各类学校之间的相互交流和协调改革搭建平台；四是建立相关管理部门（如中央部委和地方厅局）之间的协调机制，通过设立协调工作机构、联席会议或会商制度等方式，加强在涉及教育综合改革有关政策和举措方面的沟通和协调，达成改革共识、形成推进合力，加大教育综合改革的实施力度，加快涉过教育改革“深水区”的进程。

学校要不断深化内部管理体制和运行机制改革，通过调整优化学术和行政治理结构、完善相关规章制度和程序、建立相关协调机构或协调机制等措施，切实加强职能部门之间和院系或学科组之间的相互沟通与协调，加强教育教学改革的系统研究和协同推进，形成教育教学改革的合力，加快教育综合改革的步伐。

（四）加强综合改革，探索协同创新

教育内涵发展和均衡发展的核心是提高教育质量，办好每一所学校；而加强系统研究和统筹规划，扎实推进教育综合改革，则是促进学校内涵建设和特色发展，平稳涉过教育改革“深水区”的重要支撑。

近年来，各级教育行政部门积极推动《教育规划纲要》的贯彻落实，仅国家层面就立项启动了425项综合改革项目和17个二级学院试点项目。建议政府有关部门进一步加强宏观指导，引导学校积极稳妥地进行综合改革的探索。一是在教育改革项目的立项方面，要重视顶层设计，加强项目内部和项目之间的系统性，适当增加投入或调整项目规划，设立有关高等教育与基础教育、高等教育与职业教育、教育领域内部与教育领域外部协调改革的试点项目，建立综合改革的实践试点或实验区，避免立项上的“碎片化”；二是在教育改革项目的管理方面，要重视统筹协调，加强不同司局、处室在项目管理上的协同性，避免项目管理上的“条块化”；三是在教育改革项目的实施方面，要尊重学校的自主权和首创精神，支持学校的改革探索，加强自主性和多样性导向，避免项目推进上的“趋同化”；四是在教育改革项目的成果应用方面，要重视总结改革经验和成功案例，并适时加以宣传推广，加强教育改革项目的实效性，避免项目成果的“形式化”。

学校要密切跟踪经济社会发展、科学技术发展和教育改革发展的大趋势，紧密结合学校实际，汇聚多方智慧，整合校内外资源，统筹谋划学校内部管理体制机制、人才培养模式、科学研究、社会服务和教师队伍建设等方面的协调改革，认真研究教育综合改革的思路和路径，推出综合改革的举措和项目，力争在深化教育教学改革、提高学校办学水平和效益方面有所突破。

（五）优化社会环境，平稳推进改革

教育改革关系到我国近三亿学生的前途和未来，涉及数千万家庭的幸福，社会关注度极高，政策性、政治性很强。因此，营造良好的社会氛围，把握改革的主动权，是顺利推进综合改革、平稳涉过教育改革“深水区”的重要基础。

政府和新闻媒体要加强宣传引导，优化社会舆论环境。一是要加强先进教育理念的宣传，破除陈旧思想观念束缚，使育人为本和素质教育的理念深入人心，让教师、家长和社会各界真正理解教育改革的目标，尽可能凝聚社会共识；二是要多做正面引导，多宣传教育改革成效，尤其要避免吸引眼球的“炒作”；三是要实事求是地宣传教育改革发展的艰巨性和长期性，以及教育综合改革的必要性和复杂性，客观全面地分析教育改革遇到的挑战和热点难点问题，让公众对教育发展有理性的认识，对教育改革有合理的期待。

政府有关部门和学校要主动回应社会关切，通过完善公共问责制、建立信息发布和质量年报等制度措施，不断提高教育信息的透明性和对称性，保障公众知情权和社会监督权。学校要进一步加强民主管理，认真落实校务公开，充分发挥教代会、学生会和校友会等师生代表组织在学校治理中的作用，高度重视他们的权益诉求，保证利益相关者对于学校事务的参与权，努力营造教育综合改革的良好氛围。

破解教育改革和发展难题，平稳涉过教育改革“深水区”，需要以先进的教育观念作为重要先导，以学生的全面发展作为根本目标，以有效的制度和体制机制作为根本保障，以综合改革和协同创新作为重要支撑，以优化社会氛围作为重要基础。笔者相信，在政府、学校和社会各界的共同努力下，我国教育事业的发展一定会跃上一个新的台阶。

【参考文献】

[1] 钟秉林. 高等教育的时代任务：提高质量促进公平［J］. 中国高等教育，2008（8）.

［2］赵应生，等. 转变教育发展方式：教育事业科学发展的必然选择［J］. 教育研究，2012（1）.

［3］陈金芳. 高考招生改革走向分析［J］. 教育研究，2011（10）.

［4］钟秉林. 协调改革　协同探索　努力培养创新型人才［J］. 国家教育行政学院学报，2011（1）.

［5］胡建华. 我国民办高等教育发展特殊性的若干分析［J］. 教育研究，2007（1）.

［6］闵琪，伊淑彪. 异地高考与税感：高等教育需求的地区差异性分析［J］. 江苏高教，2013（3）.

［7］李慧，杨颖秀. 如何破解异地高考政策难题［J］. 国家教育行政学院学报，2013（2）.

［8］钟秉林. 发挥学术社团优势　繁荣教育科学研究［J］. 中国教育学刊，2013（4）.

教育领域综合改革需要怎样的社会支持*

□ 吴康宁（南京师范大学教授）

教育改革能否顺利前行并获成功，既需教育领域自身不懈努力，也需外部社会必要支持。在教育改革已经走过 35 年历程的今天，这一认识可以说已成基本常识。但问题是，对于已经进入“深水区”、“攻坚期”教育领域综合改革来说，由于其难度远非此前阶段所可同日而语，因而所需外部社会支持（以下简称“社会支持”）也绝非此前阶段所可相提并论，简单的、一般意义上的社会支持已满足不了改革需求。为此，我们需要思考：教育领域综合改革需要怎样的社会支持？

一、完整的社会支持

教育改革的社会支持可区分为若干基本层面，每一基本层面又可区分为若干主要因素，这些主要因素可称之为影响教育改革的“社会支持要素”。

按照笔者主持的“教育改革和发展的社会支持系统研究”课题组的理解，就我国 35 年的教育改革历程来看，如图 1 所示，影响教育改革的社会支持要素可大致区分为“政府的职能”、“经济与非政府组织的作用”及“公众与社会群体的影响”三个基本层面。[1]在“政府的职能”层面，影响教育改革的支持要素包括“财政投入”、“政策”及“体制”；在“经济与非政府组织的作用”层面，影响教育改革的支持要素包括“人才市场”、“社会投入”及“社区”；在“公众与社会群体的影响”层面，影响教育改革的支持要素包括“专家”、“家庭”、“社会舆论”及“公众文化”。

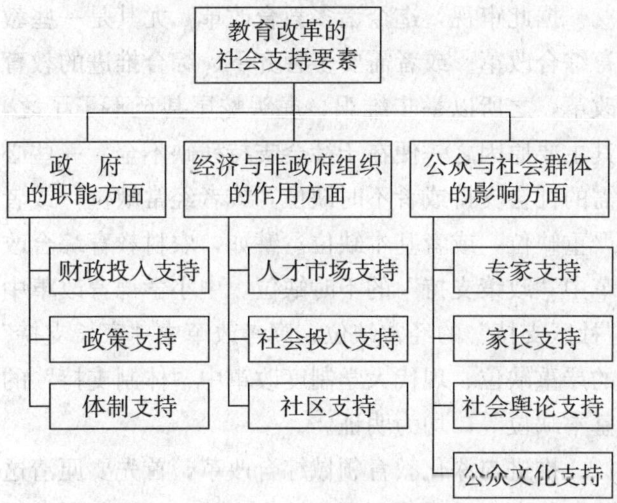

图 1 教育改革的社会支持要素

某些单项教育改革，尤其是一些微观层面的单项教育改革，由于其任务单一，规模较小，能否顺利推进并获成功主要取决于教育自身因素，尤其是教育工作者自身的因素，诸如教师的教育观念、教学方法，或者校长的教育思想、管理方式等，故而对社会支持的要求也相对比较简单。

但对教育领域综合改革来说，由于其面广量大，且涉及价值论争、利益博弈、体制改造、机制转换等诸多深层次错综复杂的问题，因而所需要的就不只是某项社会支持，也不只是某些社会支持，而是图 1 列示的所有社会支持要素都发挥积极作

* 原载《教育研究与实验》2013 年第 6 期。

用。具体来讲，教育领域综合改革既需要来自“政府”的强力支持，也需要来自“经济与非政府组织”的大力支持，还需要来自“公众与社会群体的全力支持。在政府支持的层面上，“财政投入支持”、“政策支持”及“体制支持”缺一不可；在经济与非政府组织支持的层面上，“人才市场支持”、“社会投入支持”及“社区支持”缺一不可；在公众与社会群体支持的层面上，“专家支持”、“家长支持”、“社会舆论支持”及“公众文化支持”缺一不可。即是说，图1所列各项社会支持要素“一个也不能少”！换言之，教育领域综合改革需要的是“完整的社会支持”[2]，而不是残缺的社会支持。

据此审视，迄今诸多教育改革，尤其是一些教育综合改革[3]或者需要多管齐下、综合推进的教育改革，之所以举步维艰、虎头蛇尾甚至不了了之，其主要原因之一便在于社会支持残缺不全。一些必需的社会支持或者不时缺位，或者经常缺位，或者严重缺位，或者基本缺位。譬如，农村教育综合改革中“政策支持”的不时缺位、中小学德育改革中“社区支持”的经常缺位、高考改革中“家长支持”的严重缺位、现代大学制度改革中“体制支持”的基本缺位等，均为明证。

推进与深化教育领域综合改革，首先要厘清这一改革究竟需要得到哪些社会支持，检视各项社会支持要素的现实状况，确认哪些要素不时缺位，哪些要素经常缺位，哪些要素严重缺位，哪些要素基本缺位，以便有针对性有重点地采取措施，促使相关社会支持要素在教育领域综合改革中发挥积极作用，确保教育领域综合改革真正得到完整的、全方位的社会支持。

二、谐和的社会支持

上文所述“完整的社会支持”是从社会支持与教育改革的关系的角度，来检视社会支持的“种类全不全”的问题；此处所谓“谐和的社会支持”则是从各类社会支持之间的关系的角度，来讨论社会支持的“关联好不好”的问题。

客观来看，在我国，教育改革的社会支持一直没有形成一种有机的整体。由于社会支持的主体多种多样，且不同主体对于教育改革的目标、过程及方式的理解及其同教育改革之间的利益关联不尽相同，因而对于教育改革的各种社会支持在回报期待、着力方向及行动过程等方面基本上出于各自为政、互不关联、杂乱无章的状况，呈现出一种“支持的乱象”。其中，对教育改革最具负面影响的，便是这些社会支持本身互不支持乃至相互冲突，以至于出现“支持的分裂”。譬如，“专家”关注的重心可能在于教育改革能否真正促进每一个学生的成长与发展，他们支持教育改革、参与改革实践时，多半会强调教育规律的严肃性、改革过程的科学性、改革方法的合理性以及改革效果的真实性；而“政府”则可能更为关注本届任期内教育改革能否拿出看得见摸得着的所谓“标志性成果”，他们支持教育改革、制定政策、拨付经费时，通常会强调改革经费的投入产出效益、工作任务的时段切割，并常常会给定一个通常难以按期完成的改革目标完成期限。且即便是“专家”的支持，由于价值取向的差异，不同专家有时会提出不同的乃至相悖的改革主张或行动建议；即便是“政府”的支持，由于“部门利益”的存在，同一政府的不同部门对于教育改革的支持，有时也会基于各自利益，选择不同导向，提出不同要求。再如，一部分家长支持教育改革，主要关心的只是机会公平问题，希望自己的孩子能享受到同等的教育乃至优质教育的机会；另一部分家长支持教育改革，主要关心的则是教育对学生潜能发挥与个性发展的促进问题，希望自己的孩子的良好禀赋得以充分展现。

诸如此类相互矛盾乃至相互冲突的社会支持每每让教育改革实践工作者纠结不已。此时，诸种社会支持不仅不能形成“社会支持的相互强化”，从而对推进与深化教育改革赋予一加一大于二的正能量，反而会出现“社会支持的相互抵消”，结果对教育改革产生原本不应有的阻碍作用。

推进与深化教育领域综合改革，不仅需要社会的完整的、全方位的支持，而且需要社会的谐和的、有合力的支持，需要各种社会支持之间能够相互关联、相互支撑、相互强化、相互推动。毋庸置疑，形成这种谐和的、有合理的社会支持局面绝非易事；但同样毋庸置疑，若不形成这样的社会支持局面，则教育领域综合改革能否顺利推进与深化并最终取得成功，也要打一个大大的问号。

三、适度的社会支持

“过犹不及”。教育改革的社会支持同样有一个是否适度的问题。[4]就实际状况来看，对于教育改革的“过度社会支持”大致有两种。一种是“经费上的过度支持”——倘若某项教育改革所需支持经费三百万元足矣，而相关社会主体（政府部门、民间组织、个人）“不由分说”所予支持的经费却多达一千三百万元，远远超出实际需要，此类支持即为“经费上的过度支持”。另一种是“评价上的过度支持”——倘若对于某项教育改革，不是既肯定其值得称道之处，也指出其需要改进之处，而是对其取得成绩用尽溢美之词，对其存在问题却全然避而不谈，此类所谓支持即为“评价上的过度支持”。

经费上过度支持的现象近年来屡有发生，且随着政府财政收入、企业经济实力的不断增长而渐趋增多。在支持教育改革方面施以“大手笔投入”，以至于连教育改革者都感到有点“供过于求”，这在今天已非凤毛麟角。尤其是在不同政府部门之间，出于“政绩工程”的需要，甚至会不时出现“大手笔投入”的“竞赛”。于是，在有些领域、有些地方，教育改革已从当初的“很差钱”，发展到后来的“不差钱”，并终于到现在的“过多钱”。

经费上的过度支持不仅会造成极大浪费，而且容易“怂恿”改革者对原本比较稳妥、合理的改革计划与改革方案进行不必要的添加、扩充或提升，并且容易转移改革者对于改革本身的专注，导致改革者过多关注改革利益的分配与获取，以至于诱发改革者内部因过量经费分配问题而产生矛盾、发生冲突，甚至会催生教育改革中的奢靡空间，助推教育改革中的腐败行为。这些都表明，经费上的过度支持反而会“扰乱”教育改革的正常秩序，“扭曲”教育改革的正常过程。

评价上的过度支持在迄今的教育改革中一直存在。此类支持的主体多为政府部门、新闻媒体、完全认同改革理念的专家以及与改革利益密切关联的家长。政府出于引导方向、推进过程或彰显政绩之需要，往往会将某项教育改革树为典型，不遗余力地予以褒扬、宣传、推广；新闻媒体基于传播先进文化或制造轰动效应之动机，往往会将某项教育改革作为重点报道对象，不遗余力地加以凸显、包装、美化；专家由于坚守某种特定价值取向，往往会特别偏爱某项教育改革，竭力为之论证、阐述、倡导；家长则因为替孩子的利益着想，往往会特别赞同某项教育改革，全力为之呼吁、呐喊、奔波。

由于“逆反心理”是一种普遍的社会现象，且在价值多元、利益分化的当下社会转型期，“逆反心理”的作用尤为强劲，[5]因而，上述评价上的过度支持很难避免对教育改革产生负面效应。更确切地讲，来自某一方面对教育改革的评价上的过度支持几乎一定会导致其他某些方面的“逆反性”负面评价，这已为教育改革实际所反复证明——“政府”在评价上的过度支持往往招致民间吐槽，“新闻媒体”在评价上的过度支持每每使读者产生“不真实”的疑问，“专家”在评价上的过度支持常常引起社会舆论的警惕，“家长”在评价上的过度支持则容易招致另一部分家长的反弹。

这意味着，对于教育改革的社会支持并非像人们通常认为的那样越多越好，而是适度最好。从经费上的支持来看，教育改革虽然绝对不能“很差钱”，一定需要“不差钱”，但却不宜“过多钱”。为此，推进与深化教育领域综合改革，就有必要公开透明地提出能够充分满足改革需要的合理经费预算。无特殊情况不能在预算之外超标，尤其是巨额超标接受所谓支持经费原因如前已述，经费上的过度支持反而会对教育改革产生负面影响。从评价上的支持来看，教育改革虽然需要得到肯定评价，但过度赞誉却是改革之大忌。为此，推进与深化教育领域综合改革，就有必要促使外部社会对于教育改革的任何评价，都应持实事求是的态度，以确保教育改革能在一种客观、健康、有张力的评价氛围中稳步推进、逐步深化。

四、大致均衡的社会支持

教育领域综合改革并非只有中央政府统一规划、统一部署的所谓“国家层面的教育领域综合改革”这一种类型，而且还有各地区（省、市、县）根据本地区实际而规划与实施的诸多“地方层面的教育领域综合改革”。且即便是国家层面的教育领域综合改革，终究也还是要由各地区具体实施。在这个意义上，不论是地方层面的教育领域综合改革，还是国家层面的教育领域综合改革，说到底都是在具体“地区”进行的。而这，就涉及教育改革的社会支持的地区差异问题了。

可以说，在教育改革的所有社会支持中，“地区”的制约作用几乎都无处不在。从图1所示三个基本层面来看，在“政府的职能方面”，不只存在着国家的“财政投入”、“政策”及“体制”对教育改革的支持问题，而且存在着地方的“财政投入”、“政策”及“体制”对教育改革的支持问题，而后者的支持对象就是本地区的教育改革。在“经济与非政府组织的作用方面”，“人才市场”具有比较明显的地区特征，“社会投入”中也有相当大的比例只面向本地区；至于“社区”，则更是归属于并服务于本地区。在“公众与社会群体的影响方面”，“专家”既可为国家教育改革建言献计，更可为地方教育改革出谋划策，拥有数量较多、水平较高的专家的地区便可“近水楼台先得月”；“家长”影响所指向的，主要也只是本地区乃至本地区某学校的教育改革；“社会舆论”有大小之分，本地区社会舆论对生存于其中的教育改革者的影响，往往要大于更广范围的社会舆论的影响，因为前一种影响更直接、更日常；至于“公众文化”，则常常具有浓厚的地区色彩。

正是由于上述缘故，一旦不同地区之间在经济发展、文化观念、制度建设等方面极不平衡时，教育改革的社会支持往往也会出现明显的地区差异。譬如，在经济发展、文化观念、制度建设等方面比较落后的欠发达地区（可以是省、市或县），地方政府便无法像发达地区那样以比较充足的“财政投入”来支持教育改革，民间“社会投入”也不像发达地区那样面广量大，相对封闭保守的“家长”、“社会舆论”及“公众文化”等则容易使教育改革受到更多的思想束缚。所有这些，都使得欠发达地区的整个社会环境在支持教育改革的广度、力度及深度上都难以同发达地区同日而语。

这就产生了一个值得注意的问题，即总体来看，由于发达地区的教育发展基础本就优于欠发达的地区，且由于发达地区的教育改革所可获得的社会支持通常会多于、优于欠发达地区，这就容易出现同样的教育改革在发达地区进展相对顺利、成效相对明显，而在欠发达地区却进展迟缓、成效甚微这样差异悬殊的格局。其结果，发达地区与欠发达地区之间的教育发展水平差距便不仅不见缩小，反而更为扩大。如此一来，教育改革的社会支持的地区差异也就成了教育发展水平的地区差异不减反增的一个重要致因。

衡量教育领域综合改革成功与否的一个重要标志便是教育发展水平的地区差异有无明显缩小，是否大致均衡（若为国家层面的教育领域综合改革，便是各省之间教育发展水平差异有无明显缩小，是否大致均衡；若为省级层面的教育领域综合改革，便是各地市间教育发展水平差异有无明显缩小，是否大致均衡；以此类推）。倘若经过教育领域综合改革，教育发展水平的地区差异不仅没有缩小，反而更为扩大，那就无法断言这一改革取得了成功。在某种意义上，甚至可视为一种失败。因此，千方百计调动欠发达地区相关社会支持要素（可能是“政府的职能方面”、“经济与非政府组织的作用方面”及“公众与社会群体的影响方面”中某一方面的要素，也可能是几方面要素兼而有之）支持教育改革的热情，想方设法增强这些要素支持教育改革的能量，促使不同地区之间对教育改革的社会支持广度、力度及深度逐步达到大致均衡，也就顺理成章地成为推进与深化教育领域综合改革的一项必要的基础性工作。

五、政府的责任与教育界的作为

从上所述不难看出，推进与深化教育领域综合改革需要有两个系统。一个是教育领域综合改革的自身系统，另一个是教育领域综合改革的社会支持系统，[6]两者缺一不可。教育领域综合改革能否顺利推进与深化并最终获得成功，不仅取决于改革的自身系统是否科学、合理，而且取决于改革的社会支持系统是否有力、有效，亦即是否完整、谐和、适度并大致平衡。在这个意义上，可以说教育领域综合改革过程，应当是改革的自身系统与改革的社会支持系统各自不断完善且两者之间良性互动的过程。

对于这样一种社会支持系统的形成，整个社会都负有责任，而笔者此处尤为强调政府的责任与教育界的作为。

首先，政府负有不可推卸的责任。

在一个开放的、充满活力的现代国家里，政府不应当也不可能包办一切。且我国当下改革开放的一项重要任务，便是转变政府职能，变“大政府”、“全能型政府”为“小政府”、“服务型政府”。因此，指望完全由政府对影响教育改革的各种社会支持要素发号施令，进行构建、协调、整合，无疑有悖转变政府职能的初衷。更何况，在今天这样一个信息化、网络化时代，即便是强势政府，对有些社会支持要素（诸如家长、社会舆论、公众文化等）也无法颐指气使、随心所欲。

但与此同时，就我国当下教育领域综合改革而言，在完整、和谐、适度及大致均衡的社会支持系统形成问题上，政府的作用依然不可或缺、至关重要。政府对于其他社会支持要素虽然不能颐指气使、随心所欲，但却可以通过制定相关政策、调整相关（虽非全部）资源分配等手段，引导其他社会支持要素对教育改革予以支持的正确方向，甚至可以在一定程度上影响其他社会支持要素的生存与发展状况，借此来推动其他社会支持要素在教育改革中发挥积极作用。[7]譬如，政府可以通过改变人才评价、人才使用及劳动用工制度，推动“人才市场”对教育改革的有序支持；可以通过调整相关政策及管理办法，降低社会资金进入教育领域的门槛，推动“社会投入”对教育改革的积极支持；可以通过加大对社区文化建设的投入，推动“社区”对教育改革的有效支持；可以通过强化政府决策的科学化与民主化过程，推动“专家”、“家长”及社会各界对教育改革的合理支持。如此等等，不一而足。

其次，教育界自身也并非无可作为。

在教育与社会的关系问题上，教育界迄今普遍持有一种比较消极的观点，即认为教育在整个社会中总是处于比较弱势的地位，教育工作者只能尽力做好自己的分内之事；至于改变外部社会现状，既属分外之事，且也无能为力。正所谓“恺撒的归恺撒，上帝的归上帝”。其结果，在争取教育改革的社会支持方面，每每会有一种“望天收”的心态，更遑论努力推动形成教育改革的社会支持系统！

这样的心态显然难以应对教育领域综合改革的挑战。面对教育领域综合改革的艰巨任务，教育界有必要采取“内外结合”的行动方式。即不仅需要对改革本身进行总体设计，而且需要在争取改革的社会支持方面总体谋划，以促使完整、谐和、适度并大致均衡的社会支持系统早日形成。当然，教育界毕竟做不了社会的主，社会也不可能唯教育界之马首是瞻。但无论如何，由于教育领域综合改革需要外部社会给予前所未有的完整、适度、谐和及大致均衡的支持，需要一个与改革进程关联呼应、有机的社会支持系统，因而，教育界尤其是教育改革者自身也就不能只是“消极等待”外部社会的变化，而应“积极推动”外部社会的变革。在这个意义上，通过主动干预外部社会而积极推动社会变革，促使外部社会对教育改革的支持逐步形成完整、适度、谐和及大致均衡的系统，也已成为改革者为推进与深化教育领域综合改革而不得不付出艰苦努力的一项基础性工作。

最后需说明的是，笔者给本文规定的主要任务只在于论证一个完整、适度、谐和并大致均衡的社会支持系统对于推进与深化教育领域综合改革的必要性，并强调政府的责任与教育界的作为。至于如何具体构建这样的社会支持系统，拟在此基础上继续探究。

【注释】

[1] 本文未像人们在论及教育发展制约因素时多半采取的那样，进行所谓“政治因素”、“经济因素”、“文化因素”之类的惯常区分，因为按照那样的区分，影响教育改革的某些社会支持要素难以恰当归类。

[2] 同“完整的社会支持”具有相似意涵的一个概念是“全社会支持”。关于“全社会支持”的问题，有识之士早有述及，譬如，请见周敬思. 教育改革呼唤全社会的支持和参与 [J]. 现代中小学教育，1995 (2)；蔡克勇. 社会支持和参与教育——教育发展和改革的重要趋势 [J]. 高教探索，2002 (1)。相关法律也早有规定（譬如，请见《中华人民共和国教育法》第四条，1995 年 3 月 13 日颁布）。笔者之所以提出“完整的社会支持”，意在着力强调教育领域综合改革的社会支持要素缺一不可，并通过区分图 1 所示各项支持要素，为进行教育改革社会支持的具体研究（而非笼统议论）提供多少具有可操作性的分析线索。

[3] 国家层面上的教育领域综合改革作为一种尝试，始自于 20 世纪 80 年代后期。譬如，1987 年，教育部便分别在部分地区启动了农村教育综合改革和城市教育综合改革的试点工作。教育领域综合改革作为重要议题被列入国家教育改革议事日程，则始自于 20 世纪 90 年代。譬如，中共中央国务院于 1993 年颁布了《中国教育改革和发展纲要》，提出要“积极推进农村教育、城市教育和企业教育综合改革，促进教育同经济、科技的密切结合”。教育部也分别于 1995 年与 1997 年印发了《关于深入推进农村教育综合改革的意见》和《关于进一步推进城市教育综合改革的若干意见》。

[4] 或许由于过去相当长一段时间内教育改革和发展所获社会支持比较贫乏的缘故，教育研究鲜有探讨社会支持的“度”的问题。本文提出对于教育改革的“过度社会支持”这一概念，主要受经济学相关研究的启发。譬如，请见屈芳芳，解艳. 金融过度支持与我国房地产泡沫理论研究 [J]. 经济视角，2010 (1)。

[5] 参见雍天荣. 警惕群体逆反心理催生“伪改革” [J]. 领导科学，2013 (22)。

[6] 在我国教育研究（而非心理研究）中，“社会支持系统”作为一个明确的概念始现 20 世纪 90 年代中后期，譬如，冯晓霞. 中国家庭教育的社会支持系统 [J]. 学前教育研究，1997 (3)。教育改革（而非单纯的教育发展）研究明确述及社会支持系统问题，则要更晚一些，譬如，吴景芝，等. 试论课程改革的社会支持系统 [J]. 科学·经济·社会，2004 (1)。需指出的是，这些研究不仅数量微乎其微（笔者以“篇名‘改革’＋关键词‘社会支持系统’”的组合方式查询“中国知网”，所得教育改革研究论文总共只有 6 篇），且所述“社会支持系统”或者过于笼统，难以展开具体研究，或者所列支持要素存在重要缺漏，难以视为“完整的”社会支持系统。

[7] 陈华. 基于政府职能转变的教育社会支持变迁 [J]. 南京师范大学学报（哲学社会科学版），2013 (5)。

关于深化教育领域综合改革的思考*

□ 杨东平（北京理工大学教授）

党的十八大报告围绕全面建成小康社会的目标，提出了深化教育领域综合改革的任务，要求"必须以更大的政治勇气和智慧，不失时机深化重要领域改革，坚决破除一切妨碍科学发展的思想观念和体制机制弊端，构建系统完备、科学规范、运行有效的制度体系，使各方面制度更加成熟更加定型"。如何认识当前教育改革的新形势、新问题，如何攻坚克难，深化教育领域的综合改革，在此提出一些初步的认识。

一、改善教育民生，创新教育管理

十八大报告是在"改善民生和创新管理中加强社会建设"的标题下，将教育与就业、居民收入、社会保障、健康相提并论，提出"努力办好人民满意的教育"的要求，以及提出"全面实施素质教育，深化教育领域综合改革"的任务。在十六大报告和之前，是在"文化建设"的主题下讨论教育的。十七大报告首次将教育放在"加快推进以改善民生为重点的社会建设"一章，十八大报告同样在社会建设的概念之下讨论教育，同时在"改善民生"之外增加了"创新管理"的概念。这从一个侧面反映了中央对教育功能的新认识。我们需要在改善民生的概念中认识教育的功能，全面推进素质教育；在创新管理的概念中推进教育综合改革，攻坚克难。

近年来，我国对教育功能和价值的认识正在发生一场深刻的变化。长期以来，我们强调的是教育对实现社会现代化、民族振兴具有的重要意义，是具有全局性、基础性、战略性的事业，具有一种单向的国家主义视角。伴随以人为本的科学发展观的提出，中央提出了举办"人民满意的教育"的新目标。十八大报告通篇强调以保障和改善民生为重点，提出"要多谋民生之利，多解民生之忧，解决好人民最关心最直接最现实的利益问题，在学有所教、劳有所得、病有所医、老有所养、住有所居上持续取得新进展，努力让人民过上更好生活。""学有所教"就是人民群众最直接、重要的现实利益。因此，教育不仅要实现国家和政府的目标，首先必须增进人民群众的福祉，这一转变正越来越清晰和透彻。

对教育功能、价值的认识从国家本位到人本位的转变，是以人为本的科学发展观的内在逻辑，也是当下教育发展新阶段的客观要求。目前我国已经基本普及九年义务教育，进入高等教育大众化阶段，并将构建终身教育体制和学习化社会。由于学龄人口不断减少，各级政府的教育投入持续增加，教育的供求关系和外部环境已经发生了深刻的变化，中国教育正在进入一个新的转折点：从满足基本需求，到有可能追求好的教育、理想的教育。《教育规划纲要》已经提出了这一任务，教育从外延式走向内涵发展，就是要以促进公平和提高质量

---

* 原载《清华大学教育研究》2013 年第 1 期。

为主，全面推进素质教育。这意味着要更新我们的教育软件，转变在计划经济时期和短缺教育阶段形成的面向少数人的学校教育制度、精英主义教育价值、片面追求分数和升学率的“应试教育”模式，恢复教育树人育人的本义，确立学生本位、儿童中心的价值，举办面向全体学生、为学生的健康发展和终身幸福奠基的现代教育。

教育文化、教育范式的转变不能止于意愿，而必须与实质性的教育制度变革相连。要实现十八大提出的到2020年总体实现基本公共服务均等化的目标，必然伴随着政府转型和社会创新。因而，“加强社会建设”和“创新管理”，提出的是深化改革的任务。将教育纳入“社会建设”，不仅强调其民生事业的定位，而且超越了就教育谈教育的狭窄视野，提供了在转变政府职能、提供基本均等的公共服务、城乡一体化、建设学习型社会等社会发展变革的背景中，“大教育”的视野和开展教育综合改革的思路，是很有意义的。

教育领域综合改革的选项很多，在此着重讨论教育行政改革、基础教育阶段的学校教育改革，以及在城乡一体化背景下的教育改革。

二、以体制改革为核心，深化教育改革

一个时期以来，我国的教育发展和改革一方面围绕实现“普九”的目标，满足基本需求；同时围绕解决入园难、择校热等热点问题而展开。尽管《教育规划纲要》确定了教育管理体制改革、学校制度改革的任务，但实际开展的改革主要集中在人才培养模式层面。

我们需要认识无论是学前教育、择校热、“应试教育”、流动儿童教育等，许多积累至今、久治不愈的教育问题的解决，必须从整体的体制机制改革入手。人才培养模式的改革，出现高质量、多样化的教学模式，在很大程度上也有赖于一种能够产生教育家的制度环境。教育改革需要进入以体制改革为核心的新阶段，这就是改革进入“深水区”，需要“深化教育领域综合改革”，攻坚克难的意味。

在社会建设的概念中认识教育体制改革，一是转变政府职能，提高公共服务水平。我国现行的教育管理，主要是在计划经济时期形成的，体制性弊端比较明显，既有“缺位”也有“越位”。十八大报告提出政府转型的要求是“继续简政放权，推动政府职能向创造良好发展环境、提供优质公共服务、维护社会公平正义转变”。具体是四个“加快形成”：“加快形成党委领导、政府负责、社会协同、公众参与、法制保障的社会管理体系，加快形成政府主导、覆盖城乡、可持续的公共服务体系，加快形成政社分开、责权明确、依法自治的现代社会组织体系，加快形成源头治理、动态管理、应急处置相结合的社会管理机制。”

通过体制改革和社会创新，建立政府主导、社会参与的基本公共服务体系。调动全社会参与教育的积极性，形成以政府办学为主体、全社会积极参与、公办教育和民办教育共同发展的格局。同时，转变政府公共服务的提供方式，改变政府包揽、政事不分，既当“运动员”又当“裁判员”的弊病，实行管办评分离，通过政府购买服务、委托管理、培育社会中介组织，发展第三方独立评价等多种手段，提高公共服务的方式和质量，促进社会自我管理。

二是通过简政放权，调整政校关系。需要探索在转型社会和市场经济环境下，有效的教育治理结构和机制。推进“中央向地方放权、政府向学校放权”，在改革人才培养模式的过程中，革除教育行政化的弊端，扩大和落实学校的办学自主权，恢复学校的自主性和学术的独立性，实行“去行政化”的改革和学术本位的管理，建立“教育家办学”的现代学校制度。建立政府宏观调控，学校自主管理，社会广泛参与的新的治理机制，即由政府、市场、教育实施者和参与者共同治理的复合模式，重塑政府—学校—社会的关系。

三是建设教育决策和管理的科学化、民主化、公开化等基本制度。改革攻坚所面临的一些重大政策调整和变革，如高考制度改革、异地高考、流动人口子女的教育等，都具有很高的复杂性、综合

性，涉及不同群体的利益冲突和平衡。与此同时，我们传统的决策过程缺乏社会广泛参与的机制，教育决策的科学化、民主化程度较低，缺乏现代行政管理所要求的信息公开、绩效评价、问责制等，在政策执行中运动式、一刀切的弊端明显。

十八大报告要求“健全社会主义协商民主制度。完善协商民主制度和工作机制，推进协商民主广泛、多层、制度化发展”，“就经济社会发展重大问题和涉及群众切身利益的实际问题广泛协商，广纳群言、广集民智，增进共识、增强合力”。而协商民主、社会参与的前提，是信息公开。今后可以将教育信息公开作为推进政府改革的重要抓手，促进教育决策的科学化、民主化、公开化。

三、全面推进素质教育，促进学校教育综合改革

在基础教育领域推进教育公平和素质教育，主要是促进义务教育均衡发展，治理“应试教育”和择校热。这一改革之所以进展不大，很大程度上是源于“头痛医头、脚痛医脚”的表面治理，没有真正深入到背后的制度和机制的改革。

首先是考试和评价制度。“应试教育”的“指挥棒”高考制度改革喊了多年，一直没有真正提到议事日程，直到2010年的《教育规划纲要》才正式予以启动。但高考制度并不是全部，中考、小升初制度的改革同样重要；而且，改变考试至上、分数至上的升学率竞争，还需要建立素质教育的评价体系。上海市教委开发了关注学生健康成长的“素质教育绿色评价指标”，包括学生学业水平、学习动力、学业负担、品德行为、身心健康、跨年度进步指数、师生关系、教师教学方式、校长课程领导力等多项指标，从过度注重学科成绩转向对学生全面发展的评价，从而形成素质教育的导向机制，就是一例。

其次是义务教育阶段的学校制度改革。众所周知，城市学生课业负担过重、身体健康下降、奥数热、严重的择校竞争，背后是由于学校差距过大。这种巨大的学校差距，是着重培养少数尖子的精英主义教育时代的遗留；问题是在教育已经普及化、大众化的今天，它仍然以“培养创新人才”、“优质教育”、“品牌学校”等各种名义出现，成为一种变相的重点学校制度。因此，需要按照《中华人民共和国义务教育法》的规定，打破利益集团的藩篱，依法行政，依法办学。实施这一变革，最重要的是改变地方政府的政绩观。地方政府作为维护教育公平的主体，必须明确义务教育是为所有学生提供的基本均等的教育公共服务，绝不仅是为了选拔少数尖子生，或者为了能够升学的部分学生，从而改变计划经济时代形成的城乡分治、等级化的学校制度，改变主要面向城市、面向重点学校、面向少数人的教育价值，取消各种的重点学校，实施免费、免试、就近入学的义务教育。

中小学学校制度的深入改革还有另外一个重要方面。在大一统、行政化的教育管理中，中小学在很大程度上处于“教育局办学”而非“教育家办学”，出现千校一面、学校高度同质化，都在实行单一的“应试教育”。许多家长寻找能够使学生免于恐惧的学校，能够善待学生、不以考试和作业压倒学生的学校而不得。如何焕发公办学校的活力，改善品质，办出特色，增加教育的丰富性和多样性，增加学生和家长的选择性，成为一个重要挑战。为此，可以借鉴美国20世纪80—90年代之后在中小学开展的“校本管理”和“特许学校”的模式，进行中小学办学体制改革。

“校本管理”的根本点就是学校自主和共同决策，将教育决策权从州和县转移到学校，由校长、教师、学生及家长负责预算、人事和课程安排，通过教师、家长和其他社区成员的共同参与，为儿童创造更为有效的学习环境。“特许学校”是指地方教育部门与一些团体、企业或具有教育理想的个人签订合同，将独立的公立学校交由其管理，政府按照合同约定评估和检查其办学质量。特许学校由政府提供所有经费，但在教师聘用、经费使用、课程设置等方面享有很高的自治权。相信如果在我国有一部分学校实行这种改革，将会打破铁板一块的格

局，出现教育家办学的生机。

四、在城乡一体化发展的新视野中深化教育综合改革

十八大报告提出了城乡一体化发展的新型城镇化道路，要求“加快完善城乡发展一体化体制机制，促进城乡要素平等交换和公共资源均衡配置，形成以工促农、以城带乡、工农互惠、城乡一体的新型工农、城乡关系”，“坚持全覆盖、保基本、多层次、可持续方针，以增强公平性、适应流动性、保证可持续性为重点，全面建成覆盖城乡居民的社会保障体系”。

由于快速城市化进程、大规模的人口流动和学龄儿童减少，今天的农村教育正处于前所未有的大变局之中。持续十年之久的“撤点并校”，大量的寄宿制学校与“进城上学”，致使乡村教育出现“城挤、乡弱、村空”的局面，出现“上学远、上学难、上学贵”的问题以及巨大的安全隐患。在这一过程中，出现了两个新的边缘化群体：城市的流动儿童和农村的留守儿童。这一切凸显了城镇化背景下教育问题的严重性和复杂性。当前，我们需要在城乡一体化发展的下视野中，围绕构建覆盖城乡居民的公共教育服务体系，深化城市教育改革，探索农村教育的科学发展之路。

1. 建立以常住人口为准的城市公共服务提供机制

对于城市社会而言，改革的任务和目标是建立以常住人口为主的城市公共服务体系，实行基本公共服务的全覆盖。

自20世纪90年代初开始的农民工进城正在改写城市的面貌和历史。大城市面临外来人口急剧增长的巨大压力，最近关于“异地高考”的改革凸显了这一管理困局，因为我们目前的社会管理、公共服务体系全部是在没有人口流动的计划体制下形成的，无法适应大规模人口流动的现实。必须认识在社会现代化和城市化过程中，人口流动的正当性和长期性，形成对流动人口的日常管理，通过体制和机制创新，改变以户籍人口为主的现行管理体制，建立在流动状态下公共产品、公共服务的提供机制，即以常住人口为准的公共服务提供机制，“建成覆盖城乡的基本公共教育服务体系，实现基本公共教育服务均等化”。

近年来，各地政府的主要工作，是将流动儿童义务教育纳入公共服务的范围。进一步地，一些地方将这一服务扩大到了学前教育和中等职业教育。上海市已经提出将流动人口的公共服务纳入地方政府服务的视野，纳入政府的工作规划和财政预算，并将有条件地开放包括高等教育在内的各类教育服务。最终，在城乡一体化的户籍制度改革中，逐渐放开城乡二元的户籍限制，使外来农民工真正成为新市民。

建立这一新机制所需的制度创新，包括建立中央和地方各级政府分担的财政机制。建立跨省的义务教育经费转移支付机制，完善流动儿童教育的经费保障机制。因为流动儿童的教育责任不应只由流入城市最基层的区县政府承担。上海市已经建立了市、区两级的财政分担机制，是一个主要的制度创新。当前，需要明确中央政府所应承担的财政责任，建立对流动儿童教育的中央财政转移支付制度，从而建立地方政府持久办好流动儿童教育的激励机制。

同时，需要通过体制创新，改变政府包揽包办的思路，构建由政府、公办学校、民办学校、农民工子女家长、社会组织等多元主体共同治理的新体制，不仅要发展民办教育，而且可以将符合基本条件的外来人员自办的打工子弟学校合法化，政府通过购买学位、购买服务的方式提供公共服务。还要鼓励社会公益组织举办的非营利的公益学校，多种渠道、多种模式扩大教育资源和教育供给，满足社会需要。

2. 农村义务教育必须坚持公平优先的原则

十八大提出城乡发展一体化是解决“三农”问题的根本途径。“要加大统筹城乡发展力度，促进城乡共同繁荣。加大强农惠农富农政策力度，让广大农民平等参与现代化进程、共同分享现代化成

果。”在城镇化的背景下，我们需要建立城乡二元共生和一体化发展的新的文明框架，重新认识农村教育的价值和重要性。那种认为现代化就是消灭农村、取消农村教育的观念是完全错误的。哺育了中华民族的丰富多彩的乡村文明需要继承、滋养和更新，通过发展农村教育，为新农村和小城镇建设提供人力资源，以及文化、价值和生命意义，构建有别于都市文明的精神家园。

农村学校布局调整中，能够走出去进城上学的大多是经济条件较好的家庭，受损的主要是偏远贫困农村、山区、牧区的弱势群体，这些沉淀在最底层走不出去的人，如果没有特别的关注，就将失去教育机会，形成“贫者愈贫”的恶性循环。促进公平已经成为国家基本教育政策。其根本措施就是如《教育规划纲要》提出的，“合理配置教育资源，向农村地区、边远贫困地区和民族地区倾斜，加快缩小教育差距。”

因此，当务之急，首先是解决农村撤点并校过程中出现的突出问题。按照《国务院办公厅关于农村义务教育学校布局调整的意见》，严格规范农村义务教育学校撤并程序，科学制定农村义务教育学校布局规划，改变盲目追求“学校进城”的规划，按照“小学就近入学，初中以乡镇为中心适当集中”的概念，规划和建设好农村学校。对已经撤并的学校或教学点，确有必要的应按程序予以恢复。湖北黄梅县、吉林通榆县等已经通过强基固本、反哺农村学校，改变了农村学生盲目进城上学和大班额的弊病，出现农村学生的回流。

农村学校布局必须因地制宜，不搞“一刀切”，改变“一步到位”的思维。有些随生源减少、将来不得不撤的学校，待其完成使命后自然消亡，不应提前撤并。

3. 面向未来，探索适合农村需要的教育

农村学生在满足基本需求之后，转为追求有质量的教育。探索和提供适合农村的教育，是“后撤点并校时代”重大的、具有挑战性的主题。为此，特别需要认识什么是农村所需要的教育，什么是农村教育的“教育质量”，树立新的质量观。否则，所谓的“上好学”不过是追随城市“应试教育”的尾巴，在不可能取胜的升学率竞争中挣扎。

认识农村学校的发展趋势。在农村人口不断减少的大背景下，农村学校的布局，主要以乡、镇为中心，按永久性学校、过渡性学校、小规模学校分类规划，区别对待。学校的小规模化、小班小校也会是一个基本趋势。学校的功能、内涵、教学过程具有“混合模式”的特点。未来农村学校将建立与社区发展、经济、民生的新关系，不仅面向学前和学龄儿童，同时面向成人的继续教育、职业教育，其内容可以是全方位的，包括扫盲、移风易俗、家庭育儿、卫生健康、法制、科技等，可以整合科技站、文化室、党员活动室等功能，实现普通教育、成人教育、职业教育“三教结合”，有效发挥学校作为新农村的文化中心的功能。

认识农村教育的功能和质量。农村教育不应该是单一的升学教育，不应该照搬城市化的“应试教育”。农村教育的功能和内涵，应当满足升学、进城务工和建设新农村这样不同的需求，应当倡导平民教育、生活教育的价值，使教育回归生活，回归社区，与农村文化建设、社区发展紧密结合，重视乡土教育的价值，这对于少数民族地区特别重要。通过实行综合素质教育和公民教育，促进学生的人格发展、公民道德和能力培养，是一种“为生活做准备的教育”。如吉林抚松县农村学校的目标是“为18岁做准备”，将那些缺乏良好习惯、行为粗野的农村孩子培养成“语言文雅，行为儒雅，情趣高雅，心灵美雅之人”，给予农村孩子走向社会、安身立命的“通行证”。这也是解决农村初中生辍学的重要思路。

这种新的乡村学校、乡村教育，需要陶行知式的教育家，需要教育家办学，通过大胆改革探索予以实现。因此，不妨说中国“三农”难题的破解，在很大程度上有赖于第四个“农”——农村教育的改革和创新。

教育基本理论与教育史

关于什么是教育学的问题*

□ 胡德海（西北师范大学教授）

在当今的中国教育学界，应该说，客观上存在着为数不少属宏观层次的重要教育理论问题，需要学习、工作在这个学术领域的人们去关注、去思考、去辨认，以期能在这些问题上取得较为一致的认识。其中，在我看来，什么是教育学的问题就首先赫然地摆在了我们的面前，迫切地要求我们去深究和弄清它。

什么是教育学，它作为一个摆在教育学界面前存在的问题，已非一日，而是个年深日久的老问题了。从理论上把它弄清楚，对我们这些为之学习和工作付出了毕生时间、精力和心血的人们来说，自然是最具切身和直接意义的了；为之继续求索，也理所当然，义不容辞。不仅如此，它实际上对整个教育学术事业来说，意义尤为重大。它不仅关乎教育学术事业存在和发展的命运，也关乎整个教育学术的尊严和形象，即它能否以一种较为科学的面目和较为正常的身姿出现在世人面前，也是一个十分重大的关键问题。所以，特别值得人们予以正视和严肃地对待它。

教育学这个问题存在什么问题呢？说得直接明白一点，是多年来人们对它的认知和界定、解释并不准确，并不正确，需要我们为之花些力气，用点心思从理论上去辨明它、纠正它。也就是说，需要在基本理念上进行拨乱反正、正本清源的工作。

一、概念错位，需要语义辨析

对于什么是教育学、什么是教育科学及对教育学和教育科学二者之间究竟存在什么关系问题的不准确认识，在当今我国普遍存在于们的思想观念之中。而对于教育学和教育科学二者之间关系问题以文本的形式作了界定和表述的，我们可以从有较大代表性、权威性的《中国大百科全书·教育》一书中见之。于 1985 年由中国大百科全书出版社出版的《中国大百科全书·教育》（以下称《教育》）的目录中，人们就可以看到“教育科学”和“教育学”这样两个条目，又于该书的第 162 页和第 181 页分别对“教育科学”和“教育学”作了这样的界定和解释：“教育科学是研究教育规律的各门教育学科的总称”；而教育学不过是“教育科学中重要的基础学科之一，旨在研究教育规律、原理和方法”。此外，由南京师范大学教育系编的《教育学》中，在谈到教育科学和教育学这两个概念时也持与《教育》大体一致的见解，也认为“在教育科学体系中教育学主要是探讨教育的一般原理”。这就是说，在这两本很有代表性的著作的作者看来，教育学和教育科学是两个并不相同的概念，教育学只是教育科学体系中的一个分支学科、一个子系统。教育科学较之教育学来说，具有更高的层次、更广泛的外延，是教育学的上位概念，它是一个由众多分

---

* 原载《中国教育科学》2013 年第 3 辑。

支学科所组成的学科群，属于综合科学，而教育学则不是。故此二者不可同日而语，不是一回事，不能混为一谈。不仅如此，《教育》还指出二者英译也是不一样的。“教育学”一词的英译为“pedagogy”，因此词在西方系从希腊语 pedagogue，即“教仆”一词派生出来，而“教育科学”的英译则为“science of education”。

看到以上的有关表述，坦率地讲，我是不能同意的。因为在这里，概念的错位是明显的，教育学明明是个“老子”，却被放在了“儿子”的位置。这里，我首先要表示的是如下一些有关语义辨析的意见，以与同志们交流，并求教正。

在笔者看来，我们在 21 世纪的今天（其实也可包括 20 世纪下半叶在内）来看这个问题，所谓教育科学和教育学二者实际上是同义的，说的都是一回事，指的是同一事物。也就是说，所谓教育学也就是教育科学，反过来，所谓教育科学也便是教育学，二者完全是同一的，是同义词。如果说，二者也有什么不同之处，用我们中国人的说法，那便是教育学是教育科学的简称，而教育科学则是教育学的全称而已。这两个概念如果用英语来表示就完全一样了，其英文名称都应是“science of education”。这个情况和人们说的北大，便是北京大学，说北京大学也便是北大是一样的。北大和北京大学二者虽字数多寡不一，但二者完全是一回事，是同义语、同义词。因为，道理很简单，这里“教育学”这三个字中的“学”指的便是科学、学问或学科之意。所以，如同在中国，在北京，并不存在一个北大以外的北京大学和也不存在一个北京大学以外的北大的道理一样；在中国学术界，也不存在一个教育学之外的教育科学或者教育科学之外的教育学的。这种情况在学术界、科学界来说，都是如此，可以说是表述学术科目的一个通则，一个惯例，一个必须共同遵守的学术规范，不是随心所欲地可以不顾及的。比如，物理学也便是物理科学，生物学也便是生物科学，经济学也便是经济科学，语言学也便是语言科学，心理学也便是心理科学之意；而不能说物理学只是物理科学中的一门学科，只是其中的一个子系统，在物理科学之外还有一门叫物理学的学科的，也不能说在生物科学之外还有一门生物学的学科或学问的。还有，我们可以看到，现在我国不少高等学校中均有教育学院之设，这个教育学院，也可称教育科学学院。有的学校原来叫教育科学学院，后来改称教育学院，这都是正常的事，因为这两者完全是同义的，都是一回事，指的是同一事物。也正因为这个道理，凡是在教育学院攻读研究生学位的学生，不管他学的是哪门教育课程，最后授予的都必须是也只能是教育学硕士或教育学博士学位，难道这里也非要叫教育科学硕士、教育科学博士不可吗？这都是再清楚不过的事情，而不能在语义上首先为自己设下迷魂阵的。如果一定要这么说，一定要说在教育科学之外还有一门教育学的学科，教育学只是教育科学中的一门学科而已。那只能说这是无中生有和主观臆造的结果，不仅会从关键处误导学界，使大批年轻一代的学习者大惑不解、一头雾水、误入歧途，迷失在一片奇谈怪论之中，并且也必然会遭到有识者所讪笑，使教育学的尊严和形象受到不应有的损失。

二、人们从两个不同的实例中或可得到某种省悟

也许有人会这样提出问题，苏联不是就有教育学和教育科学之别，苏联不是就有教育科学之外的一门叫教育学的学科的吗？这个问题问得很好，真正问到我们这个问题之所以出现和存在的根源上去了。必须指出，中国教育学界的人们之所以长期认为在教育科学之外还有一门叫教育学的学科，说句公道话，也不是中国学者自己的原创，也不是中国人所独自发明的，而是受了苏联教育理论误导的结果，这种教育理念的发明权正是这位当年的“老大哥”。那么，在苏联教育理论领域，是不是真的就有教育科学和教育学这两个教育学术领域的呢？是不是真的在教育科学领域存在一个教育学的学科的呢？回答是否定的。可以肯定地说，这是他们对什么是教育学的问题从概念到理念，从内涵到外延都搞错了。在这种错误理念引导下的苏联教育理论

界，事实上也不存在一个清晰的、比较完整、系统的教育科学（即教育学）体系的。在这方面常常显得偏狭、无序，故步自封，乃至思维、逻辑混乱不堪。而他们并无自知之明，却常常表现得十分自信和自负，往往以其昏昏使人昏昏，从基本的概念和理念上误导了别人。而中国学者在接触苏联教育理念的过程中所表现出的盲从迷信、亦步亦趋、思想僵化、不能与时俱进、缺乏独立思考和判断是非的能力也是显然的。这种不堪局面在中国社会的出现，具有其特定的历史条件和时代特点。

如果说苏联曾经被视为是一个教育学大国，那么应该说美国更是，美国在这方面的表现情况又是怎样的呢？完全相反。在美国高校教育学院的课表中，人们可以看到五花八门的课程名称，如教育哲学、比较教育、教育评价、课程论等，但其中绝对看不到一门叫“教育学”或“教育”（即education）的课程，就凭这一点，人们就可以判定美国对什么是教育学这个概念的认识和苏联是大异其趣、大不相同的。美国人的认识要准确、要高明、要正确得多。因为在美国人看来，这些开设的课程都可包容在“education”（即教育或教育学）之中，而这个“教育学”则在苏联和深受苏联教育理念影响的中国学者看来，不是“教育学”而应称之为“教育科学”。

那么在苏联所谓“教育科学”这个综合学科下的“教育学”，是不是如《教育》和有的《教育学》书中所说的“主要是探讨教育的一般原理”、“旨在研究教育规律、原理和方法”的呢？也没有。苏联教育学家凯洛夫主编的《教育学》就不是如此。现在的问题是：如果在《教育学》中，真的“主要是探讨教育的一般原理”了，其对“教育学”此概念的误用也是绝对不能容许的，因为它不应该称为“教育学”，而应称之为“教育学原理”一类名称。

三、教育学发展过程中若干历史事实告诉了我们些什么

教育学作为一门学问或科学，是有其自身发展的历史的。它的发展的历史过程，如果作为《教育学原理》之类教育著作中的一章，可以写成洋洋数万言，如果写成一本专著，甚至可达数十万言。其中的文字，可以向人们传达多方面的学术信息，而围绕着关于什么是教育学的问题，它集中地可以使我们知道这些历史事实，并因此不无启发的作用。

第一，教育学是以人类教育为对象的。没有教育便没有教育学。这就是说，比起教育学来，教育是第一位的。教育作为人类社会生活的一种形态和内容，属于社会现象的范畴，教育学作为反映和研究这种活动和现象的理论形式与结果，属于知识理论范畴。世界上总是先有社会生活、社会现象，才有对这些社会生活、社会现象的理论研究及其结果。生活与活动在先，知识学问在后，现象在先，理论在后，普遍如此，历来如此。人类有教育活动和教育生活，至今已有三百万年之久。而对教育活动、教育生活和教育现象的考察与研究，乃至使之成为一门专门的学问和科学，为时甚晚。正如曾有植物而无植物学，有动物而无动物学，有历史而无历史学等情况的存在一样，都属寻常普遍之事。

第二，人类教育理论的出现是以学校教育为基础的，是在学校教育实践的基础上得以产生和获得发展的。在西方，“教育学”一词系从古希腊“教仆”（pedagogue）一词派生出来，但真正可以说明教育学这门学问和学科得以正式产生和出现的，其代表人物是19世纪前期德国教育家赫尔巴特，具有标志意义的著作是其《普通教育学》。因为，随着资本主义经济、社会的空前发展与进步，这时的学校教育实践也获得了空前的发展与进步，人们的教育视野也有了空前扩大，于是有了产生教育学的主客观条件。但赫尔巴特及其教育学著作也同样受到时代和其认识能力的严重局限。在赫尔巴特教育理念中，“教育学”只是一本书，还不可能成为一个体系。他的“教育学”一词用英文来表示便是“pedagogy”。

第三，在西方，教育学首先产生、出现在19世纪前期的德国，德国是世界上第一个教育学故乡。但是到19世纪后期，特别到了20世纪，世界教育重镇就从德国移到美国去了，美国人杜威和其《民主主义与教育》一书，可视为是标志性人物和代表性著作。《民主主义与教育》是杜威的一本教育哲学专著，其中所用的“教育”和“教育学”具有同义性，均为“education”，没有沿用欧洲人常用的“pedagogy”一词。杜威的教育视野比起赫尔巴特来要开阔得多，他的教育理念不限于学校教育，已经从学校看到学校以外的社会和社会生活中存在的教育。在美国实用主义教育思想影响下，美国大学中有关教师教育开设的课程五花八门，但并无一门叫“education”（可称为“教育”或“教育学”）科目出现在课程表上。这种情况可从杜威教育理念中得到解释，所有这些教育课程都已包含在“education”之中了。可见，杜威所持的是一种包括学校教育又不局限于学校教育的大教育观。杜威的这种教育学理念和美国大学教育课程开设的这种情况也曾影响1919—1949年中国高师、中师学校中所曾开设的教育课程。在这三十年间，中国的师范学校也开设有多门教育课程，如教育概论、中外教育史、教育行政、学校行政、各科教材教法、教育统计、中等教育、小学教育、教育测验等，但也没有一门叫“教育学”的课程。

第四，20世纪前十年，“教育学”作为一门新学问和新学科，开始引进中国，中国自此有了“教育学”，并迅速在师范学校开设。在此过程中，日本是教育学的出口国，从日本传输到中国来的教育学，不是日本的原产，而是从德国学来的赫尔巴特的教育学。所以，在中国师范学校开设的教育学，在20世纪前一二十年中，都是德国赫尔巴特的教育学理念。从日本引进的教育学，其英文名称即为pedagogy，但后来日本人也不用pedagogy这个英译名，而用education代之了。

第五，20世纪50年代初，从苏联引进的凯洛夫主编的《教育学》著作，其基本精神理念和19世纪德国赫尔巴特的教育学思想一脉相承。“教育学”一词的英译亦为pedagogy，认为教育学是一个科目、一本书，是和教育科学并不相同的概念。这本凯洛夫《教育学》一书，包括教育总论、教学论、教育论和学校管理与领导四部分。这种内容结构显然和有人以为教育学“主要是探讨教育的一般原理”的要求并不一致，反映的是一种与世界教育学发展主要趋势大相违异、大相径庭的气味，具有很明显的保守性和理论的不成熟性。自20世纪50年代后，苏联教育学在中国留下了深刻的影响。至今为止，我国不少学者仍以pedagogy来指称“教育学”，而不是用education一词，便可作为其中的一个例证。

第六，在近代，教育学从古代哲学中分化出来进入独立发展的阶段，成为独立的学科，是以学校教育在一些早期资本主义国家开始普遍发展为基础的。在此时代背景下，刚刚独立的教育学，还是一个包罗万象的“教育知识总汇”，容纳于只有一个学科的教育学之内。教育学的对象主要是关于儿童的教育教学的学问，仍仅限于对年轻人的学校教学活动之中。教育学发展到今天，情况已今非昔比，它已经成为一门内容丰富的学科体系，除了作为它的主体或基础的教育学原理以外，还包括在历史发展过程中逐渐被分化出来的种类繁多的新兴学科、交叉学科、边缘学科，例如，有教育史、教育心理学、儿童心理学、教育社会学、教育文化学、教育经济学、教育政治学、家庭教育学、社会教育学、初等教育学、中等教育学、高等教育学、教育未来学、教育管理学，等等。它们在教育科学领域中，都反映和解决着某些理论的或实践的问题，发挥着各自特有的作用，并形成了一个规模空前庞大的教育科学体系。这个教育科学体系是教育学历史发展的结果和今天教育学的现状。它反映的是教育学在其发展阶段中的某种情况。而不能视为它可包容教育学成为教育学异己的东西。在这里，教育科学和教育学仍是同义的。如果误认为此时出现的教育科学体系（或称教育学体系）和教育学是两回事，教育科学和教育学是两个不同的概念，只能表明自己对教育学历史发展过程状况的无知。

那么，以上所述及的教育学在其发展过程中所呈现的诸项历史事实，在这里，它可以集中告诉我们些什么呢？它确切地告诉人们，曾经在欧洲、日本盛行一时的用以指称“教育学”的“pedagogy”已渐趋淡出、与时隐退，取而代之的在今天是“education”这个词汇。这也表明，标志着一个科目、一本书的教育学时代的结束，一个由众多教育学科组成的教育学学科群（即教育学体系）顺应着时代发展的要求与时俱进地在全球范围内出现了，也流行了。

四、时代告诉我们的教育理念

从人类认识史上讲，任何概念都有一个进化的历程。概念的进化是一个深化过程。深化的方式有多种，其中之一就是扩展旧概念的含义。概念得到扩展之后，具备了新的含义，但概念的旧含义并没有被废弃，而是仍在特定的范围内使用着，从而出现了同一概念的新旧含义并存的局面。这也就是同一概念的广义与狭义并存的局面。旧含义是狭义的，而新含义则是广义的，教育学概念的演变就是如此进行的。目前，人们关于教育学一词的狭义理解，基本上是关于教育学的传统理解，而大教育学的概念基本上是20世纪中期后的产物。

人们为了论证一个概念含义的合理性，往往从词源上去找论据，或者从人们自发的运用上去找论据。实际上，这样找的多半是该概念的传统的含义。

下面让我们对教育学研究的历史过程作一简略的考察和回顾。

在西方，最早出现的教育学一词，通常是指古代希腊语中的pedagogue，其原意为“教仆”。教仆在古代希腊系指奴隶主家中某种有专门职务和身份的成年奴隶，专门为奴隶主到学校负责接送孩子，帮助携带学习材料、学习用品，并监督他们在学校中的行为举止等事。教育学一词，首先和教仆一词联系在一起，并且是由教仆一词派生而来的。可见，教育理论、教育学的萌芽不仅是以学校教育为前提条件，是在学校教育实践的基础上得以产生和获得发展的，并且，照此词源的意思，教育学在其萌芽时期，是曾经仅仅被视为一种关照儿童、监护儿童学习的学问。历史事实也正是这样，教育学在其开始时期，只是被作为一种教育教学中的“引导术”来考虑和对待的。引导术、教育术便是那个时期被赋予的教育学的对象和范围。人们所认识到的教育现象、教育问题由此产生。

现在，在一些英语国家中，pedagogy一词已很少出现，而普遍以education一词代之。这就是说，在这些国家，教育和教育学几乎已成为同义词。而欧洲大陆国家，则把教育（education）理解为对儿童培养的过程，把教育学（pedagogy）理解为研究、教育儿童的学问。

在近代，教育学从古代哲学中分化出来进入独立发展的阶段，成为独立的科学，是以学校教育在一些资本主义国家开始普遍发展为实践基础的，是以资本主义社会商品经济和文化的初步繁荣，科学生产及其劳动内部分工日趋细化，人类抽象逻辑思维的发展为条件的。在此时代背景下，刚刚独立的教育学还是一个包罗万象的“教育知识总汇”，并容纳于只有一个学科的教育学之中，人们的教育视野仍然严重局限于学校教育范围之内。教育学的对象虽然有所扩大，但仍仅被理解为是关于儿童教育、教养的学问，仍仅限于对青年人的学校教学活动。

从18世纪下半叶开始的近代自然科学发展、分化的趋势一直占优势，新的学科不断从旧学科中分化出来。到19世纪中叶开始，日益分化的自然科学已经作为一种把一切自然过程联系成一个整体的科学出现，科学发展中的综合趋势越来越明显。19世纪末20世纪初，科学的分化与综合这两种趋势明显地加快。现代自然科学发展的鲜明特点是既高度分化又高度综合。社会科学的发展也是这样，已经出现了分化与综合的高潮。自然科学和社会科学两大领域以及门类繁多的各个学科，日益相互渗透，紧密地联系在一起，形成一个统一的科学体系。

教育学领域的情况也与上述情况相适应。在科学的第二次大分化、大分工和大改组中，近代教育学趋于解体，即近代教育科学被“扬弃”，而分化出一大批现代教育分支学科，如教育哲学、教育经济学、教育社会学、教育管理学等，使得教育科学形成学科系统，教育科学因此进入了一个发达成熟的现代阶段。现代教育科学的发展同样以学校教育为土壤，以学校教育在现代资本主义各国普遍发展的实践为基础，以现代资本主义的商品经济、文化全面繁荣、生产及劳动的分工、人类辩证逻辑思维的发展为条件。所不同的是，在今天，随着科学技术和社会生产力的进一步发展，人们的教育视野从学校扩展到全社会，认识到教育现象在人类社会有着十分广泛和普遍的意义，它是一个包括各个教育阶段、多层教育关系的整体，教育学必须以教育现象的总体作为自己研究的对象，对教育的全面的包罗无遗的研究，需要一个拥有众多分支的学科群来实现。因此，教育学必然并且应该是一个学科群，一个由众多教育学科组成的科学体系。

1913年，在美国教育家孟禄主编的《教育百科全书》中，出现了以education代替pedagogy的倾向。他认为新的“教育学”（education）（这里是指“教育学”而非“教育”），至少有两点不同。第一，教育学的范围变广了，内容充实了，远不限于教学方法和学校管理这两方面。它探讨社会的所有教育功能和教育机构，既一般又具体地探讨教育目的和课程，也研究教育与公共福利之间的关系。第二，教育学使用了更为完善和科学的研究方法：一方面注意吸收更为广泛的基础科学的研究成果；另一方面认真地寻找事实材料，探讨实际问题。① 在20世纪50—60年代，西方关于“教育学”是不是一门科学的讨论中，明确地用education一词指称“教育学”。② 日本在解释“教育学”时，把它的英文对应词定为education。③

西方国家近年来已出现了一个新词用以指代教育学，即educology。这是由于西方学术界认识到，pedagogy主要是指教学的方法和艺术，而education一词又“一身兼有两义”，既表示教育活动，也表示教育学科，在讨论问题时，常因人们理解不同造成语义上的混乱。因此，1951年美国俄亥俄州立大学哈丁（L. W. Harding）教授按学科构词的惯例，以education为词根，创造出了“educology”一词。④ 这个词在20世纪60年代经由美国印第安纳大学的斯坦纳（M. E. Steiner）等人的大力提倡，而逐渐推广开来。

法国的一些研究者如米阿拉雷等人为了消除“教育学”（pedagogie）一词的歧义和不科学性，曾从瑞士借用了“教育科学”（sciences de education）这一术语，用复数形式的教育科学取代单数形式的教育科学。⑤ 这种变化表明对教育学学科性质的认识发生了转变。

教育学在今天，其研究对象，不仅不能局限在对儿童教育的引导术、教育术之类方式、方法问题上，也不能只理解为研究如何教育儿童的学问或科学，它以人类社会一切教育现象及其规律为研究对象。

从根本上说，教育学是人类在学校教育的实践基础上，对社会的教育本质的认识。教育科学的发展史，也就是人类基于学校教育的实践，对教育本质认识的发展史。教育科学对象及其理论的产生，以学校教育的存在为前提，奴隶社会有了学校教育，也就有了教育理论的萌芽；从资本主义社会开始，人类进入学校教育的新时代，因此，教育科学也就产生了。人们把学校教育当作教育学的研究对象，这自然是不可避免的，而随着人类教育实践范围的扩大，教育学对象的外延也扩大了，这又是教育学对象发展的又一显著特点。

海德格尔在其《存在与时间》一书中说：“真正的科学运动是通过修正基本概念的方式发

---

①③ 瞿葆奎主编，瞿葆奎、沈剑平选编：《教育学文集·教育与教育学》，人民教育出版社1993年版，第297—298、320页。

②④⑤ 郑金洲：《教育学终结了吗？——与吴钢的对话》，《教育研究》1996年第3期。

生的。”①

恩格斯在马克思《资本论》第一卷之《英译本第一卷编者序》中也说道：任何一种科学，每当有新解释提出时，总不免要在这个科学的术语上发生革命。

英国学者席勒在其《人本主义研究》一书中指出：“一个真正的定义要恰如其分，确乎牵涉到对被定义事物的性质的全面认识。”他又说：“当我们必须从事那些我们的认识或它们的性质正在迅速发展以至我们的定义刚下定便过了时的题材的时候，恰如其分地下定义的困难便无限增加了。虽然如此，那些致力于这些题材的人的责任，就是利用每个机会，首先解释它们意味着什么，并且当知识的增长扩大了它们的概念时，绝不要厌倦重新界定这些概念。”②

无疑，根据以上阐述所展现的，是一种真正意义上的大教育学观和大教育学的理论体系。它的确是通过修正其自身的基本概念的方式发生的，在对教育学这个基本术语的认识上，人们真正要经历根本性的改变。其实，在今天，也不仅仅教育学这门科学是如此。

现代社会的明显标志是从“小生产”发展到“大生产”，从“小经济”发展到“大经济”，从“小科学”发展到“大科学”，社会传媒从“小媒质”发展到“大媒质”，等等。与这一切发展的情况相适应，人类教育必然会随之由“小教育”发展到“大教育”，从“小教育学”发展到“大教育学”，这种“大教育观”和“大教育学”的出现，在今天，乃是历史的必然趋势。这里所说的“小”，不是“渺小”、“微小”之意，而是指“单一”、“分割”、“孤立”和“封闭”；这里说的“大”，不是“伟大”、“高大”，而是指“系统”、“整体”、“开放”、“进化”，从简单到复杂，从单一到系统，从局部到整体，从孤立、封闭到开拓、开放，正是今天的教育事业和教育科学存在和发展的基本特色。凡此，都存在着深刻的经济、社会原因，以及文化背景和科学理论根据。这一发展过程正是今日大教育学所要研究的，并且正是大教育学之所以出现在20世纪中期以后的最终的客观依据。总之，有了大教育的客观事实，才有人们主观上的大教育观，也才有可能出现当代的理论上的大教育学和现代庞大的教育学体系。大教育学建立在大教育观的基础之上，而大教育观又正是今天客观存在的大教育现实在人们思想观念上的反映。

当代教育学，是人类对自己基本存在方式的自觉的产物。在21世纪的今天，一个既具有鲜明时代特征，又能够超越现实局限，且符合当今世界实际和我国国情的教育学理论体系，正为整个教育界、教育学界所期待，这是一个填补空白的时代，也是一个教育理论工作者理应有所作为和建树的时代。

五、历史要求我们今天应有一个广阔的教育视野和大教育学观

教育学产生于19世纪前期的德国，德国历史地成为教育学的故乡和发源地。但到了19世纪末、20世纪初，德国赫尔巴特教育学就被美国进步主义教育学家称为传统教育学。到了20世纪下半叶，由于人们对教育事业的空前重视，教育实践获得前所未有的发展，人类文化科学不断繁荣进步，许多新学科门类不断出现，人们的教育视野获得了空前的解放和阔大起来。在教育领域，许多新兴学科、交叉学科、边缘学科纷纷涌现。这时的教育学，不仅在其结构规模上空前膨胀了、扩大了，在教育理念上也进入了一个崭新的境地，教育学终于水到渠成地形成了一个结构比较完整的学科体系，一个由众多教育学科组成的学科群，呈现出和赫尔巴特时代教育学仅是一个科目、一本书不同的新景观。

教育学这种新面貌，既是人类教育实践发展的

① ［德］海德格尔著，陈嘉映、王庆节译：《存在与时间》，生活·读书·新知三联书店1987年版，第12页。

② ［英］席勒著，麻乔志等译：《人本主义研究》，上海人民出版社1996年版，第2页。

结果，具有深刻的历史意义和时代背景，也和人们的教育理念密切相关。因为正是这些比较正确的教育理念可以解读教育学此时被赋予的历史使命和时代给教育学提出的要求，并且敢于拿出理论勇气给教育学重新作界定和下定义，最关键的是确定教育学今天研究的对象。也正是在此时此刻，历史要求一切教育学的学习者和以教育学为学术事业的学者，能够与时俱进，适应时代要求，具有一个广阔的宏观的教育视野和大教育学观。这种广阔的教育视野，不仅为理解、认识今天教育学真实面目所需要，也为今天的教育学下定义、作界定所首先要求，并且具体地表现和落实在为今天教育学所确定的研究对象上。而宏观的教育理念和大教育学观则是其在理论上必然的反映和结果。

什么叫视野？所谓视野，是对一个人来说的，指的是一个人所看到的客观存在或说其心目中的客观世界。由于一个人的视野有或宏大，或狭窄，或深远，或短浅的不同，视野并不等同于“客观存在”、“客观世界”。也正因为这个缘故，历史要求我们看待今天的人类教育必须要有一个宏大、广阔的教育视野。

“对象”是什么？“对象”一词，黑格尔在其德文著作中用的是 gegenstand，本义是“站在对面的东西”，而要为某门学科确定研究对象时，情况就不同了。在这里，也如同“视野”并不等同于“客观存在”一样。“对象”也并不等同于“客观存在”。“对象”始终是一个被意识到的客观存在，它既是客观的又是主观的，它既具有客观性又有主观性。所谓客观性就是说它以客观存在为依据；所谓主观性就是说它以人的意识存在为条件。“客观存在”可能成为人们的认识对象，也可能不成为人们的认识对象，只有意识到的存在才能成为人们的认识对象，从而可以成为科学的研究对象。既然认识对象具有主观性，因此，对于对象的认识必然要以人的认识能力为转移，并随着人的认识能力的发展而变化。

不少科学，其对象是在不断发展的。而科学理论的发展程度是和人们对研究对象的认识水平相一致的。人们把研究对象明确到什么程度，也就把科学理论发展到什么程度；人们怎样研究对象，也就怎样去构建科学的理论和体系。

正是在这里，我们可以看到一个宏阔、远大的教育视野，对于确定教育学研究对象和其在为教育学下定义、作界定过程中所客观具有的重要意义。

一门新兴学科的出现，是人类在对某领域进行科学探索并形成了比较成熟的理论的标志。同时也是对这一领域进行系统的深入研究的需要的反映。

我们在进行理论思维时，定义是十分重要的，因为“定义”的研究提供着支点，它消除概念的混乱，帮助对现实知识做概念的加工，而一个准确的“定义”又建立在为科学所准确确定的研究对象的基础之上。总之，任何理论，如果不以对象的客观存在为依据，必定是凿空之论、虚幻之说。

当然，科学对象的变化归根到底是由人类的社会实践决定的。人类实践发展到什么程度，科学对象也就被明确到什么程度。正因为如此，社会科学的对象还与对象自身的成熟程度相联系。只有这种对象发展成熟了，人们才能把它确定为研究对象；对象自身成熟到什么程度，人们也就把这种对象明确到什么程度。社会科学也就是对人类社会实践自身的理论思维，任何一种社会科学的形成和发展，都是以特定的研究对象成熟为条件，也就是以人类在特定领域的实践活动发展为条件。这是社会科学对象形成的特殊条件，也正是教育学研究对象被确定的必经之路。

说到这里，我们应该看到，多年来，在我国教育理论界，对教育学研究对象的回答并不一致。在某些教育学著作中，对此问题或缺少应有的表述，没有申明自己的见解，或只申明这本《教育学》所研究的主要是学校教育这一特定的现象，研究在这一现象领域内所特有的矛盾运动的规律，而没有对一门称之为教育学的科学，其研究对象何以不是人类社会全部教育现象而只是学校教育这一特定现象的理由作必要的交代和阐述。

即使是在以研究教育现象及其规律为研究对象的《教育学》中，教育学也没有想包打教育科学的天下，它们一般仅分析学校教育，关注学校教育的现象与规律（也非全部）。这更是在逻辑上令人难以理解而值得深思了。

如果说，教育学真有什么迷惘之处，应该说，这倒是其中的一个迷惘，而且是必然会使人感到的第一个迷惘。应该明确地说，教育学理论的贫困和不够成熟，其主要的原因和显著的标志，首先就在于其研究面狭窄和研究对象长期以来没有得到明确的界定和合理的说明。

在今天，不论在我国或在世界教育学术界面前，明显摆着的一个现实是：教育学研究对象在理论上的确切界定，直接取决于在理论上对教育学概念的正确定义。因此，当前首要的任务便是重新定义教育理论的中心概念“教育学”，并且建立一个以新定义的“教育学”这个概念为其中心的新的教育学体系。这是因为，从世界情况看，对教育学这个概念的认识是普遍欠明确的，有的则根本不准确。而在我国，长期以来教育学概念之所以没有得到明确的和正确的界定，究其根本原因，很明显地，就在于人们对教育学概念缺乏必要的深究，存在着以偏概全的普遍的误解与误用。

在当今社会，教育学要彻底地解释它的对象，它必须坚持教育学就是教育科学，它是诸种教育学科的总称这一理论观点。以此为理论前提，它才能在研究对象问题上避免陷于内涵与外延不一致的逻辑矛盾和严重的理论混乱状态。而如果我们把教育学和教育科学视为同义词，则说教育学是一门以教育问题为研究对象或说它是一门研究人类教育这种特定的社会现象的科学，自然是理所当然、顺理成章、合乎逻辑的了。教育这种特定的社会现象自然也就是社会中特有的教育现象。教育现象在这里是指人类社会中教育的总体现象，教育现象是教育的外部表现形式，而教育规律则是指教育与其他社会现象之间以及教育内部即教育这一现象领域内各要素之间的本质联系和关系。所以，教育学是专门研究教育的科学，是人们对教育现象认识的概括和总结，正如语言学是研究语言的科学，经济学是研究经济的科学一样。

教育学广义地说，它是关于教育的学问，即人们对于教育这一社会现象的知识、学说或理论。这里值得注意的有以下两点。

第一，教育学不是把教育与社会、文化、人生等现象一起作为研究对象，而是把教育作为一种独立的社会现象单独对它进行理论考察与研究；

第二，教育学不是关于教育的零散知识和见解，而是把教育作为一个整体，对它进行系统、全面的考察研究和概括。

因此，严格地说，教育学是以教育为独立研究对象的知识系统和科学体系。

经过对教育学概念作了以上逻辑的阐述，教育学的研究对象自然要被确定为人类社会所存在的全部教育现象，而不能有任何例外，也不允许有任何人为的、任意的割裂和取舍。从时间上讲，它包括人类自古及今及至未来一切纵向存在的教育现象。从空间上讲，它包括地球上一切国家、一切民族，所有地域内所存在的教育现象、教育问题。而从教育的对象来讲，它存在于社会所有个体从生到死的全过程之中。人们不仅要看到它的普遍性、广泛性，又要注意把它和别的事实、别的社会现象区别开来，把它纳入一个统一的系统之中。

教育学作为一门研究人类教育的学问和科学，其研究的对象是历经变化和发展的，并具有显著的历史特点。

首先，历史地看教育学的研究对象和研究范围，是由小到大、由局部到总体不断扩大的。这就是说，教育学从其产生到今天，其研究对象是随着人类教育实践的不断发展而发展的，并经历了一个长期的历史发展过程。

其次，教育学理论从根本上说，它是植根于学校教育的土壤，即在学校教育的实践基础上产生和发展起来的。在很长的历史时期里，人们习惯于把教育现象、教育问题只局限于学校教育领域进行观察和思考，视学校教育为教育的总体，故教育学研究的对象也就被囿于学校教育的范围之内。但是，随着人们视野的扩大，客观存在于人类社会中的一切教育现象，终于为人们所不断注意到、认识到，并作为教育学的研究对象，这是教育理论、教育学发展的必然。这就是说，教育学以学校教育的实践为起点，又终于不为学校教育领域的实践和思想观点所限，从而从学校教育就是教育的一切的迷惘中摆脱出来，终于把全部教育现象作为教育学的研究对象，乃是教育学研究对象发展的又一主要特点。

六、今日教育学的总体面貌和其存在的标志——教育学体系

教育学发展到今天，它呈现在世人面前的是个什么样的图景和格局？或者说，它的总体面貌是怎样的呢？回答是：教育学体系。就是说，它是以一个有系统结构的学术领域这样的形貌出现在世人面前的，而这也便是教育学今天在世界上存在的标志。因此，为了能让人们看清其总体面貌，下面就要用较多的文字分别地来表述这个问题。

（一）教育学体系的含义

教育学体系是指教育学研究的范围和学科，是教育学的各个分支学科构成的一个有机联系的整体。任何一门科学既要有其明确的研究对象，又要有其体系。而界定一门学科或科学的研究对象，其根本的意义也就在于为其确定研究的范围。所以体系的问题是和对象的问题密切联系着的。一切科学都有自己的研究对象，没有对象，科学就失去独立存在的权利。认不清研究对象的界限，也会造成科学体系的混乱或内容上不必要的重复。一门成熟的科学或学科，其理论体系和层次总表现得比较清晰和有条理。有人以为，体系问题仅仅是个形式问题，这种看法是不对的。列宁认为真理只是在它们的总和中以及在它们的关系中才会实现。现代系统论也告诉我们，体系和结构不同，科学理论的性质和功能也不同。因此，只有把教育学体系置于一定的结构和关系之中，形成一个相对完整的理论体系，才能更深刻、更正确地揭示其研究对象的本质和规律，才能更有效地指导我们的教育实践。所以对教育体系问题进行研究，不仅是教育科学发展的需要，而且对于教育事业的发展亦有重要的实际意义。开展教育学体系的研究，已成为教育理论和实践的客观要求，不断地建构、完善和发展教育学体系，是当今教育理论建设的迫切任务。

教育学是一门古老而又年轻的科学，其理论体系的建立和发展比较缓慢，教育学体系或教育科学分支学科的划分问题，在国内外教育学著作中尚没有比较明确一致的观点。教育学从哲学中分化出来成为一门独立的科学以后，它就处于一种混沌的综合状态。但是在今天，随着科学的发展，人们对教育现象认识的不断深入，它的分类在不断变化，分得越来越细，人们终于可以比较正确地把握教育学体系。教育学作为人类教育活动的理论形态，是在人类教育思想和理论思维有了相当发展之后逐步形成的，而其体系的确立，则只有在一定的历史阶段才有可能。

（二）教育学体系的建构

教育学体系的建构，总的要求是既要有层次性，又要有完整性。

教育科学是一个内部结构具有层次递阶性的独立系统，可以采用系统分类法进行学科分科。第一层次子系统包括基础学科和应用学科。第二层次是从第一层次子系统中派生出来的子系统。首先，基础学科派生出理论学科和一般学科两个子系统。其次，由于应用学科把教育基础理论应用于不同的领域，同时又采用不同的研究方法渗入了不同的学科成果，因而，派生出部门教育学科、区域教育学科、专业教育学科三个子系统。第三层次子系统是从第二层次系统专业教育学科派生出来的跨部门教育学科和职能教育学科两个子系统。上述系统分类法具有以下几个方面的优点：①能够明显地透视教育科学体系的层次结构；②能够看清各子系统学科之间相互联系和相互区别的关系；③能够较为科学地对教育学内部学科进行有序的分类。

在这里，层次性对教育学体系来说，具有重要的支柱作用。在20世纪60年代才兴起的科学学告诉我们，科学体系和科学研究是按不同层次而存在和得以进行的，认识和把握其存在的不同层次，不仅可以提高科学研究水平，而且是人类对科学把握

能力的反映。过去，人们一般只把科学研究分为宏观的基础理论研究和微观的应用研究。近些年来，不少科学家鉴于基础理论研究与实际应用研究之间相隔太远，难以使理论起直接的指导作用，因此主张在宏观的基础理论研究和微观的应用研究之间增加一个中观研究或称发展研究。这就是说，科学体系和科学研究应该由宏观、中观、微观或由基础理论、中间研究和应用研究这三个相互补充和相互促进的不同层次所组成。这是由于中间性研究可以使基础理论技术化、可操作，是应用理论的研究为实际应用奠定直接而现实的基础。中间性研究的这种居中转化机制，使得它在科学研究中具有无可替代的作用，也使得它在科学体系的构建中具有重要的价值，并具有普遍的意义。

社会科学之所以需要中间性研究，也就是需要在各门社会科学的基础理论与该门科学所涉及的实际生活和实际问题之间，建立起科学而便利的通道，以及确立把抽象理论转化为提高认识和解决实际问题的科学方法论体系和步骤。目前，社会科学中的许多学科力图进行层次划分，目的就是强化其体系在科学研究中的合理性、科学性。

不论自然科学还是社会科学，坚持按不同层次的视角来看待科学研究和科学体系，这种思路，对我国教育科学研究和教育学体系的构建，无疑具有很好的启发意义和借鉴作用。教育学作为社会科学的一大分支，其体系的构建，不仅可以分别从不同的层次来进行，甚至可以说，教育学体系只有首先把握其宏观、中观、微观的不同层次，才算真正找到了支撑教育学体系大厦的骨架和支点。

作为一门科学，其体系与内容，应是按逻辑的要求去推导、演绎，这样才符合一般人的思维特性。因此，教育学体系建构的基本方法是，首先对教育现象和其存在形态做深入细致的研究分析，然后再作实事求是的归类，以构成一个全面完整的体系。其推导、演绎的方法大致如下。

——依据教育现象、教育形态和其在社会生活中存在的空间形式，可产生家庭教育学、学校教育学、社会教育学等不同学科或门类；而依据学校教育现象存在的特点和层次还可进而产生幼儿教育学、初等教育学、中等教育学、高等教育学以及特殊教育学等学科。

——依据学校教育中不同专业、不同教学内容的要求，可产生语文教育学、外语教育学、音乐教育学、体育教育学之类不同学科。

——依据教育现象、教育形态以及教育思想在社会生活中存在的历史，可产生教育制度史、教育思想史等有关教育历史的教育学科以及教育未来学之类的学科。

——依据教育现象和其他社会现象的关系，可产生教育政治学、教育经济学、教育社会学、教育文化学等不同学科。

科学理论、科学知识体系的一个重要特点就是它是自成体系的，科学体系由它所研究的领域所构成。一方面，各门科学所研究的客观领域各不相同，这就决定了不同科学有不同的体系；另一方面，科学知识、科学体系只能是人对某一客观领域中的事物和关系的主观反映。不同的人，即使是训练、修养有素的科学家，会由于角度不同、观点不同、思想方法不同或知识背景不同，对事物有不同的认识和反映。因此，同一门科学知识体系会因不同的学者、专家的认识视角不同而有所不同。

总之，在人类社会中，教育现象、教育形态存在和发展的时间、地点、条件、形式、内容、手段、方法、特点等方面的问题，都应是教育学研究的范围。教育的对象是人，有关人的心理、生理、思维以及有关活动和管理，同样也是教育学研究的范围，都必须纳入教育学的体系之中。

（三）教育学体系的总体结构

目前教育学的体系中，形成了理论教育学、部门教育学、边缘教育学和应用教育学。而理论教育学、部门教育学、边缘教育学、应用教育学则是现代教育科学系统的基本结构。它具体体现着“理论—应用”这一科学基本秩序。由于现代教育科学系统的形成，人们对教育的认识将进入全面、深刻、具体的认识阶段，教育科学也将由此进入成熟、发达的阶段。现代教育学的发展，不仅以学校教育在现代社会中的普遍发展为实践基础，也以教育的终身化、教育的社会化为其实践基础。

教育学从近代到现代的发展，是人类对教育认识发展的一个“圆圈”，它必然要分化出理论教育学。在近代，人们对教育的认识还是笼统的，人们从外部联系上描绘教育运动的总过程，这是一种不自觉的理论思维，但没有很好地解决教育现象认识中的主观和客观、思维和存在的矛盾。现代教育学开始对教育现象进行分门别类的认识，在此基础上，人们必然逐步认识到主观和客观、思维和存在这一认识论的基本矛盾，并以科学的态度和方法解决这一矛盾，建立科学的理论教育学，揭示“社会教育和人类思维运动的普遍规律”而告终。总之，现代教育促使教育学形成科学系统，也促使教育科学趋于发展和成熟。教育学体系的总体结构如下图所示。

- 教育学体系总体结构
  - 宏观层次——理论教育学
    - 教育学原理
    - 教育基本理论
    - 教育哲学、教育史学等
  - 中观层次
    - 部门教育学
      - 高等教育学
      - 中等教育学
      - 初等教育学
      - 幼儿教育学
      - 特殊教育学
    - 边缘教育学
      - 教育心理学
      - 教育社会学
      - 教育经济学
      - 教育政治学
    - 教育活动与过程
      - 教学论
      - 学习论
      - 课程论
      - 教师论
      - 学生论
  - 微观层次——应用教育学
    - 教育管理学
    - 教育统计学
    - 教育工艺学
    - 教育卫生学
    - 教育评价学
    - 教育测量学
    - 教育建筑学等
    - 各种专业教育学，如
      - 语文教育学
      - 数学教育学
      - 音乐教育学
      - 美术教育学
      - 历史教育学
      - 生物教育学等

（四）教育学体系的实践基础

教育学的目的是解决教育实践的问题，而教育实践又是教育学得以产生和发展的基础。历史告诉我们，世界上一切科学都来源于实践，教育学同样如此。

教育学理论的实践性特征，还表现在历史上很多教育家就是实际教育工作者，或者就是一个教师。他们把自己的一生献给了人类的教育事业，教育实践为他们所探索的问题提供重要的资源条件，也为他们的研究成果的价值做出最终的检验和评价。他们所创造的教育理论的花朵是在他们教育实践的土壤上长出来的。

瑞士教育家裴斯泰洛齐是教育史上一个典型的实际教育工作者。他主张的教学理论和方法是他长期教育实践的总结。同样地，德国教育家赫尔巴特在青少年时期当过三年三个孩子的家庭教师。他的致学生家长的一系列书信，是他的教学实践的总结，也为他的教学理论奠定了基础。

教育史上不少杰出的人物，他们在实际活动中不仅开拓了教育事业的新领域，而且促进了教育理论的发展，美国的富兰克林和贺拉斯·曼就是其中著名的人物。

教育学史上不少教育家，为了探求新的教育理论，还开办了各种不同形式的实验学校。这表明教学实验从来是人类教育实践的一种重要形式，也是发展教育学理论的一种重要手段。捷克教育家夸美纽斯在匈牙利沙洛斯·波托克开办泛智学校，还写了《泛智学校》一书，概述了这个学校的教育方针、课程设置和学校组织准则等，可以说开了教育实验之先河。德国哲学家康德在哥尼斯堡大学开设教育学讲座时，就打算建立一所实验学校，附属于该大学所在的系。裴斯泰洛齐的布格多夫和伊弗东学院，从性质上说，也是一种实验学校。赫尔巴特在哥尼斯堡大学继承康德的讲席，讲授哲学和教育学时，也开办了教育研究班和附属实验学校。英国空想社会主义者欧文在纽拉纳克进行的教育活动，改变了整个地区生活的面貌，他进行的教学与生产劳动相结合的实验，受到马克思的高度评价。19世纪末20世纪初，实验学校成为推进教育运动的一种普遍形式。“芝加哥实验学校”是美国哲学家、教育家杜威预先拟订严密的计划并按照计划有步骤、有组织地进行的一个实验。杜威的一部极重要的著作《学校与社会》一书，就是对这个实验的经验总结。此外，如凯兴斯泰纳的“劳作学校”、德可乐利的“隐修学校”、蒙台梭利的“儿童之家”、沙茨基的“生活夏令营”以及尼尔的“萨默希尔学校”，都是著名的实验学校，并根据一定的教育理论和方法，进行了长期的教育实验。杜威在《明日之学校》一书里所记述的各种不同形式的教育实验，也属于这一类。上述实验学校，都根据实验的结果，提出种种可贵的经验和理论，对世界各国教育的革新和发展产生了深远的影响。在苏联，苏霍姆林斯基从1947年起，直到1970年逝世止，在帕夫雷什中学任校长，几十年如一日，勤奋耕耘，根据他长期的教育工作经验，发表了一系列的重要著作，丰富了关于人的全面发展的理论。

教育实践按人类实践的时间和空间的形式来划分，主要有如下三个方面：①现实的教育实践；②前人的教育实践；③外国的教育实践和经验。由于对现实的教育实践、前人的教育实践、外国的教育实践做了研究，在此基础上，相应地也就出现了如比较教育、中国教育史、外国教育史等教育学科，并成为教育学体系中的组成部分，成为教育学体系中的分支学科。

（五）教育学体系的理论基础

1. 教育学理论基础的含义

在教育学这一门综合科学中，教育学原理是其中的理论教育学。这就是说，教育学原理是教育学不可否认的理论基础。但是，我们还要认识到，理论基础是相对的，所谓元科学也是多元的、多层次的。比如，相对于教育哲学、教育经济学、教育社会学这些学科来说，教育学原理当然是理论基础。但是，仅以教育学原理为其理论基础，还不能建立起教育科学。教育科学的理论依据在，而且主要在哲学、经济学、社会学、心理学、人类学、文化学等科学理论之中。这不仅因为它们比教育学原理要成熟，更由于它们比教育学原理更基本、更具有普遍性，是教育学原理的理论和观点得以建立的基础科学和理论源泉。教育学原理中一些最基本的原理、观点，并不是教育学原理本身原本就有的独特理论，这些理论，最先是作为哲学问题提出来，并从哲学角度来认识的，教育学原理所阐述的教育活动，就是以社会学、文化人类学、传播学这些学科的科学成就为基础的。所以，所谓教育学的理论基础，不只是限于教育学原理本身，不只是教育学原理这一门学科，而主要是指教育学原理所阐述的各种理论、观点所来自、所赖以建立的各种元学科。正是依靠了这些基础学科，教育学原理才得以形成，教育学体系才得以建立，同时，教育学体系中的边缘学科和一切其他学科才能在理论上、基本观点上得以树立起来。

2. 教育学理论的知识基础

教育科学在以往由于对其对象、性质这些重大原则问题缺乏应有的深究和正确的认识，因此在对待上从来存在着两个明显的偏颇。

第一个偏颇，是把教育科学完全归入社会科学领域，大学中教育学系作为纯文科来办，这样就割裂了教育学和自然科学之间的联系。许多从事教育科学的人员，缺乏最基本的数学知识和自然科学知识，因而不能在把握自然运动规律和人类认识自然运动规律的基础上，探索和把握社会（包括教育）的运动和人的活动（包括认识活动）的规律，容易把社会与自然、把人与自然以及人的自然性分割开来。在方法论方面，不能受惠于自然科学，在内容上无法向自然科学渗透，就教育论教育，就方法论方法。

教育的对象是人，人既是社会的一分子，又是自然的一部分，这就规定了人的两种属性：社会性和自然性。人既受社会规律的支配，也受自然发展规律的制约，并且二者之间相互联系、相互制约，在教育过程中同时起作用。

马克思主义摒弃那种把社会现象生物学化的庸俗观点，强调人不同于一般动物的主要标志，在于他们生活的社会形式，首先是在劳动中形成的社会关系。马克思在批判费尔巴哈把许多个人纯粹自然地联系起来的共同性的“类”的人本主义观点时指出：人的本质并不是单个人所固有的抽象物，实际上，它是一切社会关系的总和。

但是也要看到，马克思主义并不因为社会性是人之所以为人的主要标志，而把社会人同人本身的自然基础割裂开来。这就是说，虽然社会性是人作为人的主要方面，是人的本质属性，但不能忘记自然性是人的身心发展的前提条件。这就规定了教育学作为一门科学，不可能离开自然科学的研究。有的人只承认心理学同自然科学的联系，而不承认教育学同自然科学的联系，以为教育学接受自然科学的渗透，势必冲淡甚至抹杀教育学的阶级性和政治性，这其实是一种偏见。教育学同自然科学的关系有两个方面：一是通过心理学应用自然科学；二是教育学本身也需要用自然科学来武装，如生物力学、生物电磁学、生物化学中有些内容，不仅搞心理学的人要研究，而且搞教育学的人同样要重视。现代体育学就大量运用力学原理，体育仿生学就是以力学为核心的一门新兴学科。又如，人体微弱电位的存在对教育起什么作用，现在也成为科学家感兴趣的课题。神经生物学已发现人的学习能力，同一定的生物电位波动图像变化有关。人的智力发展有其自然物质基础。美国神经化学家乔治·昂加尔和荷兰药理学家戴维德就认为记忆力和理解力是由细小的蛋白质分子——多肽组成的生化物质的特殊作用。人的学习也是如此：你要学美术，得先检查一下是不是色盲；学声乐，也得先检查声带是否正常。现代生物学的发展，给教育学科中未知或知之不详的领域，如遗传、人工控制变异、人工智能等以科学的回答。人对作为分子生物学研究核心的核糖核酸所蕴藏的遗传密码的人为控制，能使新生一代的生理和心理素质得到提高，这将为今后教育科学发展开拓柳暗花明的前景。

自然科学进入教育领域，有其深刻的历史根源。现代教育内容的刷新，教育对象的扩大，教育实际年限的延伸，教学组织形式的改变以及教学方法的革新，是起因于社会经济和科学技术的发展，特别是由于电子技术的迅速发展。可以预料，整个教育面貌将会随之发生巨大的变化。这不是说，用自然科学武装教育的问题仅限于电子计算机，电影、幻灯、广播、高架投影、电视、磁带、录音录像，整个电化教育工程都需要进一步发展。从电视、录音、录像所引起的教育组织形式的变化，各学科之间的相互渗透，现代化教学手段的使用和操作方法的更新看，从教室到实验室、图书馆的校舍结构如何适应这个新形势的问题来看，就有许多自然科学问题要研究。此外，随着现代科学技术的发展，古典教育学中许多概念也要改变其旧内容。总之，现代教育科学每前进一步，都得靠自然科学扶持。

现代科学发展的特点是两门或几门学科朝着对立的方向渗透，各自以最新的成就影响着对方，并以批判、扬弃方式修订对方的某些陈旧观点和方法，同时又吸取对方的某些新理论、实验成果和技术成就来丰富自己的内容，改进自己的思维方法，把本门学科提高到新的水平上来。自然科学中各门学科之间的关系是这样，自然科学同社会科学之间的关系也是这样。它改变了过去那种“尔为尔，我为我”，文不沾理、理不沾文的状态，出现了社会科学自然科学化、自然科学社会科学化的新局面。社会科学同自然科学之间你中有我，我中有你。控制论、信息论、系统论又把二者沟通起来，构成一个完整的知识体系。这就促使社会科学家和自然科学家走出自己的“小天地”，带着科学整体化的观念，联合各学科，进一步探究社会现象和自然现象的奥秘以及二者之间的内在联系。

当然，我们也必须看到，教育属于社会现象，不管它如何发展，都不能不受社会法则的支配。因此，也要防止用自然规律来解释社会现象的偏向，把教育研究生物学化。要看到社会科学同自然科学之间既有联系，又有本质差别。把科学整体化看作现代科学占主导地位的发展方向，这并不意味着要消除各门学科之间的逻辑界限。强调教育科学接受自然科学的挑战，也并不放弃教育科学本身的独立地位。还要看到，社会存在决定人的意识，而不是相反。人不能离开社会生活而存在。人的智力虽有先天基础，而它的发展却受制于社会环境，即教育熏陶和个人的主观努力，这就决定了教育学从总的说来仍是属于社会科学的性质，而不因自然科学的渗透而改变。

第二个偏颇，就是把教育学当作基础科学，把它和数、理、化、文、史、哲等基础学科平列起来。教育学作为一门学科在学校里开设，这当然是和其他学科有共同的地方。但是，就教育学研究对象而言，它不同于文、史、哲、数、理、化这些基础学科，而类似于经济学。教育学研究的对象，首先是一种社会活动，一种社会事业。作为社会事业的教育是一种社会实体，是社会的事业部门。经济学研究的对象是人们社会经济活动和社会经济事业。而作为事业和活动的教育与作为事业和活动的经济的区别，在于教育事业是以传授社会文化、科学知识，发展人并促进社会发展与进步的专门活动，它体现在各门学科、各个层次的教育过程之中。而经济事业则是以社会生产、人们社会物质生活为其内容，也正由于这个缘故，教育学和经济学这二者都属综合性的科学。因此，建立教育学的最佳途径，应该是主动地去吸收各相关学科的研究成果。譬如，教育学在研究智育时，必须依靠心理学、哲学、逻辑学；在研究德育时，必须依靠伦理学、社会学、道德论；在研究体育时，必须依靠生理学、营养学；在研究美育时，必须懂得美学。教育学的这个特点决定了它的成熟必然与其他相关学科的成熟发生着直接的关系。教育学是一门综合的科学，但也是一门专门科学，它有自己的研究对象、研究方法、研究任务和目的，这些内容不能由其他学科来替代。教育学的建立和发展需要更广阔的理论基础，需要较多的学科知识做基础，这就形成了它的综合的学科性质，但不能说它没有自己单独的研究对象。人类的教育行为有它自己的规律，它是培养人类的智能，提高人类素质并使社会得以生存和发展的一门学问，完全有资格成为一门科学。

和教育学相近的学科主要是依据其围绕着微观的教育和宏观的教育这两个方面来确定的，也就是说，教育学的理论基础是基于微观的和宏观的教育实践的需要。教育学在客观上存在着微观的对象和宏观的对象这两个不同的方面。教育学的微观对象，就是教育活动，主要是对人的发展和教育；教育学的宏观对象，就是教育事业，中心内容是为群体、为社会发展和进步服务。

以教育活动中教育者、学生、学校以及有关教育内容、方法问题为对象的教育学微观对象的研究，在理论上就需要分别有哲学、心理学、伦理学、传播学、文化学、解剖学、语言学、信息学、脑科学等科学作为自己立论的基础；而教育事业作为教育学的宏观对象的研究，则应以政治学、社会学、经济学、法学、管理学等科学为其基础。也就是说，研究教育，必须研究社会及各个方面。唯有如此，才能在最广泛的意义上研究教育的规律，把握教育的机制，制定教育的策略，指导教育实践。教育理论工作者必须从整体上通晓现代科学，包括自然科学、社会科学、人文科学的基础，不应像过去那样只停留在表面的、形式的了解上。只有既在宏观上又在微观上掌握其内容，并且在把握宏观对象、适应宏观要求的前提下，对教育的具体内容进行深入研究，才能理解教育的内涵，把握教育的特点，选择适合的内容，创造科学的教育方法。这不仅需要研究教育的整体，而且需要研究教育的各个部分；不仅需要研究教育的内部规律，而且需要研究教育以外的东西。教育科学不仅要形成理论体系，而且要发展技术手段，使之具有可操作性，便于应用。总之，走综合化道路，应是教育科学发展的基本方向。教育学的理论基础，过去一直被认为只是心理学，这显然是十分片面的，其根源就在于把教育学只看作是育人之学，没有把教育学看作为一切教育现象之学，这是微观教育学局限性的反映和表现。

（六）教育学与相关学科的关系

回答教育学与其相关学科的关系问题，我们首先需要回答以下有关问题：在当代究竟有哪些学科或科学和教育学具有相关关系？这些相关学科和教育学之间的关系又是如何来确定的？

教育学在当今和许多学科（科学）都发生着密切的关系，这是现代教育学的一个显著的特点。但也不是和一切学科（科学）都有密切的关系，那么，这其中确定的原则和标准是什么呢？

原则和标准只有一个，这就是教育学的性质，即我们是以教育学所具有的性质为原则和标准来确定诸学科和教育学的相关性的。

教育学的性质是根据教育的本质和特点来决定的。如前所述，如果认为教育是自然现象，就须把教育学划到自然科学中去；如果认为教育是社会现象，就要把教育学归到社会科学中去。现在我们已经确认教育既是一种社会现象，也是一种认识现象，或称心理现象，也就是一种人的精神文化现象。或者更准确地说，教育只存在于人类社会之中，所以它在总体上说，都属于社会现象。但是教育这种社会现象和别的社会现象所不同的，是关于社会个体精神文化领域的问题，是属于精神文化现象问题。精神文化现象问题对一个个体来说，是认识问题、心理问题，其核心是精神文化的传承和人在精神文化领域的造就问题。从人类学的角度来分析，情况也是如此。教育在本质上是人类认识世代连续的纽带，这就决定了它与人类的所有认识领域相联系。一部教育发展史，就是一部人类认识发展史，正是在实现人类认识世代连续的意义上，作为人类认识世代连续的纽带，教育才确立了自己的永恒性。也正是由于这一点，教育渗透到社会生活的各个领域、各个处所，并贯穿于人生的始终。

根据以上对教育这种社会现象性质的认识和分析，我们把教育学确认为，它的总体的性质属于社会科学，但又不单纯是一门社会科学，而是一门边缘性的科学，其中也有自然科学的性质，特别是心理科学、精神文化等方面的科学性质。而这些，说到底是关于人的问题。

因此，从总体上讲，凡是现代以社会现象为研究对象的学科（科学）和以精神、认识、人文现象为研究对象的学科都属于与教育学有密切关系的学科（科学），并且也可以把它分为两个不同的种类。

其一，以社会现象为研究对象的学科及其与教育学具有相关关系所产生的边缘学科。如：

哲学——教育哲学；

政治学——教育政治学；

经济学——教育经济学；

法学——教育法学；

管理学——教育管理学；

社会学——教育社会学；

人类学——教育人类学；

文化学——教育文化学。

其二，以人特别是以人的精神和文化现象为研究对象的学科及其与教育学具有相关关系所产生的边缘学科。如：

心理学——教育心理学；

生理学——教育生理学；

传播学——教育传播学；

语言学——教育语言学；

美学——教育美学；

伦理学——教育伦理学。

前者属教育学与相关学科关系的宏观领域，而后者则相对地属于教育学与相关学科关系的微观领域。教育学与以社会现象为研究对象的学科之间所发生的相关关系，主要是基于教育事业与其他社会现象如政治、经济、社会、法律等所必然发生的关系。因此，如教育政治学、教育经济学之类中的“教育”二字，实际指教育事业而言。而后者的教育学与人的精神、认识和人文现象的学科所发生的关系，则主要基于教育活动与这些现象所必然发生的关系。因此，如教育心理学、教育传播学之类边缘学科中的“教育”二字，并不是指教育事业，而主要是指教育活动。所以，同样是教育学的边缘学科，同样有“教育”二字在其中，然而此中的含义并不相同，教育学研究者，对此不可不察。

以上这些教育学与其相关学科之间所产生的边缘学科，也是教育学的分支学科。教育学大量边缘学科的出现，乃至成为教育学体系的组成部分，其产生的机制即在于此。

从近代到现代，教育科学理论形成了一个庞大的体系。这个体系的形成，就是从旧学科的不断充实和健全，新学科的大量涌现中完成的。这些新产生的边缘学科不仅在量上扩充了教育学的内容与结构，而且使教育学在质上得到新的提高，亦即使教育学通过对相关学科有关理论、学说成就的汲取、借鉴，拓宽、充实了教育学赖以建立的理论基础。

在当代，教育学在理论上的建设与基础，是绝对不能脱离各相关学科已取得的理论成果和学术成就的，教育学要在理论上保持活力，具有时代的气息和科学性，它必须密切关注各相关学科的理论成就，并善于从中去吸收自己需要的东西，借鉴各方面有益的成分。教育学与相关学科的关系对教育学来说，是吸收、借鉴的关系，这是主要的、根本的关系。当然，这其中也有互相借鉴、互相吸收，即相得益彰的关系。教育学一旦在理论上趋于成熟，也可以为其他学科提供教育学建设的理论成果，为人类精神文明的建设做出自己的贡献。事实上，人文科学的各个对象彼此牵连、交互渗透，不但跨越国界、衔接时代，而且贯穿于不同的学科。

人类历史表明，社会科学的巨大发展是在彼此相互依赖的整体性革命之后实现的，任何一门科学理论离开其他科学的融会贯通，都不能形成、丰富和发展。因为，人们的社会实践和社会生活本来就是相互联系的整体，对它们的反映和调节也不能彼此孤立。因此，各门科学理论之间必须相互联系、相互作用地交织在一起，像任何一门现代科学一样，教育科学总是通过跨学科的方法不断开拓其理论的视野。

七、教育学体系和其中的“教育学原理”

教育学体系是个由众多教育学科组成的学科群，但组成这个学科体系的各门教育学科在这个体系中并非同属一个层次，而是在宏观、中观、微观领域各有所属。其中的“教育学原理”就是一门属宏观领域的教育学课程，具有十分重要的意义和地位，值得在这里特别予以介绍。

我们首先应当明确认识到，教育学原理在今天之所以作为一门必不可少的教育课程、教育学科出现，其根本的理由是在于此时的教育学已形成一个学科群、一个体系和它在教育学体系中占据着其他教育学科不能取代的独特地位，并有重要作用，其原因归根结底是由于它具有一种独特的哲学的性格。

哲学的性格是一种什么样的性格呢？是一种宏观的性格，统观全局的性格。目前，国内学术界在对什么是哲学和哲学研究的对象问题上，尽管在认识上还很不一致，但是不论持何种观点的人，对哲学具有宏观的和统观全局的性格，总还是一致的。一般认为，“哲学是世界观的学问”，而“世界观，就是人们对世界的总的看法和根本观点”。因此，哲学研究的对象是整个世界的最一般问题，或曰“世界观问题”。这种对哲学的见解，就反映了哲学所具有的宏观的统观全局的性格。

教育学原理对于人类教育现象领域来说，也具有哲学所具有的那种宏观的特性和统观全局的性格。教育学原理实际上有如教育现象、教育理论领域的“哲学”，它所形成的对教育问题、教育现象的一些基本看法，即一般的教育观，也就相当于哲学上的世界观。如果说哲学是对自然、社会知识和思维成果的概括和总结，那么，教育学原理则是对人类有关教育的一切理论成果进行抽象、概括而形成的。

教育学原理中的教育观，是对社会生活中教育现象的根本观点和看法。同哲学产生的情况一样，人们为了生存和发展，总要同社会中的教育现象、教育问题接触打交道，而在此过程中形成对教育的认识。一开始这种认识也只能是局部的、具体的，以后这种认识不断积累，就会形成对教育的总体认识，这些对教育的总体看法就是教育观，即教育思想。教育观每个教育者都会有，人们就是按其教育观来行事的，只是一般人的教育观并不总是自觉的，也远非全面、系统的；并且，人的教育观、教育思想也是分层次的。全面、系统的教育观、教育思想就反映在教育学原理的著作和课程内容之中，各门教育学科也可以给人以某种教育观，但它比起教育学原理来，其教育观属较低层次。可以说，其他各有关学科理论的终点，恰恰就是教育学原理理论上的起点，教育学原理无疑是其中最高的一个层次。教育学原理，就是在认识的一定阶段，人们的教育观经系统化、理论化而形成一门科学，它是对人类一切教育理论成果进行抽象、概括的结果。所以，教育学原理是关于教育观、教育思想的学问，是对人类教育知识、教育实践、教育理论的成果，基于一定的哲学世界观理论和某些相关基础学科的成果所做的理论概括和总结。

教育学是人类社会一切教育现象的理论形式，也就是人们研究各种教育现象、各种教育问题和各种教育规律的各有关教育学科的总称。那么，在教育科学体系，亦即教育学体系中，教育学原理究竟具有何种地位与作用呢？

教育学原理在教育学体系中是一门十分重要的、必不可少的基础学科。我们知道，作为一种社会现象的教育，有自己的普遍规律，也有自己所属各个领域的特殊规律。教育学原理，就是研究教育的普遍规律，各门其他教育学科则是研究教育的特殊规律。因此可以说，教育学原理是关于教育的普遍规律的学问，它是具体教育学科最原则、最基本的概括和总结，又是指导各门具体教育学科的专业基础理论。教育学原理也可称为一般教育学或理论教育学。一般教育学、理论教育学是教育学的基础理论。

从教育学原理在教育学体系中所占据的基础地位而言，教育学原理所阐明的理论观点对教育学中的其他分支学科或教育学的其他课程来说，是共同适用的，它对其他分支学科或课程具有普遍指导意义。就其意义和作用来说，在于它有助于我们了解教育学的总体情况和基本格局，了解各门分支学科在其中所占据的地位与其他学科间的关系等，从而有利于人们去了解、学习其他学科和课程。因此，应当说，教育学原理是人们学习教育科学，亦即教育学的一门必不可少的专业入门课。并且，由于教育学原理的建立，各门特殊教育学也就不致各自分散游离，彼此无所统属，而可联结成为一体，成为一门大的综合性教育科学门类。

用辩证逻辑的话来说，教育学体系与教育学原理等各门分支学科是整体与局部的关系；教育学原理与教育学体系中的其他各门分支学科之间是普遍与特殊的关系。整体与局部，普遍与特殊，是两对既同又异的范畴。教育学原理在教育学体系中所居的是主干的、基础的地位。我们既不能把教育学原理和教育学混同起来，也不能把教育学原理同其他各门分支学科等同起来。这是正确把握教育学原理在教育学体系中的地位的基本要求，也是正确构建教育学体系，认识教育学原理的作用与任务的重要前提条件。

理论之所以能够对实践有普遍的指导意义，是因为它对研究现象的科学抽象。这种抽象不是模棱两可的思辨，而是从一定的逻辑起点出发，透过现象对事物本质联系的分层次的升华。这样才能使理论指导实践成为可能。

教育学原理作为基础理论学科，是有自己的研究对象的。它的研究对象，首先，应是教育学自身，或者说是教育学体系本身，其任务是理顺教育学体系本身的一些概念和其理论关系，如教育学研究的对象、范围、体系、性质，教育学的基础以及教育学和其他科学的关系等。我国教育学从其名称、概念到体系可以说长期以来乱麻一团、不深不透，亟须从根本上予以清理。而理顺、弄清其中的种种关系，明确其性质、任务等，只能是教育学原理这门学科所能承担。教育学这个概念，尽管长期在我国广泛流行和使用，但由于对其内涵和外延等逻辑方面的问题并没有予以必要的深究，人们多年来陷入一种盲目的状态。也可以说，人们多年来误用这个概念，在今天应该是“拨乱反正”的时候了。其次，教育学原理以教育为对象，也就是它要以人类社会的全部教育现象为研究对象，其任务是要阐明教育学的基础理论、基本方法和教育现象的普遍规律。由于教育现象是发展的，而随着对教育现象研究的深入和发展，教育学出现了许多分支学科。它们各自研究教育的某一特定的现象、方面和具体过程，或从不同的角度研究同一教育现象。教育学原理的研究也会涉及这些学科的内容，并需要在这些学科研究的基础上，不断丰富和发展自身。但是，教育学原理又是应当与这些学科有区别、有分工的。第一，它不仅应把教育作为唯一的研究客体，而且要把各种教育现象联结起来，作为一个整体加以研究，而不是只专注于教育的某一现象、关系、方面和特性。第二，它在研究中所揭示和阐发的，应是人类教育各种现象之间及其同其他社会现象之间最本质的关系和最普遍的联系。因此，它阐释的是人类教育发展的最一般的过程和规律，是人类教育生活中一些最重大的理论问题。第三，它应当是从一定的世界观和方法论出发，来研究、理解和阐释教育，揭示各种教育问题的世界观实质，而不是简单地描述和概括教育现象，或者仅仅给予教育现象以某种常识性的说明。因此，在上述意义上可以说，教育学原理应当具有哲学的某些特征，即要从总体上和联系上，把教育作为自己的研究对象。总之，教育学原理是对教育所做的总的思考。

教育学原理的对象是人类教育的总体，由此对象所决定，教育学原理的研究必须动用自然科学、社会科学和哲学诸领域的知识，这就形成教育学原理研究的科学一体化原则。

改革开放以来中国教育学研究之路*

□ 侯怀银（山西大学教授）
□ 王　霞（山西大学讲师）

改革开放以来，我国的教育学研究经历了从移植、借鉴到探寻自主发展模式的阶段，体现着历史和逻辑的统一。为了推进未来中国教育学研究的深入，我们很有必要对改革开放以来中国教育学研究进行回顾与反思，并进一步探寻中国教育学研究的未来趋向。

一、改革开放以来中国教育学研究的发展历程

（一）20世纪70年代末和80年代的教育学研究：政治化与科学取向

改革开放之初，百废待兴，教育学的研究更是力图摆脱政治性的束缚，以科学的逻辑来规范自身，实现教育学自身的独立性和科学性。其主要研究内容如下。

1. 政治化的剥离与重构

经历了思想上的“拨乱反正”，教育学研究首先对新中国建立以来一直效仿并以之为模板的苏联教育学进行了重新认识和评价。如《凯洛夫〈教育学〉的再评价》、《赞科夫教育学思想与凯洛夫的教育学》、《建国后教育实行“以俄为师”的历史教训》、《从凯洛夫〈教育学〉中看当前教育理论建设中的几个问题》等文章，对凯洛夫以及苏联的教育学的积极因素予以肯定，但也对其浓厚的政治色彩、机械的思维方式和教条主义等进行了批判。在从苏联的政治和经验逻辑中走出之后，我国的教育目标重新确立了“以马克思主义为指导，坚持共产党的领导，坚持社会主义方向，培养为社会主义建设和改革服务的劳动者和专门人才”的政治化追求，而教育学研究的必要性和方向性，也是在其与国家目标和国家规划的直接关联中得到确认的，虽然其力图避免成为国家的教育方针政策汇编和教育者的“工作手册”，但是，从“以阶级斗争为纲”到社会主义建设，此时的教育学研究难以摆脱为政治服务的思维逻辑，只是否定了一种政治形态的困扰，却又陷入了另一种政治目标的追求，科学性的追求仍然无法掩饰隐藏于其中的政治意识和价值取向。

2. 教育学的科学性探索

在否定了政治化和经验化的研究思维之后，教育学研究者们试图以科学的标准和范式来审视教育学，确立教育学的科学地位，并从科学理论的基本角度进行了论证。这主要表现在以下几个方面。

第一，教育学学科性质的厘定。学科性质是为学科正名的主要标准。长期以来，教育学在我国是作为一门学科而存在的，而其是否具有学科的科学性却是备受争议的。有研究者对西方教育学者的观点进行了梳理，提出了教育学的职业性质；① 还有

---

* 原载《中国教育科学》2013年第1辑。

① 王志平：《当代西方学者对教育学性质的论争》，《外国教育研究》1986年第1期。

研究者明确提出了教育学是理论兼应用的学科；①也有研究者从科学的发展史出发，论证了教育学作为科学的理由，并提出了科学教育学的构想。②

第二，教育学的逻辑起点研究。有研究者曾罗列了人本、体育、管理、知识、生活、目的、本质、教师、儿童、受教育者、教学等十余种教育学的逻辑起点说；③ 也有研究者提出了本质起点论、知识传授起点论④、知识授受起点论、学习起点论等来自哲学、社会学、心理学等角度的逻辑起点。还有研究者则认为，由于教育本身的复杂性、系统性，教育学的逻辑起点也应有多个，而不是一个，是仁者见仁、智者见智的个体行为。

第三，教育学的理论体系建构。研究者们首先对理论体系的性质进行了剖析，区分了学科研究中混淆的科学体系与教材体系、工作体系与理论体系等概念及关系。⑤ 在此基础上，对理论体系的构建主要是在对已有的教材体系进行批判和改造基础上进行的，如内容含混、表述疏漏、逻辑关系不合理、视野局限等问题。

第四，元教育学的提出。20 世纪 80 年代，教育学研究虽极力向科学化迈进，但却缺少学科“自我反思”的意识。叶澜提出，要加强教育科学“自我意识”的思考，并建立以教育学本身为研究对象的元科学群（教育科学发展史、教育科学学、教育科学方法学）；肖川也提出了“教育科学学”，并将其视为教育学发展的必然产物。

第五，教育学的科学研究方法。与科学化的取向一致，研究者们在批判传统的形而上学、经学研究方式的同时，提出了要运用自然科学和社会科学的研究方法，定性研究与定量研究的结合。20 世纪 80 年代，以系统论、信息论、控制论“三论”作为教育学研究的主要借鉴方法，有的研究者从系统论角度来寻找教育学的逻辑起点，并建立相应的理论体系；有的研究者则直接提出了以方法论命名的教育学，如控制论教育学，并以示例诠释其理论内涵。⑥ 80 年代后期，耗散结构理论、协同论、突变论“新三论”又引起了教育界的高度重视，成为人们认识教育现象，揭示教育规律的有力工具。

3. 教育学的中国化诉求

随着建设有中国特色社会主义政治目标的确立，建设有中国特色的教育学成为研究者们共同的志向。鲁洁在《建设有中国特色社会主义教育学管窥》一文中，就指出了教育学要符合社会主义经济、政治、文化教育实际，具有中国传统特点并以中华民族为主体等特征，并提出了社会主义型、马克思主义型的教育学模式。毕诚则从近现代的学术发展史及中国的传统文化出发，提出要以科学的态度和方法来认识和处理政治、经济、学术诸体系与教育的关系，作为实现教育学中国化的重要理论工作和实践任务。同期，“关于建设有中国特色的教育科学体系”座谈会的召开，更是凝聚了学者们对教育学中国化的深切诉求。

（二）20 世纪 90 年代的教育学研究：知识化、专业化与实践取向

可能是 20 世纪 80 年代人们对于教育学研究的“过于狂热”，仅在十余年间就出版了教育学教材 110 多部；也可能是这百余部教材急于形成有自身特色的理论体系，反而落入苏联教育学的窠臼，无法超越。90 年代，人们对于教育学的研究，一方面，仍在孜孜以求地论证着教育学的科学性，更为深入地以西方的教育学知识以及其他学科的知识、专业化的规范来树立教育学的学科形象；另一方面，又对以此为对象的“元教育学”、“元研究”提

① 刘继武：《论教育学的学科性质及发展方向》，《山东师范大学学报（人文社会科学版）》1986 年第 6 期。
② 陈元晖：《科学与教育学》，《教育研究》1985 年第 6 期。
③ 瞿葆奎：《喻立森：教育学逻辑起点的历史考察》，《教育研究》1986 年第 11 期。
④ 郑金洲：《教育学逻辑起点初探》，《争鸣》1987 年第 6 期。
⑤ 张晓鹏、张启航：《教育学体系问题初探》，《教育理论与实践》1987 年第 3 期。
⑥ 安文铸：《控制论教育学简介》，《未来与发展》1985 年第 4 期。

出了质疑和责难，并且要结束“体系建构”的时代，要以“问题研究”为取向，从而开辟出90年代教育学研究的另一种价值取向：实践。

1. 知识化、专业化的教育学研究

这一时期的教育学研究，从研究对象、研究思路上来看，都是上一时期的继续。所不同的是，从学科的外围走向学科的中心，对于西方的教育学以及对其他学科知识的引入更加深刻，反思也更为成熟。这主要表现在以下几个方面。

第一，教育学的研究对象问题。研究者们对学科研究对象的关注，是对教育学科学地位的进一步论证。教育现象、教育事实、教育问题、教育规律等相继成为教育学的研究对象。也有研究者从宏观的教育系统出发，认为教育学的研究对象是教育与社会各方面以及教育内部的基本关系。但由于教育学的多元发展以及学科分化，人们在统一的研究对象方面并未形成共识。对此，有研究者提出“科学的逻辑要服从认识的逻辑”，认为教育学的研究对象应根据教育学的分类（如部门教育学、跨学科教育学、专题教育学和学科教育学）来确定，还要根据教育学是作为科学还是作为课程、教材等不同角色而定。① 也有研究者提出“实质对象”与“形式对象”之分，认为教育学研究对象的实质不在于划定研究的范围，而是研究者对客体关注的视角，即主观意图。② 客观的、唯一的教育学研究对象受到质疑。

第二，教育学的逻辑起点问题。这一问题的研究在90年代走向更为深入或复杂。除了延续和深化着80年代的研究思路，提出了“教育活动”、“文化授受”、“学习起点”等逻辑起点论之外，研究者更多的是借鉴其他学科的理论资源来寻找教育学的逻辑起点。如从科学学和思维学的角度出发，提出复制、传输是教育学的逻辑起点；③ 从逻辑学的角度出发，提出教育学的逻辑起点应当是“教育的属性”＋“学科的性质”，以此来作为区别于其他学科的“示差特征”，并认为逻辑起点应当是建构理论体系的思维维度，而非理论体系的起点范畴；④ 从哲学角度出发，提出了“教育存在”⑤、“经验”、“现实生活人”等教育学逻辑起点。除了寻找确定的逻辑起点外，研究者们也对其进行了深刻反思。如教育学有没有逻辑起点？《资本论》中的逻辑起点是否适用于教育学？对此，有研究者从教育学的特性出发，认为其没有唯一的、专属的逻辑起点；⑥ 也有研究者提出教育学应有多个逻辑起点。

第三，教育学的理论体系问题。90年代初期、中期，研究者们对于教育学理论体系的研究，一方面，是借助其分支学科来支撑和完善，如有研究者提出了建立宏观（即普通教育学）、中观（分支学科）、微观（应用部分）相结合的大教育学体系；⑦ 还有研究者提出由基础教育学、技术教育学和学科教育学构成教育学系统。⑧ 另一方面，教育学理论中的诸多命题，又是通过其他学科来论证的，甚至走向了代替别的学科去论证其他学科中已证明的命题。陈桂生先生的《略论教育学成为“别的学科领地”的现象》一文就文笔犀利地指出了上述问题，在当时引起了巨大的反响。对知识的过度诉求以及其他学科知识的广泛介入，导致了教育学理论体系在逻辑上的混乱，如应然与实然不分、理论与实践

---

① 成有信：《教育学的对象及其两个相关问题》，《北京师范大学学报（社会科学版）》1992年第6期。

② 陈桂生：《教育学研究对象辨》，《教育理论与实践》1995年第4期。

③ 孙绍荣：《关于教育学逻辑起点的思考》，《教育科学》1991年第1期。

④ 曹世敏：《教育学逻辑起点新论》，《教育研究》1994年第10期。

⑤ 郭元祥：《教育学逻辑起点研究的若干问题思考》，《教育研究》1995年第9期。

⑥ 胡中锋：《“教育学逻辑起点”研究述评——教育学有没有逻辑起点》，《现代教育论丛》1999年第1期。

⑦ 王枬：《教育学系统化探讨》，《广西师范大学学报（哲学社会科学版）》1992年第2期。

⑧ 郭绍武：《教育学体系结构初探》，《济南大学学报（社会科学版）》1991年第2期。

混淆等问题，① 也使教育学成为其他学科的附庸，失却了本身的主体意义，面临“教育学的危机”。对此，有研究者对理论体系中的科学主义取向进行了批判，提出要凸显“人”的地位；② 也有研究者提出将问题研究和实践研究作为弥补体系构建缺憾的重要方法。90 年代末期，教育学体系研究应当回到学科本身中来，即研究教育学的内部关系及规律基本成为研究者的共识。③

第四，元教育学的研究。80 年代，人们对元教育学的研究还只是一个朦胧的构想；到了 90 年代，元教育学的研究开始走向中心，走向深入。一方面，元教育学的基本问题得到充分论证。在学科性质、研究对象、研究方法、学科意义等基本问题上形成了一定的共识。元教育学作为一个独立的研究领域，是对教育学理论的整体性反思，传统的思辨方式、现代科学哲学中的逻辑分析、语言分析等成为元研究的重要方法。另一方面，元教育学的一些下位领域研究方兴未艾。教育学的体系论、性质论、逻辑起点论等研究取得了较大的进展；元研究的基本范式，如元伦理学、元哲学方式和元社会学范式等正逐步充实到元教育学的学科研究中来，扩大了教育学元研究的视野。④

2. 实践化的教育学研究取向

教育学研究者对专业化、科学化的过度追求，使学科自身陷入了“科学主义”泥淖不能自拔，却又无法树立令人信服的科学依据以维护学科形象。对此，有的研究者提出了教育学研究要走出“唯科学”的迷途，认为科学不能直接应用于关涉价值和认识的教育学中来，科学主义带来的教育学分支学科及边缘学科的表面繁荣，却对教育学自身的理论发展无所裨益。⑤ 科学无法完全诠释教育学。因此，研究者们将视角转向实践，重新审视教育学的基本理论，并带来了教育学研究方法和范式的改变。

其一，实践教育学理论的孕育和发展。德国教育学家布雷岑卡的实践教育学被研究者们广泛引介，作为增强学科自我认识、提高学科的自我分析、自我选择能力的有效途径以及我国教育学发展的新方向。⑥ 布雷岑卡将教育学知识分为教育科学、教育哲学和实践教育学。⑦ 在此基础上，我国研究者又将其细化，提出了教育学理论的四种成分：教育科学、教育价值理论、教育规范理论、教育技术理论。前两者是“理论教育学”的主要构成，后两者则是“实践教育学”的构成。在明晰实践教育学的基本功能，即指导实践的基础上，研究者们对实践教育学的基本范畴、目的、性质、功能、陈述方式以及语言特征等问题进行了深入、系统的学科论证。

其二，教育学研究方式与范式的转变。在抽象化、程序化的教育学研究备受争议的同时，研究者们试图转向实践，以人文主义的研究方式来还原教育学的生动性与丰富性。有研究者从教育活动的“事实—价值”问题着手，力图寻找两种规范在实践中的统一，既要有自然科学式的研究生长点，又要保持学科的人文特征。而现象学、解释学等人本主义的学科研究方法对于教育学研究有着普遍的意义。⑧ 研究方法的改变必然带来研究范式的改变。一方面，研究者们站在人本主义的立场，提倡对

① 陈桂生：《略论教育学“绪论”与“本论”脱节现象》，《高等师范教育研究》1994 年第 3 期。

② 毛亚庆：《论教育学理论建构的科学主义倾向》，《北京师范大学学报（社会科学版）》1997 年第 3 期。

③ 刘振天：《“大教育学体系”建构论批判》，《教育理论与实践》1997 年第 5 期。

④ 郑金洲：《“元教育学”考辨》，《华东师范大学学报（教育科学版）》1995 年第 3 期。

⑤ 杜时忠：《教育学要走出“唯科学”的迷途——对科学主义教育思潮的批判》，《华中师范大学学报（哲学社会科学版）》1996 年第 2 期。

⑥ 冯建军：《略述布雷岑卡的实践教育学思想——兼论我国教育学的努力方向》，《比较教育研究》1995 年第 2 期。

⑦ W. 布雷岑卡：《教育学知识的哲学——分析、批判、建议》，《华东师范大学学报（教育科学版）》1995 年第 4 期。

⑧ 唐莹：《事实/价值问题与教育学研究》，《华东师范大学学报（教育科学版）》1994 年第 1 期。

“人”以及“生活世界”的回归，更加关注“教育在怎样的现实中发生”这种原初性命题，并力图通过在生活世界，即“事情本身”的研究中实现科学与实践的相通；① 另一方面，研究者们通过教育学研究范式的历史演变，力图寻找新的研究范式，以更新和变革教育学的研究传统。而研究传统，作为一种普遍的、不易受检验的各种学说和假设构成的理论谱系，不仅衡量科学进步的标准，更是对实践者的思维、方法、行为有着直接影响的缄默的逻辑。②

3. 教育学研究的中国化探索

90 年代，人们对于这一问题的研究并不是很多，但是研究思路却很有代表性，也更为理性。一方面，有研究者对“有中国特色的教育学”这一口号提出了质疑。认为教育学作为科学是没有国籍的，不能把教育学科与教育学派混淆，盲目地使用这一口号，只能使教育学的研究更加片面和狭隘，也反映出当前的教育学研究缺乏科学的精神，容易用纲领、口号的诠释来代替独立研究；③ 另一方面，有研究者却认为教育学的本土化有着学术发展的必然性和历史发展的必要性，中国的教育学如果不去研究有中国特色的教育行为，而只是简单地移植、借鉴国外的理论，这样的研究既不能促进学术的发展，也不能引起本民族意识和心理上的认同。④ 还有学者更深入地剖析了教育学的“中国化”现象，指出了人们对于教育学“中国化”的概念、命题上的认识误区，并指出本土化并不是科学与非科学的主要区别，也不是一个孤立的问题，它同教育科学管理体制、教育研究传统以及学科设置情况等直接相关。⑤

（三）进入 21 世纪以来的教育学研究：综合性、回归性和文化多元性

随着又一个新千年的到来，后现代主义的多元思维及价值观带来了意识形态的巨大变化，学术界也开始调整自己的文化立场，探寻新的研究和表达方式。单纯的科学主义或人文追求已不能诠释教育学的丰富内涵，多元的文化选择带来了研究者们对于教育学的多重塑造和多重理想。

1. 综合性、整体性的教育理论研究

与 20 世纪 90 年代的研究取向不同，21 世纪的教育学研究对于寻找教育学的逻辑起点，或是建构科学的教育学体系已不作为热点。有研究者指出，人们对于逻辑起点，更多的是对其规定性的讨论，而对于其依据的合法性则缺少认知；逻辑起点概念是在理论层面而非学科层面使用的，这对于体系的建构并无意义。教育学体系的建立和发展是一个复杂的问题，并不能期待通过找到一个正确的逻辑起点就可以解决。教育学的理论体系是变化的、多元的甚至是主观的。⑥ 此观点虽不免有后现代主义的偏颇，但人们确实也无法给出具有公信力的教育学的逻辑起点和理论体系。

这一阶段，人们关注较多的是对教育学学科性质、地位、形象等问题的综合性反思。教育学的性质究竟是什么？单纯划分科学与非科学、理论与非理论已略显不足，有研究者将教育学的研究对象和研究方法相结合，提出了教育学的经验性质、哲学性质、科学性质和文化性质；也有学者从教育学科的综合性出发，提出教育学要定位于“综合学”、“时代学”、“为人学”，揭示其独特性，并从功能和

---

① 刘铁芳：《必要与可能：教育学范式的打破与话语的更新》，《高等师范教育研究》1997 年第 5 期。

② 王坤庆：《论西方教育学的发展及其方法论启示》，《教育研究》1994 年第 7 期。

③ 丛立新：《关于“建设有中国特色教育学”口号的争议》，《中国教育学刊》1993 年第 2 期。

④ 鲁洁：《试论中国教育学的本土化》，《高等教育研究》1993 年第 1 期。

⑤ 陈桂生：《略论教育学的“中国化”现象》，《教育理论与实践》1994 年第 4 期。

⑥ 何菊玲：《教育学逻辑起点研究之质疑——兼谈教育理论体系的发展》，《华东师范大学学报（人文社会科学版）》2007 年第 6 期。

价值的角度超越“科学教育学”对事实的偏重。① 也有学者提出教育学是科学的人文理论和科学的实践理论的结合，表明了教育学知识的几个来源——哲学、科学与实践及其相互关系。②

然而，多学科的综合是否会模糊教育学的学科边界，使教育学沦为其他学科的领地？对于这一历史遗留问题，大多数研究者还是持否定态度，并以这种综合性为基础，重新诠释了教育学科学性的内涵。如教育学的动态综合性，即教育学应当是自然科学和社会科学的，是动态的科学思想和行为，而非中立的、客观的教育学。还有研究者从广义的科学边界观出发，对教育学的科学性进行重构，即包括哲学、自然科学、社会科学、心理学、人类学等多学科和多种方法在内的综合。③ 也有研究者将这种学科综合性整合为跨学科性，即根据本学科研究对象的特征和研究需要，吸纳其他文化、科学、技术成果而形成具有独特学科特征的理论和方法体系。当然，处理好教育学与其他学科之间的关系，是克服教育学因缺乏独立性和自主意识而被责难为“次等学科”境遇的必要条件，但教育学的不成熟性和其在学科群中的“可疑地位”，仍然是教育学者和教育学研究不可忽视的现实。对此，研究者们并没有盲目乐观。有的研究者就揭出教育学这种次等学科地位的表现以及由此带来的教育学研究的误区。还有学者则对教育学的这种“亲近但缺乏专业感，缺乏科学性”的学科形象及其根源进行了深入、全面的分析。④

2. 回归性的教育学研究取向

进入21世纪以来，教育学研究方面最重要的特征就是回归性，即对人性的回归和对历史的回归。“以人为本”的呼声虽然在20世纪90年代就已发出，但多是作为对科学主义的抗议，而缺乏深入思考。新的世纪，返魅于“人”的价值转向重塑着教育学的精髓，改造着教育学研究的思维与方法。对历史的回归，则主要是教育学史研究的兴起。学科的发展史，一直以来是作为研究的背景材料而呈现，并未被真正融入学科建设的主体中来。而教育学史的兴起，则是将历史的真实作为直接的研究对象，从历史的发展来寻找学科发展的逻辑，从这一点来说，回归历史意义重大。

从根本上来说，教育学应当是“成人”之学，“成人”应当成为教育学中的核心和基本范畴。而作为一种“成人之学”，教育学真正的危机在于教育理论对教育现实缺乏洞察力和解释力。因此，对教育学中的“以人为本”理解的困难并不来自概念和命题本身，而是来自现实生活。⑤ “人”这一概念主导着这一时期教育学的研究思维、方法及问题转向。从研究思维来看，有研究者提出，教育学要形成独特的教育理论思维，以区别于其他学科并避免僭越，唯有以人的发展作为出发点和归宿，以教育生活作为致思之源。也有学者提出了无立场的教育学思维，即对教育和生活各方面的共同问题和公共意义进行理解，以解释文化和生活中需要解决的涉及人（包括人间、人事、人心）的教育问题。⑥ 从方法论角度看，有研究者认为，正是在“人”的意义上实现了科学、哲学、人文等多科学方法的统一与综合，体现出教育学研究科学性与合理性兼顾的特征。这也引发了人们对于长期以来使用的“本质主义”方法论的质疑，包括其根基的虚幻性、工

① 吴黛舒：《论“教育学”的学科立场——探索“教育学”学科独立性问题的另一个思路》，《华东师范大学学报（教育科学版）》2004年第3期。

② 薛二勇：《教育学的学科地位追问》，《社会科学战线》2007年第3期。

③ 柳士彬：《对教育学科学性的反思与重构》，《南京师范大学学报（社会科学版）》2004年第5期。

④ 何小忠：《教育学的学科形象及其根源》，《当代教育科学》2005年第7期。

⑤ 张楚廷：《以人为本与教育学改造》，《高等教育研究》2004年第5期。

⑥ 金生鈜：《无立场的教育学思维——关怀人间，人事，人心》，《华东师范大学学报（教育科学版）》2006年第3期。

具及方法的无限适用性。① 虽然研究者们对本质主义认识不尽相同，但在方法论层面，都倾向于接纳和吸收略带后现代主义色彩的以人为实践主体而非客观对象的方式方法，如教育的叙事研究、隐喻研究、行动研究与复杂科学方法的引进等，即使是对规范性、确定性的追求，也是要在现实生活、日常实践这样不确定的丰富的教育情境中来寻求。总体看来，关注人的现实、人的命运与发展、人的心灵世界，并为理解自身及其生活的世界贡献智慧，已成为教育学研究的问题转向。②

关于教育学史的研究，在 20 世纪 90 年代早期就有研究者进行了系列研究，包括其研究问题、历史与现状、学科的基本构想等，但与当时人们的科学化诉求相比，这种沉淀于历史的学科史的研究显然过于沉闷，缺乏开拓性和建设性。然而，随着教育学学科的深入发展，对一个世纪以来自身发展进行冷静检讨和全面反思的历史需求凸显出来。有研究者提出了建立“中国教育学史”学科，并对其研究的对象及性质、任务及内容、方法及意义等学科建设的基本问题进行了研究。尤其是将教育学史从教育史学进行了分离，从而使教育学史有了更为具体、规范和明确的研究对象和领域。③ 对此，有研究者以王国维引入西方教育学理论为起点，对西方教育学在我国的引进以及特征等进行了分析，从而为教育学科的创立做了历史性的回顾。还有研究者则系统地探讨了 20 世纪上半叶教育学在中国的引进问题，在丰富的历史史实中总结出了我国教育学学科建制的历史轨迹和症结。④ 也有研究者对百年来的教育学科发展进行了研究，揭示出了我国教育学学科在异域理论“驱动”下，在其他学科的“挤压”下，在意识形态的“控制”中艰难行进的历史真实以及努力挣脱依附的生存处境，谋求自主发展空间的现实努力。⑤ 教育学史的研究是教育学发展真正实现“历史与逻辑统一”的重要前提和背景。

3. 多元文化的教育学构想

进入 21 世纪以来，在后现代主义思潮的影响下，多元文化、非主流文化成为这一时期教育学研究的基本底色。尤其是后现代主义对复杂性、不确定性的推崇，对多元知识论的价值肯定，对理解与对话的方法论的强化，以及对生成、建构、意义的追求，都是对现代性的颠覆和重建。研究者们从多元的文化视角进行了独具个体意义的教育学构想，促进了这一时期教育学研究的丰富与繁荣。如批判教育学的引入与反思，既有对德国以及半个世纪以来产生的各种批判教育学派的基本理论进行的梳理与扬弃，也有对其方法论进行的系统研究，如批判方法产生的背景、批判教育的途径、批判方法的自我审视等。而对于批判教育学的绝对否定和理想主义的局限以及建构性缺乏的致命软肋，有研究者提出了批判性建构主义的教育学新思路。⑥ 实践哲学在这一时期备受推崇，成为教育学研究的本源。有研究者将实践哲学的复兴视为教育学的新生，教育学只有回归实践哲学，植根于实践、通过实践并服务实践才能克服学科危机，恢复活力。还有研究者认为，以实践为核心展开的实践哲学是中西哲学真正的交切点，中国传统教育学作为实践哲学，只有通过行动与创造，才能寻找到自己的价值坐标。20 世纪 90 年代初步建立的实践教育学，在实践哲学的滋养下，转向了基本信念、开发模式和策略以及宏观的体系特色等问题的深入研究。

此外，一些非主流的教育学话语开始凸显，如对“身体教育学”、“闲暇教育学”等进行了研究。

---

① 石中英：《本质主义、反本质主义与中国教育学的发展》，《教育研究》2004 年第 1 期。

② 劳凯声：《中国教育学研究的问题转向——20 世纪 80 年代以来教育学发展的新生长点》，《教育研究》2004 年第 4 期。

③ 侯怀银：《中国教育学史学科建设初探》，《教育理论与实践》2000 年第 2 期。

④ 侯怀银：《20 世纪上半叶教育学在中国引进的回顾与反思》，《教育研究》2001 年第 12 期。

⑤ 瞿葆奎：《中国教育学科的百年求索》，《教育学报》2006 年第 3 期。

⑥ 蔡伟仁：《批判性建构主义——一种教育学的新思路》，《全球教育展望》2004 年第 7 期。

4. 教育学的本土化建设

中国化问题源于教育学在我国的产生是外源性，而非内生性的历史事实。因此，它也是一个永恒的话题。这一时期，研究者们更倾向用“本土化”来代替中国化，因为其似乎包含着更为丰富的内容。

其一，如何处理与西方教育学的关系。研究者多认同立足中国教育现实，寻找本民族与外来教育融会贯通的契合点是实现本土化、摆脱对西方教育学的依附的根本途径。但也有研究者指出，本土化的过程仍然是对西方的“移植”过程，主要表现在本土化的途径仍然以译介为主，本土化的对象仍以借鉴为主，本土化的教育理论内容更是充斥着西方的思潮和思想。针对这种在认识论和方法论上存在的问题，研究者提出了本土化研究的重点和难点，乃是基于本土问题，研究本土性，寻找结合点，并开展具体研究。①

其二，如何对待传统文化的问题。大多数研究者都提出，本土化要以传统文化作为教育学研究的背景，要能在外来文化的冲击下守护优秀的传统文化，还要随着时代的发展做好传统文化的继承与更新。而如何在传统文化中凝炼中国的教育传统，这一传统又如何实现与国际的接续与转化，则是教育学本土化的核心问题。为此，也有研究者提出了要对我国的教育传统进行创造性转化，使其既具有西方的视野，又为我国文化传统所认同。

其三，实现全球化背景下的本土化新追求。这种追求体现在以下两方面。一方面，教育学话语的转换与自主性的形成。学科话语是一个学科思想的表达方式，建构和影响着人们的思维和行为方式。中国教育学话语的缺失是制约教育学中国化的瓶颈。因此，走出西方文化语境、突破权力话语、建构生成性教育学话语等成为研究者的共识。② 也有研究者对于全球化语境中的教育学话语如何保持自主性进行了研究，提出要坚持本土情怀与跨文化视野的统一，既维护本土的文化性格，又克服文化中心主义和文化多元的虚妄性。另一方面，是对教育学原创研究的追求。原创性研究是本土化研究的进一步深入和发展。上述包括教育学话语在内的研究也体现了教育学对于原创性的需求。而时代的发展所带来的教育实践中的重要问题，多元文化所带来的新的研究视角、思维方式和方法，以及社会转型、教育变革的历史背景，都催生着原创性教育研究。③

其四，创生中国教育学派。教育学的中国化或本土化是一项艰巨的历史任务，并非个人的能力可及，而是以群体的力量为前进动力的。因此，创建中国教育学派的呼声也日益高涨。只有创建自己的教育学派，形成真正的教育家，形成一套完整的教育学本土化的逻辑体系和思维方式，中国化的教育学才真正有可能与西方的教育学进行对话与交流。当然，中国化的教育学派并不意味着某一学术流派的垄断地位，在中国化的大背景下，教育学派的多样性既是现代教育本身的性质决定，也是学科发展走向成熟的标志。只有在多学派的百花齐放、百家争鸣中，才能逐渐显现中国化教育学的学科发展逻辑与方向。

二、改革开放以来中国教育学研究的聚焦点和基本特点

正如改革开放三十多年来的中国教育日益引起国际社会的关注，并承载着在教育领域为全球共同体贡献有价值的理念及寻找新的教育方向的重大责任一样，中国的教育学独特的学科形成轨迹、具有传统文化特色的发展路径与方式，已为越来越多的

---

① 吴黛舒：《繁荣背后的反思：中国教育学的本土化》，《教育理论与实践》2007年第5期。

② 栗玉香：《实现教育学话语根本性转换的途径》，《教育评论》2003年第4期。

③ 李润洲：《教育学原创性研究何以可能——一种教育学经典的阐释》，《河北师范大学学报（教育科学版）》2008年第5期。

国际学者所热衷，并形成了较强的国际影响力。丹麦学者曹诗弟曾长期关注中国教育学的发展，在肯定中国教育学在世界舞台举足轻重的地位的同时，也开辟了中国教育学研究的另一种途径，引起了国内研究者的积极回应。加拿大学者许美德曾指出，国际教育界之所以关注中国教育学，乃是为了使中国教育更好承担起为全球教育发展贡献有价值的理念和经验教训的使命。为此，她从传统与文化的角度提出扩充中国教育学的话语体系与内涵，积极参与国际学术对话，以实现中国教育学的国际责任。中国教育学在实现教育学独立理想的同时，也在国际论坛上越来越发出了自己的时代最强音。

（一）聚焦点

中国教育学在向全球化、国际化迈进的同时，自省是不能忽视的基础。这既是中国教育学走向国际化的必经阶段，也是中国教育学为国际教育提供的有效经验与教训。依循改革开放以来中国教育学发展的历史脉络，可以看出，其主要聚焦于科学与人文、理论与实践以及本土化等问题。

1. 科学与人文

是规范的科学还是非客观的人文领域，是研究者们对教育学学科性质的认识差异，对于这一前提性认识的不同，引起了学科研究思路、方法、范式的差异。教育学在我国是“舶来品”，引进之初便以学科形式得以确立，其科学性似乎也就潜在地预设了。从 20 世纪 80 年代教育学研究的复兴开始，人们就以科学为准绳，通过寻找科学的教育学的研究对象、逻辑起点，并用实证性的研究方法和典型的科学研究范式来诠释并证明教育学的科学性质，这种努力就从未间断，到现在，科学性的研究仍然是教育学研究的一条主线索。然而，科学的研究似乎只能证明教育学作为学科的标准，不足以呈现以“人”为对象的教育的丰富性和灵动性，也不足以厘清教育学同其他社会学科的界限。因此，研究者们开始诉诸人文学科的研究思路，通过对现象学、解释学、文化学以及后现代主义等哲学思想的演绎，探寻教育学科的独特性以及一系列人文研究的方法。尤其是 21 世纪以来，多元的文化冲击带来了多元化的教育学研究，教育学的表述方式，也不再是单一、客观、抽象的“宏大叙述”，个性化、生动化、多样化的微观叙述兼具了更多的人文色彩，更好地诠释了教育学的学科内涵，并日渐成为教育学的“显学”之一。

2. 理论与实践

理论与实践的争论可以看作是上述问题的延续，体现着教育学研究的不同价值取向。在教育学理论体系久建未果的情况下，有研究者诉诸在实践中寻找教育学的归宿。于是，理论论证与践行真知便成为教育学研究的两种取向。而这种非此即彼的机械取向一直都没能缓解教育学研究者的内在焦虑。

一方面，我们追求教育学研究的科学性，但在研究中处处可见不规范的、随意的研究现象。正如陈桂生所指出的，教育学的“绪论”与“本论”存在着脱节现象。绪论中提出的教育学研究的科学方法，在本体的教育理论中并未体现；还有在教育学的理论中仍然是事实的、价值的与规范的表述混淆不清，也就难以区分其背后的自然科学、社会科学以及实践科学的界限。可见，我们的研究过多地追求科学的结果，而没有追求其过程。然而，科学的本质在于方法而不在于结论，当我们试图超越教育学的科学研究的时候，不能回避的问题是目前的教育学研究仍然不够科学，科学的精神、方法以及研究规范并未在严格意义上渗透到教育学的研究之中。

另一方面，生活与实践的丰富性为教育学提供了生动的境遇，但对多样性的鼓励又恰恰流失了教育学的精髓，教育学在一定程度上还充斥着非科学的废话。各种各样的教育学纷纷涌现，呈现出教育学研究表面上的繁荣。教育学研究的繁荣，却使教育学陷入了自说自话、无权威的困境，与研究者们潜意识里追求的教育学相距甚远。毕竟，后现代主义那种“怎么都行”的观点是对现代性的批判，而我国教育学的研究，在现代性这一点上，仍需继续探索。

3. 本土化

我国的教育学并非本土生长的，而是引进的、外生型的，如何将其真正赋予中国国籍，是研究者的期望。因此，这一问题一直是教育学研究的重点。与上述两点不同的是，研究者们对此都达成了共识。不论教育学发展至何种阶段，本土化的诉求都从未改变。20世纪80年代，教育学的中国化在于强调其作为意识形态的社会主义性质与服务有特色社会主义建设的政治需要；90年代，教育学的中国化带有了学术发展的自我意识和理性思考；21世纪以来，教育学的中国化成为一个衔接古今中外、兼具传统与现代特色的系统工程。本土化的过程，也是教育学的原创过程。在这一过程中，研究者们力图改变“移植”与“借鉴”之嫌，对他国的教育学研究成果，或浅尝辄止、未敢深究，或全部照搬、本土重建。无论何者，都未能全部获悉教育学本土化的完整内涵。教育学作为一门复杂的“为人之学”，应当首先具有普遍的“为人”性，才能顺应研究的逻辑具体于某一国家、某一地区而展开。我国对苏联教育学的高度效仿已经严重影响到研究者的视野和思维。对于美国、英国、德国、法国、日本等国家的教育学的学科定位、体系编排、研究方式方法等，虽已有研究者做过详实介绍，但是并未引发学界的关注。在中国还未能将诸多国家的教育学研究经验充分地学习、批判、继承与吸收之前，空谈教育学的本土化是没有实际意义的。此外，中国化也是一个历史性的问题，有着无法割断的历史脉络和文化背景，而研究者们则更多地着眼教育学的现状与未来，对于中国化的前提性、基础性的条件缺乏深入的分析，使中国化这一生动的过程落入僵化、形式化的窠臼。

（二）基本特点

在上述研究焦点的背后，也体现出中国教育学研究的基本特点。

其一，研究的目标性强，但方法性弱。无论是教育学科学理论体系的构建，还是中国特色教育学的形成，我国的教育学者始终坚守着这样的目标，作为我国教育学研究的风向标，也是我国教育学研究的一大特色。但在实现目标的过程中，方法的薄弱，也成为制约教育学发展的瓶颈。无论是规范的科学研究方法，还是灵活的人文主义范式，我国的教育学研究似乎都没能完全把握其核心；无论是教育学自身的学科自省，还是其他学科的借鉴、引入，也没有找到教育学研究的最佳方法。科学与人文的并举，跨学科的综合等看似繁荣的方法背后，难以掩饰教育学研究在方法上的薄弱和不足，所以，教育学体系的建构和特色的形成，终须在研究的方法上深入探究。

其二，研究的批判性强，但建构性弱。在对苏联凯洛夫《教育学》进行理性审视，破除对苏联政治形态和学术意识的盲目崇拜之后，中国的教育学者逐渐形成了立足本土的主体意识。这主要表现为对借鉴资源的批判性引入，无论是各种形式教育学还是其他社会科学方法的引入等，都能在引介的同时，听到研究者质疑的呼声。的确，没有任何一种理论或方法可以完全诠释教育学的学科内涵，批判的意识也是教育学保持学科独立的内在必需。但与较强的批判性相比，教育学研究的建构性就略显薄弱与不足，对有价值的资源的开发和使用，缺少与教育学学科自身的对话，也缺少与教育学生长环境的契合，导致其最终或如昙花一现，或归于零碎，成为传统教育学研究的注脚，始终未能建构出系统的教育学体系。

其三，研究的价值性强，但知识性弱。不论是科学的教育学建设，还是人文的教育学回归，教育学的研究都更多地集中于价值论证，并从价值论证中获悉教育学的归属与走向。而关于学科的知识论证却相对弱势。任何一门学科在其未成“学”之前，总是支离破碎、不成曲调的，总是一些感性认识或部分理性认识的杂烩或堆砌，一旦成“学”，它就是一个由不同的但相互延伸并连接在一起的具有内在逻辑关系的各个知识单元和理论模块组成的知识系统。多年来的教育学研究，从本质上来说，也无非是要形成自身的知识体系，并证明其知识的系统性、整体性和成熟性。价值论证涉及意义的问题，但却无涉事实本身。这也是教育学性质徘徊的根源所在。

其四，研究的权力性强，但权威感弱。与我国教育“自上而下”的研究视角相应，教育学研究也往往成为少数研究者的权利，研究的范围局限于上层理论和政策文件的阐释，在拥有更多话语权力的同时，却面临着研究权威感的缺失，少数研究者的高屋建瓴，带来了教育理论的曲高和寡和教育实践的无所适从。这也是许多教育学研究者存有理论焦虑的根本原因。

三、对中国教育学研究的展望

教育学的研究应当如何走出自身的悖论，实现健康发展，这是亟待解决的问题。我们应当从更为宏观和深刻的角度来审视这一问题。

（一）凸显知识的权力，凝练教育学的学科精髓

改革开放以来的中国教育学研究，虽然取得了长足进步，但作为一门学科的社会公认度还不是很高。其根本原因在于学科的基本构成——知识不具备权威性。这也就是教育学陷入困境的症结所在。

福柯曾经说过，人文科学所有门类的知识的发展都与权力的实施密不可分。教育学的引进源于时代和政治的需求，政治权力催生了教育学在中国的萌芽和生长；改革开放的新时期，呈现出新的政治气候，必然也会对教育学的发展提出要求，这就出现了教育学的政治化特征。当科学知识与国家政权结合以后，使其具有了远远超越其他意识形态和文化式样的至高无上的地位和权力，所有的知识必然以科学的方式去衡量和处理，这又成为教育学研究的潜逻辑。而后现代主义的文化思潮看似“无权力”、“无中心”的无为，却弥散着另一种非主流的文化权力，这又带来了教育学的多元化发展。教育学的研究似乎很好地适应了各种权力的需求，也就呈现了随时为某种权力服务的工具性质。当我们剥去这些外在的政治的、时代的、文化的外衣之后，教育学还有多少属于自身的知识呢。因此，教育学一直面临着学术界的种种质疑。

外在的权力或许是知识发展的重要条件，可使知识在不同的时空中呈现出不同特征；而某一学科或领域的知识的生命力则是来源于知识内部的逻辑与权力。“权力和知识正好是相互蕴含的，如果没有相互关联的知识领域的建立，就没有权力关系，而任何知识都同时预设和构成了权力关系。”① 知识本身包含权力，而权力的强与弱正是源于知识本身的建构、生成过程。也即是说，权力来自知识本身的自足性、圆满性和解释性。而这些特性的满足，又是在实践中实现的。实践“以某种重要的方式塑造并限制了处于特定社会情境中的人的可能行动领域”，而此实践又体现为权力的运用。

从上述的维度来看，教育学科要得到认可，提升自己的学科地位，就要充分发挥教育学知识的权力与权威。这就要求教育学研究应当首先回归学科最基本的概念——知识。“学术可靠性、知识的主旨和内容的恰当性等一套概念，尽管对它们没有严格的界定，但却是约定俗成的。”② 这成为学科的国际认可的重要标准。这种知识不是为了迎合学科体系的建构，也不是学科性质的佐证，它就仅仅是对研究对象所展开的一系列的概念、命题以及证实或证伪的过程。虽然各种知识在表述上不尽相同，但知识的形成必然是经历了同样的规范和操作程序，满足自身逻辑的周延性。只有立足这样的出发点，教育学的知识才能避免主观臆断和经验堆砌，才能逐渐发展成具有逻辑自洽性的系统，并形成学科自觉意识和主动意识，从而完成知识的更新与创造。而考验知识权威性的标准则是知识的解释力——对实践的解释力。已有的教育学理论在指导实践方面是比较乏力的，这已成为制约知识权力发挥的瓶颈。虽然研究者们已经开始倡导并重视回归实践，但多是作为一种价值取向或研究背景，并没有将其作为学科研究的基本要素。实践素材的随意

---

① 吕振和、吴彤：《福柯的微观权力》，《中央民族大学学报（哲学社会科学版）》2007 年第 2 期。

② ［英］托尼·比彻、保罗·特罗勒尔著，唐跃勤等译：《学术部落及其领地——知识探索与学科文化》，北京大学出版社 2008 年版，第 43 页。

性带来了理论指导的无的放矢，解释力的匮乏必然削弱知识的权威，我们必须要重新审视知识、实践以及二者之间的关系。教育学应该提供什么样的知识，以及如何能更好地发挥知识本身的权力才应当成为教育学研究最基本的问题和导向。

（二）加强学科制度建设，实现教育学的自主建构

一种知识产生以后，并不意味着它将立刻和必然被科学共同体所承认并纳入已有的科学知识体系中。正如利奥塔所说："科学没有找到自己的合法性，就不是真正的科学"。① 学科制度化是知识合法性的重要证据，是学科成熟发展的重要保障和体现。

教育学在我国引进伊始，虽然是以学科形式得以确立的，但却尚未形成与之相应的成熟的学科制度。学科制度的充分与否，是从学科组织和学科文化两个方面来判断的。从学科组织来看，教育学科的制度化确实已形成并不断完善，这表现在以下几方面：大学中教育学系及教育学课程的开设；学位证书的授予；教育学会的成立；教育学术期刊的创办与收藏等。但从学科文化的角度来看，教育学科还不够成熟。在独立的、组织化的学科的制度建设过程中，要形成学科的知识传统和文化背景，最重要的是形成一种知识的累积制度，而非知识的集成制度。前者意味着学科的理智进展，是学科内在的逻辑、规则和信念等理性力量的体现；后者则是相关知识的聚集和学科无中心主义的表现。因此，教育学的研究要注重理性的积累。近年来，研究者对学科发展史的研究，可以看作是对学科理智的观照策略。但是，对于随时空变换频繁的研究主题和跨学科研究方法的选择等问题，研究者应当采取一种更为审慎的态度。

一方面，学科制度化也为教育学研究提供了内在的运作原则和思维。培根曾说："人类理解力依其本性倾向于作些抽象而赋予流逝的事物以一种本体和实在。但是，把自然化成一些抽象实不如把自然析为若干分子为合于我们的目的。"② 学科制度化的建设正是将抽象解析为目的分子的过程，使学科成为可感的、有序的本体实在，并逐渐内化成为科学现代性的"精神禀赋"。学科理论正是这种精神的承载，具有更重要的意义。教育学的理论研究更应充分发挥我国社会研究的理论建构的后发优势，即在肯定理论前提的条件下，着眼时代经验，化解存在于形式理论和经验现实之间的张力，重申理论创建的基本路径。换言之，就是要在已有理论的基础上，通过对经验现实的潜心研究，发现对理论具有挑战性的事实，进而建构既包含着历史的逻辑，又具有创新性的教育理论。

另一方面，学科的制度化建设也外在地规范着教育学的研究方法和范式。多学科的研究方法和灵活的范式转向并非学科发展中的自主选择，教育学的自主意识是伴随学科的制度化建设形成的，从思维到方法，从知识到体系，学科制度的建设过程既是教育学研究规范和规训的形成过程，也是教育学学科建构的重要途径。

（三）回归文化与传统，实现本土化与国际化的统一

多年来，我国教育学研究者正在试图建构"中国教育学"的理想模型。正如社会学研究者谈到社会学中国化时所提到的："应该是一个用中国的社会事实证伪国外的理论，并从中总结和发现具有中国特色的社会理论的过程，是一个立足本土同西方社会学的对话的过程。"③ 不难看出，中国教育学既是中国主体意识逐渐凸显的过程，也是与世界交往对话的国际化过程。教育学在我国的特殊成长境遇更加说明：真正民族的，就是世界的。因为"全

① 朴雪涛著：《知识制度视野中的大学发展》，人民出版社2007年版，第135页。

② 炎冰：《知识权力与科学方法——兼论培根的科学哲学思想》，《扬州大学学报（人文社会科学版）》2007年第3期。

③ 肖英、曾炜：《中国社会学理论与方法研究——挑战、危机和超越的寻求》，《社会》2007年第2期。

球化并不能掩盖或改变地域间的特殊性及消解地方文化差异，而成为一种排斥、否定的逻辑。”① 本土化和国际化是无法剥离的互动存在。所以，教育学的国际化并非追求僵化的统一，而是在对话和交流中形成认知及方式的兼容、共识，以体认和理解区域的、民族的教育学丰富性。而这种统一的实现，浸润于文化与传统之中。

教育学先要走出狭隘桎梏，走向具有国际视野的文化认知与理解，并凝塑教育学的学科本土文化。“每个民族看待事物均有自己的方式。即使像马克思主义这样强劲且界定清晰的意识形态，英国的马克思主义历史学家与德国的马克思主义历史学家也会不同，而这两者又与俄国的不同。”② 对国外的教育学理论的研究要从根本的文化入手，才能了解弥散于一个国家或民族的思维和行为方式、价值观与方法论，甚至是在哲学根本意义上的精神旨归。而这些，才是我们移植、借鉴国外理论的根本价值所在。况且，不论是作为学科还是作为问题领域，教育学本身就是一种文化的存在，是关乎人的具有普遍意义的文化现象研究。从这个意义上来说，教育学乃是一门国际学科。没有一种普遍的文化视野和理解能力，教育学的研究就会成为无源之水、无本之木，空洞并失却本质，更无法实现其本土化的价值追求。当然，仅有国际化的文化视野仍然是不够的，重要的是在此基础上凝塑教育学的学科文化。学科文化融合着学科的思维方式、价值标准和发展理念，不仅为学科成员提供可共享的理论、技术和信念，也使学科的内部构成逻辑有序，各有所归。随着学科之间的界限变得越来越模糊，学科文化的交叉、碰撞与融合已成为一种趋势，教育学仍面临着独立性的威胁，“浅薄的全面”和“片面的深刻”③ 成为教育学研究的缺陷。对此，更需要以文化为背景、为手段、为目的来探寻教育学自我解禁的途径。

教育学还需在传统的继承和创新之中，拓展本土化与国际化的路径。改革开放的新时期，带来了教育学建设的新面貌，并且，随着社会的飞速发展，现代性成为教育学的时代内涵，也成为教育学本土化与国际化过程中的共有质素。于是，百余年来学者们在人文社会研究中的跬步积淀和教育实践中的艰辛探索，都被视为传统而被排斥在现代性之外，但却并未实现教育学现代化的转变。“这样的历史重荷在无法找到现成经验可资借鉴的情况下，必然会自觉地转向传统价值资源，来为自己寻找启示和合理性的支持”。④ 传统不是现代的对立面，而是现代性固有的历史内涵和宝贵资源。它或是可以言说的经验总结，或是无意识的思维与行为自觉，但最根本的乃是一种对本质的终极关怀。因此，教育学在本土重建、走向国际的现代化过程中，必须抛开浮躁的急功近利的实用理性，扎扎实实地面向传统、剖析传统，在继承传统精髓的过程中把握教育学的本质。在这一历史使命尚未完成之前，对传统的反思就不能也不会停止，并将一直存活于教育学者思想与实践之中。当然，传统也需批判地继承，也需要创新。三十多年来，我国教育学的研究传统也存在着“西化”的研究惯性、“制化”的研究标准以及“俯瞰式”的研究视角等问题，需要更新与创新。为此，有研究者提出，扎根本土、重叠共识的中西理论融合方式；也有研究者提出，从民族文化的思维方式以及学科特征来实现研究标准的厘定；更有研究学者提出，开辟“自下而上”的研究视角，全面呈现我国教育学的真实经验和“声音”，并超越人文学科在单一学科视角和修辞风格下的求知、写作传统，在丰富性和生动性的复归中形成中国特色的教育学。可以预见，中国特色的教育学术也必然成为国际化、全球化教育学研究进程

---

①④ 丁钢著：《全球化视野中的中国教育传统研究》，广西师范大学出版社 2009 年版，第 208、132 页。

② ［英］托尼·比彻、保罗·特罗勒尔著，唐跃勤等译：《学术部落及其领地——知识探索与学科文化》，北京大学出版社 2008 年版，第 46 页。

③ 肖瑛：《社会学视野中的社会科学学科构成——兼论社会学研究的基本困境》，《中国社会科学院研究生院学报》2006 年第 9 期。

中浓墨重彩的一笔。

综上所述，改革开放以来的中国教育学研究确实成绩斐然，引起了国外学者的极大关注。虽然还存在着一定的问题，但是正如社会学的研究一样，教育学研究也正是从自身的悖论开始，在矛盾和冲突中探寻我国自我发展的真正逻辑。当然，“主义和学派，自身并不互竞争；思想和观念，自身并不跨时空旅行；而知识和智慧，也不会自主生产或创新。”① 是知识的行动者，在其背后承载所有这一切。正在成长并壮大的中国教育学派肩负着教育学振兴的重大责任，孜孜以求，上下求索，其必将以广博的视野、多元的思维和适切的方式，促进教育学的繁荣，并推动中国教育学走上世界舞台。

① 方文著：《学科制度与社会认同》，中国人民大学出版社 2008 年版，第 28 页。

教育的文化研究*

□ 顾明远（北京师范大学教授）

一、提倡教育的文化研究的意义

大家知道，教育是人类社会传承文化、创造知识、培养人才的活动。教育受一定社会的政治、经济、文化的影响。教育离不开经济，一个国家的经济发展水平决定了教育发展的规模和水平。在人均国民生产总值不足300美元的情况下，恐怕不大可能普及教育；经济增长的方式也决定了教育培养人才的目标和规格。教育离不开政治，一个国家的政治制度规定着教育发展的方向和人才培养的目标要求，决定着教育体制的建立和教育内容的选择。但是教育更离不开一个国家或者一个民族的文化影响。教育是文化的一部分，但又相对独立于一般文化。教育受文化的影响比受经济、政治的影响要深刻得多，久远得多。经济和政治的变革是快速的，而民族文化的变化是缓慢的，民族文化具有相对的凝固性、传承性。我们在比较教育研究中常常遇到这样的问题：不仅东西方国家的教育观念有很大不同，而且不同文化圈的教育观念也不相同。在西方，北美文化圈国家的教育与欧洲大陆文化圈的教育不同；即使在欧洲大陆，法国与德国的教育也迥异。而在东方，儒家文化圈国家的教育观念却大致相同，都沉溺在追求名校、激烈考试竞争之中。文化对教育的影响是持久的，虽然有时因社会的剧烈变革，有些文化传统会隐匿起来，但一有气候又会很快复苏起来。最典型的例子是俄罗斯东正教的文化传统，虽然在苏联期间被大大削弱了，但苏联解体以后又立即恢复起来。我国延续一千三百年的科举制度虽然在一百多年以前就废除了，但科举文化的观念至今还残留在人们的脑海中。因此，研究教育必须研究影响教育的文化传统。

教育的文化研究由来已久。著名比较教育学家萨德勒（M. E. Sadler，1861—1943）在一次讲演中就提出文化研究对比较教育的重要意义。他的一句名言是："在研究外国教育制度时，我们不应当忘记，学校之外的事情甚至比学校内部的事情更重要，它们制约并说明校内的事情。"他说的校外的事情主要是指一个国家的民族精神。在他指导下发表的《教育问题专题报告》（1897—1914年）就详细分析了各国教育的文化背景。① 英国比较教育学家汉斯（Nicholas Hans，1888—1963）提倡因素分析法，把影响教育制度的因素分为自然因素、宗教因素和世俗因素。自然因素包括种族因素、语言因素、地理因素和经济因素；宗教因素包括天主教传统、英国国教传统和清教徒传统；世俗因素包括人文主义、社会主义、民族主义和民主主义。② 可以看出，在三类因素中文化因素占了主要地位。因此，大到一个国家，要了解这个国家的教育就要了解这个国家的文化背景；小到一个地区，要了解这

---

* 原载《中国教育科学》2013年第2辑。

①② 王承绪主编：《比较教育学史》，人民教育出版社1999年版，第63—66、91页。

个地区的教育就要了解这个地区的文化背景。

中国是一个多民族国家，56个民族分布在960万平方公里的土地上。新中国成立前，只有21个少数民族有自己的文字（包括通用汉文的回、满、畲3个民族）。各民族的社会发展很不平衡，甚至在同一个民族内部的不同地区之间也不平衡。有的少数民族从事畜牧经济，有的从事农业经济。56个民族虽然语言不同，生活方式、生产水平也不同，但都统一在中华民族的文化大传统中。研究中国的教育就不能忘记这些。

我国教育要走向现代化，要为社会主义现代化建设服务，培养具有国际视野、时代精神的创新人才。但是我们的“教育观念相对落后，内容方法比较陈旧，中小学生课业负担过重，素质教育推进困难”。(见《教育规划纲要》）原因是什么？原因虽很复杂，但其中之一不能不说与我国的传统文化密切相关。我国有悠久的历史文化传统，其中的精华是优秀的，但不能不承认其中也有落后的东西。中国传统文化是中国旧时代的文化，据学者认定，它从先秦时期就开始形成，在两千多年的封建社会里没有根本的改变。虽然它起到了团结中华民族和统一国家的作用，它的基本精神影响着中国人的思想、价值观和行为方式，但它毕竟是旧时代的文化。它如果不能与时俱进，不能吸收时代的新精神，就会阻碍现代化的进步。因此我国要实现教育现代化，就要克服上述教育现实中的缺点，就必须研究形成这些缺点的文化基础。研究中国传统文化中哪些应该继承和发扬，哪些需要摒弃或改造，以便促进教育现代化的发展。这也是我从20世纪90年代开始从事“中国教育的文化基础”研究的初衷。① 我在后来出版的该书的前言中开门见山地这样写道：“有一些教育问题常常困扰着我：为什么素质教育在我国如此难以推行？为什么学历主义在中国人头脑中经久不衰？为什么职业技术教育在我国发展不起来？近些年来我国大力提倡教师和家长都要转变教育观念，但转变什么观念？旧的观念产生的根源是什么？新的观念又如何才能产生？改革开放以来，我们引进了许多外国的教育理论和思潮，哪些理论切合我国的国情？又如何使它本土化？思来想去，觉得这些问题都与中国的文化传统有关。”②

以上是就中国教育而言的，对于外国教育，也需要开展文化研究。我们提倡教育国际化，吸收世界文明的一些优秀成果。但哪些是优秀的，其优秀的教育经验是在什么文化背景下产生和发展起来的？这也需要做深入的文化研究。我们曾承担了“八五”国家社科基金重点项目“民族文化传统与教育现代化”的课题，选择了中国、日本、美国、英国、德国和俄罗斯六个国家，分析了这六个国家的文化传统及其在现代化的过程中对教育的影响。后来形成《民族文化传统与教育现代化》一书，由北京师范大学出版社于1998年出版。

我们所做的教育文化研究还是极其初步的，在我国教育科学研究中仅仅开了一个头。我认为，无论是进行多国教育的比较研究，还是对我国教育现实的研究，都必须重视其文化背景的研究。本文也想引起教育研究者对文化研究的重视。

二、文化与教育的关系

为了开展教育的文化研究，需要厘清文化与教育的关系。

首先我们对文化要有一个认识。文化的内容很广泛，对于文化的理解也是多种多样的，据说文化的定义有二百多种。我们采纳其中几种较有代表性、权威性的说法。国学大师钱穆先生认为：“文化必由人类生活开始，没有人生，就没有文化。文化即是人类生活之大整体，汇集起人类生活之全体

① 该研究成果《中国教育的文化基础》于2004年10月由山西教育出版社出版。

② 顾明远著：《中国教育的文化基础》，山西教育出版社2004年版，第1页。

即是文化。”① 又说：“此所谓人生，非指各人之分别人生，乃指大群体之全人生，即由大群体所共同集合而成的人生，包括人生的各个方面、各部门，无论物质的、精神的均在内，此始为大群体人生的总全体。”② 梁漱溟先生说的与此有点相似：文化“不过是那一民族的生活的样式罢了”③。这里梁漱溟先生提出了民族的概念，也就是说钱穆先生说的大群体也可以理解为民族，当然不限于民族，集居在不同地区的群体也会有自己的文化。张岱年、程宜山两位先生合著的《中国文化与文化论争》一书给文化下的定义是：“文化是人类在处理人与世界关系中所采取的精神活动与实践活动的方式及其所创造出来的物质和精神成果的总和，是活动方式与活动成果的辩证统一。”④ 这是指文化的大概念，没有具体说哪一民族或哪一群体的文化。以上几种对文化的界说都强调了文化是人类活动的方式。人类活动的内容有多种多样，有物质活动，有精神活动。教育是人类的重要活动，是文化的一部分，教育又是文化传承的载体。大家都知道，教育是培养人的社会活动，教育就是用文化来培养人，培养具有文化的人。

人类一开始就是分成族群存在的，后来逐渐组成为国家。文化存在于每个族群之中，因此，文化总是一个民族、一个种族拥有的文化，没有抽象的文化，文化具有很强的民族性。同时文化又具有时代性。一个民族的文化不是凝固不变的，而是随着时代的变化不断发展变化的，只有这种变化才使得民族文化有活力。因此，文化具有民族性和时代性两大特征，而民族性包含着该民族的基本精神，是民族文化的核心。

文化的内涵极其丰富，包括科学、艺术、教育、宗教、道德、法律、制度、建筑、思想、价值观、风俗、习惯等。学术界对文化的构成有多种分类。一是二分法：精神文化与物质文化，或者分为观念与实体、内隐与外显。二是三分法：物质文化、制度文化、精神文化。三是四分法：物态文化、制度文化、行为文化、心态文化。⑤

教育是文化的一部分，又相对独立于文化。教育是文化传承的载体，教育的本质就是传承文化，把文化传授给下一代，使人类得以延续和发展。同时文化对教育又起着重要的影响。下面我们来分析一下文化与教育的相互关系。

（一）文化对教育的影响

文化对教育的影响大致有以下几个方面。

第一，文化的价值观和民族心理影响到教育的价值观。有的学者认为，东方文化是求善的文化，西方文化是求真的文化；有的学者认为，东方文化比较重视人与自然的和谐，西方文化则强调征服自然、战胜自然。⑥这种文化价值观的差别必然会影响教育的价值观。中国文化是一种伦理型文化，其价值取向是追求人格的完善。西方文化则以个人为本位，注重个人的自由和权利。细分起来，东西方文化圈内，各国各民族的文化价值观也有所不同。例如美国文化与英国文化就不相同。美国是一个移民国家。这些移民来到美洲新大陆，为了生存和发展，就要靠个人的奋斗和开拓，因而个人主义融于每个美国人的血液中，深深影响到美国教育的价值观。英吉利民族文化的价值取向与美国大不相同，他们崇尚传统。这是由于传统在英国没有受到强烈的冲击和彻底否定，所以英国人生性保守，许多古老的制度和观念保留至今。他们的教育价值观也趋于保守，贵族式的教育制度、培养绅士风度的教育目标至今仍是英国教育的追求。在东方儒家文化圈内中国文化的价值观与日本文化的价值观又有不同。中国文化重视和谐、中庸、宽容，中国的教育价值观历来强调“立人”、“达人”，培养学生自我

① 钱穆著：《文化与生活》，乐天出版社 1969 年版，第 1 页。
② 钱穆著：《中国历史研究法》，九州出版社 2011 年版，第 125 页。
③ 梁漱溟著：《东西文化及其哲学》，见《中国现代学术经典·梁漱溟卷》，河北教育出版社 1996 年版，第 33 页。
④ ⑥ 张岱年、程宜山著：《中国文化与文化论争》，中国人民大学出版社 1990 年版，第 3—4、51 页。
⑤ 张岱年、方克立主编：《中国文化概论》，北京师范大学出版社 1994 年版，第 5—6 页。

修养、关心别人。日本文化是一种岛国文化，强调一个“忍”字。这个“忍”字反映了一种压抑的、狭隘的心理。日本学者南博就认为，作为日本人社会行为动机的主要特征，是存在着一种自我不确定感。① 这种文化价值观必然影响到他们的教育价值观。

第二，作为制度文化的国家文化政策影响到教育制度和教育内容。一个国家在一定时期总会制定一定的文化政策。这种文化政策当然受到一定时期经济发展方式和政治制度的制约，同时影响到当时的教育，并形成相对凝固的教育制度。欧洲大陆在工业革命时期形成的双轨制教育制度一直延续至今。虽然随着教育的普及双轨制正在逐渐淡化，但重视技术教育是其传统。法国是中央集权制国家，从法国大革命时期形成的大学区教育管理体制延续至今。中国汉武帝接受董仲舒的建议，制定了“罢黜百家，独尊儒术”的文化政策，影响中国的教育制度和教育内容长达两千年；中国的科举考试制度作为一种制度文化也影响中国教育一千三百年，而且至今还有其影响。日本明治维新采取全盘西化的文化政策，提出“和魂洋才”的主张，培养了日本一代精英。

第三，作为物质文化的文化产品，包括物质产品和精神产品及其生产方式和呈现形态，也影响着教育制度、教育内容、教育方法和组织形式。文字的产生和发展，不仅影响到文化本身的发展，也影响到学校教育；印刷术的发明和普及使得典籍能够广泛传播和保存，学校教育开始有了教学用书；工业生产的出现促进了班级授课制（课堂教学）的创立。科学技术的发展促进了学校课程的改革。英国教育家斯宾塞（Herbert Spencer，1820—1903）反映工业发展的要求，提出“什么知识最有价值”，认为要把有用的科学知识传授给学生。② 现代科学技术的迅速发展，更是使学校教育的内容、方法和手段发生了很大的变化。当前信息技术正在冲击着课堂，迫使传统教育发生革命性的变革。

第四，历代哲学家、思想家、文学家的著作是文化的精神产品，这些著作无不影响到教育的观念、内容和方法。古希腊的苏格拉底、柏拉图、亚里士多德等的哲学思想，文艺复兴时期夸美纽斯、卢梭、裴斯泰洛齐等的教育著作，近现代的赫尔巴特、杜威等的教育思想，中国以孔子为代表的儒家教育思想，至今仍在影响着不同国家的教育。

第五，宗教文化影响着教育的价值观、教育的内容和方法。西方早期大学都有宗教背景，因此西方教育研究很重视宗教因素的研究。英国比较教育学家汉斯就把宗教因素作为影响教育的三大重要因素之一。中国的少数民族多数都有自己的宗教信仰，虽然宪法规定，教育与宗教分离，但民族的宗教信仰无形中影响着教育。

第六，民族语言影响到教育。语言是民族的标志，承载着民族的文化。一个民族的语言是这个民族世代创造文明的结晶，它反映着民族精神、民族生活的全部历史。正如俄国伟大教育家乌申斯基所说：“语言不仅表现为一个民族的生命力，而且它正是民族生命的本身。民族的语言一旦消失，这个民族也就不复存在了。”③ 因此，每个国家、每个民族都重视本国、本民族语言的教育。但是一个民族要与其他民族交往交流，又必须学习其他民族的语言，特别是一个国家的少数民族必须学习主流文化的语言，才有利于民族的交流、融合与发展，因此在少数民族地区实行双语教学就是十分重要的课题。

（二）教育的文化功能

下面我们来讨论教育对文化的作用，或者叫教育的文化功能。教育具有下列几方面的文化功能。

---

① ［日］南博：《日本人的精神构造》，转引自顾明远主编：《民族文化传统与教育现代化》，北京师范大学出版社1998年版，第78页。

② ［英］赫·斯宾塞著，胡毅、王承绪译：《斯宾塞教育论著选》，人民教育出版社1997年版，第53页。

③ 张焕庭主编：《西方资产阶级教育论著选》，人民教育出版社1979年版，第488页。

第一，教育具有文化传播的功能。文化的传播有多种渠道，有横向传播、纵向传播两种方式。横向传播主要通过民族之间友好交往、婚配、贸易、战争；而纵向传播主要依靠教育。当然现代媒体，报刊、图书、电视、手机、网络等也在横向、纵向地传播着文化，但文化的继承和发展主要依靠教育。教育从产生之日起，它的任务就是向下一代传播文化，使下一代能够从一个自然的人成长为社会的人。原始社会的教育是年长一代向年青一代传授狩猎、捕鱼、采集、养殖等生产知识和技能，同时传授祭祀、敬祖、交往、战争等社会活动经验。学校出现以后，学校教育的主要任务就是传授保存于典籍中的物化知识和价值观。同时，学校还通过各种制度和教师的言传身教向下一代传递价值观念、行为规范、民族礼仪，使得民族文化世代相传。随着近代教育国际化的发展，在教育领域进行国际交流，学者互相往来、互派留学生、参加各种国际学术会议，教育也起到横向传播文化的作用。

第二，教育具有文化选择的功能。教育在传播文化的时候，并非把前人所有的活动经验都传授给下一代，总是有选择地，把有益于下一代健康发展的文化内容传授给他们。教育的选择有多种出发点。

一是从阶级利益、意识形态出发，教育对文化有选择。人类进入阶级社会以后，统治阶级总是把有利于它统治的内容作为教育的内容。我国秦始皇的焚书坑儒、汉武帝的“罢黜百家，独尊儒术”都是一种文化选择。秦始皇的焚书坑儒当然是对文化的一种破坏，而独尊儒术则影响了我国教育两千多年。近代以来，中国的洋务运动在学习西方文化时提出的“中学为体，西学为用”，也是一种文化选择。这些都是从意识形态的角度教育对文化的选择。

二是从教育规律出发，教育要根据儿童青少年的年龄特点，选择有益于儿童青少年身心健康发展，且适合于他们学习的文化内容。课程改革历来是教育改革的内容，课程的设计就是对知识的一种选择。随着社会的进步，科学文化知识不断增长，学校教育不可能也没有必要把人类创造的所有知识都传授给学生，必须选择最基本的、最新鲜的知识传授给学生。从我国语文课本中的课文变化就可以看出不同时期对文化的选择。

三是从育人的目标出发，选择优秀的文化内容传授给学生。任何一个民族文化总会有优秀的内容，也会有某些低俗的内容，特别是随着时代的变迁，有些文化在旧时代可能被大家所接受，但后来变成落后的东西，就会被社会所淘汰。学校教育总是会选择优秀的、高雅的文化来陶冶学生，避免社会上流传的低俗文化进校园。

对待外来文化，教育更有一种选择的功能。文化总是在各民族间交流发展的，教育既要弘扬本民族的文化传统，又要吸收世界上一切文化的优秀成果。这就需要对外来文化的深入研究，认真选择，把外来的优秀文化，或者符合本民族文化传统的内容传授给学生。

第三，教育具有创造文化的功能。教育通过选择而传播的文化已经不完全是原来的文化，因此教育总带有文化创造的意义。就拿儒学来讲，经过董仲舒、朱熹等诠释的儒学已经不是原本的儒学。古文经学、今文经学都对儒学经典作了不同的解释。这种解释是对儒学文化的一种选择，也是一种创造。宋明理学吸纳了佛教的思想内容，更是对儒学文化的一种创造。

学校教育在文化创造中起着重要作用。学校的任务，特别是大学的任务，一是培养人才，二是创造知识，两者紧密结合。学校在培养人才的过程中开展学术研究，创造出新的知识、思维方式和价值观，丰富和创造了人类文化。中国古代的书院、欧洲中世纪的大学都在人类文明发展史上起到了不可估量的作用。现代高等学校更是文化知识的策源地，许多新的科学技术都是在学校的实验室里首先创造出来的。即使是中小学校，在课程改革、教育改革中也在创造着新的文化。①

三、教育的文化研究是教育研究的重要方法论

教育研究是研究教育现象的，要了解某种教育现象的本质，它的发生发展，评价这种教育现象的优劣，或者分析它的经验和教训，就需要研究这种教育现象发生的文化背景。我过去曾经写过几篇文章，主要讨论比较教育的文化研究。但是，文化研究不限于比较教育研究领域，任何教育研究都需要文化研究，文化研究应该是教育研究的重要方法。尤其像我国这样一个多民族国家，56 个民族都有自己的民族文化传统，虽然他们都生活在中华民族的大家庭中，但各民族仍然保持他们的文化特点。因此，不研究一个民族的文化传统，很难理解这个民族的教育。据有的学者的研究发现，不同民族在智力和非智力因素方面会有差异。例如狩猎民族的空间知觉辨别能力较强，农业民族的重量守恒能力比较发达。② 贵州师范大学吕传汉、汪秉彝教授带领一个团队多年开展少数民族地区跨文化数学教育研究，发现许多有趣的问题，不同的民族有不同的思维方式，许多数学概念在不同民族中有不同的理解。③ 例如，侗族有语言没有文字，母语中没有“零”（用“无”或“完”来表达）和负数的读法，没有无理数概念，但计数原理与现代数学相符。④ 苗族的服饰中充满着几何图形。不了解他们的文化，就不能了解他们的学习，不了解他们的教育。不仅不同的民族有不同的文化，不同的地域也有不同的地域文化，即使是汉民族，在不同地区也有不同的文化传统。就拿食文化来说，各地都不相同，中国号称有八大菜系，就是不同地域的食文化。其他文化形态也各不相同，如安徽人喜欢黄梅戏，陕西人喜欢秦腔，河南人喜欢豫剧。这些文化因素都会影响到教育的价值观、教育内容和方法。因此，研究当地的教育不能忽视当地的文化传统。

教育的文化研究是一种广泛的教育研究方法。宏观上可以作跨国跨民族的比较教育研究，微观上对一个地区、一个学校的研究也需要采用文化研究。就拿学校来说，由于学校发展的历史不同，学校的办学理念的差异，就有不同的学校文化。例如清华大学与北京大学就有不同的学校文化。因此，即使研究一所学校也需要从文化学的视角来分析，只有这样才能理解它呈现出来的教育现象。

有的学者把我提倡的教育文化研究的文化观称为“文化民族主义”文化观，其实不够确切。按照作者引用杨思信的概念，“文化民族主义，是指表现文化领域内的一种强调本民族共同文化认同，维护本民族文化独立性的民族主义倾向。”⑤ 其实我只是把民族文化作为一种研究视角。第一，我并不坚持民族主义倾向。我认为文化既有民族性，又有时代性，民族文化总是在各民族交往中互相吸收、冲突、融合而发展起来的。当然，强调本民族的共同文化认同，维护本民族文化独立性是每个民族都会坚持的。但这种态度是不是就叫“文化民族主义”，值得商榷。第二，我提倡的教育文化研究并非只限于跨民族文化的研究，也包括跨地区文化的研究。我是把文化研究作为教育研究的方法论提出来的，当然在论述文化概念的时候，突出了它的民族性，因为文化总是存在于某个民族中，民族也总是依存于它的独特的文化而存在。至于讲到地域的文化，这是一种亚文化，它也必定存在于某一个民族的主流文化之中。但在教育研究中也不能不研究亚文化对教育的影响。例如重庆市谢家湾小学校长提出小学“六年影响一生”的理念，并运用电影

① 参见顾明远著：《中国教育的文化基础》，山西教育出版社 2004 年版，第 35—38 页。

② 王军、董艳主编：《民族文化传承与教育》，中央民族大学出版社 2007 年版，第 18 页。

③ 吕传汉、汪秉彝主编：《中小学数学情境与提出问题教学探索》，贵州人民出版社 2002 年版。

④ 罗永超：《侗族数学文化中的 2 与 1/2 及其概念计算》，《凯里学院学报》2008 年第 3 期。

⑤ 朱旭东：《比较教育研究的文化主义范式》，王英杰、曲恒昌主编：《教育人生　明志致远》，教育科学出版社 2009 年版，第 93—102 页。

《红岩》主题曲“红梅花儿朵朵开”作为其校园文化的标志。这就是利用了重庆这个抗日战争大后方和革命城市的文化来构建学校文化。我们要研究这所学校，就需要研究这所学校的文化背景。

教育研究的方法是很多的，有文献法、历史法、实验法、问卷调查法、访谈法、测量法等。教育的文化研究也就是运用文化学的方法来研究教育现象，是方法论的概念。开展教育的文化研究，要注意几个基本原则。

一是质的研究和量的研究相结合原则。现在国外都重视量的研究，中国更重视定性的研究、质的研究。我认为，这两者应该结合起来，量的研究也为了说明质的性质，没有质的分析，光有量是没有意义的。反之，质的研究需要有数量来支持，没有数量的支持，质就没有依靠。科学研究讲真实，但有些真实并不全面反映事物的本质。最近看到《报刊文摘》中一篇从《环球时报》上摘编的小文章，很有启发。现抄录如下：

有位保安在一家公司里一干就是三年，从未出过差错。但是有一天，这位保安在值夜班时喝醉了。这对于他来说是头一次。值班经理发现了这位喝得醉醺醺的保安，于是在值班日志上写了一句话：“这名保安在今天值夜班时喝醉了。”

等保安醒过来，看到经理记下的这句话，知道这在他的职业生涯中是个抹不掉的污点，所以，他来到经理的办公室，请求经理删掉这句话，或者添上一句：“这在他的三年工作期间是第一次。”但经理拒绝了保安的请求，说道：“你说的是实话，但我说的也是实话，你今天夜里确实是喝酒了！”保安很是恼火，可无言以对。

第二天，轮到这位保安写值班日志了，他在日志上写了这样一句话：“经理今天值夜班时没喝醉。”经理看到这篇日志时急了，他找到这位保安，让他修改或者补一句话加以解释，因为保安记下的这句话是暗示说，经理只有今天夜里没喝醉，平时都是喝醉了的。保安笑了笑，对经理说：“我说的也是实话，你今天夜里确实没喝醉！”经理终于明白了，片面的实话未必就是实情，于是只好同意，互相修改了给对方的工作记录。①

这个故事虽然不是讲的教育问题，但对理解教育研究的方法论很有帮助。“你今天晚上喝醉了”，这是质的判断；“这在他的三年工作期间是第一次”，这是量的概念。两者结合起来才能全面了解那位保安，否则都是片面的。因此，任何研究都要把量的研究和质的研究联系起来。教育中对学生、老师、学校的评价也要把量和质结合起来，不能由一两次表现来评价他的全部，所以我们提倡全面性、经常性、发展性的评价。教育的文化研究是质的研究，但也要重视量的研究，才能充分说明问题。

二是客观性原则。客观性原则也就是实事求是的原则。对教育现象的判断要从实际出发，从调查研究入手，充分了解其存在的背景，这样才能了解到真实的情况并发现它的本质特征。文化研究切忌唯情绪化，用研究者的主观情绪去判断，不能先入为主，设定了框框；切忌用自己的文化观念去判断研究对象，需要坚持客观的态度，才能了解事物的真相。当然研究者应有自己的立场和观点，对事物的判断不是纯粹客观主义的，而是要做到主客观的统一。文化研究中的主客体关系，我们还将在后面讨论。

三是全面系统性原则。教育不仅是文化的一部分，而且是社会活动的一部分。我们在强调教育的文化研究时，不能忽视教育活动与其他社会活动的联系。前面讲到文化传统对教育的影响至深至远，但不排斥社会的经济生产方式和发展水平、政治制度对教育的直接影响。因此，我们在进行文化分析时要全面系统地分析各种因素对教育的影响。因为文化作为上层建筑，毕竟是经济基础的反映，不过它一旦形成，就有相对凝固性。例如中国职业教育不发达，固然与中国旧的传统观念“学而优则仕”有关，也与我国经济不发达有关。我国长期处于小

---

① 孙开元编译：《“片面的实话”》，《报刊文摘》2013 年 2 月 27 日（摘自 2013 年 2 月 18 日《环球时报》）。

农经济社会，因而不重视职业技术人才的培养。改革开放以来，特别是进入21世纪以来经济发展方式的调整，技术工人的短缺就凸显出来。因此，职业技术教育的发展才提上议事日程。但人们的旧的观念并未改变，因此严重影响了职业教育的发展。最近，长江教育研究院发表了2013年度教育报告《中国教育黄皮书》，其中有一篇论述“建议放缓全面实施中等职业教育免费政策”的文章。作者作了大量的调查研究，运用大量统计数据，发现中等职业教育实施免费以来，报名招生的人数并未增加，免费政策并未起到激励青年报考职业学校的效果，因此建议放缓全面实施中等职业教育免费政策。文章还详细深入地分析了免费政策未取得期望效果的多种原因。① 我认为这是一篇很有说服力的量的研究和质性分析的好文章，许多论点我是赞同的。但是我觉得美中不足的是，文章只运用了经济学的方法来分析中等职业教育报告招生下降的原因，缺乏文化学的分析。其实，歧视职业教育在中国由来已久。前面已经讲到，“学而优则仕”的旧观念影响着我国职业教育的发展，而这种旧的传统观念不是短时间就能改变的。中等职业教育的免费政策正是为了扭转这种观念，让全社会都来重视职业教育。但作为文化的旧观念影响太深，再加上我们长期不重视职业教育，其教育质量较低，家长不放心把孩子送入中等职业学校。要改变这种状况，恐怕并非朝夕。但我相信随着我国经济的发展和经济发展方式的转型，随着职业学校毕业生就业前景看好，加上免费政策的鼓励，人们的观念才能逐步转变。从这个例子也可以看出教育的文化研究的重要性。

四是在发展中看问题原则。教育是发展的，时时在变化，只有坚持发展的观点才能了解教育现象的真相。教育的文化研究特别要重视教育现象发展的来龙去脉，了解它是在什么文化背景下发生和发展的，现在还有什么因素影响着它的发展。例如我们要研究杜郎口中学教育改革的经验，就不能走马观花地到那里去参观一下，而是要研究其教育改革的背景，这20年来发展的情况。据我了解，杜郎口中学的改革，开始时并非是自觉的，但经过多年的实践总结提炼，逐渐由不自觉到自觉，认识到学生在教学中的主体地位。这些年来他们的教改已有很大的发展，已经不是原来那种规定老师在课堂上只能讲多少分钟，主要让学生自学讨论的情况。他们经过总结提升，确立了“学生主体”的教育观念，提出学生“自学、共学、再学”的教学方式。同时，这是一所农村学校，它与城市学校有不同的文化背景。只有研究了当地的文化背景，从发展的观点出发，才能真正理解这所学校。我对它没有深入研究，因此也只能说出一些皮毛。近几年来我国高等学校出现并校风、升格风，中小学出现集团化、超大规模化，恐怕都需要从文化学的视角来分析。

四、教育文化研究中的主体和客体关系

教育的文化研究中有主体和客体两者的关系。教育研究的对象是教育现象。一般来说，教育现象就是研究的客体，研究者是主体。但是在文化研究中还隐藏着两种文化：一种是研究者自身的文化，我们称它为主文化；另一种是教育研究对象拥有的文化，我们称它为客文化。研究者本身对研究对象来讲，是另一种文化（主文化）的主体，他自身已经具有主文化的传统，也就是说已具有主文化的思维定式。如果不克服自身的思维定式去研究客文化，就不能得出客观的科学的结论。所以前面我们说到文化研究切忌用自己的文化观念去判断，也就是说，我们不能用主文化的观点、思维方式去理解、判断客文化的教育现象，要考虑到客文化的思维方式和价值观。

在比较教育研究中这个问题比较突出。因为比较教育主要进行跨国跨文化研究。研究者主体（主文化）就需要对客文化有所了解。另外，比较教育首先是在西方国家开展起来的，特别是20世纪七

① 周洪宇、雷万鹏主编：《中国教育黄皮书》，湖北教育出版社2013年版，第116—128页。

八十年代，西方比较教育持现代化理论，以西方文化为标准来讨论各国教育问题，表现出很强的西方中心主义。我们历来反对西方中心主义的文化观。英国著名比较教育家埃德蒙·金（E.J.King，1914—2002）比较客观，他持文化相对论观点，论述了主、客文化观在比较教育研究中的作用。他曾经批判西欧文化中心的观点，他说："至少从18世纪的技术革命和政治革命以来，准自动性'进步'的观点在西方思想界一直是一个基本观点，这种观点对我们了解如何产生变革并不总是有所帮助的。长期以来人们都认为，一旦人们从政治奴役或工厂田间的艰苦劳动的生活中解放出来，进步几乎会自动出现。因此有些人把西欧教育或西欧文化看作许多小国和不发达国家可以追求的几乎不可避免的'文化'顶峰。或者……他们就不可避免达到美国的生活方式……"① 我赞同他的观点。

当然我们也不赞成东方中心主义。有些学者认为东方文化才是救世之主，特别在西方世界经济危机爆发之际，似乎要用东方文化来拯救。这恐怕也是不切实际的。东西方文化都有可取之处，可以互相学习、互相借鉴。为了做到互相学习、互相借鉴，就要真正了解客文化的实质。教育的文化研究也是这样，不能用哪一种教育模式作为研究的标杆。

正确处理主、客文化的关系也适用我国国内的教育研究。我国是多民族国家，研究民族地区的文化，研究主体就要充分考虑到和尊重研究客体的文化，要避免"大汉民族主义"的文化观。

当然，要做到纯粹的客观性也是不容易的，正如埃德蒙·金所说的："我们必须承认任何'科学的'研究中都带有主观成分——特别是研究像教育这种涉及个人的、和文化密切关联的东西。"他主张在研究中两个主观都应该加入，即"在有关教育的辩论中我们自己主观的卷入；想解决其他国家的问题的人的同样主观的卷入"②。因此，我们在研究某一教育现象时最好请客文化的研究者一起参加。

教育的文化研究强调研究的客观性并不是持客观主义立场。研究者本身要有自己的立场、观点。失去了自己的立场观念，也就失去了研究的意义。在比较教育研究中要借鉴别国的经验，在教育的文化研究中更需要有自己的立场、观点来取舍，以便能融入主文化中，即所谓本土化。但研究时对客体的认识应该是全面的、客观的，不带有主观性、片面性。

五、教育文化研究中的文献研究和田野研究

教育的文化研究为了真实了解某种教育现象的文化背景，最好的方法当然莫过于田野研究，也即文化人类学的研究方法。正如萨德勒曾经说过的，研究外国教育制度时，不能只把眼光放在看得见摸得着的建筑物上，也不能仅仅盯着学校的教师和学生，而是要深入到学校之外的街头、家庭中去寻求"维系着实际上的学校制度并对其取得的实际成效予以说明的那种无形的、难以捉摸的精神力量"③。但是这种方法对中国学者来说比较困难。一是语言问题，中国学者一般只掌握一门或两门外语，在比较教育的跨国跨文化研究中，语言就是最大障碍。欧洲学者比我们有优越性，他们能掌握十多门语言，许多原殖民地独立国家也都用欧洲语言。所以他们文化人类学的研究比我们发达。二是东西方文化差别太大，没有较长时期的生活经验，难以理解。

进行教育的文化研究需要运用历史学的方法，与已有研究结合起来，因为文化传统总是在历史长河积淀起来的。不了解一个国家、一个民族、一个地区的历史，就不可能了解这个国家、这个民族、这个地区的文化是怎样形成和发展的，也就不能了解它的文化实质及其对教育的影响。进行历史研究

①②③ ［英］埃德蒙·金著，王承绪等译：《别国的学校和我们的学校——今日比较教育》，人民教育出版社1989年版，第36、15、64页。

就要运用文献学方法，研究梳理该国家、该民族、该地区的有关文化历史资料。

文献研究要与田野研究结合起来，从文献研究中找到文化的源头和线索，从田野研究来验证文献中的真伪，起到互相补充、互相引证的作用。历史遗承下来的文献大多是由史官记录下来，有时与实际有很大出入。因此，鲁迅曾经提倡研究历史还需看看野史和杂记。因为正史往往是“官修”或“钦定”的，粉饰太多，不可信。野史和杂记自然免不了有讹传，但也可以从中看到一些真实情况。① 即使现在的一些文献也有与实际相出入的。联合国教科文组织的统计数据应该是最权威的，但那些统计数据也都是各国政府报上去的，里面难免有水分。例如，1990 年美国布什总统提出要“重建美国学校”，要建 1 000 所新学校。1991 年我访问美国时，问那里的教授，新学校建得怎样了？他们说，那是政治家的口号。可见，文献研究必须和实地考察相结合才能了解真实的教育现象。

总之，文化研究作为教育研究的方法，在教育研究中应该占有重要的位置。长期以来我们对教育的文化研究比较忽视，因此对一些教育现象难以透彻地理解。本文就是想抛砖引玉，引起研究者对教育的文化研究的重视。

① 鲁迅：《华盖集·这个与那个》，《鲁迅全集》第 3 卷，人民文学出版社 1972 年版，第 136 页。

论学校教育与学生自主性发展*

——与西方学者汉德等人对话

□ 熊川武（华东师范大学教授）
□ 江　玲（华东师范大学副教授）

一、问题的提出

近几年西方教育学界爆发了是否“把自主性作为教育目的”的激烈论战。《牛津教育评论》和《教育哲学杂志》等相继发表了有关争鸣文章。汉德（M. Hand）对迪尔登（R. F. Dearden）1972 年提出把发展学生自主性作为教育目的的见解进行质疑，发表了《反对把自主性作为教育目的》（*Against Autonomy as an Educational Aim*，以下简称《反目》）一文，主要阐述了三方面观点：一是教育不能“授予”人们自主性，因而自主性不能成为“教育目的”[1]，此可谓“无能观”。二是“独立行动的能力正好是儿童能够自然达到的，”因此，“不必设定为教育事业的目的”。[2] 此可谓“自然观”。三是“比起生活在他主性行动的情境中，培养学生的意向自主性简直就是让他们生活得更加艰难。”[3] 此可谓“无益观”。

阿维拉姆（A. Aviram）等人与汉德的观点针锋相对，通过发表《为把个人自主性作为自由民主社会基本教育目的辩护：对汉德的回应》（*In Defence of Personal Autonomy as a Fundamental Educational Aim in Liberal Democracies*：*A Response to Hand*，以下简称《辩护》）”，指出《反目》的两个基本错误：一是“永劫回归的平等综合征”，即“不顾前期对这种观点的反驳而将其作为新鲜见解不断呈现”，罔顾了人文主义等传统早已“把自主性视为生活的核心价值，因而也是教育的核心价值”的断言。[4] 二是“哲学唯我主义综合征”，即只做概念分析而“不借鉴已有的严格的实证研究成果下结论”，[5] 并对“人们自己决定的行动比别人指导的行动更有效更合适或更值得做通常是不对的”进行了重点批评。[6]

此后不久，汉德以“《自主性教育：对阿维拉姆和阿瑟的驳斥》（*Education for Autonomy*：*A Rejoinder to Aviram and Assor*，以下简称《驳斥》）”为题，对自己的观点进行辩护，而且要求阿维拉姆等“解释为什么我在文章中谈到的日常生活中合理的他主行动——遵医嘱服药，听从路人的指点去超市，按照课表上课实际上是不合理的，不是他主的，或者反对这样做完全没有缺点。如果不做出这样的解释，我便认为我的反对意向自主性（dispositional autonomy）的观点是成立的。”[7]

应该说，《辩护》的批评是中肯的，特别就判

* 原载《华东师范大学学报（教育科学版）》2013 年第 4 期。

断自主行为与他主行为的“效率”问题对《反目》进行了颇为有力的反驳，对此本文不予重复。这里主要就《反目》和《驳斥》的其他缺陷如概念不清和逻辑混乱等提出看法，重点分析学生自主性的特殊之处以区别社会成员的自主性，讨论教育目的的意义与功能以区别政治目的，同时指出《反目》在未说明“谁的自主性”和“什么教育目的”的情况下，用社会成员自主性和社会情境这些与“教育目的”几乎没有对应关系的“前提”推导出“自主性不能成为教育目的”结论的非合理性。

二、学生自主性的特殊性

《反目》对当年迪尔登提出把自主性作为教育目的的主张发难，却不顾迪氏所讲乃学生的尤其是中小学生的自主性和教育目的是“学校教育目的”的事实，按照自己的逻辑出牌，偏要用成人或一般社会成员自主性和社会的政治目的说事，似有强词夺理之嫌。对此，只要重温迪氏的文章，便可一目了然。他说“这个新目的是为了发展整个正规学校教育阶段儿童的一种可以称为‘个人自主性’的重要的性格品质。”[8]他描述当时学校情境是“所有的主动权都在教师手中，而学生是被动的，只做要他们做的，然后抱着双臂等老师告诉他们下一步做什么。”[9]为了改变这种局面，他说：“我们正在努力的恰恰是教育要使儿童有自主性。”[10]为此操劳的还有不少人，比如“继续进步理论”的专家也大声呼吁每个“学生不应当浪费时间去重复学习已经掌握的学业，也不应当要求学习快的等着学习慢的赶上来而让他们停滞不前。……给学生提供按他们自己的进度能够完成的进一步的自学任务，并提供给他们能开拓学习范围的丰富活动，以超过较慢的同班同学”[11]。由此可见，当时教育学家们针对学生学习上的被动性所提出的发展学生自主性，是指发展学生积极地主动地学习的意向与能力。

然而，《反目》没有把概念分析的重心放在学生自主性上，而是放在了成人自主性上。它将人的自主性分为两类。一类是普通意义自主性[12]，包括“情境自主性”（circumstantial autonomy，又译环境自主性）和“意向自主性”。前者是行动者（agent）在特定情境下的存在状态，与情境自由度相关。后者是行动者具备的自主欲望与倾向。[13]另一类是技术意义自主性（technical sense of autonomy），[14]包括能力如“自己决定行动的能力或才华”；独立性如“不能受到外在的影响”，和自主欲望即“一个人只有在倾向于决定自己的欲望时她才是自主的”。

《反目》对自主性做如此理解，明显忽略了自主性的多重性质。因此，这里有必要先从几个维度审视人类自主性，然后深入学生自主性的特殊领域。

其一，结构与层次。从结构上看，自主性是由情智行相互作用构成的系统，不是单一元素或一些元素的堆砌。从层次上看，人类自主性可分为由低到高的若干层次。而特定个体总是处在不同自主性层次上。其二，独立与关联。独立是自主性的根本属性，要求行动者的思想与言行不受他人控制或不随波逐流。关联与独立相对，意味着任何自主性都不能完全独立于他主性。“相互依赖是行为自主性的基本要素。”[15]其三，内隐与外显。自主性内隐于心外显于行。作为隐性存在，它常以情意或认知的形式活跃在行动者观念中。当然，如果不借助行为外显，内隐自主性便缺乏实践意义，不过是心理活动而已。因此，行动者通常借助行为方式等把内隐自主性的能量释放到作用对象上，直至行动者的自主欲望实现。这实际上是行动者行使“自主权”的过程。其四，个体性与群体性。自主性既存在于个体，也存在于群体。从语源学看，自主性（autonomy）由复数的自我（autos）与复数的管理（nomos，又译统治等）构成，即自我管理（self-rule，又译自我统治或自律等），是雅典人想根据自己的立法生活，不受斯巴达统治之意。[16]可见，自主性原本是以群体属性的面貌进入人类眼帘的。不过，群体是由个体组成的，个体自主性是群体自主性的基础，群体自主性是个体自主性的升华。其五，目的性与工具性。在做出自主选择和行动时，成熟的行动者通常有比较明确的目的和特定的价值追求。人们不是任何时候都要发挥自主性，而是有所为有所不为。一般情况下，人们按“经济”和“便利”原则行事，不在生活常识，约定俗成的事情上投入或投入较大自主性。而把自主性发挥在“重要”或“困难”的事情上，更好地实现自主性的价值。而且，自主性本身是使自由获得价值的工具。“只有个人自主性是有价值的，自由与实用才有价值。……第一，因为只有在自由帮助自由者实现了自主和自主生活的意义上，自由才是有价值的。第二，如果愉悦的和偏好满足的个体缺乏自主性，相应地，愉悦或偏好满足就会丧失价值。”[17]也就是说，有自由而没有自主，不是真正的自由，相反，想自主而没有自由，则无法自主。在一定程度上，人的自由度与自主性呈正相关。同时，自主性是创新的前提条件。创新是做“无中生有”或“概率不大”的事业，不与随声附和、缺乏主见为伍，因此自主性是创新者必备素养。

行文至此，将人类自主性的这些性质与学生身心状况和社会角色等联系起来，便构成了学生自主性的特殊本质。

（一）情智行发展不平衡

中小学生自主性欲望非常强烈，但智与行的发展稍微滞后，使得自主性结构中情智行发展参差不齐，以致其功能欠发达。具体说来，学生自主性同样是情智行构成的系统，“具有心智状态和事件的属性。如选择、决定、信仰、愿望、爱好、行为等。”[18]其中“信仰”、“愿望”和“爱好”等代表“情”，包括感情（情绪与情感）与意志，可称情意；自主性“选择”和“决定”代表“智”，即认知活动、知识与技能等的简称，可称认知自主性；“行为”代表“行”，是自主性的实践环节，可称行为自主性。学生自主性中这三种元素的发展速度和所占比重是不一样的。

第一，情意自主性中冲动性比较明显。少年期至青年前期的学生，由于意志力比较薄弱和认知能力正在发展，情意自主性中情绪成分多于情感成分，冲动性自主行为比较明显，主要表现在两个方面。一是对欲望不加反思地肯定，即时满足欲望的心情强烈，延缓性满足几乎缺场。这“与孩子自主性的发展特别相关。因为，青少年的一个主要为难之处是学会如何延缓即时满足的冲动。”[19]这往往是任性和不大负责任的表现。二是稳定性偏好（nonadaptive preference，又译非适应性偏好）尚未形成。这种偏好的形成与稳定，以对“一阶欲望”（the first order desire）进行反思并确认其健康为基础。它通常比较深刻地表达学生的兴趣与心愿，是自主性的可持续动力。可见，由于情意与认知的不相匹配，特别是少年期和青年初期的部分学生不大符合自主性的人“需要具备某种层次的评鉴性反思”，“合理的自我控制和节制”，以及“不能把不充分的选择看成是很满意的”等要求，[20]他们的自主性中情智行元素带有非均衡性特征。

第二，认知自主性中决策能力逐步提升。中小学生的思维从具体形象思维为主逐步向抽象逻辑思维发展，与之伴随，自主欲望的确真性与决策能力正在发生由弱到强的转化。在小学阶段和初中前期，社会期待、父母和老师的意愿往往成为学生的发展欲望。这个时期学生做听话的“好孩子”需要比较明显。到青年期，学生的抽象思维能力得到较大发展，思想的全面性、逻辑性与深刻性支持了“有自主欲望的”学生的认知自主性。也就是说，学生的认知能力虽然是学生自主性的必要条件，但不是充分条件。只有在自主欲望同步发展的情况下，认知能力才会有较强的自主性。否则，认知能力虽强，但自主性却较弱。

第三，行为自主性发展相对较缓。中小学生的行为自主性比情意和认知方面自主性稍弱，总体情形是小学生弱于中学生。研究表明青少年“谈论得多，行动得少。这也许反映了这个阶段的认知发展相对地说仍是较初步的，还没有能充分地整合为青少年的行为”[21]。确实，认知能力尤其是反思能力没有达到应有程度使得小学生和初中生的稳定性偏好形成较慢，以致他们学习计划性差，学习热情的起伏性大，对刺激性较强的活动本身感兴趣，追求即时性的鼓励，对需要付出长期努力的活动热情有限。而“如果人们不能学会延缓满足并制订和执行长期实现的计划，那他不可能是或成为自主性的。”[22]

这些表明，绝大多数中小学生的自主性还没成熟，大致处于霍沃斯（L. Haworth）提出的“过渡自主性”和“常态自主性”之间。[23]“过渡自主性”即行动者道德感已形成，行为受到内部声音（inner voice，即父母或父母代理人的某种观点和品质）的驱动，但不会认真追问“是否要”和“为什么要”受之驱动。“常态自主性”即行动者既能对自己的冲动和来自外部的影响进行批判性反思，又能对行为策略等进行选择。[24]

（二）活动构建寓学可塑

学生自主性的发展与发挥都寓于学校学习活动，与具体的学习任务紧密联系，因而是可以教育和发展的。主要理由如下。

一是学校学习活动是行动者扮演学生这一社会角色的最为重要的平台。处于其上的行动者，社会角色是学生，受教育法律的保护，有法定的权利和义务。一旦回到家庭或社会中，他的角色发生了变化，成了家庭成员如孩子或社会成员如居民，他们的社会责任也就变了。由于情境的变化，特别是陌生的社会情境，行动者可能缺乏相应的知识经验和能力，即使想自主也难以如愿以偿。此外，在家庭或社会中，尽管行动者可能还有其他学习活动，但与学校情境下教师直接指导的学习活动大不一样了。

二是学校学习中的行动者必须承担学习责任。如果他们意识到这点，则会义无反顾地尽职尽责，努力扮演学生这一社会角色。学习责任感是学生“自主性的一个方面，自主的人认为自己是一个负责任的人”，[25]越是责任感强的学生，越不想虚度年华，总是千方百计提升自己的学习成就，以表明自己是胜任的。而越觉得自己“胜任”则越敢于负责，越会自主行事。这印证了“对自主性感兴趣是人们对自己能干这一基本的天生动机的表达。”[26]

三是学校学习活动对于行动者来说要尽量发挥两方面功能。首先是提供身心发展条件和机遇，包括老师的直接指导，开展丰富多彩的活动，给予自由支配时空，实行多种激励机制，等等。其次是排除或约束不利于学生发展的因素，比如因循守旧、不思进取、缺失诚信、打击报复、破坏纪律、损坏公物、轻视礼仪等。长期身处这样的情境，熟悉了教学人员的秉性，习惯了课堂的格局，清楚了教学计划与内容以及方法，懂得必须遵守的规则，行动者不仅能自如地应对，而且能从中找到自主活动空间。比如在学习计划上，他可以从自己的兴趣与爱好出发，在完成规定科目的前提下适当增加学习科目；在学习速度上，如学有余力可以加速，若学有难处可适当缓行；在学习方法上，长“听”者多听（倾听老师讲授以学习），善“说”者多说（借助演讲学习），强“做”者多做（通过动手做实验或解题学习），等等，各尽所能。可见，在学习目的的引导下，学生自主的对象逐步清晰并形成不同内容的自主，如把学习计划作为自主对象形成计划自主性，而把方法作为自主对象则成方法自主性。而在整体上，学生自主性主要是学习（包括学习道德、人际关系、文化知识等方面）自主性，是可感和可教的具体的自主性。

这是人类自主性的情境性特点在学生身上的生动表现。如前所述，学校学习活动是学生熟悉的情境。“熟悉”意味着学生有关于情境的知识和经验，有驾驭它的本领，感到可以有所作为，自信心激发了他们的自主性。而在陌生情境中，学生的认知能力会大大下降，以至难以做出合理的自主性判断与选择。对此，迪尔登不无感慨地说：“个体达到的自主性是一个程度问题，只有在他生活的重要领域里，他才能自己决定所想的和所做的。”[27]其他学者也有同感：“在个人生活的特定环境里，他也许被看成具有充分的自主的批判能力，但在另一种环境里，则不然。在学校操场上玩耍的被认为当时条件下负责的和自主的一年级学生，很可能在瓷器店里判若两人。”[28]

当然，除熟悉外，自由也是发挥自主性的必要的情境条件。它给学生自主发挥能力提供时间与空间。与之相反，在压迫的学习情境中，教师颐指气使，学生的自由被剥夺或部分被剥夺；在学习内容、时间和方法等方面学生丧失或部分丧失了自主权，学习自主性难免式微。因此，在不适宜的情境中，有些自主性强的学生会审时度势把自主性屏蔽起来，不让它出场。这虽避免了盲目自主造成的风险，但也使情意和认知自主性与行为自主性被割裂开来。

以上可见，学生自主性与学生的社会责任、学习活动性质和场所密切相关，主要在学校学习情境中发展与发挥，因而在很大程度上是“学习”自主性，而不是家庭中的“生活”自主性或社会中的“交往”自主性。

（三）内外作用他主居重

这里的“内外作用”特指内在自主性与外在他主性（heteronomy）的相互作用。这里的他主性有广狭两义。广义他主性是文化传统与社会规范（还有自然环境因素）以及学习环境等对学生的间接影响。狭义他主性主要指由教师等权威人物或特殊事件等对学生的直接影响。[29]在学校里，教师肩负着培养学生的社会责任，通常坚持当时社会认可的主流价值体系，把社会的要求转化为自身的权威性从而影响学生。他们施于学生的他主性实际上是他们的自主性。一般来说，教师的自主性与对学生的他主性成正比，学生自主性与教师他主性成反比。这意味着师生的自主性既有统一的一面，又有矛盾的一面，学生不得不直面并学会处理自主性与他主性的关系，因而使自身的自主性通常呈现这样的特点。

一是自主性强度弱于他主性。由于前面提及的原因，中小学生特别是小学生更多地服从老师的他主性，独立自主地行事较少。“孩子们观察自己的老师并注意成人如何行事”是比较普遍的现象。[30]这一方面因为老师涉世在先，术有专攻，能有效地帮助学生解决文化知识和技能学习以及能力发展等方面的问题。另一方面因为社会尊师重教的风气和教师掌握着大量的教育资源，并拥有分配权。同时，社会确实要求教师按照既定教育目的对学生严格管理和指导。因此，有不少学生对老师为代表的权威不分就里地机械“服从”或“追随”，他们的自主性也就打了折扣。

二是对他主性进行分析与择优的自主行为逐步增强。尽管中小学生年龄较小，自主能力不甚强，但他们自主欲望非常强烈。这种欲望往往推动他们对来自老师的他主性进行必要的分析与反思，剔除其不合理成分（根据他们自己的判断），同时较大限度地吸收其有益见解，使之成为反观自律的内容。于是，他们开始更多地听从合乎情理的指导，模仿有良好个性品质和举止得体的老师的行为，使模仿和服从中“不假思索”的含量逐步减少。这既丰富了学生自身的自主性，又满足了作为他者的教师的自主性要求。通过这个过程，学生把他主性的合理成分转为自己的思想和观念，转而用它们指导自己的欲望与决策。这已不是简单地服从他主性，而是理性地对待他主性，是自主性增强的表现。

三是民主性强的或信任学生的教师往往给学生提供更多的自主性空间，鼓励学生遇事独立思考，有意减少自身的不利于学生发展的自主性，使得学生的他主性压力减轻。相反，专制性强的或不大信任学生的教师经常对学生颐指气使，强迫他们循规蹈矩。比较起来，面对专制性强的教师，学生表现出的自主性要弱于他主性。

总之，从简单服从教师到对教师指导进行分析，扬长避短，反映出学生自主性的发展，但在整个中小学阶段学生自主性要弱于他主性。

（四）利大弊小价值内蕴

学生自主性的价值集中在对学生身心的发展性。不难想象，当学生自主地反省学习中存在的问题并顿开茅塞的时候，其喜悦之情通常会激励他继续这样的活动。当学生自主地选择学习任务比他人学得更好更多的时候，其胜任动机往往会强化他不停“冒尖”的心理。当学生自主地扩大人际交往范围，协调与他者的关系，学得更多的处世知识而受朋友欣赏的时候，他也许感觉到善于交往真好。如此种种，都说明学生自主性是学生发展的动力与工具。实验证明，学生自主性对智商或理智有重要影响。有专家用 6—10 岁的儿童作被试，研究人格特征对智商的影响，结果表明，下列人格特征明显促进智商的发展：“（1）他们具有较多的竞争性；（2）他们在情绪上较少依赖父母；（3）他们喜欢动脑筋解决问题；（4）他们在家庭中的行为并非特别良好；（5）他们经常参与自己发起的活动；（6）他们自觉性较强，不需要教师经常督促；（7）他们在工作中有成绩时满足，不一定要父母或教师等人称赞等。”[31]在这些特征中，除开（4），几乎每项都可看到自主性的身影，正是“自主性”而非服从性使他们的智商得到了更好的发展。

关于成就动机的研究也证明了这点。成就动机与前述胜任动机一样，都是自主性的元素。成就动机强的人对学习和工作都非常积极，能够控制和约束自己，不受社会环境影响，并且善于利用时间；喜欢设定有适度挑战性的工作目标，不喜欢凭运气获得成功，不喜欢接受那些看起来特别容易的工作任务；通常取得比成就动机低的人更优良的成绩。[32]

这些说明健康的自主性之于学生利远胜于弊。当然，任何自主性行为都有风险。学生自主性的风险主要来自两个方面：一是负价值自主即破坏性自主，对自己或他人造成危害；二是低效率自主即自主行为不如从众行为效率高。但这两种风险都在可控范围内。就负价值自主性而言，一是出现概率不大，因为学校学习活动的文明性和纪律性等张扬正价值限制负价值；二是一旦出现，很快会被教师或其他人发现（因为在学校里师生大多直接交往），可能被及时制止。就低效率自主性而言，如果是负价值造成低效率，那如上所述，会被老师和其他人制止。如果自主性本身是正价值的，那么效率低则是暂时的。因为正价值的自主意味着选择对象符合高效率要求，只是某种原因使高效率尚未出现而已。比如学生自主选择了一种较好的学习方法，由于不熟练影响了学习速度，但随着技能的发展，高效率不日可期。退一步说，如果经过训练技能仍难以提高，那他会像敢于自主选择一样敢于自主放弃。总之，学生自主性具有较强的可塑性，因而实际风险性在可控之中。

综上所述，学生自主性是“行动者在学校学习生活中发展的既联系又独立于他主性的情智行素养”。其与人类自主性的主要区别可以描述为：情智行发展不平衡，强而欠熟；活动构建生长平台，寓学可塑；内外作用彼此协调，他主居重；利大弊小价值可期，风险能控。

三、学校教育目的之意义

《反目》没有对教育目的进行详细解释，但其用法似与迪尔登当年所说的教育目的颇有不同。迪氏的教育目的是指学校教育目的。因此，这里有必要对学校教育目的作些说明。

（一）学校教育目的是培养人的总目标

根据《国际教育词典》的解释，学校教育目的通常指“教师和其他教育者意图的总陈述。在课程开发中，目的对教师是规范性的，与之相对的是描述希望学生在过程结束时应实现的目标”[33]。教师和其他教育者的“意图”虽然很多但根本的是培养学生，完成教育目的“规范”的任务。对学生而言，他们应该获得与教师工作相应的“进步”，实现社会希望的“目标”。再看其他研究者对学校教育目的（通常简称“教育目的”）的解释，虽有不同，但大都认同教育目的是“培养人的总目标。关系到把受教育者培养成为什么样的社会角色和具有什么素质的根本性质问题”[34]。

此外，教育目的是一个复杂系统，包含多方面的子目的，如道德目的、心理目的、身体目的，等等。同时，教育目的“是教育实践活动的出发点”，“根据一定社会的生产力、生产关系的需要和人自身发展的需要来确定”[35]。因此，它是随社会发展而发展的。

（二）学校教育目的指导学校的一切教育教学活动

教育目的的意义与功能决定了教育环境的营造和教育过程的设计。作为教育的中心环节的教学，其物质环境与人文环境，以及教学结构等的设计都要围绕教育目的的要求进行。

撇开物质环境不论，精神环境主要有以师生关系为主的人际关系，以校风学纪为核心的学校文化，以学习内容和方法为主体的学术要求，等等。它们具有较强的政策性和规范性，对学生具有全面的、直接的、持续的影响。可以说，是比较严格的他主性。

仅就教学过程进行分析。从学习计划看，由于教育行政部门制订的教学计划（或课程标准）规定了学生必须完成统一的学习任务，加之学生对计划之类比较陌生，因此，尽管有部分学力强的学生能从自身实际出发，设计并实施符合自己情意的学习计划，但总体上学生在这方面表现出较强的他主性。从学习内容看，中小学大多有国家、地方和学校设计的三类课程及相关科目，加上学生分辨和优选内容的能力尚未充分发展，这使得自主性较差的学生按照老师分配的任务学习，学完了就坐等老师指令，不会自己找活干。从学习方法看，学生可有一定的自主选择范围，但总体上可选范围并不宽广。即便采用自主学习和合作学习，由于它们发生在课堂中，大不同于发生在校外。比如其任务由老师安排，手段由老师提供，问题由老师解答，等等。这是老师指挥下的整齐划一的活动，其他主性仍然强于学生自主性。从学习评价看，社会认可的规范性评价权通常掌握在教师手中，学生这类评价权较弱或基本缺失。

以上说明，在没有强调发展学生自主性的教育目的的引导下，学校教育中过大的他主性往往不同程度地压抑学生自主性。因此学校教育目的要与时俱进，把发展学生自主性摆上重要日程。这是当年迪尔登倡导发展学生自主性的根据。他说："现在期望儿童更加独立，自我指导，或者一句话，自主。毫无疑问，这种重心的转移……与广泛的社会变革相联系。成人日益要求成为选择者，如果工作上不行那至少要在与休闲或作为消费者有关的不断扩展的私生活领域里做到。更多地参与决策的要求或许也是不能忽略的。"[36] 这也是汉德在《反目》中转述的"在英格兰与威尔斯的学校课程目的新的表述中，要求学校'发展学生'正直性和自主性并帮助他们增强责任感关心民众能够对公平社会的发展做出贡献"的根据。

当广大民众的自主性要求反映到教育领域时，满足学生的自主性欲望和发展他们自主性能力须臾不可迟疑。否则，不仅影响教育的时代步伐，而且会造成广大学生或青少年的不满。诚如有学者指出的"如果一个社会（而且通常是社会中长一辈的领导者）忽视，尤其是主动地反对儿童自主性的发展，那么人们应该怀疑这些长者更感兴趣的是他们自己的福利，他们的永久的神圣的奶牛和利益，而不是年轻人的福利与真正的兴旺"[37]。

四、发展学生自主性是学校教育的重要使命

在分析学生自主性的特殊性和教育目的的意义之后，可以讨论本文开始提到的《反目》的三大观点，并指出其逻辑上的不合理部分，从而得出学校教育发展学生自主性乃义不容辞的结论。

（一）"无为观"本身"无有作为"

《反目》认为自主性是"一种存在状态，而不是性格品质。说某人是自主的，那是她能够自由地决定自己的行动。如果她被剥夺了自由，被奴役、监禁或被迫服从于他人的指导，那她被认为缺乏自主性。因此，一个人是否有自主性的判断是政治判断而非心理判断"，"将人们从束缚的或独裁的社会境遇中解放出来以提升人的情境自主性，是有凝聚力的、值得的，但这是政治的目的，而非教育目的"，因为"这种生存状态并不能通过教育'授予'"。[38]

这个观点反映出《反目》的主要缺陷在于：

其一，用与教育目的几乎没有对应关系的"社会情境"和社会成员的自主性作为推理前提，得出教育不能发展学生自主性的结论，违背了形式逻辑三段论要求。《反目》认为"将人们从束缚的或独裁的社会境遇中解放出来以提升人的情境自主性"，"是政治的目的，而非教育的目的"。如果《反目》遵守逻辑规则，不偷换概念，把它命题中的"社会境遇"改成"教育境遇"，"人们"改为"学生"，

这个命题就变成了“将‘学生’从束缚的或独裁的‘教育境遇’中解放出来以提升‘学生’的情境自主性”，那么得出的结论必然“是教育的目的，而非政治的目的”。

事实上，经过前面对学生自主性与教育目的的分析，尽管人们对学校教育目的有多种理解，但谁都不会怀疑它的主要功能就是规定学校必须完成的培养学生的任务。而自主性是学生的身心组成部分，是学校必须完成的培养任务之一。这自然构成了由“学校必须完成培养学生的任务”这个大前提，到“自主性是学生的身心组成部分是学校必须完成的任务之一”的小前提，推出“发展学生的自主性是教育目的（之一）”的结论的三段式推理。

其二，认为人的自主性是“一种存在状态，而不是性格品质”，把自主性的内隐形态与外显形态割裂开来，曲解了人的心理现象。如前所述，自主性是情智行的有机结合。“性格品质”是情意自主性的组成部分，与认知自主性一起稳定地存在并构成人的内隐自主性。而行为自主性（包含情智两种自主性因素）大多是外显自主性即现实自主性。内隐自主性是外显自土性的基础，外显自主性是内隐自主性的外在表现。在被监禁或被奴役的情境中，被监禁者没有外显自主性即没有采取自土性行为，至少有两种可能。一是他确实没有内隐自主性（没有相应的性格品质），因而他无自主性可发挥；二是他有内隐自主性，但他知道当时不能发挥自主性比如可能受到进一步惩罚，因而故意将内心强烈的不满或自主欲望压抑了。这实际上是故意不发挥自主性的“自主性”。不承认人有内隐自主性，就无法解释白天安分守己的囚犯，晚上却挖地道越狱了。《反目》认为自主性只是“存在状态，而非性格品质”，把人的完整生命存在中的内心世界（包括性格及其品质）与外在表现肢解开来，进而说“存在状态”不能通过教育“授予”，最后得出整体的自主性都不可通过教育“授予”的观点，是站不住脚的。

(二)“自然观”其实“颇不自然”

《反目》认为儿童的自主性可以自然生长，用不着教育操心。不过，它对儿童自主性的两个判断却令“教育”不得不大操其心。它的第一个判断是“大多数孩子在他们早期生活中就已经获得了决定自己行为的能力……独立行动的能力正好是儿童能够自然达到的”，因此，“自主行动才能大可不必设定为教育事业的目的”。[39]它的第二个判断是“作为教育者，我们要说明的问题不是儿童不能决定他们的行动，而是他们决定行动通常是不理性的、不恰当的、缺乏考虑的或者不一致的”[40]。它还抱怨说：“我们希望他们有能力按照自己的方式行事，正如我们想要他们能够认识与服从合法的权威一样；但是自控能力远不遂人愿。”[41]

从逻辑上看，若两个判断皆真，则自相矛盾；若两个判断皆假，则远离事实。从前文提供的学生自主性看，后一判断应比前一判断真实。这样一来，《反目》又遇到了不能自圆其说的困难。它说人们应该“自主合理时就自主，他主合理时就他主，而且特定时机下所需的理由是在个人所处环境与专业知识范围以及组织角色之间变化。”[42]这话虽然不错，但能如此“应对自如”的学生需要何等强势的独立性、何等准确的判断力，要让那些“不遂人愿”的学生做到，岂不是勉为其难？当然，果真要学生如此行事，那通过教育培养他们的自主性的工作实在刻不容缓。

由此可见，《反目》的“自然观”其实一点儿也不“自然”。尽管随着学生身心的“成熟”，他们的自主性确有部分在自然生长，但是如同反思性、创造性等人的属性都有一定程度的自然生长但又必须通过教育或其他有目的的活动给予影响与发展一样，学生的自主性是不可完全寄希望于“自然”发展的。

(三)“无益观”确实“与人无益”

《反目》认为，“如果自己决定的行动比他人指导下决定的行动更有效、更适当或更值得不是普遍正确的话，那么培养学生的意向自主性并非明显有益于他们。……结果也许是，比起生活在他主性行动的情境中，培养学生的意向自主性简直就是让他们生活得更加艰难。”[43]这个结论的产生，在一定程度上是《反目》对自生性做了“内在论”的理解，即“一切由我做主”或行动者完全“自给自足”与他者或外界毫不相干，并且自主是全有或全无的。汉德在《驳斥》中强调：“若要说明意向自主性是一个可辩护的教育目的，阿维拉姆和阿瑟也许有必要证明我们不仅有时要自己决定行动，而且必须总是或通常是这样。”[44]可见，它把自主性绝对化的倾向非常明显。同时《反目》对教育目的的丰富内涵做了简单化理解。

一方面，它将自主性与他主性对立起来，以为自主的人必须时时刻刻自主，忽略了自主性与他主性的关系。它不理解成熟的自主行动者善于从他人包括权威或同伴那里听取意见，并进行分析与评价，去粗取精；也不理解把别人的建议转化为自己思想的行为也是一种自主选择，是更成熟的自主性。因此，汉德在《驳斥》中说：“我所辩护的目的是‘培养理性的、明智的愿意并能够独立判断的人，要根据情境倾听专家的建议或服从合法权威’”[45]，稍明事理的人一看便知，他期望的“独立判断”的人恰恰是有自主性的人，与“倾听”专家或权威的建议不仅不矛盾，而且是统一的。因为真正“理性的”、“明智的”且能“独立判断的”人，不会轻视专家或权威的意见，否则他就是自高自大孤芳自赏之人，不具有“理性的”和“明智的”品格。同时，真正明智的人都知道，身为社会之人，独立判断的尺度只能是社会公认的，不可能是自己创造的。但同时他对专家或权威的意见不会不假思索地“言听计从”，而是有分析和批评，否则“独立判断”无从谈起。甚至可以说，“独立判断”这个词汇之所以成立，就是因为人们在做判断时周围总是有“声音”，包括积极建议或消极干扰，“听进”了这些声音才要做“判断”，不然，根本无须“判断”，更没有“独立”可言。其实，当年迪尔登在倡导发展学生自主性时，就非常中肯地说“我们所思所行不必都是独创的，或者是我们首先想到或做到的。但如果不是独创的，那必须是主动研究的而且是与我们自己的理解或行动非常吻合的。它也许是从别人那里学到的，但必须是经过我们自己加工的，而不仅仅是通过练习或背诵获得的或入驻脑海的。而且，没有必要自主的人必须不合作，必须拒绝遵循任何普遍的习俗或必须反对所有形式的权威。”[46]

另一方面，《反目》把教育目的的意义看得过于简单，以为把自主性作为教育目的，那教育“必须总是或通常是”发展自主性，其他子目的都不顾了。事实上，学生需要多方面发展，把自主性作为教育目的绝不意味着仅仅发展学生自主性，而不顾其他方面。

总而言之，由于《反目》忽视了学生自主性的特殊性，没有注意学校教育目的的多方面意义，同时不遵守必要的逻辑规则，不仅没有为自己的观点提供充分而有力的论据，得出令人信服的结论，相反它从多方面“义务性”地证明了发展学生自主性的必要性，从而使自己陷入了尴尬。

【注释】

［1］［2］［3］［12］［13］［14］［38］［39］［40］［41］［42］［43］M. Hand. Against Autonomy as an Educational Aim. *Oxford Review of Education*，2006，32（4）：541，539，539，537，537，540，537，541，541，539，538，539.

［4］［5］［6］A. Aviram，A. Assor. In Defence of Personal Autonomy as a Fundamental Educational Aim in Liberal Democracies：A Response to Hand. *Oxford Review of Education*，2010，36（1）：112，112，114.

［7］［44］［45］M. Hand. Education for Autonomy：A rejoinder to Aviram and Assor. *Oxford Review of Education*，2010，36（1）：128，128，128.

［8］［9］［10］R. F. Dearden. *Autonomy and Education*. R. F. Dearden，P. H. Hirst，R. S. Peters. Education and the Development of Reason. New York：Routlege，2010：448，448-449，454.

［11］中央教育科学研究所比较教育研究室编译：《简明国际教育百科全书·教学（下）》，北京：教育科学出版社，1990年，第350页。

［15］D. Boud. *Developing Student Autonomy in Learning*. London：Kogan Page，1981：23.

［16］L. Haworth. *Autonomy*：*An Essay in Philoso-*

phy Psychology and Ethics. New Heaven: Yale University Press, 1986: 11.

[17] L. Haworth. *Autonomy: An Essay in Philosophy Psychology and Ethics*. New Heaven: Yale University Press, 1986: 183.

[18] S. E. Cuypers. Autonomy in R. S. Peter's Educational Theory. *Journal of Philosophy of Education*, 2010, 13 (10): 189-207.

[19] [20] H. Adams. *Justice for Children: Autonomy Development and the State*. New York: State University of New York Press, 2008: 12, 17.

[21] [美] J. 凯根，等著：《儿童发展和个性》，缪小春，等译，上海：上海教育出版社，1990 年，第 508 页。

[22] [23] H. Adams. *Justice for Children: Autonomy Development and the State*. New York: State University of New York Press, 2008: 12, 17.

[24] [25] [26] [28] L. Haworth. *Autonomy: An Essay in Philosophy Psychology and Ethics*. New Heaven: Yale University Press, 1986: 55, 189, 187, 184.

[27] [36] [46] R. F. Dearden. *Autonom and Education*. R. F. Dearden, P. H. Hirst, R. S. Peters. Education and the Development of Reason. New York: Routlege, 2010: 461, 449, 454-455.

[29] C. M. Stone. Autonomy, Emotions and Desires: Some Problems Concerning R. F. Dearden's Account of Autonomy. *Journal of Philosophy of Education*, 1990, 24 (2): 271-283.

[30] 熊川武著：《反思性教学》，上海：华东师范大学出版社，1999 年，第 94 页。

[31] 叶奕乾等编：《个性心理学》，上海：华东师范大学出版社，1993 年，第 474 页。

[32] D. C. McClelland, Robert I. Watson Jr. Power Motivation and Risk-taking Behavior. *Journal of Personality*, 1973, 41 (1): 128-134.

[33] G. T. Page, J. B. Thomas, A. R. Marshall. *International Dictionary of Education*. London: Kogan Page, 1977: 16.

[34] [35] 顾明远：《教育大词典》（增订合编本上），上海：上海教育出版社，1997 年，第 765、765 页。

[37] H. Adams. *Justice for Children: Autonomy Development and the State*. New York: State University of New York Press, 2008: 27.

学校公共生活的开启与公民教育的拓展：基于活动的视角*

□ 刘铁芳（湖南师范大学教授）

一、公共活动的展开：个体成长中的自我发现与自我超越

公共活动乃是师生共同参与的活动，在其中，每个人的言行能被他人看到、听到，公共活动意味着学生个体可以影响他人，并且接受他人的影响。如果说话语体系的生成乃是在言说中开启个人的公共生活想象，拓展公共价值视野，启迪公共理性，那么，活动就是要让个体切身地实践公共生活理想，活在与他人的生动交往之中，活在公共生活共同体之中，由此而扩展、提升个体生存的境界。

学生个体投身于公共活动之中，让自己的能力展现出来，展现在与他人的关联之中。个体能力的发展不再是孤立的个别训练，而是置于个体与他人、社会的生动联系之中。“一个人的成功，在当下要比在以前更加取决于他对自己所拥有的特定能力的恰当使用，而不取决于他在理论上具有何种能力。……当下最令人感到悲哀者，可能莫过于对下述问题的困惑：一个人如何才能对自己的同胞有助益，以及一个人的才智如何才能不被浪费。”[1]

有人这样描述民国时期蔡元培主持教育工作时曾经历的小学生活，“我们在大观读书，不单注意学习成绩，同时也注意体育、美育等各方面。美育、图画，我学得不好，但对音乐兴趣很高，学会了弹琴、吹箫，并特别爱唱歌。至于体育，无论田径运动和各种球类，我样样都爱。我特别爱踢足球，我不只参加一个球队，而且是班队和校队的队员，常常代表全班或全校去参加比赛。我对足球的爱好，一直保持到今天。”[2]学校各项活动的开展，引导学生以积极的姿态融入其中，在促成学生智育、体育和美育等方面充分、和谐发展的同时，也给个体潜能的发现、提升提供了契机，从而自觉不自觉地孕育着个体发展的方向与目标。

各种饶有意义的教育活动，丰富的校园生活，乃是学生得以健全成长的重要途径。“远足及露营是师生们最喜爱的活动，每学期总有两三次，一般在星期六下午及星期天，特别是暑假及春假，为时更长。记得曾去过灵峰、瑞岩寺、古阿育王寺、万湫山……那时候，同学们搭帐篷、挖帐篷四周水槽、挑水、拾干柴、搭灶头、消毒、洗菜、炒菜、煮饭、洗衣袜、采标本、写生、爬山、游泳……既分工，又合作，既分散活动，又遵守纪律。得到的知识似更丰富多样了，师生关系似更密切了，特别是家事和卫生方面，通过几次露营，会使人养成独立生活的习惯。”[3]学生通过参与各种活动，在得到各种能力的充分锻炼的同时，可以在与他人的生动交往之中获得对他人、学校和社会的积极认同，在

* 原载《华东师范大学学报（教育科学版）》2013 年第 2 期。

显现出青少年儿童积极的生命气象的同时，也展示学校朝气蓬勃的教育精神。这种蓬勃的生命气象，既是学生生命实践的表达，反过来又进一步促成学生更高的生命理想的生成。朝气蓬勃的生命状态与由此而来学生对自我生命卓越的追求，本身就是学校公共生活与公民教育的基本目标。以各种活动来显现蓬勃的生命气象，这本身就足以成为学校公共活动与公民教育的基本形式。

马斯洛的需要层次理论中，把归宿感作为一种重要的个体需求。公共生活的开启并不是一种外加于个体成长之上的规定性任务，而是包含着个体成人的内在需要，内含着个体生命的基本欲求。学校公共生活的开启，一个重要的功能，就是让学生在公共参与中获得自我存在的归宿感。我的一位学生曾讲述她儿子的一段经历：长沙市岳麓区某小学是一所地方很有名的学校，她的小孩裴思涵曾经在那里就学。有一次从两米多高的地方摔下来，把腰摔伤了，后面到医院检查，发现问题很大。原来小思涵摔伤的那块骨头原已接近坏死，他得了一种罕见的骨头病，此后一年多一直在病床上度过。其间正好赶上汶川大地震，举国纪念，该小学师生为地震死难者祈福的典礼在中央电视台新闻中播出。病床上的思涵看到了，就跟妈妈说：“不是全体学生，我还在床上呢。”[4]小思涵“我还在床上呢”的呼告，在表达病中的他对集体生活向往的同时，也传达出一个年幼的生命对学校共同体的敏感性。每个人的生命深处都有进入公共生活之中，在一定的共同体中获得归宿感的需要。学校公共活动的开展就是让这种需要变成鲜活生动的形式。

不仅如此，让学生置于各种丰富而生动的活动之中，鼓励他们自由自主，民主协商，相互合作，这对于他们的民主个性的养成乃是极其重要的经历。杜威在《民主与教育行政》的文章中写道：“民主的基础是信仰人性所具有的才能；信仰人类的理智和信仰合伙和合作经验的力量。这并不是相信这些事物本身已经完备了，而是相信如果给它们一个机会，它们就会成长起来而且能够继续不断地产生指导集体行动所必需的知识和智慧。”[5]怎样在学校公共场域之中充分地体现对生命的尊重，使尊重生命成为学校公共生活的基本品质，而不仅仅是把生命教育作为某一个或一类活动的主题，避免生命教育流于表浅形式，乃是当下学校公共生活的基本主题。正如杜威所言，“归根到底，民主主义的问题是个人尊严与价值的道德问题。”[6]活动的展开，就是让学生切身地体验如何尊重他人，并且赢得他人的尊重，懂得彼此尊重的公共生活共同体对个人的意义，并且应如何用个人之力来促成这种尊严与价值的共同体的建构。杜威提出教育即生活，本身就意味着“让儿童充分地进入生活之中，内化生活为教育所提供的丰富内容，扩展人与生活世界的相互作用，在延续社会生活的过程中，促进生活的更新。杜威所倡导的教育即生活，不仅包含着对生活的适应，而且孕育着对生活的改造与更新。”[7]

阿伦特通过对人的现象学分析指出人的存在是有条件的，这些条件包括生命自身、出生和死亡、人的多样性、世界性与赖以生存的大地。人的活动就以它们为出发点。人的根本特点在于：人降生后就要进入社会，与他人交往，所以人是一种社会交往的生命，人只有在与他人的共同世界中才能经历自己的现实性。阿伦特把人的基本活动分为三种：劳动，这是一种生物性过程，其基本条件是生命自身，它具有一种生物性的强迫特征；制造，即生产一个持续的、与自然物有别的人工世界，它为人类提供生存的家园，其基本条件就是人的世界性和人对客体的依赖性，它受功利主义和机械性思想支配；行动，它是行动着的生命唯一具有的一种活动性，它是在没有物体等中介的情况下直接在人们中间发生的，它的基本条件是承认人的多样性这个事实，即不是一个人，而是无数人居住和生活在地球上。只有通过行动，个体才能相互联系起来，组成一个真正的共同世界，才能真正理解真理、行动目标、人的本质等问题。根据阿伦特的行动理论，学校公共活动的意义就是让个体真实地进入他人之中生存，引导个体在自我生存现实性的体验与领悟中，理解自我、他人与社会，认识人的本质，并且活出人之为人的本质。

二、课堂教学作为学校公共生活的基础形式

学生大部分的学校生活时光都是在课堂中度过的，课堂教学可谓学校公共生活的基本形式。课堂教学是否体现了公共生活的基本品质，是否让每个孩子都感受到来自他人的观看、激励，由此而让自己在他人之中学习、成长，实际上就构成了学生之学校公共生活的基础。课堂教学之公共生活品质体现在教学形式、教学内容与教学活动中所彰显出来的公共价值之中。

课堂教学之作为公共生活形式，最基本的要素在于师生一堂，共同探究，彼此合作，互相帮助，由此而形成互帮互学的公共场域，每个人都可以在此空间中获得自我成长的资源，每个人又都成为他人成长的背景与条件。这意味着课堂教学的开放性与灵活性。以民国期间为例，学校公民科的教学，依据其基本的公民教育理念，已经具备了相当完整的课程体系。而其教学方法，更是不拘一格。如常道直在他的《小学公民课教学法》一文中，便提出了如下公民科的教学法：

> 第一，要与他科尤其是历史科，联络教授；课程表上虽不妨分列，但至少历史科和公民科要由同一教师教授。这一层自是很容易办到的。
>
> 第二，要多用问题研究方法。最好每一教学单元即为一个公民问题之讨论、解决，与实行。系统的研究，不唯在小学公民科中不适用，即在其他各科中亦不相宜。
>
> 第三，要注重活动的方法，详言之，在公民科之教学中，当充分领会“学由于做”（learning by doing）之教育格言。我们所教的，须是学生所能履行的，至少须是他们所能表演出来的。总之，在公民教学程序中，学生应当是一个“身与其事的”，不可只是一个“旁观者”。[8]

上述几种小学公民课教学法，实际上蕴含着普遍性的教学诉求：与历史等科联络教授，这是要注重学科知识之间的普遍联系，引导学生开阔视野，注重彼此之间融会贯通；多用问题研究方法，这是要切合儿童能力发展实际，同时也引导他们踏实研讨，共同寻求问题解决的路径，避免教学的空乏；注重活动的方法，则是要学生深度体验，身体力行，避免作为旁观者浅尝辄止。开阔的视野孕育着学生的公共理解的扩展；问题研究方法启迪学生的深入实际，脚踏实地，合作探究的公共生活路径；注重活动，做中学习，则培育学生躬亲实践的公共生活态度。公共理解与公民教育当然不限于公民课的教学，每一门学科都可以而且需要开启各自通往公共生活与公民人格的窗口。以讨论、辩论、分析、比较、案例研究等多种方式发掘学科教学的公民价值内涵，引导个体的公民行动，这对于个体公民品性成长的历练是至关重要的。

课堂教学形式本身是历练个人的公共生活品质、启迪公民人格的基本形式。教学民主，鼓励个性，培养独立思考、自由探究的思维品格，都是公民人格的基础和重要表现形式。我们所需考虑这一核心问题，我们的课堂究竟面向什么而教？是面向教师所呈现的知识世界，还是把学生引向更广阔的生活世界？让学生探玄勾赜，启迪对世界的好奇心和无限的求知欲，而不是把学生引向僵化的现成知识储备，这乃是我们今日课堂教学的中心问题。一旦教师积极把学生引向对更宽广世界的探索，引向属于学生自己的想象世界，那么，课堂的结束不过是学生面对更广世界的好奇的开始，好的课堂的标准便不是以无问题告终，恰恰是以更多问题的唤起为标志。倡导课堂教学回归生活，走向生活世界，就是要拓展课堂教学的生活视野，在有限的课堂空间里唤起学生无限的成人的欲求。

海德格尔把教育的过程定义为“对一个领域中本质的东西做出符合一致的反应”，从现象学的视角而言，教育的本质乃是培养个体对其周遭的环境做出变化的、更加精微的反应。与之相应，教育的目标旨在养成素养以及培养辨别与活动相关的意义的辨别能力。由此，真正的教学不是信息的传递和交流，因为被告知事实是什么实际上阻碍了听者获

得辨别能力、灵巧能力和鉴赏力，而只有这些能力才能使人们与本质的东西契合为一。因此，好的教学经常需要教师抵抗说出其所知道的东西的诱惑，因为那样会缩短了学习的过程，而恰恰是这一亲身体验学习的过程赋予了学生意义感，对什么是本质的东西有了感觉。海德格尔进一步解释说，教比学更难，因为教意味着“让一学习”（let-learn）。真正的教师除了学习本身以外一无所教。[9]课堂教学的根本意义，就在于让学生进入教学所开启的复杂世界之中，去自主地获得辨别能力、灵巧能力、鉴赏力，获得自主行动的能力，这样的教学就是指向公共生活、孕育公民行动能力的教学。

指向公共生活的教学，还需要超越知识的简单授受，而上升到知识的社会关怀，培育社会理想。2009年9月8日美国学生开学日，奥巴马在弗吉尼亚州阿林顿市的讲演中说：“你们需要在数理科学课程上学习的知识和技能，去治疗癌症、艾滋那样的疾病，和解决我们面临的能源问题与环境问题；你们需要在历史社科课程上培养出的观察力与判断力，来减轻和消除无家可归与贫困、犯罪问题和各种歧视，让这个国家变得更加公平和自由；你们需要在各类课程中逐渐累积和发展出来的创新意识和思维，去创业和建立新的公司与企业，来制造就业机会和推动经济的增长。我们需要你们中的每一个人都培养和发展自己的天赋、技能和才智，来解决我们所面对的最困难的问题。假如你不这么做——假如你放弃学习——那么你不仅是放弃了自己，也是放弃了你的国家。”[10]唤起知识学习的社会关怀，让学生从纯然知识的习得过程中获得开阔的社会视野，这对于公民意识的养成无疑是重要的基础。

好的课堂，不仅能够让学生从中习得知识本身，感悟文化价值，而且也能够让学生从中唤醒生活记忆，追求美好的生命理想。“许而权20世纪30年代在故乡的立本小学求学，七十年后回忆当年的课堂还是历历在目：自然课，教师带领学生去野外捕捉昆虫、采集植物茎叶制作标本，以增强学生的感性知识；地理课，教师组织学生去山头附近一个地方挖掘化石，帮助学生理解化石成因；美术课，教师则让学生到马横溪实地写生，领略家乡自然风光；五、六年级设置了实用的珠算课程；至于体育课更是丰富多彩，有踢毽子、跳绳、滚铁环、打乒乓球、跳高、跳远、拔河等活动。”[11]70年后依然保存下来的珍贵记忆，其中所蕴含的正是课堂教学中所彰显出来的自由、丰富、美好、健康、活泼等公共价值。课堂教学作为学校公共生活的基础形式，正在于在教学过程中所彰显出来的爱、美、自由、丰富、健康、活泼等公共价值。

三、社团活动与学校生活中广泛的行动

如果说课堂教学更多的乃是以教师为主导而展开的体制化的公共活动，那么社团活动就更多的是以学生为主导而展开的更具自由与开放品质的公共活动。社团活动同样是学校公共活动的基本形式，是培养学生社会服务能力的重要载体。“南开学校为训练学生做事能力，服务精神，并培养社会领袖人才起见，鼓励学生自动组织各种社团，通力合作，团结负责。当年最早成立之学生社团，有自治励学会，由今中学部主任喻传鉴君主持之；有敬业乐群会，由周恩来君主持之；此外并有青年会，专以研究基督教义为任务，由张信天君主持之。皆各有定期出版刊物，彼此观摩竞赛，工作成绩颇足称道。”[12]各种社团、组织，在练就学生的做事能力之时，也培育了他们的合作意识与服务精神，更重要的是培育了他们的自我管理、自我教育能力。

社团活动不仅活跃学生的学习生活，也为孩子们的成长提供自我展现的空间，让他们充分地感受到生命成长的欢乐，也让学校空间洋溢着青春朝气。南开学校为了培养学生的组织能力和团结精神，由学校派有专人指导，成立各种各类的课外组织活动，同学们可根据各人的爱好，自由参加。“每天下午散学后，学生们就各自去参加课外活动了。这些课外组织有：自治励学会、敬业乐群会、青年会、童子军、新剧团、国剧社以及各种体育组织、各种学术研究会、演讲比赛会和出版刊物，

等，其中以新剧团、体育会两个组织最为活跃。南开的新剧团，最初的目的是锻炼学生的言说能力，并利用剧情，针砭时弊。先生对新剧团负责了启蒙第一课，以后即由师生共同创作，共同演出。剧团每在校庆日，公开演出，一连两天，轰动一时。除校庆日之外，每周星期六或一般小的节日，也有演出。学生们花费一角钱，买上一张票附带一包糖果，又看、又吃、又玩，师生同乐。"[13]

社团也是个体与社会连接的有效中介。社团活动的开展，可以让学生学会彼此合作，结成共同体，相互关爱，相互协作，共同成长，也共同承担，这对于个体公民品质的历练是重要的尝试。以民国时期的西南联合大学为例，教育学系的学生经常利用节假日，举行团体活动，以培养团结合作的能力比较有影响的有：全院师生同乐会；滇籍学生组织生活教育团，暑假中赴各县考察教育及社会实况；成立纪念日所举行的"传播光明"表演（亦可称集团游戏）；与昆明市政府合办的儿童节庆祝会及儿童抗战画展。[14]当年燕京大学的学生，"读书不忘国事，'九一八'事变发生，随即掀起一股爱国热潮，几乎全体同学都忙碌起来了。同学们分头组织各种宣传机构，例如街头话剧团，分头组织各种宣传机构，例如街头话剧团，演讲队等，到各处去唤起民众的爱国心，并且设法募集款项，购买应用物品，赠送前方战士。后来，榆关失陷，何柱国旅长退守秦皇岛，为要鼓舞军心，我们组织一些慰劳团，每团有男女同学十余人，携带大批钢盔、棉衣及日用品，前往秦皇岛、热河及其他地方。"[15]在这里，各种戏剧社团就成了学校与社会、民众连接的有机桥梁。

学生进入公共生活，既需要学生个体从学业压力中超越出来，同时也需要学校生活能呈现出开阔的公共生活视野，学生进入其中可以自由选择，并使自己得到历练，个性得以彰显。由于社团参与往往基于个人的自愿以及个性特点，社团就成了显现、凝聚众多富于个性的学生的平台；同时，社团又是兴趣相投的学生的集合，换言之，进入社团，意味着学生个性需要以符合社团之作为公共交往场域的要求与特性。在这个意义上，学校社团活动乃是学生个性以公共性的方式得到展现、孕育、提升的有效形式。对于学生成长而言，学校生活中的社团以及社团活动可谓个性与公共性有机融合的重要场域。"西南联大的学生社团，也是五花八门的。只要不妨碍他人，组织社团出壁报学校全不干涉。喜爱文艺的同学组织文艺社，喜爱新诗的同学组织新诗社，喜爱画画和木刻的同学加入阳光社，文娱团体则有话剧社、联大剧团和青年剧社、联大戏剧研究社，其后有'南针社'、'木铎社'等。一九四五年秋，由'文艺壁报'作班底，和一部分喜爱文艺的同学演变为冬青社，还请了闻一多、冯至、卞之琳做导师。这年暑假又有了戏剧社。体育方面有悠悠体育社、工学院则有西南合唱团、喷火体育会等。这些团体有时举办辩论会、讲演会，假期举办夏令（或冬令）营，有时也演话剧。"[16]学生时代的这种经历，对于年轻人的个性展示乃至一生的兴趣发展都是重要的磨砺。

尼采在回忆自己的中学生活时这样写道："我们应该无比感谢那个特别的小团体，对于我们来说，它不只是我们中学学习的补充，而完全是真正富有成果的交往，在它的氛围中，我们把我们的中学也只当作服务于我们的一般教育努力的个别手段。我们发现，多亏我们的小团体，当时我们压根儿不去想所谓职业的问题。国家要尽快为自己培养出合用的公务员，通过负担过重的考试保证他们的绝对顺从，为此频繁地剥削中学生的年华，而这一切被我们的自我教育拒于千里之外；任何功利的考虑，任何飞黄腾达的意图，都不能支配我们，一个今天仍使我们中每一人感到安慰的事实是，我们俩现在还不真正知道将来要做什么，而且我们对此毫不忧虑。我们的小团体在我们身上哺育了这种幸运的无忧无虑；正是为了这，我们在纪念它的时候心怀由衷的感激。"[17]从尼采的叙述中，我们不难发现，学生团体之于学生发展的意义，首先是提供一种交往的方式，在其中，获得学习生活的有益补充；其次是作为自我教育的基本形式；最后是在体制化学校生活之中，给孩子们的成长开辟空间，成为个体成长的必要的庇护之所，并给个体人生发展提供长久的精神资源。

正如钱穆在新亚校歌中所言，“手空空，无一物，路遥遥，无止境，乱离中，流浪里，饿我体肤，劳我精，艰险我奋进，困乏我多情，千斤担子两肩挑，趁青春，结队向前行”，青春结伴，不仅是青春存在的基本方式，而且也是年轻人互相帮助、彼此携手、跨越艰难险阻、勇担重任的庇护之所。这种“趁青春，结队向前行”的新亚气象对于年轻人的成长无疑是难能可贵的，“新亚教育认为人不是孤零零的个体，而是活在历史传统文化社群当中。个体只有在种种人伦关系的实现中，在学问与事业的追求中，在承担对他人和社会的责任中，人才能够完成自己的人格，才谈得上活得幸福活得有价值。”[18]团队生活对于年轻人的幸福成长与人格完成，乃是不可或缺的珍贵经历。

四、社会服务与公共理解的扩展

“柏拉图说，一个人只有在为城邦服务的过程中才能使自己的道德真正完善起来。雅典人因为不把自己的生命当作个人的事情而获得了拯救。我们的 idiot（白痴）这个词源于希腊人对公共事务不负任何责任的人的称呼。修昔底德记下了伯里克利曾在葬礼上讲过的这样一段话：我们不允许一个人汲汲于个人的事务而不理会公众的事务。我们和其他的城邦不同，因为我们认为一个远离公众生活的人是无用的人，然而我们的精神是独立的、完全自主的，我们不屈服于任何人。”[19]在希腊人看来，人之置于城邦之中，服务于城邦，这几乎就是人性的全部，离开了城邦，则与白痴无异。这提示我们个体发展的根本向度，也就是指向国家社会，服务国家社会，乃是个体成长的根本方向。

燕京大学的校训“因真理，得自由，以服务”，传达的教育理念是，个体发展的目标乃是凭借对真理的追求来通达个人自由，实现个体人格的完整与独立，最终以成熟的人格进入社会，服务于社会。服务社会可以说是个体人格形成的最终指向，也是公民教育实践的最终的演练场和试金石。社会服务意味着个体关切他人和世界的积极意向，这首先指涉情感态度和价值观；其次涉及个体的社会行动能力，这主要涵括知识技能和能力发展。引导个体在学校教育过程之中更多地践行社会服务，其目标同样包括个体之于社会的情感态度价值观的培育和社会服务能力的提升。两相比较，前者更为基本。

社会服务的过程，乃是个体以身心直接地与周遭世界相遇的过程。通过具体的社会服务活动，进而促使个体真实地走进社会，走向他者，形成个体与他人的共在。一个人成年以后对他人和世界所有深刻和远大的认识，往往都源于年少时期对身边事物的发现和理解。社会服务的过程绝非单向度施与的过程，同时也是个体与他人积极互动的过程。积极的社会服务，让我们活在他人和社会之中，在启迪个体向着他人和社会而生存的生命姿态之时，也让社会生活实际向着个体生存涌流，由此而内在地扩展了个体生存的现实内涵。这意味着社会服务的过程，同时也是自我提高的一个过程。

社会服务为智力、道德能力的发展提供了舞台，社会服务的深化可以极大地深化个人的公共理解和公民行动能力。“如果一个人从青少年时代起就从事社会服务，那么社会服务就会成为他终身的指导原则，帮助他一生笃行正道，不会迷失人生的方向。”[21]当然，参与社会服务绝非任意而为，或者停留在让他们从中体验到走向社会的兴奋感，也绝非浅尝辄止，蜻蜓点水，流于形式，这样就不足以构成对个体公民道德的真正历练。“为了持续地推进社会进步，就需要开展系统化的社会行动。而参与系统化的社会行动就需要接受纪律的约束。青少年已经具备理解各种社会进程的能力，并且能够适应纪律的约束。”[22]

不仅如此，社会服务活动的参与，本身也是个体自我公民身份的一种彰显。换言之，社会服务并不是我们想做就做、不想做就不做的可有可无的活动，同时也是贯穿在个体成长中不可或缺的责任，反过来，个体在真实的社会服务活动过程中，也将不断拓展对于公共生活的理解以及深化对于公民责任的担当。唯有当一个人在走向成年的过程中真实地融入他人和社会，一个人才可能培育出刻骨铭心地向着他人和社会而生的积极情感。这对于一个人形成健全的公民意识和公民人格，乃是极其重要的。年少时其逐渐形成的个体之于社会的深度情感态度价值观的体验与认同，对于一个人成年之后成为卓越的公民，可谓不可能的经历。

个体参与为社会服务的过程，不仅是唤起个体超越自我、进入公共生活共同体的生存意向的过程，同时也是切实地培养个体对他人和社会的积极责任的过程。“在现代社会中，责任感之所以被削弱，一方面是因为个人责任的范围被过分扩大了，而另一方面则是因为个人对其行动的实际后果却不需负责。……欲使责任有效，责任就必须是明确且有限度的，而且无论从情感上讲还是从智识上讲，它也必须与人的能力所及者相适应。”[23]引导学生更多地从事踏实的社会服务，就是要超越一种对社会的浪漫的责任意识，在实际的参与与锻炼过程中，切实地思考、判断、理解、认同个人之于社会的责任担当，并一点一滴提升自己的行为能力，由此而把责任意识的扩展与个体行动结合起来。当我们强调个体的亲社会情感态度与价值观的培养之时，并不意味着社会服务能力的不重要，恰恰社会服务能力乃是个体亲社会的情感态度价值观的真实载体。离开了切实的社会服务能力，我们的亲社会情感态度价值观难免流于空乏而无力。

这里特别值得注意的是，社会服务能力并不等于我们个体静态的能力素质。我们常言先学好本领，今后再用之于社会，在这里，所谓本领或能力，乃是一种仅仅关乎个人的孤立性的素养，没有看到个体的社会服务能力本身就离不开必要的社会历练，离不开个体在社会场域中的自主发现、选择、行动的能力。我们服务社会，谁需要我们的服务，如何服务？这些都需要我们能找到切实地进入社会的路径。“在一个自由的社会中，我们之所以能够获得报酬，并不是因为我们具有技术，而是因为我们恰当地使用了这一技术。”[24]这意味着衡量一个人的社会服务能力和水平并不是看一个人静态的能力素质，而要看这个人如何恰当地使用这种素质。对于社会而言，我们不仅是作为想爱者，也就是想要表达我们对他人和社会的爱的人，而且作为能爱者，也就是能从他人和社会的需要出发来践行我们的爱心，由此而寻求恰切地进入公共生活的方式。社会服务作为学校教育实践的一部分，其根本意义就在于，从小就引导个体学会从与他人和社会的联系中来寻求自我才能发展的方向与目标。

五、学校公共生活中的学生自主与学生自治

公民德性就其实质而言，乃是一种生活方式。真正的知识，主要来自经验，来自行动。正如托克维尔在《论美国的民主》中所写：“美国的居民不从书本去汲取实际知识和实证思想。书本知识只能培养他们接受实际知识和实证思想的能力，但不能向他们直接提供这些东西。美国人是通过参加立法活动而学会法律，通过参加管理工作而掌握政府的组织形式的。社会的主要工作，每天都是在他们的监视之下，甚至可以说是通过他们的手来完成的。”[25]

公民教育最好的方式就是实际锻炼，也就是让学生去亲力亲为，参与实践，践行一种真实的公共生活，孕育初始性的公民人格。学校生活中的广泛自治，就是学校场域中公民教育的典型实践样式。亦如杜威所反复强调的，民主“是一种生活方式，是一种社会的和个人的生活方式。……作为生活方式的民主的关键，在我看来，似乎可以这样表达出来：在形成调节人们共同生活的价值的过程中必须要有每一个成熟的人的参与”。[26]民主正是在大众的参与中不断创造发展它自身。杜威 1919 年在中国的演讲中提出“民治就是教育，便是继续不断的教育”。这里的“民治”就是当时对英文中“民主”一词 democracy 的翻译。[27]学生自治的过程，本身就是他们在自治的活动之中习得、扩展、反思、提升自我民主生活经验的过程，因而也成为他们自我

教育的过程。

范用在介绍他的小学记忆时，具体提到了其在穆源小学的学习生活场景，写道："上五年级时，我们的墙报叫作《牧园》。我们是一群小绵羊，老师就是放牧人，我们在他的精心护育下成长。壁报内容，有文有图，有一些栏目，比如：周话、老师的期望、小故事、我的歌、涂涂画画、剪剪贴贴、小信箱、小广播等。办墙报，开头请老师指导，做个样子，以后，就由我们自己动脑子，自己动手。在我们那个时候，镇江的十几个小学还联合办了个铅印的小刊物，课本那样大小，专门刊登作文。看到自己的作文用铅字印出来，你可以想象，那高兴劲儿有多大！"[28]学生们参与办墙报，起先请老师做指导，随后就开始了学生自主办报之路。从墙报的整体设计，到每一板块的内容筛选，再到文字和图画的成型，每一部分都是学生们自己自发参与，亲力亲为，独立思考，一是锻炼了能力，二是培养了兴趣，三是学会了过团体生活。学生的自主与自治，让学生得以在学校公共生活中积极主动地显示、证明自我存在的独立价值，也显现出他们对公共事物的关切。学生们投入其中，激发自我进入公共生活的热情与想象力，也让孩子们的活泼好动的天性得到引导和发扬，锻炼他们的实践能力的同时，也培育了他们的公共情怀。

张伯苓在南开学校的训练方针，同样注重对于学生自主参与团体组织这一行为的鼓励和倡导。以出版为例，"学校为练习学生写作之能力，增加学生发表思想之机会，自始即鼓励学生编辑刊物。会有会刊，校有校刊。或以周，或以季，种类甚多。于彼此观摩之中，寓公开竞赛之意。以使南开学校并未设有新闻学课程，亦未添设新闻学科系，但毕业校友之服务新闻界、通讯社，以及文化团体而卓有成绩者，为数尚不少。"[29]学生在学校中的各种写作、编辑的训练，不仅成为他们今后职业人生的基础，更重要的是让他们在中学生活阶段得到锻炼，让中学生活本身充实，富于意义。

我们再来看大学生活中的学生自治。以过去的燕京大学为例，"校方寓教育于生活之中，因此我们的生活就是最具体的教育了。这又是校方至高最妙的策略，即成立一个全校性的学生自治会。完全是自由民主的体制，依自由投票选举而组成的。当选会长的自然是资深、才能兼备、众望所归的老大哥或老大姐。其他职员也是各有所长，品学优良的能者。每年举行一次竞选活动，机会平等，任由角逐。学生自治会本身就是一门人生课程，在这个小社会里实习如何筹划推进会务，做人做事，分工合作，解决困难，为全体同学安排舒适的生活，及有益身心的活动和娱乐，同时是自愿奉献课余时间与精力，开始为人群服务。历届的会长与各部职员，费无限心神、气力和时间，乐意为全体同学服务，任劳任怨，但求尽忠职守。他们设法经常为十座男女生宿舍，及附设的饭堂，维持良好秩序，招请厨师办理适当的膳食。分配各种运动的场地和时间，选择及安排合时合适的娱乐节目，按节序组织参观团和旅行团，及编印多种刊物。"[30]学生自治实际上让整个校园都成为学生自我教育与成长的学园与家园。

学生自主和学生自治，可谓现代社会与教育中儿童立场凸显的文化实践。这意味着学生自主与学生自治，不仅是他们的天性与潜能激活、促进他们自主发展自我成长的需要，也是社会与教育发展的需要，甚至，也是儿童成长的一种权利。这意味着我们需要拥有切实的儿童立场，充分尊重他们，并且相信他们的能力。这种能力不仅在过去得到证明，在今天同样不乏有益的尝试。以安排座位为例，我们要么习惯于按照成绩好坏来安排，要么按照高矮秩序安排，大致都是按照我们给出的秩序逻辑来安排，成都市盐道街外语学校的夏昆老师就做了另一种安排：[31]

> 这个问题困扰了我很久，中午吃饭的时候都没有想出个头绪，直到我和孩子们一起来到教室门前，打开门的那一刹那，我终于决定了：不安排就是最好的安排！
>
> 门开了，孩子们问我："老师，座位怎么安排？"
>
> 我说："自己进去，选最喜欢的位子，随

便坐！”

孩子们诧异地看了我一眼，还是鱼贯而入，很快坐在了座位上。我们新的学习生活就这样开始了。

一个多月之后的一次班会课上，我才这样告诉学生：“班集体是我们自己的，座位也是我们自己的。我从来没有将座位作为惩罚或者表扬学生的手段的习惯，因为在这个教室中，我们每个人都是平等的一员，座位没有尊卑之别，正如人没有高下之分。在我的班里面，如果谁想调换座位，一般是通过你们自己协商的途径，我不会对你们的座位横加干涉。但是，也希望每位同学明白，座位对大家的学习是有影响的，我相信大家能做出正确的选择。”

Sally因为家里的事情，开学之后一个月才到学校，座位安排在最后一排。有一天她告诉我：想调到前排坐。我告诉了她我安排座位的事情，并说如果有同学愿意和她调换，她就可以坐到前面。几天后，她说不好意思去问同学。我说我也不能对别人的座位加以干涉，但是我有一个折中的办法：把桌子移到前排的走廊上，因为每周我们都要调换组与组的座位，那么下周就会是别的同学坐那里了，相信大家都会理解的。她照办了，于是，在走廊上就有了一个特殊的位子。

几天以后，另一位男同学找到我，说要调换座位，我问他原因，他说在原来的座位上老是管不住自己，要和旁边的同学说话，我说你找到愿意和你调换的同学了吗，他说找到了，我告诉他，这说明你已经有了控制自己的能力，恭喜你！我同意你的请求！

“班集体是我们自己的，座位也是我们自己的。”这是对学生班级生活权利的认同，每个学生都平等地作为班级生活的主体，班主任并没有予取予夺的大权。“在我的班里面，如果谁想调换座位，一般是通过你们自己协商的途径，我不会对你们的座位横加干涉。但是，也希望每位同学明白，座位对大家的学习是有影响的，我相信大家能做出正确的选择。”让学生以自己协商的方式解决，既是对学生能力的信任，同时也让学生学会相互协商，这对于学生民主性格的养成无疑是良好的训练。当我们切实地相信学生，激励学生的自由选择和自主协调，学生的自主思考、自主判断的能力和自我负责的意识就会得到磨炼，就更容易被激发出来。而恰恰是我们从骨子里对学生的不信任，弱化了学生自我成长的可能性。正如夏昆老师所言：“靠控制学生的座位来达到控制学生的目的，还不如干脆把权利交给学生，让他们自己选择，并让他们学会为自己的选择负责，因为，他们正在长大，需要我们给他们长大的机会。”

鼓励学生自治，乃是建立在对学生基本权利的认可和能力的信任之上，尊重他们在学校公共生活中的基本权利，相信他们拥有自主思考、发现、判断、决策的潜能，由此而充分激发学生的自主性，让他们的潜能显现出来，成为他们更好地进入公共生活的实际能力，也让他们的权利意识和责任意识得到凸显，让他们懂得什么事情是可以而且应该自己做主的。我们常常习惯于替代，潜在的观念就是学生无法做好，一放就乱。这其中，隐含的主旨就是不相信学生，不承认也没有意识到学生的基本权利，由此而来，学生得不到充分的锻炼，学生的自主意识也得不到有效提升。这样的结果是学生的公共生活能力和意识得不到发挥，更重要的是许多时候我们也漠视了学生的基本权利。切实地树立儿童本位，承认他们在学校公共生活中的基本权利，相信学生，给他们提供充分的平台，给予学生尝试错误的机会，在日常教育生活中也能得到良好的历练，让他们在自我尝试与自我发现中成长。这其中，实际上蕴含了学校公民教育的真谛，那就是怎样在一点一滴的日常行动之中，训练、提升学生个体的公共理解、公共参与的意识与能力，培育个体的公共德性。

学生自治中，还有一个常见的问题，就是集体规约。倡导学生自主与学生自治，其核心精神乃是教育的民主化。我们习惯于各种班级班规，甚至把学生制定各种班级规章制度看成班级民主管理的代名词。学生的发展是一个过程，班级管理并非一蹴而就，这意味着班级的民主管理，绝不是民主地弄一套并不能体现民主精神的制度就完事，而是必须使得整个班级管理的过程成为学生理性逐渐发展的过程，班级管理必须给学生以尝试错误的空间。对于未完成中的学生个体，一旦用太多规范的形式，就将他们尝试错误的空间大大压缩，尝试错误空间的缩减意味着个体自由行动的空间，即人性的缩减，人的发展就被缩减成为预先所定的规矩。教育的目的是人，班级管理应该是给人提供充分的空间。正如作为民主理念重要代表的洛克在其《教育漫话》中所提到的，给孩子们的规矩应该越少越好，对他们习惯的养成，只能一条条做起来。那种事无巨细、一网打尽，把学生整个学校生活都规范起来的班级管理方法，除了削弱学生在班级生活中的生命活力，减少他们尝试错误的机会，就只能达到管住每个学生的目的。这也是杜威强调道德发展的过程应该是学生置身道德问题情境中主动探究、获得自我成长的过程。杜威的民主教育过程，其要义有两点：一是没有特定的道德标准，是一种开放的道德理念，是让个体获得自身的成长，而非达到个体对外在标准的契合；二是强调个体置于道德问题的情境中，通过对道德问题进行自由探究，而非对结论的简单认同作为个体道德发展的基本形式。正是开放的道德观和基于探究的道德情境，促成个体自我的积极成长。

哈耶克在《自由秩序原理》的开篇引用了这样一段话："在一个日益发展的社会中，任何对于自由的限制，都将减少人们所可尝试之事务的数量，从而亦会降低进步的速率。换言之，在这样一个日益发展的社会中，行动的自由之所以被赋予个人，并不是因为自由可以给予个人以更大的满足，而是因为如果他被允许按其自己的方式行事，那么一般来讲，他将比他按照我们所知的任何命令方式去行事，能更好地服务于他人。"[32]这段话可以作为学生自主和自治的经典注脚：让学生在学校生活中尽可能多地学会去自由自主地管理自己的事务，自主发现、组织、设计、创造，远比按照老师的指令行事，更能培养他们如何更好地服务他人和社会。

【注释】

［1］［23］［24］［32］弗里德利希·冯·哈耶克著：《自由秩序原理》，邓正来译，1997年，北京：生活·读书·新知三联书店，第95、1、97、1页。

［2］［3］［11］［20］［28］傅国涌：《过去的小学》，北京：同心出版社，2012年，第20—21、68、236、68—69、49—51页。

［4］该案例由李卫提供。

［5］［6］［26］［美］约翰·杜威著：《人的问题》，傅统先、邱椿译，上海：上海人民出版社，1965年，第45、32—33、43页。

［7］刘铁芳：《古典传统的回归与教养性教育的重建》，北京：北京师范大学出版社，2010年，第125页。

［8］常道直：《小学公民课教学法》，《教育杂志》1924年第1期。

［9］参见马克·莱索：《我们仍然需要面向思的教育——海德格尔论技术时代的教育》，蒋开君译，《教育学报》2011年第1期。

［10］奥巴马：《对于自己的教育，你们中每一个人的责任》，参见百度文库 http://wenku.baidu.com/view/714cbc1fc5da50e2524d7f1e.html。

［12］张伯苓：《四十年南开学校之回顾》，刘铁芳主编：《新教育的精神：重温逝去的思想传统》，上海：华东师范大学出版社，2007年，第272页。

［13］［15］［16］［30］钟叔河、朱纯编：《过去的大学》，北京：同心出版社，2011年，第86—87、288、352—353、282—283页。

［14］北京大学、清华大学、云南大学：《国立西南联合大学史料卷一·总览卷》，昆明：云南教育出版社，1998年，第148页。

［17］［德］尼采著：《论我们教育机构的未来》，周国平译，南京：译林出版社，2012年，第21页。

［18］周保松：《走进生命的学问》，北京：生活·读书·新知三联书店，2012年，第116页。

［19］［美］依迪丝·汉密尔顿著：《希腊精神》，葛海滨译，北京：华夏出版社，2008年，第192—193页。

［21］［22］苏娜：《青少年道德赋能行动研究框架》，《教育科学研究》2011年第4期。

［25］托克维尔著：《论美国的民主》（上），张晓明编

译，北京：商务印书馆，2007年，第353页。

［27］参见［美］约翰·杜威著：《杜威五大讲演》，胡适译，合肥：安徽教育出版社，2005年，第84页。

［29］刘铁芳著：《新教育的精神：重温逝去的思想传统》，上海：华东师范大学出版社，2007年，第271页。

［31］夏昆著：《率性教书》，重庆：西南师范大学出版社，2011年，第56页。

课堂教学过程再认识：功夫重在论外*

□叶　澜（华东师范大学教授）

一、为何提出“再认识”

自21世纪最初十年中期始，我国教育界有关课堂教学改革的研究与讨论，出现了又一次热潮。与20世纪90年代中期始的第一次热潮相比，这次至少有三大不同。一是研究背景变化。经过近十年课程改革（以下简称课改），不少研究者以课改的一些理念和标准，作为立论的或前提，或基础，或出发点，尽管有关课改的争辩至今仍不绝于耳。[1]这些立论者大多是把课堂教学改革看作是课程改革本身之内，或是其延伸。这是研究背景的变化。二是研究主体变化。参加讨论的不仅有教育学、课程或教学论的理论研究者，而且还有大量来自学校领导教学改革的校长和一线的教师，地方教科所和教研室的研究员、教研员。三是研究的重心已由批判转向重建。三大变化带来了十分纷繁的观点和大量加以冠名的课堂教学新模式。这至少表明以教师单向传递为主的课堂教学单一模式已被打破，新的尝试在积极开展。本人在作了相当长一段时间、尽管远未穷尽但也可称“河量”的阅读后，发现诸多的论述可达成一致的认识很有限，如大部分论者都认同课堂教学在学校工作和对学生发展的重要性，都认为有改革的必要。但这一点除了在“文革”期间被彻底否定，在激进的学校取消论者、力图用虚拟课堂取代真实课堂的技术至上主义者那里被不屑一顾之外，大多数人还是当作常识来接受的。除此之外，还可以称为共识的是有关课堂教学的构成因素，诸如教师、学生、教学内容，有的还加上教学环境、技术手段、方法等。但一论及这些因素的相互关系，分歧马上出现而且还常见截然相反的观点，不过在思想方法上决定论的痕迹却用不同的方式多少保留。在实践一线提供的诸多模式中，也确有一些切合此时、此地、此校的，基于经验的提炼，使人耳目一新，引起更多深思的研究成果。但跟风、简单模仿、关注模式命名的新鲜而少实质改进的为数也不少。

这些状况出现在今天并不奇怪，它是改革转型时期不同领域进入新阶段时都有的现象，教育只是更烈而已。但教育却是最耽搁不起的领域，学生一年年在长大，学校度过的每一天、每堂课都不能重来。我相信，所有珍爱生命价值的人，尤其是懂得青少年生命对于民族未来和个人一生之意义的教育者，都会急切地期望或努力去改变学校教育、课堂教学中不尽如人意的现实。因此，当前我们需要反思上述课堂教学改革研究与实践的现状，努力从繁杂的丰富中汲取营养，正本清源，在突破、超越的基础上，形成具有质性更新意义上的新系统、新秩序。尽管它不会完美无缺，也会被更合理的系统代替。但是，针对今日现实之发展来说，迈出这一步是必需的。对于未来之新突破来说，它同样是必需

* 原载《课程·教材·教法》2013年第5期。

的。事物的发展总是在无序—有序的不同层次转换中实现，而不是从无序到更无序。事实上，不少论者已经开展了这种性质的研究。[2]本文只是试图就课堂教学过程改革的性质，从前提性认识入手，再落脚于目前讨论颇多，又与教师教学实践关系密切，且具有全息性、综合性的教学过程的预设与生成的关系问题，作相对深入的讨论。

二、课堂教学性质再认识

仔细阅读和细究当前有关课堂教学过程认识的分歧可以看出，具体结论或模式分歧，是由前提性认识不同而造成的。人们往往关注了显性的前者，忽视了内在的后者。然而，更具有决定性意义的正是后者。有关课堂教学过程的前提性认识，本人认为主要有两个：课堂教学的性质和课堂教学构成因素的内在关系。因为我们研究的是课堂教学的过程，逻辑学意义的上位概念是教学。课堂教学的性质，在教学性质规定之内；其特殊性则由其构成而生。这是两个前提问题的关联所在。

两个问题都不是新问题，而是教学论研究领域里的基本问题。然而正因其基本，故经常被提及，尤其在寻求相关领域认识的整体性突破时，更要回到基本，并针对已有的认识作再认识。在教育学的发展史上，赫尔巴特形成的教学论与杜威的翻转式再认识是一个典型。今天我们的任务，恐怕不是两者择一式的站队，而是应在分析双方立论的基点、观点的异同，以及何以会如此的原因基础上，即在反思性批判的基础上，以人类当代的认识成果为资源，以回应时代发展提出的新问题与挑战为己任，去发现当前认识的局限与实存的问题；通过深入实践，去创造和经历思想观念转化为实践的真实改革过程；进而形成关于上述两个问题的再认识。本人将此称作“功夫重在论外”。如此再认识如若能形成，它将不只是内含逻辑和理性的力量，传统的再生和当代哲学、科学成果整合的力量，而且内含着实践的力量；它将不只停留在学者层面的学术研究，或者仅仅满足于具有自圆其说、自我认同的真理性，相互间却不作沟通或各执其是、难以形成新的视界和具有相对客观性的共识，推进教学理论与改革实践的发展。我赞同马克思的观点：“人的思维是否具有客观的真理性，这不是一个理论的问题，而是一个实践的问题。人应该在实践中证明自己思维的此岸性。”[3]尽管要达到这样的再认识，需要信念、智慧和持续的付出、长期的积累，需要自觉反思包括自我超越。但只要认同这一努力的必要、价值和可行性，我们就可以心向往之，力践行之，一步步踏实地走向目标。

课堂教学的性质判断，我认为需分两个层次来讨论。第一个层次要明确教学作为学校教育核心领域的实践活动之特殊性。一方面将它区别于学校其他领域的活动，如以形成有助于每个学生个性发展的学生群体为直接目标的班级工作；以发展学生多方面兴趣、爱好和才能为特征的各种课外活动；以培养学生社会公民意识和能力为中心任务的校外社会活动；以及由学生各类组织为主体开展的综合性校内外活动等。另一方面又需看到学校各类活动的终极目标都应指向于每个学生健康、多方面的主动发展，培养出时代需要的新人。课堂教学的特殊性也应在完成这一共同任务中凸显。

以上述“同与不同”为分析框架，我们可区分出人们对教学性质判断的三类不同的分歧。

第一类关涉对学校教育活动终极目标的认识和实际指向。其中最为极端但在学校实际中并不少见的是以提高升学考试成绩为直接标的。他们的共同点是不在乎除升学考试以外的其他学科的教学，更不在乎其他各类学校教育活动。只要与提高升学考试成绩相关，什么都可以让路。即使是升学考试相关学科的教学，也只是围绕着考什么转。他们往往以人的发展是虚的、软的、眼前看不见的，考试成绩则是实的、硬的、眼前最重要的；考上好学校才是对学生负责，将会让学生终身受益；学校升学率不高无法得到社会认同等为由，理直气壮、心安理得地“狠抓应试”。他们中的多数基本不做，或拿一些被认为无关紧要、表面看来却可热热闹闹的“副科”，用开展什么“节”等装点改革的门面。他们根深蒂固地认为，改革就是多给学生开展活动，减少他们学习知识和大量练习的时间，课堂教学改革的指向也大致如此，其结果必然降低考试成绩，故万万使不得。不过其中也有一些“佼佼者”会接过改革的一些口号，如“有效教学”等，努力创造提高学生应试成绩的新方法、新模式。显然，这两种表面看来的不同做法在宗旨上没有区别。值得主张教学改革者深思的是：为何这一可谓 20 世纪 90 年代就开始批判，中央文件上也反复提出的改变“应试教育”、减轻学生负担等要求，讲了二十年却未见根本或基本变化？除了教育外的多种复杂原因外，就教育理论和教育改革本身对教学的解读上有无偏差？把教学改革与应试对立起来的力量何以如此强大？问题启发我们，当前反思和认识课堂教学性质需要提升到方法论层面。

在终极目标认识方面，第二类的观点是将目标的重心限于做事而不及学生的发展，或者认为做好了事就完成了教育人的任务。它不仅在学校实践中，而且在研究中也存在，认为只要解决操作模式就解决了培养人的问题，认为当前教学改革的主要问题是提高教学效率等观点，基本上也属于这一类型。在此，我并不认为教学不应该提高有效性，问题在丁教育及教学的终极目标、价值选择，当前在我国是否在理论上已清晰，在实践中已认同，并转化到日常的教学行为上？在我看来，这一决定教学性质的首要问题不但远未解决，而且就学校教育本身而言，这是阻碍教学改革深入推进的、源自相关理论研究和实践主体内在的、具有根本性的原因。因为任何实践行为都受实践者内在认同的价值目标支配，并根据他对目标与行为内在关系的理解，渗透并体现在实践过程始终，真正认同的价值绝不会只停留在口头上。因为“实践就是行动——而且它还是一种清醒的意识。行动不只是做。人是一种自行动的东西。”[4](74) 人类行为的特征“是受意图、信念以及符号所调节的。它一方面从信念方面对人类行为提供了一种目的论的解释；另一方面也从目标、意图或愿望方面对人类行为进行了目的论的解释……任何行动的执行总是伴随着人们期望中的某一结果”[5](16-17)，“不管主体的行动如何受到一些自变量的影响，我们至少应把主体的行动看成是一个普遍认为的‘手段—目的’过程。目的是根源于信念的，手段则是指向目的的”[5](19)。目的问题的首要性和重要性作为人类实践的一个基本特征，也是人性在人类实践中的具体表现。包括教学在内的教育实践不但不可能例外，而且需要在双重意义上关注：一是提升教师对教育事业、教育改革的价值认识，并在相关实践中自觉完善自我；二是培养、提升学生的生命自觉。这是对教育中人的尊严的培育与维护。

第三类分歧是在认同学校教育终极价值是为学生发展的前提下，因对发展本身内涵的不同理解而生。例如，有的将发展理解为学生个性的形成；有的定位于德、智、体、美等诸方面发展；有的从人作为经济或其他领域的人力、人才资源的需要出发界定发展；有的赞成联合国教科文组织曾经提出的目标：“使每个人的潜在的才能和能力得到充分的发展”，要求每个人学会认知、学会做事、学会共同生活、学会生存[6]等。深入比较讨论这些观点非本文的主旨，之所以列举是想表明，对学生发展的理解以及在此基础上提出的教育目的，并不是一清二楚，无须花力气去研究的。当前提出再认识的目的不在强求统一，而是希望通过发现、比较不同的立场和视角，深究其依据、合理性与可能性，在深入研究的基础上，明确或形成自己关于教育根本目的之观点与表达，并进一步思考确认的目的如何转化成真实教育活动的每个过程，最终化为结果。目前，本人关于教育对人发展价值之认识，并不是从具体有哪些方面着眼，而是指向培养学生健康、主动地实现自我发展的意识、态度与能力。它与列举人之各方面具体发展相比，看似更高但却更具时代适应性并承认个体差异性，因而是更具弹性空间和可实现性的理想，也是更内在于生命发展需要的教育追求之表达。它要求教育培养学生做生命的主人，学会在复杂多变不确定的生存环境中历练、学习、创造、发展，学会做命运的主人。我们把这样的教育宗旨称为——“教天地人事，育生命自觉”①。

综上所述，教学的性质首先是由教育活动的宗旨规定的。以促进人的发展为终极目标，使包括教学在内的一切教育活动，有别于人类其他的社会实践活动。否认这一点，就背离了教学的性质。

为实现教育宗旨服务，是学校一切活动在一般目的意义上的共同之处，课堂教学并不例外。它们之间的不同之处并不像不少人认为的那样：一些活动与课程服务于德育，另一些则服务于智育或体育、美育。因为学生是活生生的人，不可能拆开来被教育；教育者也是活生生的人，同样不可能在与学生共同进行的不同活动中，只用某一个方面对他们产生影响。上述分而治之、各据一方的观点，是被学校行政分工的方式弄迷了眼。当然，各项活动在具体目标指向上有重点的区别，在活动的组织方式、方法上，都会有自己的独特综合。课堂教学与学校其他活动的最主要差异，是与其活动构成因素中具有人类精神财富的独特教育式组合——学科内容相关，因而使其承有特殊的具体目的与任务，拥有独特的资源与组合，具有独特的形成渠道、活动形式与过程。可见，教学性质特殊性的深入把握，须进入第二个前提性问题的探讨，即课堂教学构成要素内在关系的探讨。

三、课堂教学构成要素及其相互关系再认识

课堂教学构成的基本要素从静态的角度看，不可或缺的是教师、学生和教学内容，最后一项则与相关课程所规定的学科相关，② 三者不可缺一。无论是人类历史上相对原始的时期，还是今日社会与科学技术相对发达的阶段，哪怕是在未来更发达的时代，只要称之为课堂教学的活动还存在，就不可能没有这三个要素，故在教学论中有课堂教学“铁三角”之称。常有人主张当代课堂教学要素须加上信息技术，因它是当代教学中不可缺少的工具。照此思路，在信息技术发现之前或未在教学中运用之前，教学要素的构成是否也需加上笔、纸、黑板、粉笔等教学工具？今日凡是没有或不应用信息技术的课堂教学，是否就不可称为课堂教学？事实已经证明并非如此。这恰恰说明工具性之物质手段尽管需要，但并不是规定课堂教学能否存在的基本要素，在某种意义上，它只是人自身拥有的表达、交往工具与意愿的延伸，是交往内容之载体，是教学手段可供选择的物质工具。它从属于人的活动，虽能影响活动的方式、方法与效果，但并非决定活动能否存在与开展的要素。强调这点，目的不在于否定信息技术在教学中运用的必要性，但不赞成曾经盛行过、可能现在还有市场的所谓一票否决制，即教师不用信息技术的课就评为不及格；不赞成把教学改革的关注重心和减负的希望，寄托在信息技术的更新，诸如推广电子书包之类举措上；不赞成把远距离教学的手段用到近距离面对面直接交流的课堂中，变学生举手表达发言愿望的方式为按电子书包的键等做法。技术手段使用的高明在于恰当、必须、有度，而非多多益善、全盘代替。至于认为高明的计算机程序可代替教师、可实现一对一个别教学、可提高教学有效性等观点，恐怕忽视了所谓代替，充其量只是让程序承担部分教的任务，是某些教的要求的信息技术式表达，并不表示因此而教不存在。更何况预设的程序不可能完全应对丰富多变、灵动的课堂情境，不可能处理课堂上随时可能出现、来自每个学生和教师的，唯有处在情境中面对面的人才可能即时读懂的，诸如眼神、表情、肢体等多种多样非语言式的海量信息。总之，计算机读不懂活生生的生动的人，读不懂丰富、行进、变化中的课堂整体与氛围，它最有用武之地的可能是帮助传授和学习知识，巩固练习、形成熟练技巧，提供与教学相关的海量资料，包括一些问题的现成答案，乃至让学生轻轻一按即可复制的小至作文、

① 2006 年本人首次以“教天地人事 育生命自觉”为题做过公开专题报告，此后又先后三次在不同场合报告过。书面文本待修改完善后公开发表。

② 此处所言的“学科”，是指以课程形态存在的学科，而非科学分科意义上的学科。

大至论文等。且不说这样的运用可能产生不利甚至有害、有碍于学生发展的负能量，即使有积极和可为教师代劳的方面，也远远不是教学所追求的促进人的发展之全部。在一个充斥技术资源和诱惑的时代，我们十分需要在技术工具面前清醒。教师、学生受技术控制，成为技术附庸的可能并非不存在。这是值得众人，包括教育决策者、领导者，乃至广大教师、学生、家长都引起警觉与深思之事。

课堂教学要素的相互关系在教学开展的过程中形成并构成过程本身。因而从动态的角度看，上述三者关系更为复杂，也更为重要。教学作为人的实践活动，首先受制于人对活动目的之确认与理解，同时因实践的人为构建性，又受其对实践内在机理的认识限制。三要素间关系的探究和揭示，正服务于对教学内在机理的把握。在此，我们着重分析的是教师之教与学生之学的内在关系的性质，它也是关于教学特殊性更深层次的认识，是教学论领域与学校实践从过去到今天一直纷争不息的难题。至于教、学与学科内容的关系，我们将在论述教与学两者的关系中同时涉及，因为无论是教还是学，都不能离开内容进行。

可以说直到今天，相当多的研究者和教师，都还沿用着以确定教与学的位置关系为目的的提问方式：在教学中占支配地位的是教师的教还是学生的学？是以教定学，还是以学定教？是学在先还是教在先？是师为本还是生为本？提问方式在一定的意义上规定了回答的思路和视域。今天，我们若要解开争论不绝的死结，也许首先要问的是，这样的提问方式本身有问题吗？我们还可以怎样提问？这实际上是要改变提问者的思维方式。

需要指出的是，自 20 世纪 80 年代后期以来，尽管上述提问方式没有根本改变，但答案的选择却与传统相反，颠倒之程度越来越强烈。为破教学中存在的以教师传授为主、置学生于被动接受和听讲的传统，一些改革人士提出了以学为主、为本的主张。近十年来，以学定教、先学后教、以学案代教案、翻转课堂等观点渐成时尚。有的提倡，有的跟随，不论在理论研究者的言说文章中，还是在学校的课堂里，都不难听到、看到且花样迭出。不少学生也因此在为学习购书时，不仅买练习册，还买教师用的教学参考书，这些也成了学生“先学”的好帮手。这样的“翻转”也确实使课堂教学在面貌上出现一些改观，然而，且不说如此是否实现了课改，减轻了学生的负担，达到了教学促进学生发展的根本目标，仅就其对教与学关系的认识来看，并没有突破主次、本末、先后“排序”论的思维方式。不仅如此，还引出了把教学简化为学习的观点，其立论的逻辑大致如下：教学的最终目的是为学生的学，教学的效果最终体现在学生是否学到、学会，所以教学应以学生为本；学生是学习的主体，不能由别人代替，所以学生是教学的主体；教师的教应根据学生的学来进行，所以要以学定教、先学后教；教师在教学中与学生组成的是学习共同体，教师在其中的角色是服务者、帮助者与促进者，或称平等中的首席，最多是教学的主导者，而绝不是教学的主体，因而在教学中师生的地位关系是“学生主体、教师主导”。①

上述立论、推论和结论的合理性，实有必要作一番认真的推敲。不只是因为它被广泛宣传且在实践中以改革的名义流行，还因为深入地追问，有助于进一步认识教学构成内部的关系性质；有助于思维的警觉：在何处，相关但不同的概念或观点之间不能画等号，不能顺势推演，不然就会出现差之毫厘失之千里的局面；有助于我们在思考教学乃至一切教育问题时，养成严谨的态度、敬畏的心态、反思的习惯和因承担责任而有如履薄冰的感受。教育、教学及其改革，都远比我们想象的要复杂、艰难得多！谁都无权轻慢。

首先论及的是：不能因教学的目的与结果都指向学生，就得出教学要以学生为本的结论，何况其

① 以上所列四类观点，并非专指某篇文章，也非无中生有，而是在多篇文章阅读后概括形成。故不一一引文。本文分析只针对观点，不针对具体文章。

中“为本”所指是什么并未说明。如果指以学生发展为根本目的或任务，前后两句话是同义反复，不构成推理关系，也无意义推进。如若是指根据教学目的、结果的性质，就可推出教学活动之组成是以学生的学习活动为本，那么至少这个依据不完全，也不充分。我们即使以构成论的思维方式来看，“教学”这个合词，也是指由教师的教与学生的学两类活动结合组成，教师的教承担着使人类创造的科学文化、精神财富世代相继和发展的重任，不是学生的学习能代替的任务；双方及其活动的关系性质，也不是主次，谁依附谁，而是缺一就不可称其为教学。可见，我们既不能从目的直接推论出活动组成以什么为主，也不足以从教学活动组成的意义上得出教与学主次的区分，将教学归化为学习活动。这里已经出现了起点意义上的差之毫厘，后续的一系列推论则必走向失之千里：从教学以学生为主体、以学习为本这一并不充分的前提出发，得出以学定教、先学后教等排序式的教与学关系性质等结论自然不难了。至于“学生主体、教师主导”式的表达，最多只说了论者所认同的教与学各自的地位。它看似全面，却未涉及双方的内在关系判断，看不出它对教学活动中教与学关系性质的认识推进有何价值。上述分析表明，判断出问题的关键在于：立论者为强调学生作为学习主体的不可替代性这一无疑的前提，却未作深究地将此前提轻松转变为学生是教学主体之结论了。

很明显，在持这一观点的论者那里，“学习”与“教学”几乎是同义词。是的，教学活动中必然内含着大量主动的或是被动的，个人的或是小组的学习活动，但无论其中的量有多大，种类有多少，或者学生的主动性有多强，都不同于课堂教学之外的其他学习活动。即使是在课堂教学之内的学生的学习活动，也不等同于教学活动。学习与教学两个一向有明显区别的概念，何以如今在一些论者和行者那里，可如此轻易地替代呢？除了求改革变化的心切和思想方法、思维严密性等主体因素之外，受西方“教育科学—课程论”范式[7]及心理学的“学习理论”、“后现代”思潮等诸方面的影响，也是一个不可忽视的原因。仔细阅读相关论文，不难找出蛛丝马迹。

用回顾本人关于教育活动中教师的教与学生的学之关系认识的变化过程的方式，同时表明自己对有关问题的研究和目前达到的认识，不仅为讨论问题本身，而且意在用自己对观点改变过程的体验，表明研究者本人形成不断反思、再认识的自觉，对于认识的深化是不可缺的。个体认识的变化，不仅与时代、社会、教育改革的变化相关，与具体情境的变化相关，与理论研究不断深化所带来的视界变化相关，更直接与每个人研究实践、生命经历与体验的变化相关。任何观点都是特定认识者在特定阶段的内在体验与认识的表达。找出一个人观点变化的踪迹，是学术自我反思，也是再迈出学术重建步伐的需要。

最初，我从教育作为人类特殊的社会实践活动之立场出发，将凡实践活动必有主体与客体之分作为前提，以努力寻找教育实践活动之主体与客体构成的特殊性作为中心问题展开探讨。得出的结论是：教师与学生是教育活动（包括教学在内）的复合主体，双方在各自承担的不同活动中又互为主客体，教育活动的另一要素——教育内容则是纯客体。故就教育活动整体而言，无论是主体还是客体，都具有复合性。这是就教育活动主客体构成关系具有特殊的复杂性之判断，我将其称为“主客体多重复合性”。[8]这一于1991年提出的观点初看来因其不同于主流而属前卫，当时并不被广泛关注，更谈不上被广泛认同，但就本人而言确实花了一番功夫才得出，具有相对突破性。然而今天回过头看，其前提局限于构成论的问题很明显。这样说并不表明我已认为对教育作构成论式的分析没有必要，而是强调仅停留在这个层面不够，它还未涉及教师与学生，作为复合主体在活动中相互作用的特殊性。在同一著作稍后有关教育起源的讨论中我对此作了弥补，提出了不同于当时劳动起源论的“教育形态交往起源说”，特别指出“劳动是‘人’与‘物’的相互作用，教育是‘人’与‘人’的相互作用”。[8]两种相关但性质不同的活动不能简单等同、替代，教育要找对自己的原型。这是本人对教育性质认识的一个重要转折，此时我已意识到要以交往为参照框架，去认识教育中的“人—人”关系。它虽在我国教育理论界亦属率先提出，不过依然停留在构成论的大框架中，而且未进入对教学活动过程中的教师与学生、教与学的交互作用的分析。这一局限性与本人当时的思维方式相关，也与没有深入课堂教学改革实践研究相关。

上述认识的改变是在“新基础教育”研究中，通过理论与实践的交互生成而逐步实现的。新观点集中呈现在2006年出版的《“新基础教育”论》中，主要涉及四个方面。第一，阐明课堂教学目标任务的特殊性在于：实现人类社会群体世代积累而成的、共有的精神文化世界和学生个体精神世界的相互沟通与转换，充分发挥人类创造的文化科学的作用，促进学生主动、健康发展的目标之实现。第二，将“教学”（非教与学两件事的组合）作为一个分析单位，来认识教学过程中师生活动关系的内在不可分割性、相互规定性和交互生成性。论证这一分析单位的转换，是教学过程理论和实践研究走出构成论局限的必要前提。第三，明确提出教学活动的过程是生成过程，要用生成论的思想方法去认识动态的教学过程。构成论不足以揭示这一复杂多变的过程。第四，重建了课堂教学的过程逻辑，指出其基本形态包括有向开放、交互反馈与集聚生成。这三个相互区别又关联的步骤在实践中，既有基本规定性，又具灵活组合的可能。[9]

这是目前为止本人有关课堂教学过程性质及要素基本关系所达到的认识水平，它形成了从目标任务的重新规定到分析单位的转换、过程性质的界定和活动展开逻辑的揭示等系列观点。这些观点初步勾勒了“生命·实践”教育学在教学论领域内的基本框架，在理论整体上不同于现时国内的流行观点，也完成了一次超越自我意义上的重建。更重要的是，它已成为推进“新基础教育”试验学校课堂教学改革深化和促进教师发展的重要理论力量，呈现出实践生命力。

四、课堂教学过程的预设与生成关系再认识

上述有关课堂教学性质与要素关系的再认识，只有在具体教学过程中才得以真实地体现与展开。只有进入课堂教学过程的具体研究，才有可能从活动本身的角度，形成多元综合、交互生成、全程展开式的相关“事理”认识。正是这一需求，使本文把讨论的重心最终落到课堂教学过程的预设与生成关系的再认识上。此外，也因它是当前教学研究理论界与实践界共同关注，认识上却存在不少分歧，需要通过讨论引向深入的重要问题。在此，清思从对现有认识分歧的梳理入手，先就本人接触到的材料列出以下四类不同观点①作简要辨析。

第一类观点是用肯定教学过程的生成性来否定预设的必要性。认为预设就是事先把一切都安排好，教学只能成为执行预设完全排除了生成可能的过程。应该说这类观点指出了传统课堂教学中过分强调预设与实施一致性的弊端，它不仅至今在实践中还大量可见甚至已化为不少教师的“惯习”，确实需要改变。然而更需要深究的是：问题究竟出在有预设，还是出在有怎样的预设上？课堂教学可以没有预设吗？如果我们认同课堂教学是一种人为的、有目的的、有计划的学校教育中特殊实践活动的判断，就不难做出教学不能没有预设的回答。这让人想起马克思关于蹩脚的建筑师要比善造精致蜂巢的蜜蜂高明的巧妙比喻。

第二类观点与前相比进了一步，他们认为要改变课堂教学缺乏生成的弊病，不是不要预设，而是要改变预设单一、过细、过详的弊病，应有开放的意识，给学生不同可能的回答留有空间。教师要加强对这种可能的预设，即要预先想好学生可能的多

① 以下所列观点，同前面脚注，既非专指某篇文章，也非无中生有，而是在多篇文章阅读后概括形成的。本文分析只针对观点，不针对具体文章，故不一一引文。

种答案或问题，以便教师上课时选择预设好的不同应对方案。这类观点在认同预设必要性的同时，提出了预设的开放性和学生回答多样性的可能，这是与前一类相比进步的一面。问题在于：预设学生回答的多种可能，并不是一件在什么情况下都能穷尽、确证的事。若认为可做到如此程度，实际是否定不确定性存在的可能。就算上述愿望能做到，完成教学预设与实施由一向多的转换，但两者的关系性质并没有变，依然是预设与执行的关系，只是增加了选择性。传统的备课与执行完全统一的思想、习惯影响之深由此可见一斑。即使在改革的时期，它还会在良好的愿望下，以变式继续存在。这类观点对实践可能产生的消极影响，不只是使教师上课前要花大量的时间去备“可能”，而且在上课时依然因期待可能的出现，忽视意外而有价值的新情况或新局面。

第三类观点将预设与生成分别配置给教师与学生。即教师的任务是根据课程目标，在对本班级学生实际状况深入了解的基础上做好教学的预设，而生成则主要是通过教学，体现在学生的成长变化上。即将生成归结为教学的结果，尤其是学生可测定的显性变化上。如新知识的掌握，熟练技巧的形成，学习方法和习惯的改变等。无疑，教学应求得其结果在学生发展上的体现，且不应该停留在显性可见上，还应有更重要的内在心向性的变化。但这一观点更值得深究的是：怎样理解预设的任务与生成的所在。且不说预设的任务远不止落实课标和研究学生，它需要在一个远为丰富和开阔的视野下思考。这里首先要指出的是，课堂教学的生成，显然不只局限于结果，更重要的是教学过程本身就应是生成的过程。

第四类观点确实关注了过程的生成，但把它看作只有当教学出现意外的情境：或学生提出意外的问题，或做出与众不同且出乎所料的回答，或产生激烈的争论等情况时，才有产生的可能。于是就要求教师提高对课堂上出现意外情境与信息的敏感性，并练就随机回应、重新调整教学过程、形成新生长点的智慧和能力。这一观点也是本人在力图突破教案完全执行型的教学过程时强调的观点。现在通过理论反思和从教师在改革实践中出现的困惑中悟出，其主要的问题是把过程的生成寄托在偶然性上，对教学全程中因师生互动质量的提升而实存的各种生成，缺乏关注与深入研究。即仅期待异常、偶然，忽视正常状态下教学内含的生成可能。它使教师把课堂教学的生成看作可遇不可求，多少有些神秘和力所难及，又因习惯于执行而生出两难的心态：既期望课堂上出现异常，使自己有可能因智慧的应答而出生成之彩，又担心不能应对异常而失去机会，或异常太多而无法选择、难以招架，反而生成出完不成预定教学任务的焦虑。

以上四类观点的梳理和初步分析，使我们意识到课堂教学中预设与生成关系的再认识，至少需要在理论和实践结合的意义上，深入研究以下三大方面。下面结合“新基础教育”研究，简要阐明目前我们已形成的相关认识。

第一，课堂教学中的“预设与生成”是课前预先设计与课堂实施生成的简称，它是完成课堂教学任务所必需的、前后相连、密切相关且相互构成的两个阶段。我们需要深刻理解两者内含的宗旨、要素、结构及过程逻辑等基本方面所具有的一致性。不能把它们当作两种对立的哲学观，用后者去否定前者。预设不是预成论，也不必然受某种哲学观支配。当某种哲学观转化为研究者或实践主体的立场、观点和思想方法后，影响必涉及对各种问题的态度、认识和行为。有不同的哲学观和教学观，就会对上述两个阶段都做出不同的认识和行为，而不是只对其一。预设与生成关系的提出，主要是针对传统教学中预设与执行要一致这一支配众多教师教学行为的观念。除此以外，我们还要认识到两者的区别，并明白区别之存在首先因为：前者是为课堂教学开展而作的预先策划，后者则是课堂教学进入实践阶段的动态展开。后者比前者要丰富和复杂得多，故而不可能实现、也不必要追求事先预设与践行过程的完全一致性。还要考虑到课堂教学是需要在较长时间内持续开展的学科教学过程，而非一次性过程。故而教师若要明晰教学的结果，实现教学的持续与改进，逐步提高教学质量和自我完善的自觉，则还应有评价、反思和重建三个阶段。①

第二，需要进一步研究教学预设的基本任务，以改变对其简单化或片面化的理解，并为课堂实践的改革创造条件。

在学校实践中教师大多习惯于将课前预设称作备课或“教案设计”，在“新基础教育”研究中则称为“教学设计”。两种名称虽只有一字之差，但所含内容却大不同，前者强调为教而设计，后者则为教学而设计。显然后者也不同于为实现先学后教、当前流行的教师为学生写的“导学案”。如前所述，我们是把教学当作课堂教学活动中一个不可分割的分析单位，因此上述不同名称差异的实质，是认识问题分析单位的重要区别。

以教学作为分析单位的教学设计，在教学内容的选择或重组确定后，至少应包括如下项目。

（1）教学目标及其提出依据。在此，教师要完成的任务，不是简单地套用课程标准要求或照搬教学参考资料，而是首先要为实现教学价值而深刻把握教学内容的育人价值：一方面需在清晰所教学科内容结构的前提下，认识本节课的内容在整体中的位置，它所必须掌握的知识、技能技巧与学习方法，以及与其他内容上下左右的关系。更难的另一方面是要深度研究该学科的教学，在培养学生价值观、科学与人文精神，思想方法和独立思考，探究和发现的意识与能力，以及建立学科与社会、人生关系等方面的多种可能，且落实到对本节课应该实现之目标的具体选择上，这是教师确定教学目标必须深究的重要依据之一。显然，这项任务不可能靠教师在上课前临时抱佛脚完成，其基础应在教师的职前教育中奠定，在任职的过程中日臻完善，并随着相关学科与教育理论的发展而自觉更新。唯有如此，教师才能称得上学科育人价值的开发者。为了确定教学目标，教师还必须了解、持续不断地深入研究学生的过去、现状与可能发展的未来，所涉及的方面远不止知识基础和学习态度，至少还要关注学生群体内的程度差异，相关年龄段的认知特点和具有倾向性的兴趣与学习能力，易接受的沟通方式，更要从群体的共性中发现教学的有利因素和普遍困难，从差异中设定教学目标的底线和相对高标。这是教师确定教学目标的又一不可或缺的依据。在掌握了上述两方面的依据后，还须做出结合本节课的综合，形成相对具体、明确、有针对性且有弹性和可行的教育目标。其中包括即时显性可测的，也包括需长期积累方能形成的隐性目标。显然，这些不是学生先学时都可能认识到和自觉去努力的目标，它的设计只能由教师来承担。

（2）教学全程设计。教学过程要求教师将目标转化为教学行为，目标意识应贯穿全程。因此，如何在设计中体现这种转化，是教学全程设计的难题。教学全程设计还需要全面安排教学活动的各个方面，为教学实践中必然会出现的变化预留弹性空间。它不仅需要教师有清晰的教学观，而且还要有用复杂、动态的思维方式做出教学全程设计的能力。这对教师来说同样具有挑战性。正因如此，无论是教学的目标还是全程的设计，都是教师提升教育智慧、体现教育工作创造性的重要领域。

在“新基础教育”研究实践中，教学全程设计必须完成的任务有两大方面。一是按教学过程的基本逻辑，具体编制本节课的进展阶段与程序，并大致配置每阶段的时间，勾勒出本节课的行进全程路线。在此，弹性化的设计要求每一阶段都有相对独立性，阶段间又有内在关联性，还要备有可延伸的内容或环节。目的在于让教师在教学过程中根据实际状态，或延长，或缩短某一阶段的时间；或删减，或展开增添某一部分的内容与活动；可以当出现全程尚未按预设完成，下课铃却响起时，做到及时下课。这是为不侵占学生课间休息时间这一原则性要求的实现，提供预设的保证。二是根据课堂教学师生活动具有共时性和互动性的特殊关系，为有利于课堂教学资源的产生与集聚，有利于教学在生成过程中实现向目标推进或调整到更为合理的意

① 本文因篇幅所限，对三个阶段不做论述。

向，教师要设计出每一阶段师生同时开展，相关却又不同之活动内容、方法与组织方式，其选择需充分考虑适切性、师生活动的对成性，以及活动间内在的关联性和转换的有机性。教师还需把相关的意图与思考，写入教学设计表中的设计意图栏，意在促进教师不断提高对教学行为设计合目的性和可行性的自觉意识，用深入思考去尽量避免出现粗疏、盲目及仅凭经验行事等毛病。它还能为教师在教学过程结束后开展自我反思提供文字性的依据。

总之，教学全程设计具有极强的综合性。目标与过程的统一与转化，每一阶段活动的独特与阶段间的连贯，活动与活动之转换的合理通畅，师生活动交互生成重要节点的预设和可能空间的预留，以及教师设计意图的清醒和认真推敲后的清晰表达，是高质量的、包含教学实践生成可能性的教学预设的基本特征。它是我们认同的教育理念和教学观，在教学设计领域中的具体、生动、全息式的富有创意的表达。每节课的设计都会因此而呈现出本身的独特。可见，原先人们印象中教学预设的刻板性、对教学过程的严格限制性，并非是其本身固有或内在规定，而是人所接受的相应教育理念、教学观赋予的特性。教学预设本身并非是教学生成、学习主体的死敌，完全没有必要为后者而否定前者的价值。根本的问题依然在观念与理念的更新，并坚信教育理念与教学观念不是用来“论”的，而是应该用来指导并转化为“行”。在理念清醒并认同后，进一步要努力的是如何切切实实地转化为行。

第三，教学预设的实践是教师和学生在多向互动中不断生成、充满生机和活力的课堂生活过程，也是促进师生不同方面共同发展的过程。教学目标的实现与否或实现程度，教学预设的合理性和可改进性，最终由教学过程的实践来检验。

在此，本人特别要强调指出的是：

（1）提出教学活动是师生在课堂上的共同生活（以下简称课堂生活），不同于将教学转化为日常生活，或类日常生活式地进行教学，要求将教学回归生活的主张。也不是仅指专属在教学中如何处理书本知识与日常生活、学生经验的关系，以提高书本知识学习实效等方面的主张。尽管这些都可能成为课堂生活的构成。

本人所指的课堂生活是属人类生活实践总体中的一种生活。它是因实现教育、教学的目标，参与者以不同于日常生活中的身份——教师与学生，承担着合作完成任务的责任，因而成为人类生活，也是参与者个人生命历程中独特的生活类型，留下无可替代的生命体验。教师和学生的学校生活大量在一节节课中度过。他们在其中创造和收获，感受成功的喜悦，经受失败的挫折，慢慢积淀着难忘的同学缘和师生情，且滋长着对日常生活之外广袤的天地和世道人事的向往，增强着坚持的意志和成长的力量……这是课堂生活给予“在其中者”心灵的终身馈赠。本人之所以强调课堂生活的特殊性是为了说明：不只是学科有育人价值，而且课堂教学本身内含着育人价值，教师需要提升与学生一起创造丰富而有意义的课堂生活的自觉。为此，最重要的是在课堂教学中，教师要全身心地真诚投入，给予学生出自内心的关注与帮助，做出友善而清晰的表达；展现出敬业的精神与高质量的专业水平、灵动的智慧与个性的魅力。但是不需要教师作戏剧式的表演，呈节目主持人式的姿态。教学生活是师生为自身发展共同创造的生活，不是为别人的展示和演出。真实是课堂生活的灵魂，师生在过程中的成长是其最动人、悠长的旋律。

（2）课堂教学过程中师生多元、多向、多层、多种方式的互动贯穿并组成全程，它也是推进教学行程的动力。教师在过程中不仅要关注溢出教学预设的意外与异常，将其化为教学推进的资源，更要对全程中呈现的多种信息保持敏感，善于捕捉并及时做出恰当的，具有补充、完善、修正、扩展、提升等不同性质的反馈，给学生及时的鼓励、欣赏、启发性的帮助，增强其投入课堂教学的自信与积极性，同时保持独立思考的清醒和力度。师生在课堂上的各种交往，是有目标指向的、富有精神成长意义的交往。教师不仅要在教学设计前研究学生，更要学会在课堂上读懂学生，乃至在一切与学生共处的过程中，在学生的作业和行为表现中读懂学生。

这是广义上的，却是十分重要的对教师学会倾听、而不是只会言说的要求。不仅如此，我们还要求教师培养学生不只是急于表达自己的意见，还要学会相互倾听，“不仅相互倾听，而且要彼此听见。这才是所谓的‘理解’”[4](6)。只有不仅是互动而且有“理解”的课堂，才会有可能影响参与者的初始观念、拓展视野、促成变化，才会是一个不断生成的教学过程。可见，我们在此所说的生成，不只是指结果的生成、目标的达到，而且指教学过程本身具有独特的生成性，它本就应是生成的，而不是预成的或预设的原封不动的兑现。

（3）在课堂教学互动生成的过程中，教师和学生承担的任务虽各有区别，但角色规定并非单一和固定，在课堂上会随着教学的推进和生成状态而变。从教学活动的长期连续性看，又与学生的年龄大小、已有的基础和能力、师生关系建立的长短等一系列复杂因素相关。故而我们不主张用统一的模式规定学与教的先后顺序，也不认为凡是让学生在课堂上当小老师、让学生问老师答或学生互问互答才是改革，学生活动越多、教师讲得越少，课堂桌椅摆成六人组状而非秧田式，就是体现当代教学改革要求的课。课堂教学改革在一定的理念影响或指导下，会有原则性的要求及具体形态的描述，但不能以有利于教师学习运用为由，简单地、或一定要求形成可操作的教学模式。我们并不看轻实践中各类模式的启发作用和多元性的积极意义，但不赞成模式化的追求，更不认为教师只要学会操作，有了“包治百病”的处方，就能实现教学改革。我们从已有的研究实践中已经认识并体验到：只有留给教师充分独立钻研、思考和创造的空间，只有改革的理论和经验呈反思重建的开放态，才能使课堂改革本身成为教师发展的沃土，才能在成就课堂教学改革之事的同时，成就一批富有责任心和大爱、敢于探索和具有超越自我的精神与能力的、好学习善创造之时代所需的新型教师。

曾不止一次地听到人们带着无奈与失望责问：当今中国的教育还会变好吗？我想，也许每个与教育相关的人还需自问：我们敬畏生命了吗？我们在乎教育本真的价值了吗？我们还在把教师（或自己）当作操作工吗？我们认真地思考为何要改革和如何改了吗？我们实实在在地为教育改革做了自己能做的事并形成合力了吗？我们在努力使自己变得更好吗？也许，多一些这样的自问和反思，多一些积极的沟通和合作，多一些制度的变革和称职的领导，多一些智慧的碰撞和明智的决策，至少，教育的明天会比今天更好，我们身边的教育世界会变得更好。我相信路是有的，只是要我们坚定而清醒地走出。当然，这不是一件易事。

【参考文献】

[1] 张斌贤，楼世洲. 当代中国教育学术思想史（1949—2009）[M]. 北京：中国社会科学出版社，2011：285-318.

[2] 裴娣娜. 教育创新与学校课堂教学改革论纲 [J]. 中国教育学刊，2012（2）；卢尚建. 我国有效教学研究十年：回顾与反思 [J]. 西北师范大学学报，2009（5）；吴永军. 关于有效教学的再认识 [J]. 课程·教材·教法，2011（7）；余文森. 有效教学三大内涵及其意义 [J]. 中国教育学刊，2012（5）；李泽林. 教学“活动论”研究现状与反思 [J]. 当代教育与文化，2012（5）；张广君. 生成论教学哲学的核心观点 [J]. 当代教育与文化，2012（2）；罗祖兵. 生成性思维及其教学意蕴 [J]. 当代教育与文化，2011（3）；程良宏. 生成性教学技术主义倾向批判 [J]. 全球教育展望，2012（5）；吉标. “知识导向”教学论研究的反思与超越 [J]. 课程·教材·教法，2012（2）；等等。此外还有一些专著和《中国教育报》上大量刊登的各种课堂教学模式的介绍，在此不一一列举。

[3] 马克思. 关于费尔巴哈的提纲 [M] //马克思恩格斯选集. 北京：人民出版社，1995：55.

[4] 伽达默尔，杜特. 解释学 美学 实践哲学：伽达默尔与杜特对谈录 [M]. 金惠敏，译. 北京：商务印书馆，2005.

[5] 伊斯雷尔·谢弗勒. 人类的潜能——一项教育哲学的研究 [M]. 石中英，涂元玲，译. 上海：华东师范大学出版社，2006：16-17，19.

[6] 联合国教科文组织. 教育——财富蕴藏其中 [R]. 联合国教科文组织总部中文科，译. 北京：教育科学出版社，1996：70，并参阅 76-87.

[7] 王飞. 德国“教育学—教学论”范式与美国“教

育科学—课程论”范式的比较研究［J］. 清华大学教育研究，2012（2）.

［8］叶澜. 教育概论［M］. 北京：人民教育出版社，1991：10-17，41；2006年新版为12-19，43.

［9］叶澜. “新基础教育”论——关于当代中国学校变革的探究与认识［M］. 北京：教育科学出版社，2006：262-275.

从学术殿堂走进生活世界：“课堂志”研究的方法与案例*

□ 王　鉴（西北师范大学教授）

近年来我主要做课堂研究，写了一些关于课堂研究的文章，2007 年还出版了专著《课堂研究概论》（人民教育出版社）。作为大学的研究者深入中小学做课堂研究，会受到很多因素的影响，并不是一件容易的事情。但是，这几年我每年都要抽出一定的时间去中小学做研究，而且发展了一些和自己合作开展研究的伙伴学校，这对我的专业发展起到了非常重要的作用，走出了一条专业成长之路。

一、课堂研究的意义

1. 课堂研究不是研究课堂，而是在课堂中做研究

套用人类学家的一句话：田野研究不是研究田野，而是在田野中做研究。那么，课堂研究不是研究课堂，而是在课堂中做研究。在马林诺夫斯基之前，人类学不做田野研究，自他之后才有了田野研究这种方法取向。在通常情况下，人类学的博士生写论文必须有至少三个月的时间做田野研究。“田野研究”在英文中是“field study”，按我的理解，在人文社会科学中更准确地讲应该是“现场研究”，比如说经济学的学者研究经济学现象要到企业、市场、工厂中去；社会学的学者要到家庭、社区中进行访谈、调查和研究；音乐、美术的学者要到现场采风、写生和拍摄；教育学的现场研究一定是在学校和课堂中。我们经常说教育学是研究教育现象、揭示教育规律的科学，这句话在任何学科研究对象的表述上都是一样的。“教育现象比比皆是，人类社会处处都有教育现象，但是集中的教育现象发生在学校和课堂中，我们做现场研究的话，作为研究者就应该深入学校和课堂。”① 因此，课堂研究不是研究课堂本身，而是研究者去课堂中做研究。这改变了过去理论工作者只在书斋和文献之中做研究的传统模式，同时使实践中的诸多问题进入理论研究的视野。研究者仅从中小学教师的言语中获得有关学校和课堂的信息是远远不够的，要亲自深入学校和课堂之中，将自己“浸泡”在学校和课堂之中，才能够拉近理论和实践的距离。

2. 课堂研究是无止境的，课堂教学论的体系是开放的

我认为，目前在国内要构建一个成熟的课堂教学论体系，还是很不成熟的。这是因为有关课堂各要素的研究成果积累不足，还需更多研究者深入课堂去发现问题，进而解决问题。课堂研究的成果积累得多了，一种新的课堂教学论体系就会“水到渠成”、“瓜熟蒂落”。这种学科体系与现有的由逻辑

* 原载《社会科学战线》2013 年第 7 期。

① 王鉴：《从教学论研究到教学研究》，《教育研究与实验》2003 年第 2 期。

演绎或哲学、心理学理论构建起来的教学论的学科体系完全不同，其最大的特点就是建构性与开放性。建构性是指课堂教学论是通过对课堂现象及规律的长期研究，形成较为成熟的理论与方法，并以此为基础形成指导教师课堂教学的基本原理，这一过程是建构、生成的过程，而不是主观臆断或逻辑演绎的过程。开放性是指课堂教学论是在研究课堂教学问题的基础上形成的理论，课堂中的问题是无限的，因此研究也是无穷尽的，随着研究成果的积累与发展，课堂教学论的体系与内容也在发展变化并逐渐趋于成熟和相对稳定。这种建构、开放的理论体系是我理想中的课程与教学的理论体系，它虽然遥远，但只要我们坚持做课程研究，就会离理想越来越近。

3. 课堂研究不仅是理论工作者需要做的事情，更是广大中小学教师应该做的事情，他们才是课堂研究的主体

理论工作者有优势，就是受过研究方面的专业训练，但他们也有一定的不足，即缺乏对基础教育实践的经验，因此，他们更愿意去做一种专业理论的研究。广大中小学教师虽然在专业研究方面有一定的不足，但他们也有自己的优势，即熟悉中小学教学实践，积累了大量的课堂教学经验。他们本身就是在课堂中从事教学工作及研究的人员，教师专业发展不仅要求教师从事教学工作，而且要从事教学的研究工作。研究是为了促进实践，改进实践，在实践中做研究也是教师工作的特点。所以教师专业的目标定位既是理论工作者，又是实践工作者，甚至是工程工作者。虽然有的教师达不到，但这样一种定位是没有错的。有些特级教师讲理论可能比专业的理论工作者讲得更深入、更生动；有的教师的教学不仅效果好，深受广大学生的喜欢，还能够把他的教学经验和智慧与同事们分享，不断推广普及，这些都是专业化水平较高的教师。所以，课堂研究能够改进实践，对于理论工作者来讲，就是在课堂中获取第一手的研究资料，对教师来讲，则是对课堂教学的改进中提升课堂教学的质量。

二、课堂研究的路径与方法

“课堂志”这一概念是由我提出来的，但不是我创新的，准确地讲是我从人类学中移植的。我曾经写过一篇文章《课堂志：回归课堂教学生活的研究》（《教育研究》2004 年第 1 期），将人类学中的“人种志”、“民族志”运用到课程与教学论领域而成为“课堂志”。为什么不叫“课堂人种志”呢？我认为“课堂人种志”主要是指在多民族、多文化背景下开展课堂研究，而如果不涉及多民族与多文化的问题的话，用“课堂人种志”就不太合适了。“课堂志”作为一种方法，和人类学中的“人种志”是相同的，就是一种观察记录、参与体验的研究方法，不涉及“人种”、“种族”和“民族”的问题，纯粹是一种观察描述的研究方法而已。方法都是相通的，比如说“观察法”，任何一个学科都可以用，没有哪种学科很霸道地说“观察法”是“我的”，“你不能用”，所以“人种志”的研究方法也不是人类学所特有的。这种“志”的方法比较普遍，在文学、医学、教育学和社会学，都有研究者在普遍地使用。“课堂志”就是教学研究者深入学校课堂之中，直面教学的现象，搜集第一手研究资料，全面描述课堂中的课程实施与教学活动；在这种观察、访谈与描述的过程中，研究课堂教学现象、探寻课堂教学规律或解释课堂情境。用一种较微观的整体描述方法进行课堂中的课程与教学问题的研究，进而正确认识和解释这种现象，从而探寻其中的规律，这就是“课堂志”。

1. “课堂志”的特点

“课堂志”有四个特点：它是一种微观的、质性的、直观的和描述性的研究。爱因斯坦曾经说过：“一切科学的研究都应该从微观研究开始。”西方学者关于课程与教学的研究基本上都是微观研究。我也非常喜欢这种研究，因为它是真实的，是来自于课堂教学的。我过去和大部分研究生一样，在学院里接受训练，本科、硕士和博士都是在西北师范大学读的，本科是教育学专业，硕士和博士是

教学论专业。博士毕业后参加了教育部教学专业支持小组活动，就是去中小学听课、评课。课程改革的落脚点在课堂里面，所以在听课中要发现课程改革的成绩与问题。我在听课过程中发现了一个非常重要的问题，一线教师们对我们理论工作者发表过的文章都不甚了解，甚至从来都不关注。我曾经把我发表的文章复印后给一线的教师们看，但过一段时间后他们都还没看，说明他们根本不感兴趣，这对我是一种打击。教学理论离教学实践真的那么遥远吗？每次我和中小学教师交流时，他们都说我讲的理论就像天上的云，他们是地上干涸的禾苗，虽然需要雨水，但天上的云太遥远，飘来飘去，什么时候才能够降雨？作为理论工作者，我们需要思考天上的云什么时候能够和地上禾苗的需求相结合。鉴于此，我们就要做一些质性的、直观的、描述的、微观的研究，这些是让教师可以接受和理解的研究。于是，我开始尝试做这种研究，我和我的同事们曾经开玩笑地说："我们都是不熟悉教学生活的所谓的教学论专家。"理论工作者不熟悉教学生活、一线教学和中小学教师，就不能称其为教学论专家。所以，"课堂志"研究的特点在于：通过微观的课堂教学事件的观察、访谈和描述等质性研究方法，形成直观的课堂教学研究材料，进而构建课堂教学的理论体系。

2. "课堂志"的路径

英国人类学家马林洛夫斯基概括自己专业成长的过程为三个阶段：第一个阶段是"在这里"(Being here)，就是"在这里"系统学习理论，掌握这个学科最前沿、最有价值的知识体系和专业的研究方法。所以我们读研究生的原因就是在大学里面、在学术团体当中提高我们的专业水平，这是必需的。如果没有"在这里"的专业训练，你就无法完成第二个阶段"去那里"(Going there)。"去那里"就是去现场、去中小学、去课堂，收集第一手的研究资料。这些资料和我们"在这里"学习的理论方法要对接起来。收集完资料以后就到了第三个阶段"回到这里"(Coming back)。回到研究机构里面去写作，把研究过程和结果表述出来。"写文章"和"做研究"是两回事。"写文章"较简单，看一些文献经过思考就可以表达一种观点，就可以去发表，而"做研究"是很难的事，它包含的内容很丰富，比如说去中小学就要调课、联系校长和教师，还要和老师建立朋友的关系，进入课堂还要通过观察记录、和教师探讨、访谈学生等，这样才能收集到第一手资料，回去以后剩下的事情才是"写文章"。做博士论文的过程就是做研究的过程而不仅仅是写文章。马林洛夫斯基之路就是马林洛夫斯基在人类学中建立的一种"田野研究"的路径。1914年，他30岁做博士论文，不满足于人类学中躺在扶手摇椅上的那种对遥远的、异域的、野蛮的民族进行的描述，要去现场看一看。他坐轮船到澳大利亚的特洛布里安群岛做调查研究，原本计划3个月，但由于第一次世界大战爆发，航线被切断，他不得不待上一年。航线畅通后，他在回去的路上，站在轮船的甲板上浮想联翩，心中产生了一个理想：要做20世纪最伟大的人类学家。后来，他在5年之内出版了7本有影响力的著作，创立了文化功能主义学派，提出了统治20世纪后半叶的人类学理论，至今在人类学中仍有很大影响。他在总结自己的研究历程时就提到这样一种线路，当然不是去一次就能完成田野研究，应该去多次。我把这种研究者来往于研究机构与实践场域的研究，称之为"归去来兮××志"，在课程与教学论领域就是"归去来兮课堂志"。我们去课堂不是去听听课就算是课堂志了。课堂研究对研究者有很高的要求，不仅是理论与方法方面的，而且是态度与能力方面的。我的一个博士生做藏族地方性知识的研究，我要求他在甘南藏族自治州的一个县待了一个学期，通过这样一个过程收集资料，写出的论文就有一个坚实的基础。"课堂志"研究的关键是研究者愿不愿意走这样一条路，很多研究者不愿意去做田野研究，愿意待在家写文章，但这两种研究的价值不一样。我通过"课堂志"的研究写成论文发表以后，一些中小学老师来信告诉我："这些文章就是我们想写的，但是我们写不出来，您是怎么写出来的？"我在大学里有20多年的"在这里"的感受和体验，试想如果他们有一定专业训练的话，一定也会成为很好的研究者。因此，“归去来兮课堂志”不仅是大学的研究者要走的一条路，也是中小学教师专业成长的必经之路。只不过对于中小学教师来讲，三个阶段的空间和场域发生了变化：“在这里”就是在课堂教学第一线，“去那里”就是去大学或研究机构深造，现在的教育硕士和教育博士就是中小学教师“去那里”的典型代表，“回到这里”就是回到中小学提升自己的教学水平。方向虽然不一样，但线路是相同的，理论工作者与实践工作者在“归去来兮”的道路上相遇就是理论与实践的相遇，对于理论的发展与实践的改进都有十分重要的意义。

3. 课堂志的方法

我将“课堂志”的方法概括为八个字：观察—访谈—深描—案例。①

观察。课堂观察法是在真实、自然的课堂情境中对课程与教学问题的发展、变化、结果进行有目的地观看、体察、记录，进而发现其规律或对其进行合理解释的一种研究方法。课堂观察的原则为每次只观察一种行为；所观察的行为特征应事先有明确的说明；观察时要善于捕捉和记录；采纳时间取样的方式进行观察等。课堂观察的特点包括明确的观察目的；有系统的计划；是在真实自然状态下的观察等。大家都很熟悉课堂观察，但是我讲课堂观察包括这样几点：首先课堂观察的意识非常重要，我把研究生派下去做课堂观察，有的研究生回来以后收获很大，有的研究生什么收获也没有。我打个比方，如果把转动的皮球给猫，猫就非常好奇，瞪着一双大眼睛并且思考这个皮球为什么会转动，它还尝试用爪子去动一动；如果把这个皮球给鸡、羊看，可能情形就有所不同，它们转身离去，没有那种好奇心，对现象不敏感、不探究。作为一名专业的研究者就要有“猫眼”意识，对课堂教学中发生的各种现象非常敏锐和感兴趣，善于发现“小问题”后面隐藏的“大教育”。我在课堂中做研究时曾经遇到过这种问题：中小学学生回答老师的问题要举手，举手这个现象很简单，可谓“小问题”了，但是我研究后发现它的背后大有学问。如老师提了一个问题“什么是分数”，小学生会全部举手，如果用照相机照下来的话，举手没什么差别，只是有的人举得高点，有的人举得低点，有的人举着左手，有的人举着右手。举手现象告诉我们：学生全都想回答问题，但如果老师这样认为就错了，其实每个学生举手背后的心理活动是不一样的。有的学生举手确实是想回答问题，并且伴随着拍桌子的动作；有的学生举手但不想回答，并且伴随着低头、目光闪烁，甚至把手举得很低；还有的学生不举手但想回答问题，看见大家都举手自己反而不举，以此引起教师的注意。教师对举手这种现象的处理方法也不同，有的教师采用抢答的方式，谁举手快谁回答；有的教师总是叫自己喜欢的学生，比如学习好的、长得漂亮的、讲卫生的、听话懂事的学生；有的教师是惩罚性的，认为那些不举手的学生没有预习和思考，就让他们来回答。所以，我们认真研究“小问题”会对教师教学方法的改进有很大作用。课堂观察不仅需要好奇心，而且需要一个合适的视角，我仍将其称之为“猫眼”。城市人家的防盗门就装有“猫眼”，通过“猫眼”能看到客人，但客人看不到主人。在课堂观察中的非参与式观察，就是研究者坐在教室的最后面观察教师的教，也可以坐在最前面观察学生的学。对中小学老师来讲，课堂教学中的观察是参与式观察，而理论研究者进入课堂做研究更多的是非参与式观察。这两种观察各有利弊，是“旁观者清”与“当局者迷”的关系。中小学教师的课堂研究可以将二者很好地结合起来，教师在自己的课堂中一边从事教学一边从事研究，就是参与式观察；同时，教师进入同伴的课堂，通过听评课活动来完成非参与式课堂观察的研究。

访谈。课堂访谈常常是一种课后的访谈，特殊情况下也可以在课堂教学中访谈。访谈内容是在课堂观察中记录下来的一些现象。对这些现象的理解

---

① 王鉴著：《课堂研究概论》，人民教育出版社 2007 年版，第 190 页。

有两个角度：一是研究者的角度，二是当事人的角度。课堂访谈是描述的基础，是对课堂观察的补充。观察时，眼睛会欺骗我们，甚至有时候我们也不能理解某些现象，所以要做进一步的访谈。当然，上课时不能马上跑过去问学生和老师，这种现场访谈是不可以的，因此，课堂研究的访谈更多是课后的补充的访谈。前面看了怎么样，再听听当事人的观点，如我问张三上课为什么吃东西，我问老师为什么看见张三吃东西就火冒三丈呢，要了解了他们内心真实的想法之后，再对我们看到的现象去做解释，所以课堂访谈是深度访谈，可以不断地追问当事人观念深处的东西，确认当事人观念与行为之间的关系。

深描。深描就是极详细的描述，通过描述细节来说明教育教学的现象。课堂研究对“深描”中的解释给予高度重视。对于教学的观察和描述，要坚持客观事实第一和特殊情境相结合的原则，不仅分析具体教学形态中的教学规律，而且对教学过程中涉及人文性的内容给予必要、合理的解释。深描（thick description）和轻描淡写（thin description）是相反的。深描是不厌其烦、详细地描述细节，要让细节来呈现真实的情景。文学作品中有很多深描，比如《红楼梦》对林黛玉进贾府的心理活动的描写有整整三页，把她的性格特点都呈现出来，有些读者可能忽视了这些心理描写，这样就永远看不懂《红楼梦》。生活中，有很多人善于讲故事，讲得非常吸引人；有的人讲笑话，别人不笑自己哈哈大笑，后者的问题在于他不会深描，只会轻描淡写。格尔兹在《文化的解释》第一章“迈向深描的解释学说”中解释了什么是“深描”，比如说“挤眼睛”是人的生理现象，我们用照相机拍下来的“挤眼睛”都是眼帘的上下张合，但是在日常生活中有非常大的差别：一个演员对着镜子挤眼睛是在练习面部表情；两个人在议论“曹操”，说曹操曹操就到了，这时就会互相挤个眼睛，就会说“刘备”不说曹操了，这叫心领神会；我在这儿做报告，下面有两个学生本来是恋人，但今天没坐在一起，也会挤个眼睛传达“我们出去”的意思，只有他们理解“挤眼”的意义。

案例。把看到的、听到的详细地讲出来，就形成了案例。其主要有三个获得途径：一是研究自己的教学，并从大量的教学实践中积累一定的案例；二是在别人教学的课堂观察中捕捉案例；三是在平时的学习和阅读中注意搜集书面材料中的案例。对案例进行加工与创造，使其具有广泛性与代表性。讲出自己的教学故事，就是教师的叙事研究，也是一种案例研究。通过观察、访谈、深描，最后形成了案例。案例具有典型性和代表性，其研究在法学、医学、教育学中都是一种很古老的研究方法。比如老百姓不喜欢枯燥的法律条例，但是大家非常熟悉的中央电视台的“今日说法”节目做得非常好，先是记者报道，有观察、访谈、描述的呈现，然后专家结合法律条文来点评和解释，主持人再串起来让老百姓知道案例和法律的关系。案例来源于教学生活，还高于教学生活，它需要加工，但这个加工不会损伤其真实性。我后面要讲的案例就是做过一些加工的，我相信大家听了以后还会觉得它是真实的。通俗地讲，“课堂志”就是在课堂里面观察、访谈、描述和形成案例，用案例去分析和解决课堂教学中的课程与教学问题，要么探循一定的教学规律，要么结合一定的情境解释某种现象。

三、“课堂志”研究的案例分析

“课堂志”到底怎么做呢？这也是中小学老师经常问我的问题。那么我就用一个案例来说明我是如何做“课堂志”的。

有一次，有一位老师问我：“王老师，新课程改革倡导合作学习，您认为怎么样？好不好？”我说：“您认为怎么样？”他说：“我认为这个合作学习一点儿都不好。”我说：“为什么呢？”他说：“合作学习，浪费时间不说，而且关键是学生什么也学不到。”我说：“据我所知，合作学习不是您说的这样糟糕的一种学习方法。怎么样？有没有兴趣，让我听听您的课？了解一下您在课堂上到底是怎么开展合作学习的？”他是我带过的教育硕士，他半开玩笑地说："那欢迎您前来指导工作！"

在去他的课堂之前，我做了一些准备，比如如何理解"合作学习"，我查到了很多关于合作学习的资料，但几乎是千篇一律。后来，我将合作学习概括为一句话：合作学习就是相对个体的学习；一个人学习叫个体的学习，而两个人或两个以上的人在一起学习，就是合作学习。又比如合作学习的影响因素，大家讲得比较多，主要有五因素论，大同小异。我认为，合作学习相对于个体学习来说有两个要素就够了：一个是"分工"，另一个是"同学"。只要有分工，就有合作的必要，才有合作学习活动。所以说，两个以上的人在学习上如何"分工"这是第一个要素。第二个要素是"同学"，"同学"是大家一起学习，《学记》里讲"相观而善，谓之同学"，相互观摩相互促进，那才是同学。现在都认为同班就是同学，错！同班不同学的现象比比皆是。虽然都坐在一个班里，但是很少一起学习。比如说，我问你答；我读几个单词，你写；大家做一个实验，各有分工，这个实验做成功了，这就是同学。

这一节课是小学六年级的数学课。我进入课堂以后就是坐在第一组第一排的前面。我给第一排的两个同学每个人发一个纪念品，然后问他们叫什么名字。"我叫王帅！"一名戴着帽子，扎着红领巾，看上去很机灵的同学回答道。"我叫李连生。"另一位看上去有点憨厚、留着小平头的学生怯生生地说。我就告诉他们俩说："今天我听课，主要是听说你们数学老师的课上得非常好。我这个眼睛不好，坐在后面的话，看不到黑板上的字。我坐前面对你们两个有没有影响?""没有影响！"他们俩异口同声地说。这里有两个原因：一是拿了人家的手短嘛；二是原来你是冲着我们数学老师来的啊，跟我们没有关系，你爱坐哪就坐哪吧。其实我说的是一个没有任何恶意的谎言。这一节课就是冲着他们去的，我的目的很明确，就是观察同桌之间是如何开展合作学习的，这也是我认为最容易合作学习的两个人。

上课后，老师讲了一道题让同学们做：全世界有丹顶鹤 2 800 只，我国占 1/4，问其他国家有多少只丹顶鹤？老师让同学们在练习本上做，既要图示又要计算。王帅同学在练习本上画出一条线段，把它分成 4 等分，标上单位"1"，写上"2 800 只"，下面列式计算：2 800－2 800×1/4＝2 800－700＝2 100（只），这是一种算法；第二种算法：1－1/4＝3/4，2 800×3/4＝2 100（只）。图示都是用尺子画的，非常规范。王帅同学做好之后，目光就去追寻老师，老师走到哪儿，他的目光就跟随到哪儿，意思就是："老师，这道题我已经做好了。"当老师从第一组和第二组之间的过道走过时，我看见王帅轻轻地拉了拉老师的衣角，老师就让他到黑板上去展示一下做法。王帅同学很快将两种计算方法干净利落地写在了黑板上。当他回到座位时，眼神非常自信。而对于李连生同学，做完图示以后没有计算，因为他的图示错了，也不会计算。他的头一直也没有抬起来，既不敢看老师，也不敢看我。他就在纸上乱写乱画，以消磨难过的时光。他的错出在哪儿呢？我想李连生同学和我上小学时一样，不敢相信"2 800 只"和单位"1"是一回事。这个单位"1"太抽象了，它其实就是小学生学分数的难点！王帅同学能理解，李连生同学却不能理解，我相信像李连生这样的同学还有很多。这些好学生或老师喜欢的学生，总是能够最先理解，因此他们牵着课堂教学的进度和节奏。我在观察时发现了一个非常有意思的现象：李连生想转过头看看王帅的练习本，而王帅同学用他的右胳膊挡来挡去不让李连生看。我觉得这个现象非常奇怪，合作学习的需要已经有了，时间也有，为什么两位同学不能合作学习呢？当王帅做完题时，有两分多钟时间没事干，等待老师来提问。李连生也有两三分钟的时间就在纸上乱写乱画，我认为这恰恰是需要"同学"、"合作"的时间段。如果这两个人在这个关键的时刻进行合作，我相信王帅和李连生都会有很大的收获：王帅会有做"小先生"的那种感觉，更有成就感，而李连生会对这一问题的理解有新的突破。

下课以后，我把这两个同学叫来，问李连生："你在课堂上，想看王帅同学的练习本，你到底想看什么呀?”他说:“老师,您知道吗,我就想看看王帅同学他会不会。”我说:“他会不会跟你有什么关系呀?”他说:“那太有关系啦。如果说王帅不会,那我当然不会了。”因为在他心目中,王帅是好学生,好学生都不会做的题,他这个差生当然不会啦,他就理直气壮,头就可以抬起来了,这是他所期望的。我又问王帅:“你为什么不让李连生看看呢,他不就看看你会不会吗?”王帅说:“我们老师说了,各做各的题,不能看别人的!”访谈当中,我发现了问题的实质所在:同桌之间之所以没有开展合作学习,问题不在学生,关键原因在于教师。于是我又去访谈李老师:“您为什么不允许同桌之间在课堂里面合作学习呢?”李老师挠挠头,说:“王老师,实在对不起,我在西北师大培训的时候,培训的合作学习都是四个人或六个人一组,没有人培训过两个人的合作学习。”于是,我跟李老师讲了些社会学的基本理论:家庭是社会的细胞,人类社会最基本的合作就是从两个人的合作开始的。两个人,一男一女,从谈恋爱到结婚,白头偕老的最好关系就是合作关系。古代男耕女织不是分工和合作吗?如果说没有分工,或分工不明确,所有的事情让女的来做,这个家庭可能会有点问题。而如果说男的把全部的家务活都干了,女的什么都不干,关系也是不会和谐的。所以说,现在中国人的离婚率越来越高了,高的原因不是中国人的观念新潮了,而是中国人的合作精神差了。一个家庭内夫妻之间不善于合作,其子女也不善于合作,这就是单亲家庭、独生子女的家庭合作精神差的一个主要原因。所以两个人之间的合作是一切合作的基础,而教师居然不知道。

其后,我与李老师对两个人之间的合作学习开展专题研究。首先,老师要鼓励同桌之间开展合作学习,在班里营造合作学习的氛围;其次,要探究合作学习的形式与方法;最后,总结合作学习的经验。我们从这节课的内容开始做一个尝试。我让李老师给李连生讲一讲单位“1”,李老师说算了,不用讲了,讲了也白讲,这个李连生是个笨蛋,怎么讲他也不会明白。李老师说他曾经给李连生讲过,讲了三遍他也听不懂。我说:“要不让王帅给他讲一讲?”王帅是怎么讲的呢?他说:“李连生同学,你看,这是一只手,我切菜的时候不小心切掉一个手指头,用分数说少了多少?”李连生看了半天,说:“1/5”;“如果不小心又切掉了一只手指头,说少了多少”,这下李连生开窍了,他说:“2/5”;“如果不小心又切掉一只手指头,用分数说少了多少?”李连生看都不用看地说:“3/5”;“如果不小心切菜又切掉一只手指头,用分数说少了多少?”这时候李连生有点不耐烦了,说:“4/5”;“如果不小心把 5 个手指头切完了呢?”这下难点出现了,李连生想了一会说:“5/5”。王帅说:“对,5/5 你约分是多少呀?”李连生说:“是‘1’”。王帅用类推法说:“世界上珍奇的动物有 2 800 只,得了禽流感死了一只,用分数说少了多少?”李连生想了半天说:“1/2 800”;“又死了一只,用分数说是多少?”“2/2 800”。王帅很聪明,第三次提问就直奔主题:“如果 2 800 只丹顶鹤全部死了,这个世界上还有没有丹顶鹤啊?没有。用分数说,就是 2 800/2 800,约分后就是单位‘1’”。2 800 和单位“1”是这样一个整体和部分的关系,分数就是这样进行转化的。如果这道题李连生还不能够完全理解分数的话,再尝试一道,两次以后,李连生就全理解了,再让他用图示法进行解题时,他就做正确了。李老师在旁边看,他说:“真奇怪,这个李连生也不笨啊。”在这里,我就得出一个结论:凡是认为学生笨的老师,必然是笨老师!我接着访谈李连生,我说为什么王帅讲的时候他就能够听懂,李老师讲的时候他就听不懂呢?李连生就把我叫到旁边,他说:“王老师你不知道,我们这个李老师脾气暴躁,讲一遍不会的时候就一巴掌,讲两遍不会当然就是两巴掌。所以他在讲时我就在想,他是打我的左脸呢还是打我的右脸?你说我们这个李老师多坏啊,他既不打我左脸,又不打我右脸,他打我的脑壳,从上往下打。有一次我书里夹的是不锈钢的尺子,夹什么老师不知道,拿起来就劈头盖脸打下去,差点把我打死了。所以他讲的时候我哪有心思听呀!”看来,这才是关键所在,他根本没有听，你讲十遍都是白讲。

接下来的一周时间，我在李老师的课堂里面做了好几节课的合作学习的研究。从同桌之间的合作学习到小组内部的合作学习，再到大班额下全班同学的参与式合作学习，不仅探索了合作学习的形式，而且总结形成了合作学习的方法。合作学习效果好不好，关键在于教师和学生是否掌握了合作学习的方法。比如说，如何“分工”；怎么样组织教学才能保证“同学”，都需要在课堂研究中探索。我回去以后，就写了一篇文章《合作学习的形式、问题与对策》，发表在《课程·教材·教法》2008年第6期上了。使用鲜活的材料，说明方法也是切实可行，这种“课堂志”的研究方法不仅对研究生有用，对中小学教师也是可行的。我们真实地观察到课堂教学中的各种现象，并对这种现象做出合理的解释，这本身就是一种研究。

寻找把教育学托上天空的彩云*

——陈元晖教育学学术思想探析

□ 于 伟（东北师范大学教授）

在中国现代教育学发展的艰难历程中，许多教育学家都为此做出了不懈的努力与执着的探索，甘当教育学发展的铺路石。然而，生命的有限却难以磨灭思想的光辉，那些具有重要影响的教育学家总是让教育学发展史异彩纷呈。而陈元晖便是这样一位具有里程碑意义的教育学家。陈元晖对中国教育学理论研究的贡献以及对教育实践的探索理应成为我们进行教育理论研究的重要学术命题。回顾中国现代教育学发展历程，我们总能体认到陈元晖当年奠基教育理论研究的艰辛以及开创之功的卓著，总能感悟到陈元晖所彰显的具有中国特色、中国气派和中国风格的教育学理路；在教育改革与发展的新时期，我们更应共同探讨我国教育学发展所面临的机遇与挑战，共商我国教育学研究的趋向，而这无疑是对先生思想的一种当代回应。2013 年是陈元晖先生诞辰一百周年，深度挖掘陈元晖的教育学学术思想，探讨其教育学家的成长之路，也无疑是当代教育学研究者的重要使命。

一、深入进行教育理论的探索性研究

陈元晖极为关注教育理论研究工作。虽然陈元晖毕生著述甚丰，涉猎广阔，但纵观先生毕生的学术遗存，不难发现，他最为关注的学科是教育科学，最为关注的事业是教育事业。这种关注并非一般地窥探或涉猎，而是深深地植根于教育事业之中，以“局内人”和“局外人”的身份为教育理论的发展寻求适恰的路径，为教育理论的合理发展大胆进行尝试性的探索。《教学法原理》、《实用主义教育学批判》、《中国古代书院制度》、《中国现代教育史》、《孔子教育思想研究》、《科学与教育学》、《教育实践与教育科学》、《对教育学若干新思考》、《中国教育学史遗稿》等论著，无不反映出陈元晖先生对教育基本理论的深沉探索以及对教育事业的执着情怀。

陈元晖在诸多教育基本理论问题方面阐发了自己独特的观点。如教师与学生的地位究竟如何？对于凯洛夫教育理念中“教师主导”、“学生主体”的现象，陈元晖认为：“在学校中，教师是主导，学生为‘主体’，各有一‘主’，平分秋色，各主一方，这种划分是不相宜的。主体不起主导作用，而起主导作用又不能成为主体，这样的分别是很勉强的。”为此，陈元晖主张：“应该承认教师是起主导作用的，但不是绝对的。学生不起主导作用也不是绝对的，两者都要对具体情况进行具体分析。”[1]21 其实，陈元晖正是借师生关系这一基本理论问题，

* 原载《东北师大学报（社会科学版）》2013 年第 5 期。

对凯洛夫教育学进行了反思，以期打破研究者所长期形成的理论思维模式。同时，陈元晖还批判了当时颇为流行的实用主义教育思潮，极力反对这种教育思潮对我国教育理论与实践产生的深刻影响。虽然在批判晏阳初的“平民教育运动”、陈鹤琴的“活教育运动”以及陶行知的“生活教育运动”等方面留有意识形态的烙印，但这种对经验主义教育实践及实用主义教育思潮的批判对于当前我国教育理论仍有着重要价值。

二、密切关注教育学研究中的“中”与“西”问题

“中”与“西”的关系问题是教育学研究中的基础性问题。如何对待中国传统教育思想以及外来教育思想，是研究教育学必须面对的基本问题。陈元晖在中国教育学理论研究本土化方面进行了有益探索。陈元晖学贯中西，博古通今，在人文社会科学诸多研究领域有着深入的研究。陈元晖早年考人福建著名的教会学校荣美中学（即现在的福清三中），具有较好的德语和英语基础。这为陈元晖后来引介西方的教育学、心理学和哲学文献打下了坚实的基础。然而，陈元晖更为关注的是中国本土问题的研究。1948 年，陈元晖奉命调入东北师范大学前身东北大学，担任教育问题研究室副主任，并兼任图书馆馆长。正是在此期间，陈元晖组织了有关人员学习教育学理论，系统收集整理中国教育史资料，这为后来东北师范大学教育系的建立和教材建设创造了良好的条件。

1984 年，陈元晖在《人民教育》上撰文指出：“学习外国的教育理论和教育经验与学习中国古代的教育理论和教育经验都是需要的，他山之石，可以为错，以古为鉴，可知得失，现在所说的‘洋为中用、古为今用’就是这个意思。但我们可以看到：对某一位外国教育学家的介绍好的就是绝对的好，就是无所不好，不去分析这一位教育学家，他的经验用在何时，用在何地，在什么条件下使用这一经验，无条件地接受他的经验，无条件地崇拜他，这也是违反辩证法的。”[2]9-10 时代的不断发展需要教育学既要处理好自身的教育思想传承与创新问题，又要以正确的态度面对外来教育思想文化的影响问题。在很多学者欣羡于外国教育理论时，陈元晖却认为：“教育学要提高不能单靠借鉴外国人，要善于总结自己的优秀遗产，教育学也不是只有西方人搞的一种模式。写《中国教育学史》不仅可以提高我国教育学的学术科学水平，而且具有世界意义，让更多的外国人了解中国，认识中国人的聪明才智。”[1]序 直至去世前的几年时间里，陈元晖仍在对中国教育学的发展轨迹进行重新整理与系统思索，试图书写一部“总结自己的优秀遗产”、属于中国当代话语又合乎教育发展逻辑的教育学史。陈元晖理性地认为：“新教育学应该是总结中国古代文化遗产的著作，它不是‘进口教育学’，而是自己的 2 000 年的宝贵经验的结晶。”[1]71 对教育学如此深沉而执着的学术追求让陈先生对教育的思考达到了新的高度，然而，残忍的病魔并没有给陈先生更多的时间去完成这项艰巨的教育学使命，心中的鸿篇巨制也只能留给先生不多的时间去撰写中国教育学史的始端与末尾。于是，病痛中诞生的六万余字的《中国教育学七十年》留给教育学界以无限的遗憾，但也为教育学研究者提供了思考的空间。

在这篇文稿中，陈元晖将中国教育学的思想源头定格于《礼记》，“不谈它（《礼记》）的教育学方面的理论贡献，就不可能提高它在儒学中的地位”[1]102。他认为：“《学记》是一本教学论，是《礼记》中的教学论专文，而《礼记》全书则应称为《大教学论》的教学论专著。”[1]113 这种将《礼记》看成是“儒家的教育学说的集大成的专著”以及“中国公历纪元前的教育学名著”的观点深化了我国教育学理论研究的认识，也从思想史的维度理清了中国本土化教育学的发展理路。同时，陈元晖以历史见证人的身份在这篇文稿中系统总结了五四新文化运动后七十年我国教育学的发展历程，对蔡元培唯理论教育思想、凯洛夫教育学在中国的传进、列宁主义教育思想在中国的传播等重要教育学理论问题进行了梳理与反思，并认为，中国教育学

未来七十年发展趋势主要是："新教育学应该是辩证法的"、"教育学要与未来学相结合"、"人类是面向未来的，但没有教育的未来，也就没有人类的未来"。同时陈元晖还指出："只有在总结了我们的教育学的丰富的宝贵的遗产后，我们才能真正摆脱'进口教育学'而有'出口的教育学'"。

其实，近些年来，教育学理论在长期学习和借鉴西方教育理论之后，已经越来越感觉到教育理论缺乏本土教育实践的关切，全球化语境下的中国教育理论研究也似乎呈现出"东张西望"的特点。于是，在一些学者的疾呼下，近些年来我国教育理论研究渐起"本土化"的反思趋势。当我们反观陈元晖几十年前为中国教育理论本土化研究所进行的探索时发现，陈先生正是在中国当代教育学发展迷茫与失落时进行了率先垂范，而新时期的很多教育学研究者恰恰又在这一方面重新犯下了错误，陈元晖对这一现象的思考值得我们认真反思。

三、积极主张教育理论与实践的有机结合

教育理论与教育实践的关系是每一位教育学研究者首先面对的重要问题。1984 年，时年 71 岁的陈元晖针对当时教育理论与教育实践关系模糊的社会现象，撰写了《教育实践和教育科学》一文，发表于 1984 年第 1 期的《人民教育》"教师与教育科学"专栏上，他认为："教育学成为一门科学，是总结了前人的教育经验，成为一种指导教育活动的理论，为什么不掌握这一理论去指导实践，为什么还要去摸索前进？摸索前进，事倍功半，而在理论指导下的前进，则可以事半功倍，何乐而不为？"[2]9-10可以说，陈元晖始终主张教育理论与实践的有机结合，并多次进行了教育实践。

教育理论与教育实践的有效结合首先应表现为教育实验的有序开展。这正如陈元晖晚年在研究苏霍姆林斯基的教育理想时所指出的那样："研究教育理论必须有教育实验基地，这从马卡连柯的事业上得到证明，又从苏霍姆林斯基的事业上再一次证实这一真理。研究教育理论不接触学校教育实际，这叫作缘木求鱼。理论不与实践结合，理论经不起实践的检验，都会成为空洞的理论。"[1]44陈元晖思考、研究教育问题多年，20 世纪 40 年代在延安期间，即任职于中央研究院教育研究室。1947 年，陈元晖担任哈尔滨大学的副教务长兼任教育系主任，并任实验小学校长。我们目前无法考证任职实验小学期间，陈元晖具体的教育实践，但不可否认的是，陈元晖始终倡导教育理论与实践结合的思想，以至于当 1950 年陈元晖在筹建东北师范大学教育系时，提出："先办好中学，才能办好大学的教育系"。这一带有前瞻性的创举让我们看到陈先生对于教育实践实验的重视。陈元晖从 1950 年至 1954 年，亲自担任东北师大附中校长。在此期间，陈元晖十分重视附中的教师队伍建设，提出："附中教师应当是教育家，不要做教书匠"。要求教师既要有先进教育理论的指导，又要有创造精神，在教师基本素养相对匮乏的情况下，陈元晖曾多次为全校教师和干部做学习辅导报告，而所有这些努力都成为东北师大附中后续发展的重要滋养。然而，陈元晖留给我们一个重要的命题："教育家"和"教书匠"有何区别呢？四十多年后，陈元晖对此进行了系统反思，认为："使学生闻一知一的教学，是一种'教书匠'的教学，'匠'的含义是墨守成规，不敢发挥创造性；而闻一知十的教学，则是启发学生积极思维，是'教育家'的教学。教育家的教学和教书匠的教学，区别就在于能否启发学生积极思维。"[3]480可见，能否将教育理论联系教育实践成为陈元晖关注的焦点，也成为教育家诞生的关键因素。

四、探索构建"真正的教育哲学"

陈元晖一生都没有离开过教育理论的研究，这种对教育学的执着与坚守与其"杂"家的性质密不可分，尤其是深厚的心理学和哲学功底更是让陈元晖深刻地透视教育的基本问题。

陈元晖 1936 年考入中央大学心理学系，开始从事心理学方面的学习和研究。当时的中央大学心

理学系由我国著名的心理学家潘菽任系主任，汇聚大批心理学人才。大学期间的陈元晖学习刻苦，思想进步，其论文多次获得相关奖励，并以较难的知觉为研究主题作为毕业论文。他的《心理学的方法学》、《论冯特》以及有关巴甫洛夫和皮亚杰的研究在我国心理学界具有较高地位，并成为曾与心理学家皮亚杰见面的我国少数学者之一。① 同时，陈元晖较早从事康德哲学的研究，并两次代表中国出席国家康德哲学研究年会，为我国哲学界的康德研究奠定了重要基础。陈元晖对心理学与哲学的研究始终与其教育学研究密不可分。早在1941年，陈元晖进入在延安成立的中央研究院教育研究室从事教育研究工作时，便在时任室主任罗迈的安排下从事“批判杜威”和“筹建心理学实验室”两项任务。身处教育研究室的陈元晖写出了《批判杜威》一书，(即后来的《实用主义教育学批判》一书的雏形）对杜威“从做中学”的经验主义教育学说进行了批驳，并洞察到当前我国教育发展中的经验主义教育实践仍有着一定的生存空间，这对于我国的教育改革与发展将产生不利影响。而对于心理学的研究，连陈元晖自己也承认：“心理学是实验的科学，我的工作环境缺少实验室这一类研究条件，所以就没有什么成果可以向读者报告。”但1958年全国心理学界大争论后的陈元晖更加注重对巴甫洛夫、皮亚杰等西方心理学家的引介和研究，尤其对心理学界鼻祖冯特的研究更为我国心理学研究提供了丰富的素材。

作为著名哲学家，陈元晖对教育哲学研究进行了开拓性的工作。中国有着几千年的文明史，教育在人类文明的传承、演进中扮演着十分重要的角色，研究教育现象、思考教育问题的史书典籍卷帙浩繁。在陈元晖看来，我们不但需要从教学方法等技能问题上谈教育，从教学对象的心理样态上论教育，而且更为重要的是要不断地“跳”出教育来反观教育事业。哲学无疑为教育理论提供了一个反思的视角和平台。陈先生认为要很好地研究教育或者从事教育研究，有良好的哲学素养是十分重要的。陈元晖在中央大学读书时就特别地选修了佛教哲学和康德哲学，有比较好的中国哲学和西方哲学基础。他还有深厚的中国哲学和马克思哲学基础，特别强调马克思哲学中的辩证法观点。陈元晖认为，“教育学如果不同哲学结合，就失去理论基础，缺乏理论基础的学科就不成其为科学”，而“教育学之所以长期处于贫困的境地就是由于它忽视哲学”[3]3。为了教育理论研究的深入进行，陈先生逐渐转向了更为深刻的哲学领域，以至于陈先生晚年在中国科学院哲学社会科学部哲学研究所从事学术研究工作，但陈先生坚决认为：“我学哲学并不是‘改行’，我也是想为教育学寻找一朵彩云，把它托上天去。”[3]4何以将教育学托上天去？陈元晖为此做出了大量的思考。1981年春，陈元晖在福州主持召开了全国教育学研究会第二届年会，身为中国科学院哲学研究所研究员的陈元晖在会上做了题为《美育在人的全面发展中的地位与作用》的报告。在这篇文章中，陈元晖认为，“从哲学的角度和从美学的角度研究教育科学很有必要。教育本质和教育基本规律的最终揭示，很可能将借助于哲学和美学的研究。”[4]因此，陈先生一生从事哲学、心理学研究的最终目的其实仍是为了更好地从事教育学研究做准备，并不止一次地对身边的助手说：“要写出好的教育学必须由哲学、心理学和史学作基础”[5]。

为了深入研究教育学，陈元晖认为，当时的教育学缺乏真正意义上的哲学基础，即便有的教育学谈到了哲学也只是“一堆沙石”而不是“混凝土”。要想真正研究教育学，就要有一本“真正的教育哲学”，来“教学生哲学地思考问题”，并反对先前那种形而上学的方式来研究教育对象。教育哲学要反对形而上学，形而上学支配教育学时间很长，所以教育哲学的核心问题是把辩证法引进教育学中

① 陈元晖于1979年前往瑞士会晤皮亚杰，并邀请其来我国讲学，但垂暮之年的皮亚杰因身体状况未能成行，遂派其高足与同事巴·英海尔来我国讲学，亦未能成行。次年9月，皮亚杰辞世。

来[1]70。引进辩证法，重新审视教育学的体系构建与话语方式，才能形成真正意义上的教育哲学。对此，陈元晖认为，“真正的教育哲学”不能只从哲学家那里去寻找教育哲学，教育哲学应由教育学家来写[1]70。但教育学家如果要写出一部真正的教育哲学，则应“先成为深刻的哲学家再写教育学”[3]序3。这种反复验证正是基于陈元晖对教育学、哲学和心理学跨学科的精通上，而这种教育哲学观也恰恰开启了我国教育哲学的新路，使得我国教育哲学在马克思哲学的基础上更加关注辩证法在教育学理论研究和实践中的运用。可以说，中国哲学、西方哲学和马克思哲学的融会贯通使得陈元晖具有其他教育学家无法比拟的优势，能够从不同的哲学维度审视教育学的基本理论问题，尤其是高扬起“新教育学应该是辩证法的”大旗，以马克思哲学的视角深度探讨教育实践，为构建“真正的教育哲学”奠定了重要基础。

五、对教育学的学科建设进行了深入思考

教育学能否成为一门相对独立的学科，这个问题即便在当代也不断受到质疑和考问，就连“很多从事教育学教学和研究多年的同志，也愈研究愈怀疑，愈教愈觉得信心不足”[3]490，而教育学正在这种争议中不断向前发展。陈元晖从当时的时代背景出发，将这些争议从三个方面加以反驳。

一是教育学究竟能否成为“实践科学”？很多人将教育学仅仅看成是一门实践科学，似乎只有实践才能表征教育学的原本意蕴。这种忽视理论的观点遭到了陈元晖的质疑：“实践必须有理论的指导，才不至于盲目，而理论必须经过实践的检验，才不至于空洞。理论必须联系实际，这是教学活动的天经地义的原则。”[3]491理论与实践相结合的观点使陈元晖看到仅仅将教育学看作“实践科学”的观点是盲动而自发的，真正科学的教育实践必须要有科学的教育理论作为指引，而这促使陈元晖更加坚守教育理论研究的信念。

二是教育学究竟能否成为“群众科学”？很多人仅仅将教育行为看成是人类的一种主动行为，而忽视了教育理论的指导价值，更使得教育学在人文社会科学中的地位逐渐沦落。陈元晖鲜明地指出了教育学理论的重要性，他认为：“教育学是教育学家长时间的、多层次的思维和实践的产物。自然，这种产物是否真理必须经过实践的反复检验。教育学家是教育行为的先知先觉人物。”[3]492这种对“教育学家”的高度评价不仅超越了教育学的一般共性，而且提升了教育学的时代地位。

三是教育学究竟能否成为“独立科学”？很多人看到教育学在进行教育现象分析和教育理论研究时所依凭的心理学、伦理学、哲学等学科门类，而忽视了教育学自身的学科逻辑。陈元晖认为，“人类的教育行为有它的自己的规律，它是培养人类的智能、提高人类素质的一门学问，完全有资格列为一门社会科学。”[3]492陈元晖的观点不仅从学科内容上规定了教育学的学科性特征，而且从逻辑上区划了教育学作为一门社会学科的重要价值，从而在一定意义上拓展了教育理论研究在人文社会科学领域内的话语权。

科学化建制是教育学学科面临的首要问题，但更为重要的问题则是新中国成立后的几十年时间里教育学科人才培养和教材建设的问题，陈元晖尤其关注《教育学》教科书的编研问题。陈元晖认为，《教育学》的表面繁荣不能遮蔽教育学发展的困境——“千人一面”或“大同小异”。对此，这种困境首先表现在“方法学”上，方法的单一化难以促进教育学的发展，因此教育学应向自然科学学习，不断进行方法论方面的创新；其次表现在“教育学的研究者习惯于闭户自研，‘皓首穷《经》’”，对那些与教育学关系密切的学科充耳不闻；第三个困境则是由相关学科所延伸过来的困境，这些都是教育学学科发展过程中不可避免的问题，但这种盲从其他学科的特点显然不利于教育学的学科建设；第四个困境则是形而上学的片面的研究视角。时至今日，教育学科教科书名称各异，纷繁复杂，花样迭出，但真正兼具教学与研究功能的教科书并不多见。可以说，陈元晖对这些教科书编写困境的总结

对于今天我们编撰教育学科教科书仍具有重要的启示。

其实到了晚年，陈元晖对教育学科举步维艰的境遇更为担忧。在评价赞科夫的学说时，陈元晖就认为："有学术流派的存在，才有百家争鸣的需要，才能活跃学术的讨论，真理才易于求到，中国教育学界就是因为没有不同的学派，所以也没出百家争鸣的学风，这就是教育学这一门关系人类百年大计的科学不能有长足进展的重要原因之一。"[1]38 陈元晖的这一观点无疑挑明了中国教育学饱受争议并难以迅速发展的原因，也看到了中国教育学要想得以更有效地发展必须高度重视教育理论研究工作。20 世纪 50 年代初，在东北师范大学教育系始建初期，陈元晖便十分重视教育学科的建设，尤其重视教育学基础理论的学习。不仅组织教师学习新的教育思想，同时着力选拔与培养青年教师，或选派出访深造，或组建研究生班加以培养。为此，陈元晖亲自主讲教育学课；在教育学科的学习中，陈元晖要求首先学好教育学、心理学和教育史的理论和相关知识。这种科学而严谨的教风与学风，一直深深地影响着东北师范大学教育学科的发展，使得东北师范大学在教师教育、农村教育、教师培训、儿童心理研究等领域逐渐形成了自己的品牌，而这与陈元晖当年的开创之功密不可分。正如陈元晖所说："教育学是百年树人之学，是培养人才之学，是提高人类素质之学。"[3]490 从这个意义上说，凝心聚力、努力建设好教育学专业理应成为东北师范大学教育学科发展的内在要求。

瑞士著名心理学家皮亚杰曾认为，在 1935 年至 1965 年的漫长时间内，"几乎所有的我们所谓自然科学、社会科学或人文科学中，都能够提出一些伟大的作者、具有国际声望的人物的名字"，然而"却没有出现过伟大的教育学家可以列入"[6]。皮亚杰对于"教育学家"的苛求也时常令当代教育学研究者反思：我们应以何种标准来界定教育学家？教育学家的生成为何如此艰难？但不可否认的是，一个成功的教育学家必定是一位教育家，必定是一位"以教育为志业"并"追寻和守护教育的普遍价值并把这些价值贯彻在学校教育实践中的人，是把教育理想转变为教育现实的人"[7]。就此而言，陈元晖理应成为现代中国教育学发展史上当之无愧的教育学家。陈元晖先生毕生致力于教育理论研究，做出了许多具有开创性的理论贡献；他所创办并担任多年校长的东北师大附中如今正是国内高级中学界的翘楚；他所关注的哲学、心理学学科正在与教育学开展着密切的协同创新；他所钟情的教育学科也正朝着科学化的方向不断迈进，而他所执着追寻的"彩云"也正在将教育学托上天空，成为人文社会科学的重要阵地。对于这样一位在教育理论与实践领域均有造诣的大家，我们只有将缅怀与追忆化为推动教育理论研究的精神动力，才是对陈先生最好的告慰。

【参考文献】

[1] 陈元晖. 中国教育学史遗稿 [M]. 北京：北京师范大学出版社，2001.

[2] 陈元晖. 教育实践和教育科学 [J]. 人民教育，1984 (1).

[3] 陈元晖文集（上卷）[M]. 福州：福建教育出版社，1992.

[4] 陈元晖. 美育在人的全面发展中的地位和作用 [C] //论教育和人的全面发展. 北京：人民教育出版社，1982：104.

[5] 徐毅鹏. 回忆教育学家陈元晖——纪念陈元晖 90 周年诞辰 [J]. 吉林教育，2003 (12)：3-5.

[6] [瑞士] 让·皮亚杰. 教育科学与儿童心理学 [M]. 傅统先，译. 北京：文化教育出版社，1984：9.

[7] 金生鈜. 以教育为志业：教育家的精神气质 [J]. 中国教育学刊，2011 (7)：1.

关于学校、家庭、社会“三位一体”教育合作的思考*

□ 杨 雄（上海社会科学院研究员）
□ 刘 程（上海社会科学院研究助理）

人们在从咿呀学语的孩童成长为社会化个体的过程中，教育扮演了至关重要的角色。教育系统由学校教育、家庭教育与社会教育三个子系统构成，它们分别居于不同的位置，发挥着不同的功能和作用，彼此之间相互独立却又联系紧密。三个子系统的教育目标取向的出发点和归宿是基本一致的，教育内容是互补的、互为依托的，在教育的方法和途径上也是殊途同归的。它们在时空上循环衔接、相互兼容、融会贯通，体现了教育过程的全方位、无缝隙、无遗漏。只有使三者协调一致、取长补短，形成叠加效应，方能取得最佳的整体教育效果。

但是，在现实生活中，未成年人教育往往很难发挥出“1+1+1≥3”的效果，反而出现了教育成效相互抵消乃至为零为负的现象，譬如所谓“5+2≤0”现象。这对未成年人的全面健康成长带来多重隐患，主要表现在：学校教育以考分为终极导向，其功能被无限放大；家庭教育与社会教育空间被大大压缩，无条件服从学校教育，成为学校活动的延伸和服务者，从而事实将“应试教育”等同于“未成年人教育”。育人目标的偏差导致了未成年人的单向度发展以及“高分低能”、综合素质差等现象。而且，各个教育主体普遍缺乏主动寻求教育衔接的意识，“单兵作战”的思路使得学校、家庭与社会教育在教育行动上经常南辕北辙、相互冲突，从而大大抵消了正面教育的作用。基于此，为了切实提高未成年人教育成效，培养全面健康发展的社会个体，亟须加强教育合作、构建“三位一体”的未成年人教育体系。

一、有关教育合作的基本理论

根据包容理论与共同责任理论、教育生态系统理论、多元智力理论与全景教育理念等，任何一种或几种教育学习形式的简单叠加都难以完成庞杂的教育学习任务，尤其是对处于人生成长期的未成年人而言更是如此。为了实现教育的最优化发展，寻求多种教育形式的交流合作与有机联系是唯一出路。

（一）包容理论与共同责任理论

家庭缺失论与教育机构歧视论。家庭缺失论与教育机构歧视论着眼于分析家庭与学校教育合作困境的原因。前者强调家庭自身条件和意愿。根据弗兰克·利斯曼（Frank Riessman）的理论，家长本身（包括文化水平、教育传统等）是造成家校合作

* 原载《社会科学》2013 年第 1 期。

不力问题的主要原因。① 教育机构歧视论则将家长参与学校教育的差异归结于制度因素，而非仅仅归因于个体因素。该理论认为教育存在普遍的不平等现象和歧视现象。②

包容理论。该理论认为，未成年人的教育是家长和学校共同的责任。包容理论强调家庭和学校的联系，认为家长与教师在教育未成年人方面各具优势。加强家校之间的交流，充分调动多方资源，促进未成年人学业进步，可以改变家校之间“分工而不合作”的现象：一方面，教师应该认识到不同社会文化背景的家长拥有不同的资源，这些资源都可以被动员起来促进未成年人教育和发展；另一方面，家长必须面对现实，退缩或者对学校工作采取“不合作”态度，将无助于子女达到他们期望的学业成就。③

“分开责任”和“共同责任”理论。美国的乔伊斯·爱泼斯坦（Joyce Epstein）提出了“分开责任”和“共同责任”两个概念。④ 爱泼斯坦认为，影响儿童发展的三个主要领域是家庭、学校和社区。它们既单独起作用，又相互影响。一方面，所谓“分开责任”，是指家长、教师和其他成人在儿童发展过程中充当着不同的角色，对儿童成长的不同方面产生着影响。另一方面，所谓“共同责任”，是指家长、学校和社区在孩子教育问题上担负着共同的责任，其间应保持紧密的联系。共同责任是一种责任意识，是一种向对方利益的承诺。⑤

（二）教育生态系统理论

布朗芬布伦纳的生态学模型。1979 年，美国著名心理学家尤里·布朗芬布伦纳（Urie Bronfenbrenner）在《人类发展生态学》（*The Ecology of Human Development*）一书中详细介绍了人类发展所涉及的几个关键性的环境因素，即学校、家庭和社会等因素，并对它们之间的关系进行了深入分析，提出了“四系统观”⑥。其中，环境层次的最里层是微观系统，指个体活动和交往的直接环境，这个环境是不断变化和发展的。第二个环境层次是中观系统，它是指各微观系统之间的联系或相互关系。第三个环境层次是外观系统。这一系统是指那些个体并未直接参与，但却对他们的发展产生影响的系统。第四个环境系统是宏观系统。宏观系统指的是存在于以上三个系统中的文化、亚文化和社会环境。在布朗芬布伦纳看来，个体在发展过程中并非是孤立的存在，而是能动地与周围的各层环境相互依赖、相互依存、相互作用。正是在这种相互联系、相互作用中，个体才从中获得了发展。

埃斯萨的同心圆理论。美国学前教育专家埃斯萨（Eva L. Essa）提出了儿童发展的同心圆理论。埃斯萨指出，儿童生活的环境是由家庭、学校、社区这三个同心圆组成的。最靠近儿童的同心圆是家庭及其成员；第二个同心圆是学校及其朋友；最外面的一个同心圆是社区及其社区帮手。⑦ 埃斯萨认为，家庭、学校、社区中的成人之间，成人与儿童之间的关系对儿童发展极其重要。儿童的学习范围是从自己（如身体的认识）、家庭（如家庭成员）扩展到学校（如幼儿园教师和小伙伴）、周围的生活环境（如社区及社区中的工作人员）的。儿童随着年龄的增长越来越对其所生活的家庭、学校、社区的生活感兴趣，并因生活的丰富程度而决定着成长水平。三者密切的协同运作，有助于儿童的成长与发展。

（三）多元智能理论与全景教育理念

多元智能理论。智能理论一直是学术研究的焦

① Riessman, F. (1962). *The Culturally Deprived Child*. New York: Harper and Row.

② 转引自何瑞珠著：《家长参与子女的教育：文化资本与社会资本的阐释》，《教育学报》（香港中文大学）1998 年冬。

③⑤ 转引自黄河清著：《家校合作导论》，华东师范大学出版社 2008 年版，第 50—53、53—54 页。

④ 转引自庞忆华著：《迈向共同责任的家校合作》，《基础教育学报》（香港中文大学）1999 年夏。

⑥ Bronfenbrenner, U. (1981). *The Ecology of Human Development*. Harvard University Press.

⑦ Essa, E. L. & Rogers, P. R. (1992). *An Early Childhood Curriculum: From Developmental Model to Application*. Clifton Park, NY: Thomson Delmar Learning.

点。其中，霍华德·加德纳（Howard Gardner）在《智能的结构》（*Frame of Mind*）中提出的多元智能理论无疑是最具影响力的。多元智能理论认为，每个人身上都各自不同程度地表现出语言智能、逻辑数理智能、视觉空间智能、音乐节奏智能、身体运动智能、人际交往智能、个人反省智能、自然观察者智能等。智能作为一种潜能，它不是稳定的、内在的特征，而是生物潜能与环境相互作用的产物，环境和教育对智能的发展起着至关重要的作用。每一个正常的个体，只要有机会接触到有利于培养某一种智能的环境和条件，都会使这一智能得到某种程度的发展。而且，由于个体智能组合方式不同，每个个体都存在着各自的优势智能。环境和教育对智能的发展起重要作用，及早发现个体智能的分布情况有助于采取针对性措施促使各种智能和谐充分发展。①

全景教育理念。全景教育理念以人的全景发展为目的，着眼于个体发展的整体性或相对的全面性、充分性、独特性、健康性和终身性，强调教育的时间进程和教育的横向布局的全景性。全景教育理念强调，为了使各种教育活动方式之间、教育过程的各个步骤之间相互协调、相互促进、相互补充、相互强化，从而全面地、可持续性地实现个体素质发展以至取得全景发展的结果，需要围绕人的全景发展这一宗旨，针对不同的个体和群体的具体情况、具体的教育形式和教育内容及其与教育全景的逻辑关系与价值关系，充分考虑教育活动方式和过程的适合性、多样性和完整性、相互融通性与各自的特异性、连续性等。②

（四）教育合作理论及其实践启示

包容理论与共同责任理论强调学校、家庭和社会在教育方面既有各自不同的任务和目标，亦有很多共通之处。教育生态系统理论注重整体关联和动态平衡，透视了如何通过学校、家庭、社会各系统之间的协同效应提高整个教育系统的质量。多元智能理论和全景教育理论为我们加强学校、家庭、社会之间的合作以发展儿童智能强项和改善儿童智能弱项提供了思路。这些理论为学校、家庭与社会教育的相互合作提供了坚实的理论基础。

二、教育合作的几种模式

受到包容理论与共同责任理论、教育生态系统理论、多元智能理论与全景教育理念等的影响，美国、日本、新加坡、中国香港等许多国家或地区积极推动学校、家庭与社会教育合作实践，形成了许多教育合作的模式与经验。

（一）美国PTA模式：家校合作的典范

美国是现代教育中较早探索教育合作的国家，其“家长教师联合会”（Parent Teacher Association，简称PTA）是推行家校合作（home-school-cooperation）的典范。PTA是家长参与学校教育管理的一个组织机构，由教师、家长代表和社区代表组成，是家长通过加入组织来实现参与的一种途径。兰根布伦纳（M. R. Lange Brunner）和索恩伯格（K. R. Thornburg）把家长参与学校教育的角色分为三类。一是支持者和学习者。具体方式有家长会议、家长小报、家长学校、家庭教育咨询、家校书面联系等。二是学校活动的自愿参与者。家长以这种角色身份自愿为学校提供无偿服务。家长可作为班主任的辅助人员，可就自身经历给未成年人做非正式报告，可利用自己的特殊才能对未成年人进行课外辅导等。三是学校决策参与者。家长参与学校教育决策的全过程，包括决策形成、决策执行和决策监督。③

美国PTA实践项目在活动形式上强调人人参与，在活动内容上充满创意，参与活动渠道便捷多样，广受各方欢迎。比如，成立于1964年的Mega

① ［美］霍华德·加德纳著：《智能的结构》，沈致隆译，中国人民大学出版社2003年版。

② 丁念金：《论全景教育的理念》，《河北师范大学学报（教育科学版）》2008年第5期。

③ 刘衍玲等：《家校合作研究述评》，《心理科学》2007年第2期。

Skill 项目旨在促进学校与家庭之间的关系来促进孩子获得学业上的成就，同时，在家长和孩子的互动过程中，也加强和改善了亲子关系。① 1987 年爱泼斯坦提出了初级教育中的“教师帮助家长参与学校作业”（Teachers Involve Parent in Schoolwork，TIPS）项目，其目标在于提高家长对孩子作业的了解、提高家长对孩子在家庭中学习活动的参与度、增强孩子向家长表达学校所发生事件的能力与愿望、提高各科作业的完成情况等。② 而 1988 年成立于威斯康星的“家庭与学校同在”（Families and Schools Together）项目的目标则集中于预防儿童越轨行为，包括：改善家庭关系，帮助家长成为孩子消极行为的首要预防者，并提高家庭的整体机能；帮助未成年人提高在校行为表现，防止未成年人承受过度的校园失败；加强家庭与治疗机构的联系；加强对高危儿童父母的支持；提高家庭对社区设施资源的利用率等。③ 美国的 PTA 活动在未成年人教育中（尤其是品德培养）的成效斐然，成为日本等许多国家学习与借鉴的典范。

（二）从“学社结合”到“学社融合”：日本的经验

根据《地方教育行政的组织与运营法》，日本的公共教育机构基本可以分为以学校为主的学校教育机构和以公民馆、图书馆、博物馆等为主的社会教育机构两大类。作为现代公共教育的两大组成部分，学校教育和社会教育在独立履行各自的教育职能的基础上，也强调相互联系和合作、共同承担推进未成年人教育的任务。就两者之间的合作模式而言，日本经历了从“学社结合”到“学社融合”的转变过程。

“学社结合”即学校教育和社会教育在明确各自的教育机能和覆盖领域之基础上的相互合作。“学社结合”的雏形是地域社会学校，其基本设想是学校通过就地取材、积极学习地域的课题，构筑扎根于社区的学校教育。但从实际发展状况看，更为偏重的是吸纳社区的资源，而对于地域社会的贡献这一方面的实践较为薄弱，并未能真正实现社区学校所设定的目标和职能。④ 20 世纪 80 年代以后的“学社结合”则是通过临时教育审议会的推动、以“学校和社会教育设施之间的相互开放和利用”为具体途径展开的。其核心理念是：提倡学校开放，特别是强调学校资源面向社会教育领域的开放；推动社会教育资源与学校教育的整合。“学社结合”的实施，使得学校教育和社会教育双方得以借助对方的优势资源补充自身的缺陷，为整合教育资源、推进教育全面发展做出了巨大的贡献。但不可否认的是，这些“学社结合”模式仍然存在着很大的局限性。比如，它们在本质上双方并不是平等的，存在着主次之分；而且，其前提是一方有需要才会提出结合要求，其出发点往往是单方的，发展空间有限。

此后，随着终身学习时代的来临，传统教育中“学校教育—青少年”、“社会教育—成人”的单纯、狭隘构图已经无法满足个体日益高涨的学习需求，于是出现“学社融合”的教育合作趋势。相比之下，“学社结合”主张学校教育和社会教育之间是互为补充关系的，而“学社融合”则是建立在学校教育活动与社会教育活动一体化之基础上的资源交汇融合——它们本为一体，自然也就没有所谓的“借贷”关系，其目标是“双赢互惠”。这意味着，学校教育和社会教育不再强调和固守着自己的领地，或是相互回避、推诿责任，而是在教育整体框架下积极主动发挥能动性，保持有机的联系，真正做到“学”、“社”一体化。在实践中，“学社融合”的典型案例包括：“通学合宿”——旨在让孩子脱离日常过于依赖父母的家庭生活环境，在集体生活

① Rich，D.（1992）. *Mega Skills*，New York：Houghton Mifflin.

② Epstein，J. L.（1993）. “School and Family Partnerships”. *Instructor*，103（2）. pp. 76-78.

③ McDonald，L.，et al.（1991）. “Family and Schools Together：An Innovative Substance Abuse Prevention Program”. *Social Work in Education*，13（2）：118-128.

④ ［日］铃木真理、佐佐木英和著：《社会教育与学校》，学文社 2003 年版，第 72 页。

中确立基本的生活习惯、锻炼生活自理能力和与他人相处、沟通等技能①；"综合学习时间"——它积极开拓和充分利用教室以外的、以社会教育资源为主的广阔资源，重视体验性学习和探究性学习、拓展性学习，注重跨学科的合作与协调。总之，日本未成年人教育从"学社结合"到"学社融合"的过渡，展示了学校教育与社会教育的广阔合作空间、多样化的合作模式。

（三）新加坡的学校—家庭—社区教育合作

长期以来，为了实现"重思考的学校，好学习的国民"（Thinking Schools，Learning Nation）的教育目标，新加坡始终致力于构建"学校—家庭—社区"三位一体的教育网络。为此，新加坡教育部组建了社区与家长辅助学校咨询理事会（Community & Parents in Support of Schools，简称 COMPASS）。这一全国性的咨询理事会旨在为教育部献计献策，促进学校、家庭与社区教育合作。2000年，COMPASS 发布文件《与教育密切相关者所应尽的职责》，明晰了教育部、校长、教师、家长、社区、企事业单位及其他组织和个人所应尽的教育职责。

新加坡学校、家庭与社区教育合作的形式多样。比如：家长支援小组（Parent Support Group，PSG）、家长教师协会（Parent Teacher Association，PTA）、校友会（Alumni/Old Boys'Association）、导读妈妈/爸爸（Reading Mums & Dads）等。数据显示：已有94%的学校拥有了家长支援小组（PSG）或家长教师协会（PTA），为家长—学校建立沟通反馈渠道的学校达到了 93%；约 50%的学校还为家长志愿者提供了专门的活动空间；2/3 的学校同自助团体开展了合作，88%的学校与社区基层组织进行了合作；将近半数的专科学校/高中与工商企业建立了协作关系。② 学校、家庭与社区之间广泛的合作关系营造了和谐一致的学习氛围，提供了实践创新的环境和资源，不仅有助于未成年人学业成绩的提高，更有利于它们整体素质的提高，包括体能体质、情感素质、心理健康、人际交往、社会参与等。总之，新加坡的教育合作计划契合了终身教育、大教育观等先进理念，致力于打破学校、家庭、社会之间的壁垒，同时也拓宽了家庭教育的内涵，充分发掘与利用了学校、社会的教育资源，构筑了学校、家庭与社区教育的三结合教育体系。

（四）项目化运作的教育合作：中国香港的经验

中国香港教育合作的突出特点在于其项目化的运作方式。通过一个个具体的项目，中国香港将不同的教育行动主体连接在一起，共同为未成年人的教育服务。它具体包括如下几种。

从"商校合作"到"商校家长合作"。③"商校合作"计划的设立目的是推动学校与工商机构合作，以帮助未成年人认识不同工种，初步形成正确的工作态度，以便他们未来适应经济和社会的转变，达致全面发展的目标。在实践中商校合作通常按照如下模式开展：工商机构提供各种资源，与学校携手合作筹办活动；活动形式包括讲座、小组学习、工作坊、参观工作场地、业务考察、导师计划、工作体验及专业发展活动等；活动内容包括介绍各行各业，灌输工作知识与态度、企业精神、生活价值，提供职业用语训练等；活动可为期半天至数日，全年分期举办不等。商校合作计划的完成，不仅需要工商企业、学校与未成年人的共同参与，同时也是一个让三方共同受益的安排。

家庭与学校合作事宜委员会。1993 年，中国香港家庭与学校合作事宜委员会（简称"家校会"）成立。"家校会"的工作范围包括：鼓励学校成立家长教师会；透过宣传活动、推广成功经验以及举

---

① ［日］铃木真理、佐佐木英和著：《社会教育与学校》，学文社 2003 年版，第 107 页。

② 霍利婷、黄河清：《学校、家庭、社会共同营造和谐教育——新加坡"教育合作伙伴"概念引介》，《外国教育研究》2008 年第 12 期。

③ 本部分资料主要来自中国香港特区政府教育局官方网站，http://sc.edb.gov.hk/gb/www.edb.gov.hk/index.aspx?nodeID=2 & langno=2。

办研习班和研讨会，培养家长和教师对家校合作及家长教育的积极态度；向能提出新措施以改善家校合作及推动家长教育的学校提供津贴，并确保成功的计划获得推广；制作多种媒介的教育和宣传材料，以促进家庭与学校合作；就如何推动家长积极参与教育过程，向教育局、政府其他部门和非政府机构提供意见；调查和研究社会人士对家庭与学校关系的看法、家长的态度，以及需要改善的措施；透过师训与师资咨询委员会，就如何把教师与家长合作的概念和技巧，纳入职前师资训练课程，以及就校长和教师的复修和在职训练课程，向师资培训机构提供意见；协助及支持学校推行家长教育。此外，“家校会”也积极进行有关家庭与学校合作经验的考察、交流与研究，致力于为中国香港家校合作的长远发展。①

学校社工服务：三位一体育人的典范。社工服务的目的在于帮助有需要的人解决自己面对的问题，发挥自己的潜能。根据“一校一社工”的政策安排，在中国香港的每一所中学里，除去校长、教师和其他行政管理人员之外，均配备一名全职社工长期驻校、为未成年人提供服务（特别是协助那些在学业、社交及情绪上有问题的未成年人），帮助解决个人问题、充分利用学习机会以及为成长做好准备。学校社工主要需要扮演好四种角色：辅导者的角色；咨询者的角色；统筹者的角色；小区及社会教育工作者。此外，中国香港的学校社工还致力于协助未成年人及其家人建立正确的社会价值观和人生观，以面对人生不同的境况，并透过举办未成年人及家长小组，促进未成年人建立和谐的家庭关系。在扮演上述四种角色的过程中，学校社工和学校、家庭与社会各种资源共同保障了未成年人的权利，促进了未成年人的成长。

三、构建“三位一体”教育合作模式

发达国家或地区的探索对于我国的教育合作实践富有启示，也推动了我国学校、家庭与社会教育合作的进程。尤其在《中共中央国务院关于进一步加强和改进未成年人思想道德建设的若干意见》颁布以来，我国未成年人“三结合”教育发展已取得明显进展，并出现了天津市和平区等典型代表。但是，就整体而言，依然处于探索阶段，而远未成熟，急需在理论与实践上寻求新的突破。

（一）学校教育、家庭教育与社会教育的关系模型

从家庭教育、学校教育和社会教育三者之间的关系看，一方面它们都是相对独立的实体，各自承担着不可替代的教育责任。如图1所示，A表示学校教育主要是为了把儿童培养成德智体美全面发展的社会人而进行的共性化培育过程；B表示家庭教育主要是为了挖掘和发现儿童的天赋潜能，培养孩子的性格、行为习惯而进行的个性化培育过程；C表示社会教育，主要是为了培养全面发展人才为目标的综合化培育过程。在教育体系中，它们所扮演的角色也是不同的。

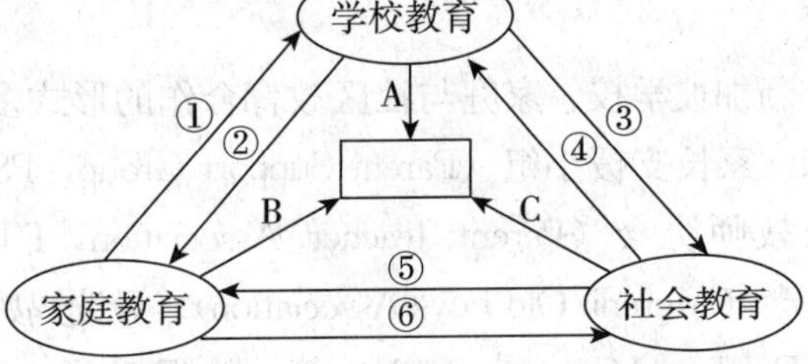

图1 家庭教育、学校教育和社会教育之关系示意图

学校教育是主渠道、主阵地、主课堂。在三种教育形式中，学校教育具有独特的优势。学校是国家设立的专门从事教育的机构，设有能够反映时代精神和符合未成年人年龄特征的系统教育内容，有健全的班级和团队等组织形式，还有经过专业训练和具有一定教育经验、教育水平的教师团队。学校可以对未成年人施以有目的、有计划、有组织的影响，排除和抵制来自社会或家庭的某些不利因素。

① 关于中国香港家校会的更详细信息，可参阅该会官网 http://www.chsc.hk/section1_2.php? lang_id=2。

由此可见，学校教育具有可控制性，不仅体现为对学校内部教育活动的控制，而且可以对社会教育和家庭教育实行一定的调控，充分利用和发挥它们对个体成长的积极影响，尽量排除和克服消极因素的影响。从人的成长历程看，个体成长的黄金时期主要是在各类学校度过的，因此学校对个体发展的影响是不可替代的。

家庭教育是基础。在人的社会化进程中，家庭教育对于个体来说，是最早和最初的教育。对于教育系统而言，家庭教育则是最基本的教育，是一切教育的基础和起点，是教育之源。家庭教育是一切教育的基石。任何一个教育对象，在走进学校和面临社会之前已经在家庭打下了教育基础，家庭教育给了个体最重要、最基本的衣食住行的技能和知识，养成了他们最基本的生活习惯、语言和言语沟通本领，培养了他们对生活、对他人的情感以及人格等最基本品质。家庭教育是整个教育进程的关键，适时的早期家庭教育对于人的成长具有事半功倍的效果。而且，家庭教育具有亲和性、即时性、恒常性特点，这决定了它具有其他教育形式不可替代的优势。

社会教育是平台和依托。社会就是一个“大课堂”。个体在学校和家庭所学的是基础性的知识，但不是全部的知识。个体只有走向社会，在社会的“大舞台”上接触各种类型的人和事物，不断学习与成长，方可成长为一个真正的“社会人”。这正是社会教育之所指。社会教育是一个个体社会化的实践平台。社会教育通过营造有利于个体健康成长的社会氛围，构建社会实践平台，引领未成年人参加社会实践活动，同时也配合学校和家庭教育，并为之提供良好的服务。在三位一体的教育体系中，社会教育所扮演的是“平台”和“依托”角色。

与此同时，家庭教育、学校教育和社会教育又是密切联系、不可分割的。如图1所示，①表示家庭教育决定个体学校教育的起点与水平，②表示学校教育为家庭教育提供支撑与导向作用，③表示学校教育对社会教育起着辅助与优化作用，④表示社会教育会对学校教育提出反馈与挑战，⑤表示社会教育为家庭教育提供环境与条件，⑥表示家庭教育会影响社会教育的基础及其发展。[①] 总之，学校、家庭、社会教育作为教育的三种不同形态，在教育过程中，应既相对独立又彼此联系，既分工不同又互促互进。任一教育形态的失误都可能造成未成年人发展的障碍，任两种形态的教育不协调都可导致教育方向的逆转，教育效益的下滑。唯有形成合力，将教育资源整合起来，才能避免学校、家庭、社会之间力量相左、互相掣肘的现象。

（二）“三位一体”教育合作模式

教育是一项系统工程。如图2，学校教育、家庭教育与社会教育在整个教育系统中既有不同的分工（即非阴影部分），也有所扮演角色的交叉（即阴影部分）。其中A是学校与家庭教育合作的可能领域；B是学校与社会教育合作的可能领域；C是家庭与社会教育合作的可能领域，D则是学校、家庭和社会教育的交叉领域。构建三位一体的教育体系，则既包括了三者之间的两两合作，也包括三者之间的交叉与合作。

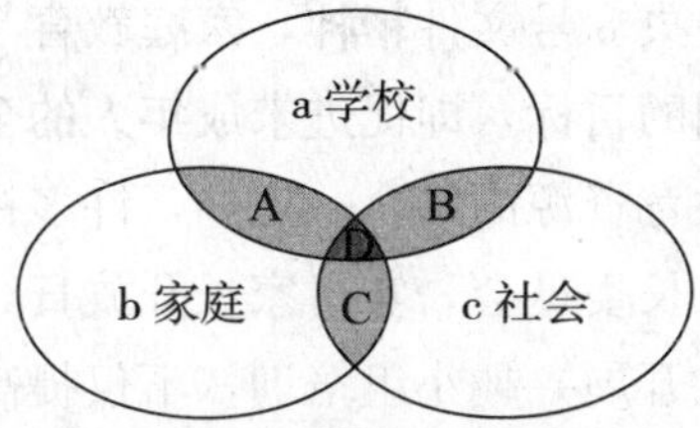

图2　学校、家庭与社会教育三结合的框架图[②]

1．“两两”合作

学校教育与家庭教育的合作。教育合作探索最丰富的是家庭教育与学校教育之间的合作。学校教育与家庭教育的合作是家庭与学校以促进未成年人

① 赵刚主编：《家长教育学》，教育科学出版社2010年版，第290页。

② Epstein, J. L.（1998）. *School, Family, and Community Partnership: Your Handbook For Action*. Corwin Press Inc.

的全面发展为目标，由家长参与学校教育、学校指导家庭教育，相互配合、互相支持的双向活动。① 学校教育与家庭教育的合作可谓是一项“多赢”的策略：通过双向沟通（比如家长与学校的电话联系、家长会等）以及协助子女学习（比如在家辅导子女学习、照顾子女健康等），可以促进儿童的健康成长与学习进步；通过参加家长学校以及参加家长联合会等组织，也可以提高家长的家庭教育素养，拓展家长的人际关系；咨询校政（如对课程改革提出意见）以及参与学校决策等形式则有利于家长参与学校教学和管理等，进而促进学校教学质量的提高。

学校教育与社会教育合作。学校教育与社会教育的合作包括多个层次：第一层次是学校教育与社区教育的合作。社区一头连着学校，一头连着家庭，是构建“三位一体”育人体系的重要依托和平台。第二层次是学校教育与校外教育的合作。其主要途径是资源共享——既使校外教育资源能为学校教育使用，也使学校资源为校外教育使用。第三层次是学校教育与大众传媒的合作。主要包括利用新媒体技术搭建教育交流平台，通过传媒教育提高未成年人的媒介素养等。

家庭教育与社会教育合作。一是教育功能的结合。根据中央 8 号文件精神，家庭教育与社会教育致力于共同的目标，即促进未成年人的全面健康发展。二是教育资源的结合。比如，许多社会教育机构成立了家长委员会，实行家长开放日，采取亲子教育的方式开展兴趣小组培训，不仅提高了家长的素质和家庭教育的水平，促进了未成年人的全面健康成长，而且有益于家长通过社会教育的学习与交流来增进亲子沟通与促进家庭和谐。三是教育内容的结合。许多社会教育机构积极开展内容鲜活、形式新颖、吸引力强的家庭教育实践活动，搭建了家庭教育与社会教育相结合的有效平台。②

2. “三位一体”育人模式

与未成年人教育的两两合作不同，“三位一体”育人模式所涉及的教育主体同时涵盖了学校、家庭与社会三者。根据其间角色地位的不同，“三位一体”育人模式可分为如下三类：学校为本的“三结合”教育；家庭为本的“三结合”教育；社会为本的“三结合”教育。

（1）学校为本的“三结合”教育模式

学校为本的“三结合”教育模式的特点在于：以学校为主体，重视发挥学校的组织、牵头、协调作用；而且，教育合作的形式和层次主要依据学校本身的特性和需要而定。具体包括：

家长参与学校教育。它意味着学校搭建多种平台鼓励家长参与学校的教育活动，包括：家长会，家长开放日/家长接待日，家校联谊会，家校联系卡，校务公开，校长热线电话、校长信箱和校务公开栏等。同时，家长还可以作为学校管理参与者、教育教学监督者、第二课堂协助者、师生行为敦促者、师生关系促进者、家校合作协调者等。在学校校政、财政预算、学校改革措施、人事管理、学校安全、课程开发、教育科研、教学评估等重大决策、重要议题方面，鼓励家长通过家长联合会等平台向校方反映意见，并确保学校的监察程序有家长代表参与。

学校家庭教育指导。学校是专门的教育机构，有专业的教育工作者，因此学校可以承担起指导家庭教育的责任。在学校建立家长学校，可以传播家庭教育知识，实施家庭教育指导，形成教育合力，全面科学育人。学校还可以邀请教育行政部门领导、优秀教师、教育研究专家等向家长传达国家的教育方针、政策和法令，开设普及家庭教育知识的讲座或报告，传授教育学、心理学、卫生学等方面

① 黄河清著：《家校合作导论》，华东师范大学出版社 2008 年版，第 37 页。

② 全国妇联儿童部、中国家庭教育学会、中国儿童中心编：《开拓发展创新——改革开放与家庭教育论坛文集》，中国妇女出版社 2009 年版，第 148—169 页。

的基础知识。同时，通过发挥家长学校的平台作用，调动家长们支持学校教育的积极性，同时也为家长创造横向联系、倾心交流、互帮互学的机会，这些平台对提高家庭教育水平可以起到促进作用。

学校教育社会化。开放学校教育资源，充分发挥学校教育功能，把学校教育社会化与社区文明建设融合在一起，全面提升社区育人环境。同时，建立教师进社区制度，深入发掘社区教育资源，利用社区资源构建大教育体系，促使社区资源教育化。选派优秀公安干警或其他司法人员担任未成年人学校法制副校长，到学校上法制教育课；建立校外辅导员制度，选聘热心少先队和共青团工作、有经验的人士担任校外辅导员。充分发挥校外教育工作联席会议的功能，向社会拓展学校的教育空间，与校外教育机构建立经常性的联系，充分挖掘和利用物化环境所包含的教育功能，并建立社会服务、艺术活动、公益劳动、社会实践等相对稳定的系列校外教育基地，有计划地组织不同于学校开展的校外教育活动。开展媒介素养教育，提高未成年人对媒介信息的选择、理解、鉴赏、质疑、评估、创造、生产和传播等各方面的能力，从而为抵抗媒体不良信息的影响竖起坚实的“防护墙”。

（2）家庭为本的“三结合”教育模式

家庭为本的“三结合”教育模式的特点在于充分发挥家庭教育的基础作用，在确保家庭教育成效的同时，积极配合和参与学校教育与社会教育的开展。主要包括：

家庭学业辅导。辅导孩子学习、督促孩子完成学校布置的作业是家庭教育的重要组成部分，同时也是衔接学校教育的重要平台。通过家庭学业辅导，家长不仅可以及时、充分了解子女在校学习进展与学习成就，还可以有针对性地采取措施帮助子女固强补弱。而且，许多有条件的家庭或者工作太忙的家长还可以聘请家庭教师因材施教、有针对性地指导帮助子女，这有利于成绩一般或较差的未成年人增强学习兴趣和自信心，有利于成绩较好的未成年人进一步发掘其潜力。但是，家庭学业辅导也不是万能的。不少家长对学校教育的教学目标、课程内容、教学进展等并不完全了解，或者家长自身知识陈旧，难免会出现“瞎指挥”的问题。这就需要家长主动加强与学校的沟通交流。更重要的是，如果家庭作业、各种补习班或兴趣班占据了孩子太多业余时间，会阻碍孩子涉猎更为广泛的知识领域，尤其是参加社会教育的时间被大大压缩，反而不利于其全面健康发展。

家长联合会。家长联合会是以未成年人家长为主体建立起来的社会组织，旨在通过联合家长力量推动家庭教育、学校教育和社会教育的发展。家长联合会通常组织家长学习家庭教育先进经验，或开展家庭教育培训。家长联合会对学校教育拥有知情权、参与权、监督权、问责权，可广泛深入地参与学校教学与管理活动。同时，家长联合会还可以动用多种资源，开展道德品质教育、预防犯罪教育、安全教育、亲子教育和家庭情感教育等社会公益活动，推动未成年人综合素养的发展。

（3）社会为本的“三结合”教育模式

社会为本的“三结合”教育模式的特点在于主要依托社会平台和社会资源开展的三结合教育。主要包括以下几方面。

社区为本的教育模式。包括：成立未成年人教育协调组织，成立关心下一代工作委员会，建立社区教育组织网络，组织对未成年人的教育活动。多渠道、多层面地发掘社区内的各类人力资源，动员、整合这些资源，建立较为完善的社区未成年人教育队伍体系。采取“走出去、引进来”的方式，通过合并、回收、吸纳、置换、建设等多种方式搭建和利用社区教育阵地网络。积极办好社区家长学校，培育家长的现代育才理念和教子方法。积极培育社区民间组织，广泛开展各种活动，丰富未成年人的精神生活，陶冶未成年人的道德情操。坚持“堵疏”结合，优化互联网网络环境，教育引导广大未成年人自觉践行网络文明公约，正确使用互联网。

社会化家庭教育指导。包括三种形式的社会化家庭教育指导：社区对作为本社区居民的未成年人的家长进行指导；机关和企事业单位等对作为本单位职工的未成年人的家长进行指导；通过互联网、电视、广播等大众媒体对广大家长进行指导。① 家庭教育社会化工作格局为学校、家庭、社会教育的配合与互动提供了广阔的平台和载体。它创造了一种良好的教育环境和文化、人际氛围，弥补了学校教育、家庭教育在时间、空间和内容中的不足，有助于家庭、学校、社区乃至整个社会的精神文明建设和社会成员素质的整体提高。

校外活动教育为本的教育模式。成立青少年校外教育工作联席会议，统筹协调校外教育活动，整合各类校外场所资源，促进学校教育与校外教育的有效衔接。就校外活动场所本身而言，制定为未成年人开展活动提供便利的方案，采取流动少年宫、科普大篷车、巡回展览等方式，主动走进学校、社区，积极开展面向未成年人的教育和娱乐活动以及与学校教育、家庭教育有机结合的活动项目。

① 韩似萍：《杭州市家庭教育指导工作实践模式》，《中国家庭教育》2011 年第 2 期。

教学是麦金泰尔意义上的实践吗?*

□程 亮（华东师范大学副教授）

20世纪后期，当代人文社会科学领域经历了一场“实践转向”（practice turn）[1]。历史上纷繁的“实践”概念，重新被哲学、社会学、历史学、人类学、文化学等领域的学者当作分析的对象或工具，引向当代社会系统与个体行动面临的种种困境或问题。其中，既有人试图复苏亚里士多德的“实践智慧”（phronesis），也有人承袭马克思的“实践”（praxis）传统，还有人回归维特根斯坦的行动理论与海德格尔的存在论立场，更有人关注布迪厄的实践理性，等等。在教育领域，这种转向甚或可以上溯到施瓦布的“实践模式”（the practical）①，而最新一轮的发酵则是在21世纪初麦金泰尔与邓恩等人有关“教学”或“教”（teaching）② 是否是一种实践的颇具意味的争论。本文拟对这场争论的核心观点和主要辩护进行系统的梳理，以辨明教学作为麦金泰尔意义上实践的可能性，同时彰显教育哲学作为哲学分支的独特价值和意义。

一

作为当代德性伦理学的旗手，麦金泰尔有关教育问题的直接讨论较少；③ 相反，倒是他在《追寻美德》（*After Virtue*）、《谁之正义？何种合理性？》（*Whose Justice? Which Rationality?*）及《依赖性的理性动物》（*Dependent Rational Animals*）等著作中论及的“实践”、“传统”、“单一生活的叙事统一性”（narrative unity of a life）、“公认的依赖性”（acknowledged dependency）等概念，激发了人们有关教育问题的广泛兴趣和深度思考。特别是一些教育哲学家直接将他的“实践”概念应用到教育领域，断言教学就是麦金泰尔意义上的“实践”。然而，麦金泰尔本人是否认同这种观点或做法呢？在回答这一问题前，我们还是先简要地回顾一下麦金泰尔对“实践”的界说。

众所周知，麦金泰尔在《追寻美德》一书中讨

* 原载《教育研究》2013年第5期。

① 施瓦布的实践概念与亚里士多德、麦凯恩等人的思想有内在的渊源，主要体现在四篇“The Practical”的论文中。Cf. Westbury, I. and Wilkof, N. J. (eds.). *Science, Curriculum and Liberal Education*. Chicago: University of Chicago Press, 1978.

② 值得注意的是，“teaching”既可泛指教师的职业或工作，又可指称“教”的活动或行为。麦金泰尔、邓恩等人大多是在后一种意义上使用“teaching”一词的。考虑到现代汉语一般习惯双音节词的表达，本文还是采用“教学”的译法，这也恰好符合邓恩、诺丁斯等人将“教”与“学”关联起来的理解。

③ 主要有两篇：一篇是1987年在理查德·彼得斯讲座的演讲《一个受过教育的公众的形象》（*The Ideal of an Educated Public*）；另一篇是1998年为罗蒂主编的《哲学家论教育：新的历史视角》（*Philosophers on Education: New Historical Perspectives*）撰写的《阿奎那的教育批判》（*Aquinas's Critique of Education: Against his Age, Against Ours*）。

论各种美德的性质时，明确提出了自己的“实践”概念。他说：“我想用‘实践’来指称任何融贯的、复杂的、通过社会建立起来的协作性的人类活动形式；通过它，在试图获得那些既适合于这种活动形式又在一定程度上限定了这种活动形式的优秀标准的过程中，内在于这种活动形式中的善（goods①）得以实现；其结果是，人们获取优秀的能力以及人们对其中涉及的目的与善的认识都得到了系统的扩展。”[2]这意味着，一种活动若要称得上是“实践”，就必须满足三个基本要件。第一，这种活动必须具有融贯性、复杂性、协作性。像踢球、砌砖、种萝卜之类的简单动作或技能，不是局限在个体的行为层面，就是附着在其他融贯的、复杂的活动形式（实践）之中，因而不能构成独立的社会生活类型，也不能称其为麦金泰尔意义上的实践。第二，这种活动必须具有内在于自身的善，且这种善是在追求和实现该活动的优秀标准的过程中实现的。麦金泰尔以7岁孩子下国际象棋为例，指出这个小孩可以为了外在善（如糖果或者权势、地位、金钱等）下棋，但他也可能“会在下棋所特有的利益中，在某种高度特殊的分析技巧、战略想象和竞争刺激的获得中发现一系列崭新的理由——不是仅仅为了在以特殊场合赢棋，而是力图在象棋游戏所要求的任何方面表现优秀”——这种理由即是出于内在善。[3]麦金泰尔认为，这种善之所以是内在的，一是因为我们只能根据这类活动并借助这类活动中的例子来辨别它们，二是因为我们只能通过参与这类活动才能体验它们。第三，通过参与这种活动，不仅参与者本人而且共同体在获得优秀的能力和实现这些活动的内在善的方面都得到系统的扩展。这意味着，每个人在获得优秀的标准和实现这些活动的内在善的方面不仅不是竞争性或排他性的，而且是协作性的或增益性的。事实上，一种实践及其共同体是否能够建立和维持，在很大程度上依赖于实践者或共同体成员能否在实践的各方面都努力追求优秀，都致力于内在善的实现。

根据这个界定，艺术、科学、游戏以及亚里士多德意义上的政治、家庭生活的产生与维系，都在实践的范围之内。足球赛、国际象棋、建筑、农作、学术探究、绘画、音乐、医疗等，也都是实践。在这个“实践”清单中，麦金泰尔却没有赋予教育或教学一席之地。这会不会是麦金泰尔的某种疏漏呢？在《追寻美德》问世二十多年后，麦金泰尔在与邓恩关于教育问题的对话中揭晓了他的答案。在他看来，“教学本身并不是一种实践，而是用来服务各种实践的一系列习惯与技能”[4]。麦金泰尔并不否认教学与实践有内在的关联，但这种关联主要是在两个层面。第一，所有的教师或教学的目的都是要促进学生参与某种实践，比如在初等教育阶段教给他们一些技能，而在更高的教育阶段则要促进学生充分利用他们的技能去实现某些特定实践（如数学、历史、物理探究、阅读文学作品）的善。第二，所有的实践都必然包括“教学”的成分。也就是说，教学是任何一种实践所不可或缺的，因为只有通过教学，这些实践才能在学徒或新手间代代相传。在这种意义上说，教学构成了一种实现各种实践的内在善以及维持实践共同体的重要机制。

在麦金泰尔看来，说教学是实践的组成部分是一回事，说它本身就是实践是另一回事。所有的实践都有内在的善，但教学却没有。教学仅仅只是个手段，除了引导学生参与其中的活动的意义和目的之外，它没有任何的意义和目的。换句话说，所有的教学都是为了别的东西的缘故，它没有自身内在的善。因此，教师的生活也不是一种独特类型的生活。虽然不同学科的教师的生活都是不同的，但这种不同恰恰源于他们所任教的学科本身所具有的善，而不是由他们的教学行为所带来的。也就是说，语文教师的生活所具有的善是语文的善，数学教师的生活所具有的善是数学的善，音乐教师所具有的善是音乐的善。虽然他们都是“教师”，他们的生活各有不同的内在善，却不能构成一种独特的

① 值得注意的是，“goods”有诸如“益品”、“利益”、“善物”、“善”等译法，本文取“善”这种译法。

生活类型。因此，对教师来说，重要的是追求和实现他或她所任教的学科或让学生参与其中的实践的内在善，他们应该将自身看作一个文学家、数学家、音乐家，将某些知识与技能教给学生。[5]

麦金泰尔的这一立场让参与对话的邓恩也颇感意外，但邓恩当即还是根据麦金泰尔的“实践”概念对教学作为一种实践的可能性进行了辩护。不仅如此，为了进一步探明教学是否是麦金泰尔意义上的实践，次年（2003 年）邓恩与霍根一起作为特邀主编，英国《教育哲学杂志》（*Journal of Philosophy of Education*）出版了一个特刊，标题即是“教育与实践：坚持教与学的完整性”（Education and Practice：Upholding the Integrity of Teaching and Learning）。此外，包括诺丁斯、凯塔亚玛、卡尔、麦克劳夫林等在内的知名教育哲学家都参与其中，他们对麦金泰尔的上述观点或作辩护，或为修正，当然也有针锋相对的主张。下面我们将结合这场论争，对教学作为麦金泰尔意义上的实践的可能性进行若干辩护。

二

在理论陈述中，“实践”概念是远比它的日常用法（如作为目的性的活动）纷繁复杂，甚至在不同的使用者那里都具有不同的意义——有时这些意义之间有“重叠”，有时它们之间是不可通约的。在重返亚里士多德的美德传统、批驳启蒙以来的现代性弊端的过程中，麦金泰尔提出了自己的“实践”概念——这个概念从根本上说不是“描述性的”，而是“规定性的”，甚至是“纲领性的”。这意味着，要反驳麦金泰尔的上述立场，就必须坚持一种“内在的批评”，从麦金泰尔本人提出的“实践”概念出发，确立教学作为这种“实践”的可能性。

首先，让我们来看看教学是不是满足麦金泰尔“实践”概念的总体性特征，即是一种“融贯的、复杂的通过社会建立起来的协作性的人类活动形式”。如前所述，麦金泰尔认为，教学仅仅是一种引导学生进入其他实践的手段，是服务其他实践的一套技能和习惯，就像踢球、砌砖、种萝卜这样简单的动作或技能一样，不具融贯性、复杂性、协作性的特征，而且也不能构成一种独特的生活类型。不过，就像韦恩所指出的，“麦金泰尔对教学的理解，较之学校中专业教师所从事的活动要宽泛得多。无论如何，它都包括了每个人在某个共同体的某个实践中所承担的教学责任。”[6]因此，要反驳麦金泰尔的上述“教学”立场，这里有必要区分两种意义的“教学”：一种存在于特定的实践共同体中，发生在共同体成员之间，对维持共同体的实践来说是必不可少的；另一种存在于学校教育过程中，发生在教师与学生之间，其所服务的往往不限于某种特定的实践或实践共同体。或许，在前一种意义上，“教学”作为“手段”或“技能和习惯”的意味较为明显；而在后一种意义上，麦金泰尔的这种理解就显得不够充分。

不可否认，学校中的教学需要将学生引向诸如语文、数学、物理、化学、音乐之类的实践中，让他们获得这些学科所蕴含的内在善，但一个好的教师在教学中所要考虑的不能仅仅是达到这些学科的内在善，还必须考虑这些学科以外的其他社会善，如道德的、情感的或社会性的发展；即便只是实现这些学科的内在善，教师也必须考虑学生的背景差异，有针对性地、不失时机地、通过恰当的方法将他们引入这些学科的实践。邓恩就指出，“即便在某个特定学科的教学中，好的教师也要根据这个学生在这个阶段的准备状态提供适当的学习帮助。”[7]实际上，麦金泰尔本人也注意到，“就像每个教师所知道的，儿童究竟要花多久才能将某事做好，他们之间是有巨大差异的。因此，教育上的一个重要要求就是，要给教师足够的时间一个一个地去了解学生”[8]。他在《依赖性的理性动物》中更是明确提出，“所有的教学都要对学生本身以及所教科目的内容有某种程度的关切”[9]。这些都在一定程度上意味着，学校中的教学在目的和方法上都具有复杂的结构与特征。从根本上说，教学的这种复杂性源于它作为一种关系性的（relational）活动本身，其中涉及的不仅仅是“技能和习惯”的问题，还涉及关怀和信任、理性与反思等方面的因素。在这方面，对麦金泰尔最重要的批评来自诺丁斯，她认为麦金泰尔忽略了教学是与学习有内在关联的关系性活动。

第一，教学无论是在概念上还是在实践上都依赖于学习，但这并不意味着教学必然伴随着学习，而是说，教学必须根据我们感知到的学习需要进行建构。就这种关系而言，教学远不像麦金泰尔所说的那样——仅仅是种手段，而是通常还涉及与友爱（friendship）类似的关系，而且学习也不是教学的唯一目的，至少学习学校课程所规定的学科内容并不是教学的唯一目的。

第二，教学未必能引起所有学生的学习，但教师必须认真考虑每个学生不同的学习需要和能力。教师的工作不只是根据预设的目标引发学生的学习，而且需要对学生应该学习什么以及为什么应该学习这些进行反思。一个优秀的教师有时会将学科内容的学习放在一边，帮助学生去理解对他们日常生活来说更为重要的问题。

第三，根据谢弗勒的观点，教学总是意味着一个人打算让他人学习某种东西（意向性），而且必须选择某种可望达到预期学习的合理方法（合理性），必须在这一过程中不应该妨碍学生的理性思考（方式）。[10]诺丁斯进一步指出，教学在方式上不仅要尊重学生的理性，而且要将他们作为具体的人加以关怀，并且通过倾听和对他们的表现进行回应来传递这种关怀。教师将他的整个自我（他的理智、反应性、幽默、好奇心、关怀）都作为（学生的）榜样。这意味着，教学涉及的不仅仅是某些技巧或技能，还包括教师的人格。此外，就“合理性”的标准来说，诺丁斯认为，它不应只是涉及方法的选择问题，还包括主题、目标、活动的选择，而这些选择并不是完全指向学习的，而是为了建立和维持关怀的关系，寻求更加深入的理解。[11]

不仅如此，教学还构成了一种生活方式。霍根认为，在教育领域有两种流行的观点：一是将教学仅仅看作谋生手段的工作（job）甚或专业（profession），要求从业者掌握一套技能；二是将教学看作天职（vocation），要求从业者具有更加崇高的目的和服务精神。霍根摒弃了这两种观点，而将教学看作介于两者之间的一种生活方式（a way of life）。这意味着，教学不仅像麦金泰尔所认为的那样——仅仅是一种手段或一套技能，而且要将学习从边缘带到中心，承认对学习的内在责任；同时，它具有自身的完整性（integrity）以及拥有自身的权威、内在的目的和独特的责任。用霍根的话来说，教学所涉及的“不仅仅是沟通技能和策略的自然流畅，而且是某种在性质上不同的东西：在这个生活方式、价值取向和职业生涯都充满前所未有的多样性的世界中，致力于将教学和学习变成一种独特的成人方式（a distinctive way of being human）”[12]。在霍根看来，历史上最能诠释教学作为一种生活方式的人，无疑是雅典的苏格拉底。此外，邓恩更是明确提出，教学是一种独特类型的生活，不仅具有属于自身的善，还拥有自身的历史。就像画家一样，一个人作为教师的生活与他的其他生活之间可能会存在一定的游离，因此，教师也可能面临类似的“高更问题”：在整个生活中，怎样将教学的善与其他的善联系起来，而且与其他实践一样，教学也有自身的历史，“这不仅表现在单个教师的生涯方面，而且表现在重要人物和成就，实际上也包括根本论争所构成的更加广泛的传统中——从柏拉图到亚里士多德，到西塞罗和奥古斯丁、阿奎那、夸美纽斯、卢梭、福禄培尔，直到杜威、弗莱雷，他们的经典著作都对教学的应然目的进行了界定和修正”[13]。这些教育哲学家都在以不同的方式回应和修正麦金泰尔有关“教学”的简单化甚至是带有偏见的理解。

三

即便我们可以确证教学作为一种“融贯的、复杂的、通过社会建立起来的协作性的人类活动形式”，我们仍然必须进一步说明它是否具有内在善——这是麦金泰尔“实践”概念中最为核心的部分。麦金泰尔认为，教学没有属于自身的内在善，它所具有的目的或意义都是来自于它所服务的或促进学生参与的各种实践。对此，我们又该如何回应呢？

在这里，我们仍然有必要将教学限定在学校教育的语境中。按照麦金泰尔的观点，各门学科的教学所具有的善都是来自于这些学科，除此之外，别无其他的善；数学教师与数学家都是以同样的方式看待和追求数学这种实践的内在善，他们都属于数学实践共同体的一部分，分享、维护和促进了数学实践共同体的传统和共同利益，因而不是我们“想象的”教学实践共同体的一部分。邓恩、诺丁斯、凯塔亚玛等人都明确反对麦金泰尔的这种立场。他们认为，要求数学教师将自己当作数学家的做法是完全错误的。诺丁斯就说，“幼儿园和小学的数学教师就不是数学家。可以肯定的是，根据专业的外在标准，他们都不够格成为一个数学家，而且他们也不会被数学家们承认是这个专业的成员，因为，他们也不能满足内在的标准，他们不能产生新的数学知识，也不能花大部分的工作时间研究数学。仅有极少数人——甚至在高中水平上——具有足够的知识，促进某些学生进入数学这项实践中。而要做到这一点，他们也需要专门的教师技能，以确定什么时候、促进哪些学生进入这种实践”[14]。这意味着，学科教师的教学具有某种外在于学科实践同时又内在于教学本身的善。众所周知，真正优秀的数学教师大多不是优秀的数学家，而真正优秀的数学家也未必就能成为优秀的教师。一个好的教师需要的不仅仅是洞悉所教学科或内容的内在善，而且更为重要的是，懂得如何在恰当的时间、恰当的地点以恰当的方式将恰当的学生引向这些学科或内容的善。由此可见，学科教师的教学与学科专家的探究所具有的内在善的可能是不同的，或者说从根本上就是两种不同的善。值得注意的是，在与邓恩进行教育对话的前几年（1998年），麦金泰尔在《阿奎那的教育批判》一文中就“教育”表达过类似观点。“教育的进步体现在两类截然不同的善上。一种是技能和理解的善，这种善不仅是每一种而且是全部技艺和探究的目的；另一种是个体的善，这种善发生在他作为学生的特定人生阶段上……当且仅当对技艺和探究的善的追求有助于从事这些活动的个体的善时，教育才是善的”[15]。虽然麦金泰尔在这里不是明确讨论“教学”，但只要我们对于“教学”的理解不至贫乏到手段或技能的层面，只要在学校教育中“教学”仍然内含教育性的（educative）要求，那么，我们就可以说，“教学”同样内在地包含这两个层面的善。

既然教学具有属于自身的内在善，那么，这种善是什么呢？显然，这种善是不能划归到某种要求学生参与的实践（如数学）中，首先应该体现在学生的善上。凯塔亚玛认为，它至少应该是个体学习能力的发展与他们在真实的教学活动中经验到的满足与洞见（satisfaction and insights）。如在数学教学中，这种善的可能包括：掌握一系列不同的解题方法；提升推理、辨别与判断的能力；懂得欣赏和尊重其他的学习者的长处与不足，等等。[16]邓恩在与麦金泰尔的对话中，也认为教学的内在善是学生能力的发展。[17]然而，在与霍根主编的《教育与实践》专辑中，邓恩又对这个观点进行了一些修正，认为这种善并不排斥各个学科所具有的各种善，但应该包括“帮助他人分享它们的善”（helping others to share in them），这种善可以促进人们对真、善、美的热爱，进而激发人们对自身生活和所在共同体的责任感。[18]诺丁斯则认为，全人的发展（the development of whole persons）是教学首要的善，教学所具有的其他善要么是来自这种善，要么是服务于这种善。所有教师都对促进学生的全人发展负有某种责任，而这种责任不仅在于教给学生学科的内容，而且在于教师是以何种方式与作为具体个人的学生进行关联的。由于教学是关系性的，其“所具有的各种善也都是关系性的：在一个富有思想的教师的课堂中有种安全感，在师生双方的身上都有一种理智的热情在生长，师生在面对新教材的时候都分享到挑战和满意，觉悟到教学和生活是永无止境的道德探求”[19]。为了这个首要善，教师既要超越他所教学科的限制，尊重其他学科的善，具备有助于学生成为受过教育的人的“宽广的文化知识（cultural knowledge），又必须致力于建立和维持一种关怀和信任的关系。诺丁斯认为，这种关系构成了有效传递一般或专业的知识的基础，它们本身就是目的，而不仅仅是实现其他学习的手段。

与此同时，教学的善也是内在于作为实践者的教师本身的。在追求教学的卓越或优秀的过程中，教师本人不仅可以获得理智上的发展，而且自身的教学能力也会得到提高。而这种教学能力的发展，在凯塔亚玛看来，“将会促使教师更好地评价每个孩子的进步，为他们提供各种各样的适合的任务与挑战，并在课堂和学校中培育能够通过特定美德的实践促进相互学习的共同关系”[20]。诺丁斯所强调教学的关系性，在这里又再次展现了出来。

四

在内在的批评方面，我们还可以对麦金泰尔“实践”概念本身的合理性进行反思。如果他的“实践”概念本身在内涵和外延上就充满着模糊性或不确定性，或者说是需要进一步修正或深化的，那么，简单地将它应用在“教学”问题上显然就是不妥当的。事实上，诚如许多批评者所指出的，麦金泰尔对“实践”概念所做的种种规定，确实对我们判断教学作为实践的可能性增加了某些限制或困难，同时也带来了某种契机和例证。

第一，麦金泰尔承袭了亚里士多德的实践传统，但却忽视了亚里士多德在技术知识（techne）和实践智慧（phronesis）或者生产性活动和实践性活动之间进行的严格区分。techne 的目的在于自身以外的结果，而 phronesis 的目的却在自身之中。从麦金泰尔所列举的诸多“实践”范例来看，他似乎将亚里士多德严格区分的两类活动都纳入他的实践概念。比如，被麦金泰尔视作实践的建筑（architecture），在亚里士多德的分类中就应该归于 techne 的范围，因为建筑的目的不在于参与者的活动自身，而在于经过这些活动而制造的建筑物。因此，建筑的善必须依据它的结果——特定的建筑物（如住宅、办公楼、教堂、足球场）才能加以确定；而这些建筑物又属于不同的实践，具有不同的善。在这一点上，教学与建筑有内在的相似性，他们服务于不同的实践或善。邓恩批评说，“如果服务于其他种种实践的善并不能取消建筑作为一种实践的资格，我也看不出有任何理由据此取消教学作为一种实践的资格。”[21]

第二，麦金泰尔的“实践”概念也存在类属上的问题。麦金泰尔还将农作（farming）、建造（construction）和渔业（fishing）这类统合性的（generic）活动作为实践的范例。农作也许可以算作某些共同体主导性的生活形式，然而将建造作为这类实践，却值得怀疑。诚如黑格（Hager，P.）所说的，建造并非某种单一的实践，而是包含着各种不同的实践，如修路、建桥、建教堂、造船等，都属此列。而且，在历史上，这些具体的实践都隶属于不同的共同体，形成了不同的行会组织，这些组织又都在提升他们各自的技能和熟练程度，规定了娴熟劳动力的供给、保护他们成员的经济利益。同样地，农作和渔猎也不是某种单一的实践，而是包含各种不同的实践。[22]就此而言，假如这种统合性的活动可以看作实践，那么，教育或教学也可以看作实践，因为它们统合了各个学科教师的工作，而这些不同学科的教师的不同实践本身并不妨碍教育或教学作为实践本身。

第三，麦金泰尔有关内在善的界定也很模糊，而且不恰当地将外在善看作内在善的威胁。诚如米勒（Miller，D.）所说，麦金泰尔的“实践”涉及两种不同的类型：一种是“自足的实践”（self-contained practice），以游戏（game）活动为代表，其意义完全在于参与者所实现的内在善本身；另一类是“目的性实践”（purposive practice），如建筑、农作或探究活动等，这类活动都要服务于自身以外的某种社会目的，比如建造美观、舒适的房子，为共同体生产食物，发现科学的真理。[23]显然，这里的“目的性实践”不仅仅涉及内在善本身，而且离不开它本身所具有的社会目的。在米勒看来，相对于内在善而言，这些社会目的也构成麦金泰尔所谓的外在善——与麦金泰尔经常提及的金钱、权势和地位不同，它们在道德上往往是中立的，甚至是值得追求的。这意味着，外在善并不像麦金泰尔所认为的那样都构成对内在善的威胁；相反，在有些实践中，外在善的实现反过来有助于内在善的追求。黑格认为，特定实践的成功不单单是内在善的实现，而是在于内在善与外在善的某种平衡。[24]从特征上来看，教学不是“自足的实践”，而是一种“目的性实践”，具有属于自身的特定的社会目的。这些社会目的的存在并不足以消解教学作为一种实践本身，相反，它们与教学所具有的内在善一起共同保证了教学的卓越或成功。

第四，麦金泰尔的“实践”概念主要是从社会学的意义上进行阐释的，而在很大程度上忽略了这个概念本身具有的道德或伦理意义。在《追寻美德》中，麦金泰尔将美德看作获得实践所具有的内在善的必要条件，因此，所有的美德就表现为保证实践及其内在善得以实现的一种组织的（organizational）或执行的（executive）品格或品质。从这种意义上说，美德的培育或道德教育，不是因为诸如正义、勇敢、诚实之类的美德本身就是值得欲求的，而是因为这些美德对于成功地实现特定的实践及其内在善来说是必要的。卡尔认为，这完全忽略了美德或道德在教育或教学中的核心地位，而且在逻辑上是倒果为因。美德的培育或道德教育之所以是必要的，仅仅是因为“只有当别人表现出这些美德才是更加完善的人”，而要帮助他们成为这样的人，最好的途径就是教育者在这些美德上做好示范或榜样。“只要自我和他人的这些发展包括了在人类联合和主体性的复杂背景中对行为的反思性凝练和提升，就没有理由否认它是一种重要的人类实践。实际上，根据亚里士多德的完善论而不是麦金泰尔的社会学观点，它完全可以算得上是一种道德的实践，而不是一种理论的或技术的实践。”[25]正是在这种道德的意义上，教学可以看作一种实践。

五

综上所述，无论是从麦金泰尔给定的“实践”标准，还是从他所呈现的“实践”范例（“建造”、“医疗”等）来看，教学都可以在某种程度上够得上他所谓的“实践”标准——即便这里不包括实践共同体中的学徒制，至少正规教育系统中的“教学”应在此列；在正规教育系统中，尽管仍有人对大学或中学阶段的“教学”作为独立的实践持怀疑态度，但对于小学阶段的“教学”作为实践，甚至包括麦金泰尔在内，也没有根本性的分歧，因为这个阶段的“教学”难以化归诸如数学、历史、物理之类学科的实践中。我们注意到，麦金泰尔之所以拒绝将教学看作一种“实践”，在一定程度上与他对“教学”的褊狭理解有关，同时也与他的“实践”概念及其范例本身所固有的模糊性和矛盾性有关。

既然麦金泰尔的“实践”概念存在一定的限制，那么，为什么我们（包括很多教育哲学家）还要从麦金泰尔的“实践”概念出发理解“教学”呢？应该说，在众多关于“实践”的理论中，麦金泰尔的“实践”概念对我们思考教育或教学的性质和价值具有一种直觉上的吸引力。麦克劳夫林认为，这种吸引力不仅来自麦金泰尔的“实践”概念的特征，比如它所具有的“融贯性、复杂性、内在善，需要某种自我卷入和自我转型的合作性的参与以及在这一过程中美德的参与”[26]，而且更为深层的因素是源于人们对学校教育中泛滥的技术主义、工具主义的观念和思维的厌恶。在与邓恩的对话中，麦金泰尔本人就认为，学校教育中盛行的“投入—产出模式”（input-output model）不断威胁着教师的教育或教学工作本身。

假如上述有关教学作为麦金泰尔意义上的“实践”的辩护可以接受，那么，我们就可以从麦金泰尔的“实践”概念中汲取更多反思我们当下学校教育或教学工作的智慧资源。

第一，作为实践者的教师应该在追求和获取自身教学工作的优秀或卓越的过程中，一方面积极地引导学生达至其他实践（如学科）的内在善，另一方面努力实现教学作为一种实践本身所具有的内在善——实现学生的全人发展和教师自身的智慧成长。前者意味着，真正的教学应该发展与特定学科或领域相契合的方法；后者意味着，真正的教学应该是博雅的或自由的，而不只是专业的或功利的。至于片面追求考试分数或升学率，帮助学生或教师获取某种文凭、职业、荣誉、地位、身份、权势等，这些都是教学可能带来的外在善；如果教学过分追求这些外在善，其所固有的内在善就会受到威胁或伤害。

第二，作为“实践”的教学与作为“制度”的学校之间存在着密切的关联。麦金泰尔认为，一方面，实践有赖于制度的维系，“没有社会制度机构的支撑，任何实践都不可能存活多长时间”；另一方面，制度又容易伤害到实践本身，即“实践的理想与创造性始终易受社会制度机构的贪得性的伤害，对实践的共同利益的协作性关系也始终易受社会制度机构的竞争性的伤害”[27]。这种辩证关系也同样体现在教学问题上：作为实践的教学，一方面需要牢固的学校制度才能维系，另一方面又容易受到学校制度所内含的竞争性及其破坏性的影响。

第三，要抵制学校制度可能对教学实践产生的破坏或腐蚀，就需要处在学校共同体中的教师具有某些美德，而不只是娴熟的专业技能和职业习惯。按照麦金泰尔的观点，如果没有美德，没有正义、勇敢与诚实，实践就不可能抵制社会制度的腐蚀力，我们就只能看到外在善，而根本认识不到内在善；在这种只承认外在善的社会中，“竞争性将是最显著的甚至是唯一的特征”[28]。我们当前的社会环境与学校教育在某种程度上就体现了这种竞争性的特征，无论是学校制度和教师还是家长与其他公众都过于关注教育或教学的外在善，而看不到它们对实现学生全人发展的意义和价值。但在现实中，也确有一些正直、勇敢、有责任心的教师对现有的教育制度采取了某种抵制，致力于促进学生的全人发展。麦金泰尔认为，为了更好地实现教学的目的，教师就必须致力于建立和维持学校的共同生活。在好的学校中，学生已经成为实践者，参与到实践活动中。[29]

第四，让我们回到这场教学作为实践的颇具反讽意味的论争本身：作为一般哲学家的麦金泰尔拒绝将教学纳入他的“实践”清单，而一批教育哲学家却坚信根据他的“实践”概念没有理由将教学排斥在外。暂不论其观点的分歧，这本身就是（教育）哲学领域一场颇具典范意义的论争，直接关涉教育哲学作为哲学分支存在的意义与价值。在与邓恩的对话中，麦金泰尔就在否认教学作为一种实践的过程中指出将教育哲学看作哲学探究的一个独特领域的观点是根本错误的，[30]因为教育或教学本身都不具有内在善，所有有关教育的探讨都不过是我们对教育或教学所服务的各种实践及其内在善的探讨的一部分。就此而言，诺丁斯、邓恩等人不仅仅是为教学作为一种实践的观点进行辩护，同时也是在捍卫教育哲学作为哲学分支的独特地位。而且这些教育哲学家不只是简单地将麦金泰尔的“实践”概念“套用”在“教学”问题上，或者附应麦金泰尔有关“教学”的论断，而是在“实践”与“教学”问题的对接中，不断批判和反思麦金泰尔“实践”概念及其“教学”观点的合理性，甚至修正和扩展了麦金泰尔有关“实践”的分析。概言之，这场争论展现了教育哲学作为应用哲学的内在价值，彰显了教育哲学对一般哲学的“反哺”意义。

【参考文献】

[1] 夏兹金，等. 当代理论的实践转向［M］. 苏州：苏州大学出版社，2010.

[2] MacIntyre，A. After Virtue［M］. London：Duckworth，1981. 175.

[3]［27］［28］麦金泰尔. 追寻美德［M］. 南京：译林出版社，2003. 238-239、246、248.

[4]［5］［8］［13］［17］［29］［30］MacIntyre，A. and Dunne，J. Alasdair MacIntyre on Education：In Dialogue with Joseph Dunne［J］. Journal of Philosophy of Education，2002，(1).

[6] Wain，K. MacIntyre：Teaching，Politics and Practice［J］. Journal of Philosophy of Education，2003，(2).

[7]［18］［21］Dunn，J. Arguing for Teaching as a Practice：A Reply to Alasdair MacIntyre［J］. Journal of Philosophy of Education，2003，(2).

[9] MacIntyre, A. Dependent Rational Animals: Why Human Beings Need the Virtues [M]. London: Duckworth, 1999.

[10] Scheffler, I. The Language of Education [M]. Springfield, IL: Charles C. Thomas, 1960.

[11] [14] [19] Noddings, N. Is Teaching a Practice? [J] Journal of Philosophy of Education, 2003, (2).

[12] Hogan, P. Teaching and Learning as a Way of Life [J]. Journal of Philosophy of Education, 2003, (2).

[15] MacIntyre, A. Aquinas's Critique of Education: Against his Age, Against Ours [A]. Rorty, A. O. Philosophers on Education: New Historical Perspectives [C]. London: Routledge, 1998.

[16] [20] Katayama, K. Is the Virtue Approach to Moral Education in a Plural Society [J]. Journal of Philosophy of Education, 2003, (2).

[22] [24] Hager, P. Refurbishing MacIntyre's Account of Practice [J]. Journal of Philosophy of Education, 2011, (3).

[23] Miller, D. Virtues, Practices and Justice [A]. Horton, J. and Mendus, S. (eds.) After MacIntyre: Critical Perspectives on the Work of Alasdair MacIntyre [C]. Cambridge: Polity Press, 1994.

[25] Carr, D. Rival Conceptions of Practice in Education and Teaching [J]. Journal of Philosophy of Education, 2003, (2).

[26] McLaughlin, T. H. Teaching a Practice and a Community of Practice: The Limits of Commonality and the Demands of Diversity [J]. Journal of Philosophy of Education, 2003, (2).

中央与地方之冲突：国民政府初期对地方高校的整顿*

——以四川大学、山西大学校为中心的考察

□ 田正平（浙江大学教授）
□ 陈玉玲（浙江大学博士生）

国民政府定都南京之后，虽然在名义上统一了中国，但实际上，当时的国民政府只是在形式上实现了统一，不仅国民党内各派势力之间存在着冲突和矛盾，而且地方实力派和中央政府亦多处于分庭抗礼的状态。中央政府与各地方实力派之间的关系通常表现为，前者考虑更多的是收权并控制地方，以实现国家统一，而后者却千方百计地保存自己的实力，试图独立或抗争于前者。在上述政治时局下，无论是对国立高校、省立高校，还是私立高校的整顿都充满了程度不同的矛盾、冲突和较量。这些矛盾、冲突和较量不仅伴随着整个高等教育的整顿，而且对整顿工作带来负面影响，滞碍了工作的开展，而中央与地方实力派之冲突对地方高校整顿工作的影响尤为明显。

一、四川大学的国立化：一波三折

国立成都高等师范学校于1926年、1927年分别改组为国立成都大学、国立成都师范大学。另外，四川公立国学专门学校、外国语专门学校、农业专门学校、工业专门学校以及四川法政专门学校相继组成了公立四川大学，是时，这三所大学在四川形成了鼎足而立之局面。[1]为了整顿四川省高等教育，1930年，时任教育部长的蒋梦麟决定，“将成大川大师大合并一校，就现有各学系设文理法教育等学院，将来再增设医学院”[2]。此合并计划因蒋梦麟不久后被迫去职，在当时并未得以落实。①

1931年2月，经历军阀大战之后的四川省成立了新政府，刘文辉就任省府主席。当年5月，刘氏任命张铮为省府委员兼省教育厅长，令其着手整顿四川教育，于是三大学的合并问题再次被提上议事日程。同年9月29日，刘文辉以川省政府的名义对各方发出了训令或公函，再提三大学合并之议，并提出了具体的合并方案：

> 本府参酌旧案，体察现情，为整顿大学教育起见，决于本期将三大学重复各系一律归并，指定校址，划一名称，原有学生，并入肄业。其四川大学原设工、农两院，着即划开，遵照最近教育部所定各省市普设专科学校实施方案，改设农工两专科学校。所有合并事宜，

* 原载《高等教育研究》2013年第6期。

头绪纷繁，特由政府聘请专员，共同讨论，立即着手施行。[3]

随后，三大学的合并、整改工作几乎都是按照该方案进行。虽然对合并仍有反对之声，但在刘文辉的雷厉风行之下，三大学的合并工作顺利进行。同年10月26日，三大学合并已完竣；第二日，省府便委定吴君毅为川大秘书长、魏时珍为理学院院长、向楚为文学院院长、熊晓岩为法学院院长、邓胥功为教育学院院长。[4]至同年11月9日，国立四川大学正式宣告成立。

刘文辉积极主动地整顿川省高等教育，合并三大学，其主要目的并非是为了遵照国民政府于1929年颁行的《大学组织法》、《大学规程》等一系列法令而开展整顿工作，他的举动背后还有其军事、政治目的以及稳固自身在四川的统治地位等方面的打算。在时人眼里，“成都大学被认为是刘湘办的”，成都师大被认为是李其相办的，“川大五院系领省教育经费过活，虽没有明白属于哪一个军系，但也各有系派把持，不是教育厅可以任意变动的。”[5]军阀混战之后，刘文辉和刘湘在四川划分了各自的势力范围，前者意欲统一四川乃至西南。因此，掌控川省各高校之实权尤为必要，合并四川三大学成为必然。经过合并，“刘湘、李其相等人在成都教育界的势力统为刘文辉收编”[6]，国立四川大学亦成为了刘文辉囊中之物②。

“高等教育是中央政府扩张权力的一个渠道。”[7]“九一八”事变之后，川省被国民政府视为“大后方建设”的一部分，三大学的合并以及国民政府训令该省的盐税拨归国立四川大学③，便成为中央政府不断努力实现国家统一、促使中央权力得以向内地扩张的手段。[8]

尽管三大学合并之目的较为复杂，却使得川省人力、财力、物力得以集中于发展国立四川大学，这在一定程度上体现了整顿四川高校之目的。

国立四川大学的成立是四川大学国立化的开端，但该校在成立之初及随后的一段时间，虽挂着国立之名，并未行“国立”之实，或者说并未享受到“国立”之待遇。其真正“国立化”还要历经较长一段时间，并面临着诸多的困境，其进程中充满了中央与地方实力派之间的矛盾和纷争。

国立四川大学成立之后至1935年中央势力真正渗透川省之前，因各军阀间的恶战步步升级，致使学校面临生存危机。首先是经费问题。三大学合并之后，教育部准予“就在川盐款项下划拨六十万元，拟请一并移作国立四川大学经费”[9]。但六十万元只是成都大学原有经费数目，④即便如此，中央财政仍不能保证由教育部划定的这部分学校经费及时到位，经费拨发权掌握在刘文辉、刘湘等地方实力派手中，以致大量经费被移作军费之用。显然，四川大学努力寻求“国家化”，却并未能得到国民政府的真正认同。由此，围绕着学校经费问题，“中央”和“地方”之间的矛盾便呈现出来。由于1932年的“二刘大战”挪用了大量的教育经费，致使川大经费于第二年春季学期开学之际仍无着落。在与川省多次交涉未果的情形下，川大呈文国民政府行政院、教育部，并致函财政部，请求转知川省以拨发经费。尽管随后不久教育部便饬令川省相关机构拨款，但“川大向中央求助与中央的饬令，也只有象征意义而已”[10]，该校的经费拨发权掌握在二刘手中，中央政府鞭长莫及。到1933年3月13日川大开学之际，刘文辉才拨发经费2万元，刘湘仅拨发1.6万元，虽然学校勉强开学，却仍处于经费危机之中。上述状况与当时中央势力尚未渗入四川地区紧密相关。在此次川大的经费问题中，“中央”与“地方”并未正面较量，但胜负已分，地方实力派掌握了经费是否按期、如数拨发方面的主动权，对南京中央的催款训令“不置可否”，这可以算是国民政府初期整顿国立四川大学过程中中央与地方实力派展开的第一次较量。这种较量并没有正面冲突，姑且称之为“软较量”。

中央和地方实力派的第二次“软较量”是该校的校产危机。⑤1933年7月，在“二刘大战”中获胜的刘湘取代刘文辉掌控了四川省政府。两个月后，刘湘即以筹集追剿红军的军费为名，打算出卖川大校产皇城。川大校长王兆荣迅速致函督办署，申明皇城是中央拨给川大的校址，地方军政机关无权过问。在抗议无果的情形下，王氏致电教育部，期待“中央”插手此事，以保全校产。同年10月5日，教育部密电刘湘，希望其维持皇城现状，但刘氏并未改变计划，并于10月18日对川界宣布变卖皇城势在必行。对此，川大全体师生开展了护校运动：校长分别致电国民政府行政院、教育部及教育部长，请求“中央”出面干涉；召开全体师生反对变卖皇城校址大会；争取社会各界的同情以及起草《本大学全体教职员反对变卖皇城校址宣言》等。在这种情形下，国民政府行政院于11月查询此事，并制止变卖皇城行为，在此情况下，刘湘遂暂行遵令不动川大校产。然而，皇城变卖之议于12月初又起，直至刘湘的“剿匪”计划失败后，变卖川大校产行为才得以中止。在川大此次护校产的运动中，学校方面坚持皇城“迭经中央教育部核准定案，主权属于国家，所有地方军政机关，均属无权处理”[11]，试图借助在该省仅具象征意义的“中央”，来对抗地方实力派之决策。在变卖川大校产皇城的事件中，尽管教育部屡令刘湘停止变卖计划，行政院亦插手查询此事，但刘湘等毫不妥协。虽然他并未明目张胆地反对“中央”之要求，但其采取迂回战术拒绝“中央”之命令，中央于此却是无可奈何。由此，中央和四川地方实力派之间的这种软较量再次上演，当时中央权势在四川地区之微弱程度可想而知。在这种历史条件下，国立四川大学其实并未真正“国立化”，或者说，该校当时充其量不过是处于“国立化”的初期阶段。

川大“国立化”过程出现转折是在1935年1月，贺国光率领的军事委员会委员长南昌行营参谋团入川，此后，四川被作为“中华民族复兴策源地”，开始了其“地方中央化”的过程。四川大学亦由此开始进入真正的“国立化”时代。在这个进程中，中央与地方实力派之间的正面较量便展现出来，为了便于与前面所提到的较量进行对比，姑且称之为“硬较量”。参谋团入川后，“表面上蒋介石说扶助刘湘统一川康，实际则企图拉垮刘湘，直接掌握川康。这个时候，刘湘如芒刺在背，时感不安。刘湘虽亦扬言拥蒋，暗中则多方防制蒋的势力侵入四川，蒋、刘矛盾，因之日趋尖锐化。”[12]以蒋介石为核心的南京中央与刘湘为中心的川省地方实力派之间的矛盾必然影响到四川大学的发展，任鸿隽坚辞川大校长之职即为一显例。

在川大“国立化”进程中，教育部亦开始着手整顿四川高等教育。于1935年5月27日派视察员赴川大视察[13]，当年7月，训令要以四川大学等校为中心，以合并为主要方式，对该省高校的院系结构进行调整[14]。8月26日，再次训令川大应从“院系组织”、“设备费用”、“课程”、“教员”等方面进一步进行整顿。[15]这一整顿训令为此后四川大学的发展提供了方向。为了更好地整顿四川大学，教育部于1935年8月王兆荣辞去川大校长之职后，任命任鸿隽为校长。[16]刘湘本意推荐张澜接替该职，但对教育部的任命却并未明确表示反对。当时，国民政府将四川视为“中华民族复兴策源地”，坚决在该省推行“地方中央化”政策。对此，地方实力派认为，南京中央的这种行为无疑是在厉行“中央扩张权力”。因此，在川大努力推行“国立化”的任鸿隽自然被视为“中央人”，为地方实力派所敌视。正如任氏长女任以都所说：

> 他（引者——指任鸿隽）一心一意，殚精竭虑，积极整顿校务，举凡制定课程、加速建设等工作齐头并进，务期以三五年之努力，将四川大学建设成为一所优秀的高等学府。但他的努力，却一直受到地方势力的抵制，原先的那一派不满，以为家父是中央政府派来的，是蒋介石的人，称之为‘中央人’，因而千方百计，极力杯葛，明里、暗里都给他带来不少麻烦和困扰。[17]

时为川大学生的吴天墀亦回忆说，“任鸿隽在川大的时间并不长，但却为川大新聘来一批教授，学术空气渐浓，颇有益学生思想的开放。可是他和地方当局，特别是刘湘本人的关系不甚融洽，后来就不愿再干下去了。”[18]可见，在任职校长期间，他对四川大学的整顿取得了明显的成绩，但因其与刘湘等地方实力派之间存有一定的矛盾，于1937年6月正式辞去川大校长职务。当然，直接导致任鸿隽辞职的是其夫人陈衡哲引发的《川行琐记》事件。⑥但是，实际上，该事件之所以发展至不可收拾的地步，主要原因之一就是那些对任鸿隽本人或对其整顿川大甚为不满的四川地方实力派从中运作、推波助澜之结果。⑦而且，任氏执掌川大期间，国民党四川省党部、省政府常邀请他去讲演都被他一律谢绝，因此，他“颇为官场所忌恨”[19]。

事实上，任鸿隽辞去川大校长职务的真正原因在于，作为该校校长，虽然在学校的整顿工作中得到了中央政府的大力支持，却并未争取到地方实力派的认同。也就是说，任氏未能在中央与地方的斗争中获得双方的共同支持和认同，因此，其离职主要还是由于他与地方实力派之间的矛盾所致，当然其根源主要还是在于“中央与地方”之间的矛盾。1936 年下学年，正值筹备新建校舍、广纳贤才之际，任鸿隽的辞职致使该校“国立化”进程和整顿工作暂时中断，正是中央和地方实力派之较量致使该校整顿工作面临困境。

二、山西大学校的整顿：顺水推舟

与上述情形相反，当中央政府与地方实力派之间的对立关系暂时消失，或者关系转变得相对融洽时，地方高校则会遵照中央政府的法令法规对高等教育进行整顿，山西大学校的整顿是这方面的典型。1929 年 8 月国民党编遣实施会议召开，蒋介石削弱其他军事集团力量而扩充自己势力的做法，使得蒋与各派军阀之间的矛盾激化。而山西地区的实际掌权者阎锡山与中央政府蒋介石之间更是貌合神离。⑧蒋、阎之间的这种貌合神离，直接影响到国民政府对山西大学校的整顿。

当时山西大学校是山西地区的最高学府，分设文、法、工三科，文科分中国文学、英国文学两系；法科分政治学、法律学两系；工科分机械、土木工程、采矿三系；此外另设预科，分一、二两部，入一部者将来可升文法科，入二部者将来可升工科。国民政府 1929 年公布整顿高等教育的法令之后，全国各地的整顿工作陆续开展起来，但直至1931 年山西大学校仍维持现状，并未遵照部令进行整顿。时人认为，“山西大学是有所谓租界地的别号，因为那个范围里是法律道德维持不着的。”[20]该校校长王录勋与阎锡山关系密切，阎氏作为山西省的掌权者，山西大学校当然在其掌控范围。王氏之所以能长期担任该校校长，“与阎锡山有很大关系”，而阎氏亦“正是通过人际关系网络间接实现了对该校的控制”。[21]

关于山西大学校当时之实际情形，“完全受阎氏的指挥，教育部实无力以过问。是以内部腐败的情形，实令人言之痛心。”[22]第一，组织不健全，职务不确定。学校行政本来应该由校长负责，但校长还兼任该省建设厅厅长，无暇过问校事，与学生好几年不曾见面。该校四科的学长也只负各科之责任，不理校务。训育主任和庶务主任负责校长的职务，但对教育并无经验，“包而不办，学生终年旷课，既不认真稽查”，产生很多挂名式的学生。“至于校务会议，在山西大学，从未听过。”第二，设备不完善。该校设立已有二十多年，现任校长自任职以来，除了建筑大楼外，“别的设备一点没有”。“工科的试验场，除了外人办理时，所修的一个十八世纪式的实验场外，是再没有了！内中所有的器具，就是一个电灯房，供全校应用，其余就是些炭屑木片”等。第三，课程陈旧。课程大多为日本的几本老书，学生对国民政府新法令等一概不知。第四，教员兼职现象严重且不负责任。教员一味敷衍教学，将教学当成儿戏，“一个教授一年不到校，仍然还有他的薪金；一星期不出席，照样地不受影响。”[23]第四，学校风气不良。在校学生不关心学习，致使图书馆因无人看书而关闭；学校教师与学生赌博以弥补其薪金的不足，致使山西大学校沦为一个由教师支持的娱乐、休养胜地[24]，等等。

总之，时人认为，这一时期“山西的高等教育，腐败情形，已达极度，这是无可讳言的。若不急图彻底地改造，恐今后三晋的文化沦于破产之势，一切的一切，只有后退，绝无前进的可能”[25]。在舆论界看来，对山西大学校的整顿势在必行，但是，如前所述，直至 1931 年之前，因阎锡山与南京中央的矛盾和斗争，致使中央政府整顿高等教育的法规政策颁布两年多了，教育部根本无力插手山西大学校的整顿。

转机发生在中原大战失败，阎锡山避走大连之后。1931 年 7 月，山西大学校修订了学校组织大纲和章程。为了符合国民政府法令规定，决议将该校改称为山西大学，王录勋仍任校长；原山西大学校本科改为学院，分设文、法、工三学院，院长分别为张籁、冀贡泉和王宪；调整教学建制，形成“校—院—系”三级建制[26]，等等。

阎锡山 1931 年 8 月重返山西时，决定不再从政治上与蒋介石争雄，致力推行山西“十年建设”，试图从发展经济方面入手巩固自己的地盘，并于 1932 年制订了《省政十年建设计划》⑨，提出根据山西省政治经济建设各项计划之需要为原则，整顿省内专科以上学校教育，充实专科以上学校的内容，人才教育要注重质的改进，等等。[27]这些主张与南京中央整顿高等教育的相关规定在一定程度上相吻合，也就为山西大学的整顿工作打开了缺口。⑩

教育部于 1932 年 10 月 22 日特派督学余森文、戴夏视察山西大学。视察时发现：该校文法学院图书鲜少，工学院实习厂有欠完备等。[28]对此，教育部拟订了该校的整顿计划，要求添设科系、增加预算、招聘良师、改进课业、提高程度、汰除冗员、充实设备等。[29]对该省“独立各学院及专科学校之科系重复者”要求归并入山西大学。1933 年 6 月教育部令山西省立教育学院及山西省立法学院合并于山西大学，前者三系并入该校文学院，后者并入法学院。[30]1934 年 5 月 19 日教育部再次发布合并训令。[31]同年 7 月，山西省立法学院并入山西大学法学院，于法学院添设经济学系；山西省立教育学院并入山西大学，保持原有教育学院名义，至原有学生毕业为止。[32]

1935 年 7 月 22 日，教育部第三次训令山西大学，首先肯定该校改进之成绩，而后提出今后仍需整顿之处：第一，教育学院各系应并入文学院，其名称应即取消，原有学生并入文学院肄业，教育学系暂行停止招生；工学院电气工程缺乏设备，且与省立工业专科学校之电工科重复设置，应自下年度起停办；采矿冶金两系应合并为采冶系。第二，大力裁减兼任教员，添聘专任者。第三，改革经费分配的比例。教育部于 1929 年 8 月 14 日公布的《大学规程》明确规定：“大学或独立学院每年扩充设备费，至少应占经常费百分之十五。”[33]但当时山西大学办学经费中，办公费占 19%，而设备费仅占 6%。因此，部令要求：该校应重新分配学校经费以符合部章规定；充实各实验室及工厂内容设备仪器标本图书杂志等。[34]上述整顿训令大多得以落实，如 1936 年该校教育学院遵照部令合并于文学院，改称教育学系；1935 年 7 月增设理学院，开办数学系及物理学系[35]，到 1937 年又增设了化学系，等等。[36]当然也有并未遵照办理的情形，1933 年部令该校设立医科的计划以及后来添设医学院的要求便并未得到落实。⑪

总之，从 1931 年开始，山西大学在院系调整过程中，基本上贯彻了教育部的一系列训令。到 1937 年，该校已经发展成为一所拥有文、法、理、工四大学院的综合性大学。据时任该校文学院英文系主任、抗战后执掌该校的徐士瑚回忆，从 1931 年起，学校“学习空气逐渐浓厚，严格考试逐渐实行，开场聚赌，吸食鸦片的现象亦逐渐消失”。[37]可见，该校的整顿工作取得了一定的成效。

三、余论

综上所述，无论是四川大学的国立化，抑或是山西大学校的整顿，中央与地方实力派之间的关系对其都产生了明显的影响。当这两种势力处于对立态势，尤其是两者之间争斗较为激烈时，中央政府有关整顿的训令在地方高校中就难以实现，整顿工作亦难以推行。反之，当这两种势力之争斗减弱时，或者当中央和地方实力派之间的对立和矛盾暂时缓解，则有利于各地方高校整顿工作的顺利开展。四川大学的“国立化”进程步履艰难，名为国立，实际上并非“国家化”，无论是学校经费还是校产处置权都掌控在刘湘、刘文辉等四川地方实力派手中，至于学校其他方面的整顿工作亦难以推行。中央政府委任的川大校长任鸿隽上任后即大力推行整顿工作，采取各种措施力促川大努力向“国家化”靠近。然而，将任鸿隽视为“中央人”的地方实力派并不认同任氏在川大之作为，最终迫使任辞去川大校长之职，该校的整顿工作亦不得不暂时中断。与该校情形不同的是，1931 年后，教育部对山西大学校的整顿工作却顺水推舟，进展顺利，并取得了明显的成效。其中，最重要的原因是整顿工作发生在中央和以阎锡山为核心的地方实力派之间的关系较为融洽时期。或者说随着阎锡山与蒋介石关系的转变，在以阎氏为核心的地方实力派的配合和支持下，中央政府对山西大学校的整顿工作才得以顺利推行。这从另一侧面反证了中央与地方实力派之间的较量与整顿高等教育效率之间的关系。由此可见，国民政府对地方高校的整顿工作深受中央与地方实力派之间关系的影响。随着抗日战争的爆发，民族主义运动的高涨，救亡图存逐渐成为时代的主旋律，中央政治权力逐步强大，并渗透、扩张至地方各省，地方实力派“让位”于“国家”，地方高等教育亦被中央政府所掌控。所以，从总体上看，至抗日战争全面爆发前，中央政府对全国高等教育的整顿基本实现了预定目标，一个统一的高等教育体系初步建立。

【注释】

①实际上，早在 1928 年国民政府实施大学区制时，就有将三大学合并为国立四川大学之要求，因困难重重，中途搁浅，再加上当时大学区制被停止，三大学第一次合并之议便暂告一段落。参见四川大学校史编写组编：《四川大学史稿》，四川大学出版社 1985 年版，第 151 页。

②据吴虞于 1932 年 12 月 24 日记载，“国立四川大学，委员长刘文辉代行校长”，可见，通过三校合并，刘文辉掌控了川大。参见中国革命博物馆整理，荣孟源审校：《吴虞日记》（下册），四川人民出版社 1986 年版，第 601 页。

③1931 年 10 月 24 日，教育部核准三校合并为国立四川大学，成都大学原有盐款移作该校经费。参见丁致聘编：《中国近七十年来教育记事》，国立编译馆 1935 年版，第 254 页。

④三大学合并前，成都大学经费为六十万元，实际仅获四十万元。合并之后，学校经费仍定为六十万元，分别由川南盐务稽核分所年支拨四十三万八千元，川北盐务稽核分所支拨三万元，省教育厅支拨十三万元。因省府不负责统收，由学校自己向各方交涉提取，因此从未凑足六十万元。以上款项虽由教育部划定，但具体拨发之权力掌握在地方实力派手中。参见四川大学校史编写组编：《四川大学史稿》，四川大学出版社 1985 年版，第 158 页。

⑤该年川大主要面临两次校产危机，第一次是 1933 年 1 月的“标卖前后城门城砖”，第二次则是本文介绍的刘湘出卖皇城。

⑥陈氏在《独立评论》上发表的《川行琐记》等系列文章，引起了川人的强烈不满，纷纷发文指责、批评，甚至攻击。参见王东杰：《国家与学术的地方互动：四川大学国立化进程（1925—1939）》，生活·读书·新知三联书店 2005 年版，第 200—223 页。

⑦据推测，《川行琐记》事件的背后确有刘湘一派的作用。参见王东杰：《国家与学术的地方互动：四川大学国立化进程（1925—1939）》，生活·读书·新知三联书店 2005 年版，第 216—219 页；四川省政协文史资料研究委员会、四川省文史馆编：《四川近现代文化人物续编》，四川人民出版社 1989 年版，第 350—351 页。

⑧当时蒋（蒋介石）、桂（桂系李宗仁、白崇禧）、冯（冯玉祥）、阎（阎锡山）都想壮大或保全自己的实力并削弱对方。参见黄启汉：《两年的蒋桂战争》，全国政协文史资料委员会编：《文史资料存稿选编精选派系纷争混战》，中国文史出版社 2006 年版，第 183 页。

⑨山西省政府于 1934 年颁布的《山西省整顿人才教育案》也是阎锡山实施“十年建设”计划的一部分。有人认为该案的实际内容是以南京中央教育部部令为依据制定的。参见郝树侯：《山西大学史话（二）（1912—1937）》，《山西大学学报（哲学社会科学版）》1980 年第 3 期，第 93 页；张子佩：《阎锡山的“理论研究”散记》，全国政协文史资料委员会编：《文史资料存稿选编·军事派系，上》，中国文史出版社 2002 年版，第 652 页。

⑩实际上，“在抗日战争前，阎锡山始终是一个独立王国封建统治的土皇帝”，山西地方实力派和中央之间的较量从未停止，但在教育方面则表现得不甚明显。参见张锡田：《我对阎锡山的回忆》，全国政协文史资料委员会编：《文史资料存稿选编·军事派系，上》，中国文史出版社 2002 年

版，第613页；辜达岸：《蒋阎在国民党山西省党部方面的斗争》，全国政协文史资料委员会编：《文史资料存稿选编精选派系纷争混战》，中国文史出版社2006年版，第170—172页。

⑪直至1940年3月，该校才将山西川至医学专科学校并入其中，改称为医学专修科，至1946年8月该医学专修科才改为医学院。参见《国立山西大学大事记》，徐士瑚：《国立山西大学一览》，国立山西大学1947年版，第8页。

【参考文献】

[1] 吴相湘，刘绍唐. 民国史料丛刊第一种：第一次中国教育年鉴丙编：教育概况（上）[G]. 台北：传记文学出版社，1971：37；四川大学校史编写组. 四川大学史稿[M]. 成都：四川大学出版社，1985：373.

[2] 教部改进高教办法[N]. 申报，1930-08-27 (12).

[3] 四川大学校史编写组. 四川大学史稿[M]. 成都：四川大学出版社，1985：153-154；米庆云. 国立成都大学兴废记略——从成大、成高的纠纷到成大、师大、川大的合并[G] //中国人民政治协商会议四川省委员会四川省省志编辑委员会. 四川文史资料选辑第八辑（内部发行），1979：86.

[4] 四川三大学合并[N]. 中央日报，1931-10-28 (1).

[5] 米庆云. 国立成都大学兴废记略——从成大、成高的纠纷到成大、师大、川大的合并[M] //中国人民政治协商会议四川省委员会四川省省志编辑委员会. 四川文史资料选辑第八辑（内部发行），1979：84.

[6] [10] 王东杰. 国家与学术的地方互动：四川大学国立化进程（1925—1939）[M]. 北京：生活·读书·新知三联书店，2005：95，115-116.

[7] [8] 费正清，费维凯. 剑桥中华民国史1912—1949（下）[M]. 刘敬坤，等，译. 北京：中国社会科学出版社，2007：386-387.

[9] 川省三大学合并改名四川大学[N]. 民国日报（上海），1931-11-20 (1).

[11] 变卖四川大学校址[N]. 大公报（天津），1933-11-13 (9).

[12] 邓汉祥. 刘湘与蒋介石的勾心斗角[G] //中国人民政治协商会议全国委员会文史资料研究委员会. 文史资料选辑（第五辑）. 北京：中华书局，1960：59.

[13] 教部派员视察川省教育[N]. 申报，1935-04-28 (16)；教部视察川教谢科长回京[N]. 申报，1935-06-02 (15).

[14] 教部整理川各大学[N]. 申报，1935-07-05 (15).

[15] 令国立四川大学[G] //教育部. 教育部改进专科以上学校训令汇编. 上海：中华书局，1935：32-33.

[16] 四川大学校长教部内定任鸿隽[N]. 申报，1935-08-06 (14)；新任川大校长任鸿隽昨日来沪[N]. 申报，1935-08-12 (13).

[17] 张朋园等访问，潘光哲纪录. 任以都先生访问纪录[M]. 台北："中央研究院"近代史研究所，1993：88-89.

[18] 后记——往事悠悠[M] //吴天墀. 吴天墀文史存稿. 成都：四川大学出版社，1998：525.

[19] 四川大学校史编写组. 四川大学史稿[M]. 成都：四川大学出版社，1985：208.

[20] 整顿教育声中山西大学之实在情况[N]. 大公报（天津），1931-02-05 (11)；山西大学的一瞥[N]. 大公报（天津），1931-05-28 (11).

[21] 赵清明. 山西大学与山西近代教育[M]. 北京：高等教育出版社，2011：86.

[22] [25] 革新山西高等教育之我见[N]. 大公报（天津），1931-02-23 (11).

[23] 整顿教育声中山西大学之实在情况[N]. 大公报（天津），1931-02-05 (11).

[24] 唐纳德·G. 季林. 阎锡山研究——一个美国人笔下的阎锡山[M]. 牛长岁，等，译. 哈尔滨：黑龙江教育出版社，1990：68.

[26] 国立山西大学沿革概况[G] //徐士瑚. 国立山西大学一览. 太原：国立山西大学刊，1947：1；徐士瑚. 解放前的山西大学[G] //山西文史资料编辑部. 山西文史精选建国前的山西教育. 太原：山西高校联合出版社，1992：19-22.

[27] 阎锡山. 山西省政十年建设计划案[Z]. 1933：12.

[28] 教部派员到晋视察[N]. 申报，1932-11-02 (10).

[29] 教部督学视察山西省教育总报告（上）[N]. 申报，1933-03-19 (15).

[30] 教部裁并山西文法院系[N]. 申报，1933-06-02 (13).

[31] 令山西省教育厅[G] //教育部. 教育部改进专科以上学校训令汇编. 上海：中华书局，1935：41.

[32] 教部改进山西四校 [N]. 申报，1934-07-31 (13).

[33] 宋恩荣，章咸. 中华民国教育法规选编（修订本）[G]. 南京：江苏教育出版社，2005：388.

[34] 令山西省立山西大学 [G] //教育部. 教育部改进专科以上学校训令汇编. 上海：中华书局，1935：41-42；教部训令晋皖两省立大学改进 [N]. 申报，1935-08-03 (16).

[35] 国立山西大学沿革概况 [G] //国立山西大学. 国立山西大学一览. 太原：国立山西大学刊，1947：1.

[36] 山西大学纪事编纂委员会. 山西大学百年纪事（1902—2002）[G]. 北京：中华书局，2002：129.

[37] 徐士瑚. 解放前的山西大学 [G] //山西文史资料编辑部. 山西文史精选建国前的山西教育. 太原：山西高校联合出版社，1992：25.

20世纪上半叶哥伦比亚大学师范学院的中国留学生*

——一份博士名单的见证

□丁　钢（华东师范大学教授）

从1914年郭秉文在哥伦比亚大学师范学院（Teachers College，Columbia University）获得教育学博士学位，成为留美学教育的第一位获得博士学位的中国人，到1950年傅统先、刘静和及卢惠卿等博士毕业，20世纪上半叶在美国哥伦比亚大学师范学院学教育获博士学位的共有49位中国留学生。

一、研究缘起

我见到的最初名单是由教育界老前辈吴棠先生搜集整理而形成的，20世纪90年代末吴棠先生将此名单交给赵中建教授。有一次赵中建教授给我看了这份名单，原先吴棠先生所列名单（不足20人）记录有一些英文的人名及其论文题目，但我感到如果能够深究下去，将是一件非常有意义的教育历史事件，承蒙赵中建教授将名单转赠于我。时隔多年，值其博士生邵兴江赴哥伦比亚大学师范学院访学期间，我将此名单转交于他，希望他能帮我进一步核实这份名单及其相关论文材料。在他的相助下，不仅对此名单作了仔细的核对、补充和列出部分中文姓名，并收集了相关的博士论文及一些可资研究的相关史料，于本研究带来很大方便。期间，台湾师范大学的刘蔚之教授以她在这方面的相关研究也给予了帮助。

2010年，国家图书馆出版社出版了《海外中国学研究书目系列·袁同礼著书目汇编》，其中编入了袁同礼在1961年编著的《中国留美同学博士论文目录》（*A Guide to Doctoral Dissertations by Chinese Students in America*，1905—1960），使得这份名单得以更为深入地校勘、比对、纠正、补充，以及人名和博士毕业年份核实（之前在毕业年份、论文发表年份，甚至所学专业上多有混淆），在进一步完善的基础上，形成了目前相对完整的名单。在以上基础上，我把这份名单置于更为广泛的史料收集之中，进而对名单中人物的性别、出生和籍贯、地位和影响等进行了考辨。可以说，这份名单承载了几代学人的心血，可谓意义深远。

这些都为我对于人物相关的历史事件进行追究，揭示这份名单背后所蕴含的历史价值，从丰富和理解中美教育交流历史出发进行初步的研究提供

---

* 原载《高等教育研究》2013年第5期。

了可能。

二、名单的若干解读

49 位获博士学位的中国留学生中，男性 44 位，女性 5 位。其中李昂（Ang Laifen Lee）以记忆与智力关系的实验研究[1]，在 1922 年获得博士学位，可谓是哥伦比亚大学师范学院第一位获得博士学位的中国女性。

根据 Stacey Bieler 所著的《在美留学生史》(2004)，其中有一份材料是关于 1914 年在美中国留学生来源省份统计，以人数多少为序，广东、江苏、浙江、湖南、福建和江西排在前六位，而人数在 50 名以上的仅有广东（392）、江苏（115）和浙江（69）。[2]作为佐证来看这份博士名单中留学生来源省份及其分布，以东中部为多，应该说与当时情形比较符合。

当时留学生的留学经费主要有三大来源，即庚子赔款（Boxer）、政府官费（Chinese gou）、教会资助（Protestant）。其中，清华大学基本上以庚子赔款为主，国立大学如北京大学、交通大学、西南联合大学、中山大学、武汉大学和南开大学等以中国政府资助为主，而教会大学如圣约翰大学、华中大学（华中师范大学前身）、燕京大学等均以教会资助为主。[3]

作为当时全球一流的教育研究生院，哥伦比亚大学师范学院在教育学、心理学方面的融合使其成为一所综合性很强的研究生院。学院建立初期，逐步形成了教育史学、比较教育学、教育管理学、教育经济学、教育政策学、临床与咨询心理学、发展心理学、认知心理学、课程研究等众多专业课程组成的丰富的教育教学资源。这体现在中国留学博士的学习专业及其博士论文题目和内容中，涉及的研究领域相当广泛。

以下表中即是这份名单所呈现的学习专业及其博士毕业论文的研究取向。

学习专业/人数	研究取向
教育学专业/40 人	教育理论思想、教育研究方法、教育制度和行政管理、教育财政、教育规划和现代化、学校教育、学科教学、社会教育、成人教育、职业教育、课程研究、教师教育、城市教育、农村教育、女子教育、资优教育、宗教教育、留学生教育
心理学专业/6 人	学科学习心理、智力测验、测量法
体育学专业/3 人	排球、体育管理、体育教育

根据记载，哥伦比亚大学师范学院从 1935 年开始招收教育博士（Ed. D）项目，对于招收教育博士有以下说明。

师范学院提供哲学博士和教育博士学位教育的高深学习机会。这两种学位都强调相等的标准，而满足于候选人不同的兴趣和需求。教育博士学位是依据候选人以往的教育和经验提供研究生高级学习课程。重点是强调为充分专业表现的准备而非研究的准备。在 1935 年，师范学院首次授予教育博士学位。[4]

因此在这份 49 人名单中，35 位获得哲学博士学位（Ph. D），另外 14 位获得教育博士学位（Ed. D）。这些教育博士学位都是在 1936 年到 1950 年期间获得的，第一位获得教育博士学位的中国留学生是沈祎（亦珍）[5]，而在此期间获得哲学博士学位的仅有 7 位。

三、哥伦比亚大学师范学院的地位和影响

作为历史最悠久的综合性私立大学之一，以及“常春藤”八大盟校之一，美国哥伦比亚大学被誉为政治家和经济学家的摇篮。哥伦比亚大学师范学院的创建与发展历史，某种程度上也代表了美国教师教育的发展史。1887 年创立时期，名为纽约教师培训学校。至 1892 年，正式改名为师范学院并

沿用至今，1898 年并入哥伦比亚大学，成为哥伦比亚大学的四所学院之一。

创办以来，学院在美国教育研究与教师培养领域迅速建立了声望，这与一大批蜚声海外的学术翘楚在师范学院任教有关，他们造就了诸多教育流派，也为师院的发展积累了深厚的学术与文化底蕴。其中包括动物心理实验的首创者、教育心理学体系和联结主义心理学的创始人桑代克，教育史学家孟禄，进步主义运动先驱克伯屈，教育生态学创始人劳伦斯·克雷明，艺术教育家亚瑟·道，教育哲学家玛克辛·格林，比较教育学领军人物康德尔、贝雷迪、诺亚和埃克斯坦，人类学家玛格丽特·米德，人本主义心理学家马斯洛、罗杰斯与罗格·梅，临床心理学家艾尔伯特·艾里斯等。杜威在 1904 年至 1930 年在哥伦比亚大学师范学院工作期间，与这些同事一起，共同铸就了哥伦比亚大学师范学院的黄金时代，创立了著名的实用主义教育哲学体系。从历史上看，哥伦比亚大学师范学院创立了全美第一个课程与教学系，在全球最早开设比较教育学课程并创建了比较与国际教育协会等，尤其强调心理学与社会学整合进入教师教育并将教育活动推广至社会关怀，以及强调心理学与教育学的融合等，使其当时被誉为世界教育研究的重镇。

哥伦比亚大学创办初期，国际化发展尤其是关注学生来源的国际化，成为哥伦比亚大学的重要发展战略。恰恰是在这方面，使其与中国近代教育有了历史的渊源，并产生深刻的影响。根据一份 1854—1953 年在美顶尖大学获得各级学位的中国留学生的统计，1 834 名中国留学生曾在哥伦比亚大学获得学位，当时全美名校中排名第一，其次是密歇根大学（1 300），再后是麻省理工学院（734）和哈佛大学（647）等。[6]

一份对 1909—1950 年在哥大师范学院获得各级学术和专业学位的中国留学生的抽样统计，发现在统计的 304 名毕业生中，回国后出任中央或省级政府教育官员的有 38 人，担任大学校长的有 11 人，担任学院院长的有 36 人，担任大学系主任的有 20 人，任职大学教授的有 90 人，担任中学校长的有 13 人，其他领域担任指导者有 16 人，共占 84.7%。[7]

这里关注的主要是获得博士学位的中国留学生，其实获得学士或硕士学位的更多，其中不少人成为近现代中国著名的教育学者，如陶行知、陈鹤琴、朱经农、欧元怀、俞庆棠、唐庆诒、王文培、郑晓沧、姜琦、汪懋祖、程时煃、程湘帆、罗廷光、常道直（导之）、萧承慎、陈东原、凌冰、齐璧亭、方永蒸等人。

更有一批虽然不是学习教育专业但在近代中国教育界极具影响力的人物，如胡适、马寅初、张伯苓、任鸿隽、陈裕光、罗家伦、金岳霖、冯友兰等人。

其影响还可从一件历史公案来加以佐证。

19 世纪 30 年代初在当时国内学界展开了一场关于教育的中国化还是现代化问题的论争。这是学习西方后，教育界呈现中国化的趋向。1933 年 12 月 29 日，陈序经在中山大学礼堂发表了题为《中国文化之出路》的著名演说，这比胡适 1935 年 6 月发表的《充分世界化与全盘西化》要早。这篇演说后来刊载于 1934 年 1 月 15 日的《广州国民日报》“现代青年”栏，从而引发了一场关于文化的大讨论，成为 1935 年全国范围内中西文化大论战的先声。陈序经认为，“中国的问题，根本就是整个文化的问题”，于是“为中国的前途计，我们要为它寻找一条出路”，他主张中国文化彻底地西化，即所谓“全盘西化”。提倡“全盘西化”论的重要方面即他认为教育要彻底地现代化，担心所谓“中国化的教育”很容易沦为教育上的复古运动。

1937 年 7 月 17 日，时任北大教授的傅斯年在《独立评论》第九号上发表了《教育崩溃之原因》一文，本是对这问题发表自己的意见，但进而用“哥伦比亚大学的教师学院毕业生给中国教育界一个最学好的贡献”这样的反讽与攻讦，表达了他对哥大毕业的教育学者缺乏专门知识的意见。他以为，在英国要学教育专业，必须本科毕业；在德国则是从大学哲学系的高年级学生中选拔未来的教师（傅在英国留学）。其中，他借胡适的话说：

> 看看这学校（哥伦比亚大学）的中国毕业生，在中国所行所为，真正糊涂加三级。因此我曾问过胡适之先生，“何以这些人这样不见得不低能？”他说“美国人在这个学校毕业的，回去做小教员，顶多做个中学校长。已经希（稀）有了，我们却请他做些大学教授，大学校长，或做些教育部长。”这样说来，是所学非所用了，诚不能不为这些“专家”叹息！这些先生们多如鲫，到处高谈教育，什么朝三暮四的中学学制，窦二墩的教学法（道尔顿制），说得五花八门，弄得乱七八糟。这些教育家们奈何把中学小学的课程弄得五花八门。这也与教育的崩溃有关。

1932年第十一号《独立评论》发表了邱椿（1924年博士，毕业于哥伦比亚大学师范学院）《关于教育崩溃的一个责任问题》的通信。邱椿认为傅斯年“措辞稍欠平和，持论似属偏激”，对傅斯年认为哥大师范学院毕业生掌握了当时中国整个教育政策的制定与推动，因此要承担中国教育没有成效的责任，邱椿反驳说：

> 民元以来，教育总长和部长好像有十余人之多，其中只有一位是师范院的毕业生，就是蒋梦麟先生。试问有什么事实足以证明蒋先生的政绩劣于其他十余教育总长的政绩？试问在他的任期内有什么特殊设施足以使教育崩溃？六三三制和道尔顿制本身的价值如何，姑置勿论，但至少它们不是教育破产的原因。道尔顿制和设计教学法等在欧洲学校内也很风行。欧洲教育为什么不会破产呢？“江南之橘，逾淮则为枳。”一切制度和主义在西洋大抵是好的，但一到中国人手中便弄坏了。我们不能责备制度和主义的介绍人，而应归罪于整个社会组织和中国的国民性。

对此，傅斯年在回应中一方面承认文章有不合逻辑之处，但同时也坚持了自己的基本看法，仍然认为，教师学院的中国毕业生确曾在民国七八年以来的教育学界占一个绝大的势力，而其成绩我们似乎不敢恭维。这不是说他们都不行，这只是取多数以为论。然而，无论傅斯年的看法是否代表了一种社会倾向，但哥伦比亚大学师范学院毕业生在中国近代教育发展历史上的影响力也可见一斑。

四、蕴含的历史价值

这里，进一步对这些留学博士的博士学位论文作些初步分析。

如前所述，哥伦比亚大学师范学院教育资源之丰富，体现在这些留学生的博士学位论文中，涉及的内容和研究领域非常广泛。不仅如此，其实也在客观上响应了从晚清到民国的建立这种社会转型所带来的在现代教育思想和理论发展方面的迫切需求，尤其是在向西方学习过程中从西艺西政向当代西学转化的文化背景中。而通过博士论文的研究加上自身的勤奋努力，并随其学成归国后大多进入中国文化教育界工作，他们不仅成为诸多教育学科研究领域的开创者和奠基人，也对现代中国教育学术体系的形成起到了积极的推动作用，成为中国现代教育发展和建设的先行者。

总体而言，从晚清至民国初期中国教育学的研究及其形成的文本，还是主要受日本教育学的影响。至19世纪20年代前后，美国由于其在教育学方面的大量前瞻性研究，已成为世界研究教育学的中心，加上由留美学生策划的如孟禄、杜威、克伯屈、柏克赫斯特、麦柯尔等一批美国知名教育学家（大多来自于哥伦比亚大学师范学院）频繁访华，这也影响着一批专攻教育学的中国留学生。他们在学位论文的研究中，呈现出对自己国家教育问题的极大关注。

综观49篇博士学位论文的选题与研究取向，可以发现，其中有28篇博士学位论文是以中国教育及其问题作为研究对象，尽管其依据了西方尤其是美国在当时世界范围内属前沿的包括教育学、心理学和体育学等方面的各种理论和方法。这绝非是因为留学生对自己国家的教育问题相对了解而容易入手，而恰恰体现了留学生对于自己国家教育问题的关注，以及体现在他们的博士学位论文研究中的学以致用的精神。

在早期的博士论文中，就有如郭秉文的博士学位论文《中国教育制度沿革史》(1914)，便是我国第一部具有通史性质的中国教育制度史著作。蒋梦麟的《中国教育原则之研究》(1917)，则可谓将中国教育思想赋予现代诠释的研究先驱。

继郭秉文和蒋梦麟之后，庄泽宣的博士学位论文《中国教育民治的趋势》(1921)，张彭春的《从教育入手使中国现代化》(1922)，程其保的《中国支持适当的公共教育的财政能力》(1923)，黄敬思的《以县为基础的督导：专业化教学督导及其在中国的应用》(1925)，直至范崇德的《中国农村的课程重组》(1948) 和李抱忱的《一项关于北平国立师范学院音乐教师教育的方案研究》(1948)，有关中国教育现代化、教育财政、学校教育、宗教教育和农村教育等方面具有开拓性研究的博士论文近总数的60%。

有意味的是，这49篇博士学位论文中，杜威并没有指导过其中的任何一篇，直接致谢的似乎只出现在蒋梦麟和张彭春两人博士学位论文的致谢词中，这与1919年及以后杜威在中国受到包括这些博士论文作者中不少人的热捧，并标榜为杜威的学生似乎形成了强烈的历史反差。其实，尽管杜威关于教育的思想理论对于在美学习的中国留学博士生似乎缺乏广泛的影响，西方当时的科学与民主思想依然贯穿于他们的论文之中，而且"在各论文的基础理论、文献分析或是参考书目方面，则明显可见杜威的影响力的确存在，构成相关博士论文进一步实验或规划课程方案的基础，而且越晚（至1940年为止）这种趋势越明显"[8]。其中，早期蒋梦麟博士论文（1917）中的引用并未作为理论依据，属旁征博引一类，但张彭春（1922）以杜威连续性概念为课程建构的哲学基础，邱椿博士学位论文《实用主义的教育理论》(1924) 的专门研究，作为中国资优教育研究先驱者沈祎的博士论文《相比其他儿童在资优儿童教育方面为中国初中推荐的计划》(1936) 对于杜威《民主主义与教育》和教材观察选择方面观点的引用，以及刘桂焯的博士学位论文《一个为学校课外活动改进和指导学生参与这些活动的香港岭南中学的计划制订》(1940) 推崇杜威的教育即生活的观念等，还是可以见证杜威思想的影响。

可以说，当杜威来到中国，正逢中国社会变革处于追求科学与民主热潮的高涨时期，杜威的学说迎合了这种时代需求，如从这样的视角来看，前述所谓的历史反差，也就不难理解了。

正如拉格曼所说，尽管杜威是公认的进步教育之父，对美国教育的贡献非凡，他的观点影响、激励了许多人不断地创新教育方法，但在那些宣称受到杜威激励和鼓舞的人中真正的信徒却寥寥无几。在那众多的"杜威式教育"的事例中，真正的杜威式教育也是屈指可数的。杜威在教育史上的地位，与其说是位改革家，不如说他是位被左派和右派既歌颂又批判的文化偶像更为确切。[9]而从杜威对于当时中国教育变革的影响来说，也如学者凯南所指出的，新教育改革家从杜威那里所得到的，是一个回避中国现实政治而颇具浪漫主义色彩的改革主张，它本身也如杜威的思想一样，难以切合中国的实际。从总体上看，杜威的影响是在思想领域。[10]

其实，当杜威来到哥伦比亚大学师范学院的时候，心理学家桑代克发表了《心智与社会测量理论导论》(1904) 这部重要著作，提出了与杜威以哲学为取向不同而强调以科学为取向的教育学术研究。而后被称为"教育测量运动之父"的桑代克倡导教育研究的科学化，将其建立在进行控制性实验和精确的定量测量基础之上，由此主张依赖专业化的知识，促使教育研究成为一门专业科学。"杜威的观点与20世纪初期学术界十分明显的职业化和专业化倾向格格不入。桑代克和贾德的观点却与当时各种知识的社会结构与时兴的观念及价值十分吻合。"[11]桑代克对于教育专业化的推进，得到了时任哥伦比亚大学师范学院院长拉塞尔的大力支持，其与贾德（杜威在芝加哥大学教育系的后任系主任）在学术上的相互呼应，使他们倡导的研究成为美国教育研究的基本范式。

在这批博士学位论文中，最早有刘廷芳的《中文学习心理学》(1920)，还有桑代克亲自指导的两位学生，如刘湛恩的《非口语智力测验在中国之应用》(1922)，其选用智力测验，致力于发展非口语的智力量表；朱斌魁的《在美中国学生：他们的成功及其关联的素质》(1922，其运用桑代克的心理与社会量表，力图用心理测量科学来解决留美学生心理上的问题和改进培养方法)，可谓为中国开拓教育实验新领域的开端。而在其他博士学位论文中，测量方法更是广泛运用其中，如李昂的《记忆与智力关系的实验研究》(1922) 和陈选善的《若干智力测验类型的可训练性比较》(1929)，写作能力如周学章的《写作能力测量法》(1923) 和黄溥的《以写作等级表方式评量英语写作的错误和改进》(1930)，教育行政如邰爽秋的《教育行政测量法》(1927)，社会能力如夏瑞卿的《小学生社会能力研究》(1928) 等。

这些都对中国 20 世纪 20—30 年代的“科学主义”取向的教育研究和发展，起到了推波助澜的作用。

【参考文献】

[1] ANG LAJFEN LEE. An Experimental Study of Retention and Its Relation to Intelligence [M]. Psychological Review Company，1952.

[2] BIELER S. “Patriots” or “Traitors”? A History of American-Educated Chinese Students [M]. New York：M. E. Sharpe，2004：375.

[3] National TsingHua University Research Fellowship Fund and China Institute of America：A Survey of Chinese Students in American Universities and Colleges in the Past One Hundred Years [R]. New York，1954：25，36-37，51-52.

[4] CLARA ESTHER DERRING. Register of Doctor of Education Reports [Z]. Volume 1，1935-March 1，1945，Teachers College，Columbia University，1945.

[5] YE SHEN. A Proposed Program for a Chinese Junior High School in Respect to the Education of Gifted-Children as Compared with other Children [D]. 1936.

[6] National TsingHua University Research Fellowship Fund and China Institute of America：A Survey of Chinese Students in American Universities and Colleges in the Past One Hundred Years [R]. New York，1954：25，36-37，40-50.

[7] LIN YIN GAO. Academic and Professional Attainments of Native Chinese Students Graduating from Teachers College，Columbia University (1909—1950) [D]. 1951：42-97.

[8] 刘蔚之. 美国哥伦比亚大学师范学院中国留学生博士论文之初步分析 (1914—1959) [M] //田正平，程斯辉. 辛亥革命与中国近代教育. 杭州：浙江大学出版社，2012：335.

[9] 拉格曼，一门捉摸不定的科学：困扰不断的教育研究的历史 [M]. 花海燕，等，译，北京：教育科学出版社，2006：42.

[10] KEENAN B. The Dewey Experiment in China：Educational Reform and Political Power in the Early Republic [M]. Harvard University Press，1977：79.

[11] 拉格曼，一门捉摸不定的科学：困扰不断的教育研究的历史 [M]. 花海燕，等，译，北京：教育科学出版社，2006：43.

李廉方对清末民初教科书的贡献*

□郭　戈（人民教育出版社研究员）

中国新式教科书起步于清末，活跃于民初，一批教育家、出版家，如张元济、陆费逵、王云五、戴克敦、范源濂、蒋维乔、李廉方、沈恩孚、高凤谦、庄俞、沈颐、张相、谢蒙、杜亚泉、方浏生、陈懋治、吕思勉、董文、陆基、刘师培、高步瀛、陈宝泉、顾树森、俞子夷、黎锦熙、吴家煦等，为此做出了开创性的重要贡献。其中的一位杰出代表便是"廉方教学法"的创立者、被誉为"平民教育家"的李廉方（即李步青，1879—1959）。正如他自己所说（1949，1937）："余夙治教育学，专究国民教育，尤致力于教材研究"，"所以我当省视学、部视学、教育厅长，都时常去实际参观，为系统研究三十余年，历在师范学校及大学任课专讲小学教材、小学课程、小学教学法，并且多次在小学任课或作指导，以及为书坊编读本及教授书，都是以全副精力，集注于小学课本。"[1](510,414) 概而言之，李廉方是清末民初教科书的一位开拓者，他不仅较早从日本引入和实践了新式教材，而且在民初编撰了一系列中小学和师范教科书，还实验创立了革新小学课程教材的"廉方教学法"；他所编写的教科书及其他教学用书，既涉及"国民教育"的主要学科（如修身、算术、国文或国语），也涉及中学和师范教育的一些领域（如教学法、教育史、修身和伦理学）。本文就李廉方在清末特别是民初时期对教科书的贡献作些考述和总结，以期对现今百年教科书特别是教科书人物史的整理研究有所助益。

一、清末西式教科书的引入者和实践者

李廉方编撰教科书的经历可追溯到清末。当时内忧外患，促使清廷痛定思痛，决意革新教育，引西学、废科举、兴学校，新教育制度得以确立。由于先进的日本与中国在文化上多有相似之处，新学堂章程以及教育理念便从东洋学起，即所谓"近采日本，以定学制"。在教科书方面也不例外，正如吴小鸥、石鸥所言（2011），包括"李步青、范源濂"在内的一大批"留日学生编译（撰）的教科书融入了一些与传统不一样的现代元素，对中国现代教科书产生了深刻影响"，从而"确立了中国知识分子在教科书编译（撰）中的主体地位"。[2]

1902年，旧学出身的李廉方赶上了中国第一拨儿留学潮，与黄兴、金华祝、张继煦、周龙骧、万声扬等作为湖北游学师范生被选派到日本弘文学院速成师范科。在学期间，他们编写了有名的《师范讲义》（四册，1902），内容包括教育原理、国家教育学、学校种类及系统、师范学校、小学教育制度、小学校教授法、中学校、德法英美教育制度、法制大意、经济大意、地理大概、理化概要、生理卫生学，还附录课外讲义和参观笔记。其中，"教育原理"还介绍了教科书采选与排列、教授材料选择与结合、教科书编纂等有关教科书问题的内容。据李廉方称（1947），该书"版权捐赠昌明公司，

* 原载《课程·教材·教法》2013年第4期。

曾畅销数年，获利两万元以上”。[3]他们还用部分稿酬购买了一部幻灯机和一些具有革命内容的幻灯片，在武汉多处放映，宣传世界各民族反抗压迫、进行革命的情形。[4]教育史学界认为，这套书是留日学界出版最早、内容最全、影响最大的师范教科书和教育著作之一，为发展清末师范教育、补济教材之不足、传播教育理论和新学科，都起到了很大作用。如陈景磐（1983）和王策三（1985）都认为，湖北师范生编辑的《师范讲义》是较早由国人自编的教育著作，它也较早“从日本详细地介绍了赫尔巴特派‘五段法’”，并“对清末新教育制度的建立影响更大”。[5]

1903年夏，李廉方因排满嫌疑被勒令返国。至辛亥革命武昌首义时，历任长沙明德学堂和湖北两湖师范教习、湖北师范成堂堂长、方言学堂监学、艺师养习所总理、省视学等职，一方面暗中革命，[6]一方面从事教育工作。他所管理的学校大量延聘洋教习和归国留学生来学堂任教，也设置和引进了不少国外的新课程和教材。李廉方在此方面做了许多工作，尤其注重中国语言文字、教育理论和教学法以及修身、国文等学科的教学的研究。他在辛亥革命胜利后几年内，能够很快编撰出大量的教科书，与其在清末的教育经历不无关系。此外，李廉方在20世纪30年代主持开封教育实验区时，为改进课程教学实验工作，还曾翻译引进美国教育家华虚朋（C. W. Washburne）的《个别化算术课本》（1935，与李秉德合作）。由此可见，在中国新式教科书发端之时，李廉方就积极参与其中，不仅有仿习日本引入西式教科书之功，也有多年在学堂试行和使用新式教科书之实践经验。

二、民初新制教科书的编辑者和撰写者

民国新学制的制定和各级各类学校令的颁布，给教育出版和课程教材带来了新机遇、新变革。说到民初课本出版，自然不能绕开中华书局，因为100年前由陆费逵在上海发起成立的这个书局是中国出版史也是教材史上的一件大事。而说到中华书局课本，又不能不提及李廉方，因为他作为教材编辑人员在初创之时的中华书局工作四年，成绩卓然，并与范源濂（编辑长）、陆费逵、戴克敦、沈恩孚、沈颐、谢蒙、张相等名家合作，保障了各种教材和学术著作出版的质量水平。加上天时地利，使书局业务蒸蒸日上，很快成为仅次于商务印书馆的全国第二大出版机构。笔者查考，李廉方在中华书局主要参与了“新式”、“新制”、“中华”和“单级”等系列教科书的编辑工作，还撰写出版了一批较有影响的中小学和师范教育教科书（人民教育出版社图书馆及其“百年教科书全文图像库”均有保存）。

（一）中小学教材

李廉方编写的《中华女子修身教本》（三册，高小用，1914，中华书局）“遵照部定小学教则注意女子之特性及将来生计，务使女子修得生活上所必须之知识技能”，“注意于贞淑之德，并使知自立之道”。教育部审定批语曰：“是书条理清晰，意义显明，实为难得，应即审定，作为高等小学教员图书。”[7]

《新制修身教本》（四册，中学用，1914，中华书局，谢蒙参与第四册编写）“按照中学课程标准编纂，书中多引经传古训，将中西伦理融会贯通……并注重方法，不侈谈学理，期养成学者之思想情操，使之实践躬行，而于国民弱点、学生习弊，尤多补求矫正之弊，为现今修身教科第一善本”[8]。1919年该书印了6版。

李廉方参与编写的《新式国文教科书》（八册，国民学校用，1915、1916，中华书局，与陆费逵、戴克敦、沈颐和姚铭恩合作。其中李廉方为六册第一作者，其他七册为第二作者），在“编辑大意”中写道：“根据小学教则确定本书之宗旨：修炼儿童之语言；授予切于实用之文字文章，养成发表思想之能力；培养国民之德行；启发智识。”该课本每学年用两册，每册正课50节（多为文言文）、附课四篇（白话文），足供半年使用；且文字与图画（第一册为彩图）并重，课文进行程序按册递增20字（诗歌例外）；均按照一定的文字、文章、材料、

图画标准选材。

作为中华书局编辑，李廉方参与“校阅”、“阅订”或“校补”的教科书主要有：《新式算术教科书》（八册，国民学校用，1916，顾树森、沈煦编），《新式国文教授书》（八册，国民学校用，1915、1916，吴研衡等编），《新式国文教授书》（六册，高小用，1916、1917，陈健等编），《新式修身教科书》（八册，国民学校用，1915、1916，方钧编），《新制单级修身教授书》（初小用，1915年，方钧、丁锡华编），《新制单级国文教授书》（甲、乙编各一册，初小用，1915，董文、钱巩编），《中华女子修身教授书》（高小用，1915，方钧编），《新式修身教授书》（六册，高小用，1918，方浏生编）等。[9](23、24、72)

此外，李廉方还于民初在武昌共和编译社编纂出版了《初等小学国文教科书》（两册，1912、1913，与张继煦合作）和《初等小学国文教授书》（1912，与向大锦合作），并校阅了《初等小学修身教科书》（两册，1913，王式玉编）和《初等小学修身教授书》（两册，1913，王式玉、金华祝编）。[9](17、22、36、64)

（二）师范教科书

李廉方编写的《新制各科教授法》（师范用，1914，中华书局，范源濂、姚汉章阅）分三编：第一编“总论”论述了教授的要旨、材料、方法和阶段；第二编“分论”讲解了修身、国文、算术、历史、地理、手工、图画、唱歌、农业、缝纫、体操和商业科的要旨和方法；第三编“单级教授法”论述了单级学校、单级的设备、编制、教法以及二部教授。此书集“编者十数年之经验，语多精审”[8]，是国人最早自编的各科教学法著作和教材之一。李廉方在书中对“教授之材料”作了专题研究。他认为（1914），“欲达教授之目的，必取资于教材”，教材“大体分选择、排列、联络三项”。其中，教材选择的标准“当为生活所必需之知识；适切于道德陶冶及国民陶冶之用；适应于儿童身心发达之度”，选择方法上“又当求之于人身周围之事物”。教材排列“以参用直进循环二法为最善。惟须即各教材固有之性质，按儿童发达之程度，及学年教授时间平均分配，以求得其宜”。其事项有三：教科课程表、教学细目、时间表。鉴于历史与地理、理科与算术、国文与各科均有密切关系，李廉方还提出了“教材之联络”问题。[1](12-14)到1921年该书已发行到12版。

《新制教育史》（师范用，1915，中华书局，范源濂校阅）分为绪论、我国海禁前之教育、世界新教育之潮流、清季教育以及民国学制四章。到1922年印达13版。教育部审查批语曰：“是书叙述中外教育盛衰及学术异同，多用比较立论，且于近年所说网罗略备，具见匠心。”[10]有专家称（蔡振生，1988）：该书是我国较早自编的一部教育史专著，是“中国教育史研究发轫期（1912—1927）”的代表作之一。[11]

李廉方主编的《实用修身伦理学讲义》（师范用，1915，中华书局，与周日济、潘武合作）共14章，即在校之责务（对于学校之规则、人、物）、卫生（节制、清洁、锻炼与活泼）、修学、言语、容仪、动作、公德、自立、对家庭之责务、对国家之责务、对社会之责务、对人类之责务、对万有之责务、教师之修养（品性、智识、形式之修养）。到1920年，该讲义已发行7版。

此外，李廉方在中华书局还参与了《实用小学教员讲义》（六册，供小学教员用，1915，与顾树森、周维城、吴家煦等合作）的编写工作。并且，作为编辑他还校阅了《新制学校管理法》（师范用，1915，周维城、林壬编著）等不少师范教材或著作。

三、国语运动和国语课本的先行者和探索者

中国古代，语文在学校里不是一门独立学科，而是作为一门文史哲综合性的学科进行教学的，学的是儒家经典、文选读本和作为启蒙读物的《三字经》、《百家姓》、《千字文》、《千家诗》等。清末开办新学堂时，才有“国文”一科，教授的仍是与口语脱节的历代古文。五四新文化运动提出白话文，

反对文言文，于是教育部又将国民学校“国文科”改为“国语科”。新中国成立后的“语文”实际上是将“国语”和“国文”合二为一。在语文教育及其课程教学这一革新过程中，李廉方十分关注，并做出了重要贡献。就教育而言，李廉方对小学教育或国民教育贡献最多；就学科而言，李廉方在中国语言文字及其教育上的成就最大。他说过（1934）：“少时于治经史词章图算之余，粗习文字学。东瀛游学归，深有见于国民教育为立国之本，国语文字为一切学习工具，因之致力于此尤勤。……三十年来，凡国语教材及教法之种种问题，靡不推究其因果与关系。”[12](193)当时，无论是国民义务教育还是语文课程教学，都与国语运动有着密切的关系。因此，一方面，先后作为北京政府和南京政府国语统一筹备会委员的李廉方，始终走在国语运动的前沿，积极倡导和实施言文一致、国语统一；另一方面，先后作为中华书局编辑和教育部教科书编纂员（后改为编审员）的李廉方，以钻研小学语文为主要抓手，编写出版了一系列教材——既有带点儿白话文色彩的国文教科书，又有言文完全一致的国语教科书。

（一）国文教材编撰与国文教学新研究

民国元年，李廉方“即提出改国文为国语”[12](196)。他深感当时民智不适应新国体和时代的需要，左思右想后得出首要解决的当为文字问题，也就是他一直提倡和推行的言文一致、国语统一与简化汉字和注音问题。1912 年，李廉方分别与张继煦和向大锦合编的初小国文教科书和教授书，已经把白话文作为一个重要问题加以考虑了。该书“编辑大意”指出：“近出各教科书纯用文体，虽然意求浅显，而文不通俗，不易了解。本书由语入文先选列常用名词，进为言文一致之语，再进为通俗之文话，更进为平易之文言语法与文法，同异极费斟酌，循序渐进，儿童易于领悟。”并且，“本书另有教授书按照钟点用白话编为教案以供教员之用。”1915 年，李廉方与陆费逵等合作的影响较大的国文教科书也加入不少白话文，正如《民国时期总书目・中小学教材（1911—1949）》评价的，“李步青等编的《新式国文教科书》（1—8 册）”“每册附有白话文四课，为以前教科书中所未有”。[9](38)

1915 年 5 月，教育部新设教科书编纂处，鉴于李廉方在教育学界在教科书编写上的造诣，特别是他在中华书局编撰多本有影响的国文和修身教科书，特聘请李廉方及熊崇煦、陈润霖、黎锦熙等专家为编纂员，主要“编订初小国文读本纲要和国民学校修身教科书”。据黎锦熙在《国语运动史纲》（1934）称，他们四人“每主张国文宜改国语，闻者但微笑。后来只把第一册勉强用些言文接近的句子；第二册将‘的’、‘么’、‘这’、‘那’等字附在课后，以与课文中的‘子’、‘乎’、‘彼’、‘此’对照。但终于被删去了”。[13](107)当时国内局势动荡，此教科书昙花一现，未能推行。但李廉方潜心研究小学国文教学问题，在《中华教育界》杂志发表了《国民学校国文教授之新研究》（1916）和《小学国文教授实际之研究》（1919）的长篇论文，深入系统探讨了中国文字（如文字之特质、字数、字体、字音、笔顺、联想文字及特殊教授之法等）、文法（如汉语文法、国外文法等）及国文教授法（如文字教授、句读教授、教授次序、教授方式、自习方法等）。

（二）国语教材编撰与国语文学读本研究

“五四新文化运动促进了学校教育有不少改革。其中影响最大的为推行国语运动。”[14]正如西方的启蒙运动一样，语文的革新走在教育革新的前面。在西方，民族语文代替了拉丁文；在中国，白话文替代了文言文。在 1919 年首次召开的北京政府国语统一筹备会上，作为教育部视学主任的李廉方被聘为委员，他提出了大会第一案，即“请改正注音字母名议案”，要求改“字母”二字为“符号”。他还被会议主席指定参与负责国语统一进行方法案、编辑国语词典案等事宜。[15]翌年，教育部接受该会提案，明令把小学一、二年级国文改为语体文，并规定至 1922 年凡文言教科书一律改为语体文。后来，大中学校的教科书或讲义也逐渐废止文言。这实在是中国教育史上的一件大事。

1922年之后，已卸任河南教育厅长，专任教育部新学制专员、教科书编审员和武昌高师教授的李廉方，又用数年之时并集十余年之功，不但在《中华教育界》、《初等教育》和《新教育》杂志上发表《义务教育进行计划案》（1922）、《小学教材之商榷》（1923）、《教学历程应如何组织》（1924）、《新小学》（1924）、《小学教育经费问题》（1924）、《小学国语文学读本之研究》（1925）和《小学教育根本改造论》（1926）等有关论文，更在中华书局出版了他独立编写、适用新学制的“新小学教科书”——《国语文学读本》（初级，八册，1925—1928）、《国语文学读本》（高级，四册，1927、1928）以及《国语文学读本说明书》（1925）和《国语文学读本教授书》（四册，1928）。[11](56,64,74)其中，供初级小学四年之用的《国语文学读本》，注重儿童学习心理和文学陶冶，“选字2 300余个，皆普通必用之字。分量较一般之国语教科书为多，并多反复与变化”。[9](43)该读本用语为“纯正国语，且完全儿童化”，“选材以读的儿童文学为准，儿歌、童话、民话、谜语、谐谈、寓言、故事、传记、小说、剧本等各体皆备”。李广在《小学语文教学论》（2005）指出，该读本“一年级第一学期一开始就读韵文……课文内容颇有情趣，生字重复率高，便于巩固”。这类读本的“长处”在于：“用白话文编写语文课本，使小学生的语文能力得到提高。这在我国小学语文教材史上是一个重大的发展”；“编入了童话、自然故事、生活故事、历史故事、山歌、民歌等，增强了语文的文学性和趣味性”；“由于五四运动的影响，增加了反帝、反封建和热爱祖国的内容。所编入的课文，有的揭露列强的罪行，有的称颂爱国历史人物，有的赞美祖国河山等”。[16]其中，供高小使用的《国语文学读本》虽然也是语体文形式，但“力矫近来白话文种种之病，一方体会自然语言，使句句便于上口；一方运用古人作文文诀，由用字之诀，使声调谐和，由用笔之诀，使控纵自如。儿童熟读各课，自易领会造句与作文之法”。

1925年，李廉方在《国语文学读本说明书》中阐述了对国语课本的观点主张。他指出当时国语教科书（又称读本）主要有两种体式：一是改良式，不落旧式教科书之窠臼，形式内容渐倾向于儿童文学，多用于一般小学；二是文学式，改换旧式教科书之面目，文字尚重复，内容重趣味，多用于新式小学。他认为，“国语读本，由儿童文学组织而成者也。教授书，所以辅助读本进行者也。非国文素具根底之人，精研儿童文学，兼于教学原理实验有得者，以彻底之研究，编辑读本，不足观也。夫读本之要，人所公知；而成书之难，世或未喻。学者浅尝，仅窥一斑于全豹；作家率尔，时误千里于毫厘。”他通过研究文学为何、儿童文学为何、以往国语读本之缺陷为何，“得读本应为儿童文学之原则有二：取儿童教材，适合于学习心理；取文学陶冶，达到教育目的。”关于国语读本应具之性质，李廉方主张，“国语读本不是听的儿童文学”、“看的儿童文学”、“唱的儿童文学”，“应为教科书体裁”；“国语读本必集合各类儿童文学，以自然之语言、通常之文字，重加组织便于诵习，而成为教学之工具，可断言已”。[12](66,69,70,71)《国语文学读本》就是李廉方经过对国语读本的性质及其与儿童文学关系，及其对儿童语、选字、目标、进程、选材、结构、分量和教授书等方面深入研究的基础上编写出来的。

四、国人自创课程教学法的实验者和创立者

20世纪30年代，李廉方在担任河南大学文学院院长兼教育系主任以及开封教育实验区主任期间，学术重心从教材编纂转向课程教学整体改革的实验研究上，先后创办《教育周刊》和《开封实验教育》杂志，发表了《初小国语测验预备材料及方式之说明》（1930）、《实验小学教育》（1931）、《教材研究》（1932）、《教学单元应有的认识》（1932）、《对于劳作科课程和教学之意见》（1933）、《儿童读物审查报告》（1934）、《小学低年级综合课程论》（1934）、《国语算术计划纲要》（1934）、《改造小学国语课程》三期方案（1934、1935）等几十种论

著，并以此为实验依据，在实验区的两所小学进行实验，并创立了彻底改造课程教材教法的“廉方教学法”，从而达到了他教育学术事业的顶峰。

李廉方改造教育的“根本体验”在于中西工具即语言文字异趣、中西社会经济悬殊。他认为（1935），当时小学教育缺陷多多，如分科教学被奉为金科玉律、班级教学不问儿童智愚优劣、课本过重形式反不及课外读物、分段教学忽视儿童心理和活动、训教分离仅限于知识传授、课外作业流弊百出成为蒙饰官署之形式、讲读纯用口耳几乎成为教学唯一途径等，以导致与现实生活脱离而效率低微、浪费时间、学生烦苦。再以课本问题为例，他认为，现行课本乃教学改进最大障碍物，但不在根本废除，而在编辑与使用方法的改革。从班级制与授课式之下产生的一种教科书体，过重形式，反而不及课外读物较便于儿童自读或自习之用。尤其低年级常识课本，等于认读文字；中级以上国语课本，常识成分太重，缺乏文学意味。因此，“合科教学法是因为感到普通教学、单级教学、分团教学、自学辅导式教学、设计式、道尔顿制等实施的困难和缺陷，以及打破科目、打破年级、适应生活、训教合一等问题，想求一个简而易行的总解决。”[1](471)

“廉方教学法”的主要目标是以一般小学两年半学习时数修完部定四年小学课程，并努力实现教育与生活相适应、教与训合一。在课程上，分文艺、算术、劳作、游戏、特别联系四系，文艺包含国语、常识、图画三门；游戏包含体育、音乐二门；劳作包含服务（整洁、记载、传习）、实习（技能训练、科学试验）二门；特别联系则由上三系之作业部分抽出练习。算术进至技能完成期，独立占时较多。这些课程有一套新的组织方法：一是统一知识与工具，二是结合出于自然。在他看来（1935），“离开了一切学习活动，便不能产生切合实际需要的文字材料。文字是进行一切学习活动的工具，至少算术、常识是这样的。惟其如是，工具和知识技能就须统一起来，而这种统一又须建筑到环境上面，教育见解才可以贯彻到底。”[12](201) 因此，李廉方将其课程教学过程分为三期：第一期为正式阅读前准备期，可以说是认字学习期，把常识、算术、游戏等完全结合在观察、联想、发表三个阶段里面；第二期为取得自学应有技能期，可以说由识字过渡到读书时期，常识、算术、游戏还是统合学习，不过得有少许的特别练习时间；第三期为完成自学功用期，可以说是正式读书期，就是使每个儿童尽量发展他的自学能力，如果离开学校不再升学，随时也有自修的力量。此外，为配合教育实验，李廉方在开封教育实验区还出版了 20 余种“小学教学活动纲领及参考资料”，如《龙亭》、《相国寺》、《岳飞与朱仙镇》、《包拯》、《新年》、《端午》、《儿童节纪念》、《国庆纪念》、《孔子圣诞》、《淝水之战》、《民族英雄史可法》、《九一八国耻纪念》、《云南起义纪念》，以及《健美早操》、《日常生活小歌曲》、《小小工程师》、《儿童字典》、《写字与认字》、《涂色画片》、《一个小间谍》、《怎样剪纸》等。

经过几年的探索，“廉方教学法”实验成效显著，影响很大，一时间参观者络绎不绝，都给予高度评价，尤其是教育名家黄炎培、王世杰、俞子夷、江问渔、孟宪承、朱有光、肖承慎、王秀南等则撰文推崇有加。至今，该法仍被誉为“国人自创教学法”的主要代表。[17] 中国台湾学者徐珍（1974）称：“廉方教学法最大贡献，尚不在经济教育年限，而在革新过去我国教学之弊病，而创一种适合国情的教学法。”[18] 这种方法，因其“以一般小学学龄儿童两年半授课时数修完部定四年课程”，经济而有效，初名“二年半制”；又因为它在识字教学上颇有成效，且不采用课本，应用卡片之处甚多，又称“卡片教学法”；还因为国语常识合科、课程教材有综合的思想和组织，遂名之曰“合科教学法”。

抗战爆发后，李廉方应聘担任教育部实验教育教材编辑主任、教科用书编辑委员、特约编辑、国民教育辅导研究委员以及国民参政员，继续从事课程教学实验和教科书编审工作，又出版了《编辑儿童读物应有的认识》（1938）、《合科实验的廉方教学法》（中华书局，1939）、《中国文字拉丁化问题》（1939）、《中国推行义务教育应有的基本认识》（1939）、《最经济的合科教学法》（1940）、《初小习字范本说明书》（1943）等论著。新中国建立前夕，李廉方作为特邀代表出席了第一届全国政治协商会议。后出任中央人民政府文化教育委员、中南军政委员兼教育部副部长等职，并发表《关于精简课程的意见》（1950）、《全国识字运动初步方案的建议》（1950）、《关于识字教学的几个问题》（1950）、《对新学制的认识》（1951）等论著。1959年李廉方去世，人民政府庄重公祭，挽联道："遗著犹新与辛亥革命历史共存，此生无憾见中国社会主义实现。"并对他在辛亥革命、国语运动与语言文字、民俗与地方史志及其在教育事业上的突出贡献，给予了充分肯定和高度评价。

【参考文献】

[1] 郭戈. 李廉方教育文存［M］. 北京：人民教育出版社，2006.

[2] 吴小鸥，石鸥. 晚清留日学生与中国现代教科书发展［J］. 高等教育研究，2011（5）.

[3] 李廉方. 辛亥武昌首义记［M］. 武汉：湖北通志馆，1947：2.

[4] 刘建一，李丹阳. "武昌花园山机关"初探［J］. 辛亥革命青年学术讨论会论文集. 北京：中华书局，1982.

[5] 陈景磐. 中国近代教育史［M］. 北京：人民教育出版社，1983：150，260. 另见王策三. 教学论稿［M］. 人民教育出版社，1985：47.

[6] 郭戈. 李廉方与辛亥革命［J］. 文史知识. 2000（10）.

[7] 教育部. 教育公报一年五期"公牍"［Z］. 1915（9）.

[8] 中华书局. 中华教育界"夹页"［Z］. 1914、1915.

[9] 北京图书馆，人民教育出版社图书馆. 民国时期总书目·中小学教材（1911—1949）［Z］. 北京：书目文献出版社，1995.

[10] 教育部. 教育公报二年十期"公牍"［Z］. 1916（12）.

[11] 蔡振生. 中国教育史研究的历史回顾与反思［J］. 北京师范大学学报（社会科学版），1988（3）.

[12] 郭戈. 李廉方语文教育论著选［M］. 北京：语文出版社，2006.

[13] 黎锦熙. 国语运动史纲［M］. 上海：商务印书馆，1934.

[14] 顾树森. 中国历代教育制度［M］. 南京：江苏人民出版社，1981：269.

[15] 记国语统一筹备会［N］. 教育公报六年九期，1919（9）.

[16] 李广. 小学语文教学论［M］. 长春：东北师范大学出版社. 2005.

[17] 司琦. 中国国民教育发展史［M］. 台北：三民书局，1981：269.

[18] 徐珍. 教学方法演进［M］. 台北：复兴书局，1974：118.

中国教育现代化运动中的中国化与美国化、欧洲化之争*

——1932年国联教育考察团报告书《中国教育之改进》的文化价值观及其反响

□ 孙邦华（北京师范大学教授）

中国教育现代化是借法欧美日的产物，清末民初“近鉴日本，远法欧洲”，20世纪20—40年代，学习美国。中国教育现代化过程中的移植带不了不少问题，一些教育家开始反思，提出了教育中国化的思想。1931年，国际联盟（简称国联）派遣的考察团对中国教育考察后，批评中国教育现代化过程中存在着严重美国化的倾向，引发了中、美、欧三方教育家关于中国教育现代化中的中国化与美国化、欧洲化之争。

1931年4月，国民政府财政部长宋子文请求国联遴选专家顾问来中国“助商发展教育制度之方案”[1]。5月19日，国联下属机构“国际文化合作委员会”训示其执行机关“国际文化合作社”派遣专家前往中国，考察教育现状，提出改革建议。6月，该考察团组成，正式代表4人。① 9月30日，考察团抵达上海，随后对上海、南京、北平等进行了为期近3个月的考察，于12月中旬结束。翌年9月，考察团完成报告书 *The Reorganization Education in China*，同年12月，国立编译馆将其翻译成中文《中国教育之改进》。全书共计两编，分别叫“通论”与“各论”，包括中国各级各类教育存在的问题与相应的改革建议。该书一经面世，立即在中美教育界引起激烈讨论。当今，学术界对于报告书及其影响的研究十分薄弱，尤其是对它的文化价值取向及其反应缺之关注。本文以报告书及其评论为对象，分析20世纪30年代在中国、欧洲、美国教育家之间兴起的一场有关教育现代化中的中国化与美国化或欧洲化的论争。

一、报告书的文化价值取向：去美国化、倡中国化

报告书从头至尾贯穿着一个文化价值取向：去

* 原载《教育研究》2013年第7期。

① 考察团组成人员分别是：德国柏林大学教授柏克担任团长，负责中国中学教育和教育制度问题；波兰教育部初等教育司司长法尔斯基教授，负责考察中国职业教育问题；法兰西大学教授郎之万，负责中国自然科学与技术教育问题；英国伦敦大学教授汤尼，负责考察中国高等教育制度。参见国际联盟编著：《中国教育之改进》，国立编译馆1932年版，第1页。

美国化、倡中国化。

报告书第一编第二章专门阐述“国家教育与外来之影响”，提醒中国教育制度改革中所出现的主要问题，便是在借鉴欧美教育时所表现出的态度。“此多种外国制度为中国所竭诚热心采用，而努力使之同化者，是否真能应付当今中国国家教育之需要，中国尚无暇顾及。”[2]这段话可谓直击了教育现代化中的要害问题，就是中国教育人士热衷于照搬外国制度，既不注意中国国情，又没有与中国传统教育结合。“此种潮流系由新教育机关所介绍，虽亦输入不少近代文化上之价值，但仍未能改变现在学校制度不相连续之性质，或促进其根本之改造，以成一适当之整体。”[3]

报告书所指外国教育对中国的影响，尽管包括了日本、美国、欧洲，但只是对近10年来中国教育家醉心于美国教育，以及由此造成对中国的压倒性影响等文化教育观提出批判。“吾人今为此言，其目的专欲警告中国之教育家，使不徒务肤浅之美国化而已。”[4]

第一，关于科学教育。大学教育中的不少学科直接把美国出版的英文原版书籍用作教科书，而没有用本民族的通用语言编写出适合中国学生需要的教材。报告书认为这是中国教育中存在的一个十分严重的问题。考察团建议，在中等教育中，“外国语言之课本，实有完全禁止之必要”[5]。

第二，关于中等教育。报告书指出：“此种教育之组织及性质，显然以美国教育制度为其模范者。”[6]考察团认为，中等教育所担负的使命应该是给予受教育者“完全的教育”。[7]中国中等教育所模仿的美国的分科制和学分制具有明显的缺点。学分制“牺牲了文化本身之整一性及普遍性”，而无法“供给一种完全之教育”。[8]中国目前缺乏相应的中学教师，分科制实际上虚有其名。[9]所以，考察团直言中国教育制度的弱点即在中等学校。[10]

第三，关于中学师资培养。报告书说美国人视教育学为极为重要的学问，并自成一门独立的科学，所以，大学里培养出的大批中学教师“熟稔教育学中所包含之一切学问，而对于课程表中所列之科目则无一专长”。中国仿效美国的师资培养制度，设立许多独立的师范学校、师范大学。[11]考察团认为，美国的师资培养制度有非常明显的流弊。因为中学教育既然是一种完全的教育，每个学科的专任教师就必须对所担任教学的科目有彻底的了解，教育学理论与方法的训练只能处于次要地位。中学专业教师的培养应采用欧洲的办法，即基本上由大学里的文学院、理学院承担，“专门学习教育学者，必须仅限于欲为教育学教师，或督学，或教育行政上之高级官吏者”[12]。

报告书还强调说，中国过于重视高等教育，反而忽视民众最需要的初等教育和职业教育，并且批评学校教育缺乏社会观念，是“一种空泛之教育”。[13]考察团认为，中国现代教育之所以会呈现出美国化趋势，主要是由于留美归国学生和教会学校毕业生成了中国社会“一种治人的知识阶级”，尤其是前者成了移植美国教育的主力。“此辈曾在外国大学肄业之青年，一旦在国内取得地位与势力，即欲将外国学校之模型移接于本国教育制度之本身。”[14]欧洲考察人士非常尖锐地批评说“海归”人士富有海外知识，但对本国传统文化“几于毫无所知”[15]，更不注意了解国情民意，[16]其结果必然是对美国的教育制度采取简单的模仿办法。

报告书认为，任何对外国教育制度的简单模仿都是有害的。首先，忽视国情民意。欧美的制度、方法与其各自国家、民族“特性”有密切关系，但“徒模仿美国生活之外形，而不知美国主义系导源于美国所特有之情状，其与中国所流行之情状完全不同”[17]。其次，割裂与中国传统文化的关系。“凡将一国固有历史上之文化全部牺牲者，其结果未有不蒙其害者也”[18]。建立现代教育制度的关键，“不在于模仿，而在于创造与适应”[19]。中国教育领袖在此问题上犯了严重的错误，一方面“竟将美国教育与现代教育制度视同一物”；另一方面，“对于中国之旧教育制度，不但认为陈腐，亟须改革，并谓其具有罪不容逭之性质”[20]。

考察团正式成员来自欧洲四个不同的国家或民族，对中国教育各种现实问题难免会出现认识与看法不一致的情况。考察结束后也是分别负责起草报告书各自的内容，从分头起草报告到形成一个统一的报告书之前，他们再没有聚在一起进行过讨论与协商。我们不禁要问，有关教育中国化的价值取向是他们的共识吗？

英国伦敦大学教授汤尼（R. H. Tawney），是此次考察团的成员，负责考察中国高等教育制度，并起草报告书相关内容。他于1933年2月17日在《伦敦时报》上发文，申明他对于报告书除了自己所写的那部分外，其他部分未曾过目，因而自己不能对报告书负全责。[21]从而证明考察团成员对中国教育的一些看法存在分歧。汤尼在此次考察的前一年曾经应太平洋国际学会的邀请，到中国调查农工状况，于1932年出版了《中国的农工》一书。该书的最后部分所论有关中国教育的缺点，与《中国教育之改进》中的观点基本上是一致的。考察团成员对教育中国化原则问题的认识达到了高度的一致。他说："除非教育在土内生根，她必不能成为活的教育。救国的秘诀就是西洋有这个东西也是不能输进来的：她并非贸易物品。中国如要得这个东西，她必须是国产。中国教育家迁移视线的时期到了：以后可以不必望天，应该看看脚下的地。唯独在这个地上——这个中国生活的实况的土地上——中国教育家能够找到材料来创造一个适合中国需要的教育制度。"[22]

1932年7月20日，国联之世界文化合作社在日内瓦召开第十四届大会第五次会议，会议主题为审议关于考察中国教育的报告，中国教育考察团团长柏克、成员郎之万等人出席了会议。他们在发言中再次重申中国保存固有文化重要性。"考察团在中国时曾屡言之于中国当局，告以保持中国之立场，实为中国最稳健之政策"。[23]与会人士基本上都赞赏考察团提出的教育中国化思想，主张"应保存其固有之文化而发扬光大之，至仿效西方文明则应择其有价值者，使之同化于我，而成为中国之所有"[24]。可见，提倡教育的中国化，不仅是考察团的共识，且得到此次活动的组织者国联世界文化合作社的高度认同。

总之，报告书非常深入细致地分析了中国教育现代化中所出现的美国化的种种表现、原因、危害等问题，其目的在于去美国化。甚至说，欧洲文化较美国文化更适宜中国，但并不是主张"举欧洲之教育方法以代替美国输入之方法"，而是非常明确地倡导中国化："此种文明，非美非欧，而为中国之特产也"。[25]考察团告诫说："凡对于中国国家教育之政策负有责任之领袖须知徒对欧美之情形与方法为任何皮毛上之采纳，必仅能达到偶然的与次等的结果而已。"[26]尽管考察团提出中国今后应多吸取欧洲文明，但正是在一点上遭到了不少中美教育学家的批评。

二、美国教育学者：批判与反思并存

由于这次考察团成员全部由欧洲的教育家、学者组成，没有一个美国人参与其中，所形成的报告书又痛批中国教育的美国化及其所带来的消极影响，同时批评了美国教育，美国教育学者对此自然会高度关注和回应。

美国明尼苏达州立大学教授本杰明（Harold Benjamin）在《学校与社会》杂志上发表专文进行评论，他首先肯定了报告书所提出的一个国家的教育必须建筑在固有文化的基础上的原则，但认为考察团在解释这个原则时又自相矛盾。他指出："他们一方面主张：中国不再模仿美国教育，应当创造她自己所需要的制度。在另一方面，他们却很希望：中国直接去模仿欧洲大陆教育，不要经过美国人的手。"[27]

本杰明认为报告书暴露了这些欧洲考察团成员"愿中国教育少美化而多欧化"的思想，因此，他认为报告书是一份不折不扣的"改进中国教育欧洲化的方案"。他尤其对欧洲人对于美国的教育科学化运动——教育学自身成为一门独立的学科——所表现出来的怀疑甚至蔑视的态度表示遗憾，认为这样幼稚的观点出自国际联盟的文化机关真是不可思议。[28]

作为当时美国教师教育重镇的哥伦比亚大学师

范学院——培养了大批中国教育学硕士、博士——对报告书中的“去美国化”思想持怎样的态度，是值得关注的一个话题。该院院长威廉·罗素（William Russell）于1933年3月在《师范学院学报》（*Teachers College Record*）发表了对考察报告的评论文章。罗素认为美国人不要因为报告书强调“不要抄袭美国的教育”和“欧洲的文化情形比之美国的更适合中国的需要”而“动气”；相反，如果美国教育学界“只去静静地细思，不要盲目自下判断，且先来自己检讨一番”，就会发现“这实是一句忠实之言”。[29]

罗素为什么会赞同报告书中的去美国化思想？这是值得玩味的问题。笔者认为，罗素这种思想是与他10年前作为巴敦调查团中的一员对中国教育进行实地调查之后的思考密不可分的，巴敦调查团考察后撰写的报告书《中国基督教教育事业》所提出的中心思想之一便是“更中国化”。当时他在中国各地做了为期3个多月的调查，亲眼看到在华西人分别主办的教会学校都无一例外地外国化了，他对此十分震惊。他指出一个文明国家对外国侨民或游客及其随身所携带的动植物都必须经过严格检查，以防输入疾病，那么，教育制度的输入更要有严格检查的必要，“此并非阻止国际思想的传递，却在防御不良制度的输入”。[30]

罗素认为，这份报告书是由外国人对中国教育问题进行的评判，不免有隔靴搔痒之处，但并不能否认它提出了有价值的思想，因此，中美人士对这份报告书都不能忽视。首先，中国的教育者应该细读报告书，因为“种种问题的提出都对中国的教育有极好的贡献”；其次，对美国更有重大的意义，因为它有相当篇幅都在批评美国教育的缺点及其对中国教育的不良影响。为此，他提醒美国教育界应该进行自我反省，不仅要改良美国的教育，而且今后更需要反思和改良美国对外国留学生的培养，“要使他们能充分了解美国的理想，使能自己估计和评判，而于采用之先，能注意到是否适合国情”[31]。应当说罗素的评论是非常理性的。

罗素也指出考察团成员对美国教育的情况有些不太了解，因而在报告书中出现了一些错误，对此，罗素认为考察团中应当有一名美国人参加，“这并非是要把美国的教育理想给人采用，所希望的就只是能于美国的教育理想多有所解释”[32]。也就是说，美国人的参与是为了避免出现对美国教育不应有的误识与误解。美国国际教育社的杜干博士（Dr. Duggan）在美国《纽约时报》上发表对报告书的评论时，同样认为考察团既无一名美国人，又没有与熟悉美国教育的专家进行过商讨，必然产生对美国教育的一些错误看法。报告书只是笼统地讲美国教育的缺点，考察团却没有注意到美国的教育是以州为本位，因而没有一个单一的美国教育制度。[33]

美国教育学者对报告书的评论以本杰明和罗素二人的意见较为详细、深入，同时他们又代表了截然不同的两种观点。前者对报告书所暴露出的以欧洲化代美国化思想颇不以为然，隐含着对去美国化文化价值观的否定，停留在粗浅的批判的层面；后者则认同“中国化”思想，主张美国教育家需要引以为戒，反省美国的教育和对美国的外国留学生的培养。据此可以说，美国教育界对报告书的态度是粗浅的批判与理性的反思并存。

三、中国教育界：两极化的反应与评论

考察团一行刚到中国就备受中国教育界和媒体关注，当他们到南京等地进行教育考察时，《申报》、《大公报》等重要报纸对其活动时常进行报道。《中国教育之改进》出版后，很快风行全国。[34]有留美背景的教育学家、大学教授、学者纷纷在《中华教育界》、《独立评论》、《师大月刊》、《东方杂志》、《大公报》等报刊上发表评论文章。

李建勋于1933年5月在《师大月刊》上发表长篇论文，对于报告书提出的中国教育现代化必须把采借外国文化与民族文化有机结合，厉行创新的原则深表赞同，这一原则“尤为救治吾国教育之良药”。他认为，中国30余年来仿效外国教育未能取得比较大的成效就是由于“缺乏此民族性与创造

性”。但针对报告书提出中国学美国不如学欧洲的观点，李建勋颇不以为然。他认为，中美两国都是民主国家且地大物博，美国文化系融合欧洲旧文明与美国新需要而成，因此，“美国之文化实较适中国之需要”。他既具体分析了报告书对中国各类教育存在的问题及改进建议在许多方面非常有道理，同时指出其中的不少分析和观点特别是在美国教育对中国教育的影响上是不能赞同的。比如，报告书对中等教育缺点的批评，“谓美国在中国教育上有过分之影响，不特未明中国真相，恐美国教育之真相亦茫然也”，尤其是对中美师资培养的批评言论“最肤浅而轻狂”，“非特所言无甚可取，而其态度亦欠谨慎”。[35]

教育学家廖世承于 1933 年 5 月在《中华教育界》发表评论文章，对报告书所强调的文化价值取向，没有简单地表示肯定或否定。他认为，对于中国固有的文化不能笼统地说保持，而应该向前看。他说：“必须以现代的目光，现代的需要来重行估定价值”，因此，我们可以说中国的教育“必须适合本国的情状”，但如果认为“须建筑在传统的文化上”，“就有争执了”。中国教育的现代化，不是应不应该模仿外国，而是模仿的效率问题，“有效的模仿就是合理的模仿”；反之，就是不合理的模仿。[36]廖世承认为考察团所谓反对中国模仿美国的真正目的不过是要中国效法欧洲罢了。

罗廷光在《中华教育界》同期发表的评论文章，首要评论的也是所谓中国教育的美国化、欧洲化与中国化原则问题。首先，他对中国教育已全部美国化了的观点表示质疑，“今日中国之教育乃合各方势力而成，非美国独占优势也。”其次，他认为，学术乃天下之公器，教育学无须、也很难分出国界，学习外国教育，没有必要强行地分出所谓的美国化与欧洲化。再次，关于学习外国与中国化的关系。他十分赞成教育中国化的观点，认为中国化是教育的最终目标。学习外国教育正是为了实现中国化，但要达到中国化目的必须首先要外国化。“我们要想达到真正中国化教育的地步，也不必害怕什么‘欧洲化’、‘美国化’的”。罗廷光认为，外国化是学习外国的起点和必经阶段，中国化是学习外国的最终目标，从外国化到中国化，其间必须有研究与创造。他认同报告书所提出的学习外国需要创新的思想。“倘自己能切实经过一番研究，则其始虽不免美化、欧化，到后来敢许也能化美、化欧呢。”[37]

尚仲衣在同期《中华教育界》发表的评论文章，认为报告书有贯穿始终的三条基本原则，其中第一条就是，去美国化，力行中国化。尚仲衣明确表示反对。对于报告书提出的中国应该建立“非美非欧”的中国化教育制度的文化观，他认为由欧洲人士组成的考察团是在“去除欧美影响”旗帜下隐藏着“偷运欧制”的真实意图。对此，尚仲衣引用一名美国教授的观点，认为欧洲“不独到处都遗留着封建的痕迹，而且这些痕迹适足以构成改革和进步的障碍”。我们要“决意拒绝她的势力的侵入”，因为所谓的欧洲化，等于“设法将中国的科学运动以及一般的文化运动推回到中世纪末期的欧洲，然后再追踪那时欧洲迂缓的步伐而前进”。[38]

任鸿隽于 1933 年 2 月在《独立评论》发表评论文章指出，报告书提出的一个国家的教育必须根源于本国的历史文化与国情，不可盲从外国，更不能模仿美国等思想表示十二分赞成。但他不同意报告书所说中国目前的教育失败是由于过分外国化的观点。认为所谓教育的外国化不在于教育的内容与形式，而在教育方法与精神等实质的改革，“这种实质的改革，除欢迎彻底的外国化即种种方法精神的改革，无他道也”[39]。中国教育的外国化仅仅是停留在内容与形式的浅表，还没有深入到方法与精神的实质之中，因而认为“我们的外国化不够”。任鸿隽同样是学成归国的留美生，但并不像前述李建勋、罗廷光、尚仲衣等人那样对报告书中的去美国化思想进行激烈的批评，反而表现出惊人的平静。蒋梦麟随后同样以平实的语言、和缓的语气在《独立评论》发表评论文章。他认为，目前中国教育的弊端根本不能归咎于美国教育，美国教育对中国的影响只是这十余年的时间。美国教育的影响没有造成中国教育的所谓美国化趋势。他还认为，中国近代以来输入外国文化是外患日逼的情形下“不得已的举动”，因此，也不必担心学习外国会出现损害中国化的问题。[40]他的潜台词显然是主张教育的中国化。

1933年4月，章光涛在《东方杂志》发表文章，针对报告书竭力暴露美国文化的弱点用以说明过去中国模仿美国教育是如何失败的等内容，直言这表露了以“欧化”代“美化”的文化价值取向，形容此为：“司马昭之心”。据此他认为，报告书所提出的建议尽管有许多值得采纳之处，但整个的立场和观点是一无可取的。[41]。

总体来说，前述中国学者对报告书的文化价值观持批评态度，同样是从国外留学归国的中央大学西洋文学教授韩湘眉则大异其趣。他在《大公报·文学副刊》发表文章《汤尼与近代中国教育》①，评论说，报告书“从头至尾是一篇一笔不懈的好批评文章，我国教育得到一个如此详尽切当的研究与批评，也算是第一次”。他认为，近二十年来脱胎于西方的教育制度及一切方法而建立起来的中国教育制度与方法是“不良的”，是“中国有史以来最无标准、最乏兴趣的一个时代”。他受德国大文豪歌德所谓“一切的专意模仿都是无根的，不研究自己民族的需要，而去学一切外来的新花样，是极愚蠢的事情”的思想影响，直言不讳地说，目前中国教育的最大问题正是“没有根”，“一切制度与方法不是从我国文化历史中研究得来的”。因此，他完全赞同报告书的文化价值观，称赞它“道出我国教育的根本错误与失败的理由”。他也非常赞成报告书所提出的关于教育学不能成为一门独立的专门学问的观点，进而认为中国教育的美国化及其由此带来的弊端或失败正是由于为数不少在哥伦比亚大学师范学院专门学习教育然后回国指导教育改革与发展的所谓“教育专家”所致。他说，“老实说，此辈‘教育专家’本身受的教育就很有限，许多人于中国文化既无根柢，于欧美的科学及文艺，更没有任何彻底的认识与训练。”[42]他主张从今以后必须打破非这辈“教育专家”不能过问教育的事的旧观念。《大公报·文学副刊》是由清华大学西洋文学系教授吴宓主编的，吴宓在本文发表时所写“编者按”中指出：“韩君文中之见解与主张，本刊极为赞同”。因此，我们可以说，韩湘眉提出重建民族文化的观点，代表了当时社会上反新文化运动的学者对中西文化关系的看法、对报告书的反应。几个月后，李砚田在《大公报·自由论坛》上发表评论文章，认为该书尽管存在着不少自相矛盾之处，但我们不能因此抹杀它的价值。他既反对中国教育的美国化，也不赞成用欧洲化的教育取代美国化的教育，“中国只需要中国教育，哪国也不合宜的”。他认为这是由于每个国家的国情与时代性所决定的。“一国的国情不同，需要自异，不但是甲国的教育未必适于乙国，乙国的教育未必适于甲国，就是甲国甲时的教育也未必适于甲国乙时的需要，所以教育是富于‘时间性’和‘空间性’的”。他并不反对学习外国教育，“模仿是人类应有的特情”，但“模仿要自觉的模仿，不要盲目地模仿，换言之，不要‘整个学步他人，一味追赶时髦’，要根据自己的需要”。[43]

可见，具有留美背景的中国教育学家、学者对报告书所透露出的文化观的反应存在着很大的分歧，可谓两极化的反应与评论。其中，留美归国的教育学家大多对当时中国教育已经美国化的观点不以为然，反对去美国化，更反对以欧洲化代替美国化，只有少数留学美欧的文化学者完全赞成报告书中的去美国化思想。尽管这些中国学者对报告中的去美国化思想的看法分歧很大，但对报告书所倡导的中国化思想大多表示认同，至少没有反对。我们不禁要问：由欧洲学者撰写的报告书为什么会提出

① 韩湘眉先在英文杂志《中国评论周报》(*The China Critic*) 第6卷第10号（1933年3月9日）发表英文评论文章 *Mr. R. H. Tawney and Modern Education in China*，又于1933年4月17日《大公报》(第11版) 发表同名中文文章，大意相同。随后，在个别文字上稍作修改的《汤尼等教育报告书与近代中国教育》文章发表在《中华教育界》第20卷第11期。

去美国化、倡导中国化的文化观点？中国学者的评论何以有如此大的分歧？对此，我们必须回到当时的文化历史背景之中去探寻。

四、报告书及其评论所反映的文化意义

19世纪以来的时代是中西文化教育频繁交汇与激烈冲撞的时代，中西之争、新旧之争、古今之争是中西文化教育关系问题论争上的永恒主题，而且历久弥新。以新文化运动为界标，此前的中西文化观，如果说呈现出东风压倒西风的特点，表现为主张学习西方的洋务派与维新派相继以"中体西用论"、"西学中源说"等思想对抗泥古不化的全盘排外主义，此后的中西文化观则是以西风压倒东风为特征，表现为尽管有以梁漱溟等人复兴东方文化的主张，但由于人数稀少、声音微弱，在陈独秀、陈序经等新派人士以排山倒海之势反中国传统思想影响下，全盘否定中国固有文化成为一时的社会风气，甚至出现"全盘西化"思潮。新文化运动对中国政治、文化教育、社会所产生的巨大影响无论从哪一个方面去看，它都是中国近代历史的转折点。以教育为例，新文化运动极大地促进了中国教育制度、教育思想、教育方法的现代化，此后的近二十年是中国教育现代化的黄金时代。

问题在于，传统的文化、思想、教育就真的如陈独秀、陈序经等人所主张的那样一点也不能容于现代社会，唯有全盘抛弃而后快？美国著名汉学家本杰明·史华慈认为，这种全盘的激烈的反传统主义，其错误就在于，"在本质上，全盘性反传统主义涉及两种预设：第一，必须把过去的社会、文化、政治秩序视为一个整体；第二，这种社会、文化、政治秩序必须作为一个整体而予以否定。"[44]对于这种文化上的全盘反传统主义对中国文化教育的消极影响，报告书做了比较深刻的揭露。"故中国新时代之知识分子，自革命以还，咸努力于依照某种舶来之思想，以改造中国之教育制度。而认为几千年以来之传统文化则认为不合时宜。中国高度之文明，其源泉大抵已告涸竭矣。同时此种对于固有文化，在教育上的价值之误解与藐视，其趋势乃为人所不能不反对者。"[45]

追寻历史，中外学者重估与阐发中国优秀传统文化的价值这股反思新文化运动思潮的出现不是偶然的，而是具有深厚的文化背景，且与当时欧美的文化思潮密切相关。

第一，"西洋文明破产论"。一战的爆发给欧洲社会带来了前所未有的破坏和极大的心理创伤，欧美的一些思想家由此发出了"西洋文明已经破产"和需要"把中国文明输进来救拔我们"的感叹。该思想不仅直接影响了在欧洲考察的梁启超等思想家，[46]而且通过梁启超《欧游心影录》等著作启发了越来越多的中国思想家、学者重估中国固有文化、反思新文化运动的激烈反传统主义思想。

第二，德国的历史主义和国家主义思潮。历史主义思潮是对18世纪以法国为中心的启蒙思潮的一种反动，它强调每一个个体都有其独特的内在的性质，每一项制度都有与其他制度相异的精神，而世界正是由各种不同历史性的个体所组成，由多元价值构成。考察团团长柏克教授接受了历史主义思想熏陶，在1925—1930年担任普鲁士文化部长时，他极力维持这一思想影响下的教育政策；且把这种思想融会于报告书之中。[47]毋庸置疑，报告书中提倡的中国化的文化价值取向就是这一思想的反映。柏克甚至认为，整个亚洲国家都面临欧洲文明的冲击，"以言外力之影响，固不仅限于中国，其范围乃及于东方全部，故亚洲对于欧洲文明应有之反动，实为一至严重之问题"，因而主张国际文化合作社的一个使命是，"在此世界他种文化渐趋湮没之时，设法使亚洲大国得有抵御潮流之力，而扶助其为旧有个性之恢复"。[48]德国国家主义思想强调国家至上，鼓吹以民族文化重塑国民精神，追求国民精神的统一，对抗法国的统治。这一思想被在欧洲留学的余家菊、李璜等人所接受，并且立即打出国家主义教育旗帜，强调重铸民族教育、重塑民族文化。

第三，美国各大学奉行学术自由的原则，形成了各自不同的学风与思想。对中国新文化运动时期

的文化思想影响最大的两所大学——哥伦比亚大学与哈佛大学——当时就是学风与思想完全不同的大学。哥伦比亚大学是实用主义思想的中心，以杜威为代表，在学风上重实用、重现实、轻视传统与思想；哈佛大学是当时文化保守主义的思想重镇，以白璧德（Irving Babbit）为首，在学风上重古典、重保守。众所周知，在哥伦比亚大学留学的胡适受实用主义思想的影响很深，而在哈佛大学学习的吴宓、张歆海、梅光迪等人深受白璧德等人的文化保守主义思想影响。正当新文化运动刚刚兴起之时，白璧德警告他手下的中国学生，“在力攻旧形式之非”时，“必须审慎保存其伟大旧文明之精魂”[49]。吴宓等研习西方文学的哈佛留学生在白璧德的影响下形成了新人文主义文化观，对待中国传统文化，不赞成胡适等人的彻底否定、破旧立新的文化观，主张昌明国粹、融化新知，重视传统与现代之间的继承性。张歆海表示，“羽翼未成，不可轻飞。他年学问成，同志集，定必与若辈鏖战一番”[50]。吴宓、张歆海学成归来分别主持创办了中文杂志《学衡》、英文杂志《中国评论周报》（*The China Critic*），分别聚集留学归来的学贯中西的知识精英，以注重西学东渐背景下本土文化的重建问题为宗旨，揭橥反新文化运动大旗，成为介于西化派与东方文化派之间的第三派。吴宓等人与胡适在中西文化上的争论是美国白璧德的新人文主义与杜威的实用主义之争在中国的延续，有的学者把它称为“白（璧德）杜（威）辩论的中国版”[51]。

报告书贯穿始终的去美国化、倡中国化思想是迎合了当时中国教育的中国化思潮，甚至受到了中国社会的中国化思潮的影响。反新文化运动思潮的出现为五四时期的社会思潮增添了丰富多彩的一面，使新文化运动不再是反传统主义的思想一枝独秀，在现代文化思想史上弥足珍贵。更重要的是，它有助于认清全盘反传统主义的缺陷、错误，重估民族传统文化的价值。但我们不得不承认，新文化运动采取全盘反传统主义的态度，促使传统文化日渐式微。在这样的文化背景下教育出来的青年，在他们身上传统文化丢失了，对于西学也只学了一点皮毛。对此，有识之士认为，要扭转这种风气必须从教育着手。韩湘眉曾说道：“我以为现在教育方面最迫切的问题，便是挽回与矫正过去的种种错误。”[52] 1922年，胡先骕在《学衡》上发表文章，提醒自欧美留学归来的中国学人在学习西方文化、抛弃中国旧学之时，犯了“倒水弃儿”的毛病，这就是中国教育危机的根源。“吾国文化今日之濒于破产，惟吾欧美留学生为能致之。而旧文化与国民性之保存，使吾国不至于精神破产之责，亦惟吾欧美留学生为能任之也。”[53]

解铃还须系铃人。正如胡先骕所言，率先自觉地批判和反思中国教育现代化过程中对欧美教育的盲目追随与模仿，正是有留学欧美经历的教育学家、学者。1924年，陶行知评说道：“每一位老师都在某些方面对中国有所帮助，但是全盘照搬任何一种体制都把中国引上歧途……因此，我国教育工作都变得比以前更加审慎得多了。现在他们对于新的理论和实践的反应，不再是照抄照搬，而是加以质疑、审查、实验和选择。这种态度的逻辑结果有助于通过吸收国内外新旧事物中最好的东西设计出最适合新中国需要的一种教育。”[54]该文是陶行知应母校美国哥伦比亚大学师范学院邀请，为《1924年世界教育年鉴》撰写的《中国篇》的“导言”，因而可以视为中国学生对美国老师发出的反思之声。

留法人士李璜于1925年在《中华教育界》发表《本国化的教育与外国化的教育》，他认为，亦步亦趋地极力模仿外国的教育，不但终究无法赶上别人，而且丧失了民族固有的精神，必将落得画虎不成反类犬的下场！另一方面，他明确提出了外国教育的“本国化”的主张，“要使欧美的教育能够适于民性与国情，而移了过来才能生出效果”[55]。

庄泽宣早在哥伦比亚大学师范学院留学期间就萌生了教育“中国化”的思想，认为对美国教育“不能依样画葫芦地搬到中国”。20世纪20年代，他又不断阐述新教育中国化思想，“新教育原本不是中国所固有的，但是非把他中国化了，不能算为中国的。”究竟如何才能使新教育中国化，他提出：

一是要适合中国的国情与需要，二是要经过中国“专家长期的研究与实验”。关于国情与需要，他认为，包括合于中国的国民经济力，合于中国的社会状况，能发扬中国民族的优点，能改良中国人的恶根性等四个方面。[56]

20世纪20—30年代，正当欧美教育对中国现代教育的影响达到鼎盛之时，部分中国教育家、学者尤其有留学欧美经历的教育学家日渐兴起了一股反思中国教育盲目模仿美国教育的新思潮。国联教育考察团正是在这样一种文化背景下来华，它所提出的教育中国化问题，不仅是考察团团长柏克的历史主义思想在中国的延展，而且迎合了当时中国教育的中国化思潮，甚至受到了中国社会的中国化思潮的影响。何以这样说呢？

考察团在中国实地考察时间很短，考察的地方非常有限，他们对中国教育的意见、判断，不可能纯粹来自于他们的亲自观察，而是建立在以下几个基础之上：第一，对教育部提出的各种公文的系统研究；① 第二，对教育部长朱家骅的多次访谈，并进行“详尽的讨论”；第三，参考了中国教育专家的思想，即“大部分系以中国专家所发表之意见为根据”。[57]因此，它让戴季陶也不得不惊异报告书对中国国情的深切了解，“几令人疑其非出诸外国人手笔”。[58]教育部长朱家骅也称赞报告书对中国教育的论述“往往与予暗合”[59]。1932年11月，朱氏发表《九个月来教育部整理全国教育之说明》，批评说中国近年来文化教育的原则性错误就在于对西洋文化“纷于抄袭，乱于追随”，结果是输入的任何制度、思想、学理成为逾淮之橘。他明确提出，“文化必须创造，而创造必须以固有文化为其基础，失此基础，则世界文化融会无从，迎头赶上更谈不到”[60]。从中不难看出，该文与《中国教育之改进》在思想上的契合，何止是“暗合”。朱家骅在构思此文与思考中国教育改革之时，考察团一行正在南京与他及其所属的教育部官员做详尽的讨论，教育中国化难道不是他们双方经过讨论后所达成的共识吗？

教育属于文化的范畴，但又具有相对独立的属性。新文化运动时期，由胡适等人揭橥的中西文化关系问题的论战是在非常宽泛的“文化”范畴里进行的，并不是专门论及中西教育关系问题。报告书是中国现代史上真正第一次（而且是出自外国学者之手）系统地从中西教育关系角度阐述中国教育现代化问题，并上升到中西文化关系的层面，继而引发中美教育家对这些问题展开了一场激烈论争，我们可以把那些论争看成新文化运动的继续，或者说是新文化运动在教育领域的延伸。但它与新文化运动本身全盘简单否定中国固有文化的思想观念不同，承认中国旧文化的价值。考察团成员一方面告诫中国“不必仿效西方”；另一方面又主张“尽可以中国固有之思想与风俗为基础，而运用欧洲之经验方法，以发展其教育。”[61]反映了欧美在文化教育上的多样性及其内在张力，以及欧美文化教育在影响中国过程中所发生的矛盾。有的中国学者批评考察团存在以“欧化”代“美化”的私心，尽管这一看法过于偏激，但不能不说他们已经看到欧美文化教育在影响中国上的矛盾。

尽管中美教育家对报告书的评论存在很大分歧，特别是对有关中国教育美国化的认识与态度上的歧见更加突出，但除了个别学者以外，基本上大都不否认教育应该中国化的思想。此前中国学者对之已经有所认识，甚至有人撰文论述，但并没有引起社会应有的关注。结果“这次借着‘洋大人’的尊口说出来，或者更有效力”[62]。为什么同样的思想观点出自“洋大人”就能产生不一样的影响力？民国时期的学者已关注这一问题，且今天仍然值得我们回味与思索。

当然，报告书要真正对中国教育改革与发展发

① 教育部提供的几份有关中国教育的各种统计数据的资料或报告有不准确或不尽一致的毛病，因而导致考察报告书引用的中国各级各类教育的数据并不准确，对此问题，黄问歧的文章《国联教育考察团报告书中引证错误之纠正》有详细分析，参见《中华教育界》第20卷第11期，1933年5月，第33—47页。

挥影响力，不仅在于它们出自“洋大人”的尊口，更在于它适合了中国社会的现实需要。教育史家王凤喈所言：“此项报告书作于我国政府正在积极改进教育之时，报告书所讨论之问题，也就是我国政府我国学者正在考察的问题。”当时的政府及学者深感自清末以来中国教育制度抄袭欧制、美制“均未能切合”中国，“于是寻求一种适合中国情形之新教育实为当时最近切之需要。国联考察团之报告，乃针对此种需要而发言，当时甚受朝野之欢迎与重视”[63]。报告书所提出的关于中国教育的批评意见与改革建议，其中相当多的建议稍后即被教育部官员及部分学者所接受，并影响到了20世纪30—40年代的教育改革。随后直至40年代，教育部相继颁布或修订教育法令法规，对小学、普通中学、职业学校、师范学校等进行的改革，相当多地采纳了国联教育考察团所提出的建议，改变了此前一味地移植美国学制的做法，补偏救弊。[64]

当今，在世界全球化步伐日益推进的时代，中国与欧美之间的联系比过去任何时期都更加紧密，西方文化教育对中国的冲击越来越大。我们无时无地不在面对中西文化之间的关系问题，社会上不时有人发出中国传统文化教育一文不名的声音，正确认识新时代的中西文化教育的关系是摆在我们面前的一个十分重要的问题。对于西方文化教育，首先，我们既不能深闭固拒，也不能亦步亦趋地跟随别人。其次，西方文化、制度、思想、学说是多元的，我们不能把欧美的某一种制度，或者某一种思想、学说，乃至一个观点，当成金科玉律甚至万能的救世良药。对于传统文化，既不能食古不化，也不能全盘否定。传统与现代之间不是非此即彼的对立关系，所谓“现代”不是对“传统”的全盘否定之后的另起炉灶。对待“传统”，无论你是持怎样一种看法与态度——深爱它还是憎恨它，都不能采取全盘接受或彻底否定的态度。文化是人的创造物，反过来人又是文化的产物。文化无时无刻不在影响所属群体的人的思想、情感、行为与生活方式。而且，文化是一个族群身份认同、归属的依据，一个民族的传统文化是无论如何也不能被彻底否定的。全球化不仅不能排斥民族化或本土化，而且是与民族化并行不悖的。吸收外来文化，如果不能与中国固有优秀文化传统与国情结合起来，形成本土特色，其结果，不仅不能解决中国实际问题，遑论现代化！缺乏本土化的外来文化将是无根的文化，犹如过眼烟云、转瞬即逝。吸收人类一切优秀文化成果，会通中外文化，实现传统文化的现代化转化，才是中国现代化的唯一正确之道。因此，报告书力倡教育的中国化，揭示了普遍性的文化意义，既有深刻的历史价值，也有深远的现实启示。

“中国之维新固不能不利用外国文明，但纯为机械式之模仿，其危险实不可胜言。若抄袭一种模型且仅一种模型而已之趋势，则其模仿所冒之危险亦必增加。中国近代化之自动的进展，必须将一切外国文明比较研究，不可采纳一种，而拒绝其他一切文明也。因此种进展之目标，断不可在求中国之美化或欧化，而在求中国固有之民族特性与历史特性之维新。”[65]这句出自报告书中的话，在全球化时代的今天，难道不可以作为我们对东西文化教育关系的极好回答吗？

【参考文献】

[1] 宋部长与国联秘书长书［N］. 申报，1931-04-29.

[2]［3］［4］［5］［6］［7］［8］［9］［10］［11］［12］［13］［14］［15］［16］［17］［18］［19］［20］［25］［45］［57］［58］［59］［65］国际联盟. 中国教育之改进［M］. 南京：国立编译馆，1932. 13，10，19，29-30，101，105，108，102-112，101，126-127，134-135，12，10-11，13，11，14，17，18-19，16，20，19，14，5，1，14-15.

[21]［22］R. H. Tawney. 中国的教育［J］. 独立评论，1933，(38).

[23] 编者. 一个改进中国教育欧洲化的方案·编者识［J］. 教育季刊（中华基督教教育会），1933，(2).

[24]［26］［48］［61］陈和铣. 世界文化合作会讨论改进中国教育报告书会议记录［M］. 上海：中华书局，1933. 3，3，10，4.

[27]［28］本杰明. 一个改进中国教育欧洲化的方案［J］. 教育季刊（中华基督教教育会），1933，(2)；文宙. 美国教育界评国联专家之中国教育计划［J］. 中华教育界，

1933，(11).

[29]［30]［31]［32] 罗素. 国联调查中国教育报告书之批评［J]. 东方杂志，1933，(12).

[33] 文宙. 美国教育界评国联专家之中国教育计划［J]. 中华教育界，1933，(11).

[34] 黄问歧. 国联教育考察团报告书中引证错误之纠正［J]. 中华教育界，1933，(11).

[35] 李建勋教育论著选［M]. 北京：人民教育出版社，1993. 4-172.

[36] 廖世承. 评国联教育考察团报告［J]. 中华教育界，1933，(11).

[37] 罗廷光. 评国联教育考察团报告书《中国教育之改进》[J]. 中华教育界，1933，(11).

[38] 尚仲衣. 国联教育考察团建议书的批判［J]. 中华教育界，1933，(11).

[39] 叔永. 评国联教育考察团报告［J]. 独立评论，1933，(39).

[40] 蒋梦麟. 国联中国教育考察团报告书几个基本原则的讨论［J]. 独立评论，1933，(40-41).

[41]［62] 章光涛. 国联教育考察团报告书之批评——从中国现社会的观点［J]. 东方杂志，1933，(8).

[42]［52] 韩湘眉. 汤尼与近代中国教育［N]. 大公报（文学副刊），1933-04-17.

[43] 李砚田. 读完国联教育考察团的《中国教育之改进》后（续）[N]. 大公报，1933-09-07.

[44] 林毓生. 中国意识的危机［M]. 贵阳：贵州人民出版社，1986. 2.

[46] 梁启超. 欧游心影录［A]. 陈崧. 五四前后东西文化问题论战文选［C]. 北京：中国社会科学出版社，1989. 365-366.

[47] 胡昌智. 历史主义的教育制度与中国知识分子——国联中国教育考察团报告书的社会思想及其影响［J]. 东海学报，1987，(28).

[49] 徐葆耕. 会通派如是说——吴宓集［M]. 上海：上海文艺出版社，1998. 4-9.

[50] 吴学昭. 吴宓与陈寅恪［M]. 北京：清华大学出版社，1992. 19.

[51] 孙尚扬. 在启蒙与学术之间：重估《学衡》[A]. 孙尚扬，郭兰芳. 国故新知论——学衡派文化论著辑要［C]. 北京：中国广播电视出版社，1995. 8.

[53] 胡先骕. 说今日教育之危机［J]. 学衡，1922，(4).

[54] 陶行知教育文集［M]. 成都：四川教育出版社，2005. 155-156.

[55] 李璜. 本国化的教育与外国化的教育［J]. 中华教育界，1925，(7).

[56] 庄泽宣. 如何使新教育中国化［M]. 上海：民智书局，1929. 20-24.

[60] 王聿均，孙斌. 朱家骅先生言论集［M]. 台北：中研院近代史研究所，1977. 132.

[63] 国际联盟. 中国教育之改进［M]. 台北：宗青图书公司，1991. 1-2.

[64] 林正珍，林鸿钧. 国联中国教育考察团与一九三○年代中国教育制度的变迁［J]. 兴大人文学报，1999，(32).

教育心理

元认知监控的机制：认知灵活性的调节作用*

□ 陈英和（北京师范大学教授）
□ 慕德芳（湖州师范学院副教授）

1 前言

元认知监控是元认知的核心成分，是指对个体正在进行的认知活动进行监测、调节和控制的动态过程，反映了元认知的本质（Reder & Schunn, 1996）。目前，针对元认知监控的测量方法，包含问卷法（Swanson, 1992）、访谈法（Yore & Craig, 1992）、出声思维法（Veenman & Spaans, 2005）及认知操作法（Schwartz & Metcalfe, 1994）等。其中认知操作法以认知活动任务为载体，对个体操作的具体行为表现进行观察和记录，结果比较真实可靠、客观准确，目前被认为是一种真实、有效的测量方法，但采用该方法对任务设计要求比较高，要求实验者事先选择和设计特定的活动任务，将元认知监控这种内隐的操作活动外显化，从而使得该任务能够有效测量元认知监控（Veenman & Verheij, 2003）。黎坚和张厚粲（2006）设计了字母再认任务和数字跟踪击键任务测量在线元认知监控。郝嘉佳和陈英和（2010）采用不同的拼图任务考察在线和离线元认知监控的发展特点及其对问题解决的影响。陈英和、慕德芳和郝嘉佳（2011）对经典的Master Mind任务加以改编，结合访谈分析探讨了适合考察大学生元认知监控的任务难度和有效的元认知监控指标。

关于元认知监控内容的划分，目前主要存在三种划分方式：一种方式是由 Nelson 和 Narens（1990，1994）提出的二分法，将元认知监控过程划分为“监测”与“控制”两部分；第二种方式由 Yeager（1999）提出，将元认知监控过程分成“预测和计划”及“学习技术和控制”两部分；第三种方式由 Desoete 和 Roeyers（2002）提出，将元认知监控分为在线与离线元认知监控。这三种划分方式各有所长，其中监测与控制过程的分离得到了很多研究支持（Nelson & Narens, 1990, 1994）。Nelson 和 Narens 依据元水平和客体水平之间信息流方向的不同，将元认知监控划分为元认知监测和元认知控制。元认知监测是元水平从客体水平获得信息，从而改变元水平的状态。元认知控制是元水平调整客体水平，从而改变客体水平的加工状态。例如开始一项活动、继续或中止一项活动等。元认知控制本身并不能从客体水平获得任何信息，它需要一些元认知监测成分作为控制的依据。

关于元认知监测与元认知控制的关系，虽然存在不同的观点，但从发展的角度来看，元认知监测发展得比较早，而元认知控制发展得比较晚。随着年龄的增长，元认知监测和元认知控制的关系趋于协调（Schneider, Vise, Lock, & Nelson, 2000; Veenman, Van Hout-Wolters, & Afflerbach, 2006）。研究表明元认知监测的发展是元认知控制发展的前

* 原载《心理发展与教育》2013年第2期。

提（Thiede & Dunlosky，1999）。数学问题解决中有关元认知监测的研究也得到了类似的结果（吴灵丹，刘电芝，2006）。传统上元认知监测与元认知控制的因果效应表现在自定步速学习中学习判断与学习时间的关系上，学习者一般给以更难的项目分配更多的时间（Thiede，Anderson，& Therriault，2003；Son & Metcalfe，2000；张雅明、俞国良，2007）。邓铸和张庆林（2000）研究表明，小学五年级的儿童可以较好地根据元记忆知识和对自己记忆状态的意识来调节记忆行为、决定学习内容并分配学习时间。Kavale 和 Forness（2000）发现学习不良儿童在回答阅读理解问题时不像一般儿童那样使用有效的推理策略。Fleischner，Garnett 和 Shepherd（1982）发现一些学习不良儿童尽管已获得解决文字题技能，但从不在解题时主动、恰当地使用它们。这些研究表明进行元认知监测的目的就是进行有效元认知控制，但单纯地提高元认知监测，可能未必就会相应地提高元认知控制，元认知监测是如何影响元认知控制的内部机制尚不明确，所以需要探讨二者之间涉及的变量是什么，又是如何影响元认知监测对元认知控制的作用的。

对于探讨元认知监控的内部机制，执行功能是一个很好的研究角度。执行功能是近年心理学研究者关注的热点，是指个体在实施目的行为过程中以动态、灵活的方式协调多个认知子系统活动的复杂认知过程（Miyake et al.，2000；周晓林，2004）。抑制控制、工作记忆和认知灵活性是执行功能中较常研究的三个成分（Miyake et al.，2000；陈天勇、韩布新、李德明，2003；陈天勇、李德明，2005）。执行功能不仅是学习成绩的良好预测指标，同时是认知发展过程中的一个重要调节因素，是更一般化、隐含在所有认知活动中的认知机制或能力（周晓林，2004）。研究者也试图用执行功能的差异解释许多不同的认知现象，比如注意、问题解决、学业成就、老化等（王淑珍、栗洪武，2006；王晶、陈英和、齐琳，2008；Belleville，Rouleau，& Van der Linden，2006；Bull，Johnston，& Roy，1999；Desman et al.，2006）。认知灵活性作为执行功能中发展较晚的成分，也叫心理灵活性（mental flexibility）或者状态转换（set shifting），是指根据情境的变化转换到不同的思维或活动的能力（Hill，2004）。元认知监控过程与认知灵活性具有密切关系（Lysaker et al.，2008）。但认知灵活性与元认知监控之间具有什么样的关系目前尚不清楚，根据执行功能理论，在缺乏控制系统时，信息会按计划自动进行加工从而失去灵活性并受外界刺激的约束。元认知控制是一个调节低水平认识过程的元水平系统，它为认知过程增加灵活性。当元认知监测到错误或困难时，元认知控制就需要调整步骤或策略，也就是根据元认知监测结果灵活调节并打破定势，而个体是否根据元认知监测结果进行元认知控制，似乎受到认知灵活性的影响，那么认知灵活性是否是元认知监测与元认知控制之间的调节变量，到目前为止这个问题并不清楚，所以本研究试图通过考察认知灵活性是否在元认知监测对元认知控制的影响中起着调节作用，从而了解元认知监控的内部机制，丰富元认知监控与执行功能的理论研究。

综上所述，本研究采用 Master Mind 任务作为载体，结合访谈结果分析来测量元认知监控。在确定元认知监控的测量指标时，根据 Nelson 和 Narens 的理论，把元认知监控划分为元认知监测、元认知控制。其中，元认知监测是指对正在进行的认知活动情况进行监视，元认知控制是指根据元认知监测的结果对认知活动进行调整。采用陈英和等（2011）研究中确定的 Master Mind 任务难度及元认知监测、元认知控制指标，从认知灵活性的角度探讨元认知监控的内部机制，并提出研究假设：认知灵活性在元认知监测对元认知控制的作用中具有调节作用。

2 研究方法

采用一般的认知活动 Master Mind 任务作为载体考察元认知监控。采用经典的图形转换任务和数字转换任务考察认知灵活性。

2.1　被试

选取自北京市、浙江省几所高校在校学生 120 名，有效被试 111 名，其中男生 47 人，女生 64 人，平均年龄 22.78 岁，其中本科生大一 62 人，大二 24 人，大三 7 人，大四 4 人，硕士研究生一年级 14 人。

2.2　研究材料

2.2.1　测量元认知监控的 Master Mind 任务

该任务是两个人的游戏，一个人是“密码设定者”（code-maker），任务是从 6 种颜色中选择 4 种颜色作为密码，即正确答案，另一个人是“密码打破者”（code-breaker），任务是必须找出密码中具有哪些颜色，以及颜色的排列顺序。密码打破者必须在规定的尝试次数内发现“密码”。每一次尝试后，“密码设定者”给予两位数字的反馈：第一个数字表示颜色正确且位置也正确的个数，第二个数字表示颜色正确但位置不正确的个数，但都不指出具体的颜色。例如，如果正确答案是“红－绿－蓝－紫”，而被试选择了“红－蓝－绿－黄”，那么屏幕上会呈现“1　2”，数字 1 表明有 1 种颜色正确，位置也正确（红），数字 2 表明还有 2 种颜色正确，但位置不正确（绿、蓝）。在该游戏的问题解决过程中，需要根据前面步骤及反馈结果调整下一步骤，并使用有效策略，适合元认知监控的测量（Saldana，2004）。

任务采用计算机编程，电脑充当了“密码设定者”。实验程序包括 1 个练习任务，5 个正式小任务，正式任务时间设定为 30 分钟。被试利用鼠标点击选择颜色后，电脑自动呈现反馈结果，被试可以随时点击电脑屏幕的“上一次选择”、“前面所有选择”、“已用次数”、“已用时间”等图标，查看前面的选项及反馈、所用次数和时间。在练习任务中对尝试次数没有限制，可以无数次选择，直到找出正确答案后才能进行正式任务。正式任务包括 5 个小任务，即找出 5 个密码。每个任务只有 10 次尝试的机会。如果 10 次内没有找到正确答案，电脑自动提示“次数已到，点击重新开始下一个任务”，时间到了，也会提示被试“时间已到，返回首页”。任务结束后立即进行访谈，访谈内容包括：计划策略，如何根据反馈调整步骤等。

元认知监测：返回查看“上一次选择”及“前面所有选择”总时间与完成任务总时间的比例。数值越大，代表元认知监测水平越高（陈英和等，2011）。

元认知控制：没有根据前面反馈结果进行选择的次数与总尝试次数之比。该指标是负向指标，数值越小，代表元认知控制水平越高。在访谈中让被试解释每一步调整理由，结合计算机记录，确定违背反馈结果的次数。由于被试完成任务所尝试的次数不同，所以比例的形式更适合考察元认知控制。（陈英和等，2011）。

2.2.2　测量认知灵活性的任务

对认知灵活性的测量应该包括有反应状态间的转换能力、从错误中学习的能力、产生不同策略的能力、转换注意和同时对多种信息进行加工等方面的能力。本研究中主要采用图形转换任务和数字转换任务考察认知灵活性。

图形转换任务：参考 Miyake 等（2000）的研究任务进行编制。在测试时，屏幕中央呈现一系列大图形和小图形，形状包括三角形、圆形，即呈现四种图形，大圆形（直径 12 cm）、小圆形（直径 4 cm）、大三角形（边长 12 cm）、小三角形（边长 4 cm），被试按照要求对图形进行判断，测验中有三种判断要求。第一，大小判断；第二，形状判断；第三，大小—形状判断转换：如果屏幕下方出现提示词“大小”，判断图形的大小；如果屏幕下方出现提示词“形状”，判断图形的形状。实验要求被试在保证准确的前提下尽快按键判断。正式测验分 6 小段，采用 ABCCBA 的顺序。A 和 B 系列不需要转换，各 24 次，被试只需要做一种判断，比如，在 A 系列，只要求被试做大小判断，在 B 系列只要求被试做图形判断；C 系列需要转换，要求做第三种判断，共 48 次，其中包含 24 次转换过程。第一次进行 A 或 B 系列前练习 8 次，C 系列前练习 16 次。

测量指标：整体转换损失（C 系列的转换条件

与A、B系列的不转换条件下的平均反应时之差）。数值越小说明认知灵活性越好。

数字转换任务：参考Salthouse，Fristoe，McGuthry和Hambrick（1998）的范式进行编制，改用按键反应。在屏幕中央逐个呈现一系列数字，被试按要求对数字（1—9，但没有5）进行判断，测验中有三种判断要求。第一，大/小判断：判断呈现数字是否大于5；第二，奇/偶判断：判断呈现数字是奇数还是偶数；第三，大/小—奇/偶判断转换：如果屏幕下方出现提示词“大小”，就做大小判断，如果屏幕下方出现提示词“奇/偶”，就做奇/偶判断。实验要求被试在保证准确的前提下，尽快地按键报告。正式测验共分6小段，采用ABCCBA的顺序。A和B段不需要转换，各24次；C段需要转换，48次中包含24次转换。第一次进行A或B段前练习8次，C段前练习16次。

测量指标：整体转换损失（C系列的转换条件与A、B系列的不转换条件下的平均反应时之差）。数值越小说明认知灵活性越好。

为了尽量减少被试进行操作时其他因素的干扰，本研究中对每项任务都设置了正确率和反应时等指标。要求被试反应正确率必须达到90%之上才认为其是认真操作。

2.3　实验程序

正式实验之前先对少量被试进行预实验，考察任务的难度以及任务完成时间是否合适，并对实验程序进行反复检测，确保正式施测过程中计算机程序不会出现问题。

被试需要完成认知灵活性的两个任务、元认知监控任务。认知灵活性的两个实验任务使用计算机呈现，测试次序随机，完成后，被试休息十分钟，再完成Master Mind任务。计算机自动记录各项测量指标。实验中尽量保持环境的安静，减少噪音的干扰。

3　结果

3.1　元认知监控、任务成绩及认知灵活性指标

在Master Mind任务中测量的元认知监测、元认知控制、任务成绩以及测量认知灵活性的图形整体转换和数字整体转换等指标情况，见表1。

表1　元认知监控、任务成绩及认知灵活性指标

	M	*SD*
元认知监测（%）	0.47	0.24
元认知控制（%）	0.21	0.16
任务成绩	3.48	1.38
图形整体转换（ms）	271.43	88.63
数字整体转换（ms）	238.14	80.62

以任务成绩为因变量，以元认知监测、元认知控制指标为自变量，进行多元线性回归分析，采用Stepwise回归分析方法（逐步引入——剔除法）或enter回归分析方法（强行进入法）考察其之间的关系，结果发现在两种方法下，游戏中测量的元认知监测、元认知控制指标均进入回归模型，详见表2。

表2　元认知监控、控制对任务成绩的回归分析

	B	*SE*	*β*	*t*	*p*	*R*	R^2	*F*	*p*
常数项	3.25	0.41		7.99	0.000	0.46	0.21	9.11	0.004
元认知监测	1.64	0.62	0.29	2.64	0.010				
元认知控制	−2.32	0.95	−0.27	−2.43	0.018				

表2的结果表明，元认知监测、元认知控制对任务成绩具有显著的预测作用，可以解释任务成绩21%的变异。

3.2　认知灵活性及其与元认知监测、控制的相关分析

对认知灵活性的两个指标和元认知监测、元认

知控制指标进行相关分析，具体结果见表 3。

表 3 认知灵活性指标与元认知监控指标的相关

	元认知监测	元认知控制
图形整体转换	−0.04	0.01
数字整体转换	−0.01	0.02

注：$*p<0.05$，$**p<0.01$，$***p<0.001$.

表 3 结果表明认知灵活性与元认知监测、元认知控制的相关系数都不显著，表明认知灵活性有可能成为调节变量。理想的调节变量是与自变量和因变量的相关都不大。

3.3 *认知灵活性在元认知监测与控制之间的调节作用*

根据调节变量的潜变量检验方法（温忠麟，侯杰泰，2003），首先将自变量和调节变量进行中心化处理（变量减去其平均数后生成新的数值），目的是降低回归模型中变量的共线性问题。其次将自变量与调节变量相乘获得交互项。

在本研究中，元认知监测是自变量，元认知控制是因变量，认知灵活性是调节变量，包括数字整体转换和图形整体转换两个观测指标。在数据中心化处理后，将元认知监测指标与认知灵活性的图形转换、数字转换指标相乘，因此交互项具有两个观测指标：元认知监测 * 图形指标（简称监测 * 图形）、元认知监测 * 数字指标（简称监测 * 数字）。采用 Lisrel 统计软件对认知灵活性的调节作用模型进行检验，$\chi^2/df=1.02$，$CFI=0.98$，$RMSEA=0.03$，$NNFI=0.97$，具体模型见图 1。

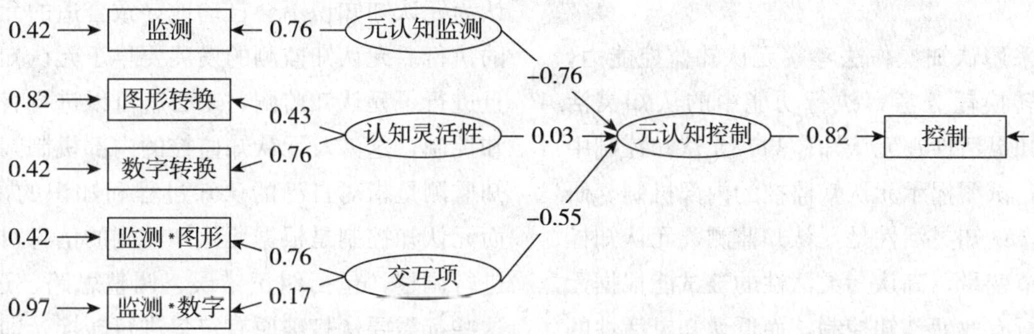

图 1 认知灵活性的调节作用模型

图 1 表明模型拟合良好，元认知监测与认知灵活性两个指标的交互项对元认知控制的回归系数 $\beta=-0.55$，$p<0.05$，达到显著水平，表明认知灵活性在元认知监测影响元认知控制中起着调节作用。

为了进一步检验调节作用，需要进行分组比较。如果采用多组比较，由于被试量太少，不满足分析条件，所以采用以下程序对调节作用进行具体分析：首先，将图形整体转换和数字整体转换指标分别转换为标准分然后相加，再把总分分别按升、降序排序，按照 27% 的比例将被试划分为高认知灵活性组、低认知灵活性组；其次，计算各个代表组的结果变量预测值，并在此基础上绘制调节作用曲线；最后，求得在调节变量各个水平上，结果变量对预测变量回归的简单斜率，并对简单斜率进行单边 t 检验。依照这一程序对认知灵活性的调节作用进行分析。

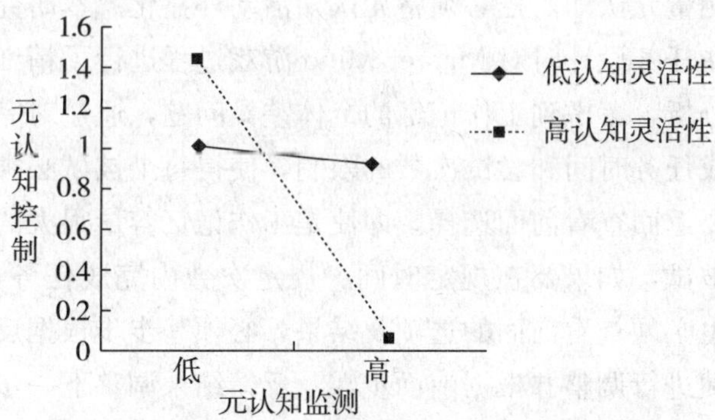

图 2 认知灵活性对元认知监测影响元认知控制的调节

元认知控制指标是负向指标，指标值越大，说明元认知控制水平越低；指标值越小，说明元认知控制水平越高。从图 2 可以看出，对于高认知灵活性的大学生来说，元认知监测水平越高，违背反馈次数比越小，即元认知控制水平越高，元认知监测水平高的大学生与元认知监测水平低的大学生在元认知控制上差异显著（高认知灵活性组 simple slope＝－1.49，$t(32)=-1.98$，$p<0.05$），而对于低认知灵活性的大学生来说，元认知监测水平的高低不会引起元认知控制水平的显著差异（低认知灵活性组 simple slope＝－0.23，$t(32)=-0.22$，$p>0.05$）。分析结果表明：对于高认知灵活性的学生，元认知监测水平越高，元认知控制越好；对于低认知灵活性的学生，元认知控制没有随着元认知监测水平的提高而变化。

4 讨论

本研究采用认知操作法考察元认知监控能力，采用经典的转换任务考察执行功能中的认知灵活性，探讨认知灵活性在元认知监测、元认知控制中的调节作用，试图揭示元认知监控的内部机制。研究结果表明，认知灵活性是元认知监测、元认知控制之间的调节变量，高认知灵活性的被试能根据元认知监测进行有效元认知控制，而低认知灵活性的被试其元认知监测水平的提高没有影响元认知控制，证实了研究假设。

元认知是一种内部觉察过程，要真实、有效地测量元认知监控必须将元认知活动外显化。本研究在任务设计时对 Master Mind 游戏过程进行了精细分析，考虑到工作记忆的个体差异问题，通过对完成任务时间和尝试次数的限制，使得每个被试必须要返回查看前面选择。即使是工作记忆容量很大的被试，如果要在规定时间、规定次数内完成任务，也必须查看前面的选项及结果，必须一步步根据反馈进行调整并根据前面步骤及反馈结果调整下一步骤并使用有效策略。测量指标是采用了返回查看时间比、违背反馈步骤比作为元认知监测、元认知控制指标，以更加清晰、细致的考察元认知监测、元认知控制以及影响其关系的因素。

本研究结果支持了很多研究者的观点（Lysaker et al.，2008；McGaughey，2008），他们认为认知灵活性对元认知监控关系密切。McGaughey（1996）认为打破定势是一种元认知过程，打破定势就是根据需要选择新的策略或方法。McGaughey 用言语和空间任务来考察被试从形成定势到打破定势的元认知过程，发现天才的学生比非天才的学生更容易打破定势。在问题解决过程中，如果个体不经常尝试新方法，那么以前成功解决问题的范式可能会被一直使用而成为定势。McGaughey认为问题解决中经常需要打破定势，根据需要选择新的策略或方法，打破定势的转换与执行功能中的认知灵活性很相似。本研究在已有研究基础上从认知灵活性的角度进一步揭示了元认知监控的作用机制。Veenma，Kok 和 Blote（2005）认为元认知知识不会自动地导致合适的元认知监控的执行。元认知监测的发展要早于元认知控制，而且进行了元认知监测，未必就可以进行有效的元认知控制，这涉及元认知监控的内部机制问题。元认知监测是指对自己的认知过程和知识的主观评估，而元认知控制是根据元认知监测的信息对认知活动进行调整，包括纠正错误、调整思路、选择策略，这些都需要从打破原有定势进行转换，即认知灵活性在其中起着重要作用。元认知监测水平高，不一定就会产生有效元认知控制，但如果认知灵活性高，个体就可以根据反馈灵活调整思路进行有效元认知控制，如果认知灵活性低，就不能根据监测信息及时打破定势，进行有效的元认知控制，可见认知灵活性在元认知监测影响元认知控制中具有重要作用。本研究证明了认知灵活性在元认知监测对元认知控制的影响中起着调节作用，和理论分析是一致的。

研究结果将元认知监控和执行功能这两个一直平行进行的研究领域联系起来。从元认知监控和执行功能的发展特点来看，执行功能的发展似乎要早于元认知监控，而作为高于认知的元认知监控而言，在小学阶段才会有实质性的发展，并通过元认知监控来提高自己的认知操作成绩（Georghiades，2004）。而执行功能中的抑制成分是最早达到较高水平的，7岁已达到较高水平，工作记忆稍晚一些(Siegel，1994)，认知灵活性的发展更晚。从这些发展研究结果来看，执行功能的子成分有可能是认知发展中的重要调节因素。同时，执行功能是人类认知结构中最高级，但也是最复杂的组成部分。认知神经科学的迅猛发展使研究者更清楚地认识到执行功能与大脑额叶的密切关系。执行功能更多地与神经生理结构有关，而元认知的神经探讨还处于初期阶段，如果执行功能是人类认知能力的基础，那么也有理由认为执行功能会影响元认知监控。

从元认知监控和执行功能的内涵和功能来看，二者都强调对认知的监控调节。执行功能可以理解为：一组高水平的过程，根据意愿调节低水平的图式，对各种认知过程进行协调，以保证认知系统以灵活、优化的方式实行特定目标的一般性控制机制，目的是确保认知活动的执行，从而达到问题解决（周晓林，2004)。这一过程背后是工作记忆、抑制、认知灵活性等能力在起作用，是隐含在所有认知活动中的认知机制或能力（Morgan & Lilienfeld，2000)。元认知监控的两个重要功能就是监测和控制，所以元认知监控和执行功能二者之间存在一定的关联。但到目前为止，探讨二者关系的研究还非常少，认知灵活性在元认知监测、元认知控制之间的调节作用为元认知监控和执行功能的关系研究提供了一个新的思路。

本研究根据个体认知发展的规律以及理论分析，提出认知灵活性在元认知监测对元认知控制的影响中起着调节作用，并采用结构方程对此进行了验证，研究结果支持了研究假设，证实了认知灵活性的调节作用，从而丰富了元认知监控和执行功能的理论研究。作为执行功能的成分，认知灵活性在元认知监控中具有调节作用。执行功能另外两种成分工作记忆、抑制在元认知监控中扮演什么角色，还需要进一步探讨，从而深入揭示元认知监控的内部机制，从理论上厘清元认知监控与执行功能的关系。

5 结论

元认知监测对元认知控制的作用受到认知灵活性的调节作用。高认知灵活性的学生能根据元认知监测进行有效元认知控制，而低认知灵活性的被试其元认知监测水平的提高没有影响元认知控制。

【参考文献】

Belleville, S., Rouleau, N., & Van der Linden, M. (2006). Use of the Hay ling task to measure inhibition of proponent responses in normal aging and Alzheimer's disease. *Brain and Cognition*, 62, 113-119.

Bull, R., Johnston, R.S., &Roy, J.A. (1999). Exploring the roles of the visual-spatial sketch pad and central executive in children's arithmetical skills: Views from cognition and developmental neuropsychology. *Developmental Neuropsychology*, 15, 421-442.

Desman, C., Schneider, A., Ziegler-Kirbach, E., Peterman, F., Mohr, B., & Hampel, P. (2006). Behavioral inhibition and emotion regulation among boys with ADHD during a go-no-go task. *Praxis der Kinderpsychologie und Kinderpsychiatrie*, 55, 328-349.

Desoete, A., &Roeyers, H. (2002). Off-line metacognition-A domain-specific retardation in young children with learning disabilities. *Learning Disability Quarterly*, 25 (2), 123-139.

Fleischner, J.E., Garnett, K., & Shepherd, J. (1982). Proficiency in basic fact computation of learning disabled and nondisabled children. *Focus on Learning Problems in Mathematics*, 4 (2), 47-56.

Georghiades, P. (2004). From the general to the situated: three decades of metacognition, *International Journal of Science Education*, 26 (3), 365-383.

Hill, E.L. (2004). Evaluating the theory of executive dysfunction in autism. *Developmental Review*, 24 (2), 189-233.

Kavale, K.A., & Forness, S.R. (2000). What definitions of learning disability say and don't say: A critical Analysis. *Journal of Learning Disabilities*, 33 (3), 239-256.

Lysaker, P. H. , Warman, D. M. , Dimaggio, G. , Procacci, M. , Larocco, V. A. , Clark. L. K. , et al. (2008). Metacognition in Schizophrenia: Associations with multiple assessments of executive function. *Journal of Nervous and Mental Disease*, 196 (5), 384-389.

McGaughey, C. L. (1996). Is breaking set a metacognitive characteristic of the gifted? *Teacher Education and Practice*, 12, 85-96.

McGaughey, C. L. (2008). An examination of breaking set. In Michael, F. et al (Eds.), *MetaCognition: A Recent Review of Research, Theory, and Perspectives*. Hauppage: Nova Science Publishers, 85-108.

Miyake, A. , Friedman, N. P. , Emerson, M. J. , Witzki, A. H. , Howerter, A. , & Wager, T. D. (2000). The Unity and Diversity of Executive Functions and Their Contributions to Complex "Frontal Lobe" Tasks: A Latent Variable Analysis. *Cognitive Psychology*, 41, 49-100.

Morgan, A. B. , & Lilienfeld, S. O. (2000). A meta-analytic review of the relation between antisocial behavior and neuropsychological measures of executive function. *Clinical Psychology Review*, 20 (1), 113-136.

Nelson, T. O. , & Narens, L. (1990). Metamemory: A theoretical framework and new findings. In Bower, G. (Ed.), *The Psychology of Learning and Motivation*. NY: Academic Press, 125-173.

Nelson, T. O. , & Narens, L. (1994). Why Investigate Metacognition? In Metealfe, J. , & Shimamura, A. P. (Eds.), *Metacognition: Knowing about Knowing*. Massaehusetts: The MIT Press, 1-26.

Reder, L. M. , & Schumm, C. D. (1996). Metacognition does not imply awareness: Strategy choice is governed by implicit learning and memory. In Reder, L. M. (Ed.), *Implicit Memory and Metacognition*. Mahwah: Frlhaum, 45-76.

Saldana, D. (2004). Dynamic Master Mind Interactive Use of a Game for Testing Metacognition. *School Psychology International*, 25 (4), 422-438.

Salthouse, T. A. , Fristoe, N. , McGuthry, K. E. , & Hambrick, D. Z. (1998). Relation of task switching to speed, age, and fluid intelligence. *Psychology and Aging*, 13, 445-461.

Schneider, W. , Vise, M. , Lock, K. , & Nelson, T. O. (2000). Developmental trends in children's memory monitoring evidence from a judgment-of-learning task. *Cognitive Development*, 15, 115-134.

Schwartz, B. L, & Metcalfe, J. (1994). Methodogical Problems and Pitfalls in the Study of Human Metacognition. In Metcalfe J. , & Shimamura, A. P. (Eds.), *Metacognition*. Cambridge, MA: The MIT Press. 207-227.

Siegel, L. S. (1994). Working memory and reading: A life-span perspective. *International Journal of Behavioral Development*, 17, 109-124.

Son, L. K. , & Metcalfe, J. (2000). Metacognitive and control strategies in study-time allocation. *Journal of Experimental Psychology: Learning, Memory, and Cognition*, 26, 204-221.

Swanson, H. L. (1992). The relationship between metacognition and problem solving in gifted children, *Roeper Review*, 15 (1), 43-49.

Thiede, K. W. , Anderson, M. C. , & Therriault, D. (2003). Accuracy of metacognitive monitoring affects learning of texts. *Journal of Educational Psychology*, 95, 66-73.

Thiede, K. W. , & Dunlosky, J. (1999). Toward a general model of self-regulated study: An analysis of selection of items for study and self-paced study time. *Journal of Experimental Psychology: Learning, Memory, & Cognition*, 25, 1024-1037.

Veenman, M. V. J. , & Verheij, J. (2003). Technical students' metacognitve skills relating general vs. specific metacognitive skills of study success. *Learning and Individual Differences*, 13, 259-272.

Veenman, M. V. J. , & Spaans, M. A. (2005). Relation between intellectual and metacognitive skills: Age and task differences. *Learning and Individual Differences*, 15, 159-176.

Veenman, M. V. J. , Kok, R. , & Blote, A. W. (2005). The relationship between metacognition and metacognitive skills in early adolesence. *Instructional Science*, 33, 193-211.

Veenman, M. V. J. , Van Haut-Wolters, B. H. A. M. , & Afflerbach, P. (2006). Metacognition and learning: Conceptual and methodological consideration. *Metacognition Learning*，1，3-14.

Yeager，T. J.（1999）. The development of the metacognitive elements of study scale. Dissertation Abstracts international：Section B：*The Sciences and Engineering*，60（6B），29-79.

York，L. D.，& Craig，M. T.（1992）. Middle school students' metacognitive knowledge about science reading and science text：Objective assessment，Validation and results. East Lansing，MI：National Center for Research on Teacher Learning.

陈天勇，韩布新，李德明.（2003）. 工作记忆中央执行功能研究新进展. 南京师范大学学报（社会科学版），5，92-99.

陈天勇，李德明.（2005）. 执行功能可分离性及与年龄关系的潜变量分析. 心理学报，37（2），210-217.

陈英和，慕德芳，郝嘉佳.（2011）. 有效测量元认知监控的新方法：Master Mind 任务分析. 心理科学，34（3），750-754.

邓铸，张庆林.（2000）. 青少年元记忆能力发展的认知研究. 心理学探新，20（1），38-41.

黎坚，张厚粲.（2006）. 认知操作背景下在线元认知调节能力的特征. 心理学报，238（3），342-348.

郝嘉佳，陈英和.（2010）. 小学儿童在线和离线元认知监控的发展特点及其对问题解决的影响. 心理科学，33（5），1108-1112.

吴灵丹，刘电芝.（2006）. 儿童计算的元认知监测及其对策略选择的影响. 心理科学，29（2），354-357.

王晶，陈英和，齐琳.（2008）. 小学儿童执行功能与问题解决能力的关系. 心理发展与教育，4，25-33.

王淑珍，栗洪武.（2006）. 执行功能子成分与学业成就的关系. 应用心理学，2，187-192.

温忠麟，侯杰泰.（2003）. 潜变量交互效应分析方法. 心理科学进展，11（5），593-599.

周晓林.（2004）. 执行控制：一个具有广阔理论前途和应用前景的研究领域. 心理科学进展，12（6），641-642.

张雅明，俞国良.（2007）. 学习不良儿童元记忆监测与控制的发展. 心理学报，39（2），249-256.

人际共情鸿沟可以跨越：以教师预测学生情绪为例*

□ 卢家楣（上海师范大学教授）
□ 陈　宁（上海师范大学副教授）
□ 汪海彬（黄山学院讲师）

1 问题提出

1.1 引言

事情虽尚未发生，甚至以前也未曾经历，但我们可以闭上眼睛，想象这些事情，在此时此地超前体验它们带来的结果（Gilbert & Wilson，2007）。这种前瞻性超前体验即为情绪预测（emotional forecasting）或情感预测（affective forecasting），它是指个体预测未来事件发生时的情绪反应（Wilson & Gilbert，2003）。情绪预测是情绪智力的重要成分（卢家楣，2005），大量研究发现，人类的情绪预测能力并非尽善尽美（刘聪慧，张耀华，俞国良，2010），人们往往难以准确预测未来的情绪（Dunn & Laham，2006；Kahneman & Snell，1992；Mathieu & Gosling，2012；Wilson & Gilbert，2003）。

以往研究多考察人们对自己情绪的预测，但在社会生活中，人际情绪预测（interpersonal emotional forecasting）更为常见，这在政府公职人员（预测公众情绪）、医生（预测患者情绪）、窗口服务人员（预测服务对象情绪）等职业群体中尤其普遍。准确预测他人情绪，会导致人与人之间更多的情绪理解（Pollmann & Finkenauer，2009），错误预测了他人情绪，被称为人际共情鸿沟（interpersonal empathy gap）（Van Boven & Loewenstein，2003）。人际共情鸿沟导致人际误会甚至冲突，阻碍不同群体之间的互动联系（Dunn & Laham，2006），阻碍成功的政策制定（Loewenstein，1996）。因此，研究者强调，在包括健康医疗、教育和金融等大量社会情境中，都需要增强情绪预测的准确性（Elwyn，Stiel，Durand，& Boivin，2011），减小人际共情鸿沟、提高预测准确性对销售员、政策制定者和任何需要成功与他人互动的人，都极有价值（Dunn，Brackett，Ashton-James，Schneiderman，& Salovey，2007）。

师生关系是学校教育中最基本最重要的人际关系，预测学生情绪是教师常见的职业行为，也是一种典型的人际情绪预测行为。准确预测学生情绪对教师优化教育决策、实施有效教育、减少师生共情鸿沟、促进师生关系和谐具有重要意义，这既是教师职业前瞻性特点的充分彰显，也是教师专业能力的重要体现。然而，在教育实践中，因教育者对学生可能的情绪反应未能预测或错误预测而导致的师生间误会乃至冲突频频发生，诸如“绿领巾”、“蓝

* 原载《心理学报》2013 年第 12 期。

印章”、“红校服”、“三色作业本”①等引发社会广泛热议的教育事件即是明证。遗憾的是，因人际情绪预测偏差而出现的人际共情鸿沟问题，并未引起研究者的应有重视，仅少数研究揭示共情鸿沟发生的原因，而无一研究直接探讨共情鸿沟如何才能跨越。本研究以教师预测学生情绪这一典型而极具教育价值的人际情绪预测现象为例，进一步揭示人际共情鸿沟形成原因，并探索跨越横亘于人际间这道鸿沟的策略。

1.2 文献回顾

率先进行情绪预测准确性实证研究的是 Kahneman 和 Snell（1992），他们请被试预测品尝酸乳酪或冰激凌会有怎样的情绪感受，最后得出“情绪变化难以预测”的结论。这种预测不准的偏差现象出现在大量人群中、大量情境事件中（Wilson & Gilbert，2003），既表现在消极事件上，也表现在积极事件上（Dunn & Laham，2006；Lench，Safer，& Levine，2011）。因此，Gilbert（2006）在《撞上幸福》（*Stumbling on Happiness*）一书中总结指出，预测是件困难的事，而预测未来的情绪尤其困难，即使人们是预测自己未来的情绪。

人们预测他人的情绪同样会出现偏差。Pollmann 和 Finkenauer（2009）将人际情绪预测称为共情预测（empathic forecasting），通过 3 个实验考察了对他人情绪的预测准确性问题，结果被试高估了成败事件对陌生他人情绪体验的影响（实验 1），对朋友和陌生人均表现出高估偏差（实验 2），即使被试获得更多参照信息，仍出现预测偏差（实验 3）。Van Boven 和 Loewenstein（2003）将人际情绪预测称为情绪观点采择（emotional perspective taking），并将错误预测他人情绪称为人际共情鸿沟。Van Boven，Loewenstein 和 Dunning（2005）在两个实验中，发现被试高估了他人参加公众面前哑剧表演的意愿（实验 1）和公众面前舞蹈表演的意愿（实验 2），这种预测中的勇气错觉（illusion of courage）正是人际共情鸿沟的表现。

人际情绪预测偏差或人际共情鸿沟为何发生？研究表明，人们通常运用自己的偏好作为基础去预测他人的偏好（Hoch，1987）。Nickerson（1999）更直接指出，试图理解他人知道什么或者他人在某种特定情境下的情绪，一个最基本的方法是设想自己知道什么或自己在那种情境下的感受。Van Boven 和 Loewenstein（2003，研究 1）请被试阅读一个关于徒步旅行者野外遭遇严峻考验的情境故事，然后请被试在阅读后用几分钟时间想象旅行者的感受。结果，多数被试（79%）明确表示预测了自己在那种情境中的情绪，且大多被试（69%）在提到旅行者反应之前提到了自己的反应（“我感觉真的有些惊慌和饥饿”）。这一简单而巧妙的实验证实，人们在预测他人的感受时是以自己的感受为参照锚点的。本研究将预测者或预测主体的这种自我预测称为共情锚点（empathic anchoring）。

对他人反应的预测往往建立在自己将如何反应这一最好、有时也是唯一的基础之上（Hoch，1987）。可以说，共情锚点是客观存在的，有时还是必需的。但问题是，它并不必然导致人际情绪预测准确性的提高。情绪观点采择双判断模型（dual judgment model of emotional perspective taking）（Van Boven & Loewenstein，2003）认为，人们在预测他人情绪时，首先预测自己在同样情境中的情绪，作为参照锚点，其次判断自己与他人的相似程度，并据此调整锚点，从而对他人情绪做出预测。按此模型，人际情绪预测准确性依赖于两个条件，即自我预测准确性和自我—他人相似性判断准确性。然而，一方面，如前文所述，人们预测自己情绪的能力并非尽善尽美；另一方面，人们通常会高估自己与他人之间的相似性（Van Boven & Loewenstein，2005），从而难以判断自我—他人间的差异。由于决定人际情绪预测准确性的两个条件

① 这些事件的详细报道依次见：新浪网，2011 年 10 月 18 日；新华网，2012 年 9 月 28 日；《中国青年报》，2011 年 10 月 27 日；《齐鲁晚报》，2011 年 11 月 1 日。

都难以满足，人际共情鸿沟的发生也就难以避免了。

提升人际情绪预测准确性或跨越人际共情鸿沟如何可能？虽然Dunn和Laham（2006）曾形象指出，情绪预测偏差就像痤疮一样普遍，但也能像痤疮一样治疗。去焦点化（defocusing）（Sevdalis & Harvey，2009）、正念（mindfulness）（Emanuel，Updegraff，Kalmbach，& Ciesl，2010）、促进经验学习（Hoerger，Chapman，Epstein，& Duberstein，2012；徐菁、蒋多，2009）等手段都被证明能有效校正预测偏差，但以往这些研究中被试预测的都是自己的情绪，目前尚无一研究直接考察人际情绪预测准确性的提升问题。双判断模型虽能很好地揭示人际共情鸿沟的原因，却在跨越共情鸿沟的方法上止步未前。

在找到解决问题的方法之前，先回归到“共情”这一概念本身。研究者多倾向于认为共情既包括认知成分又包括情感成分（Davis，1994），在人际情绪预测过程中，预测主体以自我预测作为锚点，显然是一种认知共情（cognitive empathy），也就是Van Boven和Loewenstein（2003）提出的情绪观点采择。以往研究中，对观点采择的实验操纵通常有两种视角，一是自己视角，二是他人视角（赵显，刘力，张笑笑，向振东，付洪岭，2012），如Batson，Early和Salvarani（1997）把想象的观点采择分为想象自己的观点采择和想象他人的观点采择。可以推测，人际情绪预测中同样存在两种视角或策略：一是自己视角或者说推己及人，即以设想自己的情绪作为预测他人情绪的锚点；二是他人视角或者说设身处地，即站在他人角度想象他人的情绪反应。为避免认知共情和情绪观点采择等多个概念的混淆，本研究统一称之为“共情策略”（empathy strategy）。

哪种共情策略更有利于共情鸿沟的跨越？从认知共情概念角度看，研究者认为，认知共情要求个体保持自我和他人表征的相对分离，从而理解他人的情绪和感受（黄翯青，苏彦捷，2012），个体要具备最基本的区分自我和他人的能力，才能产生真正的共情（Decety & Lamm，2006）；从观点采择概念角度看，Eisenberg和Strayer（1987）认为观点采择是个体在对他人所处情境准确认知的基础上，把自身置于他人情境中理解他人的能力，Galinsky，Ku和Wang（2005）指出，观点采择是个体从他人所处情境出发，想象他人观点与态度的心理过程。显然，这里共同强调的都是“他人角度”。可见，站在他人角度或设身处地共情，才是认知共情或观点采择的本质体现，才能更准确地对他人情绪做出预测，减小甚至跨越人际共情鸿沟。

1.3 模型发展

通过对以往相关文献的回顾和梳理，初步构建如图1的人际情绪预测理论模型。

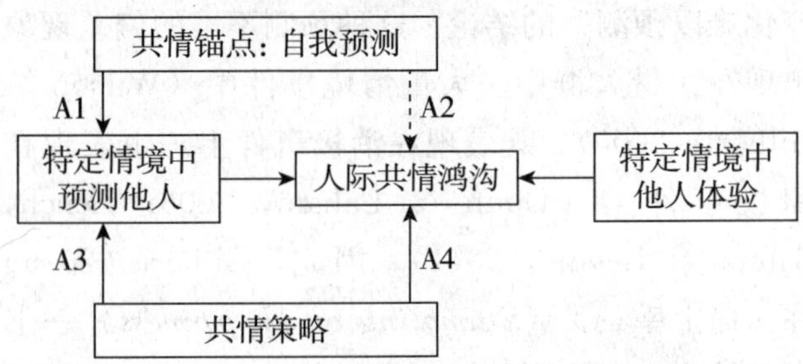

图1 人际情绪预测理论模型

无论是预测主体的情绪预测还是预测对象的情绪体验，均发生在特定情境中。模型中间部分表明，人际共情鸿沟是指在特定情境中个体对他人情绪的预测与他人在特定情境中的情绪体验之间的偏差，它从另一面透视出人际情绪预测的准确性。模型上半部分，揭示了人际共情鸿沟发生原因，这是对情绪观点采择双判断模型的继承，即个体以同样情境中的自我情绪预测作为参照锚点，对他人情绪做出预测（箭头A1），但由于自我预测偏差及自我—他人相似性判断错误，因此共情锚点不一定会导致准确性预测（虚线箭头A2），相反，若自我预测极端，将导致更大的人际共情鸿沟。模型下半部分，提出了人际共情鸿沟跨越的方法，这是对双判断模型的发展，即人际情绪预测过程中，存在推己及人（自己视角）和设身处地（他人视角）两种共情策略，不同策略影响对他人情绪的预测（箭头A3），设身处地共情更能体现认知共情的本质，因此有益于人际共情鸿沟的跨越（箭头 A4）。

本研究以典型的人际情绪预测现象—— 教师预测学生情绪为例，来检验上述理论模型。教育心理研究应贴近教育实践，保证研究结果具有较高的生态学效度（林崇德，1990），据此，从教育对象既有个体学生、又有群体学生这一现实的教育实践出发，研究一和研究二分别以个体学生和群体学生为预测对象，考察共情鸿沟发生原因，检验的假设为：教师的自我情绪预测作为共情锚点，会直接影响对学生情绪的预测（假设 H1）；共情锚点对教师情绪预测准确性并不一定具有积极或消极影响，若自我预测极端，则师生间共情鸿沟更大（假设 H2）。在此基础上，研究三进一步考察共情鸿沟跨越策略，检验的假设为：共情策略影响教师对学生情绪的预测（假设 H3）；教师站在学生视角采取设身处地共情策略，更有利于提升预测准确性，更有益于减小甚至跨越师生间共情鸿沟（假设 H4）。

本研究中反映师生间共情鸿沟的指标有两个：相对准确性（relative forecasting accuracy index，RFA）是教师预测与学生体验之差，体现高低估趋势，显著高估或低估都表示预测不准确；绝对准确性（absolute forecasting accuracy index，AFA）是教师预测与学生体验之差的绝对值，体现绝对偏离程度，若显著大于 0，表示预测不准确，或者说存在共情鸿沟。以往情绪预测研究中，多直接对原始数据进行差异检验（Wilson & Gilbert，2003），实际上仅反映了预测的相对准确性，而 Dunn，Biesanz，Human 和 Finn 等（2007）和 Hoerger 等（2012）研究中仅采取绝对差值作为准确性指标，又无法反映高低估趋势。本研究同时采取相对准确性和绝对准确性两类指标，更能对预测准确性或者说共情鸿沟做出全面反映。

2 研究一

2.1 方法

2.1.1 被试

预测主体为某中学和某教师培训班 85 名初中教师，平均教龄 12.96 年（$SD=8.10$），男 28 人，女 57 人。为控制学生年龄差异，将预测对象固定为初二学生，以 4 所中学 20 个初二班级的 364 名学生为被试，男 194 人，女 170 人。

2.1.2 材料

（1）情绪预测情境实验材料

第一步，确定预测情境。对某校初中生（$n=240$）和某校初中教师（$n=42$）进行开放式问卷调查，搜集典型情绪情境。经归类后频次统计，确定关爱学生和课间拖堂（研究一）、积极期望（研究二）、复习迎考（研究三）4 个典型教育情境作为本研究的预测情境。经 8 名教育心理学研究生和 10 名初中教师（均为教育硕士）讨论，确定各情境的具体描述。

第二步，确定具体情绪词。对某校初中教师（$n=127$）进行开放式问卷调查，请被试写出初中生在 4 种情境中可能产生的具体情绪。研究一中全部选择提及率超过 40%（董妍，俞国良，2007）的高频次情绪词，关爱情境中情绪词为感动、高兴、温暖，拖堂情境中情绪词为郁闷、无奈、反感，采用 0—6（6＝非常强烈）级计分。两种情境中教师自我预测、预测学生和学生体验 α 系数在 0.76—0.85。

第三步，编制两个版本实验材料。教师情绪预测版本和学生情绪体验版本的情绪词和量尺完全相同，只是在学生版本中，将情境中的学生改为“你”，并要求被试“将自己完全置于情境之中，真实地体验自己内心的情绪。”其中，教师版本的关爱情境内容为：设想这件事发生在不久以后。马同学是一名普通的初二学生，就像大多数初二学生一样。一天课上，马同学肚子痛，脸色看起来不太好。老师看到后，走过来关切地问：“哪里不舒服吗？要不要紧？”并立即让其他同学去办公室倒杯热水给马同学。拖堂情境内容为：设想这件事发生在不久以后。这是一个普通的初二班级，就像大多数初二班级一样。一次课上，老师还在讲课时，下课铃响了。由于要讲的内容还没讲完，老师就利用课间时间拖堂继续讲课。

（2）认知共情能力问卷

Cliffordson（2001）认为，观点采择和共情关注已经分别代表了共情的认知成分和情感成分，因此采取人际反应指针量表一修订版（Interpersonal Reactivity Index-C）中的观点采择因子测量教师认知共情能力，5 个项目，1—5（5＝很恰当）级计分，α 系数为 0.752（张凤凤，董毅，汪凯，詹志禹，谢伦芳，2010），本研究中为 0.65。

2.1.3 程序

第一阶段，教师情绪预测测量：集中教师在安静的会议室，发放研究材料。要求教师预测关爱和拖堂两种情境中大多数初二学生的情绪，但在预测学生情绪前，首先预测如果自己是情境中的初二学生将会是怎样的情绪体验，然后填答对初二学生的了解程度（1—5 级计分，5＝很了解）和有关人口学变量，并完成认知共情能力问卷。第二阶段，学生情绪体验测量：由班主任和研究者共同作为主试，发放研究材料，以班级为单位集中施测。

2.2 结果

检验假设 H1。关爱情境中自我预测和预测学生间相关显著，$r=0.72$，$p<0.001$；拖堂情境中自我预测和预测学生间相关显著，$r=0.80$，$p<0.001$。以两种情境中教师自我预测均值为中界线，将样本教师分为自我预测平静组和强烈组（以下简称“平静组”和“强烈组”），经统计，两种情境中，两组教师在教龄、对初二学生了解程度和认知共情能力上均无差异，说明两组教师在教职经验上具有同质性，且认知共情能力得到控制。统计发现（表 1），两种情境中强烈组教师预测学生的情绪均更强烈：关爱情境中，$t(83)=-6.50$，$p<0.001$，$d=-1.26$；拖堂情境中，$t(83)=-8.64$，$p<0.001$，$d=-2.21$。上述相关分析和 t 检验结果表明，作为共情锚点的自我预测对教师预测学生的情绪具有直接的正向影响，假设 H1 得到证实。

表 1 研究一描述性统计结果（*M*±*SD*）

情境	教师分组	自我预测	预测学生	学生体验①	相对准确性（RFA）	绝对准确性（AFA）
关爱	平静组（$n=44$）	4.60±0.53	4.47±0.55	4.43±1.22	0.04±0.55	0.48±0.27
	强烈组（$n=41$）	5.71±0.30	5.34±0.69	4.43±1.22	0.91±0.67	1.01±0.52
拖堂	平静组（$n=49$）	2.57±0.72	2.95±0.93	3.09±1.62	−0.14±0.93	0.69±0.64
	强烈组（$n=36$）	4.63±0.67	4.56±0.73	3.09±1.62	1.47±0.73	1.50±0.68

检验假设 H2。以相对准确性（RFA）为因变量，进行独立样本 t 检验，由于是组间设计，因此其结果与上面直接对两组教师预测分数进行 t 检验结果一致。与 0 相比：关爱情境中，平静组没有显著高估，$t(43)=0.48$，*ns*，而强烈组高估明显，$t(40)=8.52$，$p<0.001$；拖堂情境中，平静组没

① 由于要将群体学生体验作为比较效标，因此必须保证学生被试的同质性。通过 4 种方法进行检验：首先，本研究中实际调查初二学生 636 人（男 313 人，女 323 人），排除自评学习成绩优等和差等的两端学生，并排除自评近三天心境波动大（3 个题项，$\alpha=0.77$）的学生，得到 364 人。经单样本 t 检验，364 人样本与 636 人样本在关爱情境中情绪无差异，$t(363)=0.80$，*ns*，在拖堂情境中情绪无差异，$t(363)=-0.65$，*ns*。但为体现情境中“大多数学生”这一点，仍严格以 364 人作为研究一中教师情绪预测准确性的效标样本。其次，将 364 人样本随机折半，经独立样本 t 检验，两组学生在关爱情境中情绪无差异，$t(362)=0.87$，*ns*，在拖堂情境中情绪无差异，$t(362)=0.33$，*ns*；再次，在某校两个初二班级（$n=53$）开展拖堂情境实验，以直接测量学生情绪。由经过培训的同一名数学教师作为主试，在下课后以内容没有讲完为由继续拖堂讲课 4 分钟，并请学生即时填答情绪体验问卷，经单样本 t 检验，直接测量与情境问卷间接测量结果无差异，$t(52)=-0.74$，*ns*，这既体现了情境问卷测查学生情绪的效度，又说明学生被试同质性；最后，对 364 人样本进行情绪体验的性别差异检验，关爱情境中，$t(362)=-1.21$，*ns*；拖堂情境中，$t(362)=1.18$，*ns*。上述结果一致表明，364 名学生被试具有同质性，作为比较效标是合适的。

有显著低估，$t(48)=-1.09$，*ns*，而强烈组高估明显，$t(35)=12.06$，$p<0.001$。以绝对准确性（AFA）为因变量，进行独立样本 t 检验，结果两组差异均显著：关爱情境中，$t(83)=-6.03$，$p<0.001$，$d=-1.02$；拖堂情境中，$t(83)=-5.58$，$p<0.001$，$d=-1.19$。上述结果表明，作为共情锚点的自我预测对教师情绪预测准确性确有显著影响，但这种影响是积极的还是消极的，却取决于共情锚点本身的准确性，若自我预测极端（强烈组），反而导致更大的预测偏差，出现更大的师生间共情鸿沟，假设 H2 得到证实。

2.3 补充研究

研究一中，由于所有教师被试都是先进行自我预测，然后再预测学生情绪的，共情锚点作用有可能是由于“先设想自己情绪”这一任务本身所致，究竟是否如此呢？研究者补充了一个现场实验。被试为某校 52 名初中教师，要求被试预测学生在关爱和拖堂情境中初二学生的愉快程度（0—6 级计分，6=非常愉快）。随机确定 26 人为自我预测组，请教师先设想自己情绪，然后预测学生情绪；另外 26 人为控制组，教师直接预测学生情绪，但事后报告是否以自我预测作为预测学生情绪的参照，18 人表示进行了自我预测（故作为控制组被试）。经检验，两组教师教龄无差异，$t(42)=-0.73$，*ns*。描述性统计结果见表 2，对自我预测组进行相关分析：关爱情境中自我预测和预测学生间相关显著，$r=0.86$，$p<0.001$；拖堂情境中自我预测和预测学生间相关显著，$r=0.91$，$p<0.001$，再次验证了假设 *H*1。对自我预测组和控制组教师预测学生情绪得分进行独立样本 t 检验，结果均无差异：关爱情境中，$t(42)=0.57$，*ns*；拖堂情境中，$t(42)=0.84$，*ns*。上述结果显示，控制组教师做出的预测并未因没有被要求自我预测而与自我预测组有何差异，实际上控制组有 69.23%（18/26）的教师进行了自我预测，说明研究一结果与实验任务本身没有直接关联。

表 2 补充研究描述性统计结果（*M*±*SD*）

情境	自我预测组（$n=26$）		控制组（$n=18$）
	预测自己情绪	预测学生情绪	预测学生情绪
关爱	5.31±0.84	5.23±0.95	5.06±1.06
拖堂	1.42±1.39	1.31±1.26	1.06±0.73

3 研究二

3.1 方法

3.1.1 被试

预测主体为某两所学校 37 名语数外理化学科初中教师，平均教龄 17.14 年（$SD=6.44$），男 7 人，女 30 人。由每位教师在任教班级中确定 1 名所教学科成绩中等生、共 37 名中等生作为预测对象，男 15 人，女 22 人。

3.1.2 材料

（1）情绪预测情境实验材料

以积极期望为预测情境，具体描述为：“你的成绩目前在班上处于中等水平，虽然暂时不是特别突出，但老师非常非常看好你。因为你的接受能力和理解能力都很强，对于问题的理解你思路清晰，有自己独特的看法，说明你是一个愿意思考且善于思考的同学，这些都预示着你有巨大的学习潜力。我完全相信：只要你能明确目标，更勤奋一点，更主动一些，你的成绩完全可以取得很大的进步，甚至跨进班级最前列。加油！相信你是最棒的！”情绪词为自豪、欣慰、满意、兴奋和放松，1—9（9=非常强烈）级计分，教师自我预测、预测学生和学生体验 α 系数在 0.72—0.80。

（2）认知共情能力问卷

同研究一，本研究中 α 系数为 0.71。

（3）未来事件发生概率判断任务

心境对未来事件发生概率的判断存在心境一致性效应（张萍，卢家楣，张敏，2012），因此可根据被试对未来事件发生概率的判断倾向，来佐证被试的情绪自我报告。首先，对某校 40 名初中生进行开放式问卷调查，搜集了 32 个情绪事件短语，再另请该校43名初中生对32件事的情绪效价进行评定，各选10个积极和消极短语作为判断任务中的事件。其次，在某校两个初中平行班开展实验，以回忆方式分别诱发学生愉快和悲伤情绪，先报告愉快体验，继而判断这20个事件在未来半年内发生的可能性（1＝不太可能，2＝很有可能）。结果发现，愉快情绪与积极事件概率判断显著正相关，$r=0.33$，$p<0.01$，与消极事件概率判断显著负相关，$r=-0.50$，$p<0.001$；且情绪状态与事件类型交互作用显著，$F(1, 81)=26.22$，$p<0.001$，$\eta^2=0.25$，说明初中生对未来事件发生概率判断存在心境一致性效应。因此，可以用该认知任务来检验情绪体验自我报告的效度。

3.1.3 程序

第一阶段，教师情绪预测测量：指导语为“假设这段话就是您写给这位中等成绩学生的，一会儿该生将读到这段话，为体现真实性，请签写配对学生和您的名字。”其余程序同研究一。第二阶段，学生情绪体验测量：在教师测量结束后，集中学生在安静的会议室，引导学生处于一种平静、放松的状态，自评愉快基线情绪。指导语为“同学们，我是某某课题组的老师，课题组要求每个老师按照事先确定的书面材料，在班上找一位最符合该材料描述内容的同学，结果你的老师选中了你，也就是说，你们班你的情况最符合材料中的描述。”然后，将已签写师生姓名的积极期望文本发给配对学生阅读，并请学生报告愉快情绪，然后报告自豪等5种情绪强度，并完成未来事件发生概率判断任务、人口统计学资料和成绩自评，最后请学生保存好文本，以勉励自己，不要辜负老师的期望。

3.2 结果

对学生阅读文本前后的愉快情绪进行检验，$t(36)=-3.90$，$p<0.001$，$M_{前}=6.97$，$SD=1.34$，$M_{后}=7.78$，$SD=1.42$，说明教师签名后的期望文本确实诱发了学生更愉快的体验。其次，对学生判断的未来积极和消极事件发生概率总分与学生阅读文本后的愉快情绪进行相关分析，结果愉快情绪与积极事件概率判断显著正相关，$r=0.43$，$p<0.01$，与消极事件概率判断呈负相关趋势，$r=-0.13$，$p=0.448$，说明学生情绪自我报告具有良好的效度。

检验假设H1。统计发现，教师自我预测和预测学生间相关显著，$r=0.78$，$p<0.001$。以自我预测均值为中界线，将样本教师分为自我预测平静组和强烈组，经统计，两组教师在教龄、了解学生程度和认知共情能力上均无差异，说明两组教师在教职经验上具有同质性，且认知共情能力得到控制。统计发现（见表3），强烈组教师预测学生的情绪更强烈，$t(35)=-5.41$，$p<0.001$，$d=-2.31$。假设H1得证。

表3 研究二描述性统计结果（*M*±*SD*）

情境	教师分组	自我预测	预测学生	学生体验	相对准确性（RFA）	绝对准确性（AFA）
期望	平静组（$n=14$）	5.19±0.97	5.34±1.14	5.91±1.51	−0.81±0.85	0.91±0.65
	强烈组（$n=23$）	7.12±0.37	6.98±0.71	5.91±1.51	1.22±1.59	1.55±1.25

检验假设H2。以相对准确性（RFA）为因变量，进行独立样本t检验，结果两组差异显著：$t(35)=-4.40$，$p<0.001$，$d=-1.28$，且平静组显著低估，$t(13)=-3.58$，$p<0.01$，而强烈组显著高估，$t(22)=3.67$，$p<0.001$。以绝对准确性（AFA）为因变量，进行独立样本t检验，差异同样显著：$t(35)=-2.02$，$p=0.051$，$d=0.51$。可见，共情锚点对预测个体学生情绪的准确性确有影响，但是否是积极影响却并非取决于共情锚点本身，若自我预测极端（强烈组），反而导致更大的预测偏差，出现更大的师生间共情鸿沟。假设H2得证。

3.3 研究一和研究二小结

研究一和研究二发现，无论预测对象是群体学生还是个体学生，教师自我预测和对学生情绪的预测间存在显著相关，平静组教师的预测相对准确，强烈组教师的预测偏差更大，正是因为自我预测这一共情锚点的差异，导致预测准确性的差异。补充研究进一步表明，自我预测组和控制组教师所做出的预测没有差异，这就排除了实验任务本身对结果的干扰。两个研究不但证实了共情锚点对教师情绪预测的影响，并且表明共情锚点本身并不必然促进预测准确性，相反，还可能是造成师生间共情鸿沟的根源（如强烈组）。教师如何才能准确预测学生情绪、跨越这道共情鸿沟呢？研究三将通过共情策略的操纵，探寻跨越共情鸿沟的对策。

4 研究三

4.1 方法

4.1.1 被试

预测主体为某3所中学61名初中教师，随机确定31名教师为设身处地共情策略组，平均教龄15.65年（$SD=14.16$），另外30名教师为推己及人共情策略组，平均教龄10.77年（$SD=8.61$），经检验，两组教师教龄没有差异，$t(59)=1.63$，*ns*。以上次期中考试总分在本班中的位次为主要依据，并参考学生自评和班主任评定，从某校初中3个年级3个班102名学生中各确定34名成绩较好学生（以下简称“学优生”，男12人，女22人）和成绩较差学生（以下简称“学困生”，男19人，女15人）作为预测对象。

4.1.2 材料

（1）情绪预测情境实验材料

以复习迎考为预测情境，教师版本的情境表述为“期末考试即将来临，学生正处于复习迎考阶段，请您预测一下，面对即将开始的期末考试，成绩较好/较差的初中生在期末考试前三天的情绪会是怎样？”情绪词含积极（期待、兴奋）和消极情绪（紧张、不安、焦虑、担忧），1—9（9=非常强烈）级计分，教师样本和学优生、学困生样本在两类情绪上的α系数在0.56—0.91。

（2）认知共情能力问卷

同研究一，本研究中α系数为0.62。

4.1.3 程序

第一阶段，教师情绪预测测量（考前一周）。将学校小会议室作为实验室，室内恒温、安静，桌椅舒适、整洁，光线适中。采用E-Prime2.0软件对实验程序编程，被试在14英寸联想笔记本电脑上逐个完成实验。实验程序：填答人口统计学资料后呈现实验指导语；接着呈现复习迎考情境，请教师依次预测学优生和学困生情绪；然后完成对初中生了解程度评定（4个项目，7点量表，$\alpha=0.88$）和共情策略操纵检验（设身处地策略2个项目：“我完全是从学生的角度出发来预测学生情绪的”，“我完全是站在学生的立场来想象学生的内心感受”；推己及人策略2个项目：“先想象自己的情绪，再以此为参照来预测学生情绪”，“预测学生情绪前，我先想：如果那些情境中的人是我，情绪会怎样”。均为9点量表），最后完成认知共情能力问卷。正式实验前确保每个教师熟悉电脑操作方式，实验结束后两组各邀请5名教师座谈。其中，设身处地组指导语为“请您预测的是成绩较好/较差的初中生在期末考试前会有怎样的情绪，因此，您在预测每种情绪前，一定要站在这部分学生的角度，设想这部分学生的感受。”推己及人组指导语为“请您在预测每种情绪前，先设想自己就是成绩较好/较差的初中生，仔细想想自己在期末考试前会有怎样的情绪”，然后再预测学生的情绪。第二阶段，学生情绪体验测量（考前三天）。请学生报告对于期末考试的即时情绪体验。

4.2 结果

两组教师对学生了解程度无差异，$t(59)=1.40$，*ns*，但认知共情能力差异显著，$t(59)=3.35$，$p<0.01$。指导语操纵检验共4个项目，将原始分转化为标准分，含设身处地2个题项（$\alpha=0.80$）和推己及人2个题项（$\alpha=0.80$）。2（组间：设身处地策略，推己及人策略）×2（组内：设身处地操纵，推己及人操纵）重复测量方差分析结果显示：主效应均不显著，但交互作用边缘显著，$F(1, 59)=3.18$，$p=0.080$，$\eta^2=0.05$，设身处地策略组的设身处地操纵得分高于推己及人操纵得

分，$t(59)=2.20$，$p<0.05$。说明通过指导语操纵共情策略是比较成功的，这也为实验结束后对部分教师的访谈所证实。

检验假设 H3。统计发现（见表 4），在预测学优生积极情绪上，两组教师差异显著，$t(59)=-2.26$，$p<0.05$，预测学困生消极情绪上，呈边缘显著，$t(59)=2.20$，$p=0.070$，而在学优生消极情绪和学困生积极情绪预测上无差异，前者 $t(59)=-1.05$，*ns*，后者 $t(59)=0.32$，*ns*。假设 3 未予完全证实。

表 4 研究三描述性统计结果（*M*±*SD*）

预测内容	教师分组	教师预测	学生体验①	相对准确性（RFA）	绝对准确性（AFA）
学优生积极情绪	设身处地组	5.82±1.27	5.16±1.96	0.66±1.27	1.17±0.80
	推己及人组	6.57±1.30	5.16±1.96	1.41±1.30	1.72±0.83
学优生消极情绪	设身处地组	5.29±1.72	4.90±1.82	0.39±1.72	1.38±1.08
	推己及人组	5.76±1.75	4.90±1.82	0.86±1.75	1.71±0.90
学困生积极情绪	设身处地组	3.24±1.55	4.71±1.88	−1.47±1.55	1.71±1.27
	推己及人组	3.12±1.48	4.71±1.88	−1.59±1.48	1.91±1.02
学困生消极情绪	设身处地组	5.38±1.52	5.55±2.22	−0.17±1.52	1.17±0.97
	推己及人组	6.17±1.81	5.55±2.22	0.62±1.81	1.60±1.00

检验假设 H4。以相对准确性（RFA）为因变量，进行独立样本 t 检验，由于是组间设计，因此其结果与上面直接对两组教师预测分数进行 t 检验结果一致。以绝对准确性（AFA）为因变量，逐一进行独立样本 t 检验：学优生积极情绪预测上，设身处地组预测相对更准确，$t(59)=-2.60$，$p<0.05$，$d=-0.66$；学优生消极情绪预测上，$t(59)=-1.30$，*ns*，$d=-0.37$，尽管两组差异未达显著水平，但对两组相对准确性进行单样本 t 检验发现，设身处地组未现显著高估，$t(30)=1.26$，*ns*，而推己及人组高估趋势明显，$t(29)=2.69$，$p<0.05$；学困生积极情绪预测上，$t(59)=-0.66$，*ns*；学困生消极情绪预测上，两组差异达到边缘显著水平，$t(59)=-1.71$，$p=0.093$，$d=-0.43$，单样本 t 检验发现，设身处地组未现显著高估，$t(30)=-0.62$，*ns*，而推己及人组 $t(29)=1.87$，$p=0.072$，高估趋势比较明显。因学优生积极情绪、学优生消极情绪、学困生消极情绪的绝对准确性值两两间显著相关（$r=0.30$—0.37，$p<0.05$），按照 Dunn 等（2007）的做法，将其合并为一个总准确性指数，经检验，$t(59)=-2.48$，$p<0.05$，$d=-0.65$，设身处地组预测的偏差值相对更小。假设 H4 得到证实。

因两组教师认知共情能力差异显著，故根据认知共情能力总分均值为中界线，将教师分为低分组和高分组，然后以 4 个绝对准确性值为因变量，进

① 由于要将群体学生体验作为比较效标，因此必须保证学生被试的同质性。检验 34 名学优生被试的同质性：以性别和年级为自变量，以考前积极和消极情绪为因变量，进行 2（男，女）×3(6，7，8 年级）多因素多变量方差分析：性别和年级交互作用的多变量变异数 Wilks' Lambda 值为 0.82，*ns*；性别变量的 Wilks' Lambda 值为 0.93，*ns*；年级变量的 Wilks' Lambda 值为 0.79，*ns*。检验 34 名学困生被试的同质性：以性别和年级为自变量，以考前积极和消极情绪为因变量，进行 2（男，女）×3(6，7，8 年级）多因素多变量方差分析，结果：性别和年级交互作用的多变量变异数 Wilks' Lambda 值为 0.97，*ns*；性别变量的 Wilks' Lambda 值为 0.87，*ns*；年级变量的 Wilks' Lambda 值为 0.86，*ns*。由于主效应和交互效应均不显著，因此各样本中不同性别和不同年级的学生被试具有同质性，作为比较效标是合适的。

行2（共情策略：设身处地组，推己及人组）×2（认知共情能力：低分组、高分组）多因素多变量方差分析：共情策略和认知共情能力交互作用的多变量变异数 Wilks' Lambda 值为0.87，*ns*；认知共情能力变量的 Wilks' Lambda 值为0.90，*ns*；共情策略变量的 Wilks' Lambda 值为0.85，边缘显著，$p=0.060$。说明认知共情能力与情绪预测准确性无直接关联，但共情策略对预测准确性具有实质性影响，再次证实假设 H4。

4.3 小结

研究三表明，共情策略对情绪预测准确性产生明显影响，教师若仅从自己角度出发，以对自己情绪的设想来替代学生，会导致更大偏差；相反，若站在学生角度进行设身处地思考，实际上就克服了自我中心偏差（egocentrism bias），从而有效地跨越共情鸿沟。比较例外的是，在学困生积极情绪预测上，两组无论是在相对准确性还是绝对准确性上，都无任何差异，这可能是因为教师普遍存在"学困生在考试前夕情绪普遍消极"的固有观念，仅通过指导语操纵共情策略尚难以改变这种观念，从而导致教师普遍性低估了学困生积极情绪。

5 讨论

5.1 共情锚点与共情鸿沟形成

人类的大多数认知判断活动中均存在锚定效应（Mussweiler，2002），甚至有研究者认为，锚定效应是一种十分普遍而顽固的判断偏见（曲琛，周立明，罗跃嘉，2008），情绪预测中同样存在这种效应。Gilbert（2006）指出，人们在预测时，会参照他人过去或当下的情绪体验，这就是替代信息（surrogation information），以替代信息作为锚点的被试，比仅获得事件信息（event information）的被试做出了更准确的预测，这在模拟约会（Gilbert，Killingsworth，Eyre，& Wilson，2009）、收获奖品（Gilbert，2006）等情境中均得到证实。

但是，上面提到的替代信息均是他人的情绪体验，人际情绪预测中，存在另一种替代信息——自我预测，个体借助自我预测这一锚点对他人情绪做出预测，正如 Krueger 和 Clement（1994）所言，人们有一种强烈的以自己感受作为基础预测他人情绪的倾向。本研究以教师预测学生情绪为例，考察了人际情绪预测过程中的这种锚定效应，并发现（研究一和研究二）：教师在预测学生情绪时，自我预测作为共情锚点直接影响情绪预测，进而影响到预测准确性，表现为自我预测平静组教师的预测准确性相对更高，而自我预测极端导致更大的师生间共情鸿沟。情绪观点采择双判断模型（Van Boven & Loewenstein，2003，2005）认为，人们在进行情绪观点采择时，首先是预测自己在情绪情境中的情绪，如在预测同事是否喜欢卡拉 OK 时，首先预测自己在听众面前唱流行歌曲的情绪，继而，判断自己与他人的相似程度，并对锚点做出相应调整，比如若同事比自己更喜欢社交，那么就会调整对自己情绪的预测结果以适应同事的外向个性。但是，一方面，自我预测本身往往受人格（Verner-Filion，Lafrenière，& Vallerand，2012）、聚焦错觉（罗寒冰等，2013）、记忆偏差（Meyvis，Ratner，& Levav，2010）等因素影响而存在偏差，这已为以往大量研究所普遍证实（刘聪慧等，2010）；另一方面，尽管人们也认识到有时是需要调整自我—他人间差异的，但调整往往是不彻底的（Epley，Keysar，Van Boven，& Gilovich，2004），这种高度的自我中心在社会判断中处处可寻（Royzman，Cassidy，& Baron，2003），可见，人们难以调整人我差异从而使用有效的锚点。总之，在人际情绪预测过程中，决定准确性的两个条件——自我预测准确性和自我—他人相似性判断准确性均未能满足，这无疑是造成人际共情鸿沟的直接原因。

需强调指出，在 Van Boven 和 Loewenstein（2003，2005）的研究中，是在被试预测他人情绪后，再通过事后报告的方式证实了被试是以自我预测作为锚点预测他人情绪的。与此不同，本研究将自我预测作为被试的第一个实验任务，目的在于考察锚点对准确性的影响，这种设计更能直接检验人际情绪预测中的锚定效应。且即便没有自我预测这一实验任务，多数被试（69.23%）仍然以自我预测作为情绪观点采择的基础。本研究通过在人际情绪预测领域的拓展，再次证实了锚定效应在判断和决策等认知活动中的普遍性。

5.2　共情策略与共情鸿沟跨越

借鉴以往对观点采择两种不同视角方面的研究（Batson et al.，1997；赵显等，2012），本研究认为在预测他人情绪过程中，实际上也存在两种不同视角或共情策略：一是推己及人共情策略，即预测者首先设想自己在类似情境中的情绪感受，然后对他人情绪做出预测；二是设身处地共情策略，即预测者通过换位思考，完全站在他人角度设身处地地想象他人情绪。研究三考察两种共情策略对预测准确性的作用。结果，关键的假设 H4 得到证实：总体而言，采取推己及人策略，师生间共情鸿沟更大，而采取设身处地策略，教师情绪预测相对更准确。结合指导语，可以看到两种策略的差别：站在自己视角的推己及人策略，直接启动了自我预测，更加强化了自我中心，导致双判断模型揭示的自我预测偏差和自我—他人相似性判断偏差；而站在他人视角的设身处地策略，启动的是对自我—他人差异的调整，弱化了自我中心，甚至抑制了对自我预测这一共情锚点的依赖。实际上，以往研究者更多强调共情应站在他人立场上（Ickes，1993），将自我“客体化”，即以“第三者”的视角来表征、监控和调节自我和他人的关系，抑制自我中心偏差，以促使共情摆脱自我中心的禁锢，逐渐指向他人（张慧，苏彦捷，2008），如 Hogan（1969）认为共情是设身处地理解他人的想法，在智力上理解他人的一种情感状态，而 Decety 和 Jackson（2006）基于共情脑机制的研究成果，认为共情是在不混淆自己与他人的体验和情感的基础上体验并理解他人的感受和情感的一种能力。设身处地策略正反映出共情的这一本质，恰如英语中的熟语“Put oneself in the shoes of another”所描述的那样，汉语中也有“设身处地”、“换位思考”等成语。预测他人情绪作为一种重要的认知共情现象，自然需要预测者采取设身处地策略，摆脱自我中心的禁锢，将自我“客体化”，以真正克服自我中心偏差，跨越人际共情鸿沟。

需强调指出，本研究还考察了认知共情能力对人际情绪预测准确性的影响。3 个研究均采取 IRI 中的观点采择因子测量教师的认知共情能力，结果发现，教师的认知共情能力对预测准确性并没有显著影响。这里可能有两个原因：首先，认知共情能力或者说观点采择能力代表了个体设身处地地感受他人情感与想法的倾向，而并不是一种基于情境的具体的情绪观点采择行为，这种能力对教师准确判断自己与学生之间的差异、调整共情锚点、从而做出准确预测可能没有直接的影响；其次，本研究采用的 IRI 问卷中的观点采择维度仅 5 个题项，且其中既包括站在自己角度推己及人的共情，又包括站在他人角度设身处地的共情，未能对两种视角进行区分，作为特质的共情能力是否会影响个体在预测过程中共情策略的选择呢？这需要在今后的研究中做进一步探索。

5.3　研究贡献与未来研究拓展

本研究数个实验均在学校现场实施，数个预测情境均是经前期调查而确定的典型教育情境，且综合考虑到师源性事件（即事件由教师直接引发，如关爱学生、课间拖堂、积极期望情境）和非师源性事件（即事件并非由教师直接引发，如复习迎考情境），完全是学校教育实际的真实体现，充分彰显了本研究的生态学效度（ecological validity）。

本研究理论贡献是，在梳理并整合认知共情、情绪观点采择等概念基础上，继承并发展了情绪观点采择双判断模型，初步构建并检验了人际情绪预测理论模型，这为深入揭示人际情绪预测过程的特点和机制奠定了理论基础。模型不但揭示了人际共情鸿沟形成的原因，更直接提出人际共情鸿沟跨越的路径。本研究实践意义体现为，直接为教师提供了有效的情绪预测策略：教师要学会换位思考，真正站在学生角度，设身处地地想象学生情绪感受，才可能对学生的情绪反应做出准确预测。若以自我为中心，仅凭主观臆测，想当然地认为学生就是自己所认为的这种情绪感受，结果就容易导致情绪预测错误，而这，往往是教育实践中师生间共情鸿沟，甚至产生师生情绪冲突，因而也是一些教育行为失效的重要原因之一。

本研究的局限在于：将预测对象区分为个体和群体两类学生虽符合教育实践，但却未能考察教师在预测两类学生时的认知过程特点和预测结果差异；虽然发现设身处地策略可有效减小师生共情鸿沟，却未能进一步考察影响共情策略选择与执行的情绪、动机因素，未能深入揭示不同策略执行过程中的认知机制；也需看到，情绪预测和情绪体验均发生在特定情境中，情境因素并未作为操纵变量在本研究中予以考察。还有研究表明，人们倾向于提取非典型性样例，并以此为基础预测个体自己的未来情绪，从而导致预测偏差（Morewedge，Gilbert & Wilson，2005）。这似乎启发我们，提取典型样例作为预测锚点，可能是减小人际共情鸿沟的又一有效策略。未来研究还可在这方面进行拓展。此外，由于人际情绪预测准确性研究涉及两类被试，这在客观上增加了研究难度，因此本研究对情绪的测量主要依赖于自我报告，未来研究应在情绪测量方法上进一步探索，如增加相对客观的指标（Nielsen，Knutson，& Carstensen，2008），结合多种方法测量情绪（姜媛、林崇德，2010）。

6 结论

自我预测作为共情锚点，直接影响教师对学生情绪的预测，但共情锚点对预测准确性的影响具有两面性，自我预测极端将导致更大的师生间共情鸿沟。共情策略对教师情绪预测准确性具有直接影响，设身处地共情能有效减小师生间共情鸿沟、提升教师预测学生情绪的准确性。经实验检验的人际情绪预测理论模型，提供了人际共情鸿沟发生原因的解释视角和跨越鸿沟的有效策略。

【参考文献】

Batson，C. D.，Early，S.，& Salvarani，G.（1997）. Perspective taking：Imagining how another feels versus imaging how you would feel. *Personality and Social Psychology Bulletin*，23，751-758.

Cliffordson，C.（2001）. Parents' judgments and students' self-judgments of empathy：The structure of empathy and agreement of judgments based on the interpersonal reactivity index（IRI）. *European Journal of Psychological Assessment*，17（1）：36-47.

Davis，M. H.（1994）. *Empathy：A Social Psychological Approach*. Boulder，CO：Westview.

Decety，J.，& Jackson，P. L.（2006）. A social-neuroscience perspective on empathy. *Current Directions in Psychological Science*，15（2），54-58.

Decety，J.，& Lamm，C.（2006）. Human empathy through the lens of social neuroscience. *The Scientific World Journal*，6（3），1146-1163.

Dong，Y.，& Yu，G. L.（2007）. The development and application of an academic emotions questionnaire. *Acta Psychologica Sinica*，39（5），852-860.

［董妍，俞国良.（2007）. 青少年学业情绪问卷的编制及应用. 心理学报，39（5），852-860.］

Dunn，E. W.，Biesanz，J. C.，Human，L. J.，& Finn，S.（2007）. Misunderstanding the affective consequences of everyday social interactions：The hidden benefits of putting one's best face forward. *Journal of Personality and Social Psychology*，92（6），990-1005.

Dunn，E. W.，Brackett，M. A.，Ashton-James，C.，Schneiderman，E.，& Salovey，P.（2007）. On emotionally intelligent time travel：Individual differences in affective forecasting ability. *Personality and Social Psychology Bulletin*，33，85-93.

Dunn，E. W.，& Laham，S. M.（2006）. A user's guide to emotional time travel：Progress on key issues in affective forecasting. In J. P. Forgas（Ed.），*Hearts and Minds：Affective Influences on Social Cognition and Behavior*（pp. 177-193）. New York：Psychology Press.

Eisenberg，N.，& Strayer，J.（1987）. Critical issues in the study of empathy. In N. Eisenberg，& J. Strayer（Eds.），*Empathy and Its Development*（pp. 3-13）. New

York：Cambridge University Press.

Elwyn，G.，Stiel，M.，Durand，M. A.，& Boivin，J.（2011）. The design of patient decision support interventions：Addressing the theory-practice gap. *Journal of Evaluation in Clinical Practice*，17，565-574.

Emanuel，A. S.，Updegraff，J. A.，Kalmbach，D. A.，& Ciesl，J.（2010）. The role of mindfulness facets in affective forecasting. *Personality and Individual Differences*，49，815-818.

Epley，N.，Keysar，B.，Van Boven，L.，& Gilovich，T.（2004）. Perspective taking as egocentric anchoring and adjustment. *Journal of Personality and Social Psychology*，87，327-339.

Galinsky，A. D.，Ku，G.，& Wang，C. S.（2005）. Perspective-taking and self-other overlap：Fostering social bonds and facilitating social coordination. *Group Processes & Intergroup Relations*，8，109-124.

Gilbert，D. T.（2006）. *Stumbling on Happiness*. New York：Knopf.

Gilbert，D. T.，Killingsworth，M. A.，Eyre，R. N.，& Wilson，T. D.（2009）. The surprising power of neighborly advice. *Science*，323，1617-1619.

Gilbert，D. T.，& Wilson，T. D.（2007）. Prospection：Experiencing the future. *Science*，317，1351-1354.

Hoch，S. J.（1987）. Perceived consensus and predictive accuracy：The pros and cons of projection. *Journal of Personality and Social Psychology*，53，221-234.

Hoerger，M.，Chapman，B. P.，Epstein，R. M.，& Duberstein，P. R.（2012）. Emotional intelligence：A theoretical framework for individual differences in affective forecasting. *Emotion*，12（1），1-10.

Hogan，R.（1969）. Development of an empathy scale. *Journal of Consulting and Clinical Psychology*，33，307-316.

Huang，H. Q.，& Su，Y. J.（2012）. The development of empathy across the lifespan：A perspective of double processes. *Psychological Development and Education*，28（4），434-441.

［黄翯青，苏彦捷.（2012）. 共情的毕生发展：一个双过程的视角. 心理发展与教育，28（4），434-441.］

Ickes，W.（1993）. Empathy accuracy. *Journal of Personality*，61，587-610.

Jiang，Y.，& Lin，C. D.（2010）. A review of the self-report methods in emotional measurement. *Journal of Capital Normal University*（*Social Sciences Edition*），（6），135-139.

［姜媛，林崇德.（2010）. 情绪测量的自我报告法述评. 首都师范大学学报（社会科学版），（6），135-139.］

Kahneman，D.，& Snell，J.（1992）. Predicting a changing in taste：Do people know what they will like? *Journal of Behavioral Decision Making*，5，187-200.

Krueger，J.，& Clement，R. W.（1994）. The truly false consensus effect：An ineradicable and egocentric bias in social perception. *Journal of Personality and Social Psychology*，67，596-610.

Lench，H. C.，Safer，M. A.，& Levine，L. J.（2011）. Focalism and the underestimation of future emotion：When it's worse than imagined. *Emotion*，11（2），278-285.

Lin，C. D.（1990）. On ecology movement：The new trend of Child Psychology and Education Psychology study. *Psychological Development and Education*，（3），144-149.

［林崇德.（1990）. 论儿童心理学与教育心理学研究的新趋势—— 生态学运动. 心理发展与教育，（3），144-149.］

Liu，C. H.，Zhang，Y. H.，& Yu，G. L.（2010）. Affective forecasting biases and related studies. *Advances in Psychological Science*，18（8），1246-1255.

［刘聪慧，张耀华，俞国良.（2010）. 情感预测偏差的相关研究述评. 心理科学进展，18（8），1246-1255.］

Loewenstein，G.（1996）. Out of control：Visceral influences on behavior. *Organizational Behavior and Human Decision Processes*，65，272-292.

Luo，H. B.，Xu，F. M.，Guo，Y. Y.，Zheng，Q. Q.，Li，B.，& Zhang，H.（2013）. Focusing illusion in affective forecasting. *Advances in Psychological Science*，21（8），1482-1492.

［罗寒冰，徐富明，郭永玉，郑秋强，李彬，张慧.（2013）. 情感预测中的聚焦错觉. 心理科学进展，21（8），1482-1492.］

Lu，J. M.（2005）. Discussion of basic conception of emotional intelligence. *Psychological Science*，28（5），1246-1249.

[卢家楣.(2005).对情绪智力概念的探讨.心理科学,28(5),1246-1249.]

Mathieu, M. T., & Gosling, S. D. (2012). The accuracy or inaccuracy of affective forecasts depends on how accuracy is indexed: A meta-analysis of past studies. *Psychological Science*, 23 (2), 161-162.

Meyvis, T., Ratner, R. K., & Levav, J. (2010). Why don't we learn to accurately forecast feelings? How misremembering our predictions blinds us to past forecasting errors. *Journal of Experimental Psychology: General*, 139 (4), 579-589.

Morewedge, C. K., Gilbert, D. T., & Wilson, T. D. (2005). The least likely of times: How remembering the past biases forecasts of the future. *Psychological Science*, 16 (8), 626-630.

Mussweiler, T. (2002). The malle ability of anchoring effects. *Experimental Psychology*, 49 (1), 67-72.

Nickerson, R. S. (1999). How we know—and sometimes misjudge—What others know: Imputing one's own knowledge to others. *Psychological Bulletin*, 125 (6), 737-759.

Nielsen, L., Knutson, B., & Carstensen, L. L. (2008). Affect dynamics, affective forecasting, and aging. *Emotion*, 8 (3), 318-330.

Pollmann, M. M. H., & Finkenauer, C. (2009). Empathic forecasting: How do we predict other people's feelings? *Cognition and Emotion*, 23 (5), 978-1001.

Qu, C., Zhou, L. M., & Luo, Y. J. (2008). The mental scale in anchoring effects: Evidence from event-related potentials. *Acta Psychologica Sinica*, 40 (6), 681-692.

[曲琛,周立明,罗跃嘉.(2008).锚定判断中的心理刻度效应:来自ERP的证据.心理学报,40(6),681-692.]

Royzman, E. B., Cassidy, K. W., & Baron, J. (2003). "I Know, you know": Epistemic egocentrism in children and adults. *Review of General Psychology*, 7, 38-65.

Sevdalis, N., & Harvey, N. (2009). Reducing the impact bias in judgments of post-decisional affect: Distraction or task interference? *Judgment and Decision Making*, 4 (4), 287-296.

Xu, J., & Jiang, D. (2009). Expectations, experiences, and memories: When consumers fail to learn from experiences. *Acta Psychologica Sinica*, 41 (8), 745-752.

[徐菁,蒋多.(2009).期望、体验和回忆:当消费者不能从体验中学习.心理学报,41(8),745-752.]

van Boven, L. V., & Loewenstein, G. (2003). Social projection of transient drive states. *Personality and Social Psychology Bulletin*, 29, 1159-1168.

van Boven, L. V., & Loewenstein, G. (2005). Empathy gaps in emotional perspective taking. In B. F. Malle, & S. D. Hodges (Eds.), Other minds: *How Humans Bridge the Divide between Self and Others*. New York: Guilford Press.

van Boven, L. V., Loewenstein, G., & Dunning, D. (2005). The illusion of courage in social predictions: Underestimating the impact of fear of embarrassment on other people. *Organizational Behavior and Human Decision Processes*, 96, 130-141.

Verner-Filion, J., Lafrenière, M. K., & Vallerand, R. J. (2012). On the accuracy of affective forecasting: The moderating role of passion. *Personality and Individual Differences*, 52, 849-854.

Wilson, T. D., & Gilbert, D. T. (2003). Affective forecasting. In P. Z. Mark (Ed.), *Advances in Experimental Social Psychology* (Vol. 35, pp. 345-411). San Diego, CA: Academic Press.

Zhang, F. F., Dong, Y., Wang, K., Zhan, Z. Y., & Xie, L. F. (2010). Reliability and validity of the Chinese Version of the Interpersonal Reactivity Index-C. *Chinese Journal of Clinical Psychology*, 18 (2), 155-157.

[张凤凤,董毅,汪凯,詹志禹,谢伦芳.(2010).中文版人际反应指针量表(IRI-C)的信度及效度研究.中国临床心理学杂志,18(2),155-157.]

Zhang, H., & Su, Y. J. (2008). Neural mechanism at the self-others coordination in theory of mind. *Advances in Psychological Science*, 16 (3), 480-485.

[张慧,苏彦捷.(2008).自我和他人的协调与心理理论的神经机制.心理科学进展,16(3),480-485.]

Zhang, P., Lu, J. M., & Zhang, M. (2012). The effect of mood on the probability judgment of future events.

Journal of Psychological Science，35（1），100-104.

［张萍，卢家楣，张敏.（2012）.心境对未来事件发生概率判断的影响.心理科学，35（1），100-104.］

Zhao，X.，Liu，L.，Zhang，X. X.，Xiang，Z. D.，& Fu，H. L.（2012）. Perspective-taking：Concept，manipulation and its impact on intergroup relations. *Advances in Psychological Science*，20（12），2079-2088.

［赵显，刘力，张笑笑，向振东，付洪岭.（2012）.观点采择：概念、操纵及其对群际关系的影响.心理科学进展，20（12），2079-2088.］

论学校心理辅导制度建设*

□ 俞国良（中国人民大学教授）
□ 赵军燕（首都师范大学副教授）

党和国家越来越重视心理健康、心理辅导在思想政治工作中的重要作用。党的十八大报告明确提出："健康是促进人的全面发展的必然要求"，"加强和改进思想政治工作，注重人文关怀和心理疏导"；《教育规划纲要》则要求，"加强心理健康教育，促进学生身心健康、体魄强健、意志坚强"。

在党和政府的高度重视下，我国学校心理健康教育、心理辅导制度得到了迅速发展。就其具体制度建设来说，我国很多大中小学校都建立了心理辅导室，配备了专职心理辅导教师，开设了心理健康课程，科研成果与工作成效显著。[1]然而，由于我国经济社会发展不平衡，不同地区学校、教师和家长对心理辅导的认知与重视程度不同，心理辅导工作的针对性、实效性差别较大，违背心理健康教育规律的事件时有发生。有鉴于此，普及、巩固和深化学校心理健康教育，必须大力促进学校心理辅导制度建设。

一、对学校心理辅导制度的理解

（一）学校心理辅导制度的内涵

学校心理辅导制度是心理健康教育系统的核心，有的学者甚至把两者视为等同。它是教育行政部门为了贯彻执行国家的各项心理健康教育政策，保障学校心理辅导工作顺利开展，依照法规、政策而制定的心理健康教育规则、规程或行动准则，即学校心理辅导工作的规章制度，包括学校心理辅导的根本制度、基本制度和具体制度。就我国来说，学校心理辅导的根本制度是党和国家的教育方针，把立德树人、提高学生心理素质、促进全面发展作为其根本任务；基本制度是指国家颁布的相关心理健康教育政策、文件和条例制度，也可称之为学校心理辅导的法规性制度，具体制度则包括心理辅导管理制度、心理危机预防及干预制度、朋辈心理辅导制度、心理健康课程管理制度、精神疾病筛查及转介制度、心理档案资料管理制度、心理辅导的伦理制度、心理辅导人员的资格准入制度、心理辅导队伍的培养及督导制度等，即学校心理辅导的岗位性制度。随着我国素质教育的全面推进和深化，学校心理辅导工作越来越受到社会各界的广泛关注，学校心理辅导制度建设也迅速得到发展。

（二）学校心理辅导制度的功能

1. 课程育人功能。科学、规范的学校心理辅导制度，可以帮助学生了解心理健康知识，提升心理保健意识，学会处理成长发展过程中遇到的学习、适应、人际交往、情绪调适等方面的问题，培养健全的人格。2008 年，教育部印发《关于中等职业学校德育课课程设置与教学安排的意见》，颁布了《心理健康教学大纲》，正式把心理健康作为选修课纳入中等职业学校德育课程体系。2011 年，

* 原载《教育研究》2013 年第 8 期。

教育部办公厅关于印发《普通高等学校学生心理健康教育工作基本建设标准（试行）》的通知（教思政厅［2011］1号），要求高校开设必修课或必选课，给予相应学分，保证学生在校期间普遍接受心理健康课程教育。正是由于这两个在学校心理辅导基本制度方面的条例规则，促使很多中职、高校通过招聘教师，整合不同专业院系资源组成课程团队，或开发校本教材等方式，促进了心理健康教育课程在中职、大学的广泛推广和积极实践。

2. 团体辅导功能。团体辅导旨在通过让学生在真诚、安全和接纳的团体氛围中，感受来自同伴的关心和支持，在团体动力的影响下探索自我，发展适应的行为，重建理性的认知。学校心理辅导制度，一方面可以规范团体辅导的流程、档案管理、过程评估等过程；另一方面可以对团体辅导者的准入资质、受教育背景、接受培训经历、自我体验的时间等方面有所要求，从而有效利用团体辅导方式起到教育学生，解决学生成长过程中的困扰，预防心理疾病的作用。

3. 心理咨询功能。国家各级教育行政部门就学校心理咨询机构的设置、专职心理辅导教师的数量、心理辅导教师的培训等方面提出了很多规定，然而由于缺乏强有力的制度保障，很多学校心理咨询机构的功能和作用还流于形式，难以实现心理辅导工作的规范化和常态化。建设学校心理辅导制度不仅可以有效解决上述问题，保证心理咨询工作按规程有效运行，还可以通过心理咨询解决学生在成长过程中遇到的心理困扰，预防心理疾病的发生，帮助学生学会心理调适的方法，实现开发学生心理潜能，发展健全人格的功能。

4. 筛查与转介功能。学校心理辅导制度可以明确心理筛查与转介的工作流程和操作规范。通过设立多种心理筛查方式，如定期开展心理健康测评，各班级或学院的班主任、心理教师对同学心理健康状况的动态监控，各班级心理委员的定期报告，建立心理档案，及时发现有危机或潜在危机的学生，防患于未然。同时，明确转介原则和操作流程，对评估、与家长联系、转介、回归保健等过程做出具体规定，由心理辅导人员对处于危机中的学生进行心理评估，对不属于咨询范畴的精神疾病、自杀危机等学生，要迅速通知家长到校，及时将学生转介到精神卫生机构诊治。

5. 家校整合功能。学校心理辅导制度可以通过有效整合学校和家庭资源，改善我国心理辅导师资力量薄弱的局面，充分利用学校、家庭各方面的心理支持力量，提高心理辅导效率，增强心理辅导效果。建立家校沟通机制，实现家校资源整合。成立家长委员会，由心理辅导团队中的相关教师负责，邀请家长参与学校心理辅导工作，对学校的心理辅导工作提出建议。同时，在学校管理范畴内进行家—家资源整合。在相关心理辅导教师的指导下，由家长委员牵头，成立家庭互助小组或相关网络群体，交流分享教育孩子的经验，关注学生的心理健康状况，并将一些反映集中的问题反馈给学校心理辅导教师，由心理辅导教师帮助解决。

6. 社区辐射功能。通过建设心理辅导制度整合学校和社区资源，建立学校和社区合作机制。一方面，鼓励学校心理辅导向社区辐射；另一方面，学校可利用社区优秀教育资源，聘请社区社会工作者、心理服务志愿者为兼职或校外辅导员，指导学生在社区的实践。通过学校和社区合作，使学生有更多的机会参与社区心理健康教育实践活动，在服务社区的同时进行自我教育，不断提升心理调适能力，学校也因此而成为社区发展的动力，成为健康社区的有机组成部分。

二、学校心理辅导制度的发展

（一）国外学校心理辅导制度的发展

学校心理辅导最早出现在20世纪初的美国。当时帕森斯在波士顿创办了以职业辅导为主的“就业指导局”，成为学校心理辅导诞生的标志。[2]到20世纪60年代，美国学校心理辅导工作开始由专职工作人员负责，提高了心理辅导的专业化水平。[3]20世纪70年代，美国学校的心理辅导无论从理论还是实践方面都形成了相对完善的心理辅导服务体系，其服务模式迅速传播到其他国家。目前，学校心理辅导的价值和功能日益得到世界各国的重视和认可并逐渐向规范化、制度化方向发展。国外学校的心理辅导制度的建设侧重于具体制度建设方面。

1. 资格认证制度。美国早期的学校心理辅导工作由学校教师兼任，咨询效果难以保证。1958年美国政府颁布《国防教育法》(NDEA)，强调学校要设立心理辅导服务项目，从业资格要有相关专业的硕士及以上学位并通过有关专业协会的资格认证等。[4]1967年，美国心理学会颁布了咨询师的从业标准，由此逐渐形成了美国咨询师资格认证制度，启动了咨询师的专业化进程。如在美国从事心理辅导工作的咨询师，最低学历须是硕士而且必须是从临床心理学或咨询心理学专业毕业。[5]近年来，美国国家咨询师认定委员会推出资格认证的新举措，即从事家庭心理辅导、学校心理辅导的咨询师需先申请成为普通心理咨询师，然后才能继续申请成为特殊领域的咨询师，这样不仅可以促进咨询师向更加专业的领域发展，还可以为学校心理辅导或心理健康教育培养更多的专业人才。[6]

加拿大对学校心理辅导人员的要求也较为严格，如艾伯塔省、安大略省等很多省都要求辅导人员接受过教师资格的培训，具有心理咨询或教育心理学或相关专业的硕士学位，并接受过心理学方面的专业训练。[7]

正因为强有力的资格准入制度，各国的学校心理辅导质量才有了可靠的保障。

2. 专业化培训制度。第二次世界大战以前，学校心理辅导人员主要是对学生传递职业信息，在心理辅导的理论、方法、技巧以及评估手段方面受到的专业培训较少。从20世纪60年代开始，美国颁布了对专业心理辅导人员的统一培养标准，并在高等院校开设心理辅导的专业课程。此后，西方各国竞相效仿美国模式，普遍提高了心理辅导人员的专业素质。[8]

3. 工作评估制度。随着心理辅导工作的开展，学校辅导员的工作评估逐渐引起重视。1930年，Proctor设计了一个积分卡系统用于评估学校辅导员的工作，以此来判断辅导或咨询工作是否发挥着良好的作用，该系统的使用促进了学校辅导工作的制度化。[9]1961年，Wellman等人向美国教育部(USOE)提出了“学校辅导和评估方案”[10]。在此推动下，联邦教育部1961年在乔治亚大学，1962年在密西根大学发起研讨会讨论如何对辅导效果进行评估，以推动学校心理辅导评估制度的实施。[11]

朋辈辅导制度。为了解决专业辅导人员和教师匮乏的状况，美国学校还运用了朋辈心理辅导的形式，从学生群体中选拔出朋辈辅导员，经过培训和督导，为前来求助的学生提供心理支持和帮助。为了让朋辈心理辅导得到更好的发展，美国制定了朋辈心理辅导实施的统一标准(NPHA Programmatic Standards)，对高校、中学、社区等制定了朋辈心理咨询的项目启动（计划、义务、人事、组织结构）、项目实施（选拔、培训、服务、监督）、项目维护（评估、公众联系、长远规划）三个阶段的标准化规范和指导，以提高朋辈心理辅导的实施质量。[12]

（二）我国学校心理辅导制度的形成与发展

为了加强和推进我国各级各类学校的心理辅导工作，党和政府先后出台了多部指导性文件。1994年，《中共中央关于进一步加强和改进学校德育工作的若干意见》明确提出要通过多种方式对不同年龄层次的学生进行心理健康教育和指导。1995年，国家教委颁布《普通高校德育大纲》，把心理健康教育列为德育内容。1999年和2002年，教育部先后颁布了《关于加强中小学心理健康教育的若干意见》和《中小学心理健康教育指导纲要》，对中小学心理健康教育的目的、任务、方法、形式和具体内容都做出了明确的规定；2001年和2002年，教育部分别颁布《关于加强普通高等学校大学生心理健康教育工作的意见》和《普通高等学校大学生心理健康教育工作实施纲要（试行）》，提出了高校开展心理辅导工作的主要任务和内容；2004年和2008年，教育部颁布《中等职业学校学生心理健康教育指导纲要》和《中等职业学校心理健康教学大纲》，进一步完善和扩大了学校心理健康教育的范围。

2008年，卫生部、教育部等17部委颁布了《全国精神卫生工作体系发展指导纲要（2008—2015）》，对学校的精神卫生工作、学校心理健康教育工作进行了进一步的规范。特别是2013年颁布实施的《精神卫生法》，更是从法律层面上对学校心理辅导工作和心理健康教育工作进行了规定。

值得一提的是，在《中小学心理健康教育指导纲要》实施十年之后，2012年底教育部又颁布了《中小学心理健康教育指导纲要》（2012年修订），旨在全面推进和深化中小学心理健康教育和心理辅导工作。

上述各种政策、文件，可以说是我国学校心理辅导的基本制度。随着这些文件、政策的颁布和实施，学校心理辅导工作得到了前所未有的重视，出现蓬勃发展的新局面。但应该看到，和美国、加拿大等西方发达国家相比，我国学校心理辅导制度建设仅是“万里长征走完了第一步”。

三、推进学校心理辅导制度的实体化建设

（一）学校心理辅导室建设标准与规范

为了促进学校心理辅导室的标准化、规范化建设，我国各地教育行政部门结合本地实际需要，提出了一些地方性的学校心理辅导室建设标准与规范。如《上海市中小学和中等职业学校心理辅导室装备指导意见（试行）的通知》（沪教委德［2011］57号）中，对心理咨询室的基本配置和各项仪器的配置标准都有明确规定。然而，除了各具特色的地方性标准之外，还需要有统一的国家标准规范心理辅导室建设工作，便于评估和管理。

1. 软件建设。软件建设包括心理测评和档案管理软件、心理辅导教师资质要求及心理辅导室的岗位规章制度等。第一，心理辅导室须配备符合我国学校实际且能反映学生成长过程中心理困扰的、科学的心理测评系统和档案管理软件，建立学生心理健康信息库，动态监控学生心理健康状况的变化，为开展心理辅导提供科学依据；同时，对心理辅导工作中的系列档案资料，如心理咨询面谈记录、热线咨询记录、网络咨询记录、心理危机信息库及危机干预记录、与家长沟通记录、与教师沟通记录、团体心理辅导记录等，要有明确的规章制度加以规范。第二，教育行政部门应明确规定按师生比配备专兼职心理辅导教师，对他们的任职资格和培训经历应有要求，并将师资培训工作纳入年度工作计划和年度经费预算；对专职教师的专业技术职务评聘纳入统一的归口，并规定统一的业绩考核标准等，保证每年接受规定学时的专业培训或学术会议，定期接受专业督导。第三，加强心理辅导室的制度建设，明确规章制度、工作规程、咨询程序、职业道德和伦理规范等，建立健全心理辅导的预约、咨询、反馈、追踪调查等规则，明确规定心理辅导室的服务群体、开放时间以及心理辅导教师每周需进行心理辅导的时数。

2. 硬件建设。硬件建设包括场地建设、环境要求、基础设施等。第一，学校心理辅导室应有专用场地，选址适当，本着安静又方便寻找的原则，尽量避开集体活动区等热闹场所。心理辅导室的使用面积要与在校生人数相匹配，根据各校实际情况设置个体心理辅导区、团体心理辅导区、心理辅导教师办公区、来访者接待室和心理测评区、心理档案管理区、心理阅览区等，有些区域可以互相兼容。第二，心理辅导室的周围环境应比较整洁、幽雅和清静，室外张贴宣传展板、欢迎图标等；内部环境应温馨、舒适，让来访者有足够的安全感，特别是个别辅导等区域要保障私密性要求。第三，心理辅导室的设备分为基础设备和心理学硬件设备。常用的基础设备包括电脑、录音笔、电话机、摄像设备、隔音设备等，心理学硬件设备的配备要符合学生心理发展特点，避免使用对学生健康成长不利的设备。如有的心理辅导室配备“宣泄人”工具，让学生采用殴打“宣泄人”的方法调节情绪，不利于学生学会适应性的情绪调节方法，应避免使用。

3. 伦理规范。按照心理辅导行业的一般伦理规范，学校心理辅导室的伦理规范包括：心理辅导

教师应尊重来访学生，与他们建立良好的辅导关系；有责任保护来访学生的隐私权，在心理辅导过程中，有责任向来访学生说明工作的保密原则，以及这一原则应用的限度；辅导个案记录、测验资料、信件、录音、录像和其他资料，应在严格保密的情况下保存；心理测量与评估过程中应考虑被测量学生的理解水平，并使用恰当的教育、心理测量工具了解来访学生的情况；鼓励心理辅导人员进行专业研究以对心理辅导工作有所贡献，在研究时应尊重参与者的尊严，防止研究对象的权益受到损害；要事先告知或征求研究对象的知情同意。

（二）心理辅导示范校建设标准与规范

如学校心理辅导室建设一样，各地为了促进学校心理健康教育朝着科学化、规范化、制度化的方向发展，先后也制定了一些地方性的心理辅导示范校建设标准与规范，如厦门市教育局《关于开展中小学心理健康教育示范学校和达标学校创建活动的通知》[厦教法（2009）32 号]。同样，从国家层面推广各地开展学校心理健康教育的成功经验，更好地发挥其示范引领作用和辐射效应，也需要有一个统一的国家标准加以规范。

1. 组织管理。组织管理包括学校领导的认识、组织管理和规章制度建设。第一，学校领导需充分认识到心理辅导工作对学生健康成长成才的重要性，对学校心理辅导工作提出明确要求，并采取切实措施做好督导检查，确保认识到位、统筹到位、分工到位、责任到位，把各项具体制度落到实处，努力为心理辅导工作的顺利开展创建良好的条件和氛围。第二，建立学校心理辅导领导小组和工作责任小组，对学校的心理健康教育进行全面规划与具体指导，并由专人负责心理健康教育工作的具体组织与实施，责任明确。第三，建设心理辅导工作的规章制度，有年度工作计划和中长期发展规划，有具体的组织实施、指导督导、检查评估等管理制度，如岗位职责制度、心理辅导人员例会制度、督导制度、心理辅导室管理制度、心理健康课程管理制度、个体心理辅导制度、团体心理辅导制度等，并由学校领导定期检查、督促执行，推进工作的规范化和制度化。

2. 基础建设。基础建设包括师资队伍建设、课程实施系统建设、环境育人成效和专项经费投入等。第一，加强心理辅导的师资队伍建设，努力建设以专兼职心理教师为骨干，全体教师共同参与的高素质的专业化教师队伍。学校需按编制标准配备专职心理辅导教师，并对其任职资格有所要求；重视心理辅导专兼职教师的专业培训工作，将师资培训工作纳入年度工作计划和年度经费预算，定期安排心理辅导教师接受专业督导，支持他们参加相关的学术会议；建立健全心理辅导工作的职业发展及激励机制，落实心理辅导教师的职称评审问题，保障心理辅导工作的教学工作量或报酬，并对成绩突出者给予表彰。第二，充分发挥课堂教学在心理辅导工作中的主渠道作用，根据心理健康教育的需要和学生的心理发展规律进行课程实施系统建设，将心理健康课程列入课程计划中，通过案例教学、体验活动、行为训练等多种形式设计心理健康课程的内容，保证学生在校期间普遍接受心理健康课程教育。第三，优化符合心理辅导工作要求的物质环境、文化环境、人际环境、心理环境等，发挥育人功能。加强学校文化基础设施建设，充分利用黑板报、宣传栏、小报和校园广播、电视、网络等载体，宣传普及心理健康教育；营造良好的文化环境，通过多种途径和形式向师生普及心理健康知识，营造良好的心理健康教育氛围；开展各种丰富多彩的心理文化活动，提高学生兴趣，激发学生潜能，陶冶学生情操，促进师生身心健康发展。第四，建立心理辅导工作专项经费，规定学生人均经费的最低限额，并将其列入学校的经费预算；保障学校心理辅导工作的正常开展和基础设施的投入与更新，加大对专兼职心理健康教育教师的培训投入和工作补贴，提高他们的工作主动性、积极性和创造性。

3. 教育效果。教育效果包括科研与成果、工作成效等方面。学校在开展心理辅导工作的同时，要注重开展科学研究，以科研为先导，全面推进心理健康教育。积极参与省、市、区级心理健康教育课题研究工作，并承担具体的研究任务。心理辅导教师队伍要有公开发表的心理健康教育论文或著作，并能够结合学校实际开展研究工作，效果显著。心理辅导工作一定要突出学生发展和心理素质的提高，强调工作特色，注重工作成效，打造具有校本特色的心理辅导工作新亮点。

【参考文献】

［1］林崇德，俞国良.《中小学生心理健康教育指导纲要》解读［M］. 北京：北京师范大学出版社，2013.

［2］刘学兰，刘鸣. 加拿大中小学心理辅导的现状及其启示［J］. 湖南师范大学社会科学学报，2009，(6).

［3］宋晓东，施永达. 美国中小学心理辅导综合模式及其对我国的启示［J］. 外国中小学教育，2010，(6).

［4］Rentz，A. L.，& Saddlemire，G. L.. Student Affairs Functions in Higher Education［M］. Charles C Thomas Pub Ltd，1988，103-110.

［5］李燕. 美国高校学生指导与咨询的专业化发展［J］. 福建论坛（社科教育版），2010，(6).

［6］江光荣，夏勉. 美国心理咨询的资格认证制度［J］. 中国临床心理学杂志，2005，(1).

［7］Christianson，C. L.，Everall，R. D. Constructing Bridges of Support：School Counselors' Experiences of Student Suicide［J］. Canadian Journal of Counselling，2008，(42).

［8］孙少平. 国外学校心理辅导发展的历史和现状述略［J］. 现代教育论丛，1994，(5).

［9］Proctor，W. M.. Evaluating guidance activities in high schools［J］. The Vocational Guidance Magazine，1930，(9).

［10］Wellman，F. E.，& Gysbers，N. C.. Main question is：Did the program make a difference?［J］. American Vocational Journal，1971，(46).

［11］Gysbers，N. C.. Comprehensive guidance and counseling programs：The evolution of accountability［J］. Professional School Counseling，2004，(8).

［12］石芳华. 探析美国学校中的朋辈心理咨询［J］. 健康教育与健康促进，2007，(1).

家庭社会经济地位与中学生学业成绩的关系研究*

□ 庞维国（华东师范大学教授）
□ 徐晓波（华东师范大学硕士生）
□ 林立甲（华东师范大学讲师）
□ 任友群（华东师范大学教授）

一、引言

家庭社会经济地位（socioeconomic status，SES）是指一个家庭的社会地位或社会等级，通常以父母受教育水平、家庭收入、父母职业三个指标来衡量。[1]在过去的50多年中，家庭SES作为影响学生学习的一个重要环境变量，一直是教育和心理学研究的重要主题。研究显示，父母教育水平对学生的学业成绩有重要预测作用，[2]家庭收入与学生的认知成就密切相关，[3]父母职业与学生的学业成绩存在一定程度的关联。[4]相关的元分析研究发现，家庭SES与学生学业成绩总体上呈正相关；高家庭SES的学生，其学业成绩往往也较好。[5—7]但另一方面，家庭SES与学生学业成就之间的关系十分复杂，受制于诸多中介因素；[8]父母对孩子学习的介入水平、对孩子的教育期望、学生的学习动机等，都会影响家庭SES与学生学业成绩之间的关联。例如，有些家庭SES较低的学生，之所以也能取得良好的学业成就，[9]不仅是因为父母对其抱有更高的教育期望，对其学习的介入程度更高，而且是因为他们自身具有强烈的学习动机。[10]

近年来，越来越多的研究者注意到，家庭SES与学生学习之间的关系，不仅取决于诸多中介变量，还与研究所采用的SES类型、被试群体及学业成绩的评估方式密切关联。这些方面的差异，也是导致研究结论出现分歧的重要原因。[11]因而，要想系统地揭示家庭SES影响学生学业成就的机制，除了需要继续探讨SES成分之间、SES成分与其他中介变量之间的相互影响外，还要在被试选取、评估方式等方面作进一步拓展和完善。[12]

在中国的教育和心理学研究中，出于某些历史和现实原因，学生的家庭SES作为一个变量较少受到关注，已有研究以评介国外研究成果居多。为数不多的实证研究，主要探讨了学生的家庭SES与其语文、数学成绩和创造性之间的关系，[13—14]而且取样范围都相对较小，因而其研究结论尚不足以反映中国教育背景下家庭SES与学生学业成绩的关系。

中国正处于经济和社会发展的重要转型期。学生的家庭经济收入，父母的学历和职业地位，父母对孩子的教育期望，都在不断产生分化；传统的重点与非重点学校的区分带来的优势教育资源分布的不均衡，使择校日益成为教育中突出的问题。这意味着，与国外相比，中国家庭的SES与学生学习之间的关系，不仅具有自身特征，还可能受学校类

* 原载《全球教育展望》2013年第2期。

型等中介因素的影响。有鉴于此，本研究试图以全国样本为基础，以权威测评工具为手段，重点探讨当前中国教育背景下学生的家庭SES与其学习的关系，以期在理论上能够丰富相关研究结论，在实践上促进中国教育的某些变革。本研究的基本假设是：（1）学生的家庭SES与其学业成绩存在显著关联；（2）学生的家庭SES对其学业成绩的影响以学校类型为中介。

二、研究方法

（一）被试

本研究的被试遵循分层抽样原则，分城市、学校和班级三个层次依次抽取。其中，城市抽样按照地域的代表性，分别抽取华东、华南、东北、西南和西北5个地区的省会城市；学校的抽样按照所处地区（市区、郊区县）和办学条件（重点学校、一般学校、办学条件较差学校）两个维度展开，在每类符合条件的学校中随机抽取2所学校；班级抽样按照国际学生评估项目（PISA）测试标准，在每所学校的初三年级（15岁）随机抽取2个班级。[15—16]本研究共抽取60个学校、120个班级，参与测试学生5 066名，最终回收5 057份学生问卷，5 055份“问题解决能力测试卷”和5 060份“数学能力测试卷”。

（二）研究工具

1. 家庭SES

尽管研究者多用家庭收入、父母受教育水平和父母职业三个指标来综合评估家庭SES，但在实际研究中，SES最好根据研究的问题、被试特征、数据收集三方面的因素来考虑。[17]根据研究要求和我国教育实际，本研究中用5个自陈式问题来评估学生的家庭SES。问题（1）、（2）评估父母的受教育水平，从“小学及小学以下学历”到“研究生学历”依次计0—4分；问题（3）评估家中拥有的相关学习用具和设施，按“是”、“否”拥有分别计1和0分；问题（4）考察家庭财富水平，以家中拥有的电脑、电视机和轿车的数量为代表，从“没有”到“拥有3个以上”分别计0—4分；问题（5）考察家中的藏书，从“0—10本”到“200本以上”分别计0—4分。在本研究中，SES问卷的克隆巴赫α系数为0.816。

2. 父母期望

本研究中父母期望以1个问题来评估：“你的父母希望你能够以什么学历毕业?”从“初中毕业”到“研究生毕业”依次计0—3分。

3. 学生成绩

本研究所采用的学业成绩测试选自PISA2003、2006的试题库。按照难度对等的原则，分别构建数学能力测验和问题解决测验。其中，数学测试由16个部分、25个问题构成，涉及“变化和关系”、“数量”、“空间和图形”、“不确定性”四类内容，答题时间为1小时。问题解决测验由8个部分、19个问题构成，包含“决策”、“系统分析和设计”、“问题解答”3类问题，答题时间为50分钟。

（三）研究步骤

本研究分为试测和正式施测两个测试阶段。试测在江苏省某地级市的一所普通中学进行，目的在于检验家庭SES问卷及基于PISA题目编写的数学和问题解决能力测验的可靠性。基于试测情况，对题目顺序、题干表述、测试流程进行了调整。正式施测以班级为单位集体测试。学生先回答关于家庭SES和父母期望的问卷，然后用两节课时间分别进行数学和问题解决能力测试。集体测试时，由研究者讲授测试要求，班主任协助维持测试秩序。

（四）数据处理

对于被试的数学和问题解决能力测试卷，首先根据PISA的评分标准进行阅卷。评分时采取一人阅卷、一人复核的方式，遇到不一致之处协商解决，以确保评分的一致性。所有原始分评出后，根据项目反应理论的分部评分模型，采用CONQUEST软件进行分析，估计被试能力和试题参数，并根据PISA2003报告中的试题参数进行等值，重新估计被试能力。[18]最后，把所有相关数据用SPSS17.0进行统计分析。

三、结果

（一）家庭SES与学生学习之间的关系

1. 父母教育水平与学生学习之间的关系

父母学历水平与学生数学和问题解决成绩之间的相关系数如表1所示。从中可以看出，无论是父亲还是母亲的学历水平，都与学生的问题解决和数学成绩显著正相关。

表1 父母教育水平与学生数学和问题解决成绩之间的相关矩阵

	父亲学历	母亲学历	问题解决
母亲学历	0.654**		
问题解决	0.338**	0.340**	
数学	0.282**	0.301**	0.455**

** 表示在置信度（双测）为0.01时，相关性是显著的。（下同）

以父亲和母亲的学历为自变量，以问题解决和数学成绩为因变量分别进行方差分析，结果显示，父亲学历对学生的问题解决和数学成绩都没有显著的主效应；母亲的学历对两项成绩均存在显著的主效应（$F_{(4, 4983)}=21.13$，$F_{(4, 4983)}=16.46$，$p<0.001$），母亲学历越高，学生成绩越好；父母学历的交互作用，也对学生的问题解决存在主效应（$F_{(16, 4983)}=2.49$，$p<0.001$）。简单效应检验显示，当母亲学历较高而父亲的学历较低时，学生的问题解决分数更高；父亲学历较高但母亲学历较低时，学生的问题解决分数最低。

2. 家庭学习用具与学习成绩之间的关系

学生的学习用具与学习成绩的相关系数如表2所示。从中可以看出，电脑、宽带、学习软件、经典名著与学业成绩之间的关系相对更为密切。

表2 家庭学习用具与学生学习成绩之间的相关矩阵

	自己的书桌	自己的房间	自己的电脑	宽带	学习软件	课外辅导书	词典	经典名著
问题解决	0.080**	0.066**	0.220**	0.301**	0.221**	0.206**	0.102**	0.235**
数学	0.086**	0.070**	0.195**	0.248**	0.162**	0.160**	0.097**	0.170**

方差分析结果显示，电脑对问题解决和数学学习存在显著的主效应（$F_{(1, 5030)}=12.51$，$p<0.001$；$F_{(1, 5030)}=4.31$，$p<0.05$），宽带对两个测验分数存在显著的主效应（$F_{(1, 5030)}=11.19$，$p<0.001$；$F_{(1, 5030)}=14.19$，$p<0.001$），辅导书和经典名著对两项测验成绩也存在显著的主效应（$F_{(1, 5034)}=106.12$，$F_{(1, 5034)}=73.84$，$p<0.001$；$F_{(1, 5034)}=85.19$，$F_{(1, 5034)}=29.39$，$p<0.001$）。总体看来，家庭中拥有自己的电脑，拥有宽带、辅导书和经典名著的学生，学业成绩更好。

3. 家庭财富与学生学习之间的关系

学生的家庭财富与其学业成绩之间的相关系数如表3所示。从中可以看出，家庭财富与学业成绩之间存在一定的关联。

表3 家庭财富与学生学习成绩之间的相关矩阵

	电脑数量	电视数量	轿车数量
问题解决	0.313**	0.147**	0.087**
数学	0.249**	0.126**	0.107**

以电脑、电视机、轿车数量为自变量，以问题解决和数学成绩为因变量分别进行方差分析，结果显示，电视数量对学生的学习没有显著影响；电脑数量对于学生的问题解决和数学学习都有显著影响（$F_{(4, 4731)}=10.11$，$F_{(4, 4731)}=9.45$，$p<0.001$）；家庭中拥有的电脑越多，学生的学业成绩越好；家庭中的轿车数量与学生的数学测验成绩没有主效应，但是对问题解决测验成绩有显著影响（$F_{(4, 4731)}=2.89$，$p<0.05$）；与家中没有汽车相比，家庭中拥有1—2辆轿车的学生的问题解决测

验成绩没有明显提高；但如果轿车数量超过 3 部，其问题解决测验分数显著降低。

4. 家庭藏书与学生学习之间的关系

Pearson 相关分析显示，家庭藏书与学生的问题解决和数学成绩都存在极显著相关，相关系数分别为 0.345 和 0.274（$p<0.001$）。

（二）家庭 SES 与学校类型的关系

学生的家庭 SES 主要指标与学校类型的关系如表 4 所示。从表 4 中可以看出，学生的家庭 SES 水平越高，进入重点中学的比例越高。

表 4 不同类型学校学生的家庭 SES 主要指标分布（%）

SES 变量		学校类型		
		稍差	一般中学	重点中学
父亲学历	高中	26.9	33.4	31.7
	大学	6.0	10.0	29.5
母亲学历	高中	21.7	29.9	31.4
	大学	3.7	7.6	28.1
自用电脑		63.9	73.7	80.8
家庭宽带		41.5	53.9	69.4
学习软件	30.4	38.3	48.5	
家用电脑	2 台	8.5	13.7	22.9
	3 台	2.4	3.6	9.2
家用轿车	1 辆	22.1	25.5	39.0
	2 辆	3.0	3.8	9.1
家庭藏书	101—200 本	9.4	10.5	21.0
	>200 本	4.7	7.8	19.4

注：篇幅所限，本表只列出了各 SES 指标的主要代表项。

卡方检验结果显示，父母受教育水平越高，孩子进入重点中学的比例越高（$\chi^2_{(8)}=679.19$，$p<0.001$；$\chi^2_{(8)}=774.10$，$p<0.001$）；家庭中拥有轿车数量越多的学生，进入重点中学的比例越高（$\chi^2_{(8)}=258.80$，$p<0.001$）；家庭中拥有更多的电脑和宽带连接的学生，在重点中学的比例越高（$\chi^2_{(8)}=385.30$，$p<0.001$；$\chi^2_{(2)}=273.61$，$p<0.001$）。此外，家庭藏书更多的学生，在重点中学学习的比例也更高（$\chi^2_{(8)}=494.57$，$p<0.001$）。

（三）家庭 SES 与父母教育期望的关系

家庭 SES 与父母的教育期望的相关系数如表 5 所示。

表 5 家庭 SES 指标与父母教育期望的相关矩阵

家庭 SES 指标	父亲学历	母亲学历	自己的书桌	自己的房间	自己的电脑	家庭宽带	学习软件
父母教育期望	0.232**	0.259**	0.082**	0.099**	0.109**	0.118**	0.148**
家庭 SES 指标	辅导书	词典	经典名著	电脑数量	电视数量	轿车数量	藏书量
父母教育期望	0.190**	0.101**	0.251**	0.153**	0.046**	0.133**	0.294**

从表5中可以看出，父母教育期望与其受教育水平显著正相关；在其他SES指标中，越是与学生学习关联度高的要素，与父母的教育期望的相关程度越高。

进一步分析发现，无论父母学历水平与家庭的其他SES指标如何，中国父母都普遍对孩子抱有较高的教育期望。例如，描述分析发现，在本研究中，父母期望孩子初中毕业的是1.2%，高中毕业的是6.7%，大学毕业的是58.3%，研究生毕业的是33.8%。也就是说，超过92%的家长希望孩子完成高等教育。

（四）父母教育期望、学校类型和学生成绩之间的关系

以父母教育期望、学校类型为自变量，以学生的问题解决和数学测验成绩为因变量进行方差分析，结果显示，父母教育期望对学生的两项测验成绩的主效应，均达到极其显著水平（$F_{(3, 5006)}=88.81$，$p<0.001$；$F_{(3, 5006)}=39.53$，$p<0.001$），父母对孩子的教育期望越高，其学业成绩越好；学校类型对两项测验成绩的主效应也均达到显著水平（$F_{(2, 5006)}=88.81$，$p<0.05$；$F_{(2, 5006)}=39.53$，$p<0.05$），重点中学的学生的成绩，显著高于一般中学和办学条件较差的中学。此外，父母教育期望和学校类型的交互作用显著（$F_{(6, 5006)}=6.42$，$p<0.001$；$F_{(6, 5006)}=5.29$，$p<0.001$）。如图1、图2所示，如果父母对孩子的教育期望较高，学生的问题解决和数学测验成绩都会较高；但如果父母对孩子的教育期望较低，即使孩子在重点中学，其学业成绩水平也会降至不如在一般中学和办学条件较差的中学的同学。

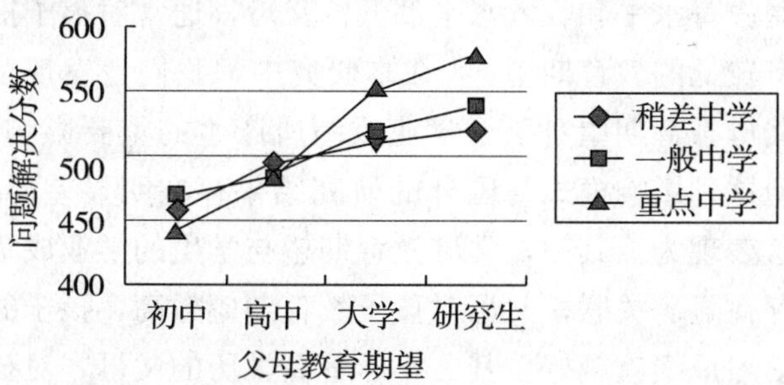

图1　父母教育期望和学校类型对问题解决分数的交互作用

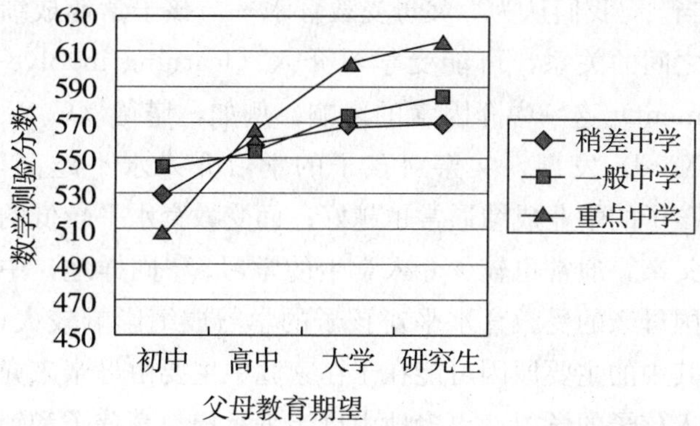

图2　父母教育期望和学校类型对数学分数的交互作用

四、讨论

本研究以PISA测验为基础，探讨了中国教育背景下学生的家庭SES与其学业成绩的关系。结果显示，与国外的诸多研究相一致，[19—21]中国家庭的SES与学生的学业成绩也存在密切的关联。首先，父母受教育水平与学生的学业成绩显著相关。总体看来，父母受教育水平越高，学生的问题解决和数学成绩越好。但父母教育水平对学生学业成绩的影响呈现不同方式：与父亲相比，母亲的受教育水平对学生的学业成绩具有更显著的影响，它不仅会独立影响学生的问题解决能力，而且会影响其数学成绩；父亲受教育水平对孩子学业成绩的影响，仅反映在学生的问题解决方面，且与母亲的教育水平存在交互作用。如果父亲的受教育水平高，而母亲的受教育水平低，则孩子的问题解决能力显著降低。由此看来，在中国当前的教育背景下，存在着典型的"虎妈"效应：母亲而不是父亲的受教育水平，是影响孩子学业成绩的主要因素。

对于父亲和母亲的教育水平，究竟哪一个对孩子的学习具有更大的影响，已有研究结论并不一致。例如，克鲁克（C. J. Crook）发现母亲的教育水平所起的作用更大，[22]而厄密西（J. Ermisch）和普朗萨德（C. Pronzato）则发现父亲的受教育水平的影响更大；[23]以PISA 2000的数据为基础，马科斯（G. N. Marks）则发现在大多数国家，父亲和母亲的受教育水平对孩子的学业成绩的影响相

当。[24]我们认为，父母受教育水平与孩子学业成绩之间的关系，可能受学习介入（learning involvement）这一中介因素的影响。例如，诺德（C. W. Nord）发现，父亲对孩子的学习介入水平越高，孩子的学业成绩通常也越好；而受教育水平较低的父亲，通常也较少介入学生的学习。[25]同样地，中国母亲的受教育水平对孩子的学习成绩影响较大，其中的主要原因可能在于在家庭中主要由母亲来介入孩子的学习，更多地由母亲来承担教育孩子和辅导其作业的责任，因为我国一直存在“男主外，女主内”的传统。由此可以进一步预期，如果母亲受教育水平高，她们对孩子的学业学习的辅导和支持水平越高，从而会促进孩子的学习成绩。

已有研究发现，家庭乃至地区经济水平与学生的学业表现密切相关。[26—27]本研究则发现，尽管家庭 SES 指标与学生的学业成绩密切关联，但这些指标对学业成绩所产生的影响存在明显差异。总体看来，家庭 SES 指标与学生学习活动的关系越直接、越密切，则与其学业成绩的关联度越高。例如，尽管家用轿车、电视、房间的数量、大小更能反映家庭的经济水平，但这些指标与学生学习之间的关系较为间接，因而它们对学生学业成绩的影响，明显小于电脑、宽带、家庭藏书量所产生的影响。换言之，家庭经济水平对学生学业成绩的影响，还以家庭用品的学习关联度为中介。从怀特（K. R. White）公布自己的元分析结果开始，相关研究者一直用投资模型来解释家庭 SES 对学生学业成绩的影响。研究者认为，父母花在孩子身上的时间和金钱，是一种有利于提升孩子学业成绩的投资；这种投资越多，则孩子的成绩就会越好。[28]本研究结果则显示，尽管家庭教育投资数量是影响学生学业成绩的一个因素，但投资方向更为重要。如果父母把投资放在较为无效的教育资源方面（如学习房间、书桌等），并不能对其孩子的学习产生明显促进作用。对于那些致力于改善学生的家庭学习环境的父母来说，这一点具有重要启示。

本研究还发现，学生的家庭 SES 与其学校类型存在显著关联。家庭 SES 越高的学生，在重点学校学习的比例越高。从理论上讲，家庭 SES 较高的学生，特别是父母受教育水平较高、家庭教育投资较多的学生，因为可能取得更好的考试成绩，因而进入重点中学的比例也可能更大。但是对于本研究结果，这一解释并不适用。这是因为，本研究的被试来自初级中学而不是高中，按照我国现行的教育政策，他们遵循的不是中考的择优录取而是就近入学制度。就近入学制度，意味着具有不同家庭 SES 的学生，具有均等的进入重点中学的机会。那么，为什么本研究中家庭 SES 水平较高的学生更多地进入重点中学呢？其中最为可能的一个原因是存在择校问题。当前，在中国教育中存在的一个不争的事实是，重点中学拥有更多的优势教育资源，教学质量更高的师资队伍，学生的考试成绩更好，升学率更高。正是因为看到这一点，许多家长不惜动用一切财政和人际资源，想方设法避开就近入学的限制，把孩子送入重点中学。这其中，SES 较高的家庭，无疑更具有优势。在本研究中，最能代表家庭财富水平的是拥有轿车的数量。结果显示，家庭中拥有轿车数量越多的学生，进入重点中学的比例越高；但另一方面，家庭中拥有的轿车数量，又与学生的学习成绩不存在关联，乃至存在负向关联。这些结果，也在一定程度上间接支持了择校问题的存在。

家庭 SES 与学生学业成绩之间的关系十分复杂。已有研究发现，父母对孩子的教育期望是影响二者关系的重要中介因素。[29]父母教育期望一方面会影响自己对孩子学习的介入程度和孩子的学习动机，进而影响孩子的学习成绩。[30—31]另一方面，它又受家庭 SES 影响。例如，低 SES 父母，特别是受教育水平和收入水平都低的父母，通常对孩子抱有较低的教育期望。[32]在本研究中，我们也发现了父母教育期望对孩子学业成绩所产生的重要影响，但这种影响模式与国外的研究结果存在明显差异。这表现为，其一，父母教育期望与学生的学业成绩存在显著关联，父母对孩子教育期望越高，孩子的学习成绩就越好。其二，尽管高学历的父母，对孩子的教育期望也高，但由于中国父母对孩子的教育期望普遍较高，致使它与家庭 SES 指标之间的相关水平并不高；也就是说，家庭 SES 对中国父母对孩子的教育期望的影响并不突出。第三，父母的教育期望与学校类型产生显著的交互作用，进而影响学生的学业成绩。例如，我们发现，如果父母对孩子抱有很低的教育期望，即使这些孩子在重点中学学习，也会展现出很低的学业成就，其学业成绩甚至还不如那些身处一般中学、父母对他们的教育期望也很低的同学。吉恩斯（W. H. Jeynes）曾指出，父母教育期望对孩子学业成绩的影响，超出其他任何与父母介入相关的因素。[33]本研究在一定程度上支持了这一观点。我们认为，在中国当前的教育情境下，父母对孩子的高教育期望，不仅会导致其倾注与其家庭 SES 不相称的教育资源，为孩子的学习投入更多的支持和辅导时间，而且会强烈影响学生的学习动机。这些因素，都可能对孩子的学习成绩产生积极促进作用。

五、结论

在本研究条件下，可以得出如下几条结论。

（1）家庭 SES 与学生的学业成绩之间存在密切关联。其中，母亲受教育水平、家庭中的学习辅助工具对学生学业成绩的影响最为显著；家庭财富水平与学业成绩之间的关联，取决于投资用品与学习活动的关联度。

（2）家庭 SES 与学生的学校类型显著相关。家庭 SES 水平高的学生，进入重点中学的比例更高；在当前初中教育阶段，存在一定程度的择校问题。

（3）中国父母对孩子普遍持有高教育期望，家庭 SES 水平与父母教育期望存在一致关系。家庭 SES 水平高的父母，对孩子的教育期望也较高。

（4）父母教育期望对学生的学习成绩具有显著影响。父母对孩子的教育期望越高，孩子的学业成绩越好。学校类型在这种影响中产生调节作用。

【参考文献】

［1］［26］http://www.apa.org/topics/socioeconomic-status/index.aspx.

［2］Melby，J. N.，Conger，R. D.，Fang，S. A.，Wickrama，K. A. S.，& Conger，K. J. Adolescent family experiences and educational attainment during early adulthood. *Developmental Psychology*，2008，44（6）：1519-1536.

［3］［19］［28］Hartas，D. Families' social backgrounds matter：socioeconomic factors，home learning and young children's language，literacy and social outcomes. *British Educational Research Journal*，2011，37（6）：893-914.

［4］Kevin，M. Occupational status，family environments，and adolescents' aspirations：The Laosa model. *Journal of Educational Psychology*，1984，76（4）：690-700.

［5］［11］Sirin，S.，Socioeconomic Status and Academic Achievement：A Meta-Analytic Review of Research. *Review of Educational Research*，2005，75（3）：417-453.

［6］White，K. R. The relationship between socioeconomic status and academic achievement. *Psychological Bulletin*，1982，91：461-481.

［7］White，S. B.，Reynolds，P. D.，Thomas，M. M.，& Gitzlaff，N. J. Socioeconomic status and achievement revisited. *Urban Education*，1993，28（3）：328-343.

［8］［12］［17］Bradley，R. H.，& Corwyn，R. F. Socioeconomic status and child development. *Annual Review of Psychology*，2002，53：371-399.

［9］Caldwell，G. P.，& Ginther，D. W.，Differences in learning styles of low socioeconomic status for low and high achievers. Education，1996，117（1）：141-147.

［10］［20］Milne，A.，& Plourde，L. A. Factors of a low-SES household：What aids academic achievement? *Journal of Instructional Psychology*，2006，33（3）：183-193.

［13］刘笑飞，卢珂. 学生学业成绩与家庭社会经济背景相关性研究［J］. 天中学刊，2009，24（1）：130-133.

［14］师保国，申继亮. 家庭社会经济地位、智力和内部动机与创造性的关系［J］. 心理发展与教育，2007，23（1）：30-34.

［15］赵健等. 我国教师的专业发展实践及其对学生成绩的影响：基于五城市调研的分析［J］. 全球教育展望，2013，(2).

［16］柯政等．重点学校与非重点学校的校长领导行为比较［J］．北京大学教育评论，2013（1）：108-127.

［18］郑太年等．我国教师的教学方法及其对学生数学成绩和问题解决能力的影响［J］．全球教育展望，2013（2）.

［21］Yamamoto，Y. & Holloway，S. D. Parental expectations and children's academic performance in sociocultural context. *Educational Psychology Review*，2010，22（3）：189-214.

［22］Crook，C. J. The role of mothers in the educational and status attainment of Australian men and women. *Australian and New Zealand Journal of Sociology*，1995，31（2）：45-73.

［23］Ermisch，J. & Pronzato，C. Causal effects of parents' education on children's education. ISER Working Paper Series 2010—2016，Institute for Social and Economic Research. 2010.

［24］Marks，G. N. Are father's or mother's socioeconomic characteristics more important influences on student performance? Recent international evidence. *Social Indicators Research*，2008，85（2）：293-309.

［25］Nord，C. W. Students do better when their fathers are involved at school（NCES 98-121）. Washington，D. C.：U. S. Department of Education. 1998.

［27］任友群等．我国五城市初中生学业成就及其影响因素的研究［J］．教育研究，2012（11）：36-43.

［29］［32］Davis-Kean，P. E. The influence of parent education and family income on child achievement：The indirect role of parental expectations and the home environment. Journal of Family Psychology，2005，19（2）：294-304.

［30］Bandura，A.，Barbaranelli，C.，Caprara，G. V.，& Pastorelli，C. Multifaceted impact of self-efficacy beliefs on academic functioning. *Child Development*，1996，67：1206-1222.

［31］Englund，M. M.，Luckner，A. E.，Whaley，G. J. L.，& Egeland，B. Children's achievement in early elementary school：Longitudinal effects of parental involvement，expectations，and quality of assistance. *Journal of Educational Psychology*，2004，96：723-730.

［33］Jeynes，W. H. The Relationship between parental involvement and urban secondary school student academic achievement：A Meta-Analysis. *Urban Education*，2007，42（1）：82-110.

家庭社会经济地位、父母参与对初中生学业成绩的影响：教师支持的调节作用*

□ 林崇德（北京师范大学教授）
□ 乔 娜
□ 张景焕
□ 刘桂荣

1 问题提出

家庭社会经济地位（socioeconomic status，SES）是一个非常复杂的、多层面的概念，是指根据家庭所获取或控制有价值资源（如教育、财富、社会地位等）的程度进行的层级排名，它反映了个体获取现实或潜在资源的差异（张卫、李董平、谢志杰，2007；Matthews & Gallo，2011）。家庭社会经济地位的差异是影响个体成长的重要因素（Tucker-Drob & Harden，2012），同时，个体的发展还通过个体与其所处环境中重要他人的互动实现（Lerner，2002/2011）。因此，本研究一方面探讨家庭社会经济地位对学生学业影响的程度，另一方面考察青少年发展中的重要他人（父母、教师）的参与和支持在家庭社会经济地位对学业成绩的影响中的作用机制，为充分发挥各方因素的积极作用提供心理学依据。

1.1 家庭社会经济地位对初中生学业成绩的影响

家庭社会经济地位对青少年各方面的发展都有很大的影响，积极青少年发展理论强调学业成绩在青少年发展中的重要地位（Lerner，Phelps，Forman，& Bowers，2009）。关于学生家庭背景与学生学业成绩的研究最早出现于“科尔曼报告”中，报告指出，父母的社会经济地位对于学生学业成绩具有较大的影响。此结论为诸多研究所证实（张卫、李董平、谢志杰，2007；Fransoo，Ward，Wilson，Brownell，& Roos，2005；Park，Byun，& Kim，2011）。家庭投资理论认为，高家庭社会经济地位的青少年拥有较多的发展资本，如财务资本，父母与孩子的相处时间等，从而促进了学生在学业上的积极发展，而低家庭社会经济地位的青少年发展资本较少，妨碍了其积极发展（Conger & Donnellan，2007）。综上所述，家庭社会经济地位能够正向预测学生的学业成绩。

1.2 家庭社会经济地位、父母参与与初中生学业成绩的关系

除了家庭社会经济地位正向预测学生的学业成绩，父母参与也是学生学业成绩的一个重要的积极影响因素（Zhang，Hsu，Kwok，Benz，& Bowman-Perrott，2011；McDonnall，Cavenaugh，&

* 原载《心理发展与教育》2013年第5期。

Giesen，2012）。在实践中，旨在提高学生成绩的政策和干预大多通过提高父母参与来实现（Altschul，2011）。父母参与是指父母对儿童的日常活动了解、感兴趣和乐于参加的程度（Wong，2008）。许多研究发现，家庭社会经济地位影响父母参与，父母的社会经济地位越高，就可能更愿意参与到其子女的日常活动之中（Silinskas，Parrila，Lerkkanen，Poikkeus，Niemi，& Nurmi，2010；Nguon，2012）。如 Waanders，Mendez 和 Downer（2007）研究发现，父母特征，如受教育水平是影响父母参与的积极因素。低社会经济地位的父母，相应的受教育水平也较低，他们可能认为自己没有能力促进子女的学业发展，即自我效能感较低，父母越认为自己无法促进儿童的学业成绩，他们对子女的参与就越少（Anderson & Minke，2007），不利于学生的学业发展。由此可以看出，家庭社会经济地位会通过父母参与影响学生的学业成绩，即父母参与在家庭社会经济地位对学业成绩的预测中起中介作用。父母参与的这种中介作用已被实证研究所证实（Szumski & Karwowski，2012）。然而也有研究发现父母参与不能预测（Jeynes，2007；Hornby & Lafaele，2011），甚至负向预测学生成绩（Grolnick，Ryan，& Deci，1991；Fan & Chen，2001），父母参与能否预测学生的学业成绩，预测的方向如何等可能是多种因素相互作用的结果，为了进一步区分和检验父母参与对学生学业成绩的影响，本研究试图结合影响学生学业成绩的教师因素变量进行分析，以明晰在什么情况下父母参与发挥怎样的作用。

1.3 父母参与对初中生学业成绩的影响：教师支持的调节作用

初中生正处于半成熟、半幼稚的青春期，他们的认知能力、思维方式、人格特点以及社会经验等与成人的水平还有相当的差距，仍需成年人的指导与帮助（林崇德，2008）。如上文所述，父母参与能否预测学生学业成绩，预测的方向如何是各因素相互作用的结果。父母和教师作为初中生在家庭和学校环境中的重要成年人，相互作用共同影响学生发展（Greenwood & Hickman，1991）。教师支持对于学生发展来说是稳定的积极因素，对于初中生来说尤其重要（Sakiz，Pape，& Hoy，2012）。教师支持可以缓冲家庭不利因素对学生学业成绩的不良影响（Luthar，Cicchetti，& Becker，2000）；也可以促进父母因素对学生发展的有利影响（Luthar，Cicchetti，& Becker，2000；李文道、邹泓、赵霞，2003）。据此提出假设：教师支持可能在父母参与和学业成绩间起调节作用。

综上所述，提出本研究的假设：教师支持在父母参与中介于家庭社会经济地位与初中生学业成绩的关系中起调节作用。

2 研究方法

2.1 被试

采用整群随机抽样法从山东省的三所中学（其中 2 所市属中学，1 所区属乡镇中学）中选取九个班的学生为被试，每所中学分别从七年级、八年级、九年级中各选取一个班，即每个年级各有三个班。七年级 113 人，八年级 127 人，九年级 91 人，共获有效被试 331 人。其中男生 154 人，女生 177 人。年龄在 12 至 16 岁之间，平均年龄为 14.22 岁（$SD=0.68$）。

2.2 研究工具

2.2.1 家庭社会经济地位问卷

家庭社会经济地位问卷。国外对家庭社会经济地位的研究指标常以父母职业、父母受教育程度、家庭收入来衡量（Jeynes，2002），由于收入一项的测量较为困难，国内研究者倾向于用父母职业与受教育程度反映一个家庭的社会经济地位（孙中欣，1999）。本研究采用由师保国和申继亮编制的问卷（师保国、申继亮，2007），由被试报告其父母的职业和教育文化程度，依照有关职业分类的标准对父亲职业、母亲职业分别进行编码并转化为相应的等级，在本研究中的职业分类共 5 个等级，分别是：（1）临时工、失业、待业人员、非技术及农业劳动者阶层，如农民；（2）体力劳动工人和个体经营人员、技术工及同级工作者，如建筑工人及相关人员；（3）一般管理人员与一般专业技术人员、事务性工作人员，包括商业服务业员工阶层、办事人员阶层，如售货员、司机等；（4）中层管理人员与中层专业技术人员、助力专业人员，包括在各种经济成分的机构（包括国家机关、党群组织、全民企事业单位、集体企事业单位和各类非公有制经济企业）中专门从事各种专业性工作和科学技术工作的人员，如教师、医生、技师等；（5）职业高级管理人员与高级专业技术人员、专业主管人员，包括在党政、事业和社会团体机关单位中行使实际的行政管理职权的领导干部、大中型企业中非业主身份的高中层管理人员和私营企业主阶层，如公务员、公司经理、工头等。另外，父母的受教育程度按照“没有上过学”、“小学”、“初中”、“高中或中专”、“大学（专科或本科）”和“研究生”几个类别排列，由被试根据自身情况做出选择，在编码时对这些选择分别赋予 1—6 的分值。最后，把职业等级和受教育程度所得的值加起来，总分作为家庭社会经济地位的指标值，其分布范围在 4—22。

2.2.2 父母参与问卷

采用 Grolnick，Ryan 和 Deci（1991）所编制和发展的“对父母的感知问卷”（perceptions of parents，POPS）来测量子女对其父母的参与和自主支持程度的感知。问卷被研究者翻译成中文，并请一名心理学专业的硕士进行回译，就两者不一致的地方，请双方及 1 名心理学专家进行讨论，形成施测的问卷。本研究中选取其中的父母参与分量表测量学生感知到的父母参与，父母参与是指父母对儿童的日常活动了解、感兴趣和乐于参加的程度（Wong，2008），例如，“他（她）总是想知道我正在做什么”，“他（她）总是喜欢和我的老师谈论我在学校里的表现”。问卷采用四点计分，A—D 分别计 1—4 分，共 10 个题目，其中 5 个测量母亲参与，5 个测量父亲参与，取 10 个题目的平均分作为问卷得分，分数越高表示父母参与水平越高。为了检验问卷的结构效度，利用 LISREL8.7 进行验证性因素分析，各项拟合指数为 $\chi^2/df=2.05$，$NNFI=0.98$，$CFI=0.98$，$NFI=0.96$，$RMSEA=0.05$。母亲参与和父亲参与的内部一致性系数分别为 0.76、0.77。

2.2.3 感知到的教师支持问卷

采用欧阳丹和宋凤宁（2005）改编的 Babad（1990）的教师行为问卷，问卷涉及学生在学习生活中感知到的教师对其支持态度和行为，该问卷的内部一致性系数为 0.87。该问卷采用五点计分，1—5 分别为“不完全符合”到“完全符合”。问卷包括学习支持、情感支持、能力支持三个维度，各维度分别包括 9 个题、6 个题和 4 个题。因素一涉及的主要是学生在学习中感受到的教师对其的支持，如“当我回答不出问题时，老师经常向我重复解释所问的问题”，因此命名为学习支持；因素二涉及的主要是学生感受到的教师对其在情感上的支持和关注，如“老师在学习和生活中经常给予我鼓励”，因此命名为情感支持；因素三涉及的主要是学生感受到的教师对其参加发展能力活动的支持，如“教师常推荐我参加各种活动或比赛”，因此命名为能力支持。学习支持维度得分为该维度 9 个题目的平均分，情感支持维度得分为该维度 6 个题目的平均分，能力支持维度得分为该维度 4 个题目的平均分。学生在问卷上得分越高，说明学生感知到的教师在各方面给予的支持越多。为了检验问卷的结构效度，利用 LISREL8.7 进行验证性因素分析，各项拟合指数为 $\chi^2/df=2.02$，$NNFI=0.97$，$CFI=0.98$，$NFI=0.97$，$RMSEA=0.04$。各维度的内部一致性系数分别为 0.83、0.85 和 0.82。

2.2.4 学业成绩

收集被试该学期语文、数学、英语三科期中考试成绩。由于被试来自不同的班级，因此研究中把成绩分数以班为单位进行了标准化，得到了三科课程的 Z 分数，再用 Z 分数的总和作为被试的学业成绩。

2.3 施测程序

现场施测时，采用整体施测方式，学生以班为单位在研究者的指导下填写问卷，测试时间为20分钟，当场收回。剔除数据缺失在10%以上的被试，采用SPSS16.0和LISREL8.7进行统计分析。

3 结果分析

3.1 描述统计与初步分析

被试在所有变量上的描述统计及相关分析结果见表1。

表1 SES、父母参与、教师支持各维度及学业成绩的均值、标准差及相关系数矩阵

变量	M	SD	1	2	3	4	5	6
1 SES	11.44	2.76	—					
2 父母参与	2.72	0.52	0.27**	—				
3 教师学习支持	3.51	0.60	0.30**	0.33**	—			
4 教师情感支持	3.18	0.66	0.32**	0.29**	0.68**	—		
5 教师能力支持	2.80	0.82	0.35**	0.38**	0.59**	0.61**	—	
6 学业成绩	0.00	2.24	0.58**	0.41**	0.40**	0.43**	0.47**	—

注：* $p<0.05$；** $p<0.01$；*** $p<0.001$；下同。

表1表明，学生的学业成绩与家庭社会经济地位、父母参与、感知到的教师支持各维度均呈显著正相关。

3.2 父母参与在家庭社会经济地位与学生学业成绩之间的中介作用

由于独立样本 t 检验的结果显示，男女不同性别在学生学业成绩［$M_{男}=-0.49$，$SD_{男}=2.42$，$M_{女}=0.43$，$SD_{女}=1.98$，$t(329)=-3.75$，$p<0.01$］上存在显著差异，因此在下一步采用回归分析时需要控制性别这一变量的影响。控制了性别这一变量之后，家庭社会经济地位显著正向预测学生的学业成绩（$\beta=0.56$，$p<0.001$）。相关分析表明，家庭社会经济地位、学业成绩以及父母参与两两相关显著，$ps<0.01$，表明可以进行中介作用检验。假定父母参与是家庭社会经济地位与学业成绩的中介变量，建立如图1的中介路径。以下是在控制了性别影响的基础上，利用回归分析考察父母参与的中介效应（见表2）。结果显示，父母参与在家庭社会经济地位预测学生学业成绩时发挥了显著的中介作用，中介效应为0.07，中介效应占总效应的12.90%。

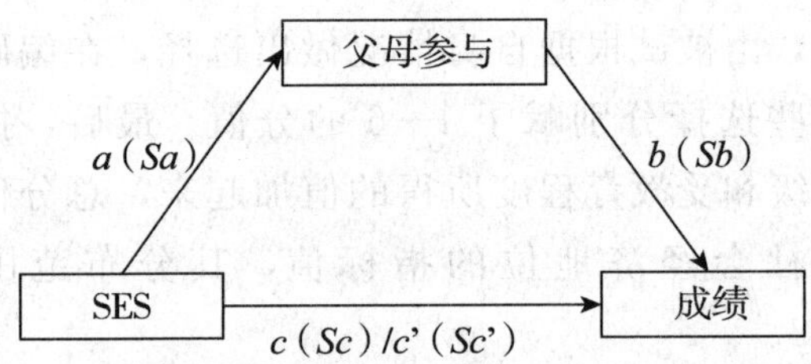

图1 父母参与在SES预测学业成绩中的中介路径

表2 父母参与在家庭社会经济地位预测学生学业成绩中的中介效应

路径	$B(SE)$	β	t
$c(Sc)$	0.46 (0.04)	0.56	12.59***
$a(Sa)$	0.44 (0.09)	0.27	5.02***
$b(Sb)$	0.13 (0.02)	0.27	6.18***
$c'(Sc')$	0.40 (0.04)	0.49	11.15***

3.3 感知到教师支持对父母参与中介作用的调节

感知到的教师支持是指学生在学校的学习生活中感知到的教师对其支持的态度和行为，包括学习支持、情感支持、能力支持。在此，分别检验三者对中介变量（父母参与）的调节作用。图2提供了感知到的教师支持对中介变量（父母参与）的调节作用示意图（教师学习支持和能力支持分别对父母参与中介作用的调节不显著，故未被列出）。

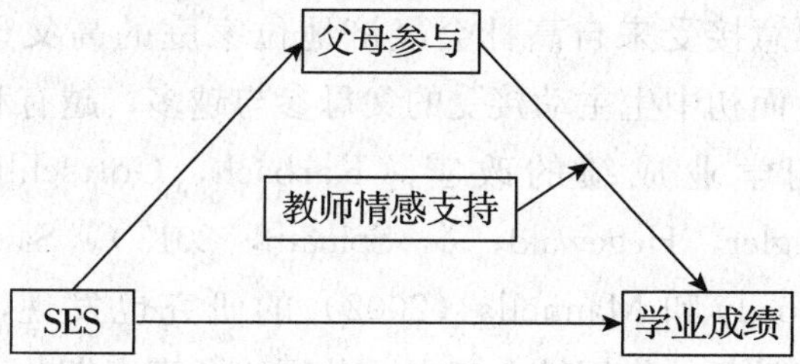

图2　教师情感支持对中介变量父母参与的调节作用

为了检验父母参与对家庭社会经济地位与初中生学业成绩的中介效应是否受教师支持的影响，即教师支持对模型是否有着显著的调节作用，根据有调节的中介效应检验方法（温忠麟、张雷、侯杰泰，2006），在控制性别影响的基础上，通过层次回归分析进行了检验。首先，进行因变量（学业成绩）对拟检验的调节变量（教师情感支持、教师学习支持、教师能力支持）与自变量（SES）的回归分析，得到自变量（SES）的系数显著（$\beta=0.44$，$t=9.82$，$p<0.001$）；其次，进行中介变量（父母参与）对拟检验的调节变量（教师情感支持、教师学习支持、教师能力支持）与自变量（SES）的回归分析，得到自变量（SES）的系数显著（$\beta=0.14$，$t=2.59$，$p<0.05$）；然后进行因变量（学业成绩）对拟检验的调节变量（教师情感支持、教师学习支持、教师能力支持）、自变量（SES）与中介变量（父母参与）的回归分析，得到中介变量（父母参与）的回归系数显著（$\beta=0.19$，$t=4.30$，$p<0.001$）；最后进行因变量（学业成绩）对拟检验的调节变量（教师情感支持、教师学习支持、教师能力支持）、自变量（SES）、中介变量（父母参与）及二者乘积项（父母参与×教师情感支持、父母参与×教师学习支持、父母参与×教师能力支持）的层次回归分析，得到乘积项（父母参与×教师情感支持）的回归系数显著（$\beta=0.16$，$t=2.40$，$p<0.05$），另外两个乘积项的回归系数不显著，说明教师情感支持具有显著的调节作用，即父母参与对初中生学业成绩的影响会因教师情感支持的水平而异。

通过简单斜率检验进一步分析教师情感支持的调节作用。以平均数加减一个标准差将调节变量分组，平均数加一个标准差为高教师情感支持组，平均数减一个标准差为低教师情感支持组。图3的简单斜率检验结果表明：在教师情感支持较高的情况下，父母参与正向预测初中生的学业成绩，*simple slope*＝0.75，$t(329)=5.45$，$p<0.05$；而在教师情感支持较低的情况下，父母参与不能预测初中生的学业成绩，*simple slope*＝0.13，$t(329)=0.88$，$p>0.05$。

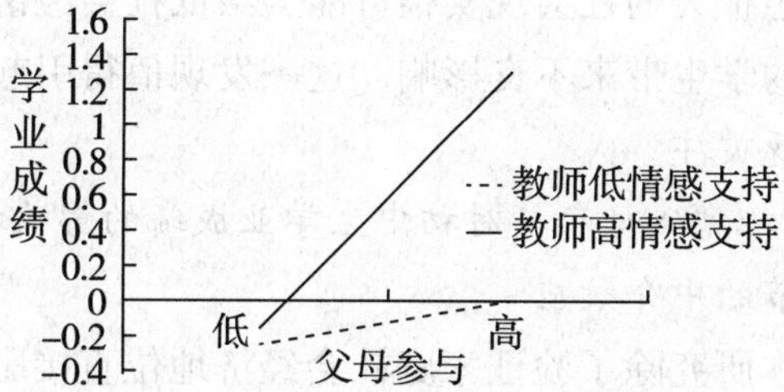

图3　教师情感支持在父母参与对学生成绩预测作用中的调节效应

总的来说，家庭社会经济地位能够直接预测学生的学业成绩，同时，家庭社会经济地位部分通过父母参与这一中介变量影响学生的学业成绩，但是父母参与的中介作用是否成立取决于教师情感支持的高低程度。具体地，当教师情感支持高时，家庭社会经济地位能够通过父母参与，进一步影响初中生的学业成绩，而当教师情感支持低时，父母参与的中介作用不能成立。

4　讨论

本研究考察了家庭社会经济地位、父母参与对初中生学业成绩的影响。结果表明，家庭社会经济地位能显著预测学生的学业成绩；其中，父母参与发挥了中介作用，并且教师情感支持在父母参与的中介作用中起调节作用。

4.1　家庭社会经济地位对初中生学业成绩的影响

在本研究中，单独考虑家庭社会经济地位对学生学业成绩的影响，发现家庭社会经济地位能够正向预测学生的学业成绩（$\beta=0.56$，$p<0.001$）；将父母参与和教师支持的作用纳入模型之后，发现家庭社会经济地位对学生学业成绩的直接作用还很大（$\beta=0.49$，$p<0.001$）。最近发表的许多研究也得出相同研究结论（Dincer & Uysal，2010；Reeves，2012）。张晓、陈会昌、张银娜和孙炳海（2009）的研究发现，家庭社会经济地位能够显著预测学生的学业成就，较低的家庭社会经济地位会在一定程度上损害学生的学业成绩。因此，在我国当前社会经济背景下，居民收入分配差距、文化程度差距扩大的社会现实很可能会给低社会经济地位家庭的学生带来不良影响。这一发现值得引起社会的广泛关注。

4.2 父母参与对初中生学业成绩的影响机制：有调节的中介效应

本研究除了验证家庭社会经济地位直接影响学生学业成绩外，还发现家庭社会经济地位对初中生学业成绩的影响部分地通过父母参与起作用。更重要的是，本研究发现父母参与的积极作用有赖于初中生感知到的高教师情感支持，这是以往研究没有考察过的。具体地说，当教师情感支持高时，父母参与才能够在家庭社会经济地位与初中生学业成绩之间起中介作用。

正值青春期的初中生与父母关系不再像以前那么亲密，亲子冲突增加，父母对学生的参与很难轻易被青少年接受（Shaffer & Kipp，2010），这时教师在确保学生情绪上得到支持的重要作用不容小觑（Englehart，2009）。在马斯洛层次理论中，情感上的需求是先于知识欲望的，当学生在情绪上不能获得满足，或感觉不愉快时，就会无力追求成就并获得学业成功，因此，对情绪相对不稳定的青春期个体而言，教师的情感支持比学习支持、能力支持更重要（Demaray，Malecki，Davidson，Hodgson，& Rebus，2005；Yeung & Leadbeater，2010）。Ryan，Stiller 和 Lynch（1994）的研究发现教师给予青少年更多的情感支持，可以为学生带来良好情绪体验，使学生感到心理上的温暖，这比直接给予学生学习上或能力上的支持要更有利于学生敞开心扉接受来自他人的参与、支持和帮助。在本研究中体现为，获得高教师情感支持的初中生更加愿意接受来自高社会经济地位家庭的高父母参与。而初中生主动接受的父母参与越多，越有利于他们学业成绩的改善（Karbach，Gottschling，Spengler，Hegewald，& Spinath，2013）。Sawka，Mccurdy 和 Mannella（2002）的研究也发现，父母与教师的作用结合起来，共同给予青春期儿童支持和帮助，更有利于改善学生的学业成绩。本研究进一步明确了这几个变量发挥作用的方式。在高教师情感支持的前提下，家庭社会经济地位经由父母参与对青春期学生成绩的促进作用才能体现出来；在低教师情感支持条件下，父母参与在家庭社会经济地位对青春期的学生学业成绩的预测作用中就不会发挥作用。这说明对于青春期的学生而言，父母参与在家庭社会经济地位对学生学业成绩的预测作用中，教师的情感支持是前提，它起到了引导学生接受父母参与的作用，进而有利于家庭社会经济地位积极作用的发挥。

综上所述，本研究对家庭社会经济地位、父母参与和初中生学业成绩的关系进行了深入的考察，不仅证实了家庭社会经济地位、父母参与对学生学业成绩的正向预测作用，而且进一步发现父母参与作为有调节的中介变量，中介于家庭社会经济地位与初中生学业成绩之间的关系。此结论从理论上丰富了家庭社会经济地位、父母参与影响个体发展及其作用机制的研究，同时，本研究也具有重要的实践价值，欲提高正处于青春期的初中生学业成绩，教师情感支持和父母参与缺一不可。

本研究中存在一些局限，需要在以后的研究中进一步完善。首先，研究采用问卷法，缺少观察数据。尽管研究所用量表在研究中都具有较好的信效度，但是问卷法可能导致的社会赞许效应仍可能在一定程度上影响研究结果的精确性。其次，作为一项横断研究，未能考察青少年在不同发展时期，学业发展变化的特点，以及家庭社会经济地位、父母参与、教师支持的变化对学业成绩的影响。在今后的研究中，我们拟结合问卷法和观察法来研究青少年在不同时期的学业发展特点，并拓展研究设计，从发展的角度研究家庭和学校环境与学生学业发展的关系，探讨适当的干预措施。

5 结论

（1）家庭社会经济地位正向预测初中生的学业成绩。

（2）父母参与在家庭社会经济地位与初中生学业成绩的关系中起着部分中介作用，即家庭社会经济地位部分通过父母参与影响初中生的学业成绩。

（3）感知到的教师情感支持对于父母参与的中介效应起着调节作用。

【参考文献】

Altschul, I. (2011). Parental involvement and the academic achievement of Mexican American youths: What kinds of involvement in youths' education matter most? *Social Work Research*, 35 (3), 159-172.

Anderson, K. J., & Minke, K. M. (2007). Parent involvement in education: Toward an understanding of parents' decision making. *Journal of Educational Research*, 100, 311-323.

Babad, E. (1990). Measuring and changing teachers' differential behavior as perceived by students and teachers. *Journal of Educational Psychology*, 82 (4), 683-690.

Barnard, W. M. (2004). Parental involvement in elementary school and educational attainment. *Children and Youth Services Review*, 26, 39-62.

Conger, R. D., & Donnellan, M. B. (2007). An interactionist perspective on the socioeconomic context of human development. *Annual Review of Psychology*, 58, 175-199.

Demaray, M. K., Malecki, C. K., Davidson, L. M., Hodgson, K. K., & Rebus, P. J. (2005). The relationship between social support and student adjustment: A longitudinal analysis. *Psychology in the Schools*, 42 (7), 691-706.

Dincer, M. A., & Uysal, G. (2010). The determinants of student achievement in Turkey. *International Journal of Educational Development*, 30 (6), 592-598.

Eamon, M. K. (2005). Social-demographic, school, neighborhood, and parenting influences on the academic achievement of Latino young adolescents. *Journal of Youth and Adolescence*, 34 (2), 163-174.

Englehart, N. A. (2009). State capacity, state failure, and human rights. *Journal of Peace Research*, 46 (2), 163-180.

Fan, X., & Chen, M. (2001). Parental involvement and students' academic achievement: A meta-analysis. *Educational Psychology Review*, 13 (1), 1-20.

Fransoo, R., Ward, T., Wilson, E., Brownell, M., & Roos, N. (2005). The whole truth, socioeconomic status and educational outcomes. *Education Canada*, 45 (3), 6-10.

Greenwood, G. E., & Hickman, C. M. (1991). Research and practice in parent involvement: Implications for teacher education. *The Elementary School Journal*, 91 (3), 279-288.

Grolnick, W. S., Ryan, R. M., & Deci, E. L. (1991). Inner resources for school achievement: Motivational mediators of children's perceptions of their parents. *Journal of Educational Psychology*, 83, 508-517.

Hochschild, J. L. (2003). Social class in public schools. *Journal of Social Issues*, 59 (4), 821-840.

Hoff, E., Laursen, B., & Tardif, T. (2002). Socioeconomic status and parenting. In M. H. Bornstein (Ed.), *Handbook of Parenting: Biology and Ecology of Parenting* (pp. 231-253). London: Lawrence Erlbaum Associates.

Hornby, G., & Lafaele, R. (2011). Barriers to parental involvement in education: An explanatory model. *Educational Review*, 63 (1), 37-52.

Huston, A., & Bentley, A. C. (2010). Human development in societal context. *The Annual Review of Psychology*, 61, 411-437.

Jeynes, W. H. (2002). Examining the effects of parental absence on the academic achievement of adolescents: The challenge of controlling for family income. *Journal of Family and Economic Issues*, 23 (2), 189-210.

Jeynes, W. H. (2007). The relationship between parental involvement and urban secondary school student academic achievement: A metaanalysis. *Urban Education*, 42 (1), 82-110.

Karbach, J., Gottschling, J., Spengler, M., Hegewald, K., & Spinath, F. M. (2013). Parental involvement and general cognitive ability as predictors of domain-specific academic achievement in early adolescence. *Learning and Instruction*, 23, 43-51.

Lerner, J. V., Phelps, E., Forman, Y., & Bowers, E. (2009). Positive youth development. In R. M. Lerner, & L. Steinberg (Eds.), *Handbook of Adolescent Psychology* (3rd ed.) (Vol. 1, pp. 524-558). Hoboken, NJ: Wiley.

Lerner, R. M. (2011). 人类发展的概念与理论（第3版）.（张文新主译）. 北京：北京大学出版社.

Luthar, S. S., Cicchetti, D., & Becker, B. (2000). The construct of resilience: A critical evaluation and guidelines for future work. *Child Development*, 71, 543-562.

Matthews, K. A., & Gallo, L. C. (2011). Psychological perspectives on pathways linking socioeconomic status and physical health. *The Annual Review of Psychology*, 62, 501-530.

McDonnall, M. C., Cavenaugh, B. S., & Giesen, J. M. (2012). The relationship between parental involvement and mathematics achievement for students with visual impairments. *The Journal of Special Education*, 45 (4), 204-215.

Nguon, S. (2012). Parental involvement and students' achievement in Cambodia: Focusing on parental resourcing of public schooling. *International Journal of Educational Research*, 53, 213-224.

Park, H., Byun, S. -Y., & Kim, K. -K. (2011). Parental involvement and students' cognitive outcomes in Kore focusing on private tutoring. *Sociology of Education*, 84 (1), 3-22.

Reeves, E. B. (2012). The effects of opportunity to learn, family socioeconomic status, and friends on the rural math achievement gap in high school. *American Behavioral Scientist*, 56 (7), 887-907.

Rhodes, J. E., Grossman, J. B., & Resch, N. L. (2000). Agents of change: Pathways through which mentoring relationships influence adolescents' academic adjustment. *Child Development*, 71 (6), 1662-1671.

Ryan, R. M., Stiller, J. D., & Lynch, J. H. (1994). Representations of relationship to teachers, parents, and friends as predictors of academic motivation and self-esteem. *The Journal of Early Adolescence*, 14 (2), 226-249.

Sakiz, G., Pape, S. J., & Hoy, A. W. (2012). Does perceived teacher affective support matter for middle school students in mathematics classrooms? *Journal of School Psychology*, 50, 235-255.

Sawka, K. D., Mccurdy, B. L., & Mannella, M. C. (2002). Strengthening emotional support services: An empirically based model for training teachers of students with behavior disorders. *Journal of Emotional and Behavioral Disorders*, 10 (4), 223-232.

Shaffer, D. R., & Kipp, K. (2010). *Developmental Psychology: Childhood and Adolescence* (8th ed.). Wadsworth, Cengage Learning. 199-214.

Silinskas, G., Parrila, R., Lerkkanen, M., Poikkeus, A., Niemi, P., & Nurmi, J. (2010). Mothers' reading-related activities at home and learning to read during kindergarten. *European Journal of Psychology of Education*, 25 (2), 243-264.

Szumski, G., & Karwowski, M. (2012). School achievement of children with intellectual disability: The role of socioeconomic status, placement, and parents' engagement. *Research in Developmental Disabilities*, 33 (5), 1615-1625.

Tucker-Drob, E. M., & Harden, K. P. (2012). Intellectual interest mediates gene×socioeconomic status interaction on adolescent academic achievement. *Child Development*, 83 (2), 743-757.

Waanders, C., Mendez, J. L., & Downer, J. T. (2007). Parent characteristics, economic stress and neighborhood context as predictors of parent involvement in preschool children's education. *Journal of School Psychology*, 45, 619-636.

Wong, M. M. (2008). Perceptions of parental involvement and autonomy support: Their relations with self-regulation, academic performance, substance use and resilience among adolescents. *North American Journal of Psychology*, 10 (3), 497-518.

Yeung, R., & Leadbeater, B. (2010). Adults make a difference: The protective effects of parent and teacher emotional support on emotional and behavioral problems of peer-victimized adolescents. *Journal of Community Psychology*, 38 (1), 80-98.

Zhang, D., Hsu, H. -Y., Kwok, O., Benz, M., & Bowman-Perrott, L. (2011). The impact of basic-level parent engagements on student achievement: Patterns associated with race/ethnicity and socioeconomic status (SES). *Journal of Disability Policy Studies*, 20 (1), 28-39.

李文道，邹泓，赵霞.（2003）. 初中生的社会支持与学校适应的关系. 心理发展与教育，19（3），73-96.

林崇德.（2008）. 发展心理学（第二版）. 北京：人民教育出版社，326-329.

刘杰，孟会敏.（2009）. 关于布朗芬布伦纳发展心理学生态系统理论. 中国健康心理学杂志，17（2），250-252.

欧阳丹，宋凤宁.（2005）. 教师期望、学业自我概念、学生感知教师支持行为与学业成绩之间的关系研究. 广西：广西师范大学，1-27.

师保国，申继亮.（2007）. 家庭社会经济地位、智力和内部动机与创造性的关系. 心理发展与教育，23，30-34.

孙中欣.（1999）. 学业失败问题的家庭SES研究. 清华大学教育研究，1，47-51.

温忠麟，张雷，侯杰泰.（2006）. 有中介的调节变量和有调节的中介变量. 心理学报，38（3），448-452.

张卫，李董平，谢志杰.（2007）. 低社会经济地位与儿童发展. 华南师范大学学报，6，104-118.

张文新，陈光辉.（2009）. 发展情境论：一种新的发展系统理论. 心理科学进展，17（4），736-744.

张晓，陈会昌，张银娜，孙炳海.（2009）. 家庭收入与儿童早期的社会能力：中介效应与调节效应. 心理学报，41（7），613-623.

家庭教养方式与犯罪青少年人格的关系：同伴关系的调节作用*

□ 彭运石（湖南师范大学教授）
□ 王玉龙（湖南师范大学教授）
□ 龚 玲
□ 彭 磊

作为一种极端偏离社会行为规范、道德规范和触犯法律的行为，青少年犯罪问题得到越来越多的关注。青少年犯罪的原因非常复杂，但人格被认为是最重要的个体差异变量[1]。人格与犯罪的关系是如此引人注目，以至于出现所谓“犯罪人格”的提法。尽管大多数研究者并不同意存在“犯罪人格”，但对于人格在犯罪中的重要性却取得了相当一致的意见，即都认为存在易于引起犯罪的人格特点[2—4]。

影响个体人格形成的环境因素首先是家庭，而家庭教养方式又被认为是其中最具代表性的因素。研究发现，父母良好的教养方式如情感温暖理解有利于发展子女稳定成熟、负责等积极人格特质，而父母严厉惩罚、拒绝否认等不良教养方式则会造成子女童年创伤，导致情绪不稳定等消极人格的形成[5]。鉴于家庭教养方式与人格的密切关系，家庭教养方式常常被引入青少年犯罪这一研究领域。研究显示，不良的家庭教养方式是青少年犯罪的重要因素，犯罪青少年的父母教养方式有缺少情感温暖、沟通和理解，极端化，父母之间分歧严重，母亲过分干涉保护等特点，而其中关键又在于不良的家庭教养方式对于个体人格的消极影响[6,7]。然而，进入青少年阶段，随着个体人际关系的重心逐渐由父母转向同伴，同伴关系作为一种社会支持有力地影响着个体的人格发展。青少年消极的同伴关系可能导致学校适应不良、高危行为以及行为障碍等[8,9]，但积极的同伴关系却有助于缓解不良家庭环境对人格发展的消极影响。一项针对夏威夷岛上不同种族儿童的追踪研究显示，当个体离开充满压力的家庭环境之后，可能从家庭之外的环境中（教师、同伴）找到更多的和谐和鼓舞，从而形成更具适应性的个性特征[10]。因此，本研究假设，同伴关系对家庭教养方式与犯罪青少年人格之间有调节作用。

16—19 岁的青少年在人格上开始走向成熟[11]，家庭环境尤其是家庭教养方式在个体身上打上了深深的烙印。与此同时，随着逐渐脱离家庭，同伴关系已经成为这一阶段起主导作用的人际关系，深刻地影响着个体包括人格在内的各个方面。为此，本研究以 16—19 岁的男性犯罪青少年为对象，对同伴关系在家庭教养方式和人格之间的作用进行探讨。

* 原载《中国临床心理学杂志》2013 年第 6 期。

1 对象与方法

1.1 被试

在湖南省少年犯监狱分层随机抽取276名在押男性犯罪青少年，剔除无效问卷，有效问卷233份，有效回收率为84.4%。年龄最大19岁，最小16岁，平均年龄17.6±0.93岁。其中16岁25人，17岁91人，18岁70人，19岁47人。

1.2 工具

1.2.1 艾森克个性问卷（EPQ） 龚耀先修订的艾森克个性问卷（成人版）[12]，包括内外向(E)、神经质或情绪稳定性（N）、精神质（P）、掩饰性（L）四个维度，共88个项目，0、1计分。

1.2.2 家庭养育方式评价量表（EMBU） 该量表由两部分构成：一是父亲分量表，6个因子，即父亲情感温暖理解（FF1），父亲惩罚严厉(FF2)，父亲过分干涉（FF3），父亲偏爱被试(FF4)，父亲拒绝否认（FF5），父亲过度保护(FF6)；二是母亲分量表，5个因子，即母亲情感温暖理解（MF1），母亲过分干涉过度保护(MF2)，母亲拒绝否认（MF3），母亲惩罚严厉(MF4)，母亲偏爱被试（MF5）。共66个项目，有较好的信效度[13]。

1.2.3 密苏里同伴关系量表 由Borduin编制，包括个人、家长和老师版。本研究采用个人版，三个分量表，共13个项目，即情感维系度（5个项目），攻击性（5个项目），社会成熟性（3个项目），采用5点计分，分数越高表示同伴关系状况越好。该量表用于青少年犯罪中有较好的信效度[14]。本研究中，内部一致性系数为0.735。

1.3 施测方法

在施测之前，先对数名干警进行标准化施测培训，然后由湖南省少年犯监狱干警组织犯罪青少年统一施测。施测中，主试宣读指导语，讲明测试目的、意义，打消被试的顾虑，鼓励受测者真实回答问卷内容。

2 结果

2.1 犯罪青少年的人格特征与全国常模的比较

将16—19岁男性犯罪青少年的EPQ测验结果与EPQ第二次全国常模样本（数据来源于姚树桥等于1999年春至2000年春的全国取样结果）的平均数进行差异性检验，结果显示，犯罪青少年N和P均显著高于全国常模，L则显著低于全国常模（见表1）。

表1 16—19岁犯罪青少年EPQ测验结果与第二次全国常模的差异性检验结果（M±SD）

维度	16—19岁男性犯罪青少年	16—19岁男性常模	t
内外向（E）	12.83±3.47	13.44±4.44	−1.71
神经质（N）	14.02±4.93	11.34±5.22	5.83***
精神质（P）	10.95±2.84	6.97±3.22	14.43***
掩饰性（L）	7.50±3.27	10.05±3.64	−8.16***

注：* $p<0.05$，** $p<0.01$，*** $p<0.001$，下同。

2.2 家庭教养方式对犯罪青少年人格的回归分析

将父亲教养方式的6个维度、母亲教养方式的5个维度与EPQ的3个维度进行相关分析（由于L不是一个稳定的人格维度，故不将其做进一步的统计分析）。结果见表2。

分别以EPQ的E、N、P为因变量，以与之显著相关的家庭教养方式各因子为自变量，采用逐步回归考察家庭教养方式对犯罪青少年人格的预测作用。结果显示，母亲偏爱被试（MF5）对E有显著的负向预测作用（$\beta=-0.19$，$p<0.05$）；父亲过分干涉（FF3）（$\beta=0.27$，$p<0.01$）、父亲拒绝

否认（FF5）（$\beta=0.22$，$p<0.05$）对N有显著的正向预测作用，父亲偏爱被试（FF4）（$\beta=-0.29$，$p<0.001$）有显著的负向预测作用；母亲情感温暖理解（MF1）对P有显著的负向预测作用（$\beta=-0.17$，$p<0.05$）。

表2 16—19岁犯罪青少年EPQ的4个维度与家庭教养方式的相关分析（r）

	FF1	FF2	FF3	FF4	FF5	FF6	MF1	MF2	MF3	MF4	MF5
E	−0.01	−0.04	−0.05	−0.12	0.04	−0.09	−0.01	−0.08	0.01	−0.07	−0.19*
N	−0.06	0.30**	0.43**	0.19**	0.4**	0.30**	−0.04	0.27**	0.29**	0.25**	−0.13
P	0.11	0.21**	0.02	−0.04	0.20**	0.04	−0.17*	−0.04	0.20**	0.22**	−0.10

2.3 同伴关系对家庭教养方式与犯罪青少年人格关系的调节作用

为考察同伴关系在家庭教养方式和犯罪青少年人格关系的调节作用，分别以EPQ的E、N、P为因变量，以能够显著预测各人格维度的相应家庭教养方式因子为自变量，以同伴关系为调节变量。具体过程根据温忠麟等[15]提出的操作步骤。

结果显示，同伴关系对家庭教养方式与E、P之间关系的调节作用均不显著，而对家庭教养方式与N的关系有显著的调节作用（$\Delta R=0.02$，$p<0.05$），具体表现为同伴关系对父亲过分干涉与N的关系有显著的负向调节作用（$\beta=-0.17$，$p<0.05$）（见表3），即同伴关系良好能缓解父亲过分干涉对神经质或情绪稳定性的影响。

表3 同伴关系在家庭教养方式与神经质（N）关系中的调节作用检验（Enter）

自变量		β	t
第一层	同伴关系	0.02	0.38
	父亲过分干涉	0.36	5.69***
	父亲过分偏爱	−0.22	−3.98***
	父亲拒绝否认	0.26	4.19***
	$\Delta F=23.79$***	$\Delta R=0.29$	
第二层	父亲过分干涉×同伴关系	−0.17	−2.46*
	父亲过分偏爱×同伴关系	0.11	1.82
	父亲拒绝否认×同伴关系	0.11	1.73
	$\Delta F=2.46$*	$\Delta R=0.02$	

3 讨论

将16—19岁犯罪青少年的EPQ测量结果与第二次全国常模比较的结果显示，L显著低于常模，N、P显著高于全国常模，E则差异不显著。一项有关犯罪人格研究的元分析也得到了相同的结果[16]。这似乎从某种程度上证实了艾森克有关犯罪青少年与正常青少年有着截然不同的犯罪人格的假说。假说指出，P维度上得分高的个体可能会发展出反社会行为；犯罪者也更可能是外倾者，表现出低唤醒水平和较差的条件反射能力；犯罪者在N维度上的得分也会较高，表现出情绪性和非理性特征，具有强烈的反社会倾向；犯罪者还会在掩饰性维度上得分较低，因为高分表明个体在进行印象管理，低分表明个体对社会期望漠不关心，常常被解释为个体社会化很弱[1]。值得一提的是，人格的适应性与社会文化的变迁有着密切的关系，例如，在一个开放的社会里，外倾性的人格特征更具适应性，因而也就不再成为犯罪人格的显著特征。

家庭教养方式与人格的关系有着比较一致的意见，在犯罪人群中也是如此[17，18]。本研究中，E除与母亲偏爱被试有显著负相关外，与家庭教养方式的其他因子均无显著相关。相对而言，N、P则均与家庭教养方式的多个因子相关显著。进一步的回归分析显示，父亲过分干涉、父亲拒绝否认、父亲偏爱被试均能显著预测N，提示父亲的教养方式与犯罪青少年的情绪稳定性密切相关。母亲偏爱被试对E、母亲情感温暖理解对P有显著预测作用，提示母亲的教养方式对犯罪青少年的影响更为广泛。这些结果似乎说明父母的教养方式对犯罪青少年人格的影响各有侧重。何全胜[19]使用16PF研究了14—18岁抢劫犯的家庭教养方式与人格的关系，结果显示，父亲的教养方式与被试的稳定性（C）、有恒性（G）、忧虑性（O）、自律性（Q3）显著相关，而母亲的教养方式与恃强性（E）、兴奋性（F）、敢为性（H）、幻想性（M）显著相关。与父、母教养方式分别相关的人格因素同样没有交集。

本研究结果显示，同伴关系对父亲教养方式与N的关系有显著影响，突出地表现为同伴关系能够缓解父亲过分干涉对情绪稳定性的作用。而同伴关系对母亲教养方式与犯罪青少年人格的关系则没有调节作用。这一结果可能说明两个问题。一是同伴关系和家庭教育方式的交互作用对犯罪青少年人格的影响主要表现为对情绪稳定性（即神经质）的影响。Wilkinson曾在研究中发现同伴关系与青少年情绪有着显著的相关[20]，或许正是同伴关系的这一功能调节着家庭教养方式与情绪稳定性的关系。二是同伴关系能够缓解父亲教养方式对男性犯罪青少年人格的影响，却不能调节母亲教养方式的作用，这是否意味着母亲教养方式相比父亲教养方式在犯罪青少年人格形成中的影响不仅更广泛而且更深远？如果这一解释成立，那么也就意味着母亲的教养方式对于青少年犯罪行为有着决定性的作用。当然，需要指出的是，本研究的研究对象都是男性，这一结果是否同样适用于女性犯罪青少年则还需另做探讨。

【参考文献】

[1] 张春妹，邹泓. 人格与青少年犯罪的关系研究. 心理科学进展，2006，14（2）：241-248.

[2] Weaver GM，Wootton RR. The use of the MMPI special scales in the assessment of delinquent of delinquent personality. Adolescence，1992，27：107.

[3] Heaven PCL，Virgen M. Personality，perceptions of family and peer influece，and males' self-reported delinquency. Personality and Individual Differences，2001，30：321-331.

[4] 蒋俊梅. 青年犯罪的人格特征研究. 心理科学，2005，28（1）：217-219.

[5] 苑光宗，唐柳，傅文青，等. 大学生人格特质与父母教养方式的关系. 山东大学学报（医学版），2011，49（7）：151-155.

[6] 赵山明，赵汗青，张喜转. 犯罪青少年家庭教养方式的特征. 中国组织工程研究与临床康复，2007，11（17）：3300-3302.

[7] 陈哲，付丽，彭咏梅，等. 父母教养方式、儿童期虐待、依恋与反社会人格障碍倾向的关系. 中国临床心理学杂志，2011，19（2）：212-214.

[8] Maxwell KA. Friends：The role of peer influence across adolescent risk behaviors. Journal of Youth and Adolescence，2002，31：267-277.

[9] 陈少华，周宗奎. 同伴关系对青少年心理健康的影响. 湖南师范大学教育科学学报，2007，6（4）：76-79.

[10] Werner EE. Resilience in development. Current Directions in Psychological Science，1995，4（3）：81-86.

[11] 林崇德主编. 发展心理学. 北京：人民教育出版社，1995.

[12] 龚耀先. 修订艾森克个性问卷手册. 长沙：湖南地图出版社，1983.

[13] 汪向东. 心理卫生评定量表手册（增订版）. 北京：中国心理卫生杂志社，1999. 161-166.

[14] Ronis ST，Borduin CM. Individual，family，peer，and academic characteristics of male juvenile sexual offenders. Journal of Abnormal Child Psychology，2007，35：153-163.

[15] 温忠麟，侯杰泰，张雷. 调节作用与中介效应的比较和应用. 心理学报，2005，37（2）：286-274.

[16] 宫火良. 对国内罪犯人格特征研究的元分析. 中

国心理卫生杂志，2006，20（7）：465-467.

［17］ Leeuwen VK，Mervielde G. Child personality and parental behavior as moderators of problem behavior：Variable and person-centered approaches. Developmental Psychology，2004，40（6）：1028-1046.

［18］ Prinzie P，Onghena P，Hellinck W，et al. The additive and interactive effects of parenting and children's personality on externalizing behaviour. European Journal of Personality，2003，17：95-117.

［19］ 何全胜. 未成年抢劫犯人格特质与父母教养方式的相关分析. 青少年犯罪问题，2002，5：34-36.

［20］ Wilkinson RB. The role of parental and peer attachment in the psychological health and self-esteem of adolescents. Journal of Youth and Adolescence，2004，33（6）：479-493.

基于规则的类别学习中言语标签和动作标签的建构*

□ 莫　雷（华南师范大学教授）
□ 汝涛涛
□ 张　婷
□ 焦鸿浩
□ 黄玉兰

1　前言

个体在适应新异刺激或变化环境中的复杂行为及其行为背后的认知加工过程是当前心理学研究的重要主旨之一。在类别学习方面，目前研究者感兴趣的问题是：当要求学习者依据特定规则对目标刺激进行归类并做出动作反应时，个体是否需要先通达目标刺激的类别名称（类别标签），然后才做出类别反应呢？换言之，学习者进行分类学习的认知加工过程是怎样的呢？

基于规则的标签转换范式（rule-based classification）是研究者探讨这一问题时普遍采用的一种实验范式。在这种范式中，个体很容易通过推理来获得完成分类任务所需的认知策略，并且可以将这种推理过程以言语的形式描述出来（Ashby，Alfonso-Reese，Turken，& Waldron，1998；Bruner，Goodnow，& Austin，1956，1986；Estes，1996；Smith & Medin，1981）。

例如，在单一规则的分类任务中，要求学习者对如图1中不同稀疏密度的光栅图进行分类，并且要求学习者对A类光栅图做出按“F键”的反应，对B类光栅图做出按“J键”的反应，通过按键的正确率来检验学习者是否习得了正确的类别知识（刘志雅、莫雷，2009）。在这一任务中，学习者需要发现光栅密度这一相关维度并在大脑中建构该维度的不同取值（疏或密）与相应类别名称（A类或B类）的联结地图；标签转换则是当被试已经形成这种联结地图之后，改变分类规则，使得原先疏、密两类刺激对应的类别名称（A类或B类）发生转换，通过记录被试重新掌握新的分类策略时反应时和正确率的改变来推测其内部的认知加工过

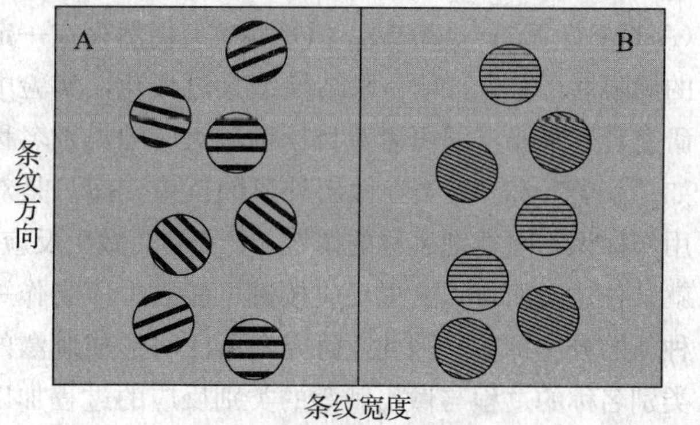

图1　基于规则分类实验材料

* 原载《心理学报》2013年第12期。

程（Buss，1953；Downes et al.，1989；Goldstone & Steyvers，2001；Kendler & Kendler，1962，1968；Robbins，2007；Wills. Noury，Moberly，& Newport，2006；Wolff，1967）。

那么，在上述分类过程中，学习者是否需要通过刺激的类别名称才能通达刺激对应的类别反应呢？研究者对此先后提出两种观点。第一种是单一联结学习假说，这一假说来源于 Ashby 和 Waldron 等人提出的言语与内隐系统交互竞争模型（the competition between verbal and implicit systems，COVIS）（Ashby et al.，1998；Ashby & Waldron，1999）。根据此模型的观点，基于规则的类别学习的过程只包含“刺激—类别标签”的单一的联结学习过程。具体而言，学习者的类别学习过程实质是建立“疏光栅—A 类”和“密光栅—B 类”的单一联结。学习者无须再学习每类刺激对应的类别/按键反应。同时，该模型还指出，个体形成刺激与类别标签之间的联结的生理机制是通过调节视锥和视杆细胞的突触长度来实现的。支持性证据来自于以猕猴为对象的研究，研究者们采用单细胞记录技术发现，猕猴纹状体中部的视锥细胞参与了特定的分类反应活动（Merchant，Zainos. Hernández，Salinas，& Romo，1997；Romo，Merchant，Ruiz，& Crespo，1995；Romo，Merchant，Zainos，& Hernandez，1997）。

尽管有实证研究支持了单一联结学习模型（Ashby & Ennis，2006），但是此模型仍然存在一定的局限性：首先，单一联结模型太过概化，实验中研究者并未要求学习者对目标刺激对应的类别名称如“A 类”和“B 类”做出外显的反应，而只是对用作标识不同类别名称的按键“F/J 键”做出反应。就某种意义而言，这里反应按键可能被个体当作一种新的分类标签。因此，研究者无法将形成刺激的类别名称的过程与做出刺激的类别反应的过程加以区分，从而忽视了类别/按键反应在类别学习中的重要性。此外，单一联结学习模型不能有效地解释 Buss（1953）的研究结果，Buss 比较了在标签学习阶段结束后，两类刺激对应的类别名称发生互换情境与根据新的刺激特征重新进行分类两种情境下的学习差异，结果发现前者再次学习的难度较小。根据单一联结模型的观点，上述两种标签转变情境下，个体都需要重新建立每个刺激对应的新的类别名称并做出类别反应，由此推之，两种情境下学习者再次掌握分类策略的难度和时间应该相同。基于以上两点，单一联结模型的结构可能需要扩展（Maddox，Glass，O'Brien，Filoteo，& Ashby，2010）。

第二种是两联结模型（two-association model），此模型指出，基于规则的类别学习是一种内隐的学习系统，包含着“刺激—类别标签”（stimulus to category label）和“类别标签—反应位置”（category label to response location）两个相互联系的联结过程（Goldstone & Steyvers，2001；Kendler & Kendler，1962，1968；Kruschke，1996），例如，上例中学习者类别学习的过程包含了学习“疏/密光栅—A/B 类”和“A/B 类—F/J 键”这样两个联结过程。根据这一模型的观点，可以有效地解释 Buss 的研究结果。当要求个体根据新的刺激特征进行重新分类时，个体除了需要重新建立原刺激对应的新的类别名称外，还需根据类别名称建立新的反应按键，但是类别互换情境下，个体无须重新学习刺激的类别名称，只需将原先两种类别名称对应的反应按键互换即可完成分类任务。因此，后者重新学习的难度较小，反应时较短（Kruschke，1996；Sanders，1971；Wills et al.，2006）。此后，Sanders（1971）使用基于规则的分类任务和 Wills 等人（2006）使用家族相似性任务得出的结论也支持两联结学习模型。

为了对以往数据结果进行整合，Kruschke（1996）设置了多种不同的类别转换情境，以此考察不同方式的标签转换对类别学习产生的影响，并在实验基础上提出了类别学习的四层次联结模型（a four-layer connectionist mode，AMBRY）（Kruschke，1992，1996）。根据这一模型的观点，个体对刺激进行分类需要经历刺激输入阶段、样例概括阶段、类别表征阶段和类别反应阶段四个层次，其中，研究者通常用“刺激—类别标签”的联结来表示输入的刺激经由类别表征形成不同类别的过程，用“类别标签—反应位置”的联结来表示形成类别表征到做出类别反应的过程。

最近，Maddox等人（2010）的一项研究也强有力地证明了两联结模型的可靠性，他们采用标准的标签转换范式，通过设置类别标签转变条件、反应位置转变条件和无转变的控制条件三种情境，考察不同形式的标签转变对信息整合的类别学习带来的影响。结果发现，经过学习阶段的反复学习之后，类别标签发生转变和反应按键发生转变均会对再次学习造成显著的影响，并且前者造成的干扰更大。在此之前，Ashby，Ell 和 Waldron（2003）采用同样的范式已经证实在基于规则的类别学习中同样存在上述的两种独立的联结学习过程。

诚然，相对于单一联结模型，两联结模型因其明确区分了类别标签的形成过程和做出类别反应的过程，因此，可以有效地解释各种不同方式的标签转换造成的学习差异，表现出一定的优越性。但是，此模型仍有两个问题值得进一步探讨。

首先，研究者以往采用的学习训练—测试范式中学习阶段的设计存在较强的人为性。通常学习者被告知这是一个图形分类任务，需要观察并判断屏幕所呈现的目标刺激属于哪个类别（C_1 或 C_2），并根据刺激对应的类别在键盘上按下某个特定按键（R_1 或 R_2）。可能这种基于“刺激—类别标签—反应位置”的学习顺序人为地规定了个体要优先形成刺激与类别标签的联结，继而形成类别标签与类别反应的联结。如果研究者让学习者独立学习上述的“刺激—类别标签”与“刺激—类别反应”的两种联结，或者优先学习“刺激—类别反应”的联结，再学习“刺激—类别标签”的联结，那么，个体将建构怎样的联结方式呢？

其次，Maddox 等人（2010）根据两联结模型，推测个体除了建构“刺激—类别标签”的联结地图，也有可能直接建构了“刺激—类别反应”的联结地图。在这种联结模式中，类别标签的改变只会破坏刺激与类别标签的联结而不会影响刺激与类别反应的联结；同样，反应按键的改变则只会破坏刺激与类别反应的联结而不影响刺激与类别标签的联结。在这里，“反应按键”有可能也被学习者当作对刺激进行分类的第二种类别标签，但这种假设缺乏具体实证研究的支持。

针对两联结模型存在的上述问题，本研究拟探讨“刺激—言语标签”和“刺激—动作标签”作为两个独立的学习过程的条件下，个体所形成的类别表征情况，从而对前人提出的两联结模型做进一步的分析。在研究中，“刺激—言语标签”的学习要求被试学会对同类刺激口头报告出该刺激的类别名称；“刺激—动作标签”的学习要求被试学会对同类刺激做出特定的按键反应。基于上述问题，本研究提出了如图2所示的平行加工（M1）和链条加工（M2）两种假设模型，探讨当被试被要求分别学会一类刺激对应的言语标签和动作标签时，如何建构刺激、言语标签和动作标签三者之间的联结。

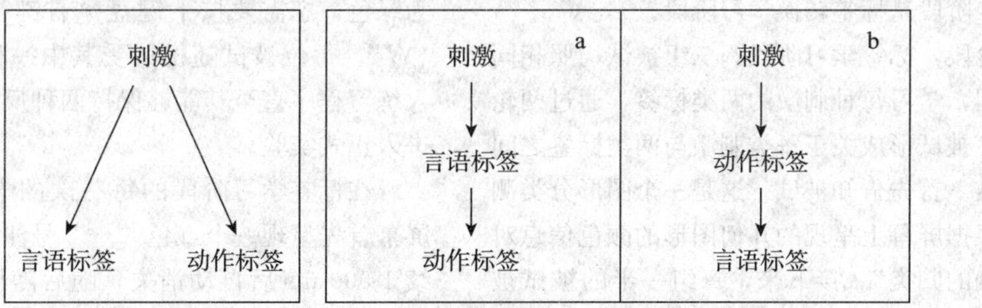

M1. 平行加工模型　　M2. 链条加工模型

图2　言语标签和动作标签建构的两种假设模型

2 实验 1

2.1 目的

考察个体按照随机顺序学习刺激对应的言语标签和动作标签的情况下，是遵循平行加工模型（M1）还是遵循链条加工模型（M2）建构三者之间的联结。

2.2 研究方法

2.2.1 被试

在校大学生 66 名，其中男生 29 名，女生 37 名，视力或矫正视力正常。所有被试以前均未参加过类似实验。被试被随机分派到动作标签转换组、言语标签转换组和控制组中去，每组 22 人。

2.2.2 材料与设计

实验刺激为平面的几何图形（如图 3），这些几何图形具有颜色（黄色和绿色）和形状（三角形和四边形）两个类别维度，为了减轻被试的记忆负荷，本实验共采用以下 4 种图形来作为正式实验的材料。

与实验刺激相对应，有两种类标签：第一类是需要口头报告的言语标签“X”与“Y”；第二类是需要按键反应的动作标签“左键”与“右键”。

本实验采用 3（标签转换方式）×2（学习顺序）的两因素混合实验设计。“标签转换方式”是被试间因素，分三种水平：言语标签转换，动作标签转换与控制组（无转换）。为了考察标签转换的实验操作是否有效，以及被试在标签学习阶段和标签转换学习阶段结束时，是否正确掌握了分类规则，实验将标签学习和标签转换学习阶段均分为前后对等的两轮学习，并设置了学习顺序这一被试内因素，对应顺序因素的第一轮、第二轮两种水平。因变量为被试对两类标签的反应时和正确率。

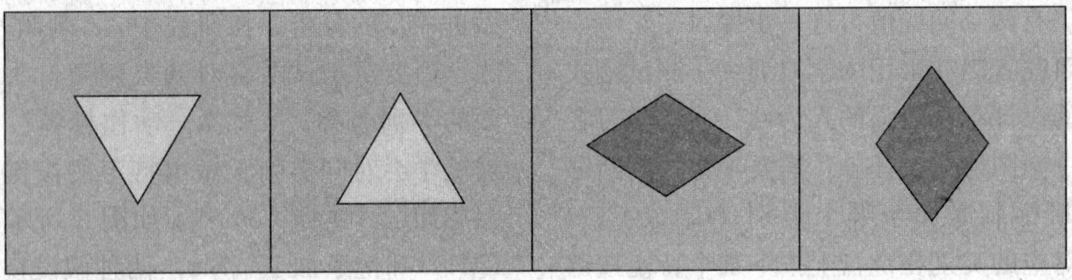

图 3 实验材料

注：此图为彩色，其中图形背景为灰色，三角形均为黄色，四边形均为绿色，详见电子版。

2.2.3 程序

实验过程包括两个阶段，第一阶段是标签学习阶段，第二阶段是标签转换学习阶段。

第一阶段，标签学习阶段。三组被试均照相同的分类规则，学习每种刺激的两类标签，通过两轮的学习，使被试形成关于每类刺激与两类标签之间的稳定联结。首先告知被试“这是一个图形分类测试，请您根据屏幕上呈现的几何图形的颜色信息对其进行正确的归类”。接下来，每组一半的被试被要求“若呈现的图形为黄色，您需要口头报告‘X’并且按下键盘的左键；若呈现的图形是绿色，您需要口头报告‘Y’并且按下键盘右键”；另一半被试则被要求“若呈现的图形是黄色，您需要按下键盘‘左键’并且口头报告‘X’；若呈现图形为绿色，您需要按下键盘‘右键’并且口头报告‘Y’”。每位被试随机接受其中一种指导，随后进入练习程序直至其能够保持两种反应同步发生方可进入正式实验。

在标签学习阶段的每一次的学习（trial）中，屏幕首先呈现一个红色“+”号注视点，注视点持续 1 500 ms 后自动消失，随后随机呈现四类刺激中的一个，持续时间为 5 000 ms，被试被要求在图形呈现的过程中尽可能准确而迅速地做出口头和按键反应。随后呈现一个 500 ms 的掩蔽界面。从刺激开始呈现到被试做出反应的时间间隔记录为反应时。每位被试在整个学习阶段一共进行 4 个刺激×15 次×2 轮共 120 次的学习，确保被试完全掌握了每类刺激对应的两类标签。计算机自动记录被试每次学习的语音反应方式与按键反应方式以及反应时。

第二阶段，标签转换学习阶段。标签学习阶段结束之后，立即进入标签转换学习阶段。这一阶段的学习首先通过指导语告知被试分类所依据的刺激特征由颜色转换为形状，通过这种改变操纵三个实验组各自发生不同方式的类别标签转换，具体是言语标签转换组的被试要学习将原来两类刺激对应的言语标签互换，例如，在标签学习阶段，黄色图形对应“X”，绿色图形对应“Y”；而在本阶段，三角形对应“Y”，四边形对应“X”。动作标签转换组的被试要学习将原来两类图形对应的动作标签互换，即在标签学习阶段中，黄色图形对应“左键”，绿色图形对应“右键”；而本阶段，三角形则对应“右键”，四边形对应“左键”。控制组则在学习两类标签上没有发生任何改变，以此作为实验处理的基线。

第二阶段标签转换学习阶段的做法与第一阶段基本相同，每一次的学习（trial）中，屏幕首先呈现一个持续 1 000 ms 的红色“＋”号注视点，随后播放一个反应提示信息“请报告”或“请按键”，紧接着呈现一个持续 5 000 ms 的目标刺激，被试需要根据语音提示，对屏幕上所呈现刺激的言语标签或动作标签进行反应，最后是一个 500 ms 的掩蔽界面。从刺激开始呈现到被试做出语音或按键反应的时间间隔记录为反应时。整个标签转换学习阶段每位被试一共进行 2 种反应提示×2 类刺激×15 次×2 轮共 120 次的学习，而两种反应提示和两类刺激是随机匹配呈现。计算机自动记录被试每次测试的语音与按键反应方式以及反应时。

整个实验操作是在多功能个体实验室进行的，刺激界面的背景为灰色，刺激图形出现在屏幕正中央，采用 E-Prime 2.0 编写实验程序，被试的语音反应数据由 E-Prime 2.0 自带的语音盒记录。

图 4 分别列出标签学习阶段与标签转换学习阶段被试形成的刺激与两种类别标签之间的联结模式。

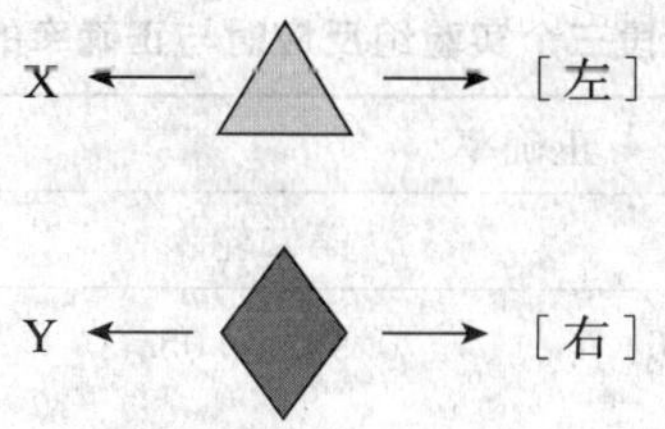

（a）为标签学习阶段三个实验组形成的刺激—标签联结示意图

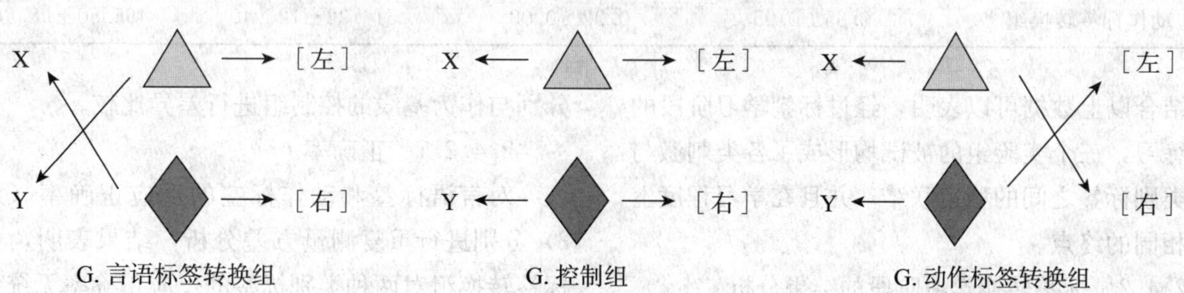

图 4　（b）为标签转变学习阶段三个实验组形成的刺激—标签联结示意图

注：此图中三角形为黄色，四边形为绿色，详见电子版。

2.3 实验预期

根据上述模型假设，可能会出现三种结果：第一种，如果被试形成如图 2 中 M1 所示的平行联结模型，那么，言语标签或动作标签两者中任意一者的改变都不会干扰被试对另外一者的反应，表现为言语标签转换组对动作标签的反应时与控制组无显著差异，动作标签转换组对言语标签的反应时与控制组也无显著差异。第二种，如果被试形成如图 2 中 M2a 所示的言语标签优先建构的链条联结模型，那么言语标签转换组对动作标签的反应时要显著大于控制组，但动作标签转换组对言语标签的反应时与控制组无显著差异。第三种，如果被试形成的是如图 2 中 M2b 所示的动作标签优先建构的链条联结模型，那么相反，动作标签转换组对言语标签反应时显著长于控制组，而言语标签转换组对动作标签的反应时与控制组无显著差异。

2.4 结果与分析

为了保证被试充分掌握实验的分类规则并做出正确的反应，对反应正确率低于 80%的被试（4 人，6.6%）及其反应时的极端值（2 人，3.3%）进行了剔除。最后对控制组（18 人）、言语标签转换组（21 人）、动作标签转换组（21 人）的符合要求的数据进行统计分析。

2.4.1 标签学习阶段的结果分析

为了考察三组被试标签学习结束后是否获得了相同的学习效果，研究对标签学习阶段前后两轮学习被试的语音和按键反应的正确率和反应时进行了统计分析（见表 1）。

在动作标签和言语标签的平均反应时指标上，标签转换方式的主效应不显著，$F(2, 58)=0.02$，$p>0.05$；标签学习过程存在练习效应，$F(1, 58)=7.01$，$p<0.05$，第二轮学习的反应时（471.79±115.06）显著快于第一轮学习（515.05±119.00）；标签转换方式与学习顺序的交互作用不显著，$F(2, 58)=0.10$，$p>0.05$。

在动作标签和言语标签的反应的平均正确率指标上，标签转换方式的主效应不显著，$F(2, 58)=1.37$，$p>0.05$；标签学习过程中同样存在练习效应，$F(2, 58)=49.10$，$p<0.001$。第二轮学习的正确率（0.91±0.04）显著高于第一轮学习（0.86±0.04）；标签转换方式与学习顺序的交互作用不显著，$F(2, 58)=1.71$，$p>0.05$。

表 1 标签学习阶段三个实验组反应时与正确率的比较（*M*±*SD*）

条件	正确率		反应时	
	第一轮	第二轮	第一轮	第二轮
控制组	0.86±0.06	0.90±0.05	515.80±128.16	470.48±93.75
言语标签转换组	0.85±0.03	0.90±0.02	513.08±108.37	479.49±147.88
动作标签转换组	0.85±0.05	0.92±0.03	516.32±126.40	465.50±98.88

结合以上数据可以表明，经过标签学习阶段的多次练习，三个实验组的被试均形成了各类刺激与两种类别标签之间的稳定联结，并且在学习程度上具有相同的终点。

2.4.2 标签转换学习阶段的结果分析

进一步对标签转换学习阶段三组被试的反应时和正确率进行统计分析，根据预期模型假设，数据分析的重点是将言语标签转换组、动作标签转换组分别与作为基线的控制组进行差异比较。

2.4.2.1 正确率

对言语标签和动作标签的反应正确率（见表 2）分别进行重复测量方差分析，结果表明，不同标签转换组对两种类别标签的反应正确率无统计学差异，$F(2, 58)=0.35$，$p>0.05$，$F(2, 58)=0.04$，$p>0.05$；标签转换学习阶段，被试对两类标签的反应正确率均表现出了学习效应，F(1,

58)=49.22，$p<0.01$，$F(1, 58)=99.31$，$p<0.01$，第二轮学习的正确率显著高于第一轮学习。标签转换方式与学习顺序间的交互作用不显著，$F(2, 58)=2.50$，$p>0.05$，$F(2, 58)=0.82$，$p>0.05$。

结果表明：在标签转换学习阶段结束时，实验组和控制组的被试均重新掌握了新的分类规则，并且达到了同等的学习程度。

2.4.2.2　反应时

（1）动作标签的反应时

标签转变学习阶段三个组对动作标签的反应时见图5，在动作标签的反应时指标上，进行标签转换方式×学习顺序的两因素重复测量方差分析，结果发现，不同标签转换组之间的差异显著，$F(2, 58)=7.15$，$p<0.01$。多重比较发现，言语标签转换组对动作标签的反应时（742.72±248.95）显著大于控制组（530.64±115.92），$t(37)=-3.32$，$p<0.01$，而动作标签转换组对动作标签的反应时（593.78±146.18）与控制组无显著差异，$t(38)=-1.49$，$p>0.05$。此外，言语标签转换组对动作标签的反应时也显著大于动作标签转换组，$t(41)=2.41$，$p<0.05$。

同时，研究发现在标签转换学习阶段，三组被试对动作标签的反应时均存在练习效应，$F(1, 58)=9.68$，$p<0.01$，标签转换学习阶段第二轮学习的反应时（601.88±199.74）显著快于第一轮学习（650.97±216.74）。标签转换方式与学习顺序的交互作用不显著，$F(2, 58)=0.94$，$p>0.05$。

（2）言语标签的反应时

在言语标签的反应时指标上，三组被试的语音反应时如图6所示，重复测量方差分析表明，不同标签转换组之间差异显著，$F(2, 58)=24.34$，$p<0.001$。多重比较发现，言语标签转换组对言语标签的反应时（949.57±290.88）显著大于控制组（593.71±101.81），$t(37)=-4.93$，$p<0.001$，而动作标签转换组对言语标签的反应时（584.88±112.82）与控制组之间差异不显著，$t(38)=0.26$，$p>0.05$。此外，言语标签转换组对动作标签的反应时也显著大于动作标签转换组，$t(41)=5.47$，$p<0.01$。

同样，三个组对言语标签的反应也存在明显的学习效应，$F(1, 58)=15.55$，$p<0.001$，标签转换学习阶段第二轮学习的反应时（680.72±242.50）显著快于第一轮学习（745.38±283.90）。标签转换方式与学习顺序的交互作用不显著，$F(2, 58)=2.59$，$p>0.05$。

综合以上数据，研究发现，以控制组对两类标签的反应时为基线，言语标签转换组对动作标签的反应时显著延长，而动作标签转换组对言语标签的反应时与控制组并无显著差异，这一数据结果与本研究前文提出的模型假设M2a相吻合。

由此，实验1可以得出结论，个体在按照随机顺序学习刺激的言语标签和刺激的动作标签时，遵循“刺激—言语标签—动作标签”的链条加工模型来建构刺激与两类标签的联结。那么，这种链条联结结构的稳定性如何？如果让被试预先以某种特定的顺序如优先学习“刺激—动作标签”的联结后学习“刺激—言语标签”的联结，结果是否会发生改变，换言之，这种链条加工的联结方式是否会受到两类标签学习方式的影响呢？实验2准备回答这一问题。

表2　标签转变学习阶段三个实验组语音反应与按键反应正确率的比较（*M*±*SD*）

条件	言语标签		动作标签	
	前一半	后一半	前一半	后一半
控制组	0.83±0.09	0.92±0.04	0.86±0.05	0.92±0.05
言语标签转换组	0.84±0.03	0.92±0.06	0.87±0.07	0.90±0.06
动作标签转换组	0.83±0.06	0.92±0.05	0.85±0.07	0.90±0.06

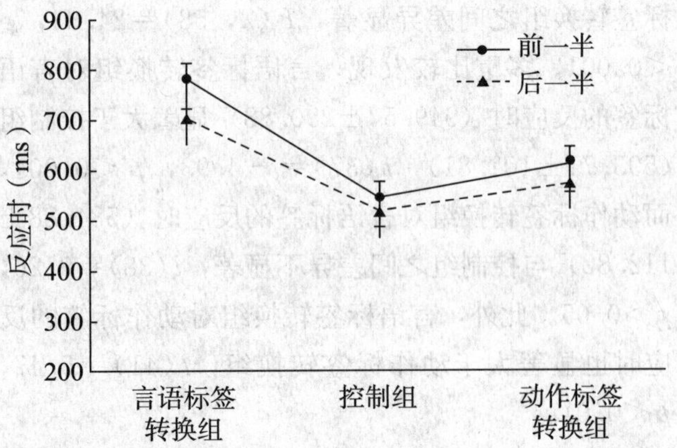

图 5　标签转换学习阶段三个组对动作标签的反应时的比较

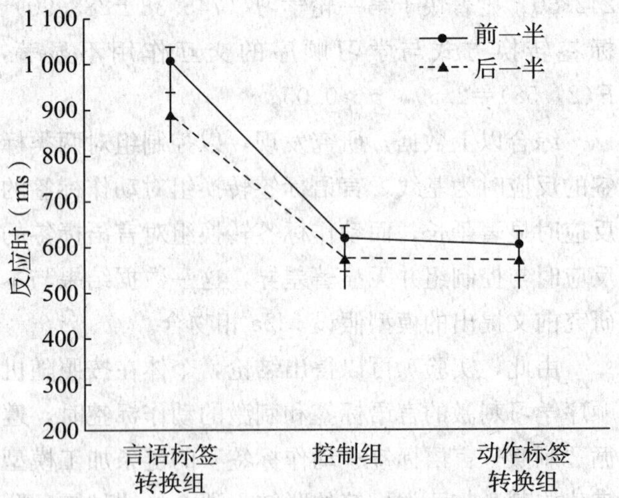

图 6　标签转换学习阶段三个组对言语标签的反应时的比较

3　实验 2

3.1　目的

考察个体按照特定的顺序学习刺激的言语标签与动作标签的情况下，如何建构三者之间的联结，即上述链条加工结构的稳定性如何?

3.2　研究方法

3.2.1　被试

48 名在校本科大学生，其中男生 12 名，女生 36 名，视力或矫正视力正常。所有被试以前均未参加过类似实验。被试被随机分派到三个实验组，每组 16 人。

3.2.2　材料与设计

实验材料同实验 1，实验 1 的结果显示，整个标签学习过程均存在明显的学习效应，因此，实验 2 中将不再考察学习顺序而采用单因素三水平（标签转换方式：控制组、言语标签转换组和动作标签转换组）的被试间设计。

实验 2 同样包括标签学习阶段和标签转换学习两个阶段，但在标签学习阶段与实验 1 有所区别。标签学习阶段，首先要求被试学习所有目标刺激对应的动作标签，即进行按键反应练习，随后再学习每个目标刺激对应的言语标签，即进行口头报告练习。通过充分学习之后，开始进入标签转换学习阶段，此阶段的学习程序同实验 1。

3.2.3　程序

实验程序同实验 1。

3.3　结果与分析

同样对实验 2 的数据进行预处理，删除反应正确率低于 80％的被试（2 人，4.2％）以及反应时数据的异常值（2 人，4.2％）。最终有 44 人进入到了正式标签转换学习阶段。

3.3.1　标签学习阶段的结果分析

同样，为了考察被试在标签学习阶段结束后是否取得了同样的学习效果，首先对标签学习阶段三个组对两类标签的反应时和正确率进行了方差分析。

在正确率指标上，统计分析发现，两个实验组对两类标签的反应正确率与控制组之间差异均不显著，$F(2,43)=1.15$，$p>0.05$，$F(2.43)=1.66$，$p>0.05$。在反应时指标上，两个实验组对两类标签的反应时与控制组的差异也不显著，$F(2,43)=0.21$，$p>0.05$，$F(2,43)=0.51$，$p>0.05$。

以上反应时和正确率的数据表明，经过标签学习阶段的充分学习，实验组和控制组的被试均掌握了正确的分类规则并且达到了相同的学习程度。

表 3　标签学习阶段三个组平均反应时与正确率的比较（$M\pm SD$）

实验条件	正确率		反应时	
	言语标签	动作标签	言语标签	动作标签
控制组	0.94±0.06	0.93±0.02	572.90±31.34	569.53±29.94
言语标签转换组	0.92±0.05	0.92±0.02	562.40±46.22	553.01±46.31
动作标签转换组	0.93±0.06	0.94±0.03	564.18±53.81	563.24±50.46

3.3.2　标签转换学习阶段的结果分析

依据实验逻辑，研究提出两种结果预期：预期1，如果实验1支持的链条加工结构是个体默认建构的稳定结构，那么，实验2将得出与实验1相同的数据结果。预期2，如果这种链条加工结构会受到学习方式的影响，那么，个体将会遵循M2b的链条加工模型重新建构三者的联结，具体表现为言语标签组对动作标签的反应时与控制组无显著差异，动作标签转换组对言语标签的反应时显著大于控制组。

3.3.2.1　正确率

标签转换学习阶段，三组被试对言语标签和动作标签的反应正确率见表4，方差分析发现，在对言语标签和动作标签的反应正确率上，三个组之间差异都不显著，$F(2, 43)=0.21$，$p>0.05$，$F(2, 43)=1.13$，$p>0.05$。

表 4　标签转换学习阶段三个组反应正确率的比较（$M\pm SD$）

实验条件	言语标签	动作标签
控制组	0.92±0.06	0.92±0.04
言语标签转换组	0.91±0.08	0.90±0.06
动作标签转换组	0.93±0.05	0.93±0.06

由此表明，当刺激原有的动作标签或言语标签发生转换之后，被试通过多次学习又重新建立了刺激与新类别标签之间的对应关系，无论是言语标签转换组还是动作标签转换组，均达到了与控制组相同的学习效果。

3.3.2.2　反应时

(1) 动作标签的反应时

在动作标签的反应时指标上（见图7），统计分析以控制组对动作标签的反应时为基线，进行独立样本t检验发现，言语标签转换组对动作标签的反应时（659.26±152.22）显著大于控制组（538.40±143.13），$t(26)=-2.15$，$p<0.05$。比较还发现，动作标签转换组对动作标签的反应时（588.27±109.64）与控制组差异不显著，$t(27)=-1.09$，$p>0.05$。

(2) 言语标签的反应时

在言语标签的反应时指标上（见图8），比较同样以控制组对动作标签的反应时为基线，进行独立样本t检验，结果发现，动作标签转换组对言语标签的反应时（710.99±302.95）与控制组（689.34±209.92）的差异不显著，$t(27)=-0.22$，$p>0.05$。言语标签转换组对言语标签的反应时（935.40±330.44）显著大于控制组，$t(26)=-2.31$，$p<0.05$。

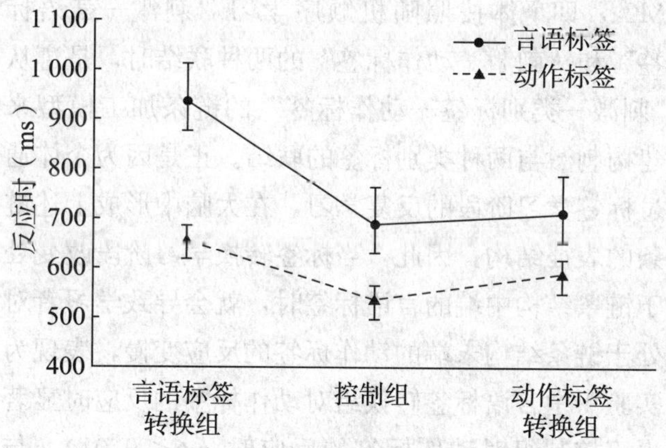

图 7　标签转换学习阶段三个实验组对两种标签反应时的比较

以上反应时与正确率的数据所反映出的趋势与实验1的结果完全一致，与上文提到的结果预期1相吻合。由此可知，实验1得出的个体遵循“刺激—言语标签—动作标签”的链条加工结构具有较强的稳定性，不会受到言语标签和动作标签两种类别标签学习顺序的影响。

4 讨论

类别学习对人类生存具有重要的作用，生活中，人们判断眼前的植物是有毒还是无毒；对方是敌是友等都是类别学习的实际应用（刘志雅、莫雷、张娟，2007）。为此，关于类别学习及其内在加工机制的探讨吸引了众多心理学研究者的兴趣。两联结模型（two association model）将类别学习的加工划分为“刺激—类别标签”和“类别标签—反应位置”两个相互独立的联结学习过程，具有较强的普适性（Goldstone & Steyvers，2001；Kendler & Kendler，1962；Kruschke，1996）。

4.1 两联结加工模型的可靠性

基于以往支持两联结学习模型的研究中实验设计的局限性，实验1考察了当“刺激—言语标签/类别标签”和“刺激—动作标签/反应位置”作为两个独立的过程进行学习时，个体所形成的刺激与两类标签的表征情况。

实验1的数据结果符合研究之初的假设模型M2a，即个体按照随机顺序学习“刺激—言语标签”和“刺激—动作标签”的两种联结时，是遵从“刺激—类别标签—动作标签”的链条加工模型来建构刺激与两种类别标签的联结。正是因为个体通过标签学习阶段的反复学习，在大脑中形成上述链条的表征结构，因此，当标签转换学习阶段改变处于链条结构中端的言语标签时，就会导致学习者对处于链条结构末端的动作标签的反应变慢，表现为实验1中言语标签转换组对动作标签的反应时显著慢于控制组对动作标签的反应时（$p<0.01$）。与之相反，当处于链条末端的动作标签发生改变，则不会对处于链条中端的言语标签的反应造成干扰，表现为实验1中动作标签转换组对言语标签的反应时与控制组对言语标签的反应时不存在显著差异$p>0.05$）。

有趣的是，当言语标签发生转换之后，言语标签转换组对言语标签的反应时显著长于控制组（$p<0.001$），也显著长于动作标签转换组（$p<0.001$）。但是，当动作标签发生转变之后，动作标签转换组对动作标签的反应时与控制组差异不显著，但要显著快于言语标签转换组。出现这一现象，本文试从以下角度进行解释。

首先，从分类学习的实质来看，当言语标签发生转变时，学习者需要重新表征所有刺激对应的新的言语标签，而控制组和动作标签转换组所对应的言语标签并未发生改变，因此，三个组对言语标签的反应时表现出上述结果（$M_{言语}>M_{控制}=M_{动作}$）。其次，从“刺激—言语标签—动作标签”的链条结构来看，当居于链条中端的言语标签发生改变，学习者不仅需要重建刺激与言语标签之间新的联结，同时也要重建言语标签与动作标签之间新的联结。而当动作标签发生改变时，学习者只需重新建构言语标签与动作标签之间新的联结就可恢复整个链条表征结构。因此，前者会造成学习者对动作标签反应时的延长显著大于后者，但后者造成的干扰效果较小，也更容易恢复（$M_{言语}>M_{动作}>M_{控制}$）。

从实验1的结果分析可以看出，当要求个体同时建构目标刺激对应的言语标签及与其对应的动作标签时，其表征方式遵从“刺激—言语标签—动作标签”的链条加工模型，这一结果将为前人提出的两联结学习模型提供新的佐证，也进一步证实了两联结模型的可靠性。也就是说，在基于规则的类别学习中，个体完成刺激归类过程的实质是学习“刺激—类别标签”和“类别标签—反应位置”两个独立的联结过程（Maddox et al.，2010）。

4.2 链条加工结构的稳定性

实验1为两联结学习模型提供了新的支持性证据，但对于“刺激—言语标签—动作标签”这一链条加工结构的稳定性的探讨目前仍是空白。实验2则首次采用学习训练—测试范式对这一问题进行了预探讨。在学习训练阶段，研究改变了两类标签的学习顺序，首先要求学习者学习“刺激—动作标签”的联结，随后再学习“刺激—言语标签”的联结，很显然，这种优先学习刺激对应的动作标签后学习刺激对应的言语标签的训练顺序是与实验1支持的链条结构顺序相违背的，研究正是通过考察个体在违背认知加工顺序的情境中，形成的类别表征结构是怎样的，以此来考察这种链条加工结构是否会受到标签学习方式的影响。

实验2中反应时和正确率的数据趋势与实验1完全相同，这里不再赘述。这就充分说明，即使改变刺激对应的言语标签和与其对应的动作标签的学习顺序，个体在形成刺激与两类标签的表征结构时，仍然遵循“刺激—言语标签—动作标签”的链条加工模型。由此可知，个体所遵循的这种链条加工结构具有一定的稳定性，不会受到言语标签和动作标签两种类别标签学习顺序的影响，其中言语标签是个体建构目标刺激与动作标签的中介。也就是说，无论是按照怎样的顺序学习两类标签，个体都会优先选择建构刺激与其言语标签的联结，继而建立刺激与其动作标签之间的联结。由此可见，这种言语标签优先建构的链条加工结构并非个体在标签学习阶段经过反复训练而习得，而是个体默认建构的稳定形式。

那么，究竟这种稳定的链条结构从何而来，本文认为可能性来源有二：一是个体在后天长期的学习过程中经验积累的结果，仅通过实验1和实验2中标签学习阶段短暂的学习训练，还不足以改变这种长期积累形成的认知经验；二是个体先天具有的稳定的反应倾向，在个体的大脑表征结构中尚已存在这种链条加工结构，并且这种结构不会受到后天经验学习的影响。真正原因是否如此有待进一步的探究。

4.3 言语在类别学习中的作用

人类具有将经验世界分类的能力，这种能力受到语言和文化因素的影响，Whorf（1956）的语言相对论假说指出，语言会影响个体的思维及对物体的知觉方式。在类别学习中，Ashby等人也曾提出了类别学习的言语系统和内隐系统之间的竞争（COVIS）模型，这一模型指出：在类别学习中，会出现言语系统最初占优势的偏向，这可能是因为言语系统受到意识的控制，而当言语系统对行为预测的准确性比内隐系统的预测更差时，这种偏向就会颠倒过来。此外，类别学习的多重系统理论假设指出，不同类别结构的类别学习分别是通过不同的分类系统进行的：基于规则的类别学习是通过外显的、推理的言语分类系统进行的，而信息整合的类别学习是通过内隐的、程序学习的非言语分类系统进行的（Ashby & Waldron，1999）。

从知识习得的角度而言，本研究设置的基于规则的类别学习隶属于陈述性知识的学习，个体学习的过程主要是凭借外显的言语分类系统进行的，因此，个体会优先选择建构刺激对应的言语标签的学习策略，以此提高类别反应的准确性。与此同时，动作标签在刺激分类过程中的标识作用则退居从属地位，从而表现出言语标签优先建构的现象。由此，我们猜想，在程序性知识或动作技能的学习过程中，是否会出现与之相反的结果，即个体是否会优先建构刺激对应的动作标签呢？我们将在今后的研究中对此进行探讨。

5 结论

（1）在基于规则的类别学习中，无论是按照随机顺序或是固定顺序学习目标刺激对应的言语标签和动作标签时，个体倾向于遵循“刺激—言语标签—动作标签”的链条加工模型来建构刺激与两种类别标签之间的联结；（2）这种言语标签优先于动作标签建构的链条加工结构具有较强的稳定性，不会受两类标签学习方式的干扰。

【参考文献】

Ashby, F. G., Alfonso-Reese, L. A., Turken, A. U., & Waldron, E. M. (1998). A neuropsychological theory of multiple systems in category learning. *Psychological Review*. 105 (3) 442-481.

Ashby, F. G., Ell, S. W., & Waldron, E. M. (2003). Procedural learning in perceptual categorization. *Memory and Cognition*. 31 (7), 1114-1125.

Ashby，F. G.，& Ennis，J. M.（2006）. The role of the basal ganglia in category learning. *Psychology of Learning and Motivation*. 46，1-36.

Ashby，F. G.，& Waldron. E. M.（1999）. On the nature of implicit categorization. *Psychonomic Bulletin & Review*，6（3），363-378.

Bruner. J. S.，Goodnow. J. J.，& Austin，G. A.（1956）. *A Study of Thinking*. New York：Wiley.

Buss，A. H.（1953）. Rigidity as a function of absolute and relational shifts in the learning of successive discriminations. *Journal of Experimental Psychology*，45（3），153-156.

Downes，J. J.，Roberts，A. C.，Sahakian，B. J.，Evenden. J. L.，Morris，R. G.，& Robbins，T. W.（1989）. Impaired extra-dimensional shift performance in medicated and unmediated Parkinson's disease：Evidence for a specific attentional dysfunction. *Neuropsychologia*，27（11-12），1329-1343.

Estes，W. K.（1996）. *Classification and Cognition*. New York：Oxford University Press.

Goldstone，R. L.，& Steyvers，M.（2001）. The sensitization and differentiation of dimensions during category learning. *Journal of Experimental Psychology*：*General*，130（1），116-139.

Kendler，H. H.，& Kendler. T. S.（1962）. Vertical and horizontal processes in problem solving. *Psychological Review*，69（1），1-16.

Kendler，H. H.，& Kendler. T. S.（1968）. Mediation and conceptual behaviour. Behavior. In K. W. S. J. T. Spence（Ed.），*The Psychology of Learning and Motivation*（Vol. 2，pp. 197-244）. New York：Academic Press.

Kruschke. J. K.（1992）. ALCOVE：An exemplar-based connectionist model of category learning. *Psychological Review*，99（1），22-44.

Kruschke，J. K.（1996）. Dimensional relevance shifts in category learning. *Connection Science*，8（2），225-248.

Liu，Z. Y.，& Mo，L.（2009）. Prototype and exemplar on classification and inference learning. *Acta Psychologica Sinica*，41（1），44-52.

［刘志雅，莫雷.（2009）. 两种学习模式下类别学习的结果：原型和样例. 心理学报，41（1），44-52.］

Liu，Z. Y.，Mo，L.，& Zhang，J.（2007）. Rule-based and information-integration category learning. *Psychological Science*，30（6），1429-1432.

刘志雅，莫雷，张娟.（2007）. 基于规则的类别学习和信息整合的类别学习. 心理科学，30（6），1429-1432.

Maddox，W. T.，Glass，B. D.，O'Brien，J. B.，Filoteo，J. V.，& Ashby，F. G.（2010）. Category label and response location shifts in category learning. *Psychological Research PRPF*，74（2），219-236.

Merchant，H.，Zainos，A.，Hernández，A.，Salinas. E.，& Romo，R.（1997）. Functional properties of primate putamen neurons during the categorization of tactile stimuli. *Journal of Neurophysiology*，77（3），1132-1154.

Robbins，T. W.（2007）. Shifting and stopping：fronto-striatal substrates. neurochemical modulation and clinical implications. Philosophical *Transactions of the Royal Society B*：*Biological Sciences*，362（1481），917-932.

Romo，R.，Merchant，H.，Ruiz，S.，Crespo，P.，& Zainos. A.（1995）. Neuronal activity of primate putamen during categorical perception of somesthetic stimuli. *Neuroreport*，6（7），1013-1017.

Romo，R.，Merchant，H.，Zainos，A.，& Hernández，A.（1997）. Categorical perception of somesthetic stimuli：Psychophysical measurements correlated with neuronal events in primate medial premotor cortex. *Cerebral Cortex*. 7（4），317-326.

Sanders，B.（1971）. Factors affecting reversal and nonreversal shifts in rats and children. *Journal of Comparative and Physiological Psychology*，74（2），192-202.

Smith，E. E.，& Medin，D. L.（1981）. *Categories and Concepts*. Cambridge：Harvard University Press.

Whorf，B. L.（1956）. *Language*，*Thought*，*and Reality*：*Selected Writings*. New York：MIT Press.

Wills，A. J.，Noury，M.，Moberly，N. J.，& Newport，M.（2006）. Formation of category representations. *Memory and Cognition*，34（1），17-27.

Wolff. J. L.（1967）. Concept-shift and discrimination-reversal learning in humans. *Psychological Bulletin*，68（6），369-408.

关于心理素质及其形成机制的理论思考（一）*

——基于文化历史活动理论的探讨

□ 张大均（西南大学教授）
□ 李晓辉
□ 龚 玲

心理素质是我国素质教育实施中诞生的本土化概念，心理素质培养是素质教育的核心内容。自20世纪90年代以来，心理素质及其培养研究在我国心理学界经历了"忽视—关注—重视"的发展历程，目前心理素质概念逐步被学术界接受，心理素质及其培养研究也方兴未艾。心理素质培养作为素质教育的重要组成部分，在维护和促进学生的心理健康，开发学生潜能和促进心理发展，培养学生良好品德，塑造完整人格以及提高学生适应力等方面发挥着重要的作用。然而从我国心理素质及其培养研究的现状来看，尚难从理论上满足心理素质培养研究和实践的现实需要，究其根本原因是缺乏从学理高度对心理素质及其形成机制这一根本理论问题的系统探讨。本文依据文化历史活动理论，从外源性因素角度初步探讨心理素质及其形成的机制问题，为科学揭示心理素质及其形成机制的本质内涵奠定理论依据。

一、心理素质基本内涵与文化历史活动理论

正确认识心理素质的本质内涵，科学界定心理素质概念是心理素质研究的基本理论问题和逻辑起点。关于什么是心理素质的概念，至今学术界尚未形成一致看法。随着素质教育在我国的普遍实施和学生心理健康教育的深入开展，自20世纪90年代以来我国一些心理学工作者就开始关注心理素质概念，并从不同的角度提出了多种看法：有的认为，心理素质是心理活动或品质特点的表现；有的认为，心理素质是多种心理系统的综合体；有的认为，心理素质是一种能力；有的认为，心理素质就是人格或个性[1]。经过多年的探索与研究，我们将心理素质界定为：以生理条件为基础的，将外在获得的刺激内化成稳定的、基本的和内隐的并具有基础、衍生和发展功能的，与人的适应—发展—创造行为密切联系的心理品质[2]。这一观点在承认心理素质的先天条件的前提性的同时，特别强调心理素质的后天获得性，这与文化历史活动理论的观点相契合。

文化历史活动理论（cultural-historical activity theory）主要来源于维果茨基（L. S. Vygotsky）的文化历史理论，主要经历了三个发展阶段[3]。第一代活动理论以维果茨基的创造性思想为代表。该理

* 原载《西南大学学报（社会科学版）》2013年第2期。

论强调活动的中介性特征，主张个体不是直接对环境做出反应的，而是借助于文化工具的中介；同时，个体通过文化工具的内化实现了对心理机能的质的改造。第二代活动理论以列昂节夫的工作为代表，强调活动的对象性特征。该理论从活动的对象性（目的性）出发，提出了活动的层级结构理论，确定了活动和动机、动作和目的以及操作和条件的三级结构模型，并将动作作为心理学分析的基本单位。第三代活动理论以芬兰心理学家恩格斯托姆（Y. Engeström）的思想为代表，突出特点是强调活动的社会性特征。该理论在社会学层面上对活动进行分析，将个体活动纳入到包含主体、客体、共同体、工具、规则以及分工六个要素，囊括生产系统、消费系统、交换系统及分配系统四个子系统的网络之中。文化历史活动理论的主要内涵是："一个社会文化分析的模式（实际上所有的人类活动都处于由人和物组成的社会大系统之中）；一个历史分析的模式（实际上所有的人类活动都在与时俱进和分布在人类的文化之中）；中介行动的理论，关注行动者和其文化工具，文化工具是活动的中介。"[4]它广泛地应用于社会实践领域的研究中来分析活动，并且产生了一些普遍接受的实践方式。恩格斯托姆在对一系列研究进行分析后，总结了运用活动理论分析活动系统的五个原则：一是以集体的、中介的、对象性的、与其他活动系统相互关联的活动系统作为分析的单位；二是重视活动系统中的多元观点；三是注重活动系统的历史性，即要从活动自身的历史发展中探寻活动的问题和发展潜能；四是认为矛盾是活动变化和发展的根本原因；五是活动系统在发展中可以进行拓展性的变革，成员在矛盾出现时能进行反思和寻求改变，从而推进整个系统的质的转换[5]。

从上文可以看出，我们对心理素质基本含义的界定，吸收了文化历史活动理论关于人类文化与活动在人的心理品质形成中起关键作用的思想内核，突出了"内化"在心理素质形成中的作用机制地位。因此，文化历史活动理论是我们探讨心理素质及其培养的理论基础之一。

二、心理素质形成机制的文化历史活动理论解读

文化历史活动理论的核心观点是，人的心理机能（相当于我们讲的心理素质）是社会历史发展的产物，它不是由个体自我建构而获得的，而是来自于人类社会历史形成的实践活动的内化。我们以文化历史活动理论为依据，从心理发生的角度出发，分析主体（人）的心理素质是如何在实践活动（指一切关乎生存和发展的活动）中发生、形成和发展的，为科学探讨心理素质形成机制提供理论支持。

（一）实践活动是主体心理素质形成的源泉

承认实践活动是解释人类意识的本源，实践活动是人类意识的创造者，是文化历史活动理论的首要原则。维果茨基依据马克思哲学的活动观，通过对人的实践活动进行深入的分析后，提出人们的心理机能是在实践活动（主要是交往活动）中发展起来的。维果茨基提出了文化历史理论的一个重要假设，即"人的心理活动的变化与他的实践活动的变化是同步的"[6]。主体正是通过不断的参与实践活动，才实现了对低级心理机能的改造，发展出来高级的心理机能。根据人类意识的本质源于实践活动的观点，我们认为活动是心理素质形成和发展的根本原因。主体主动的、积极的、创造性的活动是人全面发展的决定性因素，只有通过活动，个体的心理素质才能够得到发展。那么，活动究竟是如何塑造个体的心理素质的呢？这可以从活动的整体性、建构性、开放性、阶段性等基本特征来加以解释。

首先，活动具有整体性特征。活动的整体性指的是活动结构的完整性，完整的活动既包括了主体的感性实践活动，又包括主体的精神活动，外部活动与内部活动相互联系、相互渗透，共同构成了完整的实践活动。活动结构的完整性导致在活动中形成的心理素质本身也必然是一种完整的综合体，既容纳了内隐的认知品质和个性品质，又涵盖了外显的适应性品质，是心理与行为的统一体，结构与功能的统一体。其次，活动具有建构性特征。实践活

动在本质上是主体在一定目的驱动下所从事的主动建构、积极探索、不断改造的创造性过程。由于活动的建构性特征，心理素质在功能表现上不再是被动地适应社会环境，更重要的是能够促使个体采取主动的行动，探索、改造环境和自身。这也正是人类具有创造性的体现。再次，活动具有开放性的特征。活动的开放性主要表现为，活动内容的丰富性、活动过程的动态性、活动空间的变化性以及活动结果产物的多样性。活动的这种开放性特征，归根结底是由人类社会生活的复杂性决定的。受到活动开放性特征的影响，个体的心理素质也明显表现出静态与动态的统一。心理素质形成后，并不是一成不变的，而是随着环境的改变而发生变化，呈现出动态发展性特征。最后，活动具有阶段性特征。活动的内容和水平是依据个体身心发展的规律有序展开并分阶段提高的，在不同年龄阶段个体活动的特点、内容、水平具有显著的差异。因此，在不同的年龄阶段，主体心理素质发展的内容、特点和水平既有量上的差异也有质的不同。

（二）内化是主体心理素质形成的基本机制

文化历史活动理论在解释人类意识的起源和发展问题时，坚持社会存在决定意识的原则，也就是说人类意识具有社会起源性。在说明高级心理机能的起源问题时，维果茨基写道："一切高级心理机能都不是在生物学中形成的，并不是在纯种系发展的历史中形成的。作为高级心理机能基础的机制本身是以社会为模本的复制品。一切高级心理机能乃是内化了的社会方面的关系，乃是个性的社会结构的基础。它们的成分、发生结构、行动方式——总之一句话，它们的全部实质都是社会的，甚至在转化为心理过程时其实质仍然是准社会的……人的心理实质乃是移置在内部并成为个性的机能及其结构形式的社会关系的总和。"[7]列昂节夫进一步将内化解释为外部实践活动向内部精神活动的过渡，由于这种过渡的结果，"对付外部物质性对象的外部形式的过程转变为智慧方面、意识方面进行的过程，在这种情况下他们受到了特殊的转化——概括化、言语化、减缩化，而最主要的，是能够超出外部活动可能性的界限而进一步发展"[8]。换言之，内化不是简单的模仿，而是一种转变、改造的过程，是以新的心理机能的诞生为结果的。

文化历史活动理论的内化观可以加深我们对心理素质概念的理解。心理素质是人内在稳定的心理品质，其形成是一个由外在刺激向内在品质转化的过程，具有自组织特征和功能，从人的习惯性行为中得以表现[9]。从本质上看，心理素质属于人的高级心理机能，它的形成与发展也遵循高级心理机能发生的基本规律——内化。但是，与维果茨基将内化仅仅理解为个体掌握符号工具，改造已有心理机能的论点不同，我们认为，在心理素质发展过程中，内化的最终目的是要形成稳定的心理品质，促进更高水平的心理机能的形成或发展。因此，这就需要对已有的内化理论做出进一步的发展。列昂节夫曾经提出，掌握工具不仅是拥有工具，而且意味着掌握使用工具的程序[10]。例如，成人记忆与儿童记忆的区别不是因为儿童使用了外部符号而成人使用了内部符号，而是对有助于记忆的程序的内化水平不同，内化的是程序而不是符号。综合维果茨基和列昂节夫的观点，在遵循内化理论基本原则的前提下，结合我们开展心理素质培育的实证探讨获得的初步结果，提出了以形成策略为核心内容的心理素质形成（内化环节）过程（整合）模式，即自我认识—动情晓理—策略导行—反思内化—形成品质[11]。在具体的实践中，首先向学生提供活动情境，让学生在现实情境问题解决中发现自我，分析自我，进而激发改进、完善自我的内在动机；其次向学生提供相应的策略训练，让学生在讲解、讨论、操作、辨析等活动中，掌握思维与行动的策略与方法；再次经过有目的巩固练习、实际操作、问题解决、归纳总结等促进内化的活动；最后通过实践运用达到形成观念、反思体验、形成稳定品质之目的。由此可见，我们对心理素质形成外源性机制的探讨，既基于文化历史活动理论的内化观，又从内化的基本过程揭示上丰富和发展了内化观。

（三）参与实践共同体是主体心理素质形成的必要条件

高级心理机能的社会文化起源是被文化历史活动理论普遍接受的基本假设。但是，学者对文化作用的具体理解却存在很大的分歧，对其的认识经历了一个发展的过程。维果茨基最初将文化的作用抽象为社会性交往活动，局限在个体互动层面解释心理机能的发展；列昂节夫则提出要区分集体活动与个体活动的本质性差异，但是他并没有真正探讨集体活动对心理发展的意义。维果茨基和列昂节夫将发展局限于探讨在一个小的社会性“氛围”内，这种“氛围”被视作为特定文化的个体化获得的内化过程提供了输入[12]。他们对更广阔的社会结构对心理发展的意义，却没有做更多的说明。恩格斯托姆是最先考虑活动的集体性质的学者。他明确提出，只有在社会关系与社会规则之中，才能理解人类的活动和心理发展。此外，布朗芬布伦纳（U. Bronfenbrenner）的生物生态学发展观也强调了对个体发展的考察不能停留在个体的微观系统层面，而应当在微观系统、中观系统、外系统和宏观系统的相互联系中来考察发展。实践共同体理论则把发展研究延伸到学校之外，将社会世界的结构纳入到分析的范围之内，考虑在真实的实践背景下主体的社会化问题。

由上面的论述可知，个体心理发展需要以具体的实践共同体作为依托。实践共同体之所以能够发挥这种依托作用，在于其所具有的实践本质，而心理素质本身正是在实践中形成的。具体来说，实践共同体首先强调了学习情境的真实性。实践共同体理论批评了传统学校学习的去境脉化，主张恢复学习的实践本质，强调个体的学习应当身处于与知识对象有关的具体境脉之中，因为只有这样获得的知识才具有解决实践问题的价值。其次，实践共同体具有意义协商的特征。通过有意义的协商，个体可以逐步达到对共同体的身份认同，这种身份认同可以让共同体成员建立起对共同体的归属观、互相之间的信任观、互惠感以及分享感；同时，个体也可以在协商中学会倾听不同的经验与观点，并分享各自的智慧，实现共同的发展。最后，实践共同体可以为个体提供积极的心理气氛，共同体中积极健康的舆论气氛、和谐的人际关系与民主的管理形式可以更好地激发个体的动机和潜能，促进个体更加主动地投入到集体活动中。显然，这种基于实践共同体的活动是心理素质发展的必要条件，能够满足心理素质结构中认知、个性以及适应性各成分发展的基本要求，成为主体心理素质健全发展的基础。

（四）情境默会知识是主体心理素质形成和发展的重要标志

上文提到的有关心理素质形成的整合模式中，策略训练是其中最关键的环节。持认知观点的心理学家认为，策略训练可以培养个体的程序性知识。但是，坚持文化历史活动理论的研究者却认为，脱离具体情境的程序性知识对解决日常生活中的问题是没有益处的。他们认为，个体通过融入实践共同体的活动当中，不仅可以拥有在头脑中表征的显性知识，更可以获得与特定任务情境和实践活动相联系的默会知识（tacit knowledge）[13]。这种默会知识是个体在实践活动中所锤炼出来的、有关实际行动的知识，是个体对特定问题情境的直觉把握，是指导个体行动的“视域”（horizont）。

默会知识的习得发生在特定的情境之中，与学习者所进行的实践活动密切相关。从这个角度来说，讲授式的学习方式对形成默会知识是无能为力的。而基于实践共同体活动教学法恰恰可以弥补传统教育中的缺陷。我们在心理素质的培养中虽然也强调学生要学习和掌握社会已有经验和知识，但这只是开始阶段的“铺垫”。学生心理素质培养重点是引导个体将学习到的新经验运用于具体的情境问题解决之中，在实践中检验新知识的有效性，并以此为依据，将有效的新知识与情境联系，通过主体内化机制使之转变成为稳定的、内隐的情境默会知识，实现个人经验与他人经验的自然融合、浑然一体，成为相对稳定心理结构和功能。因此，我们认为，情境默会知识的形成是主体心理素质形成和发展的重要标志。

三、文化历史活动理论对心理素质研究的启示

文化历史活动理论对当代心理学的发展产生了重大的影响。由维果茨基所开创的独树一帜的文化历史活动理论，在心理学园地中经久不衰，结出了丰硕的果实。该理论对克服现代心理学的危机，解决西方心理学发展中因生物学化、数学化倾向面临的困境有方向性意义。同时，文化历史活动理论的思想对我们开展具有中国本土文化特色的心理素质研究也提供了诸多深刻的启示。

第一，文化历史活动理论是基于个体心理发展的文化历史观点而提出的，它弥补了传统西方心理学过分强调人本身（生物人）的缺陷，强调文化、历史、活动等情境因素在人（社会人）发展中的决定性作用。这对于我们研究心理素质这样的有中国本土特色的课题具有方法学借鉴价值。

第二，文化历史活动理论对高级心理机能发生机制——内化机制的探讨，对深化心理素质的外源性形成机制研究提供了理论依据。文化历史活动理论为阐释人类意识形成的内化机制做了大量的研究，主要有两种路径。一种是探讨学生在课堂学习中智慧活动的形成过程，以加里培林的智力多阶段形成理论（theory of stepwise formation of mental actions）为代表[14]；另一种是探讨在组织学习中成员默会知识的形成过程，以知识创造模型（model of knowledge creation）、扩展学习模型（model of expensive learning）以及知识建筑模型（model of knowledge building）等为代表[15]。前者通过实证研究初步揭示了学生智慧活动的形成机制，但研究对象主要是学科知识领域（主要是算数、书法等可以客体化的学科），无法有效地迁移到其他领域，尤其难以迁移到现实生活中；后者的研究对象是组织学习，但仅仅描述了默会知识的传播、转化等外部行为过程，而没有真正揭示其内部的心理机制。显而易见，这两种内化机制的探讨，所涉及的对象仅仅是我们讲的心理素质的一部分，所以其研究结论不能简单用来说明心理素质的形成机制，但对科学揭示心理素质的形成机制有积极启发作用。

第三，文化历史活动理论强调人的心理（包括认知、情绪以及人格），都是在社会生活的人际互动和共同体的实践活动中形成的。这一观点揭示了人类心理的社会文化属性，超越了传统西方心理学的个人主义研究取向，启示我们应该从人与人的社会关系中考察心理素质的形成及其发展。在具体的研究中，可以采用“指导性参与”（guided participation）的方式组织干预[16]，将成人指导与同伴合作结合起来，融合支架学习与合作学习的优点，可以更有效地促进学生健全心理素质的形成和发展。

第四，文化历史活动理论强调特定“文化/社会/历史”脉络对个体心理发展的制约作用，强调发展是环境系统因素整体作用的结果。传统心理学为追求所谓的普遍性真理，将个体发展所处的社会文化因素，作为干扰变量排除在研究之外，这就造成了心理学研究的日益自然科学化，抹杀了人的发展的多样性与差异性。文化历史活动理论坚持心理发展的系统观，坚持“只有通过对发展系统从分子到文化的所有水平上因素间的多水平的、互相的和持续的交互作用的考察才能了解发展”[17]。这种系统论思想启示我们，要充分认识到人类心理发展过程中影响因素的复杂性和发展结果的多样性，要深入探讨心理素质本质内涵及其形成机制，除个体变量外，还必须对有机体与环境系统之间复杂的关联进行细致探索，把研究结果放到一个更大的结构、过程和系统中来理解和解释，强调个体功能及其发展对社会、文化和物理环境紧密的依赖关系。

第五，文化历史活动理论在理解意识的本质时，强调人类心理的活动建构性和文化中介性，反对传统的经验论和理性论，重视研究方法的变革。在文化历史活动理论看来，传统心理学所使用的观察法、实验法等经验方法忽视了意识产生的文化背景和社会影响，这些脱离情境因素而单独考察某一方面的心理机能的方法是无法解释个体发展过程

的。因此，需要使用新的研究方法。由于文化历史活动理论特别强调对个体意义建构过程的分析，微观发生法（microgenetic method）成为研究者的首选。在微观发生法中，自变量是儿童及其所处情境，因变量是心理发展的新质发生的过程，注重引发和记录新质出现的即时过程，尤其关注儿童与成人交往过程中心理发展的中间形式，从而揭示文化传递和心理发展的机制[18]。这种方法很适合于对具体的心理发展过程的分析和发展机制的探讨。此外，文化历史活动理论还坚持积极介入社会生活的信念，特别重视干预性研究，进而发展出了以发展性工作研究（developmental work research）、临床活动法（clinic of activity）以及五维模式（fifth dimension）等为代表的形成性干预（for-mative intervention）[19]。与传统干预方法相比，形成性干预的实验目的具有变化性与不确定性，实验情境更加自然与真实，实验过程更具动态性，实验结果非标准化，实验者与参与者（主试与被试）存在着积极的互动[20]。这些特点使得该方法能够更好适应社会生活的复杂性，保证研究的生态效度和可推广性。文化历史活动理论研究方法对心理素质研究的启发是，在发展性研究中，尤其是对心理素质形成机制的探究，特别需要具有良好生态效度和可推广性的干预研究。这种干预研究不再是实验室中简单的剥夺或者是丰富实验条件，而是在家庭、学校、社区等社会系统中形成干预，促进心理素质的发展。这种结合文化背景的干预性研究，不仅能够主动地促进个体的发展，还能更有力地揭示真实发展中的因果关系。

【参考文献】

[1] 刘传星. 中学生心理素质的内隐观研究［D］. 重庆：西南大学硕士学位论文，2011.

[2] Zhang，D J，Wang，J L，Yu，L. Methods and Implementary Strategies on Cultivating Students' Psychological Suzhi［M］. New York：Nova Science Publishers，2011.

[3] Engeström Y. Expansive Learning：Toward an Activity Theoretical Reconceptualization［C］//Illeris K. Contemporary Theories of Learning. London：Routledge，2009.

[4] 项国雄，赖晓云. 活动理论及其对学习环境设计的影响［J］. 电化教育研究，2005（6）：9-14.

[5] Engeström Y. Activity Theory and Individual and Social Transformation［C］//Engeström Y，Miettinen R，Punamäki，R L. Perspectives on Activity Theory. Cambridge：Cambridge University Press，1999.

[6] 麻彦坤. 维果茨基与现代西方心理学［M］. 哈尔滨：黑龙江人民出版社，2005.

[7] 维果茨基. 维果茨基儿童心理与教育论著选［M］. 杭州：杭州大学出版社，1999.

[8] 列昂捷夫. 活动 意识 个性［M］. 上海：上海译文出版社，1980.

[9] 张大均. 青少年心理健康与心理素质培养的整合研究［J］. 心理科学，2012，35（3）：530-536.

[10] Leontiev A N. Problems of the Development of the Mind［M］. Moscow：Progress Puhlishers，1981.

[11] 张大均，学校心理素质教育概论［M］. 重庆：西南师范大学出版社，2004.

[12] J. 莱夫，E. 温格. 情景学习：合法性边缘参与［M］. 上海：华东师范大学出版社，2004.

[13] 高文，学习科学的关键词［M］. 上海：华东师范大学出版社，2009.

[14] Arievitch I M，Haenen J P P. Connecting Sociocultural Theory and Educational Practice：Galperin's Approach［J］. Educational Psychologist. 2005，40（3）：155-165.

[15] Paavola S，Lipponen L，Hakkarainen K. Models of Innovative Knowledge Communities and Three Metaphors of Learning［J］. Review of Educational Research，2004，(74)：58-74.

[16] Rogoff B. Observing Sociocultural Activity on Three Planes：Participatory Appropriation，Guided Participation，and Apprenticeship［C］//Murphy P，Soler J，Hall K. Pedagogy and Practice：Culture and Identities. Thousand Oaks. London：Sage Publications Limited，2008：58-74.

[17] 理查德·M. 勒纳，人类发展的概念与理论（第3版）［M］. 北京：北京大学出版社，2011.

[18] 李晓文，王晓丽. 文化发展心理学方法论探讨

[J]. 华东师范大学学报（教育科学版），2007，24（4）：57-62.

[19] Sannino A. Activity Theory as an Activist and Interventionist Theory [J]. Theory & Psychology，2011，21（5）：571-597.

[20] Engeström Y. From Design Experiments to Formative Interventions [J]. Theory & Psychology，2011，21（5）：598-628.

初中生社会比较在成就目标与学业自我效能感之间的中介效应*

□ 白学军（天津师范大学教授）
□ 刘　旭（天津师范大学教授）
□ 刘志军

1　引言

成就目标是近年来动机研究领域的热点问题之一。有关成就目标的早期研究侧重于二分法，将其划分为掌握目标与成绩目标两类（刘惠军、郭德俊，2003；Ames，1988；Dweck & Leggett，1988）。随着研究的深入，有研究发现成绩目标不仅可以产生消极结果，而且还可以产生积极结果，如提高个体动机水平、促进学习策略运用等，但二分法不能对此做出合理解释。据此，Elliot 和 Harackiewicz（1996）进一步将成绩目标区分为成绩—接近目标与成绩—回避目标两类，从而提出了成就目标的三分法观点。虽然三分法获得了大量实证研究的支持，但有研究指出三分法并不彻底，它不能完全概括出现实生活中所存在的成就目标类型，例如，现实生活中的一些个体具有高自我标准，他们凡事都力求完美且不愿出错。由于三分法无法对其做出合理解释，因此，Pintrich（2000），Elliot 和 McGregor（2001）在已有研究的基础之上，进一步将掌握目标区分为掌握—接近目标与掌握—回避目标两类，并构建了成就目标的四分模型。

已有研究发现，成就目标与自我效能感的关系密切。例如，Bell 和 Kozlowski（2002）发现，学习目标取向与高能力个体的自我效能感呈显著正相关，与低能力个体的自我效能感呈显著负相关。虽然已有研究从二分法和三分法的角度为成就目标积累了大量的实证依据，并且一致发现掌握目标与自我效能感等适应性行为模型存在密切联系，如有研究发现掌握目标与自我效能感呈显著正相关（王振宏、刘萍，2000；Bell & Kozlowski，2002）。但有关成绩目标（成绩—接近目标）与自我效能感的关系还存在一定的争论。其中，一些研究发现成绩目标（成绩—接近目标）与个体效能感呈显著正相关（王振宏、刘萍，2000；袁登华，2005）；另一些研究发现成绩目标（成绩—接近目标）与个体效能感呈显著负相关（王振宏、刘萍，2000）；甚至有研究发现成绩目标与自我效能感没有关系（Middleton & Midgley，1997）。因此，有关成就目标与自我效能的关系，尤其是成绩目标与自我效能感的关系，还有待进一步考察。

此外，学业自我效能感是自我效能感在学习领域中的具体体现，是个体对自身学习能力的信心和信念（朱晓斌、张莉渺、吴亮亮，2011）；它分为

* 原载《心理科学》2013 年第 6 期。

学习能力自我效能感和学习行为自我效能感两种，前者是指个体对自己是否具有顺利完成学业、取得良好成绩和避免学业失败的能力的判断和自信；后者是指个体对自己能否采取一定的学习方法达到学习目标的判断与自信（梁宇颂，2000）。已有研究发现，学生学业自我效能感会直接影响学生对学习活动的选择（Schunk，2004），并以直接或间接的形式影响学生的学业表现。因此，对学业自我效能感进行探讨具有重要的现实意义。

社会比较是人类社会生活中的一种普遍存在的心理现象。系统的社会比较理论是由 Festinger 于 1954 年提出来的，根据他的观点，个体都是在自我评价需求与动机的驱使下去证实自身观点的正确性，以清楚地了解自身的能力。Festinger 认为，在某一具体的特质上（意志除外），个体通常更喜欢采用客观信息资料来评价自己的地位，当客观信息资料不够详细时，他们则会转向于社会性信息资料（Buunk & Gibbons，2007）。Festinger 把这种将自己的状态与他人的状态进行对比以获得明确的自我评价的过程称之为社会比较。

Festinger 的社会比较理论最初只关注了能力和观点两个方面的内容。在 Festinger 的研究基础之上，后来的研究者对社会比较的范围进行了拓展，例如，Schahcetr 把社会比较扩展到了情绪领域（邢淑芬、俞国良，2005）；Gilbert 等人则认为社会比较是一种十分普遍的社会心理现象，应包括能力、观点、健康状况、情绪以及学业成绩等多方面的内容（徐晓飞，2005）。

总体说来，目前大多数研究者都认同社会比较就是个体拿自身的处境和地位（包括能力、观点、情绪、身体健康状况以及学业成绩等）与他人进行比较，以获得自我评价的过程。从比较方向上来看，它可以分为上行比较和下行比较两种不同类型。其中，上行比较是指个体与比自己优越的他人进行比较；下行比较是指个体与比自己差的他人进行比较（邢淑芬、俞国良，2005）。

已有研究对社会比较进行了大量研究。一方面，已有研究发现，成就目标与社会比较存在密切的联系。例如，Summers，Schallert 和 Ritter（2003）研究发现，具有掌握取向的学生在数学成绩上与其最亲密朋友的分数具有显著性相关，而且具有低掌握取向的学生通常会选择那些比他们获得更低分数的同学作为朋友，这表明低掌握取向学生会采用他人分数作为决定谁可以作为朋友的信息，以维持自己在数学能力上的自我形象。

不过，已有研究发现成就目标与社会比较之间的关系存在一定的争论。例如，Ames（1992）研究发现，社会比较与表现目标有关，与掌握目标没有关系。该结果得到了其他相关研究的支持，如有研究发现，持有表现目标的学生倾向于采用社会比较标准来确保他们做得比他人好（Brophy，2005），持有掌握目标的学生不会采用比较标准，而是采用绝对或自我参照标准（Brophy，2005；Elliot & McGregor，2001；Senko & Harackiewicz，2002）。与此相反，有研究发现，具有掌握目标的个体会为了自我改善的目的而运用社会比较（Butler，1995；Wood，1989），并且这种观点获得了相应的实证支持。例如，Butler（1992）研究发现，具有掌握目标的个体在实验诱导下会运用社会比较；Regner，Escribe 和 Dupeyrat（2007）研究发现，成绩—接近目标、成绩—回避目标与社会比较倾向具有显著性正相关，掌握目标不仅与社会比较倾向具有显著性正相关，而且还能改进模型预测社会比较倾向的能力，这意味着持有掌握目标的学生对社会比较也表现出了浓厚的兴趣。那么，成就目标与社会比较的具体关系如何？尤其持有掌握目标的个体是否也会像其他目标个体一样采用社会比较标准？这还有待进一步探讨。

另一方面，一些研究发现社会比较与自我效能感联系紧密。例如，有研究发现，观看其他人的成功会增加个体的自我效能感，当个体相信他们也能获得类似的成就时，个体会被那些所谓的优秀者所激发和鼓舞（Lockwood & Kunda，1997），但参与下行认同的个体则具有较低的自我效能感，即他们会认同于不成功的他人，认为那样的情况也有可能会发生在自己身上（Buunk，Collins，Van Yperen，Taylor，& Dakoff，1990；Buunk，Ybema，Gibbons，& Ipenburg，2001）。另外，Carmona，Buunk，Peiro，Rodriguez 和 Bravo（2006）研究发现，上行对比与自我效能感呈显著性负相关，即个体越关注与优秀他人的相异性，他们的自我效能感就越低。

综上可知，成就目标会影响个体社会比较和学业自我效能感，同时，社会比较会也会影响个体的学业自我效能感。尽管有研究发现成就目标定向对学习自我效能感的影响部分是以学业社会比较为中介变量进行传递的（朱晓斌、张莉渺、吴亮亮，2011），但迄今为止，尚未有研究在一个完整的框架内对成就目标、社会比较和学业自我效能感三者之间的关系加以考察。此外，通过回顾国内已有研究发现，有关社会比较的研究大多以大学生（白红敏、许莹、张荣华，2009；黎琳、徐光兴、迟毓凯、王庭照，2007）、中学生（张保、徐跃红、赵玉芳、孔凡兰，2010）和儿童（邢淑芬、林崇德、俞国良，2006）为研究对象，以初中生为研究对象的研究相对较少，尤其是以初中三个年级为研究对象的研究。因此，本研究以有关上述三者的研究以及中介变量的定义为基础，考察初中生成就目标、社会比较及学业自我效能感的关系，并进一步探讨社会比较在成就目标与学业自我效能感之间的中介作用。

2　研究方法

2.1　对象

选取湖南省 4 所中学共 847 名被试。剔除无效问卷后，获得有效问卷为 724 份，有效回收率为 85.48%。其中，男生 336 人，女生 388 人；初一学生 231 人，初二学生 271 人，初三学生 222 人。

2.2　工具

2.2.1　成就目标定向量表

采用刘惠军和郭德俊（2003）编制的“成就目标定向量表”，该量表为掌握—接近目标（以下简称掌握接近，共 9 题）、掌握—回避目标（以下简称掌握回避，共 5 题）、成绩—接近目标（以下简称成绩接近，共 9 题）和成绩—回避目标（以下简称成绩回避，共 6 题）四个维度。该量表为 5 点记分量表，其中，“1”表示“完全不符合”，计 1 分；“5”表示“完全符合”，计 5 分；中间程度的计分分别为 2、3、4 分。将各维度内所有项目的得分相加，即为该维度总得分。本研究中总量表的 α 系数为 0.79，掌握接近、掌握回避、成绩接近和成绩回避的 α 系数分别为 0.81、0.67、0.76、0.72。

2.2.2　学业自我效能感问卷

采用梁宇颂（2000）参考 Pinirihc 和 DeGoort（1990）的学业自我效能感问卷中的有关维度编制而成的“学业自我效能感问卷”。该问卷把学业自我效能感分区为学习能力自我效能感（以下简称能力效能）与学习行为自我效能感（以下简称行为效能）两个维度，每个包括 11 个项目，共 22 个项目。该问卷为 5 点计分问卷，其中，“1”表示“完全不符合”，计 1 分；“5”表示“完全符合”，计 5 分；中间程度的计分分别为 2、3、4 分。将各维度内所有项目的得分相加，即为该维度总得分，分数越高表示该维度代表的效能感就越高。本研究中总量表的 α 系数为 0.77，能力效能和行为效能的 α 系数分别为 0.78 和 0.75。

2.2.3　社会比较量表

采用由 Gibbons 和 Buunk（1999）编制的 INCOM（Iowa-Netherlands Comparison Orientation Measure）量表的部分量表。该量表中，社会比较分为上行比较和下行比较两个分量表，每个分量表均为 6 个项目，共 12 个项目。该量表为 5 点量表，其中，“1”表示“很不符合”，计 1 分；“5”表示“很符合”，计 5 分；中间程度的计分分别为 2、3、4 分。将各维度内所有项目的得分相加，即为该维度总得分，分数越高代表个体越倾向于采用该比较方式。本研究中总量表的 α 系数为 0.78，上行比较和下行比较的 α 系数分别为 0.75 和 0.79。

2.3　共同方法偏差的控制

采用自我报告法的研究可能会存在共同方法偏差（common method biases）问题，因此，研究者通常采用程序控制器和统计控制两种方法对其进行修正（周浩、龙立荣，2004）。本研究先采用高信效度测量工具、反向计分题、强调保密性等方式进行程序控制。在数据收集完成后，进一步采用Harman单因子检验对共同方法偏差进行检验，结果表明，特征值大于1的因子共有14个，且第一个因子解释的变异量为16.88%，小于临界标准40%，这表示共同方法偏差不显著。

2.4 测试过程

以班级为单位实施测量，由研究者本人和熟悉问卷调查的心理学本科生担当主试。采用SPSS15.0进行数据的录入和分析工作。

3 结果

3.1 描述统计结果

本研究所有测量变量的描述统计及相关分析结果见表1。

表1 各变量的描述统计结果及相关系数

	M	*SD*	掌握接近	掌握回避	成绩接近	成绩回避	上行比较	下行比较	能力效能
掌握接近	33.39	6.36							
掌握回避	18.31	4.02	0.14**						
成绩接近	31.64	6.59	0.27**	0.20**					
成绩回避	14.92	5.32	−0.22**	0.43**	0.18**				
上行比较	21.00	4.54	0.42**	0.07	0.38**	−0.06			
下行比较	11.70	4.40	−0.35**	0.02	−0.04	0.29**	−0.25**		
能力效能	38.07	6.58	0.66**	−0.07	0.35**	−0.28**	0.41**	−0.28**	
行为效能	36.44	5.42	0.56**	−0.16**	0.16**	−0.39**	0.30**	−0.38**	0.60**

注：* 表示 $p<0.01$，** 表示 $p<0.01$，*** 表示 $p<0.001$，以下同。

由表1可知，掌握接近与上行比较、能力效能、行为效能呈显著性正相关（$p<0.01$），与下行比较呈显著性负相关（$p<0.01$）；掌握回避与行为效能呈显著性负相关（$p<0.01$）；成绩接近与上行比较、能力效能、行为效能呈显著性正相关（$p<0.01$）；成绩回避与下行比较呈显著正相关（$p<0.01$），与能力效能、行为效能呈显著性负相关（$p<0.01$）；上行比较与能力效能、行为效能呈显著性正相关（$p<0.01$）；下行比较与能力效能、行为效能呈显著性负相关（$p<0.01$）。

3.2 社会比较在成就目标对学业自我效能感的影响中的中介作用分析

根据温忠麟、张雷、侯杰泰和刘红云（2004）的观点，当考虑自变量 X 对因变量 Y 的影响时，如果 X 通过影响变量 M 来影响 Y，则称 M 为中介变量。因此，本研究采用温忠麟等人（2004）提出的中介变量及中介作用检验程序，对成就目标、社会比较、学业自我效能感这三个变量进行三步回归分析。具体分析如下：

3.2.1 社会比较在成就目标与能力效能之间的中介作用分析

采用强迫进入变量法进行三步回归分析，研究结果见表2。

表 2　社会比较在成就目标与能力效能之间的中介效应检验结果

变量	(1) 能力效能		(2) 社会比较				(3) 能力效能	
			上行比较		下行比较			
	β	t	β	t	β	t	β	t
自变量								
掌握接近	0.575	20.002***	0.347	9.777***	−0.273	−7.198***	0.536	17.267***
掌握回避	−0.135	−4.558***	−0.026	−0.714	−0.064	−1.632	−0.134	−4.538***
成绩接近	0.252	9.043***	0.301	8.730***	0.003	0.093	0.223	7.653***
成绩回避	−0.151	−4.933***	−0.020	−0.535	0.257	6.375***	−0.143	−4.591***
中介变量								
上行比较							0.097	3.184***
下行比较							−0.022	−0.760
R	0.720		0.514		0.406		0.725	
ΔR^2	0.515		0.260		0.160		0.522	
F	193.190***		64.545***		35.495***		132.477***	

由表 2 可知，掌握接近、掌握回避、成绩接近、成绩回避对能力效能均具有预测力（$\beta=0.575$，$p<0.001$；$\beta=-0.135$，$p<0.001$；$\beta=0.252$，$p<0.001$；$\beta=-0.151$，$p<0.001$），即回归系数 c 显著；掌握接近、成绩接近对上行比较 $\beta=0.347$，$p<0.001$；$\beta=0.301$，$p<0.001$），掌握接近、成绩回避对下行比较（$\beta=-0.273$，$p<0.001$；$\beta=0.257$，$p<0.001$）均具有预测力，即回归系数 α 显著；在引入上行比较和下行比较作为预测变量后，上行比较对能力效能具有预测作用，即回归系数 b 显著，掌握接近、成绩接近对能力效能仍具有预测作用，即回归系数 c' 显著。这说明，上行比较在掌握接近、成绩接近对能力效能的影响中起部分中介作用。

此外，掌握回避、成绩回避对上行比较（$\beta=-0.026$，$p>0.05$；$\beta=-0.020$，$p>0.05$；即回归系数 a 不显著），掌握回避、成绩接近对下行比较（$\beta=-0.064$，$p>0.05$；$\beta=0.003$，$p>0.05$；即回归系数 a 不显著），下行比较对能力效能（$\beta=-0.022$，$p>0.05$，即回归系数 b 不显著）的影响均不显著，因此，分别对它们进行 Sobel 检验。Sobel 检验结果表明，下行比较在成绩接近对能力效能的影响中起部分中介作用（$Z=-0.117$，$p<0.05$）；上行比较在掌握回避、成绩回避对能力效能（$Z=-0.258$，$p>0.05$；$Z=-0.601$，$p>0.05$），下行比较在掌握回避对能力效能（$Z=0.494$，$p>0.05$）的影响中不存在中介作用。

根据以上分析，可得出以下路径分析图，见图 1。

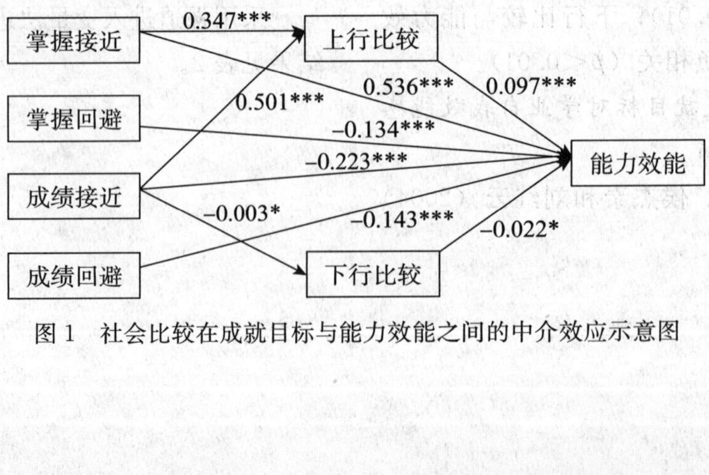

图 1　社会比较在成就目标与能力效能之间的中介效应示意图

3.2.2 社会比较在成就目标与行为效能之间的中介作用分析

采用强迫进入变量法进行三步回归分析，研究结果见表3。

由表3可知，掌握接近、掌握回避、成绩接近、成绩回避对行为效能均具有预测力（$\beta=0.510$，$p<0.001$；$\beta=-0.141$，$p<0.001$；$\beta=0.096$，$p<0.001$；$\beta=-0.242$，$p<0.001$），即回归系数c显著；掌握接近、成绩接近对上行比较（$\beta=0.347$，$p<0.001$；$\beta=0.301$，$p<0.001$），掌握接近、成绩回避对下行比较（$\beta=-0.273$，$p<0.001$；$\beta=0.257$，$p<0.001$）均具有预测力，即回归系数a显著；在引入上行比较和下行比较作为预测变量后，下行比较对行为效能具有预测作用，即回归系数b显著，掌握接近、成绩回避对行为效能仍具有预测作用，即回归系数c'显著。这说明，下行比较在掌握接近、成绩回避对行为效能的影响中起部分中介作用。

此外，掌握回避、成绩回避对上行比较（$\beta=-0.026$，$p>0.05$；$\beta=-0.020$，$p>0.05$；即回归系数a不显著），掌握回避、成绩接近对下行比较（$\beta=-0.064$，$p>0.05$；$\beta=0.003$，$p>0.05$；即回归系数a不显著），上行比较对行为效能（$\beta=-0.030$，$p>0.05$，即回归系数b不显著）的影响均不显著，因此，分别对它们进行Sobel检验。Sobel检验结果表明，下行比较在成绩接近对行为效能的影响中起部分中介作用（$Z=-0.120$，$p<0.05$）；上行比较在掌握回避、成绩回避对行为效能（$Z=-0.482$，$p>0.05$；$Z=-0.485$，$p>0.05$），下行比较在掌握回避对行为效能（$Z=1.403$，$p>0.05$）的影响中不存在中介作用。

表3 社会比较在成就目标与行为效能之间的中介效应检验结果

变量	（1）行为效能		（2）社会比较				（3）行为效能	
			上行比较		下行比较			
	β	t	β	t	β	t	β	t
自变量								
掌握接近	0.510	16.172***	0.347	9.777***	−0.273	−7.198***	0.456	13.563***
掌握回避	−0.141	−4.340***	−0.026	0.714	−0.064	−1.632	−0.151	−4.706**
成绩接近	0.096	3.152**	0.301	8.730***	0.003	0.093	0.088	2.778**
成绩回避	−0.242	−4.219***	−0.020	−0.535	0.257	6.375***	−0.200	−5.927***
中介变量								
上行比较							0.030	0.927
下行比较							−0.160	−5.183****
R	0.649		0.514		0.406		0.666	
ΔR^2	0.418		0.260		0.160		0.439	
F	130.694***		64.545***		35.495***		95.466***	

根据以上分析，可得出以下路径分析图，见图2。

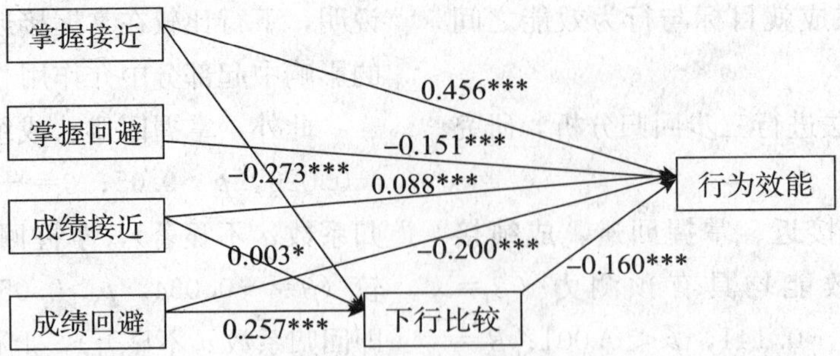

图 2　社会比较在成就目标与行为效能之间的中介效应示意图

4　讨论

本研究结果表明，掌握接近、成绩接近与上行比较，成绩回避与下行比较呈显著正相关；掌握接近与下行比较呈显著负相关；这表明持有掌握接近、成绩接近目标和成绩回避的初中生都有普遍的社会比较偏好。

在成绩目标上（包括接近与回避两方面的内容），本研究结果与已有研究结果基本一致，如有研究发现社会比较与成绩目标联系紧密（Ames，1992；Brophy，2005；Regner，Escribe，& Dupeyrat，2007），持有成绩目标的个体常常会为了良好的自我形象或感觉而采用社会比较信息（Brophy，2005），而且这与成绩接近目标的内涵相一致，根据成就目标理论的观点，追求成绩—接近目标的个体力求搜集与能力有关的证据，以获得对自身能力的有利评价，他们以社会参照为标准（即同他人进行比较）来判断自身的能力；持有成绩—回避目标的个体则倾向于关注如何避免对自身能力的不利评价，以免产生社会比较的不利结果（刘海燕，邓淑红，郭德俊，2003；刘惠军，郭德俊，李宏利，高培霞，2006）。

在掌握接近目标上，本研究结果支持了 Regner 等人（2007）和 Butler（1992）的研究结果。成就目标理论主张，掌握—接近目标是以学习、掌握为目的的成就目标取向，关注对任务的掌握和理解，关注能力的发展，往往依据任务标准或自我标准来评价个体的表现（何朝峰、李培、秦淑平，2008；李金波、许百华，2007）。本研究结果表明持有掌握接近目标的初中生在实际学习过程中也会采用社会比较信息，这对成就目标理论的观点提出了挑战。我们认为这主要有两个方面的原因：其一，我国文化是一种集体主义文化，在这种文化下，个体常常通过与他人的对比来获取自己在群体中的信息，相反，西方文化则是一种个人主义文化，其更加侧重于自我评判；其二，中学阶段是个体身心发展的关键时期，同时也是以学习为主的重要发展阶段，在该阶段中，学生不仅要保证自己获得大量的文化知识与技能，同时也得面对能否获得进一步深造的巨大压力。因此，持有掌握接近目标的学生不仅关注任务的掌握与理解、能力的发展，同时他们也得时时了解他人的状况，为自己获取深造学习的机会积累信息，并做好相应准备。

在成就目标、社会比较与学业自我效能感的关系上，本研究发现，掌握接近、成绩接近均与能力效能和行为效能呈显著性正相关；成绩回避目标与能力效能、行为效能呈显著性负相关；掌握回避与能力效能呈显著性负相关。这在一定程度上支持了已有研究结果（Bandura & Schunk，1981；Bell & Kozlowske，2002；Phillips & Russell，1994）。值得注意的是，掌握回避仅与能力效能联系密切，与行为效能则没有关系。这可能是因为持有掌握回避目标的个体常常为了维持自己完美的形象，这可能会使他们成为“思想上的巨人，行为上的矮子”。根据四分法的观点，掌握回避目标个体常常会回避尚未掌握和理解的任务，以免自己犯错，损害自己的完美形象。因此，他们在现实生活中可能会回避对自己行为效能的评估。本研究还发现，上行比较与能力效能和行为效能呈显著性正相关；下行比较与能力效能和行为效能呈显著性负相关。这与已有研究结果基本一致（Buunk et al.，1990；Buunk et al.，2001；Carmen，Abraham，Arie，& José，2008；Carmona et al.，2006），如已有研究发现，倾向于上行比较的个体，其自我效能感较高，相反，倾向于下行比较的个体，其自我效能感则较低（Carmona et al.，2006；Lockwood & Kunda，1997）。这有可能是因为高自我效能感个体会更加倾向于通过上行比较来获得激励，以促进自我提升，与此相反，低自我效能感个体则会倾向于同下行比较来维护自己的自尊，以使自己感觉好点。

由上面的结果可以看出，成就目标、社会比较和学业自我效能感两两之间均存在密切的联系，那么，社会比较在成就目标与学业自我效能感之间起着何等重要的中介作用呢？本研究结果表明，上行比较在掌握接近、成绩接近对能力效能的影响中起部分中介作用；下行比较在成绩接近对能力效能和行为效能的影响中起部分中介作用；下行比较在掌握接近、成绩回避对行为效能的影响中起部分中介作用。这说明，掌握接近、成绩接近和成绩回避除了对初中生能力和行为效能产生直接的影响之外，掌握接近、成绩接近还可以通过上行比较间接地影响初中生的能力效能、通过下行比较间接地影响初中生行为效能，而成绩接近、成绩回避则会通过下行比较分别间接地影响初中生的能力效能和行为效能。这意味着在实际的教育教学中，教师可以根据不同目标取向学生的特点，采用合理的方式，引导学生进行不同方向的社会比较，以使学生保持良好的学业自我效能感，从而促进他们学生成绩的提高。

5 结论

相对于初中生而言，成就目标、社会比较和学业自我效能感之间存在密切的联系。此外，成就目标不仅会对学业自我效能感产生直接的影响作用，在一定程度上还可以通过社会比较的中介作用间接地影响学业自我效能感。

【参考文献】

白红敏，许莹，张荣华.（2009）. 大学生社会比较与主观幸福感的关系研究. 中国健康心理学杂志，17，418-420.

何朝峰，李培，秦淑平.（2008）. 成就目标研究的历史及面临的问题. 安庆师范学院学报（社会科学版），27（9），19-22.

黎琳，徐光兴，迟毓凯，王庭照.（2007）. 社会比较对大学生社交焦虑影响的研究. 心理科学，30（5），1218-1220.

李金波，许百华.（2007）. 初中生成就目标定向、学习策略与学业成绩之间的关系研究. 心理与行为研究，5（3），199-203.

梁宇颂.（2000）. 大学生成就目标、归因方式与学业自我效能感的研究. 华中师范大学硕士学位论文.

刘海燕，邓淑红，郭德俊.（2003）. 成就目标的一种新分类——四分法. 心理科学进展，11（3），310-314.

刘惠军，郭德俊，李宏利，高培霞.（2006）. 成就目标定向、测验焦虑与工作记忆的关系. 心理学报，38（2），254-261.

刘惠军，郭德俊.（2003）. 考前焦虑、成就目标和考试成绩关系的研究. 心理发展与教育，2，64-68.

王振宏，刘萍.（2000）. 动机因素、学习策略、智力水平对学生学业成就的影响. 心理学报，32（1），65-69.

温忠麟，张雷，侯杰泰，刘红云.（2004）. 中介效应检验程序及其应用. 心理学报，36（5），614-620.

邢淑芬，俞国良.（2005）. 社会比较研究的现状与发展趋势. 心理科学进展，13（1），78-84

邢淑芬，林崇德，俞国良.（2006）. 小学3—5年级学习不良儿童社会比较的特点. 心理发展与教育，2，36-39.

徐晓飞.（2005）. 中学生学业社会比较对学业压力应对策略的影响. 西南师范大学硕士学位论文.

袁登华.（2005）. 成就目标导向对创业行动效能的影响研究. 心理科学，28（6），1388-1392.

张保，徐跃红，赵玉芳，孔凡兰.（2010）. 中学生社会比较特点及其与学业成绩的关系. 中国学校卫生，33（4），392-394.

周浩，龙立荣（2004）. 共同方法偏差的统计检验与控制方法. 心理科学进展，12（6），942-950.

朱晓斌，张莉渺，吴亮亮.（2011）. 初中生成就目标定向、学业社会比较和学业自我效能感的关系. 中国临床心理学杂志，19（2），255-258.

Ames，C. A. （1992）. Classrooms：Goals，structures，and student motivation. *Journal of Educational Psychology*，84，261-271.

Ames，C. A. （1988）. Achievement goals in classroom：Student's learning and motivation processes. *Journal of Educational Psychology*，80，260-267.

Bandura，A.，& Schunk，D. H. （1981）. Cultivating competence，self-efficacy，and intrinsic interest through proximal self-motivation. *Journal of Personality and Social Psychology*，41，586-598.

Bell，B. S.，& Kozlowski，S. W. J. （2002）. Goal orientation and ability：Interactive effects on self-efficacy，performance，and knowledge. *Journal of Applied Psychology*，87，497-505.

Brophy，J. （2005）. Goal theorists should move on from performance goals. *Educational Psychologist*，40，167-176.

Butler，R. （1992）. What young people want to know when：Effects of mastery and ability goals on interest in different kinds of social comparisons? *Journal of Personality and Social Psychology*，62，934-943.

Butler，R. （1995）. Motivational and informational functions and consequences of children's attention to peers'work. *Journal of Educational Psychology*，87，347-360.

Buunk，A. P.，& Gibbons，F. X. （2007）. Social comparison：The end of a theory and the emergence of a weld. *Organizational Behavior and Human Decision Processes*，102，3-21.

Buunk，B. P.，Collins，R. L.，Van Yperen，N. W.，Taylor，S. E. & Dakoff，G. A. （1990）. The affective consequences of social comparison：Either direction has its up and downs. *Journal of Personality and Social Psychology*，59，1238-1249.

Buunk，B. P.，Ybema，J. F.，Gibbons，F. X.，& Ipenburg，M. L. （2001）. The affective consequences of social comparison as related to professional burnout and social comparison orientation. *European Journal of Social Psychology*，31，337-351.

Carmen，C.，Abraham，P. B.，Arie，D.，& José，M. P. （2008）. The relationship between goal orientation，social comparison responses，self-efficacy，and performance. *European Psychologist*，13 （3），188-196.

Carmona，C.，Buunk，A. P.，Peiro，J. M.，Rodriguez，I.，& Bravo，M. J. （2006）. Do social comparison and coping play a role in the development of burnout? Cross-sectional and longitudinal findings. *Journal of Occupational and Organizational Psychology*，79，83-99.

Dweck，C. S.，& Leggett，E. L. （1988）. A social-cognitive approach to motivation and achievement. *Journal of Personality and Social Psychology*，54，5-12.

Elliot，A. J.，& Harackiewicz，J. M. （1996）. Approach and avoidance achievement goals and intrinsic motivation：A mediational analysis. *Journal of Personality and Social Psychology*，70，461-475.

Elloit，A. J.，& McGregor，H. A. （2001）. A 2×2 achievement goal framework. *Journal of Personality and Social Psychology*，80，501-519.

Gibbons，F. X.，& Buunk，B. P. （1999）. Individual differences in social comparison：The development of a scale of social comparison orientation. *Journal of Personality and Social Psychology*，76，129-142.

Lockwood，P.，& Kunda，Z. （1997）. Superstars and me：Predicting the impact of role models on the self. *Journal of Personality and Social Psychology*，73，91-103.

Middleton，M. J.，& Midgley，C. （1997）. Avoiding the demonstration of lack of ability：An underexplored aspect of goal theory. *Journal of Educational Psychology*，89 （4），710-718.

Phillips，J. C.，& Russell，R. K. （1994）. Research self-efficacy，the research training environment，and research productivity among graduate students in counseling psychology. *Counseling Psychologist*，22，628-641.

Pintrich，P. R. （2000）. The role of goal orientation in self-regulated learning. In Mboekaerts，M.，Pintrich，P. R.，Zeidner，M. （ed.） *Handkook of Self-regulation：Theory，Research，and Applications*. San Diego，CA：Academic Press.

Regner，I.，Escribe，C.，& Dupeyrat，C. （2007）. Evidence of social comparison in mastery goals in natural academic settings. *Journal of Educational Psychology*，99 （3），575-583.

Schunk, D. H. (2004). *Learning Theories: An Educational Perspective*. Englewood Cliffs, N. J: Prentice-Hall.

Senko, C., & Harackiewicz, J. M. (2002). Performance goals: The moderating role of contest, achievement orientation, and feedback. *Journal of Experiment Social Psychology*, 38, 603-610.

Summers, J. J., Schallert, D. L., & Ritter, P. M. (2003). The role of social comparison in student's perceptions of ability: An enriched view of academic motivation in middle school students. *Contemporary Educational Psychology*, 28 (4), 510-523.

Wood, J. V. (1989). Theory and research concerning social comparisons of personal attributes. *Psychological Bulletin*, 106, 231-248.

不同经验教师对学生课堂行为加工的眼动研究*

□ 周宗奎（华中师范大学教授）
□ 王福兴
□ 芦咏莉
□ 段朝辉

1 引言

对于中小学教师而言，课堂教学可以直接体现教师的教学水平。研究发现对教学过程的控制与调节是教师课堂教学能力的重要方面，良好的教学监控对学生学业成绩和身心发展具有积极的作用（申继亮、辛涛，1995、1996；辛涛、申继亮、林崇德，1998；张学民，2007）。在课堂教学过程中，教师除了课堂知识的讲授外，还要付出大量的认知资源来加工课堂中学生的各种行为信息，根据学生反馈的信息及时地调整教学进度并进行课堂管理（Berliner，1986；Hogan，Rabinowitz，& Craven，2003）。教师对课堂中各种信息的加工能力不仅是教师教学专长发展的重要内容，也是教师从事教学活动所应具备的一种特殊认知能力（张学民、申继亮、林崇德，2005、2007）。有关课堂信息加工能力的研究发现，有学科教学经验的教师（语文和数学教师）在重视学科教学内容的同时，也重视课堂教学活动的组织和课堂气氛的调节，教学经验对课堂信息加工具有重要的影响作用（张学民，2007；张学民等，2007）。有关专家、熟手和新手教学策略研究发现，专家在课前和课中的教学策略均要好于新手（连榕，2004）。

对专家教师而言，有效的课堂管理不仅要具有相关的知识，同时要高效而快速地从课堂中知觉学生的行为信息，并且做出有效的决策进行课堂管理。课堂信息知觉的研究发现，教师的教学经验会影响其对视觉课堂信息的知觉和加工。Carter 等人通过结构访谈研究了经验对课堂信息加工的影响，结果发现专家教师具有更多的图式来解释视觉课堂信息，能够更好地区分信息的重要程度，而新手和志愿者则更关注学生的头发等描述性和静止性信息（Carter et al.，1988）。在后续的研究中，研究者通过访谈和事后报告发现专家能够同时监控左、中和右三个角度的视频，对信息的扫描更自然和轻松，而其他教师（新手和初学者）只能依赖中间的视频信息（Sabers et al.，1991）。而 Allen 和 Casbergue（1997）让新手、熟练者（intermediate）和专家教师观察真实的课堂教学场景，并对课堂信息进行事后回忆，发现专家教师对课堂上出现的问题行为或特殊行为的回忆准确率高于新手。Star 和 Strickland（2008）对比了经验教师和新手教师的数学课教学视频知觉差异，发现经验教师更注重学生在课堂上的活动、学生在课堂上的表现、教学内容及其表现形式，以及师生、学生与学生之间的

* 原载《心理发展与教育》2013 年第 4 期。

交流，而新手却更容易被课堂环境所吸引。有研究者采用录制的课堂教学视频对未入职教师和已入职教师进行课堂教学训练，结果发现教学视频学习可以促进教师的成长（Sherin & van Es，2005）。从上述研究发现，教学经验确实会影响其对课堂信息的注意和加工，但是这些研究主要是基于主观报告、事后回忆和其他一些定性的分析，不能客观反映专家—新手教师对课堂信息加工的过程。

对于课堂教学而言，课堂问题行为是教师课堂教学中经常出现的棘手问题（Beaman，Wheldall，& Kemp，2007；Ding et al.，2008；Shen et al.，2009）。研究发现，教师的教学经验会影响其对课堂问题行为的判断和感知。Arbuckle 和 Little（2004）的研究发现，经验丰富的教师在处理学生的课堂问题行为时需要更少的策略支持。Ding 等人（2008）在其研究中发现，有经验的教师能够比较好地识别学生的课堂行为。最近的研究发现，相对于专家教师和经验教师，非专家教师和较少教学经验的教师更多地报告不能够采用有效方式来处理学生的问题行为；而专家教师和经验教师处理问题行为花费的时间更少；线性趋势分析发现，随着教学经验的增加，教师用于问题行为的时间呈现递减趋势（Shen et al.，2009）。已有研究发现的经验教师识别、判断学生课堂行为的差异是否可以由知觉加工的差异来解释或者体现在知觉加工阶段，这是本研究要解决的重要问题。有关专长视觉信息加工和注意分配的元分析认为，经验可以引导个体进行注意分配，有经验的专家在加工领域特定的信息时对与任务相关的刺激注视次数更多、注视时间更长，而对与任务无关的刺激其注视次数少、注视时间短（Gegenfurtner，Lehtinen，& Säljö，2011）。所以，本研究将对不同经验教师在学生课堂行为识别上是否存在知觉的差异进行探讨。

眼动追踪技术可以在不中断被试认知加工的情况下，提供即时、量化、直观的信息，从时间和空间上考察个体的信息加工过程（Rayner，1998，2009）。汽车驾驶的研究发现，相对于新手驾驶员，经验驶员对驾驶视频的注视持续时间更短、注视的广度更大，驾驶经验会影响被试对视频中信息的提取和加工策略（Crundall，Chapman，Phelps，& Underwood，2003；Crundall & Underwood，1998）。体育运动的研究发现，当要求运动员观看足球视频并对视频中球和球员的运动路线做出预测时，眼动分析揭示了不同的视觉搜索策略：经验运动员对视频的注视次数更多，但是每次的注视时间很短；而一般水平运动员则恰恰相反，他们注视次数少但每次的注视时间长（Williams & Davids，1998；Williams，Davids，Burwitz，& Williams，1994；Williams，Janelle，& Davids，2004）。同样，在国际象棋的研究中也发现专家注视和加工棋盘场景的注视模式不同于新手（Bilalic，Langner，Erb，& Grodd，2010；Chamess，Reingold，Pomplun，& Stampe，2001）。对于课堂教学而言，是否会像其他领域的研究一样，教师的教学经验会影响他们对教学场景中学生行为信息的加工？这种教学经验的影响作用体现在眼动指标上会表现出哪些差异？

由于教学专长发展的特殊性，眼动技术在课堂教学中的应用较少。有关虚拟教学平台和交互式教学的研究发现，当面对虚拟的教学课堂时，眼睛交互对于课堂中概念学习、教学管理和调整教学策略具有重要的影响作用（Yu，Zhang，& Smith，2006；Zhang，Yu，& Smith，2006）。但是该研究采用的是计算机模拟的课堂场景，对场景的控制过于严格，而且模拟课堂的建立主要基于计算机虚拟技术，缺乏真实性，研究的生态效度不高。有研究采用静态教学场景和非教学场景作为材料，比较了专家和新手教师加工不同教学场景的知觉差异（王福兴等，2010）。结果发现：相对于新手，专家对非教学场景采取的是多次注视但每次注视时间短的方式，体现的是一种快速扫描的注视模式，而对教学场景采取的是少量注视但每次注视时间长的方式，体现的是认真观看的注视模式。动态教学场景视频研究发现，对于课堂场景中的典型事件（回答问题的学生），新手在注视次数和注视时间上都要多于专家，而专家能够比较好地关注课堂中大部分的学生，试图从总体上监控课堂（Wang et al.，2009）。但是研究仅仅关注了课堂中的一类学生行为，对其他的行为没有给予足够的关注，尤其是学生的问题行为。那么，当真实教学场景中同时出现学生的典型行为和问题行为时，具有不同教学经验的教师知觉加工会有什么不同呢？

本研究目的在于利用眼动技术即时性（moment to moment）的特点，采用课堂视频作为研究材料，把课堂中学生的典型行为和问题行为放在一个场景中进行考查，对比专家教师、经验教师和新手对课堂教学场景中学生行为信息的加工注意差异，揭示不同经验教师对不同课堂行为的注意分配。根据以上论述研究提出以下假设：①基于驾驶和体育运动研究，相对于新手和经验教师，专家对于场景的总体注视次数更多、注视时间更短，眼跳距离更大；②相对于课堂问题行为，课堂典型行为比较突出，三组被试在典型行为上的注视次数会更多、注视时间会更长；③在典型行为上的注视时间和注视次数，新手、经验教师和专家依次减少；④在问题行为上的注视时间和注视次数，新手、经验教师和专家依次增加；⑤专家和经验教师注视问题行为要多于典型行为，而新手则没有差异。

2 方法

2.1 被试

参照前人专长发展和教师专长研究，本研究选取专家教师、经验教师和新手三组被试（Leinhardt，1989；Sabers et al.，1991；Swanson et al.，1990）。专家和经验教师选自北京市某重点小学。专家教师的选择根据两个标准：①教学经验10年以上；②学校主管教学的领导在标准①的基础上进行推荐。参照 Carter 等人（1988）研究，经验教师选择主要采用教学经验，选择的教龄为0.5—3.5年。参照专长研究中对经验水平分类，新手选取的是师范大学在读的大三、大四本科生和研究生（Chi，2006a，2006b）。教师给予一本价值20元左右的书籍、大学生被试支付10元现金作为实验报酬。所有被试视力或者矫正视力正常，无眼部疾病，无色弱或色盲。

研究共选取被试37人，其中专家教师11人（女11人），平均年龄32.7岁（*SD*＝2.41），平均教龄13.7年（*SD*＝2.33）；经验教师9人（男1人，女8人），平均年龄25.1岁（*SD*＝1.62），平均教龄1.9年（*SD*＝1.13）；新手17人（男8人，女9人），平均年龄23.4岁（*SD*＝2.32），所有新手的课堂教学经验均不超过一个月。

2.2 实验材料

研究所用的材料为一段教学视频，素材来自一个模拟的课堂教学场景。研究者事先招募了20名学生和1名专家型数学教师，然后让教师和学生按照研究者的要求进行模拟课堂教学。为了方便把所有的学生都纳入到镜头中，教室布置采用小班教学的形式，共5排，每排4人，共20人。拍摄过程中，摄像机摆放在讲台的位置，高度约170 cm，教师在摄像机的后面讲课。摄像机一直保持固定，所以学生在二维画面上的位置是固定的（见图1）。视频的格式为AVI，画面尺寸为720×576，帧率为25帧/秒，声音压缩为MP3。参与拍摄的学生每人赠予了一个价值5元的礼物作为奖励，视频的拍摄和使用取得了学校和教师的同意与授权。

图1 课堂场景兴趣区的划分示例（视频的静态截图）

注：示例中学生行为属于表演拍摄，不代表其真实表现；场景布置和视频拍摄均经过许可，此图片仅供研究使用。

研究所用的视频根据具体的需要进行了截取和编辑，时间长度约15秒。视频的内容为一名数学教师在讲授数学乘法运算中的简便算法，讲授内容结束后，教师提出一个问题请同学回答如何计算结果，然后启发学生解决这个问题。在这个过程中大部分学生在认真思考，画面中间的一名学生举手，旁边的一名学生表现出课堂问题行为（没有认真听课，玩东西）。为了让这些视频片断能够真实反映教学，研究者请1名专家型数学教师和4名在读心理学博士生进行了观看，并就是否真实反映了课堂教学的真实情境进行了7点评定（数值越大，表明越接近真实情境），$M=6$（$SD=0.71$）。

2.3 仪器

实验仪器为 Tobii 1750 Eye-tracker（Tobii Technology，Sweden），为双眼红外追踪，17英寸 TFT LCD 显示器呈现刺激，分辨率为 800×600。Tobii 1750 允许被试在比较自然的状态下记录眼动。仪器采样率为 50 Hz，采用 100 ms 及以上的停留作为一次注视（100 ms 数据过滤参见：Boucheix & Lowe，2010；Manor & Gordon，2003；Schmidt-Weigand，Kohnert，& Glowalla，2010；Tobii，2006），使用双眼平均后的眼动数据。

2.4 程序

实验开始前先向被试介绍实验的过程，告知正在进行一个课堂教学的实验研究。实验由一个视频片段组成，整个实验持续大约2分钟。要求被试自由观看视频片段并完成一个主观评定任务，即根据被试的经验和刚才观看的视频，这个课堂打多少分（0—10）。被试坐在离显示器约 70 cm 左右的位置，实验开始前首先进行眼睛的校正。校正完毕后，开始正式实验。借鉴相关的研究经验，要求被试对视频进行主观评价目的是为了更好地采集眼动数据，如果仅是自由观看而没有目的，其眼动数据是杂乱的，不能体现眼动指标的特点。一般研究中都要求被试对材料进行喜好程度的评价或提前告知实验结束后进行再认判断（Chua，Boland，& Nisbett，2005；Rayner，Miller，& Rotello，2008；Yarbus，1967）。

3 结果

3.1 主观评价与总体眼动差异

对三组被试的主观评价进行方差分析发现，三组被试对视频的评价差异不显著［$F(2, 34)=0.33$，$p>0.05$］。主观评价的得分为专家 5.8（$SD=1.83$）、经验教师 5.7（$SD=0.87$）、新手 6.1（$SD=1.36$）。

通过 ClearView 导出数据，选取注视次数（fixation count）、总注视时间（gaze time）、平均注视时间（average fixation duration）和眼跳距离（saccade distance）进行分析。结果发现，三组被试在注视次数、总注视时间、平均注视时间和眼跳距离上差异均没有达到显著性水平（$p_s>0.05$）（见表1）。

表1 不同经验教师对视频的总体注视情况

经验水平	注视次数		总注视时间（ms）		平均注视时间（ms）		眼跳距离（pixel）	
	M	*SD*	*M*	*SD*	*M*	*SD*	*M*	*SD*
专家	28.82	8.67	11 681.45	1 042.08	461.96	216.00	100.92	15.11
经验	29.11	4.76	10 464.67	2 921.82	365.55	109.52	107.85	24.13
新手	28.00	6.68	11 811.24	1 389.43	453.12	147.67	109.03	22.88
$F(2, 34)$	0.09		1.78		1.06		0.52	

3.2 学生行为的界定和注视兴趣区的划分

如前所述，这段教学视频属于典型的课堂提问场景，老师讲授完简便算法后提出了一个问题，启发大家思考如何解决，在这个过程中教室中间右侧位置的一个女生首先想到了答案，积极举手等待老师提问。而在她旁边一个女生没有认真听课，在玩自己的东西，并且和同学交头接耳，根据已有研究中对问题行为的界定和分类（Ding et al.，2008；Shen et al.，2009），本研究把这种行为界定为问题行为中的走神（non-attention）。在这个场景中有两个突出的事件，一个是举手等待提问的学生，本研究命名为典型行为，而那个女生的走神表现则属于课堂问题行为。为了更好地分析和比较三组教师对于特定教学场景的知觉差异，把课堂场景中学生的典型行为和问题行为划分了兴趣区（area of interest，AOI），分析不同经验教师在这些兴趣区上的注视差异。兴趣区 P1（典型行为）为屏幕中间右侧女生，行为表现为举手等待教师提问；兴趣区 N1（问题行为）为屏幕中间左侧女生，行为表现为低头玩东西，没有认真听课，兴趣区的划分形式见图 1。

为了更好地比较经验对学生课堂行为注视的影响，研究对视频进行了适当的截取，根据具体的课堂情况，从教师提出问题开始分析，去除了前面约 3 秒的视频内容，截取后的片断长度为 12.88 秒。一般而言，对于一个不熟悉的场景，被试都要在开始的时间扫视整个场景，以熟悉场景的环境，为了让实验更加准确，在视频观看的研究中，一般会去除掉视频的前几秒注视。

3.3 不同经验教师对于课堂行为的注视差异

划分兴趣区后，对数据进行了 3（经验水平：专家、经验、新手）×2（课堂行为：典型、问题）的方差分析，经验水平为被试间因素，课堂行为为被试内因素。分别选取了 AOI 的注视次数（fixation count in AOI）、总注视时间（gaze time in AOI）、平均注视时间（average fixation duration in AOI）以及对 AOI 注视次数占整个场景注视次数的百分比（fixation count of AOI %）共 4 个眼动指标考查不同经验水平的教师如何在两个课堂行为上分配注视（见表 2）。

表 2 不同经验被试对典型行为和问题行为的注视情况

经验水平	课堂行为	注视次数		总注视时间（ms）		平均注视时间（ms）		注视比率（%）	
		M	*SD*	*M*	*SD*	*M*	*SD*	*M*	*SD*
专家	典型	6.00	2.45	2 537.82	811.92	504.71	356.45	21.42	7.93
	问题	5.55	3.36	3 247.82	1 540.34	669.97	502.96	19.83	10.05
经验	典型	5.33	2.45	2 036.89	1 462.98	361.04	180.16	18.57	9.25
	问题	4.22	2.91	2 845.89	2 008.09	892.80	1 071.02	15.01	11.47
新手	典型	8.94	3.09	4 588.47	1 987.69	540.98	261.95	33.46	13.29
	问题	3.94	2.84	1 938.53	1 329.88	486.30	364.87	13.72	8.64
$F_{经验}$（2，34）		2.02		1.96		0.32		2.84	
$F_{行为}$（1，34）		9.53（0.22）**		0.82		3.58（0.10）☆		9.86（0.23）**	
$F_{交互}$（2，34）		4.85（0.22）*		8.94（0.35）***		2.29		5.73（0.25）**	

注：$F_{经验}$是该指标经验水平的主效应；$F_{行为}$是该指标课堂行为的主效应；$F_{交互}$是该指标经验与课堂行为的交互作用；括号内数值为 partial $\eta 2$；* 为 $p<0.05$，** 为 $p<0.01$，*** 为 $p<0.001$，☆为边缘显著。

在注视次数上，分析发现经验水平主效应不显著；课堂行为主效应显著，配对比较（Bonferroni，下同）发现，被试对典型行为的注视多于对问题行为的注视（$p<0.05$）；经验水平和课堂行为的交互作用显著，简单效应分析发现，课堂行为在新手上存在差异［$F(1, 34)=24.51$，$p<0.001$］，表现为新手对典型行为的注视要多于问题行为；典型行为在经验水平上存在差异［$F(2, 34)=6.43$，$p<0.01$］，表现为新手的注视多于专家（$p<0.05$）和经验教师（$p<0.05$）。

在总注视时间上，发现经验水平和课堂行为主效应不显著；经验水平和课堂行为的交互作用显著，简单效应分析发现，课堂行为在新手上存在差异［$F(1, 34)=20.03$，$p<0.001$］，表现为新手对典型行为的注视要长于问题行为；典型行为在经验水平上差异显著［$F(2, 34)=9.55$，$p<0.001$］，主要体现为新手对典型行为的总注视时间要长于专家（$p<0.05$）和经验教师（$p<0.05$）。

在平均注视时间上，经验水平主效应不显著；课堂行为主效应边缘显著（$p=0.067$），表现为问题行为的平均注视时间更长；经验水平和课堂行为的交互作用不显著。

在注视比率上，经验水平主效应不显著；课堂行为主效应显著，典型行为受到的注视比率更大；经验水平和课堂行为交互作用显著，简单效应分析发现，课堂行为在新手上存在差异［$F(1, 34)=27.51$，$p<0.01$］，表现为典型行为受到的注视比率要高于问题行为；典型行为存在经验水平的差异［$F(2, 34)=6.87$，$p<0.01$］，体现为新手对典型行为的注视比率要高于专家（$p<0.05$）和经验教师（$p<0.01$）。

4 讨论

4.1 主观评价和总体注视

如前所述，主观评价目的主要是希望学习者投入注意，方便采集眼动数据（Chua et al.，2005；Rayner，1998；Rayner et al.，2008；Yarbus，1967），结果发现专家、经验教师和新手对课堂视频的主观评价没有差异。可能是由于评价的范围没有具体的界定，只是要求被试根据自己的经验和感受进行评价，在这种情况下很难体现出被试之间的不同。此外，从评价的平均数可以看出，三组被试对于这段视频的评分总体在5—6分，说明被试对这段视频的评价中等。

总体的眼动数据分析发现，不同经验被试的注视次数、注视时间等没有表现出差异，这个结果未能验证预期假设①，与已有的一些研究结论也存在差异。其他领域的一些研究发现，不同经验水平的被试在观看其特定领域的视频时，对视频的总体眼动表现出了一些差异。比如：Crundall 和 Underwood 等人的研究发现，不同经验驾驶员在知觉和加工驾驶场景时，其注视时间、注视广度等眼动指标受到驾驶经验的影响，表现出了经验的影响作用（Crundall et al.，2003；Crundall & Underwood，1998）。对不同经验水平运动员的研究也发现，相关的经验会影响到被试对体育运动视频加工过程的注视次数和注视时间（Williams & Davids，1998；Williams et al.，1994；Williams et al.，2004）。本研究之所以出现这种差异，研究者认为主要的原因是视频材料的差异和领域内场景信息的加工方式不同。首先，对于驾驶和体育运动视频而言，场景包含的信息更多、变化性更大，被试需要积极关注动态场景中出现的各种新目标物体，场景的画面时刻都在变化。而本研究所采用的视频材料不同于以上领域的研究视频，课堂场景的画面相对静止，没有新的物体和目标物出现。其次，汽车驾驶和体育运动研究要求对所观看的场景进行即时的信息提取，这种信息的提取需要被试的快速反应，从背景信息中积极地搜寻目标物。而教学场景则相对静止和固定，对信息的搜索和提取要求没有这么高，所以没有发现经验差异。

4.2 不同课堂行为的注视差异

两个课堂行为的注视次数和注视次数比率分析发现，典型行为受到被试的关注更多，验证了本文的假设②。出现这种差异主要是由于视频中的典型行为比较突出，更容易引起被试的注意。场景知觉的研究发现，场景中突显的物体、颜色或事件会吸引被试更多的关注，被试对这些突出区域的注视次数会更多、注视时间会更长（Henderson，2003）。但是在平均注视时间上，边缘显著的差异表现出不同的变化方向，问题行为的平均注视时间要长于典型行为。已有的文献综述指出，由于平均注视时间会低估对某个信息区域的实际加工情况，所以相对于其他眼动参数，平均注视时间的实际效果偏低（Rayner，2009；闫国利等，2013）。同时，也可能存在注视次数和注视时间权衡的问题（王福兴等，2010），导致没有表现出预期的差异方向。

在课堂典型行为上，新手的注视次数和注视比率都要高于专家和新手，新手对典型行为的总注视时间也要长于专家和经验教师，这个结果验证了研究假设③，这个结果与已有研究结论是一致的。即新手对于那些突出的课堂行为注视得更多，而有经验的专家和经验教师对课堂场景中突出行为的注视次数相对较少（Wang et al.，2009）。但是专家和经验教师之间却没有表现出差异，研究者认为可能是由于在经验教师选择上没有严格控制工作经验；也有可能是经验的作用在知觉学生行为上是有限度的，即在一定范围内经验作用明显，而超过了一定经验之后，经验再多对知觉课堂行为就不起作用了。当然，这种推测还需要对经验严格分段取样进行验证。

关于经验是否影响典型行为和问题行为的注意分配，结果发现仅新手对典型行为的注视次数和注视比率要多于、注视时间要长于问题行为，这个结果部分支持了研究假设⑤。研究虽然发现了经验水平和行为类型的交互作用，但是简单效应分析仅发现了新手的差异，并没有发现经验教师和专家的差异。所以，经验与问题行为相互影响的差异更多体现在没有经验的新手，而专家和经验教师在两类行为上则是平均分配注意的。结合眼动热图直观对比可以发现，专家教师对整体课堂注视点的分布比较分散，他们更多地把课堂中的学生作为一个整体看待，说明专家对于课堂的关注广度更大，能够更好地关注课堂中其他学生的行为表现；而新手则更多地被课堂中的突出事件所吸引，不能灵活地分配注意。先前的研究发现，新手教师往往被课堂中突出的行为（学生站起来回答问题）表现所吸引，而忽视了整个课堂场景中其他的学生（Wang et al.，2009）。基于以上结果和已有研究中关于经验影响知觉加工结论（Gegenfurtner et al.，2011）可以推测，由于教学经验的积累，经验教师和专家能够更好地忽视次要信息的干扰，进而对两种行为表现出相对均衡的注意分配。

但是在课堂问题行为上，不同经验教师并没有发现注视差异，没有验证预期的假设④，也没能验证已有的研究结论。前人研究发现专家教师可以很好地识别和应对典型的课堂问题行为，但是新手却不能很好地意识到这些行为（Allen & Casbergue，1997；Hogan et al.，2003）。究其原因，可能是由于相对典型行为，问题行为不够突显，所有被试对其的总体关注程度都很小，导致出现了地板效应。

综合以上的四个假设验证情况可以发现，虽然预期假设④没能被验证，但是其他假设都得到了一定或完全的支持。这些结果显示教师的教学经验可以影响其对课堂教学场景中典型行为和问题行为的知觉加工差异。该结果与采用静态教学场景的研究也是一致的，即经验会影响教师对领域内熟悉场景的知觉加工（王福兴等，2010）。此外，眼动指标的差异与先前研究中有关教学经验会影响视觉课堂信息知觉和加工的结论也是一致的（Carter et al.，1988；Sabers et al.，1991），这些眼动结果为采用口头报告或测量方式发现有关教学经验影响课堂问题行为知觉的结论提供了直接的证据（Beaman et al.，2007；Ding et al.，2008；Shen et al.，2009）。

4.3 教学经验在课堂行为知觉中的作用与研究不足

相对于新手，专家和经验教师所表现出对于问题行为和典型行为的注视，其中最主要的原因可以归结于经验的作用。有关专长发展的研究认为，专家在很多方面具有突出的技能，其中之一就是专家具有良好的觉察和再认能力，能够觉察到新手注意不到的问题特征（Chi，2006b）。Ericsson 等人（1993）从基本认知能力和机制的改变来解释专长的获得，认为专家行为的获得需要进行有意地练习，长期有目的练习使得个体获得了一种专属于某一特定领域的认知机制。Williams 等人根据体育专长的视觉加工研究和视觉注意理论，提出了一个经验影响知觉加工的认知模型，并且阐述了视觉突显（visual saliency）和已有的知识经验对当前视觉信息加工的影响（Williams et al.，2004）。该模型强调视觉突显和已有知识经验对视觉搜索和线索可用性的交互影响，并且认为视觉突显和已有知识经验对视觉搜索的作用阶段是不同的。视觉突显对视觉注意的前期阶段（视觉短时感觉存储和选择注意）起作用，而知识经验则对后期阶段（选择注意、视觉注视的相关线索、决策和反应）起作用。通过这个模型，研究者也推测，教师存储在大脑中学生的课堂行为（走神、多动、说话、举手）、教学策略（课堂监控、教学方法）和问题处理（实际操作）等有关的教学经验，会影响教师对视觉课堂信息的选择注意，从而进一步影响到接下来的反应和判断。当然，这种解释还有待于相关研究的支持和验证。

本研究在借鉴其他研究的基础上，试图了解和揭示专家教师是如何快速而有效地加工课堂场景中的学生行为信息。作为一个尝试性探索，在一些方面还存在不足之处。第一，真实的课堂环境是比较复杂的，未来的研究应该把学生问题行为的类型和位置等更多的变量纳入到考察的范围，进一步提高研究的真实性；第二，在方法上，除了眼动指标，还可以考虑采用回忆或再认任务测查被试行为结果，以更好地解释知觉过程的差异；第三，在被试选择上，借鉴象棋专家等研究领域一些研究（Bilalic et al.，2010；Brockmole，Hambrick，Windisch，& Henderson，2008），采用更加严格的方法挑选专家被试；第四，利用计算机模拟等技术（Yu et al.，2006；Zhang et al.，2006），编制更加接近真实情境并且严格控制变量的刺激材料；第五，借鉴基因分析和时间序列等方法对不同经验教师的注视模式进行分析和建模，进一步揭示知觉加工过程中经验对信息提取的影响；第六，基于实证研究建构有效的理论模型和框架来解释教师的经验如何影响课堂场景的知觉加工过程。

5 结论

通过以上的分析与讨论研究得出以下结论：

（1）由于刺激材料差异，不同经验教师对教学场景的总体注视未发现经验差异；

（2）相比课堂问题行为，典型行为由于在课堂教学场景中具有突显性，因此会更多地受到教师的关注；

（3）专家和经验教师能够根据自己的经验，同时对两种课堂行为给予关注，比较均衡地分配注意资源；

（4）由于典型行为的突显性，新手则把大部分的注意都分配给了典型课堂行为，忽视了问题行为。教学经验会影响教师对不同课堂行为信息的知觉和编码。

【参考文献】

Allen，R. M.，& Casbergue，R. M.（1997). Evolution of novice through expert teachers' recall：Implications for effective reflection on practice. *Teaching and Teacher Education*，13（7），741-755.

Arbuckle，C.，& Little，E.（2004). Teachers' perceptions and management of disruptive classroom behaviour during the middle years（years five to nine). *Australian Journal of Educational & Developmental Psychology*，4，59-70.

Beaman，R.，Wheldall，K.，& Kemp，C.（2007). Recent research on troublesome classroom behaviour：A review. *Australian Journal of Special Education*，31（1），45-60.

Berliner，D. C.（1986). In pursuit of the expert pedagogue. *Educational Researcher*，15（7），5-13.

Bilalic，M.，Langner，R.，Erb，M.，& Grodd，W.（2010). Mechanisms and neural basis of object and pattern recognition：A study with chess experts. *Journal of Experimental Psychology*：*General*，139（4），728-742.

Boucheix，J.-M.，& Lowe，R. K.（2010). An eye tracking comparison of external pointing cues and internal continuous cues in learning with complex animations. *Learning and Instruction*，20（2），123-135.

Brockmole，J. R.，Hambrick，D. Z.，Windisch，D. J.，& Henderson，J. M.（2008). The role of meaning in contextual cueing：Evidence from chess expertise. *The Quarterly Journal of Experimental Psychology*，61（12），1886-1896.

Carter, K., Cushing, K., Sabers, D., Stein, P., & Berliner, D. (1988). Expert-novice differences in perceiving and processing visual classroom information. *Journal of Teacher Education*, 39 (3), 25-31.

Charness, N., Reingold, E. M., Pomplun, M., & Stampe, D. M. (2001). The perceptual aspect of skilled performance in chess: Evidence from eye movements. *Memory & Cognition*, 29 (8), 1146-1152.

Chi, M. T. H. (2006a). Laboratory methods for assessing experts' and novices' knowledge. In K. A. Ericsson, N. Charness, P. Feltovich & R. Hoffman (Eds.), *Cambridge Handbook of Expertise and Expert Performance* (pp. 167-184). New York: Cambridge University Press.

Chi, M. T. H. (2006b). Two approaches to the study of experts' characteristics. In K. A. Ericsson, N. Charness, P. Feltovich & R. Hoffman (Eds.), *Cambridge Handbook of Expertise and Expert Performance* (pp. 21-30). New York: Cambridge University Press.

Chua, H. F., Boland, J. E., & Nisbett, R. E. (2005). Cultural variation in eye movements during scene perception. *Proceedings of the National Academy of Sciences*, 102 (35), 12629-12633.

Crundall, D., Chapman, P., Phelps, N., & Underwood, G. (2003). Eye movements and hazard perception in police pursuit and emergency response driving. *Journal of Experimental Psychology: Applied*, 9 (3), 163-174.

Crundall, D., & Underwood, G. (1998). Effects of experience and processing demands on visual information acquisition in drivers. *Ergonomics*, 41 (4), 448-458.

d' Ydewalle, G., & De Bruycker, W. (2007). Eye movements of children and adults while reading television subtitles. *European Psychologist*, 12 (3), 196-205.

Ding, M., Li, Y., Li, X., & Kulm, G. (2008). Chinese teachers' perceptions of students' classroom misbehaviour. *Educational Psychology*, 28 (3), 305-324.

Ericsson, K. A., Krampe, R. T., & Tesch-Romer, C. (1993). The role of deliberate practice in the acquisition of expert performance. *Psychological Review*, 100 (3), 363-406.

Gegenfurtner, A., Lehtinen, E., & Säljö, R. (2011). Expertise differences in the comprehension of visualizations: A meta-analysis of eye-tracking research in professional domains. *Educational Psychology Review*, 1-30.

Henderson, J. M. (2003). Human gaze control during real-world scene perception. *Trends in Cognitive Sciences*, 7 (11), 498-504.

Hogan, T., Rabinowitz, M., & Craven, J. A. (2003). Representation in teaching: Inferences from research of expert and novice teachers. *Educational Psychologist*, 38 (4), 235-247.

Leinhardt, G. (1989). Math lessons: A contrast of novice and expert competence. *Journal for Research in Mathematics Education*, 20 (1), 52-75.

Manor, B. R., & Gordon, E. (2003). Defining the temporal threshold for ocular fixation in free-viewing visuocognitive tasks. *Journal of Neuroscience Methods*, 128 (1-2), 85-93.

Rayner, K. (1998). Eye movements in reading and information processing: 20 years of research. *Psychological Bulletin*, 124, 372-422.

Rayner, K. (2009). Eye movements and attention in reading, scene perception, and visual search. *The Quarterly Journal of Experimental Psychology*, 62 (8), 1457-1506.

Rayner, K., Miller, B., & Rotello, C. M. (2008). Eye movements when looking at print advertisements: The goal of the viewer matters. *Applied Cognitive Psychology*, 22 (5), 697-707.

Sabers, D. S., Cushing, K. S., & Berliner, D. C. (1991). Differences among teachers in a task characterized by simultaneity, multidimensional, and immediacy. *American Educational Research Journal*, 28 (1), 63-88.

Schmidt-Weigand, F., Kohnert, A., & Glowalla, U. (2010). Explaining the modality and contiguity effects: New insights from investigating students' viewing behaviour. *Applied Cognitive Psychology*, 24 (2), 226-237.

Shen, J., Zhang, N., Zhang, C., Caldarella, P., Richardson, M., & Shatzer, R. (2009). Chinese elementary school teachers' perceptions of students' classroom behaviour problems. *Educational Psychology*, 29 (2), 187-201.

Sherin, M., & van Es, E. (2005). Using video to

support teachers' ability to notice classroom interactions. *Journal of Technology and Teacher Education*, 13 (3), 475-491.

Star, J., & Strickland, S. (2008). Learning to observe: Using video to improve preservice mathematics teachers' ability to notice. *Journal of Mathematics Teacher Education*, 11 (2), 107-125.

Swanson, H. L., O' Connor, J. E., & Cooney, J. B. (1990). An information processing analysis of expert and novice teachers' problem solving. *American Educational Research Journal*, 27 (3), 533-556.

Tobii. (2006). *Tobii Eye Tracker and ClearView Analysis Software User Mannual*. Sweden: Tobii Technology A B.

Wang, F., Shen, J., & Chan, P. (2009). *The Difference between Expert and Novice Teachers in Processing Visual Classroom Information: Evidences from Eye Movements*. Paper presented at the 2009 AERA annual meeting, San Diego, California.

Williams, A. M., & Davids, K. (1998). Visual search strategy, selective attention, and expertise in soccer. *Research Quarterly for Exercise and Sport*, 69 (2), 111-128.

Williams, A. M., Davids, K., Burwitz, L., & Williams, J. G. (1994). Visual search strategies in experienced and inexperienced soccer players. *Research Quarterly for Exercise and Sport*, 65 (2), 127-135.

Williams, A. M., Janelle, C., & Davids, K. (2004). Constraints on the search for visual information in sport. *International Journal of Sport and Exercise Psychology*, 2 (3), 301-318.

Yarbus, A. L. (1967). *Eye Movements and Vision*. New York: Plenum press.

Yu, C., Zhang, H., & Smith, L. B. (2006). *Learning through Multimodal Interaction*. Paper presented at the Conference on Development and Learning (ICDL06), Bloomington, I. N.

王福兴，申继亮，田宏杰，周宗奎. (2010). 专家与新手教师对静态课堂教学场景的知觉差异. 心理发展与教育，26 (6)，612-617.

申继亮，辛涛. (1995). 论教师教学的监控能力. 北京师范大学学报（社会科学版），(1)，67-75.

申继亮，辛涛. (1996). 关于教师教学监控能力的培养研究. 北京师范大学学报（社会科学版），(1)，37-45.

辛涛，申继亮，林崇德. (1998). 教师教学监控能力的结构：一个验证性的研究. 心理学报，30 (3)，281-288.

张学民. (2007). 教师职业发展与培训——教师教学专长发展的研究. 北京：知识产权出版社.

张学民，申继亮，林崇德. (2005). 小学教师课堂信息加工策略的研究. 心理发展与教育，21 (4)，56-60.

张学民，申继亮，林崇德. (2007). 小学教师课堂信息加工能力的研究. 心理发展与教育，23 (1)，76-81.

连榕. (2004). 新手—熟手—专家型教师心理特征的比较. 心理学报，36 (1)，44-52.

闫国利，熊建萍，臧传丽，余莉莉，崔磊，白学军. (2013). 阅读研究中的主要眼动指标评述. 心理科学进展，21 (4)，589-605.

德　育

“复杂现代性”框架下的核心价值建构*

□ 冯　平（复旦大学教授）
□ 汪行福（复旦大学教授）等

世纪之交具有世界历史意义的事件莫过于苏联解体和中国崛起。前者被自由主义思想家视为两个世纪以来的现代性话语霸权之争的了结，西方自由民主资本主义的全球胜利；① 而后者表明新自由主义意识形态的危机和西方霸权体系的动摇。在这种情况下，一些人把目光转向中国，高谈“中国模式”。然而，进入21世纪以来，中国面临着一系列前所未有的困难和挑战，中国社会发展再次面临严峻的抉择。对此，中国思想界展开了异常激烈的争论。争论聚焦于对中国现实问题起因的分析，对中国改革开放历程的价值判断，以及对中国未来发展方向的探究。② 这些截然相反针锋相对的分析、判断和见解，与严峻的现实交相呼应，呈现出中国问题的复杂性与解决这些问题的艰巨性。在中国发展的这一历史时刻，我们需要厘清中国问题的复杂性，重构现代性理念，以中国当下活着的传统为基础，构建规范中国社会发展的核心价值，以此凝聚社会共识，激发深化改革的力量。

一、中国的历史坐标和未来发展的难题

当下中国正处于“现代化运动与中华文明复兴”、“社会主义与资本主义”、“民族国家与全球化趋势”这三大张力之中。这三大张力标示出当下中国在人类文明发展史上的历史坐标，彰显出确立中国未来发展方向所面临的三大难题。本质主义的、单一化的现代性理念，以及极有可能堕入相对主义的多元现代性理念，都无法使我们解决这三大难题。我们需要建立“复杂现代性”理念，并以此作为分析中国现在所面临的问题、探寻中国未来发展方向的方法论原则。同时需要建立与“复杂现代性”相应的思维方式，以中国传统文化、社会主义文化和现代西方文化三大传统为基础，构建当代中国社会的核心价值。

现代化运动与中华文明复兴运动之间的紧张关系，是我们把握当代中国的第一个坐标。现代化的普遍性和特殊性是首要难题。其问题的关键不在于，不同的民族国家在经验层面是否可能有自己的做法，不同的民族国家是否可能有实现现代化的不

---

* 原载《中国社会科学》2013年第7期。

① 弗朗西斯·福山甚至强调自由民主制度是“人类意识形态发展的终点”和“人类最后一种统治方式”。（参见［美］弗朗西斯·福山著：《历史的终结及最后之人》，黄胜强等译，北京：中国社会科学出版社，2003年，第1页）

② 参见丁学良著：《辩论“中国模式”》，北京：社会科学文献出版社，2011年；何迪、鲁利玲著：《反思“中国模式”》，北京：社会科学文献出版社，2012年；许纪霖著：《当代中国的启蒙与反启蒙》，北京：社会科学文献出版社，2011年；萧功秦著：《超越左右激进主义——走出中国转型的困境》，杭州：浙江大学出版社，2012年。

同方式，而在于：现代化这一历史变迁中是否蕴含着一组普遍价值，是否蕴含着一种具有历史必然性的、昭示历史发展趋势的总体特征，一个国家能否在现代化的过程中保全或保留自己的传统；一个现代化国家能否既具有现代化的总体特征，又具有自己的民族特色，从而在现代化的全球化过程中，保留一种文化的多样性和提供一种发展的可能性；一个国家在现代化过程中，能否走出下述非此即彼的"误区"：要么是"绝对主义"地强调全球只有西方现代化一种模式，要么是"相对主义"地认定各民族各国家的现代化是不可通约的。这是探究中国未来发展方向而必须考虑的第一大难题。

社会主义与资本主义之间的紧张关系，是我们把握当代中国的第二个坐标。社会主义与资本主义是现代性的两种筹划，是现代历史中展开的现代性的两个版本。问题在于，现实的资本主义和现实的社会主义它们各自在现代性中把捉到了什么，在其各自的理念和所追求的价值中包含着什么样的理性和解放潜能，它们各自具有什么样的局限性？在它们的历史展开中又给人类带来了什么样的收获和灾难？这是探究中国未来发展方向而必须考虑的第二大难题。

民族国家与全球化的趋势问题，是我们把握当代中国的第三个坐标。民族国家是现代性的必然选择，还是特定历史力量作用的结果？中国的崛起是否包含着一种超越民族国家的行动逻辑的出现？在现代性的话语框架中，是否可能存在一个不同于民族国家的文明国家样态？现代的民族主义认同更应是一种种族的、疆域的认同，还是更应是一种共同体生存方式、社会制度和价值体系的认同？这是探究中国未来发展方向而必须考虑的第三大难题。

处于三大张力中的今日之中国，是蕴含着前所未有的希望的中国，也是面临着前所未有的困难的中国。其希望在于，中国开始于1978年的社会主义改革经历了三十多年艰苦卓越的奋斗，已经打破了致使苏共败亡的"对政治权力的垄断"、"对经济利益的垄断"和"对真理的垄断"，① 打破了东西方冷战思维模式，已经融入了世界文明的发展洪流，已经坚定地走上了以富强、自由、民主、法治为取向的现代文明国家建设之路。改革开放带给中国人民的不仅是物质的巨大丰富、国家的强盛，更是中国历史上前所未有的自由。改革开放向中国人打开了世界文明的大门，从思维方式、价值观念等各个层面培育着一个现代文明国家的建设者。但我们也必须清醒地意识到，中国社会发展已展现出现有模式所存在的严峻困难和问题，突破艰难险阻进一步深化改革已迫在眉睫。中华民族的伟大复兴，在现有的基础上，究竟应该确立何种价值？究竟能够确立何种价值？

二、"复杂现代性"

上述三大张力，从根本上规定了中国社会的当下境况，同时也在很大程度上左右着中国社会的未来发展方向。要真正掌握中国的命运，就必须从本质上把握这三大张力。就其本质而言，这三大张力都是现代性问题的不同呈现样式。三大张力问题归根结底是一个现代性问题。三大张力的核心在于现代性，即在于中国要以一种什么样的现代性理念来建设一个什么样的现代化国家。我们认为，只有以"复杂现代性"概念才能比较准确而全面地理解当下之中国，并在此基础上弄清楚当代中国需要一套什么样的既立意高远具有感召力又脚踏实地具有可行性的核心价值。

当代中国的希望与困难都昭示着，中国正处于"现代性转型"，即一个"现代文明秩序的建立"之中。作为现代化的后发国家，我们在尚未完成现代化之时，已经遭遇了思想家对现代性的强烈批判，

① 俄罗斯联邦共产党中央执行委员会主席久加诺夫认为，苏共垮台的真正原因是它的"三垄断"制度。参见李凌：《究竟是何种制度性因素导致苏共垮台?》，陆南泉、黄宗良、郑异凡、马龙闪、左凤荣主编：《苏联真相：对101个重要问题的思考》（下），北京：新华出版社，2010年，第1187—1203页。

尚未实现现代化的解放潜能，已经看到甚至经历了现代化的种种弊端。这一境遇使我们在确立未来发展方向时腹背受敌左右为难进退失据。面对这一艰难情境，我们认为，需要建立“复杂现代性”的理念，并以此作为分析中国现实问题的理论框架和探寻中国未来发展方向的方法论原则。

“现代性”（modernity）就其外延而言，是相对确定的。它特指那些发端于西方启蒙运动的价值理念和文化精神。这些价值理念和文化精神在从传统农业文明向现代工业文明的社会转型过程中孕育、丰富，并对这一过程发挥着规范作用。但是，就“现代性”的内涵和对现代性的价值判断而言，西方思想家们的见解却有很大分歧。按照齐默曼的见解，现代性在海德格尔那里可概括为三个层次：一是以理性主义、效率至上观为核心的现代观念体系；二是以机器生产为标志的现代工业体系；三是把一切存在者当作对象乃至质料的现代揭示方式。① 在海德格尔看来，现代性的要害在于主体性原则大行其道，技术的本质即所谓的“座架”君临天下：“在以技术方式组织起来的人的全球性帝国主义中，人的主观主义达到了它的登峰造极的地步，人由此降落到被组织的千篇一律状态的层面上，并在那里设立自身．这种千篇一律状态成为对地球的完全的（亦即技术的）统治的最可靠的工具。现代的主体性之自由完全消融于与主体性相对应的客体性之中了。”② 这一理解颠覆了黑格尔—马克思传统对现代世界历史进程的理解。历史不再是通过辩证的自我扬弃而实现的进步过程，而是主体以自我保存为原则而展开的自我否定的毁灭过程。

另一位德国思想家哈贝马斯把现代性理解为一个未完成的设计。在他看来，现代性观念诞生于18世纪启蒙时代，它努力把现代文化中积累的科学—技术、道德—法律和审美艺术的理性潜能释放出来，以改变传统的社会结构和生活方式，实现社会的合理化。虽然现代性存在着这样那样的问题，但是，它仍然是一个具有解放潜能的、有待我们去完成的方案。③ 现代性对物质世界的客观理智态度、对道德和法律的普遍主义意识以及自我实现的人格理想等规范，并非现代文化的错误观念。民族国家、市场经济、形式民主、大众教育、科层化体系，也不仅是福柯所说的人的规训机器，它们同时还是保障现代物质生活和实现人的自由的条件。海德格尔与哈贝马斯对现代性的理解截然不同，但都是深刻和有意义的。从尼采、海德格尔到阿多诺等人对现代性所进行的激进批判，破除了人们对现代性的迷信，让人看到了现代性的危险。而哈贝马斯主要从思想解放和社会解放角度所理解的现代性，使人认识到现代性的积极和肯定的方面。对现代性正反两方面的认识，对于后发现代化国家确立自己的发展方向而言，具有格外重要的意义。但是，我们也应该看到，他们的理论在本质上都把现代性理解为一个单一的整体，并且都是根据自己的立场，仅从某个维度来理解现代性，而没有意识到现代性在时间维度和全球化空间维度中的运行，及这种运行所产生的多样性、差异性和复杂性。

关于现代性在全球化背景下的复杂性，有两种观念特别值得关注。一是世纪之交西方学者提出一个新的概念：“多元现代性”（multiple modernities）。此概念一经提出，立刻吸引了人们的目光，成为解读全球化的重要概念。按照该理论的创立者以色列社会学家 S. N. 艾森斯塔特的观点，“多元现代性”概念指的是一种对待现代世界特征的当代观念，它直接针对的是学术界和一般话语中流行的各种看法，如20世纪50年代出现的现代化理论和工业社会趋同论，甚至更早的马克思、杜克海姆和韦伯等

---

① Michael E. Zimmerman, *Heidegger's Confrontation with Modernity: Technology, Politics and Art*, Bloomington: Indiana University Press, 1990, pp. xiii-xxii.

② 孙周兴选编：《海德格尔选集》（下），上海：上海三联书店，1996年，第921—922页。

③ Jürgen Habermas and Seyla Ben-Habib, Modernity versus Postmodernity, *New German Critique*, No. 22, Winter 1981, p. 3.

经典社会学对现代世界的分析，因为“它们都假定，尽管只是含蓄地假定，在现代欧洲发展起来的现代性文化方案和那里出现的基本制度格局（constellations），最终将为所有正在现代化的社会及现代社会照单全收；随着现代性的扩张，它们将在全世界流行开来。”① 20世纪末苏联和东欧社会主义的解体，中国和其他社会主义国家的市场经济改革似乎强化了这种单一现代性的观点。但是，按照艾森斯塔特的看法，不论是作为解释的方法，还是作为思想立场，这种单一现代性概念都是值得质疑的。艾森斯塔特说：“出现的现实证明根本不同。所有或大部分社会的实际发展表明，各种各样不同的制度领域——经济的、政治的、家庭的领域——持续地呈现出了相对自主的维度……当代的发展并没有证实这种‘趋同’假设，而是突出了现代社会极为丰富的多样性，即使经济发展方面相似的社会，如主要工业资本主义社会——欧洲社会、美国和日本，也是如此”。②艾森斯塔特的结论是：“现代性的制度模式和意识形态模式的持续的可变性表明，现代性的历史，最好看作是现代性的多元文化方案、独特的现代制度模式以及现代社会的不同自我构想不断发展、形成、构造和重构的一个故事——有关多元现代性的一个故事。”③我们生活的世界既不是福山所说的同质化的“历史终结”，也不是亨廷顿所说的“文明冲突”，而是多元现代性。④原初的现代性是西方的，但是，现代性的全球化不能理解为原初现代性的扩展，而应该理解为在应对和互动中的新文明的形成。当代世界是一个多元现代性的世界，不同的国家虽然共享着许多共同的特征，但又有自己的特殊性。⑤ 因此，艾森斯塔特明确说：“‘多元现代性’最重要的意义是现代性与西方化并非同一个概念；现代性的西方模式不是唯一‘本真的’现代性模式，虽然它享有历史的优先性，并继续成为其他现代性的参照物。”⑥

抽象地说，“多元现代性”概念没有问题，它表达着现代性在全球空间的互动关系中形成的同一性与差异性的辩证法。但是，“多元现代性”所强调的不仅是现代性的多样性（varieties of modernity），而且是多个现代性（multiple modernities），如此一来，现代性这一概念的普遍意义就被稀释了。⑦ 于是，人们不假思索地谈论起欧洲现代性、穆斯林现代性、东亚现代性，乃至中国现代性、日本现代性等。于是现代性概念似乎成了一个空洞的容器，可以盛载现代世界出现的一切社会形态。正因如此，有学者从捍卫现代性公共因素的角度，对“多元现代性”提出了批评：“在西方中心论得到普遍质疑的今天，多元现代性获得了相当广泛的认同。问题在于，如何理解多元现代性？显然，有两种不同的思路。一种是文化相对主义的，认为不同民族与国家的现代性都是特殊的、不可比较的，没有一个可通约的普遍标准，如果有的话，背后就是潜伏的、隐蔽的西方中心主义。另一种思路是承认现代性可以有欧洲的模式、美国的模式、日本的模式、中国的模式，它们都是特殊的现代性，但特殊之中有普遍，多元现代性之间有一些彼此可以通约的普世价值。”⑧

与多元现代性理论对现代性所进行的反思不同，西方一些思想家试图从时间维度对现代性的变化做社会学的解释。吉登斯基于人类行为对自身生活环境的反馈性，提出了“反思的现代性”概念：“随着现代性的出现，反思具有了不同的特征。它被引入系统的再生产的每一个基础之内，致使思想

①②③④ ［以色列］艾森斯塔特著：《反思现代性》，旷新年、王爱松译，北京：生活·读书·新知三联书店，2006年，第6、14、19—20页。

⑤ S. N. Eisenstadt, Multiple Modernities, *Daedalus*, vol. 129, No. 1, Winter 2000, p. 1.

⑥ S. N. Eisenstadt, Multiple Modernities, pp. 2-3.

⑦ Volker H. Schmidt, Multiple Modernities or Varieties of Modernity? *Current Sociology*, vol. 54, No. 1 (January 2006).

⑧ 许纪霖著：《当代中国的启蒙与反启蒙》，社会科学文献出版社，2011年，第141页。

和行动总是处在连续不断地彼此相互反映的过程之中”，① 现代性因此具有了反思性，也就是说，现代性的“社会实践总是不断地受到关于这些实践本身的新认识的检验和改造，从而在结构上不断改变着自己的特征”②，从而反思性成为现代性的一种基本特征。在《现代性的后果》一书中吉登斯提出，现代性是一个非连续性的动态过程，我们不是处在后现代性时代，而是生活在一个高度现代性（high modernity）或晚期现代性（late modernity）的时代。③在吉登斯看来，与早期现代性相比，晚期现代性有三个特征。首先，全球化使早期现代性的时空分离特征更加突出，人们的生活不仅失去了传统的稔熟的生活背景，而且由于经济全球化和媒介的全球化而受到不可见的远距离事件的影响。其次，由于传统伦理生活经验的解体，在高度现代性中，人们日益依赖于抽象知识和专家系统，人与人的信任关系越来越抽象化。最后，随着韦伯所说的社会合理化程度的提高，现代社会制度越来越具有反思性，它控制的对象不仅包括自然的事物和人的生产，而且包括人自身的生活方式，甚至是人的隐秘的私生活。④

乌尔利希·贝克在类似的方向上提出了“第二现代性”概念，以区别于启蒙时代形成的第一现代性理论。按照他的观点，由于现代科学技术的发展，人类已经生活在自己的活动所产生的风险之中，现代技术和生产网络瓦解了第一现代性中个人、国家与全球之间的固定界限，全球化与个人化已经交织在一起，渗透到政治、经济和文化生活等所有领域。在第一现代性中，人通过自己的行动作用于世界，而在第二现代性中，被人类改变了的世界反过来又作用于人本身，因此，人们的生活越来越被迫卷入非确定性的风险之中。

吉登斯与贝克都认识到，现代性不再是一个可以独立于人们的行为及其结果来定义的固定目标。由于技术和交往关系的变化，现代性后果已经内在地进入到现代性的条件之中，我们不能再把现代性的目标与现代性过程做截然的区分。但是，他们的理论本质上是欧洲中心主义的现代性概念，“反思现代性”、“高度现代性”或“第二现代性”等概念所关注的只是西方社会技术、文化和人的心理态度的变化。

“多元现代性”理论和“第二现代性理论”都试图超越传统的单一的线性进化的现代性理论，因而为我们把握现代性的非连续性、多样性提供了思想资源。但是，这些理论都存在着弱点，它们都只把握了现代性复杂性的某些方面，未能对现代性的当代格局提供一个有说服力的理论框架。

原初现代性（original modernity）起源于西方。如果我们不是把现代性视为某种事物，而是视为一个“历史的筹划”，视为一个不断展开和进行着的过程，那么我们就会看到，起源于18世纪欧洲的现代性，在穿越两个多世纪的历史时间和从欧洲到全球的空间之后，在经历了资本主义与社会主义两种制度的竞争和试验之后，在经历了民族国家冲突和战争之后，它再也不能保持其原有的纯粹性和简约性。在长达两个多世纪的时空旅行中，现代性已经嵌入到不同的民族国家、不同的文化传统、不同的社会制度和不同的社会运动的网络之中，而且现代性也在这种时空旅行中重构、丰富与改变着自身。在当今时代现代性不是一个事物，而是一个各种力量相互斗争的力场，它的任何一个原则、力量、要素在建立自己的霸权时，都会受到其他要素、原则、力量的反制。作为一个历史展开着的过程，现代性的诉求经过民族解放运动、社会主义运动、女权主义运动、生态保护运动、族群和文化运动等反抗和冲击之后，已经不再能够完全维持其原有定义。

①②③ ［英］安东尼·吉登斯著：《现代性的后果》，田禾译，南京：译林出版社，2000年，第33，33、34，42、92、143页。

④ ［英］安东尼·吉登斯著：《现代性与自我认同：现代晚期的自我与社会》，赵旭东、方文译，北京：生活·读书·新知三联书店，1998年。

我们认为，现代性问题在当代的呈现形式，既不是“多元现代性”，也不是“第二现代性”，而是容纳“多元现代性”、“第二现代性”所涉及的问题在内的“复杂现代性”。

作为一个分析框架，“复杂现代性”概念的基本立场，是在肯定“现代性”的普遍性、共性和相对确定性的基础上，强调“现代性”在空间、时间和内在结构上的特殊性、多样性和实现过程中的不确定性；在肯定它所呈现的农耕文明向工业文明转型的普遍趋势的基础上，强调它自身理念的演化和表达形式的多样化。肯定“现代性”的普遍性、共性和相对确定性是“复杂现代性”概念的前提。即它肯定“现代性”是具有特殊历史定位和特定内涵，具有相对确定的内涵和规定性，它“特指西方理性启蒙运动和现代化历程中所形成的理性文化模式和社会运行机理”。① 以现代性规范为例，“现代性”肯定个体主体性、个体尊严、自由、理性、平等、民主、法治等一组可以沿着这个方向拓展的基本价值。“现代性”所肯定的这些价值直接针对的是农耕文明时期所肯定的基本价值，呈现出更能满足人类普遍需要这一人类社会进步的特点。工业文明之所以能够在不到一百年的时间内创造出比过去一切世代所创造的全部生产力还要多、还要大的生产力，与这些基本价值在制度、社会运作方式和人的精神气质方面的落实（尽管这一落实是相对的）是直接相关的。期望生产力的这一巨大发展，但却拒斥促使生产力产生这一巨大发展的基本价值，以牺牲一些重要的价值为代价，仅仅追求器物层面的现代化，不仅必将产生畸形的现代化，而且这种畸形的现代化也必将因其与现代化过程所生成的人的需要相抵牾，而最终窒息自身发展的活力。因此，我们所面临的选择是顺应历史发展趋势，建设一种健康的、具有强大活力和长远生命力的现代化，还是选择一种忽略文明发展在器物、制度和观念方面进步的整体性，而只是追求器物文明单方面发展的畸形的现代化。日本军国主义、德国纳粹主义和苏联斯大林模式等，世界现代史现代化发展过程的种种历史教训，以及中国现代化过程曾经经历过的切肤之痛，告诫我们只有肯定“现代性”的整体性、普遍性、共性和相对确定性，才能使我们免于堕入相对主义，才能使我们清醒地把握人类历史发展的趋势，把握文明转型的必然性、必要性，并在这一前提下，确定构建中国社会核心价值的基本方向。

强调“现代性”在空间、时间和内在结构上的特殊性、多样性和实现过程的阶段性和不确定性（包括试错），是“复杂现代性”概念对现代性在经历与不同文化相结合的历史演变和当代呈现形态的一种把握。“复杂现代性”概念所指谓的现代性的复杂性包含三个维度。其一是指，在现代性诸多规范的协调性和内在结构的自洽性方面呈现的复杂性；其二是指，现代性在实现条件和实现方式上的复杂性；其三是指，现代性所呈现出来的一种发展性，即在其实现过程中它的规范、内在结构所呈现出来的生成性和所具有的开放性。作为一种“尚未完成的设计”，各种文化都有可能在现代性的实现过程中，对现代性原有的规范做出新的诠释和补充，生成现代性新的理念和新的规范。人类文明的发展，绝不可能是一种既有且固定的模式的推广，不同文化之间的相互学习，对本民族与其他民族经验教训的汲取和反思，在不断实践的过程中选择更适合自己文化的、在原有传统中可以获得丰厚资源的实现形态，是人类文明健康发展的一般规律。因此，我们只有认清现代性在这三个维度上的复杂性，才能免于落入绝对主义，才能丢掉全盘接受其他民族的现代性实现方式而使中国完成文明转型的幻想，更切实地根据中国的现实、中国的文化传统，探索更切合中国实际的现代性的实现方式，构建一种能够尽可能克服以往现代性的缺陷的、更好（不仅对中国的发展而且对整个人类的发展都更好）的现代性。

就当前中国的现实而言，建立复杂现代性理念，在肯定现代性普遍性的前提下，认清现代性规

① 衣俊卿著：《现代性焦虑与文化批判》，哈尔滨：黑龙江大学出版社，2007年，第293页。

范及其内在结构的复杂性，对于我们历史地审慎地对待以往现代性的理念，从以往现代性过程中汲取教训是一个更为迫切的任务。在人类文明转型中现代性规范的丰富和发展，对现代性规范及其相互协调性的反思从不同的维度展示了现代性的复杂性。

18世纪启蒙思想家试图以个人“自由”观念为核心建立一个法治国家，但是，在此以后，又出现了与个人自由观念相竞争的来自低层人民的“民主”要求和来自工人阶级的“平等”要求，这些价值的出现其最初动机都是要超越现代性的片面形式，以更好地实现现代性的要求，但其结果却不可逆地铭刻在现代性之中，改写了现代性概念本身。

为了便于理解现代性概念的复杂性，我们不妨借助阿玛蒂亚·森对自由、平等和民主问题的相关讨论。他在《以自由看发展》中指出，在现代世界中，没有一种意识形态不承认自由，但是，对自由却出现了各种不同的理解。这些不同观点的产生不是偶然的，它们都是以自由概念本身的某些方面为前提的。自由主义强调“自由”就是意志和行为上不受约束的状态。这种自由当然是有意义的。我们不能用“自由就是对必然的认识”质疑和否定之。但是，如果自由不体现为人们实现其目标的能力，那么自由是没有真正意义的。于是出现了消极自由与积极自由两种观念的对立。这种对立不是偶然的，它反映了自由问题在现代社会的复杂性。

在平等问题上，也存在着同样的困难。在《论经济不平等/不平等之再考察》中，阿玛蒂亚·森明确说：“对‘什么要平等’这一问题的不同回答就可能成为划分社会制度安排的不同伦理理论的基础。”① 关键是何谓平等、何种平等、谁之平等、如何平等？自由主义认为，“平等”就是法律平等或机会平等，而平等主义强调资源平等、需求满足平等或能力实现平等。现代性的规范自身再次出现内在冲突。

在最近的《民主作为普遍价值》② 中，阿玛蒂亚·森再次讨论了民主问题。他认为，虽然民主尚未成为普遍的实践，但在全球舆论氛围中，民主政府现在已经获得了普遍正当的地位。然而，在民主问题上自由主义传统与社会主义传统是对立的，前者把民主理解为普选权、议会制以及三权分立等法律权利和程序，而社会主义强调民主是人们对公共事务的参与和自我管理。

如果我们承认自由、平等和民主是现代性的普遍价值，同时又看到，对每一个价值实际上都存在着相互差异甚至冲突的立场，我们就可以理解，现代性理论的核心问题不是所谓的普遍性和特殊性之间的关系问题，而是现代性观念的简单性和复杂性之间对立的问题。

让我们转向现代性的制度层面。长期以来，自由主义思想家相信，自由竞争的市场经济不仅是实现经济繁荣的工具，而且是实现人的自由的条件。而社会主义者则认为，国家不仅是实现经济有计划发展的工具，而且是实现人类解放和平等的工具。实际上，这两种观念都未完全通过历史的检验。虽然马克思对资本和市场交换的批判，今天仍然有生命力。但是，苏联的国家主义的社会主义制度不论在经济上还是政治上都失败了，它不仅没有真正实现平等，而且产生出比资本主义异化更严重的官僚主义。同样，不论是20世纪30年代的经济危机还是最近的金融危机都表明，资本主义市场模式并不像其鼓吹者所相信的那样，具有合理的调节资源分配和灵敏驾驭经济周期的能力。资本主义与社会主义的挫折和失败的历史表明，现代社会是复杂的，任何单一的简单的现代性方案都无法处理现代社会面临的复杂问题。我们不能把社会主义和资本主义的挫折和失败，简单地归结为哪种意识形态和权力斗争的挫折与失败，它们更是以简单现代性方案应对复杂现代性条件的挫折与失败。

---

① ［印度］阿玛蒂亚·森著：《论经济不平等/不平等之再考察》，王利文、于占杰译，北京：社会科学文献出版社，2006年，第218页。

② Amartya Kumar Sen，Democracy as a Universal Value，*Journal of Democracy*，vol. 10，No. 3 (July 1999).

从复杂现代性概念出发，我们可以更深入地理解中国改革开放的成就和问题。一方面，我们可以说，中国改革开放的成功原因之一就是落实了复杂现代性的思路，在经济上实现了跨越性的发展，虽然我们很少明确意识到这一点。邓小平著名的“白猫黑猫”论和“摸着石头过河”论，实际上就是一种复杂现代性思维。有些西方学者感叹，中国的许多做法是不合逻辑的，它能够把如此多的、似乎矛盾的因素结合在一起。另一方面，我们也应该看到，当前社会存在的许多缺陷和问题，恰恰又是由简单现代性思维造成的。如盛行于政府管理和政策导向中的“增长主义”就是如此，它把经济增长当作高于一切，完全不顾社会的复杂性。现代社会是一个复杂的结构，经济、政治、文化是相互依赖的。任何一个方面受到损害，都会妨碍其他目标的实现。有些措施和政策，在某些时候可能是复杂关系的一个纽结，因而是有效的，但在另一时候它可能就成为与其他方面相脱节的简单化做法。

遗憾的是，简单化思维仍然支配着不少中国学者对现代性和中国发展道路的思考。当今学界关于中国的改革和未来发展有各种主义，这些主义或者要求按照西方模式建立规范的市场经济、法治国家、代议民主；或者要求回到国家主义或民族主义立场，通过国家来限制市场，实现社会主义的平等目标；或者要求回到传统文化，建立一个以中华文化为基础的儒家社会；或以民族文化和民族认同来实现富国强兵，建立自己主导的世界体系。这些观点并非都是错误的，但是，如果忘记了现代性在规范和制度上的复杂性，而将某一原则、某一制度绝对化，都会陷入捉襟见肘、顾此失彼的困境。我们认为，中国不论在改革的目标设定上还是制度的改革上，都需要有复杂现代性意识，一方面保持对现代性规范的内在矛盾和冲突的敏感性，另一方面保持对现代化的经验条件和实践过程的敏感性。

就规范的敏感性而言，自由、平等、民主、法治、全球正义、文化认同等理念，并非个人单纯的思想偏执，而是人们对现代性成就的认知，或面对现代性消极影响的不满和批判的表达。在它们背后都有着可理解的道德冲动和社会愿景。所谓规范的敏感性，意味着我们不能轻易把不同的现代性规范，或现代社会的不同制度形式，简单地还原为意识形态的符号或利益和权力的工具，相反，我们需要去理解，在这些要求背后到底存在着什么合理冲动和价值诉求。同时，规范的敏感性意味着，我们必须意识到，任何单一的规范都无法涵括现代性的要求，而且不同的规范之间并非总是和谐一致的。现代性并非上帝为人们描绘的蓝图，它是人们在为争取更好生活而斗争过程中产生的，我们不能简单地把哪个规范作为“终极词汇”，更不能把现代性原则视为没有内容的空洞符号。只有保持对现代性规范的敏感性，才有可能既保持对现代性事业的思想忠诚，又避免虚无主义和犬儒主义。

就现实的敏感性而言，我们可以把它分为对现代性的实现条件的敏感性和对现代性制度的实践后果的敏感性。复杂现代性是全人类的共同处境，现代性在它经历了从欧洲到全球的空间旅行，从民族国家时代到全球化时代，从资本主义到社会主义的实践尝试之后，就不可能停留在简单的状态之下，而是镶嵌在各种复杂的力量和关系之中，镶嵌在自身活动造就的结果之中。多元现代性概念之所以受到人们的关注，其原因在于我们已经告别了单一现代性的线性发展阶段，进入到现代性的复杂的相互影响的阶段。我们之所以强调对待现代性不仅需要规范的敏感性意识，而且需要现实的敏感性意识，原因在于，现代性的实践不可避免地会受到技术与自然、生产与消费、市场与国家、文化与社会、国内与国际等复杂关系的制约。不仅如此，在这些关系中，每一因素在特定国家又带着其历史时间和发展阶段的特征。如果我们不能意识到现代性在其展开的特定场域，以及这些场域之间的复杂性，就会陷入理智的空洞和实践的鲁莽。

对中国来说，保持现代性的现实敏感性尤其重要。中国是一个发展中大国，处在现代性尚未完成的阶段，但却被迅速地卷入与吉登斯所说的“高度现代性”的竞争之中。这一复杂的历史境遇容易产生两个方面的后果。一是容易使人以西方国家为他者之镜，而妄自菲薄；二是容易使人以落后国家为他者之镜，自鸣得意。这两种情况并存于当下中国。其实，对一个社会的评价标准应该是该社会在多大程度上实现了自身的现实潜能和可能性，而不仅仅是与他国的差异。现实的敏感性当然涉及对特定现象进行评价的复杂问题，但是，在生活中我们直观到，有一些消极和负面的社会现象明明是应该改善的，而且是可以改善的，却行之若素。如果我们有对现代性规范的忠诚，又有对现实的复杂敏感性，意识到规范与现实的矛盾既是挑战，也是机会，就可以最大限度地完善改革，积极地改善社会。

现代性作为一种反思的自我规定的生活态度，在任何时候都可能卷入规范与现实之间的矛盾。但是，在中国这一矛盾尤其突出。一方面，现代性对我们来说是一个未完成的计划，我们在许多方面都需要补课。另一方面，即使我们以“社会主义初级阶段”言说我们当下的处境，人们还是有可能误认为我们已经超越了资本主义现代性阶段。这种事实与观念的反差往往使我们陷入时空错位，误将现实中不合理的现象理解为社会主义特有的现象；误将我们应该接受的理念，当作批判的对象，不切实际地以一种抽象的完美理想否定现实可行、但却不那么完美的尝试。正因为这种时空的错位和我们观念的混淆，所以使人们易于陷入理想的抽象争论，而忽略对中国现实问题的研究和对切实可行的发展道路的探索。

从理论上说，马克思的未来社会理想是一个扬弃了资本主义现代性的限制的后资本主义阶段的高级现代性。马克思关于未来社会的理想是值得追求的，但它的实现需要以高度发展的生产力为基础的社会整体的发展。我们需要为实现这一理想奠定坚实的基础，而不是超越历史阶段地以这一理想作为否定我们现阶段实践的标准。我们需要在规范敏感性和现实敏感性的前提下，切实地思考当代中国的现代性目标，寻找实现这些目标的途径。中国要实现马克思关于未来社会理想，在短期内需要完成西方在早期现代阶段完成的任务，即需要总结多种现代化路径的经验教训，以确立适合中华民族文化传统和现实基础的融贯的现代理念，需要建立符合现代性要求的法律、经济、政治和社会制度。从长远看，我们应该也可以利用中华民族文化传统的思想资源和马克思现代性理想的规范优势，合理地运用我们的大国地位和优势，提出具有世界历史意义和全球影响的现代性理念，创造一种新的现代化文明模式。

三、中国社会发展的核心价值

核心价值的建构是当代中国所面临的一个理论难题，也是一个重大的实践问题。中国社会的进一步发展，新的现代化文明模式的创造，离不开核心价值的规范。中共十八大第一次明确提出了“社会主义核心价值观”概念并将其内容具体表述为：“倡导富强、民主、文明、和谐，倡导自由、平等、公正、法治，倡导爱国、敬业、诚信、友善，积极培育社会主义核心价值观。”这是中国共产党人在新的历史条件下，充分考虑到人类文明的普遍价值和中国人民对美好生活的热切期待，从国家、社会与个人三方面对社会主义核心价值所做的高度概括。这一最新概括之所以需要12个词来表述，正是因为中国人民对于自己当下正在从事的现代化建设的复杂性已经有了清醒的理论自觉。

“复杂现代性”概念的提出不仅有助于我们从现代性视角深入而全面地理解处于三大张力中的当代中国，而且有助于我们从价值论维度对中国社会发展核心价值的构建进行一种尝试。这种尝试无疑将从理论上深化我们对社会主义核心价值观的领会与理解。

现代化的核心是发展问题，而社会的发展从来都是一个复杂的系统工程。就中国社会的发展而言，我们首先需要探究发展模式的核心价值和规范内容；其次，需要探究实现这一发展理念的制度安排；最后，需要探究建立上述制度的现实条件和具体途径。而面对这一涉及大量的复杂的理论阐释和实践探索工作，我们将本次的研究限定为，以“复杂现代性”为理论框架，构建一套既适应中国国情又具备世界视野的中国社会核心价值。

社会核心价值的确立，首先面临规范与事实的关系问题。任何社会核心价值的构建都必须依赖一定的传统，而不可能凭空进行。就处理传统价值理念与当代价值理念的关系而言，一方面，我们必须意识到，传统之为传统在于，过去流传下来或历史积累的思想仍然对人们的行为和思想产生着影响。但是经验存在的事实性并不能保证它的规范合理性和价值合理性。所以我们必须对传统进行批判性反思。而现代性的规范构成了我们对传统进行阐释、反思和再建的参照。另一方面，我们也必须意识到，任何社会价值系统的构建本质上都是价值的自我转化过程，而不是无中生有的创造工程。在这个意义上，任何社会价值系统的构建都必须依赖这一社会已有的思想和文化资源。就其本质而言，社会价值系统的构建只能是用传统生产传统。从历史和当下的生存经验来说，我们认为，活在当下中国人精神世界的主要有三大传统，而这就是我们构建中国社会价值系统的思想资源。

第一个传统是中国传统文化。中华文明之所以源远流长，有着顽强的生命力，主要原因在于，它包含着个体自我完善和群体关系和谐的规范和精神动力。虽然由于农耕文明的历史局限，在以儒家为主导的中国传统文化中包含着封建王权、男权、家族主义和民族尊卑等级的观念，诸如此类的这些观念与现代性的个体主体性、平等、自由和民主的价值相冲突。但是，它也包含着超越西方狭隘个人主义、物质主义和狭隘民族主义的真知灼见。这些真知灼见成为我们构建中国社会价值系统的不可或缺的思想资源。

第二个传统是现代西方文化。对于中国文化而言，西方文化是舶来品，在中国文化结构中它的身份飘忽不定，时而受到推崇，时而受到排斥，或推崇至极，或鞭笞至极。但随着改革开放三十多年中国与西方越来越广泛和深入的交往，对于当代中国人而言，现代西方文化实际上已经成为中国文化的一个组成部分，甚至我们已经不能再简单地把它作为外来传统而看待，就如我们已经不能再简单地把佛教作为外来宗教而看待一样。现代西方文化传统的精髓是什么，仁者见仁，智者见智。但就现代西方文化传统对我们生活的影响来说，其精华似乎不外乎尊重科学技术，尊重人权与民主，尊重契约与规则，崇尚个性和自由等积极方面。这些积极的方面成为我们构建中国社会价值系统的不可或缺的思想资源。

第三个传统是社会主义。社会主义作为一种文化资源，对于自马克思主义传入中国后的几代中国人而言具有特别重要的意义。它既是一种社会理想，同时又是主流意识形态。社会主义观念在规范动机上是完全可以理解的。一方面它反对由剥削产生的不平等；另一方面它反对由市场逻辑和商品化逻辑的普遍统治导致的异化。就当代中国而言，尽管社会主义试验有过惨痛的经历，但是，它的平等要求和中国社会主义实践曾经取得的辉煌成就，成为凝聚在中国人精神世界中的不可磨灭的记忆，它是一个活着的有巨大生命力的传统。不论作为一个批判商品经济异化和不平等的价值视域，还是作为激励我们追求未来社会合理发展的理想，社会主义都是构建中国社会价值系统不可或缺、也不应或缺的思想资源。

活在当下中国的这三大传统为中国进行现代性实践提供了必要的文化因素。要构建中国社会的核心价值，我们就必须认清我们的历史境遇和历史命运，必须摆脱纯洁化、简单化思维方式的束缚，建立复杂现代性的思维方式，立足当代中国的现实和人类文明发展的趋势，接纳这三种传统的思想资源，力求在此基础上创造一种既基于这三种传统、容纳这三大传统精华，又超越这三大传统局限的新传统。

一个国家文化传统的建立，首先取决于这个国家的制度。邓小平在总结世界社会主义运动和中国社会主义实践的经验教训时说：“领导制度、组织制度问题更带有根本性、全局性、稳定性和长期性。”“这些方面的制度好可以使坏人无法任意横行，制度不好可以使好人无法充分做好事，甚至会走向反面。"①《论语》中记载，当季康子问政于孔子时，孔子说："政者，正也。子帅以正，孰敢不正?""子欲善而民善矣！君子之德风，小人之德草，草上之风必偃。"② 基于对文化传统生成机制的这一理解，我们认为中国社会核心价值的构建，首先需要探究的是国家制度层面的核心价值，主流意识形态的核心价值，通过建设体现中国社会核心价值的制度和以主流意识形态的化育而造就良好的社会风气，而"新民"，而形成中国新的传统。在"复杂现代性"概念的引导下，我们将这一层面中国社会核心价值概括为："人民为本，天下为公，敬德正义，自由和谐"。

"人民为本"表达的是确立中国社会发展战略、安排各项制度和确立各种政策的首要价值和当代中国社会价值系统的底线。它体现的是这一价值系统的社会主义性质。所谓"底线"，是指这一价值排序原则的改变，将意味着整个价值系统的变质。作为价值排序原则，"人民为本"的基本含义是：在权衡社会发展所面临任何价值冲突时，制度安排应该始终将保障广大人民群众的利益置于首位。

"人民为本"是马克思主义社会主义传统的最根本原则，是现代社会一种普遍的政治合法性理念和执政理念，是现代西方文化传统民主理念的中国化表达，是中国文化"民贵君轻"、"保民爱民"这一优秀传统的当代阐释。为人民谋福利是中国共产党的一贯宗旨，也是中国共产党执政合法性的坚实基础。执政党只有以"人民为本"，始终将广大人民群众的利益放在第一位，才能抵御资本和权力的巨大诱惑，始终将"为人民服务"作为执政的首要原则，并通过制度安排和制定政策为民谋利。

"天下为公"表达的是中国在确立社会发展战略和处理国际事务中始终将捍卫人类共同利益作为最高原则的价值境界。"天下为公"作为一种价值，内在于一切优秀的文明和思想传统之中。作为一种价值境界，"天下为公"内在于马克思主义的社会主义传统：力主破除狭隘的民族主义，以解放全人类为奋斗目标；同时，也内在于中国文化的优秀传统。《礼记》"礼运篇"明确提出，"大道之行也，天下为公。"③ 孙中山把"天下为公"作为革命党的旗帜，并赋予其鲜明的现代性含义。中华民族从来就有以天下者观天下的博大胸怀，而不是一个狭隘的民族主义者。只是在现代民族国家的世界体系的压缩下，在列强的欺凌下，为了民族自救中国人原有的天下主义被压缩为一种民族主义。作为一种价值境界，"天下为公"还包含了对现代生活方式给人类所带来的灾难的反思；它不仅是建立在一种新世界观基础上的对人类活动必须遵循准则的理解，也是基于一种新世界观所构建的有全球意识的全球化理念；同时还是中华民族对自己历史使命的确认。作为一个地理、人口、经济与政治大国，中国已经介入全球化，并将在全球化中发挥越来越大的影响。作为后现代化国家，中国对全球化的介入必须具有与一个伟大文明相称的先进的全球化理念和对整个人类负责的价值境界，以克服将人类带入灾难之中的生产主义、消费主义和民族主义的狭隘视野，为突破全球化过程中的民族国家利益分割和冲突的僵局，构建全球正义秩序，贡献自己的智慧和力量。

"敬德正义"表达的是中国健康发展的"正路"（孟子语④）。"敬德"⑤ 体现的是中国传统对人之为

① 《邓小平文选》第2卷，北京：人民出版社，1994年，第333页。

② 《论语·颜渊第十二》，参见金良年：《论语译注》，上海：上海古籍出版社，2010年，第199—200页。

③ 杨天宇撰：《礼记译注》（上），上海：上海古籍出版社，2007年，第265页。

④ "仁，人之安宅也；义，人之正路也。旷安宅而弗居，舍正路而不由，哀哉!"（《孟子·离娄上》，参见金良年：《孟子译注》，上海：上海古籍出版社，2010年，第150页）

⑤ "敬德"是《尚书·周书》的核心词。如《周书·召告》："呜呼！天亦哀于四方民，其眷命用懋，王其疾敬德。""节性，惟日其迈，王敬作所，不可不敬德。""知今我初服，宅新邑，肆惟王其疾敬德。王其德之用，祈天永命"等。参见孙星衍撰，陈抗、盛冬铃点校：《尚书今古文注疏》，北京：中华书局，2004年，第396—399页。

人的尊严的肯定。“敬”就是崇敬、正心诚意，对待规范和人之为人之价值和尊严的敬畏之心；而“德”可以理解为规范、原则、德性和人之为人的价值与尊严；“敬德”意味着“明明德”，“止于至善”，① 敬重人之为人之价值和尊严，诚心诚意按照规范和价值为人行事。“敬德”是中国文化传统的一个核心价值，它突出了中国传统道德意识中重义而超功利性和人格自主性的维度。古人言敬德，重在一个“敬”字。“敬”强调发乎内心，“在貌为恭，在心为敬”。“敬德”是人对崇高的德发自内心的敬仰。在中国传统文化中，“敬德”还是统治者拥有统治资格的一个条件。在中华传统文化看来，德源自天，体现天道，唯有体现天德才是有德者，而只有有德者才配享天命。因此周公将“敬德保民”作为统治的合法性基础。将“敬德”作为当代中国社会核心价值，不仅是对中国人自己的道德传统的接续，而且是为人类走出现代社会的虚无、平庸提供一种智慧。在今日之中国，重建价值信念的关键，是重建人之为人的尊严。以儒家对人之为人的尊严的理解，克服当下中国精神世界中的虚无主义、犬儒主义和拜金主义，同时超越西方现代性的局限，在肯定个体主体性的基础上，强调人与人的合作，强调社会的和谐、世界的和谐。一个敬德的民族，才是值得尊敬的民族。中华民族的复兴，更重要的是重建中华民族的精神；中华民族的富强，更重要的是作为一个值得尊敬的民族的富强。

“正义”是现代社会制度的核心价值。对现代正义概念的理解，近代西方传统和社会主义传统贡献了重要的思想资源。近代西方传统把正义理解为法治国家的基本原则。“正义”意味着按照法定的程序公平地处理人们在权力和利益上的分歧和冲突，以消除个人或组织的专断意志对人的命运的影响。在这一传统中，正义观念以程序公平为核心，以自由为社会制度的最高价值，它相信，让每个人自主地安排其生活的社会是最好的社会。

近代西方资产阶级主流正义概念具有一定的合理性。但是，不论从规范内涵上说，还是从经验效果来说，这一传统都是有缺陷的。首先，如果正义只意味着人们在形式上享有平等权利，正义概念就失去了它的大部分意义。一切正义归根到底是保护人们不受非公正力量的伤害，而把正义只理解为权利形式上的平等，恰恰意味着把人交给权利形式之外的不平等的实质力量的支配。其次，在资本主义社会，正义的核心制度是以私有财产权利为中心的民法系统，在这里，市场的平等交换成为社会正义的核心意象。从封建秩序中走出来的近代西方思想家对任意专断的权力的伤害是敏感的，但对市场竞争和不公平契约所造成的伤害却又不敏感，这种思想的不对称性恰恰表明这一传统的内在限制。历史证明，形式的平等原则，或狭隘的机会公平原则，不能通过道德公平之检验。人类今天所面临的难题与20世纪中期所面临的难题不同，现在问题的关键不是如何消除所谓的自由社会的“剩余不平等”，而是大规模地倒退至系统的不平等。随着凯恩斯式福利国家的衰落，我们对于社会公正的预期，正处于一个非常严重地向下调整的过程之中，人们似乎有意或无意地把资本主义视为“城里唯一的游戏”（齐泽克语）。在这种情况下，恢复社会正义中的社会主义之维就显得尤其重要。

社会主义的正义原则是与其社会理想结合在一起的。经典的社会主义概念包含着两个方面的正义诉求。第一，通过生产资源的社会共同占有，实现对生产和分配的合理协调，消除社会成员之间不合理的差距，实现社会最大限度的平等。第二，通过劳动或生产的自我组织，消除自由竞争和商品化原则对人的生命活动的异化后果，使劳动恢复为自由流动的创造性活动。现实的社会主义并非现成的可以实现上述诉求的制度，实现人类平等和个人自我实现的途径仍在探寻之中，但是，社会主义传统对资本主义的批判和对一种理想社会的大胆设想仍然

① 出自《大学》：“大学之道，在明明德，在亲民，在止于至善。”（参见金良年：《大学译注》，上海：上海古籍出版社，2010年，第5页）

具有不可磨灭的价值。

我们在思考正义价值时，不应回到简单化的立场，把形式平等与实质平等视为不相容的两极，相反，我们需要综合不同传统的积极因素，以一种敏感和复杂的态度处理正义原则面临的问题。我们既要坚持体现程序平等和机会平等的原则，同时又要用社会主义要素反哺和纠正西方不合理的公正概念。在正义问题上，我们既要坚持不同维度的正义概念的自主性和正当性，防止不同类型的正义之间发生相互伤害，又要在全球化、多元文明的背景下，形成一个敏感的、复杂的和具有潜在的总体影响的正义观念。

对当代中国社会而言，继承中华文明的优秀传统，容纳西方现代文明的先进成果，培育敬德之人心，构建正义之制度，是通往一个自由和谐社会的必经之路。

“自由和谐”表达的是中国社会发展的方向。作为一种价值理念的“自由”是近现代西方在文明转型中对人类所做出的巨大贡献之一。“自由”是现代性特有的价值。严复曾说：“自由一言，真中国历古圣贤之所深畏，而从未尝立以为教者也。”①“自由”是“依附”和“强制”的反面，它指向的是个人是自己生命的创造者这一现代性最核心的观念，而这一观念仍然是人类追求一切价值的基础，是现代社会秩序的基础，是民族精神创新和发展的保障，是社会前进发展的动力。恰如阿玛蒂亚·森所说：“自由不仅是发展的首要目的，也是发展的主要手段。”②

自由概念无疑是自由主义传统最重要的概念，它的规范诉求是：任何人都不应该受到任何他人或组织的任意强制。自由地支配自己的思想、言论和生活手段是人之为人的条件。这一概念在今天仍然保持着其批判性和合理性。但是，近代西方传统对自由的理解有其局限性。第一，如果自由意味着不受干预的任意行动，那么它极易成为人与人相互冲突的根源。在这种情况下，本来为个人合理生活提供条件的价值理念，就会蜕变为人类成员共存的障碍。第二，资产阶级的自由是法律权利意义上的自由，这种自由给个人的生活和实践创造的实际空间，依赖于不是由自由意志概念主宰的物质和社会条件。换言之，这种自由概念是不完备的。

马克思主义和社会主义传统对自由主义的批判，并非是要否定自由概念，而是要揭露资产阶级自由概念的矛盾和局限性。这一传统对人类自由观念的贡献主要有三个方面。第一，它强调自由的实现依赖于一定的物质条件，因而，现代性的实现不仅意味着自由、平等和民主原则的确立，更重要的是为这些原则的实现创造了物质条件和社会环境。在这个意义上，马克思的自由观是唯物主义的实质化的自由观。第二，马克思的自由概念不只是否定性的，它还包含着肯定性。它主要不是把自由理解为法律规定的权利，而是理解为人的能力的发展。作为“人的能力的发展”的这种“自由”才是最根本意义上的自由。第三，马克思强调，个人自由与人类自由的相互依赖，认为自由本质上是关系性的，“每个人的自由发展是一切人的自由发展的条件”。③ 马克思的自由概念不仅具有对资本主义社会的批判意义，而且对完善现代性观念，建设现代制度，都具有显明的意义。

作为一种价值理念的“和谐”，是中华民族的宝贵传统和精神财富。中国人的“和谐”观念有着极其丰富的内涵，“保合大和”④、“天地同和”⑤、

① 严复：《论世变之亟》，《严复文选》，天津：百花文艺出版社，2006年，第3页。

② ［印度］阿玛蒂亚·森著：《以自由看待发展》，任赜、于真译，北京：中国人民大学出版社，2002年，第7页。

③ 《马克思恩格斯选集》第1卷，北京：人民出版社，2012年，第422页。

④ “保合大和”语出《周易·乾卦》：“保合大和，乃利贞。”

⑤ “天地同和”语出《礼记·乐记》：“大乐与天地同和，大礼与天地同节。”

“和实生物”、① “协和万邦”② 等。它完全涵盖了现代西方文化中的“和平”、“协调”、“团结”等多重含义，是中华古老智慧理解自然、社会、历史、人类发展的思想结晶，是实现“人类解放”、“天下大同”之理想的重要精神资源。

“自由和谐”原则体现了现代西方传统的核心价值与中华传统的核心价值的相互配合。在正义基础上，“以自由为前提的和谐”和“以和谐为约束的自由”，这种“自由和谐”的统一，包含着全球化时代对现代性复杂性的自觉意识。“自由”、“和谐”是健康的人类生活不可缺少的两个方面。任何割裂两者关系，或把它们对立起来，以一方取代另一方的做法，其结果不仅会损害另一方，而且会瓦解自身存在的基础。因此，我们认为未来的中国应该是一个自由和谐辩证统一的社会。这个社会尊重个人是自己生命的创造者，尊重个体的尊严，尊重每个人的自由发展，并为之创造必要的社会条件；同时这个社会又是一个注重人与自然和谐、人与人和谐、人与自身和谐的社会。

① “和实生物”语出《国语·郑语》：“夫和实生物，同则不继。”

② “协和万邦”语出《尚书》：“百姓昭明，协和万邦，黎民於变时雍。”

转型期中国乡村社会的人际信任*

——基于三省四村庄的实证研究

□ 王露璐（南京师范大学教授）

学界对信任的理解有着不同的取向，涉及社会学、心理学和伦理学等众多学科。有学者曾总结出西方人文社会科学中关于信任问题研究的四种不同取向：一是理解为情境刺激决定的个体心理和行为；二是理解为经过社会学习而形成的相对稳定的人格特点；三是理解为人际关系中的理性计算和情感关联决定的人际态度；四是理解为建立在法理或伦理基础上的一种社会现象[1]。人际信任是信任中最基本的类型，表明对某种人际关系具有的信心程度。

自20世纪以来，国内外关于中国社会人际信任问题的研究并不鲜见。以韦伯、福山等为代表的西方学者认为，中国人彼此之间存在着普遍的不信任，并由此将中国社会视为低信任度社会。近年来，王绍光、郑也夫、彭泗清、杨宜音、王飞雪等国内学者的研究则更多倾向于认为，中国社会的人际信任有其本土特征，显现出一种多元性，需要注意在中国社会的变迁特别是转型中把握中国社会人际信任及其变化。不过，学者们对中国社会人际信任问题的研究主要集中于城市，对乡村人际信任问题的研究相对缺乏。基于上述研究现状及笔者2007年以来对江苏省江阴市华宏村、江苏省吴江市圣牛村、河南省漯河市扁担赵村、贵州省凯里市朗利村四个村庄的田野调查资料①，本文试图对转型期中国乡村社会人际信任的基本特征、形成原因及发展变化进行初步的探讨。

* 原载《道德与文明》2013年第4期。

① 2007年以来，笔者在完成主持的国家社会科学基金项目“乡村经济伦理的苏南图像”和“社会转型期的中国乡村伦理问题研究”过程中，先后带领调研团队对江苏省江阴市华宏村、江苏省吴江市圣牛村、河南省漯河市扁担赵村、贵州省凯里市朗利村四个村庄进行了田野调查。四个村庄分别地处东部、中部和西部地区，其中贵州朗利村为苗族聚居村落，具有一定的典型意义。华宏村的调查时间为2007年1月，圣牛村的调查时间为2008年7月，朗利村和扁担赵村的调查时间为2012年8月。田野调查采用问卷调查与深度访谈相结合的方式。问卷调查使用了多阶段系统抽样方法。华宏村共抽取208个样本，实际访问样本153个，收回有效问卷150份。圣牛村共抽取并实际访问108个样本，收回有效问卷108份。朗利村共抽取195个样本，实际访问143个样本，收回有效问卷137份。扁担赵村共抽取191个样本，实际访问147个样本，收回有效问卷139份。问卷调查结果采用SPSS12.0—SPSS17.0高级统计分析软件进行数据处理及统计汇总分析。此外，笔者在华宏、圣牛、朗利和扁担赵村以半结构式的深度访谈方式分别进行了21、11、8、9例个案访谈，访谈时间从0.5—3小时不等。受访对象大部分是村委会根据笔者所提出的兼顾年龄、性别、职业、收入的原则安排和联络的，少部分由笔者直接联系。

一、当前中国乡村社会人际信任的基本状况

在华宏、圣牛、扁担赵和朗利四个村庄的问卷调查中，我们均设置了“人们在社会生活中总要和不同的人打交道，下列成员，您在多大程度上信任他们?”这一问题，意在考察受访者对不同对象的信任程度。表 1 至表 4 分别给出了四个村庄的受访样本回答这一问题的频率统计。

表 1 华宏村村民信任度

	完全信任		比较信任		一般		比较不信任		完全不信任		说不清	
	频数	百分比	频数	百分比	频数	百分比	频数	百分比	频数	百分比	频数	百分比
家庭成员	107	71.3	35	23.3	8	5.3	0	0	0	0	0	0
亲戚	52	34.7	67	44.7	30	20.0	0	0	0	0	1	0.7
朋友	34	22.7	67	44.7	44	29.3	2	1.3	0	0	3	2.0
邻居	27	18.0	58	38.7	63	42.0	0	0	0	0	2	1.3
同事	22	14.7	57	38.0	64	42.7	3	2.0	1	0.7	3	2.0
单位领导	28	18.7	61	40.7	42	28.0	9	6.0	3	2.0	7	4.7
村主任	30	20.0	53	35.3	50	33.3	6	4.0	4	2.7	7	4.7
陌生人	5	3.3	4	2.7	25	16.7	35	23.3	69	46.0	12	8.0

表 2 圣牛村村民信任度

	完全信任		比较信任		一般		比较不信任		完全不信任		说不清		拒绝回答	
	频数	百分比	频数	百分比	频数	百分比	频数	百分比	频数	百分比	频数	百分比	频数	百分比
家庭成员	85	78.7	14	13.0	7	6.5	1	0.9	0	0	1	0.9	0	0
亲戚	30	27.8	47	43.5	26	24.1	1	0.9	0	0	4	3.7	0	0
朋友	11	10.2	46	42.6	44	40.7	2	1.9	0	0	4	3.7	1	0.9
邻居	12	11.1	32	29.6	56	51.9	2	1.9	3	2.8	3	2.8	0	0
同事	10	9.3	30	27.8	53	49.1	3	2.8	0	0	12	11.1	0	0
单位领导	14	13.0	31	28.7	38	35.2	7	6.5	7	6.5	10	9.3	1	0.9
村主任	14	13.0	25	23.1	41	38.0	11	10.2	7	6.5	9	8.3	1	0.9
陌生人	2	1.9	2	1.9	17	15.7	11	10.2	67	62.0	7	6.5	2	1.9

表 3 扁担赵村村民信任度

	完全信任		比较信任		一般		比较不信任		完全不信任		说不清		拒绝回答	
	频数	百分比	频数	百分比	频数	百分比	频数	百分比	频数	百分比	频数	百分比	频数	百分比
家庭成员	118	84.9	11	7.9	2	1.4	0	0	0	0	1	0.7	0	0
亲戚	27	19.4	80	57.6	25	18	2	1.4	0	0	2	1.4	1	0.7
朋友	17	12.2	49	35.3	58	41.7	7	5	0	0	3	2.2	0	0
邻居	17	12.2	33	23.7	72	51.8	13	9.4	1	0.7	3	2.2	0	0

续表

	完全信任		比较信任		一般		比较不信任		完全不信任		说不清		拒绝回答	
	频数	百分比	频数	百分比	频数	百分比	频数	百分比	频数	百分比	频数	百分比	频数	百分比
同事	9	6.5	20	14.4	79	56.8	12	8.6	2	1.4	10	7.2	0	0
单位领导	15	10.8	36	25.9	58	41.7	11	7.9	1	0.7	12	8.6	1	0.7
村主任	25	18	53	38.1	39	28.1	11	7.9	0	0	4	2.9	1	0.7
同村人	9	6.5	21	15.1	84	60.4	8	5.8	2	1.4	10	7.2	0	0
陌生人	3	2.2	1	0.7	6	4.3	13	9.4	97	69.8	9	6.5	4	2.9

表4　朗利村村民信任度

	完全信任		比较信任		一般		比较不信任		完全不信任		说不清		拒绝回答	
	频数	百分比	频数	百分比	频数	百分比	频数	百分比	频数	百分比	频数	百分比	频数	百分比
家庭成员	86	67.7	13	10.2	14	11.0	0	0	0	0	3	2.4	4	3.1
亲戚	42	33.1	40	31.5	30	23.6	6	4.7	0	0	2	1.6	1	0.8
朋友	25	19.7	26	20.5	56	44.1	7	5.5	2	1.6	4	3.1	0	0
邻居	17	13.4	20	15.7	50	39.4	15	11.8	6	4.7	6	4.7	0	0
同事	7	5.5	22	17.3	57	44.9	10	7.9	4	3.1	8	6.3	1	0.8
单位领导	30	23.6	22	17.3	36	28.3	5	3.9	1	0.8	10	7.9	4	3.1
村主任	40	31.5	24	18.9	37	29.1	9	7.1	2	1.6	5	3.9	2	1.6
同村人	11	8.7	11	8.7	57	44.9	24	18.9	6	4.7	8	6.3	1	0.8
陌生人	3	2.4	6	4.7	17	13.4	25	19.7	31	24.4	18	14.2	20	15.7

从上述统计数据中我们不难看出，尽管四个村庄地处不同的地理位置，经济发展状况和文化传统也存在着极大差异，但是在人际信任关系上都呈现出一种亲疏有序的关系格局：对亲人的信任度高于对朋友的信任度，对朋友的信任度高于对同事、领导等熟人的信任度，对熟人的信任度又高于对陌生人的信任度，这种信任度上的以“亲—朋—熟—生”为表征的差序性成为当前我国乡村社会人际信任关系的基本特征。

二、中国乡村社会的人际信任基础和信任格局

韦伯在关于儒教与清教的比较研究中曾指出，“中国人彼此间典型的不信任已为所有观察者所证实，同清教诸派中对信徒的诚实品质的依赖成为鲜明的对照”[2]。他认为，“在中国，一切信任，一切商业关系的基石明显地建立在亲戚关系或亲戚式的纯粹个人关系上面”，而新教伦理与禁欲教派的伟大业绩是“将商业信任建立在每一个个体的伦理品质的基础上，这种品质已经在客观的职业工作中经受了考验”[3](289)。由此，韦伯以“特殊信任”和“普遍信任”区分中国人和西方人的信任，认为中国人的信任建立在血亲关系的基础之上，是一种局限于家族和亲属的范围之内而难以普遍化的特殊信任（particularistic trust），西方人（尤其是新教徒）的信任建立在共同信仰的基础之上，是一种能够超越血缘氏族纽带束缚的普遍信任（universalistic trust）。在韦伯看来，基于血亲关系的特殊信任无法转化为普遍信任，因而，中国人对于血缘家族之外的“外人”是普遍不信任的。

韦伯对资本主义兴起的社会文化因素的讨论以及将中国社会缺乏信任归因于文化因素的观点，在相当程度上成为后世西方学者对中国社会人际信任关系研究最重要的理论资源。在其追随者中，福山的观点最具代表性。他更为明确地强调文化因素对于经济发展的重要性，认为“一国的福利和竞争能力其实受到单一而广泛的文化特征所制约，那就是这个社会上与生俱来的信任程度”[3]。在福山看来，中国、意大利和法国这样的国家，一切社会组织都建立在以血缘关系维系的家族基础之上，对家族之外的其他人则缺乏信任，因而，这样的社会是一种缺乏普遍信任的低信任度的社会。

尽管韦伯关于“特殊信任”与“普遍信任”的建立基础在华人社会科学界一直存有争议①，但是这对范畴及其后的争议对我们理解中国乡村社会的人际信任基础仍具理论资源意义。从韦伯和福山的论述中不难看出，他们都将血缘关系视为中国社会的信任基础，而这一判断的逻辑前提是，中国社会是一个“血亲关系本位”的社会。事实上，对于中国社会“血亲关系本位”判断的理解应当有两个基本方面。一方面，毋庸置疑，血缘关系确实是中国传统乡村社会人际关系的中心。正如费孝通所指出的，在中国传统乡村社会，“血缘是稳定的力量”，“地缘不过是血缘的投影，不分离的”，“地域上的靠近可以说是血缘上亲疏的一种反映，区位是社会化了的空间”[4]。因此，人们围绕血缘这一中心建立起与他人的社会联系。另一方面，中国传统乡村社会的人际关系是一种以“己”为中心、逐渐向外推移的“差序格局”。在这一格局中，“家”的界限并不是严格而分明的，“血亲”与“非血亲”、“自家人”与“外人”之间并没有不可逾越的明确界限，在中国乡村社会，“自家人”的确定虽然包含血缘因素，但同时也包含了心理认同因素。由此，人们既可以在血缘关系的基础上产生对“自家人”的信任，也可以在地缘关系或其他由血缘关系泛化后所形成的各种拟亲关系（认干亲、拜把子、套近乎、做人情等）的基础上，在长期的密切交往过程中，对“非血亲”或“外人”产生熟悉和信任。在四个村庄的调查数据中，我们可以看到，受访者在对“朋友”、“村主任”的信任选项中选择“完全信任”和“比较信任”的比例较高，这说明交往的密切程度以及对他人能力、人格的心理认同在相当程度上成为乡村社会人际信任的重要基础。

由是观之，简单地将中国乡村社会的人际信任理解为“特殊信任”，或是简单地否定中国乡村社会有产生“普遍信任”的基础，都不足以对中国乡村社会的人际信任格局提供充分的解释路径。在这一点上，将韦伯关于“普遍信任”和“特殊信任”的范畴与费孝通对中国乡村社会基层结构做出的“差序格局”的经典理论判断相结合，能够对中国乡村社会的人际信任基础和信任逻辑做出较为合理的阐释。费孝通曾指出，中国传统乡村社会的差序格局“好像把一块石头丢在水面上所发生的一圈圈推出去的波纹。每个人都是他社会影响所推出去的圈子的中心。被圈子的波纹所推及的就发生联系。每个人在某一时间某一地点所动用的圈子是不一定相同的”[4](26)。可以说，差序格局是中国传统乡村社会以“己”为中心的人际关系模式，但是这一格局中的“差序”并不仅仅是由“己→家→家族”所体现的“血缘差序”，也是由交往程度和心理认同程度所体现的“情感差序”。借助于费孝通“一圈圈推出去的波纹”的比喻，可以认为，中国乡村社会的信任格局产生于“血缘差序”和“情感差序”两个同样以“己”为中心的“圈子”，其中人际信任度最高的是在血缘和情感上都最靠近中心的“家庭成员”，信任度最低的是在血缘和情感上都离中

① 大体而言，关于这一问题的争议和回应包括：一是强调中国文化构成的多元性，认为中国文化虽然具有关系特殊主义的特点，但其内部的制衡机制可以抑制特殊主义的过分膨胀，因此，中国文化本身也可以容纳某种程度的普遍信任；二是强调信任行为的时代性特点，认为在现代化过程中，通过与西方文化的接触，在一些华人社区（如我国港台地区、新加坡）已经建立了普遍信任；三是一些实证研究的发现并不支持韦伯等人的观点（参见彭泗清：《信任的建立机制：关系运作与法制手段》，载《社会学研究》1999年第2期）。

心最远的“陌生人”。而在两者之间，信任的建立和信任度的强弱则呈现出“血缘差序”和“情感差序”交织共生、共同作用的复杂格局。

在四个村庄的调研数据中，我们不难验证上述格局：华宏、圣牛、扁担赵和朗利四村受访者在回答对“家庭成员”的信任程度时，选择“完全信任”和“比较信任”的比例之和分别为94.6%、91.7%、92.8%、77.9%，而选择“完全不信任”的频数均为0；在回答对“陌生人”的信任程度时，选择“完全信任”和“比较信任”的比例之和分别为6.0%、3.8%、2.9%、7.1%。在信任度最高的“家庭成员”和信任度最低的“陌生人”之间，受访者在人际信任关系上都呈现出差序性的共性格局特征，不过，这种“差序”并未体现出非常明确和一致的亲疏顺序。

三、转型期中国乡村社会人际信任格局的变化及其地域差异

从一定意义上说，中国传统乡村社会是“一个没有陌生人的社会”，人们在相互熟悉的基础上产生信任与合作，从而使传统村庄以“重人情”为特征，呈现出显著的道德逻辑和伦理指向。这种在熟悉基础上建立的信任局限于“熟人圈”的范围内，且信任的程度与熟悉的程度密切关联，因之，乡村社会的人际信任呈现出十分显见的差序特征。时至今日，这种差序性仍然是中国乡村社会人际信任的基本格局。但是新中国成立以来，尤其是改革开放以来，以工业化、市场化、城市化为主要内容的农村改革进程不断改变着乡村社会的生产方式和生活，日益冲破了乡村社会长期以来商品交易和人际交往的“熟人”限域，使得转型期的中国乡村社会出现了一系列新的特征。农副产品经营的放开，农业的产业化运作，大量农民进入城市务工，一些东部沿海地区的村庄更是在乡村工业化进程中逐渐演变为“没有一亩农田、没有一个完全务农的农民”的新型工业化乡村社区①，加之近年来村庄合并的政策推动，越来越多的农民开始从“熟人社会”进入“半熟人社会”甚至“陌生人的社会”。在这一过程中，乡村社会的人际信任关系出现了一些新的变化。

首先，伴随着大量农民向产业工人的角色转变，新型的“职业共同体”及由此所产生的信任关系成为转型期乡村社会人际信任的重要内容。从表1至表4中可以看出，华宏、圣牛、扁担赵和朗利四村的受访者在回答对“同事”的信任度时，选择“完全信任”和“比较信任”的比例之和分别为52.7%、37.1%、20.9%、22.8%，这一比例均高于其对“同村人”的信任度。结合村庄基本状况及访谈资料，我们不难发现，在这一问题上的信任度差异主要源自村庄经济发展水平和模式所造成的“同事”构成的差异。② 易而言之，四个村庄的受访者所理解的“同事”有着不同的对象所指，华宏村受访者主要指同在华宏集团工作的同村人或外地人，圣牛村受访者则主要指一起进行羊毛衫生产经营活动的同伴，而扁担赵村和朗利村受访者则是指在外地打工时同一企业中的其他打工者。由此，我们不难发现，在华宏村受访者较之其他村庄受访者对“同事”的更高信任度中，既包含了市场经济条件下基于职业共同体内部的契约与合作而产生的“普遍信任”，也包含了传统乡村社会基于血缘、地缘和情感而产生的“特殊信任”。

其次，传统村庄所依系并不断巩固的“伦理生活共同体”在一定程度上走向式微，村庄成员间的信任关系呈现出较为复杂的态势。韦伯曾明确指出：“伦理宗教，特别是新教的伦理与禁欲教派的

① 笔者调查的地处苏南地区的江阴华宏村和吴江圣牛村都是这样的典型村庄。

② 华宏村是一个典型的苏南新型工业化乡村社区。华宏集团目前下辖9个子公司，是中国制造业500强、中国民营500强企业。华宏集团不仅将本村绝大多数农民转变为企业工人，同时还吸纳了大量外来务工人员。圣牛村地处有“中国羊毛衫生产基地”之誉的横扇镇，尽管也有一些规模企业，但仍然以家庭作坊式的小型针织企业为主。而扁担赵村和朗利村因地理位置和经济发展条件等多种因素的制约，本村尚无企业，村民主要从事传统农业生产或外出打工。

伟大业绩就是挣断了宗族纽带，建立了信仰和伦理的生活方式共同体对于血缘共同体的优势，这在很大的程度上是对于家族的优势。”[2](289)从这一阐释中我们不难发现，与其说韦伯将伦理宗教视为普遍信任的基础，毋宁说，他更强调“信仰和伦理的生活方式共同体”对于建立普遍信任的作用。值得注意的是，在中国传统乡村社会，村庄成员在共同的生活地域和生活经历中产生共同（或相似）的利益诉求、价值取向和善恶判断，并由此形成对村庄共同体的心理认同和身份认同。在此基础上，村庄成员之间保持着较高的信任度。换言之，尽管中国传统乡村无法产生韦伯所谓的“基于共同信仰的普遍信任”，但是村庄成员能够将对村庄伦理共同体的认同转化为对村庄成员的信任，从而超越韦伯所谓的“基于血亲关系的特殊信任”。在笔者的访谈中，多位年长的老人都提及儿童时代家家户户大门敞开、互不设防的日子。并且，我们至今仍可看到，相当一部分农民在离土离乡之后，依然会将同乡关系作为建立新的社会联系的最可靠途径，并对来自同村的职业同伴给予更高的信任。不过，伴随着村庄规模的扩大和人口流动的加剧，村庄居民的异质性和村民行动的原子化程度大大提高，村庄共同体的凝聚力趋于弱化，加之近年来乡村生活中开始出现的“熟人失信”现象，导致村庄成员间的信任关系呈现出较为复杂的态势。在表3和表4中，我们不难发现，受访者在回答对“同村人”的信任度时，出现频数最高的选项是“一般”，而选择“完全信任”和“完全不信任”的频数和比例都非常低。这在一定程度上反映出村庄伦理共同体的式微及其对乡村社会人际信任关系的影响。

最后，村庄领袖的信任度取决于其在村庄内部的权威地位，因而体现出一定的地域和个案差异。从表1至表4中可以看出，华宏、圣牛、扁担赵和朗利四村的受访者在回答对“村主任”的信任度时，选择“完全信任”和“比较信任”的比例之和分别为55.3%、36.1%、56.1%、50.4%，这一比例既高于其对“同村人”的信任度，也高于其对“同事”的信任度。这表明，在当前基层农村，村庄领袖获得的信任基础既非单纯的传统地缘和情感关系，也不完全是市场经济条件下新型的职业关系。应当看到，村主任等村庄领袖获得的信任度在相当程度上取决于其在村庄内部的权威地位。在社会转型期，村庄领袖权威是一种由基于为村庄共同体带来福利的报偿性权威、基于上级任命获得的法理权威和基于个人人格和道德威望的魅力型权威共同组成的“复合型权威”[5]。由于经济发展水平、模式和文化传统的差异，村庄领袖的权威获得会在上述三种权威构成中体现出一定的地域和个案差异，因此，村庄领袖的信任基础也会相应地有所差别。结合四个村庄的实际状况及访谈资料，我们发现，扁担赵村和朗利村村民对村干部的信任主要基于村干部勤恳、正直、清廉的工作态度，而华宏村和圣牛村村民对村干部的信任更多地建立在其个人水平尤其是发展村级经济、带领村庄成员共同致富的能力上。易而言之，地处中西部欠发达地区的基层村庄，村庄领袖的信任基础主要是基于个人人格和道德威望的魅力型权威，而地处东部发达地区的基层村庄，村庄领袖的信任基础更多地基于其为村庄共同体带来福利的报偿性权威。

由是观之，转型期中国乡村社会的人际信任在保持传统差序性格局的同时，也出现了与乡村社会新的生产、生活方式及交往方式相对应的若干变化，并且呈现出更为复杂多变的差异性特征。如何应对转型期乡村人际信任关系的变化？如何提高乡村社会的人际信任度？如何建立有效的乡村社会信任机制？这一系列问题有待进一步探索。而对当前乡村社会人际信任关系的准确把握，无疑为上述问题的探讨和解决提供了必要的理论前提和实证资源。

【参考文献】

[1] 彭泗清. 关系与信任：中国人人际信任的一项本土研究［M］//郑也夫，彭泗清. 中国社会中的信任. 北京：中国城市出版社，2003：2-3.

[2]［德］马克斯·韦伯. 儒教与道教［M］. 王容芬，译. 北京：商务印书馆，1995：284.

[3] [美] 弗兰西斯・福山. 信任——社会道德与繁荣的创造 [M]. 李宛容，译. 呼和浩特：远方出版社，1998：12.

[4] 费孝通. 乡土中国 生育制度 [M]. 北京：北京大学出版社，1998：70.

[5] 王露璐. 经济能人・政治权威・道德权威——以HH村为个案的苏南村庄领袖权威获得与延续之实证研究 [J]. 道德与文明，2010，(2).

道德教育的"'精神'形态"与"中国形态"*

□ 樊 浩（东南大学教授）

道德教育的"中国形态"到底是什么？笔者的观点是："'精神'形态"。

这一追问关涉困惑当代中国道德教育的诸多难题：在全球化时代，道德教育到底还有无"中国"，能否"中国"？在多元文化、个体主义的现代性碎片中，道德、道德教育到底在哲学上还有无"形态"，能否"形态"？在"知"与"行"、个别性与普遍性的阴阳两极之上，到底还有无一个"兼统二者"的"无极"或"太极"？

自鸦片战争以来，在中西方文明长达一个半世纪的不对称的信息交换与文明对话中，救亡图存的历史境遇所滋生的将中国从传统"化"到"现代"的迫切心态，以及以西方文明为"现代化"标本的虚拟预设，交织成道德教育领域的"历史—心态—理念"的三维背景，使中国道德教育已经习惯于不仅直接"拿来"西方的道德哲学理论，而且更习惯于将关于道德的"教育"化约为一个普世性的技术过程。于是，道德教育的中西方对话便可能演变为一厢情愿的单相思，中国文化的深邃智慧与历史贡献便可能在"现代化"的追逐中自暴自弃，剩下的只是永远的"拿来"，最后，不仅导致道德教育的民族虚无主义，更严重的后果是，在未来文明的创造中，将蘖生一种不劳而获的寄生心态。至此，一场关于道德教育的心理革命与哲学革命已经势在必行，而关于道德教育"中国形态"的探索便是这场革命的急先锋。

一、"精神形态"与"中国形态"

当代中国道德教育积累的问题很多，最基本的问题是以西方理性主义或基于理性主义哲学的道德教育理论指导中国道德教育的研究与实践。它在学术上遭遇三个难以逾越的难题。

其一，人文社会科学尤其是最具人文气质的"道德"及其"教育"，与自然科学的根本区别在于其不具有抽象的跨文化普世性。所谓"中国道德教育"、"中国伦理"，一定是"对于中国人的道德教育"、"中国人的伦理"，它以在"中国文化"中化育的"中国人"的存在及其承认为前提和合理性。于是，便发生一个教育学理论的移植以及是否可以移植、如何移植的问题。

其二，理性主义道德教育的最大特点，是基于个人主义或个体主义的原子式"集合并列"，它消解道德的伦理前提，建构的是知识论的教育传统。在历史上，从苏格拉底提出"美德即知识"，到亚里士多德严格区分"伦理的德性"与"理智的德性"，认为"理智的德性高于伦理的德性"，[1]居西方道德教育主流的是唯智主义的知识论传统。

其三，无论是在历史还是在现实中，西方理性主义道德教育的合理性，是其文明生态的合理性。在理论与实践上，西方道德教育最重要的生态要素是其作为最高上层建筑的宗教构造。从某种意义上

* 原载《教育研究》2013年第2期。

可以说，在西方，伦理与宗教联袂，生态地履行道德与道德教育的文明使命；而在中国，伦理则独自担当这一文化功能。以上三大问题注定理性主义道德教育传统在中国不仅面临合理性挑战，而且遭遇合法性危机。遗憾的是，我们往往无视这种挑战和危机。

道德与道德教育到底有哪些可能的形态？黑格尔在《法哲学原理》中关于伦理的论断具有直接借鉴意义。他断言，“在考察伦理时，永远只有两种观点可能：或者从实体出发，或者原子式地进行探讨，即以单个的人为基础而逐渐提高。后一种观点是没有精神的，因为它只能做到集合并列，但是精神不是单一的东西，而是单一物和普遍物的统一。”[2]黑格尔说得很绝对，“永远只有两种观点可能”——“集合并列”的“原子式思考”，这是上文所指证的孕生于古典并在黑格尔以后的现代西方得到极端发展的理性主义的传统；“从实体出发”的“精神”，这是黑格尔所认为的应当建构的伦理理念。有趣的是，这一理念与中国传统正相切合。将黑格尔论断移植于关于道德教育的解释，可以说，道德教育有两种形态：“理性”形态和“精神”形态。

“理性”何时以及如何殖民中国，也许有待历史考证，但可以肯定的是，它不是中国文化本土性的概念和理念，乃至在“理性”高扬的今天，它的语义在中国依然十分含混，然而这似乎并没有妨碍现代道德哲学和道德教育对理性主义的追捧。从哲学的意义上考察，这种理性主义道德教育形态有三个基本元素：原子主义、唯智主义和“集合并列”。具体地说，它以原子式的个体作为道德和道德教育的原点，通过知识论的建构，借助利益相关或制度安排，使个体了悟道德对于自我实现的意义，达到诸原子式个体“集合并列”，从而使共同行动和社会生活成为可能。事实上，在今天的道德教育中，作为原点的甚至不是“个体”，而是“个人”。个体与个人之间有着精微而深刻的哲学分殊，黑格尔曾说，“把一个个体称为个人，实际上是一种轻蔑的表示。”[3]因为，个人是一种无“体”即无实体或无共体的单子式存在，而“个体”则是有“体”的，或者说个体以对“体”的承认为前提。“成为一个人，并尊敬他人为人”[4]的“法的命令”，本质上就是肯定自己“体”的实在性，并且同时尊重他人的实体性。可以说，理性主义道德教育的根本哲学特质是从个体出发的“原子式地探讨”，它所建构的是“集合并列”的“集体”或共同体，而非伦理性的实体。

与之相对应，中国道德哲学和道德教育的本土话语和传统理念是“精神”。在世界诸民族中，中国民族与日耳曼民族两种文明特别强调“精神”。在德国文化中，“精神”被诠释为“包含着人类整个心灵和道德的存在”。在黑格尔体系中，精神包含着智力和意志[5]，正因为如此，在《精神现象学》中，他才将“理性”作为“精神”发展的特殊的现象学形态。在中国文化中，“精神”既是哲学概念，也是日常话语，其成为道德哲学的核心概念则始于王阳明。王阳明在《王文成全书·答陆原静书》中指出：“夫良知一也，以其妙用而言，谓之神；以其流行而言，谓之气；以其凝聚而言，谓之精。”良知即精、气、神，亦即“精神”。与理性主义相比，基于“精神”或“精神形态”的道德哲学和道德教育也有如下三个基本元素。

第一，“单一物”与“普通物”的实体性统一。应该说，无论理性形态还是精神形态的道德教育，都强调社会或共同体的价值，都致力于建构个体与社会之间的同一性，否则便无道德可言。二者的根本区别在于：“精神形态”的道德教育，以对家庭、民族、社会等伦理实体的信念为基础，并以此为家园和出发点；而“理性形态”的道德教育，不仅缺乏实体的信念，而且也将伦理共同体作为原子式个人“集体并列”的手段或自然结果，实用主义、契约主义等就是其理论形态。在“精神形态”的道德教育中，个体与社会的统一、“单一物与普遍物的统一”，是通过精神，也只有通过精神才能达到，而不是像理性主义者所教导的那样，只通过利益博弈等“集合并列”的方式实现。

第二，知与行、思维与意志的统一。如前所

述，在王阳明那里，“良知”即“知行合一”，即“精神”。“知行合一”的哲学精髓是：在“知”与“行”的阴阳两极之上，有一个“无极而太极”的“一”，这个“一”就是“精神”。这种哲学理念在黑格尔哲学中得到西方式诠释。黑格尔强调，精神是思维和意志的统一，但这种统一并不是说“精神”有两个口袋，一个口袋中是思维，一个口袋中是意志。思维和意志的区分，只是人们对待同一对象的两种不同态度，思维是“理论的态度”，意志是“实践的态度”，意志是一种特殊形态的思维，即“达到定在的冲动的那种思维”。[6]可见，在中西方道德哲学中，思维与意志，或知与行都有一个同一体，这就是“精神”。“理性形态”的道德教育有一个难以克服的缺陷，过度依赖知识论或道德知识的建构，长期发展的结果是，培养大批“具有道德知识，但不见诸行动”的“理智的傻瓜”。而“精神形态”的道德教育则在“知行合一”、“思维和意志同一”的哲学前提与实践追求中进行“人”的伦理与道德的“精神”建构。

第三，扬弃与超越自然主义。“精神”的对立面是“自然”，“精神”本质上是对人的自然存在的超越。理性主义道德教育肯定人的动物本质，以“人是理性的动物”为信念，认为人之“异于”动物在于理性；中国文化以“人是万物之灵”为信念，认为人之贵于动物是“精神”。由此形成以性恶论和性善论为基础的两种道德教育传统。理性形态的道德教育，尊重也依赖人的自然本性，因而生物学、心理学是其“科学”基础；精神形态的道德教育，凸显人对自然本能的超越，于是，文化与伦理是其合理性根据。

关于道德教育形态的探讨，还必须追问一个形上问题：道德教育是否有形态？是否应当有形态？就其存在的现象学表现而言，形态是生命的多元呈现方式。如水有三种存在形态：液态、气态、固态；人的生命有多种呈现方式：童年、少年、青年、壮年、老年等。不管哪种形态，它们都是水或人的生命的不同形态，且是完整的表达形态。它们与水或人的生命的关系“理一”而“分殊”。水与人的生命是“理一”，诸多形态则是其“分殊”，这些分殊的形态月映万川式地展现生命本体的多样性存在本质。道德教育形态同样如此。理性形态与精神形态，是伦理生命、道德生命的不同存在与建构方式，是中西方文明、中西方人的文化生命生动而具体的展现，因而与作为它们本体的人及其文化之间存在生命层面的生态关联。在这个意义上，道德教育应当有“形态”，也必定有“形态”，形态即生态，形态即生命，它是道德教育的生命力与合法性的基础。

由此，“精神”—“形态”—“中国”这三大理念便在道德教育中逻辑与历史地璧合于一体，它昭示：“‘精神’形态”就是道德教育的“中国形态”。

二、居“伦”：“从实体出发”

道德教育从哪里开始？从“伦”的实体认同及其信念开始，亦即黑格尔所说的“从实体出发”。

“伦”即人伦，在形而上的意义上是指人的实体，它既是人的公共本质，也是人的共体；在现实性意义上则是人生活于其中的伦理实体或伦理世界。“伦”是个体与他的公共本质、个体与社会同一的世界及其真理，是人的存在论根据。人的公共本质，用哲学的话语表达是实体，用伦理学的话语表达是“伦”，是人的家园和归宿，因而是道德教育的始点。“伦”具有诸多现象形态或现实形态，但因其是一种超越于个体之上的普遍存在或“普遍物”，透过认同和信念才能把握，因而在个体性的“人”与实体性的“伦”之间，只有通过“精神”也只能“精神”地达到。在这个意义上，道德教育的第一个精神哲学环节就是“居‘伦’”。“伦”之所以“居”，是因为它是孟子所说的人之“安宅”，个体只有守住这个精神家园并且由此出发，才是一个伦理上现实的人，对人的道德教育也才有可能。中国伦理将“伦”分为“天伦”与“人伦”。天伦是自然伦理关系，如家庭与民族的伦理关系；人伦是社会伦理关系，如君臣、朋友关系。“伦”作为道德教育的始点地位，孟子在《孟子·滕文公上》中有经典性表述，“人之有道也。饱食、暖衣、逸居而无教，则近于禽兽。圣人有忧之，教以人伦：父子有亲，君臣有义，夫妇有别，朋友有信。”失“道”是人之终极忧患，“失道”即“亡天下”。如何济道救道？唯有“教以人伦”。可见，“人伦”之教是“道”的基础，也先于“道”。

“伦”或“人伦”在道德教育中的始点地位，与人类社会发展史和个体的生命发育史相切合。古代神话是人类社会的第一个意识形态，中西方神话虽然文化气质迥异，但创世纪历程却惊人相似，这种相似性用一句话表达就是：从实体走来。基督教上帝造人，亚当、夏娃都与上帝这个终极实体自然同一，然而当他们偷吃智慧果之后，便发生人类的第一次启蒙，即意识到彼此的个别性。启蒙了，原初的实体性被颠覆了，亦便堕落了，于是便有了人类的“原罪”，开始了漫长而永无止境的救赎历程，救赎即向原初家园或上帝的再回归。这种实体意识在中国人的世俗文化中也得到体现。古诗云：青梅竹马，两小无猜。“两小无猜”到底“猜”什么？人在孩童状态，本无“男女有别”之意识，只是一个朦胧的人的实体性，一旦开始“猜”便滋生关于“性”之“别”，所谓“性别”启蒙是也，“猜”便是孩童对于自己个别性的第一次启蒙，于是便有“道”之忧患，“男女居室，人之大伦”的人伦之教也就由此开始。

在作为西方文化童年的古希腊，这种启蒙的“原罪”是苏格拉底之所以因“教唆青年”而被判死刑的根本原因，因为他将雅典的年轻人从原初的伦理状态中唤醒，产生了个体意识，从而对实体性的伦理世界产生颠覆性威胁，于是“死”，判死也赴死，便是苏格拉底的文化宿命。个体文化成长的过程，也是从实体中逐步走出来的过程。人“无中生有”，因男女之合而生单细胞，它与母体合为一体。十月怀胎，以一声啼哭，痛苦地告别生理实体性。然而心理实体性、精神实体性依然基因式地存在，所以必须“怀抱三年”，所谓“怀抱”，表达的即人对自己的实体的那种心理与生理的依恋。在此“天伦”基础上的推扩，便衍生故乡、祖国、民族等自然的伦理实体意识。人的精神生命从哪里开始，道德教育就从哪里开始。关于“伦”的教育，以下三个问题特别重要。

第一，“伦”、“人伦”的真谛是普遍性，因而“伦”的教育的真义是对人作为普遍存在者的认同与教化。黑格尔说，“伦理是本性上普遍的东西”。所以，“伦理行为的内容必须是实体性的，换句话说，必须是整个的和普遍的；因而伦理行为所关涉的只能是整个的个体，或者说，只能是其本身是普遍物的那种个体。”[7]“伦”的教育在哲学上必须严格区分“人伦关系”与“人际关系”。“人际关系”作为现代性话语，以个体的原子式存在为前提，是个体之间“集合并列”的单子关系；而“人伦关系”作为道德哲学的概念，是个别性的“人”与实体性的“伦”之间的关系。“伦”既是实体，也是个体，是“其本身是普遍物的那种个体”。作为共体，它是普遍物；作为现实存在者，它是个体，具有诸多个别性形态，如家庭、民族等。现代道德哲学和道德教育的最大难题之一，是揭示现代社会中的诸多伦理关系，进而建立现代社会的伦理范型。孟子最大的贡献之一，就是发现中国传统社会的伦理范型，即君臣、父子、兄弟、朋友、夫妇的“五伦”。但对他以及整个儒家来说，最根本的还不是这五种人伦关系，而是由这些关系所构成的伦理实体这个“整个的个体”，这才是“教以人伦”的真谛。在这个意义上，达到“伦”是一种整体性的认知教育和训练。然而，自五四运动解构传统以来，中国社会到底存在哪些人伦关系？伦理范型到底是什么？这些基本问题一直没有得到解决，乃至这一课题没有被真正提出，于是，不仅道德教育，而且道德哲学，便缺乏可靠的存在论根据。

第二，“伦”的教育的关键是家庭精神与民族精神的培育。家庭与民族是自然的伦理实体，谓之“天伦”，是“伦”的神圣性的根源，也是伦理训练的开始。黑格尔将家庭称之为“自然精神”，指出，这种出之于自然的关联本质上也同样是一种精神，而且它只有作为精神本质才是伦理的。他这样诠释家庭的伦理本质：家庭关系不是个别性的家庭成员之间的关系，也不是他们间的情感关系或爱的关系，而是个别性家庭成员与作为实体的家庭整体之间的关系，这样，个别家庭成员的行动和现实才能以家庭为其目的和内容。[8]伦理、民族、精神，三者之间存在内在的一致性。民族是伦理的实体，伦理是民族的精神。当"处于直接的真理性状态时，精神乃是一个民族——这个个体是一个世界——的伦理生活。"[9]民族同样是自然伦理精神。正由于家庭与民族的伦理策源地地位，所以家庭精神、民族精神的培育，对人的道德发展便具有养育性意义。

第三，"伦"或"人伦"教育的难题，是"伦"的理念与"伦"的现实之间的矛盾，包括"天伦"与"人伦"之间的矛盾。作为人的公共本质，个体在概念与理念中把握和达到"伦"，在理论上应当是可能的，对"天伦"或家庭与民族的认同也比较容易解决，因为它们并不是也不应该是理性反思的对象，而是一个"自然"过程，所谓"见父自然知孝，见兄自然知悌"；最困难的是，现实世界中存在的"伦"如社会、国家等，与个体之间往往存在某种程度的紧张，这种紧张不只是由于个别性的张扬，也来源于实体性自身的缺陷。于是便发生理论与现实的冲突，进而影响"伦"教育的效果，这是道德教育遭遇的最大挑战之一。这一冲突的实质，是合理性与现实性的矛盾。应对这一挑战的基本教育策略是：坚守"伦"的家园及其理想主义，以批判的态度对待"伦"的现实，在"伦"的理想与现实之间形成某种"乐观的紧张"。在这种紧张中，道德教育至关重要的是：坚守"伦"的信念，保护道德理想主义，在批判中追求现实伦理实体的合理性。"伦"，尤其家庭、民族这些自然的伦理实体即天伦，本质上是认同的对象；而现实的人伦，则往往是批判性的合理性追究的对象，在认同与批判中达到个体至善与社会至善的统一。

三、由"理"：学会"为伦理思考所支配"

"理"是由"伦"的实体性向个体内化的认知环节，或关于"伦"的思维、意识的环节。如果说，"伦"是道德哲学的存在论和实体论，那么，"理"便是道德哲学的真理论和知识论。在这个环节，道德教育的核心任务，是"学会伦理地思考"，或者说，训练伦理思维，培育伦理良知。20 世纪 40 年代，伦理思考之于现代文明的极端重要性已经为英国哲学家罗素所揭示，"在人类历史上，我们第一次到了这样一个时期：人类种族的绵亘已经开始取决于人类能够学到的为伦理思考所支配的程度"[10]。罗素的意思是，人类不仅要学会伦理地思考，而且要学会为伦理思考所支配，这一努力如此重要，乃至决定"人类种族的绵亘"。

困扰当代道德哲学和道德教育的难题在于：伦理之"理"到底是谁之"理"？何种"理"？显然，"伦理"之"理"是"伦"之"理"。问题是，"伦"之"理"是什么？如何才是"伦"之"理"？

长期以来，人们很容易将伦理之"理"混同于理性之"理"，继而将伦理训练技术化为理智培育和知识学习，最后的结果当然是南辕北辙。如上所述，伦理之"理"与理性之"理"的根本区别，是"从实体出发"与"原子式地思考"。伦理之"理"的客观形态是伦理规律，主观形态是良知，绝对形态是所谓"天理"。由此，"为伦理思考所支配"或伦理训练的着力点就是：认识伦理规律，焕明伦理良知，追求伦理之"天理"。由此必须进行关于伦理之"理"的三大辩证。

第一，伦理规律。中国传统伦理将"伦"区分为"天伦"与"人伦"，黑格尔在意识发展的辩证过程中，将它表述为两大规律："神的规律"与"人的规律"。先验性、神圣性的"天伦"因其不可选择和不可反思性，遵循"神的规律"；经验性、建构性的"人伦"则根据理性原则遵循"人的规律"。二者既相互联系，共同构成伦理世界的无限与和谐，同时又是伦理世界中两种相互矛盾的伦理势力和伦理力量。两大规律在人的思维中的表现，就是"家庭成员"和"民族公民"两大伦理意识。在两种意识中，家庭与民族是伦理实体，而"成员"和"公民"则是个体的伦理自我意识。"成员"

意味着个体只是家庭的一个因子或构造，而“公民”之“公”则强调个别性的人只是民族这个伦理实体或公共本质的特殊呈现方式或所谓“身份”。两种意识都凸显伦理的实体性，因而是伦理意识。两种伦理意识或两大伦理规律在人的行为中的纠结和冲突，导致伦理世界的自我否定。应对这一永恒的冲突，现代性道德哲学和道德教育的智慧是：高扬作为人伦的“公民”意识，贬抑作为天伦的“成员”意识，结果则导致伦理神圣性和精神家园的失落。作为学术公案，它的典型表现，就是对于孔子“亲亲相隐”的激烈批判。孔子在《论语·指路》篇言：“父为子隐，子为父隐，直在其中矣。”父子相隐中，孔子到底“直”了什么？显而易见，“直”面的是父或子作为家庭“成员”的实体性，以及家庭实体性的维护对于社会伦理的根源性意义。在这个意义上，亲亲相隐，是一种实体性的伦理思维，也是“两害相权”的中庸智慧，因而是一种伦理大智慧。现代性道德哲学和道德教育，倾向于将人还原为原子式个人，鼓励抽象而无根的所谓“公民”意识，其结果人真的成了祛魅了的“非实体的无现实的阴影”。

第二，伦理意识的辩证。个体与实体，或个别性的“人”与实体性的“伦”的关系，是伦理，也是伦理思维、伦理行为的基本问题。在现实社会生活中，伦理世俗化为国家权力和财富，不同社会地位、不同伦理思维能力的个体，显然会与它们建构不同的意识关系，因而无论在理论上还是现实上，都可能产生两种对于实体的意识，黑格尔将它们表述为“卑贱意识”与“高贵意识”。“认定国家权力和财富与自己同一的意识，乃是高贵的意识。”“认定国家权力和财富这两种本性都与自己不同一的那种意识，是卑贱意识。”[11] 卑贱意识与高贵意识，既是两种现实的伦理意识，也是思维中逻辑地存在的两种可能的伦理意识。道德教育的根本任务，当然是在思维中培育对于财富和权力的“高贵意识”，即建立起二者之间的同一性关系。但是，现实存在的不平等和不公正，又不断滋生和强化“卑贱意识”，甚至卑贱意识比高贵意识更具现实性，因为不平等和不公正现象不仅现实地存在而且亘古自有。所以，道德教育的使命是培育、建构义利合一，以义制利的“高贵意识”。孔子“不义而富且贵，于我如浮云”的宣言，孟子的“大丈夫”人格，都表达了这种伦理性格和伦理坚守。伦理与道德，只是在“鱼和熊掌不可得兼”的冲突情形下才体现出其必要与崇高，“高贵意识”之难能与“高贵”尽在于此。在高度分化的当代中国，道德教育的难题之一，就是在“不均”的现实中，如何防止“卑贱意识”这个伦理病灶发生癌变。马加爵等校园恶性事件，都有一个由“卑贱意识”沦落为“贱民”，再由“贱民”沦落为“暴民”的心路历程。[12] 它以极端的方式彰显了伦理思维训练和伦理意识辩证的意义及其紧迫性。

第三，伦理实体意识。这一训练的目标是训练和培育一种彻底的实体思维和彻底的人文精神，并以此扬弃从个体出发的原子式思维。进行这一辩证的比较典型的案例是：我们为什么要帮助残疾人？原子式个体主义的思维与论证方式是：帮助残疾人体现人性的崇高，或者使我们自己更快乐；另一种解释是，它使我们的社会更美好。也许，这些都可能构成伦理论证，也可能具有一定的教育效力。但更彻底的思维和论证方式，是基于人的伦理实体性的体悟。生命平等而偶然，来到这个世界，人人都有成为先天或后天残疾的可能，只是概率而已，这些残疾人为我们承担了残疾的全部风险，因此，帮助他们，不是源于同情，也不是为了显示崇高，而是表达对他们为我们承担风险的敬意，因而本质上是对生命实体的敬畏和尊重。只有建立在这个伦理性实体认知基础上的思维，才是彻底的伦理思维或实体思维，也才有可靠的动力去帮助那些需要帮助的人。另一个案例是，中小学生为何要遵守交通规则、注意交通安全？我们的劝告通常是：为了保护自己的生命；而新加坡教科书的解释是：为了孝。因为，如果不遵守交通规则而影响交通安全，就会让父母为我们担惊受怕，这就是不孝。以上两个案例中，实体性的伦理思维与原子式的个体思维差别在教育中得到生动体现。在彻底的伦理思维中，伦理成为“天理”，或与“天理”相通，伦理之知或伦理知识，也才可能成为孟子所说的“见父自然知孝，见兄自然知悌，见孺子入井自然知恻隐”的“良知”。否则，伦理劝告和伦理训练，培育的只是“理性的算计”或“理智的狡黠”，而这些都可能会像康德所说的那样，“从源头上污染道德”。

四、明“道”：培育“冲动形态的伦理”

在道德哲学和道德教育中，“理”向“道”的转化，“理”与“道”的生态，是一个最易被忽视或被误读的环节。

在个体道德发展及其道德教育进程中，“理”是由实体认同向主观认知转化的思维和认知的环节，它形成关于“伦”或伦理的知识，但如果停滞于此，只能形成只静观而不行动的“优美灵魂”或“伦理意境”，因而必须继续前进，将“理”的认知形态的伦理，推进为“道”的“冲动形态的伦理”。

在中国文化中，“道”是一个兼具超验与经验双重意义的概念。“道可道，非常道”。道化生万物，是万物的本体和生成动力，“道生一，一生二，二生三，三生万物。”同时，道又是万物生成的法则。中国哲学常常“道”、“理”并用，所谓“道理”，虽然二者都具有本体意义，但“道”比“理”更具有行为的意义。《管子·君臣上》曾指出：“别交正分之谓理，顺理而不失谓之道。”在这里，“理”是对于实体性“伦”的“别交正分”，“道”是对“理”的恪守和践行，“道”既是行为，也是行为合理性与合法性的根据。在道德哲学和道德教育体系中，“理”将实体形态的“伦”，主观化为认知形态的良知；而“道”则将认知形态的“理”，转化为意志形态或冲动形态的“道”，从而使人们对“伦”这一“普遍物”不仅采取“理论的态度”，而且采取“实践的态度”。或者说，经过这一过程，“伦”不仅是思维的对象，而且是行动的对象。这一转化的道德哲学和道德教育意义在于：它是“知”外化为行，知行统一的环节与过程，经过这个过程，思维、认知或所谓“理性”便开始上升为“精神”。“理”向“道”的转化，就是“知”、“行”合一的“精神”诞生的过程。“当理性已意识到它的自身即是它的世界、它的世界即是它的自身时，理性就成了精神。”[13]在道德教育进程中，如果说“伦”向“理”的主观内化是理性化过程，那么，“理”向“道”的客观外化，则是精神化过程。

如果将“理”、“道”两个环节还原到“伦—理—道—德”的生态关系中，“理”是认知形态、思维形态的“伦”，“道”是意志形态、行为形态的“伦”。如果说“伦”是存在论环节，那么，“理”向“道”的运动便是由真理论向价值论转化的决定性精神环节。难题是，在个体道德发展中，认知形态的“理”，如何转化为冲动形态的“道”？这一转化的道德教育内涵是什么？笔者认为，“理”向“道”的转化，透过两个要素实现，一是意志情感，二是道德规范。

意志作为具有行为意义的内在构造，已经获得心理学证实，但作为道德教育的环节，仍需要道德哲学和精神哲学的支持，尤其是关于它与认知或理智的关系的辩证。黑格尔这样解释精神、理智、情感和意志四者间的关系：“精神首先是理智；理智在从感情经过表象以达于思维这一发展中所经历的种种规定，就是它作为意志而产生自己的途径，而这种意志作为一般的实践精神就靠近理智的真理。”[14]如果要对人的主观精神的生成过程作一描述，那么它依次经过三个环节：理智—情感—意志。这里，黑格尔一方面强调理智与意志的不可分离，认为只是对待同一事物——在道德教育中，就是对待“伦”的实体——的两种不同态度，即理论的态度与实践的态度，“理论的东西本质上包含于实践的东西之中……如果没有理智就不可能有意志；反之，意志在自身中包含着理论的东西”[15]。另一方面，又认为，意志最接近精神的真理。因为，意志的本质是自由。“自由是意志的根本规定，正如重量是物体的根本规定一样。”[16]意志与理智的原则区分，在于它是“达到定在的冲动的那种思维”，意志是冲动，借此思维通过行动外化客观存在。难题在于，情感与意志的关系如何？黑格尔认为，意志是“最广义的人类活动”，而情感则是“主观的意志”[17]，情感是意志的特殊形态，同样具有直接的行为意义。

作为“伦”的“冲动形态”的表现与表达方式，“道”最具有道德教育意义的样态，就是道德规范。问题在于，现代中国道德教育普遍存在一种哲学误读，将道德规范的传授与接受当作核心乃至最高任务，然而在多元时代，道德规范本质上是商谈与认同的对象，由此无论道德规范的建立还是道德规范的教育，都可能成为一种缺乏公度性和客观性的努力。诚然，到底谁有权力制定和宣布道德规范，这是一个世界性难题，但道德规范的教育，至少有三个问题需要澄明。

第一，道德规范的本质是自由。面对道德规范，现代道德哲学和道德教育总是在自律和他律的纠结中打转，忘记了它的最根本的方面，即自由。一方面，道德是一种精神生活和精神现象，而精神的本质是自由。“精神的实体是自由，就是说，对于他物的不依赖性、自己与自己的本质相联系。”[18]另一方面，道德规范的主体和对象是意志，意志的本性是自由。“意志这个要素所含有的是：我能摆脱一切东西，放弃一切目的，从一切东西中抽象出来。”[19]道德规范作为道德规律的自为形态，“律”或规范的对象不是自由，而是不自由。在道德规范中，人们毋宁说获得真正的自由，因为它将人从自然本能及其相互冲动所导致的社会的外在约束下解放出来，最后达到孔子所说的“从心所欲不逾矩”的境界。

第二，道德规范必须是一个体系或生态。一方面，诸多规范构成一个生态体系，它的要素就是伦理实体性结构的要求，家庭、市民社会、国家是伦理实体的三个基本结构，于是，家庭伦理、社会伦理、国家伦理，便是道德规范体系的生态根据，由此才能透过道德努力建构有机的社会生活秩序与个体生命秩序；否则，便可能由规范的碎片陷入人的精神的碎片，进而导致伦理失序和道德失范。另一方面，道德规范体系与创生它的那个民族的文化传统也必须是一个有机生态，它是道德教育合法性与有效性的文化基础。中国以家庭血缘为原点的规范体系，与西方以市民社会为原点的规范体系显然是迥然不同的文化生命，简单的移植只是一种文化的暴力，根本不具有合法性与有效性。

第三，基德或母德的建构及其教育。道德规范是一个多元多变的体系，道德教育有其严格和严峻的一面，也有其民主与包容的本性。规范的多元多变往往使道德教育陷入主观主义的相对性，最后导致道德虚无主义；但“普遍立法”在这个时代既无可能也不合理。东西方道德文明给我们提供的大智慧是：寻找基德或母德，着力进行基德或母德的培育与教育。道德教育不突破这一瓶颈，就不可能取得长远的效果。

五、成“德”：获得“伦理上的造诣”

“理”的认知形态的伦理，“道”的“冲动形态的伦理”，对道德教育来说都是过程，最终目的，是德性的造就，所谓成“德”。在这个意义上，“德”是道德教育最重要的环节。到底什么是“德”？如何才能培育“德”？这个基本问题只有在“德”与前面三个环节，即“道”、“理”、“伦”的关系中才能真正回答和解决。当今中国道德哲学和道德教育的理论粗疏和实践困境在很大程度上归之于此。

“道”与“德”的关系如何？《管子·心术上》云：“故德者得也。得也者，谓得其所以然也。”又说，“德者道之舍，物得以生。”“德者，得也”，“得”什么？得“道”。对道德哲学理论和道德教育实践有待澄明的问题是：只有在“德”与前两个环节的关系中，才能完整准确地理解“德者，得也”。就“德”与“理”的关系而言，“德”之“得”是“得理”，目的是“得其所以然也”，即获得“德”的知识，或所谓“良知”；就“德”与“道”的关系而言，“德”之“得”是“得道”，即获得“德”的冲动，或所谓“良能”。“得理”是“明天理”，获得“不虑而知”的“良知”；“得道”是将认知形态的伦理转换为冲动形态的伦理，获得“不学而能”的“良能”。所以，“理”与“道”是“德”之“得”两个前置性内涵。前者是“内得于己”的“知”，后者是“外施于人”的“能”。得“理”与得“道”的统一，便是知行合一、良知与良能合一。“理”、“道”合“一”，“知”、“行”合“一”，“良知”、“良能”合“一”，这个“一”或它们的同一体到底是什么？就是“德”，亦即孟子所说的“良心”。换句话说，“得道”之“物得以生”到底“生”了什么？“生”了“良心”，“生”了“德”。问题在于，作为道德教育的最后一个精神环节，“德”为何与“良心”相通？其道德哲学意义是什么？在孟子看来，“良心”是“人之异于禽兽者”的“大体”，是“德”的本体状态；在黑格尔看来，“良心”的出现，预示着“一个人的心”和“所有人的心”的同一，是主观精神中的“普遍物”或普遍性的建构，于是，良心即所谓“德”。“德”的诞生，标志着外在的“伦”的实体性，“精神”地内化或现实化为个体内在的主体性。

然而，“理”与“道”还属于主观性环节，只有在与“伦”的关系中，才能彻底诠释“德”的真谛。黑格尔用一句话揭示“德”—“伦”关系的秘密：“德毋宁应该说是一种伦理上的造诣。”[20]德或道德都具有主观性，黑格尔将它称作主观意志的法，这种主观性的极端演绎，就是尼采所说的“我就是道德本身”，不仅内在着由相对主义走向道德虚无主义的可能与危险，而且可能像黑格尔所揭示的那样，由主观性走向伪善，进而处于“作恶的待发点上”。现代中西方道德教育面临的最大难题之一，是道德自由与伦理认同之间难以调和的矛盾，片面追求脱离伦理认同和伦理实体的抽象的道德和道德自由，陷入“道德丛林”，由此导致两个结果。第一，社会伦理与个体道德的悖论，即道德上基本满意，但对伦理关系或人际关系却高度不满意。人人标榜并相信自己有道德，可社会风尚却日益恶化。只有在与伦理的紧密关联中，才能真正解决这一难题，因为，“在跟个人现实性的简单同一中，伦理性的东西就表现为这些个人的普遍行为方式，即表现为风尚”[21]。第二，道德习惯难以养成，德性成为一种“偶然的恩赐”。道德本质上是一种伦理性的习惯，“一个人做了这样或那样一件合乎伦理的事，还不能就说他是有德的；只有当这种行为方式成为他性格中的固定要素时，他才可以说是有德的”[22]。在伦理中，德或德性才能成为个人恒定的性格。

由以上关于“德”和“道”、“理”、“伦”关系的考察，可以发现，现代道德教育必须进行一场理念革命，由“道德教育”回归“伦理教育”，至少必须将道德教育落实为伦理教育。因为，虽然道德或德性是道德教育的着力点，但一方面，只有在具体的伦理实体中才有现实的道德，也才能进行道德判断和道德评价；另一方面，道德教育的重要目的，是造就良好的社会风尚，而社会风尚本质上是一种伦理。所以，无论对个体还是社会，“德”都是也必须是一种“伦理上的造诣”。“伦理性的东西，如果在本性所规定的个人性格本身中得到反映，那便是德。”[23]只有在伦理中，真正的精神才能培育。“在伦理的观点上，意志才是精神的意志，而且具有与自己相适应的实体性的内容。”所以，道德教育的真谛是伦理教育，教育学与伦理学深切相通。“教育学是使人们合乎伦理的一种艺术。它把人看作自然的，它向他指出再生的道路，使他原来的天性转变为另一种天性，即精神的天性，也就是使这种精神的东西成为他的习惯。”[24]教育的本质是使人从“自然人”提升为“精神人”，从“自然存在者”上升为“伦理存在者”，这便是教养的本性。在这个意义上，“伦理教育”不仅应当成为道德教育的理念，而且应当成为整个教育的理念，因为“德、智、体”的教育目的，都是为了获得成为精神存在者的教养。

将“德”与“伦”首尾相接、彼此贯通，道德哲学和道德教育就形成自洽自足的精神体系。“伦”是外在的实体性或普遍物，而“德”则是内在的或内化了的实体性或普遍性，“伦”的实体性之于个体的教养或造诣，就是“德”。达到了“德”，外在的实体性就内化为个体的主体性，由此，个体便扬弃自然存在，成为“伦理存在”或“精神存在”。

而实现“伦”向“德”、实体认同向主体建构转化的精神机制和过渡环节，便是“理”与“道”的良知良能。由此，个体便透过“德”回归“伦”的精神家园。“德”与“伦”相接的真义是：在任何意义上，道德教育都不是也不可能是一种抽象的“德”的主观精神的自我建构，而是一个现实的和开放的精神体系，因为它始终指向人的现实生活世界，在处理义与利、理与欲的矛盾冲突中，建构“义务与现实之间被预设的和谐”。正如黑格尔所说，“道德是一个永远有待完成的任务”，道德教育更是一个如孔子所说的“明知不可为之而为之”的文明使命，只有“颠沛必如是，造次必如是”的“自强不息”，才能达到伦理与道德统一的“止于至善”的精神境界。

综上所述，道德教育的“中国形态”是“精神形态”，“精神形态”的道德教育展现为“伦—理—道—德”四要素、“居伦—由理—明道—成德”四环节的伦理与道德同一的价值生态与精神过程。其中，“居伦由理”是伦理认同，“明道成德”是道德自由，二者的结合，便是伦理与道德、伦理认同与道德自由的统一，四要素和四环节精神地关联，构成道德教育的生态合理性及其辩证发展，其中，伦理与伦理的精神过程具有基础性与现实性意义。在教育哲学的意义上，“居伦”是道德教育的存在论，“由理”是道德教育的真理论，“明道”是道德教育的价值论，“成德”是道德教育的生命论。“从实体出发”、学会“为伦理思考所支配”、培育“冲动形态的伦理”、获得“伦理上的造诣”，是四个环节道德教育的要义，它们构成由“伦”的实体出发，透过“理”的良知、“道”的良能、最后由“德”的主体建构，回归人的伦理家园的精神体系和精神运动。四个环节所体现的道德教育的理念与方法论规律，便是“伦”之“居”，“理”之“由”，“道”之“明”，“德”之“成”。“居伦—由理—明道—成德”的“精神”形态，无论是在话语体系还是在文化内涵方面，都是典型的“中国形态”。当然，作为价值真理，它与西方哲学包括西方道德教育也可能相切相通，从而在相互诠释中体现一定的普适性，但它本质上是“中国的”——既是中国传统，对中国问题也更有解释力和解决力。中国文化是伦理型文化，伦理道德是中国民族对人类文明做出的最具代表性的文化贡献。“精神形态”是具有深厚传统根源与民族现实性的道德教育形态，也是可能对人类道德哲学和道德教育做出巨大理论和实践贡献、具有相当理论合理性与实践合理性的道德教育形态。我们应当有足够的信心，也有一份历史担当，在“精神”的旗帜下，为解决现代道德教育的世界性难题做出新的创造性文明贡献。

【参考文献】

[1] 亚里士多德. 尼可马科伦理学 [M]. 北京：中国社会科学出版社，1999. 27.

[2] [4] [6] [14] [15] [16] [19] [20] [21] [22] [23] [24] 黑格尔. 法哲学原理 [M]. 北京：商务印书馆，1996. 173、46、12、11、13、11、15、170、170、170、168、171.

[3] [7] [8] [9] [11] [13] 黑格尔. 精神现象学（下卷）[M]. 北京：商务印书馆，1996. 35-36、8、9、4、51、1.

[5] [17] 黑格尔. 历史哲学 [M]. 上海：上海书店出版社，1999. 英译者序言第 1 页、23-40.

[10] 罗素. 伦理学和政治学中的人类社会 [M]. 北京：中国社会科学出版社，1992. 159.

[12] 樊浩. 伦理病灶的癌变：“贱民”问题 [J]. 道德与文明，2010，(6).

[18] 黑格尔. 精神哲学 [M]. 北京：人民出版社，2006. 20.

社群主义公民身份与公民教育*

□ 冯建军（南京师范大学教授）

一、社群主义对自由主义的批判

如果追根溯源的话，社群主义可以上溯到古希腊的亚里士多德。亚里士多德《政治学》开篇就说："我们见到每一个城邦（城市）各是某一种类的社会团体，一切社会团体的建立，其目的总是为了完成某些善业——所有人类的每一种作为，在他们自己看来，其本意总是在求取某一善果。既然一切社会团体都以善业为目的，那么我们也可说社会团体中最高而包含最广的一种，它所求的善业也一定是最高而最广的：这种至高而广涵的社会团体就是所谓'城邦'，即政治社团（城市社团）"。亚里士多德不仅提到了"社群"（community）一词，而且把社群界定为为达到某种共同善的目的而组成的关系或团体。亚里士多德把这种以善业为目的的政治社群称为城邦。以城邦的政治活动为基础，形成了古典共和主义思想。社群主义虽然也从亚里士多德那里吸收了共同体的思想，但不能把社群主义与古典共和主义相等同。因为古典共和主义往往适合于小规模的、同质的共同体，共同体中的市民社会根本没有发生变化，它信奉的是整体主义和一元论。产生于自由主义之后的社群主义，社群不是同质性群体，而是蕴含了市民社会的个人利益分化。二者虽然都基于共同体，但古典共和主义的共同体中没有个人利益的分化，社群主义的共同体则包含着个人的利益。

新共和主义和社群主义一样，是在批判新自由主义基础上产生的，认为自由主义缺少对共同体的感情，但它又不同于传统共和主义，也吸收了自由主义的一些因素。新共和主义的共同体蕴含了独立的公民，而且是通过协商实现共同体的善，同时增进了个人的利益或保护个人的权利。在这一点上，新共和主义与社群主义是交叉一致的。社群主义者桑德尔和泰勒也因此被归为共和主义，成为"社群主义的共和主义者"。① 共和主义的政治共同体是社群主义的一种特殊社群。因此，新共和主义"是一种特殊形式的社群主义"②，被认为是"某种次阶社群主义（second-order communitarianism）"③，它与社群主义在思想理念上具有一致性。

社群主义和新共和主义对自由主义的批判有两方面：首先，社群主义是对新自由主义实践的批判。自由主义以个人为立足点，公民身份以个人权利为核心，追求个人利益的保护和个人自由的最大化，而对共同体的价值关注甚少，失去了对公共生活的关心和公共事务的参与，导致公共生活衰落。

---

* 原载《社会科学战线》2013 年第 11 期。

① 万健林：《共和主义的公民身份理论：一种观念史的考察》，北京：中国社会科学出版社，2011 年，第 160 页。

② 刘训练：《当代共和主义的复兴》，载许纪霖主编：《公共性与公民观》，南京：江苏人民出版社，2006 年，第 205 页。

③ 金里卡：《当代政治哲学》下，刘莘译，上海：上海三联书店，2004 年，第 538 页。

有学者将公共生活的衰落概括为公民意识和奉献精神衰退、公民参与和社会合作机会减少、社会信任和社会资本日益丧失、公民社会作用减弱以及公共道德的侵蚀等。① 公共生活的衰落是自由主义公民身份的必然逻辑。与之相伴，还出现了“公民唯私综合征”的泛滥：“人们在利润的驱动下以市场为中心来安排生活，共和主义公民身份所包含的参与精神逐渐被挤出了曾经占据的生活空间，导致了公民身份与公民行为之间的背反，造成了越来越普遍的政治冷漠现象。在自由民主国家中只有关心自我利益的市民，而无关心公共利益的公民；在极权国家中因政治动员而导致没有独立公民参与的大众政治，或权力压制而造成公民的政治冷漠”②。麦金太尔（又译麦金泰尔）也认为，当代社会公民精神的丧失，主要是自由主义的伦理规则代替亚里士多德的美德伦理传统造成的。“无节制的贪婪，无根的心态，脱离政治进程，离婚率的增加，以及当代西方社会中以自我为中心、脱离社群等有关一切想象使我们许多人忧心忡忡”③。沃尔泽指出，极度个人化的自由主义很少把个人与社会联系起来，很少关注个人的义务，因此，社会“必须用社群主义的观点处理这一时代所有重大的社会问题、道德问题和法律问题”，重建社群对于个人的归属感和向心力。1994 年，英国首相戈登·布朗宣称：“人们必须接受其作为个体和作为公民的责任，社群责任从来不应当成为个人责任的替代品”。1997 年，首相托尼·布莱尔再次强调“在现代世界，重建强大公民社会的唯一方法在于把权利和责任并重作为它的基础”④。

其次，在理论上，社群主义建立在对新自由主义批判的基础上。这种批判主要集中在三个方面。

第一，对自由主义自我观念的批评。自由主义以自我为出发点，而且这种自我是一种完全脱离社会现实、历史传统，不受任何社会关系和他人影响的、完全可以自我选择的、混沌无知的自我（unencumbered selves）。桑德尔认为，这完全是一种臆想，现实中根本不存在。因为个人不能自发地选择自我，是社群决定了“我是谁”。沃尔泽指出，“每一个生活在人类社会中的个人都会发现，他一出生就被多种关系模式、权力网络以及各种各样的意义所包围着。这些关系、权力和意义的质量决定了他以后成为什么样的人。只有这时候，他们才能通过反思他们是什么，按照多少有些不同的方式，在这种他们独有的模式、网络和社群中行事，使自己成为（边缘化的）与众不同的人”⑤。

第二，对新自由主义普遍主义的批评。所谓普遍主义，是指新自由主义提出的规则撇开了历史传统和具体的社会关系及其差异，是一种超越时空、无视差异的普遍的、抽象的规则。这个原则最好的案例是罗尔斯的正义论。正义原则是从人们的原初状态出发得出的，适合于社会所有的人。麦金太尔指出，任何正义原则不可能产生于罗尔斯所说的那种原初状态，只能产生于社会现实。因为我们无法从社会关系中脱离出来，这些社会关系恰是我们赖以理解权利和责任的依据。沃尔泽指出，我们不应该从普遍性的立场出发，而应该从传统出发，向自己的同胞解释我们共有世界的意义。所以，沃尔泽反对一元的、普遍的正义，倡导一种多元正义。只有这样才能实现不同社群之间的平等。

第三，对新自由主义原子主义的批评。新自由主义是一种原子式主义。原子式主义的主要特征是极端个人主义，把自我看作唯一的、自足的，过分

① 刘训练：《当代共和主义的复兴》，载许纪霖主编：《公共性与公民观》，南京：江苏人民出版社，2006 年，第 190 页。

② 万健林：《共和主义的公民身份理论：一种观念史的考察》，北京：中国社会科学出版社，2011 年，第 155、157 页。

③ 丹尼尔·贝尔：《社群主义及其批评者》，李琨译，北京：生活·读书·新知三联书店，引言第 1 页。

④ 德里克·希特：《何谓公民身份》，郭忠华译，长春：吉林出版集团有限责任公司，2007 年，第 81 页。

⑤ 华尔泽：《社群主义者对自由主义的批判》，孙晓莉译，《世界哲学》2002 年第 4 期。

强调个人对社会的优先性，把社会当作实现个人目的的工具。社群主义批判这种原子式个人主义，不仅个人不是自足的，不能离开他人和社会而存在，而且权利也不是无条件的，必须伴随着义务与责任。社群主义特别强调公民的责任感，以把个人联系起来，弥补自由主义原子论的不足。

社群主义和新共和主义对新自由主义展开了批判，但这种批判不是全面否定，而是在遵循古典共和主义立场的基础上，合理地吸收自由主义的观念，以区别于古典共和主义的传统。

二、社群主义公民身份的特征

社群主义承继了古典共和主义的共同体感和义务感，去除了古典共和主义直接的政治参与和对政治共同体的要求，从而可视为公民共和主义在当代的扩大化和重新复活。它将共和主义的公民身份所面向的共同体扩大到国家之外的家庭、社区、阶级、民族、团体等社群，公民身份也超越了国家公民的局限，具有多元性。

1. 以社群为立足点，社群优先于个人

社群主义立足点的确立：一是对新自由主义的批判，二是对共和主义传统的继承。

社群主义对自由主义的“自我”观念进行了激烈的批判。桑德尔认为，这种自我观忽视了一个简单的事实：自我是被“镶嵌于”或“置于”现存社会关系中，只有在社会关系中而不是远离社会关系，才能确定自我。他把自我看成深植于社群生活中的“嵌入式自我”。自由主义的自我观表现为“自我优先于自我确定的目的”。桑德尔论证，自我不优先于自我确定的目的，自我由自我的目的所构成。自我是在他所处的共同体中形成的，不可能脱离人们赖以生存的共同体来讨论自我的目的。桑德尔说，社群“不是他们所选择的一种关系，而是他们发现的依附；不仅是个人身份的属性，而且还是他们身份的构成要素”①。个人必须在与他人的共同生活、共享理想中才能实现自我的目的，所以，与他人共同的生活与共享的理想构成了自我本身。麦金太尔也认为，“每个个体都在相互连接的社会关系中继承了某个独特的位置；没有这种位置，他就什么也不是，或者至多是一个陌生人或被放逐者”②。我只能在社会中找到我自己，是社会确定了我的职责和义务。泰勒也明确表示：“我不能在与他人隔离的孤独状态下，而只能通过与他人公开或半公开的交流协商来确认自己的特性。从本质上说，我个性与人格的形成离不开社会。”③

社群主义不仅批判了自由主义的自我观，而且吸收了共和主义的思想。古典共和主义的共同体与社群主义的社群，在内涵上具有相同的一面：二者具有共同目标、共同价值和公共善、公共利益，其成员都有着对共同目标的认同，把共同的目标当作自己的目标。二者也具有不同：在类型上，古典共和主义的共同体是政治共同体，公民与共同体的关系是政治参与；社群主义的成员与社群的关系不完全是政治关系，而是一种公共关系、契约合作关系。在性质上，古典共和主义的共同体具有同质性，社群是多元的统一。在共同价值观之下，社群允许个人特殊的价值生活。“麦金太尔这样说：社群的成员按照这样一种形式的活动来构造他们的生活，这种活动的特殊目标是，在它自身内部尽可能地把它所有成员的实践活动整合起来，以便创造和维持作为其特殊目标的那种生活形式。”④

社群主义吸收了自由主义观念，社群不再是古希腊的城邦，只有共同体的公共善，没有个体的特殊善观念。社群是一种主体间的联合体。英国社会

① 桑德尔：《自由主义与正义的局限》，万俊人等译，南京：译林出版社，2001年，第182页。
② 麦金太尔：《追寻美德》，宋继杰译，南京：译林出版社，2003年，第42页。
③ Charles Taylor，*The Ethics of Authenticity*，Vol.1，Cambridge：Harvard University Press，1991，pp.47-48.
④ 俞可平：《社群主义》（修订版），北京：中国社会科学出版社，2005年，第84页。

学家麦基斯（R. M. Maclver）在1917年出版的《社群：一种社会学研究》中指出：社群不是简单的个人利益集合，它还需要一种组织作为载体，这种组织小到家庭，大到国家。

社群主义的社群，既不同于自由主义的个人及其工具性社群，也不同于传统共和主义的共同体，而是介于个人与共同体之间，寻找二者的平衡。正如《负责任的社群主义政纲：权利与责任》所言，"社群主义既承认个人的尊严，又承认人类存在的社会性"。社群主义不同于自由主义，就在于它基于共同体立场；社群主义也不同于古典共和主义，因为社群中包含着个人利益的分化。

尽管社群主义者对社群有着不同理解，但还有相当普遍的共识：第一，一个社群是人数有限的群体所组成的关系网络，人们之间的关系是直接的，通常是面对面的；第二，社群成员分享着一套信念和价值观，具有共同的目标。社群成员认同这些目标，把共同的目标当作自己的目标；第三，社群必须建立在成员的共同利益之上，具有公共利益和公共的善；第四，社群成员对社群有着高度的自我认同，成员都有一种归属感——"我们感"；第五，社群成员具有一种道德和爱的关系。社群主义强调成员之间不是自我利益的竞争和分配关系，而是团结友爱的道德关系。这种团结友爱的关系，不是基于制度强迫推行的，而是出于公民的自愿行为。

2. 公益优先于权利，以公益为目的

新自由主义因为强调个人权利的优先性而被称为"权利政治"。社群主义认为，"一旦我们承认人对于社会的依赖，我们就有义务把社会的共同利益置于与个人的自由权利同等重要的地位。因此社群主义论证说，自由主义的'权利政治'应该被'共同利益的政治'所替代，或者，至少前者要受到后者的补充"①。自由主义以个人为出发点，以权利为核心，是一种"权利政治"；社群主义以社群为出发点，强调公共利益优先于个人利益，以公益为目的，是一种"公益政治"。

在社群主义看来，原子式的个人是不存在的，每个人出生首先面对的是个人无法选择的社群和历史文化，这是个人赖以生存的根本。社群主义继承了亚里士多德"城邦是最高的善"和黑格尔"国家先于个人而存在"的思想，强调社群对个人的优先性。社群不仅是个体社会生活的一种形式，而且是人类生活最高的善。对于现代公民而言，没有国家，就没有公民个人。当然，社群主义并不像传统共和主义一样，无视个人的权利和利益。社群主义也有权利，但这种权利不是自由主义的道德权利，而是一种法律的权利；不是自由主义的消极权利，而是一种积极权利。社群主义认为，个人权利是在公共利益的框架中被赋予的，也只有在社群的公益得到保护的情况下才能更好地得到实现。

正像自由主义讲"共同利益"，社群主义也讲"权利"，但自由主义的共同利益是为了个人利益的实现，社群主义的个人权利是为了公共利益的实现。在桑德尔看来，社群成员的个人利益与社群的整体利益是完全一致的。真正的善必须以社群为基础，是一种公共的善。与古典共和主义的公共善不同，社群主义的公共善中包含个体的善；与自由主义的单子式特殊善观念不同，社群主义的个体善中也包含公共善。所以，社群主义的善，是个体之善与社群之善的有机结合，但最终是为了公共善。

公共善有两种基本形式，一种是物化的利益，另一种是非物化行为。前者指公共利益，后者指各种美德。公共利益包括哪些？社群主义思想家提出了不同的分类。米勒指出，公共利益包括产品形式和非产品形式。产品形式的公益就是各种福利，非产品形式的公益具有三个特点：第一，社群成员共同享有；第二，这种利益具有相关性；第三，这种公益涉及某些基本人际规则，如诚实、无私、奉献等。沃尔泽认为，社群所提供的公益形形色色各不相同，但基本的有"安全"和"福利"两类。②

① 威尔·金里卡：《当代政治哲学》下，刘莘译，上海：上海三联书店，2004年，第385页。

② 参见俞可平：《社群主义》（修订版），北京：中国社会科学出版社，2005年，第127—136页。

其实，重要的不是公益到底有哪些，而是要树立一种公共的目标，确立一种公共的思想，坚守一种公共利益优先的精神，这才是社群主义以公益为目的的主旨所在。“社群主义政治要求公民应该成为促进共同的利益的民族成员，而不是为增进个人利益从事政治活动。”①

3. 追寻社群的美德

在社群主义看来，当代社会出现的公共生活衰落、公民精神式微等诸多道德问题，其根源在于自由主义权利伦理忽视了社会共同体及其利益，无视集体价值和社群价值，使社会共同关注的道德得不到认同，从而使个人主义的自由主义极端化。社群主义者强调，克服当今道德困境的关键在于复兴亚里士多德的德性伦理，复归公民的德行。

尽管自由主义公民也强调德行，但一方面没有把它作为公民的核心，另一方面，自由主义公民道德来自于个人利益的保护，它不是把国家看作共同体，而是个人利益间的协助体。所以，自由主义的公民道德，诸如重叠共识、沟通、理解、宽容、尊重、同情、公开讨论与理性对话等，从根本上说是为个人权利的实现。自由主义的公民美德只有工具的意义，在个体生活中处于边缘地位。在自由主义看来，不存在共同体的概念，自然也没有关于共同体的美德。社群主义承继了古典共和主义的传统，认为不仅存在共同体，而且个人是共同体的一部分，就像亚里士多德所说的，手或脚之于身体一样。既然公民属于共同体，公民的美德也基于共同体，就是共同体的美德。因此，社群主义认为，道德的基础不应建立在个人权利上，而应建立在共同体上。桑德尔说：“我们能在共同体中认识善，我们不能独自认识这一点。”麦金太尔也认为：“善良生活绝不会由独自一人获得，因为我绝不能只作为个体寻求善或练习美德。”② 泰勒也认为，人不可能过没有群体的生活，或者没有框架的生活。人对自己的认同是“由提供框架或视界的承诺和身份规定的，在这种框架和视界内我能够尝试在不同的情况下决定什么是好的或有价值的，或者为什么应当做，或者应赞同或反对什么”。③ 离开了社群这一框架，人无法确认自己，也变得没有方向感。

作为社群的成员，公民的德性就是社群的公共德性，是一种公共美德。但必须说明的是，社群主义与共和主义虽然都强调美德的公共性，但有所不同。由于城邦规模不大，具有完全的同质性，因此，共和主义的道德是一元的（这也成为自由主义批判的把柄，因为一元论的共同价值容易具有专制主义倾向）。现代国家不可能是城邦式的共同体，它包含着诸多社群。社群的道德是社群内部成员的价值共识，属于特定社群成员共同的特殊理解。对于社群成员来说，它属于共同善或该社群的公德，但对整个国家或人类来说，它又属于特殊的善或价值。“不同社群的理解可能有重叠，但绝不是先天一致的……社群主义反对个人主义，也拒绝全社会或全人类的共同利益和普遍价值，它主张多元的道德和文化”。④ 社群主义美德是社群内部的道德共识，信奉的是一种特殊主义的道德原则。“它的基本命题是：人类所能理解的道德原则只能是特定生活和制度的具体体现；只有通过对个人所在的特定的社群生活和特定的善，才能形成对道德原则的认同；个人要成为道德行为者必须得到社群的道德支撑。这种特殊主义的道德观所强调的，就是个人对自己所在政治社群的认同和依赖。”⑤ 社群主义既不是把正义作为古典共和主义所说的人类的德性，也不是把其作为自由主义所说的利益划分规则，而是基于社群成员公共善的道德共识。

相对于自由主义的工具性美德而言，社群主义美德追求的是内在价值。麦金太尔把人们在实践中

① 丹尼尔·贝尔：《社群主义及其批评者》，李琨译，北京：生活·读书·新知三联书店，2002年，第139页。
② 转引自王洪波：《善优于权利？——社群主义道德观评析》，《吉首大学学报（社会科学版）》2008年第1期。
③ 查尔斯·泰勒：《自我的根源：现代认同的形成》，韩震等译，南京：译林出版社，2001年，第37页。
④ 韩震：《公共价值观——当代西方社团主义的主要观点》，《江海学刊》1998年第3期。
⑤ 俞可平：《社群主义》（修订版），北京：中国社会科学出版社，2005年，第120页。

所追求的利益分为两大类：一类是内在利益，它是人们在实践中获得的对人生意义和美好生活的体验，是一种精神上的收获；另一类是外在利益，是人们在实践中获得的金钱、地位、名誉和权势等好处，是一种物质上的收获。外在利益作为个体的所有物，一个人多了，另一个人就少。但内在利益的获得有利于参与实践的整个共同体。自由主义伦理规则是基于外在利益的合理分配，但社群主义的美德是一种内在的利益，是公民人性的卓越追求。麦金太尔就说，美德是“一种获得性的人类品质，对它的拥有和践行使我们能够获得那些内在于实践的利益，而缺乏这种品质就会严重地妨碍我们获得任何诸如此类的利益”①。自由主义以个人利益和个人权利的保护确立美德，社群主义以社群的公共利益确立美德，包括忠信、诚实、无私奉献、乐于助人、友谊、博爱、爱国主义、正义等。

三、社群主义的公民教育

社群主义是在批判新自由主义的基础上对公民共和主义思想的复兴，因此，社群主义公民教育思想在很多方面与自由主义相反，与公民共和主义具有一致性，它们以共同善为目标，致力于培养公民德性。由于现代社群与古希腊城邦不同，社群主义公民教育为了公共善的目标，必须促进公民对其所属政治社群的认同，通过社群历史文化熏陶和公民对公共生活的主动参与，培育公民的社群意识和归属感。“社群主义的公民教育除了要让公民对其所属的社群产生认同感和归属感外，最重要的任务便是培养社群生活所需的公民德性，以期恢复日趋衰弱的社群意识及公民对责任和义务的重视。”②

1. 促进公民的社群认同，培养有德性的积极公民

社群主义认为当代西方社会道德的混乱无序是由自由主义造成的，因为自由主义以个人主义为中心，强调个人的权利和特殊的价值观，否认共同体的利益和国家对公民生活的干预。公民只有自己的利益，而没有公共的责任与意识。自由主义公民教育的首要任务就是使公民具备一定的权利意识，按照公正的原则和法律，维护自己的权利。维护个人的权利是自由主义公民教育的核心。在社群主义看来，自由主义自我观和褊狭的利益观忽略了内在利益，排除了目的论意义上的公共善，从而造成自由社会中公共生活的衰微、公民精神的缺失，社会成为以法律和制度维护的原子式松散联合，公民缺少国家内在的认同感和向心力。

社群主义在思想方法论和价值观上对自由主义进行了清理。在方法论上，社群主义批判自由主义孤立个人的存在，认为个人不可能脱离社群，人是社会的产物，社群的文化、传统、历史已经浸入了每个人，成为社群成员身份的一部分。社群也因为成员的这些身份要素而成为某一特定的社群。德国社会学家费丁南德·梯尼斯（Ferdinand Tonnis）是第一个对社群做出论述的人。他指出，社群是基于如情感、习惯、记忆等自然意志，以及血缘、地缘和心态而形成的有机体。③ 在他看来，社群的主要标志不是契约和利益，而是人们的出身、地位、习惯和认同。贝尔把社群分为地域的、记忆的和心理的，也说明了一个社群是因为成员间地理共在，有共同的历史文化记忆，有共通的心理情感体验。这样的社群就是桑德尔所倡导的“构成性意义的社群”。社群的“构成性意义”是双向的，社群构成了成员的身份，成员身份也构成了社群，可谓“物以类聚，人以群分”。自由主义的群体以契约维系，秉承的是个人利益至上，如果这样的群体也可以称为社群的话，只能是桑德尔所说的“工具性意义上的社群”，社群不过是为了更好保护个人利益的工

① 麦金太尔：《追寻美德》，宋继杰译，南京：译林出版社，2003年，第242页。
② 胡艳蓓：《当代西方公民教育思想述评》，《国外社会科学》2002年第4期。
③ 俞可平：《社群主义》（修订版），北京：中国社会科学出版社，2005年，第73页。

具。社群不同于城邦。亚里士多德所说的城邦，是一个自然形成的有机体。在他看来，人天生是政治动物，天生属于城邦。因此，亚里士多德的公民教育不需要公民对城邦的认同。但社群不同，社群不完全是自然的，尤其是随着社群规模的扩大和开放，越来越多不具有共同地缘、血缘关系和历史文化记忆的成员加入，为了使这些成员真正地融入社群，他们就需要社群的认同感。即便具有血缘、地缘关系的人，也需要文化上的社群认同。所以，社群主义公民教育要维系社群的公共善，首先需要的是对社群成员的认同感教育。

民族和国家是现代社会最基本的政治社群。现代公民教育最需要加强的也是民族（国族意义上的民族）认同和国家认同教育。爱国主义是公民对国家认同的最高形态，表达公民对国家、共同体的忠诚。麦金太尔指出："爱国主义作为一种美德，首先缚系于一个政治的或道德的共同体，其次，才缚系于该共同体的政府。"① 即爱国主义是对作为政治共同体的国家的认同和热爱，而不是对政府的热爱。当政府能够顺应公民，代表国家利益时，爱国与爱政府是统一的。但当政府不再代表公民意愿时，爱国主义就不再体现为对政府的热爱。政府不等于国家，公民属于国家，不属于政府。

社群主义在价值论上批判自由主义的权利优先于善，主张善优先于权利，公共善先于个人的善。社群主义的道德是基于共同体的利益，反映的是公共善。个人归属于社群，所以，公民的善不仅是公共善的反映，而且也是公民内在利益的要求。社群主义的公民美德是对社群公共利益来说的，"对公共事务的关注和对公共事业的投入是公民美德的关键标志"②。相对于自由主义，社群主义更多强调的是公共美德，诸如认同感、忠诚、合作、和谐、友谊、信任、责任、奉献、爱国主义等。社群主义公民教育就是要培养关注公共福祉，积极参与公共生活，具有责任感、义务感、忠诚感、奉献精神和行动能力的积极公民。③

20 世纪 80 年代后期兴起的品格教育，就是社群主义思想的体现。时任美国总统的克林顿要求"所有的学校都必须进行品格教育，讲授良好的价值观和进行良好的公民教育"。品格教育是国家推行学校必须进行的"旨在促使学校通过强调我们共有的普遍价值来教授好的品格，培养民族的、有责任心的、有同情心的年轻人"。④ 品格教育是资本主义国家自由主义之后的自觉选择，它不仅使道德教育内容回归到了社群的核心价值观，也使道德教育走出了自由主义的中立化。

2. 去中立化：强化国家、学校和教师在公民教育中的责任

自由主义认为公民具有免予国家干涉的消极自由，国家对公民个人，不能以所谓国家的立场和善观念对个人的价值观进行评判，不能对公民个人的价值观进行公共排序。自由主义的国家中立就是要确保国家尊重符合正义的各种善观念。这就是诺齐克所说的"最弱意义上的国家"，本杰明·巴伯将其概括为"强势自由，弱势民主"。

社群主义反对国家中立，认为国家中立应该让位于"共同利益的政治"。"在社群主义社会里，共同利益被想象成一种关于优良生活的实质观念，并由它来决定共同体的'生活方式'。"共同体的生活方式是对各种善观念进行公共排序的基础，"社群主义的国家能够并且应该鼓励人们采纳与共同体生活方式相吻合的那些善观念，而阻止与之相冲突的善观念"。⑤ 这就是说，个人善观念的可行，取决于与国家善观念的一致性。如果个人的善观念不能

① 麦金太尔：《追寻美德》，宋继杰译，南京：译林出版社，2003 年，第 324 页。

② Walzer，Michael，Civility and Civic Virtue in Contemporary America，in *Radical Principles：Reflections of an Unreconstructed Democrat*，New York：Basic Books，1980，p. 64.

③ 陈玉玲：《社群主义公民教育思想探析》，《现代教育论丛》2011 年第 9 期。

④ 转引自苏守波：《社群主义公民教育思想在美国的兴起与实践》，《外国教育研究》2010 年第 4 期。

⑤ 威尔·金里卡：《当代政治哲学》，刘莘译，上海：上海三联书店，2004 年，第 402 页。

与国家的公共善吻合，是不允许的。所以，社群主义不仅反对国家中立，而且认为国家是个人的代表，国家利益和个人利益是一致的。因此，国家必须拓展自己的职能，为公民提供更多的公共利益和公共服务，使每个公民从中受益。社群主义主张一种与自由主义“弱势国家”不同的“强势国家”。

按照自由主义弱势国家理论，公民价值观是个人的事情，国家无权干涉公民的价值选择，更不能进行价值引导。价值澄清学派是自由主义思想的鲜明体现。为了强化自由选择，价值澄清学派反对道德说教、批评和向儿童灌输价值观或进行评价，也反对教师在价值观教育中运用奖惩制度，对儿童价值观进行诱导。品格教育是社群主义思想的体现。品格教育看到自由主义的价值澄清所导致的价值混乱与无序，认为国家和学校有责任必须把这些共同价值观传授给学生。所以，品格教育摒弃了价值澄清学派的“中立化”立场，要求国家、学校、家庭和社区共同承担起公民价值教育的责任。

在社群主义看来，国家就是一个为了公共利益组成的政治社群，是一个政治实体。公民作为国家的成员，价值观必须与国家保持一致，遵从国家的价值观。所以，国家要积极引导公民的价值观，帮助公民明辨善与恶、是与非，促进公民形成对国家核心价值的认同，选择与社会共同价值观相符的生活方式，确保公共利益的实现。作为国家的教育机构，学校和教师必须为公民价值观教育负责。学校要把国家核心价值观体现在学校课程和教育要求中。学校必须旗帜鲜明地倡导国家核心价值观，通过直接教学的方式，直接告诉学生什么是对，什么是错。同时，要积极协调学校、家庭与社会之间的关系，形成以学校为主导的道德社群，达成与国家核心价值相一致的价值共识。教师作为社会的代言人，要求教师传授国家核心价值观，充当道德代言人和道德教育者的角色。

3. 利用社群的文化历史培养公民

在社群主义看来，我是社群的一员，我的存在依赖于社群。面对着社群，我生于斯，长于斯，社群的文化历史已经植根于我，成为我身份的一部分，决定着我的职责和义务。正如桑德尔所说，社群不是人们选择（就像在一个自愿社团中那样）的一种关系，而是他们发现的一种依恋；它不仅是他们身份的属性，而且还是他们身份的构成要素。社群一定意义上塑造了公民的身份和特点。正是社群与公民的这一关系，使得公民教育必须依靠社群，依靠社群的滋养。

社群不是一些人的偶然相遇和集结，甚至在梯尼斯看来，那些依靠契约和制度联系起来的利益共同体，不能称之为社群。桑德尔推崇的社群是构成性的，也就是丹尼尔·贝尔所说的“具有构成特征的社群”。丹尼尔·贝尔提出了区分“具有构成性特征的社群”与一些偶然性关系的三个标准：第一个标准就是回答“我是谁”，我怎样事实性界定自己的身份。第二个标准是为有意义的思考、行动和判断提供的一个背景式框架，这个框架如同范式，使公民在思考问题和选择行为时，具有共同性。第三个标准是当一个人割断与社群的联系时，会陷入严重的迷失方向状态，在许多问题上不能表示立场。也就是说，一个人在心理上已经离不开社群的存在。① 丹尼尔·贝尔的这三个标准，成为他提出的地域性社群、记忆性社群和心理性社群的依据，也反映了社群发展的不同阶段。如果说在地域性社群阶段，我是中国人，只是表明我生活在中国这片土地上；在记忆性社群阶段，我是中国人，则表明我认同中国的历史文化；在心理性社群阶段，我是中国人，则表明我已深深地爱上了中国，我为中国而骄傲。社群发展的阶段与社群公民的形成是一致的。现代公民具有地缘关系，利用社群的因素发展公民的特性，关键是利用社群的历史文化因素，形成公民对社群的记忆，使其在特定的“记忆社群”中找到自己的位置。正如麦金太尔所说，我的生活的故事永远被包括在我得到我的身份的那些社会共

① 参见丹尼尔·贝尔：《社群主义及其批评者》，李琨译，北京：生活·读书·新知三联书店，2002年，第85—108页。

同体的故事中，也就是在我们的历史和文化中。① 所以，在公民教育中，一定要引导公民认识民族、国家的历史、文化，通过社群的历史或传统塑造共同的文化认同，形成对民族国家的文化记忆，培养公民对所属社群的认同感和归属感。

社群是历史文化的存在，但社群最核心的是共同的价值观或公共善，政治社群尤是如此。国家作为现代政治社群，不同于民族对公民具有天然的感情，国家必须以核心价值观和公共善凝聚公民。所以，作为社群和国家，必须确立自己的核心价值观，宣传核心价值观，使之成为公民文化、公民生活的一部分，内化为公民的价值观和自觉行动。对于认同感的形成来说，教育固然重要，但简单的宣教容易引起反感，而公民文化滋养能够起到"润物细无声"的作用。

① 麦金泰尔：《德性之后》，龚群等译，北京：中国社会科学出版社，1995年，第278页。

基础教育

国际学前教育发展战略：普及、公平与高质量*

□ 庞丽娟（北京师范大学教授）
□ 夏　婧（首都师范大学讲师）

近年来，国际社会对学前教育的国家发展战略意义与价值的认识日益深化，并将大力发展学前教育事业作为促进社会与经济发展，应对教育事业发展中困境与问题的重要手段。然而学前教育事业的发展也面临着前所未有的挑战，如学前教育资源供给总量不足、学前教育不公平问题突出、学前教育质量有待提高等。为更好地应对这些问题与挑战，世界主要国家和地区在综合考虑本国或本地区经济、社会、文化、人口和教育等发展现状与需求的基础上，先后制定并出台了专门性的学前教育发展战略，或将学前教育事业发展纳入国家教育发展战略中，对学前教育事业的发展方向、目标以及实现发展目标的方针、途径、政策和策略等进行宏观统筹与规划，以保障并促进学前教育事业的积极健康发展。

通过对这些学前教育发展战略与重要政策，以及国际性组织（如联合国教科文组织、经合组织等）公布的世界教育和学前教育发展报告等进行研究与分析，可以看出，当今国际学前教育发展战略主要呈现“普及、公平和高质量”的特点与趋势，且世界主要国家和地区在实施学前教育发展战略时注重发挥政府的主导作用并以公共财政为重要支撑。这些经验对我国制定中长期学前教育发展战略具有重要的启示意义与借鉴价值。

一、促进学前教育的全面普及是国际学前教育发展战略的基本方向

学前教育是基础教育的基础、终身教育的开端，是国家教育体系中不可或缺的重要一环。普及学前教育对于个体的身心健康发展，对于基础教育阶段的顺利完成、质量提高和整体国民素质的提升，对于家庭生活的和谐幸福，对于社会的稳定和经济发展，乃至对于一国或地区综合实力与国际竞争力的提高，均具有极其重要的战略意义与价值。基于此，世界主要国家和地区纷纷将提高入园率、全面普及学前教育作为学前教育发展战略的基本方向，致力于扩大学前教育的覆盖面，为有需要的儿童供给学前教育服务。

1. 明确规定以全面普及作为学前教育发展战略的基本方向

考察世界主要国家和地区学前教育发展战略及相关政策可见，无论是发达国家和地区，还是发展中国家，皆旗帜鲜明地提出以全面普及作为学前教育改革和发展的基本方向，这使得推进学前教育全面普及成为国际性趋势。以经合组织为例，为3—4岁起的儿童提供普及教育一直是美国、日本、英国、法国、澳大利亚、新西兰等成员国发展学前教育的核心追求。譬如美国，在《2000 年教育战略》

* 原载《教育学报》2013 年第 3 期。

开篇即规定："应保证所有儿童都能接受高质量的适合个体发展需要的学前教育"，明确将全面普及学前教育作为教育改革目标之首；又如日本先后制订了三个《幼稚园教育振兴计划》，而"要有计划地发展幼稚园，以促进幼稚园教育的普及与充实"是其始终不变的战略诉求。中国台湾在《教育改革行动方案》中提出"普及幼稚教育"，同样将普及作为学前教育发展战略的出发点和归宿。一些经济欠发达的国家日益认识到普及学前教育的重要性，亦将促进普及提上日程。如印度在《国家儿童行动计划》中规定"普及学前教育，使所有儿童获得高质量教育"是儿童教育领域所必须达成的重要目标之一；九个人口大国除尼日利亚外，其余八国均将提高普及率作为学前儿童保育与教育事业发展的主要目标，墨西哥更是将 2010 年学前教育普及目标定为 100%。综上，世界主要国家和地区根据学前教育事业发展的现实情况和发展需求将全面普及作为学前教育发展战略的基本方向，甚至提出了具体的普及目标，这为未来学前教育的改革和发展指明了前进道路。

2. 以法律政策为保障，以公办机构为主体，以免费、减费或补助为主要路径实施普及战略

在确定全面普及为学前教育发展战略的基本方向以后，各国（地区）采取多种战略措施以保障普及目标的有效实现。首先，积极推进学前教育法律和政策建设，为普及提供根本保障。美国、英国、法国、巴西、墨西哥、瑞典、匈牙利、中国台湾和澳门特区等或制定了专门的学前教育法，或在相关法律中对学前教育普及做出较有针对性和较为细致的规定，并因应普及的需要，及时出台各种学前教育政策，不仅为普及提供了高位阶、强制性与权威性的基本规范，也有效解决了普及中遇到的现实问题。其次，深化办园体制改革，逐渐建立起以公立学前教育机构为主体的普及模式。例如经合组织有一半以上国家的公立机构数比例达 50%以上，有五分之一左右的国家高达 80%以上，其中卢森堡、法国、匈牙利等国甚至逼近 100%。墨西哥、俄罗斯、古巴、巴西、朝鲜等国同样以公立机构为主体供给学前教育，前三个国家的公立机构比例均高于 90%。统计显示，北美、拉美/加勒比海、欧洲 80%以上的国家其公立机构在园儿童比例超过 50%，甚至更高，[1]这表明国际社会主要是依托公立机构来推进学前教育普及的。再次，以免费、减费或补助为主要路径实施普及战略。为促进学前教育的全面普及，瑞典、比利时、法国、英国、荷兰、新西兰、中国澳门特区等经济较发达的国家和地区以及墨西哥、巴西、古巴等发展中人口大国将学前教育纳入免费教育范畴；与此同时，丹麦、荷兰、挪威、葡萄牙、英国、美国、日本等则对符合条件的儿童进入收费学前教育机构实施学费减免政策；美国、日本、加拿大、新西兰、中国港澳台地区等还对儿童或其家庭提供多种形式的财政资助，例如现金补助、税费返还和教育券等，支持适龄儿童选择较正规或质量较好的托幼教育。上述战略举措有力地保障了全体幼儿平等接受学前教育的权利，极大地促进了学前教育的普及。

二、推进学前教育公平是国际学前教育发展战略的价值追求

学前教育是基础教育的起始阶段，学前教育公平是教育起点的公平，公平而高质量的学前教育能够有效地打破贫困的代际循环，促进社会公平与稳定。因此，世界上越来越多的国家和地区高度重视作为起点公平的学前教育公平，特别关注因城乡与地域差异、经济条件落后、少数种族或民族，以及残疾等所造成的各类弱势幼儿群体的学前教育机会与公平问题。与此同时，全民教育运动在普及学前教育时，也明确将工作重点放在保障最困难儿童的学前教育机会和质量上。可以说，保障弱势群体儿童平等接受学前教育的权利、促进学前教育公平是当今世界学前教育发展战略的价值追求。

1. 明确要求保障弱势儿童享有平等的学前教育权利

许多国家和地区重视在学前教育发展战略中对弱势群体儿童的平等受教育权利进行明确规定。首

先，传统的欧美福利国家希望通过促进弱势群体幼儿平等接受学前教育而减少儿童贫困，打破代际循环，维护并促进社会的和谐和稳定。美国将“保障每个美国儿童都能够获得学前教育”作为全美教育目标之首[2]。法国明确规定弱势幼儿群体具有优先受教育权利，即“优先照顾那些处于不利文化、社会地位的儿童，他们的教育可自 2 岁起开始”。英国更是在其学前教育发展战略中提出要“帮助弱势群体家庭的 2 岁儿童接受每周 15 小时的免费学前教育”[3]。其次，一些发展中国家的学前教育发展战略中也对学前儿童受教育权平等原则做出了明确规定，反映出发展中国家在普及学前教育的过程中将弱势群体幼儿作为关注重点，将促进学前教育公平均衡发展作为普及学前教育的重要手段。如巴西《宪法》和《教育指导方针和基础法》均对学前教育的基本原则做出规定“入学与受教育机会人人平等”。印度的《第十一个五年教育发展规划》更是明确提出学前教育“全纳性增长”的发展理念，即“推进学前教育的均衡发展，缩小区域、群体和性别间的差距”。可见，保障儿童平等的受教育权和发展权已成为世界学前教育发展战略的核心目标与价值追求。

2. 坚持优先原则，多途径扶助弱势儿童以促进学前教育公平与均衡发展

在推进学前教育公平价值追求的引导下，许多国家和地区坚持优先原则，对弱势儿童进行倾斜性的扶助，主要表现为以下四个方面。第一，将财政优先投向弱势儿童群体，不断加大投入力度，从而为发展弱势儿童学前教育奠定了可靠的物质基础。代表性的国家和地区有美国、英国、印度和中国台湾等。第二，兴办公立机构并优先向弱势儿童开放。鉴于公立机构在保障弱势儿童受教育机会方面具有突出的作用，韩国、印度和中国台湾等在弱势地区普设公立园，确保有需要的弱势儿童获得学前教育。不仅如此，约旦和中国台湾等还实行弱势儿童优先入读公立园制度，公立园弱势扶助性质更加凸显。第三，优先为弱势儿童提供免费、减费和有资助的学前教育。在推进免费学前教育的进程中，弱势儿童通常享有优先权，譬如韩国弱势儿童可优先获得免费一年教育；中国台湾规定符合条件的低收入和中低收入家庭子女等可优先免费进入公立园。与社会强势儿童相比，弱势儿童进入收费机构还可优先获得减、免学费待遇，享有额外或更高金额的学前教育财政资助。第四，依托国家或地区专项行动计划优先发展弱势儿童学前教育，譬如美国的佩里计划与开端计划、英国的确保开端计划、印度的儿童发展综合服务计划和中国台湾的扶持 5 岁弱势幼儿及早教育计划等均属于以弱势儿童为主要受益人群的扶助计划。倾斜性学前教育弱势扶助措施的实施，在很大程度上保障了弱势群体幼儿的平等受教育权利，有效地推动了学前教育的公平均衡发展。

三、促进学前教育优质发展是国际学前教育发展战略的重要目标

如果说普及学前教育和扶助弱势群体是为了给全体幼儿提供公平的学前教育机会，那么提高学前教育质量，促进学前教育的优质发展则能够保障学前儿童接受具有公平质量的学前教育，确保学前教育的重要战略价值得以最终实现。因此，世界主要国家和地区注重将学前教育的优质发展作为学前教育发展战略的重要目标，并通过加强教师队伍建设、督导评估等多种方式予以保障。

1. 在学前教育发展战略与政策中重视对学前教育质量进行规定

促进学前教育优质发展这一重要目标在许多国家和地区的学前教育发展战略或政策中得到了充分体现。如德国在《日托扩展法》、《儿童及青少年福利法》等学前教育法律中规定“保证并提高学前教育质量是学前教育机构的法定义务”，以刚性的形式对学前教育机构的教育质量和教育主管部门的督导职责等进行了规定。美国素来关注学前教育质量，其《2001—2005 战略规划》明确指出，“所有儿童通过接受高质量的和恰当发展的学前教育为进入学校学习做准备”，奥巴马政府也提出要为儿童

提供所需的“高质量的早期教育经验”。印度在《国家儿童行动计划》中亦对普及中的学前教育质量做出要求，明确提出在普及学前教育的同时“使所有儿童获得高质量教育”。巴西的《国家教育计划》和《国家学前教育政策》中也专门针对学前教育质量做出明确规定，如“学前教育应在保证质量的前提下使所有孩子都受益。要进一步完善所提供的学前教育服务的质量”，“制定长期的普及学前教育服务质量标准，以此作为学前教育监督、控制和评价的参照，同时也作为提高学前教育质量的重要手段”等。上述规定可谓彰显了国际社会对学前教育质量的高度重视与不懈追求。

2. 通过多种方式促进学前教育质量的提升

在对学前教育质量进行规定的同时，国际社会也采用了多种策略提高学前教育质量，确保实现学前教育优质发展的战略目标。

首先也是最为重要的一点，即通过明确幼儿教师的身份，保障幼儿教师的基本工资待遇和在职培训，以建设一支稳定和高素质的教师队伍，进而提升教育质量。相当一部分国家对幼儿教师的身份做出了较为明确和高位的规定，主要有国家公务员（如法国）、国家或地方教育公务员（如日本）、公务雇员（如英美）三类。明确的身份为保障幼儿教师社会地位、教师依据合法身份获得法定权利和工资待遇提供了重要的依据。许多国家和地区政府努力保障并提高幼儿教师的工资待遇，这对保证幼儿教师安心工作、稳定教师队伍起到了至关重要的作用。有的国家由政府保障给予公立幼儿园教师较高水平的工资待遇，譬如日本、法国、古巴等国；美国、德国、巴西、印度等国注重规范幼儿教师的工资标准，努力提高其工资水平。英国、德国、巴西、古巴和中国台湾采取多种措施保障幼儿教师的福利、退休、保险等各项基本待遇，较好地维护了其合法权益。许多国家和地区政府还对幼儿教师在职培训做出规范，建立了幼儿教师培训与专业发展的相关制度。以日本为例，日本明确指出，教师既有在职培训的义务，又有接受在职培训的权利，并进一步对包括幼儿教师在内的不同教龄教师的进修事宜与教育部门、教育机构等在教师进修中的相关责任做出了细致的规定。这使得日本在职培训制度化、规范化，切实保障了幼儿教师专业素养和水平的提高，也使得有质量的学前教育普及成为现实。

其次，将规范并统一学前教育内容作为提高学前教育质量的重要手段并将其纳入学前教育发展战略与政策。如，英国在《2006年儿童保育法》中对“早期奠基阶段”的国家课程进行统一规定；法国在《教育法典》中对中央政府具有确定包括学前教育阶段在内的基础教育教学内容职责进行规定；中国香港特区制定《学前教育课程指引》，对学前教育的课程目标、内容选择、课程实施原则进行统一与规定等。

最后，注重加强对学前教育的评估和督导。如英国规定对学前教育质量进行督导是总督学的重要职责[4]；韩国规定国家教育与人力资源开发部应对幼儿园的教育教学进行监督与指导，且幼儿园有接受督导的义务；中国台湾则对相关政府部门的学前教育督导与评价职责、学前教育机构依法接受评价的义务等做出了明确规定[5]。这些规定对明确相关部门对学前教育机构教育质量的监督与评价职责，保证并提高学前教育质量提供了重要的法律和政策保障。中国香港特区将政府对于学前教育机构的财政支持同学前教育机构质量评价紧密相连，规定只有达到指定质量标准的非牟利幼稚园或幼儿园暨幼儿中心才可继续获取政府学券支持，这一政策有助于激励学前教育机构不断努力提高自身的办园条件、教师素质和管理水平，从而有效提升了学前教育的整体质量。

四、以政府为主导是实施国际学前教育发展战略的根本原则

学前教育所具有的国家发展战略价值和其公益性本质要求作为公共服务供给主体的各国或各地区政府成为发展学前教育、扩大学前教育公共服务覆盖面的主导者。因此，以政府为主导也是国际社会实施“普及、公平和高质量”学前教育发展战略的

源头和核心。

世界主要国家和地区深刻意识到为所有学前儿童提供普及、公平与高质量的学前教育是政府必须承担的重要职责，并在相关战略政策中明确政府是发展学前教育的首要责任主体。法国规定"学前教育是国家公共事业，其组织和执行由国家予以保障"。印度规定国家要"确保向所有 3 岁以下的儿童提供保育、保护和发展机会，确保向所有 3—6 岁儿童提供整合的保育与发展以及幼儿园学习的机会，通过儿童发展综合服务国家行动计划扩展并改进偏远和社会经济落后地区的学前保育"[6]，这表明印度政府担负普及学前教育、推进学前教育公平均衡发展的主导责任。此外，英国、巴西等国还明确规定政府"为所有幼儿提供良好的学前教育，以确保所有幼儿都有良好开端"[7]，"免费接收 0—6 岁儿童进入托儿所和学前学校"。通过刚化的形式对明确政府在学前教育事业发展中的主导职能是政府履职的首要前提。

同时，许多国家和地区政府为了推动学前教育的普及、公平和高质量发展，积极发挥其在学前教育事业发展中的主导责任，包括制定规划、财政投入、扶助弱势、加强教师队伍建设等。第一，世界主要国家与地区政府注重将学前教育发展纳入教育事业规划中予以专门的统筹与部署，包括日本、俄罗斯、美国、巴西等；还有许多国家和地区制定了专门的学前教育发展战略和专项规划，以更好地指导、统筹协调一国或地区学前教育事业的发展和普及，如澳大利亚、新西兰、印度、约旦等。第二，越来越多的国家和地区注重强化政府的财政投入职责，保障和不断加大学前教育投入，建立了各级政府学前教育投入分担制度，有力地促进了学前教育发展战略的实施，如美国、英国、法国、印度、中国台湾和中国澳门特区等。第三，诸多国家和地区普遍意识到，弱势儿童学前教育机会的获得和权利的维护不可能依赖社会、市场或学前教育自身实现，政府应当成为扶助各类弱势儿童学前教育的主导力量，并通过采取多种措施予以特别扶持以确保其获得平等的学前教育，如英国、印度、中国台湾等。第四，世界许多国家和地区政府在积极为幼儿供给学前教育机会的同时，也高度重视履行在幼儿教师队伍建设中的基本职责，以不断提升其社会地位和专业素养，进而实现高质量的学前教育普及，如美国、法国、中国台湾等。

值得注意的是，许多国家政府还通过建立健全学前教育管理体制，发挥其在学前教育事业发展中的主导责任。首先，部分国家建立了由高层领导人直接负责、领导的高级别机构来统领本国学前教育事业。如美国 2000 年设立专门的学前教育发展全国领导小组，以对全美学前教育改革与发展进行总体领导和全程监督。[8]奥巴马政府成立后又成立了由奥巴马总统本人直接领导的"总统早期教育委员会"，以推进学前教育的普及，加强政府及社会对学前教育的投资[9]。此外，还有韩国总理领导的"学前教育和保育委员会"和埃及的"儿童与母亲国家委员会"等。其次，学前教育事业的管理大多涉及多个部门的分工与合作，大多数国家均逐渐将教育部作为学前教育管理的核心管理机构，如比利时、意大利等。一些国家甚至将从出生至入小学前儿童的教育和保育皆纳入教育部主管，如瑞典。

由上可见，学前教育的重要性与战略地位已经成为国际社会的普遍共识，以政府主导也成为保障并实施学前教育"普及、公平与高质量"发展战略的根本原则和必然趋势。

五、以公共财政为支撑是实施国际学前教育发展战略的坚实保障

学前教育的公共财政投入是衡量一国学前教育事业发展状况特别是政府重视程度的重要内容。促进学前教育普及，提高学前教育质量，尤其是保障弱势儿童享有平等的学前教育权利，需要有大量的财政投入予以支撑。同时，大多数国家的学前教育成本—效益研究，如佩里学前教育计划、提前开端计划、启蒙教育实验等都得出较为一致的结论即公共财政支持学前教育是在各项投资中是最有益、投资回报率最高的财政性投资。因此，世界上许多国

家，尤其是发达国家重视通过加大公共财政投入行使其在教育和学前教育事业发展中的职能，并将公共财政作为实施国际学前教育“普及、公平与高质量”发展战略的坚实保障与重要支撑。

首先，世界主要国家和地区学前教育财政投入水平较高，基本形成了以公共投入为主要支撑发展学前教育的经费格局。一个典型例子即经合组织成员国。以用于学前教育机构的支出占 GDP 比例来考察学前教育经费投入水平，经合成员国用于三岁以上儿童学前教育机构的支出占 GDP 比例最高达 0.9%，最低为 0.1%，平均水平为 0.4%，绝大部分成员国都达到甚至超过了该比例。[10] 由此可见，经合组织成员国学前教育政府投入呈现较高水平。正是在较高财政投入的保障下，世界主要国家和地区基本形成了以公共投入为主的经费格局。统计显示，经合组织成员国三岁以上儿童的学前教育支出大多来源于政府财政，占学前教育支出的比例平均高达 80.2%。发展中国家这一趋势也日益显著，以九个人口大国为例，部分国家公共资源在学前教育经费所占比例不仅不低于经合组织成员国，还超过许多发达国家水平。如古巴早期儿童保育与教育计划的资金 73.8%来自于公共资源；印度学前教育支出中 95.3%来自于公共资源；巴西主张实行全民免费教育制度，学前教育经费基本由政府负担。由此可见，政府财政投入已经成为国际社会发展学前教育、实现战略目标的重要支撑。

其次，世界主要国家和地区学前教育财政投入力度不断加大，水平持续提升。在以财政投入为主的学前教育经费格局下，无论是在经济发展较好的经合组织成员国，还是巴西、印度和古巴等发展中国家，均呈现出财政投入力度不断加大、投入水平逐步提高的总体态势。以英国、新西兰和巴西为例，英国《拨款法》中规定的 2007—2008 年度“确保开端”预算金额已达 17.6 亿英镑，是 2001 年的 9 倍之多；新西兰学前教育财政投入总量则从 2002 年的 4.09 亿美元升至 2007 年的 7.71 亿美元，5 年间增长了 88.5%；巴西学前教育财政投入总额也由 1999 年的 38.5 亿雷亚尔迅猛增至 2004 年的 68.4 亿雷亚尔，增幅相当可观。在学前教育财政投入总量攀升的同时，学前教育经常性公共支出占国民生产总值（GNP）的比例亦不断提高，如北美与西欧国家总体水平在 5 年间（1999—2004 年）提高了 0.1 个百分点；匈牙利、以色列分别在已有较高投入水平基础上，即在 1999 年的 0.7%、0.6%基础上分别提高了一个百分点；波兰则从 1999 年的 0.4%提高到 2004 年的 0.5%。学前教育财政投入水平的持续提升为发展一国（区）学前教育事业奠定了坚实的物质基础，也使得学前教育发展战略从蓝图逐步走向现实。

学前教育财政投入水平较高，投入持续增加，基本形成了以公共投入为主发展学前教育的经费格局，这充分说明了以公共财政为支撑是实施国际学前教育发展战略的坚实保障，且是国际学前教育事业发展必然趋势与选择。

从我国学前教育发展的现状来看，目前国家已经明确了中长期学前教育的发展目标和发展方向，并且提出了学前教育发展的基本原则和发展思路，如“坚持政府主导，社会参与，公办民办并举”，“坚持改革创新，着力破除制约学前教育科学发展的体制机制障碍”等，对推动学前教育的发展与普及具有积极作用。因此，我们更应抓住这一难得的历史契机，充分把握我国学前教育事业的现状、需求与发展趋势，制定我国的学前教育发展战略。借鉴国际经验，我国应将“普及、公平和高质量”作为学前教育发展战略的基本方向和目标，以促进学前教育事业的公平、优质发展。具体来讲，在提出我国学前教育的普及总目标后应该针对不同的地区、人群提出不同的普及目标，并据此制定具体的普及方针与策略；在促进学前教育的全面普及的同时，应重点关注弱势地区和弱势人群的学前教育情况，出台具体的扶弱政策，促进学前教育公平；应制定学前教育事业发展的质量标准与要求，并出台相应政策加强教师队伍建设、学前教育的督导评价等，以提高学前教育质量，推进学前教育向高质量发展；还应明确政府是实现学前教育发展战略的保障主体，并建立以公共财政为支撑的学前教育发展战略的经费保障机制。

【参考文献】

[1] UNESCO. EFA Global Monitoring Report（2003/04.）[R]. 2004.

[2] 陈厚云，方明. 美国重视发展学前教育及其启示[J]. 学前教育研究，2001，(2).

[3] UK Parliament. Childcare Act 2006［EB/OL］. http//www.opsi.gov.uk/acts.htm，登录日期：2012 年 5 月.

[4] 卓越. 国外政府改革与发展前沿［M］. 福州：福建人民出版社，2007：48.

[5] 夏靖，庞丽娟，沙莉. 立法促进学前教育公平：台湾地区的经验及其启示［J］. 教育科学，2009，(5).

[6] 余海军. 印度发展学前补偿教育项目的经验及启示［J］. 比较教育研究，2012，(7).

[7] 霍力岩，沙莉，郑艳. 世界部分国家学前教育基本属性的比较研究［J］. 比较教育研究，2011 (6).

[8] U. S. Congress. Goals 2000：Educate America Act (1994) ［EB/OL］. http://Thomas.loc，登录日期：2012 年 9 月.

[9] 陈玥，薛娜娜. 美国奥巴马政府学前教育政策改革的特点及启示［J］. 外国教育研究，2012，(3).

[10] OECD. 2008 Education Glance：OECD Education［EB/OL］. http://ocde. p4. siteinternet. com/publications/doifiles/962008041P1G012.xls，登录日期：2012 年 7 月.

中国学前教育综合发展水平研究*

□ 刘占兰（中国教育科学研究院研究员）
□ 高丙成（中国教育科学研究院助理研究员）

近年来我国学前教育取得了巨大发展。根据教育部的统计数据，2010 年全国学前三年毛入园率达到了 56.6%，“十一五”规划目标如期实现。但是，我国是一个经济社会发展不平衡的国家，地区之间学前教育发展水平差距较大。这种差距除学前教育机会外还表现在学前教育质量、教育投入、教育公平等方面。为了全面客观准确地描述和比较我国各个地区学前教育的发展水平，评估学前教育三年行动计划①各地区学前教育发展的起始水平和效果，为推进学前教育的均衡发展提供科学依据，我们尝试构建了学前教育综合发展水平的指标体系，并对各地区学前教育的综合发展水平进行了测算评价。

一、学前教育综合发展水平指标体系的构建

构建一个能够全面客观描述和比较我国各个地区学前教育综合发展水平的指标体系，是对各地区学前教育的综合发展水平进行比较和评价的基础。本研究在参考国内外相关研究的基础上，结合国内学前教育现状，初步探索和构建出适合我国国情的学前教育综合发展水平指标体系。

（一）国内外教育发展指标的研究

目前从国内外相关研究来看，虽然还没有关于学前教育综合发展水平指标体系和发展指数评价的专门研究，但对于教育综合发展的相关研究已开展。这些研究对构建我国学前教育综合发展水平指标体系和发展指数评价方法具有重要的参考价值和借鉴意义。

从国际相关研究来看，多个国际组织在其公布的年度教育统计报告中，都设计了不同的教育统计指标来反映各国的教育发展状况。而且，有些研究还通过测算教育发展指数来反映某一国家或地区的教育发展水平。教育发展指数是在构建指标体系的基础上，赋予各项指标以不同的权重，经计算得到的数值，数值的大小可以直接反映教育综合发展水平的高低。比较有代表性的研究有联合国教科文组织（UNESCO）、世界银行（Word Bank）、联合国开发计划署（UNDP）、经济合作与发展组织（OECD）等国际组织的报告。

UNESCO 每年都要发布《全球教育统计摘要》[1]，从教育机会、教育效率和成果、教师资源、教育经费、教育结构、教育公平、教育国际化等七大类提供从学前教育到研究生教育的各级正规教育的数百个教育统计指标的数据。另外还设计了由初等教育净入学率、成人识字率、小学五年级保留率和教育性别四个指标构成的教育发展指数评价体

* 原载《教育研究》2013 年第 4 期。

① 2010 年发布的《国务院关于当前发展学前教育的若干意见》提出：“统筹规划，实施学前教育三年行动计划”，要求各地以县为单位，编制学前教育三年行动计划，有效缓解“入园难”问题。

系。Word Bank 每年出版的世界发展指标中的教育统计指标主要包括教育投入、教育参与、教育效率、教育完成率和成果、教育公平五大类。[2] Word Bank 南亚局设计了由教育投入、教育公平和教育产出三个二级指标和十一个三级指标构成的教育发展指数评价体系。OECD 每年出版的《教育概览——OECD 指标》主要包括教育机构的产出及学习的影响、教育中的财政与人力资源投入、教育机会参与与过渡、学习环境与学校的组织等四大类。[3] UNDP 每年发布的人类发展指数中的教育指标主要包括成人识字率和综合毛入学率。[4]

近年来，国内学者也进行了教育发展指标体系和发展指数的研究。如袁振国认为，生均经费、师资力量、物质资源和学生辍学率是比较有代表性的教育发展均衡指标。[5] 吴玉鸣和李建霞从教育资源、质量、投入、规模、效率和产出六个方面的指标构建了地区教育竞争力指数评价体系。[6] 杨东平提出了包括义务教育均衡、高中教育公平、高等教育公平、教育存量公平四个一级指标的教育公平测度指标体系。[7] 范秀荣和何必从教育存量、教育增量、教育投入和教育贡献四个二级指标构建了教育发展水平指数评价体系。[8] 袁桂林提出了包括学生、教职工、教育经费和办学条件四个二级指标的农村义务教育发展指标体系。[9] 特别是王善迈和袁连生从教育机会、教育公平、教育质量和教育投入等方面构建了中国地区教育发展指标体系并进行了计算分析。[10] 这些研究为构建学前教育综合发展指标体系和发展指数提供了借鉴。

（二）构建我国学前教育综合发展水平指标体系的主要依据

中国学前教育综合发展水平指标体系是在参考和借鉴国内外已有教育统计指标和教育发展指数研究的基础上，通过深入分析我国有关学前教育的政策文件，参考我国学前教育督导评估指标体系，并综合考虑我国学前教育现有可得的统计数据进行构建的。

第一，分析我国国家政策文件中学前教育的发展目标和要求。《教育规划纲要》提出“有条件的地区普及学前三年教育”，在当前学前一年教育已经基本普及、各地区已普遍将普及学前三年教育作为发展目标的现实状况下，可将“学前三年入园率”作为学前教育机会的指标。《教育规划纲要》还提出“大力发展公办园”、“加大政府投入”、“提高幼儿教师队伍整体素质”、“重点发展农村学前教育”，这些均在本研究设计学前教育发展指标时得到反映。《国务院关于当前发展学前教育的若干意见》除进一步强调上述方面外，还特别提出要“合理确定师生比”、“财政性学前教育经费在同级财政性教育经费中要占合理的比例”，要着力解决学前教育“城乡区域发展不平衡”的问题，这些也均在设计学前教育发展指标时得到充分反映。

第二，参考教育部《学前教育督导评估指标体系》。2012 年 3 月教育部发布了《学前教育督导评估办法》，在其中的《学前教育督导评估指标体系》一级指标中的“发展水平”中共有六项指标：（1）“毛入园率”明显提高，“入园难”问题得到有效缓解；（2）城镇和农村公办幼儿园所占比例、广覆盖程度明显提高；（3）学前教育财政投入所占比例明显提高；（4）取得幼儿教育资格证的教师数占幼儿教师总数的比例明显提高；（5）保教质量明显提高；（6）社会对当地提供的学前教育的满意度明显提高。上述六项指标除第六项外，均被本研究所包含。

第三，借鉴教育综合发展指数相关研究的框架体系。国内外已有相关研究的基木共识是在统计数据充足状况下的地区教育发展理想指数为：教育发展指数$=\frac{1}{4}\times$（教育机会指数＋教育成果指数＋教育质量指数＋教育公平指数）。本研究借鉴《中国地区教育发展报告》中构建中国地区教育发展指数的目标性、全面性、简洁性、客观性和可比性等原则，综合分析了理想模式和可操作的现实模式，构建了我国学前教育综合发展指数$=\frac{1}{4}\times$（学前教育机会指数＋学前教育投入指数＋学前教育质量指数＋学前教育公平指数）。

第四，综合考虑我国学前教育现有可得的相关统计数据。目前我国学前教育统计的基础十分薄弱，本研究充分考虑了我国学前教育现有可得的相关统计数据。如在我国教育统计体系中对幼儿园分类按教育部门办园、集体办园、民办园和其他部门办园四分法，没有单独的“公办园”这一指标，但有“民办园”指标，因此，在计算时可以用幼儿园总数减去民办园数得到公办园数。再如城乡差异指标，因无法获得各省份城市和农村分别的入园率，只能用小学新生中接受过学前教育的儿童比例作为替代性指标。

（三）我国学前教育综合发展水平指标体系的设计与指数的计算方法

经过上述研究和思考，最终确定各地区学前教育综合发展水平的一级指标共有四个：学前教育机会、学前教育投入、学前教育质量和学前教育公平。在每个一级指标下有 1—2 个二级指标。

学前教育机会。入园率是反映学前教育机会最直接的指标，由于学前一年的普及率已经达到了相当高的水平，且统计口径差异较大，所以仅用学前三年毛入园率作为唯一重要指标，反映学前教育的普及程度和水平。

学前教育投入。由于当前财政性教育经费是学前教育经费中最关键、最重要和最敏感的指标，因此将其作为教育投入的重要评量指标之一。举办公办园是政府直接提供学前教育公共服务的典型方式，也直观具体地反映了政府对学前教育的直接投入与供给。本研究用财政性学前教育经费占财政性教育经费的比例和公办园比例这两个指标反映学前教育投入水平。

学前教育质量。学前教育质量的内涵很丰富，评量也十分复杂，可以从教育结构质量、教育过程质量和儿童发展水平等方面来评量。基于客观、简洁和可得的原则，本研究选择了师幼比和教师学历两个结构性指标来反映学前教育质量，并用专科及以上学历教师比例作为教师学历结构的代表性指标。

学前教育公平。尽管《教育规划纲要》提出“到 2020 年基本普及学前教育”的发展目标，学前教育公平的路还很漫长，但学前教育的公平被称为教育和社会公平的起点，意义重大而深远。解决城乡学前教育发展不均衡问题是当前的首要任务，因此，根据可得的数据，本研究将城乡小学新生中接受过学前教育的儿童比例的差异作为考量学前教育公平的指标。

本研究认为，学前教育机会、学前教育投入、学前教育质量和学前教育公平同等重要，因此赋予这四项指标同等的权重，即分别为四分之一。因此，每个地区的学前教育发展指数可以按照下列公式计算：学前教育综合发展指数$=\frac{1}{4}\times$（学前教育机会指数＋学前教育投入指数＋学前教育质量指数＋学前教育公平指数）。其中：学前教育机会指数＝学前三年毛入园率；学前教育投入指数$=\frac{1}{2}\times$（财政性学前教育经费占财政性教育经费的比例＋公办园比例）；学前教育质量指数$=\frac{1}{2}\times$（师幼比＋专科及以上学历教师比例）；学前教育公平指数＝城乡差异指数。（见表 1）

表 1　我国学前教育综合发展水平分析指标体系与指数计算说明

一级指标	二级指标	操作定义	指数计算和记分说明	各项发展指数及举例
教育机会	入园率	学前三年毛入园率	按实际分值记分，如毛入园率为 88.9%，记为 0.889 分	学前教育机会指数＝学前三年毛入园率实际值：0.889

续表

一级指标	二级指标	操作定义	指数计算和记分说明	各项发展指数及举例
教育投入	学前教育财政投入比例	财政性学前教育经费占财政性教育经费的比例	按实际分值优化后记分，如财政性学前教育经费占财政性教育经费的比例为 1.129%，经扩大 10 倍的优化处理记为 0.113 分	学前教育投入指数$=\frac{1}{2}\times$（财政性学前教育经费占财政性教育经费的比例＋公办园比例）：$\frac{1}{2}\times$(0.113＋0.643)
	公办园比例	公办园数占总园数的比例	按实际分值记分，如公办园比例为 64.26%，则按实际分值记为 0.643 分	
教育质量	师幼比	专任教师与在园幼儿数的比例	按实际分值优化后记分，如师幼比为 1∶11.84＝0.084 46，经扩大十倍的优化处理记为 0.85 分	$\frac{1}{2}\times$（师幼比＋专科及以上教师学历比例）：$\frac{1}{2}\times$(0.845＋0.788)
	教师学历	专科及以上学历教师比例	按实际分值记分，如专科及以上学历教师比例为 78.83%，则按实际分值记为 0.788 分	
教育公平	城乡差异	农村小学新生中接受过学前教育的比例除以城市小学新生中接受过学前教育的比例	按转换比例记分，如小学新生中接受过学前教育的比例农村为 96.39%，城市为 98.43%，则城乡差异指数为：96.39%÷98.43%＝0.979 分	最优值为 1，城乡差异指数：0.979

二、学前教育综合发展水平分析

近年来，由于学前教育发展的地方自主权较大，因此地方差异也比较大。但各个地区间的学前教育发展如何，以往仅凭经验判断，或依据入园率、财政投入等单一指标进行描述。本研究通过构建学前教育综合发展的评估体系并进行发展指数的计算，全面客观地分析我国学前教育综合发展水平的趋势，并比较各省份和东、中、西部地区学前教育综合发展水平。

（一）我国学前教育综合发展水平趋势分析

计算结果显示，2003—2010 年我国学前教育综合发展水平呈现逐年递增的趋势。（见图 1）

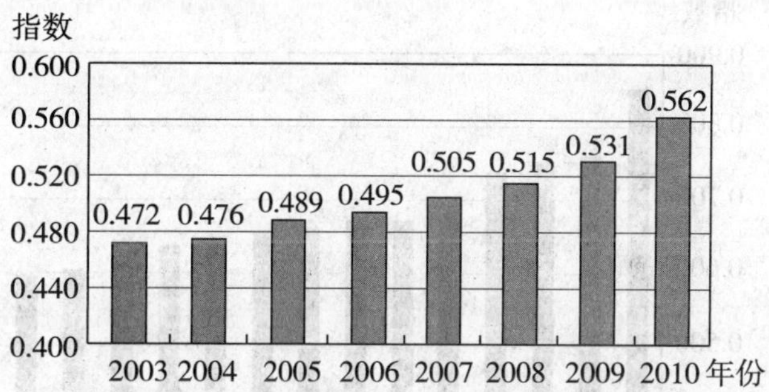

图 1　2003—2010 年我国学前教育综合发展指数

对六项指标的进一步分析可见，在入园率、师幼比、专科及以上教师比例、城乡差异以及学前教育经费占教育经费的比例均呈现逐年小幅度增加的趋势，但是公办园比例却呈现逐年下降的趋势。（见图 2）

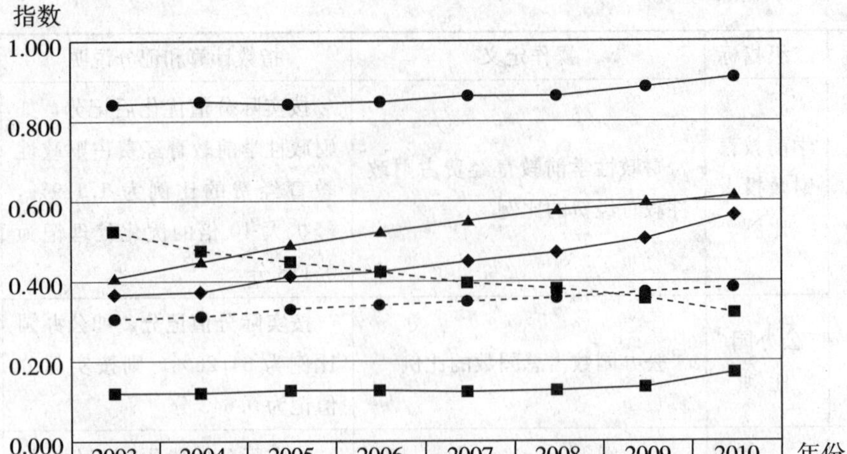

	2003	2004	2005	2006	2007	2008	2009	2010
入园率	0.368	0.374	0.414	0.425	0.446	0.473	0.509	0.566
经费比	0.120	0.122	0.127	0.125	0.124	0.127	0.136	0.170
公办园比例	0.523	0.473	0.447	0.422	0.399	0.378	0.354	0.320
师幼比	0.306	0.314	0.331	0.343	0.352	0.363	0.371	0.384
专科及以上教师比例	0.410	0.455	0.492	0.523	0.549	0.575	0.597	0.615
城乡差异	0.842	0.848	0.842	0.847	0.863	0.865	0.886	0.911

图 2　2003—2010 年我国学前教育综合发展分项指数

（二）各省份学前教育综合发展水平分析

依据 2010 年数据，本研究对我国大陆 30 个省份学前教育综合发展水平进行了比较分析（由于西藏缺少学前三年毛入园率和城乡差异指标，不对其进行综合发展水平比较）。分析可见，我国 30 个省份学前教育发展指数从高到低依次排列如下：上海、北京、天津、江苏、浙江、新疆、河北、辽宁、福建、山东、山西、广东、内蒙古、吉林、陕西、重庆、黑龙江、河南、湖北、湖南、宁夏、四川、广西、江西、安徽、青海、贵州、甘肃、海南和云南。（见图 3）

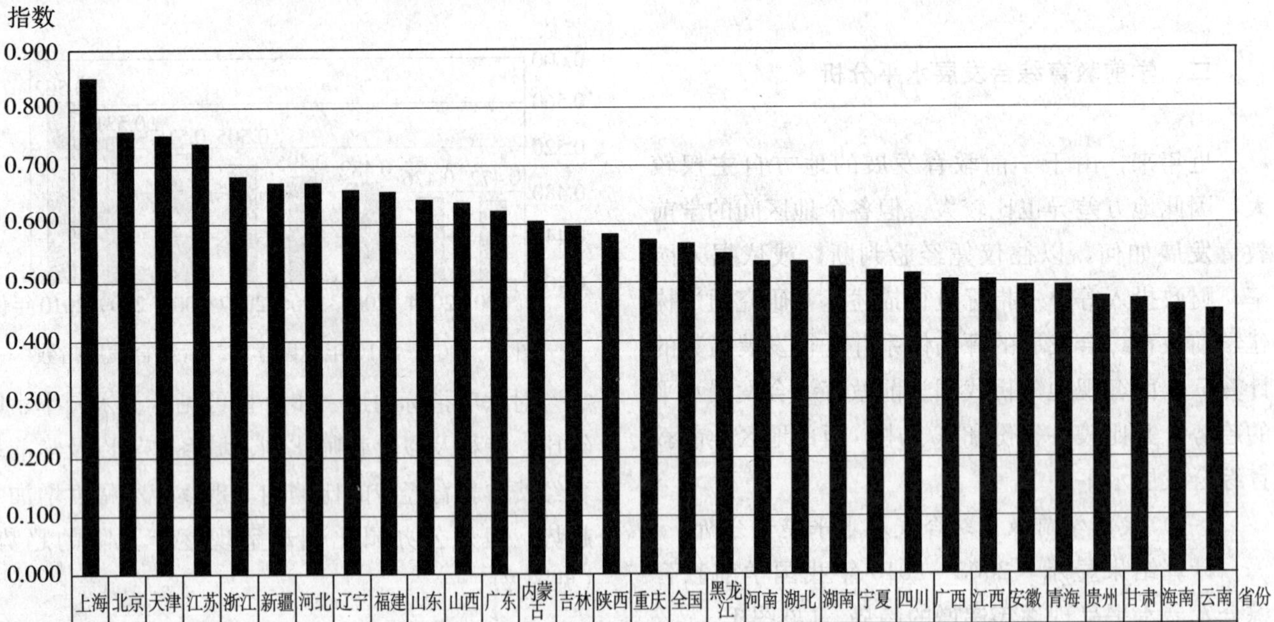

	上海	北京	天津	江苏	浙江	新疆	河北	辽宁	福建	山东	山西	广东	内蒙古	吉林	陕西
■学前综合发展指数	0.850	0.758	0.752	0.736	0.680	0.668	0.667	0.658	0.652	0.637	0.633	0.620	0.602	0.595	0.579

	重庆	全国	黑龙江	河南	湖北	湖南	宁夏	四川	广西	江西	安徽	青海	贵州	甘肃	海南	云南
■学前综合发展指数	0.572	0.562	0.546	0.532	0.532	0.525	0.517	0.514	0.502	0.499	0.494	0.491	0.471	0.468	0.457	0.447

图 3　30 个省份学前教育综合发展指数排名

各地学前教育综合发展指数平均为0.562。按发展指数大小可以将各地区学前教育综合发展水平分为四组：学前教育发达地区（0.750以上）3个，即上海、北京和天津；学前教育比较发达地区（0.625—0.749）8个，即江苏、浙江、新疆、河北、辽宁、福建、山东、山西；学前教育发展一般地区（0.500—0.624）12个，即广东、内蒙古、吉林、陕西、重庆、黑龙江、河南、湖北、湖南、宁夏、四川、广西；学前教育欠发达地区（0.499以下）7个，即江西、安徽、青海、贵州、甘肃、海南、云南。

我们将各省份学前教育综合发展指数与教育发展指数进行比较，从两者排名的一致性可以直观地看到各省份学前教育与整个教育发展的协调性。将30个省份划分为三种类型：比较协调（排名相差0—2位）、一般协调（排名相差3—5位）和不协调（排名相差6位以上）。教育发展比较协调的省份有13个，即上海、北京、福建、天津、江苏、辽宁、陕西、湖南、云南、浙江、甘肃、四川和山东（辽宁、湖南、云南、浙江、福建、四川学前教育发展略落后于教育整体水平）；教育发展协调性一般的省份有10个，即河北、江西、安徽、黑龙江、广西、贵州、海南、山西、重庆和湖北（江西、黑龙江、海南、重庆的学前教育水平明显地落后于教育整体水平）；教育发展不协调的省份有7个，即吉林、广东、宁夏、内蒙古、河南、青海和新疆（内蒙古、吉林、宁夏、青海学前教育的发展严重落后于教育整体水平）。（见图4）

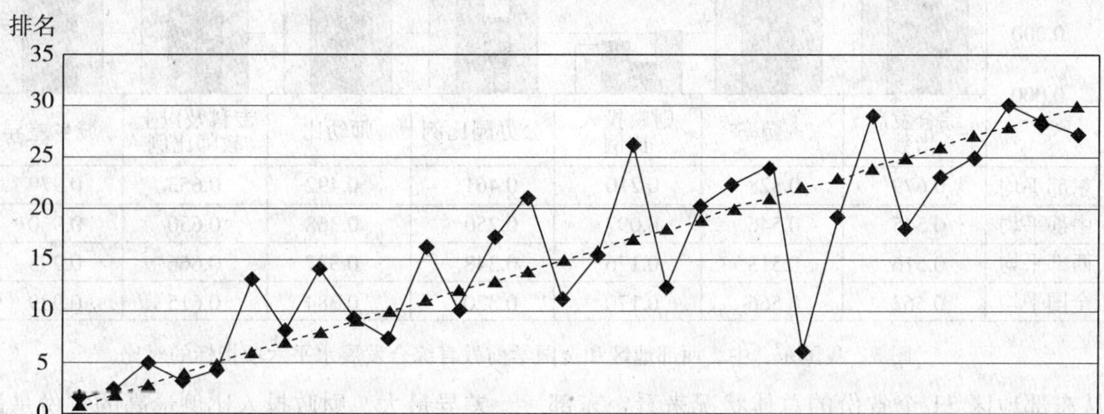

	上海	北京	浙江	天津	江苏	内蒙古	辽宁	吉林	福建	河北	重庆	山东	黑龙江	宁夏	山西	陕西	青海	广东	湖南	四川	江西	新疆	湖北	海南	河南	广西	安徽	云南	甘肃	贵州	省份
◆学前排名	1	2	5	3	4	13	8	14	9	7	16	10	17	21	11	15	26	12	20	22	24	6	19	29	18	23	25	30	28	27	
▲教育排名	1	2	3	4	5	6	7	8	9	10	11	12	13	14	15	16	17	18	19	20	21	22	23	24	25	26	27	28	29	30	

图4　30个省份学前教育综合发展指数排名与教育发展指数排名比较①

将各省份六项发展指数排名进行比较得到的平均级差值可以反映该省份学前教育发展的均衡性。据此，可以将各省份学前教育发展水平分为三种不同的均衡类型。良好均衡型的省份有7个，其级差值在3.99以下，分别为：天津（1.83）、湖北（2.50）、上海（3.33）、北京（3.33）、山西（3.33）、河南（3.67）、安徽（3.83），这些省份的六项指标排名相差不大。一般均衡型的省份有14个，其级差值在4.00—6.99，分别为：江苏（4.17）、海南（4.50）、广西（4.67）、黑龙江（4.67）、内蒙古（5.17）、陕西（5.17）、四川（5.17）、吉林（5.50）、贵州（5.67）、河北（6.00）、辽宁（6.00）、山东（6.17）、湖南（6.17）、宁夏（6.50），这些省份的各项指标排名有明显的差别。不均衡型的省份有9个，其级差值在7.00以上，分别为：江西和云南（7.33）、浙江（7.50）、重庆（8.00）、青海（8.33）、广东

① 教育发展指数使用《中国教育发展报告》中2007年的数据。

(8.67)、福建（8.83）新疆（9.83)、甘肃（10.50），这些省份各项指标差异都比较大。

（三）东、中、西部地区学前教育综合发展水平与特点分析①

数据显示，东、中、西部地区学前教育的发展水平具有明显的差异和不同的特点。从东部地区到西部地区学前教育的发展水平呈现出由高到低的变化趋势，东部地区的发展水平明显高于全国平均水平，中部地区的发展水平基本接近全国平均水平，而西部地区的发展水平则在全国平均线以下。从六项具体指标来看，东部入园率和师幼比明显高于中、西部地区和全国平均水平；中部地区的财政投入和公办园比例明显呈凹陷；西部地区城乡差异最为突出；而专科以上教师比例东、中、西部地区没有明显的差异。(见图 5)

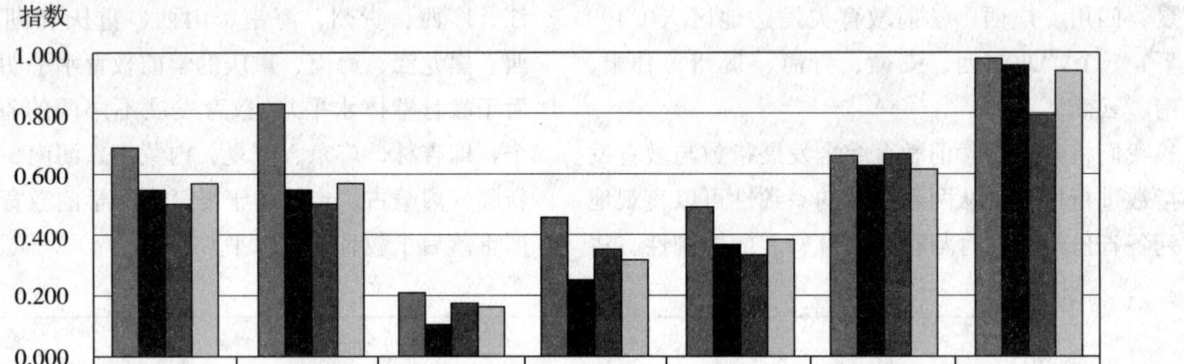

	综合发展指数	入园率	财政投入比例	公办园比例	师幼比	专科及以上教师比例	城乡差异
东部平均	0.679	0.828	0.210	0.461	0.492	0.653	0.979
中部平均	0.545	0.546	0.097	0.250	0.368	0.630	0.960
西部平均	0.516	0.513	0.176	0.348	0.327	0.666	0.793
全国平均	0.562	0.566	0.170	0.320	0.384	0.615	0.939

图 5　我国东、中、西部地区和全国学前教育综合发展水平六项指标的对比

从东部地区 11 个省份的总体状况来看，东部地区平均水平高于全国平均水平。但各省份之间存在明显的差异，上海、北京、天津、江苏、浙江高于全国平均水平和东部地区平均水平；而海南的发展水平在东部地区最低。从六项发展指数分别来看，11 个省份间也呈现出较大的差异。相对而言，各省份城乡差异最小，而财政投入和公办园比例的差异最大。财政投入比例最高的省份是最低省份的约 12.9 倍；公办园比率最高的省份是最低省份的约 7.5 倍。此外，学前三年毛入园率最高和最低的省份相差约 50 个百分点；专科及以上学历教师比例最高和最低的省份相差约 45 个百分点；师幼比最高的省份是最低省份的约 2.5 倍。(见表 2)

表 2　东部地区 11 个省份学前教育发展分项指数

省份	综合指数	入园率	财政投入	公办园比例	师幼比	专科及以上教师比例	城乡差异
全国平均	0.562	0.566	0.170	0.320	0.384	0.615	0.939

① 本研究对东、中、西部地区的划分根据国家统计局（2011）的划分标准：东部地区包括北京、天津、河北、辽宁、上海、江苏、浙江、福建、山东、广东和海南；中部地区包括山西、吉林、黑龙江、安徽、江西、河南、湖北和湖南；西部地区包括内蒙古、广西、重庆、四川、贵州、云南、西藏、陕西、甘肃、青海、宁夏和新疆。

续表

省份	综合指数	入园率	财政投入	公办园比例	师幼比	专科及以上教师比例	城乡差异
东部平均	0.679	0.828	0.210	0.461	0.492	0.653	0.979
上海	0.850	0.980	0.605	0.684	0.668	0.938	0.974
北京	0.758	0.856	0.141	0.643	0.783	0.788	1.000
天津	0.752	0.915	0.253	0.694	0.497	0.745	1.000
江苏	0.736	0.956	0.199	0.635	0.394	0.748	1.000
浙江	0.680	0.950	0.229	0.204	0.520	0.589	0.999
河北	0.667	0.654	0.327	0.694	0.319	0.702	0.995
辽宁	0.658	0.833	0.089	0.298	0.545	0.667	1.000
福建	0.652	0.900	0.242	0.343	0.334	0.501	0.999
山东	0.637	0.765	0.081	0.557	0.450	0.520	0.978
广东	0.620	0.826	0.102	0.225	0.492	0.490	1.000
海南	0.457	0.478	0.047	0.093	0.409	0.495	0.828

中部地区8个省份的学前教育综合发展水平接近，但略低于全国平均水平，省际差异不大。相对而言，山西和吉林发展较好，江西和安徽发展较弱。从六项指标看，公办园比例相差较大，而其他各项相差不大。公办园比例最高和最低的省份相差约61个百分点；学前三年毛入园率最高和最低的省份相差约11个百分点；专科及以上教师比例最高和最低的省份相差约29个百分点；财政投入比例最高的省份是最低省份的约2.5倍；师幼比最大的省份是最小省份的约1.7倍；城乡差异最高的省份是最低省份的约1.2倍。(见表3)

表3 中部地区8个省份学前教育分项指标

省份	综合指数	入园率	财政投入	公办园比例	师幼比	专科及以上教师比例	城乡差异
全国平均	0.562	0.566	0.170	0.320	0.384	0.615	0.939
中部平均	0.545	0.546	0.097	0.250	0.368	0.630	0.960
山西	0.633	0.607	0.156	0.663	0.401	0.684	0.971
吉林	0.595	0.568	0.100	0.303	0.495	0.729	1.000
黑龙江	0.546	0.510	0.141	0.202	0.357	0.678	0.983
河南	0.532	0.528	0.085	0.194	0.366	0.617	0.971
湖北	0.532	0.574	0.087	0.207	0.344	0.566	0.951
湖南	0.525	0.527	0.068	0.108	0.338	0.633	1.000
江西	0.499	0.550	0.062	0.050	0.351	0.438	0.997
安徽	0.494	0.500	0.076	0.274	0.294	0.698	0.805

西部地区11个省份的学前教育综合发展指数明显低于全国平均水平，省际差异也比较大。新疆、内蒙古、陕西、重庆高于全国平均水平，其他省份在全国平均线以下。从六项具体指标来看，各省之间各项指标的差异很大。西部地区的城乡差异最为突出，城乡差异最大和最小的省份排名相差22位。西部地区的入园率都较低，各省之间也有明显差异，入园率最高和最低的省份相差约34个百分点；公办园比例最高和最低的省份相差约57个百分点；专科及以上教师比例最高和最低的省份相差约26个百分点；财政性投入最高的省份是最低省份的约9.3倍；师幼比最高的省份是最低省份的约2.5倍。（见表4）

表4　西部地区11个省份学前教育分项指标

省份	综合指数	入园率	财政投入	公办园比例	师幼比	专科及以上教师比例	城乡差异
全国平均	0.562	0.566	0.170	0.320	0.384	0.615	0.939
西部平均	0.516	0.513	0.176	0.348	0.327	0.666	0.793
新疆	0.668	0.596	0.661	0.668	0.240	0.812	0.887
内蒙古	0.602	0.528	0.244	0.322	0.476	0.764	0.976
陕西	0.579	0.622	0.121	0.181	0.455	0.699	0.966
重庆	0.572	0.709	0.071	0.242	0.282	0.565	0.999
宁夏	0.517	0.509	0.130	0.292	0.335	0.778	0.788
四川	0.514	0.625	0.130	0.156	0.275	0.548	0.876
广西	0.502	0.541	0.078	0.099	0.262	0.549	0.972
青海	0.491	0.450	0.185	0.431	0.317	0.674	0.712
贵州	0.471	0.554	0.075	0.286	0.190	0.661	0.723
甘肃	0.468	0.397	0.133	0.502	0.353	0.707	0.629
云南	0.447	0.374	0.133	0.233	0.296	0.630	0.769

总之，东部地区学前教育综合发展水平比较高，但各省份之间有明显的差异。中部地区学前教育综合发展水平与全国平均水平十分接近，而且中部地区各省份之间差异不大。西部地区学前教育综合发展水平明显低于全国平均水平，各省份之间差异很大。因此，要进一步采取相应的措施，在加快学前教育发展的同时促进地区间的平衡。

（四）各地区学前教育综合发展水平分析的特别说明

本次对各省份学前教育综合发展水平的测算只是一次初步的尝试，特别需要说明如下三点。

第一，本研究仅是学术研究的一种尝试和学术观点，旨在为深入研究学前教育发展的地方性差异提供一种新思路和角度。全方位考察地方性学前教育事业发展和学前教育三年行动计划的成效还需要增加更全面、深入和细致的指标。特别是要从政府职责、经费投入、园所建设、队伍建设、规范管理和发展水平等方面对各地区学前教育事业发展和学前教育三年行动计划的落实情况进行评估。本研究只在一定程度上反映了“发展水平”这一结果性的指标。

第二，受可获得数据的限制，综合发展水平的内涵有限。我国学前教育统计基础特别薄弱，可获得的能够作为评估指标的数据十分有限。如学前教育投入应该考虑到生均财政性投入等多方面指标，幼儿园教育质量应该从物质环境、教育过程、幼儿发展等多方面考察，但因数据受限，只能考察师幼比和教师学历两个指标。教育公平的评估除城乡差异外，还应该考虑各级地方政府对弱势群体接受学前教育的财政支持等因素，但因为数据来源有限或统计口径不一致而无法将其计算在内。

第三，研究的评估指标是探索性的，尚需不断完善。本研究使用的指标体系是在现有数据情况下的可行性指标体系，其指标尤其是二级指标还比较单薄。各地区学前教育综合发展指数比较的目的也不是为了排名，而是为了引起各地政府对学前教育的重视，推进《教育规划纲要》和《国务院关于当前发展学前教育的若干意见》中各项学前教育事业发展目标和要求的贯彻落实。

另外，本研究所依据的各项数据均为2010年的数据，描述的只是学前教育三年行动计划实施前的基础水平，相信通过各地区的努力，近几年的结果会有很大的不同。我们也会随着学前教育统计数据的丰富，进一步完善和丰富学前教育综合发展水平评估的指标体系。

【参考文献】

[1] UNESCO. Global Education Digest 2011: Comparing Education Statistics across the World [M]. Montreal: UNESCO Institute for Statistics, 2011. 304-306.

[2] The World Bank. World Development Indicators 2009 [M]. Washington D.C. 转引自：王善迈，袁连生. 中国地区教育发展报告 [M]. 北京：北京师范大学出版社，2011. 13.

[3] 经济合作与发展组织. 教育概览2011：OECD指标 [M]. 北京：教育科学出版社，2011. 1-3.

[4] UNDP. Human Development Index 2011 [M]. NewYork, Consolidated Graphics, 2011. 45-67.

[5] 袁振国. 建立教育发展均衡系数切实推进教育均衡发展 [J]. 人民教育，2003，(6).

[6] 吴玉鸣，李建霞. 中国区域教育竞争力与区域经济竞争力的关联分析 [J]. 教育与经济，2004，(1).

[7] 杨东平. 中国教育公平的理想与现实 [M]. 北京：北京大学出版社，2006. 265-289.

[8] 范秀荣，何必. 重庆、四川、陕西教育发展指数分析 [J]. 软科学，2007，(2).

[9] 袁桂林. 中国农村教育发展指标研究 [M]. 北京：经济科学出版社，2009. 215-217.

[10] 王善迈，袁连生. 中国地区教育发展报告 [M]. 北京：北京师范大学出版社，2011. 18-26.

世界学前教育排名比较研究及启示*

□刘　焱（北京师范大学教授）
□史　瑾（北京师范大学博士生）
□潘月娟（北京师范大学副教授）

在基础教育和高等教育领域，国际性的排名研究较为常见。通过这种比较与排名研究，有助于在全球化背景下了解各国教育的发展水平。由于学前教育长期以来不受重视，关于学前教育的国际比较排名研究也因缺乏实践基础难以展开。

近二十多年来，来自脑科学、心理学、教育学和经济学等不同领域的多项研究证实了学前教育对于个体发展和社会发展的价值及效益。以这些科学研究为依据，世界各国政府纷纷制定推进本国学前教育发展的政策，组织和实施不同的学前教育项目。学前教育在各国轰轰烈烈的发展为国际比较研究提供了实践基础。2012 年 6 月 29 日，受新加坡连氏基金（the Lien Foundation）支持的经济学家智囊团（the Economist Intelligence Unit）发布了对 45 个国家和地区学前教育发展水平进行的排名比较研究报告——《良好开端》（*Starting Well: Benchmarking Early Education across the World*），弥补了学前教育国际排名研究的空白。了解这一研究所采用的指标与结论，有助于今后在国际化的视野下制定促进我国学前教育发展的政策，使我国学前教育发展的各项指标能够与国际接轨。

一、学前教育国际排名研究的指标和主要结论

学前教育涵盖从出生到入小学前的发展阶段，包括家庭教育、幼儿园教育以及社区教育等不同的实施形式。《良好开端》以招收 3—6 岁幼儿为对象的幼儿园教育作为比较研究的对象，所选择的 45 个国家和地区的样本，包括了 OECD 国家、美国等一些重要的发达国家以及中国、巴西、印度、越南等新兴市场经济国家。

《良好开端》从四个领域对 45 个国家和地区的学前教育发展情况进行了比较和排名。这四个领域分别是社会背景（social context）、可获得性（availability，即入园是否难）、付得起（affordability，即入园是否贵）、幼儿园教育质量（quality）。每个领域所占权重不同，其中幼儿园教育质量所占权重最大。（参见表 1）

* 原载《比较教育研究》2013 年第 2 期。

表1 《良好开端》比较研究指标及权重

领域	权重	指标	权重
社会背景	5%	营养不良的预防	20%
		5岁以下幼儿的死亡率	20%
		免疫接种率	20%
		性别平等	20%
		成人识字率	20%
可获得性	25%	学前一年教育普及率	20%
		学前三年教育普及率	20%
		早期儿童发展和促进策略	35%
		接受幼儿园教育作为幼儿法定的权利	25%
付得起	25%	私立幼儿园的费用	15%
		政府对学前教育的投入情况	25%
		对处境不利家庭的资助	30%
		对接收处境不利幼儿的幼儿园的资助	30%
幼儿园教育质量	45%	幼儿园班级师幼比	5%
		幼儿园教师平均工资水平	15%
		课程指南	15%
		幼儿园教师培训	20%
		健康和安全指南	10%
		数据收集机制	10%
		幼儿园和小学之间的衔接	10%
		父母参与和亲职教育	15%

《良好开端》四个领域的21项指标中包括11项量化指标（quantitative indicators）和10项质性指标（qualitative indicators）。2011年12月至2012年3月间，经济学家智囊团研究团队搜索了最新的学前教育官方资源，获取诸如学前一年和学前三年普及率、政府对学前教育投入情况等11项量化指标数据，同时对45个国家和地区的60多名学前教育专家、学者、非政府组织、政策专家等进行访谈与收集各国和地区的政策和政策解读的相关信息，从而获取反映10项质性指标的资料，并将质性指标划分为1—5个不同的等级，以“处境不利家庭的资助”指标为例，1＝无补助；5＝大量补助；2、3、4介于无补助和大量补助之间。最后，将指标原始得数转化为标准分并通过聚类相加的方式进行总分的比较和排名。

《良好开端》的主要结论是：

（1）北欧国家在学前教育方面表现最好，欧洲国家占据学前教育排名的前列：因为这些国家有受到法律支持的促进早期儿童发展的综合性政策；学前一年教育已经普及，学前三年教育的普及率已经较高，而且还在提高；贫困家庭孩子入园有经济补贴，即便是普通工薪家庭也负担得起送孩子上幼儿园的费用；对学前教育工作者有专业资格要求，师幼比适宜；有明确的幼儿园课程指南和卫生安全标准；父母参与；良好的社会经济环境能够确保儿童身心健康，进入小学接受良好的教育。

（2）尽管学前教育的发展受经济社会发展水平的影响，财富制约着国家为社会提供学前教育服务的能力，但是并不是国家越富，学前教育发展就越好。许多高收入国家的学前教育排名并不理想。

（3）许多人均收入相对较低的国家为民众提供了广泛的学前教育服务。

（4）公共财政开支的削减造成对学前教育发展的威胁。

（5）各国学前教育的发展仍然需要许多基础性的工作，例如制定国家课程指南或者学习标准等。

（6）越是入园难（或可获得性受限）的国家，入园贵的问题就越突出。

（7）要提高学前教育质量，必须确保高标准的教师教育、制定目标清晰的课程指南、保障家长参与等。

（8）学前教育全球化发展的背景促进了各国借鉴吸收其他国家的课程，但往往忽略与当地文化和传统的适应。[1]

二、各领域评价指标构成与排名

《良好开端》从社会背景、可获得性、付得起、幼儿园教育质量四个领域对45个国家和地区的学前教育发展情况进行比较和排名。每个领域又包括若干指标。

（一）社会背景

社会背景包括营养不良的预防（malnutrition prevalence）、5岁以下幼儿的死亡率（under-5 mortality rate）、免疫接种率（immunization rate）、性别平等（gender inequality index）、成人识字率（adult literacy rate）5个指标，这5个指标通常用来说明一个国家或地区儿童保护和教育的基本状况。

社会背景构成了一个国家学前教育发展的基本环境，是对各国学前教育发展状况进行国际比较时应该关注的内容，但是它并不是高质量学前教育的充分条件。因此，在四个领域中，“社会背景”所占的权重仅为5%。而且，在计算一个国家的学前教育状况总得分中也未将“社会背景”得分统计在内。

在“社会背景”方面，我国和澳大利亚、奥地利、智利并列第29位。在印度、南非等国，5岁以下儿童死亡率和福利问题等仍然是目前迫切需要解决的问题。以印度为例，印度在“社会背景”方面排名位于45个国家和地区中的最后一位，原因正在于其较高的儿童营养不良率、5岁以下儿童死亡率、较低的识字率和免疫接种率等。

（二）幼儿园教育的可获得性

幼儿园教育的可获得性（availability）实际上是指在一个国家是否存在入园难的问题。评价在一个国家是否存在入园难的问题，主要是对这个国家在解决入园难的问题上所采取的可观察到的措施、计划以及普及学前教育目标实现的程度等。该指标是评估一个国家或政府是否努力满足社会对于学前教育需求的最直接的方法。

幼儿园教育的可获得性包括学前一年教育的普及率（preschool enrolment ratio，pre-primary age (1 year) at 5 or 6 years）、学前三年教育普及率（preschool enrolment ratio，relevant age-group）、早期儿童发展和促进策略（early childhood development and pro motion strategy）、接受幼儿园教育作为幼儿法定的权利（legal right to preschool education）4项指标。

学前一年教育的普及率以及幼儿是否拥有至少接受学前一年教育的“法定权利”，是评价各国学前教育的“可获得性”的具体而明确的重要指标。接受小学和中学教育已经被广泛看作是儿童的权利，但是，很多国家还没有把接受学前教育看作是儿童的权利。把接受至少一年的学前教育看作是幼儿的“法定权利”，并不意味着一定要把学前教育纳入义务教育，而是强调政府应当承担起为有需要的家庭和幼儿提供学前教育服务的责任，合理分配资金以确保每个儿童都能够从中受益，确保幼儿接受学前教育的权利不被忽视。全球化的金融危机虽然可能导致公共开支的削减，影响学前教育的普及，但政府如果不承担对于学前教育的责任，才是真正的危险所在。把接受学前教育认定为幼儿的权利，对于人国儿为重要，它将有助丁政策和措施的一贯性和一致性。

把接受至少一年的学前教育看作是幼儿的“法定权利”，并不是学前教育的普及率和质量的充要条件。一些国家如日本，虽然没有类似的法律规定，但却有100%的入园率。美国的家长对类似的立法也存在争议，因为他们并不认为幼儿应当在专门的机构度过他们的童年。

在幼儿园教育的可获得性上，比利时排在首位。在比利时，2.5岁的幼儿均有权利免费进入幼儿园接受学前教育。许多幼儿园就设在小学中，有效地促进了幼儿园和小学之间的衔接。虽然学前教育在比利时不属于义务教育，但学前教育已经普及。

我国在“幼儿园教育的可获得性”上排名第42位。《教育规划纲要》提出了普及学前教育的目标：到2020年要普及学前一年教育，基本普及学前两年教育，有条件的地区普及学前三年教育。发展学前教育已经被明确是政府责任。自2010年以来，我国中央和地方政府纷纷采取积极的措施，制订三年行动计划，积极推进学前教育的发展。但是，学前教育的发展长期以来一直是我国教育发展的一块短板。学前教育的普及需要一个过程。2009年我国学前一年教育的普及率为74%、学前三年教育的普及率仅为50.9%，2010年学前三年教育普及率上升到56.6%，2011年达到62.3%，每年以约6个百分点的速度增长，但相对于OECD国家平均高达91.8%的学前一年普及率和77.3%的学前三年普及率，[2]仍然有相当大的差距。

表2 幼儿园教育的可获得性排名

排名	国家和地区	总分	排名	国家和地区	总分	排名	国家和地区	总分
1	比利时	99.7	16	奥地利	75.8	31	美国	54.4
2	挪威	98.6	17	瑞士	75.6	32	澳大利亚	54.3
3	英国	97.7	18	墨西哥	74.3	33	阿联酋	54.0
4	瑞典	97.5	19	匈牙利	74.0	34	南非	48.6
5	芬兰	94.9	20	荷兰	73.9	35	加纳	48.5
6	法国	91.3	21	加拿大	70.9	36	泰国	47.9
7	西班牙	90.5	22	希腊	68.5	37	巴西	47.8
8	德国	88.6	23	新西兰	64.7	38	越南	43.6
9	丹麦	87.0	24	以色列	64.6	39	中国台湾	42.6
10	波兰	85.8	25	新加坡	64.3	40	菲律宾	40.6
11	韩国	82.0	26	中国香港	60.9	41	马来西亚	35.1
12	意大利	81.4	27	阿根廷	59.0	42	中国	34.8
13	爱尔兰	79.8	27	俄罗斯	59.0	43	土耳其	33.5
14	智利	77.8	29	波兰	57.4	44	印度	21.8
15	捷克	76.0	30	日本	54.9	45	印尼	11.5

（三）付得起

付得起（affordability）实际上是指是否存在入园贵的问题，包括私立幼儿园的费用（cost of a private preschool programme）、政府对学前教育的投入情况（government pre-primary education spending）、对处境不利家庭的资助（subsidies for underprivileged families）、对接收处境不利幼儿的幼儿园的资助（subsidies for preschool aimed at including underprivileged child）4项指标，主要用于考察和评价国家机制是否在解决入园贵的问题上发挥了作用，是否为无购买力的处境不利家庭或接收处境不利幼儿的普惠性学前教育机构提供了资助，也把国家是否有对低收入家庭提供的其他补贴或税收抵免政策考虑在内。

在保障处境不利幼儿接受学前教育的问题上，各国政府可能同时采取“需方”策略和“供方”策略：既直接对处境不利家庭进行经济补贴，也直接将补贴给予学前教育机构以帮助它们接收处境不利的幼儿。

在教育经费的投入上各国普遍呈现出“倒金字塔”现象：更多的经费被投入到中等教育和高等教育中，投入到学前教育中的经费很少。由于公办幼儿园资源少，私立机构应运而生。以南非为例，由于高质量的公办幼儿园数量非常有限，以高收入者为目标的私立幼儿园数量急剧增加。当然，公办幼儿园并不是解决问题的唯一方法，很多国家都把私立幼儿园作为家长的一种选择，但不是必由之路。

《良好开端》研究还发现，用来代表居民收入分配差异的基尼系数与学前教育的“付得起”指标之间存在明显相关。在一个国家，基尼系数越高，学前教育“付得起”指标得分越低。包括阿根廷、巴西、中国、墨西哥和南非等国在内的学前教育发展情况都证实了这一结论。换言之，一个国家的社会财富越是集中于少数人身上，这个国家的学前教育对于大多数人来说就越贵、越难付得起。

在“付得起”（入园贵）排名上，美国排名第16位。美国纽约的一些幼儿园年收费超过3万美元。全日制私立学前教育机构平均每年的费用占美国人均收入的18%，这个比例相对较高，但低于瑞士（接近23%）、英国（36%）、南非（接近67%）和加纳（114%）。

在“付得起”（入园贵）排名上，我国“最贵”，处在最后一位，即第45位。该报告指出，由于中国政府很少为处境不利的幼儿和家庭提供学前教育补贴，对学前教育的投入也很少，导致公立幼儿园数量少，私立幼儿园收费贵，送孩子上幼儿园比上大学贵。2010年，中国最好的大学北京大学的月收费是102美元，但是有的幼儿园的月收费却高达660美元，相当于顶尖大学月收费的6倍。

我国公共学前教育资源的配置长期以来存在着投入少且分配不公平的现象。为了解决入园贵的问题，2010年颁布的《国务院关于当前发展学前教育的若干意见》提出了要坚持公益性和普惠性，努力构建覆盖城乡、布局合理的学前教育公共服务体系。同时，要“建立学前教育资助制度，资助家庭经济困难儿童、孤儿和残疾儿童接受普惠性学前教育，发展残疾儿童学前康复教育”等。中央财政在“十二五”期间投入500亿重点支持中西部农村地区、少数民族地区和边疆地区发展学前教育。但要公平合理地分配学前教育的公共资源，保障处境不利幼儿接受基本的、有质量的学前教育，尚待体制、机制创新。

表3 “付得起”排名

排名	国家和地区	总分	排名	国家和地区	总分	排名	国家和地区	总分
1	挪威	92.4	16	美国	63.0	31	希腊	45.4
2	丹麦	89.8	17	智利	62.1	32	马来西亚	42.6
3	瑞典	86.7	18	澳大利亚	60.6	33	阿根廷	39.4
4	芬兰	84.2	19	西班牙	60.6	34	南非	36.9
5	比利时	78.5	20	中国香港	60.0	35	墨西哥	36.3
6	英国	77.6	21	新加坡	59.8	36	俄罗斯	36.0
7	法国	76.6	22	中国台湾	59.2	37	泰国	31.4
8	意大利	75.6	23	以色列	58.8	38	加纳	30.0
9	新西兰	71.9	24	日本	57.2	39	菲律宾	24.8
10	荷兰	70.7	25	波兰	56.5	40	巴西	24.7
11	瑞士	70.4	26	阿联酋	55.3	41	土耳其	23.9
12	德国	66.6	27	匈牙利	54.2	42	印尼	22.7
13	捷克	66.5	28	葡萄牙	53.0	43	印度	19.5
14	奥地利	65.4	29	爱尔兰	52.5	44	越南	19.2
15	韩国	64.0	30	加拿大	51.9	45	中国	19.0

（四）幼儿园教育质量

学前教育要取得长期持久的效果取决于幼儿园教育的质量。《良好开端》采用的是影响幼儿园教育质量的结构性指标，而不是可能受到教育理念影响的过程性指标。这些结构性指标包括幼儿园班级师幼比（student-teacher ratio in preschool classrooms）、幼儿园教师平均工资水平（average preschool teacher wages）、课程指南（curriculum guidelines）、幼儿园教师培训（preschool teacher training）、健康和安全指南（health and safety guidelines）、数据收集机制（data collection mechanisms）、幼儿园和小学之间的衔接（linkages between preschool and primary school）、父母参与和亲职教育（parental involvement and education programmes）等。

1. 幼儿园班级师幼比

幼儿园班级规模和师幼比是影响幼儿园教育质量重要的结构性因素。[3]高师幼比和低班级规模可提高师幼互动的数量和质量，是幼儿园教育质量的保障。《良好开端》把1∶15定为适宜师幼比的低限。丹麦和瑞典平均师幼比为1∶6。OECD大多数国家（22国）幼儿园班级师幼比在1∶10—1∶15，[4]巴西和智利的师幼比在1∶18—1∶20。亚洲的一些国家和地区如韩国、新加坡、中国香港、越南、印度尼西亚的师幼比在1∶15—1∶25。[5]

2010年的教育部统计数据表明，我国城乡幼儿园平均师幼比为1∶26，其中城市的师幼比为1∶16，县镇的师幼比为1∶25，农村的师幼比为1∶44。

2. 幼儿园教师平均工资水平

教师的薪酬待遇体现出教师的社会地位和专业化程度，影响幼儿园教师队伍的稳定性。幼儿园教师的高流动性会影响幼儿对幼儿园环境的适应和安全依恋的形成。

在教师薪酬待遇上，丹麦排名靠前。芬兰的幼儿园教师年平均工资为5万美元，爱尔兰幼儿园教师年收入不到1.7万美元，仅仅是其国内人均收入的一半。日本公立幼儿园教师的工资水平基本与小学教师持平，私立幼儿园教师的工资远低于公立幼儿园教师。

3. 课程指南

幼儿园教育质量也受到国家幼儿园课程指南的影响。课程指南反映国家对儿童的态度和期望，体现本国文化。一些国家为幼儿制定的学习目标以“结果”为导向。例如，2002年美国鼓励各州制定在幼儿进入学前班前应该和能够知道的早期学习标准，包括与K-12相连贯的早期的阅读和数学技能。英国政府不断提高儿童早期数学和语言课程的标准，强调数学和语言的重要性。[6]在课程指南方面，芬兰、法国、新西兰、瑞典和英国位于前列。印度、印尼等只提供了一般的课程指导，没有设置与儿童认知需求相关的具体课程。

4. 幼儿园教师素质与培训

幼儿园教师队伍的专业化发展是幼儿园教育质量的保障。长期以来，幼儿园被看作是照看儿童的场所，很多教师没有经过专业学习和培训，缺乏教育技能。2000年以后，提升教师素质成为教育改革的重要举措，各国纷纷采取不同措施提升教师专业水平。

在幼儿教师资质标准上，芬兰在总分及质量上排名均在首位。在芬兰，获得学士学位是幼儿教师的最低要求，很多教师取得了硕士学位，这一标准甚至高于初等教育教师。为提升教师队伍素质，芬兰和韩国等明确规定从毕业生中招聘成绩前3名的学生进入幼儿园教师队伍。[7]新加坡幼儿教师由原来获得最低的3个O水准（O-level）学分提升到至少5个，同时需获得学前教育毕业证书。[8]一些国家通过提供各种奖学金和毕业奖金，给予更高的薪酬工资以吸收符合标准的专业人员进入教育行业。例如，澳大利亚为学前教育专业的学生提供毕业后的退税政策，作为“高等教育贷款计划”和“高等教育贡献计划”的一部分；美国各州为早期教育提供“教师教育与补偿帮助”奖学金等。

5. 确保父母参与

父母在学前教育中发挥着重要作用，国家有义务积极鼓励家长参与学前教育。《良好开端》指出，绝大多数国家并未意识到家长参与的重要性。例如，法国和意大利的家长教育项目较少，家长参与意识较低。捷克在该项目上得分较高，捷克将家庭作为优质学前教育环境的重要组成部分，组织“全国家长联盟”用于加强父母之间的相互交流和影响，在课程指南中明确指出学前教育机构应为家长和儿童提供支持。比利时把提供家长项目、家长支持、早期学习或育儿项目列为国家的法定责任。北爱尔兰以社区为单位，通过提供社区服务促进社区发展，提升人们对早期教育重要性的认识。

要提高幼儿园教育质量可以从以下途径入手：提高幼儿园班级师幼比；提高幼儿园教师的待遇；加强幼儿园教师培训以提高幼儿园教师的专业技能；设置清晰的课程指南；采取确保幼儿健康和安全的措施；提升父母参与学前教育的意识；重视解决幼小衔接问题；建立强大的数据收集机制以监控学前教育的质量等。

在幼儿园教育质量上，我国排名较后，位于第41位。

表4　幼儿园教育质量排名

排名	国家和地区	总分	排名	国家和地区	总分	排名	国家和地区	总分
1	芬兰	93.5	16	瑞士	63.1	31	波兰	50.2
2	瑞典	90.2	17	德国	62.4	32	俄罗斯	48.0
3	英国	86.9	18	阿联酋	62.3	33	土耳其	47.8
4	挪威	80.4	19	中国台湾	62.2	34	墨西哥	41.5
5	比利时	78.0	20	捷克	61.0	35	马来西亚	33.9
6	新西兰	77.3	21	西班牙	58.6	36	南非	33.7
7	荷兰	76.6	22	美国	57.8	37	阿根廷	30.9
8	丹麦	76.3	23	希腊	57.7	38	泰国	30.6
9	法国	75.5	24	澳大利亚	56.4	39	巴西	28.9
10	韩国	69.0	25	以色列	56.0	40	加纳	28.1
11	中国香港	69.0	26	加拿大	54.5	41	中国	27.8
12	奥地利	68.6	26	匈牙利	54.5	42	越南	26.8
13	日本	67.7	28	意大利	53.7	43	菲律宾	24.7
14	爱尔兰	65.2	29	智利	53.0	44	印尼	24.0
15	葡萄牙	64.5	30	新加坡	50.6	45	印度	22.5

（五）总分排名

学前教育总分排名中，前20名中有16个欧洲国家，发展最为出色的是北欧国家。排名前6名中有4个国家属于北欧国家，分别是芬兰、瑞典、挪威、丹麦。

《良好开端》报告显示，人均收入与各国在学前教育的总分排名有显著相关。以欧洲国家为例。匈牙利（第22位）、希腊（第27位）、波兰（第31位），排名落后于他们富有的邻国。低收入国家均位于排名榜的后半部分。中国（第42位）和印度（第45位）在学前教育投资和增长方面均表现不佳。

一般来说，国家的经济实力是影响学前教育发展的重要因素之一，但不是唯一的决定性因素。《良好开端》报告发现，许多高收入国家包括日本（第21位）、美国和阿联酋（并列第24位）、加拿大（第26位）和澳大利亚（第28位）在学前教育上的表现不佳，排名并不靠前。反之，GDP较低的希腊（第27位）在学前教育的发展上优于澳大利亚（第28位）和新加坡（第29位），主要原因在于近几十年来希腊采取措施，不断提升幼儿园教师的学历要求。智利（第20位）采取了确保提供相对高水平、付得起的学前教育措施，在总分排名上优于加拿大（第26位）和美国（第24位）。

表5 幼儿园教育总分排名情况

排名	国家和地区	总分	排名	国家和地区	总分	排名	国家和地区	总分
1	芬兰	91.8	16	意大利	68.4	31	波兰	56.1
2	瑞典	91.7	17	捷克	68.1	32	墨西哥	50.5
3	挪威	88.9	18	爱尔兰	67.4	33	俄罗斯	49.9
4	英国	87.9	19	中国香港	66.2	34	阿根廷	43.0
5	比利时	84.7	20	智利	63.6	35	土耳其	39.9
6	丹麦	83.5	21	日本	63.5	36	马来西亚	39.4
7	法国	81.0	22	匈牙利	61.6	37	南非	38.8
8	荷兰	75.6	23	以色列	61.0	38	泰国	37.9
9	新西兰	73.9	24	阿联酋	60.3	39	巴西	35.1
10	韩国	72.5	24	美国	60.3	40	加纳	34.3
11	德国	71.9	26	加拿大	59.9	41	越南	31.3
12	奥地利	70.9	27	希腊	59.4	42	中国	30.7
13	瑞士	69.9	28	澳大利亚	59.1	43	菲律宾	30.5
14	西班牙	69.1	29	新加坡	58.8	44	印尼	22.1
15	波兰	68.7	30	中国台湾	58.4	45	印度	21.2

三、对我国学前教育的启示

《良好开端》是第一份对世界各国和地区学前教育发展水平进行国际排名比较研究的报告。排名虽然只是暂时性的结果，但是它也可以成为推动各国学前教育未来发展的动力。

《良好开端》的研究结果，对于我们在国际视野下评价我国学前教育的发展现状，把握今后的发展方向具有一定的启示作用。我国学前教育总分及在各指标上的排名均位于后列，这使我们清楚地看到了我国学前教育发展与世界先进水平之间的差距。《良好开端》所采用的比较研究的指标，例如可获得性、付得起、幼儿园教育质量等，对于我们制定推进我国学前教育发展的政策具有借鉴意义，可以帮助我们更好地把握经费投入、资源配置和实践改善的方向。

当前，我们正在坚持公益性和普惠性的原则，努力构建覆盖城乡、布局合理的学前教育公共服务体系，以保障适龄儿童接受基本的、有质量的学前教育。我国学前教育的发展任重而道远。

【参考文献】

[1] Starting Well: Benchmarking Early Education Across the World. The Economist Intelligence Unit Limited 2012.

[2] Childcare Enrolment and Expenditure [EB/OL]. http://www.oecd.org/statistics/.

[3] Starting Strong Ⅲ：A Quality Toolbox for Early Childhood Education and Care. OECD，2012.

[4] 余强. 欧洲39国学前教育的发展现状和趋势 [J]. 学前教育研究，2009，(10)：52.

[5] OECD. Education at A Glance 2003，2004，2005，

2006，2007，2008，2009，2010，2011.

［6］Young-Ihm Kwon. A Comparative Analysis of Preschool Education in Korea and England. Comparative Education. 2003，v39（4）：479-491.

［7］Barber，M.，Mourshed，M.. How the World's Best Performing Systems Came out on Top. London：McKinsey & Company. 2007.

［8］Parliamentary Motion on Pre-school Education［EB/OL］http://app1. mcys. gov. sg/MCYSNews/Parliamentary Motion Pre School Education.aspx.

中国义务教育改革发展的回顾与展望*

□ 王定华（教育部基础教育一司司长）

当今中国正处在一个全球和本土都急剧变动和交互影响的大时代，社会转型与民族复兴成为时代主旋律。整个社会呈现出全方位的改革态势，既激烈迅猛，又复杂深刻。改革开放后，中国发生的变化令世人震惊、令国人振奋，这是中国历史上一次伟大的社会变革。在嬗变和阵痛的转型过程中，不断地抓住机遇、迎接挑战，是中国义务教育在改革中求发展、在发展中求创新、实现跨越式发展的战略选择。经过不懈努力，我国九年义务教育取得辉煌成就，成功地探索出了一条具有中国特色的义务教育发展道路。今天，站在新的历史起点上，对义务教育改革发展的历程进行总结和审视，有助于提高自信心、增强紧迫感、明确新任务、迈出新步伐。

一、中国义务教育改革发展的主要历程

早在19世纪末，中国就出现普及义务教育的思想。1904年，清政府在《奏定学堂章程》中规定了五年义务教育。1912—1913年，民国政府颁布的学制规定小学四年为义务教育。但是，在积贫积弱的旧中国，普及义务教育的设想从未真正实现。1949年，中华人民共和国成立之际，全国小学学龄人口入学率仅为20%，总人口中文盲占80%，农村人口中文盲占95%。

新中国成立后，国家高度重视普及教育。1949年，《中国人民政治协商会议共同纲领》提出“有计划有步骤地实行普及教育”，初等教育获得快速发展。1956年，最高国务会议提出分区分期普及小学义务教育。到1965年，小学学龄人口入学率提高到84.7%。1978年党的十一届三中全会以后，我国进入了改革开放和社会主义现代化建设的新时期，国家经济社会发展对普及义务教育、提高国民素质提出了更高的要求。1980年，中共中央提出加快普及小学教育，有条件的地区还可以进而普及初中教育。1982年，《中华人民共和国宪法》规定普及初等义务教育。以1985年《中共中央关于教育体制改革的决定》颁布为标志，我国教育逐步摆脱“文革”的灾难，开始了秩序重建，继而得以稳步发展。

（一）义务教育起步实施（1986—1991年）

1986年，全国人大通过的《中华人民共和国义务教育法》（以下简称《义务教育法》）明确规定：“国家实行九年制义务教育。”“凡年满6周岁的儿童，不分性别、民族、种族，应当入学接受规定年限的义务教育。”《义务教育法》公布实施以后，国家逐步加大财政投入，各级政府积极行动，社会各界广泛动员，着力推进普及九年义务教育。1981—1991年，国家财政拨款357亿元，社会捐集资等700多亿元，共修缮、新建、改建中小学校舍6.7亿平方米，使全国中小学危房比例由

* 原载《中国教育科学》2013年第4辑。

15.9%下降到1.6%，全国基本实现了“一无两有”。① 到1991年，全国90%左右人口所在地区普及了小学教育，小学学龄人口入学率达到97%左右。城市和部分农村地区普及了初中教育。

（二）义务教育全力推进（1992—2000年）

根据中国社会主义现代化建设“三步走”的战略部署，1992年中共十四大报告提出：“到本世纪末，基本扫除青壮年文盲，基本实现九年制义务教育。”由此，“普九”成为20世纪中国教育事业发展最重要的战略目标。1993年，中共中央、国务院发布《中国教育改革和发展纲要》，对“两基”做出系统规划，提出到2000年全国基本普及九年义务教育。1994年，《国务院关于〈中国教育改革和发展纲要〉的实施意见》进一步确定了普及义务教育“双八五”目标。② 同时，确立了“分区规划、分类指导、分步实施”的原则，按照总人口40%左右城市及经济发展程度较高的农村、40%左右中等发达程度的农村、15%左右经济发展程度较低的农村、5%左右特别贫困地区的不同要求，分阶段、分步骤实施。

国家相继采取了一系列重大措施强力推进“普九”工作，安排专项资金组织实施了贫困地区义务教育工程，建立了督导检查和评估验收制度。按照义务教育事业在国务院领导下，实行地方负责、分级管理的要求，健全城乡教育费附加征收、管理和使用制度，开展东西部地区学校对口支援，全面推进“普九”。地方各级政府依法履行职责，把完成“普九”任务纳入政府任期目标，作为干部考核的重要指标，加强领导，加大投入，发挥了重要的主导作用。同时，在政府的动员下，社会各界和广大人民群众踊跃集资办学，慷慨捐资助学，义务献工投料，谱写了全民兴教的动人篇章。

中国推进“普九”，同1990年联合国教科文组织等国际组织开始倡导的全民教育行动方向一致。1993年，中国政府领导人出席“九个人口大国全民教育首脑会议”，签署《德里宣言》，做出实现全民教育约定目标的庄严承诺。2000年，又对《达喀尔行动纲领（2001—2015年）》相关预期目标做出积极响应。经过艰苦卓绝的努力，到2000年底，全国共有2 541个县级行政单位通过了“两基”验收，全国85%以上人口所在地区普及了九年义务教育。

（三）义务教育攻坚克难（2001—2011年）

2001年，《国务院关于基础教育改革和发展的决定》提出，在已实现“两基”农村地区重点抓好义务教育巩固提高，大中城市和经济发达地区高水平、高质量普及九年义务教育的同时，在占全国人口15%左右、未实现“两基”任务的贫困地区打好“两基”攻坚战。2003年，国务院召开了全国农村教育工作会议，会上印发的《国务院关于进一步加强农村教育工作的决定》提出“力争用五年时间完成西部地区‘两基’攻坚任务”。2004年，国务院批转的《2003—2007年教育振兴行动计划》提出实施国家西部地区“两基”攻坚计划。中央政府与省级政府签订实施“两基”攻坚责任书。

西部是中国的欠发达地区，也是中国实现“两基”、全面推进全民教育最后的“硬骨头”。西部12个省、自治区、直辖市，地域广大、人口众多、资源丰富，约占全国2/3的国土面积。全国贫困人口有近一半在西部，国家扶贫开发工作重点县有一多半在西部。到2002年底，虽然全国已有91.8%的人口地区基本普及了九年义务教育，但西部地区“普九”人口覆盖率只有77%，仍有410个县级行政单位尚未“普九”，人均受教育年限仅为6.7年。这410个县经济社会发展滞后，教育基础薄弱，其中有贫困县215个、少数民族县309个、边境县51个。这些地区自然条件非常艰苦，多为高山、高原、高寒、荒漠、半荒漠地区，普及义务教育的办学成本、就学成本远远高于其他地区。当时全国尚未脱贫的3 000万人口，绝大部分生活在这些地

① “一无两有”即校校无危房、班班有教室、学生人人有课桌椅。

② “双八五”即占全国总人口85%的地区普及九年义务教育，初中阶段的入学率达到85%左右。

区，人民群众贫困程度深，当地适龄儿童上学面临诸多困难。

根据“两基”攻坚计划，国家启动实施了农村寄宿制学校建设工程、农村中小学现代远程教育工程。同时，国家贫困地区义务教育工程二期、中小学危房改造工程、“两免一补”政策向西部和农村地区进一步倾斜，全力支持相关地区推进“两基”攻坚。2006年，国家启动实施农村义务教育阶段学校教师特设岗位计划，即公开招募高校毕业生到西部“两基”攻坚县农村学校任教，以提高农村教师队伍整体素质。

2005年国务院决定深化农村义务教育经费保障机制改革，提出逐步将农村义务教育全面纳入公共财政保障范围，建立中央和地方分项目、按比例分担的农村义务教育经费保障机制。从2006年起，全部免除西部地区农村义务教育阶段学杂费，惠及西部地区4 880万名学生，使约20万名因贫困辍学的孩子重返校园。从2007年起，免除全国农村义务教育阶段学杂费，中央财政向全国农村义务教育阶段学生免费提供国家规定课程的教科书，惠及1.5亿名学生。经过艰苦努力，到2007年，西部地区“普九”人口覆盖率达到98%，全国共有3 022个县级行政单位通过“两基”验收，“普九”人口覆盖率达到99%，初中毛入学率为98%。2008年，国家全力支持西部地区尚未“普九”的42个边远贫困县推动义务教育普及。针对薄弱环节和特殊人群，实施中西部农村初中校舍改造工程、中西部特殊教育学校建设工程、全国中小学校舍安全工程。2008年，全国城市义务教育依法免收学杂费。2008年，国家出台农村义务教育阶段中小学公用经费基准定额，到2009年全部落实到位，义务教育经费保障机制进一步完善，并开始实施义务教育阶段教师绩效工资改革。2010年、2011年，国家先后两次提高农村义务教育阶段学校生均公用经费基准定额，义务教育经费保障水平不断提升。

2010年，中共中央、国务院发布《国家中长期教育改革和发展规划纲要（2010—2020年）》（以下简称《教育规划纲要》），对义务教育发展做出新的部署。国家在加大力度实施原有教育专项工程的同时，启动实施农村义务教育薄弱学校改造计划、边远艰苦地区农村教师周转宿舍计划、中小学教师国家级培训计划等。这些专项工程和计划的实施，显著改善了农村学校的办学条件，提高了义务教育阶段教师特别是农村教师队伍整体素质，巩固提高了义务教育普及水平，缩小了区域和城乡差距。

到2011年，最后42个边远贫困县通过“两基”验收。全国所有县级行政单位、所有省级行政区划全部普及了九年义务教育，人口覆盖率达到100%，初中阶段毛入学率超过100%。全面普及九年义务教育是中国教育发展的历史丰碑，是中华民族伟大复兴道路上最绚丽的篇章。百年梦想终成现实。全面“普九”，大大提高了我国义务教育的办学水平，极大改善了我国义务教育阶段学校办学条件，尤其是西部地区的办学条件实现了根本性改善，大幅提升我国国民素质，人力资源开发水平实现重大突破。我国初中及以上学历人口比例从1982年的24.87%提高到2010年的61.75%，全国人口平均受教育年限从20世纪80年代初的不到5年提高到2010年的9.5年，促进了人民群众文化素质的提升，为我国社会发展和经济腾飞提供了必备的人力资源。

（四）义务教育走向均衡（2011年至今）

进入21世纪后，很多地方进行了义务教育均衡发展探索。2005年《教育部关于进一步推进义务教育均衡发展的若干意见》印发。2006年，教育部在成都召开了首次推进全国义务教育均衡发展现场经验交流会。2009年，教育部在邯郸召开了第二次全国义务教育均衡发展现场经验交流会。2010年，《教育部关于贯彻落实科学发展观进一步推进义务教育均衡发展的意见》印发。2011年，“普九”全面实现后，全国范围内转入推进义务教育均衡发展的新阶段。

2011年教育部与28个省份签署了义务教育均衡发展备忘录，2012年又与刚通过“两基”国检其余省份签署了这样的备忘录，构建起了中央部门和地方政府协同推进义务教育均衡发展的新机制。通过签署备忘录的形式，明确中央和地方各自在推进义务教育均衡发展过程中的职责和任务，确保完成《教育规划纲要》提出的到2020年基本实现区域内义务教育均衡发展的目标和任务。其中，教育部表示将通过国家组织实施的义务教育学校标准化建设、义务教育经费保障机制、农村义务教育阶段学校教师特设岗位计划、中小学教师国家级培训计划等项目，在义务教育经费保障、中小学校舍安全工程、农村义务教育薄弱学校改造、教师队伍建设和教育信息化等方面对各省份加大支持力度，宣传推广各地在推进义务教育均衡发展方面的经验和做法。各省则承诺，以签署备忘录为契机，通过加强省级统筹力度，组织实施好国家重大工程项目，大力推进学校标准化建设，提高教师队伍整体素质等，切实承担起推进义务教育均衡发展的法定责任。随后，北京、福建、广西、贵州、海南、河南、湖北等各省级政府又与地（市、州）、县（市、区）政府签署了责任状，细化了任务分工。于是，全国形成了分县域的义务教育均衡发展的时间表、路线图、任务书。如江苏省将优质均衡发展作为义务教育改革发展的战略任务，制定县域义务教育优质均衡发展规划，提出到2018年底前全省所有县（市、区）实现县域义务教育优质均衡发展。浙江省以教育现代化为引领，推进义务教育高水平均衡发展，提出到2015年基本实现县域义务教育现代化，到2020年全省全面实现义务教育现代化。

《教育规划纲要》提出，要组织开展教育改革试点工作。义务教育均衡发展改革试点作为十大改革试点之一。为加强对改革试点的指导工作，教育部建立了义务教育均衡发展专家指导制度，在国家教育咨询委员会成立的义务教育均衡发展专家咨询组的基础上，又成立了义务教育均衡发展专家工作组，定期对各地义务教育均衡发展试点进行跟踪、检查、指导和评估，配合各地方对试点的经验进行总结提炼和宣传推广。2011年，教育部在京召开了义务教育均衡发展改革试点项目推进会，印发了专家指导方案。通过建立专家工作组的方式，完善专家指导机制，对通过备案的38个试点地区进行对口指导，深入改革地点地区了解工作进展情况，提出指导意见和建议，提升改革试点工作质量和成效。通过开展改革试点工作，从人民群众关心的义务教育领域热点、难点问题入手，鼓励改革试点地区在化解这些热点难点问题上先行先试、积极探索，着力破除体制机制障碍，努力解决深层次矛盾，力争在管理体制、运行机制、关键环节、配套条件等方面形成典型经验与政策创新，探索义务教育均衡发展的新思路和新举措。

教育公平是社会公平的起点和核心环节，义务教育均衡发展是实现教育公平最直接、最现实、最优先的领域。面对人民群众要求接受更加公平和更高质量教育的新期待，2012年《国务院关于深入推进义务教育均衡发展的意见》印发，首次从中央政府的层面明确提出义务教育均衡发展是贯彻落实科学发展观、促进教育公平的重要举措，是义务教育实现普及后一项重要任务，要把义务教育工作重心落实到办好每一所学校和关注每一个孩子健康成长上来，遏制城乡之间、地区之间和学校之间教育差距扩大的势头，积极改善农村学校和城镇薄弱学校的办学条件，逐步实现基本公共教育服务均等化，保障每一个适龄儿童少年平等接受良好义务教育的权利。各地认真贯彻落实，积极进行探索。2013年，教育部在山西晋中召开了第三次全国义务教育均衡发展现场经验交流会。接着，国家教育督导委员会从苏州的张家港、常熟、太仓开始，启动了对义务教育基本均衡发展县市的验收工作。面向2020年，全国各地都走在推进义务教育均衡发展的征程中。

二、中国义务教育改革发展的基本做法

20世纪80年代中期以来，我国义务教育改革发展之所以取得了如此引人注目的成就，靠的是国家重视、依法治教、积极进取，靠的是因地制宜、实事求是、改革创新，靠的是以人为本、社会支

持、群策群力。回顾不平凡的历程，中国义务教育改革发展积累了宝贵的历史经验。

（一）坚持重中之重，将义务教育摆到突出位置

教育优先发展战略地位的确立和义务教育重中之重地位的落实，对义务教育的改革发展发挥了决定性作用。我国政府从现代化建设全局和中华民族伟大复兴的战略高度出发，提出了实施科教兴国战略和人才强国战略，把教育优先发展作为一项长期坚持的战略方针，采取了一系列重大战略部署加快教育改革和发展。1986年，《义务教育法》颁布以来，国家先后召开了三次全国教育工作会议，还召开了全国基础教育工作会议、农村教育工作会议等一系列重要会议，制定发布了《中国教育改革和发展纲要》、《国务院关于基础教育改革与发展的决定》、《教育规划纲要》等一系列重要文件，确定了不同时期义务教育改革发展的目标、战略、指导方针和实施步骤，出台了调整完善义务教育管理体制和经费投入机制等一系列重大政策。地方各级政府将义务教育纳入本地区经济社会发展总体规划，政府各部门密切配合，构建了党委统一领导、政府统筹规划、部门齐抓共管的工作机制，认真落实推进义务教育改革发展的政策措施。在这个过程中，义务教育改革发展始终是各级政府教育工作的重中之重。

“普九”是一场持续时间长、参与人数多、自上而下的国家工程，各级领导高度重视，很多地方的党政主要领导靠前指挥，对这项举国的工程予以高度重视。教育、财政、发展改革等部门明确职责，合理分工，协调配合。“普九”也是中央与地方、教育与相关部门同心协力、合力攻坚的示范。在一个13亿人口的大国“普九”，是国家意志和民心民意的高度契合，是国家举全国之力，集中人力财力物力，推进全面实施义务教育发展的一次成功尝试，充分体现了党中央、国务院发展教育的坚定决心，凝聚了各级政府和部门的智慧与创造，倾注了教育工作者的心血和汗水。实现“普九”满足了人民群众最基本的教育需求，也体现了发展为了人民、发展依靠人民、发展成果由人民共享的执政理念。

（二）坚持依法治教，努力加强义务教育法制建设

建立和完善相关法律和制度为义务教育改革发展提供了有效保障。1986年颁布实施的《义务教育法》为推进义务教育提供了明确的法律依据，我国义务教育的发展从此纳入法制轨道。依法治教成为义务教育稳步推进的重要保证，使得我国用较短时间走完了一些发达国家近百年的发展路程。义务教育的迅速普及，正是得益于依法治教的战略和良好的法制环境。

为了推动和保障《义务教育法》的贯彻实施，我国逐步健全了相关的行政法规，构建了一个比较完整的义务教育法规体系，保障了义务教育的顺利实施；制定出台了义务教育法实施细则，对我国实施义务教育的方法、步骤、规划、师资、经费，以及发展义务教育的管理体制等具体问题，都做出了比较详细的规定和相对具体的要求。各省、自治区、直辖市也相继制定了贯彻《义务教育法》的实施办法。此后，我国还制定了《中华人民共和国教育法》、《中华人民共和国教师法》、《中华人民共和国未成年人保护法》等法律以及一系列教育行政法规，使义务教育工作逐步走向制度化、规范化和法制化，为推进义务教育的改革发展发挥了重要作用。

2006年6月29日，全国人大常委会通过了1986年的《义务教育法》的修订，从原来只有原则性的18条法律条文增加到63条。修订后的《义务教育法》指明了义务教育均衡发展这个根本的方向，明确要求“国务院和县级以上地方人民政府应当合理配置教育资源，促进义务教育均衡发展，改善薄弱学校的办学条件，并采取措施，保障农村地区、民族地区实施义务教育。”“县级以上人民政府及其教育行政部门应当促进学校均衡发展，缩小学校之间办学条件的差距”。《义务教育法》进一步完善了义务教育的管理体制，强化了省级的统筹实施，提出了“义务教育实行国务院领导，省、自治

区、直辖市人民政府统筹规划实施，县级人民政府为主管理的体制”。确定并完善了义务教育经费保障机制，明确“义务教育经费投入实行国务院和地方各级人民政府根据职责共同负担，省、自治区、直辖市人民政府负责统筹落实的体制。农村义务教育所需经费，由各级人民政府根据国务院的规定分项目、按比例分担”。《义务教育法》保障了特殊群体接受义务教育的平等权利，要求“父母或者其他法定监护人在非户籍所在地工作或者居住的适龄儿童、少年，在其父母或者其他法定监护人工作或者居住地接受义务教育的，当地人民政府应当为其提供平等接受义务教育的条件”，“保障家庭经济困难的和残疾的适龄儿童、少年接受义务教育”。《义务教育法》把实施素质教育纳入了法制轨道，要求义务教育必须贯彻国家的教育方针，实施素质教育，提高教育质量，使适龄儿童、少年在品德、智力、体质等方面全面发展，为培养有理想、有道德、有文化、有纪律的社会主义建设者和接班人奠定基础。进一步规范了义务教育的办学行为，要求“不得将学校分为重点学校和非重点学校。学校不得分设重点班和非重点班”，“县级以上人民政府及其教育行政部门不得以任何名义改变或者变相改变公办学校的性质”，“学校不得违反国家规定收取费用，不得以向学生推销或变相推销商品、服务等方式谋取利益”。

全国人大及地方各级人大重视《义务教育法》执法检查，督促政府和其他责任主体落实法律规定。政府、教育部门、学校和家长各司其职，共同确保了义务教育的实施。

（三）坚持形成合力，在政府主导下动员社会各界参与

实施义务教育首先是政府行为。多年来，各级政府认真贯彻落实党中央、国务院关于教育改革发展的一系列方针、政策，千方百计，采取措施，狠抓落实，克服困难，加大教育投入，为推进义务教育改革发展发挥了根本作用。

作为一项宏大的社会系统工程，若没有广大人民群众的积极参与和配合、社会各界的积极参与和支持，义务教育的改革发展要想取得既定目标是不可能的。穷国办大教育是我国义务教育过程中曾长期面临的基本国情。在义务教育普及过程中，经费投入不足，校舍设施等办学条件一度严重短缺。在20世纪八九十年代，“人民教育人民办”是实施义务教育的助推器。广大农民群众对农村义务教育的贡献功不可没。社会各界以各种方式支持义务教育发展，组织实施了“希望工程”、“春蕾计划”、“烛光工程”，援建学校，救助贫困学生等。正是依赖于广大人民群众的力量，我国的义务教育才在较短时间内创造出了有中国特色社会主义教育的发展奇迹、发展模式和发展道路，为提高全民素质做出了巨大的贡献。

（四）坚持实事求是，实行分区规划、分类指导、分步实施

作为一个发展中的人口大国，我国城乡之间、区域之间经济社会发展不平衡，教育发展水平差异很大。从这一基本国情出发，我国在推进义务教育发展过程中采取了因地制宜、分区规划、分类指导、分步实施的原则。

20世纪90年代，我国确定了“三步走”的实施步骤，即以县为单位，1996年在40%—45%的人口地区“普九”，1998年在60%—65%的人口地区“普九”，2000年在85%的人口地区“普九”，并以省级行政区划为单位，依据经济社会和教育发展状况，把全国划分成东、中、西“三片”，分别提出相应要求，做出相应部署，采取相应措施。2001年，我国又进一步确定了贫困地区致力于“两基”攻坚、已实现“两基”农村地区巩固提高、大中城市和经济发达地区实现高水平、高质量“普九”的新目标。在鼓励发达地区率先实现“两基”的同时，国家不断加大对经济欠发达地区推进“两基”的支持力度，先后实施了国家贫困地区义务教育工程、西部地区“两基”攻坚计划、农村寄宿制学校建设工程、农村中小学现代远程教育工程和西部农村教师队伍建设工程等多项重大工程，对推进欠发达地区义务教育快速发展发挥了重要作用。实践证明，分区规划、分类指导、分步实施战略符合

我国国情，是推动义务教育改革发展的有效策略。

（五）坚持深化改革，建立完善管理体制和保障体制

改革开放以来，科教兴国和人才强国战略成为社会主义现代化建设的重大战略部署，教育优先发展的思路成为中央和地方共识，全国各地认真贯彻落实“教育必须为社会主义建设服务，社会主义建设必须依靠教育”的指导方针，政府投资教育发展的决心和力度逐年加大，义务教育管理体制和经费保障机制不断改革和完善。20世纪80年代，在以“分灶吃饭”为特征的财政包干体制下，义务教育实行“在国务院领导下，地方负责、分级管理”的体制，教育投入实行财政拨款为主、多渠道筹措办学经费的体制。在当时特定的历史条件下，这一体制充分调动了地方各级政府、社会各界和广大人民群众办学的积极性，为在经费短缺的情况下，动员更多的资源推进义务教育发挥了积极作用。

随着农村税费改革的推进，国家及时对义务教育的管理和投入体制进行调整。2001年决定实行“在国务院领导下，由地方政府负责、分级管理、以县为主”的体制，并在2006年修订《义务教育法》时，进一步强化了省级政府的统筹责任。同时，国家实施了义务教育经费保障机制改革，将义务教育全面纳入公共财政保障范围，不断提高保障水平，分阶段全面免除了义务教育阶段学生学杂费，实现了真正意义上的免费义务教育。

各地积极推动义务教育经费保障机制改革，在依法落实教育经费三个增长的同时，加大省级统筹力度，经费投入向省域内欠发达地区倾斜，提升欠发达地区义务教育办学水平，缩小区域间办学差距。积极推进义务教育学校标准化建设，统筹实施中小学校园安全工程、中西部农村初中校舍改造工程、农村义务教育薄弱学校改造计划等国家级工程项目，一些省份还结合实际有针对性地实施了标准化建设、食堂改善、解决大班额等省级工程项目，有效改善了农村学校、薄弱学校办学条件。如，2012年广东省统一了城乡生均公用经费标准，2015年将达到小学每学年1 150元，初中每学年1 950元，并要求各地把公用经费补助标准提标后新增补助资金重点用于保证农村小学教学点和规模较小学校正常运转。江西从2013年起，计划用三年时间，统筹整合资金50亿元，实施全省农村义务教育学校标准化建设工程，以村小学和教学点为重点，全面改善农村学校办学条件。宁夏2013年筹措资金8 613万元，按照“配一所、成一所、达标一所”原则，计划为100所农村中小学配齐教学实验仪器设备和图书。青海启动实施全省中小学标准化建设工程，计划从2012年至2014年，使全省乡镇以上中小学达到青海省标准化中小学校办学标准，到2014年60%以上的学校硬件达标、软件配套、功能完善、管理规范、质量合格。

（六）坚持均衡配置，适时提出义务教育均衡发展

义务教育发展完成了全面普及的历史任务后，推进均衡发展成为新时期义务教育的战略性任务。2010年，《政府工作报告》明确提出“要促进义务教育均衡发展，在合理布局的基础上，加快推进中西部地区初中校舍改造和全国中小学校舍安全工程，尽快使所有学校的校舍、设备和师资达到规定标准。为农村中小学班级配备多媒体远程教学设备，让广大农村和偏远地区的孩子共享优质教育资源。”2012年《国务院关于深入推进义务教育均衡发展的意见》明确了推进义务教育均衡发展的指导思想和基本目标，即到2015年，全国义务教育巩固率达到93%，实现基本均衡的县（市、区）比例达到65%；到2020年，全国义务教育巩固率达到95%，实现基本均衡的县（市、区）比例达到95%。还就推动优质资源共享、均衡配置办学资源、合理配置教师资源等提出了明确要求，指导各地深入推进义务教育均衡发展工作。

根据国家要求，教育部一直采取多种措施推进义务教育均衡发展。一是加强政策指导。从学校标准化建设、教师队伍建设、优质资源共享、重视教育督导等多方面提出了具体要求和可行措施，推动各地解决区域内义务教育差距问题。二是创新体制机制。为进一步强化省级政府责任，做到上下联

动，教育部按照一省一案、分类指导的思路，分别与各省级政府签署了义务教育均衡发展备忘录，明确了双方推进义务教育均衡发展的任务，构建起协同推进义务教育均衡发展的机制。三是坚持试点先行。实施了国家教育体制改革义务教育均衡发展试点项目，从不同角度入手，探索推进义务教育均衡发展的有效途径。

各地普遍推动了优质教育资源共享。通过学校联盟、集团化办学、对口帮扶、学区化管理等方式，迅速扩大优质教育资源，从而以强带弱，实现共同发展；加快教育信息化基础设施建设，特别是农村中小学校的信息化建设，实现优质教育资源共享，缩小城乡教育差距；还积极与相关部门合作，提高社会资源利用水平，广泛开展多种形式的社会实践活动，在推动校内外教育有效衔接的同时，引导社会各界支持义务教育发展。如，福建在所有县（市、区）城区推广“小片区管理”模式，即将城区义务教育阶段学校划分若干片区，以片区内优质学校为龙头，实行小片区内“师资互派、资源共享、统一教学、捆绑考核”。黑龙江全省越来越多的学校接入宽带，正在实现宽带网络校校通、优质资源班班通，实现了城乡同步教学。北京2012年高标准建设北京数字学校，选拔全市特级教师、学科带头人、市区级骨干教师参与录制，面向全市百万中小学生提供义务教育阶段全科数字化名师同步课程，实现网络和电视双平台播出。

各地重视合理配置教师资源。普遍在落实好国家实施的特岗计划、免费师范生、国培计划的基础上，结合实际有针对性地采取培养全科教师、提高农村教师待遇、科学核定农村教师编制、推进校长教师交流、加强农村教师培训等措施，为农村学校和薄弱学校输送优秀教师，提升农村学校和薄弱学校教师教学水平。四川2013年起启动了全省师范生免费培养计划，省财政投入专款每年为老、少、边、穷地区农村学校免费定向培养2 000名师范生。山东将按不超过农村中小学教师编制总量5%的比例核定部分教师机动编制，全部用于补充农村中小学急需的学科教师；建立和完善教师定期双向交流制度，城镇教师每8年应当到农村支教1年，新进农村教师3年内要安排其到城镇学校交流1年。河北2013年至2020年，每年选派1 000名省会城市、中心城市的优秀教师，到62个连片特困地区、国家扶贫开发工作重点县以及省级扶贫开发工作重点县支教，按年人均2万元的标准给予生活和交通补助。浙江2013年出台了指导意见，规定校长在同一公办学校连续任职达10年、教师在同一公办学校连续任教达到12年的，应纳入交流范围；城区学校交流到农村学校的教师，交流后服务时间应不少于3年；县域内符合交流条件的骨干教师每年参与交流的比例应不低于15%。

（七）坚持与时俱进，规范农村义务教育学校布局调整

农村义务教育学校布局是否科学合理关系到农村学生的切身利益。21世纪以来，随着进城务工人员随迁子女增加，农村人口出生率持续降低，农村学龄人口不断下降，各地对农村义务教育学校进行了布局调整和撤并，改善了农村学校的办学条件，但也导致部分学生上学路途变远、交通安全隐患增加，学生家庭经济负担加重等问题。

对于布局调整问题，教育部多次组织系统调研，通过面向全国开展问卷调查，收集部分省、市、县中小学布局规划，赴问题较为突出的地区实地了解情况等方式，梳理农村中小学布局调整情况。在调查研究的基础上，起草了《国务院办公厅关于规范义务教育学校布局调整的意见》，在网上广泛征求社会各界意见，于2012年9月正式印发。文件从科学制定农村义务教育学校布局规划、严格规范学校撤并程序和行为、办好村小学和教学点、解决学校撤并带来的突出问题、开展农村义务教育学校布局调整专项督查等方面提出了具体要求，制止了部分地区过急过快、盲目撤并学校的势头。为指导各地做好农村义务教育学校布局专项规划，2013年教育部印发了《关于做好农村义务教育学校布局专项规划制定工作的通知》。各地落实国办文件精神和教育部要求，在规范布局调整工作方面取得了成效。

1. 制定农村义务教育学校布局专项规划。2013年，各省、自治区、直辖市制定了农村义务教育学校布局专项规划，并报送国家教育体制改革领导小组。总体来说，各地制定的专项规划基本上都把就近入学作为主要原则，还有一些省份量化了学生就学距离和步行上学的单程时间，学生就近入学的权利得到进一步保障。吉林提出学校服务半径小学2千米左右，初中3千米左右，走读学生上学途中单程步行时间，小学低年级不超过30分钟，小学高年级、初中不超过45分钟。海南提出学生上学路程不超过3千米，正常行走时间不超过40分钟。湖南提出合理确定学校服务半径，原则上农村小学2.5千米，初中3千米，保障学生每天上学单程步行时间一般不超过40分钟。福建提出布局专项规划实施后，全省农村走读生单程步行时间在30分钟以内的占93.5%。

2. 严格规范学校撤并程序和行为。2012年之后，各地结合地方实际，完善了农村义务教育学校布局调整的程序，规范了相关撤并行为，细化了撤并方案的制订、论证、公示、报批等各个环节，提高了可操作性。一些省份还对听证会的人数、步骤等做了具体规定，切实保障人民群众的参与权和监督权。重庆提出撤并听证会代表人数不少于50人，学生家长参与比例不少于70%，同意撤并的人数不少于90%。各地还对布局专项规划备案前暂停农村义务教育学校撤并做了重点要求，并作为自查工作的重点，制止了违规撤并学校行为。

3. 办好必要的村小学和教学点。办好必要的村小学和教学点对于推动农村教育发展，促进教育公平具有重要意义。各地采取多种措施，改善村小学和教学点办学条件，提高其教学质量。在经费投入上，各地普遍按照国家要求对学生规模不足100人的村小学和教学点按100人拨付公用经费，保障其正常运转。一些省份还设立专项资金，扶持村小学和教学点发展。在教师配置上，通过提高乡村教师待遇、在职称评定上给予优惠、加强教师培训等方式，吸引优秀教师到农村从教，提高农村教师教育教学水平。福建规定在校生31—200人的学校按班师比1∶1.7配备教师，在校生10—30人的至少配备2名教师，在校生10人以下的配备1名教师。青海提出农牧区乡及乡以下学校任教教师，给予待遇倾斜，享受乡镇工作补贴。浙江“十二五”期间省财政每年安排7 000万元，开展信息化基础设施建设和教育信息化公共服务平台建设，包括为村小学和教学点配置多媒体教学设备和数字化优质课程教学资源。山西充分发挥乡镇中心校的管理和指导作用，建立和完善辖区内村小学和教学点管理评价制度，统筹安排课程，对小科教学巡回教学，采取“送教”、“走教”等形式，保障村小学和教学点开齐开全课程。

4. 解决学校撤并带来的突出问题。针对寄宿制学校的实际情况，加大经费投入，改善寄宿制学校办学条件，满足学生学习和生活基本需要。2012年陕西提高寄宿制中小学生均公用经费补助标准，小学达到1 000元，初中达到1 200元，主要用于学校聘用后勤人员和学生食堂水、电、煤等能耗费用开支。江西提出凡是寄宿制小学和有学生在校午餐的学校，都应开办食堂或伙房，配备必要的设备，为学生提供热饭和成本价饭菜，确保食品卫生安全。新疆由县财政每年安排专项资金，提高寄宿生生活补助标准。各地落实《校车安全管理条例》，努力保障学生上下学交通安全。积极发展公共交通，满足学生乘车需求，制订校车服务方案，推进校车安全管理，严厉查处接送学生车辆的违法行为，加强学生安全教育，保障学生就学安全。2013年，湖南省级财政在新增教育经费中安排1亿元，设立校车专项补助资金，各地校车管理工作纳入政府及部门绩效考核范围。同年，浙江分阶段实施学生交通安全保障工程，计划用3年时间建立学生交通安全保障体系，基本解决全省义务教育阶段学生上下学交通问题。省财政每年设立专项资金1亿元，根据各地交通安全保障工程实施绩效予以奖补。

（八）坚持以人为本，关心支持弱势群体

在义务教育改革发展过程中，国家把做好进城务工人员随迁子女、留守儿童、残疾儿童、家庭经

济困难学生等特殊群体义务教育工作作为推进义务教育均衡发展的重要内容，不断创新工作思路和政策措施，千方百计为他们就学提供便利条件，保障他们平等享受义务教育的权利。

随着我国城镇化深入发展，产生大量异地就业人员，其子女有的带在身边，有的放至家乡。安徽对进城务工人员子女实行一样就读、一样入学、一样免费“三个一样”的政策，使其在流入地全部就近入学。实施农村留守儿童之家建设民生工程，至2013年建成留守儿童活动室1 308个、留守儿童之家1.9万个，安装免费亲情电话2.2万余部，日通话量达21万次，实现了乡镇、村的全覆盖。陕西延安市开展了“流浪儿童回家行动”，在留守儿童集中的学校创建了20所“儿童成长家园”，切实保障农村留守儿童平等接受义务教育。河北明确义务教育阶段特殊教育学校生均公用经费标准高于普通学校10—15倍，特殊教育学校寄宿生生活补助费高于普通学校1倍。青海除西宁市四区外的所有农村义务教育阶段学生，按每生每天3元标准提供营养膳食补助；进一步完善义务教育阶段家庭经济困难寄宿学生生活费政策，将布局调整增加的农村寄宿生纳入生活补助范围。云南从2012年起，实现农村义务教育学生营养改善计划和寄宿制学生生活补助全覆盖，使全省534.9万农村义务教育学生每天享受3元营养餐补助，300万名农村义务教育阶段寄宿小学生每天享受7元、初中生8元生活补助。

（九）坚持建章立制，加强和改进学校管理

在多年推进义务教育的实践中，国家重视加强入学管理、收费管理、教学管理、安全管理、学籍管理。各地努力规范招生入学办法，理顺工作机制，推进学校科学管理，创设公平有序的就学环境，保障所有学生平等接受义务教育的权利。江苏将“每所公办学校择校生比例低于招生总数的10%”列入江苏省义务教育优质均衡发展县（市、区）督导评估指标，部分地区已实现“零择校”。山西2013年要求所有义务教育学校对新招入的起始年级新生全部实行均衡编班、公平编班、公开编班，家长监督。浙江省各地普遍实现了义务教育就近免试入学。上海加强对教育经费使用的监督，配合财政、审计等部门，切实做好相关资金的审计工作，逐步形成财政和审计部门专业监督、教育主管部门委托第三方监管、学校日常监督相结合的监管体系。各地还重视做好向社会主动公开部门预算、“三公”经费预决算的基础性工作，确立重大财政教育专项经费信息公开机制，通过信息公开加强监管。

加强安全教育和管理，始终是学校管理的一件大事。生命不保，何谈教育，何谈发展，何谈幸福。这些年，教育部对学生安全工作可谓高度重视，发预警，播广告，出通报，常督察。各地强化了防溺水教育、防交通事故教育、防校园踩踏教育，普遍开展了应急弹升演练，推广了人防、物防、技防，进行了校车安全管理，中小学生安全事故总体上呈逐年下降的趋势。

为加强基础教育科学化管理，2013年教育部制定了全国中小学生学籍管理办法，开发统一软件，指导各地开展电子学籍管理系统建设。贵州、安徽、浙江作为全国中小学生学籍信息管理系统首家试点单位，在全国率先建成中小学生学籍信息管理系统，实现中小学学籍管理信息化，实施实时监控。吉林、辽宁、陕西、河南、海南随后跟进，其他省份亦勉力工作，2013年底基本建成全国联网的全国中小学生电子学籍。

（十）坚持关注内涵，不断提高义务教育质量

在义务教育改革发展过程中，课程改革、教学改革是始终相伴的。特别是进入21世纪后，国家推行了新课程，各地涌现出好典型。各地在促进学校内涵发展，提高义务教育质量上做了很多有益探索，以素质教育为导向，积极开展教育教学改革实验，推动学校特色发展。有的建立了科学的质量评价体系，有的倡导了轻负高效，有的提高了课堂效率，有的开展了综合实践活动。2009年，黑龙江哈尔滨市在全市小学实施学生课业负担公告、监测和责任追究制度，小学生的课业负担整体上得到控制。2010年，上海在全市小学试行“快乐活动

日”，要求学校整合拓展型、探究型课程的部分内容，每周集中半天时间，以学生活动为主要形式完成相关教学任务，从身心健康指数、学习生活幸福指数和学业成就发展指数等方面进行教育教学质量的监测。2011年，重庆启动实施了义务教育“卓越课堂”5年行动计划，力争通过5年左右的努力，全市义务教育阶段学校课堂教学效率明显提高。2012年，江西启动开展基础教育质量监测，成立了“江西省基础教育质量监测与评估中心”，制定了文件，明确了基础教育质量监测的指导思想、目标和基本原则以及主要任务和对象内容，引导各地各校和社会树立正确的教育质量观。2013年，北京提出减负工作“八项严格”规定，着力构建负担监测公告制度、专项督导检查机制、社会监督机制、评价表彰机制等减负工作长效机制，重点推动作业、考试评价等关键环节的改革，推出百余所“轻负担、高质量”的学校典型。

（十一）坚持督导检查，发挥督政督学的正能量

重视督导、善用督导是实现“普九”强有力的保障。近年来，各地普遍下大力气开展督导评估工作，结合教育部《县域义务教育均衡发展督导评估暂行办法》制定了实施办法，根据本省实际完善指标体系，强化一些重要指标，定期开展督导检查，推动各项工作有序开展，确保义务教育均衡发展各项目标如期实现。青海、山东、四川将县域义务教育均衡发展系数纳入全省县域经济社会发展综合考评体系，每年进行考核，省政府对于考核实绩突出的给予表彰。湖北、上海、宁夏实施财政与教育联手督导的机制，加大对落实教育投入法定增长的督导力度，并建立对各区县政府教育工作自评公报制度，开展对各区县政府依法履行教育责任执行情况的年度公示公报工作。根据教育部部署，2013年起很多省份建立督学责任区制度，开展义务教育发展基本均衡合格区县督导评估，将区县教育财政投入、义务教育学校标准化建设、区域内学生就近入学比率等核心指标，作为区县党政班子实绩考核的重要内容，提高区县党委、政府推进义务教育均衡发展的主动性和积极性。贵州、云南、广西把“控辍保学”作为义务教育初步均衡发展考核、县级党政主要领导教育工作督导考核、县级人民政府教育工作督导评估的首要考核指标，实行“一票否决”。辽宁、青海、海南建立县级党委和政府教育工作年度考核制和教育工作督导评估制度，省政府每3年对县级政府教育工作进行一次督导评估，并把督导评估结果作为考核领导干部政绩的重要内容和进行表彰奖励或责任追究的重要依据。2012—2013年，新疆先后组织了8次义务教育工作督查，有效地调动了各地州县政府支持义务教育的注意力。

此外，在义务教育改革发展过程中，中国还坚持国际合作交流，吸收与借鉴国外先进经验。先后与联合国教科文组织、联合国儿童基金会、联合国开发计划署、世界银行、亚洲开发银行、英国国际发展部、欧盟委员会等许多国际组织和双边发展援助机构建立了良好的合作关系，得到了这些国际组织的多方面帮助。我国政府部门和这些国际机构合作，通过联合实施项目、提供无偿援助方式，在贫困地区帮助女童接受教育、改善办学条件、开展教师培训、提高教育质量。同时，我国借鉴欧美等发达国家先进教育经验，学习其教育理论、办学理念、课程体系、教学方法等，并根据中国教育发展实际正确处理好传统与移植的关系，做到洋为中用。同时，在九个发展中人口大国中，目前我国是唯一全面实现全民教育目标的国家。联合国教科文组织认为，中国为世界全民教育发展做出了突出贡献，是发展中国家推进全民教育的成功范例。

三、中国义务教育改革发展的未来展望

经过多年艰苦努力，我国义务教育改革发展取得了显著成效，为全面提高国民素质、实现中华民族伟大复兴奠定了坚实基础。在充分肯定成绩的同时，我们还要清醒地看到，当前教育改革进入了深水区、攻坚期，一些深层次矛盾和问题破解难度更大。同时，义务教育承载着群众对公平教育和优质教育的双重期待，涉及面更广、社会关注度更高，

面临的形势和任务也更加复杂，推进义务教育深化改革与均衡发展还存在着一些困难和问题。

一是部分地区在认识上还不到位，没有真正把义务教育均衡发展放在战略性位置。进入 21 世纪以来，国家建立并不断完善了农村义务教育经费保障机制，实施了农村义务教育薄弱学校改造计划等一系列重大工程项目，改善了农村义务教育学校办学条件。但是，中西部农村、边远、贫困和民族地区特别是连片特困地区，多系山区、高原、牧区和边境地区，自然条件较差，交通相对不便，物产比较匮乏，经济社会发展落后，地方财力较弱，群众生活困难。这些地区薄弱学校办学成本较高，教学条件普遍较差，寄宿制学校宿舍、食堂等生活设施不足，村小学和教学点运转比较困难，教师队伍不够稳定，有些课程开不齐，辍学率相对较高，是我国义务教育事业的“短板”。全面改善这些地区薄弱学校的基本办学条件，努力提高办学水平的任务还很繁重。对此，必须聚焦重点，加大支持力度，才能在短期内改变这些地区义务教育落后的面貌。大城市校际义务教育学校硬件条件、师资水平、教学质量、管理状况以及在群众中的认可度之间仍有较大差距。一些地方对教师交流、指标分配、集团化办学等涉及体制机制改革的政策措施，瞻前顾后、畏首畏尾，缺乏改革魄力，尚待迈出更大步伐。

二是部分地区教育资源保障水平不高，义务教育持续改革发展还面临不少困难。总体上看，我国的义务教育普及实际上还是低水平的，不能有万事大吉的想法。经费投入仍然不够，改善农村学校教学设施、生活设施存在较大经费缺口，一些农村教师素质不高，教师结构性缺编突出，农村教师岗位吸引力不够强，难以吸引优秀教师长期在农村中小学从教。现在，在一些人心目中教育投入差不多了的松劲思想普遍存在，这是要不得的。作为面向数以亿计学生的宏大公益事业，我国的义务教育需要保持和加大投入力度，确保其巩固提高、不断改革、均衡发展。

三是城镇化进程加快，带来城乡义务教育一系列新情况。城镇化的加快发展，区域之间人口大量流动，对教育资源分布提出了新的要求，对义务教育产生诸多影响。首先，全面性影响。城镇化对农村义务教育的布局、内容、手段乃至思想观念等各个方面都产生了影响。其次，差异性影响。有些地方城乡义务教育已无实质性区别，有些地方则鲜受城镇化触动，还重复着传统的教育方式。再次，长远性影响。城镇化方兴未艾，对农村义务教育的影响将长期存在。对于城镇化中伴生的挑战，例如乡村学校人数锐减、县镇学校人满为患、流动儿童不断增多等，目前尚需进一步充分与恰当地应对。

四是一些长期存在的热点难点问题还没有得到很好解决，与办人民群众满意教育的要求还有一定差距。近年来，各地积极贯彻落实《义务教育法》免试就近入学规定，努力探索小学升入初中具体方式，取得了积极进展，积累了重要经验。但是，地区间、学校间工作不平衡，一些大城市、知名初中的招生入学工作仍被诟病，影响了社会对教育事业的客观评价，不利于和谐稳定。同时，一些学生过重课业负担与心理压力没有得到根本缓解，中西部县镇大班额普遍难以因材施教。这些问题都需要给予高度重视、科学进行分析，标本兼治，在下一步改革发展中认真加以解决。可以说，义务教育仍然是最受社会关注的领域，相对于人民群众日益增长的教育需求，相对于教育现代化的要求，义务教育发展现状还有较大差距。

当前，我国国内经济社会发展的有利条件、内在优势和长期向好的趋势没有改变，仍然处于可以大有作为的重要战略机遇期，为教育改革发展提供了坚实的物质保障和良好的外部环境。而且，上述挑战的另一面也是机遇。站在新的历史起点上，面对新的形势和任务，我们必须着力促进公平，大力提高质量，不断加强管理，继续深化义务教育改革。

（一）着力统筹城乡，全面推进义务教育均衡发展，努力深化教育改革

做好城镇化背景下的义务教育工作，要处理好几个关系。一是城乡统筹与倾斜农村的关系。在实

行城乡一致的拨款标准、建设标准、教师编制标准的基础上，用更多的精力、更大的财力、更优惠的政策，促进农村义务教育的改革发展。二是全面推进与重点突出的关系。在城镇化背景下发展农村义务教育，当然要均衡配置校舍、图书、设备等资源，但合理配置教师资源是重中之重。努力通过提高教师质量来提升农村义务教育质量，让当地的孩子不仅进得来、留得住，而且学得好。三是统一要求与因地制宜的关系。义务教育的发展方向和基本标准，全国可有统一要求。但更重要的是，各地必须依据本地省情、市情、县情推动工作，善于以多样性应对问题的复杂性。

1. 加快推进农村义务教育学校标准化建设。学校标准化是推进义务教育均衡发展的基础。大力改善农村学校办学条件，实现农村义务教育学校标准化，对于整体提升义务教育质量和水平、促进城乡义务教育均衡发展具有十分重要意义。今后，应按照《国务院关于深入推进义务教育均衡发展的意见》要求，进一步完善义务教育阶段学校办学标准，对校园校舍、仪器配备、师资配置等方面提出明确具体规定。按照逐步实现基本公共教育服务均等化的总要求，坚持抓关键、补短板，保基本、守底线，推改革、促公平，强管理、提绩效，统筹规划，集中力量，循序渐进，从最薄弱的环节着手，从最困难的地方做起，全面改善薄弱学校基本办学条件，兜住义务教育网底，为加快推进义务教育学校标准化建设、促进义务教育均衡发展奠定坚实的基础。

从2014年起，用4年左右的时间，使贫困地区农村义务教育学校教室、桌椅、图书、实验仪器、运动场等教学设施满足基本教学需要；学校宿舍、床位、厕所、食堂（伙房）、饮水等生活设施满足基本生活需要；留守儿童学习和寄宿需要得到基本满足，村小学和教学点能够正常运转；基本消除县镇和乡村超大班额现象，逐步做到小学班额不超过45人、初中班额不超过50人；教师配置趋于合理，数量和素质基本适应课程发展和教育教学需要；小学辍学率努力控制在0.6%以下，初中辍学率努力控制在1.8%以下。

为此，下一步推进农村义务教育学校标准化建设的重点任务如下。

一是保障基本教学条件。教室应坚固、适用、通风，符合抗震、消防安全要求，自然采光、室内照明和黑板材料符合规范要求。每个学生都有合格的课桌椅。按照学校规模和课程方案配备必要的教学仪器设备、器材和图书，有条件的地方逐步达到小学生均图书不低于15册，初中生均图书不低于25册。根据学校地理条件和农村体育特点，因地制宜地建设运动场地和体育设施，保障学生锻炼和活动空间。

二是改善学校生活设施。保障每名寄宿学生有1个床位，消除大通铺现象。有条件的地方，寄宿制学校生均宿舍使用面积逐步达到小学不低于3平方米、初中不低于3.3平方米。设置浴室或澡堂，配备必要的洗浴设施。食堂或伙房满足学生就餐需要。设置开水房或安装饮水设施，确保学生饮水安全便捷。厕所要有足够厕位。北方和高寒地区学校应有冬季取暖设施。设置必要安全设施，维护师生安全。

三是妥善解决县镇学校大班额问题。适应城镇化趋势，充分考虑区域内学生流动、人口出生和学龄人口变化等情况，科学规划学校布局，并充分利用已有办学资源，首先解决超大班额问题，逐步消除大班额问题。必要情况下，可以采取新建、扩建、改建等措施，对县镇义务教育学校进行改造。加强新建住宅区配套学校建设。对教育资源较好学校的大班额问题，积极探索通过建立学校联盟等方式合理分流学生。对于大班额现象严重的学校，要限制其招生人数。

四是推进农村学校教育信息化。为确需保留的村小和教学点配置数字教育资源接收和播放设备，配送优质数字教育资源。逐步提升农村学校信息化基础设施建设与教育信息化应用水平，加强教师信息技术应用能力培训，组织推进信息技术在教育教学中的深入应用，使农村地区的师生方便共享使用优质数字教育资源。稳步推进农村学校宽带网络、优质资源、网络学习空间建设。加快学籍管理等教育管理信息系统的部署应用，保证学生、教师、资产等基本信息全部入库。

2. 科学合理地配置教育资源。推进义务教育均衡发展，既要不断提高农村学校和城市薄弱学校的办学水平，又要保证进城接受义务教育的农村学生与城市学生享受同样的待遇，还要努力扩大城市优质学校的教育资源。因此，必须不断提高政府的保障水平，继续坚持教育资源配置向农村学校倾斜，注重发挥城镇教育资源特别是优质教育资源的辐射带动作用。要通过体制机制创新，开展义务教育阶段集团化办学等方式，扩大优质教育资源，缩小学校发展差距，提高薄弱学校办学水平。同时，注意传承和发扬集团内不同学校的办学特色和校园文化，而非简单地复制优质学校的办学理念和方式。

3. 不断提高义务教育管理水平。在学生、教师、财务等方面形成更加完善的管理制度，提升管理服务的科学化水平。各地、各校要建立健全学校办学章程和学校资产、财务管理、安全管理等各项管理制度，完善教职工代表大会制度和家长委员会制度，推动建立现代学校制度，促进学校规范化、精细化、科学化管理。要强化中小学生电子学籍信息管理系统的应用，动态跟踪学生流动，全面、及时掌握中小学生的准确情况，为控辍保学、经费监管、学生资助、学生营养改善计划实施和学生上下学交通安全管理等工作提供支撑。

（二）着力完善政策，加强义务教育教师队伍建设，提高教育质量

教育大计，教师为本。教师队伍建设是提高教育质量、促进教育事业科学发展的根本环节，要把加强教师队伍建设作为推动教育科学发展最重要的基础工作来抓，建设一支师德高尚、业务精湛、结构合理、充满活力的高素质专业化教师队伍。

1. 更加重视农村义务教育教师队伍建设。改善教师的初次配置，采取有效措施鼓励新招聘的优秀大学毕业生到农村任教，新增高级岗位指标优先安排农村学校，动员一批高素质人才应聘农村教师。要探索出台提高农村教师待遇的各种有效政策措施，通过建设农村艰苦边远地区教师周转宿舍，从 2013 年起设立村小和教学点教师岗位津贴等，提升农村教师职业吸引力。继续完善农村中小学教师补充和培养机制，着重加强农村紧缺教师和民族地区双语教师培训。

2. 更加重视义务教育教师队伍专业素质提升。贯彻落实教育部关于教师培训的意见，制定相应的培训规划，推动中小学教师全员培训工作，促进教师队伍整体素质和专业化水平不断提高。继续实施以农村教师培训为重点的“国培计划”，进一步加大对边疆、民族、贫困地区教师培训的支持力度，发挥国家级培训的示范引领作用和推进改革的主导作用。积极推进教师教育改革创新，构建职前培训和在职培训相衔接的现代教师教育体系，积极推进高师院校在服务、引领义务教育方面发挥作用。

3. 更加重视义务教育教师队伍体制创新。要落实以县为主的中小学教师管理体制，尽快实行城乡统一的中小学编制标准，对农村小学和教学点编制适当放宽，确保各学科教师的合理配置。要创新教师补充机制，扩大实施“特岗计划”，建立中央补助经费动态调整机制。建立县域内义务教育阶段学校教师、校长流动机制，逐步实行县级教育部门统一聘任校长，促进校长、教师在一定区域内合理交流，推动区域内教师资源的平衡。

（三）着力体现关怀，切实保障农民工子女受教育权益

随着城镇化进程的加快，面对人口流动性增加的趋势，如何切实保障进城务工人员随迁子女和农村留守儿童的受教育权益，让每个孩子都能成为有用之才，关系到教育公平的落实，也关系到义务教育均衡发展的顺利实现。

1. 关怀进城务工人员随迁子女。解决随迁子女问题，既面临城镇的容纳问题，又面临外来学生的融入问题。需要完善和深化“两为主”政策，做到“两个全覆盖”，确保进城务工人员随迁子女平

等享受义务教育的权利。① 也需要加强教育的针对性，使外来学生能够较快地融入新的学习和生活。各地要切实落实流入地政府职责，根据随迁子女数量和分布，规划好学校布局，提早做好相关部署，简化入学手续，接收符合条件的随迁子女入学。一旦入学，应切实保障他们与当地学生享受同等待遇，尽快适应城市的学习和生活，具备阳光心态。

2. 关怀农村留守儿童。解决留守儿童问题，既面临改善农村学校办学条件的问题，又面临关爱留守儿童身心安全健康等问题。为此，应扩大农村寄宿制学校规模，改善办学条件和住宿条件，优先满足双亲均不在家的留守儿童寄宿、用餐、交通需求，同时保障不能寄宿的农村留守儿童就近上学。把留守儿童工作纳入地方经济社会发展总体规划和社会管理创新体系之中，按照“纳入规划、政府主导、多种模式、明确分工、发挥优势、齐抓共管”的思路，建立和完善政府主导、社会广泛参与的关爱和服务体系，加强心理辅导和健康教育，解决好农村留守儿童的安全保障、身心健康、行为习惯培养等突出问题。

(四) 着力标本兼治，减轻学生过重课业负担

针对中小学生课业负担过重、“应试教育”倾向等问题，今后的工作中，既要明确方向、正确对待，又要遵循教育发展规律，通过加强研究、规范管理，逐步予以化解。要提高课堂教学效率，实施启发式教学，培养学生学习兴趣、态度和习惯。改革考核评价方式，建立中小学教育质量综合评价指标体系。推进中考高考改革，完善学生综合素质评价。开展阳光体育活动、综合实践活动和社会实践活动，让学生有更多的时间走出校园，接触自然，提升身体素质，增强创新精神和动手能力。

为体现尊重群众、尊重基层、尊重规律的精神，2013年教育部拟定了“小学生减负十条规定”稿并两次面向社会公开征求意见。各界人士广泛参与，积极建言献策，提出了许多宝贵的修改意见和工作建议。教育部在对这些意见建议充分研究论证的基础上，对减负十条规定进行了反复修改完善。

1. 阳光入学。各地要均衡配置义务教育资源，切实缩小校际差距，严格实行免试就近入学，招生不依据任何获奖证书和考级证明。实行信息公开，县区教育行政部门要利用公告、网站等多种方式向社会公开每所小学、初中的招生计划、范围、程序、时间和结果，积极推行网上报名招生。

2. 均衡编班。按照随机方式对学生和教师实行均衡编班。编班过程要邀请家长和相关人员参加，接受各方监督。禁止以各种名目分重点班和非重点班。

3. “零起点”教学。一年级新生入学后，要严格按照课程标准从“零起点”开展教学。不得拔高教学要求，不得加快教学进度。

4. 减少作业。一至三年级不留书面家庭作业，四至六年级要将每天书面家庭作业实行总量控制。要积极与家长互动，指导好学生的课外活动。

5. 每天锻炼1小时。开足、上好体育课。安排好大课间活动或课间操、眼保健操，确保学生体育锻炼时间。

6. 规范考试。一至三年级不举行任何形式的统一考试；从四年级开始，除语文、数学每学期可举行1次全校统一考试外，不得安排其他任何统考。每门课每学期测试不超过2次。考试内容不超出课程标准。考试与教育质量监测不公布学生成绩与排名。

7. 等级评价。实行“等级加评语”的评价方式，采取“优秀、良好、合格、不合格”等分级评价，多用鼓励性评语，激励学生成长。全面取消百分制，避免分分计较。

8. 一科一辅。每个学科可选择一种经省级有关部门评议公告的教辅材料，购买时遵循家长自愿原则。学校和教师不得再向学生推荐、推销其他教辅材料。

---

① “两为主”即以输入地政府为主、以公办学校为主解决异地进城务工人员随迁子女义务教育问题；“两个全覆盖”即将常住人口全部纳入区域教育发展规划，将随迁子女全部纳入财政保障范围。

9. 严禁违规补课。学校和教师要努力提高课堂教学质量，不得在节假日和双休日组织学生集体补课或上新课，不得组织或参与举办以升学为目的的培训班及校外文化课补习。

10. 严加督察。各级教育督导部门要落实督学责任区制度，对减负工作定期进行专项督导，每学期公布督导结果。各级教育行政部门要对减负工作开展经常性检查，并受理群众举报，严格责任追究。

这次对小学生减负做出规定，只是基础教育改革的一个步骤。近年来，教育部按照找准症结、对症下药，标本兼治、综合施策，明确责任、落到实处的思路采取了一些举措，如修订义务教育课程标准和教材、启动县域义务教育均衡发展督导评估认定、实施教师“国培计划”、推进中小学教育质量综合评价改革等。近期，还将出台小学升初中办法、中考改革意见、学生学业水平考试改革意见、高考改革方案等。同时将进一步加大课程改革力度，加强教学研究，深化教学改革。

（五）着力攻坚克难，推动缓解城市择校问题

严格执行《义务教育法》规定，按照《教育规划纲要》和《国务院关于深入推进义务教育均衡发展的意见》要求，在加快均衡发展义务教育的同时，综合施策、突出重点、着重规范，进一步明确小升初划片入学模式、对口升学流程、入学办理方式、信息公开办法，落实各级政府和教育部门职责，强化工作监管和社会监督，全力推进权利公平、机会公平、规则公平，全面提高小升初工作水平。2013年，教育部出台文件，指导直辖市、副省级省会城市、计划单列市加快形成更为明晰科学的小升初秩序，整体提高管理水平，全面促进教育公平。力争到2017年秋季，重点大城市各县（市、区）实行划片就近入学政策；各义务教育学校实现划片入学；每一所初中90%以上的生源由划片就近入学方式确定。组织考试及与入学挂钩行为得到根治，与择校有关的乱收费得到根治。为此，必须做好以下几方面工作。

1. 合理划定入学范围。县区教育行政部门要根据适龄学生和学校分布、学校规模、公共交通状况等因素，按照就近入学原则为每一所初中学校合理划定招生范围（单校划片）。对于城市老城区等难以实行单校划片的，可为多所初中划定同一招生范围（多校划片），多校划片的各片区办学水平要大致均衡。片区划定后要相对稳定，调整时要审慎论证。划片后要在当地主要媒体和网络进行不少于10个工作日的公示。期满后，由县级教育行政部门邀请相关部门和家长代表参与，研究社会反馈意见，调整和最终确定、公布片区范围。

2. 有序确定入学对象。单校划片学校采用对口直升方式招生，即一所初中对口片区内所有小学毕业生入学。多校划片学校，由县区教育行政部门统一组织小学毕业生登记信息，征求入学志愿。报名人数少于招生人数的初中，学生直接入学。报名人数超过招生人数的初中，以随机派位的方式确定学生。报名人数少于招生人数的初中应首先招足志愿生后再招收参加派位但没有能够进入派位学校的学生。随机派位工作由县级教育行政部门统一组织，邀请有关部门和代表参与。初中学校不得以办学改革或实验为名以任何形式跨片区选拔或变相选拔生源。户籍在本学区的非本学区小学毕业的学生申请升入学区内初中的，由县区教育行政部门统一受理、审核，符合规定条件的，按照相对就近原则安排就学。

3. 规范办理入学手续。县域内初中新生入学手续办理工作要在同一时段进行。学生及父母或其他法定监护人持户籍、身份、居住、务工等必要证明，到拟升入的初中或县级教育行政部门指定的地点办理入学手续。县区教育行政部门应及时汇总入学手续办理信息，优先确保户籍和实际居住地一致的学生就近入学。对实际办理入学手续人数超出或不满计划数的学校，及时就近调整。

4. 全面实行阳光招生。小升初开始前，县区教育行政部门要通过多种形式主动向社会公开相关信息。主要内容是，本行政区域内小升初政策，初中学校划片范围、招生计划（班级和人数）、录取办法，经省级教育行政部门批准的特长生招生信

息，各类学校的办学条件、师资力量等基本情况。小升初期间，县级教育行政部门要主动公布工作咨询、监督举报电话，信访接待部门地址，应公示的名单、招生结果等相关信息。学校也要主动公开招生结果等重要信息。

5. 制订落实配套措施。将不低于50%的优质高中招生指标合理分配到区域内初中，并完善指标分配和录取办法，充分发挥对小升初的引导作用。义务教育阶段的择校生不应享受到校指标。县区教育行政部门确定特长生招生具体办法，并报省级教育行政部门备案。逐步减少特长生招生学校和招生比例，到2016年省级教育行政部门批准招收特长生的学校所招收的特长生比例应降到5%以内，至2019年全部取消。省级教育行政部门制订外来务工人员随迁子女初中入学的具体办法，由县级教育行政部门具体实施。

（六）着力强化督导，督促各地把义务教育重要工作落到实处

1. 全面贯彻《教育督导条例》（以下简称《条例》）。2012年10月1日《条例》正式实施。该《条例》健全了督政、督学、监测体系，完善对地方各级人民政府履行教育职责的监督、评价制度，推动地方各级政府落实教育优先发展战略，发展和管理教育的责任。《条例》加强了督导机构和督学队伍建设，提升了教育督导工作的科学化水平。《条例》完善了教育督导法规和规章制度，规范教育督导工作。同时进一步完善教育督导问责机制，提高教育督导工作效果。

2. 督促落实义务教育均衡发展备忘录。建立推动有力、检查到位、考核严格、奖惩分明、公开问责的机制，是确保义务教育均衡发展各项举措落到实处、取得实效的重要保障。各地教育、发展改革、财政部门应建立协商合作机制，共同研究保障政策措施，实施重大项目。各省（自治区、直辖市）教育督导机构应根据本级政府与教育部签署的推进县域义务教育均衡发展备忘录的承诺，依据国家教育督导委员会关于县域义务教育均衡发展督导评估办法，制定本省域内的县域义务教育均衡发展评估验收标准和办法，切实做好义务教育基本均衡发展的验收。

改革永无止境，发展永无止境。伴随着时代的发展，义务教育领域仍会不断出现新情况、新机遇、新挑战。面向未来，我们必须以更大的勇气和智慧，抢抓机遇，乘势而上，大胆探索，开拓进取，不断开创义务教育改革发展的新局面。

公平取向下义务教育发展的评价指标探究*

□ 杨小微（华东师范大学教授）

自 2010 年《教育规划纲要》颁布实施以来，公平与质量作为教育改革要追求的核心价值目标，已渐渐成为共识。《教育规划纲要》不仅规定了教育投入和教育机会方面的指标，还提出了公平指标和质量指标，然而，《教育规划纲要》作为宏观的指导性文件，统计口径不免过宽，也主要是事业性指标，未涉及教育产出方面的能力指标。因而，就义务教育阶段而言，教育质量到达何种程度才是合乎人们心目中尺度的，不同地区不同学校之间教育质量的差异（或均衡度）小到何种程度才是人们可以接受的等等方面，均未提供清晰的描述。当我们致力于以均衡发展促进教育公平和社会公正时，首先需要明确：义务教育阶段是否均衡需要哪些尺度来衡量，什么样的教育投入与教育产出之比才是合理的效率指标，不同地区以及推进义务教育均衡发展的过程中需要怎样的递进性目标来指引和评判……凡此种种，都存有很大的讨论空间，本文不避粗疏，试图对此作些探讨。

一、均衡尺度：总量与差异相互参照

以往我们衡量教育事业成效，无论是宏观上的事业发展概貌，还是学校办学绩效，都习惯于用平均数、百分率一类参数，这固然可以获得关于对象总体一般情况的大致认识，然而，当总体内部存在差异，且有时这差异还十分突出的情形下，平均数、百分率这类指标往往会掩盖客观存在的差异。因此，在定量指标部分，需要采取总体参数和差异参数两个方面的指标，以便相互参照。在公平理念支配下追求义务教育均衡发展，更有必要寻求那些既反映系统总体概况，又可揭示系统内部离散状况的指标，以利于做出正确的评价。

（一）关涉总量和差异度的指标体系设立情况

1. 关于总量的尺度

一个国家或一个地区义务教育发展的总体状况与水平，可以透过哪些指标来获得对其总量的认识？迄今为止国内外已有哪些研究成果值得借用？一些国际性组织都提出了衡量教育总体状况的指标，其中包含义务教育方面的情况，可以作为考察的基础。

经济合作与发展组织（简称 OECD）自 20 世纪 70 年代以来，开始研究制定教育指标体系，通过收集各成员国的资料与数据来揭示各成员国教育体系的运作情况与绩效。经过多年的研究总结，该指标体系已逐渐成熟，成为一项具有国际代表性的教育指标体系。OECD 的教育指标，经过了对 1997 年和 2000 年两个版本的改进之后，从 2003 年至今，OECD 的教育指标新版本由 4 个一级指标构成：（1）教育机构的产出以及学习的影响；（2）教育的财政与人力投入；（3）教育机会、参与和进步；（4）学习环境和学校组织。第一个一级指标包含 11 个二级指标，主要反映的是教育产出的总量，

* 原载《华中师范大学学报（人文社会科学版）》2013 年第 4 期。

例如成人整体教育水平、高中及高等教育毕业人数、学生阅读能力、个人教育收益分析、国家教育投入回报、毕业生新入职薪资水平等，体现了一个国家或地区的整体教育水平。这一指标与教育投入指标相参照，可以得出教育系统运行效率高低的判断。“教育机会、参与和进步”指标，体现了教育起点和结果的公平要求，“学习环境和学校组织”，则能折射出教育过程中对学生的公平公正对待程度。

联合国教科文组织把指标体系分为教育供给、教育需求、入学和参与、教育内部效率、教育产出5个部分21项指标。世界银行在《世界发展报告》中用以衡量教育发展的指标体系，则由教育投入、受教育机会、教育效率、教育成果、性别与教育5个方面构成。世界银行从一级指标层面考察教育效率和性别差异，而联合国教科文组织从一级指标考察教育效率、从二级指标考察性别差异，这是两个指标体系的突出特色。

2. 综合考虑产出和差异的均衡评价

尽管前述三套教育指标体系侧重于教育总量的描述，人们透过对反映总量的各指标数据的具体分析也能够发现差异，但在导向上不够明确。国内有学者设计了一个基础教育均衡度测度指标体系，涵盖教育机会、教育资源配置、教育质量和教育成就四个层次①，每个层次的指标又交叉组合用于检测区域、城乡、学校和群体之间的均衡度。指数之间可以分类别处理，同时也可以使用公式进行加权，以测量整体的教育差异系数。该研究者于2012年发表了相关研究报告，根据研究所得数据情况，在评价指标取舍上较之2006年略有变动，其指标体系设置如下（见表1）。

表1　翟博基础教育均衡发展指标体系两次计算所选指标比较②

		2006计算	2012年计算	两次异同
体系一	教育机会均衡指数	小学入学率的差异系数、男女入学率性别差异	小学入学率的差异系数、男女入学率性别差异	相同
	教育资源配置指数	地区间公用经费差异系数、地区间生均教育经费差异系数、生均经费城乡差异、预算内生均经费城乡差异、危房比例、教学仪器达标率、教师合格率	地区间公用经费差异系数、地区间生均教育经费差异系数、危房比例、教学仪器达标率、教师获得最后学历合格率	不同
	教育质量均衡指数	毕业生升学率、巩固率、辍学率	毕业生升学率、巩固率	不同
	教育成就均衡指数	教育普及程度、受教育年限的教育基尼系数	教育普及程度、受教育年限的教育基尼系数	相同
体系二	区域教育均衡指数	小学入学率差异系数、地区间公用经费差异系数、地区间生均教育经费差异系数、地区间生均校舍差异系数	小学入学率差异系数、地区间公用经费差异系数、地区间生均教育经费差异系数	不同
	城乡教育均衡指数	生均经费城乡差异、预算内生均经费城乡差异	预算内经费城乡差异、生均经费城乡差异、预算内生均经费城乡差异	不同
	学校教育均衡指数	危房比例、教学仪器达标率、教师获得最后学历合格率、教师合格以上学历率	危房比例、教学仪器达标率、教师获得最后学历合格率	不同
	群体教育均衡指数	教育普及程度、受教育年限的教育基尼系数、毕业生升学率、巩固率、辍学率、男女入学率性别差异	教育普及程度、受教育年限的教育基尼系数、毕业生升学率、巩固率、男女入学率性别差异	不同

上述“体系一”是按照功能来组织指标，分别衡量教育机会、资源配置、质量和成就；“体系二”是按评价对象配置指标，分别考察区域、城乡、学校和群体的均衡状态。两个体系选取的指标基本相同，但搭配组合不同。该体系名为“基础教育均衡发展”，显然包括高中阶段教育，但又未从指标体系中区分义务教育和高中两个不同阶段，因而难以清晰地获取关于义务教育均衡发展的信息。均衡发展问题的探讨一般聚焦于义务教育阶段，而基础教育所包含的高中，目前在我国还不属于义务教育，该如何看待其均衡发展特性，还有待时日。

3. 聚焦于教育差异的指标体系

有研究者截取了生均经费、受教育年限、入学率三个指标，对不同教育和人口进行分别统计，分类出总体教育水平差异指数、义务教育均衡指数、高中教育公平指数以及高等教育公平指数（见表2）。不同指数的表述可采用绝对差或者基尼系数的方式测算；指数分类处理，不进行加权。③

表2　教育发展的差异、均衡与公平指数

总体教育水平差异指数 Q_z	人均受教育年限差异	平均受教育年限的城乡差异
		平均受教育年限的地区差异
		平均受教育年限的性别差异
义务教育均衡指数 Q_c	义务教育阶段质量	小学生均经费城乡差异
		小学生均经费地区差异
		初中生均经费城乡差异
		初中生均经费地区差异
高中教育公平指数 Q_h	高中教育入学机会	高中入学率城乡差异
		高中入学率地区差异
	高中教育阶段质量	高中生均经费地区差异
高等教育公平指数 Q_u	高等教育入学机会	高等教育入学率城乡差异
		高等教育入学率地区差异
		高等教育入学率性别差异

这个指标体系的优点是简洁，义务教育、高中教育、高等教育区分清晰，缺陷是简单，遗漏了校际差异等指数。

（二）对指标设立及其运用的几点思考

1. 总量指标应与社会进步、学习型社会建设相适应

2000年联合国组织了瑞士洛桑国际管理发展学院IMF、OECD、世界银行等权威机构共同研究，并在9月的联合国千年首脑会议上提出了“千年发展目标”计划，就消除贫穷、饥饿、疾病、文盲、环境恶化和歧视妇女等制定了一套有时限但也能够测量的目标和指标体系，统称为千年发展目标，以包括8大目标18个具体指标的48个监测指标作为衡量21世纪2015年前世界发展的基本指标体系。其中涉及教育的指标与社会发展其他指标密切相连、相互印证，构成社会发展的基本概貌，迅速成为联合国和其他国际机构及世界各国评价和比较社会发展的基本标准。我国强调义务教育的均衡发展，其宗旨是通过推进教育公平来促进社会公正，这正好体现了教育的社会功能与职责，所以，确立义务教育发展的总量指标，需要将其置于社会发展的大背景之下。

如果说“千年发展计划”重点是通过关注底线和弱势人群来体现对社会公正的促进，那么另一项正在研制中的评价指标体系则指向最发达的城市、关注学习型城市的建设，具有前瞻性和引领作用。联合国教科文组织在酝酿建立全球学习型城市网，提出了一套监测和评估全球学习型城市的关键指标。该指标的基本框架由3个一级指标构成，即：学习型城市建设滋增的裨益（学习型城市建设对社会、经济和环境等可能产生的影响与作用），学习型城市建设的主要支柱，学习型城市建设的基本条件。根据每个一级指标的数量及地位，可以分别称之为：“三角顶层”、“六大支柱”、“三个基石”。“三个顶层”（即滋增的裨益）所涵盖的3个二级指标是：（1）个体增权与社会凝聚；（2）文化与经济的繁荣；（3）可持续性发展。“六大支柱”指的是学习型城市最为主要的构成元件，包括：（1）从基

础教育到高等教育的各种学习；(2) 充满生机的社区学习；(3) 有效的工作场所学习；(4) 现代学习技术的广泛应用；(5) 在学习中提高品质与追求卓越；(6) 充满活力的终身学习文化。“三个基石”(即基本条件) 则指：(1) 战略目光，政治意向和政策承诺；(2) 利益相关者的有效管理与参与；(3) 资源及潜能的调动与利用。④

显然，在全民学习、终身学习的社会中，作为教育基础的就是这六大支柱，其中的第一个二级指标，指的就是学校教育系统，第二、三项二级指标，涵括了社会化学习，后三项二级指标，分别指向学习的技术、品质和文化，适用于学校内和社会上所有的学习。这六个指标的设立，不仅对形成中国自己的学习型社会教育基础的总量评价体系具有启发意义，而且对建立我国教育均衡发展质量评价体系，也具有重要的参考价值。

回首历史，教育的发展是学校这一专门的教育系统从社会性学习领域中分离和独立出来并自成一体的历史；瞻望未来，教育又将出现学校教育参与社会学习、渐渐模糊学习、工作与生活的界线、最终与社会学习融为一体的发展趋势。鉴于我们正处于这样一个中间“地带”，从便利计可以将社会发展的教育基础划分为“学校教育系统”和“社会学习领域”两大块面，而关键指标的确定，主要出自这两大板块，以衡量其状态与水平。“学校教育系统”中主要考虑义务教育的普及率、质量和水平，“社会学习领域”则可包括国民阅读的“量”与“率”，社会教育机构和学习资源，还有成人公民的职业满意度与生存幸福感，这一指标似乎超出了教育评价的范围，将其列入是试图表达对教育成就的最高追求。

2. 差异指标需要引起特别关注

要消除我国实际存在的区域（东中西部）之间、城乡之间、学校之间以及个体之间实际存在的教育差异，必须弄清楚这些差异形成的历史、原因以及重点和难点。只有这样才有可能找到解决的路径，也才有可能确立合理而可达到的均衡标准。

众多数据反映出我国现阶段义务教育在区域、城乡和性别之间存在不可小视的差异，这里略举几例。一是根据第六次人口普查（2010）数据，各省6岁以上人口受教育年限中，最大值是北京，人均11.46年，最小值为西藏，人均5.26年，除河北、山东、河南等传统人口大省外，中东部的受教育程度明显优于西部地区。二是2009年省际初中等教育生均经费情况，全国整体水平为5 612元，极大值为北京32 825元，极小值河南仅为3 004元，前后相差十倍。三是从第六次人口普查（2010）来看，在文盲率（识字率）一项数据，城市文盲率仅为1.9%，而乡村文盲率则为7.26%，两者相差接近四倍；较之第五次人口普查，第六次人口普查结果显示城乡之间文盲人口绝对差异有所减少，但城乡之间的相对差距反而有所扩大。从文盲率数据可以看出，中国男女之间存在明显差距。1980年男性文盲人口比例约为22.2%，女性文盲人口比例则高达52.36%，1980年之后，伴随着整体人口文盲率的下降，文盲率的性别绝对差异也在不断减小，至2010年，两者的差异缩减至4.8%，但两者之间的倍数差异不变。

东中西部之间的教育差异，在很大程度上与经济发展状况相关，而经济发展的不平衡，一方面是因历史原因而形成，另一方面也与现实的政策相关。例如，有论者分析，“东部崛起”是“中部塌陷”的原因，改革开放之初东部沿海地区率先发展的优惠政策，导致了人员和资本向东部地区集聚，当意识到“中部塌陷”问题并出台向中部倾斜的相关政策时，整个经济格局已相对定型，“中部崛起”则相对困难。既然教育差异与所在区域经济发展状态相关，那么其问题的解决就需要与当地经济文化的均衡发展同步推进。

城乡差异来源于城乡二元体制。首先，这种二元结构造成城乡之间经济发展的差异，从20世纪50年代起，中国便通过二元化的经济体制集中力量进行工业化建设，这种二元化的体制造成国家将相对有限的资金集中投入到城市建设，造成城乡之间经济发展差距；改革开放之后，对东部沿海地区优先进行资源配置、政策倾斜，市场化这一路径同样是沿着城市展开，从而进一步拉大了城乡差距；其次，二元化体制还通过设置户籍壁垒、限制居民自由流动等方式，使得农村人口很难通过除教育以外的途径实现流动；第三，在公共服务领域，我们同样采取城市中心的策略，教育领域中的城乡公共经费差异更加加剧了这种差异。此外中国城乡之间存在文化差异，教育主流意识形态以城市为中心，中国农村居民占有较少的文化资本，城市通过教育巩固了教育差异，完成了文化再生产。⑤鉴于这样的原因，解决城乡教育差异与改变城乡二元体制息息相关，既要有积极的变革态度，又需要等待的耐心。

校际差异自改革开放以来愈加突出，引起社会诟病，尤其是重点校（无论有无“重点”名义）引发了经久不息的社会争议，重点校的存在导致了“优者愈优、弱者更弱”的“马太效应”，这客观上又加剧了“择校”倾向。尽管近些年来各地纷纷推出优质学校带动和辐射弱势学校实现共同发展的种种措施，但这一问题的日久年深以及应试教育的屡禁不止，使得这一问题似乎“积重难返”。由于校际差异主要来自人为的因素，加之义务教育阶段的教育属于公共服务，因而解决校际差异问题需要加大力度，也更加迫在眉睫。

受上述差异以及个体所在环境与文化差异的影响，也因长期形成的教育“惯习”使然，个体在教育过程中所受对待的差异也十分严重。个体差异中，因性别、成绩、家庭背景等方面不同而出现的教育差异比较突出，从便于评价和导向的角度考虑，目前可以重点关注对性别差异问题的考察。

考虑到评价指标的功能不仅仅在于检测出结果加以比对，更在于作为一种价值导向调控教育过程并改变教育观念和教育行动，所以，在义务教育产出的总量指标之外，另行确立义务教育均衡发展的差异指标，是十分必要的。这里尝试提出一组用以考察义务教育差异的指标，涉及对区域（省级层面）差异、城乡差异、校际差异和学生性别差异的若干检测指标，具体如下（见表3）。

表3 义务教育发展差异指标的构想

区域差异	区域人口文化及教育程度差异；区域教育经费差异； 区域学校条件差异；区域师资差异；区域高等教育入学率差异
城乡差异	城乡人口教育程度差异；城乡生均经费差异； 城乡学校条件及师资差异；城乡高等教育入学率差异
性别差异	性别间人口教育程度差异；性别间教育成就差异

此处未将“学校差异”单独立项，主要考虑到它们同时也是反映区域差异和城乡差异的指标。差异指标不能简单地说“越小越好”，因为从多元优质的观点来看，应在确保底线提高的前提下承认相对差异度，换言之，将层次差异（即水平高低差异）控制在一定范围内，而对类型差异（即区域、学校和学生的多样化优质发展）采取承认并鼓励的态度。

3. 总量指标与差异度指标比较分析的几种角度

将总量指标与差异指标进行比照的过程中，一般会出现如下四种情况：（1）总量高差异度低；（2）总量高差异度高；（3）总量低差异度低；（4）总量低差异度高。总量高差异度低，是最为理想的状态，是教育均衡发展的制高点。总量高差异度高，是以均衡为代价换来的高成就。总量低差异度低，是一种原生态的“均衡”状态，有其合理的一面，但提升其总量是要务。总量低差异度高，则是只顾少数、牺牲多数的最不公平状态，也是最值得警惕的状况。

这里有两个问题提出来稍加讨论。一是由于我国现阶段实行的是九年义务教育，未将高中涵盖进去，因而上述指标中凡涉及高中的指标就很难直接运用。另一个问题是如何避免“眼高手低”，人民群众对教育年限和质量水平的要求是越来越高，然而产出教育成就的能力在许多地区，尤其是西部地区，实在较低。例如，我们一方面十分敬佩云南地区广大教师坚守在基础教育第一线，尤其是在一些极少有教师愿意去从教的偏远地区，但是另一方面，这些地区的学校教育质量又实在是难以短时间内提升到一个合乎质量标准的水平。因而，必须引起对教育“产能”指标及其导向作用的高度关注。

二、效率指标：以“投入—产出”之比率衡量实效

本文前一部分重点探讨的是均衡视域下的质量与成就标准，这里则意在厘清公平前提下义务教育发展的效率观及效率指标。

1. 效率与公平关系再理解

改革开放之初，“效率优先、兼顾公平”是整个社会改革与发展的主导理念，教育领域也不能例外，对效率的诉求不绝于耳，缩短学制、提前教完课程……人们都在为“快出人才、多出人才”探索路径。然而，人们渐渐发现，速度、数量和规模不再像以前那么重要，反而是对外延式发展指标的简单追求，导致了地区之间、城乡之间、学校之间、人群/个体之间差异的拉大，不公平、不均衡现象日益凸显。随着《教育规划纲要》的颁布与实施，效率与公平的重要性位置，不仅在人们心目中，而且也在发展的导向中置换过来。

当公平导向的发展观渐成共识的时候，我们该如何看待效率？是不是也要像过去为效率而牺牲公平那样，为公平而牺牲效率？答案显然是否定的。效率在今大，即使不是首当其冲意义上的重要，至少也是不能等闲视之的。我们更应该着重于理解：什么样的“效”，在当前以及今后，才是值得去追求的？

2. 理解教育投入与产出关系的特殊性

众所周知，效率从经济学意义上讲，是由投入与产出之间的比率来衡量的。然而，教育事业不同于经济活动，不仅“效”需要有出于教育学立场的理解，“投入”和“产出”也都具有自身的特殊含义。

“效”，是一种产出，这首先体现在效果上，学业成绩、升学率、重点率、获奖率是效果，学生的真实成长与和谐发展也是效果。如果一所学校单纯为了提高升学率而忽视学生身心的真实成长，如采取机械训练、强制灌输、时间加汗水等方式，以牺牲学生健康为代价提高成绩，那就是典型的只要效果不顾效益。强调效益的观点，总是倾向于考虑如何以正当合理的方式去满足社会和个人正当的教育需求。从社会需求看，少数民族子女、留守儿童、进城务工人员子女、残障儿童等入学与就读状况；从个人需求看，个体正当需求的满足、个人在教育过程中的公正对待以及个体潜能的尽可能发挥等，都是确立效果/成效指标时必须充分考虑的效益因素。

教育产出的特殊性还在于：不少教育投入的结果并不是立刻显现的，例如能力的培养、品格的陶冶、个性的养成等，都非一日之功，且效果也往往滞后表现出来。再如，教育赋予人的往往是种种特质，处于准备或等待状态，需要适合的机遇才得以激活与发挥，所以有的时候，教育的确养成了人的某些特质，但若机缘不巧或遭遇不测，这些特质可能就无法转化（或不能充分转化）为实际的效益。

“投入”于教育而言，既有显性的投入，如师资、经费、设备、时间等，也有隐性的投入，如学习者自身的努力程度、家庭对孩子成长付出的心血。还有一些可以看得见甚至也能计算出来的投入，如花在课外补习或提高上的辅导活动。然而，依照传统的观点看，这些家庭性的教育投入却基本不被视为投入，或不被计算进教育成本之中。

显而易见，由于教育投入存在隐性部分、教育产出具有某些滞后性和不可预测性，所以对教育效率的计算难以达到充分和切实的程度。

3. 效率的二维分析

计算教育的效率，可以从学校（育人机构）效率和总体效率两个维度进行。前者指育人机构的投入产出比率，总体效率则指全社会范围教育的总投入与总产出之比。

（1）学校系统效率的计算与分析

表4中的"教育内部效率"和"教育效率"，实际上指的是育人机构的效率，仅用这两组指标来评估学校效率尚不够充分，尤其缺少反映质的量度指标，需要引入学校办学绩效的概念。绩效（performance），含有成绩和效益的意思，是"绩"与"效"的合称。绩效具体是指一个组织或个人在一定时期内的投入产出情况，投入即人力、物力、时间等物质资源的投放，产出是工作任务在数量、质量及效率方面的完成情况。然而，这一定义主要来自军事、经济组织或其他领域行政部门对绩效的理解。在学校管理与教育行政领域，对绩效的理解必须与对教育的理解相一致，尤其要符合教育组织的使命、本质、取向和特征。

表4　部分国际组织的教育效率指标

联合国教科文组织指标	世界银行指标
D教育内部效率	C教育效率
D1 留级生所占的百分比、留级率	C1 读到五年级的人占同龄级人口百分比
D2 不同年级的保留率、效率系数（每年教育经费培养的学生数）	C2 中小学生复读率
D3 每位毕业生的年均投入	C3 失学儿童人数

（2）总体效率的计算与分析

总体效率的计算和分析是一件既复杂又困难的事。尽管所有的教育投入和教育产出中的"国民受教育程度"都可以统计的方式获得反映量的数据，教育的经济产出和社会产出却都是难以准确计量的。如果要进行不同地区、不同国家之间的效率比较，情形将更加复杂。同一国家内的不同地区比较尚容易进行，因为有统一的货币单位和大体相当的购买力。但是，在进行不同国家之间的教育效率比较时，不同货币尚可换算，购买力可就相当复杂了。可见，对教育总体效率的分析存有巨大的探讨空间。

表5　关于教育总体效率指标的设想

指标	具体指标
教育产出	国民受教育程度（a文盲率；b人均受教育年限；c高等教育人口比重和入学率）
	教育的经济产出（a劳动力教育程度和收入；b国民受教育程度和整体收入）
	教育的社会产出（a教育程度和健康评价；b国民阅读调查数据）
教育投入	生均经费指标
	教育经费占国民财富比重
	教育经费公私分担比重
	政府教育投入状况

4. 投入产出关系的多种可能

通过义务教育阶段投入与产出数据的比对，不外乎如下四种典型的结果：一是"低投入、低产出"，这是一种停滞不前的状态，"文革"时期的教育基本如此，改革开放以来，随着国家和全社会对教育的日益重视，此种状况即使还存在，也是十分稀少的。二是"高投入、高产出"，在全社会倡导"效率优先、兼顾公平"的时期，在尚未摸索到提高教育效率的有效路径的时候，这是典型的状况。三是"适度投入、高产出"，这是一种值得鼓励的状态，它预示着教育改革找到了一种低投入高质量的可持续发展路径。最后一种是"过度投入、低产出"，这也是应当努力避免的现象，那些好大喜功的政绩工程往往会导致如此后果。

三、递进目标：阶段目标与终极达成相得益彰

由于历史的"欠账"和现实的差异，东中西部在推进均衡上不仅路径多样而且水平参差不齐，中西部地区刚刚基本解决了机会公平和资源配置均等问题，东部经济较为发达地区，如江苏、浙江和上海等地，则开始向优质均衡进军，甚至有的地方开始考虑如何满足人民群众不同类型的多样化的优质教育需求。这促使我们思考，如何认识阶段性目标与终极目的达成之间的关系，以及不同起点的地区

如何循序渐进地确立自己的义务教育均衡发展目标。

1. 直面梯度差异格局，确立不同起点的递进目标

一个国家或一类地区，首先要致力于教育机会均等（如毛入学率的达标）和教育资源配置均等（包括硬件设施配置和人力资源配置），在上述目标基本实现之后，就应当从外延发展转向内涵发展，从资源均衡转向质量均衡。⑥还有论者强调指出："政府可以运用财政投入解决学校硬件建设和布局上的不平衡，但解决不了学校历史文化发展过程中所形成的文化不均衡。学校均衡发展的最终动力只能是来自学校的内部力量，从学校内部生成优质的学校文化，形成学校自身的特色，在特色发展的基础上实现有差异的优质均衡发展。"⑦然而，持不同见解的论者认为：即便是就硬件条件而言，即便是在东部经济发达地区，总体上看，教育资源配置并没有达到高位均衡。教育资源也不能狭义地理解为物质资源，教师质量也是重要的资源配置，因此，优质均衡的核心任务仍是要合理配置资源，而非意味着"资源均衡"向"质量均衡"的转变。当下各地政府主要采取的是"弱势倾斜"⑧的方式，其最多只能实现教育资源配置的基本均衡，要想进一步实现教育资源配置的优质均衡，为义务教育优质均衡发展打下坚实基础，我们需要确立"弱势补偿"的教育资源配置取向。⑨

从资源配置型的均衡发展走向优质均衡发展，这一变化既是教育自身发展的走向，也是受教育人群的教育需求持续提升所致。相应地，教育均衡发展的层次水平也依次进入以"质量上乘"为导向的"高级均衡"和以"成就多态"为取向的"高水平均衡"。这两个以"多样"和"优质"为突出特征的均衡发展层次，可以统称为"高位均衡"，"高位均衡"是对人民群众逐步提升的"高端需求"的正面回应。⑩

作为中部省份的安徽省，为适应义务教育的公共性、普及性和基础性要求，将推进县域义务教育均衡发展作为完善公共服务体系的重中之重，坚持"政府主导、省市统筹、以县为主、区域推进"的原则，实施体制改革和制度创新，努力缩小城乡、区域和学校间义务教育发展水平差异，按照义务教育初步均衡、基本均衡和优质均衡的三个层次，以县、区为单位逐步推进。在这里，"初步均衡、基本均衡和优质均衡"就是一个宏观上的递进指标。江苏省提出，到 2012 年底，全省各县（市、区）实现县域义务教育基本均衡，2015 年底，76 个县（市、区）实现县域义务教育优质均衡，2020 年前，全省所有县（市、区）实现县域义务教育优质均衡。这则是在达标数量比例上区分均衡推进目标的递进性。

如果进一步放大视野，还可以预设未来发展不同时期的核心指标，似可用"近景目标"、"中景目标"和"远景目标"来命名。近景，可采用义务教育普及率及质量水平的指标；中景，则是国民人均受教育年限及普通高中与职业中学、专业学校的合适比率；远景考核指标可以用"国民阅读量"、"社会学习资源利用率"以及闲暇时间利用情况等指标，来反映社会成员自主学习的积极愿望和社会提供有效学习资源的丰富与便利程度。

2. 构建质量范型及相关测度指标体系

有研究者指出义务教育不同发展阶段有相应的不同质量范型，相对于重点发展阶段有"精英质量范型"、在均衡发展阶段有"标准质量范型"、在优质发展阶段则有"多元质量范型"，并从教育输入、过程及结果三个层面构建了义务教育现代化的质量范型⑪。也有研究者在已有研究基础上，探讨了量化测度基础教育优质均衡发展的思路，构建了省域基础教育优质均衡发展的指标体系，并论证了相关指标的计算方法。该研究者在所设计的指标体系中，设置了三类指标：一是正向指标，诸如入学率、达标率这样的总量性、达标性指标等，正向指标的指标值越高，表明基础教育优质均衡发展的程度越高；二是逆向指标，诸如校际差异等，逆向指标的指标值越高，表明基础教育优质均衡发展的程度越低；三是适度指标，基础教育经费比例与均衡比例的差距即是此类指标，此类指标有一个合理的

取值或取值区间，过高或过低都表示教育经费的配置失衡。⑫

3. 递进性目标确立的内在理据探讨

义务教育均衡发展的目标递进，既是基于东部、中部、西部原有发展基础的递进，也是依据教育发展进步规律的递进。教育公平一般被概括为三个层次：（1）确保人人都享有平等的受教育的权利和义务；（2）提供相对平等的受教育的机会和条件；（3）教育成功机会和教育效果的相对均等，即每个学生接受同等水平的教育后能达到一个最基本的标准，包括学生的学业成绩上的实质性公平及教育质量公平、目标层面上的平等。其中，“确保人人都有受教育的机会”是前提和基础，“提供相对平等的受教育机会和条件”是进一步的要求，也是“教育成功机会”和“教育效果相对均等”的前提。而通常，这三个层次被概括为：起点公平、过程公平和结果公平。

教育公平反映了教育这一事业的本质特征，这种本质特征首先体现在人们接受教育的机会均等和起点公平，即宪法意义上的“权利平等”，并且通过法律形式予以保障。尽管从客观上说，我们不可能排除社会个体之间存在的先天差异，但是后天的起点不公平则主要源于政府和社会的教育价值取向与教育政策选择。当前出现“上学难”、“上学贵”问题的重要原因之一，就在于公共教育资源分配和享有的不平等，而这一问题在义务教育阶段表现得尤为突出。

起点公平，是义务教育首先要保障的权利，在基本解决这一问题之后，接踵而来的，也是更为困难的是义务教育如何保障受教育者接受教育的过程公平，从底线式保障“起点公平”转向接受教育的过程公平，反映了我国义务教育均衡发展的内在理据。从微观层面理解过程公平，需要高度关注教育过程中的平等对待。2008 年教育部和联合国儿童基金会发布的《中国爱生学校标准》中，第一个维度的要求就是“全纳和平等”，这是体现爱生学校精神的核心标准。“全纳”是指学校积极动员并帮助每个适龄儿童，特别是处境不利儿童入学并从学校教育中受益，“平等”是指关注男女儿童平等的入学机会和发展，营造无歧视的、尊重学生多样性和差异的学校环境。平等地爱每一个孩子，是件说易行难的事情，现实中恰恰是爱优秀学生易，爱后进生难。上海市新近试行的“绿色指标”评价（全称是“上海市中小学生学业质量绿色指标”评价），不仅高度关注教育过程中学生的学习动力和学业负担，还将“是否尊重学生、公正对待学生、信任学生”作为“师生关系指数”来加以衡量。

结果公平是教育公平的终极目标，它并不意味着每个来自不同背景的学生在学业成绩上是完全平等的，而是将教育无法控制的因素排除了之后，只考虑教育系统自身的变量对学习成绩所造成的影响是平等的。⑬将结果公平视为绝对的平等或者将其当作抽象的价值理念的观点都是不足取的。教育结果公平作为一个量化的指标，不仅可以评价教育结果本身，还可以对教育起点、教育过程进行评价和衡量，作为一个结果指标检验教育起点和教育过程实施的效果。另外，从社会与学校的关系视角看，后续学校或用人单位没有文凭歧视，一视同仁，结果的公平才算真正落实。

【注释】

①翟博：《教育均衡发展：理论、指标及测算方法》，《教育研究》2006 年第 3 期。

②翟博、孙百才：《中国基础教育均衡发展实证研究报告》，《教育研究》2012 年第 5 期。

③杨东平、周金燕：《我国教育公平评价指标初探》，《教育研究》2003 年第 11 期。

④高志敏、贾凡、蒋亦璐：《帕提农神庙·学习型城市——UNESCO 全球学习型城市评价指标体系解读》，《教育发展研究》2013 第 11 期。

⑤余秀兰：《中国城乡教育差异——一种文化再生产视角》，北京：教育科学出版社，2004 年，第 224—227 页。

⑥冯建军：《内涵发展：推进义务教育优质均衡的路向选择》，《南京社会科学》2012 年第 1 期。

⑦吴亮奎：《优质均衡：现实矛盾及理论思考》，《教育发展研究》2010 年第 18 期。

⑧有论者指出，教育资源配置存在四种取向：平等取

向、强势倾斜取向、弱势倾斜取向和弱势补偿取向。其中，第一种取向强调一视同仁，追求形式上的平等；第二种取向会使教育资源向强势集团聚集；第三种取向给予弱势群体特殊照顾，会防止强弱差距的扩大；第四种取向则对弱势群体遭受的损失予以弥补，以缩小强弱群体间的差距。许丽英：《论教育补偿机制的构建——义务教育资源均衡配置的实现路径探讨》，《教育发展研究》2010 年第 9 期。

⑨陈学军：《义务教育均衡发展究竟是什么》，《教育发展研究》2012 年第 22 期。

⑩杨小微：《以“多样优质均衡”回应“高端需求”——我国东部地区义务教育促进社会公平的新思路与新实践》，《基础教育》2013 年第 2 期。

⑪王一军：《优质均衡发展：义务教育现代化的质量范型》，《教育发展研究》2012 年第 22 期。

⑫姚继军：《省域义务教育优质均衡发展量化测度指标体系的构建——以江苏省为例》，《教育发展研究》2012 年第 22 期。

⑬辛涛、黄宁：《教育公平的终极目标：教育结果公平——对教育结果公平的重新定义》，《教育研究》2009 年第 8 期。

我国义务教育阶段学生核心素养模型的构建*

□ 辛　涛（北京师范大学教授）
□ 姜　宇
□ 刘　霞

《教育规划纲要》提出要“树立科学的质量观，把促进人的全面发展、适应社会需要作为衡量教育质量的根本标准”，从“以人为本”的角度，对我们的教育要培养什么样的人提出了要求。在我国建立学生核心素养模型就是要回答“培养什么样的人”这一教育问题。

学生的核心素养是我国建立教育质量标准的基础与核心，是在国家的教育目标和教育理念指导下建立起来的学生必须达到的能力素养，也是我国教育领域与当前倡导培养学生核心素养的国际教育改革形势相接轨的重要环节。在我国的基础教育阶段建立学生核心素养模型能够促进基础教育阶段教育质量标准的整合、提高基础教育质量、改革评价方式、推进政府教育问责。

一、从建立质量标准的需求看核心素养的概念内涵

《教育规划纲要》明确指出，要“制定教育质量国家标准，建立健全教育质量保障体系”。建立质量标准是进一步提高教育质量、推动基础教育改革的重要抓手。而建立质量标准的核心首先是建立学生核心素养模型，换句话说，建立核心素养模型是为建立我国教育质量国家标准服务。

（一）教育质量标准重视对学生核心能力的规定

在教育领域，“标准”这一概念经历了漫长的演变。最早的教育领域的“标准”含义主要是对教学科目或内容的规范。例如，我国西周时代“礼、乐、射、御、书、数”六个科目组成的“六艺”，以及以古希腊为代表的西方国家教学内容包括文法、修辞、辩证法和算术、几何、天文、音乐，都可以看作古代社会对于课程秩序的一种规范方式①。上述科目可以看作当时社会上层人士关于其子女应该具备基本素养的共识，课程标准就是为了实现这些基本的素养而服务的。

近代兴起的教育标准主要用于规范教学的内容，并规范相应的管理秩序，所以一般称之为“课程标准”。作为课程和教学的规范，近代的课程标准朝着更为明细化和具体化的方向发展，通过详细规定学校教学目标和按照学科知识体系组织编排的各年级具体的学科内容，保证相应的课程的贯彻实施。传统的课程标准仅规定了课程内容和教授方法，是一种“输入式”的标准。这样的输入导向的教学标准导致传统的教育是以学校为中心，教育是随着教师教授课程或学校规定的学程结束而终结；而并不是以学

* 原载《北京师范大学学报（社会科学版）》2013年第1期。

① 陈桂生：《“教育学视界”辨析》，上海：华东师范大学出版社，1997年版。

生为中心，随着学生对知识和技能的掌握而终结①。

20世纪中叶，随着全球化和信息化的不断加剧，信息时代的到来给教育带来了无限的机遇和挑战。教育领域掀起了新一轮基于“标准”的革命，最明显的标志是将标准的重心从“教学内容”转向“学生学习结果”，标准中既包括教学内容，又规定学生应具备的核心能力，如美国国家数学教师协会(NCTM) 1989年《学校数学课程与评价标准》(以下简称“NCTM标准”)，除了按照数学学科体系将数学分成五个重要内容领域之外，它还从学习和理解这些内容的过程和方法角度界定了五大核心能力，即问题解决、推理与论证、交流、连接、表征。

“NCTM标准”这种从学科内容和对学生核心素养的要求的双重视角诠释教育目标成为现代教育标准和规范的范本。这种教育标准的改革从过去的重视学科内容、教学过程的课程标准，转向重视学生核心素养的培养和学科核心能力的塑造上。相继，英国、德国、瑞士、澳大利亚等国家新近开展的国家课程标准研制项目毫无例外地都采用了这种模式。吸取国际先进经验，为了更好地回答应培养什么样的人这一教育问题，推动教育改革与国际接轨，我国建立的教育质量标准应以学生的经历一定教育阶段后所能达到的核心能力素养为核心。

(二) 核心素养的概念内涵

对学生核心素养的规定是世界教育改革的浪潮中反复摸索与实践的产物，较难给予一个确切的定义。从它的功能上看，课程标准是从具体学科出发，按照学科教学规律规定了关于教育过程应该满足的标准，解决的是“如何教”的教育问题；学生核心素养是从人的全面发展角度出发，体现“促进人的全面发展、适应社会需要”这一要求，按照学生发展规律规定了一定教育经历后其必须拥有的基本素养和能力，解决的是“培养什么样的人”的教育问题，是对教育目标的另一种诠释。

基于这样的目的，学生的核心素养应该是涉及学生知识、技能、情感态度价值观等多方面能力的要求，是个体能够适应未来社会、促进终身学习、实现全面发展的基本保障。这些素养不仅能够促进个体发展，同时有助于形成运作良好的社会。

“核心素养”的含义比“知识”和“技能”更加宽广。“知识”与“技能”主要指具体学科领域的知识或者具有“听”、“说”、“读”、“写”、“算”等基本技能，强调的是满足个人基本生活需要，能够通过这些能力解决日常生活、学习和工作上的基本问题。而素养并不指向某一学科知识，而且强调个体能够积极主动并且具备一定的方法获得知识和技能，它的目的不仅限于满足基本生活需要，更有助于个人追求生活目标、促进个人发展和有效参与社会活动。

“核心素养”的含义比“能力”的意义更加宽泛，既包括传统的教育领域的知识、能力，还包括学生的情感、态度、价值观。这一超越知识和技能的内涵，可以矫正过去重知识、轻能力、忽略情感态度价值观的教育偏失，更加完善和系统地反映教育目标和素质教育理念。同时，素养并不是与生俱来的，而是后天学习的结果，且“素养”强调促进个人发展和形成运作良好的社会；而“能力”的形成由先天遗传和后天努力共同作用，更倾向于有益于个人，忽略对社会的作用。

“核心素养”的功能超出了“职业”和“学校”的范畴，素养的获得可以使学生升学或是更好地进行未来的工作，但是素养的功能不仅仅包括升学和就业，素养的获得是为了使学生能够发展成为更为健全的个体，能够更好地适应未来社会的发展变化，并为终身学习、终身发展打下良好的基础，并且能够达到促进社会良好运行的目的。

二、从我国教育目标的嬗变看核心素养的价值定位

在我国，无论在基础教育相关的法律、法规、

① Spady, W. G. (1988). Organizing for results: the basis of authentic restructuring and reform. *Educational Leadership*, 46 (2), 4-8.

方针、政策，还是教育实施过程中的课程、教材、具体教学等各方面的相关规定，对于教育目标的描述多是以规定教育要培养学生哪些能力与素养为主要内容的。

（一）新中国成立以来我国教育领域的目标

1957年，毛泽东同志在最高国务会议上指出："我们的教育方针，应该使受教育者在德育、智育、体育几方面都得到发展，成为有社会主义觉悟的有文化的劳动者。"

1995年，《中华人民共和国教育法》总则第五条规定："教育必须为社会主义现代化建设服务，必须与生产劳动相结合，培养德、智、体等方面全面发展的社会主义事业的建设者和接班人。"

1999年，《中共中央国务院关于深化教育改革全面推进素质教育的决定》要求全面推进素质教育，教育要从德育、智育、体育、美育多方面培养学生。在德育方面："要加强辩证唯物主义和历史唯物主义教育，使学生树立科学的世界观和人生观"，"培养学生坚韧不拔的意志、艰苦奋斗的精神，增强青少年适应社会生活的能力"等；智育方面要"激发学生独立思考和创新的意识……培养学生的科学精神和创新思维习惯，重视培养学生收集处理信息的能力、获取新知识的能力、分析和解决问题的能力、语言文字表达能力以及团结协作和社会活动的能力"；体育方面"使学生掌握基本的运动技能，养成坚持锻炼身体的良好习惯"，"培养学生的竞争意识、合作精神和坚强毅力"；美育方面要"增强学生的美感体验，培养学生欣赏美和创造美的能力"。

2010年，《教育规划纲要》分别从德育为先、能力为重、全面发展三个方面，对教育应该培养学生哪些核心素养做出了规定："坚持德育为先。引导学生形成正确的世界观、人生观、价值观；培养学生团结互助、诚实守信、遵纪守法、艰苦奋斗的良好品质。树立社会主义民主法治、自由平等、公平正义理念，培养社会主义合格公民。坚持能力为重。优化知识结构，丰富社会实践，强化能力培养。着力提高学生的学习能力、实践能力、创新能力，教育学生学会知识技能，学会动手动脑，学会生存生活，学会做人做事，促进学生主动适应社会，开创美好未来。坚持全面发展。加强体育，加强心理健康教育，促进学生身心健康、体魄强健、意志坚强；加强美育，培养学生良好的审美情趣和人文素养。加强劳动教育，培养学生热爱劳动、热爱劳动人民的情感。重视安全教育、生命教育、国防教育、可持续发展教育。促进德育、智育、体育、美育有机融合，提高学生综合素质，使学生成为德智体美全面发展的社会主义建设者和接班人。"

通过以上分析我们可以看出，党和国家的教育目标集中在规定学生完成基础教育之后所必须掌握的知识、技能，及情感、态度、价值观的状况，进一步说，党和国家的教育目标实质是对学生需要达到的能力和素养的规定，是学生核心素养模型的重要指导思想。然而，党和国家的教育目标较为宏观，缺乏结构性，而学生通过教育要达到的能力和具备的素养需要按学生发展规律，形成特定结构并逐步细化才能够被教育实践所应用，而落实到教育实践领域。学生的核心素养模型的建立就是要架起宏观教育目标与教育实践中培养学生能力的桥梁。

（二）我国学生核心素养模型的价值定位

基于以上考虑，我国学生核心素养模型的价值定位应该关注以下三个方面。

其一，核心素养的建立能够指导教师在日常教学当中切实贯彻党和国家的教育方针。在我国推进新课程改革以来，虽然国家大力倡导新课程理念，但是由于国家宏观教育目标较为抽象，缺乏结构，一线教师难以充分理解并贯彻到教学实践当中。核心素养是我国教育目标的反映，旨在将宏观的教育理念、教育目标结构化细化，进行更系统化的诠释。促进并推动一线教师在教育实践的过程中体现并贯彻党和国家所倡导的教育理念与目标。

其二，核心素养是衡量教育质量，促进教育评价改革的重要依据。核心素养对学生经过一段时间教育后所需要达到的能力和素养做出了规定，也就是对于教育结果进行了规定。在学生核心素养模型指导下，考察学生是否达到所规定的能力或素养，可以用以检验和评价教学效果和学习结果，同时也可以用以衡量教育质量，优化教育评价模式。

其三，核心素养的制定以促进学生终身学习和适应未来社会发展为导向，能够指引未来基础教育改革的方向。核心素养并不满足于制定学生已有的学业能力水平，还包括放眼未来，规定学生较高的能力要求。它的着眼点是促进学生更好地适应未来社会和自我的终身发展，所以它的站位更高，不仅对当前基础教育的发展起到指导作用，同时也为未来基础教育改革指引方向。

三、从国际教育实践的趋势看核心素养的遴选原则

（一）世界各主要国家（地区）、国际组织核心素养框架的内容

关于素养的研究由来已久，心理学中能力模型可以看作是素养研究的前身。近年来，随着世界教育改革浪潮的推进，世界各国（地区）与国际组织相继在教育领域建立学生核心素养模型，以此推进教育目标的贯彻与落实，改革教育评价方式，促进教育质量的提高，其中一个标志事件就是1997年12月，经济合作与发展组织（Organisation for Economic Cooperation and Development，简称OECD）启动了“素养的界定与遴选：理论和概念基础”项目（Definition and Selection of Competencies：Theoretical and Conceptual Foundations，简称DeSeCo）①。

“素养界定”项目的整个研究思路就是首先确立核心素养的功能是实现个体成功的生活和健全的社会，基于此分析社会的愿景和个人的生活需求，在此基础上研制核心素养的理论要素，集合多方观点，对此进行分类，最后形成一个具有三大类别，九项素养，彼此相互关联的核心素养体系，最终形成核心素养的概念参照框架图（见图1）。

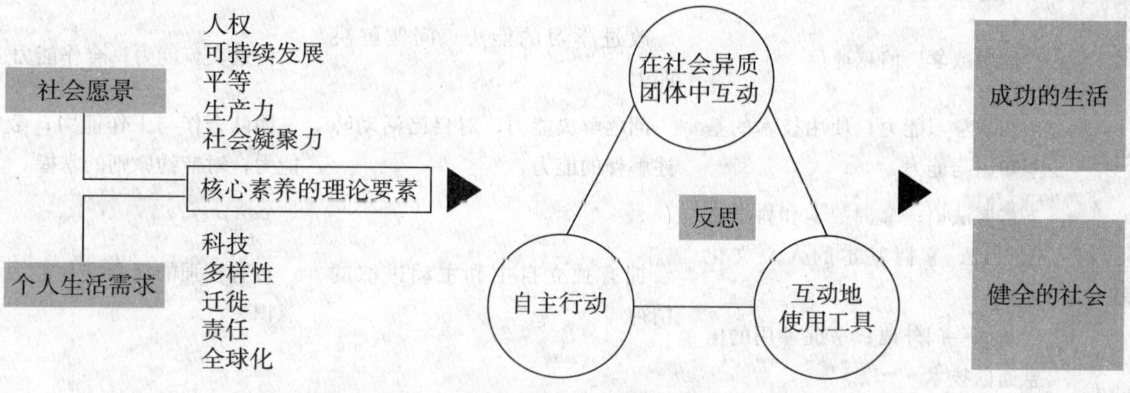

图1　OECD提出的核心素养概念参照框架图

在此框架下，学生应该形成的核心素养被概括为三大方向：互动地使用工具、自主行动和在社会异质团体中互动，OECD将这三方面概括为人与工具、人与自己、人与社会。OECD的“素养界定”项目对于世界各国和地区建立核心素养模型影响深远，随后，各个国家和地区都试图在本国本地区的教育领域当中建立核心素养结构，以此来指导本国本地区的教育实践，细化教育目标。

收集与分析世界各个国家和地区以及国际组织的核心素养框架，并试图将其按照OECD三个核心素养框架分类，如表1所示。

① DeSeCo.，Jun. 25，2003. The definintion and selection of key competencies：Executive Summary. From http://www.pisa.oecd.org/dataoecd/47/61/35070367.pdf.

表1 国际组织、各国及地区核心素养结构的比较

	人与工具	人与自己	人与社会
经合组织	互动地使用语言、符号和文本；互动地使用知识和信息；互动地使用（新）技术	与他人建立良好的关系；团队合作；管理与解决冲突	在复杂的大环境中行动；形成并执行个人计划或生活规划；保护及维护权利、利益、限制与需求
欧盟	母语交流；外语交流；数学素养；科学技术素养；信息素养	主动与创新意识；学会学习	社交和公民素养；文化意识与表达
联合国教科文组织	学会求知	学会发展；学会改变	学会做事；学会共处
国际文凭组织	知识技能	思维能力；身心全面发展；敢于冒险；反思能力；探究能力	交流能力；富有同情心；心胸开阔；有原则性
世界银行	学习能力；认知能力	问题解决能力；个人能力；情感能力	交流能力；社交能力；心理动力技能
美国	信息素养；媒体素养；信息技术素养	创造力与创新能力；批判思维与问题解决；主动性与自我导向	沟通交流与合作能力；灵活性与适应性；社会与跨文化技能；生产力与社会义务；领导与责任心
芬兰	信息素养与交际；技术与个体（对环境、健康和可持续发展的未来的责任感）	成长为人；安全与交通	文化认同与国际化；公民与企业家意识
英国	运用数学；信息通信	改进学习的能力；问题解决能力	沟通交流能力；合作能力
德国	独立学习能力；使用技术的基本知识与能力	问题解决能力；对自己活动陈述解释的能力	团队合作与工作能力；金钱管理能力；对节约原则的掌握
法国	掌握法语；掌握数学和科学文化知识；掌握基本的人文文化知识 掌握一门外语；掌握常用的信息通信技术	拥有独立自主和主动进取的精神	具有较强的社会交往能力和公民意识
澳大利亚	运用数学概念及技巧的能力；运用科技的能力；沟通观念与信息的能力	与他人合作及在团体中工作的能力	收集、分析与组织信息的能力；解决问题的能力；计划及组织活动的能力
新西兰	运用语言、文字符号的能力；交流能力	自主管理能力；思维能力	参与和贡献能力
中国台湾	沟通、表达和分享；欣赏、表现、审美及创新；运用科技及资讯	了解自我与发展潜能；主动探索和研究；独立思考与问题解决；规划、组织与执行；生涯规划与终身学习	尊重关怀与团队合作；文化学习与国际理解

注1：中国台湾在OECD三个维度基础上提出了第四个维度——“展现人类的整体价值并建构文明的能力”，但从本质而言，该指标的内涵主要体现了人与社会的关系，因此这里纳入到“人与社会”维度下。

注2：芬兰提出的“对环境、健康和可持续发展的未来的责任感”更倾向于人与自然环境的关系，本文暂将其放入“人与工具”。

（二）国际核心素养内容特点与遴选方式

首先，核心素养指标的选取存在共同的国际化趋势。某些素养在许多国际组织、国家及地区中都被提及。具体来看，沟通交流能力是所有国际组织、各国及地区都重视的核心素养。核心素养的选取不是仅仅面向现在，而是面向未来的学习、社会适应及终身发展。此外，团队合作、信息技术素养、语言能力、自主发展、数学素养、问题解决与实践探索能力（如计划、组织与实施能力、创新与创造力、主动探究能力）等方面也是多数国家都强调的核心素养。这些新教育理念与我国基础教育政策、人才培养目标、新课程改革的趋势和理念相一致。

其次，国际组织、世界各国及地区在核心素养的选取上都反映了社会经济与科技信息发展的最新要求。通过国际比较研究发现，无论是对于人才培养目标的界定，还是对于学生核心素养指标的建构，世界各国及地区都非常重视社会经济与科学技术的发展趋势，近年来，各国及地区通过核心素养指标的不断调整，力求使新一代国民具有适应社会、经济、科技信息等最新发展所必需的素养。

再次，核心素养的选取涉及能力、知识技能、态度和价值观等跨学科的方面；同时也兼顾教育阶段的课程，包括学科指向的核心素养。国际组织、世界各国及地区，在核心素养的选取上重视语言、数学、科学等与具体课程密切相关的核心素养。随着能力理论的发展以及教育理念的变迁，当前国际组织、世界各国及地区关于课程改革中的核心素养内涵有了一些新共识，即素养不仅涉及知识技能，也包括情感、态度、价值观等方面，例如表格中提到的公民意识、尊重与包容、自信心、情绪智力、法律意识等，通过提出和落实这些素养指标，以更深入地体现以人为本的教育理念。

最后，不仅重视国际教育的接轨，也重视本国的历史文化特色。尽管各国及地区在核心素养的界定上存在一些共同趋势，但同时也非常重视发挥本国的文化历史优势，纷纷结合本国的国情与现实需求，提出本国学生应该具有的重要核心素养指标，同时强调本土化特色与国际化趋势。

（三）我国学生核心素养模型的遴选原则

综合世界各个国家和地区以及国际组织对核心素养概念内涵的界定，同时考虑到不同学科角度对核心素养的研究，学生核心素养应该具备以下几个特征。

首先，学生的核心素养应该是可培养、可塑造、可维持的，并且可以通过学校教育获得的。我们期望通过界定和筛选得到我国学生的核心素养模型，以此明确教育的目标和具体要求，进而推动教育和课程改革。因此，这里所说的学生核心素养必须是符合教育学范畴的，而非心理学当中强调的先天能力范畴。

其次，核心素养是对于每一个个体和整个社会都具有积极意义的重要素养。素养的界定与遴选并不依据个人意志决定，这些素养必须是关乎每一个人能否适应现在以及未来社会的发展变化，并与终身学习密切相关的素养；人们获得了这样的素养，社会也能够得到更良好地运转。同时，学生核心素养模型并不针对具体领域的具体问题，而是从人的成长发展与适应未来社会角度出发，跨学科跨情境地规定了对每一个人都具备重要意义的素养。

最后，核心素养遴选时应与时代接轨，同时注意我国教育文化背景。核心素养模型的建立以促进学生终身学习和适应未来社会发展为导向，旨在指引未来基础教育改革的方向，那么与时代接轨，关注未来社会是必要的，并且在建立时应注意我国历史、社会与文化背景以及教育的实际需要。

四、我国建立学生核心素养模型的建议

（一）核心素养的遴选应注重一贯性、发展性与时代性

学生的核心素养以个体在现在及未来社会中应该具备的关键能力、知识技能及态度情感等为重点，其内容并非单独针对某一教育阶段而设计，需要通过连续性的教育机制进行培养，在幼儿至成人教育阶段的培养上应该达成上下贯通，通过不同教

育阶段的衔接培养最终实现所有国民核心素养的养成。因此，在建立核心素养时，应该从人成长发展的一般规律出发，从终身发展的视角，深入揭示学生核心素养的水平特点及内在机制，为未来公民核心素养的最终养成奠定基础。

核心素养作为宏观教育目标的具体体现，其理论思考具有统合性，所蕴含的基本理念与价值相对稳定，但核心素养的指标与内容应该随着社会发展和进步有所调整与变化。比如，芬兰提出的“对环境、健康和可持续发展的未来的责任感”是在当今自然环境恶化，提倡人与自然和谐相处的历史背景下提出的，具有较强的时代性。在核心素养建立和修改过程中，需要注重其与未来社会发展的趋势相一致，体现核心素养引领教育改革方向的作用。

（二）核心素养的建立需要广泛征集利益相关者意见

在过去建立或修订教育标准时，参与的人员主要是教育领域的专家，所指定的标准符合的是教育体系内部的基本原则和规律。建立核心素养模型核心问题是教育应该培养什么样的学生的问题，这一问题不但与国家战略和党的教育目标密切相关，也涉及广大人民群众的教育权利和切身利益。根据相关国际组织及世界各国核心素养的发展经验，学生的核心素养需要符合社会各界的需求，而非单纯教育界内部的需求，因此，建立核心素养模型的过程中应该征求不同利益群体的意见。了解家长、教师、学生以及不同行业人员对于学生核心素养的意见与看法，在广泛意见征询的基础上最终达成不同群体的共识。

（三）处理好核心素养与教育改革与发展的关系

核心素养并不是先天秉承的，需要通过教育和学习来获得发展。学生的核心素养模型不仅为学生提供了学习的方向，使学生朝着国家与社会的期望不断努力，也提供了教师教学的目标，为教师提供了“应该教会学生什么样的能力”的依据。教育领域要处理好核心素养与课程改革、教学实践的关系，从课程设计入手，结合义务教育阶段的课程目标、内涵及各种规划，深入细致地研发核心素养的具体落实办法。从世界各国及地区的核心素养发展趋势来看，核心素养与整体课程设计的一体化是一个必然趋势，这也是我国未来课程改革的重要方向。将核心素养纳入教育课程设计当中，需要专家学者、教育及学校行政人员、教师、学生、家长、企业界人员等不同群体共同参与讨论。无论是从国家、地方到学校，还是从上位的教育目标到中间层面的核心素养到具体的学科，为了有助于教师的课程实施和对教育目标的把握，不同层级之间既要有明确的发展任务，也要体现出发展内容之间的衔接与整合。同时，政府还需要根据不同地区及学校的特殊性，在核心素养的落实上给予自主发挥的空间。

此外，学生核心素养的培养不仅仅局限于学校范围之内，一些基本的素养及态度价值观等都是在家庭中养成的，因此，建议把家庭教育纳入核心素养培养的重要方面，并且把社会学习、终身学习等理念及教育机制也纳入其中，共同配合学校教育达成良好的结果。

（四）完善核心素养测量与评价体系，推进其服务教育评价领域

核心素养不仅可教可学，而且具有可测量性，可以根据核心素养模型当中对学生能力素养的规定，进行教育评价。根据国际组织、各国及地区的经验，在核心素养的整体结构中，认知类的核心素养（如数学素养、科学素养、语言素养等）比较容易量化测查，并且国际上也陆续开发出一系列比较成熟的测评工具，如 PISA 项目等。相对而言，对于非认知类的核心素养，例如一些态度价值观、情绪情感方面的素养等，其客观化评价与测量具有较大的挑战性。未来在这部分核心素养的测评方式及工具开发方面，还需要加大研究的力度，丰富测评手段，弹性地运用观察、谈话、档案等多种方式，以探索出有效的测量与评价手段。此外，由于核心素养的发展具有连续性和终身性，因此，建议在测量评价方面进行连续性的评估，通过定期的追踪测查，了解学生核心素养的发展水平与阶段，为教育政策的制定及课程改革提供有效的数据支持。

数学学科核心能力研究*

□ 徐斌艳（华东师范大学教授）

一、研究背景

我国基础教育改革与发展进入了一个新的阶段，实现教育公平、提高教育质量、促进教育内涵发展成为当前的重要任务。[1]而建立健全教育质量保障体系的重要途径之一便是研制具有国际视野、符合我国实际的学业质量标准。[2]综观国际实践经验，学科能力模型的构建成为学业质量标准研制的核心。全美数学教师理事会（National Council of Teachers of Mathematics，NCTM）1989 年颁布的《学校数学课程与评价标准》首次提出学科核心能力的思想，该思想很快成为世界各国研制教育标准的共识。本文旨在考察数学学科核心能力模型，因此重点分析数学课程或者教育标准。在美国，数学核心能力思想始终伴随着数学教育改革，NCTM2000 年公布的《美国学校数学教育的原则和标准》十分重视数学理解和数学能力的相互关联性，提出了数学内容与能力并重的十个标准，其中 5 大数学能力包括数学交流、问题解决、数学推理、数学联系与数学表征。[3]德国 2003 年颁布的针对十年级的数学教育标准也是典型的“能力”导向标准，它包含数学过程、数学内容、能力水平三个维度，其中过程维度描述了六大数学能力，即数学论证、数学地解决问题、数学建模、数学表征的应用、数学符号、公式以及技巧的熟练掌握和数学交流。[4]新加坡自 2000 年以来，颁布以发展学生数学问题解决能力为中心的数学教学大纲，大纲围绕问题解决这个中心提出了思考技能、数学推理、交流与联系等数学过程性技能。[5]日本 2009 年版初中《数学学习指导要领》摈弃了给数理课程拖后腿的“轻松愉快”理念，明确提出了增加教学内容和课时数，以确保学生切实掌握基础知识与基本技能，并强调在此基础上需要培养学生的三大能力，即思考能力、判断能力和表达能力。[6]我国 2001 年版《全日制义务教育数学课程标准（实验稿）》首次使用了“数学思考”和“问题解决”这两个概念，由此拓展了传统三大数学能力（数学运算能力、空间想象能力、逻辑思维能力）外延，2011 年最新颁布的《义务教育数学课程标准》沿用了这种提法。[7]从世界各国数学课程或者教育标准对数学核心能力的描述可见，数学教育改革既重视严格数学意义上的数学能力的培养，又强调过程性、应用性的数学能力的发展。

数学学科核心能力不仅成为世界各国数学教育改革的核心，也成为当今国际数学教育研究的重要话题。尼斯（Mogens Niss）认为，掌握数学就意味着拥有数学能力，使得能在不同的数学情境下理解、判断和使用数学；他提出 8 种具有严格数学意义的数学能力成分，即数学思维、提出并解决数学问题、数学建模、数学推理、数学表征、数学符号化与形式化、数学交流、工具的使用。[8]尼斯的研

* 原载《全球教育展望》2013 年第 6 期。

究成果近年来被广泛引用。图尔纳（Ross Turner）则强调数学核心能力应该是有助于数学知识应用于实践领域的个人能力，他提出这种个人能力包括数学交流、数学化、数学表征、数学推理与论证、数学策略性思维、使用符号、公式、技术语言等六大能力。[9]我国学者也对数学核心能力进行一定的研究。喻平从数学能力各成分特征出发，将其分为数学元能力、共通任务能力、特定任务能力三类，它们又涵盖了包括自我监控能力、数学阅读能力、数学概括能力等 11 种具体能力成分。[10]孙以泽从活动的主客体出发，将数学能力分为数学基础能力、数学核心能力、综合性数学能力三类，具体包括数学观察力、数学抽象能力等九种能力成分。[11]来自不同视角的对数学核心能力的研究为我们构建数学学科核心能力模型提供有意义的参考。

二、数学学科核心能力模型研究视角

本文研究数学学科核心能力模型旨在为我国学业质量评价提供有意义的、可操作性的参考，因此一方面需要具有国际的视野，另一方面要反映我国数学教育的优良传统。国际实践经验告知我们，数学核心能力模型的构建需要考虑数学学科的本质特征，又要关注社会发展对数学教育的新要求。

数学是研究现实中数量关系和空间形式的科学，尽管完成了的数学呈现的是一种很强的演绎体系，但是苏联著名数学教育家斯托利亚尔（Stolyar）指出，“数学在其建立过程中，也像其他在发展过程中的任何人类知识体系一样：我们必须先发现定理然后才能去证明它，我们应当先猜测到证明的思路然后才能做出这个证明。因此如果我们想在数学教学中在某种程度上反映出数学的创造过程，就必须不仅教学生‘证明’，而且教学生‘猜测’。”[12]荷兰数学家和数学教育家弗赖登塔尔（Freudenthal）对数学教育也有独到而深刻的观点，在他看来，数学的根源是常识，人们通过自己的实践，把这些常识通过反思组织起来，不断地进行横向或纵向的系统化。因此，他认为数学学习主要是进行“再创造”，或者“数学化”的活动，这个“化”的过程必须是由学习者自己主动去完成的，而不是任何外界所强加的。“在数学教育中应当特别注意这个数学化的过程，培养学生一种自己获取数学的态度，构建自己的数学，数学化一个十分重要的方面就是反思自己的活动。”[13]我国学者曹才翰认为，数学能力应该是顺利完成数学活动所具备的而且直接影响其活动效率的一种个性心理特征，是数学活动中形成和发展起来的，并在这类活动中表现出来的比较稳定的心理特征。[14]显然，数学核心能力应该是在数学活动中通过对数学知识的亲自探索和创造而发展起来的。换句话说，数学教学应该是数学活动的教学，让学生在获得严格数学意义上的数学基础知识、基本技能和数学思想方法的同时，积累丰富的探索、发明、创造、交流等数学活动经验，这些也是我国最新发布的义务教育阶段数学课程标准中所倡导的。因此，数学核心能力与数学活动本质有着密切联系，我们的研究视角将聚焦在数学活动本质上，当然也要考虑现代社会发展对于数学活动的要求。

三、数学活动本质及其数学能力

已有研究表明，[15-17]数学活动基本上分为三个阶段：对经验材料的数学组织；对数学材料的逻辑组织；对数学理论的应用。这三个阶段也反映了数学学科的形成和发展途径。从教育角度看，在作为数学活动的数学教学中，教给学生的不是死记现成的材料，而是让学生自己独立地发现科学上已经发现了的东西，同时学会逻辑地去组织通过经验而得到的数学材料；最后在各种具体问题上应用数学理论知识。

（一）数学地组织经验材料

在数学教学中，学生会碰到大量的经验性材料，包括来自日常生活经验的各种情境或问题；来自其他学科领域（如物理、化学、生物、地理等）的各种对象和关系；或者是为了教学而特别准备的对象（教材、教具等），或者是需要进一步一般化和抽象化的数学材料（数学对象）。在这一阶段，学生需要借助于观察、试验、归纳、类比、概括等手段，处理加工这些经验材料，寻找易于从数学角度理解的事实依据或信息。例如面对数学材料“三角形内角和是180度”，可以让学生用量角器量或者裁剪等观察和试验的方法，认识这个数学材料，虽然它还不是证明，但为寻找证明方法积累了经验。在数学活动中，可以选择学生熟悉的日常经验进行讨论，例如在硕大的校园里，从教室到食堂有多条线路，我们选择哪条线路，为什么这样选择，让学生从数学角度加以交流讨论。因此，在这一数学活动阶段学习数学，有助于学生形成或发展从数学角度提出问题、数学交流、数学表征、数学建模等能力。

（二）逻辑地组织数学材料

当学生在经历从数学角度组织或积累经验材料后，还需要抽象出原始概念和公理体系并在这些概念和体系的基础上演绎地建立理论。理论的演绎结构是数学概念体系的一个重要特点，在教学过程中能够而且应当建立有助于向学生揭示这个特点的教学情境。例如：正方形是含有直角的菱形；菱形是含有相等邻边的平行四边形；平行四边形是对边两两平行的四边形；四边形是含有四边形的多边形；多边形是封闭折线所围成的图形；图形是点的集合。这样从一个概念引导到另一个概念，最后引导到用来作为原始概念的“集合”和“点”这两个概念。逻辑组织还包括用演绎法来“证明”由归纳而形成的、以假设的形式叙述出来的命题。在这一活动阶段，还应该重视数学活动中的归纳法的作用和一般的似真推理的作用，包括寻求证明什么、从何证明、怎么证明等。因此，通过这样的数学教学过程，可以培养学生数学地解决问题、数学交流、数学表征、数学符号变换、数学推理论证等能力。

（三）数学理论的应用

无论现代数学有多么抽象，它的根仍然深深地扎在实践之中，从过去的土地测量和商业贸易，到现代的物理、生物、经济学等。当在科学、技术或实践活动甚至历史的某个领域中产生问题时，数学方法往往有助于这些问题的解决。而要解决这些非数学领域的问题，首先必须把它翻译成数学语言，经过这样翻译以后问题就转化为数学问题，然后就能在严格的数学世界中解决抽象出的数学问题。这一活动阶段强调，学生通过积极的思维活动由具体内容中抽象出数学问题。而观察问题并由问题的具体内容抽象出它的数学方面的能力是通过长期练习培养并巩固起来的。这一阶段重在培养学生学会把具体情况数学化，有助于培养学生数学地解决问题、数学交流、数学推理论证、数学建模等能力。

基于上述分析，数学活动与若干数学能力密切相关，它们包括从数学角度提出问题，数学表征与变换，数学推理与论证，数学地解决问题，数学交流，数学建模等。因此，这类数学教学，将有助于学生形成和发展这六大核心能力。图1所示三个数学活动阶段与数学核心能力的关系。

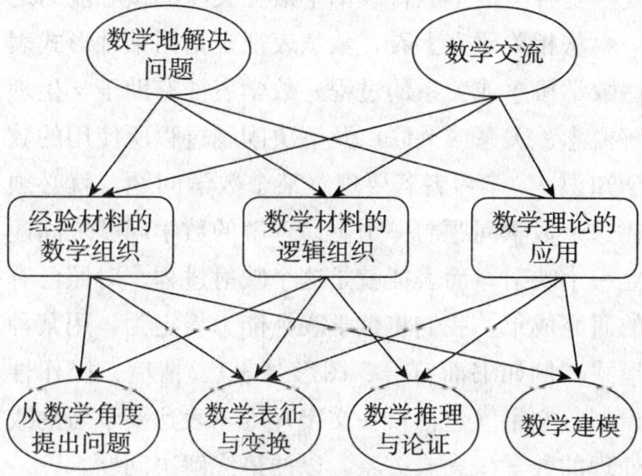

图1 数学学科核心能力与数学活动关系图

四、数学学科核心能力内涵

数学活动的本质决定着学生数学核心能力的构成，在作为数学活动的数学教学中，学生将形成并发展这些能力，下面详细分析这些能力的内涵。

（一）从数学角度提出问题

研究者们从不同视角探讨问题提出能力的内涵，并提出各自的认识或界定。如斯尔佛（Silver）从两个层面来定义问题提出：（1）分析、探究一个给定的情境，来产生一个新的数学问题；（2）在问题解决的过程中对问题进行阐述（formulation）和再阐述（reformulation）而形成一个数学问题。[18]而且，问题提出可以发生在问题解决前、问题解决时或者问题解决后。我国台湾学者梁淑坤则将问题提出定义为：问题提出是用自己的看法想出一个数学问题。在问题提出的过程中，问题提出者会用自己的数学知识和生活经验把情境、人物、事件、数字、图形等建立关系并组织起来，提出一个数学问题。[19]基于上述分析，本研究将“从数学角度提出问题的能力”界定为：基于某情境或问题会产生自己新的数学问题，或者在问题解决过程中或解决后产生新的子问题，并用数学语言表述出这些生成的、创造的独立的新数学问题。

（二）数学表征与变换

上述对研究背景的分析已经表明，数学表征与变换是各国数学教育改革中最受关注的核心能力之一。从相关研究上看，数学表征是指用某种形式表达数学概念或关系的过程。数学表征有助于学生理解概念、关系或关联以及解决问题过程所使用的数学知识。[20]学习者若要理解某个数学问题，就必须在这个数学问题与一个更易理解的数学问题之间建立一个映射，而表征就是这个映射过程。对照已有的研究成果，我们将数学表征能力界定为：用某种形式，例如书面符号、图形（表）、情境、操作性模型、文字（包括口头文字）等，表达要学习的或处理的数学概念或关系，以便最终解决问题。

数学变换是指在数学问题解决过程中，保持数学问题的某些不变性质，改变信息形态，将要解决的问题进行数学转化，使之达到由繁到简，由未知到已知，由陌生到熟悉的目的。因此，数学变换能力是指：为了使得问题能够简化或成功解决会使用改变信息形态的某种数学转化策略。

（三）数学推理与论证

推理是数学的基本思维方式，也是人们学习和生活中经常使用的思维方式。数学推理则是指人们在数学观念系统作用下，由若干数学条件，结合一定的数学知识、方法，对数学对象形成某种判断的思维操作过程。作为一类推理，它有其自身的特点：首先，数学推理的对象既不是生活中的常识，也不是社会现象，而是表示数量关系和空间形式的数学符号；其次，在某一个思考过程中，数学推理较之一般推理更是环环相扣连贯进行；并且，推理的依据主要来自问题所在数学系统。数学高度的抽象性和逻辑的严谨性使得数学推理相对具有一定的难度。

论证离不开推理。在论证过程中，之所以能够根据已知判断的真确认另一判断的真或假，正是因为在已知判断和所要论证其真或假的判断之间建立了必然的逻辑联系，而后者是从前者通过推理形式推出来的，所以说论证过程必须应用一个或一系列的推理，是推理形式的运用，推理是论证的工具。基于上述分析，“数学推理论证能力”的具体内涵为：通过对数学对象、数学概念、关系、性质、规则、命题等进行逻辑性思考（观察、实验、归纳、类比、演绎），从而做出推论；再进一步寻求证据、给出证明或举出反例说明所给出推论的合理性的综合能力。

（四）数学建模

数学建模经常与数学应用归在一起，但两者着重点不同，建模着重建立真实世界与数学世界之间可逆的联系，关注抽象出数学问题与解决现实问题的过程。由于数学建模不是线性过程，需要不断地从数学世界返回真实世界中检验结果，完善模型。研究者布鲁姆（Blum）提出数学建模是一个非线性的循环过程，它由七个步骤组成：[21]（1）理解现实问题情境；（2）简化或结构化现实情境，形成现实模型；（3）将被结构化的现实模型翻译为数学问题，形成数学模型；（4）用数学方法解决所提出的数学问题，获得数学解答；（5）根据具体的现实情境解读并检验数学解答，获得现实结果；（6）检验现实结果的有效性；（7）反馈给现实情境。因此，数学建模能力表现为：面对某个综合性情境，能够理解并建构现实情境模型，会将该模型翻译为数学问题，建立数学模型，然后会用数学方法解决所提数学问题，再根据具体的情境，解读与检验数学解答，并验证模型的合理性。

（五）数学地解决问题

作为数学活动过程中重要的能力——数学地解决问题的能力，目前没有统一的界定。例如美国NCTM在2000年颁布的标准中将数学地解决问题描述为：通过解决问题掌握新的数学知识；解决在数学及其他情境中出现的问题；采用各种恰当的策略解决问题；能检验和反思数学问题解决的过程。[22]德国在2003年颁布的数学课程标准中对数学地解决问题界定为：拥有适当的数学策略去发现解决问题的思路或方法并加以反思。[23]我国数学教育一直非常重视数学地解决问题的能力，2011颁布的《义务教育数学课程标准》对数学地解决问题做了较为详细的说明，强调通过数学课程学习初中学生应获得数学问题解决能力。[24]通过文本分析，本研究将数学地解决问题界定为：采用各种恰当的数学知识、方法与策略，解决在数学或其他情境中出现的问题，并能检验与反思数学问题解决的过程。

（六）数学交流

重视数学交流能力的培养是现代社会发展对数学教育的要求。目前世界许多国家在其数学课程标准中明确提出了培养学生的数学交流能力的要求。如英国国家课程在“关键概念”板块中指出“有效的数学交流能力”是三大能力之一，[25]要求学生能理解和解释以多种形式呈现的数学，并以最合适的方式有信心地交流数学。经济合作与发展组织（OECD）主持的国际学生评价项目（PISA）也将数学交流能力作为数学能力评估框架中的一种，且将其描述为“伴随交流过程的数学读写能力”。[26]我国2011版义务教育阶段数学课程标准也明确要求学生能与他人交流各自解决问题的算法和过程，并能表达自己的想法等。[27]不仅各国数学课程标准等文本对数学交流能力做出说明，而且亦有丰硕的研究成果为我们认识数学交流能力提供参考。本研究将数学交流能力界定为：能不同程度地以阅读、倾听等方式识别、理解、领会数学思想和数学事实；并能以写作、讲解等方式解释自己的问题解决方法、过程和结果；针对他人的数学思想和数学事实做出分析和评价。

综上分析，我们获得由六大能力成分构成的数学核心能力模型及其内涵，现汇总在表1中。

表1 数学学科核心能力内涵

核心能力成分	核心能力内涵
从数学角度提出问题	基于某情境或问题会产生自己新的数学问题，或者在问题解决过程中或解决后产生新的子问题，并用数学语言表述出这些生成的、创造的独立的新数学问题。
数学表征与变换	用某种形式，例如书面符号、图形（表）、情境、操作性模型、文字（包括口头文字）等，表达要学习的或处理的数学概念或关系，以便最终解决问题。为了使得问题能够简化或成功解决会使用改变信息形态的某种数学转化策略。
数学推理与论证	通过对数学对象（数学概念、关系、性质、规则、命题等）进行逻辑性思考（观察、实验、归纳、类比、演绎），从而做出推论；再进一步寻求证据、给出证明或举出反例说明所给出推论的合理性的综合能力。
数学建模	面对某个综合性情境，能够理解并建构现实情境模型，会将该模型翻译为数学问题，建立数学模型，然后会用数学方法解决所提数学问题，再根据具体的情境，解读与检验数学解答，并验证模型的合理性。
数学地解决问题	采用各种恰当的数学知识、方法与策略，解决在数学或其他情境中出现的问题，能检验与反思数学问题解决的过程。
数学交流	能不同程度地以阅读、倾听等方式识别、理解、领会数学思想和数学事实；并能以写作、讲解等方式解释自己的问题解决方法、过程和结果；针对他人的数学思想和数学事实做出分析和评价。

五、研究展望

当前，我国基础教育改革十分重视基于学科能力模型的学业质量标准的研制，并正着力开展对学生的学业质量的测评。本文所研究的数学学科核心能力模型为我国实践学业质量测评提供一种理论框架。为使数学学科核心能力模型具有实践指导意义，本课题组正在依据国际经验与我国实际，梳理数学学科有代表性的内容，并结合这些内容，将六个数学学科核心能力细化为可观察的学生的行为表现。另外，由于学生认知水平的差异，在处理数学内容时，他们会有不同的数学核心能力的行为表现，这些行为表现的差异能反映学生能力水平的差异。本课题组试图对能力进行分层研究，梳理出三层能力水平；同时，我们将结合数学内容描述在不同能力水平上的不同的行为表现，并设计相应的测试任务，形成核心能力测评框架，为我国深入开展基础教育的学业质量评价提供实践性参考。

【参考文献】

[1] 徐淀芳. 学业质量绿色指标实践研究［J］. 教育发展研究，2012（15-16）：1-6.

[2] 杨向东. 基础教育学业质量标准的研制［J］. 全球教育展望，2012（5）：32-41.

[3]［22］全美数学教师理事会. 美国学校数学教育的原则和标准［M］. 北京：人民教育出版社，2004.

[4] 徐斌艳. 旨在诊断与改进教学的数学学科能力测评分析——来自德国的实践［J］. 全球教育展望，2011（12）：78-83.

[5] Ministry of Education Singapore. Secondary Mathematics Syllabus.［EB/OL］http://www.moe.gov.sg/education/syllabuses/sciences/files/maths-secondary.pdf.2011.

[6] 陈月兰. 最新日本（2008 年版）初中数学学习指导要领框架与内容分析［J］. 外国中小学教育，2010（3）：40-49.

[7]［24］［27］中华人民共和国教育部. 义务教育数学课程标准（2011 年版）［M］. 北京：北京师范大学出版社，2011.

[8] Niss，Mogens. Mathematical Competencies and the Learning of Mathematics：The Danish KOM Project.［EB/OL］http://w3.msi.vxu.se/users/hso/aaa_niss.pdf. 2011.

[9] Turner，Ross. Exploring mathematical competencies［J］. Research Developments. 2011，Vol.24，Article 5.

[10]［17］喻平. 数学教学心理学［M］. 北京：北京师范大学出版社，2010.

[11] 孙以泽. 数学能力的成分及其结构［J］. 南京晓庄学院学报，2003（2）：97-99.

[12]［16］［苏］A.A. 斯托利亚尔. 数学教育学［M］. 丁尔陞等译. 北京：人民教育出版社，1985.

[13]［荷］弗赖登塔尔. 数学教育再探——在中国的讲学［M］. 刘意竹，杨刚等译. 上海：上海教育出版社，1999.

[14] 曹才翰. 中学数学教学概论［M］. 北京：北京师范大学出版社，1990.

[15]［苏］克鲁捷茨基. 中小学生数学能力［M］. 李伯泰等译. 上海教育出版社，1983.

[18] Silver，E.A.. On mathematical problem posing［J］. For the Learning of Mathematics，1994，Vol.14，19-28.

[19] Leung，S.S.. Mathematical problem posing：The influence of task formats，mathematics knowledge，and creative thinking［J］. In I. Hirabayashi，N. Nohda，K. Shigematsu，& F. Lin（Eds.）. Proceedings of the 17th International conference of the International Group for the psychology of Mathematics Education，1993，Vol. Ⅲ（pp. 33-40）. Tsukuba，Japan：Author.

[20] Cai，Jin Fa & Frank，K. & Lester，Jr.. Solution representations and pedagogical representations in Chinese and U.S. classrooms［J］. Journal of Mathematical Behavior，2005（24）：221-237.

[21] Blum，W. etc.. Modelling and application in mathematics education［M］. The 14th ICMI study. Springer. 2007.

[23] 徐斌艳. 关于德国数学教育标准中的数学能力模型［J］. 课程·教材·教法，2007（9）：84-87.

[25] Department for Education，UK. Mathematics programme of study for key stage 3 and attainment targets.［EB/OL］www.qca.org.uk/curriculum. 2007：140.

[26] OECD. PISA 2012 Mathematics Framework.［EB/OL］www.oecd.org/dataoecd/8/38/46961598.pdf：18.

对普通高中多样化发展的理解*

□ 袁桂林（北京师范大学教授）

自从《教育规划纲要》提出普通高中多样化发展的方向和确定了改革试验区以来，普通高中多样化发展得到了教育实践部门的积极响应。这说明该政策符合高中教育发展的趋势，具有很强的生命力。实践中有三个问题需要进一步澄清。一是多样化发展的动力与需求是什么？二是培养目标多样化还是培养过程多样化？三是政府应有的推进策略是什么？在此，本人谈谈看法。

普通高中多样化发展的动力与需求

除了《教育规划纲要》指出的，普通高中多样化是为了满足学生个性潜质发展的需求外，普通高中多样化发展还是由普通高中教育使命决定的，也是高中教育不同类型教育结构调整的需求。

一、历史发展赋予了普通高中双重使命

世界各国基础教育发展历史表明，面向民众的普及教育和面向少数人的精英教育分别从学制两端起步，逐步向学制中段转移。18世纪欧洲一些国家实行小学教育面向贫民民众，是终结性教育，以培养资本家需要的劳动力：当时的中学不与小学衔接，而是招收有良好家庭教育基础的贵族儿童，与大学衔接，培养社会精英。到了19世纪下半叶和20世纪初期，这些国家才开始建立小学、中学、大学教育贯通衔接的学制体系。此时，普及教育使命从小学开始逐步上移，精英教育使命从高等教育向下延伸，两种使命在高中教育阶段交汇，使得高中教育具有了特别的意义。

美国和日本等发达国家也是如此。美国在19世纪中叶一手抓义务教育，一手抓高等教育。到了20世纪初，两个使命在高中阶段汇合，美国中等教育才得以崛起。日本明治时期提出“开民智在小学，养伟器在大学”，生动反映了“抓两头，带中间”的发展思路。到了明治后期，经济社会进步，又有满清政府“甲午战争”战败赔款，日本的中学教育才得以发展，而且高中教育逐步承担起普及教育和精英教育两大使命。分析可以看出，目前高中教育承担着双重使命，需要多样化发展，才能不辱历史使命。

二、普通高中多样化是调整高中阶段教育结构的需要

目前，我国高中阶段学校类型不多。1995年，国家教委召开了全国普通高中教育工作会议，颁布了《关于大力办好普通高级中学的若干意见》（以下简称《意见》），指出“要继续抓紧普通高中办学模式的改革，改变目前比较单一的升学预备教育模式，逐步实现多种模式办学。一部分普通高中可以升学预备教育为主，有侧重地为学生升入高一级学校打下坚实的基础，为高等学校输送合格的新生；大部分普通高中，可以通过分流，办成兼有升学预备教育和就业预备教育的学校；少部分普通高中可试办成以就业预备教育为主的学校……为了适应社

---

* 原载《思想前沿》2013年第8期。

会需要和发展学生的个性、特长，各地可以举办少量侧重外语、体育、艺术以及加强某一学科的特色学校或特色班，培养德智体全面发展并在某一方面具有特长的学生。”就在《意见》颁布后的十多天时间里，国家教委又专门针对薄弱高中办学模式改革颁布了《加强薄弱普通高级中学建设十项措施的通知（试行）》，该通知特别强调加大对农村薄弱高中办学模式的改革，建议将薄弱高中可以办成兼有升学预备教育和就业预备教育的学校，或试办成以就业预备教育为主的学校，还可以继承和发扬本校的传统优势办成具有某种特色的学校。可见，当时的改革思路，已经为综合高中的发展，乃至高中多样化发展做好了铺垫。

紧接着，我国开始大力推进高等教育大众化进程，这无疑是鼓舞人心的社会进步。但高校扩招，也造成了普通高中单一升学模式没有改革必要的假象，高中多样化也就没有得到及时推进。高校扩招时，重数量扩充，缺少专业类别结构和专职关系的调整，导致家长和学生发生错觉，认为只要读大学就可以有就业保障，升学预备模式的普通高中受到家长和学生的欢迎。但当高校扩招、社会发展、经济转型、就业等各种问题逐渐聚集时，国家意识到职业教育发展滞后，转向呼吁发展职业教育。但现实中职业高中发展困难重重。在这种情况下，普通高中多样化再次被强调，一方面是为了调整普职规模的结构性矛盾，另一方面是为了改变普通高中“千校一面”追求升学率的现象，鼓励有条件的普通高中开展职业教育和培训，并探讨综合高中培养模式。

培养目标多样化还是培养模式多样化

根据《教育规划纲要》精神，普通高中要在学校类型、培养模式（包括评价）和办学主体等方面实现多样化发展。这就需要我们辨析这几者的特殊指向，以便实施改革。办学主体多样化容易理解，除了公办民办之外，应该鼓励“中间类型”和集体化、集团化办学。这方面的研究将另外与读者讨论。在此，我们主要讨论高中学校类型和培养模式多样化问题。

一、高中学校类型问题实质是高中培养目标问题

我国高中学校类型很少。由于高中阶段的教育培养目标被简单划分为“升学”和“就业”两大类，所以学校类型主要是普通高中和职业高中两大类。现在，普通高中规模、比重都较大。普通高中多样化发展，就是希望普通高中进一步分化，在这个大类内部要分化出与普通高中和职业高中地位平等的综合高中、科技高中、数理高中、人文高中、外国语高中、艺术高中、音乐高中、体育运动高中、学术性高中、国际学校等多种多样类别。这样的分类，才符合人才发展的需求，才便于适应学生的志趣、特长发展的需要。

在各类高中里，考虑到学生分化的渐进性和反悔性，综合高中应该是规模较大的一类。因为多数高中生入学时不一定马上明确哪类高中适合自己的发展，此时他们可以先选择进入综合高中学习，通过综合高中内部课程的多样性和选择性，逐渐实现学生的分流。

目前普通高中存在的最大问题是忽略培养目标分类，而多从办学水平与教育质量角度对高中进行分类，如示范性高中、星级高中等。这种分类，实际上是对普通高中培养目标单一的变相鼓励，导致所有普通高中都是为了升学，都瞄准北大、清华等寥寥几所重点高校，以升学率和“状元”落到谁家论英雄，贻害无穷。追根溯源，将高中学校划分成三六九等，示范性高中和一般高中有天壤之别，城乡高中差距拉大，其根本原因就在于与培养目标匹配的各种高中类别太少。

当我们以培养目标来划分高中学校类型时，需要注意：培养目标是教育目的的下位概念，是与丰富多样的人才类型相对应的概念。这样的分类维度边界不必十分清晰，有时可以相互交叉重叠。在相同类别的学校之间鼓励竞争发展，建设特色学校。此时，研究与高中学校培养目标相关联的学校宗旨、学校课程与教学、学校管理与环境、各种类型

学校之间的校际合作、学校教育与社区的联系、学校教育资源的差异性配置等都显得尤为重要和急迫。

同时，以培养目标来划分高中学校类型时，也要处理好政府的指导和学校办学自主权的关系。政府给出几套指导性的各具特色的课程方案，供学校选择是改革方向。国家课程单一，学校培养目标才雷同。所以“千校一面”的症结在上层，而不是在基层。在基于培养目标基础上的学校类型多样化方面，英国、俄罗斯等国家的经验值得我们学习借鉴。英国自20世纪80年代，城市技术学校(CTC)异军突起之后，近十五年左右，高中已经陆续分解为技术类、语言类、体育类、艺术类、商科类、工程类、数学和计算机类、科学类、综合类、音乐类和社会科学类十多种指导类别；俄罗斯在普通高中内部通过课程设置，分化为自然—数学、人文、社会—经济、信息技术几种专业式课程方案，指导学校选择并且明确学校的培养目标等改革都在进行之中。此外，日本十多年来开展实验，并且初见端倪的综合高中、进学示范高中、超级科学高中、超级英语高中，法国的自然科学、语文学和社会经济学高中分类，德国的语言—文学—艺术、社会科学、数学—精密科学—工艺学高中等，这些高中分类思路我们也要关注。

二、培养模式多样化是为了有效实现学校培养目标

培养模式是为了实现培养目标而设计和实行的教育教学过程，因此普通高中培养模式多样化是为普通高中培养目标多样化服务的。从学校内部分析，培养模式至少应该包括学校文化、课程设置、教与学活动、学生评价、学校管理、校外合作等要素，其中课程、教学和评价应该是核心要素。这些领域如果不触动的话，整个学校的培养目标就很难实现，其培养模式就不完整。一个学校体现出来的培养模式，可以传播、被学习和借鉴，但是不可以盲目照抄照搬。

在改革实践中，很多学校在课程设置、教学活动、学校管理、校园文化、学生评价等方面探索了很多新模式、新经验，也有些教师的教育经验被宣传和推广。但这些均属于单项改革，只有将以课程、教学和评价为核心的各要素融合起来，形成对学生全方位的熏陶，培养模式才能说具有了雏形。

适应人才多样性的学校培养目标多样决定了学校类型多样，不同的学校类型可以有多样的培养模式，即使同类学校之间，甚至在同一学校之内也可以出现各具特色的培养模式，这就是学校类型和培养模式多样化的基本含义。总之，不能固化和僵化，培养模式要不断推陈出新。培养模式多样化的价值在于有效促进学校培养目标的达成。

实现普通高中多样化的策略

普通高中多样化直指“千校一面”、缺少学校特色、忽略学生个性潜质发展需求以及难以消除“升学率”评价导向等弊端，具有很强的革命性、时代精神和前瞻意识。因此，实现普通高中多样化发展必然关山座座，阻力重重，是陈旧文化改造、思想更新、体制改革、制度创新、机制灵活的过程。要实现普通高中多样化发展，应该从以下几点切入。

一、政府大胆赋权

中央和地方各级政府都要梳理现行管理权限，认识高中阶段学校多种类型培养目标存在的必要性和合理性，减少统一要求，给各校广阔的发展空间。课程应该有50%的设置权赋予学校。校长选任也要向社会宣传，听取学校社区群众、学生和学生家长的建议。教师的招聘要给学校各教研组话语权，行政管理和学校管理要坚持民主、公开、公正，给教师应有的权利。

二、保护学习节律

高中阶段学生的学习内容丰富多样，应该保护学生自己安排的学习节律，不能经常受到校内外考试的干扰。月考、期中考、期末考、学业水平测试、校际联考、各高校联盟联合招生考试、艺体类提前考试、模拟考试……直到最后的高考。当我们用这么多的考试去打断甚至干扰学生的学习节律

时，有没有想过：国家推行的学分制管理和学业水平测试是什么关系？政出多门，各自推出考试之前是否需要顾及学生的感受？给学生一定时段自我安排学习内容和进度有没有必要？到底怎样做才能实现“以学生为本”？这些问题要公开讨论，引起关注。而且不同类型的普通高中、不同的培养模式，都可能产生不同的学习节律，都需要我们给予保护。例如，侧重科学技术类的高中，科学实验的周期要得到珍重，再安排其他教育活动；侧重人文类的高中，其社会实践环节要加强，再排列时间表。

三、丰富备选资源

普通高中多样化最终指向学生的个性需求，这也是信息时代对教育的新要求。不论多种培养目标的实现，还是不同培养模式的打造，都离不开丰富多样的教育资源。现在尽管我们也提倡让学生进行选择，但选择的重要前提之一是看提供的备选资源是否丰富多样。普通高中里仍然存在的“限选”和“必选”等概念，表明很多高中显然还没有把选择权彻底交给学生。从某种意义上说，普通高中多样化正是通过给学生提供多种多样的教育机会，来实现更适宜学生个性潜质、兴趣、特长发展，真正促进学生发展的目的。因此，解放思想，给学生松绑，提供丰富的教育资源是保障普通高中实现多样化发展的重要因素之一。

四、保障学生的发展连续

高中仅是一个人接受教育的一个短暂阶段。建立高中阶段教育与前后各阶段教育的衔接应该是基本的教育常识。普通高中多样化应立足于把学生已经萌发的或已形成的个性、兴趣、特长等品质在高中阶段延续下去。高中不是教育的起点也不是教育的终点，要承上启下，给学生提供个性发展的空间和平台，使学生如其所是地发展。一定要转变“到高中了，一切欲念和爱好都停下，专注高考目标”这样的反教育规律的观念，更要批判“生时何必贪睡，死后定能长眠”这种以牺牲身心健康为代价的非人性的“高考倒计时”蛊惑宣传。实际上，我们历届高考所考出来的高分学生后来被证明是平庸之辈的现象，已经反映了无视学生发展连续性的危害。

总之，普通高中多样化发展要警惕“被多样化”，在体制、政策环境没有改变的情况下推动多样化发展容易变成一场时尚运动，一阵风，作秀，赶时髦。所以，我们要辨析真伪，避免出现简单包装，改头换面，用华丽的文章和少数学生参加的小动作，替代使全体学生受益的真正的高中教育多样化发展大趋势。

学习科学与儿童情境学习*

——快乐、高效课堂的教学设计

□ 李吉林（江苏情境教育研究所特级教师）

半个多世纪，我从所亲历和目睹的课堂实况深深认识到，课堂是否能让儿童学得快乐，获得高效，直接影响着教育的质量，影响着儿童的发展，关系着国家人才的质量。这绝非夸大其词。面对小学生不堪课业重负，影响身心发展的现状，我常常为此焦虑。作为教师，每天都要走进课堂，我们理所当然地要为儿童构造快乐、高效的课堂，重要的前提便是教师的教学设计。

这些年来，教学设计在国际上已发展成为各类设计工程中的一个新的领域。对教学设计的国际观及其理论、研究、模型、规划与进程都有新的阐释，给我和我们团队的教师很多启示。尤其是在学习科学引领下，加速了“儿童情境学习”的发展，初步形成了快乐、高效的情境学习的范式。

结合三十多年为儿童学习所做的艰辛探索与潜心研究，回顾反思自己所上的课以及所参加的教师们的教学设计，我想略述从中获得的体验及感悟。

一、学习知识的复杂性——整合知识，选择最佳途径设计情境

学习知识对于儿童并非轻而易举之事，具有一定的复杂性。因为知识并不是孤立存在的，也不是人们习惯上认为的一个一个的知识点；学习科学阐明，每一个知识点都是以结构的状态相互联系地处于一定的系统中，而且是一个动态的发展的系统。儿童的阅历浅、经验少，学习知识又必须与社会、与经验相连，还得经过自身的建构过程，这些多方面的因素决定了儿童学习知识的复杂性，具有更大的难度。教学设计如何化难为易，化抽象为具象，化单一为与事件关联呢？我们的策略是：整合知识，选择最佳途径，设计生动的学习情境。为学习者提供最佳的学习环境，是首要之举。

（一）利用经验设计情境

知识是在一定的情境中发生的。学习科学特别指出，儿童自己已有的知识形成的经验，对他们学习新知识具有支持性。因此设计的情境首先要有意识地与儿童经验相连，通过情境达到整合知识的目的，使知识镶嵌在生动的情境之中。这样，儿童获得的知识是有背景的、相互联系的，是可以体验、可以感悟、可以周转应用的；而不是僵化的、黯淡的、只会背不会用的惰性知识。

例如安排在一年级教材中的唐诗《春晓》，虽然只有四行，但结构上运用了倒叙的手法，这对于一年级的孩子来说，显然是有难度的，需精心设计。

* 原载《教育研究》2013 年第 11 期。

我让全体学生担任“诗人”，按照儿童生活经验中的时间顺序，体验诗人写诗前所经历的情境。再通过导语设计，一步步把学生带入情境——“夜深了，诗人你读书睡着了。”“半夜里，你被风雨声惊醒了。”“听着，听着，你又睡着了。”这样利用儿童生活经验担当角色，为诗歌内容结构的理解作了必要的铺垫。（播放鸟鸣录音）“清晨，你听到一阵阵鸟鸣声，你便吟起诗来，你先吟了哪两句？”“诗人你忽然想起昨天半夜里风吹雨打的情景，你又吟了哪两句呀！”“小诗人”伴随着积极的情绪争先吟起诗来，仿佛诗句真是他们自己做出来的。热烈的情绪便渲染了整个学习情境，全体学生都在无意识作用下情不自禁进入了角色，很快就学懂了全诗，而且特别快活。儿童学习不仅要快乐，还要高效，蕴含着的知识不仅学得活，还学得扎实。

于是，乘着学生的兴致，进一步设计落实诗中关键字眼的语意，“眠”、“晓”、“闻”，并通过语意让学生记住它们的偏旁。

这样，利用儿童经验创设情境，在语境中学词，诗中的字眼可以顺其自然地得到整合，儿童获取的知识便是相互联系的，与自己贮存的信息相融合。情境中呈现的背景、事件，都给儿童留下了很深的印象，而整合的知识往往具备了较强解决问题的功能和迁移能力。音、体、美学科的情境学习同样要求把知识、技能的训练镶嵌在情境中，且从中萌生出许多学习的乐趣。

（二）利用艺术设计情境

情境学习的课堂呈现美感，显现出特有的魅力。那怎么优选途径设计情境呢？对于儿童来说，其要素就是三个字，即“美、智、趣”。而艺术恰是最理想的。图画、音乐、戏剧、表演角色这些艺术活动都是受儿童普遍欢迎且乐于参加、投入其中的。概括地说，情境学习便是利用艺术的直观与教师的语言描绘相结合，创设与教材相关的优化的情境，给学生以美的享受，使教学变得有情有趣。

对于小学低年级，别小看教材内容简单，越是年级低，越是要精心设计。优质的设计，首先基于设计者准确地把握教材，利用视像和想象走进教材的情境。

一年级的《小小的船》四行儿童诗，我早已熟读在心，设计前我仍然反复品读诗作。这首小诗从眼前的实景到坐上月亮幻想中的虚境，这结构上的跨度、语言的跳跃，寄托了诗人期盼孩子们飞上月球、探索天体奥秘的意愿。这是诗中精彩之处，也是难点所在，必须要很好地把握。我体验着诗中的情感，带着想象去设计。

其中，我选择了图画、音乐、担当角色等多样化艺术手段与语言描绘相结合的途径，把学生带入“飞上蓝天”、“坐上小船”的情境中。设计生动的导语，“现在你就坐在院子里，圆圆的月亮正望着你……”伴随着《小小的船》充满幻想的曲子，小朋友们都听得入了神，入了境，真的眯上了眼睛，显得十分甜美。

在音乐的渲染中，眼前的画面，导语的指向，整合在一起，诱发和强化了儿童想飞上月亮的愿望，激起他们的想象。课堂生成让我兴奋不已，“老师，我飞上去了！”“我也飞上去了！”“我觉得身子变轻了！”“我好像腿变长了！”……这让我感到他们是真的飞上了月亮。乘着学生热烈的情绪，即时进行规范的语言训练，使课既活又实。

从这一设计的片断中，图像、空间、音响、语言都整合在“我飞上天了，坐在月亮上”的事件中。由于有事件，儿童很快就接受了，因为大脑特别擅长事件的记忆，加之音乐、图画，美生成内心的愉悦感，使大脑分泌出大量的神经递质，加快了信息在神经元间的传递，学生处于兴奋状态，提高了脑的功能。即使在数学学科操作要义也提出“体现数学的审美性和文化性”。课堂上经常地运用艺术手段，儿童还可从中获得审美感受，幼小的心灵得到润泽，从而促使儿童的个性在甜美中得到生动活泼的发展，小小的生命体同样显现出多元的色彩。

艺术心理学告诉我们，艺术具有唤情的作用，可以唤起和满足人的情感。情境学习利用艺术的美，让课堂在美的魅力诱导下，使儿童快快乐乐地学习。一个个案例获得成功，这鼓舞着我们，也促使我们的研究更加深入，从理论建构上进一步提出情境学习“以美为境界”，后又提出“以美育美”的策略。

二、学习过程的不确定性——以情激智，唤起持久投入的内驱力

学习过程中，由于学习内容的变化、作为学习者的儿童之间的差异、学习者个体本身情绪的不稳定，决定了在即时的学习情境中，教师与学生以及学生之间对话的碰撞甚至冲突，教师在儿童学习过程中瞬间产生的反思，教育智慧即时的发挥和顿悟，随机应对与引导，等等。这种变化中的学习过程必然是动态的，儿童也随之浸润在一个不确定的学习过程中。

我们在面对儿童学习过程的不确定性预设对策的同时，必须看到积极的方面，那就是教学的基本原理是不变的，它是规律的揭示，是教学的真谛；而且，儿童的学习行为及学习情绪也是可以预见的，可以从学习过程中的线性的因果规律性中去把握。我们的教学设计只要充分地把握教学原理，珍视教育现场中可能出现的良性现象，并由此拓展开去，“以不变应万变”，以确定的干预获得确定结果。正因为如此，教学设计也才有它现实的积极意义和价值。简言之，我们的策略是以教学原理不变的稳定性，抗衡学习过程的不确定性，来把握儿童的动态的认知过程。情境教育孕育的儿童快乐、高效学习的范式，把“儿童的情感活动与认知活动结合起来”，作为情境学习教学设计的基本原则。学习科学也明确指出，这二者的结合正是“儿童学习的核心”。[1]

（一）满足需求，形成驱动

传统的灌输式教学，脱离儿童的经验，把课堂与周围世界的联系切断，舍去教材的情境，单纯符号式的讲解，违背了儿童学习应该遵循的规律，很难激起学习的积极情绪，产生学习动机。

积极情绪的参与恰恰是主动学习的关键。情境学习的教学设计正是以儿童为中心，首先考虑的是如何激起儿童的学习需求，形成学习动机。例如，《海底世界》是一篇三年级的常识性课文，没有角色，也没有情节。我便将课文情境化、拟人化，把知识镶嵌在相关的情境之中，根据教材的内容与结构层次，针对儿童的好奇心，设计了“实地考察”、“查阅资料”、“运用现代化仪器”、“搜集标本”、“展览汇报”等模拟的且具有普遍应用性的系列情境，把知识与真实世界联系起来，把“海底世界”作为儿童探究的对象。当儿童自己成为探究知识的主角，学习成为他们的主观需求，儿童便会主动投入学习过程。

设计的情境中，教师是海洋研究所的所长，学生是研究员。我设计了导语：“为了研究一个事物，常常需要到实地考察。为了了解海底的世界，现在让我们潜入大海……”情境的真实感，担当角色的新异感、自尊感以及即时的体验，促使学生带着想象学习课文，诱发他们在探究中自己去发现景象的奇异，进而自己提出问题。

当时有学生激动得把铅笔盒竖起来当作“对讲机”：“报告所长，我是阿波罗一号，我在海底500米处发现点点星光，请问所长这是什么现象？”“潜水员们”一个个争着报告观察所得，如同身处大海深处实地考察的情境中。可见儿童当时内心的激动和思维活跃的程度。提出问题后，我又让儿童自己查阅、检索资料（补充的相关教材，以主篇带次篇）。这样从学习形式到内容都使情境学习具备了丰富性。情境学习的教学设计总是设法引导儿童自己去看、去倾听，即便是“仿佛看到了”、“仿佛听到了”也同样是真切的。

这样设计的情境与儿童的学习方式、思维方式、交往方式等方面的特征是和真实世界相协调的，这就决定了情境学习的合理性和创造性。作为情境学习的设计者要有广阔的思维空间，要用放大的视野看世界，才能做到高屋建瓴。

心理场的理论告诉我们，当学习活动成为儿童主观需求时，必然会产生向着教学目标的内驱力；而且，教学内容的多元组合“丰富性中的力量就会显示出来”。[2]这些“力”都十分可贵，它必然会驱

动着、导引着学习者积极参与，勃发出很高的自主性和能动性，使不确定的学习过程变得顺理成章、水到渠成。从某种意义上讲，学习是由预想的结果所决定的。

（二）把握情感脉络，推进学习过程

情境学习运用艺术的直观创设情境，儿童进入情境感受到的美，唤起了儿童的情感，学习获得了愉悦的满足。我曾无数次目睹儿童热烈的学习情绪、情感推动着的学习活动现场，积极情感的驱动可以帮助学生逾越障碍，可以预防、抵御不良情绪的产生，消除瞬间的涣散。于是教师的主导与学生的主动便融合起来了。

儿童是富有情感的小小生命体，他们的情感易于被激起，可以连续，不会戛然而止，关键是教师课前设计和课上引导，要通过把握好儿童情感的脉络，推进学习过程。

例如在《凡卡》一文的教学中，导语设计以优美的文学语言渲染了一种凄美的气氛，儿童不禁“生情”。儿童的情感是在认识事物、认识人物的过程中产生、发展的。因此，根据小说情节的发展，突出主人公的形象，我设计了系列的连续的情境，播放悲凉的轻音乐，让儿童走进小说描写的情境，唤起儿童情感体验，促使儿童的情感一步步发展起来。

让学生担当“目睹者”，结合插图，通过联想与想象出现的“视像”，仿佛亲眼看到了凡卡正流着眼泪偷偷地给爷爷写信的情景。接着又让学生运用第一人称讲述凡卡所受的折磨。由于人称的改变，凡卡就成了“我”，孩子们读着、讲着，凡卡孤独的处境与哀伤的心情，触动了孩子幼小的心灵，他们深情地朗读着，祈求着爷爷，仿佛自己就是凡卡在呼唤着爷爷，甚至忍不住流下了眼泪。显然孩子的情感已经移入到凡卡身上……

由此，儿童一步步走进小说中的情境，体验情境，由入情—动情—移情，进而引导抒情，在课堂上孩子们就急切提出“凡卡的这封信爷爷能收到吗？结果会是怎样呢？”进而又作了种种猜想，展开生动的描述。

情境学习过程中课堂上群体形成的这种热烈的情绪，真切的情感，渲染了积极学习的氛围，引起学生普遍的内心激动，这正是保证教学过程顺利推进的宝贵的环境。学习科学强调指出：“学习是高度地受所发生情境调节的”。[3]情感在各种层面运作上具有连续性。在思想品德课的设计思路中，我们也鲜明地提出以“美”激“爱”、以“爱”导“行”，把握儿童情感的脉络，珍惜儿童学习的积极情感，产生持续的学习动机，使整个学习过程一步步在满足儿童的主观需求中进行。这种热切的学习主动性，使儿童自然地投入教学过程中。脑科学指出：“只有情绪才能为我们提供足够多的热情来达到目标”，[4]“情绪信息总是比其他信息优先得到加工”，[5]且留下的情绪记忆难以磨灭。这就从脑的活动，保证了情境学习的高效性。

从我们的一个个实验班，一批批学生的表现，可以清晰地看到：情境学习的教学设计引导儿童进入情境、体验情境、想象情境、构建情境，有效地培养儿童的审美情感和道德情感。这种高级的情感是人的灵魂。其实，人一定是在其生命早期，即个性、价值观尚未形成之时就逐渐感受到知识之美、世界之美，在懵懂中依稀懂得“爱美”、“乐善”、“求真”多么好，使他们成为洋溢着生命情感的个体，甚至自觉不自觉地把自己的情感移入大自然、移入生活、移入他人，为从小培养儿童卓越的素养作了有效的铺垫，在持续的耳濡目染中一点点积淀并成长起来。这正是我们对教育的最美好的憧憬。因此，在这里我想强调，儿童的学习绝不是也不可能是单纯的知识学习，其间一定蕴含着人文熏陶，从而丰富儿童的精神世界。情境学习的教学设计出发点就是为儿童营造最佳的学习环境，使其主动投入学习活动，身心获得全面发展。

三、学习系统的开放性——链接生活，凭借活动历练实践才干

当今社会，新知识层出不穷地向我们涌来，学习系统也因此进一步开放。如果我们用封闭的方式

教给学生知识，则显然不符合知识的本质特征，与儿童学习知识的规律背道而驰。所以，学习科学始终强调学习活动是人与世界的互动。

基于学习发生在一个多元的情境中，儿童情境学习主张课堂学习与生活链接，提出把学科课程与儿童活动结合起来的具体策略。通过儿童的持久的系列活动，来历练实践才干。事实上，儿童生命的历程始终贯穿着自身的活动，课堂设计的教学活动更要以培养儿童的学习力作为教学的中心，连同情境德育也要设计成儿童主动参与的活动，而非说教，引领儿童充分地活动起来。

（一）建构知识

针对学习系统的开放性，情境学习明确提出儿童—知识—社会三个维度的融合，通过学生自己建构知识，引导他们主动参与，热情地投入其中。其最重要的、无可替代的途径，就是活动。

教材是学校课程实施的重要凭借，学科教材是人类优秀文化的再现，从某种意义上来讲，教材记录了人类智慧的结晶，传承着人类的文化价值，包容着丰富的系统知识。因此，课程中设计的儿童活动，切忌将教材搁置一边，忽略教科书的重要功能，为活动而活动。课堂上的儿童活动必须根据教材特点，以教学目标、教材内容为依据进行设计，让儿童在优化的情境中建构知识，把知识学活、学扎实。

课堂设计的活动引起儿童在已有知识的基础上建构知识，他们关注的新知识以及提出的问题，会形成建构知识的拉动力。让学生感受到知识产生的情境，找到知识的根，感受知识的文化意蕴。记得我和数学教师一起讨论设计平行四边形面积的计算一课时，我们以开放的理念，打破了传统的从复习长方形面积的计算公式，再经过教师的演示、讲解，把平行四边形面积的公式教给学生的套路，把学生带到知识产生的历史情境中，有意识地让儿童自己去发现知识。

设计的情境以叙事的形式作导语，并以简笔画勾勒了古代老农的小屋和小屋前的一块平行四边形的地，把学生带到平行四边形面积计算公式还未发现的那个年代中。“现在你们来担当古代小小数学家，看谁能破解这道难题。”教师再从数学史的角度告诉学生，“人类发现长方形面积公式以后，只用了不长的时间就发现了平行四边形面积的计算公式”，来暗示两种图形面积计算之间相连的逻辑关系。

学生进入这样的情境中，自己是“小小数学家”，手上都拿着同样面积的长方形和平行四边形，在古典音乐的伴随下专心地端详着、思考着、比对着，试着切割着、交流着，在各自的观察、分析、思考中建构知识。片刻之后，他们便接二连三地兴奋地报告：我知道可以用计算长方形的公式来计算平行四边形。小小数学家破解了难题，公式由他们自己发现了，然后再进行现场测量计算。这与学习科学提出的让学生自己去发现或创造出来的观点相吻合。[6]小小数学家们兴奋不已，顷刻间仿佛自己的人格也提升了，颇具成就感，学习兴趣倍增。

（二）模拟操作

学科课程与儿童活动结合，以活动推进教学过程，这就摈弃了传统课堂中许多无效的陈规老套，突出了知识在应用中理解、在应用中学会应用的特性。事实上，知识只有在解决问题中被灵活运用，才是有价值的。无论是语文教学还是数学教学，我常常带领学生走进生活，走向野外。在这些非正式学习的模拟操作中，将知识与世界相连，极大地提高了学生运用知识的实践能力。

课堂的模拟操作、模仿生活中的人物、劳动的场景都似曾相识，与大脑中贮存的图像具有相似性。儿童不仅感到特别亲切，而且又可亲自动手、动脑，角色扮演又往往颇具“游戏精神”，在互动中历练技能、技巧，对儿童更具诱惑力。所以模拟操作对儿童来说是形式特别生动的、有意义的知识学习。

再如《认识三角形》一课，我们的设计突出以儿童为中心，展开一系列的学科活动。其中引导学生交流在生活中发现的多种三角形，为理解三角形具有稳定性的特质获得了大量的感性材料。随后引导学生进行实践操作，让学生做“小木匠”，设计怎么利用三角形的原理修好一把摇晃的椅子。当“小木匠”叮叮当当把木条钉在椅子拐角构成三角形，小木椅就稳稳地站在课桌上时，学生们开心地鼓起掌来。知识在实践中得到运用，学生乐不可支。此时课堂的热烈氛围激发了学生的思维活动，有学生提出：“我们还发现了三角形的小红旗和三角形的蛋糕，这并不能表示三角形的稳定性，那它又有什么功能?”于是全班学生展开讨论，增加了三角形还有“节约材料”、“增强美感”等功能。学生自己得出的结论丰富了教材，这充分表明课堂与生活链接有效地历练了学生的实践才干。这是封闭式的教学想也想不到的场景。学生的模拟操作更为直接地将课堂学习进一步与生活链接起来，世界变大了，知识走近了。其实质就是“做”，就是“用”，可谓“笃行之”。学的本领会用了，儿童顿觉自己能干了，长大了，享受到学习的快乐。

（三）对话共进

学习科学指出，人们对世界认识、理解，总是不得不受个人视阈的限制，所以现代社会需要共同体，需要协商。为了更好地生存于社会，几乎任何人都终身需要进行对话活动。世界博大无垠，尽管儿童总是以好奇的目光去关注周围世界，看到的还只是世界的一隅一角，认识到的也只是表层的现象，那是有限的、极不完整的。所以无论从儿童现在对知识的获取，还是未来进一步了解世界的方面来说，都需要他们从小就开始学习与人对话，从而丰富自己。

儿童学习中的对话一般是在班级或学习小组内，教师与学生、学生与学生之间展开，在相互启发、相互促进中进行。以对话的方式引导学生提问、答复、说明、释疑、比较、争辩……自由表达。总之，设计对话活动需要引起儿童思维的碰撞，擦出思维的火花，激起热烈的情绪，相互交流，相互感染。由于角度的不同，见解的差异，加深了学生对知识的理解。经常性的对话活动促使学生在互动、互补中逐渐学会协商、合作，达到共进，体现了对话的多种功能。

设计教学中的对话，首先根据教学目标选择引领学生深入学习知识的话题，引发对话的需求。话题的设计和选择也应该是多角度的，可紧扣教材，也可由此伸发开去；连同对话的形式，也需精心设计。对话之始，同样需要教师引发激起学生对话的需求，明确对话的要求，做到有问有答，彼此交流。如四年级《太阳》一课，为了引导学生了解太阳，对天体探究产生兴趣，我向他们提出“对于我们好像熟悉其实陌生的太阳，你们想知道它的什么?”由此从儿童经验引发对太阳探究的热情，他们一下子就提出了十几个与教材相关的问题。

于是设计中我又鼓励学生通过对话自己去解答。为了寻找答案，我让学生担当“小天文学家”来研读课文。新的角色身份诱使学生急切地想找到答案，他们带着非常积极的情绪去学习课文，去了解太阳、研究太阳。

顺着学生的思路，以“太阳与人类的关系怎么密切”作为中心话题展开对话，启发要求学生并提供表示因果递进、转折变化，以及表示假设的关联词语，以提高学生对话的逻辑性和语言的思辨能力。从课堂反馈中可以看出对话前的引导和要求的明确十分重要：

“虽然太阳温度相当高，但是它离我们很远，所以不会把我们烧死”；“虽然太阳是那么大，但是它离我们太远了，所以看上去它只有盘子那么小”；“因为有了太阳，我们在傍晚，就能看到美丽的火烧云”；“因为有了太阳，大地才会变得生气勃勃，花儿会盛开，草儿会成长”；“有了太阳，世界上才有小鸟、小动物，才有了人类”；“因为有了太阳，我们就能看见金黄的稻田”；“如果没有太阳，世界将到处一片黑暗，就不会有人类。”……

对话让学生的思维特别活跃，且体现出事物间的因果、转折、假设。由此让学生运用多角度的辩证的思维方法去理解和分析问题，看法不同，鼓励求异，从而获得了新知。

为了对话的生动性，让学生扮演或担当角色，如记者、科学家、作家、导演、战士、教师、家长、导游、老农等生活中孩子喜欢亲近的人物进行对话。在进行对话、协商的同时，情境学习还特别注意引发儿童的探究性思维，培养思维的深刻性，并给儿童留下沉思、冥想的空间，培养了儿童独立思考的能力。

从以上所述可知，儿童在情境学习课堂中活动时，他们的视觉、听觉、触觉，以至肢体都会获得最为和谐、协调的感受，整个身心都投入其中。这种在教师有目的的引导下的活动便会蕴含着知识的意义。这样多种感官兴奋笼罩着情绪色彩，在大脑里留下深刻而鲜活的印记，必然会提高儿童学习的效率且使其身心愉悦。

四、学习催发潜能的不易性——着眼创新，不失时机发展儿童的想象力

学习科学强调“有意义学习本质上是创造性的”[7]，创造力就是解除传统束缚的思维力。几乎每一个儿童的大脑都隐藏着巨大的潜能，具有无穷的创造力。但潜在的智慧并非已成现实，这是一种“沉睡的力量”。既是沉睡，就需唤醒，且要及时唤醒。因为儿童的这种“可能能力”，若得不到及时开发，便会产生“递减现象”[8]。这是一种渐变的，而又无法挽回的可怕现象。但遗憾的是，不少教师每天走进课堂，每节课都认真地教学，并不见得都意识到自己辛辛苦苦的讲解、严格的要求、标准的答案，是一种划一的、统死的教学，是对儿童潜能的扼杀，把儿童智慧的嫩芽掐断，使之枯萎。可以说，这是一种“罪过”。基于开发儿童潜在智慧的不易性和因忽略而造成的不可弥补的危害，我们必须不失时机地在儿童生命的早期开发其潜在的智慧，深刻认识到儿童是一个活脱脱的小生命，有可能长成具有高智慧大智慧的人，我们必须对其悉心呵护、倍加珍爱、及时催发。

抓紧儿童最具想象力的关键时期，情境学习采取“让儿童在美的、宽松、快乐的情境中，通过发展想象力来培养创造力”为催发儿童潜能的策略。想象是儿童最可宝贵的思维品质。因为想象孕育着创造的嫩芽，想象是开发儿童潜能、发展创造力的一把金钥匙。教学设计应砸碎一切扼杀儿童想象的枷锁，引领儿童到更广阔的课堂中去发展想象力。情境学习着眼创造，不失时机地为他们的思维飞向创新的高地添翼。

（一）持续积累表象

儿童最善于想象，而想象正是创造的开始。针对儿童想象是由表象组合成的新形象，情境学习十分注重儿童表象的积累，精心设计许多让师生终生难忘的观察活动。由于这些表象笼罩着情感的色彩，储存在儿童大脑的记忆中，所以易于成为儿童想象的鲜活的材料。因此，教学要重视积累表象。表象从哪里来？要利用眼睛的帮助去发展想象。儿童的观察需要引领和指导，唤起他们的有意注意，由近及远，从身边多姿多彩到宽阔无垠的世界，让儿童的观察持久进行。从带领儿童观察，到放手鼓励儿童自己主动观察，一棵小树、一丛花草、一只小动物，哪怕是窗外的一处景点、一种瞬间的现象都可成为儿童的观察点，从中获得表象，在教师督促鼓励下，天长日久形成习惯，逐渐培养起敏锐的观察力。这样的引导与儿童喜欢睁大眼睛看世界的需求是相协调的。

记得二年级一次教《谜语》一课，其中一则谜底是“电灯”。学生一下子就猜到。想不到有学生随即提出，“如果是日光灯，谜语该怎么编？”这是教学设计中没有预见到的生成。我敏感地意识到这是让学生带着欲望、快乐思考、大胆猜想的好时机，便鼓励大家来编一则谜底是“日光灯”的谜语。少顷，一位小朋友站起来信心十足地说：“屋里有根藤，藤上结了根长丝瓜，一到太阳落，瓜里开红花”。话音刚落，孩子们开心地大笑起来，快乐无限。马上又有学生纠正“日光灯不是开红花”，应该是“瓜里开银花”。二年级的小朋友为什么能这么迅速地编出谜语？我联想到不久前曾带他们到田野里观察，他们看到二尺来长的丝瓜从棚上垂下来，觉得非常新奇。由此表明孩子们在兴奋的情绪中所获得的表象帮助他们进行组合，创造了新的形象。

作文是创造性很强的作业，除了语言能力还有创造能力。记得学生上五年级时进行一次独立作

文，我要求他们根据自己平日观察所得，选一种没有生命的物体，写出它的品格特点，自己选题，自己命题。学生感到很自在，很乐意。当堂完成后，我批阅时发现，所写题材各式各样，仅题目就有《歌》、《铁》、《路灯》、《火柴》、《石子》、《北斗星》、《太阳礼赞》、《石灰吟》、《蜡烛》、《红》、《绿》等二十多个不同的文题。他们写出了真情实感，赞美了这类物品的特点，且富有哲理。究其原因，那就是因为他们长期养成的观察习惯，积累了丰富的表象，获得了"直接的印象"，为他们的想象思维提供了丰富的材料，为新形象组合作了重要的铺垫。

（二）即时嵌入契机

儿童的想象不会凭空产生，需要契机引发，我们的教学设计必须为儿童提供"需要的推动"，形成想象的欲望。这一环节我在课堂教学设计中意识性很强，只要教材有空间，便会根据教材特点，在设计中即时嵌入想象契机。其实，儿童常常是带着想象去阅读、去思维、去表达的。让儿童展开想象的翅膀，真是"正合他意"。因此，我在语文教学过程中，启发儿童走进情境，让其设计想象人物的对话，假如你是××，你会怎么想、怎么做；或者增添一个新角色、一个新情节；或者想象故事的细节，进入一个新时空，续编不同的结尾。从不同的、新的角度去思维、去想象，不仅丰富了课文内容，加深了学生对知识的理解，而且也开发了他们的创造潜能。

即使在野外观察中，我也不失时机地为儿童即时嵌入想象契机，引导他们展开想象的翅膀。那是一个金色的秋天，我带着三年级的孩子去观察桂花。我设计安排了"找桂花—看桂花—问桂花—捡桂花"这一顺序，当孩子们围在桂花树前，我启发他们把眼前的桂花树当作"桂花姑娘"，与之对话、提问。角色的转换，使他们情不自禁地去体验桂花内在的美，孩子们问来答去，对话很精彩。"美"激起了"爱"，他们弯下腰，疼爱地把落在树下的桂花捡起来。一朵一朵，聚在小小的手掌中。片刻，几乎是同时，孩子们把手中的桂花放到我的大手中，小小的桂花此刻成了孩子心目中美的精灵。我双手捧着，顿觉手中最轻不过的小桂花变得沉甸甸的了。这是超越了我教学设计的一幕场景，令我霎时间不知所措。但桂花的"美"、孩子的"情"，驱动着我萌生出即兴设计，把孩子们带到草地上集体编"桂花姑娘"的童话。

我把手中的桂花轻轻地撒落在一个小女孩的头上、发辫上。在孩子的眼里，她俨然成了真的"桂花姑娘"了，孩子们用新异的目光端详着……刚才观察桂花获得的直接的美的印象和感受，对桂花姑娘的新奇、怜爱，连同编童话幻想的形式，都激起孩子们创造的欲望。凉风习习，又送来桂花的阵阵清香，孩子们身心俱适，此情此景构成最佳的创造情境，一对对想象的翅膀扇动起来了。

我和孩子们都没有准备，都是即兴的思考、即兴的表达。我鼓励大家一起编，他们你一句、我一句地想着、编着。一个孩子给故事开头了，"桂花姑娘原是个穷人家的姑娘，她被狠心的地主抓走了"；紧跟着便有一个个"后来——"，孩子们用善良的童心和纯真的智慧，一起编织着一个书上从来没有写过的美丽的童话——

孩子们不仅想到"桂花姑娘勇敢地逃了出来"，竟然还想到"好心的风伯伯来帮助她了。"听到这儿，我心里一亮：有了风伯伯的帮助，桂花姑娘就会飞起来。孩子们都兴奋起来，果然有孩子接着说："桂花姑娘乘着清风一直飞向月亮，她到了月宫里，长成了一棵桂花树，陪伴着嫦娥姑姑。"孩子们真是想象得太美妙了。神话般的想象罩上了智慧与神奇的光环。接着又有孩子说："桂花姑娘在月宫里思念人间，便撒落下金色的桂花种，从此大地上便有了桂花树。"另一个孩子补充道："为了不被地主发现，所以桂花姑娘躲在绿叶下，开出一朵朵小小的金黄色的花……"

天上人间，多么宽阔的想象空间，观察、思维、想象的融合创造出一串串美丽动人的童话。在幼小的心灵中可以迸发出如此耀眼的智慧火花，这是惊人而又可贵的。孩子们沉浸其中，体验着创造的快乐。在班级和谐的共同体中，在特定的情境中，这种即兴的教学活动是最能激发儿童的潜在智慧并激活儿童的灵性的。因为没有事先谋划的束缚，而是在那一瞬间，思维迅速地、跳跃式地自由驰骋，涌现出儿童潜在的无穷创造力。这件事深深地影响了我，它让我知道，没有互动就不可能有“即兴”和“涌现”。即时嵌入想象契机，真是要“不失时机”。

孩子是喜欢创造的，教学设计无论是课堂上，还是野外，都把握住了我自己归纳的“四要素”：“训练感觉、培养直觉、鼓励求异、大胆想象”，让儿童的创造活动在宽松的、无拘无束的情境中进行。

（三）引入广远意境

古代文论“意境说”中用“思接千载”、“视通万里”[9]来形容诗人创作时的情态，“千载”、“万里”能想到千年之久、万里之远，想象空间可以是如此宽阔。古代的诗人尚且如此，何况21世纪的儿童呢。我们作为教学的设计者应该意识到，孩子面对的未来世界，给人们的思维方式带来的是“可能”，是“不确定”，是“飘忽”、“变幻”、“互动”，从而使人们改变对世界的认识。为了开发儿童的潜能，我们很有必要打破程式化思维的定势，引导儿童能主动地在自由宽阔的想象空间里思维，进入广远意境，追求创新。它虽然虚无缥缈，但却是可以操作落实的。通过设计，在没有束缚和统一规定的情境学习中，让儿童将课堂已激起的情绪和教材中的意象、学科训练结合起来发展想象力。

在情境学习的阅读和作文教学中，我有意识地设计与教材、与儿童生活结合起来的富有创造性的语言训练。

在阅读课上我经常设计创造性复述，诸如《小猴子第二次下山》，续写《贝多芬回到旅店以后》；学习了《种子的力》一文后，我便让孩子编写《大力士比武》的童话。孩子们心中的大力士既神奇又颇具哲理，谁是“大力士”，学生各有自己生动而深刻的见解：“我们大家一起推，就把岩石推下去了，这说明大家的力量可以超过一切；大家才是真正了不起的大力士！”也有的说“真正的大力士是大象！”大象诚恳地表示：“不，不是我，是那能吊起万吨钢铁的大吊车呀！”一旁的大吊车却谦虚地说：“不，最了不起的大力士是人类，因为是人类造出了我！”由此可以看出，想象加深了学生对社会现象的认识。

中高年级的学生展开想象的翅膀，需要宽阔的思维空间，那么低年级的小朋友是不是可以窄一点？其实，越是年龄小的孩子，越是会无拘无束，想入非非。记得我在教了一组儿童诗以后，给一年级孩子上了一堂思维训练课。最后我设计了一个训练，让孩子画一对翅膀，让他们的思维随着“翅膀”飞起来，并问：“你准备把翅膀送给谁？”这“飞”的姿态，连同赠送的对象、目的，都可以让儿童想得很远、很精彩。他们的表述让我感到无比惊喜。他们兴奋地表达了各自的心愿：“我把翅膀送给面包，让它快快飞到世界上没有饭吃的地方，让饥饿中的穷人，尝到中国的新鲜面包！”“我把翅膀送给书籍，让书籍飞向外星，让外星人读到我们的书，不过我担心他们看不懂我们的文字。”“我把翅膀送给李老师，李老师外出开会就不用坐火车和轮船了，这多节约时间呀！”“我把翅膀送给我自己，我要飞上月亮，看看月亮上是不是真的有小玉兔。”……

科学、人文，美妙、神奇，让儿童的想象向创新高地飞去。

在作文教学中，我从低年级就开始给孩子们增加想象性的情境说话，如《冬爷爷的礼物》、《萝卜娃娃看到了田野》、《我和小树交朋友》、《春姑娘的大柳筐》、《小鸭子离开我们以后》；到中高年级，我设计了《我是一棵蒲公英》、《菜花儿比赛》、《我想在××留个影》、《海底世界漫游记》、《假如卖火柴的小女孩来到我们中间》、《凡卡的信发出以后》等一系列的结合观察活动、阅读教学进行的想象性作文以及童话创作，孩子们美滋滋地进行着创造性的语言活动，开发潜能，语言能力在快乐中得到有效的训练，促使学生更加乐于想象、乐于表达，达到新课程标准的要求。

实践表明，培养儿童的创造力，只有在学科学习中结合能力训练，发展儿童的想象力才能得以落实。在科常学科，教学设计要求"创设探究情境、激起好奇心、培养创造力和科学精神"，即使在音、体、美学科，情境学习也鲜明地提出把想象与技能技巧的训练结合起来，在自我表现中开发儿童的创造潜能。

综上所述，情境学习多年来在学习科学引领下，窥视到儿童学习秘密的黑箱之一角。针对儿童学习知识的复杂性、学习过程的不确定性、学习系统的开放性以及学习催发儿童潜能的不易性，我们以"利用艺术之美"，"情感生成之力"，"凭借儿童活动"，"发展想象、培养创造力"为对策，进行教学设计。它体现了情境学习特有的"真、美、情、思"四大元素。它让儿童在与教师与小伙伴的互动中，与世界与生活相连中学习知识，它为儿童的学习提供了有力的支撑，营造了高质量的学习环境——一个愉悦的、丰富的、安全的，且可以活动其中的环境[10]，使我们的教学设计更具科学性、更具创造性。

在此我想引用钱旭红院士指出的："科学知识不等于科学精神，人文知识也不等于人文精神"[11]，以强调教学设计也不仅仅是技术层面的运筹帷幄。世界的发展需要儿童超越知识的局限，我们进行教学设计也必须随之形成不断超越自我的意识和能力，在学习科学引领下，用"童心"和"真情"，"精心设计"，以"精心"换来"精彩"，达到真正意义上的优质教学设计、创造性的设计。这就从根本上保证了课堂的快乐、高效——儿童全面和谐的发展是情境学习矢志不移的宗旨。

【参考文献】

[1] [3] [6] [7] 高文. 学习创新与课程教学改革 [M]. 广州：广东教育出版社，2007. 356、85、353、355.

[2] 张光陆. 复杂性课程：特征、实施与展望——美国多尔教授与图伊特教授访谈 [J]. 全球教育展望，2013，(3).

[4] Marilee Sprenger. 适于脑的教学 [M]. 北京：中国轻工业出版社，2005. 85.

[5] [10] Marilee Sprenger. 脑的学习与记忆 [M]. 北京：中国轻工业出版社，2005. 47、13.

[8] 木村久一. 早期教育和天才 [M]. 石家庄：河北人民出版社，1979. 11.

[9] 郭晋稀. 文心雕龙译注十八篇 [M]. 兰州：甘肃人民出版社，1963. 63.

[11] 钱旭红. 思维之变：撬动世界的力量 [N]. 文汇报，2013-04-09.

新中国真的发生了八次课程改革吗？*

□ 谢　翌（江西师范大学教授）
□ 马云鹏（东北师范大学教授）
□ 张治平（安徽省合肥市肥西中学教师）

2001年6月，《基础教育课程改革纲要（试行）》出台，标志着新一轮基础教育课程改革全面启动，被称为我国"第八次基础教育课程改革"。本次课程改革自从实施以来，历经十载有余，引发了一轮又一轮的热议。今天，重新讨论它，是为了澄清"课程改革"的本体认识问题。

一、"课程改革"：系统的、多层次课程文化实践

谈到"课程改革"，人们关注的焦点都是在"课程"一词上，这是我国新课程改革赋予它的文化内涵。关于"课程"的定义，学术界众说纷纭，没有一个共享的内涵。但可以肯定一点，"课程"是一个可以具体指称的实在。同样，对于"改革"，人们也有各自不同的认识。查阅《说文解字》可以知道，"改，更也，从攴、己。革，兽皮治去其毛，革更之。"说明"改、革"是同义复词，词典上对其解释为"把事物中旧的不合理的部分改成新的、能适应情况的"[1]。这个意思，可以用一个词来概括，即"除旧布新"。因为课程改革的行为发生在学校领域，所以可以认为，"课程"主要指发生在学校场域的一切教育经验，包括显性的教学科目及围绕着这些科目所展开的各种教育活动。有学者认识到"'课程'和'学科'、'教学内容'、'教学计划'、'教学大纲'、'教科书'等词，既有联系，又有区别"，"相形之下，课程一词，则嫌笼统。"[2]正因如此，长期以来，我国基础教育界多数教育工作者认同课程是教学的一部分。"第一，课程是教学内容和进程的总和。第二，'课程'和'教学计划'、'教学大纲'、'教科书'两种称谓，可以并行不悖，互相补充，结合起来。"[3]在某种程度上，人们思想中的"课程改革"其实就是"教学科目的改革"。

但是，就我国近十年来的新课程改革而言，每每见诸报端的"课程改革"究竟是什么意思呢？参照各方面对新课程改革的解读，可以得到这样的信息：新课程改革不是对课程内容的简单调整，不是新旧教材的替换，而是一次旨在以课程为核心的波及整个教育领域的系统改革，是一场课程文化的革新，是教育观念与价值的转变，涉及课程的理念、目标、结构、管理、方法与评价等方面。《简明国际教育百科全书·课程》指出，课程改革是形容具体变革的一个概念，是一种综合性很强、程度很深的课程变革，涉及学校体制变化和课程的全面修正，它的基础是价值观念的重大变化和方向调整，而且常常在政治制度方面展开。[4]那么，课程改革应该"变革"哪些

* 原载《教育研究》2013年第2期。

方面呢？肯尼迪坚持认为，“课程改革是在社会、经济和政治环境限制之下，的的确确关于教什么和组织的变革”，这是变革最为重要的两个方面。格拉索恩和杰拉尔则认为，课程改革不单单涉及内容和组织，还主要指向学生和教师。哈格里夫斯进一步指出，课程改革与社会变革相互关联。[5]改变课程，意味着朝向教育理想奔走，同时要改变支持课程的社会条件和文化脉络。

既然课程意味着一种理想教育的蓝图，那么，学校课程就绝对不是教学内容或科目这么简单。课程改革也绝对不能只关注“教什么”，更要关注“怎么教”、支持这些课程活动的文化系统及其指向的经验结果。“学校课程的宗旨在于促使我们关切自己与他人，帮助我们在公共领域成为致力于建设民主社会的公民，在私人领域成为对他人负责的个体，运用智力、敏感与勇气去思考和行动。”“课程不再是一个事物，也不仅是一个过程。它成为一个动词，一种行动，一种社会实践，一种私人的意义，一种公共的希望。课程不只是我们劳作的场所，也是我们劳作的成果，在转变我们的同时也转变自身。”[6]对于学校教育而言，课程变革是教育自身的应有之义，因为课程本质上是一种文化。有学者从文化哲学、文化社会学、政治文化学等角度出发，把课程改革看作一种价值负载的活动，一种制度安排的活动，一种不同权利主体之间的互动，是不同的主体通过行使文化资源配置权利来促进课程、社会和人的协调发展的文化实践活动。[7]课程改革的本质是学校文化的重建，包括“学校课程体现出来的制度文化，以及教师文化、学生文化、环境文化的相互作用而形成的学校独特的文化”[8]。

改革的本质是革故鼎新。课程改革就是将课程中陈旧的不合理的部分改变为新的能适应社会、文化、儿童以及教育客观情况的特殊过程，[9]旨在改掉存在的不合理的部分，使之趋向合理完善。课程改革是在不断变化的社会大背景下进行的，社会的整体变革是学校课程改革的触发器。社会的整体变革需要教育变革，教育变革可能引发其下位概念的课程进行改革。课程改革的内容应该包括“价值观念、内容、方法、方式和评价等方面，这些方面直接涉及学生培养质量问题，是教育改革的根本目标和核心问题”[10]。

一言以蔽之，课程改革不只是教学内容或教学科目的变革，其本质是学校自身的文化重建，是因深刻的文化矛盾和冲突引起的课程文化的变革。为了适应时代和社会发展的需要，需要在理念、内容、方法、管理、方式和评价等方面进行除旧布新，以关切人的现实世界和更加美好的未来。课程改革的核心概念是“改革”。因而对于“课程改革”是不是正在发生的理解，有两点必须抓住：第一，进行改革的是不是“课程”，有没有确立新的课程愿景，有没有形成新的课程目标，有没有颁发新的课程标准（教学大纲），有没有开发出承载新的价值取向的课程资源；第二，是不是“除旧布新”的“改革”，有没有基于课程愿景和课程标准的实施行为，是不是产生教育文化意义上的变化。

古得莱得将课程分为五个不同层次：理想课程、文件课程、理解课程、运作课程和经验课程。这一概念的意义在于：一是课程是一个多层次的复杂的存在；二是课程是民主的、开放的；三是课程主体是多元的，课程层次概念内在地关涉了不同的课程主体（见表1）；四是表明了课程实施是课程改革的关键，教师是课程改革的关键人物；五是这是一种大课程观，明确地表明了课程与教学的关系。如果只有某一层次的改动，只是停留在理想或文件层面的变化，没有进入教育实践并具体指向学生经验课程的变革，没有真正转化为教师理解的课程、运作的课程并最终成为影响学生生命的经验课程，这并不能称之为完整意义上的“一次课程改革”。课程是一个多层次的、动态发展的经验发展过程，无论是国家层面还是学校层面的课程改革，都是一个多层次相互关联的、相互整合的文本与实践的文化重建过程。我们可以列出课程与课程改革之间的对应关系（见表2）。

表 1　课程层次和不同的课程主体

<table>
<tr><th>课程的各个层次</th><th>不同层次的课程主体</th></tr>
<tr><td>理想课程：教育方针等</td><td>党和政府</td></tr>
<tr><td>文件课程：课程标准等</td><td>教育行政、课程专家</td></tr>
<tr><td>理解的课程：教材、教师的教学计划等</td><td rowspan="2">教材编者、教师</td></tr>
<tr><td>动作的课程：课堂上真正发生的课程</td></tr>
<tr><td>经验的课程：学生的所得课程，含预期的与非预期的</td><td>学生</td></tr>
</table>

表 2　课程与课程改革的对应关系

<table>
<tr><th>课程内涵</th><th>课程的各个层次</th><th>课程改革</th><th>课程改革的各个层次</th><th>课程变革的结果</th></tr>
<tr><td rowspan="5">课程是以多层次存在的教育经验</td><td>理想课程：教育方针等</td><td rowspan="5">课程改革是多层次统合的文化重建过程</td><td>理想课程的变革</td><td>课程理念的更新</td></tr>
<tr><td>文件课程：课程标准等</td><td>文件课程的变革</td><td>课程标准的改变</td></tr>
<tr><td>理解的课程：教材与教师的教学计划</td><td>理解课程的变革</td><td>教材与教师的改变</td></tr>
<tr><td>运作的课程：课堂上真正发生的课程</td><td>运作课程的变革</td><td>课堂文化的改变</td></tr>
<tr><td>经验的课程：学生的所得课程</td><td>经验课程的变革</td><td>学生的改变</td></tr>
</table>

基于上述分析可以看到，有些改革只是部分课程层次的调整，不能算作完整意义上的课程改革。判断是否是“一次完整意义上的课程改革”，应该关注“文本”与“实践”两个大层次上的共同调整。基于此，我们将从这两个层次对所谓的“八次”课程改革进行全面的分析和判断（见表 3）。

表 3　课程变革的层次

<table>
<tr><th rowspan="6">课程改革作为一种文化重建的实践活动</th><th>课程改革的两个步骤</th><th>变革的层次</th><th colspan="4">课程调整</th><th>完整意义上的课程改革</th></tr>
<tr><td rowspan="2">课程文本层面的改变</td><td>理想课程的变革</td><td>1</td><td rowspan="2">6</td><td rowspan="3">8</td><td></td><td rowspan="5">13</td></tr>
<tr><td>文件课程的变革</td><td>2</td><td rowspan="2">10</td></tr>
<tr><td rowspan="3">课程实践层面的改变</td><td>理解课程的变革</td><td>3</td><td rowspan="3">7</td></tr>
<tr><td>运作课程的变革</td><td>4</td><td rowspan="2">9</td><td rowspan="2">11</td></tr>
<tr><td>经验课程的改变</td><td>5</td></tr>
</table>

注：表中每一个数字代表一种课程层次的调整。如：1、2、3、4、5 分别代表理想课程等某一课程层次的调整，6、7、8、9、10、11 等分别代表某两或三个层次的课程调整，13 代表课程文本与实践层面的整体变革。

二、对“八次课程改革”的简单梳理

一般认为，新中国基础教育课程经历了八次改革。对于这所谓的八次课程改革，到底依循的是什么样的判断标准？提出了什么样的课程价值观？究竟实施了哪些值得研究的问题？应分析的需要，笔者在此仅作简要的梳理。[11]

“第一次课程改革”于 1949 年启动，1952 年结束。1949 年 12 月 23 日召开的第一次全国教育工作会议强调，要对旧教育实行“坚决改造，逐步实现”的方针，指出要“以老解放区新教育经验为基础，吸收旧教育有用经验，借助苏联经验，建设新民主主义教育”。这次“课程改革”，初步建立起了新中国中小学的课程体系、制度和传统，内容包括：（1）规定了中小学的课程门类，统一了课程安排和课时安排，优化了中小学课程的比例结构和衔接；（2）颁布了不少学科的新教学大纲；（3）教材改革。新中国成立之初主要采用旧教材，后来才过渡到修改旧教材再到编写新的教材。1951 年 7 月，中央教育部决定从秋季起选用第一套通用教材（即刘松涛等编写的老解放区小学算术课本和俞子夷编写的另一套小学算术课本），从 1951 年秋季起，中小学才开始增用人民教育出版社出版的、以《小学各科课程标准（草案）》和《中学暂行教学计划（草案）》为具体依据，新编和修订的十二年制中小学教科书。1952 年秋，人民教育出版社出版了从 1951 年开始编写的 11 本中学新教材；同年，中学数学大部分采用东北区编译的苏联数学课本。为实行五年一贯制，人民教育出版社又编写出版了小学语文和算术课本。1952 年最为重要的教育事件，是公布了《小学暂行规程》和《中学暂行规程》，这是第一个全面规范中小学课程的政府文件，明确了中小学学校教育宗旨，初步奠定了新中国中小学学校教育体系。

1953 年，党中央提出了过渡时期的总路线和国民经济第一个五年计划。同年 11 月 26 日，政务院做出《关于整顿和改进小学教育的指示》。1954 年 4 月，政务院发布《关于改进和发展中学教育的指示》，标志着“第二次课程改革”启动。这次“课程改革”主要是师法苏联，服务党在过渡时期的总路线和总任务。1953—1957 年，中小学基础教育的教学计划每年都有调整，课程设置变动频繁。1956 年，教育部颁布了新中国成立以来第一套中小学各科教学大纲，人民教育出版社组织各学科专家编辑出版了第二套全国通用的中小学各科教材。但是，第二套教材只使用了一年，因为以苏联教材为蓝本，内容偏深过难，被教育部要求精简。

1958—1965 年的“第三次课程改革”经历了前后两个阶段。前一阶段是 1958—1960 年的“大跃进”时期。这一时期我国社会主义改造基本完成，开始探索建设社会主义道路。1958 年 9 月，中共中央、国务院发布了《关于教育工作的指示》。据此，全国开展了轰轰烈烈的“教育革命”，在基础教育课程领域进行如下改革：下放课程管理权力；缩短学制，自编教材，自请教师；组织参加生产劳动，建设生产劳动课程；强化思想政治教育和对教师的思想改造。后一阶段是 1961—1965 年的课程调整时期。在 1961 年召开的中共八届九中全会上，党中央确立了“调整、巩固、充实、提高”的方针，以纠正“教育革命”中出现的问题，并对基础教育课程作如下调整。（1）统一管理基础教育课程。1963 年 3 月，国家教育部颁布了《全日制中、小学暂行工作条例（草案）》，对中小学课程实施统一管理，首次提出了“国定制”与“审定制”相结合的教科书制度。（2）制订新教学计划。1963 年 7 月，教育部颁布了《全日制中小学新教学计划（草案）》，确立了“语、数”为小学核心课程，“语、数、外”为中学核心课程。（3）制订新教学大纲，编写新教材。1963 年 5 月，教育部颁布了中小学各科教学大纲，重新确立了各学科的性质、任务和基本的教学内容，强调“双基”的掌握和训练。1961 年秋季，新编十年制中小学教材开始在全国十年制的学校试用，这是人教版第三套全国通用的中小学教材；从 1962 年夏季开始，人民教育出版社又着手编写十二年制的中小学教材，这即是全国通用的第四套教材，到 1963 年秋季，这套教材的第一册开始在全日制中小学校正式使用。

“第四次课程改革”即“文化大革命”十年时期的“教育革命”。这一时期，新中国成立以来所建立起来的课程体系和制度被当作修正主义加以批判和废除。原有的中小学教材被视为资产阶级修正主义教育路线的产物而加以全盘否定，要求精简课程，建立“革命化”课程，科学文化基础知识和基本技能不再受重视。课程实施“政治化”、“实践化”，采取“开门教学”，实行“开门考试”。学校教育受到严重影响，没有正常化的教学过程。

“第五次课程改革”是 1977 年到 1980 年这段时间。1978 年 1 月，教育部颁发《全日制十年制中小学教学计划试行（草案）》，开始课程领域内的拨乱反正。（1）统一了学制，统一规定全日制中小学学制十年，小学五年，中学五年。（2）恢复了“文革”前实施的分科课程模式和开设的主要课程，颁布了全国统一的教学大纲。（3）1977 年开始恢复人民教育出版社全面工作，集中编写第五套全国通用的十年制中小学教材，于1978年秋在全国使用。这些举措为后期课程改革奠定了基础。

到1981年，经过了两年课程领域的拨乱反正，课程发展趋向正常化。1982年9月召开的党的十二大，明确将教育列为经济发展的一个重要战略重点，我国进入了全面开创和建设有中国特色社会主义的新时期。新的形势要求推进新一轮课程改革，即“第六次课程改革”。第六次课程改革的内容包括以下三方面。(1) 在课程设置上，颁布了《全日制五年制重点中学教学计划（修订草案）》，并修订颁布了五年制中、小学教学计划；颁布了《全日制五年制小学教学计划（修订草案）》，调整了课程和课时；小学设置弹性学制。(2) 制定了一些课程的教学大纲，如思想品德、音乐。(3) 根据新教学计划的要求，人民教育出版社组织编写了第六套全国通用教材。这一时期，课程领域开始系统介绍国外的课程理论的研究，借鉴国外课程改革的经验，并对新中国成立以来我国的“课程改革”经验进行认真总结。

1985年5月，《中共中央关于教育体制改革的决定》颁布，宣告了“第六次课程改革”结束，“第七次课程改革”启动。《中共中央关于教育体制改革的决定》确立了“三个面向”的教育目标，以“提高民族素质，多出人才，出好人才”为根本出发点，从根本体制入手改革与社会主义现代化建设不相适应的教育思想、教育内容、教育方法，提出了“教育优先发展”的战略。1986年4月《中华人民共和国义务教育法》颁布，进入依法治教的新阶段。具体来说，这一时期，首先，改革了课程计划。1992年颁布的《九年义务教育全日制小学、初级中学课程计划》，首次将“教学计划”更名为“课程计划”，此课程计划将课程表分为“六三制”和“五四制”两种，把全部课程分为学科类和活动类两大类，基础教育课程开始改变“小学—中学”的传统分段设计，而代之以“义务教育—高中”两阶段统一设计。其次，优化了课程结构。各地可以根据本地实际情况和需要设置地方课程，改变了我国国家课程一统天下的课程结构。在中小学的课程设置上，进行了较大的改革。如小学开设综合课，初中开设选修课，活动也正式纳入初中的教学计划。另外，更新了课程内容，降低了难度。由人民教育出版社负责全新编写和修订的第七套全国通用中小学教材，于1988年秋开始使用。

由于这一时期的改革，课程价值观念还是社会政治本位的，仍存在课程体系缺乏统整，课程门类过多，课程内容存在一定程度的“繁、难、偏、旧”，课程评价改革滞后，课程目标不够完善等诸方面的问题。于是，从1996年开始，国家教委基础教育司开始组织在全国各地中小学进行调研，从而引发新一轮基础教育课程改革。人们称之为第八次基础教育课程改革。

三、真正意义上的“五次”课程改革

笔者在审视这“八次”课程改革过程中发现，每一次“课程改革”概念的内涵与外延是不一样的。如果对此不加澄清，必然不利于新一轮课程改革的贯彻实施。“八次课程改革”的提法，主要是以“是否出现新的教育文件或教材”为依据。每一次新的《教学大纲》或《标准》的公布以及新编写的中小学教材的使用，可以认为是“新的课程文本”，但并不一定是完整意义上的“改革”。所以，“八次课程改革”的说法是简单化的说法。只能说其中公布了八次课程标准（教学大纲），编写过八次新的全国通用的中小学教材，但并不都是真正意义上的“课程改革”。因此，既需要关注“课程”的革新，又需要区分哪一次是真正意义上的“改革”。

依据上面的梳理，笔者建构了课程改革的判断标志。一是文本层面的有无除旧布新：有无颁布“新的”、“大纲（标准）”；二是实践层面有无除旧布新：新的课程有无进入实践并对学生、教师和学校文化产生影响。据此认为只有1952年、1963年、1978年、1992年、2001年等为起点的五次改革可称得上是真正意义上的“课程改革”（见表4）。

表 4　五次课程改革的基本情况

<table>
<tr><td>课程改革的两个步骤</td><td>变革的层次</td><td colspan="3">课程调整</td><td>完整意义上的课程改革</td></tr>
<tr><td rowspan="2">课程文本层面的改变</td><td>理想课程的变革</td><td></td><td></td><td rowspan="2"></td><td rowspan="5">1952 年起的课程改革；1963 年确立“双基”和中小学核心课程的课程改革；1978 年“文革”后拨乱反正的课程改革；1992 年以义务教育改革为基础的课程改革；2001 年新的课程改革</td></tr>
<tr><td>文件课程的变革</td><td>1949 年的课程调整</td><td rowspan="4">1981 年的课程改革可看作是 1978 年课程改革的延续</td></tr>
<tr><td rowspan="3">课程实践层面的改变</td><td>理解课程的变革</td><td rowspan="3"></td><td rowspan="3">1966 年起的“教育革命”</td></tr>
<tr><td>运作课程的变革</td></tr>
<tr><td>经验课程的变革</td></tr>
</table>

第一次课程改革，以 1952 年颁布《中小学暂行规程》到 1956 年颁发的比较齐全的教学大纲和编写全国通用教材为标志。新中国刚刚成立初期，国家百废待兴，教育基本沿袭旧制，全国各地的课程设置、教材使用等方面都不尽一致，因此需要尽快恢复和整顿，设置符合新中国特色的中小学课程。1950 年 8 月，教育部颁发了《小学各科课程暂行标准（草案）》和《中学暂行教学计划（草案）》，虽然这是新中国的第一个教学计划，但目的旨在“规定统一的标准”，没有实在的课程改革意义。直到 1952 年，新的《中小学暂行规程》颁布，借鉴老解放区和苏联的课程，才建立了一套新的课程体系，初步奠定了新中国中小学学校教育体系。教育部参考苏联教科书，以苏联教科书为蓝本，重编了适合新中国需要的教科书。无疑，第一次真正意义的课程改革始于此。1953—1957 年，几乎每年都重新颁布中小学计划。这些计划在课程理念上，与 1952 年《中小学暂行规程》的规定，前后是延续的关系。直到 1956 年颁发了比较齐全的教学大纲，编写了第二套全国通用教材，使 1952 年提出课程理念与目标以课程文本的形式呈现出来。因而从科学的角度上讲，1952 年到 1957 年期间的课程理念与目标等是一致的，可以看作一次课程改革。这次课程改革所涉及的课程设置问题、教学大纲的研制问题、教材的编写问题等，都是基于 1952 年的改革。尽管这个时候主要是学习苏联的经验，只有教学的理论，没有课程的理论，但用现在的眼光来看，此次已经较多地涉及课程领域问题，既有课程文本的编写，也有课程实践的改革，无疑是一次比较完整的课程改造，因而可以算作新中国第一次课程改革。

第二次课程改革，发生在 1961—1965 年，以 1963 年公布的各学科的教学大纲为标志。1958 年“教育革命”期间课程的变化，只是局部的改变，并未影响全局。1963 年强调对中小学课程实施统一管理，重新编写中小学各学科的教学大纲，确立了各学科的性质、任务与教学内容，强调“双基”的地位，定位了中小学核心课程，人民教育出版社编写了一套系统的以知识体系为标志的教材并在全国推广使用。这一系列的做法，对整个基础教育改革，特别是课程与教学改革产生重要影响。因此，1961—1965 年所进行课程与教学改革的工作可以认为是一次真正意义的“课程改革”，可以认为是新中国第二次课程改革。

1966—1976 年期间，课程的变化只在政治运动下被动变化，不是主动的有积极意义的变化。这一时期的“课程改革”是没有课程概念而言的，科学文化基础知识和基本技能不受重视，学校教育带有浓厚的政治色彩，把实践庸俗化，一切其实都是为阶级斗争服务，处处呈现教育文化的弱化和教育本体功能的异化。学校教育经历了一场灾难，根本不能称之为课程改革。

第三次课程改革，以 1978 年颁布中小学新的教学计划为标志。“文革”结束后，随着党中央拨乱反正的推进，教育事业发生了重要变革。1978 年 1 月，教育部颁布《全日制十年制中小学教学计划试行（草案）》，制定了各学科新的教学大纲，开始基础教育课程领域内的拨乱反正。一方面，恢复了“文革”前实施的分科课程模式和开设的主要课程；另一方面，颁布了全国统一的教学大纲，统一了学制，编写了全国通用的第五套教材。1980—1985年的“课程改革”，实际是1978年课程改革的延续。从文本课程角度看，是对1978年教学计划和教学大纲的修订与完善。这一时期提出将教育列为经济发展的第一个战略重点，意义重大。中国的课程开始围绕现代化、国际化展开。注重德、智、体、美、劳全面发展，开始注意美育课程，注意去政治化，向道德教育回归。这次课程改革不仅重视了“双基”，而且注意对课程结构进行调整，开始注意课程理论的研究。这有力地说明了这两次课程改革是衔接的关系。这一时期的基础教育课程改革，为后来课程改革的发展奠定了良好基础。

第四次课程改革，以1992年颁布义务教育课程计划为标志。1986年颁布了《中华人民共和国义务教育法》，是基础教育改革的纲领性文件。为适应普及九年义务教育的需要，从1988年开始研制新的课程计划和教学大纲。1992年8月，国家教委正式颁布了《九年制义务教育全日制小学、初级中学课程计划（试行）》（以下简称课程计划）和24个学科的教学大纲（试用）。课程计划一改往日“教学计划”的称谓，突出以德育为主，德、智、体、美、劳五育并举的全面发展的教育方针。后来，又将“课程管理”作为课程计划的一部分独立出来。该课程计划于1993年秋季起在全国试行。1992年，召开了党的十四大，确立了邓小平建设有中国特色社会主义理论在全党的指导地位，同时强调了教育优先发展的战略地位。1993年2月，中共中央印发《中国教育改革和发展纲要》，直接促使了中小学教育由“应试教育”向素质教育转轨。其后，国家教委于1996年颁布了同义务教育课程计划相衔接的《全日制普通高中课程计划（试验稿）》。毋庸置疑，这次课程改革是一个大动作，它诞生于我国改革开放的大背景之下，充分吸收和总结了新中国成立以来的课程改革经验及教训，体现了前所未有的理性，立足于国家义务教育法的实施。不但在文本层面制订了新的课程计划，而且要求在课程实践上改变以往“应试教育”的做法，提倡素质教育，注重对学生能力的培养。这自然是一次真正意义上的课程改革。

第五次课程改革，即2001年开始的新一轮课程改革。在世纪之交，人们开始总结和反思我国基础教育改革的成就和挑战。为培养适应21世纪发展需要的创新性人才，必须进行深入的教育变革，其中包括课程改革。现实的基础教育课程在课程理念、课程体系、课程内容、课程评价、课程目标上面还存在诸多问题，特别是关于人的主体地位以及创造精神和创新能力方面，已有的课程不能照顾到学习者的需要，因而还是不能适应国家对人才的需求。于是继世纪之交全球范围内的课程改革的兴起，我国开始了新一轮基础教育课程改革。这次课程改革影响之大、历时之长、意义之重，是以往所没有的。“新课改”遵循“先实践，后推广”的原则，于2001年9月在全国38个国家级实验区进行了实验，2002年秋季起逐渐在全国范围内展开。课程改革的目标具体明确，以人为本，把马克思关于人的全面发展的观念贯穿于人的培养之中，以科学发展观为统领，培养德、智、体、美全面发展的社会主义现代化事业的建设者和接班人。对课程设置也提出了明确的思想和价值观的要求。在课程结构、课程内容、课程决策、课程开发、课程实施、课程评价等方面都提出了合理的改革建议。对教师的培养和培训，课程改革的组织与实施方面都提出了系统化的方案。因此，可以看作一次真正意义上的课程改革。

综上可知，自新中国成立以来，真正意义上的课程改革，只有五次，即1952年起为引导进行社会主义建设，改造旧教育而进行的课程改革；1963年在总结以往经验教训基础上，确立“双基”和中小学核心课程的课程改革；1978年“文革”后拨乱反正，在中国改革开放的大背景下，为适应国内国际对人才的需求而开展的，旨在增强综合国力的课程改革；1992 年建立在义务教育基础之上，为建构具有中国特色的社会主义基础教育课程体系而进行的课程改革；2001 年开始实验，一直延续至今的，旨在复兴中华民族的新课程改革。

四、对“课程改革”的再思考

追踪我国教育改革及其伴随教育改革进行的课程改革，可以得知，“课程改革”本身存在认识上的误区，需要重新进行审视和思辨。

（一）“课程改革概念”审思：一些错误的取向

目前，对于课程改革这一概念的态度主要有以下一些错误的取向。（1）概念的“简单化”。想当然地按照习惯或自己的认识去界定概念，并想当然地认为他人跟自己的理解是一样的，仅把公布新的课程文本作为课程改革的标志。把文件课程的改革等于课程改革整体，误导着人们的简单化的改革取向。（2）概念的“泛化”。对概念缺乏必要的反思，没有对自己所研究的概念进行必要的界定，经常偷换或替代概念。如把课程改革与教育改革、教育革命、社会改革等概念进行混同。教育改革是课程改革的上位概念，是一次教育改革活动，但未必一定发生了课程改革；反之，发生了课程改革，必然属于教育改革，二者间是主体与部分的关系。认识不清，就会犯以偏概全的错误。（3）概念的“封闭化”。过分追求概念的精细化和科学化，追求统一的可量化的、普适的唯一性概念，从一定程度上把概念“捆死了”。（4）概念的“玄化”。把概念弄得玄乎其玄，似乎别人越看不懂越好，缺乏可操作性，无法与实践联结。

新中国成立后很长一段时期内是没有明确的“课程”概念的。在当时看来，教学论是涵盖课程论的，课程只作为教学的一部分加以讨论。然而，自从新课程改革推行以来，一夜之间，出现了“八次课程改革”。细细分析，原因在于人们将历史上任何课程文本的公布统统当作课程改革来对待，这与原来将教学大纲视为课程不无关系。且所谓的“课程改革”在时间的分布上没有断层的现象。

“课程改革”一词是世纪之交由于“新课改”的需要催生出来，并引起人们广泛关注的。但它最初却是由西方的课程理论界提出来的。我国的课程理论研究直到 20 世纪 80 年代，才出现自发研究的迹象，在此之前，并未研究过“课程”，而只研究“教学”。如此背景之下，之前的教育改革中不可能有冠冕堂皇的“课程改革”的出现，即使有，也只能叫作“教学改革”，这也是有部分学者对新中国成立之初的那次课程改革予以否认的原因。提出一个新的概念，必然引发新的理念的产生，这时候就要论证与其相关的一系列术语（其实是术语背后的理念）的区别与联系，而不是不假思索地“认为是”或“我认为”这样想当然的态度。当人们对一个新鲜事物的本性认识不清的时候，就可能进行错误的解读，形成错误的理念，进而产生错误的行为。这就会致使改革兜圈子、走回头路，浪费财力、人力、物力，吃力不讨好。

从新课改实施这么多年来，人们对此想当然地接受可以看出，对待概念的提出是不谨慎的。从全球的视野来看，“新课改”是对西方课程改革的学习和借鉴，“国外从 20 世纪 50 年代起，就已经把教育改革的中心转到了课程改革上，国内从 1985 年开始启动中小学课程改革，90 年代初启动了高等学校教学内容和课程体系改革，也逐步把教育改革的重点转移到了课程改革上”[12]。在一些学者看来，我国真正的课程改革不能只观照狭义课程的诞生，而更应该从大课程论的视角，看其是否在课程目标、课程内容、课程实施、课程评价等方面提出了新的理念。而现在，人们却想当然地将新中国的课程改革冠以“八次”之名，实则是根据狭义的课程编写的次数来定夺的。这种不科学的划分方法直接导致了理论界不知道如何界定“课程改革”，对新课改的纵论也是留下了不可言说的学理上的缺憾。而对于广大的一线的教育工作者而言，更是莫衷一是，因为实在是不知道什么样的做法是课程改革，在现实的课程工作中，“摸着石头过河”、“戴着镣铐跳舞”也就难免了。

（二）“课程改革”本体理论研究的反思：“课程改革”的概念框架须重建

从广义上讲，本体论指一切实在的最终本性的把握；从狭义上讲，单指对宇宙本性的研究。无论是广义还是狭义，它都指向事物本性即事物的本来面目的探究。从人们对“课程改革”本性的误解、误传、误导的现实来看，学术界对课程改革本体的研究是欠缺的，需要加强。提出一个概念，却不问逻辑与价值取向，只是想当然地对其予以诠释，结果不能自圆其说，给理论和实践带来一系列不应该引起的麻烦。关于“课程改革”这一本体，笔者认为应该包括以下一些需要深入关注的重要主题：课程改革具体的内涵到底是什么，具体包括哪些研究范畴，一次课程改革意味着什么，课程改革何以发生，课程改革的内在机制是怎样的，完整的课程改革具体包括哪些要素及其关系。

纵观人类的发展史，原本就是一部不断改革的历史。不管任何国家，也不管改革的内容或原因是怎样的，改革都是因为国家政治、经济或社会各方面出现了文化危机或文化转型才出现的。教育改革的发生，同样是因为文化危机或文化转型的需要，是伴随着文化和体制的变革同步发生的；从新中国成立以来的教育改革史可以看到，教育改革每隔几年就喊出了一次，这与社会变革或文化转型是同步发生的，可以看作新中国“八次课程改革”之名的重要缘由之一。然而，在实际的教育改革过程中，人们所期望的改革或已经发生的改革往往只是教育中的某一环节的调整，如学校管理、学校安全教育、法制教育等。我国所谓的“八次课程改革”，有一部分只是一次教育变革活动，其实并未涉及课程。至于“文革”期间的“课程改革”，它只能算是社会动荡之中的教育浩劫。因而，对于课程改革的概念框架必须进行重建，明确课程改革与教育改革、社会改革、教育革命的区别与联系是当务之急。

（三）方法论的启示：概念的可操作化与共享

对待概念的诠释，既要有具体的内涵，更应具有可操作性，才能真正在实践中产生影响，进而达到改革实践的目的。当且仅当人们认识到“课程改革”是什么，具体包括哪些可操作性的内涵时，人们才会进一步思考“课程”怎么“改革”的问题，即新的方法论的诞生。人们对事物的实践必然遵循一定的世界观和方法论。世界观主要解决事物本来“是什么”的问题，方法论则主要解决“怎么办”的问题。从世界观的角度看，需要关注课程改革的具体内涵是什么，具体应该做些什么；从方法论的角度看，需要知道课程改革应该怎样做。一次真正意义上的课程改革须有统一的世界观与方法论，不仅要让人们知道：为什么要这样进行改革，自己所从事的是不是课程改革，是否与课程理想一致，且还要让人们知道如何开展课程改革。在我国历次所谓的“课程改革”中，除了上文所提及的五次真正意义上的课程改革外，人们的世界观基本上是停留在“教育改革”或者“社会改革”上，产生的只是教育改革或社会改革的方法论。

【参考文献】

[1] 中国社会科学院语言研究所词典编辑室. 现代汉语词典［Z］. 北京：商务印书馆，2002. 402.

[2]［3］王策三. 教学论稿［M］. 北京：人民教育出版社，2005. 195-196、196.

[4] 江山野. 简明国际教育百科全书·课程［M］. 北京：教育科学出版社，1991. 63.

[5] 科林·马什. 理解课程的关键概念［M］. 北京：教育科学出版社，2009. 131-132.

[6] 派纳，等. 理解课程：历史与当代课程话语研究导论［M］. 北京：教育科学出版社，2003. 868.

[7] 胡定荣. 课程改革的文化研究［M］. 北京：教育科学出版社，2005. 50.

[8] 钟启泉. 现代课程论［M］. 上海：上海教育出版社，2003. 463.

[9] 廖哲勋，田慧生. 课程新论［M］. 北京：教育科学出版社，2003. 480.

[10]［12］张立昌，郝文武. 教学哲学［M］. 北京：中国社会科学出版社，2009. 276、275.

[11] 彭泽平. 初建的“传统”——建国之初我国中小学课程改革的历史考察［J］. 西南师范大学学报（人文社会科学版），2004，(5)；彭泽平. 正规化的尝试与迷

误——1953—1957年间我国基础教育课程改革的历史考察[J]．西南大学学报（人文社会科学版），2007，（1）；彭泽平．1958—1965年我国基础教育课程改革的重新考察与评价[J]．东北师大学报（哲学社会科学版），2005，（2）；彭泽平．知识厄运与制度悲剧——“文革”时期我国基础教育课程“革命”的历史省察[J]．西北师大学报（社会科学版），2005，（4）；彭泽平．嬗变与超越——新中国基础教育课程改革史[M]．北京：华龄出版社，2006.

追问“学生学会了什么”*

——兼论三维目标

□ 崔允漷（华东师范大学教授）

教了，不等于学了；学了，不等于学会了。按理，这是一种常识，然而，在现实的教育教学实践中，教师只关注教什么、怎么教、有没有教，而没有很好地去思考“学生真的在学习吗?”“学生到底学会了什么，没学会什么?”其根本原因是教师不知道要顾此或不知道如何顾此。然而，如果把“学生学会了什么”当作学习结果的话，那么它应该既是教学的起点，又是教学的归宿；既是教学过程的方向，又是教学有效的证据。因此，清晰地确定并陈述“学生学会了什么”，是一个非常值得认真探讨的专业问题。

一、课程诞生于人们对“学生学会了什么”的科学解释

尽管教育的起源可以追溯到人类的起源，人们对“人为什么要教育”的探讨也经历了相当长的理性思辨，但是，人们对“学生学会了什么”的科学解释还不到一百年。

自从17世纪夸美纽斯提出“假如要成为一个人，就必须由教育去完成”[1]的命题开始，无数先贤怀着自己的教育热情与智慧，努力破解关于教育需要进一步回答的问题：为什么教——目的，教什么——知识，怎么教——方法。他们都站在“教”的立场上思考上述问题，并确实为教育走向专业化做出了重要的贡献。

历史上真正称得上第一位教育学家的是18世纪的赫尔巴特。他的《普通教育学》的“绪论”开篇就是“通过教育要想得到什么，教育要求达到什么目的，这是由人们对问题的见解决定的。”[2]他把“要想”作为自己的逻辑起点，并用着重号加以标示。他把学生的个性作为出发点，提出“统一的教育目的是不可能产生的”[3]，教育只能关注“平衡的多方面兴趣与道德教育”[4]，这就是他的教育目的论。此外，在教学方法上，赫尔巴特根据心理学统觉论，提出“清楚、联想、系统、方法”，即“四段教学法”，这对整个世界的教育实践影响极大。以美国为例，“在19世纪90年代期间，对这个精心建立的体系的兴趣，像浪潮一样席卷了美国教育界的教师和学生。”[5]然而，好景不长，美国的精神是实用主义以及对科学的推崇，赫尔巴特的教育思想引进没多久，就被美国本土化了。其中最有影响的一个重要人物就是杜威。尽管杜威继承了赫尔巴特“教育要为个人的发展着想”的教育目的观，但他更希望通过学校教育建立一个由自由个体所组成的公正、民主的社会。在方法上他提出“从

* 原载《教育研究》2013年第7期。

做中学”，即从经验中学习，并称这是一种“科学的方法”，认为按照“科学的”方法去处理问题，便可得到某种经验，而“科学的”方法又是人类思维反省的过程。他把思维分为五步，依此提出教学也有五个阶段，即暗示、理智化、假设、推进、用行动检验假设。[6]

杜威的实用主义教育思想不仅影响了“为什么教”、“怎么教”，还影响了“教什么”。他的“从做中学”导致“教什么”从原来的“学科知识”走向了“生活”。他的学生克伯屈将此发展到极致，自创了一种新的教学法——设计教学法[7]，即从生活中学习（learning-by-living）与有目的的行为（acting with a purpose）应该进入学校，学校教育和课程不是为了生活做准备，而是生活的一部分，或者说就是生活本身。在方法上，他提出教师就是引导与协助学生经历四个有意图的行为的阶段：制定目标、计划、执行、判断。可见，克伯屈继承了杜威的“科学的”方法，并将之聚焦到“学生学习活动的设计”上。

真正以“科学”的方法（基于证据）来编制课程的典型例子是博比特（F. Bobbitt）所著的《课程》（1918 年）和《如何编制课程》（1924 年）。[8]他借用科学管理时期的做法，使用活动分析法、时间与动作研究（time-and-motion-study）的技术来决定课程，以之来研究受教育者的最佳表现。以砌砖为例，先是详细记录优秀砌砖工每一分钟是如何砌砖的，然后让学习者模仿。博比特的贡献是在“学习活动设计”中将“学生学会了什么”的问题凸显出来，也正因为他对此问题的特别关注，后人宣告将其作为一个独立的研究领域，课程从此诞生了。

真正用“科学”的方法解决“学生学会了什么”的人是现代课程理论之父泰勒（R. W. Tyler），他将前人的课程思想与经验概念化了，于 1949 年出版了名著《课程与教学基本原理》。[9]他认为，在任何课程发展上，都必须回答的问题是：学校应该达到哪些目标？提供哪些教育经验才能实现这些目标？怎样才能有效地组织这些教育经验？怎样才能确定这些目标正在得到实现？

正如美国著名的课程史学家坦纳夫妇（D. Tanner & L. Tanner）所言，泰勒原理是“最精致的课程发展范式”[10]，“从 20 世纪中叶至今（1995 年），在课程学程（curriculum course）中被广为采用以及在课程文献中被广泛讨论”[11]。“尽管人们提出了多种修订版本，但是，泰勒的课程范式的含义一直以来基本没有被改变”[12]。泰勒的贡献在于不对各种理想目的、具体的课程，或者不同于其他的课程现象概念化作任何评论，而是对自己承诺要找出一种合理、综合的方法为不同性质的课程建构出合逻辑、合宜的课程。泰勒原理比前人进步的地方在于，它不仅明确提出以“目标”代替“目的”，且贯穿课程发展的始终，而且还把“评价学生真的学会了什么”作为关键的一个课程要素，以确保教育目的的实现。因此，他本人赢得了“教育评价之父”的荣誉。

综上所述，教育依赖于“理想的思辨”，关注作为理想的目的，涉及以“为什么教”为统领的“教什么”、“怎么教”的问题，而课程则源自于“科学的方法”，如“科学的调查研究”、“投票或民意调查”，倡导基于证据的推理，涉及以“学生学会了什么”为统领的目标、内容、实施与评价的一致性问题。

二、何为“学生学会了什么”：分类学的思考

自从泰勒将“学生学会了什么”概念化为“目标”之后，他的高足、著名的心理学家布卢姆（B. Bloom）发展了这种思想，第一次尝试建构一种教育—逻辑—心理的教育目标分类学。1948 年，在波士顿召开的美国心理学会上，一群高校的考试负责人认为，一个将预期的学生学习结果分类的标准框架可以促进测验试题、测验步骤以及测验理念的交流。于是，经过八年的努力，布卢姆等人于 1956 年出版了第一本《教育目标分类学：认知领域》，这本书引起了强烈的反响；又经过八年的奋斗，1964 年该小组又出版了《教育目标分类学：

情感领域》一书，然而，这本书没有达到应有的反响，后来布卢姆本人也就没有参加《教育目标分类学：动作技能领域》的编写。尽管如此，目标分类的思想还是影响了后来几代人，最近50年来就发展出了有一定影响的19种分类框架。2001年，以安德森（L. W. Anderson）为首的专家团队经过五年的持续努力，终于出版了《布卢姆教育目标分类学（修订版）》。修订版的重要贡献在于，提出了知识（事实性知识、概念性知识、程序性知识、元认知知识）与认知过程（记忆/回忆、理解、应用、分析、评价、创造）两个维度的认知领域的分类框架，而将“看似过于复杂”的情感维度暂时搁置。[13]

布卢姆及其追随者经过半个多世纪的努力，为“学生学会了什么”的实证化在理论上做出了重要的贡献。然而，就实用而言，仍然存在一些重要的课题需要我们继续探讨：一是认知＋情感＋动作技能＝学生学习结果吗？“学会了什么”不仅是学习结果，有时是否也包括“学习过程”？二是把“情感”作为学习结果是一大进步，但如此分类就意味着可单独对其进行测量或评价，这对教师来说是非常困难的，有无更实用的分类或陈述？三是其框架就“学会了什么”作为一个整体从心理学的角度来看，在学理上似乎是完整的，但教师面对的只是陈述某个知识点或某项技能的目标，因此教师会感到无法一一对应而束手无策，也就是说，该分类框架在教学实践的指导力上存在缺陷。

基于这样的思考，笔者尝试从三个角度提出新的“学生学会了什么”的分类设想。

（一）指向习得结果的三类目标

如果我们从最终习得的结果来分解“学生学会了什么”，那么可以有三种结果：成果、过程、创造。这三种结果都是有教育意义的。与之相对应的就有三种目标。一是成果性目标，即明确告诉人们学生通过学习而获得的成果是什么。该类目标所采用的行为动词都是成果性的，如“会写”、“会背”、“记住”、“会用”、“会做”等。二是过程性目标，即学习经历就是所需要的学习结果，其“成果”可能是不必要或不重要的，也有可能是无法测量与评价的，而“过程”才是所需要的。该类目标所采用的行为动词往往是“经历”、“体会”、“体验”、“参与”、“感受”、“关注”等。三是创造性目标，即涵盖学习经历与学习结果的目标，其过程往往是可预设的，其结果是重要的，但是开放的、难以预设成果的。该类目标所采用的行为动词通常是“制作”、“设计”、“表演”、“创作”、“扮演”、“编写”等。这样分类的最大贡献是结合具体的知识与技能，从宏大的目的出发将“有价值的结果”落到实处，避免行为目标过于琐碎或偏离目的。此外，它不仅关注了成果性的知识与技能目标，而且还能关注到过程性的过程与方法目标，以及通过“结果的留白”引导学生实现创新的、结果开放的目标。如图1所示。

图1　指向习得结果的三类目标

（二）指向意义形成的三阶目标

如果我们从学生学习意义形成的过程来看“学生学会了什么”，由外而内、从知识到意义大概可以分成三层阶梯式的目标：一是知识与技能目标，即“什么是值得学习的”或关于“是什么”的目标；二是过程与方法目标，即关于“怎样习得特定的知识与技能”的目标；三是意义与价值目标，即“通过此过程习得特定的知识与技能对学生有何意义”的目标。此分类的意义在于，让教师认识到知识与技能目标只是学生意义形成的“载体”或“入门线”，不同的过程与方法会导致不同的意义，因此，教师要真正做到“育人”，必须让学生经历正确的“过程与方法”。说通俗点，“教书”不等于“育人”，“育人”的关键在于让学生经历正确的

“过程与方法”来获得必要的“知识与技能”。否则，“教书”不仅没有达到“育人”，而且有可能会导致“害人”，如用“不道德的方法（虚假的或灌输的）教道德”，用“不科学的方法（如过度的概念教学、习题教学，因为科学的本质是探究）教科学”，等等。教师专业的领地就是如何让学生经历正确的“过程与方法”，以获得值得学习的“知识与技能”，来实现意义。如图 2 所示。

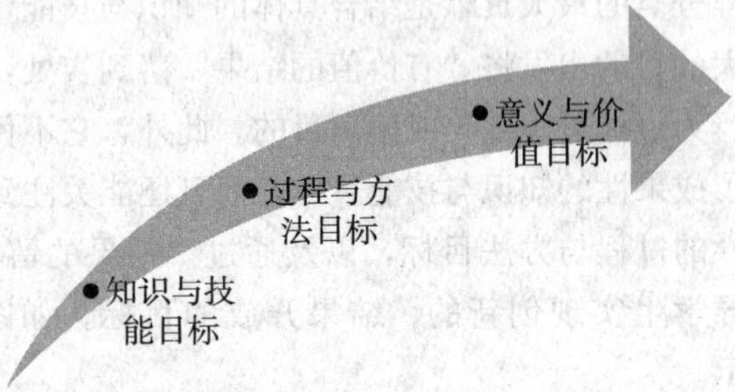

图 2　指向意义形成的三阶目标

（三）指向教学实践的三维目标

如果我们从教师教学实践的角度来看“学生学会了什么”，那么可以将目标分成三维：知识与技能、过程与方法和情感态度价值观。“学生学会了什么”是一个完整的立方体，每一条目标都是该立方体中的一个点，因此，每条目标与三维都是有关的，只是侧重点有所不同而已。在陈述具体目标时，我们不能将三维分割开来，否则，“三维”就成了“三类”了，“立体”就成了“平面”了。具体而言，我们不能将一节课的目标写成“知识与技能目标”、“过程与方法目标”、“情感态度价值观目标”，而应该将三维结合在一起陈述，尽管经常是出于“简洁、清晰的目标需要”，陈述的目标看上去只有两维。如“在小组讨论中，倾听别人的不同观点，体会对话的意义”，这样陈述就兼顾了“过程与方法目标＋知识与技能目标＋情感态度价值观目标”三个维度；再如“结合课本及相关史料的学习，简述‘五四运动’对中国近代发展的历史意义”，这样陈述就兼顾了“过程与方法目标＋知识与技能目标”两个维度。同时，也解决了将“情感态度价值观”单独写成一条目标所带来的“无法评价”或“有直接教情感之嫌”的问题。如图 3 所示。

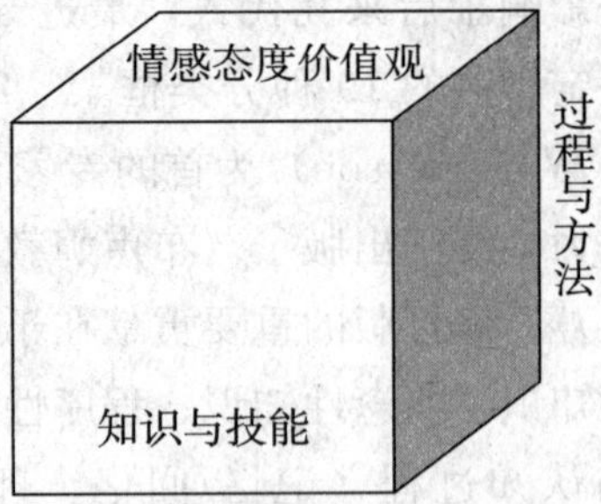

图 3　指向教学实践的三维目标

三、何以清晰地陈述“学生学会了什么”：从抽象到具体

从课程的角度来看，任何方案的教育结果都必须接受评价的检验，否则，该方案就是一种理性的教育方案，但不是专业的课程方案。因此，建构课程的第一要务就是必须将期望学生“学会什么”清晰化。换一个角度来说，确定清晰的目标是为了“评价”，即陈述目标就是为评价服务的，不能评价的目标就不用叙写，写出来也是没有多大课程意义的。依此可以类推，目标只是教育结果中可评的那一部分，并不是教育结果的全部，因为教育结果包括可评与不可评两个部分，清晰的目标只涉及可评的那一部分，这就是课程的局限性，也是“教育”走向科学化而成“课程”之后必须付出的代价。基于这样的思考，我们再来探讨教师将如何清晰地陈述“学生学会了什么”的问题。

（一）目标系统的层级关系

为了使理想的教育目的落到实处，以获得实证的证据，目的必须付出“必要的代价”而具体化为目标。由于目的涵盖的年限比较长，如九年义务教育、三年普通高中等，因此目标还需要在不同的层面进行具体化，使教师在课堂中易把握、易评估、易监控。我们将目标系统分为教育目的、学科目标与教学目标三层（如图 4 所示）。① 尽管这样的划分很勉强，但这是不得已而为之，只是为了说明目标的具体化层级而已。这样分层的依据有二：一是谁决定的；二是在哪一层决定的。教育目的往往是国家或利益集团决定的，它是上位目标，故非常抽象；学科目标往往是学科专家依据教育目的、学科育人价值决定的，而且是超越具体的教育情境而决定的，故比较抽象，难以开展过程评价；而教学目标往往是教师依据教育目的和学科目标，结合具体的情境而决定的，故比较具体，需要配合持续的过程评价。

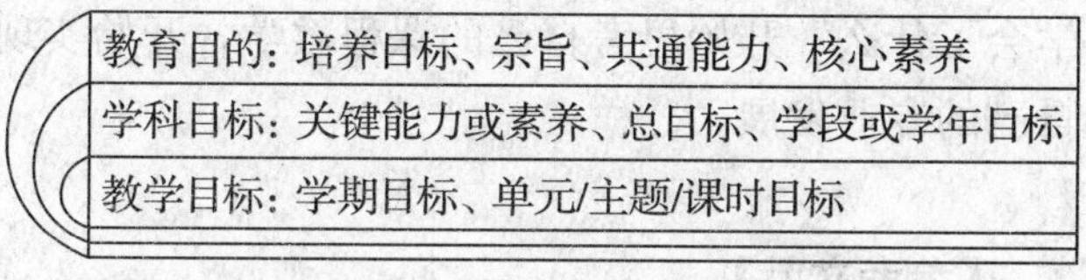

图 4　目标系统的层级关系

（二）教学目标的要素与结构

从图 4 可知，作为教师，陈述目标就是如何将学科目标具体化为学期目标，再具体化为单元/主题/课时目标，以便开展形成性评估或终结性评估。因此，确定清晰的目标不仅是教师的专业技能，而且是教师的专业责任。没有清晰的目标，就不可能有有效的评估；没有有效的形成性评估，就不可能保证科学的、高质量的教学。

那么，如何才能把目标清晰化？在教育情境中，目标是指预期的学生学习结果。这样，目标陈述的基本要素一般需要四个：行为主体、行为表现、行为条件和表现程度。[14] 行为主体必须是学生，不能是教师；行为表现可以是动词（如过程性目标与创造性目标），也可以是动词＋名词，如会背某首诗；行为条件可以是评价情境，如“在课堂讨论中……”，也可以是过程与方法目标，如“通过本课题的探究学习，体会提出问题在问题解决中的重要性”；表现程度指向一个群体的学习结果的最低表现，一般定为至少三分之二，正如将及格定为 60 分一样。如“至少写出三种解题方案”，“至少 80％的学生都能完成指定的作业”等。就具体陈述来说，并不是每条目标都需要包含上述四个要素，有时可以省略一些要素，如既然所有目标的主体都是学生，故常省略。另外，并不是所有目标都需要行为条件，故有时也会省略。但是任何目标都必须以清晰、可评价为前提。所谓清晰，即能清楚地表达出预期的学习结果（包括成果、过程与创造）是什么；所谓可评价，即该目标除了清晰，还需要可测量、可检测。

根据上述讨论，目标的语法结构大体上有如下四种。

第一种：（行为主体）＋行为表现（动词或动词＋名词），如能用自己喜爱的乐器参与表演；会创作一首诗。

第二种：（行为主体）＋行为表现＋表现程度，如能写出至少 500 字的小短文。

第三种：行为条件＋（行为主体）＋行为表现，如在课堂讨论中，能复述发言同学的主要观点；通过对实际问题的分析，体会二次函数的意义。

第四种：行为条件＋（行为主体）＋行为表现＋表现程度，如通过有感情地朗读相关段落，体会作者热爱父亲的情感，至少能说出五句话的感受；利用教师提供的相关材料，制作简单的脸谱；在地形图上，能识别五种主要的地形类型。

（三）如何确定目标：以三类目标定位，以三阶目标立意，以三维目标叙写

当教师在确定学期、单元、主题或课时的目标时，首先需要厘清“什么是值得学习的知识与技能”，然后需要追问以下三个问题。

第一，以三类目标定位，即该知识或技能的学习结果侧重哪一类目标，是成果性目标、过程性目

① 1971 年克拉思沃尔和佩恩将目标确定为三个层次：总体（global）目标、教育（educational）目标、教学（insructional）目标。详见：Krathwohl，D. R. & Payne，D. A. Defining and Assessing Educational Objectives［A］. Thorndike，R. L. Educational Measurement［C］. Washington DC：American Council on Education，1971. 17-45. 笔者考虑到中文的表达习惯，对前两个层次的目标名称进行了改动，并结合我国的国情，对每一层做了进一步的解释。

标还是创造性目标？

第二，以三阶目标立意，即该知识或技能对学生来说有何意义或价值？这样的意义或价值需要经历什么样的过程与方法（也就是怎样学习的问题）？

第三，以三维目标叙写，即结合具体的情境与学生，如何以三维为参照，逐条叙写该知识或技能的全部学习目标？

以苏教版《高中语文（必修三）》中庞朴的《传统文化与文化传统》（论述类文本）为例。① 学生在“必修一”学过《青年在选择职业时的考虑》、《获得教养的途径》两个论述类文本，且有初中议论文学习的基础。因此，成果性的目标主要是“知道此议论文的组织结构”，其意义是如何让学生学会“举一反三”，能迁移，会应用，因此要突出“该组织结构习得的过程”，然后再考虑以三维的方式来陈述。参照《普通高中语文课程标准》中“阅读能力”部分的相关要求，该篇课文的教学目标可以这样叙写。

目标一：默读课文，找出每部分乃至每段的中心句，理清全文的思路，画出结构图。

目标二：选择重点语段（如第10段、第17—19段），欣赏其论述结构、论证方法和语言风格。

目标三：在小组讨论中，就文中提及的某个观点，能用正例或反例对文本作进一步阐释。

在目标一中，“画出结构图”是最终的成果性目标；“找出……理清……”既是其阶段性的成果性目标，也是过程性目标；“默读课文”是行为条件，也是学习过程。从三阶和三维目标来说，均涉及“知识与技能”（指向“认读感知”、“阐释整合”等阅读技能）、“过程与方法”。

在目标二中，“选择……欣赏……”是过程性目标，但“欣赏其论述结构、论证方法和语言风格”则是高层次阅读“评价鉴赏”技能。从三阶和三维目标来说，也涉及“知识与技能”（指向“评价鉴赏”阅读技能）、“过程与方法”。

在目标三中，“在小组讨论中”在此课时中是行为条件，“就……观点，能用……阐释”，从阅读技能来说，这是“探究应用”，且涉及对文本中“传统文化”和“文化传统”的深层次理解。因而，这既是创造性目标，也属于意义与价值目标。

如此看来，教学目标的清晰化不仅需要目标具体化的技术，而且还充满着教师的专业判断。目标陈述是否清晰，这不仅预示着后续对“学生学会了什么”的测量与评价，还体现了陈述该目标的教师的专业素养与水平。因此，教师必须从追问“学生学会了什么”开始思考自己的课程教学，开始实现自己的专业发展。

【参考文献】

[1] 夸美纽斯．大教学论［M］．北京：教育科学出版社，1999. 24.

[2]［3]［4] 赫尔巴特．普通教育学·教育学讲授纲要［M］．北京．人民教育出版社，1989. 6，37，39.

[5] Eby，F. & Arrowood，C. F. *The Development of Modern Education：In Theory，Organization，and Practice*［M］. New York：Prentice Hall，1934. 786.

[6] 杜威．我们怎样思维·经验与教育［M］．北京：人民教育出版社，1991. 88-94.

[7] Kilpartrick，W. H. The Project Method［J］. *Teachers College Record*，1918，(19).

[8] Bobbitt，F. *How to Make a Curriculum*［M］. New York：Houghton Mifflin，1924.

[9] Tyler，R. W. *Basic Principles of Curriculum and Instruction*［M］. Chicago：University of Chicago Press，1949.

[10]［11]［12] Tanner，D. & L. Tanner. *Curriculum Development：Theory into Practice*［M］. New Jersey：Prentice-Hall，Inc. 1995. 234，234，234.

[13] 安德森．布卢姆教育目标分类学（修订版）［M］．北京：外语教学与研究出版社，2009. 238.

[14] 崔允漷．有效教学［M］．上海：华东师范大学出版社，2009. 113-114.

① 此案例是与浙江省余杭高级中学林荣凑老师共同研制出来的，在此向他表示谢意。

教材分析：要素、关系和组织原理*

□ 胡定荣（北京师范大学教授）

教师备课需要备教材，这已成为常识。但是，教师在备教材时需要分析教材的什么？对此，教育学和教学论著作却没有深究这个问题。由于道理上没有说清楚或未经教师掌握，教师在分析教材时就难免出现各种各样的偏差。通过阅读大量的教师教学设计方案、教师集体备课，笔者发现，教师的教材分析主要是对教科书中的知识点及其重点和难点的分析。这种分析存在以下问题：(1) 把教材等同于教科书，没有把课程标准和教学参考资料作为教学材料，不能说明教材的来源和合理性；(2) 局限于教材的教学内容分析，没有分析教材中的教学目标、教学内容的呈现方式等其他教材要素，不能完整地理解教材；(3) 对教材的分析停留在阅读、浏览的表层水平，没有深入到教材里面，了解教材编写的意图和所依据的原理。由于对教材分析的片面性和肤浅性，教师在实际的课堂教学过程中就会出现孤立地肤浅地呈现知识点、脱离教材以及随意呈现教学内容的问题。这导致学生对学习内容不理解和认识肤浅，抓不住学习内容的本质和核心，最终造成教学效果不佳。

基于教材分析的理论和实践中存在的问题，笔者认为，对教材分析要从理论上说明什么是教材分析以及教材分析的具体内容，为教材分析提供教学论知识。

从教材的本质来看，教材是课程的载体，主要包括教科书（教师用书、学生用书）、教学参考资料、学具等教学材料。各门学科的教科书是根据学科课程标准对教学材料做出的具体设计，具体包括学习要求、学习内容和作业设置等。教学参考资料是对教科书的揭示和补充说明。毋庸置疑，教科书是教材的主体。教师对教材的分析，应该以教科书为主要的分析对象，并参照课程标准和教学参考资料来进行分析，具体包括要素分析、关系分析和组织原理分析。

一、对教材要素的分析

所谓教材要素分析，就是弄清楚教材的基本构成要素及其特点。教材作为课程的载体，承载着课程的目标、内容、实施和评价要素。从课程的角度分析教材的要素，教材要素包括教学目标与意图、教学内容及其编排呈现方式和作业检查方式。教材的要素分析需要教师参照课程标准和教科书的相应要求进行比较分析，理解这些要素的特点。

下面，笔者以初中语文《陋室铭》一课为例来说明如何进行教材要素分析。

《陋室铭》是人教版初中二年级上学期的语文教科书里的一篇文言文。我们参照课程标准的相关要求对语文教科书的教学目标、内容编排、呈现方式、评价方式等进行如下分析比较。

---

* 原载《课程·教材·教法》2013 年第 2 期。

（一）依据课程标准的目标要求细化教科书教学目标

表1

语文课程标准中关于初中文言文阅读的目标要求	教科书的教学目标细化
阅读一般要求：掌握阅读方法，能用普通话正确、流利、有感情地朗读；养成默读的习惯，有一定的速度；会熟练地略读和浏览；理解文章的内容、思路、重要词句在文中的意义和作用；了解作品的写作文化背景知识；了解文章中语法知识；了解叙述、描写、说明、议论、抒情等表达方式；对文章内容和表达有自己的心得。 文言文的阅读目标：阅读浅易文言文，能借助注释和工具书理解基本内容。 阅读教学的重点：培养学生具有感受、理解、欣赏和评价的能力；重视朗读和默读，加强对阅读方法的指导，对诗文应要求学生诵读；在阅读教学中，为了帮助学生理解课文，可以引导他们随文学习必要的语法和修辞知识，但不必进行系统、集中的语法修辞知识教学。	第五单元（文言文）说明中提出：学习本单元，要先借助注释和工具书读懂课文大意；在反复诵读中领会文章内涵和语言；积累常用的文言词语。 第五单元第22课短文两篇导语部分提出的要求是：学习托物言志的表达手法；学会诵读；体会作者的情怀；认识这种情怀产生的社会背景。 目标达成：掌握诵读要求，读准字音、停顿，读出语气、感情，达到在课堂上背诵的要求。

通过比较分析，笔者发现，课标关于目标的要求具有宏观性和概括性，而教科书关于教学目标的要求则具有微观性和具体操作性。前者是后者的依据，后者是前者的落实。例如，课标对初中文言文教学的目标要求是：让学生掌握文言文课文的内容知识、阅读方法知识、表达方法知识，达到理解、欣赏、评价和背诵的程度。教科书对本篇文言文需要掌握的内容和程度的规定是：理解课文大意，体会课文思想，了解托物言志的表达手法，认识《陋室铭》创作的社会背景，掌握诵读的要求，达到背诵程度。可以说，课标的目标要求为教科书目标的达成指明了方向。

根据课程标准和教科书的目标要求，教师在确定《陋室铭》一课的具体教学目标时，应注重落实知识与技能、过程与方法、情感态度价值观的三维一体目标。当然，如果说课程目标和教科书的目标只是指出了大方向，具体教学目标的达成则需要依据大方向的要求循序渐进地推进。

（二）依据课程标准中课程内容的编排要求来设计教科书内容

表2

语文课程标准对初中文言文内容的编排要求	教科书对文言文内容的设计
教材注重继承与弘扬中华民族优秀文化； 教材选文要具有典范性，文质兼美，富有文化内涵和时代气息，题材、体裁、风格丰富多样，难易适度，适合学生学习。 教材应注意引导学生掌握语文学习的方法；教材内容的安排应避免烦琐化，简化头绪，突出重点，加强整合，注重情感态度、知识能力之间的联系，致力于学生语文素养的整体提高。	教材在第五单元安排了包括《陋室铭》在内的五篇文言文，这些文章都属于名家名篇。 教材以语文与生活的联系为外部线索，以人与自然、人与社会、人与自我为组织单元。本单元属于古代生活，《陋室铭》表达的是作者的生活情趣、志向，反映了人与自我的关系。 教材以学生阅读能力发展水平为内部线索，初一课文按照其反映的生活内容，分类组织单元，培养学生一般文章的阅读能力，如理清思路、概括要求、揣摩语言以及一般文章的写作能力；初二课文按照表达方式组织单元，侧重培养阅读和写作记叙文、说明文、议论文的能力；初三课文按文学体裁组织单元，培养学生阅读和欣赏文学作品的能力。[1]

通过上述比较，笔者发现，基于课程标准的教科书对文言文选文的要求体现了经典性（名家名篇、语言文字的典范性、思想感情的激励性）和浅易性（简单的诗文，不是古书、文学名著，与现代文相差不远，借助字典和工具书能够知其大意）的要求。这提醒教师在教材内容处理上侧重文章内容及其思想感情的鉴赏，不要增加文言文内容的难度。

从教材内容的组成部分看，《陋室铭》这篇文言文中承载了写作背景知识、文体知识（铭文）、课文表达的内容知识（思想感情）、语言知识，文言词法（实词、虚词）、句法知识、表达手法知识（托物言志等）、诵读方法知识等。可以教的内容很多，而教材规定的时间是一课时。在规定的时间内，教师需要教什么、不教什么？根据课标和教科书的要求，教师在组织教学内容时，应侧重在文章的思想内容、写作背景、诵读和托物言志的手法上下功夫，不要把过多的精力放在文言词法、句法知识上。

值得一提的是，课标强调内容的整合，注重语文知识、能力、情感等整体素养的提高；教科书的组织以语文与生活的联系、阅读能力发展水平为线索，体现学生心理发展的逻辑和生活的逻辑。这提醒教师在教科书内容处理上，要注重教学内容与学生生活的联系，主张按照学生心理发展水平，由浅入深、由易到难安排教学内容，注重语言知识的综合。

（三）依据课程标准的教科书内容呈现方式

表 3

语文课程标准对初中课程内容呈现方式的规定	教科书中的课文内容呈现方式
教材的体例和呈现方式应灵活多样，避免模式化。注意为学生设计体验性活动和研究性专题，重视运用现代信息技术。	课文内容呈现顺序为：篇首语（学习目的与要求）—课文与注释—研讨与练习。

不言而喻，课程标准关于呈现内容的要求，决定了教科书内容的呈现方式。同时，教科书对文言文阅读教学内容的呈现总体上制约或影响学生自主探究式学习，要求学生借助工具书和注释独立阅读浅易文言文。在教学步骤上，主张学生通过查字典，看注释，理解词句含义，贯通上下文，了解文章大意；探究思想内容和表达手法。要达到这一要求，教师需要让学生进行独立阅读与思考，避免因串讲串问和逐句翻译而造成学生对教师的依赖。

（四）课程标准与教科书评价方式的比较

表 4

语文课程标准对初中语文阅读教学评价的规定	教科书中的作业设置
阅读评价要考察： （1）对内容的理解和文体的把握； （2）综合考察学生阅读过程中的感受、体验、理解和价值取向，侧重对学生多角度、有创意阅读的评价，语法、修辞知识不作为考试内容； （3）对朗读的评价从语音、语调和感情等方面进行综合考察； （4）对文言文阅读的评价，重点在于考察学生记诵积累的过程，考察他们能否凭借注释和工具书理解诗文大意，而不应考察对词法、句法等知识的掌握程度。	研讨与练习： （1）背诵并默写课文； （2）联系全文，具体分析“何陋之有”的含义，分析“无丝竹之乱耳，无案牍之劳形”的言外之意； （3）分析“孔子云：‘何陋之有?’”中“之”字的用法。

通过课程标准和教科书对文言文教学的评价比较，笔者发现，课程标准和教科书都要求学生对文言文的掌握达到背诵默写的程度，都要求考察学生在阅读过程中的感受。不同的是，课标不考察学生对词法、句法等知识的掌握程度，教科书要求考察学生对虚词“之”字的用法的理解。这提醒教师在教学效果的检查上，应重点围绕学生对课文整体的背诵积累和文言字词的积累来进行，争取让学生学一篇会一篇。

二、对教材关系的分析

所谓教材关系的分析，就是指对教材组成要素之间的关系进行分析，把握要素之间的内在一致性，发现并消除要素之间的冲突。

教材的要素包括目标、内容、实施和评价。从这四个要素之间的关系来看，目标决定实施途径和方法。因此，教材内容、实施和评价方式应该与教材的目标保持一致。内容决定形式。因此，教学方式应该服从教材内容的性质，与教材内容保持一致。

以《陋室铭》一课为例来说明如何对教材要素进行关系分析。笔者先把教材规定的内容和掌握的要求以表5的形式呈现出来。

表5

内容	认知过程					
	识记	理解	运用	分析	评价	创造
课文	√					
诵读方法		√	√			
写作背景		√				
文章体裁		√				
文章思想		√		√		
文章感情					√	
表达手法		√				
文言实词		√				
文言虚词						
文言句法		√				

从表5可以看出，教材规定，通过《陋室铭》一课的学习，主要目的是让学生学会诵读、背诵并默写课文，理解文章的体裁、写作背景、思想感情、表达手法以及个别文言实词和虚词，鉴赏评价作者表达的思想感情。

从教材内容来看，教材主张淡化文言知识，突出文章思想内容和表达方法。这符合课标的规定。从教学的要求来看，建议学生背诵并默写课文，理解文言文“之”字的用法，分析评价课文中重点语句的含义。这与教材规定也是一致的。

从教材规定的目标与建议的内容和评价方式来看，教材目标起到了导教、导测量的作用。

从教材内容与呈现方式之间的关系来看，教材内容涉及背景知识、文体知识，词法和句法知识，诵读方法知识、写作手法和文章情感等不同的成分。要习得这些不同的知识，需要有不同的学习方式。如背景知识和文体知识可以通过学生查资料和教师讲解来获得，诵读方法需要教师示范，学生模仿来掌握，文章思想和情感需要通过学生探究体验来获得。教材在教学内容的呈现方式上只是强调让学生借助工具书和注释独立阅读，没有对知识进行分类，揭示不同类型知识所需要的具体学习方式。对此，教师在处理教材学习方式时应进一步思考和处理。

三、对教材组织原理的分析

对教材要素及其关系的分析，有助于教师走进教材，正确解读教材。但是，仅此还是不够的，还需要我们对教材的组织原理进行分析，弄清楚教材的各组成部分设计安排的依据，看这些依据是否合理，从而达到立足教材、超越教材的要求。

从教材教学目标设计所依据的原理来看，教材主要依据课程标准提出的“知识与技能、过程与方法、情感态度价值观”三维一体的教学目标分类观点。三维教学目标分类说的提出，是针对以往教学注重“双基”、忽视学生情感，注重教学结果、忽视教学过程和学生自主学习的弊端提出来的。从纠偏的角度看，有现实针对性。但是，从逻辑分类的角度看，三维无法并列，一体的关系也难以说清楚。从学习心理学的学习结果分类理论和教育目标分类理论来看，三维的分类没有充分的理论依据，在实践中也不好操作。因此，在教材目标设计上，我们要根据合理的教育目标分类理论来重新设计教学目标。教学目标是预期的学习结果，具体表现为学生学习特定内容后表现出来的行为变化。教学目标的要素应包括内容和行为两个方面，过程和方法不属于学习结果，不应作为教学目标，但是，可以作为教学内容。根据修订的布卢姆教学目标分类理论，[2]教学目标可分为知识和认知过程两个维度。知识包括事实性知识、概念性知识、程序性知识、策略性知识。认知过程包括记忆、理解、运用、分析、评价和创造。依照布卢姆教学目标分类理论，在制定教材教学目标时，我们需要明确应教给学生何种知识，学生对每种知识的掌握应该达到何种程度。

从教材设计所依据的原理来看，教材内容的设计主要考虑现实社会的需要、学生发展的需要和人类文化知识传承的需要。教材之所以选择文言文内容，并且突出文言文的地位，这主要是从传承中华民族优秀文化传统的需要和学生发展角度来考虑的。旨在通过文言文的学习，让学生体会到祖国语言文字的优美，影响学生的人生态度和思想感情。之所以淡化文言词法句法的古汉语语言知识，是因为在现实社会生活中，人们已经不再用文言文说话和写作，文言文已经失去了现实语言表达和交流的需要。在内容的分类上，从理论上讲，教材内容包括知识、技能、情感等成分。语文教科书中课文内容来自作品，它并不直接显现作品内容，需要教材编写人员实现从作品内容向教材内容的转化。但是，教材编写者并没有说明课文应包括哪些内容成分，这些内容成分之间是什么关系。因此，无论是教材编写者还是广大语文教师，都应该了解教材内容设计的需要，明确教材内容成分之间的关系，知晓从作品内容向教材内容转化的路径与过程。这是有效组织教材内容与达成教学目标的重要前提。

从教材内容的组织编排的原理看，教材内容的组织编排有学科知识逻辑组织和活动与学生心理发展逻辑两种。前者有利于系统知识的传递，但容易忽视学生的兴趣和能力发展；后者有利于学生接受和理解，但容易停留在感性经验，不利于学生认识提升。理想的做法是把二者有机结合起来。语文教材内容的编排以语文与生活的联系为明线，以活动或主题为组织单元，以学生阅读能力发展为暗线，这说明，语文教材是按照活动和学生心理发展的线索来组织的。同时，为了避免忽视语言和语法知识，语文教材把语言和语法知识点分散到单元，以附录的形式呈现在课文后面。这体现了语文教材突出语言能力训练为主、语言知识为辅或工具的编排思想。但是，语文知识和能力如何有机统一，教材没有对教师和学生做出清楚的说明和导引。另外，从教材内容编排的顺序看，体现学生发展的要求，教材安排应遵循从简单到复杂、由易到难的编排顺序。人教版语文教科书第五单元安排了五篇文言文，分别是陶渊明的《桃花源记》、刘禹锡的《陋室铭》、周敦颐的《爱莲说》、魏学洢的《核舟记》、《礼记·礼运》中的《大道之行》，杜甫诗三首（《望岳》、《春望》、《石壕吏》）。这些篇章涉及不同历史时期（东晋、唐朝、北宋、清朝、唐朝），不同文体（记、铭、说、诗歌），反映了不同的生活（社会理想，人生志向，工艺作品）。它们之间的顺序安排的依据是什么？教材和教参没有做出说明。从难易程度来看，短文两篇和诗歌难度要低，应该排在前面，从主题相关性来看，《桃花源记》和《大道之行》都反映社会理想，放在一起，有利于学生比较学习。

从教材的组织原理来看，教材内容有不同的知识类型，不同的知识类型有不同的习得过程和条件。从语文教材内容看，语文是用语言文字表达思想感情的工具，语文课文里包含字、词、句、段、篇等语言文字知识内容和文章内容知识（表达的思想感情）。字词属于符号学习，对字词的学习需要弄清音、形、意，需要通过直观来理解，通过诵读、默写来积累；句子由字词组成，反映了字词之间的关系，属于规则学习，需要通过具体例子来让学生观察发现语言规则；段篇由句子构成，属于高级规则的学习，需要在分析理解句子的基础上，经过综合，联系上下文和文章整体来理解；文章的思想感情属于情感态度学习，需要学生在体验基础上进行鉴赏和表达交流。语文教材内容的呈现方式应该考虑到语文学科内容的特殊性和语文学习内容的差异性，根据语文内容的性质和语文学习结果的分类，设计体现语文课学科特性的差异化的呈现方式。现行的语文教材在内容呈现方式上主要突出了学生自主探究式学习，没有反映出语文学科学习方式与其他学科学习方式的特殊性，没有反映出语文学习内容的差异性。语文教师在教材内容呈现方式上需要进一步的研究。

从教材的评价设计体现的原理来看，教学评价是依据教学目标，运用测验、观察、访谈等定量定性的方法来收集资料进行价值判断的活动。教学评价的价值合理性体现在以学生发展为本，促进学生语言能力的提高，教学评价的目标合理性体现在结果的分类与测量，教学评价手段的合理性体现在定量定性科学方法的运用。从语文教材对教学评价的设计来看，教材要求学生背诵与默写课文，分析“何陋之有”，“无丝竹之乱耳，无案牍之劳形”句子的含义，辨析短文两篇中“之”字的用法。背诵、默写测的是学生的记忆水平，分析、辨析测的是学生的分析水平。布卢姆的教育目标分类学把教育目标分为识记、理解、运用、分析、评价、创造六个层次。由此来看，语文教材对《陋室铭》的教学评价重点在记忆和分析层次，缺少评价层次的设计。这与语文课程标准要求文言文教学突出文章思想情感的要求不太一致。这需要语文教师在《陋室铭》一课的教学评价设计活动中，突出情感教学目标。

总之，教材分析包括对教科书的主体分析和对课程标准的依据分析；教材分析应对课程标准和教科书中蕴含的目标、内容、实施和评价要素进行层次上的分析，① 弄清楚两者各自的含义和特点；教材分析应揭示教材目标、内容、实施与评价要素之间的关系，发现并消除它们之间的冲突；教材分析应对教材目标、内容、实施与评价要素背后依据原理的合理性进行分析评价，并做出改进；对教材内容进行要素、关系和组织原理分析，有助于教师理解教材，超越教材，达到用教材教而不是教教材的目的。

【参考文献】

[1] 顾振彪. 21世纪初初中语文教材（人教版）的改革——人教版课标《语文》(7—9年级）介绍. 语文教学通讯，2004 (7—8)：28-32.

[2] 安德森，等. 学习、教学和评估的分类学——布卢姆教育目标分类学修订版 [M]. 皮连生，主译，上海：华东师范大学出版社，2008：25-80.

① 课程标准和教材是上下位的关系，不是平行并列的同级关系，二者之间不具有可比性。因此，文中所述的有关课程标准的内容和要求，是作为教材分析的依据与参照。

学校特色建设："寻找属于自己的句子"*

□ 杨九俊（江苏教育科学研究院研究员）

特色建设是当下学校发展的一个热点话题，也是教育发展到一定阶段的必然主题。《教育规划纲要》指出："树立以提高质量为核心的教育发展观，注重教育内涵发展，鼓励学校办出特色、办出水平，出名师，育英才。"特色是一个学校的内在特质与个性标志，是一个学校的品性和风格。美国作家海明威有句名言："寻找属于自己的句子"——强调一个作家观察生活、认识世界、思考问题、思想表达都要有其独特性。学校建设就是要"寻找属于自己的句子"，彰显特色。

一、什么是学校特色

（一）学校特色建设相关表述辨析

1. 特色活动、特色项目与学校特色

目前，在学校特色建设上存在一些认识和实践的误区，比如把特色项目、特色活动当成学校特色建设的主体甚至是全部，有的地方教育行政部门甚至要求一年之内校校有特色——这个"特色"只能指某个活动或项目。"特色"是整体的，内蕴外现一体化的。有特色活动和特色项目，如果并未因此形成学校独有的品性和风格，很难说那是学校建设应当追求的特色。反过来说，如果一所学校各方面都很优秀，没有所谓特色活动和特色项目，没有"一招鲜"，这种全面的整体的优秀的发展状态，恰恰就是它的特色。在学校特色建设起步阶段，开展特色活动，启动特色项目，作为学校特色建设的突破口，是无可厚非的。但这里的"特色"必须基于满足学生自主性、选择性学习的需要。从长远看，特色活动、特色项目重在构建学生多样发展的基础平台，铭刻学生终生难忘的文化记忆，那样，它自然成为学校特色的有机组成。

2. 特色课程、特色学科与学校特色

课程、学科是学校教育的主要渠道。在一所学校里，通过系统的课程实施和学科教学，学生的素质得到健康而全面的发展；同时，在长期的课程实施、学科教学过程中，学校形成独特的课程和教学文化，滋养着学生的个性，濡染着学生的气质。在这个意义上讲，特色课程、特色学科就是学校特色。当然，这样说是有条件的：一是课程、教学的特色应当符合校本化的培养目标的要求；二是特色课程、特色学科应当与学校文化具有内在的一致性；三是课程、教学特色应当是整体的或者是有机融入整体的。如果是基础教育阶段的校本课程，还应当体现全体性、自主性、基础性，既不是面向少数特别优秀的学生，不是追求某种功利性的"轰动"，也不是以外在力量强加于学生。

3. 特色学校与学校特色

有一种观点认为，学校特色是初级阶段，特色学校是成熟阶段，于是一些学者提出一句口号："从学校特色到特色学校"。对于这一观点和口号，我不敢苟同。在我看来，特色学校更为偏重显性的

* 原载《教育研究》2013 年第 10 期。

特征，譬如一所学校半军事化管理，或一所学校实施双语教学，人们都可以叫它特色学校；而学校特色则是显性、隐性相统一的，与学校文化达成了深度统一。学校一旦形成自己的特色，则标明了学校的发展到了一个比较成熟的高度；而特色学校有可能是优质意义上的，也有可能不是——哈佛、剑桥大概不希望人们称它是特色学校。

4. 学校特色的有与无

在谈到学校特色时，我们经常听到这样一种说法："人无我有，人有我优，人优我特"。细细推敲，这种说法很难站得住脚。"有"与"无"是事物的一种客观属性，并不能代表一种价值判断——很显然，"有"并非都是好的，而"无"也并非都意味着缺憾。学校特色的本质在于事物本身独特的优秀品性，如果品性低劣，这样所谓的"特色"不要也罢。

5. 特色建设与学校文化

在一定意义上，文化本身就是某种与众不同，就是某种差异、某种特色。美国著名人类学家露丝·本尼迪克特认为："（文化）是通过某种民族的活动而表现出来的一种思维和行动方式，一种使这个民族不同于其他任何民族的方式。"[1]学校之间有很多差异，但我们不一定去关注它，我们关注的是学校师生自己创造形成、自己浸润其间、自己享用获益的文化差异。学校特色就是学校文化的特色。它是一种有独到思想、有个性风格、有行为体现、有生命依托的"有特色的文化完形"。[2]

（二）学校特色结构

学校特色结构由表及里可以分为四层：第一层次是校容校貌，第二层次是组织运行，第三层次是核心价值观，第四层次是生活方式。（见图1）

校容校貌——生存空间、文化标识
↓　　↓
组织运行——做什么、怎么做
↓　　↓
核心价值观——为什么这样做
↓　　↓
生活方式——主体自觉、文化意识

图1　学校特色结构示意图

校容校貌。校容校貌不仅是学校师生的生存空间，也是学校的文化标识，发挥或显或隐的文化濡染作用。苏霍姆林斯基说过："要让学校的每一面墙壁都会说话。"事实上，即便没有刻意地让学校的墙壁说话，墙壁也一直在说着话。所以，无论是否精心设计，校容校貌都构成了学校特色的表象层。

组织运行。组织是一个系统，不同的组织内容、组织结构、组织关系、组织协调等，决定了组织运行方式的不同。学校作为一个个不同的社会组织，在制度的落实、课程的实施、文化的推行等组织运行环节上都有自己的独特之处，从而使学校在"做什么、怎么做"这个层面上形成了自己的特色。

核心价值观。简单地说，核心价值观就是某一社会组织秉持的基本是非标准，遵循的基本行为准则。如果说组织运行是体现"做什么、怎么做"的话，那么，核心价值观就可以解释我们"为什么这样做"。学校本身就担负着价值生成、价值澄清、价值传递的任务，如果没有形成稳固的核心价值观，在价值教育中必然会摇摆不定。同时，只有形成了属于自己的核心价值观，才能很好地回答"为什么这样做"这一问题，为学校的特色建设找到强有力的内在依据。

生活方式。美国管理学家埃德加·H. 沙因认为，文化由以下三个相互作用的层次组成："物质层——可以观察到的组织结构和组织过程等；支持性价值观——包括战略、目标、质量意识、指导哲学等；基本的潜意识假定——潜意识的一些信仰、知觉、思想、感觉等。"[3]一种文化只有成为群体的潜意识、下意识、无意识，才能真正被人们所接受，成为他们的生活方式。学校特色建设也是如此，当学校的特色浸润到了师生的内心深处，就会成为师生的主体自觉，成为师生自然而然要做的事情。

二、学校特色建设的共同文化

（一）为什么提出"共同文化"

学校建设问题多多，我认为可以用八个字概

括："共性不共，个性不个。"许多学校正是没有遵守基本的共同规则，没有遵循基本的教育规律，没有坚守教育和学校的基本精神，于是，也就缺少了讨论个性的基础。同时，学校受到考试文化和标准化思维的深刻影响，功利至上，随波逐流，从而形成千校一面、同质化的局面。这一"面"并非教育应有的面目，所同之"质"则是教育异化的杂质。而"个性不个"，在某种意义上正是由于"共性不共"。坚守共同文化，探索共同文化，因为不同群体，不同地域，不同传统，不同定位，就一定能生长出个性来。所以，有必要提出共同文化建设的问题。

（二）共同文化的基本特征

纯粹性。德国哲学家本雅明在讨论不同语言作品的翻译时认为："'纯语言'是译作与原作的共同来源，它部分地隐含在原作中，在翻译的过程中，我们能窥见它，发掘它，使'纯语言的种子'得以成熟、生长。"[4]推而广之，也就有纯建筑、纯艺术、纯文学，等等。教育之纯、学校之纯，就是超越功利主义，回到本质精神。

基础性。从国际课程改革潮流看，各国大都有共同的规定要求，如法国在初中提出"共同基石"，在高中提出"共同文化"。正是在"共同"的视野里，规定了学科的基本范畴。我国高中课改提出"共同基础，多样选择"的思路，大学教育里不断加强通识教育、基础课等，也都是关注到基础性。一些研究者在观察发达国家课程改革时，认为共同文化的提出，是对个性化教育的重新理解。个性化教育并不否认学生个体所需要掌握的共同基础知识；相反，个性化教育只有建立在共同基础知识的基础上，才是最有效的、高质量的。[5]这对于我们理解学校建设共性与个性的关系，也是有启迪的。

共享性。人们在讨论多民族文化时，经常会提及共同文化。这里的共同文化突出的是共有共享。比如一个多民族的国家，那些共同的价值观和价值标准、对国家精神的共同理解，以及由国家在超脱民族性基础上对所有公民权利的平等保护所形成的公民对国家的依赖感和信任感。[6]学校建设的共同文化，也是不同学校共有、共享以及共同坚守的东西。

发展性。"共同文化"不是一成不变的，而是需要不断探索、不断发展的。杜威说："教育本质上是无止境的圆形或螺旋的东西，教育是一种包含科学在内的活动。正是在教育过程中，提出了更多的问题以便进一步研究，这些问题反映到教育过程中去，进一步改变教育的过程，因此又要求更多的思想，更多的科学，循环往复以至无穷。"[7]英国著名学者雷蒙·威廉斯在《文化与社会》等著作中也强调，在民主社会的基础上建设共同文化，不是一种简单的回复，而是一种更高层次的超越，也包含了同样的意思。因此，学校建设关注共同文化，不仅是共同文化的实践，其实也包含了共同文化的探索和创造。

（三）什么是学校建设的共同文化

合"法"性。"法"是秩序性的基础，学校作为一个组织，总是在一个有秩序的体系内运行的，合法是其前提。有的学者认为现代学校制度的核心就是依法治校，正是基于此理。学校建设的"法"，包括《宪法》中有关教育的内容，包括《教育法》等一系列教育方面的法律，也包括其他与教育关联度较高的法律。另外，还有政府部门出台的对教育、对学校管理的一些行政法规，细化至学生作业的具体时间。这些都是学校管理的各个主体必须共同遵守的。同时，依法治校还有明确不同主体权利、责任、义务的界限关系的问题。法律、法规是学校建设和管理的"语法"部分，也许寻找到的"自己的句子"各有其妙，但文章形成的"语法"是共同的。不讲语法，这样的文章就难以卒读，就不成体统。在现实生活中，教育战线有法不依的现象比比皆是，有时连不得加班加点的几条规定都难以落实。在这种情况下去讨论学校特色建设，是没有意义的。因此，学校建设首先要强调法治精神，教育工作者更要理解法律法规条文背后的价值意蕴，坚守住以法治校、治教的底线。

合"理"性。这里的"理"即道理、规律。学校建设自然要遵守、遵循教育的基本规律，教育之

“纯”、学校之“纯”，就在于按照教育规律办学。顾泠沅教授在一次研讨会上曾介绍国际教育评估组织对不同教学法、教学模式进行广泛调研与分析，结果发现，不同教学法、教学模式排在前几位的元素是趋同的，如：学习动力，挑战性的学习期望；安静、合适的学习时间，为学生提供有效的学习机会；教学的针对性，等等。可见，在千姿百态的教学法、教学模式之中，蕴含着共同的规律性的东西，正是这种合“理”性，构成了这些教学法、教学模式主要的生命元素。从学校建设这个命题来看，讨论合“理”性，至少要重点关注两个方面。第一，学校如何承担培养什么样的人、怎样培养人的使命。1945 年哈佛大学发布了引起广泛讨论的报告《自由社会的通才教育》，在报告的开始，提出了教育的两个目标：“帮助年轻人完成生命中独特的，有专门意义的任务，尽可能地使他们适应作为公民和共同文化的继承者与他人分享的那些共同领域。”[8]苏霍姆林斯基在《把整个心灵献给孩子》中说：“真正的学校，那是儿童集体的丰富多彩的精神生活，它以多种多样的志趣和爱好把施教者与受教育者联系在一起。”[9]这些阐释也许或多或少有他们个人性格的色彩，但其基本内涵则体现了教育和学校的纯粹精神。第二，学校作为一个组织必须体现的基本精神。比如亨廷顿论及“制度化是组织和程序获取价值观与稳定性的一种进程”，人们可以从适应性、复杂性、自治性、内部协调性等方面衡量组织和程序的优化程度。[10]再如，组织结构的优化、机构能力的建设、学校文化的创新等，都是有基本规律需要我们理解、发现和表达的。

合“时”性。“文章合为时而著”，“寻找属于自己的句子”，一定会烙上鲜明的时代印记。《剑桥科学史》指出：“艺术品中蕴含着一条普遍规律，即每个时代的文化象征着该时代特有的现实，但这一规律常常被忽略。”[11]这种时代性特征，从历时的角度看，是时代特色；从共时的角度看，则是共同文化。学校建设的时代性，第一，是其批判性，应当从对现实的反思和批判起步。王朔在作品中曾调侃教育：“这个人长得跟教育似的。”这是因为：考试文化占据统治地位，学校不敢越雷池半步，多多少少走向呆头呆脑、了无生气；许多教育工作者专业性相当淡化，对经验性、习惯性的做法比较倚重，难有专业意识、专业追求、专业坚守；标准化的思维影响深广，学校和学生都成了某个模子里的产品，千校竟然“一面”。学校特色建设首先要正视这些问题，并且通过实践否定、去除这些弊病。第二，是其建设性。每个时代的学校象征着该时代特有的现实，学校文化自当体现鲜明的时代精神。学校转型发展的内涵——质量的优质化、形态的多样化，也是时代诉求的一种体现。当然，学校建设还应有大视野，要站立在思想前沿，去审察、思考问题，关注时代进步的整体要求，领悟时代精神的本质意蕴，这样我们才可能在文化建设的意义上去讨论学校特色建设的问题，也才可能以学校特色建设推动学校的整体进步。

三、学校建设要彰显独特性

（一）认识自己

学校特色建设不是空穴来风，不是推倒重来，它一定与学校的历史，与学校的地域，与学校的师生都密切相关。所以，学校要开展特色建设，首先要做的就是“认识自己”。

1. 认识学校的文化传统

首先，我们必须辨析清楚经常被我们混用的两个词语：传统文化和文化传统。庞朴先生在《传统文化与文化传统》中精辟地论述道：传统文化落脚于“文化”，它“产生于过去”，“既是财富，又是包袱”；而文化传统则落脚在“传统”，它“是不死的民族魂”，它“不具有形的实体，不可抚摸，仿佛无所在；但它却无所不在，既在一切传统文化之中，也在一切现实文化之中，而且还在你我的灵魂之中”。[12]作为文化传承与创新之地，学校也有无所不在、流淌于师生灵魂之中的文化传统。在笔者参加的一次研讨会上，多位学者强调中小学特色建设要体现基础性、选择性、内在性，其中“内在性”就要基于我们对学校文化的重视和理解。认识学校的文化传统，不仅可以从中找到学校特色建设的优质种子，而且也能找到学校特色建设的丰饶土壤。

2. 认识风土文化

俗话说：一方水土养一方人。学校不是与世隔绝的象牙塔，所属地域的风土文化对于学校特色建设来说也是丰富的营养。以我所生长、生活的江苏来说，风土文化可以用三个字来概括：湿、水、蘇。

首先是“湿”。日本学者和辻哲郎在《风土》一书中把风土划分为季风型、沙漠型、牧场型三种，他认为长江下游属于季风型地域，其风土特征是潮湿。“潮湿”带来湿润、丰饶，但湿气又是难以忍受、难以防御的，这种“潮湿”孕育了季风地带的人忍受和顺从的特性。“他们明显保持着一种紧迫感，在忍耐的深处蕴藏着一股斗志”，“从好的一面来看，这种不动声色就是一种从容不迫的态度”。[13]

其次是“水”。江苏是个多水的省份，季风带来的是水，水的滋润给人的性格带来的影响主要是在三个方面：一是内蕴。海纳百川，有容乃大。江苏的教育就是吸收、融合了诸多元素，显得内涵丰富，底蕴深厚。二是灵动。水是最灵动婉转的事物，江苏的教育也善于因时、因势而动，时刻保持与时俱进，甚至是引领潮流。三是水气。水气氤氲，润泽而鲜活，江苏的学校教育也如水一般，充满旺盛的生命活力，时时能感受到生命的律动。

最后是“蘇”。“苏湖熟，天下足”，从“蘇”的字形结构中我们可以看出，江苏雨水丰沛，从而草木丛生，成为鱼米之乡。因为衣食无忧、丰衣足食，于是有更多的读书人，有更精致的艺术，更讲究的生活方式。江苏的教育也是如此，讲求精致巧妙，讲求精益求精。

3. 认识个体性特征

风格即人，学校的办学特色在某种意义上是个人或群体的性格使然。这里的“人”首先是指一校之长，校长的胸襟、学识、追求甚至性格，都会成为学校特色的文化元素。这里的“人”同时也包括师生群体，以及家长和社区、学校利益相关者群体，他们对学校的期望、参与学校建设的作为，甚至他们在社会上的身份和地位，构成了学校组织的个性。这里的“人”还指学校历史上的前辈们，他们中有的人已经成为学校的文化符号，他们创造的学校历史中蕴含着“这一个”的群体性性格基因。同时，又要注意到，作为学校组织群体性的性格又不是单一色调的，美国学者弗瑞德·伦恩伯格和阿兰·奥斯坦在共同编写的《教育管理学：理论与实践》中指出，“机构、角色和角色期望”构成了社会系统的规范维度，“个体、个性和需要—偏好”构成了社会系统的个体维度。“作为社会系统的学校必定是‘有人居住的’，而且这些人各有各的特点和需要。因而，承担某种角色的个体在行为和行为反应上就不同于其他个体，我们能够通过对个性的分析来认识这些差异。”[14] 所以，认识学校组织的个体特征，更多地要从主导性与丰富性的互动与联系中加以审察。

（二）文化立校

学校是一个文化场所，学校除了文化一无所有。一所学校要进行特色建设，实现特色发展，就必须建设属于自己的文化，实现文化立校。

1. 以核心价值观为统领

学校的内在要素非常丰富，靠什么凝聚起来、统领起来？就是要靠核心价值观。核心价值观与学校丰富的文化样态是丰富性与一致性的统一，是“多”与“一”的统一。文化，首先是“五色为文”，充满丰富的色彩和形式，拥有丰富的内涵和外延，具有多个部分、多个层次、多个维度、多个形态，是多样的、多元的、多维的。同时，文化又是“以文化之”，又包含着内在的一致性。正如福柯所言，“一致性”是“一个文化得以存在的条件和组织原则”[15]，学校文化在性质上保持一致性，可以将各种文化现象整合成一个不可分割的整体，从而实现“多”与“一”的内在统一。

2. 以制度创新为抓手

文化不是悬置于半空中的东西，而是要落实到制度中，落实到课程上。文化立校需要制度创新，需要根据教育环境的变化和学校的实际情况对学校制度进行适度革新。学校在制度创新时，要注意以下四点：一是更加关注教育规律，让制度促进而不是阻碍学校沿着科学的轨道向前发展；二是更加关注激发内在活力，让制度的功能定位不在于管人，而在于激发人的内驱力，调动人的积极性；三是更加关注参与合作共享，让制度成为组织成员的凝合剂，成为群体智慧的催化剂；四是更加关注执行落实力度，让制度不仅挂在墙上，而且体现在实践里，落实在行动中。

3. 以课程教学改革为重心

彭钢认为，“课程与教学应该是学校文化软实力的重要组成部分和重要标志”，因为课程与教学“内在地体现了学校的教育理念和教育哲学”，“综合地体现了科技应用和人文风貌的总体水平”，“直接表现着师生的发展和发展成就”，“鲜明地体现着学校的特色”。[16]课程教学是学校的中心工作，也是学校文化的重要内容。在基础教育课程改革的背景下，离开了课程教学的革故鼎新，文化立校很容易就沦为空谈。课程教学改革要注意以下几点：一是形成并落实教育哲学的课程表达，让学校的教育哲学渗透到课程教学之中，让课程教学体现着、表达着学校的教育哲学，从而实现教育哲学与课程教学的对接；二是探索特色课程、特色学科建设，让学校的课程教学生长在校本文化的土壤之上，彰显学校的独有的优势和个性；三是提倡基于标准、源自心灵的教学，让课程教学既符合课程标准的规范性要求，又体现教师的个体灵性，既具有科学性，又具有艺术性；四是创建具有个性的实践模式，鼓励学校和教师开展课程实践探索，形成具有浓郁校本特色和个性特征的课程实践模式，让课程教学不再千校一面、千人一面。

4. 以新型交往关系为纽带

文化在学校的空间存在，常常是以人的交往关系为纽带的。首先是人与物的关系。正如 C. A. 埃尔伍德所言，“一切文化都是人心的产物”[17]，物质总是投射着人的精神元素，同样，人的精神也往往需要以物质形式来表达。在学校教育中，于人与物的双向互动中，文化氤氲而生，成为一种弥散于学校各个角落的具体的存在。其次是人与人的关系。雅斯贝尔斯说过：“人与人的交往是双方（我与你）的对话和敞亮，这种我与你的关系是人类历史文化的核心。”[18]教育就是一种交往过程，在交往的过程中，人与人不仅实现了精神世界的沟通和理解，而且也让现实的教育世界逐渐“去蔽”，成为敞亮的存在。最后是人与社会环境的关系。康德有一句名言：“人性这根曲木，决然造不出任何笔直的东西。”昆德拉也说过：“有信念的人则是一个被限制的人。”但是，这种因限制而形成的“曲木”并不是没有力量的，相反，内隐于人身上的文化就是弯枝，能在外力的压迫下，反弹出力量，体现出文化的品性。学校文化也是一根弯枝，它有一种柔性的力量，与社会环境保持一种适度的张力，不断反弹出自己的力量，反弹出自己的特色。

（三）走校本发展之路

从某种意义上说，地域、生源、传统、定位的差异是学校发展的重要基础，学校特色就是自身优势资源的有效放大。在差异中发现自我的优势，进而发展为自己的特色，这是校本发展的基本路径。反过来看，校本发展也能促进学校特色建设，实践证明，越是校本的，往往就越是特色的。

1. 坚持“基于学校”

校本，顾名思义，即是以校为本。因此，基于学校，是“校本”的题中之意。只有基于学校的传统、方位和环境，学校特色建设才能根深蒂固、枝繁叶茂。一是基于学校传统，在文化继承中发展。学校有自己的文化基因，漠视甚至是清除这些基因，必然会使学校伤筋动骨，元气大伤。学校特色建设不应逆势而动，而应顺势而为，与学校的文化传统相对接，让文化传统成为学校特色建设最丰饶的土壤。二是基于系统方位，在差异彰显中发展。学校特色不是绝对的，而是相对的。“一所学校的特色不是孤立的，只能在与其他学校的比照关系中显示出来，这种比照关系是它存在的基础。”[19]所以，基于学校实际，在系统方位中为自己准确定位，从而实现差异发展、错位发展，是学校特色建设的基本路径。三是基于社区环境，在深度融合中发展。中国学校与西方学校的一个巨大区别在于，中国学校是文化孤岛，而西方学校则是没有围墙的，是与社区融合在一起的。因此，在中国，哪所学校在与社区的融合上有所突破，就会产生鲜明的特色。

2. 坚持“通过学校”

在一个开放的时代，学校特色建设需要借鉴外在的资源和力量，但是，借鉴不是依赖，只有“通过学校”，充分利用学校内部的物质、文化和人力资源，学校特色发展才能找到最佳的发展路径，才有可能获得强劲而持久的力量。“通过学校”实现校本特色发展，首先要体现主体性，发挥教师、学生的主体作用，激发师生的教育智慧，调动师生的教育热情，引导师生关注并参与学校的建设。其次，要体现实践性，让学校发展不仅仅成为纸上的规划，而是落实为具体的教育教学实践行为，成为促进师生成长的实实在在的力量。再次，要体现问题性，基于原有或生成性问题的发现与解决，让学校发展更具现实针对性，让学校机体保持健康的状态。最后，要体现开放性，以学校为中心“向四面八方打开”，把社区资源调动和利用起来，实现学校发展与社区发展的良性互动，让学校成为清凉新鲜的流动活水。

3. 坚持“为了学校”

校本发展“为了学校”，不是为了牌子，也不是为了票子，而是要指向学校根本、本质的发展，指向师生能力的全面提升和素质的终身发展。因此，学校特色建设要始终保持清醒的头脑，要特别注意防止功利化现象的出现。一是防止形式化。形式很重要，但是形式主义的危害巨大。学校特色建设不能摆样子、装面子、搞花架子，而要付诸实实在在的行动，要见到实实在在的效果。二是防止精英化。学校发展要面向全体学生而不是个别学生，要发展学生的全面素质而不是个别特长，特别是在义务教育阶段，更不能搞甄别、选拔的教育，而要让每一位学生都能受到教育阳光的普照。三是防止时尚化。校本发展要把握教育的内在规律性，要坚守学校一贯的教育哲学，不为时尚的潮流所动，不为时髦的口号所惑，踏踏实实提升学校的教育水平，形成学校的教育特色。四是防止绝对化。那种非此即彼、成王败寇的革命式、绝对化思维不适合用来指导校本发展，校本发展应该怀包容之心，持中庸之道，以温和的、渐进的方式推进学校的变革，推动学校的发展。

【参考文献】

[1] 维克多·埃尔. 文化概念 [M]. 上海：上海人民出版社，1988.5.

[2] 孙孔懿. 学校特色论 [M]. 北京：人民教育出版社，2007.34.

[3] 西方. 沙因的组织文化研究 [N]. 中国企业报，2002-02-05.

[4] 王家新. 独白或旁白 [J]. 扬子江评论，2010，(6).

[5] 杨燕燕. “共同基石”与“共同文化”——法国面向21世纪中学课程改革趋势分析 [J]. 杭州师范学院学报(社会科学版)，2006，(1).

[6] 都永浩. 民族问题研究的基本思路和重要课题 [J]. 黑龙江民族丛刊，2011，(4).

[7] 杜威教育论著选 [M]. 上海：华东师范大学出版社，1981.285.

[8] 约翰·古得莱得. 一个称作学校的地方 [M]. 上海：华东师范大学出版社，2006.139.

[9] B.A. 苏霍姆林斯基. 育人三部曲 [M]. 北京：人民教育出版社，1998.9.

[10] 塞缪尔·P. 亨廷顿. 变化社会中的政治秩序 [M]. 上海：上海人民出版社，2008.7，10.

[11] 罗伊·波特. 剑桥科学史·18世纪科学 [M]. 郑州：大象出版社，2010.562.

[12] 庞朴. 传统文化与文化传统 [J]. 中国社会科学季刊，1993，(4).

[13] 和辻哲郎. 风土 [M]. 北京：商务印书馆，2006.108-112.

[14] 伦恩伯格，奥斯坦. 教育管理学：理论与实践 [M]. 北京：中国轻工业出版社，2003.47.

[15] J. 丹纳斯，T. 斯奇拉托，J. 韦伯. 理解福柯 [M]. 天津：百花文艺出版社，2002.20.

[16] 彭钢. 课程与教学：一种重要的学校文化软实

力——全面建设学校课程能力的有关思考［J］. 江苏教育研究（实践版），2008，(2).

［17］怀特. 文化科学——人和文明的研究［M］. 杭州：浙江人民出版社，1988. 82.

［18］雅斯贝尔斯. 什么是教育［M］. 邹进，译. 北京：生活·读书·新知三联书店，1991. 2.

［19］孙孔懿. 学校特色再审察［J］. 江苏教育（教育管理版），2008，(11).

高 等 教 育

理性的视角：走出高等教育“适应论”的历史误区*

□ 展立新（北京大学副教授）
□ 陈学飞（北京大学教授）

理性是追求真理并使人类活动合理化的思维方式。理性可以划分为两种基本的类型：认知理性和实践理性。认知理性追求的是真理本身，是使认知活动合理化的思维方式。实践理性追求的是真理的功用，是使政治、经济、社会交往等活动合理化的思维方式。二者的关系是：一方面，实践理性是认知理性的具体应用；另一方面，实践理性受到某种价值观的制约，有时会与认知理性处于某种紧张甚至冲突的状态。高等教育以提高人们的认知能力为核心使命，但同时也担负着输出知识产品以满足社会需求的职责。因此，从理性的角度来看，高等教育的基本矛盾就是认知理性和实践理性之间的矛盾。其中，认知理性是矛盾的主要方面，实践理性则是矛盾的次要方面。认知理性与实践理性之间的矛盾，既能够以多种方式表现出来，也可以通过不同的手段获得解决，这就决定了高等教育发展观的多种选择性以及高等教育发展方式的多样性和差异性。

新中国先后以国家工业化、上层建筑“革命”、经济体制改革和建设（以建设“世界一流大学”为主要方式）作为高等教育的主要服务对象。高等教育“适应论”或曰“适应论”高等教育发展观，反映的就是这样一种观念：把高等教育的外部矛盾（即高等教育与社会需求的矛盾）当作高等教育的主要矛盾，强调高等教育发展必须与社会发展的基本需求相一致，否则高等教育就失去了其存在的合理性与合法性。高等教育具有多方面的功能，要求其发展适应某种经济社会发展目标，这种看法本身并没有什么值得质疑和否定之处。问题在于，从理性分工的角度来看，高等教育“适应论”完全颠倒了认知理性与实践理性的关系，即把实践理性当作矛盾的主要方面，而把认知理性完全当作矛盾的次要方面来对待。按照高等教育“适应论”的逻辑，认知理性的核心价值便难以得到应有的尊重，学术自由和学术自治无法得到充分的保障，大学的知识生产功能只能处于某种边缘化的地位。如果继续把高等教育“适应论”当作一种不容置疑的“理论”或“规律”来看待，那么，一种本来可供选择的观念变成了思想上的束缚，就会产生盲目地排斥高等教育发展的其他可能性。

“适应论”高等教育发展观的形成和发展，既受到社会需求变化的影响，又关系到人们对高等教育活动本质和规律的理解，有时还受到传统的政治经济学理论的制约。因此，对于这样一种观念的反思，需要进行多学科的综合研究。本文选择理性的视角，主要就是因为理性是能够将社会学、经济学和教育学等学科贯穿起来的一条红线。从理性的视角看问题，可以深刻地揭示出高等教育的内在目标与外在目标之间、诸外在目标之间以及各种目标和手段之间错综复杂的关系，进而迫使人们反思高等

* 原载《北京大学教育评论》2013 年第 1 期。

教育活动的本质和规律，以为现实和未来的高等教育发展探寻某种新的理论基础。本文主张，建立和健全国内学术市场，是帮助我们走出“适应论”的历史误区、使我国高等教育事业获得长期稳定发展的根本途径。

本文的内容分为以下五个部分：

一、工具理性的困境：高等教育在追求国家工业化目标过程中遇到的突出问题；

二、政治理性的错觉：“文革”时期高等院校混乱现象背后的成因分析；

三、经济理性的抉择：高等教育应该“适应”经济基础还是引领社会发展？

四、实践理性的极限：建设“世界一流大学”过程中目标与手段之间的冲突；

五、回归认知理性：通过“学术市场”促进知识创新与杰出人才培养。

一、工具理性的困境：高等教育在追求国家工业化目标过程中遇到的突出问题

工具理性有广义和狭义之分。广义的工具理性包括任何一种把交往对象当作实现某种现实目标的工具和手段的思维方式。在实践理性层面上，这一工具理性是交往理性的对立面，因为它完全漠视人的独立价值和尊严，把交往活动功利化，只承认交往对象的利用价值或者实用价值。狭义的工具理性是只追求国家工业化目标，尤其是片面为重工业发展服务的行动合理化的思维方式。本文所说的工具理性专指这种狭义的思维方式。该思维方式原本属于经济理性的范畴，但是由于它把国家工业化目标的重要性置于其他一切经济活动之上，所以严格说来是经济理性的一个变种，具备了独立存在的可能性和必要性。越是在工业发展落后的国家，人们越容易受到这种思维方式的影响和支配。这种思维方式具有两个方面的特点：一方面，它极度拔高国家工业化的历史作用，使之具备了价值观的指导意义；另一方面，它以非常“科学”的面貌出现，因为它在实践中表现出了很强的逻辑性、实验性和生产实践性等与科学活动相关的特征。工具理性与认知理性的差别在于：如果说认知理性追求的是知识的无用之用，即任何一种知识创新都有其独立的价值，那么，工具理性追求的却是知识的有用之功，凡对工业建设不能起到作用的知识都被视作没有用处或者用处不大的知识。

工具理性对高等教育的统治，以苏联的高等教育模式为典范。该模式源自沙皇俄国，原本以“实科”学校的数量居多，同时包括少数综合性大学和多科性高等工业学校。十月革命后，苏联的高等教育体制愈发独特：它一方面继续从综合大学和多科性高等学校中划分出更多的独立学院，另一方面又把管理高等工业院校的责任划归经济人民委员会和各经济主管部门（部、委）。至于学术自由和学术自治之类的治学传统，只是在最低的限度内允许存在于专业活动范围之内。高度集权的计划经济体制和高度专业化的工业高等教育模式相结合，构成了苏联高等教育体制的基本特征。苏联工业化道路在20世纪30—40年代获得的巨大成功，使其高等教育模式对一些经济发展水平和工业化程度都还相对比较落后的国家和地区来说，具有相当大的吸引力和模仿价值。

早在1931年3月，中华民国教育部长朱家骅就公开提出过高等教育模仿苏俄的主张。次年5月，国府委员陈果夫提出了一项更加激进的“教育改革”方案。该方案要求：“十年内依国家建设计划所需农工医专门人才数目，分别指定各专门以上学校，切实培养训练，以便应用；并限定各大专院校十年内一律停招文法艺术等科学生，以其经费拨归农工医科使用。公费留学之派遣，亦以农工医等应用科学为限。”[1]方案一出台便立即引起了许多知识界人士的不满和争议，最终只能不了了之。这一历史事实说明，把高等教育作为实现国家工业化目标的手段，这样一种带有计划经济色彩的工具理性思维方式，在旧中国的政府部门也有着相当广泛的现实影响力。

新中国对于苏联高等教育模式的效仿始于50年代初期的院系调整。这次院系调整的历史意义主

要还不在于数量和结构的变动，而在于知识生产组织方式的重大变化。院系调整有两个样板：中国人民大学和哈尔滨工业大学。有学者发现："在中国人民大学，曾经有一个有趣的现象，就是无论中央国家机关有多少个部委，其都具有与之对口的专业。除了军事学外，中央国家机关各大部门所需要的管理人才，中国人民大学基本上都能对口提供相应的人才支持。"[2]哈尔滨工业大学虽属工科大学，但是其按"对口"部门设置专业的做法与前者如出一辙。知识生产可以划分为两大部类，即满足学术需求的第一部类的知识生产和满足社会需求的第二部类的知识生产。在当时的历史条件下，满足社会需求的第二部类的知识生产明显占了上风，满足学术需求的第一部类的知识生产则受到了冷落和排斥。这种安排正好将民国时期的高等教育对"硕学闳材"的追求颠倒了过来。从实践效果来看，民国高校虽然比较容易产生"大师"级人物，却在推动国家工业化问题上显得步履维艰。新中国的高等教育体制由于把重心放在了知识应用方面，所以在相当长的时期内反而能够快速地推进国家工业化的进程。但是，在对待学术问题方面，这种体制却容易产生出压制学术讨论的倾向，在个别时期甚至会把学术问题政治化，造成"反右"和"文革"之类的灾难性后果。

随着时间的推移，新中国领袖们对于苏联的工业化模式和高等教育模式的看法迅速发生了变化。1958年3月，毛泽东在成都会议上说："建国之初，没有办法，照搬苏联的，这有一部分真理，但也不是全部真理，不能认为非搬不可，没有其他办法"，并且强调"工业和教育两个部门搬得最厉害"。[3]他又说："苏联经验是一个侧面，中国实践又是一个侧面，这是对立的统一。苏联经验只能择其善者而从之，择其不善者不从之。把苏联经验孤立起来，不看中国实际，就不是择其善者而从之。"[4]1958年9月，《中共中央国务院关于教育工作的指示》指出："教育工作在一定时期内曾经犯过教育脱离生产劳动，脱离实际，并在一定程度上忽视政治，忽视党的领导的错误。"[5]

当苏联模式被搬进来的时候，实际上就已经潜伏着双重的危险：一方面，中国这样一个比俄国还要落后得多的农业国家，未必能够适应苏联的高等教育模式和工业发展模式；另一方面，随着经济活动的起伏，苏联那一套"专业"与"计划"相结合的高等教育模式必然会带来高等教育内部和外部两大比例"失调"之类的问题。如果说，以上这些矛盾和问题在国民经济快速或平稳发展时期还有可能被掩盖起来的话，那么，伴随着1958年"大跃进"之后经济滑坡的出现，这些矛盾和问题就逐步公开地暴露在人们面前。反映在高等教育发展观的层面，就是该时期工具理性与政治理性的矛盾、工具理性内部的一些矛盾直截了当地表现了出来。这主要体现在以下三个问题当中。

问题之一，是工具理性与政治理性之间的冲突问题。在苏联教育学说中，由于工具理性被以科学的面貌片面地抬高为人类普遍理性，政治理性的作用便相对降低了，工具理性与政治理性被勉强结合在一起。对此，毛泽东毫不客气地指出："兄弟国家，例如苏联的某些教育理论家，如同唯心论的那些理论家一样，他们的教育学，就是错误的。我指的主要是凯洛夫的教育学。中国人却迷信他，捧为神话，流毒非浅。"[6]"教育革命"时期，最高领导层做出的关于教育工作曾经脱离生产劳动、脱离实际并在一定程度上忽视政治、忽视党的领导的指示，其实主要针对的就是工业技术教育占据了高等教育的大部分时间，以至于对政治思想教育产生一定挤占作用的现象。这样一些批评性意见，完全可以理解为政治理性对于工具理性的主导地位所表达出来的严重不满情绪。

马克斯·韦伯（Max Weber）曾经把人类的行动方式区分为两种基本类型：价值合理性的行动和目标合理性的行动。价值合理性的行动具有文化差异性和个人选择性，因此不能用目标合理性的行动方式予以证明。一般而言，越是具有价值合理性的行动，其目的合理性程度反而可能越低；反之，越是具有目标合理性的行动，其价值合理性程度也可能越低。韦伯尤其强调，价值判断不能用经验科学的方法加以证明，而且价值判断“不属于讲坛——而是属于政治纲领、官僚机构和议会”。[7]尽管工具理性也发挥了价值观的作用，但是与政治价值观相比，它毕竟具有更多的事实判断的成分，因此有可能与相互对立的政治价值观相融合，从而掩盖住所谓的知识分子思想改造问题。在新中国的工业化过程中，党和国家领导人日益认识到了这样一个问题：一方面，随着国家工业化活动的进展，各个专业领域的知识分子即将发挥出技术骨干和专业领导的作用；另一方面，知识分子的业务水平的高低并不意味着他们政治思想改造任务完成与否。因此，新旧知识分子的思想教育问题无疑具有某种特殊的政治意义。不过，是否可以直接用政治理性支配和改造工具理性乃至认知理性，则完全属于另外一个问题了。

问题之二，是苏联工业高等教育模式所导致的教条主义和铺张浪费问题。苏联高等工业教育以工程教育为主，工程教育又被划分为两个阶段：“专业基础”学习阶段和“专业应用”学习阶段。在“专业基础”学习阶段，涉及的学科门类唯恐不够繁多，每一门专业课程的教学唯恐不够深入和系统，这就必然导致学生学习负担过重和学习时间过长的问题。在“专业应用”学习阶段，几乎一切生产实际问题的解决都必须严格地符合某些成文成册的专业技术规范的要求，于是造成大学生“所学”与“所用”严重脱节的现象。不少工程类大学生在毕业后都会吃惊地发现，原来自己花费了大量力气学习的基础知识，在工作实践中大多都是一些用不上或者完全没有用处的知识。

著名物理学家钱伟长曾经在《人民日报》撰文指出：“学习苏联后，学校课程门类繁多，又是基础课，又是专业课，还有专门化课，一学期要学十多门课，每周学习在30小时以上；西德高校每周只上17小时的课，美国大学每周连带实验才上20小时的课，同样培养出高水平人才；专业不宜划分过细，因为人才需求的预测不可能做得十分准确。”[8]这样的问题出现后，在“理论与实际相结合”的口号下，对教学活动的要求越是严格和规范，某些教师和学生就越容易被扣上教条主义的政治帽子。

工程教育还有一个突出的特点：它一方面面向专业知识领域；另一方面服务于社会活动对象，包括个人、家庭、社团和公共活动场所等。苏联工程师所制定的专业技术规范充分考虑到俄罗斯民族的文化、种族、自然环境、生活习惯、社会发展水平等诸多因素，这些因素放在中国社会就必然会表现出或大或小的差异性，有时甚至会有完全不同的表现方式。因此，当有关方面把苏联那一套工业制度和教育制度几乎完全照搬过来之后，在一定时期内必然会出现水土不服的状况，难免为此付出相当大的经济代价。尽管如此，类似的问题可以在实践当中逐步得到改进和纠正，与教育路线的正确与否并无实质性的联系。

问题之三，是计划经济体制所导致的高等教育规模的强制性扩张与收缩问题。按照计划经济的思维方式，工业生产部门每一个新行业的诞生和每一门新技术的出现，几乎都会要求高等院校从其自身之内产生出新的对口专业，学校建设的规模必然随之不断地扩大。某所著名的军事工程学校在1959年呈送中央军委的一份报告中指出：“建院初期，只有常规武器方面的几个系……以后，各军、兵种不断要求增加招生人数，特别是导弹、原子等尖端技术增加进去后，学校是越滚越大了。现在在校学生人数已达到七千人，仍不能满足需求。”[9]清华大学前党委副书记刘冰回忆说：“1965年，在一次全国高等院校负责人会议上，一位中央领导同志批评清华办得太大了，要一分为四。因为这个批评涉及清华的命运，使我心情沉重。”[10]换一个角度来看，不改变专业设置的思路，一味地要求“专业对口”，从长远来说，这条路子肯定是走不下去的。

从1958年到1960年，受“大跃进”的影响，我国高校规模出现了大幅度的增长，严重超出了国民经济的承受能力。经过20世纪60年代初期的整顿和调整，高等院校的数量和在校大学生人数虽然得到了控制，但是仍然呈稳步增长的态势，这种情况一直延续到“文化大革命”的爆发。这种现象背后的原因在于：按照计划经济的要求，高等教育必须获得一定程度的超前发展，才能提前为工业生产的规模扩张和技术升级做好人才和技术方面的准备。在国民经济发展相对比较顺利的时期，高等教育的规模一般都会得到较大程度的扩张。一旦国民经济发展的速度由于种种原因而被迫降低或者停滞（由于缺乏市场调节的缘故，此类情况必然发生），国家计划部门势必运用行政权力迫使高等教育进行相应的调整和整顿。此类做法虽然可以使高等教育的规模与经济发展对高校毕业生的需求暂时达到某种“相适应”状态，但是却剥夺了高等教育发展的自主权，使高等教育自身的发展规律得不到充分的体现。

过去，我们经常说苏联的计划经济体制是一种僵化的国民经济体制，却不大容易注意到问题的另一方面——以工业教育为主体的高等教育系统不仅是这个体制的一个关键组成部分，而且是这个体制的主要牺牲对象之一。

实践证明，工具理性对高等教育实践的专制既需要一定的社会和历史条件，也需要一定的文化传统和主观认识条件，否则就会在工具理性与认知理性之间以及工具理性与政治理性之间造成严重而且剧烈的冲突。在我国，以工业化为目标的高等教育“适应论”发展观的出现，实际上为国内高等教育的曲折发展埋下了伏笔。原因在于：首先，高等教育本质上是发展认知理性的事业，工具理性不过是认知理性的应用而已。认知理性是一种辩证思维方式，它强调的是学术活动的批判反思性，鼓励人们挑战权威观念，反对把知识生产活动当作一个可以预测或者计划的刻板过程。工具理性则是一种机械化的思维方式，它蔑视学术自治和学术自由的价值，经常为了效率而强调对学术权威的绝对服从，不承认知识生产与物质生产之间存在任何实质上的差别。以工具理性统治认知理性，既会扼杀认知理性的生命力，又会使工具理性的发展后继乏力。其次，工具理性的统治可能引起政治理性的强烈反抗，这反过来又会进一步强化认知理性的仆从地位。工具理性和政治理性既存在着矛盾和冲突，又同时作为认知理性的对立面而出现。当工具理性迫使认知理性臣服于自己的时候，其实也就为政治理性对认知理性的统治铺平了道路。这就不难理解，为什么“文化大革命”时期所采取的各种极端性做法，如“大鸣、大放、大字报”、“开门办学”和“半工半读”等，几乎都在这场政治动乱来临之前得到过一定程度的预演。受极左路线的影响，政治理性要比工具理性容易摆脱认知理性的约束。这种情况发展到了一定程度，绝对的政治理性就有可能演变为绝对的政治非理性，从而使我国高等教育事业遭遇到“史无前例”的摧残与破坏。

二、政治理性的错觉：“文革”时期高等院校混乱现象背后的成因分析

政治理性是认知理性在政治领域中的具体应用，是使政治活动合理化的思维方式。政治价值观是政治理性与认知理性相结合的关键环节。在政治价值观的作用下，政治理性与认知理性处于一种矛盾的状态：一方面，只有借助于认知理性的力量，政治理性才有可能证明自己在观念上和行动上的合理性；另一方面，在政治价值观的引导下，政治理性又拥有对认知理性加以选择、利用和干涉的权力，从而使政治实践表现出许多区别于认知活动的重要特征。高等教育本质上属于认知活动发展的领域，而不属于政治实践尤其是政治斗争的领域。政治价值观虽然发挥着重要的影响力，但是无论如何不应该干涉学术自由和学术自治。认识不到这一点，就很容易被政治理性的某些表面现象所迷惑，做出用政治运动去干扰和破坏教学与科研活动的错误举动。

“文化大革命”前夕，认知理性与政治理性的对峙几乎达到了极限状态，学术活动和政治活动都充满了火药味。1966 年 2 月，以彭真为组长的中共中央“文化革命五人小组”下发的《文化革命五人小组关于当前学术讨论的汇报提纲》指出：“（学术讨论）要坚持实事求是，在真理面前人人平等的原则，要以理服人，不要像学阀一样武断和以势压人。要提倡坚持真理、随时修正错误。”[11]然而，同年5月，中共中央下发的《中国共产党中央委员会通知》，又以严厉的口气否定了“在真理面前人人平等”的口号，认为“这个口号是资产阶级的口号。他们利用这个口号保护资产阶级，反对无产阶级，反对马克思列宁主义，反对毛泽东思想，根本否认真理的阶级性”。[12]凭借这样一些“证据”，彭真等人成了“混进党里、政府里、军队里和各个文化界的资产阶级代表人物”，“反革命的修正主义分子”。此后，类似的罪名几乎随意挥舞，就连当时的国家主席刘少奇也无法幸免。

政治理性的核心是政治价值观，其内容是政治价值观指导下的认知理性的具体应用。政治价值观可以对认知活动进行选择，即择其善者而从之，择其不善者而不从之。一旦与认知理性发生了对抗，政治理性能否获胜便直接取决于人们对于其政治价值观的接受程度。如果说认知理性的力量在于逻辑和实验，那么政治理性的力量则在于信仰和服从，二者有着完全不同的“游戏规则”。在政治力量层面，“文化大革命”的正式爆发，除了要做好舆论与宣传方面的准备之外，最为关键的环节是能否获得国内最强大的政治力量——武装力量的支持。这就不难解释，为什么“文化大革命”的政治宣言书来自最高领导人对于军队工作的一次批示，即著名的《五·七指示》。

在“大跃进”之后的三年经济困难时期，人民解放军在生产自救和支援国民经济建设方面贡献卓著。1966年初，解放军总后勤部撰写了一份《关于进一步搞好部队农副业生产的报告》，送林彪后转呈毛泽东。毛泽东于5月7日写给林彪一封回信，即著名的《五·七指示》。同年8月1日，《人民日报》在《全国都应该成为毛泽东思想大学校》的社论中发表了该指示的主要内容。《五·七指示》的宗旨就是要求各行各业都要办成人民解放军那样的“大学校”，这个大学校“要学政治，学军事，学经济，学文化，又能从事农副业生产，又能办一些中小工厂，生产若干自己需要的产品”[13]，要求教育行业“学制要缩短，教育要革命，资产阶级知识分子统治我们学校的现象，再也不能继续下去了”[14]。8月8日，中共中央通过的《关于无产阶级文化大革命的决定》指出：“改革旧的教育制度，改革旧的教学方针和方法，是这场无产阶级‘文化大革命’的一个极其重要的任务。在这场‘文化大革命’中，必须彻底改变资产阶级统治我们学校的现象。”[15]

“文化大革命”初期，中央“文革”小组组长陈伯达曾经公开表示：“我们的教育制度是从清朝末年演变而来的，后来又接受苏修的一套东西。教育制度和教学方法基本上是资本主义的……一定要大破大立。”[16]他还说过：“大学文科要彻底改革，理工科要研究出一套教学制度。”[17]这些表白实际上道破了“文化大革命”的政治逻辑：只要是十七年间坚持和发展的东西，就必须坚决彻底地把它们颠倒过来；不这么做，就无法使高等教育的发展与这场政治运动的基本目标相适应。因此，对于高等教育事业来说，十年动乱的主要“成果”无非是对于高等教育活动中的正常关系——包括政治与学术的关系、正规教育与非正规教育的关系、教学关系（师生关系和教学与生产的关系）——的扭曲和颠覆而已。值得注意的是，如果人们选择了不同的政治价值观，对于这样一些做法就可能做出截然相反的评价。该时期的政治价值观给高等院校的正常运行带来了许多严重的困扰，集中体现在以下三个问题之中。

问题之一，是政治活动与学术活动不分的问题。政治活动与学术活动分属不同的活动类型：政治活动的目标是政治权力的再分配，其过程充斥着政治势力的分化、整合和斗争；学术活动的目标是追求真理，以学术共同体的平等对话和相互批判为基本的活动方式。政治活动与学术活动可以部分重叠，但是只要在学术活动领域，任何问题都应该按照学术交流的方式予以解决，政治干预只能压服，而无助于达成任何学术上的共识。所谓的学术自由和学术自治制度，主要就是用来防止非学术活动干扰与破坏学术活动的学术保障制度。然而在“文化大革命”时期，当学术自治和学术自由被当作资产阶级法权而遭到批判时，学术活动也被迫沦为极左政治运动的奴仆，长期处于停滞甚至退化的过程中。

“文化大革命”时期极左路线的支持者搬来的理论根据是所谓的“两个估计”：“文革”前的教育战线是资产阶级专了无产阶级的政，大多数知识分子的世界观是资产阶级的。[18]凭借这样的“估计”，不仅可以把学术问题当作政治问题来处理，而且还可以运用政治高压的方式来处理学术上的争端。学术活动从此处于政治运动的全面统治之下，为政治斗争服务之外再无独立的价值追求。然而，“两个估计”实质上是强加在广大知识分子身上的价值判断，而不是建立在充分调查研究基础上的事实判断。极左路线的反对者们则衷心拥护另外一种价值判断，即周恩来所说的十七年的教育工作“毛主席的红线也是照耀了教育战线的”[19]。根据这样的判断，学术与政治不分的做法终不长久，周恩来和邓小平等人对教育战线的“整顿”和“纠左”活动是大势所趋、人心所向。

“文化大革命”的政治风云变化总是出乎人们的意料。为了证明“革命形势”变化的合理性，某些高校不得不发挥出其学术活动方面的“特长”，为极左政治路线摇旗呐喊、鸣锣开道。最为典型的是由北京大学和清华大学的“大批判组”所组成的“梁效”（“两校”谐音），一方面在“批林批孔”、“反右倾回潮”和“反击右倾翻案风”等政治风波中出谋划策、口诛笔伐、占尽风头；另一方面对学术活动的客观公正原则弃之如敝屣，在人民群众与“四人帮”的斗争中产生了非常恶劣的影响，在学术发展史上更是留下了不堪回首的一页。

问题之二，是正规高等教育与非正规高等教育关系错位的问题。正规高等教育是指全日制、脱离生产、以专职大学生为对象的教学和科研活动，非正规高等教育是指非全日制、不脱离生产、以兼职大学生为对象的教学和科研活动。一般情况下，正规高等教育是高等教育活动的主体和范例，非正规高等教育是正规高等教育的补充和变通，二者取长补短、相互配合、共同发展。在国内革命战争时期，由于客观条件的限制，革命根据地出现了以非正规高等教育为高等教育主要形式的情况，尽管如此，非正规高等教育仍然是从正规高等教育那里获得基本办学手段和发展经验的。新中国成立之后，正规高等教育迅速恢复其主体地位，但是受传统观念的影响，非正规高等教育也时常会对正规高等教育发出这样或那样的挑战。

“大跃进”以后，刘少奇推行过两种教育和劳动制度：一种是全日制的学校制度与8小时的工厂劳动和机关制度；另一种是半工半读的学校教育制度和工厂劳动制度，其中的重点是业余中专和业余高校制度。刘少奇被批倒之后，两种教育和劳动制度被污蔑成资本主义“人才教育”和“劳动者教育”双轨制的翻版，是资产阶级教育路线的体现。然而，“文化大革命”时期高校的两个样板，即所谓的“七·二一大学”和“朝阳农学院”，却仍然属于半工半读性质的学校。此类高校与正规高校的并存，说明两种教育和劳动制度仍然得到了延续。站在极左政治的立场上，某些人不遗余力地把“七·二一大学”等吹捧为“新生事物”，从中牵强附会地总结出“开门办学”、“改造知识分子”和“培养无产阶级革命事业接班人”等办学经验。站在极左政治的对立面，邓小平就敢于断言“七·二一大学”只是大学的一种形式，但不是唯一形式，不能替代正规大学，高等院校必须维护其正常的教学和科研秩序。[20]

正规高等教育与非正规高等教育处于一种非对称性关系中，正规高等教育可以离开非正规高等教育而存在；非正规高等教育却不能脱离正规高等教育的指导而自行其是，非正规高等教育不过是对正规高等教育的“分有”和“模仿”而已。“文化大革命”时期有关方面试图用非正规高等教育冲击甚至替代正规高等教育的做法，不仅迅速降低了我国高等教育的水平，而且造成了日益严重的人才匮乏和技术断档现象，人为阻碍了科学技术的进步和国民经济的发展。

问题之三，是教学关系扭曲的问题。首先，在师生关系方面，教师与学生的关系被曲解为一种敌对的关系。极左路线紧紧抓住广大教师维护教学秩序的责任不放，将之无限地上升和夸大，俨然成为上层建筑领域“资产阶级专政”的典型例子，并随意给他们扣上“资产阶级知识分子”和“反动学术权威”之类的政治帽子。教学活动中的平等对话关系，被曲解为“大批判”、“大鸣大放”和“大字报”之类的政治斗争手段。教师们只有接受“批斗”、“监督”和“改造”的责任，而完全被剥夺了申诉和抗议的权利，成为一大批冤、假、错案的牺牲品。1970 年后入学的工农兵学员虽然被誉为“教育革命的生力军”，表面上获得了“上、管、改”（即“上大学、管大学、用毛泽东思想改造大学”）的权利，但是在实际的教学活动中，他们不过是教学与生产不分的主要受害对象而已。

其次，在生产与教学关系方面，二者的关系也发生了根本性的逆转。生产实习是知识生产活动向物质生产活动转换的中间环节，因此，高等院校的课程安排一般会为学生的生产实习预留一定的时间，使之成为教学活动的一个重要组成部分。另一方面，由于知识生产周期与物质生产周期相差极大，所以高等教育活动必须坚持自己的独立性和自主性，不能为了迎合物质生产的目标而任意改变教学和科研活动的过程和次序。然而，在“开门办学”的过程中，北京大学出现过这样一种典型现象：一部分理科专业由于“理论脱离实际”而陷入无法招生的困境，文科的一些专业因为脱离工人、脱离农民和脱离生产实际的“三脱离”而被迫取消，剩下专业的教学活动要求“课堂教学安排少，把学生拉到工厂车间、田间地头结合生产讲授，干什么、讲什么、急用先学、立竿见影”[21]。清华大学前党委书记和校长蒋南翔公开表示：“如果离开以教学为主的原则，势将引起学校工作重心的转移，造成工作上的损失，削弱清华大学的作用。”[22]

教学与生产关系的颠倒，使高等教育的知识生产功能直接蜕变为物质生产的功能，可谓得不偿失。

“文化大革命”的历史教训是多方面的。就政治理性与认知理性的关系而言，它足以证明：政治理性对认知理性的强行统治，必然给政治理性和认知理性同时带来灾难性的后果。处理认知理性与政治理性的关系，必须注意到以下三个方面：首先，政治理性与认知理性之间存在着某种天然的张力。认知理性只是政治理性可资利用的手段之一；其他一些社会因素，如信仰、感情、习惯和潜意识等，都可以运用于政治宣传和政治斗争之中，它们虽然可以成为学术活动所探讨的对象，却不能直接地应用到追求认知理性的活动之中。其次，政治理性和认知理性有不同的活动方式。政治理性所面向的政治实践，本质上是不同政治力量之间的角逐，具有党派性、组织性和策略性等特征。认知理性所针对的知识生产，本质上是一种学术活动，具有非党派性、批判反思性和学术规范性等特征。学术活动必须充分尊重学术自由和学术自治，而不受群众性的政治运动的影响。在学术活动中，“有理”不在“声高”，“人多”未必“势众”，“权高”不见得“位重”。最后，政治理性必须尊重认知理性的独立性。认知理性可以远离政治理性而存在和发展，政治理性却不能够无视认知理性的存在而肆意妄为。无论政治理性可以调动多么强大的政治力量，都无法迫使认知理性按照政治理性的意志而发生根本性的变化。

三、经济理性的抉择：高等教育应该“适应”经济基础还是引领社会未来

经济理性是使经济活动合理化的思维方式，是认知理性在物质生产和交换活动中的具体应用。经济理性可以涵盖工具理性，但其适用范围则超出了工业生产领域，而将整个国民经济体系的运行包括在内。经济理性以国民经济增长为主要的价值观导向，要求高等教育活动适应经济增长的需求，服从和服务于经济活动方式的变化。当人们淡化了政治理性，转而从经济理性的角度来思考高等教育活动中出现的问题时，很容易接受一种要求高等教育适应经济活动方式的“适应论”理论。在“改革开

放”的历程中，随着经济活动方式的变化，该时期的经济“适应论”依次出现过三种表现方式，即分别面向计划经济、商品经济和市场经济的高等教育“适应论”理论。这三种“适应论”的共同特征是把经济活动的基本方式理解为经济基础，进而用经济基础与上层建筑的关系理论来证明自己理论的正确性。

“文化大革命”结束不久，党和政府的工作重心迅速从政治运动转移到经济建设上来。邓小平是这次工作转移的领导者，但是在他看来，教育工作与经济工作却有着几乎同等的重要性。他指出：“一个地区、一个部门，如果只抓经济，不抓教育，那里的工作重点就没有转移好，或者说转移得不完全。忽略教育的领导，是缺乏远见的、不成熟的领导，就领导不了现代化建设。”[23] 1983 年国庆节前夕，他为北京景山学校题词：“教育要面向现代化，面向世界，面向未来。”[24] 这“三个面向”后来被中共中央概括为邓小平教育改革的核心思想。《中共中央关于教育体制改革的决定》（1985 年）和《中国教育改革和发展纲要》（1993 年）都开宗明义地指明或者重申了教育改革要“面向现代化，面向世界，面向未来”的宗旨。尽管教育改革内容随着经济改革的深入进行而出现了许多变化，但是“三个面向”思想却一直是我国教育改革的基本指导思想。作为教育事业的领头兵，高等教育的改革和发展自然也不允许存在例外的情况。

仅仅从字面上看，三种经济“适应论”与邓小平“三个面向”思想并不存在什么原则上的差别或歧义。要求高等教育适应经济基础，并不妨碍高等教育的发展“面向现代化，面向世界，面向未来”。甚至每一位经济“适应论”的提出者本人可能也不曾意识到“适应论”与“三个面向”存在什么不一致的地方。但是从理论上说，“三个面向”思想是与“科学技术是第一生产力”的论断相一致的，它从来没有把高等教育限制为上层建筑领域中的某一类活动。经济“适应论”则正好相反：它坚持把高等教育看作是上层建筑的重要组成部分，并且根据经济基础的变化而对高等教育活动进行某些方面的规定或者限制。由于以上三种“适应论”要么出自教育部门某领导之指示，要么得到过某高等教育理论权威的总结和归纳，所以其影响力自然不容低估，理应成为我们批判反思的对象。关于这些经济理性导向的“适应论”理论，包括其内在逻辑、相互间的关系、历史局限性等，本文试做如下分析。

第一，主张高等教育必须适应“计划经济”的“适应论”。新中国成立初，我国长期地实行计划经济，高等教育也带有为计划经济服务的重要色彩。“文化大革命”结束之后，在实行“拨乱反正”的过程中，以计划经济为适应对象的高等教育“适应论”首先发展成为一套独立的高等教育理论。该理论仍然以经济基础与上层建筑的关系为依据，只是更加强调高等教育的内部关系与外部关系平衡的重要性，要求高等教育根据经济发展提供的可能而稳步向前发展。这种“适应论”是时任教育部部长的蒋南翔对自己长期的教育行政经验做出的总结，带有鲜明的计划经济时代的特征。

1979 年 1 月，蒋南翔被任命为教育部部长。他的“施政纲领”就是要恢复十七年的教育路线。他曾经说过：“现在的教育基础是‘文化大革命’前十七年打下的基础，‘文化大革命’是对前十七年的否定。十七年搞的是社会主义教育，尽管有这样那样的缺点，我们也要坚持，而不是否定。‘文化大革命’前十七年的道路、方向是正确的，只需在改革中不断完善。”[25] 1980 年 12 月，他在全国教育工作座谈会上所做的总结性发言中正式提出，高等教育的调整主要就是处理好两对比例关系的问题：一是教育外部的比例关系，主要指教育扩张同经济发展之间的比例关系；二是教育事业内部的各种比例关系，主要指高等教育体系内部的各种比例关系。他指出：“过去三十年里，每当经济冒进的时候，一方面挤教育经费，而另一方面则又要求教育大干快上，只顾需要，不顾可能。事实证明，不按照有计划按比例发展的客观规律办事，经济建设和教育发展都只会由此陷入困境。”[26] 他坚持认为，国家目前经济还有困难，教育经费不可能增加很多，所以高等教育发展还是要量力而行。

不过，当计划经济体制发生变革时，蒋南翔的“适应论”难免会遇到某些政策上的困扰。蒋南翔的秘书郝维谦回忆说：“蒋南翔同志任教育部部长的那几年基本上是拨乱反正的过程，是一个过渡时期，恢复阶段。国家各项事业真正走向正轨是1982年，十二大之后。这段时期是不能太急，大病初愈，要有个恢复期。但如果你不搞‘太急’，改革开放的口号已经提出了，这就说你保守了。”[27]他还说：“蒋南翔同志在任期间，是过渡阶段，各方面的情况很复杂，是很难驾驭和控制的阶段。”[28]蒋南翔部长遇到的困难固然是多方面的，但其带有计划经济色彩的“适应论”理论与经济体制改革和教育体制改革之间的矛盾，不能不说是造成或者加重这些困难的一个非常重要的主观因素。

第二，主张高等教育必须适应“商品经济”的“适应论”。1984年10月，中共中央通过了《中共中央关于经济体制改革的决定》，决心冲破高度集中的计划经济，实行经济活动对外开放和发展商品经济，为国民经济注入新的生机和活力。次年5月颁布的《中共中央关于教育体制改革的决定》特别强调：高等教育体制改革的基本精神，就是要打破计划经济下中央管得过死、统得过多的局面，调动各个方面的积极性，使我国高等教育获得大发展和大提高。[29]

新任教育部部长何东昌认为，高等教育体制改革的核心问题仍然是高等教育“内部”与“外部”两个比例关系继续调整的问题。1983年5月，在一次全国高等教育会议上，他正式提出：“高等教育的改革和调整，主要是针对两个方面的关系：一是教育事业与经济建设的比例关系，把教育投资往上调；二是教育内部各种比例关系，目前主要是发展短缺方面，使之与社会主义现代化建设相适应。”[30]他撰文指出：“教育改革不能只从研究教育内部规律来确定改革的方向，必须放宽视野，密切关注教育对象的状况及其改革的趋向，体察他们对教育的要求。”[31]如果说，蒋南翔的“适应论”强调的是教育活动要根据经济发展水平“量力而行”，努力使高等教育的发展指标自“上”而“下”进行调整，那么，何东昌的“适应论”则要求教育为商品经济的到来提前做好准备，力求高等教育发展指标由“下”往“上”进行调整。两种“适应论”的差别，只不过是把高等教育适应的对象分别指向了传统的计划经济和新兴的商品经济而已。

无论以计划经济还是商品经济作为自己适应的对象，以上两种“适应论”都把注意力放在高校的社会服务功能方面，而忽略其知识生产功能的特殊重要性。知识生产的多样性和不可预测性，决定了人才培养的灵活性和多层次性以及社会服务的开放性和多元性。但是，一味地要求高等教育活动适应经济活动方式的要求，无异于否认了知识生产与物质生产的差别，到头来会使“适应论”带有“只见关系不见人”的特征，从而忽视了人才资源在诸多经济和社会资源中的第一重要性问题，甚至会在高校服务社会的过程中采取削足适履的错误做法。

第三，主张高等教育必须适应“市场经济”的“适应论”。该理论形成于20世纪80年代中期，到90年代中期发展成为一种权威性的高等教育理论。与前两种“适应论”不同的是，这种“适应论”并不是某教育部门领导提出来的理论，而是著名学者潘懋元的研究成果。该理论在国内一部分高等教育学专业的教科书中得到了比较系统和全面的论述。

1983年，潘懋元推出了国内第一部高等教育学理论著作《高等教育学讲座》，其核心理论是所谓教育的“外部规律”与“内部规律”关系的理论。教育的“外部规律”又称“上位规律”，被表述为：“教育必须受一定社会的政治、经济、文化科学所制约，并为一定社会的政治、经济、文化科学服务。”[32]教育的“内部规律”又称“下位规律”，被表述为：“社会主义教育必须通过德育、智育、体育培养全面发展的人。”[33]两条规律之间的关系是：第一，“下位规律必须符合上位规律，上位规律要通过下位规律来实现”；第二，“教育的外部规律制约着教育的内部规律，教育的外部规律必须通过内部规律来实现”。[34]潘懋元认为，高等教育有两个基本特点：一个是性质任务不同于普通教育，属于高等的专业教育；另一个是培养对象不同于中小学生，一般是二十岁左右的男女知识青年，他们的生理和心理具有不同于中小学生的特征，既“有一定的社会经验”，但“又不同于已经成熟了的成年人”。[35]

潘懋元的“适应论”理论容易给人们造成一种错误印象，该理论只强调高等教育对经济活动的单方面适应，而忽视了高等教育自身的特点和要求。为此，潘懋元专门指出：“经济、政治、文化对高等教育的影响总是有积极的一面，也有消极的一面。”[36]以政治为例，“教育为无产阶级政治服务”的提法可以说是正确的，但是，“后来把教育为政治服务变成教育政治化，把人变成政治的奴隶，把教育变成政治的附属品，把人都变成阶级斗争的工具，这就错了”。[37]至于商品经济（实际上包括后来的市场经济——笔者注），他指出：“今天，我们说教育要为商品经济的发展服务，也没有错，我们要发展商品经济，教育当然应该为商品经济的发展服务。但是如果让商品经济的消极面控制我们的教育，变成教育商品化，我们就会走到邪路上去。”[38]他反复强调高等教育要“主动”地去适应商品经济或市场经济，以避免用经济规律替代教育规律或用市场运行机制替代教育运行机制现象的发生。他曾经表示：“我们今天教育改革和发展的总目标，应该是两个适应而不是一个适应，一个是适应社会主义商品经济的发展，一个是适应世界新技术革命和21世纪的需要。这样，我们就能把短、长期目标更好地结合起来，做出全面、正确的决策。”[39]

虽然“两个适应”的提法使潘懋元的理论比前两种经济“适应论”更接近于“三个面向”的教育改革宗旨，但由于所谓的“两个规律”理论不过是内外“两个关系”理论的翻版而已，所以该理论仍然无法摆脱高等教育“适应论”的历史局限性。无论高等教育“适应论”如何变化，它都难以解释这样的一种历史现象：近代高等教育形成以来，社会形态已经出现过多种多样的变化，但是在任何一种社会形态中，高等教育活动的基本原则都没有发生过根本性的变化。高等教育本质上是知识生产活动的体现。只要知识生产活动的方式基本不变，高等教育就不必刻意改变自己去“适应”任何一种外部对象。从知识生产和社会分工的角度来看，潘懋元的“适应论”理论存在两处关键性的失误。

失误之一是该理论没有抓住高等教育活动的本质特征。高等教育是围绕着知识生产而进行的一系列教学、科研和服务活动。知识生产本质上是一种批判反思性的学术活动，学术自治和学术自由是这种活动的基本保障。所谓批判反思性，是指学术活动所特有的思辨性和批判性，任何一种知识都被认为是相对正确的，都还需要进一步研究、检验和共同探讨。批判反思性活动是不需要标准答案的，需要的是学术共同体成员之间平等对话的权利。知识生产固然是按专业划分而进行的，但是，严格地说，专业教育只是高等教育的表面现象而已。高等教育的存在，不在于专业如何划分，而在于专业知识是否具有批判反思的性质。相比之下，基础教育所提供的知识，一般都是经过社会权威或者国家权力认可的文化产品。这样的知识必须具有基础性、权威性和规范性等严格的规定性，一句话，需要存在某种形式的标准答案。如果说，高等教育提供的是某种“高深”知识，那么，所谓“高深”知识的获得，只与知识生产的性质相关，而与知识追求者的心理或生理特征没有什么直接的关系。

失误之二是该理论仍然是从经济基础和上层建筑关系中推导出来的理论。潘懋元曾经指出：“简单说，教育是上层建筑……既然教育是上层建筑（或所谓部分是上层建筑），就得接受经济基础制约并为经济基础服务，而政治是经济的集中表现，就得受政治制约并为政治服务。在处理具体问题上，就必须按这个规律办事。”[40]试图根据经济基础和上层建筑的关系去证明自己理论的正确性，是一切形式“适应论”的共同特征。

1983年5月28日，中共中央委员、中国社会科学院院长胡乔木约见教育部部长何东昌，指出：“教育现象很复杂，说它是生产力，又是上层建筑，我看还不能肯定。教育还包括既不是生产力，也不是上层建筑的部分。”[41]他又说：“马克思主义关于生产力与生产关系、经济基础与上层建筑的区分并不是包罗万象，并不是任何社会现象都可以划分到这里面去的。假定把任何一个社会现象都要按这个分类划分，就要碰钉子。”[42]其结论是：“在研究问题的时候，不能把马克思主义的经典论述绝对化，把问题看死了，这样容易争论不休。”[43]遗憾的是，对于这样一种具有相当的“权威性”的看法，某些高等教育理论工作者却没有及时予以足够的重视。

从社会分工的角度看问题，是解决高等教育的社会属性问题的关键。在马克思主义创始人那里，脑力劳动与体力劳动分工的历史价值、三次社会大分工（即农业与畜牧业分工、农业与手工业分工、手工业与商业分工）与私有制和国家起源的关系，都得到过比较充分的论述。但是，资本主义的社会分工是否还应该具备其他一些属于自己的特征？关于这个问题，马克思曾经认为，资本主义生产的程式化必然导致劳动技能的弱化，因此工人们将在易于操作的机器面前重复简单而乏味的操作。而关于资本主义分工的另一方面，即随着每个劳动者所占用的固定资本比例的扩大，资本主义生产对劳动力的知识储备和生产技能的要求也迅速提升的问题，马克思和恩格斯都还未进行深入的研究和探讨。在这个问题的背后，实际上是知识生产和物质生产分工日益加强和扩大的社会发展趋势。知识生产和物质生产分工的客观存在，又从根本上保证了高等教育的相对独立性，使之不至于沦为经济活动或物质生产活动的附庸。

由于知识生产是一种制度化的生产过程，有着自己专业化的产品市场，并且与物质生产的结合程度日益提高，所以它实质上已经超越了传统的脑力劳动范畴。如果这个假设能够成立，那么，知识生产活动既不属于经济基础，也不属于上层建筑，而是一种主要依托于高等教育机构进行的相对独立的学术创新活动。知识生产活动有自己追求的目标（追求真理）、活动原则（学术自治和学术自由）和活动方式（批判反思），因此本质上并不存在适应其他活动的问题。从另一方面来看，知识生产虽然独立于其他任何一种性质的社会活动，但其产品却又能够渗透到社会系统的任何一个部分。因此，知识生产就具有某种社会“中介”的性质：通过知识产品的输出，知识生产活动既渗透到经济基础领域，也渗透到上层建筑领域，成为政治、经济、社会交往和文化传承等活动必不可缺的中间环节。需要从积极的意义上理解这种社会中介作用——知识生产追求的是真理，真理给人类社会以理想和希望。因此，高等教育最重要的功能并不是去适应这样或者那样的经济活动方式，而是通过对真理的追求引领人类社会的未来发展。

在各种认知理性的应用活动中，经济理性是一种使用范围最广并易于与认知理性相融合的思维方式。经济理性与认知理性存在着两个方面的相似之处：一是认知理性与经济理性都比较容易摆脱政治、宗教和文化传统等社会力量的制约，善于将自然科学的实验和推理方法应用到追求各自目标的活动当中；二是认知理性与经济理性都需要在某种类似于市场的环境中证明自己——认知理性需要在学术市场中获得学术共同体的认可，经济理性则需要在经济市场中接受生产和交换活动的检验。因此，在一定的历史条件下，尤其是在学术市场和经济市场均不发达的情况下，经济理性与认知理性容易被许多人混为一谈。

尽管如此，经济理性与认知理性之间的差别依然是不容置疑的，主要体现在三个方面。首先，它们各自追求不同的目标。认识理性是知识生产者的共同信仰，除了发现和证明真理之外别无他求。经济理性也可以视为一种价值观，但它追求的不是真理，而是真理在经济活动中的功用，即要求真理为经济利益服务。因此，经济学领域中的“理性人”概念实质上指的是经济理性在个人行为中的体现，是不能随意应用到其他领域尤其是知识生产领域的。其次，它们各自拥有不同的活动方式。认知理性辩证地看待知识生产，最看重的是知识产品的创新，随时准备淘汰那些已经被证明为错误的知识产品。经济理性则从投入和产出的角度来看待商品生产。商品生产只有利润的高低，没有正确与错误之分。只要还有赢利，就应该把既有的生产活动延续下去，实现利润的最大化。倘若经济理性主导认知理性，认知理性必然会随着利润与效率的指挥棒起舞，其思想自由和批判反思性精神就会丧失殆尽。最后，它们各自发挥着不同的社会作用。认知理性几乎可以应用于任何形式的社会活动当中，是一切社会活动得以延续和相互作用的中介因素。经济理性原则上只能应用于经济活动当中，是经济活动获得成功的决定性因素之一。无论经济活动具有多么重要的意义，它也不应该排挤或替代其他社会活动的作用。有些时候，经济理性的发展是需要与某种经济活动的基本方式相适应的；但是对于认知理性来说，其发展本质上并不存在“适应”或者“不适应”谁的问题，只要坚持以真理为皈依就行了。由于真理既可以为现代化服务，又是属于世界的和未来的，所以高等教育作为认知理性发展的事业，理所当然地应该做到“三个面向”，即面向现代化，面向世界，面向未来。

四、实践理性的极限：建设“世界一流大学”过程中目标与手段之间的冲突

在中国社会，行政活动渗透到工业建设、政治生活、经济生活等各个方面，其作用和影响几乎无处不在。当高等教育的发展不再一味跟随经济体制的转型、转而追求建设“世界一流大学”等自身的发展目标时，国家层面的行政活动开始直接发挥出某种决定性作用。行政活动属于实践活动的一种类型，它以提高行政活动的效率为价值导向，具有明显的计划性和步骤等特征。本文使用“实践理性”一词来称呼行政活动的合理化方式，原因有二：首先，在我国，行政活动的合理化曾经贯穿于工具理性、政治理性和经济理性之中，典型地具有“实践理性”的某些共同特征；其次，行政活动的合理化方式，与我国传统的“实践理性”有着某种文化内涵上的一致性。韦伯曾经指出，中国传统的理性主义属于一种独特的类型，它追求的不是世界观的合理化，而是实践方式的合理化，即“通过精益求精地设计合适的手段，有计划、有步骤地达到某种特定的实际目的”[44]。他尤其强调：“儒教是如此理性，同时，在没有和抛弃了一切非功利主义标准的意义上是如此清醒，以至于除了边沁的伦理系统以外，还没有一个伦理系统能与之相比。但是，它与边沁的和一切实际理性主义的西方类型完全不同，尽管人们不停地将它与它们做着实的与虚的类比。”[45]

90年代中期以后，为迎接知识经济的挑战和世界范围的经济竞争与人才竞争，中共中央第三代领导集体做出了“科教兴国”的战略决策，并在党的十五大和九届全国人大一次会议上确定为我国的基本国策。1998年5月4日，在北京大学百年校庆大会上，江泽民同志正式提出：“我们的大学应该成为科教兴国的强大生力军”，“为了实现现代化，我国要有若干所具有世界先进水平的一流大学”。[46]稍后，中共中央和国务院决定优先支持北京大学、清华大学等一批国内重点院校的发展，目标是经过20年或稍长一段时间，在中国建设若干所世界一流大学和一批世界一流学科，由此正式启动了著名的“985工程”。如果说“科教兴国”战略的实施是一项系统工程，那么“985工程”可以说是该项工程中的核心项目，因为就投资力度、持续时间和社会影响力而言，包括同时期的“211工程”在内，几乎没有任何一项其他工程能够与之相提并论。“985工程”虽然只涉及一部分重点高校，但是却带动了整个高等教育体系的发展和变化，对于我国21世纪初期高等教育的历史走向产生了极其重要的影响。

在“985工程”的建设过程中，国家采取了两个方面的扶持措施：其一是巨额资金的投入，自“985工程”实施以来，中央政府已经分两期共投入280多亿元的专项基金，部门、地方的配套资金和学校自筹资金累积亦与之大致持平；其二是对优秀人才的选拔和奖励，专门设立了“优秀博士论文”、“特聘教授岗位”、“长江学者”、“跨世纪优秀人才”、“杰出青年教师”等项目。客观地说，随着时间的推移，一些“985工程”高校在硬件设施和发表论文数量等方面迅速逼近“世界一流大学”；

但是在杰出人才培养和学术创新方面，即便与一些非“世界一流”大学相比，其差距也未见有明显缩小的趋势。更令人担心的是，在巨大的物质利益诱惑面前，学术舞弊和科研成果造假之类的现象屡禁不止，个别地方和单位甚至有愈演愈烈之势。

2005 年 7 月 29 日，温家宝总理看望著名物理学家钱学森，钱老感慨道：这么多年培养的学生，还没有哪一个的学术成就能跟民国时期培养的大师相比。他举例说，国家最高科学技术奖自 2000 年设立以来，共有 14 位科学家获奖，其中有 11 位是 1951 年以前大学毕业的。[47] 其实，钱学森在各种场合不止一次提出同样的问题：我们的大学为什么总是“冒”不出拔尖的人才？他曾经一针见血地指出：“中国还没有一所大学能够按照培养科学技术发明创造人才的模式去办学，都是些人云亦云、一般化的、没有自己独特的创新东西，受封建思想影响，一直是这个样子。”[48] 2010 年 5 月 4 日，温家宝总理在与北京大学的学生们交谈时说：“钱学森之问对我是个很大的刺痛，也是很大的鞭策。”[49] 应该说，同样的感受也出现在国内每一名普通学者的内心当中。

“世界一流大学”必然能造就出一流的学术人才，衡量“世界一流大学”的一个重要指标就是该校是否出现过“世界一流”的著名学者。相比之下，民国时期的西南联合大学还培养过杨振宁、李政道这样的诺贝尔奖获得者。“985 工程”之前，国内还“冒”出过王选、袁隆平这样蜚声海内外的发明家和科学家；“985 工程”实施至今，“杰出青年”俯拾皆是，两院“院士”华盖如云，“创新发明”络绎不绝，但是能够让钱老先生含笑而眠的前线捷报却迟迟不肯到来，“世界一流大学”反倒像是离我们越来越远了。问题究竟出在哪里？从“工程”建设的角度来看，如果采用不适当的方法进行施工，那么，投入和产出就未必是正向比例关系，反而可能出现反向比例关系。也就是说，投入得越多，产出的情况可能反倒越难以令人满意。倘若这种情况出现在“985 工程”的实施过程当中，那么，需要解决的问题就不仅仅是投入不足，恐怕还涉及人才培养观念的变化和科研体制改革了。

目前看来，实施“985 工程”的手段基本上表现出两个方面的特点：一是外部经济刺激，二是等级划分。这两个特点都是由行政权力强加上去的，而非学术权力应该具备的东西。所以说，在建设“世界一流大学”的手段选择问题上，仍然像过去一样习惯于使用行政化的手段。差别仅仅在于：过去采用行政化的手段去追求工业化、政治斗争和经济发展之类目标的时候，实践理性是隐藏在工具理性、政治理性和经济理性背后间接地发挥作用；如今继续使用行政化的手段去追求另外一种建设“世界一流大学”的目标时，实践理性则摆脱了其他方面的束缚而直接成为思想和行动的仪轨。在实践理性的引导下，有关方面不甚关心学术活动过程的积累和完善，而只重视科研成果出现的数量和效率——这种做法似乎注定了“世界一流大学”建设到了一定时候非出现严重的问题不可。

如果把高等教育体系当作一个相对独立的目标系统，那么，这个系统所追求的核心目标应该是认知理性的发展。认知理性使知识生产活动的各种成分发生关系，使这些关系共同构成了高等教育系统正常运行的内部环境，它是保证高等教育活动正常进行的最为关键的因素。倘若这个因素失去了效用，整个高等教育系统必然出现混乱，严重者会走向崩溃。高等教育系统还需要与其他系统发生信息和能量的交换关系，凭借这种关系，经济系统和政治系统等外部系统共同构成了高等教育系统的外部环境。但是，社会资源的注入，只有在维系认知理性的指导作用，或者说在不破坏高等教育系统内部环境稳定的条件下，才有可能发挥出正面的积极的作用；否则，可能适得其反，欲速则不达。

“985 工程”实施以来，有关方面在改善高等教育系统的外部环境和加大社会资源的投入等方面，已经下了很大的功夫，做出了很多的贡献，但在完善其内部环境和提高社会资源利用的效率等方面，在理想与现实之间仍然存在着较大的差距。目前的一些做法，包括高校建设的等级制、人才选拔的评议制、学术权力的行政化等，虽然在一定的时间内可以产生某种刺激和促进作用，但是从长远看，由于它们明显地偏离了认知理性的导向，若不加以补充和完善，就有可能导致“异化”现象频繁发生，对“世界一流大学”的建设产生越来越严重的羁绊作用。试分析如下。

第一，高校建设的“等级制”方式。新中国成立以后，高等院校一直是按照重点高校和普通高校的划分而分层次建设和发展的。“985 工程”实施后，国内高校又被进一步划分为若干个等级，实现了多元化和个性化发展，收到了一定的积极效果。但存在的问题是：一方面，高校分层的环节过多；另一方面，分层的方式也带有过多的行政计划色彩。纵观“世界一流大学”的发展历史，几乎没有一所是靠行政分层的方式而人为地划分出来的。这样一种高校分层对于建设“世界一流大学”是否能产生人们所预期的作用，是一个需要认真加以分析和探讨的问题。

“985 工程”共分前后二期进行。第一期入选的高校被划分为两个档次：第一档包括北京大学等 9 所高校，第二档包括南开大学等 25 所高校。第二期入选的高校只是补充了几所师范、农业、国防和民族类型的学校。从经费分配的角度来看，从“985 工程”起步开始，入围的高校就出现了等级分化。其中，以北京大学和清华大学所获经费最多，三年内分获国家 18 亿元拨款；其他高校大致分获从 1 亿元到 6 亿元不等的中央财政拨款。北京大学和清华大学以外的其他高校，虽然还可以获得地方或部门的配套资金，但在资金保障方面仍远不能和这两所学校相比。十多年下来，北京大学和清华大学的办学条件远远超出了其他任何一所高校。此外，在“985 工程”学校内部、“985 工程”学校与非“985 工程”的“211 工程”学校之间、“211 工程”学校与普通学校之间，也出现了分层扩大化的趋势。学校层次之间的差别，均与国家拨款的多少有着直接或间接的关系。

在国家财力有限的情况下，在相当长的时间内，重点发展一批高水平院校，进而带动其他高校共同发展，是我国高等教育发展策略的一种比较现实的选择。但这种策略如果演变成为一种思维定式，它所带来的负面效应也是非常值得注意的。其中特别令人担忧的是：在过去五十多年中，个别地方院校还可以通过自身的努力而上升为闻名全国的重点高校；而在“985 工程”实施之后，高校之间则迅速出现了强者更强、弱者更弱的“马太效应”，其他院校要想超越北京大学、清华大学几乎成为不可能的事情。然而，倘若北京大学和清华大学没有遇到过国内竞争者强有力的挑战，这两所高校要想迈入“世界一流大学”的行列，最后恐怕也只能是一件心有余而力不足的事情。

“世界一流大学”的出现，仰赖于竞争性的制度设计，而不是高度分层的等级制度。从表面上看，美国拥有 30 所左右高水平的研究型大学，它们位于一个由 2 000 多所高校构成的金字塔型高等教育体系的顶端。但美国实行的是学术自由制度和高校竞争制度，其高校体系是一个竞争性和流动性的体系，任何一所高校不会从中获得特殊的待遇或排他性的发展机遇。法国和德国等欧陆国家实行的是平面化高等教育政策，高校之间一般不允许出现等级化和差别化的发展。英国的情况有些特殊，牛津大学和剑桥大学长期居于群伦之首的地位；其他高校之间有一定差别，政府也采取了一些措施来防止差别的扩大化。不过，牛津和剑桥两校实际上是由众多“学院”组成的两个联盟，各个“学院”并非严格按学科或专业划分的机构，而是按历史传统划分的教学和科研单位，不同的“学院”通常会拥有一些相同的学科和专业。因此，更加合适的看法是，这些“学院”本身就是“大学”，牛津和剑桥就是通过这样一些“大学”联合形成的学术活动联合体。

上述例子说明，为了维护一个比较正常的学术发展环境，高等教育发达国家一般都会让其“一流大学”保持一定的竞争性。美国这样的大国有条件进行高等教育的分层，比较注意维护顶尖大学的质量和数量，但亦有严格的去等级分类制度。法国和德国这样中等规模的国家虽然有同样的考虑，却只能选择平面化的高等教育政策。英国的做法介于两者之间，但是大致上也能够收到相同或者相似的效果。对高校的建设和发展而言，一个学术单位一般至多只能容纳一两个学术流派的发展，倘若其他的学术流派得不到相同的待遇，所谓的学术争鸣和学术创新也就随时都有流于形式的危险。概言之，在任何一个国家，“世界一流大学”要么是一个竞争性的群体，要么就根本不可能独立存在。

第二，杰出人才选拔的“评议制”方式。“985工程”实施以来，按照过去的习惯做法，有关方面一直采用“专家评议”的方式进行杰出人才的筛选。一般的做法是：先让候选人进行“申报”，然后组织权威人士或专家对申报报告进行“评审”，评审的结果直接决定了“杰出人才”荣誉的获得与否。这样的做法存在一个明显的缺陷，“杰出人才”并不是经过学术共同体认可之后产生的，而仅仅是由少数几个学术权威所授予的头衔。学术权威无论多么“权威”，其评议活动也替代不了学术共同体的批判反思活动。当学术共同体被放在一个行政下属地位的时候，获选的“杰出人才”就难免带有行政官员的属性，其学术能力通常难以超越那些掌握着评审权力的专家或者权威人士。

在任何一个领域，习惯性的力量一经形成，就很难再发生实质性的改变。因此，当杰出人才的培养无法达到预期效果时，有关方面首先想到的不是改革人才选拔方式，而是继续扩大选拔范围和加大奖励力度。例如，“985工程”后期制定的旨在从海外引进人才的“千名学者计划”，其人才遴选范围和资助力度都远远超过了前期的“杰出青年教师”和“跨世纪优秀人才”等项目所能想象的程度。尽管如此，依旧存在的问题是获奖对象大多不得不担任行政领导职务，而后来在国际学术界“冒出来”的知名学者与科学技术专家却并不多见。钱学森提出的“我们的高校为什么总是培养不出杰出人才”的问题，似乎并没有找到真正的答案。

教育部科技司官员张西水曾经多次参加过全国重点学科和科研项目之类的评比活动。对于此类活动，他的评价是：“这个评议当中，我想说一个问题，专家评议往往老学科评上的多，因为老学科里老教授多，名气大的比较多，容易评上；那些新兴学科，教授少，知名度可能也不是特别高，所以不大容易评上。但是从我们科研的角度来讲，从长远发展的眼光看，我们更加重视那些新兴学科点，但是新兴学科点要评上重点学科往往不大容易。我举个例子，在计算机这个学科进行评议的时候，小组会我去参加了，结果把北京大学的王选那个点也评下来了。”[50]对于“跨世纪优秀人才计划”，他的疑问是“这个跨世纪人才基金获得者里面，为什么当干部的比较多，这跟人事部门的用人政策有关系”，因此“‘跨世纪优秀人才计划’到底效果怎么样，我现在还不能完全地评价这件事情，因为它的后果怎么样我对它的研究还不够，但可以肯定它起到了积极作用”。[51]

任何一种评议制度，实质上都是建立在行政计划基础上的外部激励制度；行政计划的合法性不在于相关活动的创新，而在于活动的效率。知识生产的效率与创新之间的矛盾，通常体现在三个方面。首先，知识生产本来是一个追求真理的过程，而真理只有真伪之分，与效率并无实质上的联系。利奥塔（Jean-Francois Lyotard）曾经指出：当知识生产效率的高低成为大学管理者对科研活动进行分类和取舍的唯一标准时，那些看上去和资本增长毫不相干的研究活动，例如笛卡儿、斯宾诺莎、马克思和达尔文之类的伟大思想家的活动，必然会被排斥在大学的校门之外；在追求知识生产效率这样一种价值观的引导下，大学的一切活动都变成了技术性活动，必然会失去反思性、公正性和艺术性等与人类的健全思维息息相关的东西。[52]其次，效率的标准抑制知识创新。知识生产主要有两种方式：一是现有知识生产范式的应用和推广；二是新知识生产范式的创造和试验。前一种方式已经为人们所认可，因此容易做出“成果”，更加富有“效率”，并给生产者带来丰厚的“回报”；后一种方式则带有巨大的挑战性和风险性，通常面临着现行理论范式的压制作用，成功的希望只能寄托在学术共同体不断进行的批判反思活动之中。因此，对于知识创新而言，有三个因素在起着关键性作用：知识生产者个人对认知合理性价值观的坚定信仰、学术共同体的批判反思精神、充分的学术自由和学术自治权利。外界刺激是必要的，弄不好却有可能事与愿违。最后，效率标准扼杀想象力。想象力是一种无法评估、只能加以运用和鉴赏的能力，是知识创新不可或缺的动力之一。知识创新并不是一个纯粹的理性活动的过程，而是理性活动与非理性活动的辩证统一。学术评估的局限性在于它一般只能对那些可以量化和程序化的东西进行评价，对于想象力之类非量化和非程序化的东西则缺乏统一的衡量标准。然而，一旦摒弃了想象力这样的关键性因素，知识生产活动就很难走出平庸的境地，人们对所谓的杰出人才和知识创新的殷切期待也就难免沦为一厢情愿的事情。

第三，学术权力的"行政化"运行方式。学术活动中的资源分配能力又被称为学术权力，一般表现为声望和资历不同的学者拥有不相等的控制社会资源的能力。学术权力有两种授予方式：一种是由行政组织授权的方式，另一种是通过学术共同体认可的方式。虽然这两种方式通常是结合在一起发挥作用的，但是学术共同体的认可具有更加基础性和权威性的作用。同时，学术权力的划分（以及与之相对应的职位划分）应该留有较大的弹性和余地，否则就会抹杀学术活动与行政活动的界限，危及教学与科研活动的正常进行。以美国高校为例，学者之间一般只存在助理教授、副教授和教授之间的区别，其他称号大多是荣誉性的，并不伴随着特殊权力的授予。相反，在学术活动越不发达的国家和地区，学术权力越有机会以行政权力的方式运行。

在大多数情况下，学术声望是学术共同体所赋予的，行政权力基本上不参与其中。不知从何时起，国内学术界出现了一个奇怪的现象：各单位要么争相把各式杰出人才推向领导职位，要么极力把处于领导职位的人举荐为所谓的杰出人才，于是造成了高等教育行政化日趋严重的现象。通过此类做法，获得的好处是明显的——容易拉来研究项目，容易使研究项目获得奖励，有助于实现个人和小团体的利益最大化。但为此付出的代价却是沉重的，干扰了正常的学术研究秩序，滋生了半公开化的学术裙带关系和人身依附关系，破坏了学术共同体的关系，牺牲了一大批颇具潜质的年轻学者的学术生命。学术权力的行政化可以造就一批学术官僚，但是肯定培养不出在国际学术界拥有巨大影响力的"杰出人才"。

更令人不可思议的是，为了与行政级别相攀比，我国高校教师的职称划分越来越烦琐，不仅有讲师、副教授、教授的划分，还有四级、三级、二级、一级教授的差别。尤其是所谓的一级教授，一般还担当着两院院士之类的职责，终身享有重大科研项目的分配权力，可谓一言九鼎，难免令一些人趋之若骛。这样的做法实质上已经危及学术共同体的生存环境，起到了把学术组织转变为行政官僚机构的负面作用。何为学术共同体？它有两个基本特征。其一，学术权利平等，即学位和职称上的差别仅仅是个人履历上的差别，不允许带入学术活动；而在学术活动中，每个人都是平等的对话者，不存在任何实质意义上的地位差别。其二，具有批判反思精神，即越是学术权威，越是批判反思的对象。从知识生产的角度来看，知识生产通常具有多变性和不可预测性等特征，所以知识创新有时候偏偏是在知识体系的边缘部分获得突破性进展的。很难想象，牛顿的门徒会竭力批判经典力学，爱因斯坦的学生有足够的兴趣质疑相对论。中国没有牛顿和爱因斯坦，但院士们却掌握着牛顿和爱因斯坦所无法想象的社会资源分配权力。不受约束的权力必然是一种被异化了的权力，这一点同样适用于学术活动领域。

温家宝曾经表示："大学改革要为学生创造独立思考、勇于创新的环境。大学还是应该由懂教育的人来办。教育家办教育不是干一阵子，而是干一辈子。大学还是应该逐步去行政化，按教育规律办学。"[53]可以补充的是，大学去行政化的关键不是教学和科研活动与行政活动的两相分离，而是必须恢复学术权力的本来面目，使行政权力相对弱化，或者干脆将行政权力从学术权力中剥离出去。即便是懂教育的人，倘若醉心于行政权力的追逐，或者为上下等级关系所束缚，也不能指望他们能够给高等教育事业带来任何实质意义上的进步。

笔者并不反对建设“世界一流大学”，这一目标的设定对于我国高等教育发展和现代化建设具有不可替代的引导和刺激作用；但是，在选择建设“世界一流大学”的手段时，有关方面必须在指导观念上充分考虑到认知理性与实践理性的矛盾性和冲突性。这主要体现在：首先，认识理性与实践理性分属不同的活动领域。认知理性主要属于知识生产领域，实践理性则主要属于政治生活和文化生活领域。传统社会中实践理性往往限制和扼杀认知理性的发展，而很少起到过保护和促进的作用。钱学森所说的“封建传统”，在我国高校建设中仍然发挥着异乎寻常的文化影响力。其次，二者对学术活动规律的理解不同。认知理性把学术自由和学术自治当作学术活动的前提条件，原因就在于它深刻地认识到学术活动的多元性、长期性和不可预期性，因此反对政治或者行政权力对学术活动横加干涉；相反，实践理性却倾向于把学术活动当作直线性、中期性和可预测性的活动来对待，因此在确定各种“工程”或者“计划”时，难免带有强烈的行政计划的特征。最后，二者导致不同的活动方式。认知理性并不是某个个人或者集体的思想成就，而是一个平等、开放、互动的学术共同体中每一位成员所达成和分享的基本共识。学术共同体成员之间的批判反思，既是学术活动的常态，也是认知理性形成和发展的基本方式。实践理性则明显体现出了“官本位”的思想。它习惯性地将有关学者和高校按照行政等级分类，试图通过学术资源的不平等分配人为地创造出一批“杰出人才”和“世界一流大学”。行政权力与学术权力的对接是造成学术活动行政化的根本原因。

五、回归认知理性：通过学术市场引领知识创新和杰出人才的培养

认知理性的发展需要一定的社会条件和历史条件，尤其需要一定的学术规则和制度予以保障（学术活动代表着认知活动的最高水平）。在中世纪大学时期，尽管认知理性还臣服于宗教的统治，但是学术自由和学术自治制度为认知理性的发展奠定了基本条件。19世纪柏林大学的改革，又根据近代科学的发展为学术自由和学术自治制度中增添了一些新的内容，其中主要包括学术与政治相分离、追求科学的精神、教学和科研统一等。在现代社会，认知理性的发展越成熟，它对学术规则和制度的要求也越复杂。从学术活动的内部关系来看，学术评价的标准、学术流派的关系、学术共同体的价值承诺等都是使认知活动合理化的必要条件。从学术活动的外部关系来看，学术活动能否满足物质生产和社会生活的各种需求，是决定认知理性发展能否获得各种社会资源的大力支持的关键问题所在。只有综合地考虑上述问题并采取相应的措施，才有希望为认知理性的发展创造出适合的制度条件，推动高等教育稳步向前发展。

高等教育“适应论”从根本上否认认知理性的独立价值。因此，它虽然一直试图解决的是高等教育与各种社会需求的问题，却忽视了作为高等教育基础的学术活动的内部条件问题；而且在解决高等教育与社会需求矛盾时，又采取了相对简单的办法：一方面倾向于用某种社会需求替代其他社会需求以约束高等教育的发展方向，另一方面又把高等教育与社会需求的关系简化为前者“适应”后者的关系。长期以来，当我们集中力量让高等教育“适应”某一种社会发展目标时，高等教育活动的某些方面或部分固然得到了特殊的发展，但是整个高等教育系统却不得不偏离正常发展的轨道。有学者指出，某一时期国内高等教育改革“虽然使高等教育与社会发展达到了新的相适应，但是却可能不利于甚至阻碍了高等教育的自身发展（特别从长远的角度来看）”。[54]造成这一现象的根本原因，是社会政治经济发展与高等教育发展的异质性遭到了强行抹杀，知识生产活动的独立性和自主性得不到应有的尊重。高等教育可以“适应”各种外部对象，却不能自觉地“适应”认知理性发展对于各种学术规则和制度的客观要求。

现代学术活动的发展已经呈现出两个方面的鲜明特征：一方面，学术活动越来越规范，其体现为知识生产越来越有章可循，学术评价越来越客观公正，学术讨论越来越公开透明，等等；另一方面，学术活动的流动性、多变性和不可预期性等特征也越来越为人们所广泛认识——这些特征在我国“建设一流大学”的过程中也逐渐地表现了出来。综合这两个方面的特征，笔者认为，现代学术活动的规则更接近于市场经济的规则而远离计划经济的规则。关于这些规则，本文借助一个西方社会学的概念，称之为“学术市场”（academic market）的规则。笔者认为，学术市场是促使知识生产要素（主要包括人才、知识和学术声望三个方面的因素）自由地进行交换和流动的市场机制，其运行可以保障知识生产要素获得最佳配置。知识产品虽然拥有某些商品的属性，但是还具有创造性、公共性和批判反思性等独立特征，所以知识生产不能简单地等同于商品生产。学术市场与经济市场各自构成了两套相对独立的运行体系，拥有几乎完全不同的运行规则。

关于“学术市场”的概念，斯梅尔瑟（Neil J. Smelser）、本-大卫（Joseph Ben-David）和阿什比（Eric Ashby）等人分别从不同的角度进行过相关的论述。例如，本-大卫曾经指出，近代以来，世界范围内只有法国、德国、英国和美国这四个国家居于或者曾经居于“学习中心”（centers of learning）的地位，并且因此而形成了比较独立和完备的“学术市场”。其他国家和地区的学术活动则在不同程度上依附于“学习中心”而存在，其学术产品一般需要通过某“学术市场”的检验才能获得认可。[55]本文并不打算照搬和照抄西方社会学家的观点，而是试图在学习和借鉴其理论的基础上，从认知理性发展的主客观条件出发，结合我国高等教育发展过程中出现过的一些问题，提出自己对于学术市场规则的几点看法：1.“学术市场”不论出现在哪里，都是建立在学术共同体基础之上的；2. 学术共同体活动的充分开展形成了所谓的学术系统；3. 学术系统能够容纳不同的学术流派；4. 所有的学术流派都应该自觉地接受认知理性价值观的指导。相关的分析如下：

第一，学术共同体的价值尺度。任何一种类型的市场，其存在的首要条件是有一定的交换媒介，否则一切交换活动便无从谈起。学术市场并不是直接以货币为流通手段，而是由学术共同体的评价来发挥交换媒介作用的。由于一切学术活动的价值都是通过学术共同体的评价而被衡量出来的，所以，这种评价的高低实际上构成了学术市场的价值尺度。离开了这一尺度，一切学术活动，包括知识的生产、传递和贮存活动，其价值一般不会得到学术共同体成员的认可。对于知识生产活动而言，其三大基本要素即人才、知识和社会声望，无一不是在得到学术共同体的认可之后才有资格进入交换和流通领域的。削弱了学术共同体的作用，或者干脆用行政权力或经济杠杆替代这种作用，知识产品的价格就会背离其价值，学术市场的运行就会出现混乱状态。

作为一种价值尺度，学术共同体的评价必须符合客观性和公正性的要求。学术共同体的评价是通过平等对话而产生出来的，因此具有两个基本特征。其一，学术共同体不承认绝对的真理，只承认相对的真理。它不会赋予任何人以颁布真理的权力，而只会给予提出某种观念或者假说并加以论证的权利，其观念或者假说必须在获得学术共同体的认可之后才能被宣布有效。其二，学术共同体的评价是批判反思式的。任何一种命题或者理论，只有在经受过质疑并且最终能够从逻辑上和经验上说服大多数质疑者之后，才会在学术共同体中得到较高的评价。实践固然是检验真理的唯一标准，但在学术领域，实践只有通过共同体成员的诠释和鉴定，才具有辨别真理或者谬误的资格。学术共同体是按学科和专业进行划分的，其结构具有开放性和变化性，学术评价的标准会随着学术活动的发展而逐渐发生一定的变化。

从某种意义上说，金钱和权力的作用代表着社会力量对学术共同体活动的影响和约束，其功效应该与学术共同体内部力量的发挥相一致，而不应直接影响和干涉学术共同体的学术评价活动。此外，学术共同体的评价历来都伴随着学术争鸣而进行，通常需要相对比较长的时间才能达成共识。因此，人们对于学术评价的形成应该有足够耐心，急功近利和揠苗助长的办法会适得其反。学术共同体的评价还与学术权力的垄断水火不容。倘若一部分人垄断了学术评价的权力，学术市场必然异化为学术权力的寻租市场，随之而来的则是学术道德沦丧和学术水平徘徊不前。

第二，学术系统的内外平衡。学术系统的运行既需要满足该系统内部对于知识增长的需求，又需要满足其他社会系统尤其是经济系统对于知识应用的需求。这就造成了一种两难选择：知识生产首先应该满足哪一种需求？本-大卫考察过德国、法国、英国和美国这四个“学习中心”，指出这些中心都有一个共同的特点，即学术活动都首先满足学术系统自身的需求，然后才去满足外部系统提出的各种需求。[50]相反，大多数处于边缘位置的国家和地区强调的却是学术活动的应用价值，其学术活动主要用于满足社会系统的需求。实践证明，选择“学习中心”国家的做法，学术系统容易在输入和输出方面取得平衡，高等教育更有希望获得可持续性发展；采取相反的做法，要么在知识产品输出方面存在不足或者乏力，要么学术系统经常被迫处于内部失衡乃至混乱的状态。

对于学术系统来说，知识生产与知识应用是一对基本矛盾：没有知识生产，也就不会有知识应用；离开了知识应用，知识生产也就失去了持久发展的动力。但是在这对矛盾中，知识生产始终是矛盾的主要方面，知识应用则是矛盾的次要方面。知识生产有时会造成一大批无法应用的知识产品。不过，换一个角度来看，由于知识是一个整体，所以某些知识即使一时无法应用，只要它对知识整体有所贡献，也就间接地有助于知识的应用。知识生产与知识应用的辩证关系是：欲将取之，必先予之；欲速则不达，见小利则大事不成。

借助于学术系统的力量，学术市场可以对高等教育的发展起到重要的引导和规范作用，主要体现在三个方面。首先，维护专业设置的稳定性，保障专业知识的增长。社会需求变化无常，如果完全根据社会需求而设置专业，那么高校的专业调整注定会朝令夕改，一时“热门”专业不知何时就会变成“冷门”专业。科学技术的进步也会迅速地把某些“新”专业淘汰掉，以更新的专业取而代之。学术市场的存在，可以使高等教育根据知识生产的门类划分设置专业，从而保护专业设置的稳定性和持久性，使之免受社会需求变化的过度影响。其次，提升教学活动的效率和水平。按照学术市场的专业分工要求，高等院校理应传递系统化和理论化的专业知识，而把纯经验性或者技巧性的知识与技能排除在外。这样的做法可以最大限度地提升教学活动的效率，为学生打下坚固的专业基础，使他们的个人能力保持足够的适应性、灵活性和发展潜力；否则教学活动就无法保持自身的独立性和连续性，而下降为企业或其他部门的职业培训活动。最后，维护科学的独立价值，规范科研活动。在各种科研活动中，最受经济市场青睐的科研项目大多是一些基础较牢、技术较成熟、周期较短、见效较快的项目，那些富有开创性、技术远未成熟、周期较长、经济效益尚不明显的项目则鲜有问津。而这些“热门”的项目之间也大多缺乏逻辑上的延续性，往往是一个“项目”结束之后，另外一个不甚相关或者重复性的“项目”又接踵而至，因此未必能够起到促进知识生产进步和提升学术水平的作用。学术系统的作用之一就是维护科研活动的独立价值，以避免经济市场对科研活动的限制和误导作用。

第三，学术流派的竞长争高。知识生产是以学术流派的方式继承和延续下来的。学术流派的出现与学术活动的批判反思性本质相关——当不同的学术观点在相互竞争的过程中各自形成体系时，学术流派也就自然而然地形成了。只要有学术，就会有竞争；只要有竞争，就会有流派。学术市场存在的必要性，就在于它为学术流派的分化提供了最佳的制度环境。韦伯认为，学术流派的出现与学者价值观方面的差异有关。他曾经举例说，信仰无政府主义的法律学者不会因为否认一般法律的有效性而成为不了优秀的法律学者，而恰恰相反，他们的无政府主义价值观反倒能够让他们发现一般法律学说中某些值得争论而又被常理所掩盖的问题。[57]韦伯因此认为，不同类型的价值观正好可以成为学术活动的"阿基米德点"，不断为学术活动增添新的内容和活力。"学术市场"之所以成为"市场"，也就是因为它像经济市场一样可以最大限度地容忍不同信仰和价值观的存在。

自然科学的发展，历来都是从理论到假说、再从假说到理论的反复过程。每种假说和理论几乎都可以找到其对立面的存在。因此，自然科学从来也不是直线发展的，而是充满了肯定、否定和否定之否定的过程，具有发散性、竞争性和不可预期性等特征。利奥塔曾经指出，科学语言中并没有一种统一的"共识"或者所谓的"元话语"，有的只是一个又一个临时性的"契约"。因此，在自然科学的历史上，"总有人来扰乱'理性'的秩序。我们必须假设有一种力量，它使解释能力失去稳定，它通过颁布新的智慧规范而显示出来，或者说通过提出科学语言游戏的新规则而显示出来，这些规则将界定新的研究领域。……如果我们把这种特性移植到科学讨论中，并且从时间的角度看，它就意味着'发现'的不可预测性"[58]。自然科学的发展与人文和社会科学并无实质上的不同，都是学术活动发展的辩证性质使然，都必须通过学术流派的分化获得表现。

20世纪30年代，钱学森曾留学于美国麻省理工学院，后来转学至加州理工学院，在空气动力学专家冯·卡门的门下求学。钱老回忆说，到了加州理工学院，"一下子就感觉到它和麻省理工学院很不一样，创新的学风弥漫在整个校园，可以说，整个学校的一个精神就是创新。在这里，你必须想别人没有想到的东西，说别人没有说过的话"。[59]冯·卡门告诉他，学术创新的关键就是需要有非常好的学术思想，美国人叫"good idea"。加州理工学院"给这些学者、教授们，也给年轻的学生、研究生们提供了充分的学术权力和民主氛围。不同的学派、不同的学术观点都可以充分发表。学生们也可以充分发表自己的不同学术见解，可以向权威们挑战"[60]。晚年，他感慨地说："我回国这么多年，感到中国还没有一所这样的学校，都是些一般的，别人说过的才说，没说过的就不敢说，这样是培养不出顶尖人才的。我们国家应该解决这个问题。"[61]

第四，认知理性的价值观导向。价值观是一种文化属性的观念，是人们用来衡量自己或者他人行为正确与否的主观依据。价值观直接影响主体与客体的联系方式，决定了主体对于行动目标的偏好性和追求这种目标的手段的选择性，赋予个人和集体以鲜明的个性和共性特征。在现代社会中，伴随着社会生活领域的分化，人们的价值观体系也出现了分化的趋势：一方面，不同的社会领域各自拥有相对独立的价值观；另一方面，分属不同领域的价值观又共同构成了一个完整的价值观系统。一般而言，在同一个价值观系统内部，分属不同领域的价值观，彼此之间并不是谁比谁更重要的关系，而是一种可以相互转换的关系——进入哪一个领域，就应该按照哪一种价值观类型的要求进行活动，否则，整个价值观系统会发生功能性紊乱。在不同的价值观系统之间，一方面存在分歧与对立，另一方面也存在某些共同或者相通之处。

认知理性也是价值观的一种类型。按照帕森斯（Talcott Parsons）的定义，认知理性（cognitive rationality）是"对认知活动的合理性所做出的价值观承诺。其中的'认知'一词使之具有文化相关性，'理性'一词主要又是一种社会属性的东西。因此，认知理性是一种将文化生活方式和社会生活方式联系起来的价值观模式"。[62]他还说："认知理性涉及的对象是智力活动中出现的问题，这些问题区别于那些从行动者的需求模式中产生的问题，如家长与其未成年的孩子之间的关系的问题。"[63]认识理性的基本内涵就是对真理的不懈追求，就是在追求真理的过程中对学术自由、批判反思和客观公正等观念所做出的个人信仰方面的承诺。认知理性价值观一方面是学术共同体成员的共同信仰，另一方面又必须在知识生产活动中得到制度化的体现。

在高等教育活动中，认知理性价值观是一种核心性的观念。也就是说，它可以应用到其他价值观活动之中，却不允许其他价值观反过来运用于自己的活动。对于学术市场来说，认知理性价值观必须贯穿于其中任何一个方面的活动；否则，学术市场就会失去规范作用，随时都有可能退化成为学术与金钱或者学术与权力进行庸俗交易的场所。因此，判断学术市场成熟与否的根本标志，并不在于规章制度是否完备，而在于认识理性是否深入人心，是否已经成为学术共同体成员判断是非的共同标准。

如果否定了认知理性在高等教育事业中的核心地位和主导作用，就会把追求真理的事业当成追求知识功用的事业。长此以往，学术活动的发展就会失去其精神上的推动力——这恐怕就是我们与“世界一流大学”最可怕的差距所在。学术市场建设既是一次学术制度上的重新设计，也是一场深刻的高等教育思想领域的革命。

高等教育可以服从和服务于多重目标，而从来不会仅仅服从于一个内在或外在目标。从这个意义上来说，本文对于高等教育“适应论”的批判反思，无意于完全否认其发挥过的历史作用，而是希望能从另外一个角度即认知理性和实践理性关系的角度，为有关方面处理各种内在目标和外在目标之间的关系以及各种目标和手段之间的关系，提供另外一种思考问题的方式。本文坚持认为，所谓的高等教育“内部规律”与“外部规律”之间，最重要的其实并不是谁“决定”谁或者谁“适应”谁的问题，而不过是各个国家和地区根据自己的政治、经济、文化和生活习惯等条件进行多样性选择的问题。如果说，过去六十多年间，高等教育“适应论”是一种无奈的历史选择，那么对高等教育“适应论”的突破与超越，也同样是现阶段我国高等教育发展和社会发展的必然要求。所谓的认知理性，实质上是与各种形式的实践理性（甚至某些形式的“非理性”）相辅相成的思维方式；只是由于它在认知活动或曰学术活动中占据着主导地位，所以才有必要将它当作一种与工具理性、政治理性和“实践理性”相区别的对象来看待。所谓学术市场的建设，绝对不是高等教育应该“适应”的下一个社会发展目标，而是为了解放知识生产力而进行的生产关系方面的改革，其目的是要破除学术垄断、鼓励学术竞争，为我国高等教育的未来发展建立一套更加完备的高等教育组织和管理制度。展望未来，国内学术市场发育成熟之时，灿若星辰的“世界一流大学”遍布一个崛起的东方大国也就指日可待了。

【参考文献】

[1] 苏云峰. 抗战前的清华大学1928—1927 近代中国高等教育研究［M］. 台北：近代史研究所，2000：78.

[2] 周兴旺. 使命　中国人民大学的世纪传奇［M］. 北京：人民出版社，2004：220.

[3]［4］中共中央文献研究室. 毛泽东文集（第七卷）［M］. 北京：人民出版社，1996：365，366.

[5] 上海市高等教育局研究室，华东师范大学高校干部进修班，教育科学研究所. 中华人民共和国建国以来高等教育重要文献选编（上卷）［Z］. 上海，1979：263.

[6] 中共中央文献研究室. 建国以来毛泽东文稿（第7册）［M］. 北京：中央文献出版社，1992：342.

[7]［德］马克斯·韦伯. 社会科学方法论［M］. 北京：中央编译出版社，2005：145.

[8] 钱伟长. 高等工业学校的培养目标问题［N］. 人民日报，1957-01-31.

[9] 滕叙兖. 哈军工传（中）［M］. 长沙：湖南科学技术出版社，2003：834-835.

[10]［11］［12］刘冰. 风雨岁月1964—1976年的清华［M］. 北京：当代中国出版社，2008（3）：27，40.

[13]［14］［15］［16］［17］［20］东北师范大学高等学校干部进修班，陕西师范大学高等学校干部进修班. 中华人民共和国高等教育大事记1949—1981［Z］. 长春，1982：177，177，179，183，183，217.

[18]［19］［26］［29］郝维谦，龙正中. 高等教育史［M］. 海口：海南出版社，2000：284，301，349，402.

[21] 杜勤，睢行严. 北京大学学制沿革1949—1998［M］. 北京：北京大学出版社，2000：92.

[22] 蒋南翔. 蒋南翔文集（下卷）［M］. 北京：清华大学出版社，1998：896.

[23] 刘光. 新中国高等教育大事记1949—1987［M］. 长春：东北师范大学出版社，1990：465.

[24]［41］［42］［43］改革开放以来的教育发展历史

性成就和基本经验研究课题组. 改革开放30年中国教育重大历史事件 [M]. 北京：教育科学出版社，2008：41，32，32，32.

[25] [27] [28] [50] [51] 中国高等教育学会. 改革开放30年中国高等教育改革亲历者口述纪实 [M]. 北京：教育科学出版社，2008：23，23，24，181，190.

[30] 金铁宽. 中华人民共和国教育大事记（第2卷）[M]. 济南：山东教育出版社，1995：1 439.

[31] 何东昌. 教育改革要从中国实际出发 [N]. 中国教育报，1983-03-07.

[32] [33] [34] [35] [40] 潘懋元. 高等教育学讲座 [M]. 北京：人民教育出版社，1985：34，44，32-33，13，35.

[36] [37] [38] [39] 潘懋元. 潘懋元高等教育文集 [M]. 北京：新华出版社，1991：217，217，217-218. 223.

[44] [45] [德] 马克斯·韦伯. 儒教与道教 [M]. 北京：商务印书馆，1995：32，32-33.

[46] 中国高等教育学会. 改革开放30年中国高等教育发展经验专题研究 [M]. 北京：教育科学出版社，2008：504.

[47] 沈正赋，芮必峰. 世纪命题"钱学森之问" [EB/OL]. http://news.jingpinke.com/de-tails? uuid＝ee12 b734-127 b-1000-bce6-3 db61f9ef985.

[48] [59] [60] [61] 涂元季，顾吉环，李明. 钱学森最后一次系统谈话——谈科技人才的培养问题 [N]. 人民日报，2009-11-05.

[49] [53] 盖纯. 温家宝赴北大与学生共度五四 强调科学民主 [EB/OL]. http://cq.people.com.cn/news/201055/20105581741.htm.

[52] J-F LYOTARD. (1984). *The Postmodern Condition*: *A Report on Knowledge*. Minneapolis, Minnesota: University of Minnesota Press. 50.

[54] 胡建华. 现代中国大学制度的原点：50年代初期的大学改革 [M]. 南京：南京师范大学出版社，2001：289.

[55] [56] J. Ben-David (1977). *Centers of Learning*: *Britain*, *France*, *Germany*, *United States*. San Francisco, New York. The Maple Press. 5，110.

[57] [德] 马克斯·韦伯. 韦伯论大学 [M]. 南京：江苏人民出版社，2006：85.

[58] [法] 利奥塔. 后现代状态 [M]. 北京：生活·读书·新知三联书店，1997：131.

[62] [63] T. Parsons & G. M. Platt (1973). *The America University*. Cambridge, Massachusetts. Harvard University Press. 38，39.

高等教育“适应论”是历史的误区吗*

——与展立新、陈学飞商榷

□ 杨德广（上海师范大学教授）

《北京大学教育评论》2013 年第 1 期发表了展立新和陈学飞的长篇文章《理性的视角：走出高等教育“适应论”的历史误区》（以下称“理文”）。这篇文章的主旨是否定潘懋元关于高等教育“两个规律”的理论，否定高等教育要适应社会政治、经济发展需求的“适应论”，作者认为“高等教育适应论是一种无奈的历史选择”，导致两大失误：一是“颠倒了认知理性与各种实践理性的关系，使国内高等教育难于走上正常发展的轨道”；二是“不惜压制其他实践理性的发展，以至于在高等教育的各种目标之间、不同的目标之间与手段之间，造成了极大的矛盾和冲突”。因此“突破与超越适应论，是现阶段我国高等教育发展和社会发展的必然要求”。“理文”在竭力否定和贬低高等教育“两个规律”理论和“适应论”的同时，鼎力推崇和提倡所谓的“认知理性”，认为高等教育要摆脱“适应论”的思想束缚，必须“回归认知理性，建设完善的学术市场”，认为“高等教育本质上是发展认知理性的事业”、“高等教育追求的核心目标应该是认知理性的发展”。

笔者对“理文”中的这些观点不敢苟同。我认为，高等教育的“适应论”是经济社会变革和发展的必然，是高等教育生存和发展的必然，对推动经济社会和高等教育事业的发展起了重大作用，而不是什么“历史误区”。高等教育的“两个规律”理论是符合高等教育实际情况的。“理文”用哲学上的一个普通概念“认知理性”来否定和取代高等教育“适应论”和“两个规律”论，甚至提高到是高等教育的“本质”和“核心”是不适当的。本文从三方面与“理文”商榷。

一、剖析“理文”对高等教育“适应论”的否定和批判

展立新和陈学飞在“理文”中否定和批判“适应论”，主要有以下几个观点。

1. “理文”认为，“‘适应论’颠倒了认识理性与各种实践理性的关系，试图用工具理性、政治理性和传统的实践理性等取代认知理性在教学和科研中的核心地位，使国内高等教育难于走上正常发展的轨道”。作者一口气罗列了从认知理性到实践理性等好几个概念。何谓认知理性？在《辞海》中查不到这个词。实际上，认知理性属于哲学的范畴，是一种思维方式，“以理性的认知功能统摄理性的本体论意义，便构成认知理性”[1]。认知理性离不开认知对象和认知目的。认知对象包括实践和人，

* 原载《北京大学教育评论》2013 年第 3 期。

认知理性的根本目的是寻求真理。不能把认知理性与实践理性混淆起来，并不适当地抬高认知理性。实践永远是第一性的，认识是第二性的。理性认识依赖于感性认识。《实践论》告诉我们："如果以为理性认识可以不从感性认识得来，他就是一个唯心论者。哲学史上有所谓'唯理论'一派，就是只承认理性的实在性，不承认经验的实在性，以为只有理性靠得住，而感觉的经验是靠不住的，这一派的错误在于颠倒了事实。"[2]不适当地抬高认知理性，正是"唯理派"的观点。

高等教育"适应论"是指高等教育应根据社会的需求办学，高等教育的内容和人才培养要适应社会各方面的发展和变化，这与"认知理性"是两个完全不同的范畴。"认知理性"作为一种思维方式和"对认知活动的合理性所做出的价值承诺"[3]，不可能"在教学和科研中占据核心地位"，更不存在"理文"所说的"由于缺少了认知理性的核心地位，导致国内高等教育难于走上正常发展的轨道"。恰恰相反，由于"理文"混淆"适应论"和"认知理性"的关系，导致否认"适应论"的必然性和必要性，认为"高等教育本质上是发展认知理性的事业"。认知理性明明是一种思维方式，怎么成了事业呢？"理文"犯了颠倒事实的错误。

2. "理文"认为，"适应论"在选择某种实践理性为主导的时候，"又不惜压制其他各种实践性的发展，以至于在高等教育各种目标之间，不同的目标与手段之间，造成了极大的矛盾和冲突"。这种现象在某一历史阶段曾经有过，但不是"适应论"之过，而是由当时的政治经济状况、当权者的状况决定的，不是哪一所大学或整个教育系统能够改变的。如 20 世纪 20—30 年代、法西斯当权时期，我国"文革"时期，教育发生过严重失误，是当权者造成的。但我们通常讲的高等教育"适应论"，主要指在通常情况下大学要适应社会发展的需求，适应社会对人才培养的需求。大学要用自身的智力资源，并充分挖掘潜力，为社会发展服务，为培养人才服务。为此，大学要走校企合作、校校合作的道路，要协同培养人才，协同攻克科技难关。"适应论"是指多样化、多方面的"适应"，不是单方面的适应，因此各方面要加强合作，互补互助，不存在"造成了极大的矛盾和冲突"。我国有三千余所各类高校，有研究型大学、教学型大学、职业技能型大学，各类高校有着不同的培养目标、不同的培养模式和手段，以满足社会各行各业的需求。当然可能会产生一些资源利用上、学校利益上的矛盾，但这不是"适应论"之过；相反"适应论"将促进各方面的合作和协同，也不存在"造成了极大的矛盾和冲突"。

3. "理文"认为，"适应论"颠倒了主要矛盾与次要矛盾的关系，即"把实践理性当作矛盾的主要方面，而把认知理性完全当作矛盾的次要方面来对待"。《矛盾论》告诉我们："在复杂的事物的发展过程中，有许多的矛盾存在，其中必有一种是主要的矛盾。由于它的存在和发展，规定或影响着其他矛盾的存在和发展。主要矛盾在事物发展中起着领导的、决定的作用，其他则处于次要矛盾"，"因此，研究任何过程，如果是存在着两个以上矛盾的复杂过程的话，就要用全力找出它的主要矛盾。捉住了这个主要矛盾，一切问题就迎刃而解了"。[4]由此可知，实践性与认知理性不是同一事物发展过程中许多矛盾中的一对矛盾，两者之间不存在主要矛盾与次要矛盾的问题。"适应论"与"认知理性"之间也不是一对矛盾，不存在于同一事物的发展过程，也不存在主要矛盾和次要矛盾的问题。"适应论"是指高等教育与社会的关系，包括与社会政治、社会经济、社会文化、社会生态等方面的关系以及高等学校与当权者的关系。矛盾的主要方面，即起决定作用的，一般在社会和当权者。当然在不同时期，主要矛盾的具体内容和表现是不同的。如政治运动时期，社会政治成了矛盾的主要方面；强调经济大发展时，社会经济成了矛盾的主要方面。并非由于"适应论"而导致颠倒了主要矛盾和次要矛盾的关系。

4. "理文"认为，"适应论"导致大学的知识生产功能的边缘化。因为"适应论"使"认知理性的核心价值难以得到应有的尊重，学术自由和学术自治无法得到充分的保障，大学的知识生产功能只能处于某种边缘化的地位”。笔者不赞同“理文”中提出认知理性是高等教育的“核心价值”，是高等教育追求的“核心目标”。怎么能把认识论中的思维方式作为高等教育核心价值加以尊重呢？笔者也不认同“适应论”导致“大学的知识生产功能的边缘化”。20世纪80—90年代，教育界曾经争论过高等教育要不要适应市场经济发展的需要，多数学者主张应该主动适应，认为在现代社会里，在知识经济社会里，高等教育已成为生产知识的产业。知识的生产、知识的积累、知识的更新与知识的创新都依靠教育，尤其是高等教育。高等教育又是生产高科技的产业、生产人力资本的产业。[5]正是“适应论”的观点，重视和推动了大学的知识生产功能的发挥，主张高等教育从社会边缘走向社会中心。而当时也有些人反对“适应论”，认为“教育就是教育”，“强调适应性会导致教育自身的迷失”，要“教育游离于社会政治、经济之外，不要进入社会的中心”，“要教育与社会保持距离”。由此可见，是弃“适应论”者要将大学的知识生产功能边缘化，“适应论”者则主张大学的知识生产功能从社会的边缘走向社会的中心。

“适应论”影响到学术自由吗？在高度集权的计划经济时期，在“左”的思想路线主导时期，只强调高等教育与社会政治、经济相适应，使学校的学术自由和学术自治得不到应有的保障。那是由当时的环境造成的，是当权者的责任，而不是“适应论”的过错。在当今改革开放、市场经济时代，高等教育“适应论”必须体现在建立现代大学制度、实行学术自由等方面。近年来在这些方面已有进步和成效，并非阻碍学术自由。

5.“理文”认为，“适应论”带有“只见关系不见人”的特征，“从而忽视了人才资源在诸多经济和社会资源中的第一重要性问题。甚至会在学校服务社会的过程中采取削足适履的错误做法”。这是不符合实际的。“适应论”的主要观念之一就是高等教育要适应社会政治经济的发展对各类人才的需求，十分重视人的培养和作用，要培养适应各行各业所需要的人才、全面发展的人才，不存在“只见关系不见人”的问题。“适应论”强调高等教育是生产人力资本的产业，就是把人力资源作为生产力中的第一要素，在经济发展中起决定性作用。由知识和科学技术内化为人力资本的价值比金钱资本的价值大，而人力资本的形成以及大小取决于教育的水平、教育的投入，发展教育事业是培养人力资本的源泉。以前阶级斗争为纲时期，曾发生过只强调教育为政治服务，在经济运动时期，只强调教育为经济服务，忽视了教育的育人功能，没有把人才作为社会发展的第一资源，甚至发生“削足适履”的错误，那是行政权力过度干预教育导致的对“适应论”的扭曲。我们不能因为在非常时期出现的失误和偏差，完全否定和舍弃“适应论”。改革开放三十多年来，在当代知识经济时期，高等教育要适应社会的发展，越来越重视把人才培养放在第一位。从教育部到各高等院校，都强调“以人为本”，“高等教育的根本任务是培养人才”，实施“创新人才培养工程”，要制定大学章程，扩大学术权力，学术自由也有了很大进步，这一切都说明“适应论”并非“只见关系不见人”。

6.“理文”认为，“适应论”剥夺了高等教育发展的自主权，使高等教育自身的发展规律得不到充分的体现。如上所述，在非常时期，教育的“适应论”被扭曲了。由于过分强调教育为政治服务、为经济服务，出现了这样那样的问题，但这不是“适应论”本身的过错，不能以此来否定“适应论”。要使高等教育规模以及毕业生达到“相适应”的状态，是好事并非坏事，有利于发挥高校自主权去努力实现，而不会剥夺自主权。难道“不适应”会有助于高校自主权吗？近些年来，高校的办学自主权得到了较大的发展，按教育规律办学也越来越受到重视，这些是在“适应论”的推动下得以实现的。高等教育要真正做到适应社会发展的需要，培养出来的毕业生要适应社会需求，必须充分发挥大学的主动性和积极性。大学要主动深入社会和市场做调查研究，不断深化教育教学改革，提高质量，办出特色，使培养出来的人才、从事的科研项目适应社会的需求。要适应，必须主动；只有主动，才能适应。因此，"适应论"不仅不会剥夺高校的自主权，而且要求高校必须拥有高度的自主权，打破计划体制下学校对政府的"等、靠、要"和学校对政府的依附性，建立起"政府宏观管理、市场自动调节、社会力量积极参与、学校依法自主办学的新体制"。如许多高校为适应社会和市场对人才的需求，主动搞产、学、研合作办学，主动找米下锅，开展协同培养、订单培养。随着改革开放的不断深入、市场经济的不断完善、政府职能的转变，高等学校必须不断扩大自主权，才能适应社会发展的要求。

二、高等教育的"适应论"是历史的必然而非历史的误区

纵观世界高等学校职能的演变和发展、高等教育的本身特征、高等教育的发展历史以及我国的教育方针，可以清晰地看到高等教育的"适应性"是历史的必然，而非历史的误区。

1. 从高等学校职能的演变和发展看"适应论"的必然性

人们公认高等学校具有三大职能，即教学、科研、为社会服务，这正是高等教育不断适应社会需求的结果。近代大学诞生于中世纪的欧洲，在中世纪黑暗时期，由于封建主义的残暴统治与反动的神权相结合，僧侣垄断文化教育，学校附设在教堂，学校管理奉行禁欲主义，对学生进行残酷的体罚。当时学生的利益和教师的利益都得不到保障，为了对抗反动没落的宗教势力，维护学生和教师的安全和切身利益，于是模仿手工业行会建立了大学机构。大学（university）原意是"组合"。当时的大学有两种类型：一是由学生主管校务的学生大学；二是由教师主管校务的先生大学。可见，大学的产生就是为了适应当时的环境和学生、教师的生存。中世纪大学的崛起打破了教会垄断教育的局面，大学是具有较大独立性的学术团体，是传授知识的机构，从事教学，培养人才，这是大学的第一个职能。随着欧洲文艺复兴运动、宗教改革运动、工业革命的发展，仅仅以传授知识为主的象牙塔式大学受到了严重冲击。18 世纪末和 19 世纪初欧美国家爆发了新大学运动，大学的职能发生了巨大的变化。在德国的洪堡、费希特等人文主义者的倡导下，为解决德国传统大学的危机，创立了作为现代大学理想的柏林大学，在高等教育教学职能之外，又发展了研究职能。洪堡提出："大学的任务应是科学研究与教学相统一，既传授知识，又从事科学研究，大学应以教学科研并重，国家可以从科学发展中获利，国家也要给大学提供必要的经费和物质条件。"柏林大学是世界上最早将教学与研究的职能结合起来的大学，从而成为"引起世人羡慕，详尽研究和效仿的对象"。[6]由此奠定了大学的第二职能，给大学带来了新的生机。大学的第三个职能是由美国威斯康星大学校长范海斯提出的。威斯康星大学建立于 1848 年，是美国赠地大学的典范，为了更好地适应社会发展的需要，1904 年范海斯校长提出"威斯康星计划"，将为社会服务作为大学的任务和职能。美国学者布鲁贝克评价过："在 20 世纪早期，威斯康星大学最彻底地实现了与美国州立大学相关的一个重要理想，这就是为民主社会所有需要提供服务的理想。"[7]

高等学校的第四个职能是"文化传承创新"。这是 2011 年胡锦涛在清华大学百年校庆大会上提出来的，是顺应社会变化和需求提出来的。由于人类社会已发展到知识经济时代，随着物质生活的丰富，精神文化的作用越来越大；由于我国已进入全面建设小康生活阶段，要实现中华民族的伟大复兴，精神文明的作用也日益凸显出来。为此，必须继承和弘扬中华民族的优秀文化传统，并且不断发展和创新。在这新的历史时期，作为最高学府的大学，是人才荟萃之地，是探究高深学问的殿堂，是新知识、新文化、新思想的增长点，应义不容辞地担当起中华民族复兴的使命，以高度的文化自觉，主动承担起文化传承和创新的社会责任和历史使命，这是新的历史时期赋予大学的新任务。这就是大学的第四职能。

高等学校四个职能的演变和发展，体现了大学不断适应社会变化发展的需求。如果大学只停留在第一职能、第二职能，不适应社会发展和变化的需求，必将不受社会欢迎，不可能生存和发展；而只有与时俱进，不断拓展自己的职能，主动适应社会的发展和变化，大学才能生存和发展，永远充满生机和活力。

2. 从教育本质问题的争论看“适应论”的必然性

“理文”认为，“高等教育本质属于认知活动发展的领域”，“认知理性可以远离政治理性而存在和发展”，“对认知理性来说，其发展本质上并不存在‘适应’或者‘不适应’谁的问题”。什么是教育的本质？教育的本质是指教育的内在要素之间的根本联系，是教育作为一种社会实践活动区别于其他社会活动的根本特征，高等教育的本质不是“认知活动”而是培养人的实践活动。“理文”把认知理性当作高等教育的本质，认为“高等教育追求的核心目标应该是认知理性的发展”，背离了唯物主义的物质第一性、认识第二性的基本观点，犯了“唯理论”的错误，是一种主观唯心主义的思维。

关于教育的本质属性，教育理论界有过多次争论，主要有两种观点，一种是个人本位论，一种是社会本位论，但二者都没有离开“适应论”。前者强调高等教育要适应个人的发展，满足个人的需求；后者强调高等教育要适应社会的发展，满足社会的需求。“理文”提出的本位论即“认知理性”，是“超越”个人本位和社会本位而“创造”出来的新名词。

“个人本位论”主张要根据个人发展的需求来确定教育目的和进行教育活动。最早提出这一观点的是古希腊的智者。他们否定一切社会制度的权威，反对社会的束缚，强调个人的自由权利，主张教育的根本目的不在于谋求国家的利益和社会的发展，而在于发展人的个性和造就个人，个人的价值高于社会价值。“个人本位论”在一定的历史时期是有其积极意义的，如中世纪的欧洲，神权高于一切，教会垄断教育，人性受到压制和摧残，在文艺复兴运动及人文主义推动下，18世纪个人本位论教育在西欧盛行，强调重视“人的教育”，人人都是自由平等的。卢梭、斯宾塞、罗素、夸美纽斯等著名学者都是倡导个人本位教育理论的代表人物，都认为教育就是对人的培养，人是教育的第一要素，也是教育的核心所在，因此，一切教育活动都应该围绕着人展开，教育必须以人的存在为前提，个人的发展是高于一切的，教育必须根据个人的发展来实施。总之，个人本位论认为教育的本质是培养人，应适应人的发展，而不是“理文”说的教育的本质是“认知活动”，教育“不适应任何一种外部对象”，显然也包括人，即教育不应适应人的需求，这种“只见认知不见人”的观点，是与唯物主义相悖的。

“社会本位论”认为，人是社会动物，不是孤立存在的，个人的一切发展都依赖于社会，教育的目的在于使个人适应社会活动，使人社会化，使人成为公民，为社会做贡献。教育的过程就是把社会的价值观或集体意识强加于个人，把学生从不具有社会特征的人改造成具有社会需求的个人品质的“社会的新人”。因此，教育除了社会目的以外，并无其他的目的，而教育的结果也只能以其社会的功能来估量。“社会本位论”的代表人物，法国早期社会学家涂尔干主张：“教育在于使青年社会化——在我国每一个人之中，造成社会的我，这便是教育的目的。”在不同的历史阶段，教育社会本位论的培养目标和教育目的是不同的，古希腊斯巴达教育的目的是通过严格的军事体育训练，把斯巴达人子弟培养成国家需要的骁勇善战的勇士，男孩满7岁必须到兵营式的国立教育接受军训；欧洲中世纪天主教会要求培养主教和僧侣；封建领主们要求培养维护封建统治的骑士；到了资本主义社会，由于大工业生产发展和追求利润的需求，教育的目的是培养各类实科人才以及高层次人才。新中国成立以后，我国教育的目的是“培养德智体全面发展的社会主义建设者和接班人”。“文革”期间，由于受“左”的思想路线的影响，教育成了为无产阶级政治服务的工具，要培养“阶级斗争的勇士”、“反修防修的战士”。

“个人本位论”者往往抓住“社会本位”中出现的这些问题，诘难他们把教育当成为政治服务、为经济服务的工具，使教育失去了自我。他们讲的“自我”是指培养人。作为统治者、当权者来说，往往更强调教育的社会本位，让教育为巩固自己的政权服务。实践证明，正确的当权者执行的是正确的路线，把教育引向正确的发展方向，推动了社会的发展；错误的当权者执行的是错误路线，把教育引向错误的发展方向，阻碍了社会的发展。由此可见，教育的正确与错误不完全取决于教育自身，也不取决于教育的“适应论”，而取决于统治者、当权者的正确与错误。因此，不能以教育在短时期内、非常时期内出现的问题，来否定教育的“适应论”。“理文”中提出高等教育要远离“政治理性”，“高等教育不必去适应任何一种外部对象”，那就是说，高等教育既不为政治服务，也不为经济服务，只为“认知理性”服务。这是不符合客观现实、自古以来行不通的。辩证唯物主义认为，教育的个人本位论与社会本位是互相关联的，不是割裂的，而是可以统一的。教育是为了培养人，为人的发展服务，但培养什么样的人，要符合社会的需求，培养社会的人。教育是为社会服务，必须通过培养人来实现为社会服务的目的，因此二者是相辅相成的，不是对立的。二者的最大共同点就是教育的适应性，或者适应社会，或者适应人，而不是“理文”中说的高等教育“并不存在‘适应’或者‘不适应’谁的问题”。美国著名哲学家布鲁贝克在《高等教育哲学》中论述道：“高等教育的两种哲学——认识论的和政治论的交替地在美国的高等学府中占据统治地位，二者在美国的大学里并存，分别起作用。但工业革命后，由于研究性大学提供的知识在工业生产发展中产生了奇迹，结果，政治论的高等教育哲学与认识论的高等教育哲学并驾齐驱，甚至压倒了认识论的哲学。”[8]“理文”中坚持认为教育不适应任何外部对象，只适应认知，违背了教育哲学逻辑。

3. 从高等教育发展史的视角看“适应论”的必然性

一部高等教育发展史，就是高等教育不断适应社会发展变化的历史，其中有主动适应、被动适应，也有被逼适应；有积极的适应，也有消极的适应；有正面的适应，也有负面的适应。早在中世纪中期，欧洲的骑士教育只招收皇家贵族子弟，培养维护封建制度的治术人才和武装力量，强迫学生学习上流社会的礼仪和骑马、击剑、游泳、投枪等军事征战技术，养成忠君爱国、效忠于世俗封建主义的品质。中世纪后期，由于十字军东侵，拜占庭文化传遍欧洲，促进了欧洲的发展，原有的教会学校已不能满足社会的需要，于是产生了中世纪大学。巴黎大学、牛津大学、剑桥大学等就是当时诞生的，是适应当时社会发展需求的产物。

美国高等教育发展史，最体现“适应论”的必然性。美国南北战争后经济发展很快，迫切需要各类人才，尤其是技术人才。于是1862年、1890年两次颁布《莫里尔法》，联邦政府赠地办大学，给每一名国会议员拨地三万英亩，用于建立农业机械学院，即赠地大学，明确规定以教授农业和机械技术知识为主，设有农业、工程、兽医和其他技术科目。全国先后拨地1 100万英亩，建立赠地学院69所，有力地推动了美国高等职业技术教育的发展，推动了美国农业及整个经济社会的发展。著名的麻省理工学院、康奈尔学院、威斯康星大学就是在此基础上发展起来的。1957年苏联第一颗人造卫星上天，给美国震动很大，举国上下一片哗然，为什么在航天事业上美国落后于苏联了？究其原因是美国教育落后、人才落后。于是1958年8月22日颁布了《国防教育法》，其目的为了国家的安全，需要最大限度地发展男女青年的智慧和技术。为了应对当前的危机，需要利用特别而恰当的教育机会，强调要加强科学、数学、外国语教育，“以满足国家的迫切需求”。他们把高等教育的发展视作关系国家安危乃至生死存亡的一个关键因素。《国防教育法》的颁布和实施，有力地推动了美国高等教育的发展和社会经济的发展。1958年美国高校在校生仅322万人，高等教育入学率为21.2%；19年后即1968年高校在校生翻了一番，达到692万人，入学率为30.4%。近些年来，美国历届总统上任后都提出要做“教育总统”，认识到要确保美国的经济在世界领先，必须办好教育培养好人才，保持教育的领先。

新中国建立后的高等教育发展史，也反映了“适应论”的必然性。改革开放以来，我国经济每年以10%以上的速度递增，但直到20世纪90年代，高等教育发展仍然比较缓慢，1998年高校在校生仅642万人，高等教育入学率为9.8%，比世界平均水平还低，跟不上经济发展的步伐，导致许多部门和行业人才紧缺。为了适应经济社会的快速发展，自1999年后，我国实行扩招，跨越式地进入高等教育大众化。2012年在校大学生总量达3 100万，入学率为26.9%，较好地满足了社会对人才的需求，但拔尖创新人才以及技能性人才仍然严重不足。于是国家又实施了“985工程”、“211工程”，加大对职业教育投入，其目的是让教育更好地适应社会的需求。由此可见，高等教育是在不断适应社会发展中向前发展。适应，既满足社会对教育的需求，又是教育发展的动力。

高等教育的适应论，不是“无奈的历史选择”，而是历史的必然。如果按“理文”中所说的高等教育要“突破与超越”适应论，是不现实的，必将陷入困境，不可能生存和发展。现实社会不需要无所作为、不为“任何外部对象服务”的大学存在。实际上现实社会中也不存在这样的大学，从北京大学、清华大学到一般高职高专院校，全国所有的大学都在积极地、主动地为适应社会发展的需求、人民群众的需要而努力办学。

4. 从国家教育方针的视角看“适应论”的必然性

任何一个国家办教育的根本目的是为国家利益服务，为统治阶级和当权者利益服务。我国的教育方针是：教育必须为社会主义现代化建设服务，为人民服务，必须与生产劳动和社会实践相结合，培养德智体美全面发展的社会主义建设者和接班人。党的十八大报告提出，教育是民族振兴和社会进步的基石，要努力办好人民满意的教育。这就是国家对教育的基本要求。我国高等教育要坚持“两为”、“两个结合”的社会主义办学方向，坚持“四有”、“四育”① 的社会主义培养目标。这就是新时期高等教育的适应论。高等教育的发展决定着科教兴国、人才强国战略的实施程度，决定着国家高层次人才的水平，是国家人力资本的核心。高等教育是推动国家生产力发展的强大动力，是国家意识形态的重要阵地，必须适应国家政治、经济、文化的发展，主动为国家政治、经济、文化的发展服务。大学不可能“超越”和“脱离”现实社会而独立存在，大学本身就是社会发展的产物，在不断适应社会、服务社会中向前发展。大学之所以诞生和生存下来，并得以发展，是因为国家需要、社会需要、人民需要。“大学不是独立于国家之外的党派，它是国家的一部分，就像国会大厦是国家的一部分。”[9]“社会需要是大学存在的唯一理由，离开了社会需要，失去了社会支持，大学的发生和发展将无从谈起，大学就会成为无源之水，无本之木，无基之塔。大学与社会之间的这样一种关系，自然决定了大学对社会必须承担的一种责任。”[10]因此，大学必须有强烈的国家意识、社会意识、人民意识，不仅要主动适应，而且要主动担当、主动服务，这是国家的教育方针决定的。

有人认为，如果教育与国家，与政治、经济关系太密切，便会成为政治的工具、经济的工具。他们会列举欧洲与日本的法西斯教育、中国“文革”中的阶级斗争教育，否定教育的“适应性”。20世纪20年代，德国、意大利和日本沦为法西斯专政时期，在独裁政府的统治下，全面推行法西斯主义、国家主义教育。当时德国的教育纲领是“种族、战争、元首和宗教”，意大利的教育纲领是“信仰、服从、打仗”，日本的教育强调“武士道精

① “四有”：有理想、有文化、有纪律、有道德。“四育”：德育、智育、体育、美育。

神”和“效忠天皇”，宣传和灌输狭隘的种族主义理论和军国主义思想，取消教育中一切民主、自由的内容，加强军事训练和奴化思想教育。我国在“文革”期间，把教育当作无产阶级专政的工具，大中小学都停课“闹革命”，向学生灌输“愚忠”思想和“造反有理”的阶级斗争哲学。但这些仅是历史长河中出现的一段波折和灾难，是当权者的过错，不能以此为由，要教育脱离和超越社会政治。俗话说：“皮之不存，毛将焉附？”把这句话反过来说，“皮之既存，毛焉不附”？毛始终是依附在皮上，不可能脱离和超越。从整体而言，在漫长的历史长河中，教育“适应论”是积极的、健康的，推动了社会的发展。如19世纪初叶，普法两国争霸于欧洲，1806年爆发了普法战争，结果普鲁士大败，只得割地求和，签订城下之盟，普鲁士处于危难之中。当时普鲁士哲学家费希特等人挺身而出，倡导国民教育，以拯救国家危亡，提出了国家主义的教育目标，认为教育必须为国家的富强和民族的振兴服务，教育的目的就是要培养国民的荣誉感和民族自豪感，国家的利益高于一切。由此，普鲁士终于在1870年战胜了法国，于1871年建立了统一的德意志帝国。日本遭受到两次世界大战的灾难，为何在惨败中能重新崛起？教育发挥了重要作用。正如前首相福田赳夫所说：“我国是资源小国，经历诸多考验，得以在短期内建成今日之日本，其原因在于国民教育水平和教育普及的高度”，“人才是我国的财富，教育是国家的根本”。二战以后，日本制定了《教育基本法》、《学校教育法》、《产业教育振兴法》、《理科教育振兴法》，迅速提高了日本的教育水平，培养了大批各类人才。我国台湾在20世纪50年代后经济的崛起，教育也起了重要作用。蒋介石败退到台湾后反思：“这次大陆失败何以会悲惨至此呢？最重要而又最值得研究的是教育问题。”他说：“政治、军事等项的失败，其影响无非是一面和一时的，只有教育的失败，则其影响将涉及于整个民族。”[11]因此，国民党到了我国台湾以后十分重视教育事业，实施了一系列改革措施，如实施九年义务教育，增加教育投人，加强教师队伍建设，鼓励出国留学，重视职业技术教育，推行“建教合作”等。由于我国台湾教育事业发达，为提高劳动力素质、经济振兴做出了巨大贡献。由此可见，大学要适应社会的发展和变化，在世界各国各地都是如此。国家办大学的根本目的就是为国家服务，为社会服务，为统治阶级服务。当然可以主动地适应和服务，此外还应对社会起引领作用，用自己的智慧、智力、理念去影响国家，影响统治者，引领社会向健康正确的方向发展。这是更高水平、更高层次的“适应论”。

三、潘懋元“两个规律论”和“适应论”的内涵

展立新和陈学飞的主要观点是：“高等教育‘适应论’是一种无奈的历史选择”，因此“必须突破和超越”，必须批判和抛弃，并且用“认知理性”取代“适应论”和潘懋元的“两个规律论”。关于“适应论”问题，笔者已作了阐述。本节主要论述潘懋元的“两个规律论”和“适应论”的内涵，进一步与“理文”商榷。

“理文”用很大篇幅否定高等教育适应计划、适应商品，适应市场，认为适应论“忽略了知识生产功能的特殊重要性”，“否认了知识生产与物质生产的差别”。“理文”指出，高等教育“适应论”的核心理论是所谓的教育的“外部规律”与“内部规律”关系的理论，批评潘懋元的“适应论”理论“只强调高等教育对经济活动的单方面适应，而忽略了高等教育自身的特点和要求”，认为“该理论没有抓住高等教育活动的本质特征”，“是从经济基础和上层建筑关系中推导出来的理论”，并用“颠倒”、“压制”、“思想束缚”等词语全盘否定“适应论”和“两个规律论”。这些偏颇的观点，表明“理文”的作者看问题的视角发生了偏差，也没有全面把握潘懋元关于“两个规律论”的内涵。

1.“两个规律论”的提出

潘懋元提出“两个规律论”和“教育适应论”是有一个过程的，是逐步完善的，并非是空穴来风

"推导"出来的。

1980年，潘懋元在湖南大学讲学时，正式提出教育的两条基本规律：一条是教育外部关系的基本规律，即经济、政治、文化系统之间相互关系的规律，简称教育的外部规律，即"社会主义教育必须通过培养全面发展的人，为社会主义的政治、经济发展，生产力的发展服务"；一条是教育内部关系基本规律，即教育内部各个因素或子系统之间的相互关系规律，简称教育内部基本规律，即"社会主义教育必须通过德育、智育、体育培养全面发展的人"。这两条基本规律于1983年写入潘懋元主编的我国第一部《高等教育学》，即"教育同政治、经济的本质的、必然的联系和关系，是制约教育外部关系的规律，是教育的基本规律之一"；我国社会主义的教育目的，即培养学生德智体美全面发展，反映了社会主义教育的内部关系的基本规律。笔者参加了第一部《高等教育学》的编写工作。1983年11月在华中工学院（现华中科技大学）召开的《高等教育学》初稿听取意见的会上，就有人质疑"教育的外部规律提法不妥"，理由是规律系指事物内部的必然联系，外部只有关系，没有规律。后来也有一些著名学者撰文认为"说什么'教育的外部规律'，是不确切的"。潘懋元坚持不懈地探索两个基本规律，后来从列宁的《哲学笔记》中找到了理论根据。列宁说："规律就是关系，本质的内部关系及本质与本质之间的关系。"潘懋元认为，前者指的是事物的内在的必然联系，后者则是指这一事物与另一事物之间内在的必然联系。因此，教育与这些外部世界的必然联系，就构成了教育外部关系的规律。用最简练的语言表述教育外部关系规律，就是"教育必须与社会发展相适应"。

潘懋元为什么要积极探索教育必须与社会发展相适应的外部关系规律？用他的话说，"这是被客观需要逼出来的"。他说，1958年以后，我国在经济领域等方面出现了大量违反客观规律办事的现象，结果受到规律的惩罚。因此必须运用辩证唯物主义的理论武器，透过事物的现象把握事物内在的本质，就比较容易抓住本质的规律性的东西。党的十一届三中全会指出，要"按照客观经济规律办事"。潘懋元认为，为此首先要认识客观规律，经济如此，教育也如此。我们教育理论工作者有责任去探索、去揭示。虽然潘懋元于20世纪80年代初就提出了两个规律，但他申明："认识规律是很难的，表述规律更困难。社会的规律是随着社会的发展而发展的。规律是无穷无尽的，探讨规律也是无穷无尽的。"他说，提出这样的规律，是为了满足大家的合理的要求，"只是属于探讨性的，很肤浅、很不全面的"。几十年来，潘懋元一直在孜孜不倦地探索教育的规律，表述教育的规律，用教育规律指导教育实践。

2.“两个规律”的表述

经过不断探索和修改完善，潘懋元对"两个规律"作了明晰的表述。关于外部规律，他说："教育的外部关系规律是指教育与经济、政治、文化的关系"，即"教育必须与社会发展相适应"，"适应包含两个方面意义：一方面教育要受一定社会的经济、政治、科学文化所制约；另一方面教育必须为一定社会的经济、政治、科学文化服务。"简而言之，教育的外部关系规律是："教育必须受一定社会的经济、政治、科学文化所制约，并为一定社会的经济、政治、科学文化服务。"关于内部规律，潘懋元说："教育系统区别于其他社会系统的特点是人的培养，而社会主义教育就其目的来说，是培养全面发展的人。"因此，教育的内部规律是："社会主义教育必须培养全面发展的人，或者说，社会主义教育必须通过德育、智育、体育培养全面发展的人。"

由上可知，潘懋元的"适应论"并非像"理文"中说的"没有抓住高等教育的本质活动"。问题在于：高等教育的本质活动是什么？"理文"认为高等教育的本质"首先应该符合的是认知活动合理化"，潘懋元认为"是培养全面发展的人才"的社会实践。显然前者是站不住脚、不切实际的，违背了高等教育的基本功能，因为高等教育的根本任务是培养人才。纽曼在《大学的理想》一书中说道，大学的真正使命是"培养良好的社会公民"。

《中华人民共和国教育法》总则规定，教育应“培养德智体全面发展的社会主义事业的建设者和接班人”。古今中外，任何一个国家都是把“培养人才”作为教育的核心和本质。潘懋元在阐述外部规律时，强调教育要通过培养人来为社会服务；在阐述内部规律时，强调教育要培养全面发展的人。因此，“两个规律”论是符合教育实践和教育客观现实的，是“认知理性”取代不了的。

3. 教育外部规律的内涵

潘懋元在总结教育的外部关系规律过程中，提出教育受三方面的制约，并为三方面服务。一是教育受政治制约并为政治服务。教育具有鲜明的阶级性，在不同的阶级社会，教育为不同的阶级和群体服务。在奴隶社会，教育是为奴隶主阶级服务的；在封建社会，教育是为封建主、地主阶级服务的；在资本主义社会，教育是为资产阶级和私有经济服务的；社会主义社会的教育，“要受无产阶级专政的制约，要受四项基本原则的制约”。教育为政治服务，包括对青年一代进行道德教育，以维护统治阶级利益，维护社会秩序。在我国，必须坚持社会主义意识形态，用社会主义核心价值观来教育学生。“理文”把认知理性作为高等教育的核心，认为高等教育“可以远离政治理性而存在和发展”是行不通的。如果教育脱离了政治，就会失去正确的办学方向。潘懋元认为：“我们的社会主义教育要坚持‘四项基本原则’，不允许教育摆脱无产阶级政治的制约，改变社会主义的方向。”[12]

二是教育受经济发展制约并为经济服务。邓小平说，经济是基础，经济的发展必然会带动教育的发展，“更重要的是整个教育事业必须同国民经济发展的要求相适应”[13]。潘懋元认为教育发展的规模与速度必须与国家经济发展的状况相适应。“要受经济发展的速度与水平所制约”，不能太快，也不能太慢。他列举了 1958 年“大跃进”时，教育的发展贪多求快，想摆脱经济的制约，结果是大起大落。因此想要教育不受经济的制约行不通。另外，教育要主动为经济建设服务。教育是劳动力再生产的手段，使人获得一定的知识和劳动技能。潘懋元提出，高等学校要克服传统教育思想影响，直接为社会主义经济建设服务。高等学校通过为社会服务而取得一定的经济收入，用以改善学校办学条件和教职工生活福利，是可以理解的。[14]

三是教育受科学文化发展制约并为科学文化服务。邓小平十分重视科学技术，提出“科学技术是第一生产力”的论点。没有现代科学技术，就不可能建设现代化国家。他总结世界发达国家经济发展的成功经验，认为关键在于科学技术。他说，中国必须发展自已的高科技，在世界高科技领域占有一席之地。如何实现？中国如何在科学技术上赶超世界先进水平？基础在教育。“不但要提高高等教育的质量，而且首先要提高中小学教育的质量。”[15]潘懋元认为，教育要为科学文化服务。“教育最基本的任务就是传递人类所积累的科学文化知识。”教育是发展人类科学文化的基本途径。另外，教育内容要受到科学文化发展的制约，在师资、设备不够的情况下，如果发展太快，必然会降低教育质量。因此必须加强教师队伍建设，改善设备条件。

潘懋元全面、系统地阐述了教育外部规律的三方面制约和服务，即教育与政治、经济、科学文化的“适应论”，既符合客观实际，又很辩证，而不是“理文”中说的“适应论”理论只强调高等教育对经济活动的单方面适应。

4. 教育内部规律的内涵

从教七十多年的潘懋元不仅在教育理论上有很深的造诣，而且非常熟悉高等学校内部的情况，有丰富的管理经验、教育经验，至今年逾九旬，仍在带研究生，从事教育科研研究，坚守在教书育人的岗位上，从未脱离教育教学工作。他深知教育内部的因素很多，关系复杂，哪些是最基本的？从什么角度揭示教育内部的基本矛盾？他说，可以从教育体制、教育结构、教育管理、教学过程等角度揭示基本矛盾，见仁见智，各持己见，“这是一个待探讨的理论问题，将来的结论可能是一个多维的观点”。[16]可见潘懋元非常关注高等教育自身的特点，他经过深入思考和探索，认为教育的根本目的、核心任务是“培养全面发展的人”。而“理文”认为

"高等教育以提高人们的认知能力为核心使命"显然是片面的。潘懋元认为全面发展教育的组成是德育、智育、体育、美育等，因而德、智、体、美各育之间的本质联系是最为基本的内部关系，"使我们培养出来的学生既有高尚的道德品质、较高的文化修养、熟练的劳动技能、健康的身体素质，又有美的情操和审美能力"[17]。潘懋元在论述教育的外部规律时说过，教育是通过培养人来为经济、政治、科学文化服务，为社会发展服务的，那么培养什么样的人呢？是内部规律必须遵循的，即培养全面发展的人。这样就把内部规律与外部规律有机地衔接起来。

由上可见，潘懋元在论述两个规律和适应论时，没有"忽视高等教育自身的特点和要求"，没有"只见关系不见人"，更没有"削足适履"。他主张在这个问题上进一步探讨，产生多维的观点，说明并不存在"不惜压制其他各种实践理性的发展"。凡是了解潘懋元的人都知道，他不论在做人方面还是学术方面，都是胸襟开阔、豁达大度的人，从不强加于人，压制别人。

综上所述，我们可以得出以下几个结论：(1) 潘懋元的"两个规律论"、"教育适应论"是历史的必然，不是历史的误区，是符合客观现实的，应该从实践论的角度，而不是"从理性分工的角度"审视"两个规律"；(2) 潘懋元的"两个规律论"、"教育适应论"，强调教育要适应社会政治、经济、科技文化的发展并为其服务，在理论上、实践上对我国高等教育的发展、社会的发展起了积极的推动和引领作用；(3) "理文"提出的"认知理性"对于从理性分工的角度审视教育，寻求真理，建立和健全国内学术市场有积极的意义，尤其对"985"重点大学的建设有指导作用，但它属于理性的认识论、思维方式的范畴，不是高等教育的"核心"和"本质"，不能超越和取代"两个规律论"和"适应论"。

【参考文献】

[1] 王元成. 哲学理性的类型转换——从认知理性到后认知理性 [J]. 社会科学战线，2001 (1)：58-62.

[2] [4] 毛泽东选集 [M]. 北京：人民出版社，1968：267，295-297.

[3] 展立新，陈学飞. 理性的视角：走出高等教育"适应论"的历史误区 [J]. 北京大学教育评论，2013 (1)：95-125.

[5] 杨德广. 现代教育理念专论 [M]. 北京：人民教育出版社，2004：238-240.

[6] [7] 贺国庆. 德国和美国大学发达史 [M]. 北京：人民教育出版社，1998：80.

[8] [美] 约翰·S. 布鲁贝克. 高等教育哲学 [M]. 王承绪译. 杭州：浙江教育出版社，2002：14-17.

[9] [美] 劳伦斯·维赛. 美国现代大学的崛起 [M]. 栾鸾译. 北京：北京大学出版社，2011：10.

[10] 眭依凡. 论大学的观念理性 [J]. 高等教育研究，2013 (1)：4.

[11] 杨德广，王一鸣. 世界教育兴起与教育改革 [M]. 上海：同济大学出版社，1990.

[12] [14] [16] [17] 潘懋元文集（卷一）[M]. 广州：广东高等教育出版社，2010：39，77，47，50.

[13] 邓小平文选（第二卷） [M]. 北京：人民出版社，1994：107.

[15] 邓小平文选（第三卷） [M]. 北京：人民出版社，1994：337.

论民办高校的公益性与营利性*

□ 潘懋元（厦门大学教授）
□ 别敦荣（厦门大学教授）
□ 石 猛（厦门大学博士生）

民办高校是利用非公共财政性经费举办的高等教育组织，投资办学是当前我国民办高校的基本特征。在界定民办高校的属性时，由于对投资办学持有偏见，很多人将眼睛紧紧盯在其营利与举办者所取得的回报等方面，而对民办高校教育服务的非商业交易性以及教育效益的社会外溢性等公益性特征关注较少，以至于对民办高校的属性认识不清。实际上，公办和民办高校法人，作为办学者，都可营利，且事实上也存在营利。如果公办和民办高校将营利用于“扩大再生产”，提高办学能力和水平，则其营利显然服务于公益性办学目的。但因为投资具有营利性，这样就出现了民办高校将营利所得用于投资者再分配或奖励的情况，而如何看待和对待民办高校的公益性与营利性，是理论研究和实践改革中都有争议的问题。笔者认为，营利有利于促进民办高校实现其公益性办学目的，这正是全国人大通过的《民办教育促进法》规定“出资人可以从办学结余中取得合理回报”的初衷。应给予民办高校必要的营利空间，使营利性与公益性达到有机的统一，以促进民办高等教育事业持续健康、快速发展。

一、民办高校教育服务的非商业交易性

目前，我国民办高校已经发展成为一个规模庞大、层次类型多样的高等教育体系，从教育类型看，主要可分为两类：一类是学历文凭教育机构，另一类是培训助学机构。本文只讨论具有学历文凭教育资格的民办高校。与公办高校一样，民办高校主要向社会提供教育服务。从经济学的角度看，教育服务是学校提供给受教育者的劳动产品，民办高校提供教育服务是市场机制介入教育领域的结果。教育领域引入市场机制，不但营造了一个准教育市场环境，形成了多样化的教育供给，而且引起人们对教育服务供给的商品性的喋喋论争。但从教育服务供给与消费的关系看，民办高校教育服务具有与商业交易不同的属性。

（一）民办高校教育服务的非商品交易性

作为学校提供给受教育者的劳动产品，教育服务是有价值的。从人力资本角度看，教育服务是凝结在受教育者身上的知识、技能及其他素质的总和，俗称人力资本存量。学生将教育服务转化为自己的知识、技能和其他素质，实现对教育服务使用价值的占有，从而提高自身劳动力价值。价值和使用价值是商品的两个基本属性，使用价值是商品能够满足人们某种需要的有用性。高校毕业生把转化了的教育服务提供给社会并获得收益时，体现了人力资本存量的使用价值。使用价值和价值同时兼备使人力资本存量具有了商品的属性。

---

* 原载《教育研究》2013年第3期。

商品是用来交换的劳动产品，商品交换要以价值量为基础实行等价交换。但商品交换的价值量有两个来源：一个是其稀少性，一个是获取时所必需的劳动量。有些商品的价值只由它的稀少性决定，劳动不能增加其价值量。[1]高等教育消耗的是稀缺性教育资源，高等教育服务因其稀缺性而具有竞争性特征。同时，从产品性质看，包括民办高校在内的高等教育服务具有准公共产品性质，具有个人受益和公众受益的特征。作为准公共性的竞争品，高等教育服务的价格不能完全由市场决定。

为了维护民办高校投资的个人受益性和公众受益性，控制民办高等教育事业的风险，政府承担着一定的主导和管制职能。前者表现在，通过直接的财政扶持、税收和用地优惠政策等，激发和提高民办高校教育服务的供给能力；后者表现在，通过维护竞争秩序、控制收费、监督教育质量等，保障民办高校教育服务供给的效率和水平。在政府的主导与管制下，民办高校一般只能以低于培养成本的收费标准来提供教育服务。由此，民办高校收费遵循的是政府指导价，并没有遵循“价值规律由市场决定”的规律，不能进行等价交换。所以，民办高校与受教育者之间不构成完全的商品交换关系，民办高校提供的教育服务具有非商品交易性。

（二）民办高校学费的非市场价格性

教育服务是有成本的，高等教育成本是高等学校为学生提供教育服务而耗费的所有教育资源和劳动的价值。《高等学校收费管理暂行办法》规定，教育成本包括公务费、业务费、设备购置费、修缮费、教职工人员经费等正常办学费用支出。《高等学校教育培养成本监审办法》规定，高校教育培养成本的核算要素由人员支出、公用支出、对个人和家庭的补助支出以及固定资产折旧四部分构成。毫无疑问，高校教育成本所反映的是单位产出的消耗量。

成本属于价值范畴，在生产经营中，其经济本质为，在生产产品、提供劳动服务或商品流转时，所耗费的物化劳动、生产者必要劳动的补偿价值。[2]根据马克思关于商品价值“W＝C＋V＋M”的论述，除去剩余价值 M，C＋V 就是对生产资料和必要劳动补偿的价值。但在现代生产经营中，商品的价格一般包含生产商品的社会平均成本、正常的流通费用、税金以及利润。用公式表示，即价格＝生产成本＋流通费用＋税金/利润，亦即价值W＝(C1＋V1)＋(C2＋V2)＋(M1＋M2)。按照市场经济的观点，民办高校学费的标准不仅要反映全部生产成本，还要反映成本与平均收益。后者反映到经济学领域就是成本和利润的关系。成本由生产产品的社会必要劳动时间决定，利润是再生产产品的追加成本与回报。在市场交换中，学费应当是教育服务成本的货币价格，按上述公式计算得出的学费会高于教育成本，所反映的是市场价格。

然而现实却是，高校所收取的学费不仅不反映市场规律，甚至与教育成本也存在较大差距。高校学费标准的确定办法是：地方教育行政及物价等部门在国家教育行政及财政等部门根据高校生均教育成本所确定的高校年度经费丌支标准和筹措原则的指导下，根据各地生均教育成本和社会及学生家长的承受能力确定。实际上，生均教育成本要素的作用非常有限，而且民办高校的收费标准还要按政府制定的学费最高标准下浮。在现实中，物质产品的生产成本可能随着科技的进步和管理水平的提高而减少，高校的教育成本却因改善办学条件和提高人力资本水平而增加。尽管民办高校办学条件不断改善，教育成本不断提高，但学费长期保持稳定，按可比价格计算，甚至呈下降趋势。由此可见，民办高校的学费标准无法反映教育成本与收益的要求，不是市场交换的结果，不具有市场价格性。

（三）民办高校与学生及其家长的非商贾关系

民办高校聘用教师，开办专业，提供教育服务；学生接受教育，向学校支付学费。表面上看，学校与学生及其家长之间与商贾关系无异。但民办高校不同于商品生产组织，所提供的教育服务并不具有等价交换的特性，学生及其家长所支付的学费不是教育服务的市场价格，只具有教育成本补偿的属性。从这个意义上讲，民办高校与学生及家长之间的关系不是商贾关系。

从商品交换的目的看，商贾关系更注重现时的收益。在商贸活动中，商品交换一般追逐及时的、看得见的收益。在等价交换后，商品就实现了所有权的转让和取得，具有价值及时兑现的特点。这就是商业交易的实质，即交易完成后，卖主就要丧失其以后（几分钟以后、几小时以后或几年以后）可以随意使用的购买力。[3]然而，教育服务的消费却不同，它包括两部分："一部分为当前的消费，另一部分为将来的消费"[4]。当前的消费具有服务提供与消费的同时性和共发性特点；将来的消费形成的是人力资本存量，具有潜在的经济价值，可能在学生就业之后才发挥出来，且在工作过程中不断表现出来。不仅如此，高校并不因学生及其家长支付了学费、接受了教育服务而丧失其所具有的教育能力。商品交易中的卖方与买方的关系在民办高校与学生及其家长之间并不成立。

从商品交换过程看，商贾关系是货币交易关系。商品通过交换实现其所有权的转让，卖方追求的价值与买方追求的使用价值，在交换过程中得以实现或直接补偿。交换是"某种产品或服务从一种技术边界向另一种技术边界的转移"，"一个行为阶段结束，另一个行为阶段开始"。[5]在商品交换过程中，买卖双方所追求的更多的是物质利益，买卖之间所形成的是货币交易关系。但在民办高校与学生及其家长的关系上，民办高校提供教育服务，并不是简单地以通过货币交易实现"商品"的价值为主要目的；学生及其家长接受教育服务，也不是简单地以实现"商品"的使用价值为主要目的。实质上，教育服务的提供与接受过程是学校教职工与学生共同参与的教育服务建构过程，学生只有主动参与，且在教育过程中发挥主体作用，才能实现教育服务的根本目的。民办高校的教育服务不但要向学生传授具有一定经济价值的生产和劳动技术，而且还要陶冶学生的情操，塑造其品格，使其成为全面而自由发展的人。从此意义上看，民办高校与学生及其家长之间的关系远非商品市场中的商贸关系可比。

二、民办高校投资办学的公益性

资本具有逐利性，民办高校投资办学的公益性因此受到很多人的质疑。但就教育的公益性而言，它主要不是由教育投资者所拿出的资本决定的，而是由教育服务自身的性质和功能所决定的。[6]与一般的商业投资相比，民办高校办学具有非商业投机性和公共投资替代性，并且整个社会都在一定程度上分享着民办高校教育服务的溢出效应。

（一）民办高校投资办学的非投机性

改革开放后，民办高等教育开始恢复发展。限于当时的政治背景和经济条件，民办高校的投资者大多缺少资金，只能通过租赁校舍，从培训班和助学考试做起。从当时的情况看，举办者大多只有极有限的货币资本或基本无货币资本可投，只能通过办学结余不断滚动发展，获取经济收益比较困难。后来一些企业和个人利用自有资本或借贷投资举办民办高校。从投资者的角度看，不少人确实抱有营利的目的，但对大多数投资者而言，这种营利非但不具有投机性，且还以公益性的实现为前提。

在理性经济人假设看来，利益最大化是一切经济活动的出发点，这正是投机性投资所追求的。民办高校投资办学尽管具有投资的属性，但却少有商业投资的投机性。所谓投机性，主要指商业投资中利用较少投资获取巨额利润的特性，它将获取巨额利润建立在投资风险之上；还有一类投机虽然风险较小，但获利较为稳定及时，短期收益效果较好。不论从哪个角度看，民办高校投资办学都不具有投机性。民办高校办学首先是办事业，只有将事业办起来、办好了，才可能实现营利。民办高校必须规范化办学，建立起应有的社会声誉。也就是说，民办高校不但要在培养目标、专业设置、课程内容以及校园环境、设施条件和人员配置等方面满足有关标准和条件的要求，还要按照政府严格的规章条例办学，而且在运行中还要接受经常性的考核检查。正规化办学的民办高校其投资需求巨大，投资获利周期漫长。一般而言，一所在各方面达到设置标准和要求的、开展学历文凭教育的民办高校，需要投资数以亿计，经过十年左右的建设期并具有一定规模以后，方能从办学结余中提取少量回报。而在取得回报之前，持续的投资需求是举办者所必须负担的。即使开始取得回报之后，民办高校举办者还必须在办学结余中为维持办学、改善办学条件、扩大发展、提高办学水平和质量而预留出足够的发展基金。[7]因此，民办高校投资与商贸投资等经济行为在性质上迥然不同，具有非投机性。这一属性并不是由投资者的主观意愿所决定的，而是由民办高校办学的特殊性所决定的。

（二）民办高校投资办学效益的外溢性

民办高校投资办学，为学生及其家长提供教育服务，满足他们接受高等教育的需求，不仅能够为学生及其家长带来直接收益，而且通过学生所发挥的社会作用，实现其社会价值。学生及其家长从民办高校提供的教育服务中所获得的直接收益，既是他们付出教育成本的收益，同时也是民办高校投资办学的主要社会贡献。学生在民办高校接受教育，掌握了知识，提高了能力和素养，增强了自身的人力资本，在社会劳动力市场具有了更大的竞争力。尽管这种直接收益具有显著的私人性质，但与一般商品交易不同，学生通过接受教育所获得的人力资本并不只是为其个人所享有享用，它在为学生带来必要的收益的同时，还对社会经济、政治、文化与文明进步发挥积极的作用。加之当前很大一部分民办高校所招收的学生都是公办高校不予录取或录取后剩余的生源，换句话说，他们是高考体制中的弱势群体，如果没有民办高校，很可能就丧失了接受高等教育的机会，只能以高中毕业生的身份进入社会劳动力市场。从这个意义上讲，民办高校扶持了社会弱势群体，促进了社会公平。民办高校的学生毕业后在自食其力的同时，还为社会做出贡献。这些社会贡献不只属于他们个人，还属于民办高校。

民办高校投资办学还为社会开发了文化、绿色、环保、文明事业，促进了区域协调发展。任何物质性生产投资在为社会产出商品的同时，都可能造成空气、水、土地、植被等的污染或破坏，但民办高校投资办学非但不会造成污染、破坏，还造福一方，成为地方聚集人才、美化环境、繁荣商业、传播文明的文化教育中心。在公办大学林立的大城市或大学城，很多人对民办高校的存在不怎么在意。但在一些边远地区、中小城市或大城市的城郊结合地带，如果有一所民办高校存在，那么，其影响力则是很多其他企事业单位所不能比拟的。而恰恰就是这些地方，公办高校往往是不愿意选为校址所在地的，这些地方的自然环境、文化教育、人才资源、经济活力常常处于欠发达水平。大批民办高校选择在边远地区、中小城市或大城市城郊结合地带办学，一方面节约了投资成本，另一方面促进了当地经济社会发展。

因此，民办高校投资办学的效益不仅表现在为学生及其家长提供了教育服务，还表现在促进了社会公平，促进了地区经济社会发展。正是后者所体现的社会效益的外溢性，将民办高校投资办学与一般的商贸投资行为区别开来，使其具有了更广泛的公益性。

（三）民办高校办学的公共投资替代性

改革开放以来，我国逐步形成了以政府财政拨款为主、其他多种渠道为辅的高等教育经费筹措体制，财政拨款按照高校隶属关系由各级政府分别负担。与欧美发达国家相比，我国高等教育财政拨款长期处于较低水平，严重影响了高等教育供给。据联合国教科文组织统计数据，2009 年，世界高等教育平均毛人学率达到近 30%；[8]而我国到 2011 年才达到 26.9%，低于世界平均水平。据教育部统计公报，2011 年全国普通高等学校 2 409 所（含独立学院 309 所），普通高等教育本专科共招生 681.50 万人，在校生 2 308.51 万人；民办高校 698 所（含独立学院 309 所），招生 153.73 万人，在校生 505.07 万人（其中，本科在校生 311.82 万人，专科在校生 193.25 万人）。[9]由此可知，不论从学校数、招生数还是在校学生数看，若缺少了民办高校，单凭国家财政投资办学，我国高等教育发展不可能达到现在的水平。

教育，包括高等教育，是社会公共事业，这是现代国家的共识。不论在欧美国家，还是在亚非国家，各国政府都将教育包括高等教育作为公共财政投资的主要部门，在公共财力不足时，往往制定有关优惠政策和法律，鼓励社会公民和组织举办高等教育事业。对于非公共财政举办的高校，政府不仅给予投资者很高的荣誉，对其从精神上进行表彰，而且在税收、学校经营管理等多方面对学校给予优惠和方便。美国、日本、韩国等私立高等教育发达国家莫不如此，这种政策和法律所带来的结果可谓一箭三雕：私立高校投资者获得了精神上和物质上的满足；社会公众拥有了更多的受高等教育机会；政府减轻了发展高等教育的财政压力，用较少的公共资源支持了更多样化、大规模的高等教育事业。由此可见，这些国家的政府是深谙私立高校投资办学的公共投资替代属性的。

我国人口众多，高等教育发展需求大，但现代高等教育发展较晚，积累少、底子薄，大众高等教育发展任务繁重，公办高校办学长期因陋就简。在前一轮高等教育大扩招中，因政府财政投资短缺，众多高校不得不采取融资手段，依靠借贷来兴建新校区、改造老校区、充实和更新教学实验设施，以满足正常教学活动的需要。时至今日，很多公办高校仍负债累累，办学举步维艰。正是在这样的背景下，民办高校投资办学缓解了政府财政不足的困窘，为政府分忧，支撑了现在500余万人的高等教育供给。如果民办高校的高等教育供给改由政府财政举办的话，按生均教育经费1万元计算，政府每年需另外增加500多亿元的财政拨款；如果将民办高校的基本建设等固定资产投资都改由公共财政投资的话，政府恐怕难以轻松应对。社会公共事业由公共财政投资举办，在公共财政不足时，政府通常动员公民个人和其他组织等民间力量参与举办，由民间力量分担公共财政压力，保障人民群众对公共事业的需求。为此，我国将鼓励社会力量举办各种教育事业写进了《宪法》。所以，不能将民办高校投资简单地归入投资者个人的逐利行为，而应当将其看作一种公共投资替代行为，充分尊重其公益性，从政策、法律和管理等多方面确保其能够办起来、办得好、可持续。

进一步看，民办高校的办学效益，不仅体现在经济上，也存在于教育事业自身中。由于民办高校拥有较多的自主权与经营需求，在教育管理体制与机制的改革上，能够预为探路，发挥重要的推动作用。这是另一个需要研究的课题，不在此论述。

三、民办高校的剩余分配权与营利性

既然民办高校办学是公共投资替代行为，那么，民办高校是否具有营利性呢？回答是肯定的。这是投资办学的民办高校的必然属性，它并不因民办高校具有公共投资替代属性而消亡。营利是民办高校投资办学的主要动力之一，是民办高校存在与发展的必要条件。

（一）民办高校的办学剩余及其分配

公办高校有政府年度财政拨款保证办学成本、维持学校运行，而民办高校的办学成本不可能由举办者持续不断的投资来保证，只能由民办高校的办学剩余来支持。众所周知，与美欧国家私立高校不同，我国民办高校的投资者并非社会财团或拥有丰厚资产的其他社会组织和公民，投资者也不能像美欧国家私立高校投资者那样能够获得相应的减免税待遇。[10]换句话说，我国民办高校投资者一般不具有持续投资的能力，民办高校只能依靠办学剩余来保障办学的可持续性。

在经济活动中，投资既要取得投入本金即成本，又要获取剩余价值，唯其如此，投资者才能实现其营利目的。在现代生产经营活动中，商品的价值包括了生产成本和剩余价值，剩余价值由税金和利润所得构成。在生产投资中，投资者不仅要收回成本，更要追求剩余价值。同理，为了实现可持续办学和健康发展，民办高校的办学收益不能只满足于维持运行，必须有所剩余。公办高校因为是财政全额拨款单位，尽管在办学中也有创收行为，有的还能取得高额收入，但并不完全依靠办学剩余或结余办学。这正是民办高校与公办高校具有本质意义的差别所在。民办高校如果没有办学剩余，将寸步难行。为了达到滚动发展、改善条件、维持运行的目的，民办高校必须追求办学剩余。

很多人尽管对民办高校追求办学剩余没有什么异议，但对办学剩余的分配却存在较大分歧。生产投资的剩余分配主体主要是政府和投资者，政府从剩余价值中取得税金，投资者从剩余价值中取得利润，政府和投资者各得其所。在办学剩余的分配上，因为民办高校所提供教育服务的公益性，政府给予其减免税待遇，所以，对于投资者是否能够参与办学剩余的分配，人们持有不同意见。有学者认为，只要投资者参与了办学剩余的分配就是营利行为，[11]民办高校的公益性因此便不复存在，应将其划归营利性高校类别，对其采用类似于企业管理的一套制度。所谓的分类管理政策就是以此为依据的。但这一依据明显与法律精神不符。《民办教育促进法》第七章“扶持与奖励”规定：“民办学校在扣除办学成本、预留发展基金以及按照国家有关规定提取其他的必需的费用后，出资人可以从办学结余中取得合理回报。”这一法律规定说明，民办高校投资者依法享有参与办学剩余分配的权利。

（二）民办高校投资者所获合理回报与营利

上述法律规定与民办高校投资办学的基本属性是相吻合的，是民办高校持续健康发展的可靠保证。但办学剩余分配与投资者的营利又是什么关系？参与办学剩余分配是投资者的营利行为吗？要回答这些问题，还得弄清楚办学剩余分配的性质。

《民办教育促进法》是在“扶持与奖励”部分规定民办学校出资人可以从办学结余中取得合理回报的，这就是说，参与办学剩余分配是国家给予民办高校投资者的一种对公益事业的奖励或鼓励，而非一般的商业投资获利权利。法律对民办高校投资者参与办学剩余分配有着十分严格的要求，只有在民办高校办学收益扣除办学成本、预留发展基金以及按照国家有关规定提取其他的必需的费用后还有结余的情况下，投资者才能取得一定比例的合理回报。这一规定，一方面，有助于确保民办高校正常的办学秩序；另一方面，将投资者所获回报严格限定在各种扣除和预留费用后的剩余部分，使投资者参与办学剩余的分配不至于影响民办高校的办学，同时还有助于激励投资者办好学，因为只有学校办好了，取得了充分的办学剩余，民办高校投资者才可能参与分配获益。所以，从法律意义上讲，投资者从办学结余中取得合理回报并不是营利行为。但只要参与办学剩余分配，投资者就会有收益。那又该如何看待投资者的收益呢？

首先，投资者所取得的合理回报与其对民办高校的投资是直接相关的，不仅如此，还与其对民办高校办学所付出的辛勤劳动有直接关系。其次，投资者所获回报并不是其投资效益的直接反映。在一般的生产投资中，投资效益是由所获成本补偿和剩余价值构成的，投资者所获利润是剩余价值扣除税金后的部分。这就是说，参与一般生产投资剩余价值分配的主体只有政府和投资者。但参与民办高校办学剩余分配的主体包括了民办高校、政府和投资者，从剩余价值分配的办法看，在一般的生产投资剩余价值的分配中，政府直接向企业征收各种税费，投资者拥有其余所剩部分的所有权。但投资者参与民办高校办学剩余的分配，是在预留发展基金、提取国家规定的必需费用之后，再对所剩结余按一定比例进行分配。可以想见，这与一般所说的投资利润已经相去甚远。

当然，如果民办高校投资者对办学收入进行提成或对办学剩余进行分红，那就是营利行为了。提成或分红都是以资本投入为前提的，不论提成比例或分红额度有多大，其性质都是资本营利。也就是说，其办学包含了营利的目的。这里需要明确的是，当投资者以民办高校作为营利的手段之后，民办高校是否还具有公益性？投资者的行为是否也还具有公益性？毫无疑问，两个问题的答案都是肯定的。尽管投资者在办学中营利了，但民办高校办起来了，减轻了公共财政负担，受教育者获得了接受高等教育的机会，促进地区社会文明进步的作用发挥出来了，其公益性得到了实现；投资者没有将资本投到其他产业部门，而是选择了投资高等教育事业，且保障了民办高校的正常运转，其行为也具有公益性。不能因为投资者的营利而否定民办高校办学以及投资行为的公益性，正如医疗卫生事业和城市公共交通发展中引入民间资本投资，投资者从中营利而并不改变医疗卫生事业和城市公共交通的公益性以及投资行为的公益性一样。

（三）民办高校的营利性与非营利性

毋庸讳言，我国民办高校与公办高校不同，也与一些国家私立高校不同，民办高校具有营利性。除极少数由国家有关事业单位举办之外，大多数民办高校都是依靠举办者自已并不丰厚的个人资产或私营企业投资发展起来的，既没有庞大的校产，又没有可观的捐赠基金，有的还主要是银行贷款兴办起来。部分民办高校初创之时尽管背后有产业支撑，但却不能指望产业无止境地支持下去。应当说，我国各级政府对民办高校的支持是很大的，一般在土地征用、税费减免等方面给予了相当优惠的待遇，但在日常运行事业费支持方面，却显得心有余而力不逮，少有直接的财政补助。为此，民办高校办学必须营利，依靠自身的办学剩余滚动积累、支持发展。所以，民办高校的营利性是在特定的社会背景下出现的，有其必然性，并不完全由举办者的主观意愿所决定，也不是任何文件规定所能否定的，更不可能因为一些理论工作者脱离实际的善良愿望而有所改变。

既然营利与民办高校相生相伴，那么，民办高校的营利属性与法律规定的“不得以营利为目的”是否相悖呢？表面上看，确有不相符合之处，但仔细理解却又并不矛盾。《中华人民共和国教育法》规定“任何组织和个人不得以营利为目的举办学校及其他教育机构”，是针对举办学校的组织和个人的，即是对举办者的规定，而不是对学校的规定。《中华人民共和国高等教育法》要求“设立高等学校，应符合同家高等教育发展规划，符合同家利益和社会公众利益，不得以营利为目的”，也不是针对高校本身的，与《教育法》相一致，是针对设立高校的组织和个人的。既然没有法律规定高校办学不得营利，所以，对高校而言，营利并非洪水猛兽，无须大惊小怪。这也是为什么即便在公办高校营利也随处可见，比如，动辄数十万元学费的EMBA学位教育计划以及创收性的在职教育、继续教育和成人教育等，都为公立高校带来了不菲的收入，但因公办高校并不将这些收入和营利划归私人所有，而是用作公益发展基金，所以，人们并不因此而否定其公益性。由此，不论民办或公办高校，营利性与法律规定并不抵触，原因在于其营利被用于公益目的，而不是成为个人牟利的手段。也就是说，营利的最终目的是非营利性的。民办高校如果被剥夺或丧失了营利能力，就不可能实现公益目的。

可以说，营利性与非营利性之间的矛盾看似不可调和，但在民办高校也包括公办高校却有机地结合在一起。在考察民办高校办学的时候，要区分民办高校营利与投资者营利的差别，区分投资者对办学收入、办学剩余进行提成和分红与在办学结余中取得合理回报的差别，唯其如此，才能真正理解民办高校的本质。

四、要给予投资举办的民办高校一定的赢利空间

高校办学可以营利，这不仅在法律上是可行的，而且在现实中是存在的。高校办学之所以能够营利，主要取决于两大因素：一是主观努力，办学者善于经营，节约成本，减少开支；二是政策允许，政府为高校办学营利预留空间。对于民办高校而言，由于办学经费来源的特殊性，投资者和办学者更注重节约办学，更注重投入产出效益。所以，现实地看，政策因素有着更为重要的意义。关闭投资举办民办高校的营利空间，无异于窒息其生命力。笔者主张，从我国国情出发，走第三条道路，实行包容和善待民办高校的政策，方是促进民办高等教育事业健康发展的明智之举。[15]

（一）民办高校公益性的延时性

投资举办高等教育事业往往需要一个较长的时期才能发挥其应有的效益，这主要是因为高校从奠基到为社会所认同和尊重，往往需要一个较长时期的持续发展和建设。多数民办高校总体上还处于初

创阶段，这表现在，很多民办高校都是白手起家，从一砖一瓦开始基本建设；很多至今仍在忙于扩建校舍，以达到教育部有关规定要求；专任教师老的老、小的小，老的来自公办高校退休教师，小的来自高校新近毕业的研究生，而且由于政府实行与公办高校教师区别对待的政策，致使民办高校教师队伍非常不稳定，尤其是水平较高的教师往往竞相去公立高校任教；学科专业建设基础薄弱，大都处于勉强应付上课的状况；招生录取工作被放在同层次的最后批次，生源及其质量都缺乏保障。尽管民办高校院校数和在校生规模已经达到比较可观的水平，但其内外办学条件和环境建设都还有很长的路要走。可以说，民办高校的公益性还远没有完全发挥出来，公益性的质量也还有待提高。根据国内外后发成功高校的经验，民办高校完成其初创任务、步入良性运行轨道，可能还需要10年以上的时间。也就是说，未来10年是关键时期，是民办高校完善内外建制，增强办学实力，提高办学水平的攻坚时期。与之相适应，政府政策还远没有到可以收紧的时候，不宜采用已经进入成熟阶段的美欧私立高等教育发展的政策。政府应当制定更宽松、更包容的政策，尽量避免摇摆和折腾，使民办高校的初创之路走得更扎实、更牢固、更平稳。

（二）高等教育大众化中后期需要进一步开拓民间投资渠道

民办高校是在高等教育供给严重不足的背景下发展起来的。时至今日，我国高等教育供给不足的问题仍然没有得到根本解决。众所周知，我国高等教育发展已经进入大众化阶段，但大众化本身是一个过程，高等教育毛入学率达到15%—50%都属于大众化阶段。单纯地从统计数字看，精英化只有15个百分点，而大众化有35个百分点，其发展程度可以细分为初期、中期和后期三个阶段，毛入学率在15%—30%为初期阶段，31%—40%为中期阶段，41%—50%为后期阶段。[13]据统计，2011年我国高等教育毛入学率达到26.9%，还未进入中期阶段。也就是说，高等教育大众化初期的任务还没有完成，中后期的任务还没有展开。而且进入中后期阶段后，人民群众对高等教育的需要既包括了有没有机会上大学的问题，又包括了有没有更好的大学可上的问题。也就是说，高等教育发展不仅要保证数量的供给，而且还要保证品质和种类的供给。因此，高等教育发展需要更庞大的经费投入。

高等教育发展面临的任务对公共财政无疑是一个严峻的挑战。据有关部门测算，2012年，我国的教育经费总需求为27 123亿元，[14]高出《2011年中央和地方预算执行情况与2012年中央和地方预算草案的报告》的5 100亿元。从教育部公布的2011年全国教育经费统计执行情况看，27个省份没有达到中央政府期望的公共财政预算教育经费占财政支出20%左右的目标，有的相差甚远，其中14个省份还出现了负增长。6个省份在公共财政预算教育拨款增长与财政经常性收入增长比较中出现了负增长。在高等教育生均公共财政预算教育事业费增长情况统计中，部分省份增长率极低，甚至不足5%；在高等教育生均公共财政预算公用经费增长情况统计中，也有很多省份几乎没有增长，有的甚至是负增长。[15]显然，公共财政难以满足高等教育发展的需求，巨大的经费缺口将长期伴随高等教育发展过程。要缓解高等教育经费严重不足的问题，必须两条腿走路，在继续挖掘公共财政潜力的同时，进一步开拓民间资本投资的渠道，切实落实“合理回报”的法律规定，采取引导而非堵塞的政策，扩大民间投资者参与高等教育发展的深度和广度，夯实民办高等教育事业发展的牢固基础。

（三）给予投资举办的民办高校一定的赢利空间

尽管民办高校发展的态势是积极的，但在制定有关政策时却不能盲目乐观，不能超越民办高等教育发展的阶段性，在公共财政供给严重不足的情况下，更不能实行不切实际的调控政策，应当从民办高等教育发展的现实状况和未来前景出发，根据高等教育大众化中后期发展要求，给予民办高校一定的赢利空间，进一步激发民间资本投资的积极性，促进民办高等教育持续健康发展。

在现实国情下，一定的赢利有利于促进公益性事业发展。破除公益性与营利性在民办高校只可能非此即彼、不可能兼容一体的传统思维，从政策上保障民办高校一定的赢利空间，制定有利于民办高校发展的激励政策，是促进民办高等教育事业发展的当务之急。这就要承认民办高校办学营利的合理性，承认投资者营利和取得合理回报对民办高校实现其公益性目的的意义。切忌为了防范和禁绝投资者的营利而阻止民间资本投资高等教育事业，因噎废食，要允许民办高校投资者从办学剩余获取合理回报。切实落实法律所规定的各项“扶持与奖励”条款，明确投资者从办学结余中取得合理回报是法律给予其善行的奖励。这一点至关重要，在政策管理上要保护投资者的积极性，激励更多的投资者走上领取合理回报的办学之路。只有这样，才能达到鼓励和扩大民间资本投资举办民办高校的目的，使民间资本为繁荣高等教育事业做出更大的贡献。

【参考文献】

[1] 琼·罗宾逊. 现代经济学导论 [M]. 北京：商务印书馆，1982.27.

[2] 郭化林. 高等教育标准成本计量与核算体系研究 [M]. 北京：农业科学技术出版社，2010.47.

[3] 沈晓梅. 现代经济学导论 [M]. 北京：国防工业出版社，2005.189.

[4] 西奥多·W. 舒尔茨. 教育的经济价值 [M]. 长春：吉林人民出版社，1982.21.

[5] 卢现祥，朱巧玲. 新制度经济学 [M]. 北京：北京大学出版社，2012.80.

[6] 别敦荣. 论民办教育发展的第三条道路 [J]. 华中师范大学学报（人文社会科学版），2012，(3).

[7] [12] 潘懋元，等. 民办高等教育发展的第三条道路 [J]. 高等教育研究，2012，(4).

[8] 高燕. 不同类型高等教育机构对毛入学率的贡献研究 [D]. 厦门：厦门大学，2012.76.

[9] 2011 年全国教育事业发展统计公报 [EB/OL]. http://www.moe.edu.cn/publicfiles/business/htmlfiles/moe/moe_633/201208/141305.html.2012-12-30.

[10] 张铁明，何志均. 信心回归：破解难题给举办者一个良好的成长环境——举办者信心丧失是民办教育发展的最深层危机 [J]. 当代教育论坛，2012，(5).

[11] 王善迈. 我国民办学校如何进行分类管理 [N]. 中国教育报，2011-08-02.

[13] 别敦荣. 谋划世纪中叶发展愿景的战略举措——《高教 30 条》精神解读 [J]. 湛江师范学院学报，2012，(5).

[14] 全国人大教科文卫委员会调研组. 加大教育经费投入保障教育事业发展 [J]. 求是，2011，(4).

[15] 关于 2011 年全国教育经费执行情况统计公告 [EB/OL]. http://www.moe.gov.cn/publicfiles/business/htmlfiles/moe/s3040/201212/146315.html.2012-12-30.

地方政府对高等教育投入努力程度的实证研究*

□ 秦惠民（中国人民大学教授）
□ 杨　程（中国人民大学博士生）

一、地方政府对高等教育投入的背景分析

20世纪90年代以来，伴随国家教育财政制度的改革，高等教育逐步实行中央政府和省级政府两级管理、以省为主的管理体制，加大了省级政府对高等教育的管理权限和责任。高校经费来源渠道也随之发生了深刻的变化，经历了由计划经济时代国家单一拨款的经费来源向中央和地方政府财政拨款、学杂费和社会捐赠等多渠道成本分担格局的转变。管理体制的改革和高等教育经费成本负担多元化成为推动我国高等教育发展的动力：管理体制的改革使地方政府成为我国高等教育提供的主体，提高了地方发展高等教育的积极性；高等教育经费负担多元化有效地支持了高等教育的发展，弥补了教育经费投入的不足。据统计，2009年全国各类高等教育总规模超过2 979万人，高等教育毛入学率达到24.2%。然而，伴随着高等教育快速发展出现的一些财政问题日益凸显，如：中央与地方高等教育投入的财权与事权划分不清、地方高等教育财政经费投入不足、经费保障水平的区域差异日益加剧等，阻碍了我国高等教育的持续发展。[1]

回顾高等教育改革发展历程，从1999年起，我国高等教育开始进行大规模的扩招，高等教育的入学门槛逐步降低，极大地满足了人们接受高等教育的迫切愿望。我国高等教育已逐步实现了从精英教育向大众化教育的转变。实施高等教育大众化战略后，我国加快推进高等教育管理体制改革，大量原来由中央有关部门主管的高校移交地方，使得地方高等教育成为我国高等教育大众化的主要推动力量。据1999年统计，我国共有1 071所普通高校，其中248所为部属高校，823所为地方高校，地方普通高校占比76.84%，承担全国62.95%的学生培养（见表1）。同年，国务院确定，中央部委直属管理111所高等院校，其他高校由地方管理。至2009年，地方普通高校发展到1 538所，占比93.27%，承担全国86.63%的学生培养。然而，地方高等教育投入的财权与事权不相匹配，尽管高等教育的事权不断下移至地方政府，但相应的财政权力并没有得到相应下放。地方政府所掌握的高等教育方面的财权和事权并不适度匹配。从表1中可以看出，1999年地方普通高校经费投入为343亿元，中央普通高校经费投入为362亿，地方普通高校低于中央普通高校19亿元。2009年，地方普通高校经费投入为3 197亿，只占总经费的68.8%，而111所中央普通高校经费投入达到了1 448亿元。经过10年的发展，虽然地方普通高校经费在总量上明显高于中央普通高校，但是培养的学生比例从62.95%发展到近90%，可见地方高等教育经费投入总体严重不足。在当前的制度背景下，地方

* 原载《国家教育行政学院学报》2013年第7期。

政府对高等教育投入的努力程度将是决定高等教育提供数量与质量的关键因素，也是影响高等教育发展均衡的重要因素。

同时，由于区域经济发展、地理位置、人口等因素导致了地方高等教育发展不平衡，特别是地方政府在高等教育投入方面存在明显差异。从1999年到2009年，我国区域间经济发展不平衡呈不断加剧之势，地区财政收入、人均GDP、经济发展区位优势等直接影响了地方财政对高等教育投入的力度，高等教育经费投入水平的区域差距不断加大。区域经济发展水平较高的东部地区，地方财政增加对高等教育投入的总量明显高于经济欠发达的中西部地区。就全国范围而言，地方政府对高等教育投入努力程度是存在显著差异的，这也间接造成了区域间地方高校在教育规模、质量、水平等方面的差距。如果要想实现高等教育健康持续的发展，缩小区域间高等教育投入的差距，均衡稳定增长的教育经费投入是关键。针对上述地方政府高等教育投入努力程度的差异，通过采用省级面板数据模型构造一定的理论假说，考察地方经济发展水平、财政分权、政府竞争对于地方政府高等教育投入努力的激励效果，对当前的差异状况进行分析，期望能够引起对相关问题的关注和思考。

表1　1999—2009年地方普通高校数、在校生数、经费投入及中央普通高校经费投入

年份	地方普通高校数（所）	全国普通高校中地方高校所占比例（%）	地方普通高校学生数（万人）	全国普通高校学生中地方高校学生所占比例（%）	总经费（亿元）	
					地方	中央
1999	823	76.84	275	62.95	343	362
2000	925	88.86	380	69.96	487	418
2001	1 114	90.94	536	73.92	651	495
2002	1 154	91.23	697	75.41	837	610
2003	1 268	91.95	876	76.53	1 021	662
2004	1 394	92.62	1 058	78.19	1 264	736
2005	1 431	92.80	1 245	80.37	1 524	818
2006	1 480	93.02	1 365	80.78	1 762	908
2007	1 502	93.12	1 806	84.31	2 502	1 132
2008	1 514	93.17	1 948	85.14	2 948	1 262
2009	1 538	93.27	2 099	86.63	3 197	1 448

数据来源：教育统计年鉴和教育经费统计年鉴，其中地方普通高校学生数与全国普通高校学生中地方高校学生所占比例是经数据整理得出。

二、地方政府高等教育投入努力程度的现状分析

关于政府教育投入努力程度的研究，选择科学合理的量化指标是一个关键问题，一个好的指标能够准确反映出地方政府教育投入的力度。国际上比较有代表性的指标，是应用公共教育经费占国民生产总值（或国内生产总值）的比例来衡量政府对教育投入的努力程度。美国全国教育统计中心（National Center for Education Statistics）用生均公共教育经费和生均公共教育经费占人均年收入的比例两项指标来衡量“政府教育投入的公共努力”（public effort to fund education）。[2]在国内的相关研究中，比较常用的指标是财政性教育经费占国民生产总值的比例、预算内教育经费占财政支出的比例；[3]也有采用地方普通高校预算内教育经费占地方总预算内教育经费的比例、[4]预算内教育经费拨

款增长速度高于财政收入增长速度等指标来衡量。

根据已有的研究成果，选取以下指标作为衡量标准：选取国际上评价政府对教育重视程度的重要指标高校财政性教育经费占国内生产总值的比例作为指标之一，具有较高的权威性和适用性；选取地方普通高等学校预算内经费占地方财政支出的比例作为第二个指标，该指标是造成地方高等教育总经费差异的最重要因素。这两个指标分别从地方普通高校的财政收入占GDP、财政支出两个方面考察，既考虑到各省、自治区、直辖市对高等教育投入的相对总量又顾及区域差异，是比较完整的评价指标，从不同维度反映政府对高等教育投入的努力程度。为了研究不同区域地方政府对高等教育投入努力程度的差异，采用最为常用的东部、中部、西部三大地带作为分析单元，东部地区包括北京、天津、河北、辽宁、上海、江苏、浙江、福建、山东、广东、海南；中部地区包括山西、吉林、黑龙江、安徽、江西、河南、湖北、湖南；西部地区包括内蒙古、广西、重庆、四川、贵州、云南、西藏、陕西、甘肃、青海、宁夏、新疆。采用2000—2009年31个省、自治区、直辖市的数据对地方政府高等教育投入努力程度进行分析。

1. 地方普通高校财政性教育经费占地方生产总值的比例

表2中可以看出，2000—2009年地方普通高校财政性教育经费占地方生产总值的比例有明显波动，东部地区、中部地区的努力程度均低于全国的平均水平，西部地区努力程度最高。总体上呈现上升的趋势，东部地区由0.28%增加到0.37%，中部地区由0.27%增加到0.37%，西部地区努力程度较高，由0.32%增加到0.44%。2000年，东、中部地区的努力程度均低于0.3%，显著低于西部地区的0.32%，十年期间东、中部地区稳定发展，西部地区于2004年出现下降，到2008年突破0.4%。从这个指标的角度分析，经济越发达的地区，地方政府的努力程度越低，经济欠发达的地方政府努力程度越高。

表2　地方普通高校财政性教育经费占地方生产总值的比例（单位：%）

地区＼年份	2000	2001	2002	2003	2004	2005	2006	2007	2008	2009
东部地区	0.279	0.313	0.344	0.343	0.358	0.331	0.328	0.353	0.379	0.367
中部地区	0.271	0.297	0.328	0.322	0.311	0.318	0.308	0.339	0.374	0.37
西部地区	0.322	0.391	0.406	0.389	0.391	0.355	0.349	0.39	0.427	0.444
全国平均	0.285	0.322	0.35	0.345	0.352	0.332	0.327	0.356	0.387	0.382

数据来源：由教育经费统计年鉴与青海统计年鉴整理得出。

2. 地方普通高等学校预算内经费占地方财政支出的比例

表3反映出地方普通高等学校预算内经费占地方财政支出的比例波动较大，东部地区由2.43%增加到3.08%后又呈现下降趋势，回落到2.65%；中部地区在2.2%附近波动；西部地区最高时达到1.96%，但始终未突破2%。同时，在2009年，各地区的努力程度都出现大幅度的下降，东部地区由3.08%下降到2.65%，回落到2002年的水平；中部地区下降到1.97%，低于2000年的努力程度；西部地区更是回落到1.7%，考虑到当时的社会经济环境，可能受到金融危机的影响，地方政府减少了对高校的财政支持。从区域差距来分析，东部地区的努力程度要高于中部地区，中部地区要高于西部地区，中西部地区低于全国的平均水平。这与刘泽云的研究结果相一致，“若以地方预算内教育经费投入占地方财政支出的比例来衡量省级政府对教育投入的努力程度，则观察经济越发达的地区，省级政府的努力程度越高”，[5]这个观察指标受到区域经济发展差异的显著影响。

表3　地方普通高等学校预算内经费占地方财政支出的比例（单位:%）

	2000	2001	2002	2003	2004	2005	2006	2007	2008	2009
东部地区	2.43	2.49	2.63	2.6	2.79	2.68	2.63	3.01	3.08	2.65
中部地区	2.24	2.26	2.38	2.45	2.33	2.25	2.01	2.22	2.27	1.97
西部地区	1.76	1.74	1.75	1.88	1.87	1.84	1.76	1.96	1.88	1.7
全国平均	2.22	2.24	2.34	2.39	2.46	2.37	2.26	2.55	2.54	2.2

数据来源：教育经费统计年鉴与中国财政年鉴整理得出。

三、地方政府高等教育投入努力程度的实证分析

对于东部、中部和西部地方政府高等教育投入努力程度差异的比较结果，发现不同区域间的高等教育投入努力程度是大不相同的，有的是上升，有的则是下降，并且依被选择的指标不同而不同，现有的分析无法给出明确的答案。经前期梳理发现，究竟是由哪些因素造成地方政府高等教育投入努力程度不同，目前还缺乏较为科学翔实的实证分析。通过选取经济发展水平、财政分权和政府竞争的角度来分析，以期做出一部分合理的解释。

1. 理论假说

地方政府对高等教育投入的努力程度可能会随着经济水平发展的差异而有所不同。我国各省、自治区、直辖市的经济发展差距十分明显，加之中央政府和地方政府对高等教育事权的划分不清晰，致使地方高等学校财政性经费的差距也比较大。经济发展水平好的地区，地方国内生产总值越高，地方财政较充裕，地方政府对高等教育财政性经费投入可能就会比较大，投入高等教育的努力程度更高。

1994年我国财政体制改革，地方政府的自主权不断提高，相应高等教育领域投资的自主权也有所提高。我国地方政府拥有较大的自主权，支配财政收入的能力也就相对较高，地方政府可能将更多的资金投入到基本建设中，导致投入到人力资本的资金缺乏，造成投资的明显扭曲。我国东部地区改革开放以来取得的巨大经济成就，尤其是在“土地财政”的支撑下可支配的资金成几何倍数增长，如何使用这笔资金地方政府拥有较大的自由裁量权，其投入到高等教育的多少将直接影响财政性经费的比例，从而表现为东部、中部以及西部地区高等教育投入努力程度的差异。

在我国目前政绩考核指标下，政府间竞争也许是一个解释地方政府高等教育投入努力程度的重要变量。在经费和资源有限的情况下，如果把经费用于高等教育的投入，相应的其他方面的投入必然减少，地方政府必须在经费投入上进行权衡选择。就我国目前的政绩考核指标而言，GDP的增长是极为重要的指标之一，作为理性的决策者，势必会将经费投入到有利于GDP发展的领域。由于东部地区的特殊地位，其竞争优势明显高于中西部地区，即使不投入大量经费到高等教育领域，也能吸引来大批人才服务于东部地区的发展建设，尤其是北京、上海和广东等地。而中西部地区限于地域差异的影响，缺乏区域发展所需的人才资源，吸引外商投资额度较低，竞争优势较弱。为了消除这种影响，培养区域发展所需的人才资源，创造良好的投资环境，中西部地区会投入更多的财政性经费支持地方高等教育的发展，以期形成地区发展所需要的人力资本。

因此，需验证的假说是经济发展水平、财政分权和政府竞争是否影响了地方政府高等教育投入的努力程度以及是否由此造成了显著的地区差异。与东部发达地区相比，欠发达的中西部地区因为对人力资本的需求，因此预期中西部地方政府高等教育投入努力程度要高于东部地区。

2. 指标选取

通过选取2000—2009年我国30个省份的面板

数据进行分析，主要涉及4个变量指标。其中被解释变量为地方政府高等教育投入努力程度（effort），解释变量分别是地区经济发展水平（pgdp）、财政分权（fd）及政府竞争（fdi）。

被解释变量effort采用的指标为地方普通高等学校预算内经费占地方财政支出的比例。王志刚等人的研究曾指出，地方预算内高等教育经费拨款是导致区域间高等教育经费差异的最重要的因素，所以分析这一指标意义重大。[6]

解释变量pgdp采用的指标为地方人均国内生产总值的对数，反映地区的经济发展水平。数据来源于历年《青海统计年鉴》。在进行分析时，为了消除通货膨胀的影响，对数据按照物价指数进行了调整。具体操作如下：以2000年为基数，按照2000—2009年的价格指数（CPI）换算成2000年的不变价计算的数据。

解释变量fdi采用的指标为地区人均财政支出占地区人均财政支出和中央人均财政支出之和的比例。关于财政分权的指标，国内学者根据研究的需要、地区的制度、文化等因素选择了不同的设计方式。如：乔宝云等采用了人均省级支出占人均总财政支出的比例作为分权的主要指标；[7]王志刚等采用两大类分权指标：第一类是各地区人均本级财政支出与本地区人均本级财政支出和中央人均财政支出之和的比例；第二类是用各省人均一般预算内外收支与中央人均一般预算收支进行对比。其中，大多数学者基本认同财政支出分权作为分权的主要指标，因此本文继续沿用这一指标。

解释变量fd采用某省实际吸收fdi占该年全国实际吸收fdi的比例。关于这一指标，张军等用各省实际人均GDP作为政府竞争指标，傅勇和张晏选择各地区外资企业的实际税率作为政府竞争指标。[8]考虑到对地方政府而言，政府竞争的重要体现就是地区经济发展水平，发展资源依靠地方政府“招商引资”，尤其是吸引外商直接投资，因此本文参考郑磊采用某省实际吸收fdi占该年全国实际吸收fdi的比例作为政府竞争指标。[9]

3. 实证模型及结果

基于以上的分析，选取的面板模型具体形式如下：

$$effort_{it}=\beta_0+\beta_1 pgdp_{it}+\beta_2 fd_{it}+\beta_3 fdi_{it}+\mu_{it}$$

这里下标t代表年份，i代表区域，误差项μ表示模型中未考虑到的其他影响地方政府高等教育投入努力程度的因素。应用统计软件Stata对此研究进行分析。对模型的Hausman选择性检验表明该模型适合固定效应模型，而不适合随机效应模型。

表4 地方政府高校经费投入努力程度的回归结果

解释变量	回归系数	t值
C	−0.008 886 4*	−0.33
pgdp	0.005 018 9*	1.57
fd	−0.069 446 8**	−2.17
fdi	−0.024 722 8***	−3.10
F统计量	16.29	
Prob (F-statistic)	0.000 0	

注：括号中是标准差；*、**、***分别表示在10%、5%、1%水平上显著。

表4给出了回归模型的检验结果，除了地方经济发展水平不显著，财政分权和地方政府竞争均为负。首先，考察财政分权程度对地方政府对高等教育投入的努力程度。财政分权程度变量的回归系数是−0.069 446 8，分权程度与地方政府投入高等教育的努力程度是负相关的，说明地方财政自主性越强，地方投入到高等教育的努力程度越低。拥有较大的自主权的地方政府，支配财政收入的能力也就相对较高，这些地方政府会将有限的经费和资源投入到促进经济发展的领域，缺乏投入到人力资本的资金，压缩了对高等教育的投入。

其次，考察地方政府竞争程度对高等教育投入努力程度的影响。地方政府竞争程度的回归显示与被解释变量显著负相关，系数为−0.024 722 8（显著性水平达到1%），说明地方竞争优势越明显的地区，地方政府投入到高等教育的努力程度越低，产生这一现象的根源在于地方政府会将GDP

的增长视为及其重要的发展指标，作为理性的决策者，必然会将经费投入到有利于GDP发展的领域，而缩减对高等教育的投入。同时，我国目前的经济发展格局，竞争优势明显的地区不需将经费投入到高等教育也能吸引大批的外来人才为之发展服务，从而降低了财政性经费的投入。

最后，考虑到地方政府高等教育投入努力程度的区域差距，我们进一步在模型中加入地区虚拟变量和各个因素的乘积交叉项，分析各个因素对努力程度的地区差异。结果表明财政分权和政府竞争与东部地区交互项的系数显著为负。由此可见，财政分权和政府竞争对东部地区的负效应最大，东部地区高等教育投入努力程度较低。具体而言，我国东部地区经济发展水平高，各方面的资源较中西部而言都有较为明显的优势，但是东部地区的努力程度却是较低的。相反，西部地区经济发展水平落后，地方政府高等教育投入的努力程度却相对较高。

同时，西部地区的地方政府投入努力程度显著高于全国的平均水平，也要高于东部和中部地区，虽然西部经济发展水平较低，但是投入到高等教育的努力程度却较高，说明西部地区将财政支出更多地投入到高等教育之中，可能与培养地区发展需要的人才相关。这与新中国成立之初的发展战略比较接近，当时我国为了尽快培养一批社会主义建设人才，投入相对大量的经费发展高等教育，解决了建国初期人才不足的问题。现在，我国东部、中部地区高等学校培养的人才很少流向西部，西部只能加大高等教育经费的投入，培养自身所需要的人力资本，这样就合乎逻辑地解释了西部地区投入高等教育的积极性。

四、研究结论与讨论

教育经费作为重要的办学基础，在高等教育发展中占据着重要地位。地方政府作为管理主体，必须在高等教育经费管理中有所作为。研究结果显示东部地区高等教育投入的努力程度低于中西部地区。东部地区从中央投入获益最多，中西部地区获益少。中西部地区为了消除这种影响，既需要投入资金来满足地方高等教育发展的需要，还要投入更多的资金来弥补由中央政府投资造成的地区差异，无疑造成了这些地方政府的财政负担，进一步扩大了地区之间由于经济发展水平造成的差距。财政分权和地方政府之间的竞争也降低了东部地区政府高等教育投入的努力程度。由于我国财力分布十分不均衡，东部地区拥有较高的财政自主权，加之地方政府之间的竞争，在我国当前的绩效考核机制下，扭曲了地方对高等教育的投入，地方政府可能将更多的资金投入到基础设施的建设，这样更符合官员晋升的绩效考核指标，加剧了东中西部高等教育投入的不均衡局面。

在解决地区间高校经费投入不均衡问题时，要完善激励机制，提升发达地区地方政府教育投入的努力程度。财政分权以及地方政府之间的竞争扭曲了地方经费的支出，降低了对高等教育投入的努力程度。正确的激励地方政府提高高等教育投入是我国教育财政体制改革的方向，要完善政绩考核机制，加大对教育领域发展程度的评估，明确省级政府对高等教育的责任。还要调整地方政府之间的竞争格局，扭转地方政府对高等教育投入的认识，注重本地区人力资本的储备。尤其要激励我国东部地区提升高等教育投入的努力程度，减少对中央政府高等教育经费投入的依赖，减轻中央政府投资高等教育的财政负担。同时，加大转移支付力度，平衡地区间高等教育差异。中央政府有责任将更多的经费投入到欠发达地区，减轻学生对高等教育的成本负担。建立科学完善的高等教育转移支付体系，一方面在财政性经费上，加大对中西部高校以及少数几所重点大学的转移支付，缩减一批部属高校的财政支出；另一方面，可以加大东部地区高校对西部地区高校的对口援助，在师资、科研以及硬件设施等方面对中西部地区支持，提升中西部地区高等教育质量，缩小地区间高等教育的差异，提供更加公平的高等教育机会。

【参考文献】

［1］［6］王志刚，王蓉. 财政分权、政府竞争和地方高等教育投入［M］. 北京：社会科学文献出版社，2011. 73-101.

［2］U. S. Department of Education. The Condition of Education 2000［M］. Washington，D. C：U. S. Government Printing Office，2000. 13-24.

［3］沈百福. 地方教育投资研究［M］. 北京：北京师范大学出版社，2003. 239-243.

［4］严全治，张倩倩. 省级政府对高等教育投入努力程度的实证研究［J］. 教育与经济，2010，(3)：17-20.

［5］刘泽云. "九五"期间我国政府对教育投入努力程度的实证分析［J］. 高等教育研究，2003，(2)：61-65.

［7］乔宝云，范剑勇，冯兴元. 中国的财政分权与小学义务教育［J］. 中国社会科学，2005，(6)：37-46.

［8］傅勇，张晏. 中国式分权与财政支出结构偏向：为增长而竞争的代价［J］. 管理世界，2007，(3)：4-12.

［9］郑磊. 财政分权、政府竞争与公共支出结构［J］. 经济科学，2008，(1)：28-40.

中国高等教育规模扩张机制分析：一个制度学的解释*

□ 阎凤桥（北京大学教授）
□ 毛　丹（北京大学博士生）

一、问题的提出

1999年，中央政府制定了在2010年实现高等教育大众化目标的跨世纪发展规划，并于当年开始大幅度地扩大高校招生规模。经过连续几年的扩招后，高等教育毛入学率于2002年达到15%（见表1），比实现大众化目标的预期时间提前了8年。① 为什么中央制定的高等教育大众化目标会提前完成？各省在高等教育规模扩大过程中的实际行为如何？中国高等教育具有怎样的规模扩张机制？一些研究文献认为，高等教育规模扩大是由于经济发展的需要，特别是知识经济发展对于培养高素质人才的需要。也有人认为，中国高等教育规模扩张是入学需求作用的结果，随着生活水平的提高，人们不再满足于只接受中等教育，对于接受高等教育的需求变得越来越具有现实意义。[1] 虽然上述两种解释都有一定的道理，符合高等教育发展的长期规律，但不一定能很好地解释短期内的特定行为（如表1所示，在1999—2006年，高等教育在校生规模年度扩张比例均超过了国家经济发展速度和财政支出增长速度的10%）。比如，扩招开始不久就出现了高校毕业生就业难的问题，但这并没有显著地制约高校继续扩招。再如，从1977年恢复高考招生制度以来，青年人接受高等教育的愿望就一直十分强烈，供不应求的状况长期存在，为什么扩招不在其他时间出现，恰恰在1999年这个时间点上出现呢？后来的发展过程进一步证实，扩招并非完全是高校应对社会需求的自愿响应，在某种程度上可以说是“政府请客，高校埋单”的行为，导致高校不得不向银行贷款以应对扩招出现的经费短缺问题。因此，前面提到的理性主义视角下的两种说法都有一定的局限性，不能十分有效地解释在特定时期中国高校规模扩张机制。或者说，高校规模扩张是一个较为复杂的过程，大而化之的解释会妨碍我们作深入的学理探讨②。

表1　1998—2010年中国高等教育几个主要发展指标

年份	学校数（个）	本专科在校生（万人）	本专科在校生比上一年增加		专任教师数（万人）	校均规模（人/校）	生师比	毛入学率（%）
			绝对数（万人）	比例（%）				
1998	1 022	340.87	23.43	7.38	40.7	3 335	11.62	9.8

* 原载《高等教育研究》2013年第11期。

续表

年份	学校数（个）	本专科在校生（万人）	本专科在校生比上一年增加		专任教师数（万人）	校均规模（人/校）	生师比	毛入学率（%）
			绝对数（万人）	比例（%）				
1999	1 071	413.42	72.55	21.28	42.6	3 815	13.37	10.5
2000	1 041	556.09	142.67	34.51	46.3	5 289	16.30	12.5
2001	1 225	719.07	162.98	29.31	53.2	5 870	18.22	13.3
2002	1 396	903.36	184.29	25.63	61.8	6 471	19.00	15.0
2003	1 552	1 108.56	205.20	22.72	72.5	7 143	17.00	17.0
2004	1 731	1 333.50	224.94	20.29	85.5	7 704	16.22	19.0
2005	1 792	1 561.78	228.28	17.12	96.6	7 666	16.85	21.0
2006	1 867	1 738.84	177.07	11.34	107.6	8 148	17.93	22.0
2007	1 908	1 884.90	146.06	8.40	116.8	8 571	17.28	23.0
2008	2 263	2 021.00	136.10	7.22	123.7	8 931	17.23	23.3
2009	2 305	2 144.66	123.66	6.12	129.5	9 086	17.27	24.2
2010	2 358	2 231.79	87.13	4.06	134.3	9 298	17.33	26.5

资料来源：2013 年 3 月笔者从教育部网站（http://www.moe.edu.cn/publicfiles/business/htmlfiles/moe/moe_335/index.html）公布的《中国教育事业发展统计公报》整理得到。

众所周知，1999 年高校扩招政策的制定具有一定的偶然性和突发性。1997 年亚洲金融危机出现后，由于外贸受阻和内需不足，中国经济发展出现了明显的疲软现象，由过去的短缺经济变为过剩经济，缺少新的拉动经济发展的增长点。于是，有经济学者建言，扩大高等教育招生规模所产生的经济需求将有利于拉动经济增长并延缓就业压力，是一个两得之举。1999 年的高校扩招政策，是中央政府主要从经济发展角度出发制定的，既不是教育行政主管部门的意图，也不是学校的主动作为，甚至教育系统对大幅度扩招的政策还持有保留意见。[2]

如果说，1999 年由中央政府主导的扩招政策打开了高校规模扩张的闸门，那么之后几年的持续扩招以及各个省的具体做法，则不可能完全受中央政府支配，甚至中央政府在稍后的时间里多次强调要放慢高校招生规模扩张的速度，注重提高教育质量。现实的状况是，从 20 世纪 90 年代开始，中国就进行了高等教育分权化改革，一大批中央业务部门所属的高校被下放到地方管理。从下面三个年份的数据，可以观察到中国高等教育循序分权化的过程。1989 年，包括教育部在内的中央部委所属普通高校 353 所（32.83%），本专科在校生 913 841 人（43.89%）；地方政府所属普通高校 722 所（67.17%），本专科在校生 1 168 270 人（56.11%）。1999 年，中央部委所属普通高校 248 所（23.16%），在校生 1 242 943 人（30.42%）；地方政府所属普通高校 823 所（76.84%），在校生 2 842 931 人（69.58%）。2010 年，中央部委所属普通高校 111 所（6.59%），在校生 409 742 人（8.74%）；地方政府所属普通高校 1 573 所（93.41%），在校生 4 278 001人（91.26%）。[3] 从上面三个间隔年份的数据可以看出，从学校数或在校生人数所占的比例看，1989—2010 年，中国高等教育走的是一条分权化的道路。在分权化的格局下，地方政府享有比过去较大的高等教育发展规划权和统筹权，在高校扩招阶段，地方院校比中央院校招生规模扩大的幅度更大。[4]

高校扩招涉及多方利益团体，中央制定的扩招政策得到了地方政府、高校以及社会各界的不同响应。在中国特定的政治制度下，地方政府不仅竞争GDP等经济发展指标[5]，也竞争高校升学率、高等教育毛入学率等社会发展指标，并将这种竞争压力传递给它们所管辖的高校。这正是本研究想要论证的关系所在，即地方政府对于扩招政策采取了积极的应对方式，使得中央当初的扩招想法变成了持续的扩张动力。在正视提前实现高等教育大众化目标事实的前提下，本研究所针对的特定现象是，一些经济欠发达地区为什么会不顾其经济发展的实际需要和可能性，甚至以牺牲办学条件和质量为代价，来扩张其高等教育规模呢？③

笔者引入社会利益团体概念，使得本研究所采取的分析视角不同于前面所提到的理性视角，这里称之为制度学的视角。在制度学的视角下，经济系统与高等教育系统之间不是一种彼此紧密作用的关系，而是一种“松散连接”（loosely coupled）[6]的关系。笔者由此推断，高等教育的发展动力不是完全为了满足经济发展的需求。或者说，即使促进经济发展被尊称为发展高等教育的一个名义目的，但并不一定名副其实，高校规模扩张本身也许就是真正的目的所在。④换句话说，高等教育扩招行动一旦启动，本身具有自我维系下去的惯性。

二、文献评述及研究设计

目前学术界主要提出了两种高等教育发展理论范式：一种是以人力资本理论为代表的理性选择范式；另一种是制度理论范式。[7]人力资本理论认为，经济发展对于具有特定知识和技能的人才提出需求，从而推动着高等教育规模的扩张和质量的提高。与之不同，制度理论则认为，高等教育规模扩张在一定程度上独立于经济系统的直接作用，政策行动者将“人力资本”作为一种正当性的观念，随着这种观念的传播和流行，不同国家脱离各自国家的具体情形，制定了内容相似的高等教育规模扩张政策，从而造成一些国家或地区高等教育的发展规模与本国或本地区经济发展的实际需求相脱节。从制度理论出发做出推断被发展中国家曾经出现的“过度教育”（over education）问题所证实。

组织分析中制度学派的代表人物梅耶（John Meyer）和罗文（Brain Rowan）[8]以及迪马吉奥（Paul DiMaggio）和鲍威尔（Walter Powell）[9]指出，效率机制与制度机制是两种不同的机制，前者属于理性选择机制，后者则假定人的理性是有限度的，于是行动者会将某些惯例“理所当然”（take for granted）地作为“正当”（appropriate）做法而采纳。从制度学的视角看，高等教育规模扩张不完全是一个实质理性过程，同时也受到形式理性下模仿机制的作用。

本研究的文献评述主要集中在两个方面：一是从制度学角度对于高等教育规模扩张进行解释的研究文献；二是从地方分权角度对于中国经济发展现象进行解释的文献。做这样的研究文献选择，主要服务于本研究的分析逻辑。来自于第一个方面的文献，理论导向性较强，侧重于分析国家层面高等教育规模的扩张。来自于第二个方面的文献，侧重于分析一个国家内部的集权和分权关系，特别是针对中国经济发展的微观作用机制提出了有针对性的理论解释。笔者认为，将上述两方面的研究文献结合起来，有利于构建适合中国高等教育规模扩张问题的一个理论分析框架。

梅耶认为，可以从三个维度来定义高等教育的扩张行为：第一，高等教育在校生人数的扩大；第二，高等教育社会中心地位的确立；第三，高等教育所生产的实用知识的增长。[10]在20世纪，高等教育及其在校生规模有了显著的发展。1950年，大约有110个国家拥有大学这种学术制度建制；1995年，有大学的国家数增加到170个。[11]1900年，不足1%的世界人口接受高等教育；2000年，这个比值提高到20%。[12]高等教育具有怎样的扩张机制呢？制度学给出了一个不同于以往说法的理论解释。随着高等教育规模的扩大，高等教育场域或“社会空间”也逐渐形成。[13]这时，处于微观层次的高等教育系统或组织的行为，受到处于宏观层次的业已存在的“普遍性图示”（generalized script）的影响。[14]对于一个国家而言，不论其特色和资源状况如何，受世界高等教育发展趋势的影响，都会建立大学系统。[15]因此，大学教育的组织背景与其技术过程，对于大学教育产出具有同样的影响力。[16]制度学从文化的角度审视高等教育的扩张行为，提出大学的功能逐渐从培养有专门技能的人才，转变为一般性“人力资本”（human capital）的积累。随着新的有关高等教育发展的世界文化的形成，每一个人都被看作适合接受高等教育，“全民教育”（education for all）变成了诸如联合国教科文组织（UNESCO）这样的国际机构的常用语。[17]同样，在制度机制作用下，雇主倾向于雇用接受过高等教育的人员，于是教育的文凭作用增加，导致文凭膨胀。[18]在欧洲，强大的中央集权体制，是理性化的一种表现形式。[19]制度理论特别重视对于政府与特定组织之间关系的研究。高等教育在世界范围的理性化，使之成为国家计划的一个内容，于是各个国家纷纷建立起自己的高等教育系统，以提高高等教育的入学机会。[20]

斯考费（Evant Schofer）和梅耶从制度视角出发，分析了20世纪世界不同国家高等教育规模发展的状况。他们发现，自1960年开始，世界高等教育规模呈现加速度的发展态势，学校知识以及接受过学校教育被认为是扮演各种社会角色所必需的和恰当的资格。如果某一个国家的组织形式满足“世界社会”（world society）的特征（中等教育普及程度高、经济发展水平高、政府对于教育系统的控制度低）程度越高，那么这个国家就越倾向于扩大高等教育规模。[21]爵瑞（G. Drori）和穆恩（H. Moon）通过对UNESCO收集的1965—1995年各个国家高等教育不同学科在校生统计数据的分析发现，在校生人数在各个学科都有所增加，但是各个学科的增长速度不同，农业、艺术和人文学科的增长相对缓慢，社会科学的增长速度则很快，这说明高等教育在规模扩大的同时，其内部结构也发生了显著的变化。[22]

再从有关中国经济发展经验的研究文献看，面对中国经济的持续快速发展，一些社会科学研究人员提出了理论上的解释。其中一个比较有影响的解释是，中国的地方分权体制以及地方政府的竞争行为是促使中国经济发展的一个主要原因。钱颖一等人认为，中国的“M型层级制”或者“经济联邦制”是其经济发展不同于东欧国家的主要原因。[23—24]周黎安认为，中国既是行政权力高度集中的国家，行政权、立法权和人事权高度集中在中央，又是高度分权的国家，几乎所有事权都分散在地方政府手里。在这种体制下，中央政府可以通过“行政发包”的形式，将发展目标分解交给地方政府去完成，同时通过“晋升锦标赛”方式，激励地方政府官员的行为。[25]在中国常常会出现“中央颁布一个经济目标，下级政府就会竞相提出更高的增长目标”[26]。

中国高等教育与其他国家的高等教育既有相似之处，也有不同点。从20世纪80年代开始的中国高等教育体制改革，尤其是90年代末政府部委制的改革，撤销了很多行业的政府管理机构，如机械工业部、冶金部、纺织部等，将行业统筹权转移给行业协会，1994年采取厘清中央与地方之间经济关系的分税制等一系列做法，使过去集中的计划经济体制逐渐转变为分散的市场机制。在这个过程中，两百余所大学从中央业务主管部门下放给地方政府管理。同时，由于劳动力市场的形成和劳动力流动的加速，高等教育的发展超越了计划体制的约束，具有更强的独立性和自主性。地方教育部门在制定高等教育发展规划时，考虑到市场体制下具有不同受教育程度的劳动力流动因素，不再以服务于本地经济发展为出发点，更多地考虑满足社会需求的一面，表现为将高考升学率和高等教育毛入学率作为制定高教发展规划和考核绩效的主要依据。

在地方政府与地方院校之间存在着“软预算约束”[27]，在高校规模扩张过程中需要政府部门投入大量的基本建设费用和日常性经费，但是源于亚洲金融危机的高校扩招本来是想要拉动经济发展，因此地方政府的财政能力难以满足高教规模扩张的需求，造成高校发展不得不在财政预算渠道之外寻找其他的经费，其中一个办法是增加学费收入，此外，自筹和银行贷款也是解决办学经费不足的渠道。⑤换句话说，政府的预算内财政能力并没有构成制约高校规模扩张的因素。

根据上面的文献评述，从制度理论研究文献中借鉴了形式理性的思想，从地方分权研究文献中借鉴了地方政府竞争行为的思想，确立本研究的基本思路是，除了经济发展需要和财政可能性外，各个省之间对于某些社会指标的竞争，也是影响高等教育规模扩大的一个重要因素，后者的影响程度甚至可以超过前两个因素的影响程度。为此，笔者提出以下研究假设：

各省高等教育规模扩张，不仅受地方经济发展水平、第三产业就业容量、高等教育财政投入力度的影响，而且还受高中毕业生规模、专任教师数等社会因素和办学条件以及其他政治因素的影响。

为了验证上述研究假设，本研究将采用定量研究方法。在验证研究假设时，将分析单位确定为省（直辖市）。研究对象为普通高校（不包括成人高校），规模指普通高校本专科学生人数（招生人数或者在校生人数）。

针对假设，建立下面的双对数分析模型：

$$HEE_{it}=\alpha_0+\alpha_1 GDP_{it}+\alpha_2 EXP_{it}+\alpha_3 FACU_{it}+\alpha_4 TII_{it}+\alpha_5 HSE_{it}+\mu_i+\nu_i+\varepsilon_{it} \quad (1)$$

在模型（1）中，t 代表年份，变化范围为 1999—2010 年，i 代表省（市），变化范围为 1～31。HEE 指高校招生数，GDP 指人均 GDP，EXP 指生均预算内支出，$FACU$ 指专任教师数，TII 指第三产业就业人数，HSE 指高中毕业生数。μ 和 ν 分别表示区域和时间扰动因素，ε 表示未考虑到的其他影响因素。

模型（1）适合作边际影响效应分析。我们还可以将模型（1）中的变量转换为自然对数形式，作弹性分析，见模型（2）。

$$LnHEE_{it}=\alpha_0+\alpha_1 LnGDP_{it}+\alpha_2 LnEXP_{it}+\alpha_3 LnFACU_{it}+\alpha_4 LnTII_{it}+\alpha_5 LnHSE_{it}+\mu_i+\nu_i+\varepsilon_{it} \quad (2)$$

在模型（2）中，t 代表年份，i 代表省（市）。$LnHEE$ 指高校招生数对数，$LnGDP$ 指人均 GDP 对数，$LnEXP$ 指生均预算内支出对数，$LnFACU$ 指专任教师数对数，$LnTII$ 指第三产业就业人数对数，$LnHSE$ 指高中毕业生数对数。μ 和 ν 分别表示区域和时间扰动因素，ε 表示未考虑到的其他影响因素。

为验证上面的假设，我们从国家统计局网站上收集了 31 个省（自治区、直辖市）1998—2010 年高校招生数、GDP、人口数、第三产业就业人数（代表大学毕业生最有可能的就业去向⑥、专任教师数。从 1998—2010 年《中国教育事业统计年鉴》中收集了 31 个省（自治区、直辖市）高中毕业生数。另外，从教育部财务司获得了同一个时间段各省高校生均预算内教育事业经费。⑦

三、模型计量计算结果

本研究对 31 个省份选取多个时间截面（1998—2010 年）所得的数据属于 panel data（面板数据）。通过 F 检验和 $Hausman$ 检验，结果表明适合采用变系数固定效应模型。

从表 2 可见，（1）高校专任教师数自然对数、普通高中毕业生数自然对数、第三产业就业人数自然对数与高校招生数自然对数呈显著正相关关系；（2）生均预算内教育经费自然对数与高校招生数自然对数呈显著负相关关系；（3）GDP 自然对数与高校招生数自然对数没有显著相关关系。

为了解决多重共线性的问题，我们在模型中逐步加入两个交互项：时间（2002 年之后赋值为 1，其余赋值为 0），地区（“高校招生人数增长率”大于“人均 GDP 增长率”的地区为 1，其余赋值为 0，具体省份见注释 3），计算结果见表 3。

表 2 计量模型统计分析结果（1）

变量	(1) 固定效应模型	(2) 随机效应模型	(3) 混合效应模型
生均预算内支出对数	−0.187*** (0.048 7)	−0.195*** (0.043 9)	−0.020 8 (0.024 9)
人均 GDP 对数	−0.031 6 (0.067 7)	0.156*** (0.039 6)	0.065 3 (0.048 1)
专任教师数对数	0.802*** (0.079 8)	0.761*** (0.053 5)	0.620*** (0.040 7)
高中毕业生数对数	0.426*** (0.071 3)	0.292*** (0.050 5)	0.322*** (0.034 8)
第三产业就业人数对数	0.189** (0.095 8)	0.002 44 (0.052 9)	0.008 30 (0.047 7)
年份固定效应		Y	Y
省份固定效应	Y		Y
常数项	−0.750 (0.635)	0.664 (0.433)	0.455 (0.707)
观测值	372	372	372
hausman 检验值之 p 值	0.000	0.000	0.000
整体 r 方	0.919		0.985
省份数量	31	31	31

注：括号内为标准误，*** $p<0.01$，** $p<0.05$，* $p<0.1$。

表 3 计量模型统计分析结果（2）

变量	模型（1）	模型（2）
生均预算内支出对数	−0.059 7** (0.027 1)	−0.106** (0.047 0)
人均 GDP 对数	0.055 5 (0.044 9)	0.177** (0.077 0)
专任教师数对数	0.695*** (0.036 5)	0.558*** (0.087 3)
高中毕业生数对数	0.183*** (0.038 7)	0.113 (0.070 8)
第三产业就业人数对数		−0.178** (0.086 2)
时间＊生均预算内支出对数	0.064 0** (0.026 2)	0.081 6*** (0.030 1)

续表

变量	模型（1）	模型（2）
时间＊人均 GDP 对数	0.005 21 (0.025 0)	−0.004 69 (0.028 5)
时间＊专任教师数对数	−0.156*** (0.024 9)	−0.101*** (0.032 7)
时间＊高中毕业生数对数	0.106*** (0.024 9)	0.104*** (0.035 8)
时间＊第三产业就业人数对数		−0.042 9 (0.038 5)
地区＊生均预算内支出对数		0.055 2 (0.049 6)
地区＊人均 GDP 对数		−0.113 (0.078 0)
地区＊专任教师数对数		0.096 7 (0.092 2)
地区＊高中毕业生数对数		0.046 0 (0.074 4)
地区＊第三产业就业人数对数		0.223** (0.093 3)
常数项	1.779*** (0.601)	2.615*** (0.748)
观测值	403	372
总体 r 方	0.975	0.431
省份数量	31	31

注：括号内为标准误，*** $p<0.01$，** $p<0.05$，* $p<0.1$。

从表 3 可见，2002 年之后，(1) 生均预算内支出自然对数、高中毕业生数自然对数与高校招生数自然对数呈显著正相关关系；(2) 专任教师数自然对数与高校招生数自然对数呈显著负相关关系；(3) GDP 自然对数、第三产业就业人数自然对数与高校招生数自然对数没有显著相关关系。而从地区来看，对于那些“高校招生人数增长率”大于“人均 GDP 增长率”的地区而言，仅第三产业就业人数自然对数与高校招生数自然对数有正相关关系。

表 4 中的数据为 2005 年各省份的横截面数据，表中的数据变量与前面模型分析中所使用的变量不太一样，特别是它提供了各省份的毛入学率，可以作为研究上述问题的一个附加数据资料。

表4 2005年全国各省份高等教育、经济和社会发展情况

省份	人口数（万人）	GDP（亿元）	高校数（所）	本专科在校生人数（人）	高等教育毛入学率（%）	生均预算内教育事业费（元/生）	高考录取率（%）
北京	1 493	4 283	80	548 270	53.00	17 037.00	74.0
天津	1 024	2 932	45	331 553	55.00	9 134.45	83.6
河北	6 809	8 769	88	774 006	20.00	2 757.33	64.7
山西	3 335	3 042	58	407 036	22.00	4 049.50	54.4
内蒙古	2 384	2 712	37	230 902	18.36	3 314.83	69.3
辽宁	4 217	6 873	78	659 351	33.00	4 352.45	84.2
吉林	2 709	2 958	43	407 262	28.00	3 992.94	74.9
黑龙江	3 817	5 303	66	540 867	24.00	3 511.08	77.0
上海	1 742	7 450	60	442 620	57.00	11 500.73	77.7
江苏	7 433	15 403	116	1 159 795	33.50	4 971.73	72.9
浙江	4 720	11 243	68	651 307	34.00	6 417.74	65.7
安徽	6 461	4 813	85	589 075	17.30	3 468.17	54.3
福建	3 511	6 053	64	406 996	18.50	4 914.56	76.8
江西	4 284	3 496	66	263 015	20.46	2 206.07	69.7
山东	9 180	15 491	109	1 171 284	19.17	3 195.17	66.3
河南	9 717	8 815	82	851 864	17.00	3 727.09	55.2
湖北	6 016	6 310	86	1 012 665	24.20	2 636.97	72.6
湖南	6 698	5 612	97	754 859	15.00	2 685.48	66.5
广东	8 304	16 039	105	874 686	23.65	7 529.40	69.4
广西	4 889	3 320	55	338 261	16.00	3 968.03	63.2
海南	818	769	15	69 984	20.00	3 968.48	85.7
重庆	3 122	2 665	38	333 563	20.00	3 652.81	63.3
四川	8 725	6 556	74	775 436	21.00	2 076.09	53.8
贵州	3 904	1 592	36	206 754	10.00	3 721.96	60.8
云南	4 415	2 959	50	254 687	11.50	4 874.59	53.8
西藏	274	212	6	18 979	13.20	11 864.34	66.1
陕西	3 705	2 884	76	666 943	23.50	3 283.87	58.3
甘肃	2 619	1 559	33	229 459	15.00	3 979.20	48.9
青海	539	466	11	32 753	20.00	5 972.89	82.7
宁夏	588	460	13	48 650	19.18	3 157.96	69.9
新疆	1 963	2 200	31	181 814	16.60	3 135.87	71.3
全国平均或总计	4 193	4 415	60	15 617 767	21.00	5 552.50	65.4

资料来源：教育部规划司提供的会议论证材料。

依据表4中的数据，选择因变量为各省（市）高校在校生人数，自变量分别是各省（市）人口数、GDP、高校数、高等教育毛入学率、生均预算内教育事业费，采用各个变量的自然对数建立弹性分析模型（3）：

$$LnHEE_{it}=\beta_0+\beta_1LnPOP+\beta_2LnGDP+\beta_3LnHEI+\beta_4LnER+\beta_5LnEXP+\mu \quad (3)$$

在模型（3）中，各变量含义如下：

LnHEE 指高校在校生人数的对数，*LnPOP* 指人口数对数，*LnGDP* 指 *GDP* 的对数，*LnHEI* 指高校数的对数，*LnER* 指高教毛入学率的对数，*LnEXP* 指生均预算内教育事业费的对数，μ 指随机扰动因素。

将数据代入模型（3），运算结果如下：

表5 2005年高校在校生规模弹性分析结果

因变量：高校在校生人数的对数	
人口对数	0.439** (0.226)
GDP对数	0.001 (0.151)
高校数对数	0.521*** (0.208)
毛入学率对数	0.214** (0.204)
生均预算内经费对数	−0.007 (0.111)
r 方	0.971
调整后的 r 方	0.965
F 检验的 p 值	0.000

注：括号内为标准误，*** $p<0.01$，** $p<0.05$，* $p<0.1$。

由表5中回归结果参数看出，高校在校生规模的自然对数与人口自然对数、高校数自然对数和毛入学率自然对数显著相关，且是正向变化关系，在校生规模对高校数的弹性系数（0.521）最大，其次是人口数（0.439），毛入学率最小（0.214），而生均预算内经费自然对数与在校生规模的自然对数没有显著的相关关系。这个结果的含义与前一节计算结果的含义基本一致，同样从另外一个侧面说明高等教育规模扩张具有独立于经济发展水平的特点。

上述分析结果表明，各省份高等教育规模扩张，不受地方经济发展水平、第三产业就业容量、高等教育财政投入力度的影响，而受高中毕业生规模等社会因素的影响。这部分地验证了研究假设。

四、小结

在中国宏观经济和政治背景下，经过管理体制改革，中国高等教育发展格局呈现出分权化的特征，地方高校成为高等教育系统的主体，地方政府在高等教育方面的统筹权和控制权越来越大。在政府教育管理部门与经济管理部门、财政部门业务工作分离以及经济要素市场配置的格局下，高等教育的发展相对独立于经济发展的需求，地方政府不再将促进经济建设作为高等教育规模扩张的主要依据⑧，而是将满足社会需求作为重点考虑内容，如地方政府追求和竞争高等教育毛入学率就起到类似于利用GDP衡量经济发展水平的行为激励作用。

从中央政府与地方政府之间的关系看，由于中央政府仍然拥有某些审批权，比如高校招生计划、国家级的重点工程建设（“211工程”和“985工程”）、研究生教育学位点、新建本科院校、专科向本科的升格、校名的变动、成人高校向普通高校的转制等，于是地方政府开始竞争这些资源。

经验资料表明，对中国高等教育规模扩张动力机制的分析，既不适合用纯粹理性行为视角，即扩大规模就是为了满足经济发展的需求，也不适合用纯粹的制度视角，即规模扩大是正当性观念作用的结果，而适合将上述两种分析视角综合起来构建的制度学分析框架。本研究所选用的经验资料，对于地方政府竞争行为引起高等教育规模扩张这个断言或者说制度分析思路提供了一定的支持，但是需要更加详实的经验资料以及推理逻辑，才能全面和有效地理解我国高等教育规模扩张动力机制这个重要命题。其他领域学者提出的地方政府之间的政治锦标赛游戏规则是否在高等教育领域存在以及采取何种表现方式，都有待于进一步的探讨。

对于中国高等教育规模扩张机制的研究，涉及变动着的高等教育系统与经济系统之间的关系、中央政府与地方政府之间的关系、政府不同部门之间的关系、政府与高校之间的关系，可以采用多重分析视角探讨多重行动逻辑。下面笔者试着从经验感受出发，提出一个简单的分析思路。

第一，从中央政府的角度看，在高等教育分权的格局下，地方政府有责任承担本地区高等教育发展的使命，中央政府的责任则是进行宏观调控，并且直接管理好一批办学条件好和水平高的央属高校，着力于发展高水平的高等教育。同时，面对社会对于接受优质高等教育机会的需求压力，中央政府不得不采取一定的措施解决区域间高等教育发展不平衡的问题。如《国民经济和社会发展第十二个五年规划纲要》指出，“部属高校属地招生比例逐渐降低至30%以内”，以缩小央属高校集中地区和缺少央属高校地区学生入学机会的差异。另外，中央政府与地方政府开展合作，共同建设一批优质地方高校。

第二，从地方政府的角度看，在分税制体系下，地方高等教育办学经费主要来自于地方财政，因此从本位角度出发，地方财政提供的高等教育经费要尽量发挥其效益，解决本地高等教育入学机会问题。入学机会较少的省份要求所属高校主要招收本地学生。[28]但是，对于一些经济发达省份而言，由于高考录取率已经很高，有些省份甚至达到90%以上，加上高校适龄人口有下降的趋势，所以本地生源不足的问题逐渐凸显出来。在这种情形下，地方本位主义受到一定程度的抑制。另外，随着高考录取率的提高，本地生源的质量问题也是影响本地扩大招生规模的一个因素。我们在调查中还发现，一些地方政府为了保证本地某些重点高校的办学质量，允许其招收较大比例的外省生源。人口和质量因素有可能迫使经济发达省份向经济欠发达省份开放高等教育供给市场，将招生名额投向其他省份。一些统计数据显示了这种变化趋势，如各省高校招生自给率，2000 年为 78.31%，2005 年变为 72.95%，2010 年进一步降低到 58.09%，说明跨省招生比例在逐渐提高。[29]

第三，从中央所属高校看，由中央财政提供办学经费以及面向全国招生是其基本特征，央属高校根据多种情况确定向不同省份投放的招生指标，应顾及生源质量和满足社会保障公平性的要求。央属高校所采取的不同的自主招生制度安排，就体现了这两种不同的倾向性。从规模与经济关系角度看，一般而言，央属高校获得的生均事业性经费（预算内事业拨款加学费）要低于生均成本，因此本专科生招生规模越大，给学校造成的经济负担就越重，规模扩张本身并不构成一个发展的动力。2000—2010 年，央属高校招生人数从 30.3 万增加到 36.4 万，年均增长率为 1.83%，其中 2006—2010 年，央属高校招生的年均增长率为 0.77%。[30]显然，央属高校规模发展速度低于地方高校规模发展速度。在控制本科生招生规模的同时，央属学校更重视扩大研究生招生规模。但是，在访谈中，一些央属高校的负责人告诉我们，学生规模本身除了有经济意义外，还是学校发展水平的一个指标，反映着学校的社会影响力，因此，央属高校也不敢将在校生规模控制得太小。上述情况可被看作是高校规模扩张的政治考虑，或说是院校学生规模扩张的微观基础。央属高校的校均规模变化趋势以及与地方院校之间的比较就说明了这一点。⑨

第四，从地方高校看，特定的行政隶属（财政）关系决定了它要满足地方对于发展高等教育的需求，招生主要面向地方生源。另外，还可以分别从经济、质量、政治等侧面分析它对于扩大招生规模的态度。从经济方面看，学校的行为受招生规模、生均拨款经费数、学费水平等因素的影响。前几年生均预算内财政经费额较低，且学费水平受到限制，在这种情况下，地方院校缺少持续扩大招生规模的动力，最近几年随着预算内事业经费水平的提高，不少省份已经超过生均万元的水平，对于学校扩大在校生规模产生了促进作用，规模效益（scale economy）作用机制表现明显。从质量方面看，对于招生批次靠后和录取分数线较低的地方高校而言，招生规模与生源质量之间存在着负向变化关系，这构成学校规模扩大的一个制约性因素。虽然地方院校的主要责任是在本地招生，但是考虑到质量问题，这些院校希望和争取扩大外省生源，这种作用机制，提高了过去入学机会较低省份考生的入学机会，进而也缩小了省际接受高等教育机会的差异。

综上所述，我们可以从不同的行动者主体和不同的逻辑（经济、政治、公平、质量）视角，对高校规模发展动力机制做出全面的分析。

【注释】

①1999 年 1 月国务院批转的《面向 21 世纪教育振兴行动计划》指出，到 2010 年，高等教育规模有较大扩展，入学率接近 15%。

②2008 年 9 月，笔者到甘肃省教育厅和当地部分高校进行调研。省教育厅发展规划处的负责人说，1999 年之后，高校享有比较充分的招生自主权，可以自行确定招生计划，因此扩招的动力来自于高校，高校希望在扩张中得到发展。从省政府角度看，一部分本省高校毕业生会选择到经济发达省份去就业，因此扩招并不会对本省经济发展所需要的人才供给发挥 100% 的作用，而扩招要求地方政府加大财政投入力度，所以地方政府缺少扩招的动力。但是，从省政府与省人大的关系看，省人大希望政府扩大高校招生名额，以满足当地居民以毛入学率为标志的高校升学需求，这是人民群众利益的直接反映。被调查的高校领导则告诉我们，扩招刚开始时，学校还有一些积极性，通过扩大招生规模可以多获得一些学费收入，但是政府只给政策不给经费（尤其是基建经费需要学校自筹）的做法，学校不得不购置土地、为新增的学生盖宿舍、食堂和教室，于是学校采取向银行贷款的办法以解决发展中的经费不足问题，使扩招高校陷入了债务危机。高校的扩招是省政府为攀比其他省的毛入学率而压下来的任务。政府和高校的不同说法，说明高校规模扩张是一个复杂过程，不是由某一方决定的，其中蕴含着中央政府、地方人大、地方教育行政部门、地方财政部门和高校多重行动逻辑。

③根据“高校招生人数增长率”和“人均 GDP 增长率”两个指标，可以将中国 31 个省份划分为三种类型：(1) 第一种为“高校招生人数增长率”大于“人均 GDP 增长率”的省份，这种类型包含了绝大多数省份，既有经济发达省份（如浙江、福建、广东、山东、重庆等），也有经济中等和欠发达省份（如山西、安徽、黑龙江、河南、湖北、湖南、海南、四川、江西、贵州、云南、西藏、甘肃、宁夏、新疆等）；(2) 第二种类型为“高校招生人数增长率”与“人均 GDP 增长率”基本相等的省（市），包括天津、上海和江苏三个省份；(3) 第三种类型为“高校招生人数增长率”小于“人均 GDP 增长率”的省份，包括北京、内蒙古、辽宁、吉林、陕西和青海六个省份。

④从地方制定的“十一五”高等教育发展规划文本内容看，高等教育发展的规模主要是由学龄人口和毛入学率指标确定的，经济发展的因素只是笼统和间接的考虑。

⑤根据 1998—2011 年全国普通高校生均经费数据计算得到，预算外生均经费与预算内生均经费之间的比值如下：0.61（1998 年），0.72（1999 年），0.96（2000 年），1.11（2001 年），1.27（2002 年），1.47（2003 年），1.53（2004 年），1.55（2005 年），1.47（2006 年），1.35（2007 年），1.07（2008 年），1.02（2009 年），0.93（2010 年），0.66（2011 年）。

⑥还可以将第二产业和第三产业就业人数作为变量，带入前面的模型进行分析。

⑦对于本研究而言，这个数据集有一个不足，就是无法将央属院校从总体数据中剥离出去。

⑧这并不排斥高等教育的专业和课程设置、教学和科研内容、经费来源、活动形式会受到经济发展因素的影响，甚至影响程度比过去还要明显。

⑨根据《中国教育事业统计年鉴》中相关数据，计算得到下面三个年份央属高校和地方高校的校均本专科生规模。央属高校：9 532 人（2000 年），14 710 人（2005 年），15 763 人（2010 年）；地方院校：4 816 人（2000 年），8 306人（2005 年），10 110 人（2010 年）。

【参考文献】

[1] 秦宛顺，厉以宁. 教育投资决策研究 [M]. 北京：北京大学出版社，1992：119-127.

[2] 闵维方，文东茅. 学术的力量：教育研究与政策制定 [M]. 北京：北京大学出版社，2010：49-71.

[3] 中国教育事业统计年鉴（1989 年、1999 年、2010 年）[K]. 北京：人民教育出版社.

[4] 阎凤桥，卓晓辉，余舰. 中国高等教育大众化过程与普通高等教育系统变化分析 [J]. 高等教育研究，

2006（8）：1-7.

［5］张军，周黎安. 为增长而竞争：中国增长的政治经济学［M］. 上海：格致出版社，上海人民出版社，2008.

［6］KARL W. Educational Organizations as Loosely Coupled Systems［J］. Administrative Science Quarterly，1976，（1）：1-19.

［7］曾满超. 西方教育经济学流派［M］. 北京：北京师范大学出版社，1990：1-6.

［8］JOHN M，BRIAN R. Institutionalized Organizations：Formal Structure as Myth and Ceremony［J］. American Journal of Sociology，1977（11）：345-356.

［9］PAUL D，WALTER P. The Iron Cage Revisited：Institutional Isomorphism and Collective Rationality in Organizational Fields［J］. American Sociological Review，1983，（48）：147-60.

［10］JOHN M. The Effects of Education as an Institution［J］. American Journal of Sociology，1977，（83）：55-77.

［11］［20］［22］DRORI G，MOON H. The Changing Nature of Tertiary Education：Neo-institutional Perspective on Cross-national Trends in Disciplinary Enrollment，1965—1995［M］//BAKER D P，WISEMAN AW. The Impact of Comparative Education Research on Institutional Theory，Elsevier Ltd.，2006：157-185，157，157-185.

［12］［21］EVAN S，JOHN M. The World-Wide Expansion of Higher Education in the Twentieth Century［EB/OL］.（2012-09-02）. http：//cddrl. stanford. edu/publications/worldwide _ expansion _ of _ higher _ education _ in _ the _ twentieth _ century _ the/.

［13］WISEMAN A，BAKER D. The Symbiotic Relationship Between Empirical Comparative Research on Education and Neo-institutionalism Theory［M］//BAKER DP，WISEMAN A W. The Impact of Comparative Education Research on Institutional Theory. Elsevier Ltd.，2006：18.

［14］KRUCKEN G，MEIER F. Turning the University into an Organizational Actor［M］//DRORI G S，MEYER J W，HWANG H K. Globalization and Organization：World Society and Organizational Change. Oxford：Oxford University Press，2006：242.

［15］RIDDLE P. University and State：Political Competition and the Rise of Universities，1200-1985［D］. Stanford University，1989.

［16］WISEMAN A，BAKER D. The Symbiotic Relationship Between Empirical Comparative Research on Education and Neo-institutionalism Theory［M］//BAKERD P，WISEMAN A W. The Impact of Comparative Education Research on Institutional Theory. Elsevier Ltd.，2006：1-26.

［17］KAMENS D. The Theorized Society and Political Action Effects of Expanded Higher Education in the Polity［M］//BAKER D P，WISEMAN A W. The Impact of Comparative Education Research on Institutional Theory. Elsevier Ltd.，2006：49-74.

［18］COLLINS R. The Credential Society：A Historical Sociology of Education and Stratification［M］. New York：Academic Press，1979.

［19］周雪光，刘世定，折晓叶. 国家建设与政府行为［M］. 北京：中国社会科学出版社，2012：1.

［23］钱颖一，许成钢. 中国的经济改革为什么与众不同——M型层级制和非国有部门的进入与扩张［M］//张军，周黎安. 为增长而竞争：中国增长的政治经济学. 上海：格致出版社，上海人民出版社，2008：23-48.

［24］钱颖一，WEINGAST B R. 中国特色的维护市场的经济联邦制［M］//张军，周黎安. 为增长而竞争：中国增长的政治经济学. 上海：格致出版社，上海人民出版社，2008：1-22.

［25］［26］周黎安. 转型中的地方政府：官员激励与治理［M］. 上海：格致出版社，上海人民出版社，2008：19，89.

［27］周飞舟. 以利为利：财政关系与地方政府行为［M］. 上海：上海三联书店，2012：15.

［28］［29］［30］潘昆峰. 我国高等教育入学机会地区差异的理论解释与政策分析［D］. 北京：北京大学教育学院，2012：45-46，48，33.

大学生课堂体验对学习方式影响的实证研究*

——基于多水平分析的结果

□ 郭建鹏（厦门大学助理教授）
□ 杨凌燕（美国爱荷华大学博士候选人）
□ 史秋衡（厦门大学教授）

一、引言

大学生的学习方式是指学生在学习中所持有的动机和采取的策略，是影响学习质量的重要因素。[1] Marton 和 Saljo 于 1976 年首次把大学生的学习方式划分为深层学习方式和表层学习方式两种，得到了研究者的广泛认同。自此之后，研究大学生学习方式的影响因素以及如何促进大学生采取深层的学习方式成为过去三十多年来西方高等教育研究的一个重要课题。研究表明，大学生的学习方式受到多因素的影响，包括学生的个体特征、学生的学习观、教师的教学观和教学方式等。[2] 其中，大学生的课堂体验对学习方式的影响是许多研究者感兴趣的课题。研究发现，有良好课堂体验（包括清晰的教学目标、适当的课业负担、合适的教学评价、良好的教学方式等）的大学生往往会采取深层的学习方式并获得较高的学业成就。[3] 和国外相比，国内对大学生学习方式的研究和调查起步较晚。厦门大学国家社科基金教育学重点课题“大学生学习情况调查研究”课题组首次对我国大学生的学情状态进行了全国性调查，包括 92 122 名中国大学生的学习观、课堂体验、学习方式、学习收获、学校满意度、价值观、大学适应性等方面。[4] 与国外研究结论基本一致，该研究发现我国大学生的课堂体验对学习方式有重要的影响：课堂体验越积极的大学生越倾向于采用深层的学习方式，课堂体验越消极的大学生越倾向于采用表层的学习方式。

但总的来看，国内外关于大学生学习方式影响因素的研究基本上没有考虑大学生的分层结构特征对学习方式的影响。大学生的学习方式并不是一种稳定不变的个人特质，而是与大学生所处的教育教学环境紧密相关，取决于大学生对所处环境的感知和认识。也就是说，在不同的教育教学环境中，大学生有可能表现出十分不同的学习方式。因此，在研究大学生学习方式的影响因素时，必须考虑学生所处环境的分层结构特征对学习方式的复杂影响，否则可能得出错误的结论。有鉴于此，本文采用两水平分层线性模型（hierarchical linear model, HLM），在综合考虑学生个体和学校层面特征影响的前提下，探讨大学生课堂体验对学习方式的影响以及促进深层学习方式的有效途径，希望对于当前

* 原载《教育研究》2013 年第 2 期。

提高我国高等教育人才培养质量和创新人才培养模式有所帮助。

二、研究设计与方法

（一）调查对象

本研究采用的数据来自课题组于 2011 年 6 月 1 日至 2011 年 8 月 30 日对我国大学生进行学情调查的本科生数据，共 74 687 名大学本科生，来自 39 所本科院校。样本中学生平均年龄为 21.07 岁，57.9%为女性。“985”院校学生占 4.9%，211 院校（不包括“985”院校）学生占 18.4%，一般本科院校（“985”、“211”院校之外的本科院校）学生占 76.8%。文科学生占 25.8%，理科学生占 18.1%，工科学生占 23.9%，商科学生占 14.8%，管理学科学生占 17.4%。

（二）研究方法与分析思路

本研究采用两水平多层线性模型来分析大学生课堂体验对学习方式的影响。教育研究经常涉及分层数据结构，如学生嵌套于各自的班级，班级又嵌套于不同的学校。这样学生个体之间就不是相互独立，而是受到其所嵌套单位特征的影响。传统的线性回归分析的基本先决条件是线性、正态、方差齐性以及独立分布，而分层数据并不满足方差齐性和独立分布这两个条件。因此，需要使用分层线性模型来综合考虑各层面变量之间的关系，否则结果可能出现严重的误差。[5]

两水平线性模型的基本公式为：

水平一1：$Y_{ij}=\beta_{0j}+\beta_{1j}X_{ij}+\varepsilon_{ij}$ （1）

水平一2：$\beta_{0j}=y_{00}+y_{01}Z_j+u_{0j}$ （2）

$\beta_{1j}=y_{10}+y_{11}Z_j+u_{1j}$ （3）

将公式（2）、（3）代入公式（1）得到两水平完整线性模型：

$$Y_{ij}=y_{00}+y_{10}X_{ij}+y_{01}Z_j+y_{11}Z_jX_{ij}+u_{0j}+u_{1j}X_{ij}+\varepsilon_{ij}$$

在完整模型中，i 表示学生，j 表示学校，Y_{ij} 表示第 j 个学校第 i 个学生因变量的观测值。回归系数 y_{00} 表示第二层对于第一层截距进行解释的截距；Y_{01} 表示第二层变量对第一层截距进行解释的斜率，即学校层次的变量对个体层次因变量的影响；Y_{10} 表示第二层对第一层斜率解释的截距，即个体层次解释变量对第一层因变量的影响；Y_{11} 表示第二层变量对于第一层斜率解释的斜率，即两个层次变量的交互作用效果。这样，分层线性模型可以同时考察学校层面和学生个体层面变量所导致的学习方式的差异，以及学校层面变量如何影响学生个体变量与学习方式之间的关系，十分适合用来分析本研究的问题。

本研究主要通过三种不同的线性模型探讨研究问题。首先，利用零模型分析学习方式在 39 所高校之间是否存在显著差异；其次，通过随机系数回归模型分析学生个体变量对学习方式的影响，以及这些影响在不同学校之间的变异；最后，通过完整模型分析学生个体变量和学校层面变量对学习方式的同时影响。

（三）变量选择及描述

在国内外已有研究的基础上，结合我国大学生学习的实际情况，课题组编制了我国大学生学习方式量表、课堂体验量表和学习观量表。量表经过多次预测和修改完善，探索性与验证性因子分析结果表明量表的结构与信效度良好。[6]（见表 1）

学习方式量表共 33 道题目，测量大学生学习的动机、意向、策略及过程，包括表层学习方式和深层学习方式两种。[7]其中，表层学习方式包括外在学习动机、努力记忆、考试导向、消极学习四个因子。外在学习动机因子包括的题目主要体现的学习动机有通过考试、缺乏兴趣、觉得没意思；努力记忆因子包括的题目主要强调付出努力和时间去背诵和记忆知识；考试导向因子包括的题目主要强调只学习考试涉及的内容，希望老师直接告诉考试重点和需要学习的知识；消极学习因子包括的题目主要强调上课没认真听讲、容易走神、缺乏反思。深层学习方式包括内在学习动机、主动思考、时间管理三个因子。内在学习动机因子包括的题目主要体现的学习动机有基于兴趣、乐趣、获得满足感；主动思考因子包括的题目主要强调积极主动思考、联系先前知识、提出质疑、理解作者意图；时间管理因子包括的题目主要强调提前预习、合理安排规划时间、坚持平时学习。

表1　学习方式、课堂体验、学习观量表的信效度水平和样题

量表	题数	CFI	SRMR	克龙巴赫 Alpha	样题
学习方式	33	0.93	0.081	—	
深层学习方式	17	0.97	0.047	0.886	
内在学习动机	5	0.99	0.023	0.768	学习能够让我获得强烈的满足感
深层学习策略	12	0.97	0.047	0.75	
主动思考	7	0.96	0.044	0.876	阅读时，我经常停下来想一想学到了什么
时间管理	5	0.99	0.022	0.841	我会提前预习老师上课所讲的内容
表层学习方式	16	0.89	0.074	0.797	
外在学习动机	5	0.97	0.04	0.732	学习只要能通过考试就可以了
表层学习策略	11	0.9	0.058	0.731	
努力记忆	3	饱和模式	饱和模式	0.585	很多知识我无法理解，只好尽量背下来
考试导向	4	0.85	0.074	0.656	我非常希望老师能告诉我们考试重点
消极学习	4	1	0.008	0.723	我从未想过自己的学习方法是否适用于自己
课堂体验	20	0.95	0.067	—	
学生主体的教学方式	7	0.97	0.037	0.86	上课时，老师会考虑我们的感受
缺乏交流	7	0.92	0.059	0.762	上课时，我很难有机会和老师交流
同伴关系	3	饱和模式	饱和模式	0.724	分组讨论时，我会积极参与讨论
教学组织	3	饱和模式	饱和模式	0.75	老师讲课条理，很清楚
学习观量表	9	0.95	0.072	—	
应用知识学习观	5	0.98	0.033	0.8	学习就是为了能够解决实际问题
记忆知识学习观	4	1	0.011	0.75	我觉得学习就是要背诵大量的信息

课堂体验量表共 20 道题，测量大学生关于课堂教学环境中的教学目标、方式、评价、交流等的感知和看法，[8]主要包括四个因子。因子一为学生主体的教学方式，包括教师注意组织小组讨论、上课会考虑学生感受、提供辅导、学生可以自由选择学习任务等题目。因子二为师生缺乏交流，包括上课没有机会和教师交流、得不到教师的建议、作业无反馈、不清楚教学目标等题目。因子三为同伴关系，包括参与同学讨论、参加班级活动等题目。因子四为教学组织，包括教师的教学准备、讲课条理性、教学评价等题目。

学习观量表包括 9 道题，测量学生关于"学习"的看法，对学习目的和方式的解释，可以分为两个因子。因子一为应用知识的学习观，包括认为学习是应用知识、解决实际问题、提高自身能力和实现自我发展等题目。因子二为记忆知识的学习观，包括认为学习是记忆知识和信息等题目。

在两水平线性模型中，水平－1 为学生个体及家庭层面的特征。本研究纳入水平－1 的变量有学生的学习观、课堂体验、性别、年龄、年级、高中学习成绩、父母受教育程度、城乡、民族、学科、大学的专业是否为第一志愿、是否为学生干部、是否谈过恋爱和大学的生活费用。其中父母受教育程度以受教育年限的定距变量表示，小学及以下教育程度=6，初中教育程度=9，高中或中专教育程度=12，大专教育程度=15，大学本科教育程度=16，硕士教育程度=19，博士教育程度=22。使用虚拟变量重新编码类别变量，其中性别变量中男性=1，女性=0；大学四个年级中以大二为对比组；城乡变量中城市=1，农村=0；民族变量中汉族=1，少数民族=0，专业分为文科、理科、工科、商科、管理五种，以文科为对比组；大学专业为第一志愿=1，非第一志愿=0；学生干部=1，非学生干部=0；谈过恋爱=1，没谈过恋爱=0。

水平－2变量为学校内部特征层面，纳入水平－2的变量包括学校类型和学校所处区域。使用虚拟变量进行重新编码，学校类型分为“985”院校、“211”院校和一般本科院校，以“985”院校为对比组；根据地理位置和经济发达程度把学校所处区域分为东部、中部和西部，以东部为对比组。

三、研究结果分析

（一）零模型参数估计结果

零模型（null model）是多层线性模型的方差分析模型，是模型分析的第一步，通过组内相关系数（ICC）来判断构建多层线性模型的必要性。在零模型中，学生的学习方式作为水平－1的因变量，各层模型都没有预测变量。从表2可知，学生深层学习方式零模型的卡方检验 p 值小于0.001，表明学校变量对深层学习方式的变异有显著影响。深层学习方式零模型估计得到的组内方差为129.740，组间方差为6.650，组内相关系数ICC=6.650/(129.740+6.650)=0.049，这表明深层学习方式总变异中有4.9%来源于学校之间的差异。同理，表层学习方式零模型的卡方检验 p 值小于0.001，组内相关系数为0.035。虽然学校层面的方差占总方差的比例不是很大，但是由于样本量较大增加了犯第一类错误的概率，而且研究问题具有明显的分层次特征，因此有必要进行多层线性模型分析[9]。

表2　深层学习方式零模型参数估计结果

	随机效应		标准差	方差	自由度	卡方统计量	p 值
深层学习方式	INTRCPT1	U0	2.579	6.65	38	2 631.035	<0.001
	Level-1	R	11.39	129.74			
表层学习方式	INTRCPT1	U0	1.933	3.74	38	1 035.85	<0.001
	Level-1	R	10.12	102.43			

（二）完整模型参数估计结果

在零模型分析之后，进行随机系数回归模型分析，学生个体层次的变量按组均值中心化（group mean centering）后被加入到水平－1中，作为学习方式的预测变量。第二层没有解释变量，第一层的回归系数截距与斜率在第二层中均被设定为随机效果。根据随机系数回归模型的结果，我们在完整模型分析中剔除了水平－1中对各随机系数影响不显著的预测变量，并把那些存在校际显著差异的变量设定为随机变动，然后把学校层面的变量总体均值中心化（grand mean centering）之后加入到水平－2的模型中[10]，考察学校层面的变量对水平－1模型的截距和斜率的影响。

截距组间模型的基本公式为：$\beta_{0j}=\gamma_{00}+\gamma_{01}$（学校类型）$+\gamma_{02}$（学校所处区域）$+u_{0j}$；斜率差异组间模型的基本公式为：$\beta_{1j}=\gamma_{10}+\gamma_{11}$（学校类型）$+\gamma_{12}$（学校所处区域）$+u_{1j}$。完整模型的参数估计结果如表3所示。

表 3　深层学习方式与表层学习方式完整模型参数估计结果

固定效应	深层学习方式		表层学习方式	
	γ	t	γ	t
截距	65.68	159.82***	49.74	162.79***
学校层面				
“211”院校（与“985”院校对比）	—3.2	—2.28*	2.57	2.45*
一般本科院校（与“985”院校对比）	—2.83	—2.37*	—	—
学生层面				
性别（1=男）	0.89	8.88***	0.73	7.32***
年龄	0.1	4.98***	—	—
高中学习成绩	0.56	7.82***	—0.51	—15.91***
父亲受教育程度	0.11	8.86***	—	—
母亲受教育程度	0.1	8.11***	0.07	4.16***
城乡（1=城市）	—0.19	—2.52*	0.5	4.34***
民族（1=汉族）	—	—	0.29	2.77**
是否第一志愿（1=是）	0.45	4.89***	—	—
是否学生干部（1=是）	—0.26	—4.36***	—	—
健康状况	0.68	12.50***	—0.5	—10.26***
是否谈恋爱（1=是）	—0.33	—5.50***	0.22	2.61*
月支出	—0.66	—9.10***	0.51	9.53***
大一（与大二对比）	0.52	4.02***	—0.56	—5.01***
理科（与文科对比）	—	—	0.71	4.10***
工科（与文科对比）	—0.38	—2.20*	0.9	4.18***
管理（与文科对比）	—0.77	—3.21**	0.51	2.30*
记忆知识学习观	0.17	6.55***	0.81	34.26***
应用知识学习观	0.67	36.25***	—0.25	—15.04***
学生主体教学方式	0.56	36.06***	0.2	18.71***
师生缺乏交流	—	—	1.09	70.63***
同伴关系	1.31	53.58***	—0.4	—14.48***
教学组织	—	—	0.16	5.90***
随机效应				
组内方差	60.56		48.266	
组间方差	6.396		3.494	
组内相关系数	0.096		0.068	

注：*** $p<0.001$，** $p<0.01$，* $p<0.05$。表中只列出对学习方式有显著影响的变量（$p<0.05$），略去影响不显著的变量。

下面分别就深层学习方式和表层学习方式进行分析。

1. 深层学习方式影响因素分析

表3归纳了对深层学习方式有显著影响的变量。在课堂体验方面，学生主体的教学方式（$y=0.56$，$p<0.001$）和同伴关系（$y=1.31$，$p<0.001$）与深层学习方式显著正相关。师生缺乏交流与教学组织对深层学习方式的影响并不显著（$p>0.05$）。

在其他个体变量上：(1) 文科学生比工科和管理的学生更多使用深层学习方式（$p<0.05$）；(2) 大一学生比大二学生更多使用深层学习方式（$y=0.52$，$p<0.001$）；(3) 深层学习方式与年龄、高中学习成绩、父母受教育程度、健康状况、记忆知识学习观、应用知识学习观显著正相关（$p<0.001$），与月支出显著负相关（$p<0.001$）；(4) 男生、农村、第一志愿、没担任学生干部、没谈恋爱的学生分别比女生、城市、非第一志愿、谈恋爱表现出更多的深层学习方式（$p<0.05$）。

在学校层面上，“985”院校的学生比“211”院校（$y=-3.20$，$p<0.05$）和一般本科院校（$y=-2.83$，$p<0.05$）的学生更多地使用深层的学习方式。根据解释方差量的计算公式：$(\tau_R-\tau_I)/(\tau_R)$，r为随机系数回归模式，I为完整模式，学校层面变量解释深层学习方式的方差量为(7.082－6.396)/7.082＝9.7%。

此外，学校层面的特征对课堂体验与深层学习方式的关系有显著影响。在“211”院校和一般本科院校中，学生主体的教学方式与深层学习方式的正相关关系要强于“985”院校（$p<0.01$）。同伴关系对深层学习方式的影响，在一般本科院校比“985”院校更为显著（$y=0.22$，$p<0.05$），在西部地区比东部地区更明显（$y=0.13$，$p<0.05$）。

2. 表层学习方式影响因素分析

表3归纳了对表层学习方式有显著影响的变量。在课堂体验方面，学生主体的教学方式、师生缺乏交流、教学组织与表层学习方式显著正相关（$p<0.001$），同伴关系与表层学习方式显著负相关（$y=-0.40$，$p<0.001$）。

在其他个体变量上：(1) 理科、工科和管理的学生比文科学生更多地采用表层的学习方式（$p<0.05$）；(2) 大一学生比大二学生更少使用表层的学习方式（$y=-0.56$，$p<0.001$）；(3) 表层学习方式与母亲受教育程度、月支出、记忆知识学习观显著正相关（$p<0.001$），与高中学习成绩、健康状况、应用知识学习观显著负相关（$p<0.001$）；(3) 男生、城市、汉族、谈恋爱的学生分别比女生、农村、少数民族、没谈恋爱的学生表现出更多的表层学习方式（$p<0.001$）。

在学校层面上，“211”院校的学生显著比“985”院校的学生采用更多的表层学习方式（$y=2.57$，$p<0.05$）。而根据解释方差量的计算公式：$(\tau_R-\tau_I)/(\tau_R)$，学校层面变量解释表层学习方式的方差量为(3.918－3.494)/3.918＝10.8%。

学校层面还对课堂体验与表层学习方式之间的关系产生了影响。与“985”院校相比，一般本科院校中师生缺乏交流与表层学习方式的正向关系更加突出（$p<0.05$）。学生主体的教学方式与师生缺乏交流对表层学习方式的正相关关系，在东部地区要比在西部地区明显（$p<0.05$）。

四、结论与对策

通过采用两水平线性模型研究我国大学生课堂体验对学习方式的影响发现：我国大学生的课堂体验对学习方式有显著的影响，大学生学习方式还受到学生个体特征及学校特征的影响。基于上述研究结果并结合我国高等教育实际，下面就如何改善我国大学生的学习方式，提高高校课程教学质量进行讨论并提出相应对策。

（一）大学生课堂体验对学习方式有显著作用，转变大学生学习方式有章可循

本研究结果显示，在控制学校和学生个人层面其他特征之后，大学生的课堂体验对他们所采取的学习方式有显著影响。具体而言，如果学生感知到学生主体的教学方式或融洽的同伴关系，他们会更

倾向于采取深层学习方式。如果学生感知到师生缺乏交流或同伴关系不佳，他们会更倾向于采取表层学习方式。

根据本研究的模型，同伴关系是影响大学生学习方式的最重要因素，学生之间合作、讨论、互动的融洽氛围能够很大程度上促使他们采取深层学习方式。值得注意的是，课堂体验中学生主体的教学方式与深层学习方式、表层学习方式都存在正相关关系。这表明教师在课堂上组织小组讨论、提供辅导、让学生自由选择学习任务，一方面可以激发学生内在学习动机、积极主动思考、合理安排规划时间；另一方面也可能导致学生消极学习、重识记而不理解、以考试为导向。因此，教师在安排教学方式时固然要坚持以学生为主体，但同时也要提高小组讨论的效率，不要越俎代庖，过分辅导让学生产生依赖或消极的心理，从而形成表层学习方式并影响教学质量。此外，教学组织对深层学习方式没有影响，却促进了表层学习方式。这说明充分备课和讲课的条理性有可能造成学生消极学习，不进行积极思考和质疑，而只是记忆知识点，以考试为导向。Pimparyon 等人也得出了类似的研究结果，他们发现良好教学同时与深层学习方式和表层学习方式都正相关。[11] 总之，教师在上课时要掌握好“度”，给学生创造思考的空间，培养质疑的精神。

根据本研究结果，高校教师要努力创设激发学生深层学习方式的教学环境。包括采用以学生为主体的教学方式，鼓励同伴之间发展融洽的关系，重视与学生的沟通交流，对学生进行辅导并提供建议等。教师在教学前要让学生清楚教学目标和评价方式，让他们明白要完成教学目标或通过考试不能靠机械记忆，而是需要理解教学内容，形成解决问题的能力；教师不要试图控制住每个教学环节，而是要让学生在学习中拥有一定的自由度；教师要注意控制学生的课业负担，过重的负担会让学生采用目标性强、功利导向的表层学习方式，为了应付任务而忽视理解和能力的形成。教学过程中，教师还要持续监控、反思、评估自己的教学。由于学生的课堂体验会直接影响到他们的学习方式和结果，而且这些体验随着教学活动的进行不断变化，因此教师要持续了解教学中学生体验的变化，并据此不断地反思、评估、调整、改善自身教学，才能真正做到以学生为主体，帮助学生采取深层学习方式并获得较高的教学成效。

课堂体验与学习方式之间的关系还受到学校类型和所处区域的影响。与“985”院校相比，“211”院校和一般本科院校要更加注意克服师生缺乏交流对学习方式的负面影响，加强学生主体教学方式和融洽同伴关系对深层学习方式的促进作用。对于西部地区的大学生而言，加强同伴关系更能帮助学生采取深层学习方式。东部地区的高校更需要克服学生主体的教学方式和师生缺乏交流所导致的表层学习方式。基于这些研究结果，不同类型和地区的高校要有针对性地采取措施提高学生的课堂体验，激发他们采取深层学习方式。

（二）大学生学习方式存在院校差别，转变大学生学习方式刻不容缓

本研究的模型显示，在控制学生个体变量和学校所处区域的变量之后，“985”院校学生比“211”院校和一般本科院校学生表现出更多的深层学习方式和更少的表层学习方式（见图 1）。

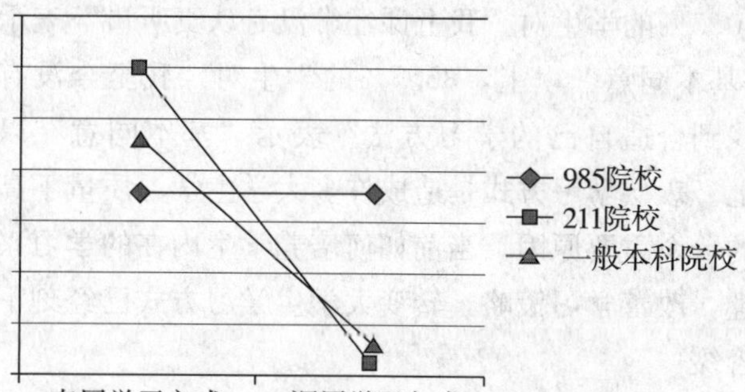

图 1 学习方式的院校差异

“985”院校以培养高素质的研究型人才为目标，具有丰富的教育资源、高质量的生源和高水平的师资，因此“985”院校大学生比“211”院校和一般本科院校大学生表现出更多的内在学习动机、主动思考和合理安排时间的能力。值得注意的是，“985”院校大学生在深层学习方式上的平均值为 3.89（最高值为 6），在表层学习方式上的平均值

为3.14（最高值为6）。这表明虽然“985”院校学生表现出更多的深层学习方式和更少的表层学习方式，但是他们的学习方式还有进一步提高的空间。

“211”院校和一般本科院校自身办学条件和生源质量不如“985”院校，因此这两类院校的大学生表现出更多的外在学习动机、努力记忆、考试导向和消极学习。深层学习方式能够显著促进学习结果，表层学习方式与学习结果显著负相关。[12]为了促进大学生更多地采取深层学习方式，“211”院校和一般本科院校需要努力营造提升学生深层学习方式的信念场景，集中资源深化课堂教学改革，改善学生的课堂体验，积极探索各种途径激发学生采取深层的学习方式。

目前，我国正在进行一场广泛而深刻的以全面提高高等教育质量和建设高水平大学为目标的改革，大学生作为改革的根本，他们采取什么学习方式对高等教育质量有着重要的影响。本次调查发现，目前我国还有相当多数量的高校学生持记忆知识的学习观，使用表层学习方式，从而影响了他们的学习质量。例如“211”院校学生中有45.4%对“我平时会坚持学习，并不是考前再突击”表示“基本不同意”、“不同意”或“完全不同意”，40.5%的学生对“我上课经常没有认真听讲”表示“基本同意”以上，35.7%的学生对“我至今没有找到合适自己的学习方法”表示“基本同意”以上。表层学习方式是造成许多大学生学习质量不高的一个重要原因。当前如何培养学生内在的学习兴趣，改善学习策略，转变大学生学习方式已经刻不容缓。

（三）大学生学习方式存在学科差异，要依据学科特点创新教育教学方法

本次调查结果显示，文科学生比其他学科的学生表现出更多的深层学习方式和更少的表层学习方式（见图2）。

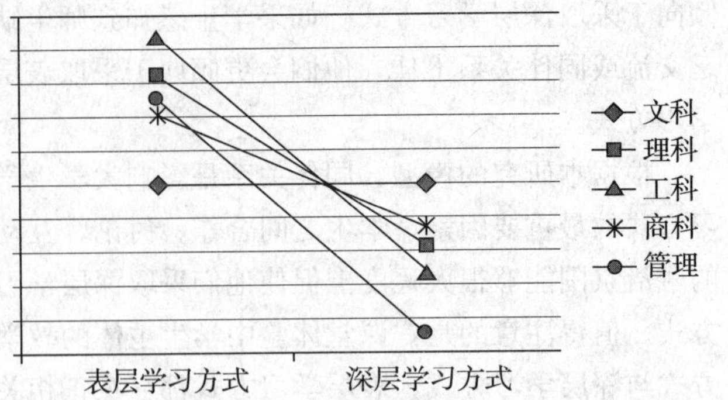

图2 学习方式的学科差异

我们先前的研究还发现，在课堂体验上文科学生比其他学科的学生感知到更多的学生主体的教学方式和师生交流，这些发现与国外研究结果一致。[13]由于学科性质的差别，文科学生的先前经验、学习信念、课堂体验、教师的教学方式都比较有利于激发深层学习方式。比如文科很多问题没有统一的标准答案，教师在教学时会较多地使用小组讨论，注重与学生的交流，强调理解，鼓励学生质疑。相比之下，理工科涉及较多艰深的知识和公式，内容严谨、逻辑性强，教师上课时会更注重知识的传授，较少进行师生互动或鼓励学生质疑。因此理工科学生会比文科学生表现出更多的表层学习方式。

当前提高我国高等教育质量的核心就是培养拔尖创新人才，而这类人才的一个重要特征就是采取深层学习方式。他们往往具有内在的学习动机，基于兴趣进行学习并能获得较大的满足感，能够积极主动思考问题，联系先前知识，善于理解作者的意图并提出自己的质疑。他们还具备较强的时间管理能力，能够提前预习课程、合理规划时间、坚持平时学习。为了促进我国大学生采取深层学习方式，教师应该积极创新教育教学方法，根据学科特点探索有效教学模式。如倡导启发式、探究式、讨论式、参与式教学，有意识地增加师生之间的交流，多从学生的角度出发鼓励他们主动思考、合理质疑，组织小组讨论，加强学生的课堂参与度，激发学生学习兴趣和动力。同时高校也要营造有利于教师专业成长的环境，提高教师业务水平和教学能力。具体做法可以包括建立教师教学发展中心，有计划地开展教师培训，完善基层教学组织，深化教学重点难点问题研究，完善助教制度等。

（四）大学生学习方式存在年级差异，要尽早做好大学生的心理和学习调适

本次调查发现，大一阶段是大学生学习的一个

关键转折点。(见图 3)

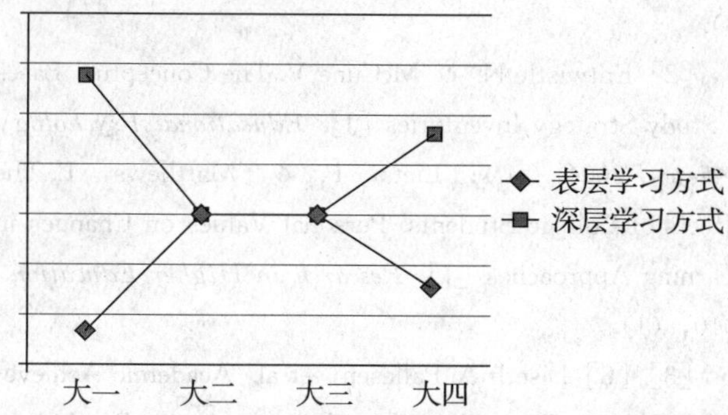

图 3 学习方式的年级差异

大一学生的深层学习方式处于大学四年中的最佳状态，大二、大三不断下降，到大四则再次回升；大一学生的表层学习方式在大学四年中处于最低水平，大二、大三上升，到大四则再次下降。

大学生学习方式的年级变化规律与我们在另一项研究中关于大学生课堂体验的结论一致。大一学生从高中进入到大学，对大学抱有美好的憧憬和期望，对大学环境具有较强的新鲜感和好奇心，因此学习的动机和积极性通常保持在一个较高的水平。但是经历了一年的大学学习之后，大学生对大学的新鲜感慢慢褪去，理想和现实的差距导致“大学神话”开始破灭，让大二和大三学生对大学的体验和满意度开始下降，他们的学习方式也趋于表层化。在经历了大学前三年的学习之后，大四学生对大学生活有了比较客观、稳定的看法和认识，开始以一种比较理性的方式来对待自己的学习和生活，而且大四学生面临着就业或考研的压力，开始为毕业前途做打算，他们的学习动机和目的性较强，加之大四阶段的课程比较少，课业压力相对较轻。因此大四学生表现出了较多的深层学习方式。

大学生学习方式和课堂体验的年级变化规律共同表明了大学一年级在整个大学四年中的关键作用。这一时期的学生经历了生活、学习环境的巨大变化，学习内容、学习目标、教学方式、同伴交往等都不同于高中阶段，大一新生的大学适应性在很大程度上影响了大学四年的教育教学质量。因此，高校需要深入研究大学生的学习规律，重视做好大一新生的教学质量管理，加强新生入学指导并在大一阶段提供及时、必要的帮助(如心理咨询、开设相关适应性课程)，提升大学新生的适应性，才能为整个大学生涯打下良好的基础。此外，高校还需要重视大二、大三学生表现出来较强烈的表层学习方式倾向，探讨如何缩短大二、大三的过渡期，帮助学生早日完成从高中到大学的心理和学习调适，使我国大学生的深层学习方式和课堂体验从大一到大四呈现出一个不断上升的发展趋势。

(五) 大学生学习方式存在学生个体差异，要提高教学设计的针对性

本次调查结果表明，大学生的学习方式除了学科和年级差异之外，还受到学习观、性别、高中学习成绩、城乡、民族等个体因素的影响，而且学生个体因素解释了学习方式大部分的变异量，表明个体因素对大学生采取何种学习方式至关重要。与我们的研究结论一致，Ro 等人也发现学生个体因素对学习影响更大，而学校层面的因素与学生学习经验相距较远，无法直接作用于学习，更多是通过影响学生个体因素间接影响学习的。[14]

大学生采取何种学习方式是学生个体因素和教育教学环境相互作用的结果。学生的学习方式并不是一成不变的，而是基于特定个体和情境的、动态变化的。不同个体对同样的情境可能会产生不同的体验和认识，从而形成不同的学习方式，并最终影响教学质量。高校教师应该深入研究大学生学习方式的这些个体差异，提高教学设计的针对性，努力创设激发学生深层学习方式的教学情境，真正做到以学生为本，从学生深层体验出发去设计和组织教学。

具体而言，教师可以积极转变学生的学习信念，帮助他们尽早了解和掌握大学学习的特点，形成应用知识的学习观。使学生认识到学习不只是获取和储存知识，更重要的是把学到的知识应用到新的情境中解决实际问题。高校也应该增加实践性课程和教学的比例，改变“重理论、轻实践”的倾向，积极创造条件增加学生的实践经验，培养创新

精神和实践能力。针对男生表现出深层学习方式和表层学习方式都高，女生表现出两种学习方式都低的现象，教师应该认识到这两种情况都体现出了学生对学习环境的不适应性，要深入分析原因，依据性别特点调整教学方式，努力提高学生对大学学习的适应性。如男大学生的时间管理能力可能较差、学习动机不强，导致相同的学业负担对男生造成的压力大于女生，对学习的态度较为消极，成绩也会较差。这些都可能促使男大学生形成较高的外在学习动机，并采用记忆、考试导向等消极的学习策略。针对转专业学生学习时较少采用深层学习方式的情况，教师应该有侧重地加强对这些学生的关心和帮助，消除专业壁垒，帮助他们提高专业学习兴趣，早日掌握专业学习方法。教师还应该关注那些来自城市、经济条件较好的学生表现出来的低深层学习方式、高表层学习方式的现象，帮助他们端正学习态度，激发内在学习动机，提高主动思考和时间管理能力。

大学生学习方式的转变是多因素共同作用的结果，需要系统、全方位的教学改革，以及稳定、持久的推进才能最终见效。中国高等教育正处于发展与转型的关键阶段，提高教育质量及人才培养水平是这一阶段高等教育发展的重点。本研究希望通过探讨我国大学生的学习方式及其影响因素，推动研究者及相关人士对大学生学习情况（包括课内外活动与体验、满意度、道德与价值取向、情绪、压力管理等）的关注，从而促进我国高等教育研究与改革的进一步深入。

【参考文献】

［1］［7］Baeten M. Kyndt，et al. Using Student-centred Learning Environments to Stimulate Deep Approaches to Learning：Factors Encouraging or Discouraging Their Effectiveness［J］. *Educational Research Review*，2010，(3).

［2］Entwistle N. & McCune V. The Conceptual Bases of Study Strategy Inventories［J］. *Educational Psychology Review*，2004（4）；Lietz，P. & Matthews，B. The Effects of College Students' Personal Values on Changes in Learning Approaches［J］. *Research in Higher Education*，2010，(1).

［3］［8］Diseth A. Pallesen，et al. Academic Achievement among First Semester Undergraduate Psychology Students：The Role of Course Experience，Effort，Motives and Learning Strategies［J］. *Higher Education*，2010，(3).

［4］［6］［12］史秋衡，郭建鹏. 我国大学生学情状态与影响机制的实证分析［J］. 教育研究，2012，(2).

［5］Ferron J. Dailey F. & Yi Q. Effects of Misspecifying the First-level Error Structure in Two-level Models of Change［J］. *Multivariate Behavioral Research*，2002，(3).

［9］Barcikowski，R. Statistical Power with Group Mean as the Unit of Analysis［J］. *Journal of Educational Statistics*，1981，(3)；Luke，D. *Multilevel Modeling*［M］. Newbury Park，CA：Sage，2004.

［10］Enders，C. K.，Tofighi，D. Centering Predictor Variables in Cross-sectional Multilevel Models：A New Look at an Old Issue［J］. *Psychological Methods*，2007，(2).

［11］Pimparyon P. Roff，et al. Educational Environment，Student Approaches to Learning and Academic Achievement in a Thai Nursing School［J］. *Medical Teacher*，2000，(4).

［13］Laird，N.，et al. The Effects of Discipline on Deep Approaches to Student Learning and College Outcomes［J］. *Research in Higher Education*，2008，(6).

［14］Ro，H. K.，et al. Between-college Effects on Students Reconsidered［J］. *Research in Higher Education*，2012，(1).

传统与变革的冲突与融合*

——西方大学改革二百年

□ 贺国庆（宁波大学教授）
□ 何振海（河北大学副教授）

自19世纪初德法两国大学改革始，二百年来，西方大学在继承传统的基础上，通过持续的变革逐渐从古典走向现代，由社会的边缘走向社会的中心，完成了历史性的转变。这一进程中，传统与变革始终交织在一起，传统通过变革在大学中得到巩固，对传统的扬弃和丰富亦成为大学变革的常态，两者的交互作用共同推动了二百年来西方大学的发展。可以说，传统与变革一直是19世纪以来西方大学发展的主旋律。

一、19世纪初德国和法国的大学改革

近代大学改革浪潮的号角是由德法两国率先吹起的。以此为标志，肇始于中世纪的西方大学开始步入改革时代，其现代化历程亦由此展开。

1. 19世纪初德国大学改革

18世纪的德国大学尽管经历了哈勒和哥廷根两校的现代化改革，但整体上仍不尽如人意，为世人所诟病，传统大学的作用被质疑，甚至面临被废除或取缔的危险。19世纪初，法国入侵德国，导致了柏林大学的创办，从此开始了德国大学改革的洪堡时代。作为普鲁士教育大臣，洪堡受命主持柏林大学的创办工作。他以新人文主义作为大学改革的指导思想，高举学术自由的大旗，注重培养个性充分发展的人。洪堡对柏林大学提出的基本原则是：聘请一流学者并给予他们研究自由。此外，他对诸如组织形式、规章制度等细节从不干涉。他深信学者的个人才华是唯一要素，“如果追求知识成为大学的首要原则，那么我们就没什么可担心的了”[1]。在极短的时间里，洪堡为柏林大学聘请到了一流的教授。

1810年秋，柏林大学正式开学。尊重自由的学术研究，成为新大学的精神主旨。柏林大学的独特之处在于研究任务成为教授的正式职责。“柏林大学从最初就把致力专门科学研究作为主要要求，把授课效能作为次要问题来考虑；更恰当地说，该校认为在科研方面有卓著成就的优秀学者，也总是最好和最有能力的教师。”[2]基于这种理解，柏林大学注重高深科学研究，既给教师提供充分的教学科研自由，也允许学生享有充分的学习自由，包括选科、选择教师和转学的自由。为使教学与科研相结合，采用了开设讲座的方法。为鼓励学生进行高深研究，重视习明纳方法，即一小批学生在教师指导下对某个问题或领域进行深入研究，该方法成为

* 原载《高等教育研究》2013年第4期。

“科学研究的苗圃”。

柏林大学获得了极大成功，成为德国高等教育的榜样。新的学术自由和科学研究精神在德国大学蔚然成风，德国大学的思想开始传播到世界各地。

2. 19世纪初法国大学改革

近代法国大学改革是在拿破仑执政时期启动的。1808年，拿破仑政府颁布《帝国教育组织令》，拉开了近代法国大学改革的序幕。

1793年，法国即取缔了所有22所传统大学，取而代之的是若干功利主义色彩浓厚的高等专科学校。拿破仑统治时期，功利主义成为大学改革的主导。在《帝国教育组织令》中，高等专科学校成为政府极力鼓励发展的对象。法国高等教育发展的重心自此开始转移到高等专科学校，高等专科学校数量大幅增加，得到长足发展。[3]高等专科学校以培养军事、土木和工业技术人才为主要目的，注重实践，强调实用。高等专科学校的快速发展客观上促进了法国高等技术教育乃至整个高等教育状况的改观。法国利用科学家们的技术和科学知识为帝国的军事、经济和政治服务。拿破仑曾在视察巴黎理工学校时高度评价其为“下金蛋的老母鸡”，并为该校授旗。

经过拿破仑政府的改革，法国各类高等院校无不成为切实满足国家利益的机构，这种功利主义倾向基本主宰了当时的法国高等教育。

19世纪初德法两国的大学改革共同开启了近代西方大学的新时代。当然，由于改革指导理念的不同，两国大学改革出现了相异的结果。新人文主义主导的德国大学将学术自由和科学研究深深融入它的躯体和精神之中，“为科学而生活”，更准确地说是“为学术而生活”成了德国大学追求的理想。经过这场改革，不到半个世纪，德国大学成为世界高等教育的领跑者，成为当时世界科学和学术的中心、培养学者和科学家的摇篮，其影响遍布世界各地。

柏林大学的创办无疑是大学史上的一次飞跃，但这场改革并非是对大学传统的决弃，而是在传统大学理念基础上增添新的因素。新旧两种力量共同推动了大学理念的发展，当这种发展成为普遍趋势，历史的惯性必然会将变革的因素纳入传统的范畴。传统与变革就这样在发展中形成辩证的统一。这或许是19世纪初德国大学改革成为近代西方大学改革最成功的案例之一的重要原因。

与此相异，受功利主义强烈影响的法国大学则走上了另一条道路。尽管这场旨在将传统大学改造为切实满足国家利益需要的机构的改革短期内确有成效，但这种彻底抛弃大学传统的改革也为法国高等教育的衰落埋下了伏笔。19世纪初法国所具有的世界科学中心的地位，至19世纪中叶，就不得不让渡于德国。直到19世纪后期，法国才在色当惨败的刺激下重新审视自己的大学，在学习德国大学模式的基础上开始探索大学发展的新路径。19世纪初德法两国结局迥异的大学改革引起了后人思考：改革是大学在外部社会环境发生变化的情况下，为更好地生存和发展而选择的一种自我更新方式，但在改革过程中，大学本身所固有的传统应该扮演何种角色？如何处理传统与变革的关系才能够符合大学自身的发展规律？这一思考伴随西方大学的发展，走过了二百年的历程。

二、19世纪下半叶西方大学改革

19世纪初德法两国的大学改革成为西方高等教育发展史上的重要分水岭。以此为肇端，在德法两国特别是德国柏林大学改革的巨大示范作用下，西方各国大学先后进入了以改革为基调的发展阶段。19世纪后半叶美国与英国的大学改革充分反映了这一时期西方大学发展的普遍趋势。

1. 19世纪下半叶美国大学改革

美国最初的大学是按照英国大学的模式创办的，许多特征取自英国传统的住宿学院，教师的主要职责是教学而不是研究，课程以古典语言和文学为核心，没有选课的自由。但从19世纪中叶开始，由于美国社会政治的变革以及德国大学的影响，美国高等教育进入持续的变革阶段。史家称：从南北战争结束到19世纪末，是美国现代高等教育的奠基时期。南北战争给美国的政治、经济、社会和文化教育带来了巨大变化，给高等教育的发展创造了必要条件，为美国大学的改革提供了客观保障。具体看来，美国高等教育的变革体现在以下几个方面。

（1）选修制的推行。虽然美国早有选修制的尝试，如杰斐逊在弗吉尼亚大学，蒂克纳在哈佛大学，韦兰在布朗大学，塔潘在密歇根大学的改革，但美国大学真正的选修制是在南北战争之后开始推行的。在哈佛大学校长艾略特的积极倡导下，选修制在哈佛大学逐步建立和完善。哈佛大学选修制的实验产生了全国性的影响，到19世纪末20世纪初，美国绝大部分高校都或多或少地实施了选修制。选修制打破了传统课程的垄断地位，大大增加了新课程的数量，特别是科学技术课程的数量，有助于摆脱保守的控制和束缚，维护学术自由的权利。选修制成为南北战争后美国高等教育现代化的重要标志之一。

（2）德国大学模式的输入。历史学家认为：德国学术和大学生活对19世纪美国大学的影响是近代学术史上最重要的事件之一。从滑铁卢战役到第一次世界大战爆发，共有约一万名美国学生留学德国。从某种意义上说，这是高等教育史上最令人惊异的一百年。通过学习德国，美国确立了高等学校的科研职能，提高了大学的学术水平，古老的学术自由传统在美国大学发扬光大。可以说，德国大学先进的办学理念对加速美国大学的现代化进程起到了催化作用。

（3）研究型大学的兴起。1876年美国独立一百周年之际，约翰·霍普金斯大学正式开学，曾在柏林大学学习的吉尔曼校长宣布研究生教育是大学最重要的使命，科学研究和创造性的学术成就是新大学的目标和特征。在此理念引导下，约翰·霍普金斯大学迅速成为美国现代大学的象征。受此影响，哈佛、哥伦比亚、耶鲁、普林斯顿这类老牌文理学院，开始转变成为真正的现代大学，以约翰·霍普金斯大学为榜样的新大学也纷纷成立，研究型大学开始作为一个群体出现于美国高等教育的舞台。

（4）《莫雷尔法案》和赠地学院的发展。1862年颁布的《莫雷尔法案》，以及在该法案推动下出现的一大批新式高等教育机构——赠地学院，为19世纪后半叶美国高等教育的快速发展注入了新活力。赠地学院是美国人的独创，它体现了高等教育民主化和大众化的精神。赠地学院通过培养大批实用的经济发展所急需的科学技术人才，为美国工农业现代化做出了卓越的贡献。赠地学院的理念在康奈尔大学和威斯康星大学得到了完美体现。从此，为社会和经济发展服务成为美国高等学校与教学和科研并列的重要职能。美国教育史家卡伯莱认为："联邦政府给予教育的多种补助中，似乎没有别的补助像拨地兴建农工学院，和以后拨款举办这类教育，获得更丰硕的成果了。"[4]

2. 19世纪下半叶英国大学改革

英国大学长期为牛津和剑桥所垄断，两校可谓忠实继承了中世纪大学的传统。1828年，伦敦大学创办，打破了牛桥两校一统天下的局面，彻底改变了英国高等教育的传统结构。19世纪下半叶英国的高等教育进入快速发展时期，城市学院的兴起为高等教育注入了新的活力，牛津大学和剑桥大学经过改革从古典迈入现代，新老大学拓宽服务对象，工人阶级和女性开始获得接受高等教育的机会。

（1）城市学院的兴起。19世纪中叶英国实现了工业化和城市化，不断壮大的中产阶级队伍迫切需要接受新式高等教育以适应工业社会的快速发展，城市学院应运而生。城市学院的课程比较现代化，涉及面宽泛，培养的是企业经理、设计师、工业技术开发人员及推销员，学习费用低于牛津和剑桥这类传统大学。在诸多因素共同作用下，城市学院在英国得到快速发展。城市学院的出现和发展改变了英国高等教育的结构，英国高等教育开始步入新的历史阶段。

（2）牛津和剑桥大学的改革。19世纪后半期，面对伦敦大学和众多城市学院的竞争，为保持古典大学的地位，牛津、剑桥两校也进行了一些重大改革，主要内容涉及：改革大学与学院的关系，实现两者在管理、财政等方面的权力平衡；改革教师任职体制，建立高质量、稳定的师资队伍，以提高本科教学水平；重视学术研究，加强科技教育，使科学研究成为牛津和剑桥大学的重要职能，等等。通过改革，牛津和剑桥大学这两所古典大学焕发了青春，具备了现代大学的特征，在与新型高等教育机构竞争中保持了自己的地位。

（3）大学推广运动。大学推广运动的出现是传统大学对社会改革压力的一种应对，其奠基人是剑桥大学三一学院的詹姆斯·斯图亚特。在斯图亚特的推动下，1873 年剑桥大学在莱彻斯特、诺丁汉两城市及德贝郡开设课程，揭开了大学推广运动的序幕，到 1890 年，大学推广运动已覆盖全英格兰。大学推广运动开设的课程非常广泛，主要涉及文学、历史、经济等。每门课程的上课时间都很短，但内容分量不轻。除听课外，学员有规定的阅读，书面作业，还有讨论课和总结课。通过结业考试的学员可获得结业证书。大学推广运动的社会意义是巨大的，它为妇女、专业人员、商人、小学教师、工匠等提供了接受大学教育的机会，开创了成人高等教育的先河。

19 世纪后半叶，英、美等西方诸国的大学改革再次体现出在近代大学发展过程中，正确认识和处理传统与变革及其关系对大学的自我更新和完善所具有的重要意义。南北战争后美国的高等教育变革，一方面是对业已引领世界高等教育潮流的德国大学传统的吸收与借鉴，另一方面也是对日趋保守、难以适应工业社会需要的殖民地学院传统的批判和创新。秉承实用主义理念的美国人没有拒绝新人文主义主导的德国大学传统，而后者直接推动了研究型大学的产生；同时又将本民族的实用主义理念发挥到极致，结合社会需求创办了赠地学院（农工学院），最终形成了独具特色的美国高等教育体制。美国学者鲁迪（S. Willis Rudy）认为："这些年中，新世界土壤的土生力量与来自西欧的影响相结合，产生了一种高等教育机构，它包括许多源于英国学院和德国大学的要素，经融合和改造，成为世界教育史上独一无二的机构。"[5]

其实，这种兼济传统与变革、在继承传统中寻求变革、在变革探索中延续传统的大学改革不独为美国所有，19 世纪后半期英国的大学改革亦具有相似的特征。牛桥两校旨在加强科研职能的改革很大程度上受到了德国大学办学模式的影响，与此同时，两校在行政结构、师资队伍、课程及考试等领域进行的改革则显然是对其固有教学职能的强化。教学与科研——这两种分别代表大学的传统与创新的职能，经过这样一场改革运动，在大学中实现了有机结合，推动了英国高等教育的现代化历程。

三、二战后西方大学改革

二战结束后，西方各国的大学在经济快速增长、科技迅猛发展等因素的共同推动下迎来了新的改革高峰，多样化发展趋势日益显著，高等教育作为社会进步核心推动力的地位也愈加稳固。

1. 二战后美国大学改革

二战之后，与苏联在世界范围内所开展的全方位竞争为美国大学改革提供了重要动力。研究型大学由于在高层次人才培养和高水平科学研究领域所具有的独特优势，而被推到了这一时期美国高等教育改革的中心。二战后美国研究型大学改革集中于以下两个方面。

第一，科研职能的强化。二战期间，美国军事实力的提高很大程度上得益于大学的科研活动，这使美国政府更加直接地认识到大学科研职能的重要性。1945 年《科学：无止境的疆界》报告明确了政府在支持大学加强科研活动方面的责任，而 1958 颁布的《国防教育法》则为此提供了法律保障。在《国防教育法》的推动下，联邦政府提供给大学的科研经费与日俱增，据统计，1964 年联邦政府对大学研究的支持经费是 1959 年的 200%。[6] 20 世纪 80 年代，美国进一步加强了政府对大学科研活动的支持，政府提供给大学的研发经费也有了较大幅度的增长，由 1980 年的 58.13 亿美元增加到 1990 年的 85.5 亿美元，涨幅达 47%。[7]

研究型大学科研职能的加强进一步巩固和提高了美国在全球科技竞争中的领先地位，使美国经济与社会发展获得了充足的动力。

第二，本科教育改革。20 世纪 80 年代，美国社会要求实施教育改革、提高教育质量的呼声波及大学。切实提高大学的教育质量，尤其是研究型大学本科教育质量，成为大学改革的主题。哈佛大学的“核心课程”改革集中代表了同时期研究型大学在提高本科教育质量方面所做的努力。90 年代之后，研究型大学的本科教育问题再次引起人们的关注。1998 年，卡内基教育促进基金会发表《重建本科教育：美国研究型大学发展蓝图》，对研究型大学的本科教育状况进行了总结，并就存在的问题提出了较为切实的改革建议。报告发表后不久，很多知名大学相继公布了自己的改革计划，展示了跨世纪本科教育的发展蓝图，标志着研究型大学的本科教育进入了新的阶段。值得注意的是，美国 20 世纪后半期，本科教育改革中的许多措施，如“核心课程”计划，通识教育理念，研究性学习等，都很好地体现了传统与变革的融合。

二战后美国研究型大学在加强科研职能和提高本科教育质量方面所做的改革努力，进一步巩固了美国高等教育的全球领导地位。研究型大学是美国高等教育的典范和代表，其自 19 世纪后期经由学习德国大学理念，结合自身特点而形成的致力于高水平科学研究和高质量人才培养的大学传统，在二战后数十年间的改革中日益稳固。可见，这场变革不是对传统的反复，相反，经过变革淬炼的大学传统以更适应现代社会需要的形式继续显示出更加旺盛的生命力。

2. 二战后德国大学改革

二战后的德国经历了两个阶段，一是 1945—1990 年东西德分立时期，二是 1990 年至今两德统一时期。受政治、经济与社会发展等因素的影响，德国大学在不同阶段呈现出不同的改革与发展特点。前一阶段，联邦德国的高等教育一方面继承洪堡传统，另一方面适应 20 世纪后期国内外经济发展和科技进步的需要，做出了相应的改革，较好地满足了社会需求。后一阶段，随着国家政治格局与经济状况的改变，德国大学进行了一系列改革，在探索适应新世纪政治、经济和文化需要的高等教育发展模式方面进行了有益的尝试。

（1）1945—1990 年联邦德国大学改革。二战使德国高等教育遭受重创，因此战后面临的首要任务是在战争的废墟上恢复和重建高等教育。高等教育的重建在 1960 年前后结束。重建是“威廉·洪堡和魏玛时代的光复”[8]，基本保持了洪堡创建的大学的特色。但这种传统大学制度是为向少数精英提供科学教育而设计，远远不能满足德国经济社会快速发展的需要，且明显落后于其他发达国家。这种背景下，20 世纪 60—70 年代，德国大学启动了新一轮改革，主要内容包括：扩大高等教育规模，加快高等教育民主化进程；大力发展高等专科学校，推动高等教育的多样化进程；改革大学内部结构，建立高等教育民主管理机制等。1976 年德国政府颁布的《高等学校总纲法》集中反映了前一阶段大学改革的成果，“在一定程度上是对新高等院校体制近十年的试验阶段的了结”[9]。

进入 20 世纪 80 年代之后，针对前一阶段改革出现的问题，德国大学掀起了新一轮改革。在这轮改革中，德国大学教学与科研相结合的传统得到进一步加强，科研特别是基础研究在大学中的地位日益巩固，校际学术交流频繁，大学的国际化程度稳步提高。

（2）统一后德国大学的改革。1990 年 10 月，德国在分裂四十多年后终于实现了统一。在两德统一后的社会转型时期，随着国家政治格局与经济状况的改变，德国大学的发展也出现了新的问题，如高等教育结构的一体化、大学财政危机等，在迈向 21 世纪的进程中，经济与社会发展的全球化、国际化和知识化趋势对德国大学提出了新的挑战。为应对这些挑战，德国大学进行了一系列改革，主要有：改革高校管理体制，实现东西部高等教育体制的一体化；恢复（原东德大学）科研与教学相结合的传统，保证科研与教学自由；[10]引入市场机制，不断增强大学竞争力；实现办学资源多元化，增加高等教育机构的私有化成分；加快高等教育国际化进程，提高德国大学的国际竞争力。[11]经过改革，德国大学在建立一体化的高等教育体系、提高大学竞争力和国际化水平、吸收社会多方面资源等方面取得了令人瞩目的成就，较为成功地实现了改革的预期目标。当然，改革绝非是对德国大学传统的颠覆，相反，德国大学自19世纪初延续下来的崇尚学术自由和科学研究的传统经由改革而得到进一步充实和发扬。

四、传统与变革——西方大学改革的永恒主题

自19世纪初以来，西方大学在变革中走过了二百年的历程。纵观西方大学二百年改革历程，可明显发现，正确认识、处理大学的传统与变革及其相互关系，是大学保持生命力的关键所在。正如弗莱克斯纳所说："现代世界无论有多新，总是扎根于过去。过去是我们赖以生长的土壤。……只有蠢人才会忽视过去。另一方面，稳步增长的科学的、民主的和其他方面的力量正在创造一个不同的世界，对此大学必须加以考虑。"[12]可以说，传统与变革的互动，构成了19世纪以来西方大学改革的永恒主题。

在一般的逻辑认识中，传统与变革似乎是存有矛盾的。为什么变革？变革是因为传统对外部和时代需求的不适应；变革什么？变革的对象就是不适应外部和时代需求的传统。不过，这一认识至少对近二百年来的西方大学史而言是值得商榷的。在大学这种独特的机构中，"传统是一个复杂的统一体，有着若干固有的维度。它可以包含统一性的永久存在，或者只是相似性的永久存在。……这种相似性包括教学方法、校舍和建筑风格、头衔和学位礼服的理解，以及教师和学生的地位结构。"[13]或许就是因为传统的这种相似性的永久存在，大学才成为"所有公共机构中变化最少的机构"[14]。传统对于大学的意义由此可见一斑。

既然传统对于大学而言已经强大到成为维系大学存在的重要因素的地步，那西方大学近二百年来持续不断的变革的意义究竟何在？大学为何而变？变革了什么？在变革中传统扮演了什么角色？实际上，当我们仔细审视过去二百年西方大学的改革史时，便会得出这样的结论：变革恰恰是大学为延续其传统而进行的自我更新与完善。经过变革，大学的传统不仅未被削弱，反而更为充实和丰富，甚至变革本身也成为大学传统的内在组成部分——正是通过柏林大学的改革，洪堡所倡导的学术精神才成为现代大学最为核心的传统内容。由此看来，至少对大学而言，变革是一种使其传统以更具活力的形式适应社会和时代变迁，进而保持大学传统生命力的发展方式。诚如克拉克·克尔所说，通过变革，大学的"教学、学术研究和服务这种永恒的主题，以一种或另一种结合的形式继续存在"[15]。

在改革进程中秉持和弘扬大学的传统内核，是永葆大学生命与活力的精神源泉。现代大学已经成为社会进步的核心动力，知识的保存、传播、创新，文明的传承和进步，人才的发掘与培育，科学的发展与技术的更新，文化的国际交流与沟通，无不以大学为基础。随着时代的发展，大学的职能也在不断扩展和变化，但大学绝不能因此而成为社会现实需求的简单回应，它在长期的历史发展过程中所形成的开启智慧、追求真理、传播知识、弘扬文化的重要使命应该得到永久性的坚守，并且在变革中进一步巩固和充实。

【参考文献】

[1] DANIEL FALLON. The German University [M]. Boulder: Colorado Associated University Press, 1980: 19-20.

[2] 弗·鲍尔生. 德国教育史 [M]. 滕大春等，译. 北京：人民教育出版社，1986：125.

[3] 贺国庆，等. 外国高等教育史 [M]. 北京：人民教育出版社，2003：223-224.

[4] 滕大春. 美国教育史 [M]. 北京：人民教育出版社，1994：402.

[5] RUDY S W. The "Revolution" in American Higher Education, 1865-1900 [J]. Harvard Educational Review, 1951, (21): 155-174.

[6] ROGER L G. What Happened after Sputnik? Shaping University Research in the United States [J]. Minerva，1997，(4)：353-355.

[7] 休·戴维斯·格拉汉姆，南希·戴蒙德. 美国研究型大学的兴起——战后年代的精英大学及其挑战者[M]. 张斌贤等，译. 保定：河北大学出版社，2008：116.

[8] [9] 克里斯托弗·福尔. 1945年以来的德国教育：概览与问题 [M]. 肖辉英等，译. 北京：人民教育出版社，2002：217，220.

[10] 李昌芳，梁翠英. 当今德国教育概览 [M]. 郑州：河南教育出版社，1994：3.

[11] 胡劲松. 传统大学的现代改造——德国联邦政府高等教育改革政策述评 [J]. 比较教育研究，2001，(4)：6-12.

[12] 亚伯拉罕·弗莱克斯纳. 现代大学论——美英德大学研究 [M]. 徐辉等，译. 杭州：浙江教育出版社，2001：2.

[13] [14] [15] 克拉克·克尔. 高等教育不能回避历史——21世纪的问题 [M]. 王承绪，译. 杭州：浙江教育出版社，2001：47-48，51，51.

职业教育与成人教育

职业教育课程地位的理性思考*

——基于宏观政策的视角

□ 徐国庆（华东师范大学教授）

课程是近年来职业教育中的热点，许多人认为职业教育内涵建设的关键环节与核心内容就是课程建设。然而在实践中，课程又往往被视为操作性、实施性的学校教育环节，而有意无意地将其置于办学模式、运行机制等所谓宏观问题之下。事实上，许多时候我们对课程重要地位的承认，只是基于“学生学习”这一视角，认为有了合适的课程，才可能激发学生学习兴趣，并让他们获得有用的知识和技能，却没有在更深层面认识到课程在现代职业教育体系中扮演的关键角色。因此，认识并运用好课程这一“工具”来发展职业教育，就成了职业教育课程理论首先必须研究的重要问题。

一、国家政策层面职业教育课程地位的缺失

（一）国家政策层面职业教育课程地位缺失的现实表现

从我国职业教育课程发展状况来看，课程还没有真正获得其在职业教育国家政策中的应有地位，从以下方面可以说明。

首先，至今我们还没有在国家层面建立起一套统一、规范、科学、严谨的专业教学标准体系。专业教学标准开发是课程建设中最为基础的方面，专业教学标准体系的建设情况是评价一个国家职业教育课程建设水平的重要标志。虽然在课程建设方面实施过一些重要行动，比如依托各级示范性职业院校建设行动所进行的课程建设、精品课程建设以及教育部发起的在部分专业进行的课程资源库建设等，然而我们却连最基本的专业教学标准体系也没有。没有专业教学标准体系，即使其他方面的课程开发进行得很深入，也是一种缺乏根本依据的课程开发。

其次，至今我们还没有形成职业教育国家专业教学标准开发的有效支持体系。《教育部关于推进中等和高等职业教育协调发展的指导意见》（教职成［2011］9号）已提出要逐步编制中等和高等职业教育相衔接的专业教学标准。然而现有的开发活动多数是经验层面的，它们既缺乏足够的对理论与技术方法的研究，也缺乏庞大资金的支持，难以开发出高水平、可长期使用的国家专业教学标准。

再次，高水平职业教育课程开发国家队还远未形成。要建设职业教育国家课程体系，首先必须有一支职业教育课程开发国家队。目前在我国，熟悉职业教育课程开发的专业人员严重缺乏，就教研机构设置而言，只有北京、上海、重庆、江苏、浙江、杭州、宁波、广州、沈阳等建有较为规范的职

---

* 原载《教育研究》2013年第10期。

业教育教学研究室，而就是在这些教学研究室中，研究人员数量同样不足。

以上现象说明，尽管职业教育课程建设越来越受到国家层面的高度重视，但我们在对职业教育课程建设核心任务的认识上存在偏差，比如对课程资源库建设投入多，而在建设专业教学标准上投入少。此外，与办学模式、质量保障等问题相比，课程建设往往位居次要，所进行的许多所谓的重大课程建设行动，则多数是依附在其他建设行动中，如示范性中职、高职建设。对课程建设行动来说，其重要性的获得往往只是由于被视为达到其他建设目标的手段，而课程在职业教育国家政策中独立的核心地位仍然是缺失的。

（二）国家政策层面职业教育课程地位缺失的理念基础

课程建设是一个投入不大、容易见效且作用深远的领域，原因有几点。一是课程建设的投入远没有其他领域那么巨大。以专业教学标准为例，如果在国家层面进行课程开发，粗略估算，一个专业教学标准仅需 100 万元，而如果把同样额度的经费投在其他地方，很可能是微不足道的。二是课程建设的成果容易见效。课程已成为影响职业教育发展的关键因素，是职业教育许多问题的根源，改革课程往往可以迅速解决职业教育中的许多重大问题。三是课程建设的作用非常广泛和深远。通过课程建设，可以有效改变学校课程形态，提升教师教学能力，促进产学合作向深度发展，从而达到提高教学质量的目的。

问题在于，为什么对课程这样一个需要系统建设的工作，在国家层面却缺少系统规划的行动方案？这恐怕与人们对课程认识的误解不无关系，那就是，尽管人们普遍肯定课程建设的重要性，但人们又普遍认为它只是中观层面的问题。

课程真的只是中观层面的问题吗？当然不是。课程的确有中观层面的问题，如课程编制，但课程中也有许多宏观层面的问题，如课程模式与开发技术路径的选择、课程开发程序的整体规划、课程开发工作的组织等。此外，课程中还有微观层面的问题，如职业能力标准的呈现形式等。再者，中观或微观问题需要宏观层面的领导和组织。问题本身的宏观性、中观性与微观性，与该问题需要放在微观、中观还是宏观层面予以解决，并不存在绝对的界线。比如职业能力标准的呈现形式，这应当是课程开发中非常微观的问题，但又涉及职业能力标准内容开发的广度与深度问题。

在更多情况下，当我们从完整实践的视角来分析教育问题时，会发现不同问题领域更多的是内容的不同，而非宏观、中观与微观的不同。事实上我们是很难用宏观、中观与微观这一维度对教育问题进行分类的。比如职业教育办学模式改革，这是大家公认的职业教育中的宏观问题，然而当我们真正致力于建立校企合作的职业教育办学模式时，就必须深入研究其中的许多细节，如校企合作形式的设计等。当然，这里要讨论的问题并非理论是否存在宏观、中观与微观之分，而是不能因为某个问题被主观地认为属丁中观、微观层面而排除在教育政策的视野之外。教育政策的内容筛选依据应当是其社会影响的广度与深度。

二、课程是国家教育政策的核心内容

在普通教育领域，20 世纪以来课程越来越成为许多国家教育政策的核心内容，课程建设越来越成为政府发起的国家行动。比如 20 世纪 60 年代，就曾出现过世界性的在国家层面进行课程改革的热潮，其中最著名的有美国和苏联的课程改革。[1] 我国普通教育中的国家课程建设行动是大家所熟悉的，比如 2001 年启动的“新课程改革”。

在西方发达国家，政府层面的职业教育课程建设案例也不少。如美国的职业教育标准建设、英国的 NVQ（国家职业资格证书）体系建设与德国的学习领域课程开发。美国职业教育标准体系建设源于 20 世纪 80 年代的标准构建热潮。至 2006 年底，在 50 个州和哥伦比亚地区中，共有 31 个州已建立州层面的中等职业教育标准体系，其他州则或者正在建立过程中，或者已经有了地方标准。[2] 英国

NVQ体系建设也是国家层面的职业教育课程建设行动，因为其职业资格证书是必须用课程模块形式来表达的，这样，建立起职业资格证书体系的同时，也就建立起了职业教育课程体系。在德国，1996年5月9日文教部长联席会议颁布了新的《职业学校职业专业教育框架教学计划编制指南》，提出用学习领域课程方案取代沿用多年的以分科课程为基础的综合课程方案，启动了新一轮国家层面职业教育课程建设行动。[3]

课程建设受到各国政府乃至国际组织的重视，一方面是因为课程改革本身是一项非常复杂的社会工程，需要投入大量的社会资源，大范围地调动社会力量参与，也只有这样课程改革才可能真正影响实践；另一方面是人们日益认识到，课程所涉及的不仅仅是诸如教什么、如何教等技术问题，它还涉及制度问题、系统问题，它在现代教育体系中扮演着重要角色，因为“课程确实是伴随着近代学校制度产生的”[4]，只有深刻认识到课程的制度问题，才可能全面理解课程的内涵。正是基于这一意义，课程通常被认为是职业教育体系的三大构成要素之一（另外两个是学校体系和管理体系）。

教育制度与课程并非宏观与中观、上位与下位的关系，而是相互作用的辩证关系。人们通常把课程理解为教育制度的下位概念，且认为只有在制度形成后才有必要，也才能够进行课程建设。然而在推动教育制度改革上，不仅需要同时对相关课程问题进行深入思考，有时甚至还可以用课程的方法来思考教育制度的发展策略。当我们把课程问题与教育制度发展问题结合起来进行辩证思考时，我们才真正具备了教育学的思维方式。

课程在现代教育体系中扮演着重要角色。一是规范教育、教学行为，使不同教育机构的教育、教学能达到基本质量要求。人类的教育活动越来越丰富，办学机构的种类和数量越来越多。为了使这些教育机构的教育教学活动基本保持一致性，并达到基本的共同质量要求，需要用课程来对其教育、教学活动进行规范。二是在教育机构之间建立联系。现代教育体系并非由众多教育机构简单相加而成的，而是这些教育机构按照某种联结关系所构成的一个庞大系统，而课程就是这种联结关系的主要提供者。比如，如果没有课程，中高职衔接只是名义上的，全无教育内在的本质联系。三是在教育机构与社会之间建立联系。社会对教育的了解和确认，也是以课程为媒介的。比如某公司在审核一位学习酒店服务专业的学生是否符合其招聘要求时，很可能首先分析其所学课程，努力从中找到所需要的信息，因为课程结构是学生知识与能力结构形成的基础。

三、国家政策层面确立职业教育课程地位的必要性与紧迫性

在我国，对于职业教育课程是否要纳入国家政策范围，或者说是否要全部纳入国家政策范围，存在以下观点。一是职业教育与普通教育不同，普通教育的功能是构建公民的共同素质基础，因而其课程开发应当受到国家的控制，而职业教育是服务于生产、服务第一线的，其课程要根据劳动力市场需求的变化及时调整，因而不能用国家统一的课程要求去规范职业院校；二是与西方发达国家不同，我国地域辽阔，地区经济、技术与职业教育水平差距大，没法建立统一的职业教育课程体系。所幸的是，近年来国家层面已有了一些重大职业教育课程建设行动，由此折射出课程在现代职业教育体系中的重要意义。为了更好地推动职业教育课程建设的进程，使其建立在更加理性的基础上，需要对确立职业教育课程国家政策地位的必要性和紧迫性进行充分论证。

首先，职业教育课程开发理论与技术上的复杂性，决定了它需要国家政策平台。职业教育课程开发是项理论与技术均极为复杂的活动，一般省市和职业院校难以承担。比如劳动力需求分析，要做到数据准确，对课程建设有实际价值，需要非常复杂的理论与技术做支持，且需要投入大量人力和财力。再比如作为职业教育课程开发基础的工作任务与职业能力分析，这两个概念对于职业教育理论与

实际工作者来说已不陌生，然而要真正做出高质量的工作任务与职业能力分析是非常复杂的，需要以对不同岗位工作任务的结构模式、职业能力的理论与描述技术等问题的深厚研究为基础。若不能进行到这一层面，工作任务与职业能力分析对学校课程建设的实际价值其实并不大。当然，以省市为单位进行职业教育课程开发也是一个重要选择，但目前全国职业教育课程研究队伍分布处于极不平衡状态，大多数省市几乎没有课程研究人才，只有在国家层面，才可能集中大量专家对职业教育课程开发中的重要理论与技术进行研究，促进全国职业教育课程水平的整体提升。

其次，整合职业教育课程开发力量，提升开发效益需要国家政策平台。近年来随着国家对职业教育课程建设越来越重视，职业院校承担了越来越多的课程开发工作，某些省市也尝试性地在部分专业进行了课程开发，如北京、上海、江苏、浙江等，然而我国职业教育课程建设的整体水平没有获得根本性提升，这是因为其中存在大量的重复性课程建设行为。而如果建立了职业教育课程开发的国家平台，整合职业教育课程开发力量，则可以有效地解决这一问题，快速提升我国职业教育课程建设水平。另外，虽然职业院校在一定范围内进行一些课程开发活动有利于提升其内涵水平，然而目前这种开发活动泛滥，成了严重影响教学质量的一个因素。

再次，职业教育课程实施的复杂性，也决定了它需要国家政策平台。职业教育课程开发的成果要付诸实施，往往需要伴随大量的师资培训、实训设备设施投入、课程评价改革等措施。任何课程改革要取得实效，都必须系统地进行设计。比如，若课程评价指标不改革，那么对学校来说，课程改革的成效可能是适得其反的。而这些支持性措施的实施本身也是极为复杂的，需要国家层面的系统组织，否则，可能还会导致地方课程实践与国家政策要求之间的矛盾，以至于极大地阻碍课程改革的推进。对我国来说职业教育课程改革尤其需要在国家层面进行，可以说，除了大量的试点外，我国基本尚未进行过国家层面的整体性职业教育课程改革。这一事实导致现有的课程问题较多，要进行深度的改革，需要付出极大的努力，其中有大量共性问题需要集中解决，许多矛盾需要进行整体性协调解决，这就更加需要国家层面的系统组织。

四、国家层面职业教育课程开发行动策略

（一）研究并发布技术、技能型人才需求与职业院校专业发展状态数据

这是国家层面职业教育课程开发的首要行动，发达国家以及欧盟每年都发表这类数据。职校生不可能像大学生那样具有非常弹性的就业适应能力，如果不能找到专业对口的工作，对他们来说就业会更加困难，因此，人才需求的数据是职业教育专业设置及确定招生规模的基本依据，人才需求调研的重要性不言而喻。

然而，人才需求调研又是一项技术性强，需要耗费大量人力、财力的工作，这种工作是个别职业院校，甚至多数省市职业教育研究机构所无法承担的，因此，这项工作应该尽快纳入国家层面职业教育课程开发的行动框架。目前对人才需求调研与预测的研究报告很多，但这些报告几乎都是以“产业发展对人才的需求”为逻辑出发点的。人才需求的变化的确是由产业发展变化引起的，但一个产业的发展变化，往往影响的是一组职业人才需求的变化，而不仅仅是某个专业的人才需求变化。因此，人才需求的调研与预测，应以职业、岗位的人才需求变化为基本分析点。

（二）开发职业教育国家专业教学标准

专业教学标准是课程的基础性文件，它对规范专业教学、促进专业建设、提高教学质量具有重要的意义。目前，职业教育发展中存在的问题，很大程度上可归结为缺乏具有权威性、科学性的国家专业教学标准致使一些改革措施也因此而受到制约。比如中高职衔接，目前的做法只是在作为不同教育实体的中职与高职院校之间通过签订协议的方式进行衔接，然而真正的中高职衔接，既不仅仅是某些

办学机构之间的衔接，也不仅仅是“某所中职学校与某所高职学院的课程的衔接，而是整个职业教育课程体系的衔接”[5]。要实现这一点，首先需要开发基于中高职一体化的国家专业教学标准。

目前，教育部已启动了国家专业教学标准开发工作，并且扩大了开发专业的覆盖面。国家专业教学标准开发要取得实际效果，需要深入研究其基础理论、技术方案与呈现形式，且不能忽视对开发过程组织与质量控制方法的研究。

（三）建设体现国家专业教学标准的精品教材

专业教学标准开发一旦成功，其实施就需要包括教材在内的立体化课程资源的支持，仿真训练软件、工作场景视频等课程资源应交由市场去开发。而从目前的情况来看，教材开发应纳入国家政策范围，要调动人力和财力，系统地开发出全覆盖的精品教材。

职业教育精品教材除了要求在内容与组织方式上体现国家专业教学标准要求，内容表述精炼、严谨，设计规范外，特别要注意处理好教材与知识和学习的关系。首先，教材一定要精选理论知识，系统描述工作知识。工作知识的系统描述非常困难，因为它是零散地存在于工作情境中的，要系统地获得工作知识，不仅需要投入大量开发精力，而且需要建立其开发技术。其次，要注意根据技术知识的学习原理开发教材，把教材的叙述方式由陈述式变为对话式，并把知识学习、实践操作、问题反思、自我评价等多种学习方式有机结合起来。

（四）构建职业教育课程开发的国家队

要把职业教育课程纳入国家政策视野，全面进行职业教育课程的研究与开发，紧迫的任务是要建立职业教育课程研究的国家机构与人才队伍。我们经常谈及德国职业教育的发达，与德国职业教育研究队伍相比，拥有十几亿人口和最大规模职业教育的我们，职业教育的研究力量薄弱。当然，也有由行业技能委员会承担职业教育课程开发任务的国家，如英国和澳大利亚。然而在我国要由行业协会承担课程开发任务显然是不现实的，我国人力资源与社会保障部门的职业资格证书开发也包含了课程开发的要素，但其内容无法替代完整的专业教学标准开发。因此，要在国家层面有力地推进职业教育课程建设，必须尽快建立职业教育课程研究的国家机构与人才队伍，其中既包括一批职业教育课程研究的理论专家，也包括大量全面深入了解各专业岗位任务实际情况与专业课程内容体系以及熟练掌握了职业教育课程开发技术的开发专家。

【参考文献】

[1] 钟启泉. 现代课程论 [M]. 上海：上海教育出版社，1989. 26.

[2] Castellano，M.，Harrison，L.，& Schneider，S. State Secondary Career and Technical Education Standards：Creating a Framework from a Patchwork of Policies [J]. Career and Technical Education Research，2008，33 (1).

[3] 姜大源，吴全全. 当代德国职业教育主流教学思想研究 [M]. 北京：清华大学出版社，2007. 123.

[4] 陈桂生. 学校教育原理 [M]. 长沙：湖南教育出版社，2000. 234.

[5] 徐国庆，石伟平. 中、高职衔接的课程论研究 [J]，教育研究，2012，(5).

联合国教科文组织职业技术教育政策的话语演变*

——基于 N-Vivo 的文本分析

□ 滕　珺（北京师范大学讲师）
□ 李敏谊（北京师范大学副教授）

随着我国经济社会的快速发展，职业技术教育在国民经济及个人发展中的作用日益凸显，国务院于 2005 年做出了《关于大力发展职业教育的决定》，职业技术教育与基础教育.高等教育一同成为我国当前教育发展的三大战略重点。要在全球化的背景下切实推进我国职业技术教育的发展，需厘清国际职业技术教育发展的脉络，才能在“立足中国，放眼世界”的比较视野下提出建设性的意见。本文将通过系统梳理联合国教科文组织（United Nations Educational, Scientific and Cultural Organization，简称 UNESCO）这一国际教育领域最具代表性的组织有关职业技术教育的重大教育政策，来洞悉 UNESCO 有关职业技术教育的基本理念和逻辑，为我国职业技术教育的发展贡献绵薄之力。

一、UNESCO 职业技术教育政策的形成与发展

职业技术教育政策一直以来都是 UNESCO 教育政策的重要组成部分，UNESCO 不同时期的职业技术教育政策与当时国际经济、科技的发展和 UNESCO 当时的工作模式和工作重心都有着密切的关联，UNESCO 职业技术教育政策的形成与发展大致可分为以下几个阶段。

（一）“基本教育”运动中 UNESCO 有关职业技术教育的早期思想

UNESCO 成立初期二战硝烟尚未散尽，各国战后重建工作以及由此衍生出的“基本教育”（Fundamental Education）成为 UNESCO 这一时期的工作重心。“基本教育”的内涵包罗万象，既包括培养人基本的听、说、读、写、计算等能力，也包括职业技能的培养；既包括道德精神教育，也包括国际理解教育；等等。其目的是保证人们获得参与社会活动的基本技能和知识的权利。而这一时期 UNESCO 有关职业技术教育的活动主要是通过与国际劳工组织（International Labor Organization，简称 ILO）合作完成的。1947 年，UNESCO 第二届大会决定“授权 UNESCO 总干事与 ILO 合作，共同研究并制订职业发展指导”。[1] 1954 年，UNESCO 和 ILO 签署了备忘录，进一步明确了二者的责任：UNESCO 负责“技术与职业教育”（technical and vocational education）；ILO 负责“技术与职业培训”（technical and vocational training）。

* 原载《教育研究》2013 年第 1 期。

但这一时期UNESCO的职业技术教育活动主要融合在归属于成人教育领域的“工人教育”之中，并未形成独立的职业技术教育政策，只是在1952年，UNESCO发表了一份《关于职业教育的一些基本想法》的报告。该报告指出：职业技术教育的真正目的在于帮助个人掌握并发展某一具体工作领域所需的知识、技能、理解、能力、态度和信息等，使之具有职业胜任力。根据教育对象的不同，职业技术教育可以分为两大类：职前教育和在职教育。要确保职业技术教育真正有效，必须基于具体职业的具体需求，针对有需要的人群，聘用既有丰富实践经验又有教学能力的合格培训师对学生进行教育。此外，学校还应与工厂、家庭、商店、办公室等部门合作，充分利用其资源，使教学环境尽量接近于真实的工作环境，以提高职业技术教育的效率。[2]

（二）1962年《技术和职业教育建议书》的形成

随着民族独立和民族解放运动的蓬勃发展，新兴的发展中国家的力量与日俱增，这些国家都面临着诸多经济社会发展问题，职业技术教育在这些国家显得尤为重要。而发达国家因冷战引发了激烈的军备竞赛，科学技术革命正是这场军备竞赛的直接结果，它对这些国家的经济以及基本的社会结构都产生了深远的影响。UNESCO显然感受到了这时代跳动的脉搏，职业技术教育的重要性在UNESCO的议程中也日益凸显。首先，UNESCO加大了对职业技术教育的投入，UNESCO专设的“技术援助项目”对职业技术教育的投入逐年增加，从1952年的约25万美元增长至1959年的53.5万美元。[3]其次，UNESCO多次参加ILO、联合国粮农组织（Food and Agriculture Organization，简称FAO）等机构召开的有关职业技术教育的各类研讨会，并在1951年到1958年间共派遣了160名职业技术教育专家前往37个国家解决其职业技术教育发展问题。[4]在这期间，UNESCO逐步形成了有关职业技术教育的系统、全面的理解，并意识到需要提出自己独立的职业技术教育政策。1957年，UNESCO在开罗召开了“阿拉伯国家职业教育会议”，会议达成有关职业教育管理、课程、教材等方面的38项建议；1959年，UNESCO和日本UNESCO全国委员会在东京召开了“职业教育区域研讨会”，会议强调了教师培训方法研究的重要性，同时也商讨了建立一个区域培训大学的问题；而最具代表性且最有影响力的当属1959年UNESCO与比利时政府在布鲁塞尔召开的“职业教育专家会议”，该会议不仅界定了职业技术教育的相关术语，而且强调职业技术教育对于社会和人的发展都有不可替代的重要作用。[5]随后，也就是1960年，UNESCO第十一届大会发表了《建立有关职业技术教育国际规范的报告》，该报告建议UNESCO和ILO分别建立各自的职业技术教育国际规范。[6]在此基础上，1962年UNESCO第十二届大会最终通过《技术和职业教育建议书》，其成为UNESCO第一份有关职业技术教育的重要政策文件。

（三）1974年《技术和职业教育建议书（修订版）》的形成

20世纪60年代末70年代初，一方面，随着第三世界的迅速发展和西欧国家、日本等国的经济崛起，美苏世界霸主的地位开始动摇；另一方面，科学技术革命的快速发展与西方国家基本经济结构之间的矛盾日益凸显，旧的工业系统发展日趋衰败，而新的工业体系尚未形成，整个劳动力市场面临着大幅度调整的问题。由于这些问题未能得到及时妥善的解决，最终导致西方国家的经济发展进入停滞状态。1973年，中东产油国大幅度提高石油价格，引发了战后资本主义国家最严重的一场经济危机。

为应对这场经济危机，尤其是为解决当时西方社会所普遍面临的失业问题，UNESCO提出了终身教育的口号，打破了传统教育理念时间和空间上的限制，而职业技术教育首当其冲地成为终身教育体系中不可或缺的重要组成部分。正如UNESCO所言：“过去十年，科学技术和教育的变化要求我们必须开展全新的、创新的、有效的职业技术教育，以推动教育、社会、经济和文化的发展。”[7]1972年，UNESCO第十七届大会决定修订1962

年的《技术和职业教育建议书》，并于1973年公布了《技术和职业教育建议书（修订稿）》。1974年，UNESCO第十八届大会正式通过《技术和职业教育建议书（修订版）》。

（四）1989年《技术和职业教育公约》的形成

如果说20世纪70年代仅仅是雅尔塔体系松动的开始，那么80年代国际政治、经济和文化的发展真正出现多元化和一体化端倪。首先，在资本主义国家阵营中，美国的霸主地位受到了来自西欧国家、日本等国的威胁，其一手缔造的“布雷顿森林体系”彻底瓦解。其次，亚洲的新加坡、韩国、中国台湾和香港地区以及拉美的巴西、阿根廷、墨西哥等一批发展中国家抓住发达国家经济结构调整的机遇，实现了经济腾飞，跨入新兴工业化国家和地区行列。而苏联由于经济结构的不合理和高度集中的经济管理体制，加之与美国进行军备竞赛严重制约了其经济发展。在这样的背景下，和平与发展成为世界各国共同追求的目标，职业技术教育面临着新的挑战与机遇。

1981年，国际教育局召开的第三十八届“国际教育大会”通过了第七十三号建议书《教育与生产劳动之间的相互作用》，该建议书指出：“现代社会尤其是发展中的社会最为迫切的需要之一，就是培养能适应就业环境和发展要求的熟练人力，尤其是要按照国家经济和技术发展的计划和方案来进行培养”。[8]其强调应在普通中小学教育中加强教育与生产劳动之间的联系。1983年，UNESCO第二十二届大会提出“能否制定一项关于技术和职业教育的公约”的议题，要求总干事“在1984—1985年进一步深入研究，以提出可列入可能缔约的公约的指导思想和原则”[9]。1987年，UNESCO和德国教育部在柏林召开了首届“国际技术与职业教育发展与改进大会”，会议强调了职业技术教育对社会发展的贡献，同时讨论了未来职业技术教育发展的趋势，为国际公约的最终形成奠定了良好的基础。1989年，UNESCO第二十五届大会最终通过《技术和职业教育公约》，并于1992年在德国波恩成立了“联合国教科文组织职业教育中心”（UNESCO International Center for Technical and Vocational Education and Training，简称UNEVOC），进一步推动国际职业技术教育的发展。

（五）2001年《技术和职业教育建议书（修订版）》的形成

苏联的解体最终结束了世界一些国家为期近半个世纪的冷战，国际经济的一体化、国际政治的多极化和国际文化的多元化开始酝酿着一个全新的国际秩序。此外，信息技术的迅速发展将我们带入了知识经济的时代，而知识经济的繁荣则直接取决于知识的创新和人才的培养。“21世纪的经济与社会将发生翻天覆地的变化，从而赋予职业技术教育意义深远的含义。职业技术教育必须适应这些至关重要的变化，诸如全球化、前所未有的技术革新背景、信息和通信技术的变革，以及社会快速变革所产生的结果。这些变革所产生的含义是，劳动与资本的流动性越来越大，贫富不均所产生的后果和在农业部门与工业部门新出现的市场经济。这些变化所产生的以知识为基础的社会，将为教育与培训提供令人兴奋的模式。”[10]“这些社会和经济发展趋势预示着一个新的发展模式，在这个模式中爱好和平的文化和保持良好环境的可持续发展是核心特征。因此，技术和职业教育的价值观、态度、政策与实践必须以这个模式为基础。”[11]

1999年4月，联合国教科文组织在韩国召开了第二届“国际技术与职业教育大会”，会议主题为“终身学习与培训——通向未来的桥梁”。来自世界130多个国家的近1 000名代表与会，会议审议通过了《技术和职业教育与培训：21世纪展望——致联合国秘书长的建议书》。同年11月，UNESCO第三十届大会提出“制订一项发展技术与职业教育的长期国际计划”作为本次大会的后继活动。[12]此外，UNESCO还召开了《技术和职业教育建议书（修订版）》执行情况咨询会，在此基础上，2001年UNESCO第三十一届大会再一次修订了1974年的《技术和职业教育建议书（修订版）》，该版本是近年来UNESCO职业技术教育工作的指导性文件。

二、UNESCO职业技术教育政策的话语分析

我们根据UNESCO1962年、1974年、1989年和2001年的技术和职业教育建议书或公约本身的结构，选取了概念界定、目标原则和项目内容这三个最能反映UNESCO关于职业技术教育话语的维度，运用N-Vivo8.0版对以上四份政策文本进行编码处理，结果如下。①

（一）职业技术教育的范围和界定

我们将UNESCO关于职业技术教育概念的界定分为：适用范围、内涵和外延。从表1不难发现，UNESCO职业技术教育概念的范围在不断拓宽，内涵在不断丰富，外延也在不断扩大。

表1 UNESCO职业技术教育概念各主题覆盖率（%）

	主题	1962年	1974年	1989年	2001年
范围	校内正式教育	0.67	0.25	0.70	0.23
	校外非正式教育	0.00	0.20	1.18	0.35
内涵	技能	3.20	0.60	1.96	0.55
	态度	0.00	0.60	1.96	0.55
	理解	0.00	0.60	1.96	0.55
	知识	0.00	0.60	0.59	0.55
	方法	0.00	0.00	2.56	0.00
外延	普通教育的组成部分	0.00	0.06	0.00	0.06
	职业准备教育	0.00	0.07	0.00	0.15
	继续教育	0.00	0.05	0.00	0.00
	终身学习和公民教育	0.00	0.00	0.00	0.11
	环境可持续发展	0.00	0.00	0.00	0.11
	消除贫困	0.00	0.00	0.00	0.07

资料来源：笔者利用N-Vivo8.0对UNESCO四份职业教育政策文本的节点分析报告。（表2、3、4、5、6资料来源同）

首先就范围而言，职业技术教育从1962年的校内正式教育扩展到1974年的校外非正式教育，且在1989年和2001年校外非正式教育的重要性超越了校内正式教育。这主要是因为“终身教育”概念的出现打破了传统教育时间和空间上的限制，职业技术教育则在终身教育思想的引导下大胆地跨出了校门，并与社会建立了更为紧密和多样的合作关系。如2001年的《技术和职业教育建议书（修订版）》就指出：“本建议书适用于各种具有职业技术教育属性的教育形式或教育方面，无论是教育机构内的还是教育机构外公立或私立部门所提供的，一切正式或非正式的、旨在为社区所有成员提供终身学习机会的各类有组织的教育形式。”[13]

其次就内涵而言，UNESCO对职业技术教育的理解从最初的技能教育逐步发展成为一个包含技能、态度、理解、知识和方法多层面的教育体系。尽管1962年的《技术和职业教育建议书》将职业技术教育分为熟练工人教育、技师教育和工程师教育三个层次，[14]但这三个层次都属于技能层面。1974年的《技术和职业教育建议书（修订版）》将其拓宽为实践技术、态度、理解和知识四个层次，因为20世纪70年代西方国家的经济危机迫使人们反思职业技术教育是否能单纯地从技术角度解决人们的就业问题，如果不能，还需要从什么方面着手，充分发挥职业技术教育对社会和个人发展的促进作用。同样，科技的日新月异和知识的迅速更迭使得“方法”在1989年的《技术和职业教育公约》中的重要性凸显，其覆盖率高达2.56%，高于同年的任何一项。

最后就其外延而言，UNESCO对于职业技术教育的理解也包含了越来越多的形式，从1974年的“职业技术教育是普通教育的必要组成部分，是为职业领域做准备的一种手段，同时也是继续教育的一个方面”[15]，发展到2001年的“职业技术教

① 由于1974年和2001年的政策文本均是在1962年《技术和职业教育建议书》的基础上修订的，其体例较为统一，是本文分析的主要数据来源；而1989年的《技术和职业教育公约》的体例与前三者差距较大，虽能反映政策的变化，但分析结果与前三者可比性较差，只能作为参考。

育是普通教育的必要组成部分，是为有效地参与职业领域的活动做准备的一种手段，职业技术教育是终身学习的一个方面，是为培养有责任心的社会公民做准备；是推进环境可持续发展的工具；是消除贫困的方法之一”[16]。这与UNESCO本身的工作重心密切相关。此外，还有两点值得注意：第一，“职业准备教育”的覆盖率在1974年和2001年分别为0.07%和0.15%，均高于外延中的其他主题，这说明为职业做准备的教育始终是职业技术教育中最为重要的形式；第二，职业技术教育不仅要为职业做准备，而且要为有效参与职业领域的活动做准备，这说明职业技术教育开始关注其教育有效性问题。

（二）职业技术教育的目标和原则

UNESCO关于职业技术教育的目标共涉及三个方面：个人、社会和自然。从表2中我们不难发现，UNESCO历年职业技术教育政策中关于个人发展目标的阐述明显高于其他两项目标，其覆盖率均高于1%，这说明UNESCO职业技术教育的目标重心始终落在个人发展这一方面，这与西方强调个人主义的文化传统相一致。

表2 UNESCO职业技术教育目标各主题覆盖率（%）

主题	1962年	1974年	1989年	2001年
个人	1.97	1.39	4.16	1.38
社会	0.00	0.43	2.19	0.19
自然	0.00	0.50	0.36	0.67

值得一提的是，早在1962年UNESCO就提出，职业技术教育不仅要提供未来职业所需的基本知识和技能，而且要培养人理解、判断、自我表达和适应环境变化的能力。[17]此后，UNESCO不断地将个人发展的目标分解为技术、知识、理解、态度、参与等多个层面。2001年的《技术和职业教育建议书（修订版）》指出：“职业技术教育应促进个体人格的和谐发展，培养人们的精神人文价值意识，培养人们理解、判断、批判性思考和自我表达的能力；通过发展必要的智力能力、技术和态度，培养人们持续学习的能力；培养人们在工作和社区生活中积极参与、团队合作、领导和决策的能力；培养人们应对信息通信技术快速发展的能力。”[18]相比之下，UNESCO有关职业技术教育的社会发展目标就显得笼统，大多只是强调职业技术教育要促进经济、社会和文化的发展，推进民主化的社会进程。

此外，UNESCO特别关注职业技术教育的自然维度，随着科学技术的发展，人们对环境的开发力度不断加大，人们在不断改造自然的同时也带来了日益严重的环境问题。如何在职业技术教育中提高人们的环境保护意识，早在1974年UNESCO就提出职业技术教育要“培养人理解现代文明中的科学和技术因素，培养人批判地认识科学技术对社会、政治和环境的影响，以及依此反应的能力”[19]。随后，UNESCO对于环境问题的关注与日俱增，其主题词覆盖率从1974年的0.50%增至2001年的0.67%，且2001年的《技术和职业教育建议书（修订版）》更是倡导人们“在自身的职业或生活的其他方面对环境的可持续发展做出自己的贡献”[20]。

根据教育目标的变化，UNESCO职业技术教育的原则也发生了改变（见表3）。

表3 UNESCO职业技术教育原则各主题覆盖率（%）

主题	1962年	1974年	1989年	2001年
适应科技的发展	3.14	0.00	3.54	0.00
体力劳动的尊严	0.45	0.00	0.00	0.00
灵活开放的教育体系	1.51	3.33	10.01	2.54
本土适应性	0.18	0.00	2.91	0.66
反歧视原则	1.23	2.61	4.28	1.46

第一，UNESCO始终强调要建立一个灵活开放的教育体系，如1962年UNESCO就强调职业技术教育应该是整个教育体系的一部分，学生可以自由地从职业教育体系转向普通教育体系。[21]值得注意的一点是，1974年后UNESCO更为强调教育体系的灵活开放性，其覆盖率不仅从1962年的

1.51%升到了1974年的3.33%，而且在同年度中的比重也跃居第一。这主要与20世纪70年代UNESCO大力推行终身教育理念密切相关，意味着职业技术教育不仅要在教育体系内实现灵活开放，更要与社会、就业市场这些学校外的系统建立联系，真正建成一个开放灵活的终身学习体系。

第二，从1962年的关注残障儿童到1974年的关注男女平等，再到2001年的关注所有弱势群体，UNESCO在职业技术教育领域始终特别强调机会均等原则。这正是UNESCO的组织特色所在，即不论在任何情况下，都要保障人们受教育的机会均等。

第三，UNESCO强调各国的职业技术教育政策要适应本国经济和文化的发展水平，且随着国际社会发展的多元化，其覆盖率也从1962年的0.18%增长至2001年的0.66%。

第四，在1962年的《技术和职业教育建议书》和1989年的《技术和职业教育公约》中，UNESCO都特别指出职业技术教育必须适应科技的发展，其覆盖率分别为3.14%和3.54%，其中1962年的比例高于其他项。而20世纪60年代和80—90年代正是世界科技大变革的两个时期，前者是第三次工业革命，后者是信息技术革命，由此可见，科学技术的变革对于职业技术教育发展的影响极为重大。正如1962年的《技术和职业教育建议书》所言："科学方法、技术和复杂的组织结构是现代经济和社会发展的基础，我们应该让越来越多的人接受更高水平的教育。"[22]

最后，特别值得一提的是，1962年的《技术和职业教育建议书》特别将体力劳动（manual work）的尊严列为职业技术教育的一项原则，要求"各级各类的职业技术教育都必须反复强调体力劳动的尊严，及其对现代生产的重要作用"[23]。这说明当时社会对职业技术教育存在大量的偏见，而其后的政策文本中就未曾提及这一原则，难道有关职业技术教育的偏见已然消除？这还需进一步地考证。

（三）职业技术教育的项目内容

UNESCO将职业技术教育分为三种性质：普通教育中的职业技术方面、为职业做准备的职业技术教育和作为继续教育的职业技术教育。从表4中我们不难发现，尽管UNESCO职业技术教育的内涵不断丰富，外延不断扩大，但为职业做准备的职业技术教育始终是UNESCO职业技术教育政策关注的首要方面，其覆盖率均显著高于同年的其他类型，其中1974年和2001年分别高达21.47%和18.59%。其次才是作为继续教育的职业技术教育和普通教育中的职业技术方面。

表4　UNESCO职业技术教育性质各主题覆盖率（%）

主题	1962年	1974年	1989年	2001年
普通教育中的职业技术方面	0.00	6.09	1.10	5.14
为职业做准备的职业技术教育	5.54	21.47	3.76	18.59
作为继续教育的职业技术教育	0.00	6.71	2.22	7.09

下面我们将重点分析为职业做准备的职业技术教育这一性质的教育。UNESCO有关为职业做准备的职业技术教育的论述主要包括形式、内容和原则三个方面。从表5中我们可以看出这三方面的情况。

表5　UNESCO为职业做准备的职业技术教育各主题覆盖率（%）

主题		1962年	1974年	1989年	2001年
形式	全日制	0.00	0.68	0.00	0.56
	部分时间制	0.00	2.74	0.00	1.98
	远程开放教育	0.00	0.00	0.00	0.36
内容	核心科学和普遍技术	2.05	0.92	1.02	0.84
	职业专业技能	2.23	6.05	0.77	6.30
	继续教育的基础	0.17	0.73	1.20	1.28

续表

主题		1962年	1974年	1989年	2001年
原则	避免过早专业化	0.00	0.50	0.00	0.47
	平衡发展	0.00	0.38	0.00	0.40
	校内外合作	0.00	2.87	0.71	1.36
	多元全纳	1.30	4.03	0.00	3.73
	跨学科和多文化	1.06	0.66	0.00	1.06

首先，从形式上看，部分时间制的职业技术教育是UNESCO倡导的主要形式，其覆盖率在1974年和2001年分别为2.74%和1.98%，明显高于同年其他两类。部分时间制的时间灵活更能满足学习者的学习需求，也符合职业技术教育中教育与实践相结合的性质。此外，随着信息技术的快速发展，远程开放教育也被引入了职业技术教育的体系之中，UNESCO在2001年的《技术和职业教育建议书（修订版）》中专门添加了这一新兴的教育形式。

其次，从内容上看，尽管UNESCO职业技术教育的内涵不断丰富，但其主要的教育内容还是职业专业技能，以2001年的《技术和职业教育建议书（修订版）》为例，职业专业技能包括至少一门外语、通信技术、科学词汇、组织规划技能、沟通技能、安全知识、本领域的新科技等。如轻工业、个体农业和手工业的本领域的新科技教育包含实业创办和基本信息通信技术的学习，使学习者能够掌握企业有关生产、市场营销和组织管理方面的能力；而商业和社会服务业（包括旅游业、医疗保险业）的本领域的新科技教育包括商业及办公室管理中有关信息获得和处理的方法与技能，保障组织顺利运营的组织和管理技能，市场营销和分配的基本知识；社区工作、医疗护理、餐饮营养、家庭经济与环境改善等社会服务领域的本领域的新科技教育包括提升生活标准的内容（营养、服装、医疗、住房等），但应适应当地的气候、地理、资源、组织和社会文化模式。[24]有趣的是，1962年职业专业技能的覆盖率仅为2.23%，而到1974年和2001年职业技术教育概念不断拓宽的时代，UNESCO对职业专业技能的强调有增无减，分别高达6.05%和6.30%。这恰恰说明随着科学技术的发展，各行各业之间的分化越来越细微，而在这个以社会分工为基础的高度专业化的时代，首先需要的是有关各个职业的专业技能，因为只有各个职业的专业技能才能保障社会经济与生产的正常运行。

最后，从原则上看，UNESCO始终强调的是职业技术教育的多元全纳性，这与UNESCO整个职业技术教育政策的基本原则是相一致的，也反映了UNESCO这个国际组织特殊的使命，即保障每一个人的受教育权。此外，还需要注意的一点是，UNESCO自始至终强调职业技术教育的跨学科性和多文化性。UNESCO早在1962年的《技术和职业教育建议书》中，就提出技工和工程师教育至少应该包含一门世界通用的外语学习，[25]1974年的《技术和职业教育建议书（修订版）》特别强调外语学习中的沟通技能和掌握科技词汇，[26]而2001年的《技术和职业教育建议书（修订版）》则在此基础上增加了"为国际就业和适应多元文化的工作环境做准备"[27]，这与世界一体化的进程是紧密相连的。

三、UNESCO职业技术教育话语的基本逻辑

通过以上对UNESCO职业技术教育政策文本的分析，我们可以总结出以下几点UNESCO有关职业技术教育政策的基本逻辑。

（一）职业技术教育的社会认可度已基本确立

从1962年强调手工劳动的尊严，到2001年建立开放灵活的终身职业技术教育体系，职业技术教育的重要性随着科技变革以及由科技变革带来的社会经济基础的变革而凸显。如果说20世纪60年代还存在对职业技术教育的某种偏见，那么现在职业技术教育已融入我们学习、工作和生活的方方面面。UNESCO对职业技术教育投入的不断增长也佐证了这一点，UNESCO对职业技术教育的常规预算在过去的40年中呈直线增长的趋势，从1962年的35 000美元增长至2001年的3 909 500美元。

（见图 1）

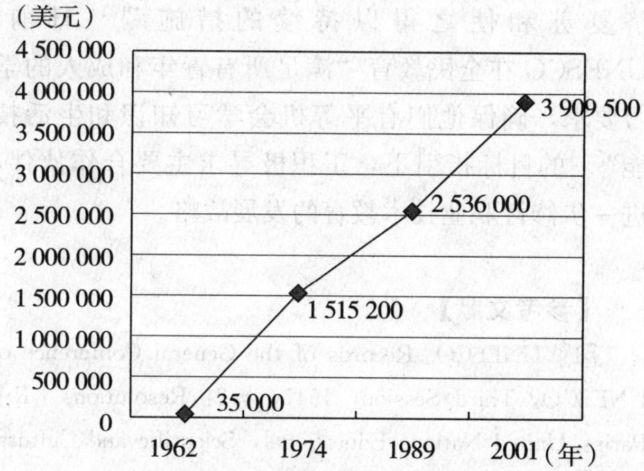

图 1 UNESCO 对职业技术教育常规预算逐年增长

数据来源：根据 UNESCO1963 年、1974 年、1989 年和 2001 年大会通过的《项目与预算》方案整理。（图 2 数据来源同）

但从职业技术教育的常规预算占当年度总预算的比重来看，UNESCO 在 1974 年对职业技术教育最为重视，其比重高达约 0.9%，这说明 20 世纪 70 年代在经济危机和科技发展双重背景下职业技术教育受到了前所未有的重视，而到了 80—90 年代，UNESCO 对职业技术教育投入的比重有所下降，这与知识经济的到来有关，技能性的培训让位给高科技知识的学习，但基本稳定在 0.6%到 0.8%的范围之内（见图 2）。这说明职业技术教育在国际社会上的认可度也基本稳定。

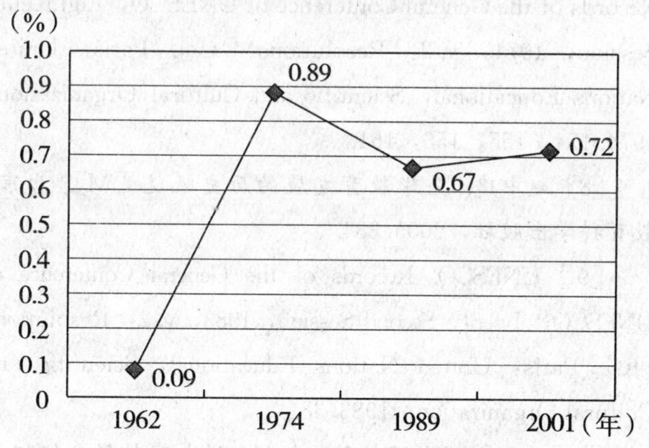

图 2 UNESCO 对职业技术教育常规预算占当年度总预算比重的变化

（二）职业技术教育的内涵随着时代的发展而不断丰富

无论是从 UNESCO 有关职业技术教育的概念界定、目标设置还是项目内容看，都不难发现 UNESCO 对于职业技术教育的理解随着时代的发展而不断丰富深入。其范围从校内的正式教育扩展到校外的非正式教育；内涵从技能扩展到知识、方法、态度、理解；外延从单一的职业准备教育到渗入普通教育、继续教育、终身学习、可持续发展教育、消除贫困教育等多种形式的教育中。UNESCO 对于职业技术教育的目标从最初的个人逐步扩展到社会和连接社会和个人的自然；教育形式从最初的全日制、部分时间制扩展到远程开放教育；教育内容从职业专业技能扩展到核心科技和普遍技术，再扩展到继续教育的基础；教育原则从全纳多元扩展到平衡发展、跨学科多文化等。职业技术教育的每一步发展都留下了时代发展的印记，而随着职业技术教育内涵的不断丰富，职业技术教育的功能也在不断增加，职业技术教育与其他各级各类教育之间的界限越来越模糊。

（三）专业技能的培养随着社会的进步而不断强化

以上研究结果表明，专业技能是职业技术教育的核心，且科技越发达，专业分工越细致，职业技术教育越应重视专业技能的培养。因为现代社会的运行基础是社会分工，正如亚当·斯密所言：“劳动生产力上最大的增进，以及运用劳动时所表现的更大的熟练技巧和判断力，似乎都是分工的结果。”[28]涂尔干更是指出：“事实上，分工所产生的道德影响，要比它的经济作用显得更重要些，在两人或多人之间建立一种团结感，才是它真正的功能。”[29]“在任何情况下，它都超出了纯粹经济利益的范围，构成了社会和道德秩序本身。有了分工，个人才会摆脱孤立的状态，而形成相互间的联系；有了分工，人们才会同舟共济而不一意孤行。总之，只有分工才能使人们牢固地结合起来形成一种联系。”[30]而社会分工首先要求人们掌握专业领域的专业技能，只有在掌握专业技能的前提下，才能对具体的专业领域做出直接的贡献，社会经济秩序才能正常地运行。

词频统计结果也表明，职业、技术、职位、工作、就业这些都是UNESCO职业技术教育政策文本中词频较高的词汇（见表6）。这些方面也正是UNESCO职业技术教育政策关注的重心所在。因此，为具体职业培养专业技能是当前职业技术教育必须解决的核心问题，而也只有在专业技能的培养满足职业发展需求的前提下，职业技术教育才有条件去解决更广泛的方法、态度甚至是价值问题。

表6 UNESCO职业技术教育政策中词频最高的十个词及其覆盖率①

序号	词	频次	覆盖率（%）
1	教育	765	4.19
2	技术	405	2.22
3	职业	396	2.17
4	普通/广泛	142	0.78
5	培训	142	0.78
6	职位	123	0.68
7	教学	102	0.56
8	工作	113	0.62
9	发展	95	0.52
10	就业	75	0.41

（四）UNESCO职业技术教育倡导全纳平等的观点

保障每一个人的基本受教育权是UNESCO的基本教育理念，这一教育理念在职业技术教育领域也日益凸显，从关注残障儿童的职业技术教育，到关注女童、女性参与职业技术教育，再到关注更多的贫困弱势群体的职业技术教育，以至提出全纳的职业技术教育原则，UNESCO在职业技术教育领域对于教育公平问题的关注从来都未减少过。这是UNESCO职业技术教育政策中最为鲜明的特征。

“在这个全球化的世界上，教育和培训作为终身学习过程的组成部分，是减贫的一个核心要素，它可以显著地提高找到体面工作或通过自主创业获得收入的机会。在目前的宏观经济和金融形势下，对职业技术教育与培训的投资未尝不是一个加速经济复苏和使之得以持续的措施。”[31] 目前，UNESCO在全民教育“满足所有青年和成人的学习要求，确保他们有平等机会学习知识和生活技能”[32]的目标指引下，正积极寻求主要合作伙伴，进一步修订职业技术教育的发展战略。

【参考文献】

[1] UNESCO. Records of the General Conference of UNESCO, Third Session, 1947, v.2: Resolutions [R]. Paris: United Nations Educational, Scientific and Cultural Organization, 1947.22.

[2] UNESCO. Some Fundamental Ideas on Vocational Education [R]. Paris: United Nations Educational, Scientific and Cultural Organization, 1952.1-5.

[3] [4] UNESCO. A Survey of UNESCO's Activities Concerning Technical and Vocational Education [R]. Paris: United Nations Educational, Scientific and Cultural Organization, 1959.6, 8.

[5] [6] UNESCO. Report on the Advisability of Establishing an International Instrument Concerning Technical and Vocational Education [R]. Paris: United Nations Educational, Scientific and Cultural Organization, 1960.6, 1.

[7] [15] [19] [26] UNESCO. Revised Recommendation Concerning Technical and Vocational Education [A]. Records of the General Conference of UNESCO, Eighteenth Session, 1974, v.2: Resolutions [C]. Paris: United Nations Educational, Scientific and Cultural Organization, 1974.154, 155, 156, 161.

[8] 赵中建. 全球教育发展的历史轨迹 [M]. 北京：教育科学出版社，2005.384.

[9] UNESCO. Records of the General Conference of UNESCO, Twenty Second Session, 1983, v.2: Resolutions [R]. Paris: United Nations Educational, Scientific and Cultural Organization, 1983.38.

[10] [11] 联合国教科文组织. 联合国教科文组织关于职业技术教育与培训的第二届国际大会的建议 [EB/OL]. http://www.moe.edu.cn/edoas/website18/06/in-

① 这里只包括与职业技术教育密切相关的具有实质意义的词，其他无实质意义的词被排除在外。

fo906.htm 2009-11-24.

[12] UNESCO. Records of the General Conference of UNESCO, Thirtieth Session, 1999, v. 2: Resolutions [R]. Paris: United Nations Educational, Scientific and Cultural Organization, 1999. 33.

[13] [16] [18] [20] [24] [27] UNESCO. Normative Instruments Concerning Technical and Vocational Education [R]. Paris: United Nations Educational, Scientific and Cultural Organization, 2004. 7, 7, 9-11, 9, 44, 27.

[14] [17] [21] [22] [23] [25] UNESCO. Records of the General Conference of UNESCO, Thirteenth Session, 1962, v. 2: Resolutions [R]. Paris: United Nations Educational, Scientific and Cultural Organization, 1962. 129, 130, 130, 130, 130, 133.

[28] 亚当·斯密. 国家财富的性质和原因的研究(上) [M]. 北京: 商务印书馆, 1994. 5.

[29] [30] 埃米尔·涂尔干. 社会分工论 [M]. 北京: 生活·读书·新知三联书店, 2000. 20, 24.

[31] 联合国教科文组织. 总干事关于教科文组织职业技术教育与培训(TVET)战略草案的报告 [R]. 巴黎: 联合国教科文组织, 2009-03-13.

[32] UNESCO. Education for All: Meeting Our Collective Commitments [R]. Paris: The United Nations Educational Scientific and Cultural Organization, 2000, 3.

国际成人教育共识与我国成人教育的改革和发展*

□ 谢国东（中国成人教育协会常务副会长）

成人教育是联合国教科文组织始终关注的重要领域。从扫除文盲到青年生活技能的培训，从终身教育理念倡导到全民终身学习活动组织，从《学会生存——教育世界的今天和明天》到《教育——财富蕴藏其中》，联合国教科文组织站在成人教育变革的前沿，不断提出新的理念和行动指南，引领着世界成人教育的发展方向。联合国教科文组织提倡的理念、政策以及行动框架为世界各国成人教育发展提供了参照，使人们不断提升对成人教育地位和作用的认识，为各国成人教育发展提供新的思路和方向。

一、联合国教科文组织国际成人教育共识

联合国教科文组织主持召开的国际成人教育大会是各国政府间有关成人教育的政策对话与政策评估。自1949年在丹麦埃尔西诺尔召开的首届成人教育大会以来，每隔12年举办一届，至2009年巴西的贝伦会议，联合国教科文组织共召开了六届国际成人教育大会，见证了成人教育60年的发展历程。在这60年间，世界风云变幻，经历了从第一次世界大战后的冷战到战后经济的恢复，从一些国家的工业化进程到现代科学技术的发展，从市场经济全球化趋势到世界经济的徘徊和金融危机，从信息社会形成到社会发展所带来的环境、贫困、健康、可持续发展以及日益严重的不平等问题提出的严峻挑战。在此期间，联合国教科文组织国际成人教育大会始终坚信成人教育的必要性，始终关注被边缘化的弱势群体，始终强调发展成人教育、终身教育是共同的责任，始终追求成人教育的最终目标——让生活更加美好，从而形成了有关成人教育发展在思想理念、行动框架与愿景等方面的共识，为世界各国成人教育的发展提供了可参考的政策和行动框架。

（一）成人教育是一项基本人权

联合国教科文组织国际成人教育会议秉承1948年人权法案上镌刻着的“每个人都有受教育的权利”的基本精神，强调接受成人教育是人的一项基本权利，并就成人教育是满足成年人多样化的需求，是丰富知识、增强能力的途径和人力资本开发的手段，是增进成人自信、自尊以及认同意识的一个重要因素，是每个人都应该享有的等原则达成了共识。为此，历届国际成人教育会议都强调成人接受教育的权利。第三届国际成人教育会议将“确保全民的终身学习权”列为会议的首要政策目标。第四届国际成人教育会议上还通过了《大会宣言》，确认学习是人的一项基本权利，并且强调：没有学习的权利，就不可能有人类的发展；没有学习的权利，就不会有工农业的复苏、人类社会的健康进步，承认学习的权利是解决当今人类关键问题的最大贡献之一。[1] 此后的“汉堡会议”和“贝伦会议”，都重申了“不管是儿童、青年，还是成人都

* 原载《教育研究》2013年第4期。

有受教育的权利”，并强调成人教育作为一项不可剥夺的人权，应该被所有国家纳入宪法。

（二）成人教育是终身学习的重要组成部分

联合国教科文组织国际成人教育会议认为，为了实现成人学习的基本权利，最理想的方法就是把成人教育纳入终身学习的体系中，无论在任何时候、任何地点、以任何方式进行学习，都可以由一个对一切形式的学习进行确认、核实和认证的开放、动态的机制提供支持。会议认为，成人教育与终身教育两者之间是融为一体的。终身教育的提出是从成人教育蓬勃发展中得到的启示，终身教育的实施也要依赖成人教育的发展；而作为终身教育的重要组成部分，终身教育的理念在成人教育发展中起着指导的作用。因此，必须从终身教育角度来定位成人学习与教育，将成人学习与教育纳入各国实施终身教育的政策范畴，才是发展成人教育，保障所有的人都享有教育权的基本条件和重要因素。

（三）识字是终身学习的一种基本能力

联合国教科文组织国际成人教育会议历来重视扫盲教育。1949 年第一届埃尔西诺尔会议就明确了“扫盲教育在理论上是成人教育的一部分”，要培养文盲人群阅读和写字的能力。此后的历届会议都强调了扫盲教育，认为识字是基础教育的核心，是一个人终身学习的基础；扫盲对千百万文盲来说是行使其教育权的唯一可能，特别是那些处境不利的妇女、老人、移民、少数民族、残疾人以及农村地区居民和城市地区处于社会边缘的贫困人口等弱势群体；扫盲不再是学会使用几个字的问题，它涉及各种不同的技能和能力的学习以及每个人能够对有用的信息做出正确分析并采取有效的行动。因此，扫盲和基础教育在未来一个阶段仍然是发展中国家的优先发展目标。1972 年东京会议不仅积极倡导用协调一致的行动消除文盲，而且提出了扫除“功能性文盲”，即虽然掌握了一定的读、写、算知识，但不能识别现代信息符号、图表和不能应用计算机进行信息交流和管理，无法利用现代生活设施的人。到 2009 年巴西的贝伦会议，世界文盲人口数量减少缓慢，全球仍有 7.74 亿成人（其中三分之二是妇女）缺少基本的识字技能；女童不能入学或中途辍学的现象仍然严重，2006 年，大约有 7 500万儿童（其中绝大多数为女童）辍学或从未上过学。这表明扫盲工作存在很多问题，实现联合国教科文组织的“全民教育目标”、“联合国扫盲十年”的目标面临严峻的挑战。因此，贝伦会议对扫盲教育的意义做了更为深刻的阐述：扫盲是使青年和成人能够参与这一连续学习过程中各个阶段学习机会所必不可少的基础。扫盲是受教育权的一个固有部分，是个人、社会、经济和政治力量发展的前提条件，是加强人们应对不断演变的挑战以及生活、文化、经济和社会复杂性的能力的一项核心手段。因此，会议呼吁：我们必须加倍努力，以确保用一切可能的手段实现包括在“全民教育”、“联合国扫盲十年”和“提高能力的扫盲行动”中的成人扫盲目标。

（四）制定发展成人学习与教育的相关政策

在很多发展中国家，成人教育尚未纳入国家的整体教育系统，许多国家还没有形成成人教育的完整体系和结构，尚未建立多部门和机构的合作机制，成人教育政策还不是教育政策的一部分。为此，国际成人教育会议一直强调：发展成人教育是关系到国家未来发展的基本国策，各国政府应将成人教育视为教育领域的一个重要部分，制定发展成人教育与学习的相关政策。特别是第六届贝伦会议重申：国家制定成人教育政策和立法是必需的，通过政策与立法，确保成人学习与教育的全纳性和参与性，设计特定和具体的成人学习与教育行动计划，集中各方力量，整合不同资源，确保资金投入，建立完善等效框架和监测机制等，并使各国的成人学习和教育与联合国千年发展目标、全民教育等发展计划相结合。

（五）加强成人教育的管理

从全球看，成人教育的管理还欠发达，而薄弱的管理削弱成人教育在教育政策乃至整个社会中的影响力。因此，加强成人教育的管理乃是当务之急。第五届国际成人教育会议强调：成人教育不仅仅是教育部门一家的事，几乎所有政府部门都负有促进成人教育的责任，因而，要促进和支持教育部门间和其他部委间的合作；要采取有效、透明、负责和公平的方式实施成人学习和教育管理，以利于对所有学习者，尤其是最弱势的学习者的需求给予帮助；要采取能力建设措施，提高管理的效率；要创建并维持各级公共行政当局、民间社会组织、社会合作伙伴、私营部门、社会和成人学习者和教育组织参与制定、实施和评价成人学习和教育政策和计划的机制等，从而提高成人教育的效益。

（六）提高成人教育质量

长期以来，由于成人教育得不到政府部门足够的重视，加上缺乏资金，成人教育的质量面临很大的挑战。教育人员缺乏专业精神和培训机会；学习环境简陋不堪，设备、课程和资料设置都不合理；教学内容、教育方法、执行方法和支持基础设施等缺乏系统的需求评估和研究；成人学习和教育中也没有一致的质量监测、评估和反馈机制等。这些都对成人教育的质量产生很大的影响。国际成人教育会议认为：在成人学习与教育中，质量是一个多层面的概念，需要持续关注和不断发展，因而提高成人教育质量的因素也是多方面的。首先，向学习者提供相关联的学习内容并让学习者充分参与教学过程，以满足成人学习者的需求和愿望，是成人教育质量保证的重要因素；其次，在成人教育计划中制定课程、学习材料和教学方法论的质量标准，并把内容和传授方法关联起来，进行以学习者为中心的需求评估；再次，教师、教育服务企业和培训者是成人教育中最重要的质量保证因素，要开展从事成人教育的教师的培训，实施能力建设，提高专业化水平，包括通过与更高一级的教育机构建立伙伴关系；最后，要改善成人教育的工作条件，提高成人教育工作者的待遇等。总之，国际成人教育会议认为，根据成人学习与教育的特点，培养一种质量文化，并加以有效的管理和监测，成人教育与学习的质量才能够得到不断的提高。

（七）丰富资金来源，政府加大投入

确保提供优质的成人教育，大量的财政投资是必需的，而政府更应该是主要的投资来源。第五届国际成人教育会议呼吁：各国应当落实联合国教科文组织关于至少将国民生产总值的6%分配给教育的共识，并增加分配给成人教育和学习的额度。同时，扩大所有财政部门现有的教育资源和预算，以满足成人学习和教育综合战略的各项目标；制定鼓励措施，以促进形成新的资金来源，例如来自私营部门、非政府组织、社会和个人资金，但不得损害公平和包容原则；呼吁国际发展伙伴履行承诺，弥补财政缺口；增加对成人扫盲、成人学习和教育的资金和技术支持，开发使用债务转换或取消等融资机制可行性。[2]

（八）建立成人教育监测机制

国际成人教育会议认为，必须以有效的和可靠的定量和定性数据影响成人学习和教育方面的决策，良好的定期跟踪机制和监测记录是最重要的，联合国教科文组织应该担当起进行后续跟踪监测的职责。第六届国际成人教育大会承诺实施问责和监测机制：一是各国要定期收集和分析有关参与成人教育计划及其发展情况的数据和信息，以评估一段时间内变化并分享良好想法；二是在每个国家均建立一个定期监测机制，以评估第六届国际成人教育大会有关承诺的履行情况；三是开始建立拥有明确基准和指标的地区监测机制；四是在2015年这个实现全民教育和千年发展目标的预定日期，编写第六届国际成人教育大会中期审查国别进度报告。

（九）加强成人教育国际合作

加强成人教育国际合作是历届成人教育会议关注的重要议题之一。会议期望通过国家之间信息、经验、服务和人员的系统交流为发展中国家提供帮助，特别是在扫除文盲、青年生活技能培训、女童入学、妇女就业等方面的合作与援助，将会大大改善发展中国家面临的严峻挑战。会议希望联合国教科文组织在这方面发展更大的作用，建立和支持国家、地区及全球的成人教育网络，鼓励发达国家捐助更多的经费支持发展中国家，创造有利于国际合作的环境。联合国教科文组织六届国际成人教育会议的坚持召开，在历史发展的各个阶段引导着世界成人教育发展的方向，影响着各国政府对成人教育与学习的认识和政策，展示着成人学习和教育的力量，为确保所有成年人都有终身学习的机会，为“走向美好未来”的目标做出了不可替代的贡献。

二、国际成人教育共识对我国成人教育改革和发展的启示

目前，我国的社会主义现代化建设进入了全面建成小康社会的新的历史阶段。党和政府提出了“形成全民学习，终身学习的学习型社会，促进人的全面发展”和“现代国民教育体系更加完善，终身教育体系基本形成”的战略目标，特别是《教育规划纲要》的颁布，对成人教育进一步改革、发展、创新提出了更高的要求。结合国际成人教育会议提出的思想理念、行动框架与愿景，思考我国成人教育改革和发展已是不容忽视的重要课题之一。

（一）以终身教育（学习）思想为原则转变成人教育观念

把终身教育（学习）作为整个人生和学习过程的一个重要组成部分已经被世界大多数国家所接受。所谓终身教育（学习），是指社会成员在其一生中持续不断的学习过程：纵向上包括婴幼儿、青少年及至老年人的贯穿一生的学习过程；横向上包括家庭的学习、学校的学习、社会的学习等各种正规、非正规及非正式的学习过程。在终身教育（学习）思想指导下，传统成人教育应该实现多方面的转变。其一，成人教育是国家现代教育体系中的重要组成部分，是以人为中心的教育所不可或缺的。成人是社会的主体，没有主体参与的教育是不健全的教育体系，如果说普通学校教育是终身教育体系中的核心和基础，成人教育则是终身教育体系的主体。其二，享受成人教育是成年公民的一项基本权利。数千万文盲和各个学习阶段失去学习机会的人应该有选择学习的权利，成人教育应该为他们创造享受这种权利的条件。特别是社会弱势群体，包括文盲、妇女、老龄人口、残疾人等，均有机会接受能真正地、充分地满足其基本学习需求的教育，使他们学会认知、学会做事、学会共同生活、学会生存。其三，学习不再是一劳永逸的，而应是在人的全部生命阶段中不断反复的过程，成人教育应该是对任何人在任何需要的时候，在任何地方都能以最好的方式提供学习的机会。其四，成人教育的宗旨是为每一个成人学习者服务，它以开放、灵活的、充分体现成人学习特点的成人教育体系，多种多样的学习资源，生产生活所需的学习内容，供成人学习者选择学习。通过各种改革，扫除成人接受教育的各种障碍。成人教育观念上的转变，是成人教育在新的历史时期发展的原则。

（二）在学习型社会形成中强化成人教育的地位和作用

在国家提出“现代国民教育体系更加完善，终身教育体系基本形成”，“建设全民学习、终身学习的学习型社会”等一系列奋斗目标的时候，我们应当充分地认识到，成人教育是实现这些目标的必要条件。“现代国民教育体系更加完善”，主要是指提高教育的现代化水平和国民教育体系更加适应学龄青年、少年儿童和走上职业岗位的成年人“学有所教”的需要。它在完成各级各类学历教育任务外，还要承担好各级各类的成人教育。“终身教育体系基本形成”，主要是指要基本形成满足全体人民受教育所需要的教育制度、教育机构、学制系统、教育内容和形式、教育队伍。应当在学校学历教育深化改革、科学发展的同时，加大职业教育和成人教育的改革发展和规范管理的力度，使之适应全面建成小康社会奋斗目标的要求。全民学习、终身学习的学习型社会，是全体有学习能力的人们从幼儿到老人都在不断地学习的社会。因此，社会除了用完善的终身教育体系为人们学习服务外，还要用完善的图书馆、博物馆、文化馆、书刊、网络和广播电视，以及各种学习型组织提供的学习平台为人们学习提供服务，便于人人终身学习，形成人人皆学，时时能学，处处可学，按需选学，终身在学的全民学习、终身学习的社会局面。成人占人口总数之多、学习时段之长、学习内容之广，决定了成人教育和成人学习在完善现代国民教育体系，形成终身教育体系，建设学习型社会中的重要地位。我们应

当更加充分认识成人教育的重要性，更加重视发挥成人教育的作用，为“构建终身教育体系”，“形成全民学习、终身学习的学习型社会”努力奋斗。

（三）在社会主义市场经济形成中推进成人教育改革和创新

面对中国社会主义市场经济体制的建立和不断完善，成人教育必须进一步解放思想，强化与时俱进的理念，不断推进成人教育的改革创新。国家应该成为成人教育的提供者、咨询者、资助者以及监督者和评估者，从政策、经费、评估等手段宏观调控成人教育的发展；鼓励政府各部门和社会的各个层面对成人教育的全面参与与合作，政府和社会合作者积极采取措施，提供教育资源，满足个人在教育方面的需要和愿望，以保证每个人得到终身接受教育的机会；成人教育的举办者应有办学的自主权，主动建立适应市场经济和社会发展的办学机制，成人教育的发展规模、速度、结构及人才培养的规格要求要与社会经济结构和生产力水平相适应。成人教育应以满足成人的学习需求为核心，以成人为中心，以成人的生产生活需要和问题为中心，按需办学，根据成人的实际需要安排课程和教学，推进成人教育教学改革，不断提高成人教育教学质量，成人教育才能获得生存的前提条件。事实上，在市场经济体制下成人教育的发展、改革、创新已经迈出了重要的一步，并将进一步深化和完善。

（四）在改革发展中建立健全各类成人教育制度

建立健全科学的成人教育制度是我国成人教育发展的基础，这些制度包括：建立学习成果认证、积累和转换制度，促进不同类型的教育和学习成果的沟通衔接，搭建终身学习“立交桥”，建立“学分银行”。建立健全成人教育的激励机制，鼓励全社会积极参与支持成人教育，并建立成人教育与劳动人事部门沟通衔接的制度，提高从业人员接受成人教育的积极性，用人单位要保证落实从业人员的带薪成人教育假制度，为员工成人教育提供便利。建立健全成人教育经费投入保障制度，加大公共财政投入力度，建立健全政府、用人单位和个人合理承担成人教育经费的政策，形成多渠道筹措成人教育经费的体制机制，确保成人教育有稳定可靠的经济支撑。建立健全成人教育质量认证体系和评价监管制度。尽快研究和制定成人教育办学机构资质认证标准，师资资格认证标准和成人教育质量标准，形成有效的成人教育质量评价和监管制度。

（五）在成人教育实践中加快终身教育（学习）立法工作

联合国教科文组织国际成人教育会议强调成人教育政策和立法的必要性。建设终身教育体系，形成学习型社会，是中国政府提出的目标，加快终身教育（学习）立法，使终身教育（学习）制度化、规范化，是实现目标的基本条件也是一项重要而紧迫的任务。在《中华人民共和国教育法》颁布前后，已由全国人大常委会通过了《中华人民共和国义务教育法》和《中华人民共和国职业教育法》、《中华人民共和国高等教育法》。但是不可否认，国家层面至今尚没有出台一部专门就终身教育（学习）的、由立法机关按照一定程序制定和颁布的法律文件。地方终身教育和终身学习的立法工作的相继开展，将有利于国家《终身教育（学习）法》的出台。

通过立法，将建设完备的终身教育体系和学习型社会变为全国人民的意志，变为全社会的行动，建立终身教育体系和学习型社会才有可靠的保障。现在中国丰富多彩的成人教育实践已经为《终身教育（学习）法》的颁布和实施创造了良好的条件，而中国的成人教育也只有在《终身教育（学习）法》颁布和实施中才能得到保障和发展。目前，在终身教育法规出台之前，应在修订有关教育的法律法规中，充实和完善成人继续教育和终身学习内容。

（六）在建设终身教育体系中大力发展现代远程教育

随着科学技术的飞速发展，许多现代化视听设备和现代信息处理技术已在教育领域广泛应用，尤其是网络技术的发展，突破了学校教育在时空上的局限，为人人学习、处处学习、时时学习和灵活学习提供了物质和技术上的保障。

信息网络技术的发展和应用，必将加快终身教育体系和学习型社会的建设。现在，国家已经提出实现国民经济和社会生活信息化的目标，确立了以信息化带动工业化，实现跨越式发展的战略，在教育上实行以教育信息化带动教育现代化的战略。形成现代远程教育网络，利用信息网络学习，这是未来教育发展的方向，也是为建设终身教育体系和学习型社会提供的技术保障。

（七）在成人教育发展中加强成人教育研究和学科建设

中国成人教育理论研究落后于蓬勃发展的成人教育实践，与教育学众多学科相比，成人教育的研究也显得缓慢。正是由于成人教育科学研究的薄弱，使我们缺乏对成人教育、成人学习内在规律的深刻认识，影响了成人教育的发展。因此，应加强成人教育研究和学科建设，促进人人皆学、处处可学、时时能学的学习型社会的形成。

【参考文献】

［1］联合国教科文组织终身教育研究所. 国际成人教育发展的历史轨迹（1949—2009）［M］. 北京：教育科学出版社，2012. 170-182.

［2］陶小丽. 我国成人教育未来之路［J］. 湖北大学成人教育学院学报，2011，(1).

中国成人教育会终结吗？*

——新时期我国成人教育面临的重大危机与挑战

□ 吴遵民（华东师范大学教授）

一

教育是一项培养人的社会活动，教育因为人与社会的发展需要而存在。因此，就教育的目的、制度、内容、方式、发展速度与规模等而言，亦必然受到社会生产力的发展水平、政治制度的民主诉求以及科学文化的普及程度等因素的影响和制约。换言之，任何一种教育活动或形态的产生、兴起及演变，实际上都有其深刻的社会背景与历史成因，我国成人教育的兴起、发展乃至当下遭遇的困境与问题莫不如此。简言之，处在转型与变革的时代，成人教育也面临了前所未有的危机与挑战。由于《教育规划纲要》已经将“面向学校教育之后所有社会成员的教育活动”定位为“继续教育”，由此，成人教育已经完成历史使命，即所谓的终结论、消亡论观点一时甚嚣尘上。那么，成人教育是否就如同某些学者或社会舆论所断言的那样，已到了生死存亡乃至自生自灭的边缘？就中国而言，未来成人教育是否还有发展空间？处在当下进退两难、存废莫衷一是的阶段，又应该制定怎样的对策与方略方可渡过这一难关？对此问题进行深入的讨论与研究，不仅可以明晰成人教育的未来发展方向，而且对于教育行政主管部门而言，也可起到提供决策咨询的作用。

二

从简要的历史回顾中，我们可以清楚发现，我国成人教育的产生其实是伴随着“文革”的结束，以及改革开放新形势的需要而兴起并发展起来的。若就成人教育这一术语而言，它其实并非我国固有的本土概念。①我国现代成人教育概念②的提出以及以“成人”为对象在普通教育以外的领域得以大规模的展开，其根源于“文革”结束后的社会急剧变化及由此产生的学习需要。1978年12月，党的十一届三中全会做出了以经济建设为中心的重要决策，由此拉开了改革开放的帷幕。但是，十年“文革”动乱完全扰乱了国民教育的正常秩序，当时社会上充斥着因“文革”期间学校“关门”而致大量青壮年陷入文盲或半文盲的严峻状况，这一现实也严重阻碍了我国社会经济建设的正常进行。“文革”后的学校教育虽然渐渐恢复了正常，但由于正规学校对入学者有着严格的年龄限制，于是为了解决因“文革”动乱而被排除在校门之外的年轻人能再度回归教育的问题，我国从国际社会引入了“成人教

* 原载《开放教育研究》2013年第4期。

育”的概念，并予以大力的扶持与促进。随后在中央政府的直接推动下，一场规模浩大的针对成年人的“双补”（补习基础文化和基本技术）教育运动，以及尔后为满足他们的职业发展需求及对高等学历教育的期待而开展的岗位培训与成人高等教育相继兴起并得到了极大发展；而通过北京、上海、天津、沈阳等四地的试点，自学考试制度也在全国范围普遍建立。

尤其需要指出的是，1986 年国家教委在山东省烟台市召开了“全国成人教育工作会议”，时任国家教育委员主任的李鹏做了“改革成人教育，发展成人教育”的讲话。他指出：“成人教育是我国教育事业极为重要的组成部分，就整个教育事业来说，大体上可分为四大部分，即基础教育、职业技术教育、普通高等教育和成人教育”。（《中国教育年鉴》编辑部，1987）李鹏讲话的精神在 1987 年国务院正式转批的《关于改革和发展成人教育的决定》中得到了充分体现③，至此，原本产生于欧美的“成人教育”概念开始替代本土的“工农教育”而在我国落地生根，并成为当时国民教育体系四大重要组成部分之一。简言之，成人教育自在我国诞生之日起，即承担起了对走上各种工作岗位的成年人进行补偿教育、学历教育、岗位培训及市民精神教养教育的历史重任④，并由此发挥了极其重要的作用。大批因“文革”失去学习机会的人重新通过“双补教育”、职业技能培训以及成人高等教育而获取了各种资格证书、上岗证书乃至大学学历，成人教育的发展一时在国内达到了顶峰。

三

然而，教育的组织形式也经常会因为社会政治或经济发展的原因而呈现其兴盛或衰落的发展周期，⑤成人教育也不例外。进入 21 世纪后，伴随“两基”的完全普及，高等教育大众化的实现，以及“文革”后教育欠账的渐次“偿还”，成人正规学历教育的需求已不再迫切并日趋减弱。而且，随着我国职业教育一体化的实现，以及社区教育的兴起，一度十分红火的归属于成人教育的岗位培训以及市民教养教育也面临着被替代的危机局面。1978 年后⑥，借助改革开放的春风，经过三十多年的摸索与探究，我国初步形成了与现代化建设相适应的学历教育与职业培训并举的职业教育体系，同时建立了以政府为主导的职业教育调节机制和政府、行业、企业以及社会共同参与的职业教育服务保障体系，由此现代职业教育初具规模。于是，原来归属于成人教育重要领域的职后岗位培训，亦因职业教育的快速发展而有所削弱。与此同时，社区教育在我国蓬勃发展，并取得了令人瞩目的成就。以上海为例，全市已在 220 个街镇成立社区学校，在居委层面设置了 5 000 个教学点，仅 2012 年，上海市社区学校全年在校学员数超过了 150 万人次。社区学校已经成为上海市推进精神文明建设、构建公共文化服务体系乃至建设学习型社会的重要阵地。由于社区学校更加强调社区民众自发、自主、自由参与终身学习、提高精神文化生活质量，因而它比成人教育更加契合终身教育的理念。同时，社区学校面向社区全体居民开放，服务对象也早已超出了成人教育的范畴。

需要指出的是，基于终身教育理念以及架构学校与学校外教育“立交桥”的需要，2010 年，中共中央、国务院发布了《教育规划纲要》。在这样一份关系我国未来一段时期内教育改革与发展的纲领性文件中，成人教育的术语被正式纳入继续教育的范畴。与此同时，行政机构的改组也悄然进行，国家行政机关中的教育部成人教育司，早在 1998 年就更名为职业教育与成人教育司⑦；地方教育委员会的成人教育处及成人教育科，也被终身教育处或社会发展科取代，许多高校的成人教育学院相继更名为继续教育学院或开放教育学院等。种种信号都清楚表明成人教育的发展已陷入瓶颈，其存废及转型受到了人们的强烈关注。换言之，成人教育的学历教育部分如上所述早已因生源的大幅减少而呈现难以为继的危机，原本最为红火的岗位培训，也因职前、职后教育的一体化而陷入停顿，至于市民的教养教育又因社区教育的兴起而被彻底取代。由此，成人教育赖以生存的两大支柱——对成年人的岗位培训与市民教养教育都已不复存在，致使如今的成人教育正逐渐沦为一个有名无实的空壳。尤其是以成人为对象的教育形态，由于其与学校教育无法形成有效的无缝对接，因而亦无法承担起终身教育时代要求架构学校与学校外教育“立交桥”的重任。因此，以一种新的教育形态——继续教育，来取代已经完成了历史使命的成人教育，亦可谓早已在运筹帷幄的考量之中。

四

毋庸置疑，成人教育之所以在当下面临发展危机与生存挑战，与其原有的目标定位与功能作用受到社会发展变化的巨大冲击关系密切。我国成人教育的内容构造与基本功能，在教育部发布的《关于改革和发展成人教育的决定》中曾有明确界定，即成人教育主要“是对已经走上各种生产或工作岗位的从业人员进行的教育，能够直接有效地提高劳动者和工作人员的素质，从而可以直接提高经济效益和工作效率。同时，对于培养有理想、有道德、有文化、有纪律的社会主义公民，形成好学上进的社会风气，对于发扬民主、健全法制，促进安定团结，成人教育也有着直接的作用。”（国家教育委员会，1987）由上可见，我国成人教育的基本功能主要针对的是成年人的岗位培训与市民精神教养两部分，这也是成人教育赖以生存的两大支柱。在以上思路的指引下，我国相继建立了由成人学历教育和非学历教育两大部分组成的成人教育体系。

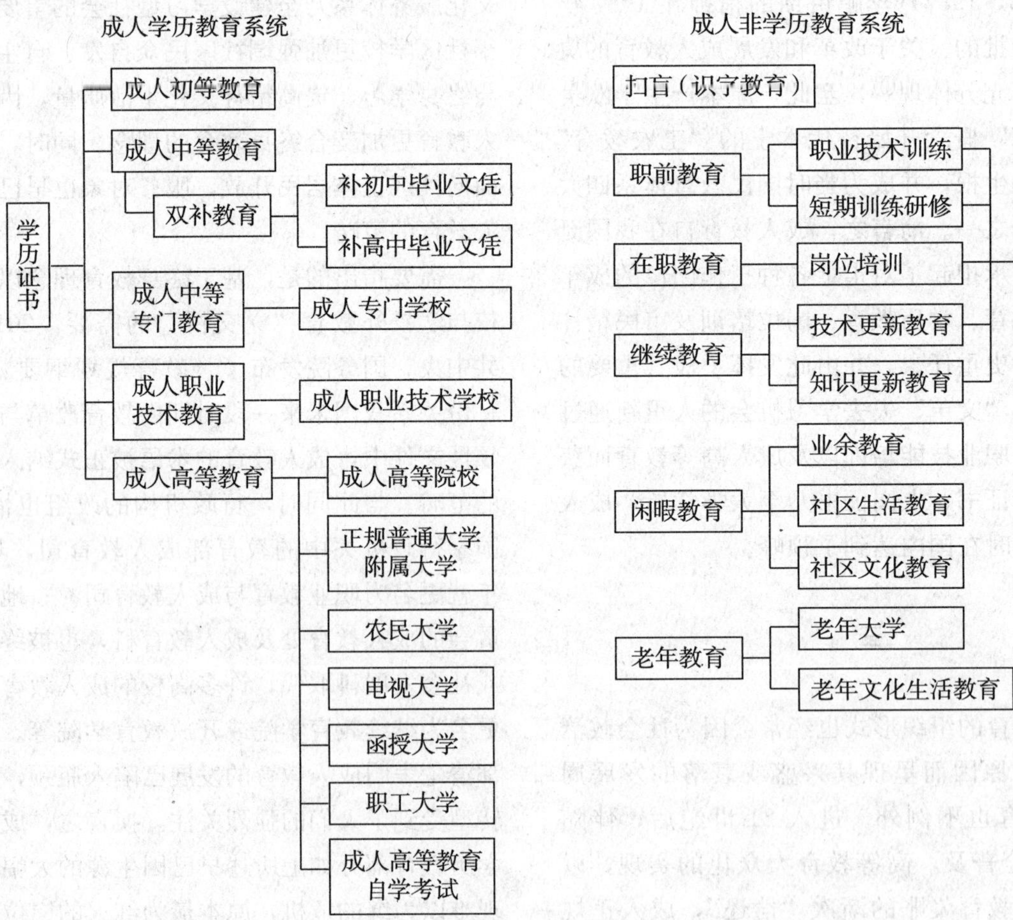

图 1　我国成人教育体系⑧

但如今，随着终身教育时代的到来以及社会环境的急剧变化，尤其是我国教育体制改革的不断深化，成人教育正面临着两个方面的冲击：一是来自教育系统外部，即终身教育背景下社会发展对学校与学校外教育有机衔接和融合提出的新要求；二是来自于教育系统内部，因为教育体制的改革而要求理顺各种教育形态之间的关系。换言之，我国正在努力构建一个“人人皆学、时时可学、处处能学”的终身教育体系，而其关键是要架起各级各类教育之间的“立交桥”，实现各种教育形态的横向沟通与纵向衔接，并最终达到各种教育资源围绕人的一生予以整合与开放的目的。然而，从以上构想来看，我国成人教育原有的内涵与功能便存在着诸多缺陷。如成人教育的概念仅从字面意义来看，可理解为是根据教育对象的年龄阶段来划分的教育类型，又可理解为特指针对成年人的教育，并与传统意义上针对儿童的教育相区分。但这种单纯用年龄来划分教育类型的方法，在教育结构与体系中有难以衔接的弊端。如成人教育无法与学前教育、学校教育、职业教育乃至社区教育等有机衔接。其次，我国的教育结构亦并非是以青少年、成人等对象的年龄来划分的，而是以基础教育、高等教育、职业教育等教育层次与功能来划分的。由此，成人教育无论是在概念上还是教育结构的逻辑层面上都存在不合理与不贴切性。我国目前已有的学前教育和学校教育制度已经较为连贯地把人的前半生，即学前与就学中的教育有机连接了起来，且它们都以教育的功能来区分的教育活动，唯有学校后的成人教育是以对象的年龄特征予以定位的。这就造成了学校与学校后的教育，不仅是名称甚至包括连接机制和功能都不连贯与不顺畅的弊端。而继续教育的概念，则是按接受教育的过程来划分的教育类型，可以看作是在原有教育基础之上的教育“追加”或“延伸”，因而就教育结构的逻辑而言，继续教育的概念及内涵就显得更加合理与妥帖。

那么，什么又是继续教育呢？具体而言，它指的是这样一种教育形态，即凡是脱离了正规学校教育系统的所有社会成员都可以继续接受的一种没有年龄限制、教育形式和内容灵活多样的教育形态。比如，它既包括了走出校门的在学青少年在社区参与的各种实践活动，也涵盖了社区居民为了更新知识、提升能力乃至兴趣爱好而展开的多元学习活动。因此，继续教育的对象并不局限于成年人，它可以包括因各种原因中途离开学校的青少年（如辍学者）。在教育功能上，它也不再局限于学历教育或岗位培训，而是泛指一切对个体具有教育意义的学习乃至文化娱乐活动。在教育结构上，它与学校教育系统紧密衔接，凡正规学校教育结束就可以视为继续教育的开始。因此，它的功能、内容与正规学校教育可以做到充分吻合与完整衔接。它在形式上也更加多样与多元，即凡学校后的教育活动都可包含其中。从某种意义上看，继续教育更加接近终身教育提倡的理念，即对社会既存的各种教育资源进行有机整合，并促进各级各类教育的相互衔接，即所谓终身教育“立交桥”的搭建。有鉴于此，《教育》明确指出，继续教育“是面向学校教育之后所有社会成员的教育活动，是终身学习体系的重要组成部分”。至此，成人教育的术语已逐渐被继续教育所代替。

一言以蔽之，我国成人教育的内涵及概念实际上并不能完全涵盖学校后教育的全部，因而寻找一种新的教育理念或形态来重新界定学校后教育的内涵及外延，并由此构建一个能真正把人一生不同阶段的教育在功能与机制上予以有效统合并有机连接实属必要，因为这对我国能否构建终身教育体系，并最终实现学习型社会的创建与完善至关重要。

五

根据以上的分析，面对急剧变化的社会，成人教育又应如何实现发展思路的转变与实践活动的转型，则关系到成人教育今后的生存与发展。笔者认为，成人教育并未终结，也不会消亡。但它若要继续发挥作用，则唯有顺应社会发展的情势，重新定位自身的功能与目标，才有重新焕发生命活力的可能。

具体来说，它又需要在以下几个层面实现目标转换与功能转型。

（一）在理论研究层面，应该加强对成人教育的内涵与功能目标的研究，力图把成人教育融入终身教育的体系框架与结构之中，并基于继续教育的概念范畴重新思考成人教育的定位。图2勾勒出了今后成人教育在终身教育体系及继续教育框架中的定位。

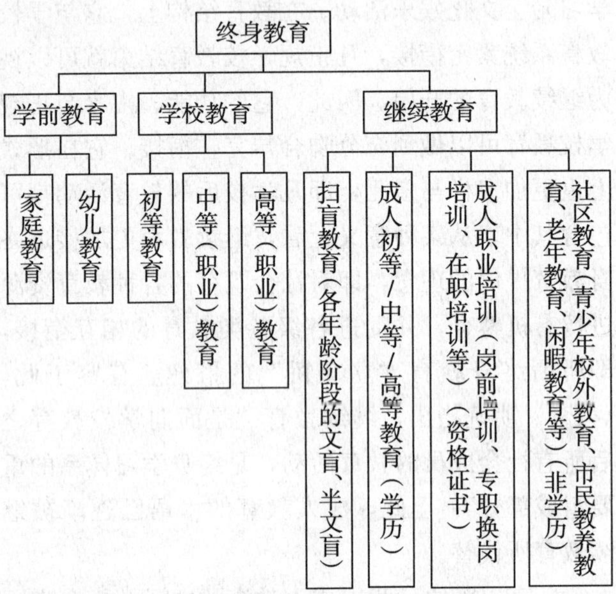

图2　成人教育在终身教育体系及继续教育框架中的定位

从图2可以看出，以成人作为对象的教育，在继续教育的几乎所有框架结构内都有涵盖。但需注意的是，它已不再作为一种独立的教育形态出现，而是作为支撑继续教育框架结构的一个具体部分而呈现。换言之，今后的成人教育应该把研究重心放在对成年人的学习心理、教材与课程的开发，乃至自我实现、自我完善等重点上，即应加强对“成人对象学”的研究（如学习动机、学习特征和学习需求等），以不断为成人学习者提供更加多样、更加符合其年龄特征的教育资源。例如，针对进城务工人员群体，提供帮助他们融入城市、自立谋生的教育资源。又如，针对社区老年学习者，提供丰富多彩，尤其是有利于其身心健康，发展兴趣爱好，丰富精神生活为宗旨的教育活动，以促进他们个体的发展，进而促进整体国民精神文明素养的提升，达到构建学习型社会的目的。借助这类以“年龄特征”进行分类的研究，就可以对课程、教学、活动、内容、方法等做到有的放矢、因材施教，从而更好地满足以成人为对象的学习群体的学习需求，而这也构成了终身教育与继续教育的实践基础。

（二）在实践层面上，面对继续教育的兴起，成人教育需要实现办学意识的转变，即把目光从城市转向农村、从企业转向社区、从学历教育转向各类非正规的教育活动，争取以成人教育的新面貌与新特色融入继续教育。如前所述，成人教育的原有功能已经被职业教育的发展和社区教育的兴起所分解。但以上发展并非一蹴而就，在其发展与演变的过程中，成人教育当前的实践空间应聚焦于职业教育的转型和社区教育发展尚未深入的农村地区。在这一实践空间中，实现成人教育与继续教育的融合和接轨。具体来说，就是通过开拓农村社区教育、建好开放大学、实施学分认证机制等主动实现成人教育向继续教育的转轨，同时扩展成人教育机构的功能，更好地服务于终身教育体系的构建。除此之外，现有的成人教育培训体系也应加以改革和发展，以建立更加便捷与普及的成人教育信息网。

（三）在政府政策与立法层面，应该重新反思立法的重要性与必要性。20世纪80年代，成人教育立法一度进入教育部的议事日程。当时，教育部委托北京、上海、武汉三个城市各自进行成人教育立法的项目研究与草案制定。后来由于理解上的歧见而致这一立法程序陷入停顿乃至最终遭遗弃。从立法实践层面来看，如果成人教育法当时能顺利出台，那么它将为正在酝酿与制定中的国家终身教育法提供更多的立法依据与支撑，而成人教育即使因为社会的发展而需及时调整功能内容，也不至于就此陷入“终结”或“消亡”的危险境地。如今这一幕虽已成为历史，但在即将酝酿制定的国家终身教育法中，成人教育的作用、功能乃至地位应该做出明确规定，同时确立成人教育作为终身教育体系的重要组成部分和继续教育的基本领域而在立法层面予以切实认可，以消除因各种社会或制度性的变化而导致成人教育陷入风雨缥缈、摇摆不定的危险境地。

六

国际成人教育学者霍拉（H. S. Bhola）曾经指出，20 世纪后半叶是一个有关“成人教育”用语如雨后春笋般涌现的时代。（岩桥惠子，猪饲美惠子，1997）各种教育思潮、教育概念与教育术语的出现，不仅反映了社会的高速发展，也反映了教育为适应社会变化而必须随之进行变革的现状。面对这样一种此起彼伏、瞬息万变、欣欣向荣的状况，我们大可不必惊慌失措，也更不可墨守成规。我们需要的是冷静面对、适时调整，以使我们的教育体系更加科学、更为合理，这也是我们每位教育工作者应采取的态度与立场。面对当下成人教育走向“终结”乃至“消亡”的困境，我们同样应该顺应社会发展需要而给予更多的理性思考，以便从迷雾中透析其本质，从混沌中辨明其未来发展方向。

【注释】

①成人教育（Adult Education）的概念，由联合国教科文组织在 1976 年召开的第 19 届世界教育大会提出，“成人教育是专指学校教育以外领域展开的、以成人为对象的、且以各种非正规或非正式教育活动为主的专用术语。”关世雄. 成人教育词典［M］. 北京：职工教育出版社，1990：149.

②在成人教育概念引入我国之前，国内并没有“成人教育”这一专有名词，但是相关类似的实践已经存在。“成人教育是新中国诞生之后逐渐发展起来的校外教育形态的总称，它的前身可以追溯到清朝末年的通俗教育（1906年）、民国时期的民众教育以及社会教育。新中国成立之后，原有的民众教育、社会教育等又分别为工农教育、业余教育、扫盲教育和干部教育所代替，其教育功能和体制也随之发生变化。”凡此中都属于我国成人教育的实践基础，但与人们所理解的成人教育又有所不同。吴遵民. 现代中国终身教育论［M］. 上海：上海教育出版社. 2003：209.

③《关于改革和发展成人教育的决定》明文规定：“成人教育是我国教育的重要组成部分。在整个教育事业中，它与基础教育、职业技术教育、普通高等教育同等重要。”国家教育委员会关于改革和发展成人教育的决定［EB/OL］.（1987-06-23）［2004-04-13］. http://learning.sohu.com/2004/04/13/11/article219821182.shtml.

④成人教育的主要任务是：（1）对已经走上各种岗位，以及需要转换工作岗位或重新就业的工人、农民、干部、专业技术人员和其他从业人员，进行相应的岗位培训，使他们在政治思想、职业道德、文化知识、专业技术和实际能力等方面达到本岗位的规范要求；（2）对已经走上岗位而没有受完初等、中等教育的劳动者，进行基础教育；（3）对已经在职而又达不到岗位要求的中等或高等文化程度和专业水平的人员进行相应的文化和专业教育；（4）适应社会的迅速发展和科学技术日新月异的进步，对受过高等教育的人进行继续教育；（5）为建设文明健康科学的生活方式，满足人们日益增长的精神文化生活的需求，对成人开展丰富多彩的社会文化和生活的教育。国家教育委员会关于改革和发展成人教育的决定［EB/OL］.（1987-06-23）［2004-04-13］. http://learning.sohu.com/2004/04/13/11/article219821182.shtml.

⑤除正规学校教育以外，各类校外教育活动组织形式都会因为社会的变迁而发生兴盛衰落的变化，如民国时期一时十分盛行的平民教育、乡村教育、民众教育、社会教育以及新中国成立初的工农教育等，都因各种社会或历史的原因而不复存在。

⑥我国现代职业教育体系的发展经历了初始阶段（19世纪下半叶至 1922 年）、探索阶段（1922—1949 年）、单一发展阶段（1949—1978 年）和系统发展阶段（1978 年至今）四个阶段，1978 年以后是我国职业教育发展最迅速的阶段。王喜雪. 我国职业教育体系研究［J］. 国家教育行政学院学报，2013，(1)：44-47.

⑦1998 年国家教委更名为教育部时，成人教育司更名为职业教育与成人教育司。

⑧国家教育委员会关于改革和发展成人教育的决定［EB/OL］.（1987-06-23）［2004-04-13］. http://learning.sohu.com/2004/04/13/11/article219821182.shtml.

⑨我国成人教育体系主要由学历教育和非学历教育两大部分组成，两者又以是否获得学历证书为根本区别，并各具不同的特色与功能。（1）成人学历教育，是指以成人为对象的成人初等教育、成人中等教育和成人高等教育的总称，与学校教育形态类似，采用全脱产、半脱产及业余的学习形式，主要是为了获得各种学历证书；（2）成人非

学历教育是指学历教育以外的各种针对成年人的教育活动，如职前培训、在职技能教育和闲暇教育等，其主要为从业人员提供岗位技能培训及各年龄段的居民提供精神文化生活等方面内容的教育。吴遵民．现代中国终身教育论［M］．上海：上海教育出版社．2003：213．

【参考文献】

［1］国家教育委员会关于改革和发展成人教育的决定［EB/OL］．［1987-06-23］．［2004-04-13］．http://learning.sohu.com/2004/04/13/11/article219821182.shtml．

［2］佟婧（2011）．《国家中长期教育改革和发展规划纲要（2010—2020年）》之“继续教育”部分的分析与思考［J］．现代教育管理，（3）：19-21．

［3］关世雄（1990）．成人教育词典［M］．北京：职工教育出版社：149．

［4］吴遵民（2003）．现代中国终身教育论［M］．上海：上海教育出版社：209．

［5］《中国教育年鉴》编辑部（1987）．中国教育年鉴（1985—1986）［G］．长沙：湖南教育出版社：805．

［6］顾明远（1990）．教育大辞典［M］．上海：上海教育出版社：345．

［7］中华人民共和国教育法［EB/OL］．［1995-03-18］．http://www. moe. edu. cn/publicfiles/business/htmlfiles/moe/moe_619/200407/1316.html．

［8］何齐宗（2008）．教育的新时代——终身教育的理论与实践［M］．北京：人民教育出版社：3-14．

［9］郎格郎（1985）．终身教育引论［M］．周南照，陈树清译．北京：中国对外翻译出版公司：51．

［10］联合国教科文组织（1996）．学会生存——教育世界的今天和明天［M］．华东师范大学比较教育研究所译．北京：教育科学出版社：199-205．

［11］中共中央、国务院关于加速科学技术进步的决定［EB/OL］．［1995-05-06］．［2006-01-07］．http://news.xinhuanet.com/misc/2006-01/07/content_4021977.htm．

［12］2012国人教育大盘点：“两基”普惠每个孩子［EB/OL］．［2012-12-18］．http://edu.enorth.com.cn/system/2012/12/28/010459775.shtml．

［13］周济（2006）．我国高等教育开始迈入大众化发展阶段［EB/OL］．［2003-03-19］．http://www.gov.cn/jrzg/2006-03/19/content_230862.htm．

［14］王喜雪（2013）．我国职业教育体系研究［J］．国家教育行政学院学报，（1）：44-47．

［15］齐爱平，窦秀明（2009）．论我国职业教育的现状和发展趋势［J］．职教论坛，（25）：7-13．

［16］国家中长期教育改革和发展规划纲要（2010—2020年）［EB/OL］．［2010-07-29］．http://www.gov.cn/jrzg/2010-07/29/content_1667143.htm．

［17］H.S.霍拉（1997）．国际成人教育论［M］．岩桥惠子，猪饲美惠子译．东信堂：11-12．

教师教育

从教师“专业发展”到教师“专业学习”*

□ 陈向明（北京大学教授）

目前，世界各国对中小学教师的专业发展和专业学习都非常重视，我国也不例外。究其缘由，一是因为教师这个职业是一个“水涨船高”的职业，社会对学校教育的标准在不断提高，导致对教师资质的要求也越来越高，大学专科或本科教育对于教师（特别是中学教师）来说已远远不够；教师需要终身学习，不断提高学历和素养，才能满足这个职业的发展需求。二是教育这个行业是一个人人都能“插手”的行业，在现代社会每个人都受过学校教育，都认为自己有“发言权”；各级教育行政部门对学校不断加压，要求学校产出特定的教育绩效（如升入学率）；而家长和社会人士则要求教师生产出更有效率的、有证据支持的教育实践，这通常表现为学生的学业成就。

有效的教师专业发展应该基于教师有效的专业学习，这种学习应该是教师自我导向的，持续发生的，与教师的日常工作密切相关，而且能够得到学校学习共同体的支持。[1]然而，为什么目前我国的中小学教师专业发展投入了比以前多很多的经费、资源、时间和精力，但是教师的专业学习动力和素质提高却一直没有发生各利益相关者（教育行政部门、教师教育者、教师研究者、家长）所期待的实质性变化呢？

这个问题比较复杂，回答也是仁者见仁、智者见智。例如：教师工作与其他工作一样，也是一份需要“养家糊口”的职业，不必对所有教师要求太高，能够达到最低标准就行；教师工作太忙，没有时间参加专业发展活动；上级行政干预过多，导致教师缺乏自主发展的时间和空间，学习动力下降；各种高利害的学生考试导致学校形成竞争性文化，教师之间缺乏合作的机制、能力和愿望；培训者和培训课程质量较低，培训内容和方法与教师的需求不匹配，无法满足教师的需要；培训费用的配置不合理，或过高（对经济不发达地区而言）或过低（对经济发达地区而言），使培训对教师缺乏足够的吸引力；现在是一个“改革”过滥的时代，大家（包括教师）对改革都很厌烦，因此对以改革为由而开展的专业活动也不认可；等等。[2]

本文在基本同意上述回答的同时，意图从教师“专业发展”和教师“专业学习”这两个概念入手来分析这个复杂的问题。之所以选择这个视角，是因为目前在我国，不论是学术界还是实践界对这两个概念之间的异同都不甚明了。结合我国的现实问题以及上述各种答案，对这两个概念进行批判性的反思，也许有利于我们更加深入地思考和应对这个问题。

一、理解教师“专业发展”

对教师“专业发展”的理解可以通过对我们的日常话语和社会实践进行分析而加以揭示。首先，“发展”这个概念表达的是一种“缺陷模式”，意即

* 原载《教育发展研究》2013 年第 8 期。

教师是有缺陷的，需要“被”发展。这种提法借用了当前国际政治、经济格局中的一个定势，将教师职业定位于“第三世界”。[3]教师被认为没有自我导向学习的意愿和能力，需要外来专家的指导和辅助。外来专家决定什么知识是“合法的”、“合理的”，他们掌握了这些知识，需要由他们来给缺乏知识的教师灌输知识。这种教师发展观将教师看作装知识的水库，如果不定期给这些水库灌水，它们就会干涸。在社会不断加大的对教师专业标准问责的压力下，教师被当成“人力资本”，处于“知识经济”之中。这种经济学的定位不仅合理化了上级对教师专业“发展”的要求，而且可以降低教师对外部压力的抵抗能力。[4]

由于对教师的“专业发展”有一定的标准和参照系，教师“专业发展”的内容通常是先定的，而且衡量教师“发展”与否也是有标准的。这些先定的内容和标准通常由外部专家和教育行政部门决定，一线教师一般没有参与权和决定权。在制定标准时，那些抽象的、概括的、通用的、脱离情境的理论性知识更受重视，而具体的、特殊的、本土的、对情境敏感的、教师自己的实践性知识则不太被重视。[5]因此，长期困扰教育界和教育研究界的“理论”与“实践”之间的分野被进一步扩大。目前，我国各级教师教育行政部门正在开发各种教师专业标准、教师教育机构资质标准和课程标准、教师资格认定和晋升的标准和程序等，反映的就是这样一种趋势。教师被要求参加一定数量的培训，其资质需要参照这些标准和程序定期被更新。

从知识论的角度看，自古希腊以来，“知识”一直被当成一个客体，是一种独立存在的、固定的、先定的、可以被搬运到不同情境的客体。而且，知识被认为是外在于学习者的，不会因为学习者的参与而变化。在学习的过程中，变化的是作为主体的学习者，而不是作为客体的知识。目前世界范围内流行的有关学习的两种隐喻（习得模式、参与模式）均反映了这样一种知识观。[6]前者认为，学习就是通过传递而获得既存的知识；后者认为，知识的获得需要学习者的积极参与。两者所暗含的学习途径不同，但其作为“客体”的知识都是基本不变的。[7]教师“专业发展”模式反映的就是这样一种客观的知识论。在教师学习的过程中，变化的是作为主体的教师，而不是作为客体的知识。知识被当作一种商品，可以被教师通过接受培训等手段而买到手。教师参与学习的主要目的是“获取”知识，而不被认为有“创造”知识的能力和可能性。

由于社会普遍认为中小学教师没有自己的知识，其学习必须有外部专家的指导，因此开发出很多外部灌输类的专业发展课程。在我国，培训者通常将一些碎片化的知识和信息通过讲座的方式传授给教师，而这些培训内容大都与教师的实际工作关系不大。例如，我们开展的一项大型调研（涉及全国11个省份近一万名教师）发现，大部分教师所需要的培训内容与他们实际接受的内容之间并不匹配。有较高比例的被调查者认为自己接受最多的前三位培训内容分别是：教育教学理论（55.5%）、学科教学（42.5%）、教学方法及策略（33.9%），而他们希望自己从培训中学到的内容列前三位的是：教学方法及策略（35.9%）、学生发展及心理健康（31.7%）、学科教学（28.6%）。教师们普遍反映，培训者提供的教育教学理论大部分与课堂教学联系不紧密，缺乏实际案例的支撑，不能很好地为他们的实际工作服务。[8]

大部分培训者（特别是高校的专家）之所以坚持为教师灌输教育教学理论，在很大程度上基于他们对教师“专业发展”的理解。他们认为，一线教师普遍缺乏理论，即使是非常优秀的教师也只是有一些“个人经验”，而教师的专业发展需要理论。结果，这样的培训将教师的“学习”与“工作”人为地割裂开来，教师在培训时学习的是“理论”，平时的工作是“实践”，它们之间是分离的。由于培训者缺乏足够的意识和能力将理论与实践有机地结合起来，他们无法帮助教师们在真实的问题情境中了解和运用学术界的理论，同时发掘教师自己个人的“使用理论”，并在与其他教师和培训者的社会互动中创生新的实践理论。

出于这种僵化的对教师“专业发展”的理解，

教师的学习也被分成两两对立的范畴。如："正式的"学习和"非正式的"学习，"个体的"学习和"集体的"学习，"与情境有关的"学习和"普适的、可以被迁移的"学习，"校内的"学习和"校外的"学习，等等。[9]在上述培训者看来，将教师抽离自己所在的学校和课堂而开展的集中培训被认为是"正式的"、"集体的"、"校外的"学习，这种学习的主要任务就是为教师提供"普适的、可以被迁移"的"理论"。至于这些"理论"是否能够被迁移到教师们的日常"实践"中，既不是培训者最关心也不是他们有能力处理的事情。

这种"正式的"集中培训活动通常采用的是一种原子式的学习方式。虽然培训的班额通常很大，几十人、上百人甚至几百人聚集在一个教室里，但是每个人的学习是孤立的，相互缺乏交流和合作。培训者将前来学习的教师作为具有同样受教育背景、同样能力水平和同样需求的人，通过讲授式方法，将自己事先设定好的、符合统一标准的知识传递给教师。表面上很多人聚集在一个学习场所里，但是每一位教师都是一个孤立的岛屿，其思维活动都发生在个体的大脑中，彼此之间缺乏思维碰撞，也很难生成新的知识。

在这种思路下开展的教育研究，通常将教师的素质、身份认同、知识、能力或学习等内容分成若干部分，分别对其进行分析，然后寻找各个部分之间的关系。即使是对教师某一个方面的研究，也先对其进行分割，进行细致的条分缕析。例如，在对教师知识的研究中，目前盛行归类的方法，将教师的知识划分为三类到七类不等。[10]这种用相对客观的、可以言述的知识对教师知识的"破坏性分析"，[11]部分导致了学术界和实践界对教师职业的碎片化理解。虽然经过这样的拆分留下来的是"纯净的、相对客观的事实"，但是教师作为一个完整的人而具有的缄默的、身体化的、无法言述的"个人知识"则无法被揭示。

在教师"专业发展"概念的导引下，一个更加令人忧虑的现象是：各级政府行政部门对教育、学校乃至课堂教学事务干预过多，导致很多教师失去了自主发展的动力和空间。教师这个职业原本应该是一个充满了个人创造性、技术加艺术的职业，但是现在由于外部压力过大，导致教师之间的合作变成了一种"硬造的文化"。[12]教师们原本是可以非常自然地在自己的办公室里和课堂上（所谓自己的"一亩三分地"）开展改革和合作。但是，由于上级行政的硬性要求，反而使教师们失去了改革和合作的意愿。教育行政部门之所以从外部施加压力，除了其他原因，还与他们自己的观念有关：认为教师是缺乏知识和学习动力的人，应该"被发展"。

二、理解教师"专业学习"

近年来，随着学术界对"学习"和"教师职业"的研究不断加深，人们对教师及其学习的本质也有了新的理解。教师被认为是自给自足的专业人员，他们不仅具有主动学习的愿望和动力，而且有自己独特的知识类型即实践性知识。[13]教师的学习必须是主动的、自我发起和自我导向的，而不应该是外部强加的。很多教师学习不主动，不是因为他们不想学习，而是因为各种外部因素的制约。如果得到一定条件和制度的支持，教师是能够成为主动学习的专业工作者的。因此，一些研究者提出应该用"教师专业学习"的概念来替代"教师专业发展"的概念。[14]

在教师"专业学习"的概念下，衡量教师的质量标准不应该是预定的，而应该根据教师工作的情境和时代要求的变化而变化。教师的"专业学习"会受到所处情境的中介，不同的学校文化会决定什么是值得学习的以及应该如何学。[15]例如，在一个提倡合作的学校里，教师的沟通、交流、倾听能力会受到重视，学校会经常开展教师互帮互助的研修活动，鼓励教师相互合作。而在一个强调竞争的学校里，教师的专业知识、教学技能、提高学生学习成绩的能力则会受到更多的青睐，学校会经常举行教学比赛和学生学习成绩的排名和公示，鼓励教师之间相互竞争。

教师的学习是情境依赖的，本质上是一种社会文化活动，是发生在实践共同体中的，不同的工作环境会促使专业人员不同的发展，不同的时代对教师的“专业学习”也有不同的要求。例如，在我国的基础教育新课程改革之前，教师的学习大多是通过集中培训提高学历资质和理论水平。新课程改革之后，教师的学习更多地集中到校本研修，根据自己课堂教学中遇到的问题与同行和外来专家进行研讨。

教师的“专业学习”不仅与所处的时代和情境密切相关，而且还与其身份认同和日常生活之间有着复杂的关联。教师是“人”，是完整的、有血有肉的人。如果为教师们提供的学习只关注他们的教学能力和教学行为，就会隐性地排斥教师其他方面的价值，如他们的价值观、信念、身份认同、情感和个人生活。教师从事的是“情感劳动”，需要教师全身心的投入，而不仅仅是知识和技能。[16]他们除了传道授业解惑、教书育人，还有工作之外的个人生活。因此，教师的“专业学习”还需要关注教师的工作与生活之间的平衡，特别要关注教师个人的情感感受。教师只有自己感受到被尊重和被理解，他们才有可能尊重和理解自己的学生。

在教师“专业学习”的概念里，作为“客体”的知识本身不是固定不变的，而是不断变化的，是被参与各方根据当时的社会文化情境以及自己的需要，通过交流和协商而形成的。教师作为反映的实践者（reflective practitioner），其最重要的专长是“行动中识知”（knowing-in-action）。这种识知是问题导向的、情境化的、具身的（embodied），在人际互动中被参与者共同建构的。在维果茨基第一代“活动理论”基础上建立起来的第二代、第三代社会文化理论均认为，在学习的过程中，变化的不仅仅是作为学习者的主体，作为知识的客体也是变动不居的。[17]同一活动系统中的不同参与者虽然归属于同一实践共同体，有共同的活动规则，但因其劳动分工的不同，所使用的作为中介的人类文化产品不同，他们建构出来的客体也会存在差异。如果参与者来自不同的活动系统，他们眼中的客体可能很不相同。通过相互对话和协商，他们会获得一个新的、具有暂时共识的客体。

此外，在学习的过程中，作为主体的学习者和作为客体的知识之间的关系也不是截然分开的。正如杜威所言，学习是一个整体的过程，不可能将经验与思维分开；学习者不是经验的旁观者，学习者对学习经验而言是一个不可分割的部分。[18]教师的专业学习也是如此。作为主动学习的专业工作者，教师在学习中会带入自己的经验，他们与所学知识的关系是一个共同渗透、相互内居的关系。当教师将自己的身心整体投入到学习过程中，知识会成为他们自身不可分割的一部分——这也就是他/她之所以成为他/她其所是的缘故。在我们对教师实践性知识的研究中，就发现有将自己与所学知识合二为一的教师。[19]在“我就是语文”这样的豪言壮语中，我们看到了教师对自己学科知识的高度认同以及两者之间的不可分割性。

从教师“专业学习”的概念看，教师学习的类型也不再被人为地分成“正式的”和“非正式的”对立形式，而是相互融合在一起。学习是通过经验而发生的，教师在专业实践中的参与就可以被视为“即刻的”继续学习。[20]在教师日常的“反思行动”中，[21]他们就在进行专业学习。与其将教师的学习进行人为的区隔，不如考察教师在不同的学习情境下会发展出什么不同的能力以及他们如何理解这些能力。例如，假设教师在集中培训和课堂上都被要求查阅学生的作业，但两种不同情境需要教师的能力可能是不一样的。前者是为了培训教师了解学生的学习困难和学习策略，而后者则要求教师能够即时评估学生的知识和技能掌握水平。[22]因此，我们需要探索教师学习空间中的交叉（in-between）地带、灰色地带和无人地带，尽可能创造出更多的有利于教师学习的“第三空间”。[23]

教师是成人，成人学习有自己的特点。例如：有丰富的个人经验，需要被激活并被整合到新的学习活动中；自我导向，有明确的学习目的；注重问题解决，不喜欢抽象、高深、与教学无关的理论知识。此外，教师职业是一个实践性很强的职业，教师的知识很大一部分是缄默的、身体化的、情境依赖的、分布在人际互动和人际关系之中，只有在真实的问题情境中才能被激活、被意会和被重构。因此，教师学习的场所应该主要在学校里和课堂上，学习的内容需要与他们在日常教学中遇到的困境密切相关。在方法上，与集中培训时的知识灌输式很不同，这类学习需要为教师在工作场所提供支架式的帮助，如师徒制、示范、模仿等。[24]

不过，只有师徒制中的示范和模仿显然还是不够的，教师还需要"超越式学习"（transformative learning），即对自己信念背后的假设进行重新评估，并根据改变后的意义视角所产生的洞察开展新的行动。[25]这种学习不仅能够帮助教师在了解自己的行动后果之后适当地调整自己的行动策略，而且能够重新思考自己的价值观和信念，形成"双路径学习"（double-loop learning）。[26]在当今复杂多变的社会中，一个人的能力很难通过累积的方式叠加，而是需要通过不断调整自己以适应新的问题情境而重构。因此，在学习的过程中，教师需要不断地"去学习"（unlearn）与"再学习"（relearn）。这种"醍醐灌顶"式的学习，通常发生在教师反复使用自己熟悉的方法也无法解决面临的问题之时。此时，教师不仅需要其他教师和外来专家的思维碰撞，而且需要挑战自己的极限，割舍一些自己"日用而不知"的行为习惯。

正因为此，教师的"专业学习"必须是整体性的，涉及教师素养的整体性转化。教师的素养不能被肢解为相互孤立的部分，如基础理论、实用技巧、专业态度，然后分门别类地对其进行培养。教师的工作是整合了知与行的一种存在方式，教师的知通常就隐含在他们的行之中。"知是行的主意，行是知的功夫；知是行之始，行是知之成"。[27]教师的实践也无法与教师这个人分离，它是一个社会性的、动态的、在一个当下具体情境中行动着的人的一部分。[28]在有关教师实践性知识的研究中，我们也发现，优秀教师的存在方式、思维方式和行动方式之间有很大的一致性，他们是作为一个整体的人在思维和行动着的。这些教师对教学通常有一个意象（如好的课堂有一个"课眼"），为了达到自己心目中理想的状态，他们会调动自己身上那些隐性的"附带觉知"，趋向作为"焦点觉知"的意象的实现。[29]

同理，对教师的研究也需要保持教师工作和学习的整体性，并且要从教师的日常体验出发理解他们。下述学者提出的一些概念应该对我们理解这个问题有所助益：（1）舍恩的"行动中识知"，突出了知识的行动性、情境性、直觉性和情感特征；（2）康纳蒂宁和康纳利的"专业知识图景"（professional knowledge landscape），融入了教师个人的、伦理的、智力的和社会的维度；（3）达拉尔巴和邦克在梅洛-庞蒂"具身化经验"的基础上构造的"具身化识知"，认为识知无法与个人作为世界中的一个社会参与者的身体化的经验相分离；（4）范梅南的"教学机智"，力求从教师整体的、情境化的经验来考察教师的思维和行动。[30]我们在对教师实践性知识的研究中，将教师的"意象"作为分析单位，试图从天人合一、中庸、知行合一等中国的本土概念出发，描述和分析中国教师的实践和学习。

三、结论与思考

上面对教师"专业发展"概念和教师"专业学习"概念进行了简要的介绍和分析。这两个概念的主要区别可以通过下表呈现出来。

	教师专业发展	教师专业学习
对教师的理解	被动的	主动的
教师的质量标准	先定的	共建的
有关教师的知识论	客观的	互为主体的
教师学习的目的	获得知识	建构知识
教师学习的方式	原子的、传递的	合作的、转化的
教师学习的内容	外部制定的	自己参与决定的
教师学习的类型	二分的	相互交融的
教师的知识形态	分类的	整合的
对教师的研究	拆分的	整体的
对教师的管理	外部强压的	各方协商的

上表将两个概念进行差异对比，只是为了分析的简洁和行文的方便。在现实情境中，它们并不是完全对立的。否则，本研究也落入了自己所诟病的二元对立的窠臼。从某种意义上说，这两个概念的形成是有时间性的，其功能也是有空间区分的。

从时间的维度看，教师“专业发展”的提法是有其历史性任务的。由于教师这个职业一直不被认为是一门“专业”，或者充其量只是一门“准专业”，不如其他职业（如医生、律师、工程师）那么“专业”，教师的学术地位、社会地位和经济地位都相对较低。虽然在我国历来有尊师重教的传统，但仍旧很难吸引最优秀的人来中小学任教。鉴于此，教师和教师教育者们都非常重视“教师专业发展”这个表达，希望通过各种途径来“发展”教师职业的“专业性”。然而，随着世界范围内对教师工作重视程度的提高，人们对教师工作的复杂性也有了更加深入的认识，教师的学术地位、社会地位和经济地位均有所提高。一些教师教育者和研究者开始意识到，教师“专业发展”概念中所隐含的“缺陷”观不利于教师的成长。教师专业化运动为提高教师的社会和经济地位以及教育教学能力做出了贡献，但同时也产生了很多过于“专业化”的问题，如标准化的教师发展目标、统一的培养和培训模式、单一的教师培训和研修方式、僵化的评估标准和方法，等等。因此，一些学者提出了教师“专业学习”的概念，希望从更加积极、主动、更贴近教师日常实践的方式来促进教师的成长。[31]

从空间上看，教师“专业发展”和教师“专业学习”的概念其实是可以各司其职的。因其历史发展的原因，教师“专业发展”具有更加宏观的结构性内涵，包括教师教育政策的制定、教师队伍建设、教师社会地位和经济地位的提高等要素。而教师“专业学习”更加关注教师的日常教育教学活动，特别是他们真实的、个人化的学习体验。有研究表明，只有当教师被要求描述他们自己真实的学习发生的具体场景时，那些丰富多样的、栩栩如生的有关学习的描述才会浮现出来。聆听教师自己对学习体验的描述，与要求他们填写问卷告诉培训者什么教师专业发展活动最有效——这是非常不同的两件事情。提倡“教师专业学习”不仅能够将教师的学习作为一个社会建构的过程，有利于理解和指导教师创造性的行动；而且能够用教师的主体参与性应对科层制的问责制，鼓励教师进行批判性的探究，加深他们对学习的权利的理解，使自己的学习变得更加有力量。教育行政部门和研究者与其否认、寻求控制或标准化教师学习体验的复杂性和多样性，不如接受、提倡和发展从这些体验中获得的洞察，来支持教师真实的、持续性的、有实际效果的学习。[32]

当然，教师的专业学习不能仅仅依靠他们自己，还需要外界的支持和帮助。教师的学习需要熟悉不同话语的人士，既了解学术界的专业话语、教育行政的改革话语，又了解教师的日常话语，跨越边界，促成不同话语之间的交流和整合。因此，目前迫切需要的是教师教育者和研究者与教师们组成团队，对教师的学习进行跨学科的、合作的、批判性的研究和干预。只有这样，才能打破教师“专业发展”的迷思，更加有效地使教师真实的“专业学习”体验不断涌现。

【参考文献】

［1］L. Darling-Hammond. The Right to Learn：A Blue Print for Creating Schools that Work［M］. San Francisco：Jossey-Bass，1997；E. Wenger. Communities of Practice：Learning，Meaning and Identity［M］. Cambridge UK：Cambridge University Press，1998.

［2］A. Webster-Wright. Reframing Professional Development through Understanding Authentic Professional Learning［J］. Review of Educational Research，June 2009，Vol. 79，No. 2，pp. 702-739；陈向明、王志明. 教育调查：城乡教师受训机会有明显差异［N］. 中国教育报，2013-01-28.

［3］E. McWilliam，Against Professional Development［J］. Educational Philosophy and Theory. 2002，34（3）. 289-299.

［4］A. Webster-Wright. Reframing Professional Development through Understanding Authentic Professional

Learning [J]. Review of Educational Research, June 2009, Vol. 79, No. 2, pp. 702-739.

[5] 陈向明，等. 搭建实践与理论之桥——教师实践性知识研究 [M]. 北京：教育科学出版社，2011.

[6] A. Sfard. On Two Metaphors of Learning and the Dangers of Just Choosing One [J]. Educational Researcher, 1998, 27 (2), pp. 4-13.

[7] Y. Engestrom. Activity, Theory and Learning at Work [A]. The Sage Handbook of Workplace Learning, San Francisco: Sage Publications, 2010.

[8] 陈向明，王志明. 教育调查：城乡教师受训机会有明显差异 [N]. 中国教育报，2013-01-28.

[9] D. Becket & P. J. Hager. Life, Work and Learning: Practice in Postmodernity [M]. New York: Routledge, 2002.

[10] F. Elbaz. Teacher Thinking: Study of Practical Knowledge [M]. London: Croom Helm, 1983; L. S. Shulman. Knowledge and Teaching: Foundations of the New Reform [J]. Harvard Education Review, 1987, 57 (1), pp. 1-21; N. Verloop et al. Teacher Knowledge and Knowledge Base of Teaching [J]. International Journal of Educational Research, 2001, Vol. 35, pp. 441-461.

[11] [英] 波兰尼. 个人知识——迈向后批判哲学 [M]. 许泽民译. 贵阳：贵州人民出版社. 1958/2000.

[12] A. Hargreaves. Changing Teachers, Changing Times: Teachers' Work and Culture in the Postmodern Age [M]. New York: Teachers College Press, 1994.

[13] 陈向明. 实践性知识：教师专业发展的知识基础 [J]. 北京大学教育评论，2003，(1).

[14] A. Webster-Wright. Reframing Professional Development through Understanding Authentic Professional Learning [J]. Review of Educational Research, June 2009, Vol. 79, No. 2, pp. 702-739.

[15] M. W. Apple. Official Knowledge: Democratic Education in a Conservative Age [M]. 2nd edition. New York: Routledge, 2000.

[16] A. Hargreaves. Changing Teachers, Changing Times: Teachers' Work and Culture in the Postmodern Age [M]. New York: Teachers College Press, 1994.

[17] Y. Engestrom. Expansive Learning at Work: Toward an Activity Theoretical Reconstruction [J]. Journal of Education and Work, 2001, Vol. 14, No. 1, pp. 133-157.

[18] J. Dewey. How We Think: A Restatement of Reflective Thinking to the Educational Process [M]. Boston: Heath, 1933.

[19] 陈向明，等. 搭建实践与理论之桥：教师实践性知识研究 [M]. 北京：教育科学出版社，2011.

[20] B. Rogoff. Apprenticeship in Thinking: Cognitive Development in Social Context [M]. New York: Oxford University Press, 1990.

[21] J. Mezirow (ed.). Fostering Critical Reflection in Adulthood: A Guide to Transformative and Emancipatory Learning [M]. San Francisco: Jossey-Bass, 1990.

[22] E. Kezemi & A. Hubbard. New Directions for the Design and Study of Professional Development [J]. Journal of Teacher Education, 2008, Vol. 59, No. 5, pp. 428-441.

[23] N. Soloman, D. Boud & D. Rooney. The In-between: Exposing Everyday Learning at Work [J]. International Journal of Lifelong Education, 2006, 25 (1), pp. 3-13.

[24] [美] 莱夫，温格. 情景学习：合法的边缘性参与 [M]. 王文静译. 上海：华东师范大学出版社，1991/2004.

[25] J. Mezirow (ed.). Fostering Critical Reflection in Adulthood: A Guide to Transformative and Emancipatory Learning [M]. San Francisco: Jossey-Bass, 1990.

[26] C. Argyris, R. Putnam & D. M. Smith. 行动科学 [M]. 夏林清译. 台北：远流出版公司，1985/2000.

[27] 王守仁. 王阳明全集（上）[M]. 上海：上海古籍出版社，1992.

[28] A. Webster-Wright. Reframing Professional Development through Understanding Authentic Professional Learning [J]. Review of Educational Research, June 2009, Vol. 79, No. 2, pp. 702-739.

[29] [英] 波兰尼. 个人知识——迈向后批判哲学 [M]. 许泽民译. 贵阳：贵州人民出版社. 1958/2000.

[30] D. Schon. The Reflective Practitioner: How Professionals Think in Action [M]. Aldershot, UK: Arena, 1983; D. J. Clandinin & F. M. Connelly (eds.). Teachers' Professional Knowledge Landscapes [M]. New York: Teachers College Press, 1995; G. Dall' Alba and R. Barnacle. Embodied Knowing in Online Environments [J]. Edu-

cational Philosophy and Theory. 2005，37（50，pp. 719-744；范梅南. 教学机智［M］. 李树英译. 北京：教育科学出版社，2001.

［31］ A. Webster-Wright. Reframing Professional Development through Understanding Authentic Professional Learning［J］. Review of Educational Research，June 2009，Vol. 79，No. 2，pp. 702-739.

［32］ A. Webster-Wright. Reframing Professional Development through Understanding Authentic Professional Learning［J］. Review of Educational Research，June 2009，Vol. 79，No. 2，pp. 702-739.

教育改革背景下的教师专业性与教师责任*

□ 卢乃桂（香港中文大学教授）
□ 王丽佳

有关教师专业性的大部分研究，在一定程度上受到了霍伊尔（Hoyle）[1]关于“professionalism”与“professionality”两个术语之区分的影响。在他的观点里，前者指“职业成员提升其地位，工资与工作条件时运用的策略与辞令”；而后者则是“教师在教学过程中运用的知识、技能与程序等”。透过分析有关何为教师专业性的诸多争论，越来越多的研究者指出，很难对以上两个概念做出明确区分，因为教师组织、政府等运用的与地位、薪水等相关的策略与修辞，往往首先与教师在教学过程中运用的知识、技能与程序联系在一起。就此而言，与其徒劳地区分它们，不如在专业性（professionalism）的概念中包括前述两个术语中的所有声称与争论[2]。由此，教师专业性（teacher professionalism）的概念在学界渐被广泛认同与使用。

伴随教育改革的推进与深入，近年来国际范围内有关教师专业性的讨论集中关注教师的工作改变及其呈现出的专业性形态，特别注重从实践的角度考察教师如何落实专业工作中的核心向度。在我国，最近一些年有关教师专业、教师专业发展的论述亦在不断增多，大部分的研究聚焦教师专业发展的困境与出路。虽然也有论者在教师专业性的概念下探讨相关理论议题[3][4]，但相较而言，集中关注改革背景下教师专业性及其核心构成之转变的文章却并不多见。

本文通过阐述教育改革背景下的教师专业性特别是其责任维度，力图呈现该论域的样貌及可能的研究进路。

一、教师专业性的概念及其改变

就教师专业性的讨论而言，它首先是一个社会学的话题，社会学家试图寻找到将专业与其他职业区分开来的标准，同时也在对以标准的方式区分专业与非专业进行着不断的批判。在社会学视角之外，霍伊尔及其同事[5]总结了理解教师专业性的其他角度。第　，纯粹语言学的视角，它以一种客观的方法考察“专业”这一词语及其在相关话语中的运用。第二，对隐喻或意识形态目的之分析。如分析政客如何运用专业这一术语抚慰教师协会使他们接受政府动议。第三，分析职业中的成员如何看待自己作为专业人员的角色。第四，以一种归纳的方式，关注那些通常被冠以专业的行业其成员如何开展实践。第五是历史的视角。如哈格里夫斯（Hargreaves）[6]将教师专业性的发展划分为前专业时代、自主专业时代、合作专业时代、后专业时代等四个阶段。

虽然存在着理解教师专业性的不同视角，各种观察角度下亦会形成不相一致的专业性界定，但在现实的公共与政治议论中，教学却很早便被看成是

* 原载《教师教育研究》2013 年第 1 期。

一专业。而教育研究者也越来越倾向于不去定义教师专业性到底为何，而是将它理解为一个社会建构的概念[7]。既然为社会所建构，要理解当前的教师专业性，便不得不考察宏观层面上的教育改革对它的影响。

20世纪80年代以来，在新自由主义与新管理主义的影响下，教育中的去中央化与权力下放不断被提出，学校在享有更高的财政自主与实地管理权的同时，也承担起相应风险[8]。与此同时，准市场机制的引入，在赋予家长、儿童以更多选择自由的同时，却将学校置于无情的竞争之中，教师们面临着重重压力[9]。与以上趋势似乎矛盾的是，包括国家统一课程，检查，全国教师教育课程，与表现相关的教师工资等在内的新式评价程序与管理实践，正以全新的方式控制着学校教育与教师工作[10]。学校与教师被要求承担的责任越来越多，它们不仅被期待生产出适应国家发展战略的人才，也被认为在发展民族身份、公民资格、社会融合及社会正义中发挥重要作用，教育被赋予的价值与受到的关注均呈上升趋势[11]。

在此背景下，教师专业性的概念不断被结构化并趋于正规化。它受到政府政策目标的极大影响，成为国家政策强加的、用来控制教学专业的工具[12]。当前，政府的一系列动议正在破坏教师作为受尊重的专业人员所应享有的信任与工作自主的合法性；各种立法及机构设立，也使教师丧失了自主定义其专业性概念的能力，并将他们在政策影响上边缘化[13]。“管理主义的专业性”[14]、“商业式的专业性”正在取代建基于专业知识、行业自主、服务伦理之上的传统专业性[15]。诸多研究发现，在政府“再专业化”（reprofessionalsization）的幌子下，教师的课程与评价技艺正被他人设计的统一计划取代，他们正经历着“去专业化”（deprofessionalization）的过程[16]。

二、教师专业性的核心维度与教师责任

教育改革在挑战传统教师专业性的同时，也改变着专业之核心向度的意涵。一般认为，知识，自主与责任构成了教师专业性的三个重要维度[17]。具体言之，专业实践须建立于一系列技术性或专长性知识基础之上，专业人员通过专家式的长时间训练，可以理解专业领域知识，并按照指导专业行为的伦理规范明智地将知识运用于实践之中。在自主方面，专业人员在不确定的环境中工作，为了有效地开展实践，他们必须不受官僚与政治压力所限制，按照服务对象的最佳利益开展工作。既然专业人员享有自主，与其相伴的必将是从业者以负责的方式行事，承担起对服务对象的责任。这意味着实践者的行动最终需要由一系列价值观所导引，它们将服务对象的利益放在首位[18]。

对于教师而言，其承担的责任与他们所扮演的不同角色密切相关。由于角色的复杂性，教师的责任范围十分广泛，不仅涉及专业内的，也涉及专业外的；即使是专业内的责任也有主次之分[19]。粗略划分，教师的责任可从对象上分为对个人的责任、对其他人的责任、对工作场所/学校的责任、对教育领域的责任、对社会的责任。其中，对学生的责任位列首位[20]。从范围上分析，伊劳特[21]（Eraut）认为教师责任包括以下方面。其一，服务于服务对象的道德承诺；其二，自我监督的专业责任与定期回顾个人实践有效性的责任；其三，扩展个人知识库，反思个人经验与发展个人专长的责任；其四，贡献于个人工作之组织的服务质量的专业与合同式责任；其五，反思与讨论专业之于整个社会之改变的责任。

与专业性其他维度相比，教师责任更容易受改革形塑，因为责任是伦理/道德在工作实践中的具体展现，而伦理与道德本身即是社会的产物受到教育改革之核心价值的影响。诸多研究揭示出，面对表现式管理与教育的仿市场化运作对教师工作的冲击，新的教师责任实践体系正在出现。它基于自利、实用主义与表现式价值，传统上建立于专业判断之上的责任履行正在被关注个体表现所取代[22]。

三、教育改革中的教师责任重构

当前，教师责任出现了从专业性，即通过自我管理向学生、个人及同事负责，到向类似于教育局、教育检查部门等机构负责的状态。同时，在政策与学校改革不断强调教师对学生学习负责的动议之下，教师的责任范围亦在发生改变。

（一）教师责任的增加、加剧与扩展

对责任的判断可以基于不同的标准。特维斯（Twiss）提出了三种责任：描述式责任，考察在行动与结果间是否存在着因果关系。规范式责任基于对规范式标准的遵守（如道德标准）。角色责任，与规范责任关系密切，是履行与一些社会角色及社会关系相关的义务，如雇主—雇员，家长—孩子，教师—学生。因而，个人可能因为自己导致了一种结果，或是情境中可应用某一规范性期待，或是因个人社会角色的界定而感到负责[23]。

按照角色责任这一维度考察，当前对教师角色的期待正呈现出扩大化的倾向，与之相伴的责任也发生着改变。研究者认为，这些变化主要涉及角色增加（role increase）、角色加剧（role intensification）及角色扩展（role expansion）三个方面，这些变化发生在教学、机构、合作、学习四个领域中[24]。

当角色增加时，教师所需完成任务的数量增多，他们被要求做更多的事情，并需要在更复杂的水平上完成这些任务，来自于地区、州、国家政策上的期待也越来越高。此时，教学变得忙碌与密集化，它几乎成为一种不可能完成的工作。另外，教师在课堂之内的角色责任可能加剧，他们被期待回应更大的压力并遵守多样的创新，教学活动受外部的计划与要求所统治。角色扩展指的是教师在课堂之外的责任拓展。教师被要求参与到课堂之外的活动中，通过这些活动努力在同年级及不同年级水平上调整学习经验。扩展的角色往往是高度合作的，并与共同追求教育目标相关，它将教师与其他学校人员联系在一起。在角色不断扩展的情况下，有时可能导致教师们难以辨别其承诺与责任于何处终止，从而与合作与学习的初衷相悖。

（二）教师责任关注的缩小

与责任的增加、加剧与扩展似乎矛盾的是，在各国教育改革越来越重视以学生在标准化考试上的成绩对教师和学校进行问责[25]的背景下，教师们被迫将更多的精力集中于“高风险考试”、“为考试而教”，导致了责任范围的缩小及履行责任方式的转变。

在纷呈的教育改革动议中，教师们被置于一种“表现主义的议论”中，教学的成功被狭窄地定义为效率与产出，而测量的依据则是学生在考试中的成绩、达标情况以及在检查报告中表现良好[26]。其结果是学校与教师不得不将关注点集中于学生的学业需要，而忽视了学生的发展需求以及社会与情感等多方面需求[27]。

在考试的压力下，即使单在学业方面，教师也难以对学生多样化的学习需要做出灵活反应。他们的教学关注点被迫不断缩小，教学的方式亦难以促进真正的学习。①内容上，为应付考试，教师将更多的重点放在高风险考试所涉及的材料上，而对其他内容的关注则减少。②教学深度上，由于标准化的考试只考察课程的部分内容，因而花费在考试准备上的精力往往过分强调基本技能学科，而忽视了需要高度思考能力的学习内容。③教学方式上，当基于学生考试合格率评价学校时，学校与教师会对那些不能达到考试标准的学生进行操练，但这些操练并不会提高学生的实际能力。④教学时间分配上，过多的时间被浪费在训练学生如何回答特定的考试项目上，真正有意义的教学被剥夺。⑤学校资源配置上，在强调考试准备的学校中，项目预算被集中于与考试相关的材料上，而不是学生实际所需的资源上。[28][29]真正有意义的教学与学习正在考试的重压下经受挤压。

（三）教师的责任冲突

如前所述，教育持份者的多样使教师需同时向不同方负责，这可能引发责任冲突。另外，被要求负责不等于行动者的实际负责；相反，在没有外部

问责的情况下，教师自愿承担的责任可能超出要求的范围。由此，在正式的问责与教师感到应负的责任间未必总是完全重合的。

从持份者角度考察，与其他专业人员相似，教师们必须尊重并回应不同的持份者要求，最近的是学校中的持份者，最远的是国家层面上的持份者。政府官员、管理者、工会等，都认为教师的工作及工作结果与他们利益攸关[30]。而他们在何为成功的工作这一点上可能存在歧见。如国家官员可能对学生的考试成绩最感兴趣；学区的管理者关注的是学生的出席率与在校数；工会代表则关心教师们工作的时间。就家长而言，他们总是期待教师给自己的孩子以更多的关注，学生也时时对教师提出不同的要求[31]。面对众多的利益诉求，教师们难免会陷入责任冲突之中。对问责背景下教师进行的实证研究已表明，他们一方面希望做出负责任的决定，另一方面又常常感到挣扎于不同的群体之间，难以同时满足各方要求[32]。

与持份者的多样产生的冲突源于外部不同要求的张力相对，在外部要求与教师理解间同样可能出现间隙，从而形成主观与客观责任的冲突。一般而言，客观责任源于社会、组织机构对教师的期待，是外部的责任规定。与之相对，主观责任源于价值观信仰[33]。在教师的工作中，主观责任与客观责任虽并非截然对立，但在具体的教育情境中二者亦难免相互抵牾。研究者发现，虽然不同的持份者在具体的利益诉求上不尽相同，但他们几乎都一致同意学业上的标准化及学生的成绩最为重要。而教师则认为，教育的最首要责任是使学生在学业、个人技能、情感等诸多方面均获得发展，以适应学校及社会中的成功所需。面对社会与政策领域要求教师对学生学业负责之期待的加剧，最让教师们感到困惑的便是如何在个人理解的“好教师”与诸多期待间求得一种平衡[34]。

四、结语

本文考察了教育改革背景下的教师专业性，特别关注了教师专业性概念在宏观社会与教育变革之中的嬗变。值得注意的是，教师工作的社会建构不仅仅局限于广泛的政策与制度层面，他们同样生存于特定的工作场景之中，部门、地区、学校、教师关系网、学科等方面的差异均可能对教师的专业性产生重要影响[35]。此外，在政府主导的专业性下，伴随着对外部要求越来越清晰的认识，教师们也可能凭借良好的同事合作文化及特殊的学科与专业知识，在政策框架内发展出自己的专业性，进而重新专业化（reprofessionalization）[36]。事实上，按照以上两个方面，即将教师专业性作为一个地方性概念，或探讨教师个人建构的专业性，已成为相关研究的重要路径。

另外，在当前教育改革强调问责的背景下，学校与教师成为问责的中心。而进行问责的一方（如政府、家长等）在占有支配权的同时，却不承担实质性的责任，由此形成了一种责任的不对称[37]。然而，所有的责任关系均是互惠式的。如果正式的权威对下级就某些行动或结果进行问责，那么权威也有平等的及互补式的责任去保证下属有能力完成任务并给予他们足够的支持。就此而言，我们需要发展一种共享的责任概念，其中，包括学生、教师、学校行政人员、家长、政策制定者在内的所有教育持份者将共同承担起提升与保障教育质量的责任[38]。

【参考文献】

［1］Hoyle，E. Professionality，professionalism and control in teaching［J］. *London Educational Review*，1974，3（2）：13-19.

［2］Swann，M.，McIntyrea，D.，Pella，T.，Hargreaves，L.，Cunninghama，M. Teachers' conceptions of teacher professionalism in England in 2003 and 2006［J］. *British Educational Research Journal*，2010，36（4）：549-571.

［3］操太圣，卢乃桂. 论教师专业性的提升［J］. 高等教育研究，2005，（1）：53-57.

［4］王晓莉，卢乃桂. 期望中的教师专业性：政策文本分析的视角［J］. 教育发展研究，2009，（2）：55-58.

[5] [18] [19] [30] Hoyle, E. and John, P. *Professional Knowledge and Professional Practice* [M]. New York and London: Cassell, 1995.

[6] Hargreaves, A. Four ages of professionalism and professional learnings [J]. *Teachers and Teaching: History and Practice*, 2000, 6 (2): 151-182.

[7] Wilkins, C. Professionalism and the post-performative teacher: New teachers reflect on autonomy and accountability in the English school system [J]. *Professional Development in Education*, 2011, 37 (3): 389-409.

[8] Champman, J. and Aspin, D. Autonomy and mutuality: Quality education and self-managing schools. In T. Townsend (Ed.), *Restructuring and Quality*. London and New York: Routledge. 1997: 61-77.

[9] Ball, S. Education markets, choice and social class [J]. *British Journal of Sociology of Education*, 1993, 14 (1): 3-19.

[10] [26] Fitz, J. The politics of accountability [J]. *Peabody Journal of Education*, 2003, 78 (4): 230-241.

[11] Bell, L. and Stevenson, H. *Education Policy: Process, Themes and Impact* [M]. Abingdon: Routledge, 2006: 74.

[12] Gray, S. L., & Whitty, G. Social trajectories or disrupted identities? Changing and competing models of teacher professionalism under New Labor [J]. *Cambridge Journal of Education*, 2010, 40 (1): 5-23.

[13] [16] Beck, J. Governmental professionalism [J]. *British Journal of Educational Studies*, 2008, 56 (2): 119-143.

[14] Day, C. and Smethem, L. The effects of reform [J]. *Journal of Educational Change*, 2009, 10: 141-157.

[15] Whitty, G. Teacher professionalism in new times [J]. *Journal of In-Service Education*, 2000, 26 (2): 281-295.

[17] Furlong, J., Barton, L., Miles, S., Whiting, C. and Whitty, G. *Teacher Education in Transition* [M]. Buckingham: Open University Press, 2000: 4.

[20] [27] [31] [34] Fischman, W., DiBara, J. A. and Gardner, H. Creating good education against the odds [J]. *Cambridge Journal of Education*, 2006, 36 (3): 383-398.

[21] Eraut, M. *Developing the Professions (Professional Lecture)* [M]. Brighton: University of Sussex, 1992.

[22] Ball, S. J. The teacher's soul and the terrors of performativity. *Journal of Education Policy*, 2003, 18 (2): 215-228.

[23] Lauermann, F. and Karabenick, S. A. Taking teacher responsibility into account (ability) [J]. *Educational Psychologist*, 2011, 46 (2): 122-140.

[24] Valli, L. and Buese, D. (2007). The changing roles of teachers in an era of high-stakes accountability [J]. *American Educational Research Journal*, 44 (3): 519-558.

[25] Ingvarson, L. and Rowe, K. Conceptualizing and evaluating teacher quality. Paper presented at the Economics of Teacher Quality Conference, Australian National University, 2007.

[28] Hursh, D. The growth of high-stakes testing in the USA: Accountability, markets and the decline in educational equality [J]. *British Educational Research Journal*, 2005, 31 (5): 605-622.

[29] Amrein-Beardsley, A., Berliner, D. C., Rideau, S. Cheating in the first, second, and third degree [J]. *Education Policy Analysis Archives*, 2010, 18 (4): 1-36.

[32] Callahan, S. When Portfolios Become a Site of Ethical Conflict [J]. *Educational Assessment*, 2001, 7 (3): 177-200.

[33] 库伯. 行政伦理学(第四版) [M]. 张秀琴译. 北京：中国人民大学出版社，2001.

[35] Talbert, J. E. and McLaughlin, M. W. Teacher professionalism in local school contexts [J]. *American Journal of Education*, 1994, 102 (2): 123-153.

[36] Helsby, G. Multiple truths and contested realities. In C. Day, A. Fernandez, T. E. Hauge, and J. Moller (Eds.), *The Life and Work of Teachers*. London and New York: Falmer Press. 2000: 93-108.

[37] Fielding, M. OFSTED, inspection and the betrayal of democracy [J]. *Journal of Philosophy of Education*, 2001, 35 (4): 695-709.

[38] Linn, R. L. Accountability: Responsibility and reasonable expectations [J]. *Educational Researcher*, 2003, 32 (7): 3-13.

义务教育均衡发展与农村中小学教师队伍建设*

□ 范先佐（华中师范大学教授）
□ 曾　新（华中师范大学副编审）
□ 郭清扬（华中师范大学副教授）

当前，促进义务教育均衡发展，已成为党和国家确立的我国在新的历史时期教育发展的战略方针。《教育规划纲要》将推进义务教育均衡发展提升为义务教育战略性任务的高度，要求建立健全义务教育均衡发展保障机制，均衡配置教师、设备、图书、校舍等各项资源，切实缩小校际差距，加快缩小城乡差距，努力缩小区域差距，到 2020 年基本实现区域内义务教育均衡发展。而实现义务教育均衡发展的根本问题是农村教育问题，农村教育问题的关键是教师问题。没有一支数量充足和素质优良的农村中小学教师队伍，就谈不上义务教育均衡发展。为此，近年来各级政府将农村中小学教师队伍建设摆在了突出位置，进行了大量的工作和采取了许多行之有效的措施，如为解决农村教师编制短缺问题而设立“特岗教师”岗位，为均衡配置教师而建立城乡教师定期交流轮岗制度，为提高农村中小学教师的素质而加强教师培训等。这一系列举措对促进教师队伍，特别是农村中小学教师队伍建设起到了重要作用。但从现实和政策评估的角度看，我国农村中小学教师队伍建设还远远不适应义务教育均衡发展的需要，甚至其现状仍然令人忧虑。本文在前人研究的基础上，结合我们的研究经历和调查，就这一问题进行全面、深入的分析，指出义务教育均衡发展绝不能忽视农村中小学教师队伍建设，并就如何加强农村中小学教师队伍建设提出了若干对策建议。

一、农村中小学教师队伍现状堪忧

义务教育均衡发展的最基本要求是在教育机构和教育群体之间，公平地配置教育资源，达到教育供给和教育需求的相对均衡。而在教育资源中师资又是最重要的资源。国内外的经验反复证明，“教育的发展和质量的提高，是和一支稳定的、训练有素的、积极性高又可靠的教师队伍分不开的。”[1]因此，义务教育能否均衡发展的关键是看教师队伍是否均衡，但长期以来，在我国农村，特别是偏远地区的农村学校，由于办学条件差，往往吸引不到优秀教师，致使农村中小学教师队伍现状堪忧，而这一问题如果得不到妥善解决，必然会影响到农村义务教育的均衡发展，必须引起社会的广泛关注和重视。

（一）优秀教师大量流失和减少

由于农村地区教师待遇普遍偏低、生活环境艰苦、个人发展机会少，严重影响了农村教师队伍的稳定与工作积极性，造成农村优秀教师大量减少和流失。据我们对一些艰苦地区学校的抽样调查表明，50％的校长反映近年来有教师流失的情况，并

* 原载《教育与经济》2013 年第 6 期。

且认为流失的主要是骨干教师和35岁以下的青年教师，甚至有的地方由于教师的大量流失，致使学校无法正常开课，有些村小只剩下一个“留守”教师。农村教师的大量流失加剧了农村地区中小学师资短缺，尤其流失的大多是优秀年轻教师、骨干教师，造成了义务教育阶段师资配置严重不均衡，这无疑给义务教育均衡发展带来了十分不利的影响。如湖北A县是一个有60多万人口的农业县，有中小学生7万多人，近些年每年流失的骨干教师都在100人以上。当前在一些农村地区，学校都不敢让老师去参加学科竞赛，只要获了奖，出了名，要么被城里的学校挖走，要么自己找门路调走。这种教师的反向流动，造成城乡教师分布失衡，农村中小学教师越来越紧张，城镇的教师越来越富余，几乎成为一种普遍现象。近年来，尽管国家和一些省启动了“农村义务教育阶段学校教师特设岗位计划”（以下简称“特岗计划”）和“农村教师资助行动计划”（以下简称“资教计划”），高校毕业生以“资教生”的身份补充到农村中小学教师队伍，在一定程度上改善了农村教师队伍结构，提高了农村教育质量。但是，一些资教生对农村地区的艰苦生活缺乏足够了解和心理准备，有的任教不到一个月就离开了，在一些偏远山区甚至出现“上午来、下午走”的情况，未满3年便离开的资教生不在少数。由于缺乏应有的政策约束，以及资教生的特殊身份和他们资教结束后的漫漫前程，地方政府和所资教的学校对资教生的离去既无可奈何，并且一般也都表示理解。所以，“特岗计划”、“资教计划”并没有从根本上提高农村中小学教师队伍质量，也难以弥补农村中小学教师大量流失和减少所带来的缺位。

（二）教师年龄老化现象严重

教师队伍年龄结构合理是建设一支高素质教师队伍的必要前提。年轻教师充满活力，敢于大胆创新，中年教师年富力强，是学校的“中流砥柱”，老教师经验丰富，更能起“传帮带”的作用。三类教师如果按一定合理的比例组成，达到老中青有效结合，对提高农村教育质量、推进农村教育发展有很大的作用。但调查发现，农村中小学教师队伍严重老化是一种普遍现象，并且学段越低，学校越偏远，老化的程度越严重。从年龄结构上看：50岁以上的老教师居多，30岁以下的年轻教师很少，一些农村偏远薄弱学校教师的平均年龄达到50岁以上。“爷爷奶奶教小学，叔叔阿姨教初中，哥哥姐姐教高中”正是当前一些农村中小学教师年龄结构的真实写照。如江西省A县88个教学点中，绝大部分教师都在50岁以上，该县双林小学有13位教师，平均年龄已经超过55岁，在我们走访的3个教学点中，有两个教学点都只有3名教师，教师的平均年龄也都在55岁以上，其中双林镇下院教学点有2个班，39名学生，3名教师，一位老师开玩笑说，“我是我们这里年龄最小的，58岁，他俩都是59岁”。该省B县石山乡中心小学教师平均年龄为45岁，而该乡教学点的教师平均年龄则达到了55岁以上。在我们所调查的湖北省不少地方也都普遍存在农村中小学教师年龄老化的问题，如湖北省B市每个乡镇有10—12所小学，每所小学100—250名学生，小学尤其是教学点的教师严重老化，平均年龄大都在55岁以上。该市龙凤镇青保小学下辖的龙马小学，共有40多名学生，3名教师，年龄最大的58岁，最小的也有50岁了。龙马小学地理位置偏僻，距离龙凤镇有60多公里，到青保小学还有30多公里。因为路途遥远，交通不便，很多教师不愿到那里任教，资教生也不愿去那里。地处湘鄂赣三省交界处的湖北省C县，县域面积1 968平方公里，现辖8镇4乡325个行政村，2010年末总人口471 320人，义务教育阶段中小学91所，学生62 077人，教师3 035人，其中小学教师1 701人，全县教师平均年龄44.4岁，其中乡镇小学教师平均年龄45.2岁，村教学点和教学部教师平均年龄为47.2岁。全县小学45岁以上教师占小学教师总数的53%，其中乡镇小学45岁以上教师占57.3%，村教学点和教学部占64.9%。虽然近几年签约资教生、特岗生和公开招聘补充了部分教师，但由于教师基数较大，补充教师总量较少，全县小学教师年龄老化问题仍然比较突出。如该县桂花泉镇官庄小学共有教师4人，平均年龄52岁，最大的55岁，最小的也有49岁。该县路口镇梅花小学共有教师11人，平均年龄50岁，51岁以上的教师8人，其中56岁的教师3人。再过3—5年，一些县大部分农村教学点教师都面临退休，农村教学点位置偏僻、文化娱乐设备缺乏，绝大部分年轻教师不愿去那里任教。因此，教学点师资老龄化问题令人担忧。

（三）英、音、体、美等学科教师严重不足

英音体美课程的开设，对于学生全面发展来讲具有重要的意义。但在一些农村中小学，由于教师资源匮乏，远不能满足学生需求，这些课程形同虚设。如2010年前，江西省A县共有123所中小学，而全县所有英语教师加起来不足100名，其中正规英语专业毕业的教师还不足50名，英语教师严重不足，一些农村小学英语课根本无法开齐，严重影响到学校正常的教育教学。同样，农村偏远学校音体美教师严重短缺，特别是一些农村村小和教学点基本上没有专职的音体美教师，学校体育娱乐活动根本无法开展。湖北省C县白霓镇共有9所小学、5个教学点、1所初中，小学生3 568人、初中生2 032人。全镇共有中小学教师350人，其中音乐、美术、体育教师各13人，平均430个学生才配一位音体美教师，而真正科班出身的音体美教师分别只有5人、5人和6人。根据山西省A市教育局提供的数据显示，2011年该市城镇有13所小学、8所初中，农村有37所小学、5所初中，合计在校生21 899人，但全市的音体美教师分别仅有40人、50人和53人，音体美教师稀缺的情况由此可见一斑。然而，这有限的音体美教师，在城乡的配置也极不均衡。21所城市学校占据了音体美教师资源的一大半，42所农村学校音体美教师的拥有量分别为17人、20人和24人，基本上每两所学校才配备一名音体美教师，很难满足正常教学的需求。该省B县教科局提供的资料也证明了这一点，2010年B县义务教育阶段共有中小学教师1 451人，但英音体美教师分别只有62人、34人、15人和32人，而其中分别有32位、23位、8位和18位英音体美教师集中在县城6所中小学里，农村学校的音体美及英语教师资源异常紧缺。该县现有57所农村小学，其中48所学校没有专职的音乐教师，52所学校没有专职的体育教师，47所学校没有专职的美术教师。很多学校的音体美课程名存实亡。在这57所农村小学中，仅有28所学校配备专职的英语教师，很多学校的英语课大都由一些非专业的教师兼任，教学质量和效果可想而知。相比之下，县城学校的音体美和英语课程的开设效果则要远远优于农村学校，不论小学还是初中，音体美及英语课程都能按照国家要求开足开全，有些学校还利用自己的师资优势办出了特色。如山西省B县二中，一所学校就有音乐教师9名，不但保证了正常的教学需求，而且还利用自己独有的音乐师资优势，组织教师和学生参加山西省和临汾市的各种文艺活动或演出，并取得了优异成绩。基层农村小学的一些负责人反映，农村与县城在音体美和英语学科上悬殊的师资力量差距，不但影响到义务教育的均衡发展，而且制约了农村学生的发展空间。

（四）受过正规教师教育的教师少

尽管目前一些农村中小学教师学历已基本达标，但大多是通过函授、自学考试、民师转正等途径获得的，其所学专业与所教授学科往往不一致，所教非所学。以江西省C县三都中心小学为例，该中心小学下辖6个村小，共有61名教师，学历达标率100%，但只有17位教师是正式师范学校的毕业生，42人是民办教师转正和原机械厂工人转岗过来的，还有5人是顶班参加工作的。广西南宁市A县是一个教育较为发达的县，2007年通过国家级“两基”复查验收并获自治区“两基”工作先进县，被评为自治区中小学规范管理“十佳县”，2009年被评为全国推进义务教育均衡发展先进地区。该县现有专任教师5 093人，其中1 000多人是2006年未经选拔由代课教师、民办教师转正的。由于大量教师是由代课教师、民办教师转正过来的，导致教师整体素质下降。不仅广西A县如此，在其他省的一些农村中小学至今仍然存在着大量的代课教师。如湖北省D县大吉岭教学点属该县巴驿镇中心小学管辖，现有学生180余名，由于地理位置偏僻，条件尤为艰苦，加上该县师资一直十分紧张，该教学点一直没有正式教师到那里任教，只好聘用5名代课教师，实行包班上课。该县汪岗镇所属的几个教学点也存在类似的情况。据该镇中心学校负责人介绍，该镇目前有1所初中，5所完小，5个教学点。现有中小学生5 186人，在编教师206人，代课教师48人，接近1/4，其中5个教学点全部都是代课教师。C市是山西省一个经济发展较快，财政收入遥遥领先的山区县级市，但其教师队伍的素质仍然堪忧。调查发现，截至2009年底，C市90%的学校存在代课教师。一部分代课教师是政府认可的，一部分是政府没有备案，由学校自雇的代课教师。据不完全统计，C市政府认可的代课教师有400多名，学校自雇的代课教师中学和小学合计有80多名。这些代课教师的收入要远远低于在编教师，在同工不同酬的情况下，许多代课教师并不真心从教，只是“当一天和尚撞一天钟”，其工作绩效可想而知。

（五）专职生活教师普遍缺乏

20世纪90年代中后期开始，为了解决布局调整后农村地区中小学生上学远上学难的问题，农村寄宿制学校得到了迅速发展。截至2010年，我国农村地区中小学寄宿生人数已经达到30 010 047人，占中小学在校总人数123 404 902人的24.32%。其中，小学寄宿生总数达到9 800 572人，占小学在校生总人数81 202 368人的12.07%，初中阶段寄宿率达47.89%。[2]在一些山区农村小学寄宿生人数甚至达到50%，初中寄宿生人数达到80%。寄宿制学校的大量增加，也导致教师编制不足，特别是专职生活教师普遍缺乏。由于学校缺少甚至没有专职生活教师、保安人员的编制，导致农村中小学教师除了教学任务之外，还要承担学生的生活管理、学校的治安工作。有的学校，男教师兼职当保安，负责巡逻护校；女教师兼职当保姆，照顾学生起居。因此，在一些农村中小学，教师大都从早上6点开始工作，直到晚上孩子入睡才能休息，普遍感到工作压力过大，而一旦寄宿生生病，学校教师承担的责任就更大了。以江西省C县温泉中学为例，学生起床时间是6点，非毕业班晚上就寝时间是21：40，毕业班就寝时间是22：30，这些时间值日教师和任课教师是必须与学生同步，甚至更早或更晚。由此推算，班主任及有课的教师起床时间一般都是在早晨5：20左右，晚上安顿好学生后，一般都在23：30左右离开学校或休息。每天各种课程共计12节，其中非毕业班3节晚自习，毕业班晚自习多达4节。教师的负担由此可见一斑，并且这种现象不是个别的。如湖北省F市孟楼镇有7所学校，其中3所小学实行了寄宿制，共有寄宿生658名，由于学校没有专职的保育人员，所以这些学生在校的保育任务就由班主任和任课教师兼任。他们既要承担教育教学任务，又要负责学生日常生活管理。白天他们要督促学生午睡，夜晚要负责校园巡视，甚至要在宿舍值班，以防学生生病、打架、不按时入睡等行为的发生，每天都在超负荷运转，工作量非常大。

总之，农村中小学教师队伍无论是从数量、质量和结构上都满足不了农村义务教育发展的需要。而没有一支数量充足和素质优良的农村中小学教师队伍，就谈不上义务教育的均衡发展，因此，要推进义务教育均衡发展，必须高度重视农村中小学教师队伍的建设。

二、农村中小学教师队伍现状堪忧的原因

农村中小学教师队伍现状堪忧，其原因是相当复杂的，既有经济社会发展差距的影响，又有历史形成的体制、机制等方面的原因，必须进行系统的研究，方能得出正确的结论，并采取行之有效的应对策略。

（一）中小学教师编制城乡倒挂的直接影响

农村地区的中小学由于地域广、校点多、规模小，所有学生按区域分散在不同学校上学，所以相同数量的城乡学生在农村就读的学校数要多于城镇，所需要的教师应多于城镇，在教师编制标准上应适当倾斜。但长期以来对农村中小学教师编制不

仅没有倾斜，甚至出现城乡倒挂的现象。如根据国务院办公厅转发的中央编办、教育部、财政部《关于制定中小学教职工编制标准意见》的通知（国办发〔2001〕74号）规定，我国中小学教师编制标准，农村小学、初中师生比为1∶23、1∶18；县镇为1∶21、1∶16；城市为1∶19、1∶13.5。按照这种倒挂的编制标准计算，不少农村地区出现了中小学教师名义上的超编和实际上的缺编现象。如河南省A县现有教师3 705人，河南省编办给A县核定的教职工编制是3 045人，而实际缺编1 499人。全县不足100人的农村小学占全县小学总数的80%，不足50人的农村小学占全县小学总数的50%。此外，国家规定在小学三年级以上开设计算机课和英语课，而仅开设这两门课该县就需要新增200名教师。既要就近入学，又要开齐课程，占用教师自然较多，这就是名义上的超编和实际上的缺编。可是，按照教师编制标准，A县教师总数的确是超编了。超编就不能补充，这是政府编制部门定的一道“铁杠杠”，谁也无法逾越。农村学校教学点多，理应配备更多的教师，但现在的情况是，农村教师的编制少于城市学校。尽管自2009年，我国开始启动教师编制改革，逐步实行城乡统一的中小学编制标准，但目前大多数省份只不过是按原县镇和农村编制标准统一，少数省（区）城乡按师生比1∶19的标准确定教师编制。义务教育实行城乡统一的教师编制标准，对于缓解农村中小学教师短缺起到了一定的作用，但对于农村小规模学校，尤其是对教学点来说，采用这种统一的编制标准是根本不能解决问题的。加之不少县由于财力不足，难以支付教师工资，长期处于有编不补的状态，所以多年来一直没有新教师补充到农村中小学教师队伍中来。一个多年来没有新人加入的职业群体，必然会不可避免地导致平均年龄的老化。

（二）教师编制管理体制相互分离的三权制衡

与中小学教师编制城乡倒挂密切相关的是教师编制管理体制的相互分离。教师编制管理体制是指教师编制管理系统的结构和组成方式，即采用怎样的组织形式以及如何将这些组织形式结合成为一个合理的有机系统，并以怎样的手段、方法来实现管理的任务和目的。具体来讲：教师编制管理体制是规定教育部门、财政部门、编制部门在各自方面的管理范围、权限职责、利益及其相互关系的准则。它的核心是管理机构的设置，各管理机构职权的分配以及各机构间的相互协调，它的强弱直接影响到教师编制管理的效率和效能。我国现行的教师编制管理体制是一种人权、财权和事权相互分离的三权制衡体制。在这样的编制管理体制下，教育部门虽然管理着诸多教师，但却没有招录教师的权力。财政部门只认编制部门核定的编制数，编制部门核定一个编制，财政部门即拨一个教师的经费。编制部门自然是按照上级文件规定的师生比严格把关。按现行规定，未经省级政府批准，各市、县不得突破中小学机构编制总额。因为有编制这道坎，并且多年不变，虽然学生数量变化了，课程变化了，教师的年龄结构、知识结构变化了，但相关部门根本不了解这些，也根本不管这些。编制就如同一个“紧箍咒”，正在制约着农村中小学教育的发展。在这种情况下，即使再优秀的教师，学校也招不进来；因为有编制这把保护伞，即使再差的教师，或者在编不在岗，教育部门也无可奈何。这就使得一些学校出现了“虚超编”的假象，领工资的和实际在岗的教师不是一个概念。一边是事实上的超编，一边是现实中的缺编，教师不流动，老的退不掉，新的进不来，如同一潭死水。基层教育管理部门始终都无法跨越这道坎。超编了，就不能进人，只能等待自然减员，什么时候将超编数自然减到上面规定的编制数了，什么时候才能补充新教师。教师招聘是补充教师的一种途径，但是如果没有编制，就不能招聘。即使有了编制，但如果地方政府为了省钱而不往上申报，教育部门也是无能为力。因为从表面上看，编制只是政府对一个单位核定的员工控制数，但实际上却是一个地方的“吃皇粮”数。在一些经济欠发达地区，教师工资占了地方财政支出的半数，甚至更多。对地方政府来说，首先算的是经济账，追求的是人力资源的利用率。在财政增量不变或变化不大的情况下，对地方政府来说，财政负担的教职员工当然是越少越好。这就是为什么有些地方多年不招聘中小学教师，或者是有编不补，宁可雇用工资低廉的代课教师的根本原因。

（三）城镇化步伐加快的负面效应

所谓城镇化，是指人类生产和生活的方式由乡村型向城市型转化的历史过程，具体表现为乡村人口向城市人口转化及城市不断改革和完善的过程。从经济学角度看，经济发展、工业化、现代化的过程，从某种意义上说，就是自然经济状态的农村不断衰退、城镇不断发展的过程。改革开放以来，由于城镇化的快速发展，中国城镇化率达到52.57%，城镇人口达到7.1亿，城镇化率基本达到世界平均水平。[3]

随着城镇化的推进，大量农村人口和学龄儿童转移到城镇，一方面给城市教育带来了更大的压力，城市学校生源不断膨胀，班级规模继续扩大，另一方面农村人口和学龄儿童不断减少，农村学校不断萎缩，甚至因生源短缺被迫撤并。在湖北省C县的调研发现，随着城镇化步伐的不断加快，该县越来越多的农村学龄人口随父母流向城市，很多农村学校生源不断流失，“微型学校”、“微型班级”大量出现，而县城学校却生源大增，班额爆满。从2003年到2010年，该县城区小学生由8 330人增加到19 750人，由占全县小学生总数的15%增加到46%，初中生由6 001人增加到17 560人，由21%增加到89.8%，也就是说，C县现有46%的小学生和89.8%的中学生是在县城上学。截至2010年底，广西壮族自治区A县义务教育阶段有中小学校147所，其中城镇小学21所，城镇初中23所，农村小学100所，农村初中3所；义务教育阶段在校生56 482人，其中城镇小学在校生14 936人，城镇初中在校生19 977人，农村小学在校生20 134人，农村初中在校生1 435人，城镇在校生占全体在校生的61.81%。另据山西省B县教育局提供的数据显示，从2003年到2010年，该县农村小学生数由4 842人减少到了2 988人，每年以接近110人的速度在递减，很多农村学校因生源短缺被迫撤并，没撤并的农村小学，其规模也逐渐萎缩甚至变为“空壳”学校。截至2009年，B县50人以下的农村小学就达48%，20人以下的占32%。在农村学校逐渐萎缩的同时，县城学校却迎来了规模的扩张。在这样的教育环境下，地方政府及其教育主管部门的通常做法是，优先满足县城日益增多的中小学生就学需求，将有限的教育资源集中向县城学校倾斜。由于政府将财政经费重点投入到县城学校，使得县城学校的办学条件越来越好。县城学校由于拥有良好的办学条件、公共设施和优厚的待遇，可以吸引优秀的教师、优质的生源等，这为县城学校的发展创造了良好的条件。如湖北省C县为了满足县城日益增多的中小学生就学需求，新建了城关中学，在校学生6 838人，其中来自农村的学生有4 286人，约占学生总数的63%；该校现有教职工378人，其中来自农村的教师有260人，约占教师总人数的68%。相比之下，农村学校由于办学条件差、公共设施落后、待遇差，教师想方设法调到县城学校，使得农村学校难以招揽和留住优秀的教师。这样一来，农村学校的师资自然就参差不齐和明显不足。

（四）城乡中小学教师工资待遇差距过大的必然结果

教师待遇的高低，是教师职业是否具有吸引力的重要条件之一，同时也是教师能否解除后顾之忧、全心全意投入教育教学工作的物质基础。要大力发展教育事业，提高国民素质，一定要尊师重教、尊重知识、尊重人才，特别要注意提高义务教育阶段教师的社会地位和工资待遇，因为义务教育阶段是我国各级教育中年限最长、所有人必经的阶段，在这一阶段受到什么样的教育，对学生能力的提高及基本人格的形成具有决定性意义，对他们的一生和国家的长远发展产生着基础性影响。从义务教育均衡发展角度看，只有提高贫困地区、农村地区学校教师的待遇，才能吸引和留住优秀教师，并为教师合理流动提供长效保证。但长期以来，我国义务教育学校教师收入差距过大已是不争的事实。一方面农村义务教育学校教师社会地位不高，社会对农村中小学教师缺乏必要的尊重；另一方面很多农村中小学教师处于一种流动状态，即由边远、贫困的农村向乡镇，乡镇向县城，县城向城市，中西部向东部无序、单向流动，或者通过下海经商、考公务员和考研等形式离开教师队伍。农村地区教师人心思走、大量流失的现象已经成为一个普遍存在的严峻现实。这是因为，在市场经济条件下，教师是否愿意从事农村教育事业，即教育劳动力是否供给；是否安心农村，教师在农村教育岗位上实际劳动的供给，即付出多大的精力教学，取决于从事教育事业和付出教育劳动所能得到的报酬，也取决于其过去人力投资的现在收益。这与其所得的报酬水平有关。报酬与劳动在与其他行业劳动付出与所得之间横向比较的过程中平衡，如果农村教师报酬与教育劳动付出之间相差较大，人们就不愿选择农村教育职业，也就是说劳动力有不愿向农村教育供给的行为；目前从事农村教育职业的教师，也会努力从农村流出，停止对农村教育的智力和体力供给。这不仅在我国是这样，在一些发达国家发展教育的初始阶段，也出现过由于农村教师地位和待遇偏低，致使农村教师队伍不稳的情况。所以，农村中小学教师收入水平低下，是造成农村教师队伍不稳定，难以吸引优秀人才从事义务教育的主要原因。联合国教科文组织国际计划研究所原所长菲利普·库姆斯更是认为，“允许教师工资落后于其他人员的工资是自取失败，因为这样的结果是丢失很多最好的教师，然后补充以才能较差者。”[4]

总之，农村中小学教师队伍现状堪忧，尽管原因相当复杂，但中小学教师编制的城乡倒挂，教师编制管理体制的相互分离，城镇化快速发展的负面影响，城乡中小学教师工资待遇差距过大，是其最根本的原因。

三、加强农村中小学教师队伍建设的若干对策建议

农村中小学教师队伍建设不仅关系到义务教育的均衡发展，直接涉及广大农村中小学学生的切身利益，而且关系社会的公平、公正和和谐。因此，必须采取切实可行的措施，大力加强农村中小学教师队伍建设，确保城乡义务教育真正实现均衡发展，让广大农村适龄儿童都能公平接受义务教育。结合我国的现实国情，在体制、机制等问题短时间内尚不能得到根本解决的背景下，要加强农村中小学教师队伍建设，主要应解决好以下几方面的问题。

（一）实行更加宽松的教职工编制标准，促进教师资源合理配置

众所周知，农村中小学教师紧缺，特别是边远山区学校教师严重不足，这些学校的教师工作量特别大，任务繁重，每天工作时间很长。因此，必须根据农村人口居住分散、学生成班率低、校点多、形不成规模效应的实际情况，坚持城乡义务教育学校教职工编制标准统筹，实行更加宽松的教职工编制标准。建议根据学段不同，按照教职工与学生数的一定比例核定，将现行义务教育学校 1∶19 的编制标准放宽为初中 1∶13，小学 1∶17，以适应《教育规划纲要》提出的全面提高教育质量，进行基础教育课程改革，实行小班化教学的需要。

在城乡中小学教师统一编制标准基础上，根据义务教育均衡发展的要求，充分考虑农村的实际情况，对农村、边远、少数民族集中、教学点分散或成班率低的地区，在编制标准上适当倾斜，增加农村义务教育学校教师编制。学生规模 240 人以下的农村小学和教学点，可按照生员比和班员比相结合的方式核定教职工编制。按照生员比核定编制后平均每班不足 2.5 名编制的，可补足至平均每班 2.5 名编制，以提高农村学生受教育的质量，满足农村边远地区、少数民族集中、教学点分散或成班率低地区教育教学的实际需要，推动义务教育均衡发展。

此外，应根据中小学生（主要是小学低年级学生）年龄小、生活自理能力差的特点，按一定比例给寄宿制学校配备专门的生活指导教师和适当数量的后勤人员。因为既然寄宿制学校要负责学生的食宿，那么其人员配备就应该做相应改变，以满足寄

宿生对食宿的要求。寄宿生的食宿是一个十分复杂的问题，特别是对于低龄寄宿生来说，食宿管理难度更大，一个优秀的教师并不一定能照顾好学生的食宿，如果将这些任务强加给任课教师，会增加他们的负担和压力。根据国内外寄宿制学校的成功经验，配备专门的生活指导教师负责学生的食宿无疑是最佳选择。目前，部分学校采取聘请社会人员充当生活指导教师的做法并不可取。寄宿制学校既是学生学习的场所，也是学生食宿的地方，安排好学生的食宿是办好寄宿制学校的前提条件。因此，对生活指导教师和其他相关后勤人员的素质应有相应的要求。生活指导教师的职责不仅仅是照顾孩子的饮食起居，还应树立“保教结合”意识，身体力行、言传身教，担负起对孩子的教养责任。学校其他相关后勤人员也应从“服务育人”的宗旨出发，注重自身品德修养，克服不良生活、卫生习惯，给孩子一个好的行为榜样。从长远来看，生活指导教师应该是受过专门训练且具有一定文化素质的专业人员，其地位应等同于学校专任教师，政府可不安排正式编制，但应经过严格考核方能录用，其工资应由财政提供。只有通过这种方式，才能使食宿与教学这两大功能有机地结合起来，这样既可以减轻专任教师负担，又能使学生感受家的温暖，从而达到提高教学质量及学生健康成长的目的。

（二）加大农村中小学人事制度改革，优化、调整农村教师队伍结构

农村中小学师资弱，是一个共性的问题，也是一个很难解决的问题。多数学校在走这样的怪圈，新教师一般招聘不到，偶尔招聘一两个新教师来，从低年级开始入手，学校十分注重青年教师的培养，成效也不错，到第三年已经成为学校的骨干，而此时也到了年轻教师调动的最佳时机。年复一年，最终留在农村薄弱学校的仍然是那一批老教师。所以，应加大农村中小学人事制度改革力度，优化、调整农村教师队伍结构。如从 2012 年起，湖北省农村义务教育学校（不含县城）新录用教师实行“国标、省考、县聘、校用”的新机制，新录用教师招录对象为在岗未入编的符合条件的资教生（含特岗生）、应届或往届大学本科及以上学历毕业生。新录用教师实行年薪制，在艰苦边远地区任教的，每人每年 3.5 万元，在其他地区任教的每人每年 3 万元，并根据经济社会发展水平适时调增，资金由省级财政负担，使用事业单位编制，旨在激励优者从教、保障教者从优，使新录用教师在农村体面教书、尊严生活。两年新录用的 2.5 万名教师，绝大多数都充实到农村乡镇学校及村小和教学点。实践证明，这对加强艰苦边远地区农村学校教师队伍建设，不失为一种行之有效的方法，应在不断完善的基础上逐步加以推广。

此外，应建立教师退出机制。在农村学校，的确有一些年龄老化和知识结构老化的教师，他们中的一些人，即使经过培训也无法胜任教学工作。教育行政部门应采取相关措施，对达到一定年龄而教学效果普遍认为比较差的教师，工资适当上浮，实行强制性退休，空出的编制可把更多的优秀大学毕业生补充进来。特别是要抓住我国中小学教师供求关系正在发生变化的契机，加大农村中小学人事制度改革，按照“凡进必考”原则，实行新任教师公开招聘制度和教师资格认定制度，严把新聘教师入口关，杜绝不具备教师资格的人员进入教师队伍。在当前要充分利用近些年高校毕业生充裕的有利时机，力争经过若干年的努力，使农村小学教师大专学历占主导地位，初中教师本科学历成为主体，同时应通过扩大实施农村中小学教师教育硕士培养计划等多种方式，为农村学校补充一批具有较高素质、较高学历的青年教师。对于新进教师一律实行聘任制，从正式聘任之日起，其养老保险、失业保险、医疗保险等社会保险由聘用部门统一办理，所需资金由财政单列，金额纳入财政预算。彻底打破教师职业的终身制，这种灵活的用人机制有利于教师队伍的管理，同时也在一定程度上保障了教师队伍的质量，从根本上解决广大农村地区中小学教师“有编难补”的问题，切实保障编制紧张学校特别是农村寄宿制学校、教学点分散地区教职工的基本需求。

（三）建立面向艰苦边远地区的农村教师津贴制度，鼓励优秀教师到艰苦边远地区学校任教

农村中小学由于各方面条件差，导致教师待遇差，很难留住人才，骨干教师少。因此，要加强农村中小学教师队伍建设，关键是要稳定农村教师队伍，抑制城乡间中小学教师不合理的“逆向”流动，否则，加强农村中小学教师队伍建设就会落空。而要吸引大批优秀教师到农村任教，稳定农村教师队伍，调动农村教师的工作积极性，关键是要提高教师的经济待遇，改善教师的物质生活条件。

目前我国中小学实行岗位绩效工资制度。岗位绩效工资由岗位工资、薪级工资、绩效工资和津贴补贴四部分组成，其中岗位工资和薪级工资为基本工资。基本工资执行国家统一的政策和标准，城乡、地区之间差别不大，近年来平均水平变化也不大，每月约为1 200元左右，但绩效工资、津贴补贴、社会保障等辅助性工资差距巨大。因此，在基本工资制度短期内不会发生大的变化的情况下，关键是要按《教师法》的规定，在待遇上建立面向艰苦边远地区的农村教师津贴制度。根据目前农村教师不断向县城及大中城市单向流动的实际情况，我们认为，艰苦边远地区农村教师津贴应是专门给在农村乡镇初中、小学、村小和教学点工作教师的待遇倾斜政策，并且应体现越是艰苦边远地区津贴越高的政策价值取向，鼓励优秀教师扎根农村艰苦边远地区，献身农村教育事业。

根据国家的财力状况，津贴标准可按照艰苦边远农村学校教师津贴相当于基本工资1—3倍发放，每档的提高比例可确定为第一档的2—3倍，按低、中、高三种不同标准测算，低标准最低档为每月120—240—360元，高标准最高档为每月720—1 440—2 160元。发放标准不宜与教师的专业技术职务等级、工作年限长短等与个人有关的因素挂钩，即津贴是给岗位的，不是给身份的，在岗则得，离岗则无，即无论是在编教师，还是特岗教师、支教教师、代课教师，无论谁在艰苦边远农村学校任教，都可以获得该津贴，前提条件是必须获得国家发放的教师资格证书、必须连续任教一年（含一年）以上。如果农村教师艰苦边远地区津贴只给岗位，可能会存在获得岗位的教师工作动力不足、出工不出力等问题。为了激发教师的工作热情、提升教师的业绩表现，我们建议津贴的发放实行“岗位＋业绩”的责任考核机制，在艰苦边远地区教师津贴额度中拿出60％给“岗位”，留出40％给“业绩”表现。

至于如何分档，借鉴国外的经验，我们建议，先由省级政府依据农村地理环境和条件恶劣程度对农村教师津贴适当分为1—3档，形成合理的等差梯度，建立全省统一分类标准的农村教师补贴。在省级政府分类的基础上，县级政府再依据本县农村地理环境和条件恶劣程度对农村教师津贴再适当分为1—3档。即在全省范围内形成4类地区，分6个档次。相对应的艰苦边远地区农村教师月津贴按低、中、高标准分别为：一类地区为1—3档，相对应的津贴分别为：120—240—360元，240—480—720元，360—720—1 080元；二类地区为2—4档，相对应的津贴分别为：240—480—720元，360—720—1 080元，480—960—1 440元；三类地区为3—5档，相对应的津贴分别为：360—720—1 080元，480—960—1 440元，600—1 200—1 800元；四类地区为4—6档，相对应的津贴分别为：480—960—1 440元，600—1 200—1 800元，720—1 440—2 160元。

我们认为，这样做的好处是：一方面可以平衡统一省域内义务教育阶段教师收入；另一方面因为条件越恶劣、距离越偏远的农村学校教师补贴越多，可以激励更多的优秀教师到农村偏远地区任教。根据我们初步测算，加上原有基本工资、绩效工资和社会福利，最艰苦边远地区农村教学点的教师月工资可达3 000—4 500元左右，基本上可以稳定农村教师队伍。

那么，怎样才能确保津贴按时足额发放呢？根据有关部门提供的数据和我们的测算，目前在乡镇学校、村小和教学点工作的农村中小学教师大约450万人左右。按低、中、高标准测算分别约为325亿元、455亿元、585亿元，分别仅占2012年

国家财政性教育经费支出21 984.63亿元的1.5%、2.1%和2.7%，国家完全有能力把这一事关450万左右艰苦边远地区农村教师利益的大事办好。考虑到农村地区特别是艰苦边远地区财力薄弱，为确保津贴按时足额发放，建议中央财政与省级财政分担所需经费，以下为三种分担方案：（1）参照农村义务教育经费保障机制改革中央与地方分担免学杂费资金的办法，西部地区为8∶2，中部地区为6∶4，东部地区除直辖市外，按照财力状况分省确定；（2）西部地区由中央财政承担，中部地区中央与省级财政按5∶5分担，东部地区由省级财政承担；（3）中、西部地区由中央财政承担，东部地区由省级财政承担。

总之，农村中小学教师队伍建设问题，既是涉及农村孩子能否公平接受教育的问题，又是关涉农村义务教育能否均衡发展的问题。这一问题如果得不到很好的解决，就难以保证偏远农村地区的孩子享受到较好的教育和义务教育的均衡发展。当然，农村中小学教师队伍建设问题是一个复杂的系统工程，涉及社会的方方面面。但只要各级政府高度重视，社会各方共同努力，从一点一滴做起，问题就不难解决。

【参考文献】

[1] 雅克·哈拉克著，尤莉莉、徐贵平译. 投资于未来——确定发展中国家教育重点［M］. 北京：教育科学出版社，1993.118.

[2] 教育部发展规划司. 2010年全国教育事业发展简明统计分析［Z］，内部发行资料，2011.

[3] 佚名. 城镇化会议解读：人到哪去、钱从哪来、地怎么管［N］. 羊城晚报，2013-12-15.

[4] 菲利普·库姆斯. 世界教育危机［M］. 北京：人民教育出版社，2001.152.

审视与反思：我国高职教师职称评审标准的套用问题*

□ 俞启定（北京师范大学教授）
□ 王为民（北京师范大学博士生）

在我国高等职业教育蓬勃发展的历史进程中，现行的高职教师职称评审标准在一定程度上不仅使高职教师的专业发展产生异化，而且成为高职院校内涵建设的隐性阻力。在2011年国务院召开的征询政府工作报告座谈会上，无锡职业技术学院顾京教授向温总理建言："高职教育的教师队伍所需的能力是有别于其他类型教师的，对他们的评价指标体系应给予重点的研究"[1]。同时，《教育规划纲要》首次提出"完善符合职业教育特点的教师专业技术职务（职称）评聘办法"[2]。实践探索中的困惑与政策研究中的诉求，足以引起我们对现行高职教师职称评审标准进行认真审视与反思。

到目前为止，关于现行高职教师职称评审标准的问题，尚未发现有比较深入的专题论述。显然，对此进行深入的反思与探究既十分必要，也迫在眉睫。

一、审视：高职教师职称评审标准的套用问题

（一）探源：高职教师职称评审"套用标准"之滥觞

教师职称评审标准是国家教育行政及管理部门按照国家教育政策和方针，依据不同层次或类型教育系统的教育目标和任务，针对特定教育系统中教师专业发展方向、特点和需求，根据教师教学、科研以及服务社会等情况制定的对教师专业技术职务等级给予认定的职称评定条件。高职教师职称评审标准理应准确反映高职教师的专业发展方向、内容和水准，对高职教师专业发展具有目标导向性、内容规定性、过程激励性等管理效果。据统计，2010年我国高职院校专任教师总数增至40万人[3]，但对高职教师的职务职称评审标准的研发和制定却相对滞后。到目前为止，相对独立的高职教师（职务）职称评审标准依然缺失，基本上仍旧套用国务院1986年颁发的《高等学校教师职务试行条例》（职改字［1986］第11号）。该条例第六章第二十三条规定"本条例适用于普通高等学校。原则上也适用于其他类型的高等学校"[4]。这正是当前高职教师职称评审标准套用普通高校（指综合性大学）教师职称评审标准的政策本源与依据。

多年来，在对高职教师进行职称评审过程中，基本上仍在套用普通高校教师的职称评审标准，使"高职院校教师大多要与普通高校教师一起经历同样的职称评审，遵循同样的职称系列，参照同样的评审标准"[5]。本文将此现象称之为"套用标准"问题。

* 原载《教师教育研究》2013年第1期。

（二）审察：高职教师职称评审“套用标准”之羁绊

“套用标准”诱发高职教育系统产生一系列问题，主要表现在对高职教师专业发展的误导和对高职院校内涵建设的阻滞。

1. 对高职教师专业发展的误导

高职教师专业发展主要体现为专业教学能力和专业研究能力[6]两个方面，其中专业教学能力包括专业理论教学能力和专业实践教学能力，因而高职教师的专业发展可以从教学、科研和实践技能三个维度进行考量。“套用标准”对高职教师专业发展的负面影响也体现在以下三方面的误导。

误导之一：偏重科研工作，轻视教学工作。以河南省《高等学校教师（实验人员）中、高级专业技术职务任职资格申报、评审条件》（以下简称《条件》）（豫人社〔2009〕273号）[7]为例，分析“套用标准”对高职教师专业发展等方面的影响。不可否认，河南省在高校教师职称评审标准改革中力度较大，但囿于国家《高等学校教师职务试行条例》的限制，其《条件》并未完全摆脱套用标准的框架。《条件》中衡量教师工作业绩标准的首条必备标准是发表一定层次或级别的“本专业学术论文”若干篇，其中至少有若干篇是“核心学术期刊或刊物”，且“有较高的学术价值”。显然，将“专业学术论文”作为首条必备标准，强化了科研的优先性和重要性。虽然《条件》对教学工作量和教学效果方面也有规定，但其区分度不大。在教学效果方面，《条件》第二条标准规定“在教育、教学技能竞赛中，获得厅级一等奖”。这虽能体现高职教师的教学特点，但该标准仅为可选条件而并非必备条件，因而其导向功能与激励作用并不显著。正是由于“套用标准”中“科研标准硬、教学标准软”，诱发高职教师过度偏重科研，而相对轻视教学。科研消耗高职教师大量的时间与精力，严重影响高职教师专业教学能力的提高，出现科研与教学的相对失衡。

误导之二：偏重理论教学，轻视实践教学。高职教学的特点是，在倡导“理论与实践一体化教学”过程中，需要凸显学生实践能力的培养，对理论学习的原则是“以实用为主，以够用为度”。在“套用标准”下，《条件》第一项第二条中仅强调“专业理论知识”的教学，要求教师必须“系统担任两门以上主干课程的讲授工作”。虽然《条件》之三规定要完成学校规定的教学工作任务，但从未提及实践教学，更未明确规定教师承担实践教学的工作总量、比重及教学效果。由于缺乏比较科学、操作性强的实践教学评价标准，导致实然状态下对高职教师实践教学评价的严重缺失。

误导之三：偏重学历提高，轻视技能学习。“套用标准”特别注重高学历。比如，在《条件》的申报条件中对学历均有明确要求。在申报副教授任职资格条件中，要求有“博士研究生毕业并取得博士学位，担任讲师职务2年以上”，或“当年年底年龄在35周岁及以下的人员，须取得硕士以上学位。”这在一定程度上鼓励高职教师片面追求高学历。不难发现，继本科院校教师“读博热”后，高职院校教师正在步其后尘，趋之若鹜。与此相比，《条件》中对教师技能方面的规定明显不足。在教授任职资格评审条件第一款中，虽提到须具备“指导实习实训”的能力，但并未规定必须具有相关专业（非教师系列）技术职务任职资格；在第二款“工作业绩”中，并未对教师技能方面的水准和成绩做出明确要求。众所周知，技能素养是高职教师专业发展不可或缺的部分，学历的提升并不能解决或弥补专业技能的短板。

简而言之，“套用标准”使高职教师的专业发展产生异化。一方面，“套用标准”使高职教师对自身专业发展定位和身份缺乏认同，逐渐偏离“双师型”教师的专业发展方向；另一方面，“套用标准”误导高职教师偏重理论研究，呈现学术化倾向与同质化问题。

2. 对高职院校内涵发展的阻滞

“套用标准”对高职院校内涵发展的阻滞主要表现在对课程建设与校企合作两个方面。

首先，“套用标准”不利于进行课程建设。课程建设是高职教育内涵建设的重点之一，始终处于人才培养的核心地位。高职教师是课程开发与实施的主体，离开高职教师积极参与的课程建设，犹如无源之水，无本之木。但是，“套用标准”一方面未能充分调动高职教师开发实践课程的积极性。另一方面，“套用标准”容易使高职教师在课程开发中陷入传统课程的泥淖，造成高职课程建设很难摆脱学问化的窠臼。这种学问化课程导致人才培养系统产生偏差，“集中体现为人才培养的效果与市场需求间的距离”[8]。

第二，“套用标准”不利于促进教师积极参与校企合作。职业教育的本质是产教结合。产教的有机结合需要学校具备为企业服务的能力。充分发挥高职教师的人力资本是建立校企合作长效机制的重要基础之一。但是，当前“套用标准”并未对高职教师参与校企合作做出导向性要求和明确性规定，高职教师在校企合作中的重要作用尚未很好地发挥，校企合作的利益机制尚未形成。而校企双方缺乏一定的利益机制是制约校企深度合作的重要症结[9]，结果出现校企合作中的“壁炉现象”，即一方面是“学校热，企业冷”的尴尬局面，另一方面是高职院校内部“学校积极，教师消极”的难堪情形。

概言之，在高等职业教育系统中，“套用标准”在一定程度上不仅制约高职教师的专业发展，而且成为抑制高职教育内涵建设的羁绊。

二、反思：高职教师职称评审“套用标准”的谬误归因

（一）两类高校教师：专业发展中的路向不同

“套用标准”的逻辑预设是高职教师和普通高校教师（指综合性大学）的专业发展路向相同或相近，因而朴素地认为两类教师的工作考核内容和评价标准应该一致。但从系统论来看，两类教师属于高等教育系统内两个不同类的子系统，其专业发展的路向不同。

1. 高职教师专业发展路向：双师导向

高等职业教育虽是高等教育体系中的一个子系统，但有别于普通高等教育子系统，是另一种类型的高等教育[10]。高职院校的办学目标规约高职教师专业发展路向是“双师导向”。

高职院校的办学目标是培养高素质技能型专门人才，而技能型人才的成长不仅需要一定的理论储备，而且需要充分的实践学习，“在工作中学习，在学习中工作”，以此构建“工作过程知识”[11]。为此，高职教师一方面必须具备双师资格；另一方面，高职教师须具备“双师能力”，包括具备较扎实的专业知识和丰富的专业实践经验，具有从事理论—实践一体化教学的能力。由此可知，高职教师的教学能力发展并非单向度的，而是双维的，是专业理论与实践教学能力的协同发展。可以说，技能型人才的成长规律和培养模式，决定高职教师的专业发展必须遵循“双师导向”。

2. 普通高校教师专业发展路向：学术导向

我国普通高校教师职称评审标准的理论基础源于西方的大学理念。而西方话语体系中的大学一般特指综合性大学（university），并不包括高职院校[12]。综合性大学的理念决定其人才培养的定位，同时框定大学教师的专业发展路向。

纵观西方综合性大学的理念，其人才培养目标从洪堡的“完人”观、纽曼的“通才”观、“全人”观，到德里克·博克的“有教养的人”等，宗旨都强调人的“全面”发展，强调广博的通识教育与精深的专业教育的和谐发展。培养这类人文素养宽厚与科学素养高深的人才，必须是精于学术研究的学者。综合性大学教师的主要工作任务包括教学与科研等方面。洪堡认为大学教师应重视教学与科研的统一。从本质上看，综合性大学的教学与研究都是学术的，学术性是综合性大学教师专业发展的主要价值向度。大学教师必须“以学术为业”[13]，学术性是综合性大学教师的最基本特质和职业生涯的核心，综合性大学教师专业发展的关键目标就是帮助教师增长和更新作为学术专家的专业知识[14]。

通过比照可知，隶属于不同类型、不同子系统的两类教师的专业发展路向泾渭分明，迥然不同。因而，将高职教师等同于综合性大学教师无疑是一

种认识上的错误，而将普通高校教师的职称评审标准套用在高职教师身上实属一种演绎的谬误。

（二）两类教育系统："元素移植"中的系统拒斥

探究"套用标准"问题，须从系统论角度来看，而不能"把系统分解为部分，单独研究一个部分。这样，即或把每个部分都研究清楚了，也回答不了整体问题，系统整体性并不是这些组成部分的简单'拼盘'"[15]。由于高职教育与综合性大学教育属于不同的子系统，所以"套用标准"犹如把一个系统内的"元素"简单地"移植"到另一系统内，该"元素"必然会维系原有系统的功能，而对新的系统产生拒斥，具体表现为系统性导向偏差与整体化斜向驱动。

1."元素移植"引发系统性导向偏差

从系统功能来看，在高职教育和综合性大学教育每个子系统链上，各个环节和要素既彼此相关，又相互影响，各自形成一个不可分割的整体。将综合性大学系统内的教师职称评审标准简单地套用在高职教育系统内，犹如"在系统的杠杆支点处，外界环境一个微小的输入，就会使系统产生巨大的受指挥的变化"[16]，从而将高职系统内教师专业发展方向以及工作重心导向综合性大学教育系统，使高职教师的专业发展方向发生系统性偏移，背离高职教育子系统应然的发展路向。同时，由于"套用标准"并非高职教育子系统内的"真元素"，很难在高职教育子系统结构中发挥其应有的作用，因而"它就不会具有作为整体的特定功能"[17]，反成为该系统内的一个异类，既被该系统所排斥，又给本系统带来导向偏差。

简言之，套用综合性大学的教师职称评审标准，使得高职教育子系统产生"正反馈"反应，即"系统在偏离目标时，自动加大目标差，使系统远离现实状态"[18]。

2."元素移植"产生整体化斜向驱动

作为"元素移植"的"套用标准"，不仅能产生导向偏差，而且能诱发很强的驱动，容易使高职教师在利益牵引下，在偏离轨道的方向渐行渐远。众所周知，职称评审标准不仅影响教师的声誉地位，而且直接关系到教师的工资待遇，对高职教师产生较强的利益驱动。作为理性或有限理性"经济人"的高职教师，其理性行动是追求自我利益的行动[19]。职称以教育资格的形式被制度化为"文化资本"[20]，获得较高职称就意味着获取更多的"文化资本"，进而会拥有更多的"社会资本"[21]。这种驱动使高职教师专业发展严重异化，甚或造成高职教育系统的整体紊乱。

由此可知，造成高职教师专业发展异化的根本原因就在于"元素移植"式的"标准套用"，即不同系统间"元素"的张冠李戴。部分离不开整体，部分只有在整体中才能成为部分，离开整体的部分就不是部分。脱离了整体性，要素的机能和要素间的作用便失去了原有的意义。[22]

三、探寻：研制高职教师职称评审新标准的原则与策略

研制相对独立的高职教师职称评审标准，及时剔除非系统性要素，有助于从根本上矫正"套用标准"对高职系统的侵扰，解除"套用标准"对高职系统的锁定。

（一）研制高职教师职称评审新标准的原则

1. 独立设定的原则

高职教育系统是一个相对独立的系统，只有"生成"相对独立的高职教师职称评审标准，才能摒弃还原论方法论处理不了的系统性、整体性问题，才能优化高职教育系统结构，充分发挥高职系统的整体功能。独立设定的原则意蕴着，既要摆脱对普通高校教师职称评审标准的依附和套用，又要遵循高职教育系统的发展规律，符合高职教师专业发展的内在特点和逻辑路向。

2. 双师导向的原则

制度反映着特定的价值观，它们是价值追求的手段。作为教师评价体系的核心内容，高职教师的职称评审标准应正确反映其价值导向。根据高职教师的专业发展路向可知，高职教师职称评审标准的

研发须遵循“双师导向”原则。通过增设教师专业实践教学能力标准和专业技能标准，引导教师重视实践性教学与技能学习，使职称评审标准与“双师型”教师标准相一致。

3. 分类考量的原则

公平和正义是社会制度的首要价值，再没有比以相同的态度对待不同的人更不平等了。由于高职教师的工作岗位存在一定的分类，比如科研岗、教学岗和管理岗等。对每位教师而言，可以根据自己的岗位性质和能力特点，适当选择。因而，制定高职教师职称评审的标准理应有所分类，有所不同，即“不同情况不同对待”。特别值得一提的是，这既要考虑专任教师的情况，也要兼顾校外兼职教师的情形。只有坚持分类考量的原则，才能促进高职教师在专业发展中达到公平与效率的和谐统一。

（二）研制高职教师职称评审新标准的策略

1. 调整科学研究方面的标准

首先，通过制定新标准，引导高职教师将科研方向主要定位在应用研究和开发研究层面，特别是，提高科技发明方面的标准权重，积极鼓励高职教师参与科技创新、科技发明和工艺革新，努力获得更多的发明专利或实用新型专利。进行应用研究、开发研究和科技发明是高职院校实现高素质技能型人才培养目标、深化产教结合与校企合作、提高科研质量与服务水平的有效手段。其次，在制定科研标准时应重点考察研究成果的质量，适当降低科研的数量标准，消解“科研至上”的误导。

2. 增设实践教学方面的标准

新标准应明确高职教师年度实践教学工作的标准量，对实践教学工作绩效有一定要求，并且适当增加此方面的权重。在制定标准时，建议将教师指导学生实习和实训情况（如实习安全、实习合格率及获奖情况等）、学生获取专业资格证书的数量及比率、学生荣获各级各类技能大赛的成绩以及学生就业质量等，作为评价教师实践教学的重要参考指标。

3. 增加教师技能发展的标准

依据高职教师专业发展的“双师型”特点，增加教师专业技能发展标准，要求专任教师在规定期限内必须获取相应的专业资格证书或特定的专业技能证书。通过标准建设，进一步完善高职教师企业实践制度；促进教师不断学习产业升级、技术革新中的新理念、新知识和新技能，逐步成长为技能专家或专业教学能手。

“和实生物，同则不继。”高职教师职称评审标准只有摆脱当前的依附与套用，走向独立与完善，高职教师才能成为真正的高职教师，高职教育结构才能充分发挥其整体性功能，高职教育系统才能产生结构与组织的整体涌现（whole emergence）效应。

【参考文献】

［1］梁国胜. 向总理建言　为高职把脉［N］. 中国青年报，2011-02-28（11）.

［2］《教育规划纲要》工作小组办公室. 教育规划纲要辅导读本［Z］. 北京：教育科学出版社，2010. 23.

［3］中华人民共和国教育部. 2010 年统计数据. 各级各类学校数、教职工、专任教师情况（2012）［EB/OL］. http://www.moe.edu.cn/publicfiles/business/htmlfiles/moe/s6200/201201/129517html/2012-04-07.

［4］中央职称改革工作领导小组办公室. 全国各类专业技术职务实行条例汇编［Z］. 北京：中国计量出版社，1988. 21.

［5］林宇. 围绕提高质量　强化高职教师队伍建设［J］. 中国高等教育，2010，（8）：47-48.

［6］李进. 教师教育概论［M］. 北京：北京大学出版社，2009. 274.

［7］河南省职称改革领导小组办公室. 河南省高等学校教师（实验人员）中、高级专业技术职务任职资格申报、评审条件.（2009）［EB/OL］. http://www.hnzc.gov.cn/Common/Read News.aspx? NewsId＝314&Title＝0101/2012-04-07.

［8］教育部高等教育司全国高职高专校长联席会. 点击核心——高等职业教育专业设置与课程开发导引［M］. 北京：高等教育出版社，2004. 67.

［9］和震. 校企深入合作的有益尝试［J］. 教育与职业，2012，（3）：81.

［10］潘懋元，陈厚丰. 高等教育分类的方法论问题

[J]. 高等教育研究，2006，(3)：11.

[11] 赵志群. 职业教育工学结合一体化课程开发指南[M]. 北京：清华大学出版社，2009.36.

[12] 刘宝存. 大学理念的传统与变革 [M]. 北京：教育科学出版社，2004.14.

[13] [德] 马克斯·韦伯. 学术与政治：韦伯的两篇演说 [M]. 北京：生活·读书·新知三联书店，1998.17-53.

[14] Smith A. B. Faculty. *Development and Evaluation in Higher Education* [M]. Washington: American Association for Higher Education, 1976.3.

[15] 上海交通大学. 智慧的钥匙——钱学森论系统科学 [C]. 上海：上海交通大学出版社，2005.

[16] [18] [22] 黄小寒. 世界视野中的系统哲学[M]. 北京：商务印书馆，2006.528，530，525.

[17] 汪应洛. 系统工程理论、方法与应用 [M]. 北京：高等教育出版社，2002.3.

[19] [美] 詹姆斯·S. 科尔曼. 社会理论的基础[M]. 邓方译. 北京：社会科学文献出版社，1999.38.

[20] [法] 布尔迪厄. 文化资本与社会炼金术——布尔迪厄访谈录 [M]. 包亚明译. 上海：上海人民出版社，1997.192.

[21] 高宣扬. 布迪厄的社会理论 [M]. 上海：同济大学出版社，2004.71-75.

教育发展战略

区域基本公共教育均等化现状、成因及对策*

——基于全国各省份面板数据的分析

□ 高　萍（山西财经大学讲师）

一、引言

教育不仅有助于人的全面发展，而且具有重要的社会功能。《世界人权宣言》指出："教育的目的在于充分发展人的个性并加强对人权和基本自由的尊重。教育应促进各国、各种族或各宗教集团的了解、容忍和友谊，并应促进联合国维护和平的各项活动。"教育公平是社会公平的重要基础，基本公共教育均等化是基本公共服务均等化的重要方面。保证人民享有接受良好教育的机会，是党和政府义不容辞的职责，也是促进社会公平正义、构建社会主义和谐社会的客观要求。①

改革开放以来，我国教育事业取得了长足的发展。政府教育经费投入占国民生产总值的比例从1978年的2.05％提高到2012年的4％②，初中及以上学历人口比例从1982年的24.87％提高到2010年的61.75％，全国人口平均受教育年限从20世纪80年代初的不到5年提高到2010年的9.5年③，普及义务教育和扫除青壮年文盲的"两基"目标已经全面实现。但在教育事业大发展的同时，教育均衡问题越来越受到人们的重视。《教育蓝皮书：中国教育发展报告（2012）》指出，推进义务教育均衡发展的任务比实现普及义务教育的任务更为艰巨、更为复杂，用的时间也会更长。目前我国义务教育阶段的主要矛盾是变相的重点学校制度、学校差距过大导致的教育不均衡发展问题。

本文以我国31个省份为样本，通过构建各省份基本公共教育评价指标体系，综合评价各省份基本公共教育服务发展进程及均等化现状，在进一步分析影响各省份基本公共教育提供主要因素的基础上，针对性地提出促进各省份基本公共教育均等化的政策建议。

二、区域基本公共教育服务进程及均等化评价

区域基本公共教育服务发展进程及均等化评价需要通过构建合适的指标体系来进行。指标体系构建步骤包括：第一，确定区域基本公共教育均等化包含的维度；第二，确定区域基本公共教育均等化每个维度具体的衡量指标；第三，对所选指标进行无量纲化处理；第四，对各指标进行赋权；第五，获得评价结果。

* 原载《宏观经济研究》2013年第6期。

（一）基本公共教育均等化包含的维度

基本公共教育均等化是指全体公民都能公平可及地获得大致均等的基本公共教育。基本公共教育均等化包含受教育机会均等和受教育结果均等两个层面的含义，机会均等与结果均等之间辩证统一，机会均等是前提，结果均等是目的，两者共同作用于基本公共教育提供的全过程。卢洪友等（2012）在研究基本公共服务均等化中提出了“投入—产出—受益”三维度理论，认为投入和产出均等化是手段或中间目标，均等化的最终目的是让全体公民能够从政府提供的各种基本公共服务的大致均等化消费中受益，提升人的“可视”行为能力，促进人的全面发展。借鉴卢洪友等（2012）的研究思路，本文从投入、产出和受益三个维度来刻画基本公共教育均等化。

（二）基本公共教育均等化具体指标选择

本文在遵循指标选取的科学性、代表性、数据可得性和纵向可比性原则的基础之上，充分借鉴已有的关于教育均等化衡量的指标。对于教育投入类指标侧重考虑政府财政投入，用人均教育经费来衡量；对于产出类指标侧重考虑政府投入的直接结果，用小学生师比和初中生师比两个指标来衡量；对于受益类指标侧重考虑受益对象的最终消费感受或结果，用初中升高中升学率和人均受教育年限两个指标来衡量。

（三）指标的无量纲化处理

所谓无量纲化，就是运用数学变换消除原始指标量纲的影响。由于评价指标体系中各指标具有不同的计量单位，为了计算综合评价指数，需要首先统一这些指标的量纲，即对不同单位表示的指标做无量纲化处理。本文设计的指标体系中，部分指标与基本公共教育均等化水平正相关，我们称之为正指标（如初中升高中升学率），部分指标与基本公共教育均等化水平负相关，我们称之为逆指标（如小学生师比）。④

对于正指标，本文按照以下公式对其进行无量纲化处理：

第 j 个指标得分$=\frac{S_{j(t)}-S_{j(\min)}}{S_{j(\max)}-S_{j(\min)}}\times 10$ 计算该指标的得分，其中 j 表示第 j 个正指标（取值为 1—3），t 表示年度（取值为 2005—2011），$S_{j(t)}$ 取第 j 个指标第 t 年各省份的实际值，$S_{j(\max)}$ 取第 j 个指标 2005—2011 年在全国 31 个省份中的最大值，$S_{j(\min)}$ 取第 j 个指标 2005—2011 年在全国 31 个省份中的最小值。

对于逆指标，本文按照以下公式对其进行无量纲化处理：

第 k 个指标得分$=\frac{S_{k(\max)}-S_{k(t)}}{S_{k(\max)}-S_{k(\min)}}\times 10$ 计算该指标得分，其中 k 表示第 k 个逆指标（取值为 1—2），t 表示年度（取值为 2005—2011），$S_{k(t)}$ 取第 k 个指标第 t 年各省份的实际值，$S_{k(\max)}$ 取第 k 个指标 2005—2011 年在全国 31 个省份中的最大值，$S_{k(\min)}$ 取第 k 个指标 2005—2011 年在全国 31 个省份中的最小值。

上述无量纲化处理方法的优点有两点：第一，无论是正指标还是逆指标，各单项指标得分都与基本公共教育保障水平呈正相关，使得各指标之间具备可加性；第二，各指标反映了基本公共教育某一方面优劣之间的相对得分，便于将各指标综合以后进行纵向比较。

（四）各指标权重的确定

用若干个指标进行综合评价时，各个指标对评价对象的作用并不是同等重要的。为了体现各评价指标在指标体系中的地位以及重要程度，必须对指标体系中各指标赋予不同的权重系数。根据研究问题的需要，本文采用层次分析法对各指标进行赋权。层次分析法的基本步骤包括：第一，建立递归层次结构；第二，构建判别矩阵并请专家打分赋值；第三，进行层次单排序并进行检验；第四，进行层次总排序并进行检验。

遵循上述步骤，本文在建立区域基本公共教育均等化测量指标体系的递归层次结构基础上，邀请 20 位应用经济学领域的专家对各指标进行两两比较，并根据比较结果进行了赋值，经过和积法进行层次单排序，使用向量乘法对各层指标进行了综合排序，并且层次单排序和综合排序结果都通过了一致性检验。区域基本公共教育指标体系、层次分析法各层级及最终赋权结果见表1。

表1　区域基本公共教育均等化测量指标体系及赋权结果

目标层	准则层		指标层		
一级指标	二级指标（分类指标）	对一级指标的权重	三级指标（单项指标）	对二级指标的权重	对一级指标的权重
区域基本公共教育均等化	投入类	0.35	人均教育事业费＋	1	0.35
	产出类	0.3	小学生师比－	0.5	0.15
			初中生师比－	0.5	0.15
	效果类	0.35	初中升高中升学率＋	0.5	0.175
			人均受教育年限＋	0.5	0.175

注：＋表示该指标为正指标，－表示该指标为逆指标。

（五）区域基本公共教育综合评价结果及分析

本文以2005—2011年全国31个省份基本公共教育相关指标数据为基础，对全国各地区基本公共教育均等化现状进行综合评价。根据2005—2011年全国各省份各指标的无量纲化数据及其权重，我们可以计算出2005—2011年全国各地区基本公共教育服务水平的综合得分（见表2）。

表2　全国各省份基本公共教育服务水平综合得分

省份＼年份	2005	2006	2007	2008	2009	2010	2011
北京	8.73	9.59	7.86	8.27	8.67	8.69	9.27
天津	5.80	6.14	6.27	6.52	7.11	7.40	7.98
河北	3.01	3.21	3.60	4.03	4.47	4.60	5.01
山西	3.31	3.88	3.88	4.17	4.58	4.86	5.44
内蒙古	4.55	4.44	4.93	5.30	5.73	6.13	6.93
辽宁	4.20	3.98	4.56	4.99	5.32	5.54	6.03
吉林	4.29	4.17	4.73	5.08	5.52	5.81	6.33
黑龙江	3.65	3.71	4.22	4.70	5.03	5.25	5.58
上海	7.21	6.14	6.75	6.95	7.14	6.89	7.21
江苏	3.39	4.09	4.18	4.65	5.07	5.35	5.89
浙江	3.84	4.50	4.46	4.72	5.02	5.21	5.83
安徽	1.55	2.78	2.14	2.51	3.05	3.56	4.27
福建	3.54	4.00	3.94	4.38	4.85	5.19	5.70
江西	2.74	2.95	3.28	3.50	3.74	3.60	4.05
山东	3.63	3.58	4.06	4.40	4.62	4.68	5.04
河南	2.12	2.31	2.56	2.78	3.06	3.12	3.56
湖北	2.89	3.24	3.39	3.77	4.06	4.25	4.55
湖南	3.32	3.68	4.02	4.36	4.53	4.59	4.83

续表

省份＼年份	2005	2006	2007	2008	2009	2010	2011
广东	2.39	3.12	2.88	3.49	3.88	4.18	4.71
广西	1.88	2.92	2.39	2.74	3.20	3.45	4.03
海南	2.07	2.20	2.57	3.17	3.75	4.33	5.17
重庆	2.75	2.93	3.26	3.95	4.25	4.66	5.19
四川	2.28	2.41	2.49	2.91	3.41	3.80	4.18
贵州	0.94	1.19	1.47	1.92	2.27	2.55	3.30
云南	1.79	2.01	2.17	2.44	2.77	3.14	3.59
西藏	2.03	2.24	2.85	3.38	3.56	4.10	4.85
陕西	3.26	3.54	3.65	4.09	4.76	5.36	5.88
甘肃	2.39	2.54	2.75	3.22	3.68	4.20	4.77
青海	3.42	3.50	3.82	3.99	4.39	4.67	5.43
宁夏	3.06	3.27	3.41	3.94	4.31	4.63	5.12
新疆	3.71	3.78	3.94	4.33	4.88	5.25	6.02
均值	3.35	3.61	3.76	4.15	4.54	4.81	5.35
极差	7.80	8.40	6.39	6.35	6.40	6.14	5.98
变异系数	0.48	0.42	0.36	0.32	0.30	0.27	0.24

资料来源：根据 2006—2012 年《中国统计年鉴》相关数据计算得到。

由表 2 可知，从全国 31 个省份基本公共教育服务得分水平来看，全国各地区基本公共教育均等化的平均得分由 2005 年的 3.35 增加至 2011 年的 5.35，且各地区的基本公共教育服务水平在近 7 年来大体上呈现单调上升趋势，表明 2005—2011 年我国各地区基本公共教育服务提供水平有了很大的提升。从全国各省份基本公共教育均等化程度来看，各地区基本公共教育服务的极差由 2005 年的 7.80 下降至 2011 年的 5.98，变异系数由 2005 年的 0.48 下降至 2011 年的 0.24，总体表明，我国区域间基本公共教育不均等程度呈现逐年下降趋势。从各省份来看，2005—2011 年北京市基本公共教育服务水平得分一直名列全国第一，天津市和上海市的得分也持续靠前，而贵州省的得分在 7 年间一直处于全国最低，云南省的得分也持续靠后，在 2011 年，北京市的得分达到贵州省的 2.8 倍，这些都表明我国各地区基本公共教育服务水平存在差距，不均等现象仍然存在。

三、区域基本公共教育不均等成因分析

探寻影响区域基本公共教育均等化的因素，量化分析各因素与区域基本公共教育均等化的关联度，可以为基本公共教育均等化政策制定提供重要的决策依据。

（一）区域基本公共教育不均等的主要影响因素及代理变量

学者们对于区域基本公共教育不均等成因的研究主要集中于五个方面：一是经济发展水平差距和财力差异因素；二是财政体制及政策的影响；三是基本公共教育服务供给方面及政府职能的因素；四是城乡二元结构的制度因素；五是居民的公共服务需求。

在经济发展水平差距和财力差异方面，李晓嘉和刘鹏（2009）指出我国地区间经济发展水平的差异影响了当地的财政收支能力，而义务教育发展的

主要责任又由地方政府承担，从而使得我国地区间经济发展的不均衡导致了公共教育发展的不均衡。汤学兵和张艳宁（2011）通过面板数据回归表明，地区间经济发展差异越大，地区间人均财政收入差异越大，基础教育均等化程度越低。本文用各地区人均GDP来代理经济发展水平，预期其对区域基本公共教育服务具有正向影响。

在财政体制和机制方面，黄云鹏（2010）认为由于基层政府间的财政能力差异较大，财政转移支付制度不健全，加剧了城乡间、区域间的基本公共服务非均等化。任强（2009）认为各级政府间事权层层下放而财权和财力层层上收的财政体制，造成了财力较强的地方政府提供公共服务的能力明显高于财力较紧的地方政府，从而导致了地区间公共服务提供的不均等。罗伟卿（2011）通过面板数据模型验证了在我国财政分权对于公共教育供给有负面的影响，他认为，在我国的财政体制中，支出方面的过度分权而财权上收的现象使得地方政府有较大的财政支出自主权，而在地方政府以GDP为基础的晋升锦标赛体制下，这种过度的财政分权导致其对经济增长效应不明显的教育领域的投入不足，进而导致基本教育的供给不足。本文用教育支出占财政支出的比来代理财政体制和政策，预期其对区域基本公共教育服务具有正向影响。

在基本公共教育服务供给和政府职能方面，迟福林（2009）认为公共服务供给中没有形成规范化的分工管理和严格的问责制，导致了公共服务指标的软化。国家发展改革委宏观经济研究院课题组（2008）认为我国还没有建立一套针对基本公共服务的供给标准，以及与这些标准相对应的客观因素评估法来核定地方财政平衡能力。吕炜和刘国辉（2010）指出政府的公共服务水平越高，教育基尼系数越小，教育越均等，即政府的公共服务水平对教育均等化的影响是反向的，说明一个地区政府提供公共服务的效率越高，其教育均等化程度越高。本文用地区人口密度来代理政府提供基本公共教育服务的效率，一般认为较高的人口密度能够提高基本公共教育服务供给的效率，预期人口密度对基本公共教育服务具有正向影响。

在城乡二元结构制度方面，苏时鹏（2011）认为，在城乡二元体制下，一方面，城乡二元经济结构导致了城乡间经济发展的不平衡，进而导致了教育投入等教育资源在城乡间分布的不平衡；另一方面，在城乡二元结构的户籍制度下，城乡各自实行的义务教育管理体制也导致了城乡间义务教育的差距。李勇刚、高波和王璟（2012）指出城镇化率与地区间公共教育的差距呈负相关关系，他们认为城镇化率越高，农村人口的减少减轻了落后地区对公共教育的负担，从而缩小了地区间义务教育的差距。本文用各地区城镇化率来代表城乡二元结构制度，预期城镇化率对区域基本公共教育服务具有正向影响。

在居民的公共服务需求方面，樊丽明和石绍斌（2010）认为收入差距造成了居民对公共服务的需求不同，从而影响了居民在公共服务支出方面的不均等，进而导致了基本公共教育服务发展的不均衡。周荣和喻登科（2012）指出宏观经济和社会需求是影响我国区域基础教育资源配置均等化的关键因素，他们认为这是由于社会需求的不同引起了地区间对教育资源投入的不同，进而导致了区域间基础教育资源配置的非均等。人均消费支出反映了居民收入与消费意愿的综合影响，本文选取地区人均消费支出来代理居民的公共服务需求，预期人均消费支出对于区域基本公共教育服务具有正向影响。

（二）区域基本公共教育服务影响因素的计量模型设计

本文通过构建面板数据模型对各因素对区域基本公共教育服务提供的影响进行经验验证。具体的计量模型为：

$$Y_{i,t}=a_i+b_1\mathrm{Ln}GDP_{i,t}+b_2CZHL_{i,t}+b_3JYZCZB_{i,t}+b_4RKMD_{i,t}+b_5\mathrm{Ln}XFZC_{i,t}+u_{i,t}$$

其中，i 表示相关省份，取值为1—31；t 代表年份，取值为2005—2011；Y 表示全国各省份基本公共教育服务水平的综合得分；Ln GDP 表示各地区人均GDP的对数；$CZHL$ 表示各地区城镇化率；$JYZCZB$ 表示各地区教育支出占财政支出的比；$RKMD$ 表示各地区人口密度；Ln$XFZC$ 表示各地区人均消费支出的对数。α_i 是截距项，用以反映模型中忽略的个体差异的影响；$u_{i,t}$ 是随机误差项，反映模型中忽略的随个体成员和时间变化因素的影响。

上述模型是面板数据的通用形式，模型具体形式依赖于 α_i。如果可观测的解释变量控制了个体所有的相关特征，则 α_i 退化为常数，上述回归模型变为一般的混合最小二乘回归模型；如果可观测的解释变量并不能控制个体的所有相关特征，则 α_i 不为常数，此时，我们必须考虑非观测异质性偏差对被解释变量的影响。如果非观测异质性影响为固定影响，则上述回归模型变为固定效应模型；如果非观测异质性影响为随机影响，则上述回归模型变为随机效应模型。因此，对于面板数据，我们必须进行模型设定检验，否则可能产生非一致或非有效的估计量。

在下面的回归分析中，我们分别通过 F 检验对固定效应和混合回归、*Hausman* 检验对固定效应和随机效应、*Breusch-Pagan-Lagrange* 乘数检验对随机效应和混合回归进行两两检验，根据检验结果进行具体模型的选择。

（三）区域基本公共教育服务影响因素回归结果及分析

表 3 列示了区域基本公共教育服务影响因素的回归结果。

表 3　区域基本公共教育服务影响因素的回归结果

因变量 / 解释变量	预期符号	固定效应模型 1	随机效应模型 2	混合回归模型 3
Ln *GDP*（人均 GDP）	+	1.590*** (6.15)	1.921*** (8.05)	2.364*** (10.7)
CZHL（城镇化率）	+	−1.874 (−1.38)	1.503** (1.73)	6.574*** (9.11)
JYZCZB（教育支出占财政支出比）	+/−	−5.857*** (−3.73)	−6.450*** (−4.18)	−2.468*** (−6.73)
RKMD（人口密度）	+/−	−0.001** (−2.55)	0.000 (−1.14)	−1.548 (−0.78)
Ln *XFZC*（人均消费支出）	+	1.005** (2.41)	0.202 (0.57)	0.000 (−0.15)
Constant		−18.229*** (−17.33)	−16.371*** (−17.05)	−1.021*** (−3.08)
N(Groups)		247 (31)	247 (31)	247 (31)
R-sq/Adj R-sq		0.471	0.811	0.860
F		245.74 [0.000]		221.27 [0.000]
Wald chi^2			1 274.92 [0.000]	

续表

解释变量 \ 因变量	预期符号	固定效应模型 1	随机效应模型 2	混合回归模型 3
$F(all\ u\_i=0)$		29.93*** [0.000]		
Hausman test			16.35*** [0.001]	
B-P LM test(chi2)				356.80*** [0.000]

注："***"、"**"代表在1%、5%的显著性水平下显著，括号里的数值表示 t 值，中括号里的数值表示显著性水平。

对于固定效应模型 1、随机效应模型 2 和混合最小二乘回归模型 3，F 检验结果表明固定效应模型 1 优于混合最小二乘回归模型 3；*Hausman* 检验结果表明固定效应模型 1 优于随机效应模型 2；*B-P*拉格朗日乘数检验结果表明随机效应模型 2 优于混合最小二乘回归模型 3。综合三个统计检验结果，合理的模型应为固定效应回归模型 1。

从固定效应模型 1 我们可以看出，地区人均 GDP 对基本公共教育服务的提供具有显著的正向影响，表明地区经济发展有助于基本公共教育服务水平的提升。教育支出占财政支出比与基本公共教育服务的提供呈明显的负向相关关系，这是由于经济发展水平高的地区由于财政能力强、拥有充足的财政来源，即使政府对基本公共教育服务领域的投入只占财政收入的较低比例，该地区基本公共教育服务投入的绝对水平也相对较高；而经济发展相对落后的地区，由于财力紧张、财政收入的绝对水平较低，即使地方政府将财政支出的较大比例投入到基本公共教育领域，其人均享有的基本公共教育服务水平也不会很高。城镇化率与基本公共教育服务的提供之间没有明显的相关关系，这是由于在我国快速城市化的过程中，仍以 GDP 作为地方政府的政绩考核指标，导致地方政府为了提升本地区的经济发展能力倾向于将资金投入基础设施建设等增长效应明显的项目，而挤压了投向基础教育领域的资金，相对忽略了对基础教育的供给，从而使得城镇化程度对基础教育的提供没有显著的影响。人口密度与基本公共教育服务的提供呈现出较明显的负相关关系，可能是因为近年来我国政府加大了对人口密度较低的农村地区以及边远贫困地区的投入力度，从而提高了其基本公共教育服务的提供水平。地区人均消费支出对基本公共教育服务的提供具有较显著的正向影响，表明居民的消费需求也会促进政府基本公共教育服务的提供，这是由于居民对教育的需求程度越高，客观上对政府供给教育服务的要求也越多，从而有利于提高基础教育的供给水平。

四、促进全国区域基本公共教育均等化的对策建议

基于上述对全国各省（市、自治区）基本公共教育均等化评价及其导致全国区域基本公共教育不均等成因的分析，我国应在科学发展观的指导下，立足国情，采用系统性思维，积极稳妥地推进基本公共教育的均等化。

（一）尽快建立基本公共教育均等化发展体系

建立全国基本公共教育均等化发展体系既是贯彻《国家基本公共服务体系"十二五"规划》的要求，更是指导全国基本公共教育均等化实践的需要。首先，结合《国家基本公共服务体系"十二五"规划》确定全国基本公共教育均等化标准，各省份都要把此标准作为基本行动准则；其次，根据具体标准的任务安排，各级政府应进行合理分工，

落实自身的职责，同时国家还应建立增长考核机制，严格考核基本公共教育均等化的进展情况，促使政府当好“第一责任人”的重要角色；再次，建立基本公共教育均衡发展的评价体系以及相应的督导机制，要求教育督导部门依照此评价体系严格评估各地公共教育的均等化程度，同时还要建立官员考核问责机制；最后，建立高层次的综合协调机制以及相关的配套措施，做好具体过程中各部门之间的协作配合，同时也有助于解决一些重大或突发问题。

（二）充分发挥国家教育财政的先导作用

基础教育是准公共产品，政府是其最主要的供给主体，当然国家财政也就成为教育供给最主要的财力保障。当前，政府教育经费投入不足是制约我国基本公共教育均衡发展的瓶颈，要解决这个问题，首先，增加政府对教育的投入，充分发挥国家教育财政的先导作用，继续加大拨款力度，重点支持贫困地区、农村地区和少数民族地区的基本公共教育发展，优化现有财政资源的配置；其次，按照财力与事权对等的原则，合理划分各级政府的事权，强化省级政府在公共教育等基本公共服务领域的支出责任，建立基本公共教育经费分担机制；再次，建立与经济发展和财政能力增长相适应的基本公共教育财政支出增长机制，完善预算约束功能，严格控制行政成本，加大财政支出向基本公共教育领域倾斜的力度；最后，建立基本公共教育经费投入保障机制，完善资金监督和审计制度，规范教育财务管理体制。

（三）优化全国基本公共教育资源的配置

优化全国基本公共教育资源的配置，建立合理的教育资源配置机制，为全国基本公共教育的均衡发展提供坚实的物质基础。在计划经济体制时期，我国的教育资源主要通过计划手段来配置，而在如今的市场经济体制下，我们应探索实行计划与市场相结合的教育资源的配置机制。一方面，政府应制定相关的优惠政策加大对西部地区、贫困地区和农村地区基础教育的支持力度。通过探索横向转移支付模式，实现基本公共教育均等化程度较高的地区对均等化较差地区的资金支持；通过合理的人力资源转移机制，实行学校老师和学生的相互交流和对口支援。另一方面，通过市场机制，鼓励国内外社会和民间的闲散资金到西部地区、贫困地区和农村地区投资办学，增加教育资源的社会供给，满足学生对基础教育的选择性需求。

（四）推行规范化、标准化基本公共教育

在一定区域内，政府按照统一标准逐步改善基本公共教育的办学条件，努力提高办学水平，推行规范化、标准化的基本公共教育，可以有效推进区域基本公共教育均等化发展，从而使得全区域的公共教育质量和水平普遍提高。其中，标准化学校的建设就是一条有效的途径，主要包括以下几方面：一是学校规划建设标准化、法制化；二是学校设备设施配置标准化；三是学校人力资源配置、运行成本管理、教育教学管理规范化。从实际情况来看，中小学办学差距过大严重制约了公共教育的均等化发展，它造成的直接后果就是两极分化，资源禀赋较好的学校在教学过程中形成了巨大的浪费，而条件较差的学校甚至都无法开展某些正常的教学活动。教学资源的不公平分配严重阻碍了教育的均等化进程。建设标准化、规范化的学校可以给每一个学生提供一个公平的受教育环境，实现基本公共教育的机会均等乃至结果均等。

（五）统筹城乡公共教育和保障弱势群体的受教育权

我国长期形成的城乡二元社会结构导致了城乡教育资源、受教育机会的不均等，严重制约了基本公共教育均等化的向前推进。首先，我们要统筹城乡基本公共教育发展，重点支持贫困、落后乡村的基础教育，进一步减少受教育机会的不均等。其次，要加快破解城乡二元结构，进行体制变革，快速推进城镇化，从体制上消除城乡公共教育的不均等状态。重点关注弱势群体的受教育情况。国家和社会应采取相关措施切实保护贫苦家庭子女、残疾儿童少年以及妇女、少数民族的受教育权，保障进城务工人员子女和留守儿童少年接受义务教育的权利，使他们与正常家庭的孩子享有同等的受教育机会和权利。

【注释】

①《教育部：教育公平是社会公平的重要基础》，http://cpc.people.com.cn/GB/104019/104019/6399007.html。

②1978 年的数据根据《中国统计年鉴》计算获得，2012 年数据来源于《2013 年国家政府工作报告》。

③《中国教育发展的国家意志——党的十六大以来教育改革发展成就述评之一》，《中国教育报》2012 年 10 月 22 日，第 1 版。

④本文正指标共 3 个，逆指标共 2 个，各指标的特性参见表 1。

【参考文献】

[1] 迟福林：《基本公共服务均等化与城乡一体化》，中国经济出版社 2009 年版。

[2] 樊继达：《统筹城乡发展中的基本公共服务均等化》，中国财政经济出版社 2008 年版。

[3] 樊丽明、石绍斌：《城乡基本公共服务均等化研究》，经济科学出版社 2010 年版。

[4] 国家发展改革委宏观经济研究院课题组：《促进我国的基本公共服务均等化》，《宏观经济研究》2008 年第 5 期。

[5] 国家社会科学基金“十一五”规划（教育学科）课题：《基础教育均衡发展理论与实证研究》，2010 年。

[6] 黄云鹏：《“十二五”促进城乡基本公共服务均等化的对策建议》，《宏观经济研究》2010 年第 7 期。

[7] 李晓嘉、刘鹏：《财政支出视角下的基础教育服务均等化研究》，《财经科学》2009 年第 11 期。

[8] 李勇刚、高波、王璟：《晋升激励、土地财政与公共教育均等化》，《山西财经大学学报》2012 年第 12 期。

[9] 吕炜、刘国辉：《中国教育均等化若干影响因素研究》，《数量经济技术经济研究》2010 年第 5 期。

[10] 罗伟卿：《财政分权对于我国公共教育供给数量与区域差异的影响》，清华大学博士学位论文，2011 年。

[11] 卢洪友等：《中国基本公共服务均等化进程报告》，人民出版社 2012 年版。

[12] 任强：《公共服务均等化问题研究》，经济科学出版社 2009 年版。

[13] 苏时鹏：《城镇化进程中的城乡基本公共服务均等化研究》，中国农业出版社 2011 年版。

[14] 汤学兵、张艳宁：《我国基础教育地区间均等化程度及其影响因素分析》，《统计与决策》2011 年第 4 期。

[15] 周荣、喻登科：《中国区域基础教育资源配置均等化的影响因素分析》，《科技和产业》2012 年第 1 期。

城乡社会结构变动与高中教育机会分配*

——基于甘肃Q县初中毕业教育分流的分析

□ 杨宝琰（西北师范大学副教授）
□ 万明钢（西北师范大学教授）

一、引言

在我国，高中教育是衔接义务教育和高等教育的中间环节，由普通高中、职业高中、中专和技校等部分组成。不同类型的学校按照不同的要求和标准，采用不同的方法，教授不同的内容，使学生成为不同规格和类型的人才。在学历社会的制度背景下，普通高中具有“地位取向教育”的特征，相比之下，职业学校在帮助人们就业并赋予个人向上流动的能力有限，这导致此时的教育分流在一定程度上为学生从事不同的职业和进入不同的社会阶层打下了一定的基础。虽然，近年来国家提出要大力发展职业教育，把职业教育确立为经济社会发展的重要基础和教育工作的战略重点。但由于文化观念中的“偏普教育意识”和普通高中教育具有的“地位取向特征”，并没有改变人们选择普通高中教育的决心①。与此同时，自1999年以来，高中毕业生的升学率超过初中升学率，对高中的竞争要比高考更为激烈②。还不容忽视的现象是，近年来，许多农村家庭、贫困家庭和较低阶层家庭出身的孩子，在初中毕业甚至初中未毕业时就放弃学业，进入劳动力市场，升入高中，尤其是升入重点高中的学生的家庭背景层次不断提升③。这一切均表明，高中教育成为个体获得高等教育机会的瓶颈，高中教育机会分配的不平等程度有可能在加剧，高等教育机会在社会阶层中的潜在分配过程，早在基础教育阶段就开始了。

这些现象似乎与我国高中教育迅速发展的景象相矛盾。据2010年全国教育事业发展统计公报，2010年普通高中在校生规模达到了2 427.34万人，招生人数为836.24万人，均比2000年翻了一番。那么，普通高中教育扩展是否意味着高中教育公平性程度的提高呢？这是需要解答的一个问题。此外，改革开放以来，国家不断加大“三农”投入力度，“取消农业税”、“新农村建设”及其他惠农扶贫政策和项目的实施使农民收入增长速度加快，极大地改变了农村的社会经济条件。与此相关，中国农村社会分层的状况亦发生了重大变化，均质同构的社会结构从根本上被打破，新的社会阶层逐渐形成。处于变化之中的农村社会经济条件和社会结构会对教育机会分配产生什么影响？这些新社会阶层在争取教育机会的过程中将有什么表现？也是特别值得关注的问题。

* 原载《华东师范大学学报（教育科学版）》2013年第4期。

上述讨论表明，高中教育机会在人口中的分配形态，一定程度上决定着社会分层的基本特征；谁在这场竞争过程中处于优势地位，取得高中教育机会就成为考察教育公平状况和教育与阶层地位再生产关系的重要视角。鉴于此，本研究试图以教育分流为切入点，考察高中教育机会分配的结构特征及其与社会分层的关系。研究问题从两个方面展开：第一，高中教育机会分配的结构特征，主要探讨高中教育机会分配的城乡、性别和社会经济地位差异，阶层结构性因素对高中教育机会分配的影响情形；第二，农村社会经济发展和社会分化对高中教育机会分配的影响，主要探讨高中教育机会在不同农村社会阶层中的分配状况，农村社会阶层分化与城乡之间教育机会不平等的关系。

二、文献综述

在西方学者有关教育不平等的理论解释中，“最大限度地维持不平等”假设（Maximally Maintained Inequality，简称 MMI）和“有效地维持不平等”假设（Effectively Maintained Inequality，简称 EMI）受到学界十分广泛的引用。EMI 假设由拉夫特瑞和麦豪等人（Raftery & Hout）提出，其主要观点是，只有当上层阶级在特定教育阶段的教育需求达到饱和状态的时候，基于阶级出身的优势比才会下降，否则不平等将继续维持和扩大④。卢卡斯（Lucas）则反驳了 MMI 假设提出的教育不平等仅在未普及的教育层次上出现的观点，提出了更为尖锐的 EMI 假设，认为对于任何已经普及的教育，社会各阶层间竞争将围绕教育的类型和质量展开，教育不平等在这些层级仍将持续存在⑤。

虽然，诸多研究都支持了 EMI 和 MMI 假设的解释力和合理性⑥。但近年来的大量实证研究结果表明，越来越多的国家在教育扩张期间的教育不平等程度出现了下降。如布瑞恩（Breen）等人在对欧洲 8 国的比较研究中证明：8 个国家中有 6 个国家的教育机会不平等在 20 世纪后半期呈现下降趋势⑦；巴拉里诺（Ballarino）等人在意大利和西班牙的研究证明，这两个国家的教育机会不平等也下降了⑧。这些研究结论使得两个理论解释不断受到非议，促使研究者对相关理论假设进行重新定位，将研究关注的重点问题放在主要探讨，在教育扩张的背景下，哪些因素导致了教育机会分配的平等化，哪些因素可能加剧教育不平等。也就是说，为什么有些国家在教育扩张期间的教育机会不平等下降了，另一些国家的教育扩张却并未带来这样的结果⑨。

国内学者亦对教育机会不平等开展了卓有成效的研究，特别是针对高等教育机会不平等。许多研究结果证实，我国高等教育机会存在着阶层、城乡和性别之间的不平等，大学扩招和规模扩大导致的社会平等效应有限。例如，刘精明研究了改革开放以来，高等教育机会分配中的社会阶层机制，发现高校扩招导致优势阶层的教育投资趋向转向地位取向明确的正规大学本科；生存取向明确的成人高等教育领域的教育机会扩大，则使下层社会群体获得更多的益处⑩。丁小浩在探讨规模扩大与高等教育机会均等化之间的关系时发现，若不考虑高等院校内部分层的因素，城镇居民高等教育入学率的均等化程度在 20 世纪 90 年代有了明显的提高；如果考虑高等院校内部分层的因素，优质高等教育资源有更倾向于经济背景好和社会地位高的家庭子女的趋势⑪。这些实证研究在我国高等教育阶段不同程度地回应和验证了 MMI 和 EMI 理论：从数量上看，随着教育规模的扩大，高等教育机会均等化程度有了明显提高，这实际上与 MMI 假设相符合。但考虑质量因素之后，教育机会分布并没有出现更加均等化的势头，相反，优质教育呈现出更加倾向于优势社会阶层的势头。相比之下，对于基础教育机会不平等变化趋势的实证研究并不多见。其中，洪岩壁探究了基础教育阶段的族群差异，发现族群之间的教育机会不平等主要是由城乡差别和阶层不平等造成的⑫。不过，这项研究旨在描绘少数民族的教育获得状况和模式，注意力集中在族群差别，对教育扩展和教育机会不平等之间的关系探讨较少。此外，杨东平发现城市和中高阶层家庭的学生更多集中在重点中学，农村和低阶层家庭的学生多在非重点中学⑬。但也存在研究数据分析简单，限于阶层之间教育机会不平等现状描述的局限。

综观上述研究，以往教育机会不平等研究的注意力多集中于高等教育阶段，对基础教育阶段的研究相对较少，MMI 和 EMI 假设并未在我国的基础教育阶段得到严格的检验，对于县域内社会经济发展和社会结构变动与教育不平等之间关系的实证研究也近乎空白。为此，很有必要在已有研究结果和理论解释的基础上，探讨高中教育机会分配的阶层、城乡分层状况，以及农村社会结构变迁、经济发展和教育扩展对高中教育机会不平等的影响状况。

三、数据、变量和方法

（一）数据

本研究采用的数据来自笔者对甘肃 Q 县 2010 届初中毕业生家庭资源与教育分流关系的调查数据。这次调查分两次进行，第一次调查初中毕业生的家庭资源，在初三学生毕业考试之前进行；第二次调查初中毕业生的教育分流结果，即毕业分流去向和学业成绩，在初三学生毕业离校之后由教育行政部门或学校老师填写。本研究涉及其中两部分的数据资料，一部分为社会经济地位；另一部分为 2010 届初三学生的毕业分流去向。

1. Q 县和样本概况

Q 县位于甘肃东部，总面积 2 692 平方公里，共辖 5 镇 10 乡 153 个村，总人口 33 万，其中农业人口 24 万。依据《2007：甘肃省县域经济综合竞争力评价》蓝皮书对甘肃省 76 个县（市、区）的县域经济综合竞争力进行的综合评价和分析排名，Q 县处于中游区域。2007 年甘肃省初中生升高中（普通高中）的升学率为 45.59%，同年 Q 县所在的 Y 市初中生升普通高中的升学率为 44.84%，Q 县初中生升普通高中的升学率为 44.3%⑭。从以上数据看，Q 县的初中生升普通高中的升学率接近于甘肃省和 Y 市的整体状况，经济发展水平处于全省中等水平。

Q 县现有普通高中 3 所，其中重点高中 1 所（位于县城），职业中学 1 所，初中 21 所，其中县城初中 2 所，农村初中 19 所。2010 年初三在校人数 3 540 人，2 所县城初中的初三在校人数 805 人，占总人数的 22.7%；19 所农村初中的初三在校人数 2 735 人，占总人数的 77.3%。*

由于城市初中学生人数相对较少，本研究采取过度抽样，2 所城市初中均予以抽取，以增加城市初中样本的人数，使城市初中学生和农村初中学生的样本比例达到平衡。按照 2009 年中考成绩排名抽取 5 所农村初中，以此保证农村样本特征的代表性。本次调查共发放问卷 1 200 份，调查人数占总人数的比率为 30.3%，回收问卷 1 142 份，回收率为 95.2%，占总人数的比率为 28.8%。其中，从 2 所城市初中回收问卷 469 份，占城市初中学生总人数的 58.3%，全体学生总人数的 11.2%，回收问卷的 41.0%；从 5 所农村初中回收问卷为 673 份，占农村初中学生的 21.3%，全体学生总人数的 17.0%，回收问卷的 59.0%。参加 Q 县 2010 年中考的人数是 3 504 人，参加率为 99.0%。获取抽样学生的毕业去向之后，调查对象流失 24 人，流失率为 2.1%（见表 1）。

* Q 县的相关数据由 Q 县教育局提供，以下同。

表 1　样本分布概况　(*N*=1 142)

变量	类别		调查人数	调查百分比	流失人数	去向频数	去向百分比
学校类型	城市初中	CQ 初中	286	25.0%	4	282	25.2%
		CF 初中	183	16.0%	9	174	15.6%
		NG 初中	94	8.2%	0	94	8.4%
	农村初中	NB 初中	156	13.7%	1	155	13.9%
		NC 初中	138	12.1%	7	131	11.7%
		NS 初中	143	12.5%	1	142	12.7%
		NJ 初中	142	12.4%	2	140	12.5%
户籍	农村户口		967	84.7%	17	950	85.0%
	城市户口		175	15.3%	7	168	15.0%
性别	男		598	52.4%	14	584	52.2%
	女		544	47.6%	10	534	47.8%
居住地	城郊		42	3.7%	1	41	3.7%
	县城		297	26.0%	9	288	25.8%
	乡镇		88	7.7%	5	83	7.4%
	农村		715	62.6%	9	706	63.1%
总计			1 142	100%	24	1 118	100%

2. 社会经济地位测量和毕业去向调查

研究者常以父母职业、父母受教育程度和家庭收入或仅从职业声望出发建构量表来测量社会经济地位。但是，现有量表多出自西方学者之手，适合西方社会情境，即便为中国学者编制，也多以城市居民为对象，仅将农民笼统地划分为一个阶层⑮⑯。改革开放以来，中国农民的社会地位分化明显加速，简单地用“农民”已很难表述农村的社会阶层结构，但鲜有专门测量农民社会地位的量表，多处于初步探讨阶段⑰。本研究除采用父亲教育水平、家庭收入和父亲从事的职业类型三类共识性的社会经济地位测量指标之外，将户籍、家庭主要收入来源也用以社会经济地位的测量。这主要基于以下考虑：一方面，在当前中国，城乡结构不只是体现为城乡之间的人口分布、产业结构以及地理位置的关系上，更体现为一种二元身份性的社会地位体系或结构⑱。因此，我们将“户籍”作为地位的测量指标。另一方面，从历史的发展看，非农化是农村成员社会地位分化的根本动力，致使农村成员的职业身份发生变化，完全或部分地从农业劳动中转移出来的农村社会成员，不再是完全意义上的农业劳动者，成为非农劳动者或兼业型劳动者⑲。而在一定程度上，非农化体现在家庭收入来源上，所以，本研究采用家庭主要收入来源作为非农化或兼业程度的指标（见表 2）。除家庭社会经济地位外，本文数据还涉及就读学校类型、性别、家庭居住地、兄弟姐妹人数等学生基本状况资料，以及 Q 县 2010 届初三毕业生的毕业去向状况，包括毕业后的升学情形，考取学校的类型等。

表 2 社会经济地位问卷

指标	项目			
1. 户籍	1. 农村户口		2. 城市户口	
2. 父亲教育程度	1. 不识字或识字很少		2. 小学	
	3. 初中		4. 高中（含职校、技校或中专）	
	5. 大专		6. 本科及以上	
3. 2009 年家庭月收入	1. 400 元及以下	2. 401—500 元	3. 501—700 元	4. 701—900 元
	5. 901—1 100 元	6. 1 101—1 400 元	7. 1 401—1 700 元	8. 1 701—2 000 元
	9. 2 001—2 500 元	10. 2 501—3 000 元	11. 3 001—4 000 元	12. 4 000 元以上
4. 家庭主要收入来源	1. 农业生产收入		2. 父母亲外出打工	
	3. 父母亲经营店铺		4. 父母亲工资	
	5. 父母亲摆摊		6. 父母亲打零工	
	7. 父母经营企业		8. 其他	
5. 父亲从事的职业	1. 普通农民	2. 村干部	3. 普通工人	
	4. 教师/医生/律师/科技人员	5. 个体户	6. 行政机关/事业单位干部	
	7. 行政机关/事业单位一般职员	8. 私营企业老板	9. 国有企业管理人员	
	10. 商业服务人员	11. 待业、失业或下岗人员	12. 其他	

（二）变量和统计模型

本研究建立高中教育机会模型来考察阶层和城乡等因素对高中教育机会获得的影响情形，建立农民阶层内部高中教育机会获得模型，以考察农村社会分化对农民子女高中教育机会获得的影响状况。

1. 因变量

本研究采用了三类因变量，分别为："是否获得普通高中教育机会（未区分重点和非重点普通高中）"、"是否获得重点普通高中教育机会"和"是否获得非重点普通高中教育机会"（是＝1，否＝0）。这里的普通高中教育机会获得是指中考成绩达到普通高中录取分数线，获得普通高中教育入学资格＊。

2. 自变量

本研究测量阶层之间普通高中教育机会获得的自变量包括父亲职业、父亲教育程度、家庭月收入、家庭主要收入来源。受被调查者数量的限制，父亲职业类别的数据较为分散，将其合并为 5 类，分别为普通农民（普通农民，村干部），普通工人（普通工人，待业、失业和下岗人员），个体、私营和商业人员（个体户，私营企业老板和商业服务人员），科技、管理和办事人员（教师/医生/律师/科技人员，行政机关/事业管理干部，行政机关/事业管理一般人员，国有企业管理人员）和其他，生成 4 个虚拟变量（普通农民＝0）。父亲教育程度共 5 个类别，生成 4 个虚拟变量（不识字＝0）。家庭月收入重新编码后分为 3 个类别（低、中和高），生

＊ 文中除非特别说明，高中皆指普通高中，不包括职业高中。

成2个虚拟变量（低收入阶层=0）。* 将家庭主要收入来源的8个分类合并为5个，分别为：农业生产收入，父母打工、摆摊和打零工，父母亲工资，父母经营店铺或企业和其他，生成4个虚拟变量（农业生产收入=0）。性别教育机会获得差异的虚拟变量设定为：男=1，女=0。城乡之间教育机会获得差异的自变量是受调查者的户籍，非农户口=1，农业户口=0。家中兄弟姐妹数主要作为控制变量，区分为三类，独生子女（参照类）、兄弟姐妹两个和兄弟姐妹三个以上。

测量农民阶层内部高中教育机会获得的自变量排除户籍变量，加入居住地、就读学校类型两个变量。居住地共4个类别，生成3个虚拟变量（农村=0）。就读学校类型的虚拟变量设定为：城市中学=1，农村中学=0。其余诸自变量均纳入农村子女高中升学机会的模型。统计模型以Logistic模型为基础，函数形式如下：

$$\log_e\left\{\frac{p_i}{1-p_i}\right\}=\beta\sum_k\beta_k X_{ik}$$

p_i 是获得高中入学机会的概率，X_{ik} 是被调查者在第 k 个自变量上的状态，β_k 是从数据中估计得到的参数。

上述自变量可以分为三类。第一类是人口统计学变量，包括户籍、性别，为了考察不同户籍内部的性别差异是否显著，加入了户籍和性别的交互项；第二类变量为家庭背景变量，包括父亲职业、父亲教育程度、家庭月收入、主要收入来源和兄弟姐妹人数；第三类是仅与农民子女教育机会获得相关的变量，为居住地和就读学校类型，依次纳入前两类自变量，形成相互嵌套的模型，来探讨教育机会获得的阶层差别（见表3和表4）。在嵌套模型之后，建立农民阶层内部高中教育机会获得模型，来探讨农民阶层内部高中教育机会获得是否存在差异（见表5）。自变量的筛选方法采用最大似然估计的向前逐步回归法。

四、数据分析结果

（一）不分重点与非重点的高中教育机会的影响因素

表3所列数据是以“是否获得普通高中教育机会”为因变量的Logistic模型的分析结果。表明影响普通高中教育机会获得的重要因素是性别、父亲教育程度和家庭收入来源。在控制家庭背景变量之后，性别差异并未缩小，男性获得的普通高中教育机会是女性的1.4倍，父亲教育程度是高中的学生上普通高中的机会是父亲教育程度为不识字或识字很少学生的1.9倍，若父亲教育程度为大专以上则上升为2.9倍。有意思的是，家庭收入来源之间存在差异，回归系数是负值，这意味着来自主要收入来源为“农业生产”的那些家庭的学生上普通高中的概率高于来自主要收入来源为“父母打工、摆摊和打零工”、“父母经营店铺或企业”和“父母亲工资”家庭的学生，在同等条件下——相同的家庭背景、户籍和性别身份，后三类家庭的子女上普通高中的机会只有前一类家庭子女的69%、51%和56%。来自家庭收入主要是“农业生产”的城市家庭的样本数量较少（10人次），显然，这主要是针对农村家庭的。从农村家庭来看，后三类家庭一般疏于对子女的照顾，备受关注的留守儿童问题就是表现之一，反而，收入来源为农业生产收入的家庭不存在这样的问题。

户籍、户籍和性别之间的交互作用对普通高中教育机会的影响不显著，这说明女孩在城乡间的机会差距与男孩在城乡间的差距是相同的。不过，此处需要说明的是，表现城乡教育机会不平等的户籍变量的影响不明显，并不意味着不存在城乡不平等，城乡教育机会的不平等更多地表现在质量上而非在数量上，这在后续的数据分析中得以证实。

---

* 重新编码的方法：按照收入的高低排列，找出高低分组人数之27%的分数，然后以此分数来分组，月收入在500元以下者为低收入组，月收入在501—1 400元之间者为中等收入组，1 400元以上者为高收入组。

Logistic 回归分析表明父亲职业并不影响普通高中教育机会获得，这可能是在西部县域内，高层管理人员、富裕私营企业主、经理人员等社会上层数量极少，并没有如大中城市那样，职业地位分化明显，职业之间地位差距较大。已有研究多以城市被试为对象，即便考虑城乡差别，其使用的人口抽样调查数据和中国综合社会调查数据（CGSS）是大范围的社会调查，样本中含有这些社会上层，也可能存在样本选择性偏误。实际上，城乡之间、不同地域和级别城市之间以及宏观制度性因素的差别能够解释阶层地位和机会获得差异的更大一部分。因此，这里的职业地位差异不显著并不意味着职业地位不起作用，只是可能与县域内职业地位分化差异较小有关。

表 3　普通高中教育机会获得模型（Logistic Model）*

自变量		模型 1			模型 2		
		B	Exp（B）	S. E	B	Exp（B）	S. E
性别（男性＝1）		0.355**	1.427	0.12	0.348**	1.416	0.122
父亲教育程度（参照组：不识字）	小学				0.099	1.104	0.270
	初中				0.087	1.091	0.265
	高中				0.631*	1.880	0.297
	大专、本科及以上				1.065**	2.911	0.399
收入来源（参照组：农业收入）	父母打工、摆摊和打零工				－0.376*	0.686	0.146
	父母经营店铺或企业				－0.682**	0.506	0.197
	父母亲工资				－0.588*	0.556	0.234
-2Log-Likelihood		1 541.487			1 529.715		
自由度（df）		1			9		
模型显著性		0.004			0.000		

注：* $p<0.05$；** $p<0.01$；因变量为"是否获得了普通高中入学机会"（是＝1；否＝0）。

Logistic 回归分析发现家庭月收入对普通高中教育机会获得的影响不显著。近年来，国家实施免费义务教育和免除农业税等政策，农民经济能力增强，使得经济条件对基础教育机会不均等的影响力减弱。本研究结果证实了这一点，虽其原因有待于进一步研究，但至少说明在 Q 县的基础教育阶段，因经济条件导致某些孩子失去教育机会的现象已不具有普遍性。作为控制变量的兄弟姐妹数对普通高中教育机会获得不存在影响，则说明 Q 县已很少存在因为兄弟姐妹过多而影响受教育机会的现象，这与洪岩壁的研究结果基本一致。⑫

（二）重点和非重点高中教育机会的影响因素

根据 EMI 假设，在某个教育阶段上可能会出现教育年限这样量的平等，但是特定的教育文凭会以一种质性的、更为不平等的方式替代以前量的不平等。在我国，重点高中和非重点高中虽然同属普通高中教育，但其教育资源、教育质量等方面并不相同，在未来的高等教育竞争中处于不同位置上，因而这两类教育机会的不平等也会不同。

表 4 列出了两个 Logistic 模型的分析结果，模型 3 和模型 4 的因变量为"是否获得重点普通高中入学机会"，模型 5 和模型 6 的因变量为"是否获得非重点普通高中入学机会"。模型 3 表明，性别和户籍对于重点高中教育入学机会具有影响，男性获得重点高中教育的机会是女性的 1.5 倍，城市孩子获得重点高中教育的机会是农村孩子的 1.5 倍。

* 出于模型简洁性的考虑，未将不显著的变量列入表内，为行文简便，下文不再说明。

模型4表明：在控制了家庭背景变量之后，性别依然对重点高中教育机会获得产生影响，只是略有减小，户籍对重点高中教育机会获得影响不显著，“父亲文化程度”的影响显著，父亲职业、家庭月收入、主要收入来源、兄弟姐妹人数和就读学校类型等变量对重点普通高中教育机会影响不显著。这表明重点高中教育机会的获得主要是性别、城乡之间的差异，而城乡之间的差异更多是由城乡之间的文化差别造成，父亲教育程度是高中的学生获得重点高中教育的机会是父亲教育程度是不识字或识字很少学生的2.3倍，若父亲教育程度为大专以上则上升到4.9倍。家庭月收入、父亲职业和收入来源不起作用的原因可能在于：一方面，如前所述，这与县域内职业分化较小和农村经济发展、国家政策扶助有关系；另一方面，能力培养易于受到文化资本的影响，父母文化水平较高的学生更可能取得成功进入重点高中，那些职业地位较高，但文化水平较低的父母只能通过利用经济资本帮助孩子进入普通高中，这一策略更易于在非重点高中教育机会中发挥作用，恰恰当前的非重点高中教育入学机会较为充裕，使得经济资本的相对效力减弱。模型5显示，只有户籍变量对“是否获得非重点普通高中入学机会”的影响显著，回归系数是负值，若加入家庭背景变量，则所有变量的影响均不显著。这意味着农村孩子上非重点高中的概率高于城市孩子，非重点高中入学机会在量上较为充裕。

表4　重点和非重点高中教育机会获得模型（Logistic Model）

因变量 自变量		是否获得重点普通高中入学机会						是否获得非重点普通高中入学机会					
		模型3			模型4			模型5			模型6		
		B	Exp(B)	S. E	B	Exp(B)	S. E	B	Exp(B)	S. E	Exp(B)	B	S. E
性别（男性=1）		0.382**	1.465	0.145	0.370*	1.448	0.148						
户籍（城市户口=1）		0.382*	1.466	0.189	−0.230	0.795	0.229	−573**	0.564	0.211			
父亲教育程度（参照组：不识字）	小学					−0.015	0.986	0.350					
	初中					0.136	1.145	0.341					
	高中					0.802*	2.230	0.359					
	大专、本科及以上					1.605**	4.944	0.435					
-2Log-Likelihood		1 182.353			1 148.740						1 298.428		
自由度（df）		2			6						1		
模型显著性		0.004			0.000						0.005		

注：* $p<0.05$；** $p<0.01$；因变量为“是否获得了重点/非重点普通高中入学机会”（是=1；否=0）。

表5　农民阶层内部高中教育机会获得模型（Logistic Model）

因变量 自变量	是否获得普通高中入学机会			是否获得重点普通高中入学机会			是否获得非重点普通高中入学机会		
	模型7			模型8			模型9		
	B	Exp(B)	S. E	B	Exp(B)	S. E	B	Exp(B)	S. E
性别（男性=1）	0.434	1.543	0.132**	0.402*	1.495	0.162			
就读学校类型（城市初中=1）	−0.392	0.676	0.142**				−0.542**	0.582	161

续表

自变量	因变量	是否获得普通高中入学机会			是否获得重点普通高中入学机会			是否获得非重点普通高中入学机会		
		模型 7			模型 8			模型 9		
		B	Exp(B)	S.E	B	Exp(B)	S.E	B	Exp(B)	S.E
父亲教育程度（参照组：不识字）	小学	0.174	1.190	0.277	−0.041	0.959	0.353			
	初中	0.079	1.082	0.272	0.115	1.122	0.344			
	高中	0.525*	1.690	0.308	0.671*	1.957	0.370			
	大专、本科及以上	1.472	4.356	0.637*	1.587**	4.889	0.584			
-2Log-Likelihood		1 289.150			963.935			1 125.955		
自由度（df）		6			5			1		
模型显著性		0.000			0.000			0.001		

注：* $p<0.05$；** $p<0.01$；因变量为“是否获得了普通高中/重点/非重点普通高中入学机会”（是=1；否=0）。

综合上述数据分析结果，可以确定，在重点普通高中教育机会上，城市孩子占有优势，这种差异的出现主要是文化水平差异导致的反差，非重点中学的机会平等，甚至有利于农村孩子则是建立在高中教育量的充裕性之上。

（三）农民阶层内部的教育机会的影响因素

农民阶层内部高中教育机会获得模型由三个Logistic模型组成，分别分析“普通高中入学机会（模型7）”、“重点普通高中入学机会（模型8）”和“非重点普通高中入学机会（模型9）”。

统计分析表明，农村男孩子上普通高中和重点普通高中的机会分别是农村女孩的1.54倍和1.50倍。父亲文化程度依然对子女普通高中教育机会和重点高中教育机会获得影响显著，父亲教育程度是高中的学生获得的普通高中教育机会是父亲教育程度是不识字或识字很少学生的1.70倍，若父亲的教育程度为大专以上，则上升为4.36倍，在重点高中教育机会获得上，则依次为1.96倍和4.90倍。就读学校类型对“是否获得普通高中入学机会”和“是否获得非重点普通高中入学机会”的负效应显著，对“是否获得重点普通高中入学机会”则无影响，就读城市中学的农村孩子上普通高中和非重点普通高中的机会分别是就读农村中学孩子的68%和58%。这表明，农村孩子就读在农村中学，有利于他们获得普通高中教育机会和非重点高中教育机会。

在三个模型中，父亲职业、家庭月收入、收入来源和居住地对三类高中教育机会影响不显著。这说明农村职业分层和经济分层并没有对普通高中教育机会产生影响。从能够体现非农化程度的居住地和收入来源的特征来看，居住在城镇和城郊的学生占27.8%，家庭主要收入来源为非农业生产的比例为60.2%，这说明许多农民虽然“非农化”了，但仅仅是“离土不离乡”，城市化水平并不高，主要从事打工、摆摊和打零工等职业（占农民非农职业人口的64%），职业类别的改变并没有带来社会地位的升迁，经济条件改善也有限。因此，就不难理解农民职业分化或非农化对高中教育机会获得没有影响这一结果了。

五、结论与讨论

（一）高中教育机会获得的影响因素

以往对MMI假设和EMI假设的验证和探讨多停留在高等教育阶段，本研究结果在中等教育阶段进一步验证和支持了MMI假设和EMI假设。从城乡分层来看，随着普通高中教育机会供给量的增长，普通高中教育机会的城乡差异趋于淡化，甚至非重点高中教育有利于农村孩子，但城市孩子在重点高中教育机会获得上的优势地位依然存在。从性别分层看，女孩子在普通高中教育机会获得上处于不利地位，虽然非重点高中教育机会获得的性别差异不明显，但在重点高中教育机会获得上的劣势地位突出。总之，城乡之间的高中教育机会差别在数量上已不明显，性别之间仍存在数量上的差别，这与MMI的假设相符合，但在质量上，城乡和性别之间的差别都依然明显，优质教育资源倾向于城市孩子和男孩子。由此来看，EMI假设对于中国的中等教育情况更具有解释力。

虽然，研究结果同时表明，在控制父亲教育程度的情况下，用以测量城乡之间教育机会不平等的户籍变量的影响不显著，但并不能就此说明户籍制度造成的城乡分割、地位差别对普通高中教育机会的影响消失。在市场转型过程中，农民在教育上的经济投入能力增加，职业流动性提高，国家“两免一补”政策的实施，十多年的基础教育扩张等政策和制度安排，都在一定程度上降低了户籍制度在基础教育阶段与职业地位和经济条件的关联性，但对城乡之间文化程度差异的消除却极为有限。从父亲教育程度的城乡差别看，城市孩子的父亲教育程度为“高中”和“大专、本科及以上”的比例分别为31.0%和29.8%，农村孩子的两类父亲教育程度分别只有14.6%和1.8%。因此，文化分层是城乡分层的一个至关重要的因素。余秀兰认为，农村孩子的学业失败，意味着必须留在农村，因为只有考上大学才能转为城市户口，城市孩子却由于户口的优越性，不管其学习成功或失败，都不大可能流出城市，这就形成了两个相对封闭、地位不等的循环圈，农村劣势文化圈和城市优势文化圈⑳。因此，户籍制度和教育程度黏附在一起，在一定程度上助长了城乡之间的文化分层，直接或间接地影响到城乡之间的教育机会不平等，造成城乡二元结构的巩固和强化。

本研究发现无论是不分群体或是农民阶层内部的普通高中教育机会、重点高中教育机会模型，父亲教育程度造成的影响都显著，父亲职业、家庭收入对各类高中教育机会获得没有影响，亦支持上述观点。也就是说，市场转型虽然带来了较多流动机会，职业类别的转化，基础教育扩展和政府的扶助政策都可以减少经济条件、职业地位导致的教育机会不平等。但文化分层对教育机会的影响往往比较“顽固”，不太容易受其他家庭背景变量因素的“干扰”而出现大幅度的波动，相反，它倒是能在相当程度上，“淡化”家庭经济阶层和职业阶层对教育机会的影响。

那么，我们是否能够据此将造成城乡之间的普通高中教育机会不平等的原因完全留给文化呢？赖特主张，对阶层的分析必须区分“阶级结构”和“阶级形成”两个层次；阶级结构被定义为一种决定个人或家庭的阶级利益的社会关系，阶级形成则是“在这种阶级结构之中，基于由结构所决定的利益基础而形成的组织化的集体行动”㉑。受此启发，如果我们从阶级形成的动态过程来看待这一问题，就会发现城乡之间的文化分层其实就是制度、政策和社会结构分割导致的结果，如前面论及的户籍制度和文化分层的关系问题，而非是农村孩子自身的文化价值观在作祟。不仅户籍制度造成的资源配置和利益分配的城乡差别会导致教育机会不平等，户籍制度导致的客观分层结构在行为、认同和社会意识等各个领域产生的后果和影响，也会对教育机会不平等造成影响，而且户籍制度造成的后一类教育机会不平等更为“顽固”。当然，其中作用机制尚待更进一步的探讨和检验分析，尤其是制度、客观分层结构如何具体影响人们的教育价值观念和教育决策，并如何由此导致教育机会不平等。

大量研究显示，女性是教育扩展的最大受益群体㉒。近几十年来中国教育的迅速发展，使女性的平均受教育机会正在日益接近男性。但是，在不同地区以及城乡之间，基础教育领域的性别差异依然不同程度地存在，基础教育中的性别平等还没有完全实现㉓。本研究结果显示，在西部经济不发达地区，在高中教育机会获得过程中的性别差距依然存在，甚至比城乡差距更为明显。洪岩壁在对我国西部地区高中升学概率的研究中也发现汉族女性的升学概率仍显著低于汉族男性*。这表明，教育机会差异在城市和农村，在西部和东部的表现形式有所不同，在城市和东部的受教育机会的性别差距日益缩小时，甚至表现出某种竞争优势的时候，西部，特别是西部农村地区的性别差距依然存在。

（二）农民阶层内的高中教育机会获得的影响因素

由本研究结果来看，非农化并没有为农民阶层带来普通高中教育机会的提升，甚至具有反向作用，这似乎有悖于人们的期望。如果我们将这一结果与城市化进程中的农村社会结构变化、农民职业流动与阶层属性变化、城乡二元结构等因素结合起来考虑时，就会发现这一结论的合理性了。依据调查数据，Q县的非农化程度较高，以农业生产为主要收入来源的农民只占39.8%，但农民的非农职业流动主要是打工、摆摊和打零工（占39.6%）。实地调查发现，当地的农业经济较为发达，加之近年来国家农村税费改革和粮食直补政策的实施，农业收入与外出打工或经商收入相差无几，甚至高于后者收入，选择务农是许多农民理性选择的结果，外出打工或经商农民在教育上的经济投入能力未必会高于依靠农业生产收入的农民。①另外，中国农民的社会阶层地位属性的改变，并非像西方农民那样，较少受到国家制度的干预，主要通过职业与生活路径的改变而实现，而是在城乡二元社会分层结构中，中国农民社会地位的改变，更多地受到制度性条件的制约㉔。在这样的制度性约束条件下，农民在职业转换的同时，阶层地位的向上流动却受到了阻碍。也就是说，农民的社会分化，更多是职业流动，社会身份的转变还十分迟缓，阶层地位的均质同构程度依然很高。相比农业生产者，因非农化或职业流动获得的经济资本和社会资本极为有限，对子女教育机会的干预能力并没有得到实质提高。相应地，大量研究表明，农村人口外出打工或经商使得他们疏于对子女照顾，从而影响到“留守儿童”的学习成绩㉕。因此，在农民阶层内部，非农化程度和职业流动对普通高中教育机会的获得影响有限，反而那些外出从事非农职业的农民因疏于对子女的照顾，而影响到子女教育机会的获得。

那么，在农民阶层内部，影响普通高中教育机会获得的主要因素是什么？从本研究的数据分析结果看，毫无疑问，依然是以父亲教育程度为划分标准的文化差别。在传统中国社会里，知识或者说文化在社会分层结构中具有不同寻常的意义。费孝通在《皇权与绅权》一书中指出“知识可以成为社会分化的基础……传统社会里的知识阶级是一个没有技术知识的阶级，可以独占着社会规范决定者的威权”㉖。因此，在中国乡村社会，表现为知识的文化资本，不仅本身有利于教育机会的获得，亦可转化为经济资本和社会资本，推动教育机会的获得。布尔迪厄也指出，“在剔除了经济位置和社会出身因素的影响后，那些来自更有文化教养家庭的学生，不仅具有更高的学术成功率，而且在几乎所有领域中，都表现了与其他家庭出身的学生不同的文化消费和文化表现的类型。㉗”在我国，许多经验研究都验证了文化资本理论的合理性。吴愈晓在对1949年后中国社会的经验研究也表明，即便是在宏观的政治环境剧烈动荡、家庭社会经济地位作用丧失的情况下，家庭文化资本也一直是影响个人教育获得的重要因素㉘。在其随后的研究中发现，在1978年中国农村经济体制改革后，那些继承了家庭精英文化的人，将有助于他们把握新的机会结构实现经济上的成功，并成为农村中的精英阶层，他据此提出了“精英文化的代际传承”观点㉙。本研究结果在一定程度上证实了这些理论主张和经验研究成果，并扩展和支持了吴愈晓的研究，即在教育机会的获得上，也存在“精英文化的代际传承”现象，在当前农村，那些继承家庭文化资本的人不仅

* 当地农民存在兼业现象，收入来源分为两类：一类以“农业收入”为主，农闲打工或搞副业；一类以“打工经商为主”，农忙时雇工或在亲友帮助下进行农业生产，完全脱离农业生产或是完全从事非农职业的家庭较少。

有助于实现经济上的成功，而且能够在新的机会结构中实现教育上的成功。

简言之，按照李煜的资源转化模式和文化再生产模式㉚，我们认为，城乡社会结构变动对教育不平等的代际传递的影响体现在两方面：一是市场转型、教育扩展和政策干预等都有助于弱化资源转化模式的效能，但比政策更为稳定的城乡二元户籍制度却依然对农村子女教育机会获得制造着负面影响；二是表现为拥有较高文化背景父母的学生在教育机会上享有优势的文化再生产模式，较少受到政策变动的干预，对农村子女教育机会获得的影响更加明显。因此，在城乡二元分割的制度背景之下，文化再生产模式会愈加稳固和强化。

此外，本研究发现，农村孩子就读农村中学，有利于他们获得普通高中教育机会和非重点高中教育机会。对于其背后的机制问题还需要进一步的研究论证，但启发我们思考，在当前学校布局调整中将中学集中于县城的做法对农村孩子而言是否公平，是否有利于提高他们的教育机会。让农村孩子在县城和城里孩子享受一样的教育资源之后是否真正会提高他们的学业成绩乃至教育机会，这与农村孩子在家门口就可以享受与城里孩子一样的优质资源导致的结果是否一致。从本研究结果看，如果我们在农村初中配置优质的教育资源，提高非重点高中的教育质量，缩小重点和非重点高中的校际差异，或更能够提高农村孩子的受教育机会。

【注释】

①周正：《谁念职校：个体选择中等职业教育问题研究》，北京：教育科学出版社，2009 年，第 106—107 页。

②中华人民共和国教育部：《2010 年教育统计数据》［EB/OL］ http://www.moe.edu.cn/edoas/website18/level2，2012-01-17。

③全国中小学教育现状调查研究课题组：《中国城市高中生的家庭背景调查》，见杨东平主编：《中国教育发展报告》，北京：社会科学文献出版社，2009 年，第 190—199 页。

④Raftery，A.，Hout，M. （1993）. Maximally maintained inequality：Expansion，reform，and opportunity in irish education，1921-75. Sociology of Education，1993，66（1）：32-41.

⑤Lucas，S. R. Effectively maintained inequality：Education transitions，track mobility，and social background effect. The American Journal of Sociology，2001，106：611-660.

⑥Breen，R.，Jonsson，J. O. Inequality of opportunity in comparative perspective：Recent research on educational attainment and social mobility. Annual Review of Sociolgy，2005，31：223-243.

⑦ Breen，R.，Luijkx. R.，Muller，W. & Pollack，R. Non-persistent inequality in educational attainment：Evidence from eight european countries. American Journal of Sociolgy，2009，114：1475-1521.

⑧ Ballarino，G.，Bernardi，F.，Requena，M. & Schadee. H. Persistent Inequalities? Expansion of Education and Class Inequality in Italy and Spain. European Sociological Review，25，123-138.

⑨李春玲：《高等教育扩张与教育机会不平等：高校教育扩招的平等化效应考察》，《社会学研究》2010 年第 3 期

⑩刘精明：《高等教育扩展与入学机会差异：1978—2003》，《社会》2006 年第 3 期。

⑪丁小浩：《规模扩大与高等教育入学机会均等化》，《北京大学教育评论》2006 年第 2 期。

⑫洪岩壁：《族群与教育机会不平等：我国西部少数民族教育获得的一项实证研究》，《社会》2010 年第 2 期。

⑬杨东平：《高中阶段的社会分层和教育机会获得》，《清华大学教育研究》2005 年第 3 期。

⑭甘肃省教育厅办公室，甘肃省教育科学研究所：《2008 甘肃教育年鉴》，兰州：甘肃教育出版社，2009 年，第 119 页。

⑮［美］德尔伯特·C. 米勒，内尔·J. 萨尔金德著：《研究设计与社会测量导引》，风笑天等译，重庆：重庆大学出版社，2004 年，第 288—304 页。

⑯李强：《应用社会学》，北京：中国人民大学出版社，2004 年，第 385—393 页。

⑰付少平：《农村社会地位测量指标初探》，《西北农林科技大学（社会科学版）》2002 年第 1 期。

⑱陆学艺：《当代中国社会结构》，北京：社会科学文献出版社，2010 年，第 255 页。

⑲卢福营：《中国特色的非农化与农村社会成员分化》，

《天津社会科学》2007年第5期。

⑳余秀兰：《文化再生产：我国教育的城乡差距探析》，《华东师范大学学报（教育科学版）》2006年第2期。

㉑［美］埃里克·欧林·赖特著：《阶级》，刘磊，吕梁山译，北京：高等教育出版社，2006年，第9—10页。

㉒Buchmann，C.，DiPrete，T. A. The groeing female adavantage in college completion：The role of family background and acadamic achievement. American Sociologcal Review，2006，71：515-541.

㉓宋月萍，谭琳：《论我国基础教育的性别公平》，《妇女研究论丛》2004年第2期。

㉔刘精明：《向非农职业流动：农民生活史的一项研究》，《社会学研究》2001年第6期。

㉕肖正德：《我国农村留守儿童教育问题研究进展》，《社会科学战线》2006年第1期。

㉖费孝通：《乡土中国》，上海：上海世纪出版集团，2007年，第99—110页。

㉗［法］皮埃尔·布尔迪厄，华康德著：《实践与反思：反思社会学导引》，李猛等译，北京：中央编译出版社，1998年，第212页。

㉘Wu，Yuxiao. Cultural capital，the state，and educational inequality in China，1949—1996. Sociological Perspectives，2008，51：201-227.

㉙吴愈晓：《家庭背景、体制转型与中国农村精英的代际传承》，《社会学研究》2010年第2期。

㉚李煜：《制度变迁与教育不平等的产生机制：中国城市子女的教育获得（1966—2003）》，《中国社会科学》2006年第4期。

中国“异地高考”公共政策议题争论的背后：一种政治社会学的分析*

□ 李 涛（东北师范大学博士）
□ 邬志辉（东北师范大学教授）

一、“异地高考”公共政策议题：一个简明的问题史呈现

1977年高考制度恢复，给全国人民带来了希望，也为我国随后几十年的发展奠定了基础。在三十多年后的今天，高考不仅成为中国教育制度最重要的环节，也是中国社会生活的一个重要部分，是莘莘学子寒窗苦读十来年实现自己梦想的一个通道，也是众多父母为孩子拼搏奋斗十几年后看到子女出路的盼头。然而，现今关于高考的一个新的问题又展现在我们面前，那就是“异地高考”问题。

“异地高考”问题是指随迁子女的高考问题，即孩子在其父母工作地区接受教育，能否在其受教育地参加高考并获得与该地户籍学生相同的录取政策。随着社会经济的飞速发展，中国城市的发展远远快于农村，特别是一线大城市，导致大量人口从农村向城市和从二、三线城市向一线城市流动。由于社会流动人口越来越多，随迁子女在受教育地升学这一现实性问题日益凸显，尤其是北京、上海等一线城市。随着时间的推移，随迁子女逐渐长大，渐渐临近高考，然而高考制度与中国的户籍制度相结合导致随迁子女只能回户籍地参加高考，异地高考问题引发了争议。目前，北京随迁子女占全市义务教育阶段学生人数已高达40.9%，而随迁子女占上海义务教育阶段学生人数的比例也超过40%。这一庞大的数据表明异地高考问题必然引发全社会的高度关注，同时也必然要承受社会舆论的广泛争议。

早在2008年就有人大代表提议解决随迁子女就地高考的问题，但却不了了之。2010年12月，国务院办公厅公布了教育体制改革试点，其中提出了关于“流动人口子女在流入地平等接受义务教育和参加升学考试”的试点办法，并把山东、湖南和重庆列入了试点范围。这是国家首次将异地高考列入了试点，让不少纠结于子女异地高考的家长看到了一丝希望，但让人遗憾的是试点地区并非外来人口流入较多的地区。2012年2月，山东省教育厅在山东省普通高校考试招生制度改革新闻通气会上率先打破高考户籍限制，明确提出“从2014年起，凡在山东省高中段有完整学习经历的非户籍考生均可在山东省就地（所就学的高中段学校所在地）报名参加高考，并与山东省考生享受同等的录取政策。”山东省算是中国首批实行异地高考政策改革的地区，解决了山东省随迁子女回户籍地参加高考的烦恼，同时让还在呼吁异地高考、教育公平的人

* 原载《中国青年研究》2013年第7期。

们看到了一线光明，并把注意力转向了京、沪等拥有优质教育资源同时高考录取分数线较低、录取比例较大、进城务工人员随迁子女人数较多的热门一线城市。2012 年 3 月，教育部部长袁贵仁表示“异地高考方案将在 10 个月内公布”，让担心孩子无法在受教育地参加高考的家长再次看到了曙光。

在此等待期间，京、沪、广等地的随迁子女家长自发组织为志愿者，多次向当地教育部门提交要求异地高考的公开信，在公共场合进行异地高考的宣传，并拟成了民间版《随迁子女输入地高考方案》，然而这些努力并没有得到教育部门的明确答复。与此同时，上海“占海特事件”愈演愈烈。户籍地在江西九江的占海特在 5 岁时就随父母移居上海，当她得知自己因为户籍问题甚至不能在上海参加中考时，便走上了维权之路。在此期间，占海特采取了一系列的有广泛争议的社会行为来呼吁教育公平，禁止户籍歧视，一石激起千层浪，把异地高考问题推到了风口浪尖上。在各地本地户籍和非本地户籍家长的持续争论和翘首期盼中，在 2012 年底和 2013 年初，除西藏外各省（区、市）异地高考政策方案陆续出台，其中包括了京、沪两地备受争议的改革方案在内。两地“高门槛、严要求”的方案在各地非本地户籍家长中再次引发轩然大波，大多数家长甚至直呼绝望。在“教育公平”理念下的异地高考公共议题如今仍然在持本地户籍和非本地户籍的家长中展开着激烈持续的争鸣和交锋，相关困惑亟待学者从理论上深入破题，理性疏导。

二、政治社会学视角下“异地高考”政策的公共性博弈：谁的利益与何种公平

异地高考问题在中国社会公众中的争论越来越白热化，争论的焦点依旧是一线中心城市，特别是北京、上海两座发达的中心城市究竟在何种意义上对无本地户籍的进城务工人员子女放开就地参加高考的标准与程度，争论的群体边界明晰化为有一线城市本地户籍的家长与无本地户籍而进城务工的家长。显然，这是一种与不同群体利益直接相关的再分配之争。再分配背后的政治哲学核心是资源分配中的“公平”，由此，身处不同利益群体中的家长都纷纷打出“教育公平”的话语旗号，以完成对自我个体利益追逐的神圣化包装。但实质上，运用教育公平话语来期盼达到异地高考问题的各方满意性解决实则困难。

事实上，不同利益群体话语中的“教育公平”都是片面独断性和简单暴力化的，异地高考话语中的“教育公平”需要追问“谁的教育公平”问题。拥有本地户籍与无本地户籍的家长都可以打出教育公平的话语旗号来论证“异地高考”的合法性，来评价“异地高考”相关公共政策的合理性。前者从城市自我容纳能力、教育财政供给能力、高考移民可能危机以及能够参与高考的选择机会等角度出发，论证了异地高考不宜放开或者至少应该高门槛地缓慢放开；而后者从国家人才培养、社会公民权利、城市反哺农村的历史承诺、无本地户籍务工人员对城市的贡献率等角度出发，论证了异地高考应该尽快彻底放开。

有本地户籍的社会群体主要采取一种“质量优先性”的教育公平辩护策略。他们认为如果异地高考彻底放开，那么就会在更大的程度上导致外来人口的无节制进入，城市总量一定的公共服务体系就会坍塌。无节制的人口涌入不仅会抵消城市扩容增质空间的释放效应，还会导致城市公共服务的全面崩溃，从而致使有限度的教育服务在过度的资源分配中被彻底稀释，这并非实质意义上的教育公平，而是在民粹主义渲染下被道德捆绑的情绪激荡。相反，真正的教育公平更期待深刻理性和宏大战略，至少当前的教育公平绝不能以降低本地人均教育服务质量为代价来满足无节制的外地人城市梦。教育公平首先应该是有质量且可持续性的教育公平，而不是牺牲质量甚至灭绝教育本身的简单化平均。另外，大量的高考移民专业户将以更低的成本在全国范围内获取这种溢出资源。这批人至少可以在老家或者移入城市中有两次选择接受高中教育或选择参加高考地区的“成本—收益”决策机会，而更多的本地人事实上却只有一次这种机会，这种客观的机

会相对剥夺感也是本地人难以接受的。因此，对本地人来讲，真正理性的教育公平是在教育资源增量扩充的过程中缓慢地使异地高考的准入门槛向下挪动，而这种门槛挪动的政策基础自然是“增量共赢”型无输家的改革，而不是“结构调整”型有输家的改革。该群体在论战中称呼异地高考支持者为“异闹”，并情绪化地将对手称呼为“蝗虫”。该群体较之对手而论，总体上规模偏小，在道德层面上很难博得社会媒介同情与支持，目前在舆论战中处于守势地位。

无本地户籍的社会群体主要采取一种“机会优先性”的教育公平辩护策略。他们认为，如果异地高考不放开，事实上是国家性的公民权利隔离与歧视，是一种赤裸裸的城市既得利益者对更广大外来社会公民权利的剥夺。无本地户籍的外来务工人员和流动人员为该城市的发展做出了自己的贡献，却因为户籍制度而享受不到城市本应为每一个事实上的市民提供的平等的公共服务，他们缺乏一种来自城市在身份意义上的承认与尊重，自己的子女也在这种缺乏尊敬与认同的城市社会生态完成了自我尴尬而充满冷暴力的个体社会化。在这种个体社会化的完成过程中，子女被城市向度的等级话语塑造为主体身份迷失而缺乏责任意识的边缘人，他们接受的是城市里被标签化为次等的教育，被同辈人标签化为次等的社会公民。因为无法异地高考，他们甚至根本无法接受城市里完整的教育。一到中考，不管成绩好坏，他们都会被老师们以不能升入本地高中就读为由而沦为学校里被漠视的透明玻璃人。即便在允许参加中考的城市中，这批孩子也被“借读”这样的制度标签化与身份化，因此教育公平必须首先是机会和权利的公平，而不是有质量的公平，所以对该群体来讲，必须要诉求于异地高考门槛的彻底放开，而不是按照“城市需要人才”、“积分原则”等所谓“拼爹”的标准和“城市意志”来进一步细化身份区隔。由于无本地户籍的社会群体总体规模庞大，并充分运用了新中国成立后一批意识形态化的政治话语和法理规范，采取“以法抗争”、“以弱抗争”的斗争策略，总体上容易博得社会媒介的道德同情，他们标签化对手为“既得利益者”，目前在舆论战中处于攻势地位。

两种不一样的教育公平辩护策略之所以难以达成共识，核心在于两种教育公平观在当下中国很难形成思想的交汇，而要达成基于思想深度交汇的共识又缺乏真正理性的公共性空间平台与公共治理决策机制作为基础。本质上讲，当下中国“异地高考”议题下的两种教育公平观博弈是一场在教育领域展开的新的“改良”与“革命”式公共政策治理变革思维的较量。前者试图在工具实然的层面上做大教育资源总量的前提下逐步下移门槛标准而扩大受惠人群，而后者则尝试在价值应然的层面上尽快甚至最好一步到位达成基于公民合法平等权利的教育资源共享。前者的实然性辩护直接导致其理论逻辑逐渐内转和下沉，“异地高考”问题被逐渐清晰化地引向内部教育发展系统性现实难题之中来予以呈现，因此容易博得地方决策机构和具体决策部门的认同；而后者的应然性辩护直接导致其理论逻辑逐渐外转和上移，“异地高考”问题被逐渐开放性地引向外部社会公平体系的宏大话语叙述和国家理想之中来予以呈现，因此容易博得国家意志和社会公众的抽象性认同。由此，中国语境下两种尚难重叠一致的教育公平观，一个在教育内部合理发展中去追寻合法性，而另一个则在社会外部公平中去追寻合法性。真正的教育公平只能是在各相关利益群体开放性的公共讨论中，彼此确立起能够形成共识的现实基点，通过顶层设计和底层实践双向互动共同并发才会有收获。其中，顶层设计促成了教育公平外在政策的建构，而底层实践加快了教育公平内在要义的生成。各利益群体如果仅仅希冀通过道德话语的自我神圣化，并通过妖魔化对方利益表达、诱发群体性冲突事件等方式来达到操控决策的目的，从根本上是不可取的，这只会导致公共决策管道的进一步堵塞而于理性决策本身无益。因此，无论处于舆论的攻势还是守势，无论占据了多少的道德资源，都必须要在理性层面上予以全面检视，合理的问题解决只需服膺于事实和真理。

三、超越“异地高考”议题本身：几个容易忽视的政治社会学发生根源

1.“底层社会”的粗线条性政策设计与“个体化社会”的主体性形成：30年中国社会生态的历史演进与结构变迁

从表层来看，异地高考似乎仅仅是“随迁子女”在读书、高考问题上遇到了麻烦，但实际上，它是中国60年特别是改革开放30年来在经济社会发展中因既定的政策制度设计，人们的社会经济角色和公民权利、国民福利被剥离的后遗症[1]。从更深层的角度来看，它是30年来甚至60年来中国社会生态历史演进与结构变迁致使“个体化社会”兴起[2]与“底层社会”形成的直接后果，正是该二者的联姻才使得异地高考具有逻辑和道义上的抗争群体（底层的立场）与抗争武器（“弱者的武器”）[3]。

60年来中国社会整体结构经历了复杂变迁，大体表现为由“政治—身份”分层格局向“经济—声望”分层格局转变。近30年来，中国社会分层从以身份社会指标转化为以非身份指标来区分社会地位，经济分层取代政治分层，社会中心群体与边缘群体关系的变化使新社会阶层形成[4]，传统意义上的单位人或组织人在市场化的中国改革中逐渐裂变为原子状的个体。在20世纪80年代中期，这批原子状个体因掌握生产要素的流动性优势而成为时代的宠儿，社会权力的一般等价物标志因此也在这批积极活跃的社会获利群体推动下由“政治身份”逐渐转向“经济收入”，由此，90年代初期至今，中国整体出现全民经商热潮。

60年中国治理实践中的后30年，其社会结构分层较之前三十年而言明显实现了分层的去意识形态化。前三十年以左、右派为界而生成的意识形态化社会分层标签被财富、声望、文化品位、消费符码等市场化的资本标签所取代，中国由此进入到一个不再以神圣的政治信仰而单向度依赖资本占有结构来区别社会阶层的世俗化时代。80年代中期到90年代中期，传统单位政治制度缓慢的瓦解过程尚且给大多数暂处于组织结构中的单位人以某些权力声望与内嵌资源，这些人尚存抵制市场资本逻辑单向度侵蚀的心理屏障而不愿“下海经商”成为原子状个体。到了90年代中后期，以国企改革为导线，又一批在社会小共同体中存寄多年的单位人被迫脱离组织而沦为原子状的市场化社会个体，尽管这批社会个体大多数在组织解体或变更的过程中被合法地赋予了一批进入市场的小额度资本要素，但因这批人市场应对能力与经验的先天贫乏以及此时中国市场中社会资本网络渐趋成型而固有的排他性属性，导致其中多数人渐趋沦为中国城市社会的边缘人。而在农村，80年代因农村体制改革而渐趋活跃起来的农民，在市场经济中也逐渐分化，乡土中国以“己”为中心的“差序格局”社会结构[5]逐渐打破，由封闭走向开放，乡镇企业、私营企业和个体工商户成为离开土地农民的新载体，到80年代末，乡镇企业管理者阶层在农村社会阶层结构中所占的比例已达到3%[6]。农民的分化主要表现为由乡镇企业大发展所带来的“离土不离乡”的职业分化，但总体而论，这一时期城市化依然处于非常缓慢的阶段，农民分化的整体程度仍然较低[7]。

90年代中国社会分化的规则是由市场建立的，其背后显性化为资本逻辑，西方社会中普遍认为区分社会层级的三大标志——权力、财富和声望，在中国单一化为财富主导的权力—声望观，即只要拥有财富，且这种财富直接等同于现实的资本占有，也就自然被赋予了权力和声望，故缺乏文化内涵的中国暴发户才会被体制精英化而很少被中国社会上层排斥。最初的暴发户来自于80年代最初摆脱组织化羁绊的个体工商户和农民，但随着90年代初期社会资本、文化资本和经济资本拥有者的资源联姻，市场化脆弱的制度环境受到“权力—关系”网络的联合挑战，个体工商户在这样的市场环境下很难将80年代的利润优势再扩大；而农村社会中渐趋兴起的乡镇企业也难以进一步有所作为，从1995年下半年到1999年，全国乡、村两级集体所有的乡镇企业就约有80%到90%改为了股份制、

股份合作制或私人所有制企业[8]。90年代的中国市场是一个高度竞争性的“区隔化市场”，利润回报率高的领域被大资本所左右，而大资本背后所隐藏的“权力—关系”网络根本上窒息了民间资本的介入。传统社会中的政治精英、文化精英分别通过其禀赋的权力与专业，通过在社会分配体系中的规则设计与资源扩散权力进一步与经济资本深化结盟巩固了社会地位。90年代后期，中国出现了一个富裕与权贵群体，这些人在中国社会转型与媒介宣传的大背景下，逐渐成为社会上层。

21世纪以来的十年，社会资本不均等和发展机会不均等加深了中国阶层固化[9]。中国社会逐渐由30年前开始的“增量互利型”改革走向“结构排他型”改革，改革由没有输家逐步过渡到要有人来为改革买单的结构深化调整阶段。此时，阶层之间的利益博弈不可避免地被逐渐凸显为社会热点，社会分层标准也进一步以资本逻辑固化下来。在20世纪90年代社会结构分化中的底层群体，即农业劳动者、产业工人、个体工商户、无业失业半失业者等，也分别出现了内部结构复杂而边界清晰的分化。以农业相关劳动者为例：按照农村社会中职业务工关系可划分为农业劳动者、农民工、雇工、农民知识分子、个体劳动者、私营企业主、乡镇企业管理者、农村管理者等内生阶层。按照农民与土地结合关系可划分为：脱离土地的农民阶层、半工半农阶层[10]、在乡兼业农民阶层、普通农业经营者阶层、农村贫弱阶层等内生阶层[11]。按照财富的拥有关系可划分为村庄富豪阶层、村庄富裕阶层[12]、农村中产阶层以及村庄贫弱阶层等内生阶层。这些划分充分证明一般意义上的底层内部并非铁板一块，而是充满了复杂性，绝不能单纯把农村社会中的农业相关劳动者都认定为底层，否则将导致严重的公共政策设计对象错位。

事实上，随着城镇化建设、市场化改革、土地流转、农村规模化产业经营的加快推进以及地方政府对于户籍制度的渐趋松动，十年来，城乡社会中诸多曾经被认为处于底层并充分考虑应该给予补偿性政策照顾的群体内部都出现了巨大的结构分化，以至于传统底层社会内部早已处于社会中层甚至是上层的富裕群体也享受着“弱者的武器”[13]；而直接捆绑了补偿性政策的对之倾斜。相反，真正处于社会底层的弱者却进一步因为信息资源、组织资源、社会资源的匮乏沦为沉默的政策利益缺位者。因此，伴随着中国经济结构和社会结构的迅速分化，中国社会的基础正在发生深刻变迁。从社会利益整合的角度看，要建立和谐的社会关系，理顺利益结构，必须在社会分层的基础上，对城乡社会底层有比较清楚准确地把握，这就需要从底层视角动态反映他们对于不同政策的主体诉求[14]，从而以公共治理的方式结合国家顶层设计达成基于共识的异地高考政策改革方案。

目前的研究问题都是作为教育研究中相互分裂的研究主题而展开的，异地高考研究没有以严格的社会分层为基点，从不同利益主体不同利益诉求的角度去展开分类化精密设计。另外，尚处于研究起步期的异地高考研究相关成果基本都是从单线条的规范性教育公平正义角度去设计高度板结化与同质化的改革政策，缺乏多线条式的非规范性教育公平正义研究维度的引入。同时，教育顶层设计与教育公共治理都处于理论与实践研究的初期，真正从政策设计角度去双向运用此方法的比较少见。现有的异地高考公共政策设计很难真正反映底层诉求，可能这些政策在笼统的农民、农民工、城市公民等职业分化概念面前，其政策设计仅仅是有利于这些职业内部的中上层群体，而以这些职业分层为基点后的再分层中真正的职业底层却是极大的受害者，或者至少与这些所谓的底层立场的政策设计无关。因此，异地高考公共政策议题研究越来越需要从理论和实践上加快破题，从而实现异地高考公正政策设计的精细化、对象化和服务化，从而防止合理的异地高考公共政策被背后隐匿的利益链条——“房地产”、“新闻消费”、“需要进行文化资本转化的新富和权力阶层”恶意化的政治捆绑。

2. 中国农村教育的政策误区导致“农村教师岗位缺乏吸引力”、“乡校从村落小区中轻易剥离”等公共危机，而这些公共危机加剧了中国农村教育的衰败进而刺激农村生源加速外流诱发“异地高考”洪流

如果把中国教育比作是一条有完整结构形态的人才培养“生态链”，那么，这条由小学一直到大学的人才培养生态链有几个特征目前已经渐趋明朗：一是这是一条由低到高单向度流动并不断产生淘汰者故需要不断向外部溢出进而实现内部结构平衡的生态链；二是这条生态链具有显性空间分层和隐性符号分层的特征，显性空间分层体现在底端教育链有半数以上是镶嵌在农村小区之中，而高端教育链的空间分布则几乎与农村小区无关，隐性符号分层体现在优质学校、优秀师资、生源分布、成功机会、朋辈资源等教育资源城乡差距明显；三是空间形态上与农村小区结构最为紧密的底端教育链条与农村小区的链动关系最弱，底端无论从深度上看还是从结构上看，都是整条生态链中最为薄弱的环节；四是这条生态链缺乏有效的内部自我循环能力，生态链顶端对底端的内部资源剥夺导致底端萎缩，而顶端对底端又缺乏足够的内部回馈，同时顶端对底端的内部吸纳能力又十分有限，导致中端拥堵进而依靠教育分流来向外部溢出；五是这条生态链中具有明显的高端决定中端、中端决定底端的单向决定关系，处于底端的教育链条缺乏目标发展的自主性和多元性，并只有在被不断纳入高端教育发展轨道的体系评价中才能确定自身价值；六是生态链底端中的空间价值决定关系明确，占底端教育大部的农村教育几乎完全被城市教育所牵引而处于集体失语的状态，“被代表”的尴尬话语地位使农村义务教育只能被动全盘接受城市教育的文化平移与观念嵌入，致使农村教育在这种不断的权力剥夺中被剥离于农村小区的日常生活空间之外，农村教育成为整条教育生态链中价值位阶上的“最末端”。

拯救作为“末端教育”的农村教育，其核心之一在于提升农村教师的职业吸引力。事实上，提升农村教师的职业吸引力在公共政策上并非一开始就敢于明确凸显。在社会从高度同质化而逐渐走向碎片化的中国转型时代中，国家权力的科层化控制与社会市场要素自由流动之间或直接或间接的抗争都会使各行各业在社会分层中的标准模糊。当国家权力强于社会和市场对核心资源控制和分配的时候，由国家权力所赋予的政治身份就显然具有强于其他分层标准的评价功能；而当社会和市场对核心资源控制和分配强于国家权力的时候，由社会和市场所赋予的经济地位和社会分工就会强于政治身份所带来的社会分层评价；但当国家权力与市场、社会在不同核心资源配置领域各自发挥作用的时候或者在同一核心资源配置中同时发挥各自作用的时候，我们就很难确定地以某一种标准来客观化评定其分层高低与声望水平。而在这种模糊评价的时期，泛泛讨论提升某一行业的职业吸引力本身就是一个伪命题，因为在这种评价标准模糊的社会转型期，政策设计者企图动用行政力量来单向提升某一职业的吸引力，无异于漠视社会转型的现实而过分依赖国家权力，漠视市场和社会在对资源配置时的自然分配力量。以教师职业为例，当百年前国家权力作为全社会核心资源控制和分配的总源泉的时候，“天地君亲师”的儒家信条作为国家正统意识形态凸显了教师职业的神圣地位，教师的职业吸引力在国家权力这一政治身份的授权中被自然确立起来。而时至国家权力全面控制下的20世纪70年代，知识分子在社会阶层划分中被打为“臭老九”，其职业吸引力自然一落千丈。改革开放初期，国家权力主导下的中国因“科教兴国”政策话语的提出，教师职业地位重新得以提高，职业吸引力也有所提升。到了20世纪90年代，伴随着中国特色社会主义市场经济体制的确立，国家权力逐渐与社会市场在对不同的资源配置中相互分野，教育领域中的资源究竟应该是由国家权力来配置还是由市场权力来配置一直是一个争论的社会焦点。一时间民办教育与公办教育形成分野。民办教育领域中的教师职业吸引力来自于经济地位的市场逻辑，而公办教育领域中教师的职业吸引力则来自于政治身份的国家逻辑。进入21世纪，国家权力与市场权力在对资源配置中各

自的范围、关系、权限与功能进一步明确，在教育领域内相互之间的关系也进一步清晰。2001 年，义务教育阶段确立了“以县为主”的管理体制。2006 年，国家实施免费的义务教育，进一步强化了义务教育的国家责任，此时提升义务教育阶段教师职业吸引力无疑需要通过国家权力来明确提出，并同时要绝对依靠国家权力对资源吸纳与分配的能力来予以具体保障。

表 1 中国 9 省 20 区县农村教师潜在外部流动情况调研样本统计

学校类型	教师人数	潜在性外部流动人数	潜在性外部流动率（%）
乡镇中学	1 090	834	76.51
中心校	751	494	65.78
九年一贯制	79	42	53.16
村小	284	148	52.11
教学点	70	38	54.29
总计	2 274	1 556	68.43

多年来，因为教育投入体制内部的二元分离，致使农村教师在很长一段时期内主体是民办教师和代课教师。这批民办教师和代课教师尽管教育教学责任心总体较强，但是其教育教学水平总体不高，加快农村教师的更新率是必然选择。随着正规师范毕业生逐步落户农村教师岗位和民办教师、代课教师的转正与清退，农村教师队伍确实从历史纵向比较得到了很大的提升，但与城市教师横向比较却依然差距明显。中国农村小学教师具有大专及其以上学历的仅为 78.6%，比城市的 92.8%低 14.2 个百分点，农村初中教师具有本科及其以上学历的为 62.8%，与城市的 82.0%相比，相差 19.2 个百分点。根据笔者 2012 年下半年对全国 9 个省 20 个区县的实证调研资料发现，本次 5 285 个总体有效样本数中，发生过事实性流动群体高达 3 366 个，占总有效样本量的 63.69%。在样本量为 2 274 的农村学校教师中（见表 1 和表 2），有 1 556 个教师具有潜在外部流动意愿，占样本量的 68.43%，其中有 87.76%的农村教师想流出农村实现外部性流动，而乡镇中学教师的潜在外流比例最高，为 76.51%。可见，当前中国农村教师岗位严重缺乏吸引力且农村教师队伍非常不稳定，农村教师事实性外流和潜在性外流的比例都过高，农村教育发展堪忧。

另一方面，农村社会中的人力资本存量总体落后于城市，文化的丰富性上农村难以与城市相比，由此，农村社会的同质化倾向导致内卷化。农村教育在这种内卷化的村落空间中，如果没有足够丰富的优质师资的外部引入和内部流动，很难打破农村社会内卷化的发展模式和同质化的文化形态，难以通过优质的农村教育实现合理的阶层上升流动就会进一步刺激农村生源加速外流，从而诱发更为汹涌的异地高考洪流。此时“优质高等教育资源获得富裕区”的地方政府目前采用的分流式区隔化异地高考公共政策设计将难以有效。

表 2 中国 9 省 20 区县农村教师事实性流动与潜在性流动情况调研样本统计表

流动群体	流动类型	占流动类型的比重（%）	流动方向	人数	占流动群体比重（%）
事实性流动群体	外部流动	54.37	村屯⇨城市	344	10.22
			乡镇⇨城市	637	18.92
			村屯⇨县城	327	9.71
			乡镇⇨县城	522	15.51
	内部流动	45.63	村屯⇔乡镇	553	16.43
			乡村⇔乡村	914	27.15
			村屯⇔村屯	69	2.05

续表

流动群体	流动类型	占流动类型的比重（%）	流动方向	人数	占流动群体比重（%）
潜在性流动群体	外部流动	87.76	村屯⇨城市	63	3.55
			乡镇⇨城市	578	32.60
			村屯⇨县城	123	6.94
			乡镇⇨县城	792	44.67
	内部流动	12.24	村屯⇔乡镇	47	2.65
			乡镇⇔乡镇	141	7.95
			村屯⇔村屯	29	1.64

3. “文凭中国”与“本科出身论”的思想共谋从深层激发“异地高考”的投机热

在日益开放的社会中，其稳定程度无疑取决于该社会中各阶层的上位流动率，而社会阶层能否实现有效的上位流动根本取决于社会结构本身变迁状况和社会阶层遴选的内在机制。前者涉及整体社会的客观化转型与变革，后者则涉及在一定的社会结构中，用什么样的社会人才选拔机制合理化地实现阶层的流动性分布。高考这一遴选机制无疑属于后者，它是考察阶级流动与阶级再生产途径的核心因素。随着1999年后的陆续大规模扩招，2012年中国高考的平均录取率已从1977年恢复高考初的4.8%增长至80%，而北京、上海、海南等地甚至高达90%以上，但一本的录取率全国仅为8.62%。很明显，真正促成中国高考录取率提升的主力是普通地方院校和高职院校，以“985”、“211”、教育部直属高校等名校为代表的中国优质高等教育扩招规模并不太大。在中国就业日益困难的今日，这种名校品牌性保障的精英教育人力资源无疑成为优质就业岗位区隔性遴选的最佳符码。这种本科层次的名校情结在高校自己招聘时都难以幸免，甚至反而是这种标签化招聘的主力和先驱。中国高校招聘政策中日益增多的类似“原则性招聘第一学历为‘211’以上本科且毕业于‘211’以上科研院所的博士或硕士”要求进一步激化其他社会用人单位的跟风，“能力”本位让位于“文凭”本位，“个体”本位让位“名校”本位。这种异化的本位转移同时导致两个恶性后果：一是致使中国高中出口堵塞，每年新产生大量的高考复读生，这对于正常的应届生来讲并不公平；二是催生普通地方院校的本科毕业生、专科毕业生急于在考研究生时进入名校以试图改变学历出身，形成日益复杂的“考研热”社会现象。中国诸多普通地方高等院校的教学职能也渐趋弱化为考研培训，学术职能彻底让位于就业导向。这种恶性的职能变异不仅导致高校缺乏特色而千校一面并渐趋同化[15]，同时被日益固化的本科出身情结事实上还将导致相关群体将第一个后果作为优先自主选择，而第二个后果则往往成为无可奈何的被迫选择。显然，这种异化了的“文凭中国”与“本科出身论”思想共谋从深层激发了“异地高考”的投机热，致使中国社会从10年前的“高考独木桥”变身为10年后的“名校独木桥”，高考也从10年前主要属于“教育”的难题而演变为10年后主要属于“社会”甚至属于“政治”的难题。以至于“异地高考”公共政策议题如今已经成了全民关注度最高且参与面最广的社会公共危机之一。

【参考文献】

[1] 石勇．“异地高考”的阻碍［J］．南风窗，2012（20）．

[2]［美］阎云翔．中国的个体化之路［J］．中国社会科学内部文稿，2012（2）：136-52．

[3]［美］詹姆斯·C．斯科特．弱者的武器［M］．南京：译林出版社，2011．477．

[4] 李强．改革开放30年来中国社会分层结构的变迁［J］．北京社会科学，2008（5）：47-60．

[5] 费孝通. 乡土中国 [M]. 北京：生活·读书·新知三联书店，1985：23-78.

[6] 陆学艺. 重新认识农民问题——十年来中国农民的变化 [J]. 社会学研究，1989 (6)：1-14.

[7] 万能，原新. 1978 年以来中国农民的阶层分化：回顾与反思 [J]. 中国农村观察，2009 (4)：65-73.

[8] 刘豪兴. 农村社会学 [M]. 北京：中国人民大学出版社，2008：329.

[9] 王文龙. 社会资本、发展机会不均等与阶层固化 [J]. 吉首大学学报（社会科学版），2010 (4)：75-79.

[10] 贺雪峰. 取消农业税后农村的阶层及其分析 [J]. 社会科学，2011 (3)：70-79.

[11] 贺雪峰. "农民"的分化与土地利益分配问题 [J]. 法学论坛，2010 (6)：104-110.

[12] 陈柏峰. 中国农村的市场化发展与中间阶层——赣南车头镇调查 [J]. 开放时代，2012 (3)：31-46.

[13] 董海军. "作为武器的弱者身份"：农民维权抗争的底层政治 [J]. 社会，2008 (4)：34-58.

[14] 李涛. 中国城乡底层教育公正的政策研究：基于社会分层的视角 [J]. 中国行政管理，2013 (3)：30-34.

[15] 李名梁. 大学办学特色形成机制研究：一个和谐管理模型 [J]. 江淮论坛，2011 (1)：154-161.

我国低龄留学生发展状况研究报告*

□ 中国青少年研究中心课题组

古往今来，中国家长望子成龙、望女成凤的愿望一直很强烈，他们会倾尽所有为子女谋求更好的发展机会。在教育国际化程度日益提高的背景下，随着中国经济的迅猛发展，居民收入不断增加，赴海外留学的人数达到近年来的最高峰。同时我国留学事业也出现了很多新现象[1]，主要表现在：（1）留学趋向大众化，出国留学人数持续增加，2012 年我国出国留学人数接近 40 万；（2）学生层次多元化，几年来我国高中生出国人数已超过总留学人数的五分之一，而与此相关的高考弃考人数超过了 300 万，低龄化留学潮正以意想不到的速度膨胀；（3）留学分布的地区更加广泛。

20 世纪 80 年代初，“留学”在国人眼中是个罕见的事。30 多年过去了，随着中国人家庭收入的增长，越来越多的家长有能力把孩子送出国门，接受外国灵活和先进的教育。相比 20 世纪，如今留学生的出身、年龄、经历、出国动机、留学性质等方面都已经发生了巨大变化，尤其近 10 年来中国大陆低龄留学越来越普遍。面对这样一个迅速壮大的低龄留学群体，他们在国外的心理及文化适应性便成为一个无法忽视的课题。当今小留学生们的出国目的是什么？他们是如何看待和理解出国留学？他们如何挑战留学中的困难？他们是“派往明天的留学精英”还是“留学垃圾”？他们将来是学成回国的“海龟”还是“移居他乡”的“海漂”？低龄留学如何从盲从回归理性？如何走出低龄留学误区？诸多问题得到社会广泛的关注。本报告通过回顾国内关于低龄留学生在国外生活、学习状况的文献，分析相关资料，通过研究小留学生现象回答社会关注的问题。

一、研究背景和研究对象

作为公共政策的一部分，我国出国留学的相关政策随着国情的变化不断进行调整。总体上呈现出限制越来越少，政策越来越放开的特点。从 1978 年“突出重点，统筹兼顾，保证质量，力争多派”，到 1986 年“按需派遣，保证质量，学用一致”，再到 1993 年，中央提出了“支持留学、鼓励回国、来去自由”的方针，尤其是自国家教委公布了《关于自费出国留学有关问题的通知》，自费留学得到国家政策的支持，逐渐进入公众视野。留学问题专家徐小平认为，以 20 世纪 90 年代中期作为分界，之前出国留学用的是别人的钱，而之后很多人出国用的是自己的钱。即前期以公费出国为主，后期自费出国的人很多。中国教育在线发布的《2011 出国留学趋势报告》显示，从 2008 年以来，中国出国留学的人数不断增加，且呈爆发式增长，2008 年出国留学人数为 18 万左右，而到了 2012 年，此数字达到了近 40 万之多。截至 2012 年 3 月，中国官方累计统计的出国留学人次超过 230 万。30 多年以来，自费出国人员 200 万人以上，占各类留学

* 原载《中国青年研究》2013 年第 11 期。

人员的九成。据统计，2011 年自费出国留学人数是 2000 年的 10 倍，仅 2011 年就有 31 万多名自费留学人员远赴海外。根据历年统计数据测算，今后若干年内我国出国留学人数将以不低于 20%的年增长速度递增。有人推算，5 年后中国的一线城市将进入“平民留学”时代。

表 1 2000—2011 年公费和自费留学人数

年份	留学总人数（万人）	国家公派留学人数（万人）	单位公派留学人数（万人）	自费留学人数（万人）	自费留学比例（%）
2000	3.90	0.30	0.40	3.20	82.05
2001	8.40	0.30	0.50	7.60	90.48
2002	12.50	0.35	0.45	11.70	93.60
2003	11.73	0.35	0.46	10.92	99.00
2004	11.47	0.35	0.69	10.43	90.93
2005	11.85	0.40	0.80	10.65	89.87
2006	13.40	0.56	0.77	12.07	90.07
2007	14.40	0.89	0.61	12.90	89.58
2008	17.98	1.14	0.68	16.16	89.88
2009	22.93	1.20	0.72	21.01	91.63
2010	28.47	1.20	1.27	26.00	91.32
2011	33.97	1.28	1.21	31.48	92.67

中国已经成为很多发达国家大专院校的最大海外生源地。截至 2010 年年底，中国在美国、英国和日本的留学生，已经分别接近或超过 10 万人。早在 2003 年，新西兰的中国留学生就有 53 673 人，占新西兰国际学生总数的 42%，成为新西兰国际学生的第一大生源国。以美国接收中国留学生的发展状况为例，据国际教育协会编纂、美国大使馆 2010 年 11 月 15 日对外公布的《学生流动门户开放报告》显示：美国高校是中国学生赴海外留学的首选目的地；2009—2010 学年，美国高等教育机构中的中国学生人数从 98 235 人增至 127 628 人，比上一年度增加了 29.9%，较前年增加了 50%，较 5 年前增加了 4 倍[2]；中国在美留学生占美国全部留学生的 18%以上，印度占 15%，中国首度取代印度成为全美各大学外国学生人数最多的国家[3]。时任美国驻中国大使洪培博先生表示，中国自改革开放以来，已有超过 100 万的中国人来美学习，对中美两国的经济发展起到了巨大的促进作用。根据美国商务部的数据显示，2009—2010 年，国际学生为美国经济注入了 199 亿美元，其中 18.5%的外国学生来自中国大陆[4]。

与过去 20 年相比，近年来中国学生出国留学有向自费化、专业化、低龄化方向发展的趋势[5]。我国留学生以公派出国留学为主导、自费出国留学为主体的工作格局已基本形成。对于低龄留学生而言，绝大部分是自费，尽管也有随父母在国外就读的情况和学生互换项目，但因留学名额有限，留学时长受限，家庭也需要承担一定的费用，因此，本报告不把这部分学生作为主要研究对象。本报告重点研究独立签证，（计划）在国外学习时间超过一年的小留学生。目前，学术界对小留学生有两种定义：一种是指那些接受高等教育以前的学生（pre-university students），主要就读于国外的中小学、语言学校、公立高等教育机构的预科班或语言培训中心以及其他一些私立培训机构，他们年龄大多不满 18 周岁。另一种是指“9 年级（相当于国内初三）以下的留学生”，他们年龄大多不满15周岁。考虑到6—12周岁这一年龄段的小孩基本上是随父母移民，本报告调查和访谈的对象主要是以14—18周岁留学生为主，即在国外上初高中的留学生。

二、我国小留学生总体现状分析

1. 中小学生已成为增长最快的留学人群，低龄化趋向明显

在20世纪80年代，留洋者大多是去读硕士、博士的；90年代初，开始有高中毕业生到国外去读本科；从90年代中期开始，渐渐出现了初中生甚至小学生留洋的现象，甚至一些只有几岁的小孩子也被家长送到国外去读幼儿园。

有统计显示，在我国申请自费留学的学生中，20世纪90年代留学生的平均年龄比80年代下降了10岁，中学生留学比例约占总数70%以上[6]。据《中国留学发展报告（2012）》显示，2009年中国有2.6万名学生赴美读预科，比2008年多两倍；2010年我国出国留学的高中及以下学历学生人数为7.64万，占当年出国留学总人数的19.8%。2011年仅高中生出国学习人数就高达7.68万，占当年我国总留学人数的22.6%。笔者在北京调查专门从事初高中低龄留学的樱知叶教育机构，发现通过它们出国留学的学生14—16岁之间占到80%，16—17岁的占10%，12—13岁的占10%。多项数据显示，我国留学生低龄化现象明显。

低龄自费出国留学集中在中国大城市。据2007年上海市教委就上海出国留学生年龄结构统计，15岁到19岁中学生占到27%。资料显示[7]，上海2005年至2011年前三季度，15—18周岁746人，19—22周岁1 011人，23—28周岁1 779人，29—35周岁3 431人，36—45周岁3 722人，6—14周岁989人。历年数据显示，在上海18岁以下青年出国人数不断攀升，15—18周岁这一年龄段青年留学人数2010年比2005年上升了21倍；6—14周岁这一年龄段孩子留学人数上升了4.3倍。需要说明的是，6—14周岁移民的人数多于15—18周岁，这一年龄段的小孩基本上是随父母移民，父母年龄大多是40岁出头。北京市作为首都，留学的人数在全国排名第一。2011年度我国出国留学总人数为33.97万，这一年，北京自费出国留学人数占全国的三分之一，达11.5万人，其中，小留学生占4.6万人，比例高达40%。低龄留学的现象，在北京表现得也很突出。

目前，虽然我国本科生申请出境学习仍是主体，但高中生的比例在不断增大[8]。新西兰的数据显示，早在2003年“小留学生”占新西兰中国留学生的一半以上。中小学阶段的“低龄留学生”占中国留学生的9.2%，占新西兰中小学国际学生的21%；据澳大利亚驻华使馆提供的数据：1995—1996年度发放了104份中国大陆的中学生留澳签证；1998—1999年度为620份；而2002—2003年度上升至5 299份。根据加拿大统计局的资料，近年到加拿大读专科学院（大学前学历）的海外学生高达7万人，中国是提出签证最多的国家[9]。据美国国土安全局的统计数字显示，2005—2006学年，我国仅有65名中学生持因私护照去美国读中学；到了2010—2011学年，中国有6 725人到美国去读中学，5年间增长了100倍。另有数据显示，2011年美国面向中国签发的学生签证占其全球学生签证的22%，约为15.76万份，其中，高中留学生占留学生总数的22.6%，达到了3.56万人[10]。

2. 高考弃考人数增加，优秀生源加入低龄留学大军

中国已经成为很多发达国家高等院校的最大海外生源地。截至2010年底，中国在美国、英国和日本的留学生，已经分别接近或超过10万人。在国内表现为高中毕业直接出国读本科的人数显著增加，出国读中学的人数也大幅增长，高考弃考人数增加。

随着越来越多的中学生赴国外留学，越来越多的学生放弃国内高考。近几年来，我国高中生出国人数已超过总留学人数的五分之一，而与此相关的高考弃考人数超过了300万，低龄化留学潮正以意想不到的速度迅速膨胀。根据教育部的统计数据显

示，2009 年全国高考报名人数为 1 020 万，当年有 750 万应届高中毕业生报考，所占比例为 73.5%。而根据全国教育事业发展统计公报数据显示，2009 年全国应届高中毕业生为 834 万人，这意味着当年有 84 万高中毕业生放弃高考。据中国教育部公布的数据显示，2010 年的高考弃考人数接近 100 万，因出国留学而选择弃考者约占 1/4[11]。

与留学低龄化同时发生的变化是，以前放弃高考出国的多是“逃避族”，即成绩不足以上大学或是不足以进入国内名牌大学的学生，这几年顶尖学生出国的也越来越多，生源结构呈现正态化发展，优秀生源加入留学大军。据媒体报道，上海的高中四大名校中，出国的优秀生的比例已平均约 10%—20%，高的甚至达到 30%—40%。如果再加上名校高中的国际课程班，一些名校出国的优秀生比例已经超过了 50%。不少优秀学生从高一时就把目标直指哈佛、耶鲁、牛津、剑桥等名校。

另据《新京报》的一项调查显示，2010 年北京地区的弃考生中，因出国留学而选择弃考者约占 21.1%。低龄留学、就业压力、经济问题都是高三学生弃考的主要原因。近年来，不少北京市重点高中的尖子生申请到包括哈佛大学、哥伦比亚大学在内的美国多所顶尖大学。不少北京市重点高中的尖子生提前选择出国留学并报考国外名牌大学，其中包括北京四中、北京师范大学附属实验中学（简称北师大实验中学）、北京十一学校等市级示范高中的学生。这些学校的“出国班”于开学后纷纷“扩招”，仅北京四中出国班的高三学生人数就比上一年增加了 30%。根据北京教育考试院的统计数据显示，2012 年北京高考报名考生人数为 70 857 人，而高考语文等学科评阅的试卷总量为 6.8 万人，近 2 000 名高考生选择放弃高考，弃考的主要原因之一是出国留学。

表 2　2012 年北京知名高中出国留学情况表

人大附中	人大附中 2012 年有近 70 名高三毕业生拿到国外大学的录取通知书，基本上都是美国知名高校，其中包括耶鲁大学、康奈尔大学、纽约大学等，较 2011 年增加了 20 多人。
北京四中	北京四中 2012 年放弃高考选择出国留学的高三学生约有 70 人，相比 2011 年增加了近四成，其中九成学生被美国排名前 30 名的大学或文理学院录取。
北师大实验中学	在北师大实验中学 2012 年弃考留学的 70 余名毕业生中，几乎都被排名前 50 名的美国高校录取，其中 8 人进入美国前 5 名高校，11 人进入前 10 名高校，50 人进入前 25 名高校。
一〇一中学	一〇一中学近 40 名高三毕业生在高考前拿到国外高校录取通知书，基本上都是排名前 30 名的美国名校，包括哥伦比亚大学、杜克大学等。
十一学校	十一学校国际部和本部出国班 2012 届高三学生一共 80 余人，据不完全统计共收到 308 份国外知名大学录取通知书，包括美国、英国、加拿大等多国名校，商科、艺术、医学、工科等各专业排名靠前的学校都有斩获。
北大附中	北大附中 2012 年留学单元首批毕业生共 42 人，都已经拿到国外大学的录取通知书，其中 80% 学生进入美国前 50 名大学。

3. 18 岁以下报考托福、SAT 的人数和比例持续上升

中国教育在线发布的《2011 出国留学趋势报告》显示，近两年来，北京、上海、深圳等城市放弃高考、选择出国留学的学生每年大约增长 20%，18 岁以下报考托福的比例比上年增长一倍。近年托福考试中 18 岁以下考生快速增长，并呈现翻番的爆发增长态势，从一个侧面反映了留学低龄化的趋势明显。

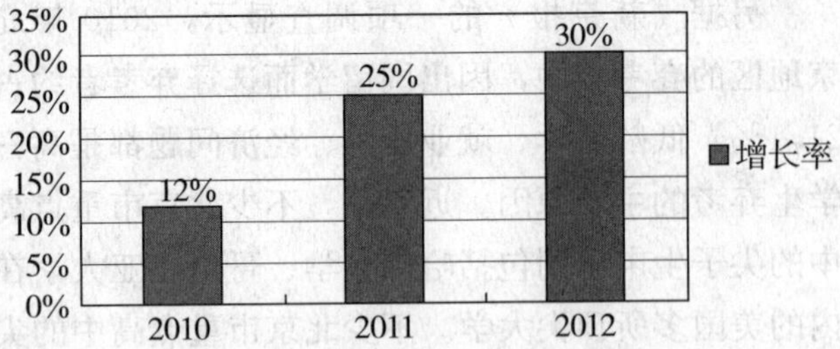

图 1　托福 18 岁以下考生增长率

作为留学低龄化最显著的标志，SAT 考试是最有标志意义的。近年来，中国内地参加 SAT 的考生人数不断攀升。2007 年 10 月至 2008 年 6 月，约 7 000 名内地考生赴港参加 SAT 考试，2008 年 10 月到 2009 年 6 月翻了一番，达到 1.5 万多人。2011 年，内地考生人数再次刷新，接近 2 万人。2012 年参加 SAT 考试的学生与去年同期相比增长了 30%。其中 19 岁到 23 岁年龄阶段仍是主流考生人群，但 18 岁以下的低龄考生出现了较大增幅。

4. 低龄留学意愿趋强

据 2012 年中国国际教育展期间得到的调查报告显示，计划出国留学的学生学历层次方面，本科生占 51%，高中生占 38%，研究生有约 5%计划出国留学，值得关注的是，其他有意向出国留学的 6%的群体中，有不少的初中生甚至小学生。2005 年以来，赴美读书的中学生增长了 10 倍以上。

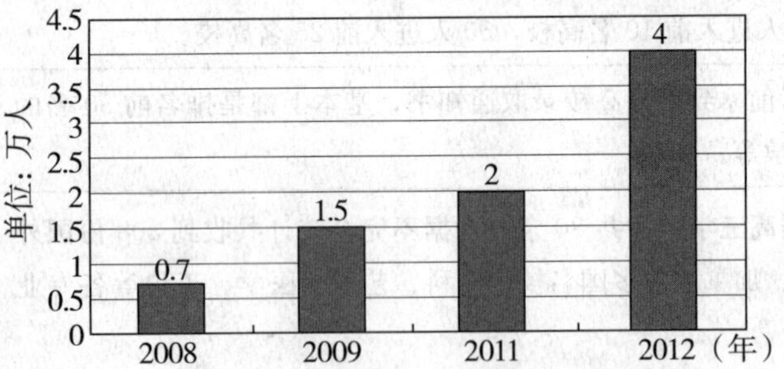

图 2　SAT 赴港考生人数变化示意图

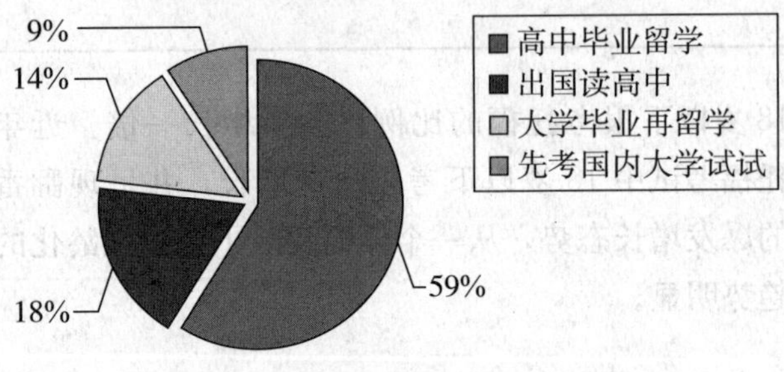

图 3　有留学意向的高中生选择

有学者对国内中学生的调查发现，有 45.2%的学生有留学的考虑，其中，初中生打算留学的比例高于高中生，有超过六成的中学生父母支持子女出国留学。在我国，出国留学意愿明显趋向低龄化[12]。据有关部门统计，18 岁以下的留学生已占到中国留学生总数的一半以上，在我国，出国留学也逐渐趋向了低龄化。

内地某私立教育机构和某网站教育频道于 2010 年 12 月 3 日公布了一项留学意向的调查，有超过 3 100 名家长参加，在北京、上海、广州等一线城市的人数约占 31%。该调查结果称，约有 86%的受访家长表示有送孩子出国留学的意愿，甚至包括孩子尚在 3 岁以下的父母也已制订了送子留学的规划。其中，家长送孩子出国留学的最大动力是为了给孩子创造更好的教育条件。尽管有网民质疑上述数据的客观性和准确性，但在可以预见到的未来，留学低龄化的现象大有蔓延趋势[13]。

若干年前，高中生出国留学，大多是学生担心考不上大学而寻觅的一条退路，依靠家庭财力的支撑出国读大学。现在有不少尖子生申请到世界级的外国顶尖大学[14]。不仅如此，国外教育机构也在主动来华招收中国小留学生，欧美等地的高中也越来越向中国学生敞开大门，每年多国国际学校来我国大城市举办国际教育巡回展，以吸引中国学生赴读。如 2010 年 1 月 8 日在杭州开幕的中英基础教育论坛上，7 所英国优质高中的校长及招生负责人都带来了招生需求，他们更愿意与中国的中小学在选课模式等方面直接对接，为低龄学生海外升学提供方便和创造条件。这一切似乎都在表明，未来几年，不仅仅是中国学生“高考志愿”的国际化，就连“中考志愿”也会被中国的一些家庭逐步放到全球范围内来选择和填报。

三、对当前留学低龄化的原因分析

与大学生及研究生出国留学不同，低龄留学生的留学行为的主导者并不是孩子本人，尽管有些家庭孩子也有这方面的要求，但是留学的决定最终是由家长做出的；在更多的家庭小留学生留学的发起者也是家长。不管有没有孩子参与，留学这一消费行为的决策者及买单者都是家长，孩子是“被留学者”。所以在影响小留学生留学行为的因素中，家长动机是一个重要方面。

所谓动机，简言之就是促使人从事某种活动的念头。家长为什么让未成年的孩子远走他乡去留学？这些动机又源于怎样的社会现实？

1. 家里经济条件许可

小留学生自费出国留学实质上就是中国家庭购买海外院校的教育产品。中国实施九年制义务教育，九年制以外的教育强调其公益性。小留学生出国留学不是义务教育。培养一个孩子在国外完成从中学到大学阶段的学业，需要耗资两三百万元人民币。所以家庭的购买力就成为决定此种交易是否能够进行的重要因素。

出国留学低龄化这种行为的发生与一个国家经济发展水平紧密相关。留学低龄化的发展趋势，与经济、社会发展的水平有关。当一个国家的人均GDP发展到一定水平时，也会出现出国留学的需求，而且当人均GDP达到3 000美元时，出国留学的数量就会大幅增长。2013年2月国家统计局公布了《2012年国民经济和社会发展统计公报》。公报显示，2012年我国人均GDP达到了6 100美元。

一方面，家庭收入的不断增加，使越来越多的家庭有能力承受孩子的留学费用。在这些家庭，孩子的出国留学并不会影响家庭生活质量；另一方面，中国重视教育的传统，家长望子成龙的心理，少子化导致的家庭中心下移等，促使一些工薪阶层愿意举全家之力，省去家庭其他方面的支出，送孩子出国留学。

（1）高收入家庭近九成选择送子出国留学

据瑞士信贷银行发布的《全球财富报告》显示，中国大陆的私人财富在近10年期间，从2000年的4.7万亿美元，到2010年时已增至约16.5万亿美元[15]。2012年3月27日，兴业银行与胡润研究院联合发布的《2012中国高净值人群消费需求白皮书》，指出目前中国高净值人群（个人资产在600万元以上）达到270万人，平均年龄为39岁。其中，亿万资产以上的高净值人群数量约6.35万人，平均年龄为41岁。调查显示“85%的高净值人群有计划送孩子出国留学，亿万资产以上的高净值人群中则高达90%。其中66%考虑在中学和小学阶段将孩子送出去。”

（2）中等收入家庭超七成希望子女留学海外

2013年3月28日，《福布斯》中文版联合宜信财富发布《中国大众富裕阶层财富白皮书》称，中国的大众富裕阶层近年来迅速壮大，2012年已超过千万人，人均可投资资产达133万元人民币。其中，打算移民者超两成，希望子女留学海外者达3/4。

报告称，这一群体注重资产的更优配置，追求更舒适的生存环境以及打造下一代的成长教育环境。与高净值人群相比，大众富裕阶层的移民意愿偏低，76.0%的人表示自己并无移民打算，但是考虑将子女送到国外留学的人数占比达3/4之多。大众富裕阶层目前的主体人群为“60后”及“70后”，“70后”在总体数量中占比逾三成。他们的孩子也大多处于中小学阶段[16]。

（3）工薪家庭出国人数的增加催生低龄留学浪潮

从经济支持的角度看，自费出国留学对于工薪家庭来说，曾经是一个几乎不可能实现的梦想。短短几年间，出国留学已从奢侈品转向中高档投资品。调查显示，出国留学家庭中，年收入30万元以下的家庭数量从2010年的58%升至2013年的76%，出国留学已从贵族时代步入大众时代。启德教育集团总裁李朱先生分析：“随着中国经济的崛起，中国家庭财富的增加及教育理念国际化，一方面，很多家庭把教育作为一项长期投资对待。另一方面，让孩子接受相对优越的国际教育，对他们的长远发展更有裨益”[17]。2011年中国社科院社会学所和社会科学文献出版社联合发布《社会心态蓝皮书》，介绍了对北京、上海、广州三地市民社会心态的调查结果，调查显示三地市民的生活动力排名依次为：子女发展期望、个人利益追求、追求家庭幸福、追求人际优势、追求一生平安、尽力做好本分、实现自我价值、为社会做贡献、追求生活情趣。子女发展期望排在首位[18]。

2. 对国外教育质量的高预期

离开自己的祖国到另一个国家接受教育，其中一个重要的动力是对更高的教育质量的追求，认为在该国家受教育能够有更好的收益。留学生主要向科学技术比较发达的国家和地区流动，从19世纪初日本人纷纷到中国留学，到19世纪末美国人留学欧洲蔚成风气，再到20世纪中叶欧洲人反过来到美国留学，都是这个道理。

（1）家长对中国教育感到失望

低龄留学背后是家长对于中国教育的信任危机，他们对于中国的教育方式不认同，对教育改革丧失了信心。《高中和大学在校生出国留学意向调查课题》于2010年调查低龄留学的目的显示，53.4%的人认为16岁以下出国是为了接受国外更好、更优质的教育。

启德教育留学事业部张某说："中国素质教育喊了多年，但是一直没有很大改变，新一代的中国学生家长，在以自己的亲身经历总结求学得失时，基于对现有教育的缺陷、大学大规模扩招后的大学生就业问题等，在计划子女教育的时候，将眼光更多地投向教育最发达的国家，例如美国、英国、加拿大、澳大利亚等国。"

访谈A家庭，孩子的爸爸是私营业主，母亲是事业单位的员工。孩子本来已经考入了北京的一所重点学校上初中。但是孩子入学一段时间后，家长发现每周学校老师都要请家长，向家长指出孩子在学习中的问题，让家长抓孩子的学习，希望家长给孩子请家教。家长觉得自己的孩子已经很努力，如果按照老师的要求，孩子将得不到足够的休息，没时间读课外书，没时间发展自身爱好。孩子的父母不认同学校的教育方式，转而选择让孩子出国留学。

面对着国内的升学竞争，很多孩子在国内就读的家长以学校所留作业的多少，作为评定学校好坏的标准。然而，这也成了不少家庭选择送孩子早点出国的导火线。

"我的孩子才上初一，做作业已经要做到晚上11点，以后怎么办?!""现在孩子放学回来，我们都跟打仗似的——6点钟到家，我们事先准备好洗澡用品，15分钟洗完澡出来；饭桌上碗筷、饭菜全部备好，20分钟吃完，开始做作业！一分钟都不浪费，几乎每天都要到11点收工。一直这样下去，全家都神经衰弱了。"每个决定让孩子走西方教育路径的家长，都能说出一大堆中国传统教育的弊端：僵化，功利，对现实无用，不关注孩子的幸福，过分关注考试成绩，偏离了教育的初衷，等等。他们无力改变中国的教育现实，于是选择逃离。

（2）希望孩子得到更好的教育

众所周知，中国是先有留学后有现代高等教育，现代高等教育只有110多年的历史，且很长时间内在相当封闭的环境里发展。所以高等教育的质量与西方相比，是年轻的、不成熟的。

一旦家庭有了让孩子在国外接受高等教育的计划，有些家长认为孩子越早出去就越受益。

第一，年龄小的孩子学习语言有优势，十来岁的小孩子3个月就可以通过语言关，6个月就可基本适应国外的生活，12个月就可达到班里同学的中等水平、打入当地同学的圈子，2年后在语言、行为上很难分得清谁是谁了；而这些对成年人来说，可能需要5年以上的时间才能完成。

新航道留学服务中心市场部总监黄尚指出：13—17岁这个年龄阶段，学生适应国外生活会更容易。"因为还没有完全接受中国的文化背景教育，但是高中以后就不同了，那时候再过去就属于两个不同的文化背景。""既然想学东西，就包括适应这个国家的文化氛围和社会氛围。"

第二，孩子就读国外的中学，可以比在国内读更容易申请到国外好的大学。

第三，许多家长算了这样一笔账：如果等到在国内上不了大学再出国，虽然省了在国外读高中这几年的费用，但是孩子要考托福。这样不仅费精力，在国内所学的语言到国外用起来不一定很顺手，也许还要重新学习。到国外读高中，至少孩子在语言上没有问题了，上国外的大学也会比较顺利。

(3) 希望孩子能够有更好的发展

随着中国高等教育的大众化，能够进入大学的孩子越来越多，但是与大学扩招前相比，读大学不再意味着一份理想的工作。今天家长让孩子上大学并不是为了一纸文凭，而是为了能够带来的在社会上的竞争力、对于社会优质资源的优先占有。

在这样的目标考量下，把教育这笔投资放到哪里成了家长反复权衡的问题。

访谈B家庭的家长这样说：我的孩子学习成绩不是太好。虽然现在大学开始扩招了，但在中国考大学竞争仍非常激烈。如果孩子考不上大学，将来就业会很困难，不如现在就送她出去。国外高等教育与中国相比更普及，孩子只要不出大问题，上大学应该不成问题。

访谈D家庭的家长说：如果孩子将来考国内大学的话，我们相信就他的能力考上一所国内一流大学应该没问题。但即使考上了，他依然会面临着严峻的就业形势。因为现在国内大学一直都在扩大招生，大学生人数会越来越多，将来他们的就业压力也肯定会越来越大。

访谈J家庭：现在国内大学生太多了，国内的学历也不值钱了，每年成百上千的大学生毕业后还是找不到工作。所以家里经济条件许可，理所应当地让孩子出国留学，学习一些国外的先进的理念，提高自身素质，将来学完全少在外语水平上会比国内的大学生水平更高一筹。就业的选择也会多一些，进入国际大公司的可能性更高。不排除未来成为外国公司驻中国的业务代表，领国外工资，在国内生活。

目前国内教育收费越来越高。在国内读中学，学费、生活费一年也要万元左右，就算上了大学，一年的开销起码也要上万元。毕业了如果找的单位效益不好，当父母的还得往里贴钱。我们是个儿子，按照中国人一般的想法，将来孩子结婚还要给孩子准备房子，这又是一大笔费用，要耗费家里多年的积蓄，不一定能够承受得起，不如拿这个钱让孩子去国外读书。孩子早些出去，适应得也会快一些，将来有可能的话就留在那里，其他的费用也就省了。

有些家庭觉得出国对孩子的毅力和独立生活的能力是一种很好的锻炼。尤其是在独生子女家庭，对孩子免不了娇惯。让孩子离开父母独自生活，强迫着给孩子“断了奶”，让孩子不得不独自解决问题，也许出国几年就能让孩子拥有受益一辈子的独立、勇于克服困难等品质。

3. 无奈之下的选择

与前面两种家长的主动选择相比，也有一些家长让未成年的孩子出国留学是不得已之下的选择，是无奈之举。

(1) 孩子一直在体制外受教育

一些私立学校与公立学校最大的不同，在于对于师生关系的认识。在这些学校中倡导给学生以应有的尊重，给孩子一定的自由度，让孩子自由发展，不压抑孩子的个性。在一些具体的要求上，比如上课时从不要求孩子背着手很规矩地坐好，不限制孩子在老师讲课时随意插话，孩子可以直呼老师的名字等。这样的孩子到了公立学校会严重地不适应。

一些私立学校实行双语教学，孩子上学时使用中英两种语言。如果孩子上了双语幼儿园、双语小学，再回到中文教学的公立学校，孩子就失去了用英语表达的环境，多年来培养出来的英语表达能力可能会退化。

访谈I家庭就是这样一种情况。I家庭的父亲是民营公司的老板，母亲是国家公务员。女儿从小上的是双语幼儿园，继而上了双语小学。中学虽然仍然上的是私立学校，但不再以双语为特色。孩子这个时候表现出了对学校严格要求的不适应，学习上偏科严重。家长认为如果孩子在国内高考，可能连个二本也考不上。于是在孩子初中毕业的时候，他们决定让孩子出国读高中。

(2) 孩子学习成绩不理想，逃避竞争压力中国的教育，优质资源满足不了社会的需求。相对于中国的人口基数，适龄青少年能够享受到好的高等教育资源的概率很低，所以竞争也就格外激烈。为了最后能够进入理想的大学，孩子之间的竞争从小学就开始，家长的竞争也从给孩子拼学校开始。拼了小学拼中学，这不仅需要钱还需要一定的社会关系，令很多家长望而生畏。

访谈的G家庭，父亲是国家公务员，母亲在事业单位工作。应当说在经济上不算是高收入家庭。孩子上初中的时候就是托了关系上的，上高中仍然是花了钱读的，但是读了一段时间的高中之后，面对孩子的成绩，父母意识到孩子在国内不可能考上一类大学，所以孩子读高二的时候给孩子选择了出国读书。希望通过留学另辟蹊径让孩子获得更好的发展。

家长有些后悔地说：早知道情况是这样，还不如在孩子初中毕业就让孩子出去读算了，这样还能省下一笔读高中的择校费。

靠托关系或是花钱能够上一所示范初、高中还应当算是幸运的。对于很多家庭来说有钱都解决不了问题，用老百姓的话说是“提着猪头找不到庙门”。相比较而言，出国留学更单纯，只要有经济上的付出就行了。

（3）异地升学的困扰

中国的高考是与户籍制度联系在一起的。考生只能在自己户籍地参加高考。随着大量城市流动人口和进城务工农民工在异地工作时间的推移，随父母在流入城市工作的适学儿童也越来越多。有的家庭为了孩子的升学考虑，不得不让孩子一上中学就回到户籍地就读。无奈之下，家境好一些的父母只得让孩子在流入城市读完初中，然后让孩子出国读书。

访谈家庭C：孩子的父母当时都在北京工作，父亲是某省驻京办的工作人员，母亲也在北京工作。孩子随着父母来京，就读于一所很多人向往的重点中学。孩子的学习成绩不错，但是从进入那所学校的那天开始，父母就已经想好了将来要让孩子出国读高中这条路。

访谈家庭E，父亲十几年前就来到了北京，经多年打拼，办起了一个小厂。儿子从小学一年级就在北京念书。家长也知道孩子不能参加北京高考，所以等孩子小学毕业后，母亲就与孩子一道回到了老家准备进入老家的初中就读。在北京读小学的时候，孩子是班长，成绩优秀，老师很喜欢他。回家乡之后，孩子对家乡的学校非常不适应，与班里的同学格格不入，情绪暴躁。甚至不理睬回乡探亲的父亲。考虑再三，父亲决定先让孩子到北京读书，高中时再送孩子出国留学。

4. 孩子主动要求

虽然最终留学的决定是由家长做出的，但是在有些家庭，也是由孩子主动提出了要求。

访谈家庭H就是由孩子自己提出来要出国留学的。她说那个时候就觉得出国留学好，看到别人出国了自己也想出。父母都是一般的工人，孩子一直在学校表现都不错，很自律，因此家长要做的就是努力满足孩子的愿望。另外同学之间互相影响也是一个重要因素。广州女生封某某，在初中读的是国际学校，同学们都打算出国留学。由于不喜欢被约束，封某某在国内上学并不快乐。上初中后，她通过电影、图书、杂志了解到国外的生活，认为国外更加自由，有更多的选择，可以真正去做一些自己爱做的事，学一些自己喜欢的东西。

5. 获得移民资格，改变生存环境

舒尔茨在《论人力资本投资》中谈到人口迁移时曾提到“在和平时期，人们基本上能从满足自身偏好出发，为了改善自己的经济地位而自由地迁移”。在相关的调查中发现，很多留学生“留学是假，移民是真”。近些年随着中国经济的快速发展，监管的制度漏洞及道德建设的缺失导致食品安全、空气质量这类与人们生存密切相关的要素上出了问题，于是有些家长想尽早把孩子送到国外，想让孩子呼吸新鲜的空气。为了呼吸到干净的空气，一位医生母亲带着儿子从长沙搬到沈阳，从沈阳搬到广州，最后，儿子孤身一人去了伦敦。

杨恒均对父母送孩子出国留学的动机进行了这样的剖析：因“教育”这个理由送孩子出国完全说

得过去。中国大陆的教育强调灌输“知识”而不是培养能力；教育你相信宇宙真理却不教会你去讲人间的道理；教会你要小聪明，却培养不出大智慧。最糟糕的是：教育与现实脱节，学校灌输的那些东西，早就被社会抛弃，不管是好的还是坏的，你学的都死活用不上。但是他认为，也有些人“送孩子出国是想让他们生活在一个‘更好的地方’：人权得到保护，自由得到保障。”

6. 外部环境的驱力

（1）中国教育国际化的发展为低龄留学生自费出国留学打开一扇窗

随着我国对外联系的增多和开放程度的提高，国际教育交流与合作也进一步加强。中国大陆的教育模式逐步与世界接轨，硕士生、博士生出国深造，接触、学习外国相关专业领域的研究成果，几乎成为学生接受学术训练的必经之路。国内许多高校甚至中学纷纷把目光投向国外，学校间的合作办学、学校互访等为中国学生打开通往世界的一扇窗；而中国这个经济持续高速发展，教育潜力极大而又尚未充分开发的市场也同时吸引了国外学校涉足；不少由政府出面支持的国外学校和教育机构还在中国大陆各地频繁举办相关招生咨询会，不断开拓他们在中国的生源市场，加上国内留学中介机构的参与和推动，也为中小学生进入国外学校学习架起桥梁。另外，很多发达国家相对合理的招生体制、相对丰厚的奖学金资助等也成为保证国际优秀生源的重要条件。

（2）国内就业现实和国家政策的导向是留学低龄化的外部动力

目前的大学教育跟不上时代的发展，从而导致国内就业压力凸显。2003 年是高校扩招后本科生毕业的第一年，毕业生人数比上一年增加了 44.6%，而市场需求没有明显的增加，供需矛盾十分突出。许多国内培养的大学生、硕士生甚至博士生毕业后找不到工作，或者找不到理想的工作，面对沉重的就业压力，洋文凭成为用人单位的首选，从而导致很多家长盲目迷信洋文凭，认为：送孩子出国留学既可以避开国内“千军万马过独木桥”的高考搏杀，又可以为孩子将来就业谋得一个更好的起点。

另外，随着中国加入 WTO 后，国内市场得到了进一步开放，国外公司来华投资增加，本土公司希望进入国际市场的步伐加快，使得国内对于优秀留学人员的需求也越来越明显。而随着“海归”越来越多，笼罩在这群留学生身上的光环逐渐退去，甚至很多“海归”成为难以就业的“海待”。因此，更多家庭选择较早地把孩子送出去，以适应外国的生活和学习方式。

一位父亲说，“我的孩子学习成绩不太好，在国内顶多考个高职。将来找工作还得我操心。我想让她早点去澳大利亚，把英语学好，将来在国外直接读个本科，还有机会移民。如果回国，她有一个洋文凭，找个工作应该不成问题吧。”

7. 中国留学政策的支持为出国留学的低龄化提供了保障

一个时期以来，我国政府先后制定了一系列支持公民出国留学以及鼓励留学人员回国服务的政策。中国实行改革开放以来出国留学政策不断人性化的重要成果之一，就是将出国留学的选择权交给公众，把留学后回国与否的决定权赋予留学人员。2000 年以来，中国大陆涉及出国留学管理方面的文件逐步减少[19]，留学的低龄化出现在一个发展得较为成熟的出国留学政策体系下，这无疑为低龄群体出国留学提供了一个健康完善与宽松和谐的政策保障。

四、低龄留学生国外留学适应状况分析

1. 低龄留学生的学习适应状况

学习是小留学生的第一任务，由于中外在语言学习、教学方式、培养目标、课程设置和学习内容等方面存在着差异，增加了学生尽快适应新学习环境的难度。小留学生要想尽快适应学习环境并取得好的成绩，需要付出很大的努力，并且要掌握一定的学习方法。

（1）语言是留学学习生活的最大困难

对留学国家语言的掌握是留学的基础，如果语言不能很快掌握，就会影响到学习、沟通、生活的各方面，上课会很吃力，专业知识掌握不了，久而久之，就会产生逃避和厌学心理。语言不好的学生很难和当地学生交朋友，整天混在中国人圈子里，这对于小留学生的融入和生活都带来了很大的困难。

来到一个非母语国家留学，语言环境和语言文化发生了根本改变，需要尽快适应。受访者普遍反映，英语学习主要是词汇和语法方面的困难，一方面听不懂，另一方面也说不出，即便是在国内受过英语专门培训的学生也很吃力。因此，小留学生们需要花更多的时间重新学习语言，而学习语言的过程也是学生适应和融入当地环境的过程。一位留学英国的学生介绍经验："我每天下课后就使劲背单词，并且只要有机会我就和老师、同学用英语进行交流，随便什么都聊，大概一个月，上课的内容我基本都能听懂了。后来，我找到了一个打工机会，我和当地人用英语对话，融入英语文化。半年后，我感觉用英语和老外交流就没什么问题了，我也更加自信了。"

（2）认可并适应国外教育方式

教育环境差异——国外的教育环境相对宽松，教师只是扮演引导者角色，教学更强调培养学生的自学能力和综合素质，调动学生的自主性、创新性和合作性。这种教学方式缘于中外培养目标的不同。中国的教育体制培养出来的中学生大都是"完美生"，乖巧听话、考试能力超强，文化课成绩都非常优秀。而西方的教育方式则致力于培养有独立思考能力和独特创造能力的"冒险王"，他们在实践的过程中可能会不断地犯错和碰壁，但会逐渐变得更加成熟和自信[20]。

课程设置的差异——在中国，每个班级的学生都是共用一个课表，上同样的课。而国外中学的课程几乎都是"选修课"，在课程安排上学生具有很强的自主性和独立性。此外，国外中学往往也没有固定的班级，实行"走班"制，学生跟随自己挑选的课表前往不同的教室学习。一个在美国留学的孩子说："中美教学最大的不同就是选课，国内学校的课程比较固定，并且都是必修课。在国外选课比较多，自己有机会选择自己喜欢的课程。我来学校的第一天，就被通知选课，我选了喜欢的音乐、美术。我可以选择自己喜欢的课，我很开心，这也对我今后的发展有利。"

培养目标差异——教学方式和培养目标的不同也带来了评价方式的不同。中国是"一考定终生"，国外更加注重学生综合素质的培养，评价指标除了期末考试成绩外，平时作业、课堂表现、课外活动、社会实践都能够反映在评价体系中，可见，小留学生接受的考试是全方位的。

接受过国内教育方式的小留学生在国外完全感受到一种崭新的教育理念和教学方式，这对于他们来说也需要适应。从调查来看，小留学生对于这种西方的教育理念和教育方式是乐于接受的，他们之前在国内也或多或少地了解了这种教育方式，小留学生对于这种教育方式是能够适应和认可的。

（3）普遍适应多样化的学习内容，对学习竞争认识深刻

在学习内容方面，国外的学习内容更加多样化和贴近现实。不同于国内教学内容的"重点"、"难点"和满堂灌输，在国外的一节课可能只讲一个知识点或者一个公式。同时，老师不要求把知识点背下来，更多的是去理解和思考。老师布置的作业也以动手实践和思考为主，没有抄写、背诵之类的要求。课堂学习的内容更加生活化，经常会有宗教、婚礼、安全、文化等方面的学习内容。有一位小留学生回忆道："我对在美国学校的第一节课印象很深刻，老师整堂课给我们讲的是安全知识。比如谈及'911'，提醒我们无论遇到什么危险伤害或意外需要求助都可拨打。还有讲到地震、交通规则等方面的内容。"

来到国外，小留学生们逃脱了中国的"死读书"教育方式，但是却逃避不了考试和作业。受访者反映，在国外的学习并没有出国前想象的那么轻松，课外作业也很多，并且这些作业不是简单抄写就能完成的，而是要通过查资料、调查、思考等一

系列方式完成。同时，学生与学生之间的竞争很激烈，这种竞争不像国内通过分数等方式体现出来，而是看不见、摸不着的，大家暗地里在竞争。针对小留学生的辛苦，有一位家长总结说："中国不少家长为了让孩子躲避高竞争的压力而留学国外，但很快发现，国外也并不是升学的天堂。虽然国外的升学制度不像国内一样单一取决于分数，但课外作业、实践活动、个人陈述和考试这些内容也并不是那么轻松就可以达到要求的，竞争也很激烈。"

对于学习内容的适应，不同的小留学生有不同的状况。有的学生会很适应西方的学习内容，有的学生会对于西方生活方面的学习内容感到枯燥。但是，大部分小留学生都感受到了学习的竞争和压力，他们认识到要想取得优异的成绩也需要付出更大的努力。

（4）时间管理和敢于提问是很重要的学习方法

国外的学习竞争很激烈，要想快速适应学习方式并取得好的成绩，需要掌握适合自己的学习方法。学习方法不当，很可能造成学习压力过大、考试不及格甚至退学等现象。有统计数据表明，澳大利亚约有15%的中国小留学生因为缺课、考试不过关和其他问题被注销签证，要求返回中国，比例之高居各国留学生之首[21]。

在访谈中，受访者对于自己的学习方法大多提到两个方面。一个是时间管理。学习必须对时间进行合理的调控，这对于十几岁的孩子来说是很难的。但是在独立的环境下，这也是小留学生必须要做到的。对于不上进或者自制力较差的学生，很有可能很长一段时间不能有效地利用时间，会严重影响学习状况。另一个是敢于提问。"得到好评分的关键是当你有不明白的问题时勤向老师提问"，"我觉得出国来一定要胆子大，有什么问题一定要问"。小留学生在新的学习环境里，会有很多不懂的问题，这就需要学生敢于向老师提问，大胆提问，在国外几乎任何时间都可以向老师提问，这对语言学习和专业知识的学习都会有帮助。

2. 小留学生的生活适应状况

在一个完全陌生的环境里，适应崭新的生活对小留学生来说是很大的挑战。他们在住宿、交通、业余生活等方面面临很多困难，他们通过自己的自理能力和独立性来不断提高生活适应度。

（1）学校住宿和家庭寄宿各有利弊

小留学生的住宿方式主要有两种，一种是由学校提供宿舍，另一种是民宿，即住在学校附近的居民家里。两种方式各有利弊。学校住宿管理更严格，学生在学校便于参加文体活动，人身安全有保障，弊端是环境相对封闭，对于异国文化的感受欠缺；家庭寄宿的优势是学生生活家庭化，能够较快融入异国文化，弊端是找到一个满意的寄宿家庭不容易，学生相对比较自由，家长很难掌握学生的情况，学生的安全性不如住校生。

在访谈中，小留学生对于寄宿家庭的住宿问题反映强烈。尤其是学生在一个完全陌生并且没有任何血缘关系的家庭里居住，学生的吃饭、起居和交通都有很多不便。虽然学生父母向寄宿家庭缴纳寄宿费，但是这也不能完全约束寄宿家庭对学生的生活义务。由于小留学生缺乏基本的自理能力，因此就会带来生活上的各种烦恼，影响学习和心理健康，出现很多问题。有的学生由于和房东关系紧张，半夜里被赶出家门，流落街头；有的学生财物被抢，人被殴伤；还有的学生因和同学没搞好关系而被孤立、歧视[22]。然而，小留学生又不得不独自面对这些问题，让自己在挫折中成长起来，就像有一个受访者说的那样："如果不走出家门，你就不可能知道自己原来可以很坚强、可以很独立，很出色。"

（2）业余生活单一

小留学生的业余生活相对比较单一，除了参加学校组织的课外活动外，其他业余时间主要用于读书、上网和运动。为了排解孤独感，小留学生大多把业余时间安排得很充实。一位在澳大利亚留学的受访者表示："刚开始留学的时候，有时候很怕周末到来，因为怕更加孤独。后来我慢慢开始自己的生活，读书、上网、学习外语、健身、看足球比赛等活动填满了我的业余时间，慢慢就习惯这种生活了。"也有少数小留学生会去打工，但是大部分家长出于对安全的担心不赞成他们打工。

（3）与父母的关系影响生活适应度

思念父母，尤其逢年过节或当学习生活遇到困难的时候，刚刚出国的学生更是如此。有一位受访者在邮件中写道："自己刚出国最大的困难就是思念父母。当自己独处于一个陌生的环境感到无助时，我更怀念父母在国内对我的关心甚至'溺爱'。在我的脑子里，当我学习听不懂、住得不舒服、朋友不理我、自己生病的时候，我第一个想到的是父母。得不到他们的帮助，我只能是放声大哭……"

对于未成年的小留学生来说，家庭教育是最重要的教育，父母是最好的老师。尽管父母不能陪在他们身边，但是与父母之间的关系直接影响小留学生的状况。有的学生每天都给家里打电话，让父母帮忙出主意，这对于学生的自信心和能力提高有很大作用。有的学生平时与父母缺乏交流，遇到问题不告诉父母，这会增加学生的孤独感，导致很多问题。现在越来越多的家长认识到与孩子关系的重要性，有条件的家长利用假期、出访的机会陪孩子一段时间，有的家长则是全程陪同。从总体上看，父母的陪伴对小留学生的学习生活产生了积极作用。

3. 低龄留学生的社会适应状况

对于国外社会的适应程度是小留学生能否融入当地环境的重要标志，这也是小留学生社会化过程的重要阶段。然而，由于小留学生缺乏亲情、朋友、文化等方面的社会支持，他们在人际适应度、文化适应度和法律适应度上明显不高，由此带来了心理压力和社会适应危机。

（1）"圈子"封闭和不能得到老师帮助导致人际适应度不高

在国外留学的新环境下，由于没有亲情的佑护，导致了小留学生原有社会支持系统的缺失，而朋友关系和师生关系不但没有弥补亲情缺失，反而加重了小留学生的社会化危机，这给小留学生的社会适应状况带来了很大的问题。

在同学关系中，由于寄宿学校的小留学生从早到晚在同一个封闭的环境中学习生活，他们必须融入当地学生的"圈子"中去。但是，很多小留学生感觉自己与周围的环境格格不入，孤立无援，很难融入同学中间。一旦不被"圈子"所接纳，就会时时处处都感觉到压抑和孤独。有受访者表示："有些同学性格外向，爱交际，英语交流没有问题，和其他同学互动很多，但是有些同学不是这样，他们相互之间说中文，总愿意和中国同学待在一起。"实际上，小留学生在中国人或者华人圈子里的现象非常普遍，现在很多学校中国人多，很容易由中国学生形成一个小圈子，这对他们融入国外社会产生不利作用。

除了同学之间的交流，老师会给小留学生很多帮助。但由于很多中国小留学生缺乏主动性，并没有去充分利用这些资源，在遇到学习、生活、社交和心理的问题时，也不会主动寻求辅导和帮助，所以他们仍然游离在这些资源之外，这也进一步加深了他们的孤独感[23]。

（2）东西方文化差异让小留学生成为文化"边缘人"

东西方文化价值观的差异极大地影响着小留学生的社会适应性。西方文化的核心价值观是个人主义，强调独立、自由以及个人成就。而东方文化的核心价值观是集体主义，人们高度重视合作、互相支持、保持和谐以及为集体做贡献[24]。虽然小留学生接受新鲜事物的能力强，早点出国可能比较容易接受西方文化，但毕竟中西文化差异很大，小留学生很容易遭受到文化冲击，成为"边缘人"。而且中学时期正是青少年独立人格形成的关键阶段，过惯了衣来伸手、饭来张口的小留学生们，在异国他乡孤独无助，易产生忧郁感和失落感，行为上也容易出轨[25]。一项调查显示，48.3%的学生认为文化的落差妨碍了他们交友和课外活动，55.5%的学生无法找到归属感[26]。在访谈中也有受访者表达了同样的感受："如果没有在国内对西方文化有较深的了解和准备，西方文化的冲击是巨大的，尤其表现在交友失败和个人孤独方面。"此外，文化的冲击还会造成小留学生的身心健康问题。由于小留学生心理不够成熟，容易产生文化孤独，在心理和生理发育方面都会产生种种问题。

（3）法律适应度不高导致出现问题

对国外法律的了解是小留学生的必修课。由于国外法律法规比较健全，并且法律规定和中国有很大的差异，因此小留学生的法律适应度比较差。受访者普遍表示，周围有中国同学因为不了解当地法律而出现过问题。比如，美国法律规定未成年人禁止抽烟、在宿舍里不准使用电器等，这些都使一些法律意识不强的小留学生因为违反法律遭到处罚或者开除。

4. 低龄留学生的心理适应状况

小留学生的学习、生活和社会适应状况如何，最终会反映到他们的心理适应状况上来。有的学生学习和生活相对独立，在心理上能够很快地适应，有的学生由于不能够适应各种新的事物，随之会产生心理失衡、孤独、抑郁等症状。

（1）从心理失衡到心理孤独

在异国他乡，不是所有的小留学生都能够有很好的心理适应能力，心理失衡进而带来的心理孤独问题非常普遍。从在家受宠的“小皇帝”、“小公主”到无人关注的小草，从“衣来伸手、饭来张口”到完全没有帮助的独立生活，小留学生感受到的首先是失落。来到异国他乡以后，他们开始感受到国外没有想象的那么好，他们的心理变得失衡。随着在国外生活的深入，小留学生们由于没有很快融入当地的环境和文化，孤独感逐渐明显。尤其是正处在心理和生理发育关键时期的他们，渴望与朋友和父母交流来消除心中的浮躁，可小留学生却要承受更多来自生活和学习上的孤独与压力。

（2）焦虑、抑郁等问题不断涌现

心理失衡和孤独不能够有效化解，焦虑、抑郁等问题随之而来。青岛市第七人民医院每年都会接诊不少小留学生，该院心理科的医生说：“留学生的接诊人数这两年确实在增加，每年得增长一倍左右。”[27]心理专家指出，分离焦虑、前途焦虑、跨文化差异等因素，是导致留学生产生抑郁情绪的原因。在各种原因中，最难解决的是跨文化差异所导致的文化适应问题。表面上，大多数的抑郁总是由实际问题引起的，如工作、学习、感情等。但很多实际问题归根结底仍然是文化问题[28]。小留学生试图通过各种方式来排遣压力，但由于自制力和分辨力差，方法不当，往往会染上坏习惯，造成更严重的后果。因此，小留学生的心理适应问题应该受到高度重视。

五、乡关何处——小留学生未来去向分析

小留学生的去向可按照停留地分为回国和留在异国两类，在回国去向当中又可按结果分为留学成功和留学失败两类。

1. 留学失败的要素

尽管大多数低龄留学生在国外适应良好、完成学业、留学成功，但同时也有小部分低龄留学生出现适应不良，留学失败。未成年人在国外的留学生涯遭遇失败的原因很多，其中结构性的因素主要有下面几点[29]：

（1）支持体系改变

低龄留学生原有的社会支持体系被拆解，而新的社会支持系统尚未建立。远离父母到异国他乡，不少低龄留学生会感到孤立无助，对生活和学业失去信心，自暴自弃。

（2）文化冲突

未成年人正处于同一性的探索之中，异域文化与本属文化的冲突将使这一过程变得尤为艰难。未成年留学生由于没有充分的精神准备，很容易遭受一连串的文化震撼，在内心激起难以疏解的郁闷和焦虑。

（3）监管缺失

国内严格监管与国外宽松自由的环境形成了巨大的反差。相当多的未成年留学生感到不知所措。那些自身学习基础较差，而且在人格和习惯方面有较多缺陷的未成年学生，来到一个缺乏密切监护的陌生环境，发生各种问题是可想而知的。

除了结构性因素之外，自身因素也不容忽视，有人总结中国小留学生的六大软肋[30]，导致部分小留学生最终被迫退学回国。第一，生活自理能力差。第二，沟通能力差，不会表达自己的需求。第

三，不懂礼貌。不善于表达感激。第四，自我中心，很少为他人考虑和顾及他人感受。第五，期望值过高。产生一个很大的心理落差。第六，不习惯西方饮食。

其实留学失败也是一种正常的状态，差异性总是存在的，心理和物质准备不足都可能导致失败，所以并不是所有的人都适合离开父母到国外读书。我们希望他们能找到问题的症结，迅速扭转颓势，走上正确的发展之路。

当然，大多数留学生还是能够在各方面取得顺利的进展，他们的未来，是本节讨论的重点。

2. 回国还是留下是个问题

无论是欧洲、美国、澳洲或是日本，留学生在完成学业后基本面临两种选择：一是在当地找工作——移民；二是回国。根据统计，我们可以大致了解留学生的去向。2011 年度我国出国留学人员总数为 33.97 万人，其中：国家公派 1.28 万人，单位公派 1.21 万人，自费留学 31.48 万人。2011 年度各类留学回国人员总数为 18.62 万人，其中：国家公派 0.93 万人，单位公派 0.77 万人，自费留学 16.92 万人。2011 年度与 2010 年度的统计数据相比较，出国留学人数增加 5.50 万人，增长了 19.32%；留学回国人数增加 5.13 万人，增长了 38.08%。2012 年度我国出国留学总人数为 39.96 万人，较 2011 年增加 5.99 万，增长 17.65%；留学回国人数增加 8.67 万，增长 46.57%。从 1978 年到 2011 年底，各类出国留学人员总数达 224.51 万人。截至 2011 年底，以留学身份出国，在外的留学人员有 142.67 万人，其中 110.88 万人正在国外进行相关阶段的学习和研究。改革开放以来，留学回国人员总数达 81.84 万人，有 72.02%的留学人员学成后选择回国发展。

和国家委派或单位委派公费出国留学不同，小留学生的留学经费都来自家庭支持，因此不存在对机构的回报问题，但是出国留学需要支付一大笔学费和生活费，每个家庭都要考虑支出收益问题。即使在国内，由于教育的投入逐年大幅提升，致使一部分有能力考上大学甚至已经拿到录取通知书的学子放弃了上大学的机会。2013 年全国应届高中毕业生 912 万人，大约有 100 万人弃考，说明很多人觉得上大学不值得。而在国外念中学—高中—大学费用更高，投入产出比更为悬殊，所以理论上在国外就业才能取得平衡。问题是在国外就业有那么容易吗？海归在国内就业有优势吗？

总是有人会留在国外的，也肯定有人会回国的，或者在国外工作一定时间后再回国。迁移自由，尤其对这些具有国际视野的留学生来讲，他们可选择的机会很多，但未必简单。关于他们留学后的去向需要长期追踪才有比较准确的结果。

3. 留在国外的考量

（1）投资回报

有一个规律显示，家庭的智力素质投资越多，家庭青年人口发生就业迁移的可能性也就越大。

选择国际高中，首先意味着一笔不菲的费用。据估算，一般一个孩子从国际高中到欧美读本科的费用大致在 150 万元左右，有的甚至高达 400 万。在英国，非欧盟海外留学生的留学学费大约是本国学生的三倍。

同样一个在大学毕业的研究生，如果在美国，在一个收入消费中等的城市，可以拿到 4 万—5.5 万美金的薪酬，同时包括一般的福利（比如医疗保险、养老金），享有 20 天左右的带薪年假。这样的待遇对于一个中国刚毕业的研究生是可遇不可求的。据报道，中国海归回国后第一份工作的年薪普遍不高，其中 36.5%年薪不足 4 万元，67.2%年薪不足 6 万元。

（2）适应性

在国外就业的门槛比读书的门槛要高多了。总体而言，大部分“海归”留学生是因为在国外找不到工作。只有学业非常拔尖的人，通过学校推荐，办理工作签证后留在国外，这也是西方国家最渴望留住的人才；另一种能留在国外的是家庭有海外背景的人，或者父母亲人先期移民到国外，或者通过婚姻能够在海外站住脚的人；最后一种是“不认命的人”，一边干着临时工一边找工作坚持到底的人，这些人数并不多。

美国大学与雇主协会在每一年四个季度各公布一次新毕业大学生、硕士和博士研究生的薪水调查报告。在大学毕业生起薪上，2010 年美国大学毕业生的平均起薪为 48 288 美元。文科大学毕业生平均起薪为 35 508 美元。文科生在市场中寻找高薪工作困难，《2011 年海归就业力调查报告》显示，海归的起薪一般在 3 000 元左右，71%的受访者月薪在 3 000 元—10 000 元；月薪上万的人有 15%[31]。

(3) 看中发展机会

去欧洲的留学生回国比例较高，尤其是英国，回国比例最高，其因素大约是欧洲的历史比较悠久，人口和资源的分布相对平衡，就业比较困难；而美国、加拿大、澳大利亚等国家历史比较短，地大物博，人口稀少，属于近现代崛起的新兴移民国家，发展前景广阔，留学生毕业后的机会也相对多一些，留学生毕业后回国比例要低，大约五成左右。

(4) 国内就业市场的挤压

和 20 世纪末 80—90 年代不同，当时的海归数量比较少，又多数是公费培养的拔尖人才，在国内没有什么竞争对象，求职相对容易，起薪也比较高；随着留学生回国人数的增加形成的稀释效应，国内高等院校扩招带来的就业需求膨胀，以及金融危机造成的经济不振，都对海归留学生形成了挤压，求职的难度大大增加了。仅凭一张证书，就业不一定就顺利，也要克服种种不适应。一个悉尼大学回国的会计学硕士说，以前以为海归很牛，但是找工作经历了无法想象的艰难，我 2 个月网申投出去的简历有 500 多份，每周至少 2 个笔试面试，高峰期每天笔试面试，绝对不是我牛，现在竞争太激烈了，我平均每 30 个网申才有一个机会。

4. 回国的考量

近年来，留学生选择回国谋求发展，渐成一种趋势。根据海外留学与归国人员现状大调查显示[32]，留学生分布在全球 49 个国家和地区，欧洲、北美、澳洲和日本构成中国留学生的四大留学地板块；70%的"海归" 6 个月内找到工作；民营企业吸纳海归就业程度高；上海为"海归"供职首选城市。

(1) 选择回国的理由

20 世纪末，有调查显示：回国发展主要原因分别是个人发展、家庭原因、政策因素和文化因素，而且，越是学历高的人越注重个人发展，这符合马斯洛的需要层次理论——价值追求的最高境界是自我实现。

《中国海归创业发展报告》[33]将留学生回国动机归为三大类：职业发展、家庭生活和社会文化因素。个体职业发展是其中最重要的因素。海归更看重的是国外所学专业比较国内优势、国内市场空白和回国优惠政策；家庭生活因素包括亲人团聚、生活习惯等；社会文化因素包括文化环境、语言和社会网络关系。

表 3 海归人才回国理由（%）

职业发展要素	国外所学专业在国内有优势	78.1
	国内整体经济前景比较好	76.9
	看准了现实中国内市场空白	76.2
	回国的优惠政策有吸引力	61.2
	国外遇到职业发展瓶颈	34.7
	在国外难以找到好的工作机会	25.8
家庭生活要素	能够与家人/爱人/朋友团聚	71.7
	国内生活舒适方便	34.9
	国外娱乐贫乏、生活枯燥	28.6
社会文化要素	更习惯中国的文化环境	68.4
	爱国且国内政治稳定	65.3
	有很好的社会网络关系	45.7
	语言风俗差异难以融入国外社会	30.4
	国外存在种族歧视	22.3
	无法拿到绿卡、福利无保障	15.1

其实，海归下决心回国也不是那么容易的，也是反复权衡与考量的结果。海归回国的障碍主要有四个方面，按重要性排列分别是社会文化障碍、政策制度障碍、家庭生活障碍和职业发展障碍。社会文化障碍包括诚信度差、关系复杂等因素；政策制

度障碍包括法治环境不完善、政策限制多、户口、税收；家庭生活障碍包括房价高、生活质量低、子女教育难保障、环境污染；职业发展障碍包括薪酬低、所学非所用等因素。

一个事物的原因也许就是另一件事物的结果，回国不容易，留在外国也不容易，在欧洲及美国、日本移民都很难。以美国为例，因为美国人对移民的人种有配额，主要是针对中国大陆、印度和墨西哥人，所以在美国想移民主要做的就是调整身份，也就是把以前的J1签证（短期交流签证）调整成HLB（工作签证），因为HLB是移民的第一步。虽然来美国容易了，在美国的人都希望有绿卡，但是绿卡的难度比以前一直在增加，这其中的主要原因之一自然是因为中国人来美国多了，而美国人每年发放的绿卡有配额，绿卡配额几乎不变，因此僧多粥少。有了绿卡之后可以享受很多待遇，但是拿到绿卡就会受限，再想回国工作就会变得很难。

（2）专业适应性

这是一个很大的问题，可以反映出部分海归留学的盲目性。2012年，刘杨等人对北京、上海、深圳、武汉、南京、贵阳、西安七个城市的高中生进行了“我国高中生自费出国留学意愿调查研究”，调查结果显示：最受学生青睐的是经济管理类专业，有学理工科意愿的学生还不到30%，说明高中生对未来的职业需求并不了解。[34]

表4 高中生留学专业意愿

专业领域	频数（人）	比例（%）
经济管理	2 479	24.5
社会学、政治学、心理学等	1 024	10.1
计算机与软件	999	9.9
艺术与设计	948	9.4
医学	906	8.9
新闻传媒	630	6.2
外语	557	5.5
工程	521	5.1
法律	496	4.9
基础理科	432	4.3
建筑	344	3.4
人文	337	3.3
教育	175	1.7
其他	286	2.8

另据2009年深圳市的调查统计[35]，深圳留学人员所学专业，经济学类几乎占据了半壁江山，有17 740人，占49.0%；其次为管理学类，有8 843人，占24.4%；再次为理学类，占12.0%。工学类为8.6%，其他的为法学类、文学类、教育学类、哲学类、农学类以及历史学类等。从这个数据中可见，理工科类的学生回国的比例较低，在国外就业的机会相对较高。而目前国内人才的各项优惠政策，对自然学科和工程学科海归吸引力较大，对经济和人文学科海归的吸引力较小。但是这与王辉耀、路江涌2012年的调查差距比较大，王耀辉等的结论是39.9%的海归人才所学专业是工程学科，31.7%的专业是自然科学，经济和人文学科的海归占28.4%。我们想差别是和抽样方法有关系，深圳采取的是单阶段分层等距抽样方法，而王耀辉以线上线下结合的方式，线上回收率13.5%，全部回收样本只有499个。填答的海归差别也很大，深圳“海归”年龄结构相对年轻。其中年龄在20—25岁的有5 404人，占总数的14.9%；26—30岁的有14 108人，占38.9%；31—35岁的有6 577人，占18.2%；36—40岁的有5 063人，占14.2%；41—45岁的有2 988人，占8.2%；46岁以上的有2 093人，占5.8%。而王耀辉调查的“海归”年龄结构，“80后”仅占25.8%，“50—60后”占了34.1%。性别方面，深圳调查，男性占54.6%，而王耀辉调查，男性占81.9%。以上调查结果提示我们，海外留学对于专业的选择要有前瞻性，减少盲目性。

（3）职业能力评价

清华大学2010年与英国拉夫堡大学合作进行中国雇主对中外高校毕业生满意度调查[36]，通过对沟通协调能力、责任感和忠诚、知识技能、国际视野、薪资要求五个维度的影响因子分析，比较了雇主对国内毕业生、海归毕业生、清华大学毕业生的满意度。研究发现，清华毕业生得分 8.17，海归 7.26，国内毕业生 7.12。这说明在用人单位，海归比较普通高校毕业生的优势有限，但是比较国内一流大学的毕业生不占优势。具体方面，用人单位一般对海归毕业生的“知识和技能”、“国际视野”较有信心，但在“责任感与忠诚”、“薪水待遇”方面满意度不高，这也许和海归留学生良莠不齐有关系。当然调查是否科学见仁见智，结论仅供参考。作用只是对在国外混个文凭甚至是假文凭的海归提个醒，混饭吃在哪儿都不是那么容易的。海归毕业生在求职渠道、资源、信息等方面都处于劣势，另外本国的文化熏陶、语言的保持以及思维方式，都对职场竞争力有千丝万缕的联系。

（4）价值比较

很多人不禁感慨，出国留学到底值不值？如果只算经济账，肯定是一笔风险很大的投资。出国读高中到大学毕业，大约需要一两百万元人民币，不是一般的家庭能够轻易拿得出的。如果回国就业，起薪并无竞争力，考虑到以后的加薪情况，也需要一二十年才能收回投资。但是为什么家长愿意不惜代价、千方百计地在教育上给孩子投资，原因是多方面的，从宏观的社会环境到微观的心理比较都在起着重要的作用。不能否认它的功利性，例如提高竞争力，获取在人才市场上的竞争优势，从而能够获得一份理想的工作。但是相信大多数家庭并不是仅仅着眼于这一点，也不完全指望经济收益，从人的发展角度来说，无论是哪一类教育投资，它的最终目的都是提高人的知识水平，提升人的智力素质，因此，投资的潜力是无限的，回报的潜力也是无限的。

（5）另辟蹊径

在留学中介启德教育机构对于有意出国留学的学生的统计里，家庭年收入在 30 万元以下的占 52.28%，这个数据说明留学越来越平民化，越来越多家庭将留学当成一种教育投资。但是一些家长和学生对留学后的就业规划仍不够清晰，往往是走一步看一步。一遇到经济危机就乱了方寸。国外很多企业招聘时首先考虑本国学生，挤压了留学生的就业机会。与此同时，薪酬大幅压低也使留学生的经济压力骤增，国外立足或移民都有困难，致使许多海外学子不得不将就业目光投向国内。殊不知，回国就业并没有他们想象得那么乐观。国内不少用人单位反映，没有经验的留学生回国就业并不存在太大优势。与国内大学生相比，留学生获取国内就业信息的渠道也相对不通畅。国内的低薪酬，也让很多家长感叹，数十万元的教育投资不划算。

中外合作办学是近年来比较流行的一种办学方式，由国外的学校与中国的高等院校在国内开办分校，学制采用 1＋2＋2、2＋2、4＋1、3＋1＋1 等模式，教育费用要高于国内一般大学，低于直接出国留学费用，对那些考不上国内一流大学同时经济条件窘困的无力出国留学的家庭有一定的吸引力。目前中外合作办学主要在高等教育领域，截至 2011 年底，全国共有本科级（以上）中外合作办学项目 534 个，中外合作办学机构 40 家[37]。

如果在中学也开展合作办学，并且改革高考模式，和高等院校接轨，也许能走出一条新路。

六、对低龄留学的利弊分析

一直以来，对未成年人出国留学是否合适这一问题，社会上就存在争议。而有关“留学垃圾”的报道更让想送孩子出国的父母们忧心忡忡，犹豫不决。关于低龄留学的利与弊、喜与忧，多位研究者进行了讨论[38]。从学者的讨论来看，大致分为四类意见：一类是利大于弊；一类是弊大于利；一类是忧喜参半；还有一类是视个人情况而定。

1. 在一定意义和一定条件下，低龄留学利大于弊

从整体来看，留学低龄化现象反映出我国总体经济水平和实力的增长，尤其是在经济危机的冲击下，更加显示了中国的综合国力在世界舞台上稳固的地位；中国居民收入的增加和支付能力的提高，

使得越来越多的工薪家庭都能够负担子女自费出国留学的费用，推动了“留学精英化阶段”向“留学平民化阶段”的迈进。

从社会发展角度来讲，随着教育资源在国际范围内的流动，东西方文化交流日益频繁，教育国际化呈现出较快发展的态势；留学政策日益平民化、科学化和透明化，随着我国经济和社会转型不断完善。美国、英国、日本、加拿大、澳大利亚等留学教育市场比较成熟的国家，通过形形色色的教育展、留学讲座、师生见面会、校友联谊会、跨国教育论坛来吸引中国学生前去留学，以促进本国的经济、就业、旅游。

从思想观念上来说，国内留学市场经过近30年的培育，从公费留学为主的模式发展到今天自费留学占据90%以上群体比例，留学意识逐渐深入人心，中国人的留学观念也日趋成熟、理性和多样。随着理性留学时代的到来，越来越多的家长和青年学生意识到，只有具备比较广博的专业知识和开阔的国际视角，将来才能符合时代对人才的基本要求，才能在国际竞争中立于不败之地。

从个人发展角度来讲，低龄出国有利于学生尽早、尽快适应国外的语言环境和生活方式。第一，幼年是学习语言的黄金时期，这个年龄段的孩子在一种语境中生活，掌握这种语言是水到渠成的事，绕开了成人学外语的艰辛。第二，一个人到了成年阶段，生活习惯逐渐定型，文化积淀深厚，较难融入新社会；而在青少年阶段，容易建立新型人际关系，有利于适应环境。第三，青少年在尚未形成思维定式的阶段就来到另一种文化背景中学习，更容易对比两种不同文化及思维方法的异同，取长补短，更有利于创造力的培养。相比同龄的国内学生和成年留学生，这种思维能够更加深刻地根植在他们的心中；文化的交流和碰撞能够使得他们开阔眼界，丰富阅历，思考问题的角度更广更深。总之，低龄留学是成人留学的准备阶段，能够为将来在国外大学学习，进而为长期或永久定居和就业做铺垫[39]。

2. 在某些方面低龄留学弊大于利[40]

从国家的层面上看，十五六岁的孩子正处于世界观、人生观的初创期，这个阶段出国留学接触了西方教育，但这时的孩子对是非的判断力有限，可以说是教什么学什么的阶段，从长远看将失去本民族的文化和思想意识。当年号称“日不落”的英国在海外彻底瓦解后，有人提出今后将怎么办？丘吉尔回答说，“未来的帝国是建立在脑力上”。知识如何开采、整合、包装、推广，将是网络世界最大的工作。一个不做知识整合的人或民族，在不久的将来最终会被别人的文化和知识所湮没，失去了知识就失去了灵魂。

从家庭看，十五六岁的孩子因为自身判断力有限，正是需要父母引导关心的时期。这个时期，如果父母长期不在身边，交友不慎的话，很容易染上一些恶习，影响正常的心理发育。

中小学阶段是青少年独立人格形成的重要时期，环境的影响非常重要。心理尚不成熟的中小学生判断是非能力较弱，很难独自抵制一些诱惑[41]；新环境下低龄留学生往往会承受来自学习之外的更大压力，特别容易在文化认同、归属感等方面产生心理问题。其实有些孩子并不想离开家庭，是被家长“驱赶”着出国，有人把此现象称为“被留学”。与此相应的结果是，这些孩子留学目的不明确，找不到自己学业的发展方向和留学的动力，往往在对原有环境的思念和对父母的逆反中度日，从而导致厌学、攀比、赌博、同居等问题屡见不鲜。

还有学者[42]从心理方面进行了分析，认为心理发展要件的缺失影响了低龄留学生自身的心理健康。他们认为：

一是文化认同的缺失影响了角色认同达成。高中阶段的留学生正处于青春期后期，这一阶段被认为是人格角色认同形成的最关键阶段。可是由于他们生活在全然陌生语言和文化环境下，失去了成长的背景依托、思考的平台和人际关系的土壤，学生不得不重新审视原有的文化结构、道德评价、价值判断等，在青春期的成长和蜕变中无可避免地面对更多的“个人挣扎”、更多的艰难尝试。因此，这种“跨文化”现象对于处于青春期的留学生来说极易引起不同程度的角色认同延缓。调查显示，55%的学生表示，不知道将来成为什么样的人，对于未来很茫然。这正是角色认同延缓的表现。还有一些学生逃课，沉迷于游戏、电视甚至无法完成学业。这实际上是角色认同混淆的表现，学生通常会通过这种“短暂的逃避”退守到自己认为的心理安全地带，来减轻由于角色认同混淆所带来的焦虑感、失落感。

二是社会认同的缺失影响着自身的心理发展。20世纪初，美国心理学家 Stanley Hall 研究认为，青少年的青春期是最需要同龄人的时期。同伴和朋友的认同是最直接地获得社会认同的平台，高中留学生离开了生活了十几年的成长环境，意味着脱离了原来的社会关系，朋友、同学都成了遥远的布景，成了生活的旁观者，无法参与自己的喜怒哀乐。在新环境下他们无法在短时间里建立友谊，因此，在角色认同形成的过程中伸向外界的触角无法得到回应，这使得他们极易产生自卑心理和抑郁情绪，这些负面情绪有可能成为他们适应新环境的阻碍。

三是文化融入的压力造成了自我构建的迷茫。文化融入的压力构成了留学生的根本性适应障碍。高中留学生青春期的自我构建面临着东西方文化价值观差异的重大挑战，在传统文化下长大的留学生要在西方文化的嫁接下完成青春期的成长和蜕变，这就意味着世界观、价值观植根的土壤变化了，意味着留学生除了要面对青春期自我构建的精神剧变，还要面临自身文化甚至信仰的被挑战、被改造。据调查显示：55%的留学生的文化融入首先表现的是分离的状态，他们无法一下子认同西方文化价值观，无法迅速改变在东方文化下形成的思维方式和生活方式，他们会寻找或自发形成一个种族群体进行社会生活；有30%的同学经过一段时间的学习，会形成一种双重文化背景，能吸取移民地的文化融入自我身份的确认中，并在两种身份中自由转换；还有极少数同学处在同化状态。无论哪种文化融入模式，对于一方面要寻找文化融入的突破点，一方面又要完成角色认同达成的高中留学生来说都是相当大的挑战。

3. 低龄留学利弊因人而异

《高中和大学在校生出国留学意向调查课题》[43]2010年在“低龄留学利弊关系”的讨论上，大部分人都认为“因人而异”，即根据个人综合条件决定。

来自福建的客家少女云认为少年留学最大的优势和劣势都是“自由”[44]。“我们在国内的教育制度中并没有机会把握这些自由，许多同学刚一面对的时候完全不知道怎么用它。于是我们被自由压垮了”；“但是我经历过一段时间，非常痛苦的挣扎之后，心里吃了很多很多的苦之后，我明白，学会运用自由，要越早越好”；“我曾经和这份自由辛苦搏斗过，过来以后，才知道一切都值得。我们的前辈留学生在海外奋斗得很辛苦，他们提起我们，总觉得我们太顺利，其实我们一样在奋斗。但是我尊敬他们”。

笔者认为，低龄留学对孩子的具体影响如何(包括影响的方向和强度)，还得视个人情况而定，不同孩子的性格类型、心理特质，不同的家庭环境和教育方式，留学的目的和动机不同等诸多因素对孩子适应国外的学习和生活影响颇大。同样的国外环境，孩子应对压力的模式不同，导致的结果就会有差异，这也是“留学精英”和“留学垃圾”并存的原因之一。

留学的真正目的应该是学习，是成长。大至成为能参与国际竞争、对国家和社会有用的人才，小至成为有一技之长、对自己人生负责的公民。留学是一种经历，每个留学生或多或少都经受了语言的困难、气候的不适、思乡的痛苦、文化的冲突、饮食习惯的改变，甚至更严重的问题。当这些学生经受了不同文化的洗礼、不同教育方式的启迪，不同价值观念的冲击后，他们变得更加成熟、更加宽容、更加丰富。无论是国内或是国外的教育，其作用在于提供一个安全、自由、充满人性的心理环境，使学生固有的优异潜能自动地得以激发。而留学的最终目的应该是整个人生的升华与提高。若仅仅为了去享受国外的生活，移民或定居，则孩子的努力程度和收获会不同。

七、对低龄留学的建议

1. 要正视低龄留学

目前，随着低龄留学人数的增多，出国留学生的年龄越来越小，人员素质也越发参差不齐；家长盲目跟风，心态不平；中介公司鱼龙混杂，骗局多多。国外学校疏于管理，良莠不齐。在此情况下，更多的问题暴露出来。家长和留学申请者在出国留学方面的意识、观念、心态和实际操作等方面需要社会以及政府职能部门给予正确的引导。

（1）要正视留学跟风现象

低龄留学现象从一个方面也反映了一些家长对外国教育制度的盲从心理，虽然中国教育遭遇信任危机，但是要正视中国和国外基础教育和高等教育的差别，了解自己的孩子适合何种教育方式，"贵的不一定是好的"，"好的不一定是合适的"，避免盲目跟风攀比，过度迷信国外教育。要知道西方教育比中国教育优势所在，其培训过程是否适合孩子，孩子能否适应，培训结果是否符合家庭和孩子的期待。家长需要认真掂量一下家庭经济能否承受，有没有必要一定要让孩子到国外读书，"镀金"的文凭是否更有价值，出国的就业前景是否真的比在国内读书好。还有一种看法认为我国基础教育还是比较扎实的，在国内打好语言和文化知识基础，高中后出国留学可能效果会更好一些。

（2）要正视教育产业化问题

留学生对于教学出口国可以说是一本万利。英国研究报告显示，非欧盟国家留学生平均每人每年带来的效益是2.44万英镑，加拿大估算的数据是2.5万加元。一旦留学生不回国，此前在学生身上投入的教育资源就无法得到回报，英国报告的计算方法，中国留学生每年为国外贡献100亿美元。

在中国的留学热潮面前，各国政府把招收中国学生作为其教育国际化的重要举措，但同时"某些国家将教育产业化，从政府到学校到留学服务机构，都在争抢生源，而争抢的最终动机在于'钱'"。香港城市大学协理副校长程星博士指出，"如果教育的动机是'钱'，那么这种教育是不可能有质量的。"近年来，各国纷纷出台留学政策，吸引中国留学生，中国大陆的小留学生几乎成了国外高中扭亏为盈的"救星"。如英国、新西兰等西方国家把开拓中国的留学市场视作教育经济发展的重要增长点之一，大量的中国留学生给新西兰每年带来了10亿新元的外汇收入，即使位于美国东北部的缅因州密里诺克小镇斯顿斯公立高中，2013年也首次招收了上百名中国小留学生。除了经济门槛外，部分国家留学门槛越来越低，但也有些国家面对越来越多的中国申请者，为控制外国留学生的数量而提高门槛。如美国高中为保持招生规模的稳定纷纷提高了入学门槛，这也导致考TOEFL和SAT的学生增加的原因。所以留学要分清类别，考虑国别、学校性质、学校条件、监管条件等诸多因素。

（3）要正视留学中介服务现象

据统计，每年约70%的学生接受过留学中介或者培训中介的"服务"。如果按2011年31万留学人员的七成、以每人向中介机构"贡献"了保守估计的一万元计算，这个市场已近25亿元；如果加上各类名目的留学考试培训，市场超过200亿元。每年中考、高考前后，是低龄留学潮最热火朝天的时候，也是留学中介宣传造势最猛烈的时段，这种趋势引起了社会以及教育工作者的普遍关注。需要注意的是，现在的留学中介机构多以赚钱为目的，其中不乏借机敛财的不正规留学机构，其实际宣传的东西和最终学生得到的结果相差甚远，他们利用家长望子成龙的心理，制造虚假信息，而部分留学申请者又对国外学校的情况缺乏真实判断和全面了解。这种信息"不对称"严重影响了家长和学生正确选择学校，甚至有的留学生到国外学校后发现上当受骗，损失巨大。为此，专家建议要选择那些有良好信誉的留学中介，能对孩子进行有效的监管和保护，最好中介能直接和校方取得联系，对学生在那边的学习和生活情况比较清楚，能获得及时的反馈消息；家长可以及时和小留学生沟通、交流，这样才可避免出现小留学生在国外“管理失控”的现象。

2. 什么人适合低龄留学

留学专家邵春雷认为，现在的孩子很多是独生子女，在家时父母保护过度，一旦离开父母，很容易遇上生活和思想上的各种问题。郭鑫等人认为[45]，低龄留学生必备的条件包括：对自己的未来有明确的目标、具备一定的生活和学习自理能力、具有广泛的兴趣爱好、自理能力强、性格外向且善于交流、与父母关系良好、有一定的外语能力。另有学者从操作层面上尝试着“建立公正客观的低龄留学评估体系”[46]，其评估体系包括经济条件、家庭背景、学习状况、心理状态、生活习惯等五个模块，希望通过测试评价孩子是否适合低龄留学。

3. 低龄留学要做好充分准备

(1) 制订留学规划

学生到海外留学对于家庭和孩子的一生来说是一种投资，应该是家庭的共同意愿。如何让如此重大的事情稳妥地进行，需要留学前期的调研、中期的规划和后期的总结，即制订科学的“留学规划”。如何制订出科学的留学规划呢？郭鑫等人认为[47]，首先应设定明确的留学目标。这其中包括：去哪一个国家留学，最终希望取得何种学历，希望就读哪个专业，希望收获怎样的人生经历；如何面对和处理出国以后遇到的困难和问题等。同时，还应了解将要留学国家的历史渊源、地理环境、宗教信仰、文化传承、经济情况、社会环境等，让学生对未来学习和生活的地方有一个最初的了解。只有掌握了这些信息才能有助于留学生更快更好地度过适应期。其次，家长需要了解自己孩子的性格、社交能力、主观能动性、学习习惯等情况。家长需要在成绩之外清楚自己孩子的个性和主观能动性，并且以此为参考，来确定国家、城市、学校以及居住环境。近年来，有留学打算的家庭很大一部分都是中产家庭，经济条件不是太宽裕，所以在规划的过程中，这类家庭往往还会考虑到留学打工的规划，以求在孩子的留学之路上尽最大的努力做好经济保障。

(2) 创造留学的必要条件

有学者提出出国读高中的一些必要条件包括[48]：一是需要足够的资金保障。二是需要一定的英语基础和学习能力。三是出国留学应是孩子自己的意愿，而不是被父母强制送出国。只有主观上想出国留学，有求知欲和进取心，才能树立好正确的学习态度，把握好机会。四是安排好监护人和孩子的饮食起居。五是注意培养自我心理调节能力、交流交际能力和生活自理能力。

(3) 提高留学适应性的准备

为提高低龄留学生的留学适应性，有学者提出需要从以下四个方面进行准备[49]。

一是能力准备。一旦决定到国外留学，就要开始有意识地锻炼自己的自立能力、语言能力、沟通能力。首先，应该形成衣食住行、日常事务、学习安排等方面的自我管理，学生还应该着重锻炼自己的学习规划能力。其次，行动力也非常重要。美国崇尚英雄主义，尤其高中生，他们喜欢独来独往，想做就做，没有互相攀比的习惯。而中国的学生习惯于依赖一个团体，喜欢模仿，人云亦云、人动亦动，即便有自己独特的见解，也绝不会偏离集体。所以，一旦没有了小团体做参照系，便丧失了行动的信号和动力，加上对环境的生疏，行动力会大受影响。

二是心理准备。努力做好心理构建，顺利完成角色认同。在生活方式、人际关系、价值判断、文化信念等方面主动吸纳融合，完成转变。留学生应该用积极的心态面对挑战，不能回避，不能远离，不能置之不理，要勇敢地走近它，去认知、熟悉，并在与本族文化的碰撞中，认同并接受部分文化到自我身份的确认中。使自己真正会成为思维多元化、视角全球化、行为国际化的学生。尽快建立自己的心理支持系统。家人、同学、新朋友、同乡会、教会、心理咨询服务机构、房东等，积极建立与外国学生的联系。另外，要学会主动利用学校的资源，美国的高中每个年级都配有专业能力和沟通能力很强的辅导员，这是一个很重要的沟通资源，应充分利用这一资源了解美国，解除困惑，释放自己。

三是性格准备。中国的学生性格大多内向，这也是中国的文化使然，再加上青春期的敏感、脆弱，越发不愿意表达内心的情感。根据研究者调查数据统计得出，性格越是开放所面临的心理上的困难就越小，面临的文化融入压力也越小，即外向性格更易于适应环境的变化。所以留学生在出国前应该充分评估一下自己的个性，如果性格内向，那么到国外以后应有意识塑造自己的个性外向发展，主动展示自己，主动表达自己的意愿，给别人了解你的机会。同时应主动接触社会，在国外了解社会的机会很多，只要你愿意尝试，你的愿望和要求会得到尊重。学校、图书馆、社会团体、慈善机构，甚至市政府都会给你提供实践的机会。

四是文化准备。文化融入的压力是客观存在的，任何一次重大的文化转换都可能产生巨大的压力与焦虑，但这种压力与焦虑却是一种正常的社会适应性结果。留学生必须积极面对，保持健康的重塑个人文化信念的良好愿望，用包容和理性的态度面对新的文化体验，要敞开胸怀，培养敏锐的观察力，要了解美国人隐含的价值观，避免用中国人的标准来衡量美国人的行为。要博采东西方文化之长，形成多元文化观，努力让来自全球的优势文化成为自己成长的文化支撑。

4. 专家的建议

中国驻澳大利亚使馆的教育参赞明确提出，由于年龄小，学生的自制力差，世界观没形成，“只有很少数学生能成龙成凤，绝大部分都会走一段弯路。严重的甚至会染上吸毒、赌博等恶习。而一般人在大学本科毕业后，不仅心态比较成熟，对社会和国外的情况都比较了解，此时选择出国深造才是最好时机。”

中国驻日本大使馆的教育外交官则从经济的角度，劝说那些希望早日出国的初、高中生们：“现在日本政府大大降低部分学生的签证率，是针对那些出去先学语言再报考大学的学生们，其中低龄留学生占有很大比例。”他忠告说：“出国读书不要忽视经济的重要性，能在国内学好的知识就在国内打牢基础。把还没有在国内完成中学学业的孩子们送出国，往往是花了很多钱却没有学好相应的本领。”

中国留学服务中心国际教育合作处马玉娥处长提出四点忠告[50]：要客观冷静地对孩子的健康状况、心理素质、智力水平等方面进行综合分析，判断孩子是否适宜留学。慎选留学国度和学校，切不可不切实际地追求所谓名校。教育孩子做好吃苦的准备，不要造成国外条件一定都比国内好的错觉，出国前应该加强自我保护、自我管理、自我约束和心理承受能力的培养，量力而行。虽然许多家长把出国留学当作教育投资，但是一旦选择失误，盲目投资极可能血本无归。

《新西兰关于对留学生的指导与照顾之行业规则》要求学校必须制定有挑选和监督寄宿家庭照管人和住处的健全程序。但实际的情况是新西兰的留学生对寄宿家庭的需求已经超过了新西兰的供应能力[51]。如果新西兰政府为了满足国际教育对寄宿家庭的需求，对寄宿家庭条件放宽，势必会产生许多问题。这样的状况，对于那些想到新西兰留学而年龄又不满 18 岁的学生必然会产生一定的影响。

EF 国际语言学校（世界上最大的语言国际机构）副总裁菲利浦先生提醒想要出国的学生及其家长，要有一个非常正确的符合客观实际的期望值，帮助孩子尽早自立。培养正确的使用金钱的观念，还有要注重社交技巧，怎么样更礼貌对待周围的人。在饮食上一定要做好最充分的心理准备。培养自己解决问题的能力，尤其是与他人沟通的能力。在出国之前有意识让孩子多吃点“苦”，比如自己坐公共汽车上学，学会自己烧饭、自己洗衣服、自己问路、自己选购衣服和日常用品等[52]。

新西兰驻沪领事馆官员 Vivian 对家长及学生提出的忠告：一是父母不要给孩子太多的钱。她说，新西兰 5 万留学生中，中国学生占了 2 万人。大部分中国学生学习勤奋、天资聪颖、基础扎实，但也发现有些学生在那里花钱大手大脚，有的刚去不久就玩起了车，有的甚至进了赌场。家长要了解行情，有意识地控制孩子的费用。二是选择一个由政府批准、有资质的留学中介公司。20世纪90年代初，发生过非法中介将一些中国留学生骗到新西兰地下语言学校的事。正规的中介公司受政府的约束，一般比较守规矩。万一发现上当受骗，还可以投诉索赔。三是要正确看待留学，不要以为中国读不下去，出国肯定能拿到文凭。不少学生是在中国高考落榜或是考取的大学不太理想的情况下出国留学的，这容易造成误解，以为在中国读不下去，到国外却能轻易混个文凭。其实国外大学淘汰率很高，而且学习与思维方式也与中国不一样，所以留学前要有思想准备。

学者曹晶荔建议[53]：打算出国留学的孩子及其家长在决策前应着重进行四个方面的思考。一是出国留学的心理准备。让未成年的孩子一下子到一个陌生的环境中，到处是问号、处处是难题，如果没有足够的心理准备，很容易使孩子产生挫败感，产生“外面的世界很无奈”的心态，来一个“随他去吧”，使出国的理想抱负大打折扣。二是孩子的生活能力和学习基础。在国内尚未自立、出国前如果没有很好地掌握语言技能、电脑操作和一定的生活技巧会使孩子一下子变成聋子、哑巴，无法进入正常学习，现在都是独生子女，自主性差，家庭环境优越，顺利多，挫折少，一下子离开父母的呵护行不行？三是家庭经济支付能力。每年要花很多钱供给孩子，往往是国内花费的十几倍甚至几十倍，如果让孩子一边学习一边打工，有的国家法律不允许，孩子也吃不消。四是目标定位问题。出国究竟要达到一个什么目标，实现这个目标要分几步走，这个目标既要体现个人愿望，尤其是孩子本人的意愿，又要做点可行性分析，看看实现目标是否只有出国一条路，一个方案。多比较一下有好处，即使非出国不可也存在着选择哪个国家，什么时候走，确定一个最佳时机的问题。

专做初高中低龄留学的樱知叶教育集团总裁朴泰仙建议建立规划、匹配和管理相结合的框架服务体系。规划型的留学，即家长在考虑出国留学时就要对孩子进行早期的规划和准备。在学生准备留学前就要在语言和独立性等各个方面上进行培训。匹配型的留学，考虑到每个孩子的性格特点、优势劣势不同，在中学阶段没有所谓的哪所学校比哪所学校好，只有说哪所学校跟哪所学校有不同，在这种情况下，一定要找学生最适合的、最匹配的学校，才会让这个孩子在那个学校里面能开心地去完成自己的学业。最好的学校就是最适合你孩子的学校。管理型留学，鉴于学生的年龄，他们到国外后确实还是需要一定的帮助，需要有人给他们做一些管理、帮助甚至保护，只有这样他们才不会迷失方向。建议低龄留学生到国外后，在当地安排顾问对学生进行监护，家长就可以通过除了学生以外的第三方获得学生情况，避免送学生出去后成为“留学垃圾”。

另有专家认为：中国教育应该反思竞争力从何而来？教育首先应当是一个国家的公益事业，中国明确反对“教育产业化”的提法。然而国外的教育机构针对中国小留学生进行的却是商业运作，盯着的只是钱。中国作为世界上最大的留学派出国，这块市场对他们具有巨大的吸引力。针对这一局势，建议国内有关部门积极应对。首先是加强对小留学生的出国管理，严格中介机构的资质审核，及时发布国外寄宿学校的准确信息。但是从根本上来说，整体规划好中国教育的结构与未来发展，才不至于造成资源流失。

我们认为，低龄留学现象折射了当前我国学校教育的问题，这个问题既是学校自身的问题，也是教育体制的问题，更是社会的问题。虽说人格的完善是由社会造就的，但家庭教育的作用不可忽视，家庭对孩子的成长起到尤为重要的作用。在低龄留学问题上，家长不能把孩子托付给中介、放在国外就不管了。自己的孩子自己最了解，自己的孩子还是得自己管。随着全球化和网络时代的到来，空间距离在某种意义上已经缩小了，建议通过网络电话视频与孩子多沟通，多交流，给予未成年孩子更多的心理支持和引导。

【参考文献】

［1］［37］王辉耀. 中国留学发展报告（2012）［M］. 北京：社会科学文献出版社，2012. 182.

［2］张棉棉. 中国在美留学人数近 12.8 万 超过国际学生总数 18%［EB/OL］. http://www.chinanews.com.cn/edu/2010/11-15/26572，2010-11-15.

［3］朱盈库. 印媒称中国赴美留学人数超印度感叹优越丧失［EB/OL］. http://www.tianjinwe.com/rollnews/201011/t201011，2010-11-15.

［4］美国驻华大使：中国留学生增长对美国是好消息［EB/OL］. http://www.chinanews.com.cn/lxsh/2010/12-03/2697，2010-12-03.

［5］叶超. 中国学生出国留学将向自费化、专业化、低龄化方向发展［J］. 国际人才交流，2001.

［6］杨冀辉. 中国学生国外留学低龄化之社会学分析［J］. 边疆经济与文化，2007（7）.

［7］［11］［14］上海社会科学院青少年研究所. 上海青年出国情况及对策，2012.

［8］中小学现状：低龄留学生缘何井喷［N］. 光明日报，2012-10-31.

［9］丁群，游永彬. 浅析留学低龄化［J］. 南昌航空工业学院学报（社会科学版），2007（1）：76-80.

［10］王斌. 2011 年中国留学生对美国经济的贡献［EB/OL］. http://learning.sohu.com/20111208/n328385161.shtml，2011-11-25.

［12］邵琪. 教育人类学视野下小留学生遭受“留学困境”的解读［J］. 广西教育学院学报，2011（6）.

［13］李佳佳，叶艺勤. 近九成中国家长有意送子留洋，超五成青睐美国［EB/OL］. http://www.chinanews.com.cn/edu/2010/12-04/26999...，2010-12-04.

［15］瑞士信贷银行报告显示中国私人财富 10 年增 250%［N］. 参考消息，2010-11-26.

［16］黄锐，苏曼丽. 报告称中国“高级白领”超七成希望子女留学海外［N］. 新京报，2013-03-29.

［17］启德 2012 年中国学生留学意向调查报告［EB/OL］. http://edu.sina.com.cn/a/2012-01-10/1645211315.shtml.

［18］姜葳. 社会心态蓝皮书发布子女发展排生活动力之首［N］. 北京晨报，2011-05-05.

［19］苗丹国. 出国留学六十年［M］. 北京：中央文献出版社，2010.

［20］去美国读高中：“冒险王”胜过“完美生”［EB/OL］. http://edu.sina.com.cn/a/2013-04-17/0803227567.shtml.

［21］江亚平. 小留学生在异国一定能学好吗？［N］. 新华每日电讯，2013-05-01.

［22］驻悉尼总领事馆教育组. 对来澳部分“小留学生”留学情况的调查报告［J］. 世界教育信息，2001（11）.

［23］中国小留学生“边缘化”滋生心理问题［EB/OL］. http://www.ftchinese.com/story/001050599.

［24］李君文. 东西方文化价值观对比与分析［J］. 外语研究，2000（1）.

［25］彭将霞，雷洪. “童子军”出国留学应降温［J］. 中国青年研究，2003（11）：56.

［26］张芷晴. 高中留学生心理及文化适应性调查［J］. 当代青年研究，2012（10）：33.

［27］留学生日趋低龄化　小伙留学半年精神分裂［EB/OL］. http://www.shzxgov.com/edu/liuxue/hwsh/2012-12-26/11105.html.

［28］胡瓜佳. 异域文化夹缝中的小留学生们［J］. 青年作家，2007（6）.

［29］我国小留学生现象调查：未成年人留学隐忧重重［N］. 新快报，2004-09-01.

［30］［52］中国留学生 6 大软肋［EB/OL］. http://learning.sohu.com/20050510/n225496555.shtml.

［31］教育人生网［EB/OL］. http://www.edulife.com.cn/Archiver/shownews-114845.html.

［32］留学生归国创业首选上海［EB/OL］. http://www.chuguo.cn/news/34351.xhtml，2005-03-11.

［33］王辉耀，路江涌. 中国海归创业发展报告［M］. 北京：社会科学文献出版社，2012. 36-37.

［34］刘扬，孔繁盛，钟宇平. 我国高中生自费出国留学意愿调查研究［J］. 教育研究，2012（10）：59.

［35］杨林. “海归”人才增长特质趋势分析——对深圳经济特区留学人员归国情况调查分析［J］. 中国统计，2010（5）：52.

［36］韩威，谢梦. 用人单位对中外高校毕业生的用人满意度调查研究［J］. 中国青年研究，2011（10）：81.

［38］［53］出国留学低龄化是喜是忧［J］. 干部人事月报，2000（8）.

［39］［43］［46］陈西金燕，刘诗萌，剧若翔. 中国大陆低龄留学的现状分析与自费留学评估体系的建立［J］.

世界教育信息，2011 (1).

[40] 陈隽. 从留学低龄化看新一次出国浪潮 [J]. 国际人才交流，2003 (3).

[41] 王彤. 关注留学低龄化 [N]. 贵州政协报，2003-10-23.

[42] [49] 张芷晴，刘宝花. 高中留学生心理及文化适应性调查 [J]. 当代青年研究，2012 (10).

[44] 中国小留学生生存报告：我们不是“留学垃圾”新华网.

[45] [47] 郭鑫，和欣，彭富强. 中国学生留学低龄化问题的教育反思 [J]. 四川文理学院学报，2011 (7).

[48] 飞跃. 出国读高中的必要条件和优势 [J]. 出国与就业.

[50] 谢秀英. 自费出国留学热及其低龄化趋势的经济学分析 [J]. 陕西青年管理干部学院学报，2003 (1)：24-26.

[51] Education Review Office, Foreign Fee-Paying Students in New Zealand Schools, June 2003, 27.

教育经济与管理

我国各省份教育发展水平比较分析*

□ 王善迈（北京师范大学教授）
□ 袁连生（北京师范大学教授）
□ 田志磊（北京师范大学博士生）
□ 张　雪（北京师范大学博士生）

教育发展包括数量、质量、结构和公平等方面。我国教育自新中国成立以来特别是改革开放以来有了巨大发展。义务教育已经基本普及，2011年高中阶段毛入学率达到84.0%，高等教育毛入学率达到26.9%。从入学率指标看，我国教育已经达到世界中等水平。但是，我国是一个经济社会发展极不平衡的国家，地区之间教育机会、教育质量和教育公平水平差异很大。为了缩小地区之间教育发展的巨大差异，推进教育均衡发展，需要构建科学的教育发展指数，以全面、客观地描述地区教育发展水平和差异，为制定和执行缩小地区差异的公共教育政策提供充分、准确的信息。本文尝试构建了我国的教育发展指数，并依据此指数比较分析了2009年我国大陆31个省、自治区和直辖市（以下统称省份）的教育发展水平及其影响因素。

一、教育发展指数的设计

（一）国外教育发展指数及特点

教育发展指数（Education Development Index，EDI）是由多个单项教育指标构成的综合指数，用于反映和评价一个国家或地区教育发展的水平。国际上教育发展指数还很少，[1]目前比较有影响的只有两个：一个是联合国开发计划署（UNDP）的人类发展指数（Human Development Index，HDI）中的教育指数；另一个是联合国教科文组织（UNESCO）的教育发展指数。[2]在地区教育发展水平差异很大的教育大国印度，政府和世界银行的专家开发了两个教育发展指数，用于反映和评价印度各个地区的教育发展水平。

UNESCO的教育发展指数主要用于监测各个国家和地区落实1990年《世界全民教育宣言》提出、2000年世界教育论坛《达喀尔行动纲领》重申的全民教育目标的进展情况。为了监测教育目标的进展，UNESCO设计了由4个指标构成的教育发展指数（UNESCO，2009）。[3]构成教育发展指数的4个指标是：（1）初等教育净入学率；（2）成人识字率；（3）小学5年级保留率；（4）教育性别平等指数。在构造指数时，赋予上述每一个指标的权重相等，都为1/4。因此，教育发展指数＝1/4（初等教育净入学率＋成人识字率＋小学5年级保留率＋教育性别平等指数）。指数的数值越大表示教育发展水平越高。公式中的教育性别平等指数本身是一个综合指数，由小学毛入学率性别比、中学毛入学率性别比和成人识字率性别比3个指标构

* 原载《教育研究》2013年第6期。

成，每个指标的权重为 1/3，即教育性别平等指数=1/3（小学女性毛入学率/小学男性毛入学率+中学女性毛入学率/中学男性毛入学率+女性成人识字率/男性成人识字率）。

UNESCO 的教育发展指数的设计给了我们一些重要启示。设计指数首先要明确指数的用途，应围绕用途来选择指标。UNESCO 的教育发展指数的目的很明确，就是用于监测教育目标的实现程度，因此选择能反映这些目标的相关指标。综合指数的构建常常会受到数据可得性的限制。在数据不可得时，或者牺牲指数的反映能力，如放弃反映学前教育和成人教育目标的实现；或者使用不很理想的替代指标，如用小学 5 年级学生的保留率反映教育质量。

印度和世界银行学者开发的用于反映印度地区教育发展水平的 2 个指数，[4] 对构建我国的教育发展指数也很有启发。

印度是一个地区教育发展水平差异极大的国家。为了比较各个邦以及邦内各学区的义务教育发展水平和存在的问题，2001 年，印度计划委员会（Planning Commision）委托以印度应用人力资源研究所 Anil K. Yadav 为首的研究团队，设计出了一个教育发展指数，用于对各个地区的基础教育发展水平进行比较和评价。[5] 这个指数已经被印度政府认可和采纳。印度人力资源发展部计算了 28 个邦和 7 个中央直属领地的教育发展指数，将其进行排队，比较各个邦和中央直属领地的教育发展水平，并将结果公开发布。

印度采用的教育发展指数由 4 个二级指标和 22 个三级教育指标构成。[6]（见表 1）

表 1　Anil K. Yadav 等设计的教育发展指数

一级指标	教育发展指数			
二级指标	教育机会	教育设施	教师资源	教育产出
三级指标	基础教育系统未能服务到的居民比例；每千人口的学校数	平均每班学生数；每班学生数大于 60 人的学校比例；没有饮用水设施的学校比例；有男生厕所的学校比例；有女生厕所的学校比例	女教师的比例；平均生师比；生师比大于 60 的学校比例；15 个学生以上的学校中只有一个教师的学校比例；只有 3 个或 3 个以下教师的学校比例；有职业资格的教师比例	基础教育毛入学率；不同社会等级的毛入学率；不同部落的毛入学率；入学率的性别差异；重读率；辍学率；毕业率；成绩合格的毕业生比例；成绩高于 60 分的毕业生比例

在计算教育发展指数时，首先要对各个三级指标进行标准化处理。一个省份某个三级指标的得分=(该省份的指标值－全国最小值)/(全国最大值－全国最小值)。每组指标的权重和每组中各个指标的权重，通过主成分分析法（Principal Component Analysis，PCA）确定。教育发展指数是一个 0 到 1 之间的数值，最高水平为 1，最低水平为 0，教育发展指数越大表明教育发展水平越高。

世界银行南亚局人类发展处的 Dhir Jhingran 和 Deepa Sankar 也设计了一个与 Yadav 类似的教育发展指数，用于比较印度各邦或邦内各学区的教育发展水平。[7] 他们的指数由 3 个二级指标和 11 个三级指标构成。（见图 1）

教育发展指数和 3 个二级指数的数值都设计在 0 到 1 之间，数值越大表示水平越高。在计算教育发展指数和二级指数时，对 11 个三级指标赋予相同的权重，然后计算平均数，得出投入指数、公平指数、产出指数和教育发展指数。在对各邦或学区进行比较时，既比较投入指数、公平指数和产出指数，也比较总指数，分别反映各地的教育投入水平、教育公平水平、教育产出水平和教育总体发展水平。

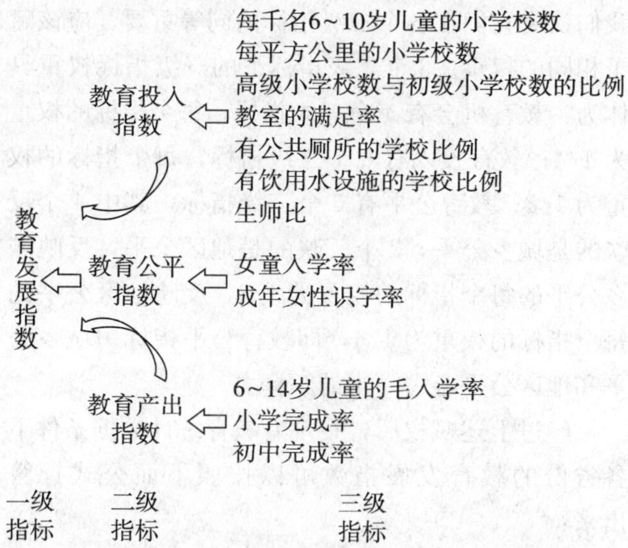

图 1　Dhir Jhingran 和 Deepa Sankar（2009）构建的教育发展评价指标体系

印度的两个教育发展指数，既有国际教育指数的共性，又有鲜明的印度特色。在教育指标的内容方面，与国际组织一样关注教育机会、教师资源、教育成果和教育公平，但在具体指标的选择上，则立足于印度的教育现实，如将有无饮用水和厕所、大于 60 人的班级、各社会等级和部落的教育机会等极具印度特色的指标，作为构成教育发展指数的核心指标。

另外，随着经济、教育等社会领域发展中越来越大的贫富差距和不平等现象的出现，公平问题已经作为一个重要维度被纳入各种指数的构建中。如在 2010 年，UNDP 报告的人类发展指数中开始纳入不平等的度量，被称为校正不平等的人类发展指数（Inequality-adjusted HDI，IHDI）。[8] 因此，教育公平应纳入教育发展指标。

（二）我国教育发展指数的构建

我国学者对教育发展指标的研究不是很多，相关的研究主要集中在教育发展的含义或内容、国际教育指标的介绍、教育发展指标的设计，以及由其设计的教育发展指标计算出的地区教育发展水平的比较等方面。[9]

提升教育机会、教育质量和教育公平水平，取得社会公众满意的教育成果，是教育发展的主要目标。衡量教育发展总体水平的指标应该包含这四个方面的内容。但是，目前我国的教育统计基础还比较薄弱，缺乏教育质量评价统计数据，人口在城乡间和区域间大规模流动导致各省份的人口受教育程度相当程度上脱离了当地教育发展实际。限于现有的统计数据，我们在国内外学者指标设计和研究成果的基础上，构建了由教育机会指标、教育投入指标和教育公平指标构成的教育发展指数，其中的教育投入指标作为教育质量的替代指标。

教育机会指数、教育投入指数和教育公平指数分别由相应的三级指标构成，具体内容如下。

1. 教育机会指数

由于现有的统计数据只能得到毛入学率指标，因此，我们将学前教育毛入学率、义务教育毛入学率、高中阶段教育毛入学率和高等教育毛入学率作为构成教育机会指数的 4 个三级指标。

2. 教育投入指数

教育投入的数量和质量是影响教育产出质量的重要条件，由于我国没有教育质量的统计指标和数据，我们用教育投入指标来替代教育质量指标，在指标选取上尽量选择与质量关系密切的投入指标。生均教育事业费是反映教育运行经费水平的指标，对教育质量有重要影响。教师质量对学生成绩有重要影响是公认的事实，而教师的受教育程度是教师质量的重要指标。基于这些考虑，我们用各级教育的生均事业费和教师学历水平，作为教育投入指标，来间接反映教育质量。构成教育投入指数的三级指标具体为：小学生均事业费，初中生均事业费，高中生均事业费，大学生均事业费；小学教师专科及专科以上学历教师比例，初中教师本科及本科以上学历教师比例，高中教师本科及本科以上学历教师比例，大学教师博士学历教师比例。

3. 教育公平指数

在现有政府公开的统计资料中，没有反映阶层、学校和高校学生性别之间教育公平的指标，所以我们采用城乡公平和地区公平指标作为教育公平的三级指标。小学、初中生均事业费和教师学历的城乡差异，在一定程度上可以反映教育的城乡公平水平。在一个省份内县际小学和初中生均事业费的差异能在一定程度上反映该省份教育资源分布的公平情况，可用各省份县际小学生均事业费基尼系数和初中生均事业费基尼系数作为省份内区域教育公平的指标。这样，在现有统计数据条件下构建的教育公平的三级指标是：小学生均事业费城乡差异，初中生均事业费城乡差异，小学专任教师学历城乡差异，初中专任教师学历城乡差异，省份内县际小学生均事业费基尼指数，省份内县际初中生均事业费基尼指数。

我们构建的地区教育发展指数由3个二级指标和18个三级指标构成。（见图2）

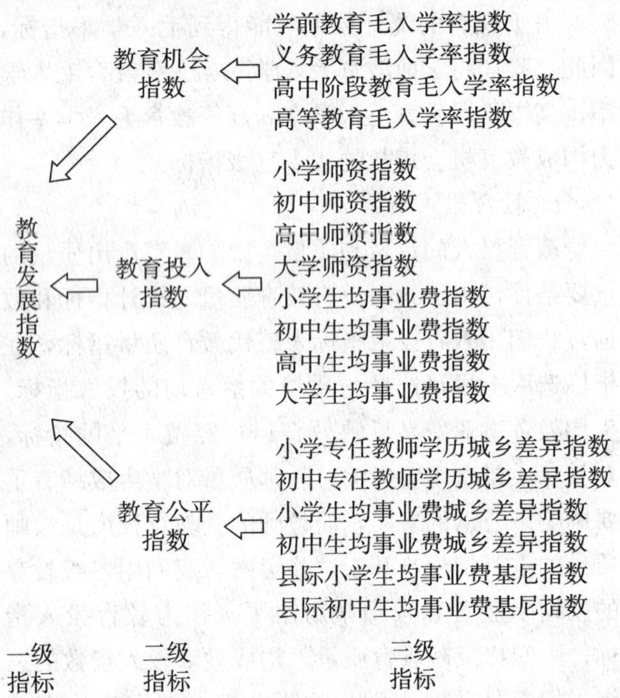

图2　地区教育发展指数构成

我们的研究由于没有将教育发展成果纳入现在的指数中，也没有考虑过去的教育成就。不过，教育机会指数既反映了目前教育发展的数量水平，也与过去的教育数量水平相关，可以通过适当增大教育机会的权重，来降低取消教育发展成果指标的影响。基于这些考虑和专家意见，我们对构成教育发展指数的3个二级指标赋权为：教育机会占40%，教育投入占30%，教育公平占30%。

对于3个二级指标下的各个三级指标的权重，我们认为它们在各个二级指标内同等重要，应该赋予相同的权重。3个二级指标下的三级指标权重具体为：教育机会有4个三级指标，每个指标的权重为1/4；教育投入有8个三级指标，每个指标的权重为1/8；教育公平有6个三级指标，其中4个反映的是城乡公平，2个反映的是地区公平，反映城乡公平的每个指标的权重为1/8，反映地区公平的每个指标的权重为1/4，即教育公平指标中城乡公平和地区公平各占一半的解释力。

经过上述赋权后，在现有教育统计数据条件下各省份的教育发展指数可以按照下面公式计算出来：

教育机会指数＝1/4（学前教育毛入学率指数＋义务教育毛入学率指数＋高中阶段教育毛入学率指数＋高等教育毛入学率指数）

教育投入指数＝1/8（小学生均事业费指数＋初中生均事业费指数＋高中生均事业费指数＋大学生均事业费指数＋小学师资指数＋初中师资指数＋高中师资指数＋大学师资指数）

教育公平指数＝1/8（小学专任教师学历城乡差异指数＋初中专任教师学历城乡差异指数＋小学生均事业费城乡差异指数＋初中生均事业费城乡差异指数）＋1/4（县际小学生均事业费基尼指数＋县际初中生均事业费基尼指数）

教育发展指数＝40%×教育机会指数＋30%×教育投入指数＋30%×教育公平指数

为了易于理解并进行省份间比较，我们将教育发展指数设计成一个0到1的数值，数值越大表示发展程度越高。为使指数值在0到1之间，我们需要对各个二级指标下的三级指标的数值进行标准化处理，然后按上述公式进行计算。除了基尼指数之外，某一省份某一三级指标的标准化值＝该省份实际值/最优值。由于基尼系数数值越大代表越不公平，为了保持和其他指标解释力方向的一致性，在对基尼系数进行标准化处理时，我们用最优值/实际值的方法，分别得到县际小学生均事业费基尼指数和县际初中生均事业费基尼指数作为省份公平的指标。其中，最优值是教育机会、教育投入和教育公平 3 个二级指标下各个三级指标在现阶段的目标值。

二、各省份教育发展总体水平的比较①

根据上述指标，我们使用截止到 2013 年 5 月政府已公布的统计数据，计算了 2009 年②我国大陆 31 个省份的教育发展指数（见图 3），用于反映各个省份教育发展的总体水平。

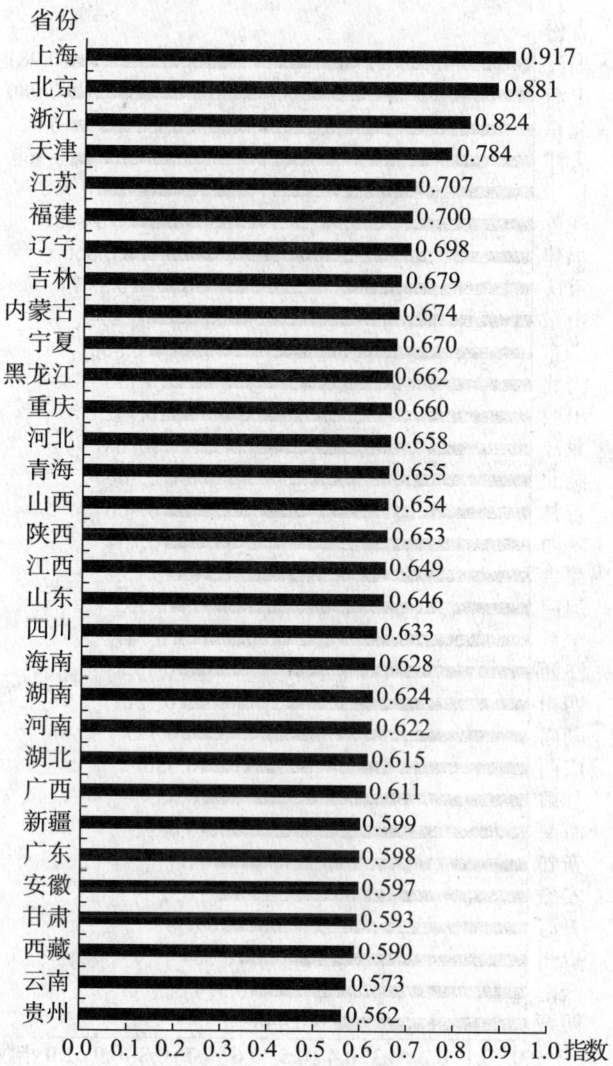

图 3　2009 年各省份教育发展指数

从图 3 可以看出，2009 年教育发展水平较高的是上海、北京、浙江等经济发达省份，较低的是贵州、云南、西藏等经济欠发达省份，可见，总体上教育发展水平与经济发展水平有着密切的关系。但是，经济发达的广东，由于教育公平水平在全国倒数第一，教育投入水平也比较低，教育发展水平排在倒数第 6 名，远远低于其经济发展水平，说明经济发展并不必然带来教育的相应发展。

教育发展指数由教育机会指数、教育投入指数和教育公平指数构成。根据教育发展指数排名与教育机会指数排名、教育投入指数排名及教育公平指数排名的关系，31 个省份大致可以分为以下两大类。

第一类为均衡发展型。这一类型的特点是教育发展指数各方面没有明显的“短板”。属于这一类型的省份共 12 个：上海、北京、浙江、黑龙江、陕西、四川、海南、广西、新疆、安徽、甘肃、贵州。均衡发展型又可以进一步分为三类：高水平均衡、中等水平均衡和低水平均衡。其中，上海、北京、浙江属于高水平均衡；黑龙江、陕西、四川、海南、广西属于中等水平均衡；新疆、安徽、甘肃、贵州则属于低水平均衡。

第二类为非均衡发展型。这一类型的特点是教育发展指数与其二级指标的排名有较大差异，教育机会、教育投入、教育公平三个方面非均衡发展。属于这一类型的省份共有 19 个：天津、江苏、福建、辽宁、吉林、内蒙古、宁夏、重庆、河北、青海、山西、江西、山东、湖南、河南、湖北、广东、西藏、云南。这一类型又可细分为三类：教育机会相对薄弱型、教育投入相对薄弱型及教育公平相对薄弱型。属于教育机会相对薄弱型的省份有吉林、内蒙古、宁夏、青海、西藏、云南；属于教育投入相对薄弱型的省份有河北、山西、江西、湖南、河南；属于教育公平相对薄弱型的省份有广东、天津、江苏、福建、辽宁、重庆、山东、湖北。

① 本文以下所使用数据均来自《中国统计年鉴》、《中国教育事业统计年鉴》和《中国教育经费统计年鉴》。

② 年份的选取根据可得完整数据的最近年份，下同。

三、各省份教育机会水平的比较

教育机会水平由教育机会指数的大小决定。我们设计的教育机会指数由学前教育毛入学率、义务教育毛入学率、高中阶段教育毛入学率和高等教育毛入学率 4 个指标构成，计算公式如下：

教育机会指数＝1/4(学前教育毛入学率指数＋义务教育毛入学率指数＋高中阶段教育毛入学率指数＋高等教育毛入学率指数)

毛入学率指数的计算方法是用实际入学率比最优入学率。各级教育毛入学率的最优值应该根据全国当前教育发展实际水平和未来一段时期的教育发展目标来确定。根据《教育规划纲要》的目标，即 2020 年我国将基本普及学前教育和高中教育，高质量普及义务教育，高等教育毛入学率达到 40%，我们将各级教育毛入学率的最优值确定为：学前教育 100%、义务教育 100%、高中阶段教育 100%、高等教育 50%。由此，各个阶段教育毛入学率指数公式可表示为：

$$\text{学前教育毛入学率指数}=\frac{\text{学前教育毛入学率}}{100\%}$$

$$\text{义务教育毛入学率指数}=\frac{\text{义务教育毛入学率}}{100\%}$$

$$\text{高中阶段教育毛入学率指数}=\frac{\text{高中阶段教育毛入学率}}{100\%}$$

$$\text{高等教育毛入学率指数}=\frac{\text{高等教育毛入学率}}{50\%}$$

从全国教育统计资料中可以看到，有些省份的某一教育阶段的毛入学率大于 100%，即某一教育阶段在校就读的学生数多于该阶段学龄人口数。其原因主要是有部分儿童提前入学，或者有部分儿童没有按时完成学业，或者二者兼而有之。因此，毛入学率大于 100%的省份并不一定表明比毛入学率为 100%的省份有更多的教育机会。因此，我们在计算教育机会指数时，将学前教育、义务教育和高中阶段教育毛入学率的实际值最大限定在 100%，超过 100%的省份实际值按 100%计算。在计算各省份各级教育毛入学率时，我们使用常住学龄人口而非户籍学龄人口作为基数，以反映人口大量流动时代各省份的真实教育机会。

从 2009 年各省份教育机会指数看，教育机会水平排在前 10 位的省份是浙江、上海、北京、天津、辽宁、江苏、福建、重庆、山东、广东，除了重庆外都属于东部经济发达省份；教育机会水平排在后 10 位的省份是西藏、云南、贵州、青海、安徽、新疆、海南、甘肃、广西、湖南，其中有 7 个属于西部经济欠发达省份。（见图 4）

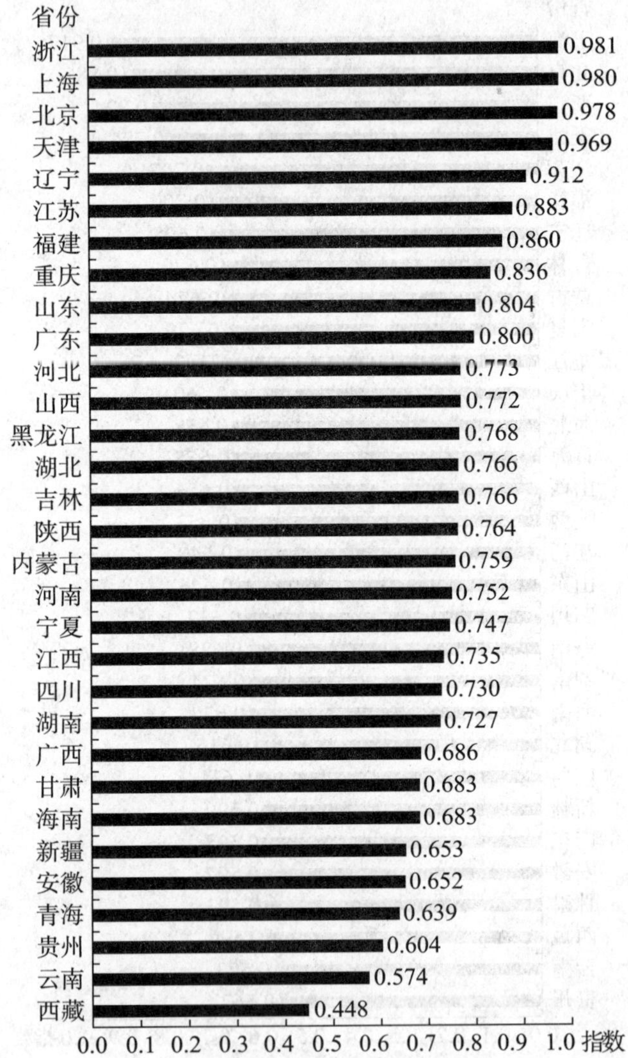

图 4　2009 年各省份教育机会指数及排名

总体而言，一个省份的教育机会水平与经济发展水平有非常密切的关系，经济越发达，教育机会水平越高。

需要说明的是，北京这个公认为教育最发达的地方，教育机会水平还低于浙江、上海，其主要原因是常住人口中非户籍幼儿的学前教育毛入学率远低于浙江、上海，拉低了教育机会指数。教育机会水平既反映了地方政府是否积极主动提高各级教育的水平，也反映了地方政府是否促进了不同层次教育的协调发展水平。

四、各省份教育投入水平的比较

我们因为缺少教育质量数据而用教育投入指标来替代教育质量指标，因而在构建教育投入指数时，尽量选择与质量关系密切的指标。国内外研究表明，教育经费水平、师资水平对教育质量有重要影响，因此，我们用各级教育的生均事业费、教师学历水平作为教育投入指标来间接反映教育质量。其具体计算公式如下：

教育投入指数＝1/8（小学生均事业费指数＋初中生均事业费指数＋高中生均事业费指数＋大学生均事业费指数＋小学师资指数＋初中师资指数＋高中师资指数＋大学师资指数）

根据《中华人民共和国教师法》和当前我国教师质量发展的实际情况，我们将教师学历合格水平分别设定为小学要达到专科及专科以上，初中、高中要达到本科及本科以上，大学要达到博士学历。国内外研究和实践都表明，教育从长远来看成本是递增的，其原因在于教育教学的基础设施、教学内容和技术手段在不断更新，教师的工资在不断增长，从而导致教育成本的上升。因此，我们选取被评价年份中生均事业费最高省份的经费水平作为最优值，即选取2009年31个省份小学生均事业费、初中生均事业费、高中生均事业费和大学生均事业费中的最大值作为最优值。因此，各指标实际值/最优值的标准化计算公式如下：

小学师资指数＝小学专科及专科以上学历教师的比例/100％

初中师资指数＝初中本科及本科以上学历教师的比例/100％

高中师资指数＝高中本科及本科以上学历教师的比例/100％

大学师资指数＝大学中具有博士学历教师的比例/100％

小学生均事业费指数＝地方小学生均事业费/2009年全国该项指标的最大值

初中生均事业费指数＝地方初中生均事业费/2009年全国该项指标的最大值

高中生均事业费指数＝地方高中生均事业费/2009年全国该项指标的最大值

大学生均事业费指数＝地方大学生均事业费/2009年全国该项指标的最大值

利用以上所述方法，我们计算了31个省份2009年的教育投入指数（见图5）。

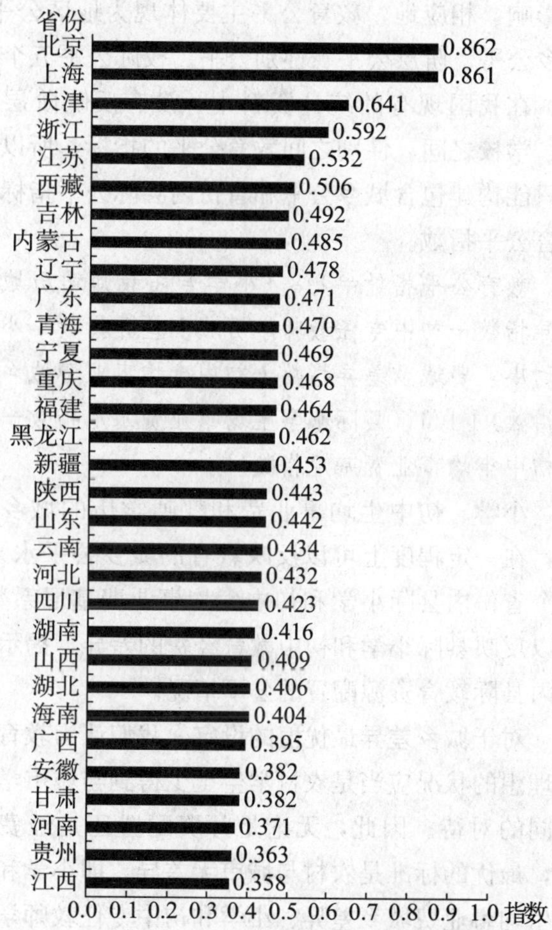

图5 2009年各省份教育投入指数及排名

从图5可见，东部经济发达省份教育投入水平较高，西部经济欠发达省份教育投入水平比中部经济较发达省份高。东部经济发达省份教育投入与经济发展水平关系比较密切，中西部省份教育投入与经济发展水平的关系不是很密切。造成上述现象的主要原因是西部省份获得了中央政府更多的财政转移支付经费，教育投入水平高于其经济发展水平。另一个引人注目的现象是北京、上海的教育投入水平远远高于其他经济发达的省份，但经济发达的广东，教育投入水平还不如吉林、内蒙古等经济发展水平较低的省份。

五、各省份教育公平水平的比较

教育公平的理想状态是一个孩子的教育机会和教育质量不受其出生地、家庭、性别和受教育学校的影响。相应地，教育公平主要体现为地区公平、城乡公平、阶层公平、性别公平、校际公平五个方面。在我国现有的统计资料中，没有反映阶层之间、学校之间、性别之间教育公平的指标，所以我们只能构建包含城乡公平和省份内县际公平指标的教育公平指数。

教育公平指数＝1/8（小学专任教师学历城乡差异指数＋初中专任教师学历城乡差异指数＋小学生均事业费城乡差异指数＋初中生均事业费城乡差异指数）＋1/4（县际小学生均事业费基尼指数＋县际初中生均事业费基尼指数）

小学、初中生均事业费和教师学历的城乡差异，在一定程度上可以反映教育的城乡公平水平。一个省份内县际小学和初中生均事业费基尼系数，可以反映县际小学和初中教育经费的差异，揭示省份内县际教育资源配置的公平情况。

对于城乡差异最优值的设定，我们认为教育公平理想的状况应当是农村学生至少得到与城市学生相同的对待。因此，无论是师资配置还是经费投入，最优的标准是农村与城市无差异，即小学和初中生均事业费城乡差异、小学和初中专任教师学历城乡差异的最优值都设为1。当农村各项指标的实际值越接近城市时，指数越大，即当越接近1时，表明该省份城乡教育资源分配越公平。而当农村某项指标的值大于城市时，我们并不认为这样的情况意味着更公平，只把它看作达到了理想的教育公平的要求，换言之，也即城乡差异指数的最大值是1。另外，小学和初中生均事业费基尼系数越小，代表该省份县际的教育经费分布越公平，因此，分别选取2008年31个省份小学和初中生均事业费基尼系数的最小值作为最优值。教育公平指数下的次级指数计算公式如下：

小学生均事业费城乡差异指数＝min[（农村小学生均事业费/城市小学生均事业费）÷（小学生均事业费城乡差异的最优值），1]

初中生均事业费城乡差异指数＝min[（农村初中生均事业费/城市初中生均事业费）÷（初中生均事业费城乡差异的最优值），1]

小学专任教师学历城乡差异指数＝min[（农村小学专任教师专科及专科以上学历的比例/城市小学专任教师专科及专科以上学历的比例）÷（小学专任教师学历城乡差异的最优值），1]

初中专任教师学历城乡差异指数＝min[（农村初中专任教师本科及本科以上学历的比例/城市初中专任教师本科及本科以上学历的比例）÷（初中专任教师学历城乡差异的最优值），1]

县际小学生均事业费基尼指数＝2008年全国小学生均事业费基尼系数最优值/本省份小学生均事业费基尼系数实际值

县际初中生均事业费基尼指数＝2008年全国初中生均事业费基尼系数最优值/本省份初中生均事业费基尼系数实际值

从2009年31个份的教育公平指数排名结果（见图6）可以看出，教育公平水平与经济发展水平没有密切的关系，教育公平水平高的有经济发达的上海和浙江，也有经济欠发达的西藏和青海；教育公平水平低的有经济欠发达的甘肃和新疆，也有经济发达的广东、江苏和山东。广东作为经济发达省份，其教育公平水平全国最低，而且远远低于倒数第2名的重庆。显然，教育公平水平不在于经济发展水平，而在于合理的教育政策和政策的执行力度。

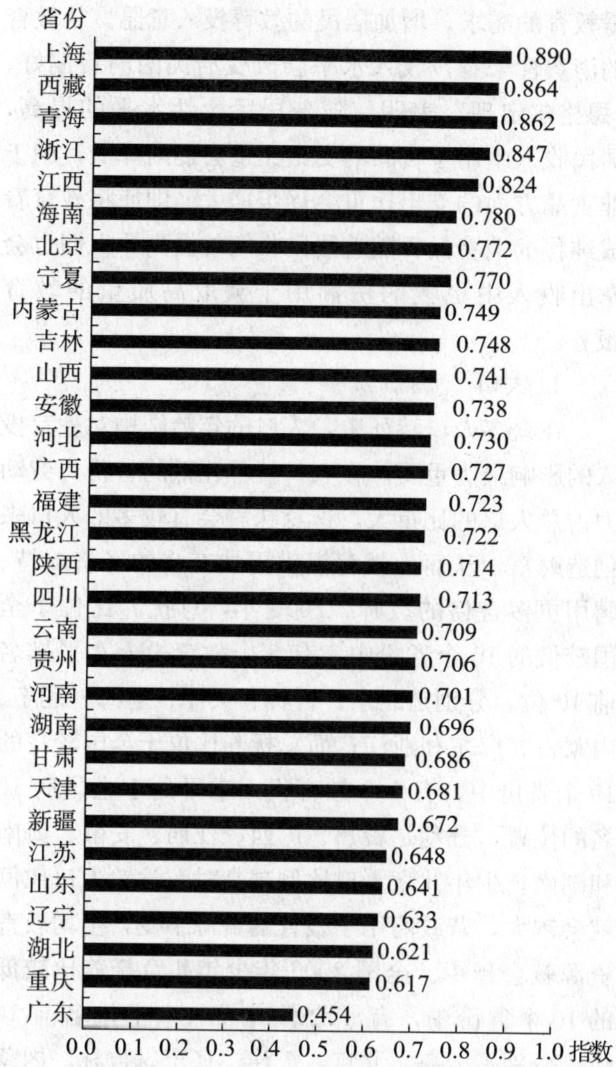

图6　2009年各省份教育公平指数及排名

应该指出的是，这里的教育公平只计量了城乡公平和县际公平，没有反映校际公平、阶层公平和性别公平。如果有校际公平、阶层公平和性别公平的数据，像北京这样校际和阶层差异明显的地方，教育公平的排名将会下降。

六、省份教育发展水平的影响因素分析

（一）教育机会水平的影响因素

1. 经济发展水平

影响省份教育机会水平的首要因素是经济发展水平。从前文的教育机会排名中也可以看出，教育机会与经济发展水平的联系密切，教育机会水平位列前10名的省份中有9个属于东部经济发达地区，而位列后10名的省份中有7个属于西部经济欠发达地区。

经济是社会发展的物质基础，教育的发展也必然以经济发展为前提。从供给的角度来看，省份经济发展水平的高低直接影响政府的财政能力，而政府的财政能力决定了教育资源投入的多少。我国实行的分级办学、分级管理的教育制度安排，影响省份的学校数量和招生规模，从而造成不同省份教育机会上的差异。从需求的角度来看，经济发展水平会影响经济结构的变化，经济结构的变化又带来劳动力市场需求结构的变化。一般来说，经济发展水平越高，第二、第三产业的比重越大，劳动力市场对高素质的劳动力需求就会越大，这会刺激教育规模的扩大和教育需求层次的提高，从而构成省份教育机会提升的强劲动力。

2. 人口

人口与教育机会之间存在着多方面的联系。人口特征的各个方面，如生育、迁徙引起的人口变动，人口的年龄结构、性别结构和社会结构，人口的地理分布等都与教育机会有着密切的联系。其中，人口的地理分布会影响学校的布局和教育资源的配置效率。人口密度大的省份，学校更容易合理布局，形成规模经济，减少单位教育成本，增加教育机会。人口密度小的省份，学校规模小，教育资源得不到充分利用，单位教育成本高，往往会造成教育机会的不足。总而言之，在同样教育资源投入的情况下，人口密度大的省份教育机会较多，而人口密度小的省份，教育机会不足的局面就会出现。西藏是全国人口密度最低的，其2009年的教育机会指数排名位于全国倒数第一，且教育机会指数远低于全国其他省份，这在一定程度上可以反映这一问题。

3. 教育成本分担

教育成本分担对于教育机会有着重要的影响。在教育收益预期一定的情况下，个人分担的教育成本越多，个人的教育需求就会越低，从而减少教育机会。20世纪80年代以前，我国的教育投资几乎

全部来源于政府财政拨款。80年代中期以后，中央提出以财政拨款为主，财、税、费、产、社、基多渠道筹措教育经费，教育投资多元化格局逐步形成。教育投资多元化对于教育机会而言无疑起着积极的作用。在保障政府教育投入的同时，大力扩展非政府教育投入，多渠道筹集教育经费，会增加教育资源的投入，促进教育供给，提高教育机会水平。

（二）教育投入水平的影响因素

教育机会指数是从数量方面衡量省份教育发展水平，教育投入指数则是从质量方面衡量省份教育发展水平。在教育资源稀缺的情况下，数量和质量之间存在一定的矛盾。假定教育资源保持不变，就需要在教育机会和教育投入之间做出取舍。扩大教育规模不可避免地要降低生均教育资源，通过增加生均教育投入、改善教师质量来提高教育质量则会限制教育机会的进一步扩大。下面我们将重点分析经济、人口、财政体制对教育投入的影响。

1. 经济发展水平

教育投入最重要的影响因素无疑是经济发展水平。从前文中教育投入指数的排名可以看出，教育投入水平与省份经济发展水平具有高度相关性。位列全国前10名的省份中，有8个都属于东部地区；而排名后10位的省份中，有9个属于中西部地区。前文已经说明了经济发展水平与教育机会之间的关系，它对教育投入的影响机制也有着相似的逻辑。

首先，地区经济发展水平会从供给方面影响教育投入或教育质量。地区经济发展水平直接影响政府的财政能力，而政府的财政能力决定了地区教育投入的多少，继而影响该地区生均教育经费和教师的数量与质量。

其次，地区经济发展水平也会从需求方面影响教育投入或教育质量。教育具有生产和消费双重属性。人力资本理论认为，教育可以提高人力资本，从而提高人们的生产能力和收入。一般来说，经济发展水平越高的省份，第二、第三产业的比重越大，劳动力市场对高素质劳动力的需求就会越大，高质量教育的收益也就越高。这会刺激居民对高质量教育的需求，增加居民的教育投入意愿。从教育的消费性来看，收入水平会改变居民的消费偏好。“恩格尔定理”表明，随着居民生活水平的提高，居民收入中用于食品的支出比重会逐渐降低，用于非食品方面的支出比重会逐步增大。即使将教育看成纯粹的消费品，随着居民收入的提高，人们也会拿出收入中更大的份额用于获取高质量的教育服务。

2. 人口

在众多人口特征中，人口的年龄结构对教育投入的影响最为重要。在人口抚养比低的省份，劳动力占总人口的比重大，这意味着会有较多的人口来创造财富，从而为教育提供更加充裕的经济支持、聘用更多合格的教师。2009年，总抚养比位于全国较低的10个省份中，有8个教育投入水平排名前10位，分别是北京、吉林、天津、上海、辽宁、内蒙古、广东和浙江；而总抚养比位于全国较高的10个省份中，有6个教育投入水平处于全国后10名的位置，分别是贵州、广西、江西、安徽、海南和湖南。少年儿童人口比例越高时，学龄人口比例就会越大，若政府用于教育的资源不变，生均教育资源就会越少。全国2009年少年儿童抚养比较低的10个省份中，有8个教育投入水平排名前10位，分别是上海、北京、天津、辽宁、吉林、内蒙古、江苏和浙江；少年儿童抚养比较高的10个省份中，有5个的教育投入水平排名全国后10位，分别为贵州、江西、广西、海南和安徽。

（三）教育公平水平的影响因素

我们计算和分析的教育公平指数是教育发展指数中一个相对特殊的组成部分，它衡量的是义务教育发展的城乡差异和省际差异，有其独特的影响因素。

众所周知，我国城乡教育差异的形成有着深刻的历史和社会原因。我国的户籍制度从最初的户口登记注册功能向利益分配功能转变，政府在教育、医疗、社会保障等各类公共物品的供给上向城市倾斜，是农村教育投入和教师质量长期落后于城市的制度根源。

虽然城乡教育差异普遍存在，但是从前文的分析可以看出，这种差异在不同的省份表现迥异。2009 年，31 个省份的教育公平指数位于 0.454 到 0.890 之间（见表 2）。其中上海、西藏和青海超过了 0.860，而最低的广东只有 0.454。是什么原因造成了不同省份教育公平指数的巨大差异呢？

表 2　2009 年各省份教育公平指数和城乡经济发展差异情况

省份	教育公平指数		城乡居民消费支出比	
	数值	排名	数值	排名
上海	0.890	1	2.141	30
西藏	0.864	2	3.765	2
青海	0.862	3	2.738	22
浙江	0.847	4	2.158	29
江西	0.824	5	2.757	21
海南	0.780	6	3.266	7
北京	0.772	7	2.011	31
宁夏	0.770	8	3.071	13
内蒙古	0.749	9	3.117	12
吉林	0.748	10	2.796	19
山西	0.741	11	2.831	16
安徽	0.738	12	2.800	18
河北	0.730	13	2.889	15
广西	0.727	14	3.204	9
福建	0.723	15	2.682	25
黑龙江	0.722	16	2.27	27
陕西	0.714	17	3.196	10
四川	0.713	18	2.622	26
云南	0.709	19	3.488	4
贵州	0.706	20	3.736	3
河南	0.701	21	2.823	17
湖南	0.696	22	2.693	24
甘肃	0.686	23	3.214	8
天津	0.681	24	3.464	5
新疆	0.672	25	3.161	11
江苏	0.648	26	2.266	28
山东	0.641	27	2.720	23
辽宁	0.633	28	2.897	14
湖北	0.621	29	2.763	20
重庆	0.617	30	3.865	1
广东	0.454	31	3.358	6

1. 城乡经济发展差异

改革开放以来，我国城乡居民的收入差异迅速扩大。1978 年，我国城镇居民可支配收入 343.4 元，农村居民纯收入 133.6 元，城乡居民收入比为 2.570；2007 年，我国城镇居民可支配收入 13 785.8 元，农村居民纯收入 4 140.4 元，城乡居民收入比为 3.330；2009 年，我国城镇居民可支配收入增长到 17 174.7 元，农村居民收入 5 153.2 元，城乡居民收入比扩大到 3.333。

一般而言，大部分经济发达省份的城乡经济发展差异较小。我们采用城乡消费支出比来衡量城乡经济发展差异。从表 2 中可以看出，2009 年城乡消费支出差异最大的是重庆，城乡消费支出比为 3.865，而城乡消费支出差异最小的是北京，城乡消费支出比仅为 2.011。

对比城乡消费支出差异和教育公平指数可以看出，城乡消费支出差异大的省份教育公平指数排名靠后。城乡居民消费支出差异最大的重庆，其教育公平指数排在倒数第二。北京、上海和浙江这三个城乡居民消费支出差异较小的省份，教育公平指数分别排第 7 名、第 1 名和第 4 名。教育公平指数排前 5 位的省份城乡居民消费支出比均值为 2.712，而教育公平指数排后 5 位的省份城乡居民消费支出比均值高达 3.120。

2. 省份内财政分权

我们用各级政府支出占政府总支出的比重来定义省份内财政分权。因此，省份内财政分权度可以用三个不同的维度来衡量：省本级支出占全省份财政支出的比重、地（市）本级支出占全省份财政支出比重、县和乡镇（统称县级）支出占全省份财政支出比重。表3给出了2007年26个省份的省份内财政分权状况。北京、天津、上海、重庆四个直辖市高度城市化，与其他省级行政区不具有可比性。西藏在财政关系上也表现出较强的特殊性，财政支出主要集中在省级政府。除去北京、天津、上海、重庆、西藏外的26个省级单位，县级支出占全省份财政支出比重的平均值是53.54%，其中最小的是宁夏，为40.78%，最大的是浙江，高达66.45%。地（市）本级支出占全省份支出比重的平均值是22.82%，其中最小的是贵州，仅为13.27%，最大的是广东，高达41.63%。省本级支出占全省份支出比重的平均值是23.64%，其中最小的是广东，仅为10.77%，最大的是青海，高达44.00%。

表3 教育公平指数（2009年）和省份内财政分权（2007年）

	教育公平指数		省本级支出占财政支出		地（市）本级支出占全省财政支出		县级支出合计占全省份财政支出	
	得分	排名	比重（%）	排名	比重（%）	排名	比重（%）	排名
河北	0.730	10	21.57	15	17.6	21	60.83	5
山西	0.741	8	25.99	11	19.77	18	54.24	13
内蒙古	0.749	6	16.58	20	23.2	13	60.22	6
辽宁	0.633	24	17.05	19	39.62	2	43.33	22
吉林	0.748	7	28.02	9	24.39	8	47.59	21
黑龙江	0.722	13	31.72	5	25.91	6	42.37	24
江苏	0.648	22	13.92	23	26.25	4	59.84	8
浙江	0.847	2	11.46	25	22.09	15	66.45	1
安徽	0.738	9	23.65	13	26.22	5	50.13	16
福建	0.723	12	16.29	21	28.13	3	55.57	12
江西	0.824	3	19.23	16	14.91	24	65.86	2
山东	0.641	23	12.55	24	24.82	7	62.63	4
河南	0.701	18	17.27	18	24.23	9	58.50	9
湖北	0.621	25	24.72	12	23.35	12	51.93	14
湖南	0.696	19	18.79	17	23.55	10	57.66	10
广东	0.454	26	10.77	26	41.63	1	47.60	20
广西	0.727	11	26.40	10	23.00	14	50.60	15
海南	0.780	4	31.43	6	18.99	19	49.58	18
四川	0.713	15	15.51	22	18.75	20	65.75	3
贵州	0.706	17	29.61	7	13.27	26	57.12	11
云南	0.709	16	22.92	14	17.12	22	59.95	7
陕西	0.714	14	36.72	2	20.5	17	42.78	23
甘肃	0.686	20	28.78	8	21.97	16	49.26	19

续表

	教育公平指数		省本级支出占财政支出		地（市）本级支出占全省财政支出		县级支出合计占全省份财政支出	
	得分	排名	比重（%）	排名	比重（%）	排名	比重（%）	排名
青海	0.862	1	44	1	14.3	25	41.71	25
宁夏	0.770	5	35.79	3	23.43	11	40.78	26
新疆	0.672	21	33.96	4	16.23	23	49.8	17

数据来源：2007 年全国地市县财政统计资料。

在省级以下财政分权情况迥异的同时，地方政府对于教育的事权却有着高度的一致性。对于高等教育，我国实行“两级管理、以省级人民政府管理为主”的管理体制。基础教育则实行国家宏观指导下主要由地方负责、分级管理的体制。实施基础教育的责任，城市落在区级政府，农村则落在县级政府。

迥异的省份内财政分权无疑会对本省份城乡教育财政状况产生重要影响，而教育财政体系又是教育发展的保障，因此，省份内财政分权也是影响本省份城乡教育发展差异的重要因素。县级政府是农村义务教育的主要承担者，对于县级财政支出比重较大的省份，县级政府就有更大的财力保障农村义务教育发展。而当财权更多地集中于地（市）级政府时，农村义务教育发展就可能缺乏足够的财力保障。

【参考文献】

[1] Arun C. Mehta & Shamshad A. Siddiqui. Educational Development Index (EDI) [EB/OL]. http://www.dise.in/downloads/suggestive-framework-for% 20EDI-compution.pdf.；OECD. Education at a Glance 2009：OECD Indicators [EB/OL]. http://www.oecd.org/dataoecd/32/34/43541373.pdf.

[2] [3] UNESCO. Global Education Digest 2009：Comparing Education Statistics across the World [EB/OL]. http://www.uis.unesco.org/Library/Documents/ged09-en.pdf.

[4] The World Bank. World Development Indicators 2008 [EB/OL]. http://data.worldbank.org/sites/default/files/wdi08.pdf.；World Bank. World Development Indicators 2009 [EB/OL]. http://www-wds.worldbank.org/external/default/WDSContentServer/WDSP/IB/2010/04/21/000333037_20100421020546/Rendered/PDF/541680WDI0200910Box345641B01PUBLIC1.pdf.

[5] Yadav, Anil K. & Madhu Srivastava. Educational Development Index in India：An Inner-state Perspective [M]. Institute of Applied Manpower Research in Association with Manak Publications, 2005.

[6] Sunil Kumar Barnwal. Educational Development Index in India [EB/OL]. http://digitallearning.eletsonline.com/2008/02/educationaldevelopment-index-in-india/.

[7] Dhir Jhingran & Deepa Sankar. Addressing Educational Disparity：Using District Level Education Development Indices for Equitable Resource Allocations in India [EB/OL]. http://www-wds.worldbank.org/servlet/WDSContentServer/WDSP/IB/2009/06/04/000158349_20090604092157/Rendered/PDF/WPS4955.pdf.

[8] The United Nations Development Programme. Inequality adjusted Human Development Index (IHDI) [EB/OL]. http://hdr.undp.org/en/statistics/ihdi/.

[9] 谈松华，袁本涛. 教育现代化衡量指标的探讨 [J]. 清华大学教育研究，2001，(1)；楚江亭. 关于构建我国教育发展指标体系的思考 [J]. 中国教育学刊，2002，(2)；李海燕，刘晖. 教育指标体系：国际比较与启示 [J]. 广州大学学报（社会科学版），2007，(8)；张振助. 国际教育指标及统计的比较与借鉴 [J]. 复旦教育论坛，2009，(5)；袁桂林，秦玉友. 农村教育发展指标研究中的若干基本理论问题 [J]. 教育发展研究，2007，(5a).

中国教育行业工资水平的纵向分析（1978—2010）*

□ 杜育红（北京师范大学教授）
□ 刘　平
□ 杜　屏

教育大计，教师为本。教师在教育改革和培养人才中发挥着不可替代的作用。自20世纪80年代后期以来，国内外一系列研究证明了学校因素尤其是教师因素是影响学生发展的重要因素。因此，保障教育高质量发展需建设一支高素质的教师队伍。而建设一支高质量的教师队伍要求保证教师供给的充足性和稳定性，良好的经济待遇是吸引和保留优质教师的政策之一。本文聚焦于教师工资水平，从纵向的角度，呈现改革开放以来我国教师工资水平的绝对和相对变化情况。对教师工资绝对水平衡量从整体上反映了我国教师工资水平的变动趋势；对教师工资相对水平变动情况的分析反映了我国教师工资水平的变动幅度。在以上分析的基础上，对我国教师工资水平的合理性做出评估，并对完善教师工资政策提出建议。

一、教师行业工资的绝对变化情况分析

1. 教师行业工资水平绝对变化

改革开放30多年来，我国教育行业平均工资绝对水平呈现出持续增长的趋势。将这段时期分为前后各15年，其中从1978—1993年增长速度较慢，1994年以后增长速度逐步加快。1993年教育行业平均工资是1978年的6倍，而2010年教育行业平均工资是1993年的11.9倍（见图1）。

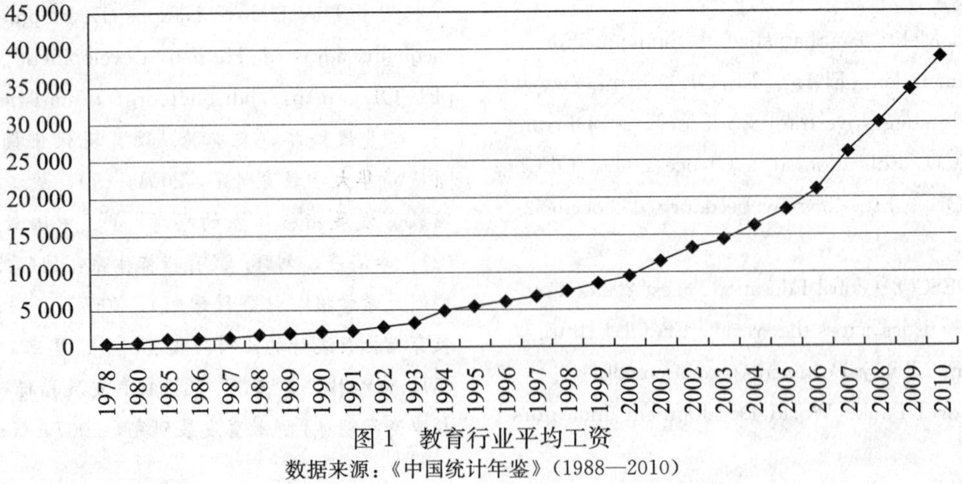

图1　教育行业平均工资

数据来源：《中国统计年鉴》（1988—2010）

* 原载《教师教育研究》2013年第4期。

2. 教师行业工资指数的绝对变化

平均工资指数比较客观地反映了教师行业平均工资的变动情况。1979—2010 年平均指数均大于 1 说明从 1978 年以来，教师行业平均工资每年都有所增加。平均工资指数的大小反映了工资增长速度的快慢，工资增长速度的范围为 2%—50%。其中增长速度较快的年份为 1985 年（26.74%）、1988 年（23.99%）、1994 年（50.18%）、2007 年（23.79%）（见图 2）。

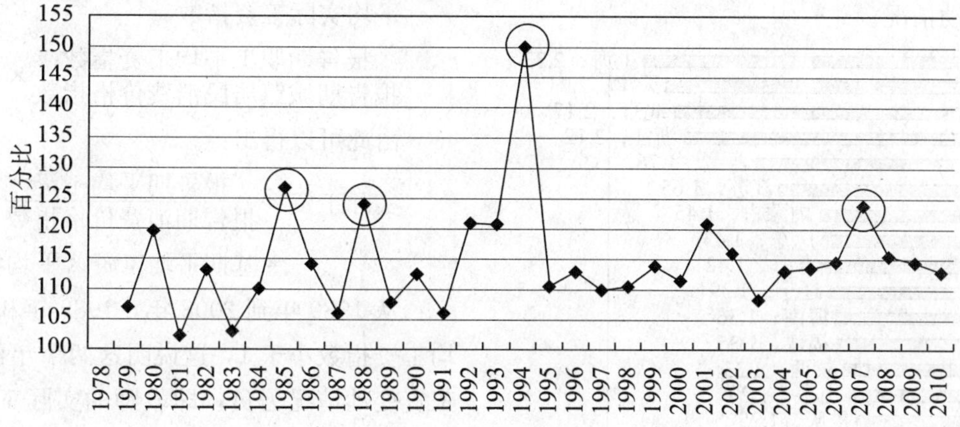

图 2 平均工资指数

1985 年，《关于实施国家机关和事业单位工作人员工资制度改革方案若干问题的规定》开始了新中国成立以来的第二次大的工资制度改革，规定在国家机关和事业单位中实行结构工资制。随后国务院工资制度改革小组、劳动人事部《关于高等学校、中等专业学校、中小学职工工资制度改革问题的通知》（劳人薪［1985］第 40 号）中提出教职员实行以职务工资为主要内容的结构工资制，结构工资由基础工资、职务工资、工龄津贴和奖励工资四个部分组成，教师同时实行教龄津贴。在这次工资制度改革中，教师工资水平得到了大幅的提升。

1987 年，为了改善中小学教师生活待遇、促进基础教育事业发展，国务院颁发了《关于提高中小学教师工资待遇的通知》，通知指出从 1987 年 10 月起，将中小学教师和幼儿园教师现行的工资标准提高 10%。

1993 年，国务院办公厅相继颁发了《关于机关和事业单位工作人员工资制度改革问题的通知》及《关于印发机关、事业单位工资制度改革三个实施办法的通知》，开始对机关和事业单位进行分类改革。这是新中国成立以来第三次重大的工资制度改革，这次改革规定的工资增长的幅度，同历次工资制度改革相比是比较大的，是国家在财力比较紧张的情况下做出的最大努力。

2006 年开始了第四个工资制度改革，国家人事部颁发了《关于印发事业单位工作人员收入分配制度改革方案的通知》（国人部发〔2006〕56 号），决定在事业单位中陆续实施岗位绩效工资制度，《事业单位工作人员收入分配制度改革实施办法》（国人部发〔2006〕59 号）中明确规定中小学教师、护士的岗位工资和薪级工资标准提高 10%。这次工资制度改革一定程度上提高了教师工资水平，在中小学尤其是义务教育阶段学校中带来了比较大的变革。

从各省份的比较来看，2010 年教育行业工资水平最高的上海是工资水平最低的甘肃的 2.35 倍，即从事相同的教育工作，上海的教师的工资是甘肃的教师工资的 2 倍以上。可见在教育行业总体工资水平不高的情况下，还存在各省份之间教师工资水平差异大的问题。

二、教育行业工资水平相对变化

对于教师工资的增长变动情况的分析采用各年度绝对数据，没有考虑经济环境的变动和物价水平的变化等影响因素，并不能真实反映出教师收入水平、生活水平是否有相应的提升。以下将教育行业工资水平与国民经济中的其他行业进行比较，将教师工资增长速度与经济增长速度相比较，并通过教师工资增长速度与物价变动情况的比较来说明教师工资的实际变动情况。

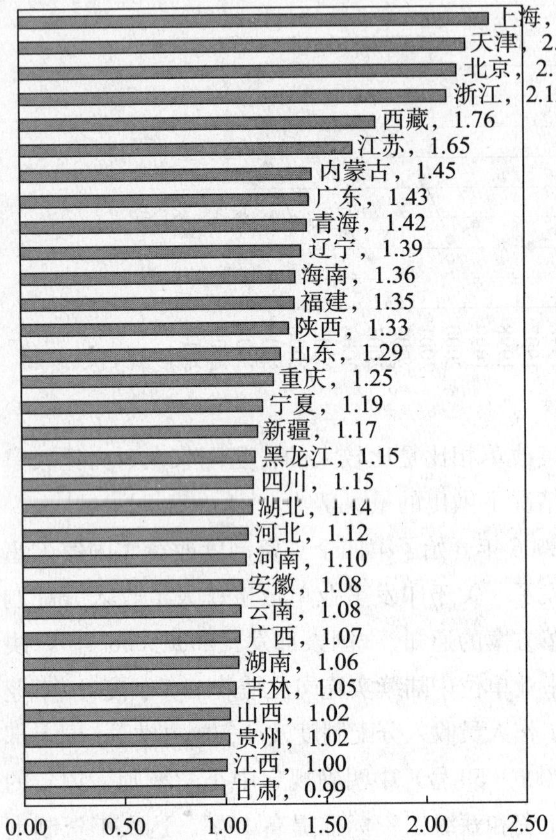

图 3　教育行业工资/人均 GNP（2010）

数据来源：《中国统计年鉴 2011》

1. 扣除物价水平（CPI）变动的实际工资

职工平均实际工资指扣除物价变动因素后的职工平均工资。职工平均实际工资指数是反映实际工资变动情况的相对数，表明职工实际工资水平提高或降低的程度。计算公式为：

平均实际工资指数＝

$$\frac{\text{报告期职工平均工资指数}}{\text{报告期城镇居民消费价格指数}}\times 100\%$$

由此可以得出：

$$\text{实际工资}=\frac{\text{报告期平均工资}}{\text{报告期消费价格指数}}$$

$$=\text{基期平均工资}\times\text{平均实际工资指数}$$

从 1989 年到 2008 年，1989 年和 1995 年的平均工资指数小于 1，这说明这两个年份教师的实际工资变动情况为负，即教师的实际工资有所下降。从其他年份的变动幅度来看，1994 年、2001 年及 2007 年的平均实际工资指数最高，说明这些年份教师实际工资的增长最快，幅度最大。近 20 年间平均实际工资指数的变动范围为 9%—21%，范围远小于平均工资指数的 2%—50%。由此可见，近年来我国教师工资水平变动虽然呈上升趋势，但排除物价因素的影响，教育行业实际工资增长具有幅度小，速度慢的特点。

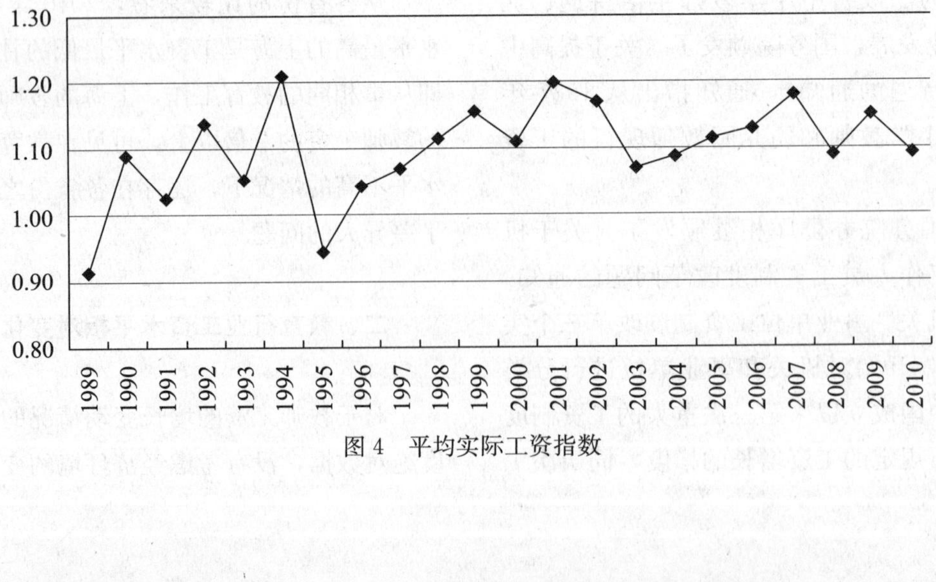

图 4　平均实际工资指数

2. 教育行业工资水平与国民经济其他行业的比较

通过将历年教育行业平均工资与社会各行业平均工资相比较发现，1978—1998 年中多数年份教育行业工资是低于社会平均工资的，其中差距最大的是 1978 年。1999 年之后，教育行业平均工资高于社会平均工资，但多出部分的比例并不大。直到 2007 年，即第四次工资制度改革之后的三年，教育行业高于社会各行业平均工资的比例有所增大。可见与社会平均工资相比，改革开放 30 多年以，教育行业的相对工资水平总体呈现上升的趋势，近年来已经超过社会平均工资水平。但是经过多年的增长，教育行业的平均工资仅与社会平均工资大体持平，教育行业的收入水平与其从业者所积累的人力资本量并不匹配。教育行业的收入水平还有待进一步提高（见表 1）。

表 1　教师行业工资水平与社会平均水平的比较

年份	社会平均工资	教育行业平均工资	教育行业/社会平均工资（%）
1978	615	545	88.62
1985	1 148	1 166	101.57
1986	1 329	1 330	100.08
1987	1 459	1 409	96.57
1988	1 747	1 747	100.00
1989	1 935	1 883	97.31
1990	2 140	2 117	98.93
1992	2 711	2 715	100.15
1993	3 371	3 278	97.24
1994	4 538	4 923	108.48
1995	5 500	5 435	98.82
1997	6 470	6 759	104.47
1998	7 479	7 474	99.93
1999	8 346	8 510	101.97
2000	9 371	9 482	101.18
2001	10 870	11 452	105.35
2002	12 422	13 290	106.99

续表

年份	社会平均工资	教育行业平均工资	教育行业/社会平均工资（%）
2003	14 040	14 399	102.56
2004	16 024	16 277	101.58
2005	18 364	18 470	100.58
2006	21 001	21 134	100.63
2007	24 932	26 162	104.93
2008	29 229	30 185	103.27
2009	32 244	34 543	107.13
2010	36 539	38 968	106.65

资料来源：1978—2008 年数据为中国统计年鉴中《各行业职工平均工资》数据，2009 年、2010 年数据来源为《中国统计年鉴 2010》、《中国统计年鉴 2011》中《各地区按行业分城镇单位就业人员平均工资》。

教育行业工资水平在国民经济各个行业中的排名情况发现，在 1995 年之前波动较大，工资水平最低时处于整个国民经济各行业收入的后 13%，最高时进入了前 50%。到 1995 年之后，教育行业工资水平所处的位置比较平稳，处于后 20%—40%，2008 年以后，教育行业的收入水平在国民经济各行业的排名有所上升，但依然在 50%之后。因此总体看来，教育行业的平均工资水平还很低，近三十年来均处于中等偏下的水平，教育行业在国民经济中的地位长期偏低（见表 2）。

表 2　教育行业国民经济各行业中的排名情况

年份	教育行业工资	行业排位	百分位	行业总数
1978	545	13	13.33%	15 个行业
1980	700	11	26.67%	
1985	1 166	7	53.33%	
1986	1 330	10	33.33%	
1987	1 409	11	26.67%	
1988	1 747	8	46.67%	
1989	1 883	11	26.67%	
1990	2 117	10	33.33%	
1991	2 243	13	13.33%	
1992	2 715	12	20.00%	

续表

年份	教育行业工资	行业排位	百分位	行业总数
1993	3 278	14	12.50%	16 个行业
1994	4 923	11	31.25%	
1995	5 435	13	18.75%	
1996	6 144	13	18.75%	
1997	6 759	12	25.00%	
1998	7 474	11	31.25%	
1999	8 510	11	31.25%	
2000	9 482	11	31.25%	
2001	11 452	10	37.50%	
2002	13 290	10	37.50%	
2003	14 399	11	42.11%	9 个行业
2004	16 277	12	36.84%	
2005	18 470	12	36.84%	
2006	21 134	12	36.84%	
2007	26 162	12	36.84%	
2008	30 185	12	36.84%	
2009	34 543	11	42.11%	
2010	38 968	10	47.40%	

资料来源：1978—2008 年数据为《中国统计年鉴》中《各行业职工平均工资》数据，2009 年、2010 年数据来源为《中国统计年鉴 2010》、《中国统计年鉴 2011》中《各地区按行业分城镇单位就业人员平均工资》。

3. 教师工资水平与国民经济发展指标的比较（人均 GNP）

人均 GNP 反映了一国经济发展水平。从 1978 年到 2008 年 30 年间，教育行业平均工资始终高于人均 GNP，教育行业与人均 GNP 的比值经历了一个先下降，后上升再平缓变动的趋势。其中最高值出现在 1982 年，这一比值为 1.54；最低值出现在 1996 年、1997 年，这一比值仅为 1.05。从 2004 年以来这一比值在 1.3 左右浮动（见图 5）。

曲恒昌（1995）用比较的方法探讨了我国教师工资收入的问题。提出发展中国家教师工资与人均 GDP 的比重大概在 2.5∶1—3.5∶1，由于处于这一值域的韩国和马来西亚等国的教师队伍比较稳定、素质较高，可以判断这一值域具有合理性，从而确定我国教师相对收入的合理范围，即教师收入与人均 GDP 的比值为 2.5∶1—3.5∶1。按照曲恒昌的结论，我国教师工资还有待大幅度的提升，才能为稳定教师队伍、提高教师素质做好保障。

从全国范围来看教育行业的工资水平尚未达到合理水平。由于我国地缘广阔且各地区经济发展水平的差异较大，各省之间教师行业的工资水平也存在显著差异。2010 年，我国各省份教育行业工资水平与全国人均 GNP 的比值范围在 0.99—2.33。教育行业年平均工资与人均 GNP 比值最高的上海都未达到合理水平。比值最低的甘肃省，教育行业年平均工资甚至略低于人均 GNP。安徽等 11 个省份教育行业年平均工资与人均 GNP 的比值在 1.0—1.1；西藏等 17 个省份教育行业年平均工资与人均 GNP 的比值在 1.1—2.0；这一比值在 2 以上的仅有上海等 4 个省份。总体而言，我国教育行业工资水平并不高。

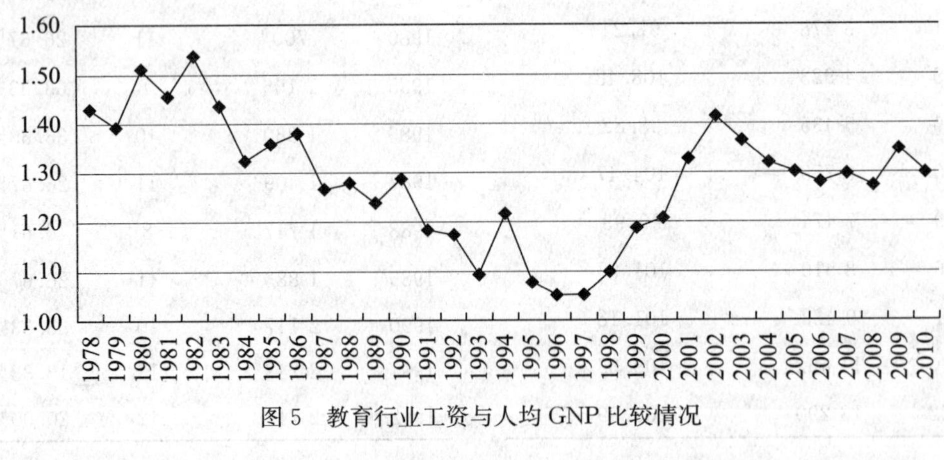

图 5 教育行业工资与人均 GNP 比较情况

三、提高教师工资，增强教师职业的吸引力

教师职业的货币或非货币的收入是其竞争力的体现，教师工资是影响教师劳动力市场供求关系的重要因素之一。教师工资对教师职业选择决策有重要的影响（Murnane，Olsen，1990）。合理的具有竞争力的工资水平一方面是要能保持优秀教师持续从事教师职业，另一方面能吸引优秀大学毕业生选择从事教师职业，甚至是吸引高中毕业生选择进入师范学校学习。Murnane 等 1988 年的研究证明教师工资在吸引求职者选择教师行业和在其从教早期的工作坚持有很重要的作用。(Hamilton Lankford，James Wychoff，1997)

我国教育行业的绝对工资水平变动情况的分析结果表明，自 1978 年以来，教育行业的平均工资水平获得了持续的增长，1993 年以前增速较慢，1993 年以后增速有所加快。平均工资指数的变动情况反映了教育行业年平均工资的增速范围为 2%—50%。以工资制度的改革为契机，1985 年、1994 年和 2007 年的平均工资都得到了较大幅度的增长。但各省市之间教师工资差距依然较大。

1978 年以后的大多数年份，教育行业的工资水平都低于社会平均工资。1999 年以后，教育行业的平均工资保持在高于社会平均工资的水平，但多出的幅度并不大。多年来，教育行业平均工资在国民经济多个行业中的排名处于后 50%，属于中等偏下的水平。教育行业工资水平与人均 GNP 的比值从 2004 年以来一直在 1.3 左右浮动，远低于 2.5—3.5 的合理水平（曲恒昌，1995）。

可见，目前教师工资的水平并不高，教师工资的增长速度过慢，要达到教师工资的合理水平还需要较大幅度的提升。针对目前教师工资水平的现状，提出以下几点建议以吸引和保留优秀的教师长期从教。

1. 充实经费来源，统筹经费管理

教师工资的负担需要充足的经费做支撑，包括教师工资在内的人员经费占教育经费的比重超过一半。教育经费支出占国内生产总值的比例达到 4% 有望实现，这从总量上保证了教育经费的投入和增量。

1999 年以后我国确立了“地方政府负责，分级管理，以县为主”的财政体制，公立学校的教师工资由县级财政负担。由于我国经济发展水平不平衡，各地区政府的财力有所差异，导致全国范围内乃至个别省内部教师工资在水平低之外，还存在差异大的问题。建议中央和省级政府对地方的教育经费的充足问题提供支持，可根据地域经济发展水平，以县为单位，实行分地区、按比例进行转移支付。做好省级政府统筹工作，根据实际情况差别性地支持各区县提高教师工资水平所需经费，缩小省域内教师工资水平的差异。

2. 完善工资增长机制

教师实际工资的增长速度缓慢，增速低于 GDP 的增长，因此教师工资与人均 GDP 的比值难以达到合理水平。应该设计合理的教师工资增长机制，保障教师工资能较快地增长，尽快达到合理水平。教师薪酬的增长包括自然提薪和晋级提薪两种。自然提薪指物价水平上涨和工作年限增加而带来的工资增加。晋级提薪是在职务工资制下，教师职务等级的提升带来的工资上调。目前，我国实行的是岗位绩效工资制度，只有薪级工资属于增资范围，教师工资的增长机制没有进行合理的设计，因此在岗位绩效工资制度下，教师工资的增长依然缓慢。

建议一方面提高自然提薪的水平，综合考虑物价水平和经济发展情况，设计教师工资增长的幅度。将教师工资的增长率与物价指数的增长率和国内生产总值的增长率相结合。教师工资的年度自然增长率应考虑物价指数变动与国内生产总值增长率，以保证在教师实际工资有所增长的前提下比较快速度增长，以达到与人均 GDP 的合理比值范围。另一方面增加岗位绩效工资制中不同级别教师之间基本工资的差别，保证教师在岗位晋升后工资有相当幅度的增长。另外，目前教师作为专业技术人员，有 13 个岗位级别和 65 个薪级，通过减少薪级

工资的级数，扩大不同薪级之间的工资差额，能提高教师薪级增加所带来的工资上涨水平。

【参考文献】

［1］Richard J. Murnane，Judith D. Singer & John B. Willett. The Career Paths of Teachers：Implications for Teacher Supply and Methodological Lessons for Research［J］. *Educational Researcher*，1988，17（6）：22.

［2］Richard J. Murnane，Judith D. Singer & John B. Willett.. The Influences of Salaries and "Opportunity Costs" on Teachers' Career Choices Evidence from North Carolina［J］. *Harvard Educational Review*，1989，59（3）：325.

［3］Richard J. Murnane & Randall J. Olsen. The Effects of Salaries and Opportunity Costs on Length of Stay in Teaching：Evidence from North Carolina［J］. *The Journal of Human Resources*，1990，25（1）：106.

［4］Hamilton Lankford & James Wychoff. The Changing Structure of Teacher Compensation，1970—1994［J］. *Economics of Education Review*，1997，16（4）：371.

［5］曲恒昌. 关于我国中小学教师工资收入的几个问题［J］. 高等师范教育研究，1995，（3）：48-55.

新生代农民工子女教育调查与思考*

□ 雷万鹏（华中师范大学教授）

一、问题提出

统计显示，1980年我国外出农民工不到200万人①，2009年为1.45亿人，2012年扩张到1.63亿人②。在农民工数量急剧增加的同时，农民工群体结构也悄然发生变化，从农民工群体中分化出来的新生代农民工（也称为“第二代农民工”）引起学术界和全社会广泛关注。新生代农民工是指“80后、90后农民工”，其在成长环境、社会认知、消费行为与社会认同等方面与第一代农民工存在显著差异。从规模上看，新生代农民工群体规模庞大，占农民工总量的比例逐年提升。国家统计局数据显示，2009年我国1.45亿外出农民工中，新生代农民工（16—30岁农民工）占61.6%。2010年中央一号文件中，首次提出“新生代农民工”概念，传递出中央对新生代农民工的高度关注。

围绕新生代农民工问题，学术界从经济学、人口学、社会学等角度进行了广泛研究，但有关新生代农民工子女教育问题的研究还比较欠缺，这种研究的局限性影响到人们对农民工子女教育多样性的认识，也影响到农民工子女教育政策的科学制定。为了解农民工子女教育发展的新趋向，本文以6个城市的实地调研为基础，从就学地点、教育支出、入学门槛、教育供求矛盾等角度探讨了新生代农民工子女教育现状及其存在问题，并提出了相应的政策建议。

二、样本描述

本研究采取量化和质化相结合的研究范式，于2010年7月至10月分赴深圳、东莞、广州、杭州、武汉、宜昌6城市实地调研，获取了有关新生代农民工的第一手资料。为便于比较和对照，课题组不仅调查了新生代农民工，也对非新生代农民工进行了调查。按照建筑业、服务业和制造业等行业分布，课题组共发放3 700份农民工调查问卷，回收有效问卷3 431份，有效问卷回收率为92.7%。

数据分析表明，农民工样本有以下基本特征。(1) 从人口学特征上看，样本中男性占60.4%，平均年龄为34.4岁，属于农业户口的比例为80.9%，已婚的占82.7%，已婚中有96.7%的生育子女；(2) 从行业分布上看，农民工从事建筑业的比例为18.8%，从事制造业的比例为32.7%，从事服务业的比例为34.1%，从事其他行业的比例为14.4%；(3) 从文化程度上看，大多数农民工接受过初中或高中教育，其中初中毕业的占50.8%，高中或中专毕业的占30.1%；(4) 从流动特征看，约3/4的农民工来自农村，1/4的来自县镇。农民工中有超过一半（53.7%）属于跨省流

* 原载《华中师范大学学报（人文社会科学版）》2013年第5期。

动；（5）从子女随迁状况看，62.1％的农民工带子女进城务工，27.5％的农民工选择让孩子留守在家；（6）从经济状况看，大多数农民工收入水平较低。总体而言，农民工在城市生活的平均年数长达9.3年，但拥有自主产权住房的比例只有13.3％，绝大多数人员仍然居无定所。

新生代农民工占农民工样本总量的比例为20.8％。新生代农民工平均年龄为24.4岁，男性占54.7％，51.2％的尚未结婚。与第一代农民工相比，新生代农民工基本特征是：（1）文化程度较高。调查发现，新生代农民工中拥有高中（中专）及以上学历的占49.8％，而农民工总样本中此比例仅为38.7％。（2）主要集中于制造业。调查发现，新生代农民工从事制造业的比例为50.5％，远远高于第一代农民工。（3）新生代农民工更倾向于将子女留在老家。在712名新生代农民工中，有301名已结婚。其中，高达51.2％的新生代农民工将孩子留在老家，此比例远高于第一代农民工。（4）从流动特征看，新生代农民工初次务工时间更早。新生代农民工初次务工时间为18.9岁；新生代农民工中跨省流动的比例更高，为63.5％，比农民工总样本高10个百分点。新生代农民工平均更换2.8次工作，至少在两个城市有过务工经历（见表1）。

表1　新生代农民工样本特征

类别	比例	类别	比例	类别	比例
男性比例	54.7％	流动类型		流动性（平均数）	
平均年龄（岁）	24.4	跨省	63.5％	本市生活时间（年）	4.7
未婚比例	51.2％	省内跨县市	26.1％	初次务工年龄（岁）	18.9
文化程度		本县市内	8.0％	务工时间（年）	5.4
小学及以下	4.9％	子女状况		换工作次数（次）	2.8
初中	45.2％	没有孩子	12.3％	务工城市数（个）	2
高中（中专）	39.4％	全部留守	51.2％	职业分布	
大专	9.5％	全部随迁	34.9％	建筑业	14.0％
本科及以上	0.9％	留守和随迁	1.7％	制造业	50.5％
				服务业	28.4％

三、新生代农民工子女教育现状

1. 大部分新生代农民工子女在老家就读

调查表明：已婚新生代农民工中，87.7％的家庭有孩子，平均每个家庭子女数量为1.2个。新生代农民工子女年龄普遍偏小，有相当部分子女还未入学，而入学子女中以幼儿园及义务教育阶段为主。从总体上看，已经入学的子女中，42％就读于幼儿园，58％在小学或初中就读。在求学地点上，大部分（61.7％）新生代农民工子女在农村老家上学。

比较学前阶段和义务教育阶段新生代农民工子女求学地点的差异，可以发现：新生代农民工子女在农村老家读幼儿园的比例为67.7％，在老家上学（义务教育阶段）的比例为58.2％，前者比后者高近10个百分点（见表2）。

表2　新生代农民工子女入学地点情况

（单位：％）

	老家	现在务工地	其他城市
总体	61.7％	36.7％	1.6％
幼儿园	67.7％	32.3％	—
义务教育阶段	58.2％	40.5％	1.3％

2. 新生代农民工随迁子女主要在城市民办学校上学

受社会身份、经济地位等因素的约束，新生代农民工的社会交往主要限于老乡、熟人等群体，其关系网络比较匮乏，这种社会资本的匮乏也影响到新生代农民工随迁子女的入学。在随迁子女上学过程中，新生代农民工主要依靠自己和熟人关系获取学校信息。其中，靠“自己打听及熟人介绍”的比例为84.6%，通过“政府宣传了解信息”的占12.8%，而通过报纸、网络等其他途径获取学校信息的仅占2.6%。

67.5%的新生代农民工随迁子女在民办学校读书。统计显示：新生代农民工随迁子女在民办幼儿园就读的比例为80.8%，在民办中小学就读的比例为58.9%，前者比后者高22%（见表3）。

表3 新生代农民工随迁子女就读学校情况

（单位：%）

	公办	民办
总体	32.5%	67.5%
幼儿园	19.2%	80.8%
义务教育阶段	41.1%	58.9%

3. 新生代农民工随迁子女教育支出较高

（1）高额借读费与赞助费。新生代农民工子女在城市学校读书，60.8%的家庭不用缴借读费或赞助费，约39.2%的家庭需要缴借读费或赞助费。在缴纳借读费或赞助费的家庭中，2010年春季学期缴纳学费、书本费等支出平均为1 945元。对于上述教育支出，大多数新生代农民工感觉压力较大，65.6%的表示存在一定困难，其中有11.1%的新生代农民工认为“完全承受不起”，仅有6.7%的认为这些花费对于家庭来说“完全没问题”。

（2）学前教育和义务教育支出存在差异。调查显示，新生代农民工随迁子女接受学前教育和义务教育的教育支出存在差异：学前教育阶段每学期需支出近2 000元，义务教育阶段每学期需支出1 704元，略低于学前教育。这可能反映出两方面问题：其一，“两为主”政策在义务教育阶段的实施，有助于降低儿童的家庭教育成本；其二，2008年城市义务教育免学杂费后，农民工家庭依然承受了高额的教育支出负担。

（3）城乡生活支出差距较大。调查显示，新生代农民工子女在城市生活成本每月平均为1 030元，远高于在老家的生活成本（437元），两者相差约600元。以此推算，新生代农民工子女城乡生活成本差距为每人每年7 200元左右。

4. 新生代农民工子女在城市就学困难

新生代农民工子女在城里上学普遍存在困难。对新生代农民工的调查表明：“上学费用高”（62.8%）、“入学难”（57.0%）、“不能在城里参加中、高考”（43.0%）居上学困难中的前三位（见图1）。如果将上学费用视为“经济门槛”，一部分新生代农民工子女在城市上学或参加中、高考所需的手续和证明文件则是一种“非经济门槛”。田野调查表明：流入地城市规定的各种“入学门槛”，如暂住证、户口证明、房产证、纳税证明、计划生育证明等，对新生代农民工子女接受公办优质教育构成了挑战。一部分新生代农民工子女在城市仍然面临“上学难”、“上学贵”和“升学难”的问题。

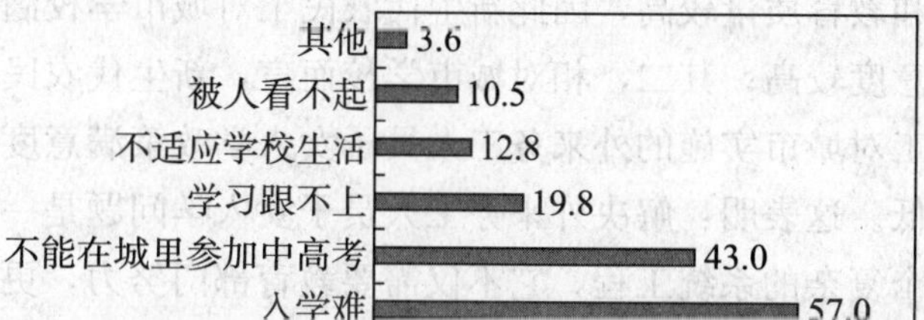

图1 新生代农民工随迁子女在城市上学面临的困难

新生代农民工子女教育融合与城市融入问题也值得关注。调查显示：担心孩子“学习跟不上”、“不适应学校生活”、“被人看不起”的比例分别是19.8%、12.8%和10.5%。通过了解随迁子女在城市拥有的好朋友数量，课题组发现，大多数随迁子女与城市本地孩子交流沟通少。61.2%的新生代农民工认为其子女在城里的好朋友比较少，15.3%

的认为其子女一个城里的好朋友也没有。

5. 新生代农民工对城市学校的满意度较高

新生代农民工对子女就读的城市学校评价较高。调查表明，新生代农民工对其子女就读的城市学校表示满意的比例为86.2%，对学校不满意的占11.7%，表示不清楚的占2.1%。在对城市学校的评价中，认为“教师水平”、“教师责任心”、“学校办学条件”、“学校安全状况”好的新生代农民工分别占77.7%、79.1%、64%及73.3%。与此对应，新生代农民工对有关外来务工人员子女入学政策的满意度较低。59.3%的对现有政策不满意，其中18.6%的表示非常不满意，对现有政策满意的仅占36%（见图2）。

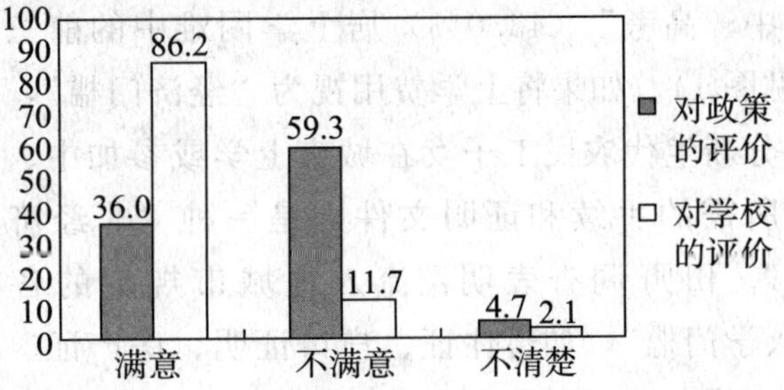

图2　新生代农民工对城市学校与入学政策的评价

这是一个非常有意思的发现，这可能有两种解释：其一，相对农村学校而言，城市学校办学条件和教育质量较高，因此新生代农民工对城市学校满意度较高；其二，相对城市学校而言，新生代农民工对城市实施的外来务工人员子女入学政策满意度低。这表明：解决外来务工人员子女入学问题是一个复杂的系统工程，它不仅需要教育部门努力，更需要规划、土地、财政、公安等部门通力合作，唯此，才能更好地让农民工满意。

6. 新生代农民工子女流动频繁

对新生代农民工的调查表明，无论是随迁子女还是留守儿童，他们都不是静态的，而是因时因事而动。调查显示：2010年大约29.3%的新生代农民工打算将孩子送回老家读书，7.3%的打算让孩子到其他城市读书，63.4%的打算让孩子随自己在城市上学。在留守儿童中，约44.4%的新生代农民工打算将孩子带到自己身边上学，48.9%的打算未来几年继续将孩子留在老家上学，另有6.7%的认为要视情况而定，等有条件了才将孩子带到城里。

新生代农民工子女频繁的流动，对学籍管理、督导评价及教育体制提出了挑战。在属地化管理体制下，明晰中央与地方、流入地与流出地政府责任，尽力保障流动儿童合法受教育权益是我国经济社会发展必须要面对的问题。

四、新生代农民工子女教育存在的问题

新生代农民工作为农民工群体的主体和生力军，已成为我国现代化建设的重要力量，其市民化问题是我国新型城镇化战略的关键。受城乡分割、地区分割的户籍制度和教育体制的束缚，新生代农民工子女入学还面临各种入学门槛，流入地教育供求矛盾还相当尖锐，子女入学的困难必然影响新生代农民工的社会认同与融合，长此以往，将不利于城乡一体化发展与和谐社会构建。与第一代农民工相比，新生代农民工子女教育有其独特性。新生代农民工子女平均年龄为5岁，其对学前教育有着强烈需求。我国学前教育发展滞后导致新生代农民工子女普遍面临“入园难”、“入园贵”的问题，这是新生代农民工子女教育的独特性。但是，相对城市居民而言，新生代农民工与第一代农民工有着相似的命运，城乡户籍制度及社会福利分配制度的体制束缚，令两代农民工同处社会边缘，其子女教育存在很多共性问题。总体来看，新生代农民工子女教育存在以下问题。

（一）新生代农民工子女“上学难”、“上学贵”问题突出，学前教育阶段尤为显著

新生代农民工子女教育需求与实际教育机会获得之间有较大差距，农民工子女“上学难”、“上学贵”问题比较突出。从入学机会看，新生代农民工子女在城市入学、接受公办教育的机会比较匮乏。调查显示：一半以上的新生代农民工希望子女在城里上学，但实际上只有38.3%的在城市接受教育，两者相差20%；86.8%的新生代农民工希望随迁

子女在公办学校（幼儿园）上学，但实际上只有32.5%的在公办学校（幼儿园）上学，两者相差54.3%。

相对而言，新生代农民工子女上城市公办幼儿园的机会更少，“入园难”、“入园贵”问题更突出。调查显示：学前教育阶段新生代农民工子女上公办园的比例为19.2%，义务教育阶段新生代农民工子女上公办学校的比例为41.1%，两者相差22%，新生代农民工子女在城市上公办幼儿园的机会远低于义务教育阶段。从教育负担看，新生代农民工子女上幼儿园缴纳的费用占新生代农民工年收入的26%，对新生代农民工家庭来说，这是一笔沉重的经济负担。

当义务教育阶段“两为主”政策效应逐步显现时，农民工随迁子女接受学前教育问题成为一个新的难题。20世纪90年代中后期，国有企业改革中，社会职能的剥离导致大部分幼儿园改由社会力量举办。政府在学前教育发展中职责缺失，造成了公办幼儿园短缺、幼儿师资队伍不稳定、学前教育发展缺乏财政保障等不良后果。学前教育整体发展水平的落后，令新生代农民工子女“入园难”、“入园贵”问题日益突出。

（二）城市公办教育资源供给不足

新生代农民工子女在城市公办学校入学率低，这也凸显了流入地城市教育资源供给短缺的困境。根据《中国2010年第六次人口普查资料》样本数据推算，0—17岁城乡流动儿童规模为3 581万，在2005年基础上增加了41.37%，且有继续增长的趋势。其中，流动儿童中户口性质为农业户口的流动儿童占80.35%，全国农村流动儿童有2 877万人。③规模庞大的流动儿童对城市教育供给产生了巨大压力。经济发展较快的长三角、珠三角等地区需求压力更大，城市教育资源短缺问题更加严重。华中师范大学课题组对广州、深圳等城市农民工随迁子女教育经费需求进行了初步估计。以深圳为例，目前，深圳义务教育阶段农民工随迁子女约38.2万人，其中有23.7万学生在民办学校就读。如果所有的农民工随迁子女进入深圳公办学校，按照深圳中小学生均教育经费测算，则需要增加教育经费35亿元，财政需要负担29亿元④。上述费用还不包括土地、校舍、教学设施等资本性投入。

表4　2009年部分城市教育经费缺口测算

		不在公办学校就读的非本地户籍学生数（人）*	生均教育经费（元）	生均预算内经费（元）	教育经费总缺口（万元）	预算内教育经费总缺口（万元）
广州	小学	179 455	8 615.19	4 982.96	154 604	89 422
	初中	46 878	10 484.67	6 562.59	49 150	30 764
深圳	小学	188 315	13 932.82	11 838.43	262 376	222 935
	初中	48 847	17 414.70	14 554.05	85 066	71 097
武汉	小学	7 793	7 167.21	5 455.08	5 585	4 251
	初中	4 193	9 323.90	6 620.11	3 910	2 776
西安	小学	4 660	3 564.04	3 250.61	1 661	1 515
	初中	4 004	4 769.34	4 236.06	1 910	1 696
重庆	小学	2 263	4 432.25	2 998.77	1 003	679
	初中	3 396	5 201.93	3 813.34	1 767	1 295

注：*不包括在“不合格”的民办打工子女学校读书的农民工随迁子女。

（三）城市教育资源供求结构性矛盾突出

城市教育资源供求不均衡，富余校舍主要集中在中心城区，而农民工聚居的城乡接合部校舍十分短缺。在计划经济体制下，公办教育资源，尤其是优质学校集中在老中心城区，新兴城区和城乡接合部往往是教育资源配置的薄弱环节。

表5 2009年部分地区“中心城区学校”分布

	幼儿园	小学	初中	普通高中
占全部学校比例	46.3%	40.6%	46.3%	66.7%
占全部公办学校比例	—	42.2%	58.5%	79.8%

从表5可以看出，中心城区集中了城市一半左右的公办教育资源。中心城区昂贵的房价和生活成本导致农民工不得不向城乡接合部迁移，农民工随迁子女难以享受优质的公办教育资源。有调查发现，上海流动人口在城乡接合部集聚趋势比较明显。上海市中心区流动人口比重逐渐下降，而近郊区、远郊区流动人口比重逐渐上升。2007年底上海远郊区（包括松江、金山、松浦、南汇、奉贤和崇明县6个区县）流动人口达到150.21万，近郊区（包括浦东、闵行、宝山、嘉定4个区）有流动人口50.23万，远近郊区流动人口占上海市全市总人口的2/3，远郊区流动人口持续增长趋势明显。⑤2007年上海82%以上的外来人口集中在闵行、宝山、浦东、松江、嘉定等区域，上述区域集中上海50%左右的外来人口子女，而这类区域教育资源却相对短缺，教育供求的结构性矛盾突出。

（四）城市教育规划缺乏前瞻性

首先，现有城市规划是以辖区户籍人口为基数制定的，没有考虑非户籍人口的公共服务需求。在一些新建居民小区，未按规定配建相应的学校和幼儿园的现象比较普遍，由此导致土地城镇化快于人口城镇化，农民工子女教育需求未能纳入城市总体规划。据测算，当居民小区规模达到1 000户（约3 000人）时，会产生200余名学额需求。城市规划缺乏前瞻性为农民工随迁子女学额供给带来了许多无法补救的难题。

其次，在城市化快速发展过程中，城市新区由于外来人口多，人口年龄结构年轻化，其基础教育设施配套千人指标明显比中心城区高。但一些城市新区规划仍然简单套用中心城区配建标准，由此导致新区教育资源承载力难以满足外来人口子女（包括农民工子女）的教育需求。

最后，在审批城市规划及有配建要求的住宅建设项目时，在工作机制上未能充分吸纳教育部门参与，未能对教育设施配建状况进行制度化监管和审核，由此导致教育基础设施配建缺乏强有力的制度约束。

（五）各地公办学校“入学门槛”需要进一步完善

华中师范大学课题组通过对全国各地117个政策文本的分析发现，各地公办学校“入学门槛”种类繁多，入学手续繁杂，缺乏统一规范，急需进一步完善。政策文本分析显示：不同类型的证明材料在不同区域所占权重和比例不一。“劳务合同”、“暂住证”、“户口簿”、“居住合同”及“原校同意外出就读证明”等是绝大部分地区要求提供的材料。众多材料中居于前五位的由高到低依次是：“劳务合同”（87.2%），“暂住证”（83.7%），“户口簿”（76.1%），“居住合同”（66.7%），“原校同意外出就读证明”（50.4%）。通过分析发现，省会城市和直辖市“入学门槛”明显高于县（市、区）级城市。要求随迁子女提交6份及以上证明材料的比例，省会城市和直辖市为52.4%，县（市、区）级城市为32.1%，前者比后者多出20个百分点；要求随迁子女提供7份及以上证明材料的比例，省会城市及直辖市为28.6%，而县（市、区）级城市别为17.3%，前者比后者高11个百分点。可见，省会城市和直辖市要求农民工随迁子女提供的材料更多，也更烦琐。⑥在城镇化推进加速、人口流动加速的背景下，流入地城市政府设置“入学门槛”也是无奈之举。但是，“入学门槛”的设置应遵循一定的规范，并体现社会公平正义原则。田野调查发现，一些地区繁杂的入学手续和较高的“入学门槛”阻碍了农民工子女在城市接受教育。

（六）民办农民工子女学校发展面临两难处境

由于收费低、入学形式灵活，民办农民工子女学校受到了低收入阶层农民工的欢迎。在缓解城市教育供求矛盾，满足农民工子女入学需求等方面，民办农民工子女学校发挥了重要作用。统计显示：

2009年，上海农民工子女在合法的民办农民工子女学校入读的比例为25%；2008年贵阳农民工子女约13万余人，其中9万余人在民办中小学就读，民办学校承担了约70%的农民工子女的教育任务；2009年，东莞市农民工子女规模约40万人，其中3/4外来人口子女在民办学校就读，民办农民工子女学校成为外来人口子女就学的主渠道。

尽管民办农民工子女学校在接纳农民工子女入学方面作用巨大，但大部分民办农民工子女学校的校舍、师资、设备未能达标，学校安全隐患大，财务运行不规范，教育质量也不高，这些状况影响了城市教育秩序，也不利于儿童健康发展。据调查：北京市农民工子女学校95%的教师没有配备电脑，只有4%的教师运用过多媒体进行教学。28%的学校没有图书室，70%的学校没有实验室，73%的学校音乐器材满足率不到40%，64%的学校体育器材满足率不到40%。52%的教师学历是高中或以下，30%的教师没有教师资格证书。⑦

对民办农民工子女学校科学定位有助于其健康发展。无论是对民办农民工子女学校实行分类管理，还是通过政府购买服务促进其发展，其最终目的都是推动民办农民工子女学校达到合格学校标准。否则，长期维系“城市教育二元结构”，将不利于社会融合和城乡经济社会一体化发展。

（七）农民工随迁子女在流入地参加高考存在制度障碍

我国实行以户籍为载体的高等教育机会分配制度，在高等教育发展区域不均衡背景下，不同区域人口享有不同的高等教育机会。区域间高考利益落差，诱发了以谋求高等教育机会为目的的高考移民现象。即考生利用各地高考分数线差异及录取率高低，通过转学或迁移户口等办法到高考分数线相对较低、录取率较高的地区应考。

农民工子女在流入地参加高考的问题与纯粹的“高考移民”有差异，前者是人的发展权益问题，后者是具有工具色彩的“逐利行为”。华中师范大学课题组调查显示：大多数新生代农民工希望孩子在城市读书，在城市参加高考。但上述需求在短期内难以得到满足，特别是跨省农民工子女异地高考问题遭遇了巨大的制度阻力。在高考分省命题、教材“一纲多本”的格局下，大多数农民工子女要么回户籍地参加高考，要么放弃高考机会。现有以户籍为本位的高等教育机会分配制度一定程度上阻碍了人口流动和城镇化发展，长此以往，将不利于阶层合理流动和社会稳定。

（八）农民工子女教育财政保障机制不健全

尽管城乡免费义务教育政策已全面实施，但流入地城市向农民工子女收取的赞助费、借读费等费用加重了农民工，特别是新生代农民工的经济负担。在“财权上收、事权下放”的财政体制下，农民工子女教育财政支出压力主要由流入地政府负担，由此带来中央与地方、流出地与流入地政府教育财政负担不均衡。农民工子女教育发展越好的区域，越容易出现“鞭打快牛”现象，其财政压力越大。在“地方负责、以县为主”的教育管理体制下，农民工子女跨区域流动所带来的外溢性问题，迫切呼唤更高层次的政府统筹。教育财政保障机制不健全成为制约农民工子女教育可持续发展的关键问题。

流动儿童的人口学特征与分布密度对教育财政有重要影响。统计显示，跨省流动儿童占全部流动儿童的30.11%，省内跨市占18.80%，市内跨县占12.83%，县内跨乡占38.25%。具体到各个省，流动儿童的类别构成差异较大。北京、天津、上海的流动儿童以跨省流动儿童占主导，所占比例超过90%，浙江跨省流动儿童比例高达61.95%，广东和新疆的比例都超过40%。部分省份的流动儿童则是以省内流动为主，如山西、安徽、江西、河南、湖南、四川和贵州等省份，省内流动儿童比例占90%以上。⑧为支持和引导各地解决好农民工子女教育问题，2009年，中央财政下拨20多亿元，专项用于流入地城市义务教育阶段学校补充公用经费和改善办学条件。但是，在巨大的教育经费需求面前，中央财政转移支付不仅总量少，而且在资金分配上未能反映跨省流动与省内流动差异，未能建立科学的拨款公式来提高资金分配效率。最根本的问题是，尚未建立一个适应人口流动的教育经费保障机制。

五、新生代农民工子女教育的应对策略

（一）建立经费保障机制，不断提高农民工子女在公办学校免费接受义务教育的比例

强化流入地政府管理责任。流入地政府要将农民工等流动就业人口子女义务教育纳入区域发展规划，切实保证他们在全日制公办学校免费接受义务教育。建立包含农民工子女在内的教育经费保障机制，流入地政府要加大经费投入，按照农民工等流动就业人口子女实际人数拨付教育经费；中央政府进一步完善农民工等流动就业人口子女义务教育奖补政策，逐步增加奖补经费；省级政府制定相应的奖补政策、设立专项经费。

深化和拓展“两为主”政策，实施“两个全部纳入”政策。“两个全部纳入”是指将包含农民工子女在内的常住人口全部纳入区域教育发展规划；将农民工子女义务教育发展经费全部纳入财政保障范畴。逐步消除户籍制度对农村人口自由迁徙的束缚，建立起以城市常住人口为基准的城市规划制度。将农民工子女义务教育纳入财政预算体系，在财政拨款上予以倾斜（提高生均经费权重）；建立农民工子女义务教育发展专项经费，可以考虑将土地出让金或物业税的一定比例划拨为农民工子女教育发展经费。

（二）强化中央和省级政府统筹能力，建立政府主导、部门合作的工作机制

城镇化快速推进与人口大规模流动，对我国基础教育属地化管理体制提出了挑战。保障农民工随迁子女义务教育权利和机会，呼唤更高层级政府承担更多责任。首先，强化中央政府在解决农民工子女教育问题上的责任。建议中央政府通过制度化转移支付，对农民工子女集中区域进行专项资助，减轻地方政府财政压力；中央政府应当在解决农民工子女跨省流动方面担负主要责任。其次，协调流出地、流入地政府责任，建立多级政府共同管理的工作机制。建议成立农民工子女教育发展机构。该机构在流动儿童登记统计、流动管理和监控、学籍管理、健康免疫系统等方面发挥重要作用。最后，政府各部门应通力合作，共同促进农民工子女教育发展。城市规划要充分考虑流动人口教育需求，做好科学的学校布局，为农民工子女提供更充足的学额；财政部门要将农民工子女教育经费纳入财政预算，建立长效保障机制；人事部门要根据外来人口变动趋势合理核定教师编制，为农民工子女教育发展提供充足师资；教育部门在编班、教学、课程开发及校园文化建设等方面加强融合教育，促进农民工子女早日融入城市。

（三）强化管理，规范民办农民工子女学校发展

对于城市民办农民工子女学校，政府应实事求是地制定审批办法和学校办学标准，对不同类型的民办学校实行分类管理。各地应继续发挥公办学校主渠道作用，逐步提高公办学校中农民工子女入学比例。大力推广上海经验，鼓励通过政府购买服务方式，加强对民办农民工子女学校的管理和扶持力度，促进民办农民工子女学校健康发展。规范管理、积极扶持主要接收农民工等流动就业人口子女的非公办学校。流入地政府建立审批和管理办法，加强指导和监督，使每一所学校都达到合格学校标准。流入地政府要帮助这类学校改善办学条件，通过公办学校托管、加强教研指导、开展教师培训等途径帮助其提高教育质量。

（四）积极探索保障农民工随迁子女接受学前教育和高中教育的新机制

高度重视学前教育，促进学前教育城乡一体化发展，为农民工子女教育提供更多自由选择的机会；加大政府投入，完善成本合理分担机制，对家庭经济困难幼儿入园给予补助。切实加强幼儿教师培养培训，提高幼儿教师队伍整体素质，依法落实幼儿教师地位和待遇。为新生代农民工子女接受良好的学前教育奠定基础。

制定跨省农民工子女在城市参加高考的改革路线图。其基本思路是按照农民工市民化改革进程，逐步推进“本地求学、本地高考”制度。农民工市

民化是解决农民工问题、推进城市化进程的重要途径，也是农民工群体内部分化的必然结果。按照“意愿”和“能力”相结合的原则，综合考虑农民工的“留城意愿”和“留城能力”，将农民工分为三个群体：可市民化的农民工、完全流动的农民工和过渡阶段的农民工。对于“可市民化的农民工”，通过设置合理的准入门槛，明确规范准入标准，对符合要求的农民工给予市民身份。对于市民化的农民工，其随迁子女享受同城待遇，可以在流入地参加高考。

从总体设计看，逐步取消附着于户籍上的福利分配制度，保障人的自由迁徙权是农民工子女高考改革的主导方向。为避免大的社会震荡和风险，农民工子女高考改革宜分步推进、渐进改革。可分三步走：第一步，对农民工随迁子女完全放开中职、高职教育；第二步，以人口流动为基数，按比例分配各省（市、自治区）高考指标；第三步，彻底打破户籍限制，建立以居住证为识别标识的“异地高考”模式。

（五）采取有效措施，促进农民工子女的教育融合

融合是个体之间、群体之间、不同文化之间相互调适、共同发展的过程。因生活环境和家庭社会经济背景的差异，农民工子女与城市儿童在生活习惯、人际交往、学习方法和学习成绩等方面存在差异。特别是新课程改革带来的教材多元化，农民工子女对城市教育的适应与融合应引起社会高度重视。

促进农民工子女教育融合是学校、家庭和社会义不容辞的责任。第一，要进一步落实“两为主”政策，逐步开放城市所有公办学校接纳农民工子女，不断提高农民工子女在城市公办学校入学的比例；第二，减少针对农民工子女的教育歧视行为，鼓励农民工子女与城市儿童混合编班，实现教育过程平等；第三，开发有利于农民工子女教育融合的校本课程。学校在实施国家课程和地方课程的基础上，要根据城乡儿童身心发展特点及城市化发展需求，开发有助于农民工子女教育融合的校本课程，让不同文化背景的学生互动交流，分享和欣赏不同文化；第四，加强校园文化建设，开展班队活动促进融合，形成包容、和谐、友爱的文化氛围，让城乡儿童在交往中消除隔阂、共同成长；第五，鼓励城市社区、家庭和志愿者开展“手牵手”、“家庭结对”及针对农民工子女的心理与学习辅导，发挥学校、家庭和社区的教育合力，共同促进农民工子女教育融合与城市融入。

（六）大力发展县镇教育和乡村教育，减缓农民工子女对城市的压力

在数量上，农民工随迁子女与农村留守儿童存在此消彼长的关系。均衡配置大城市、中小城市、县镇和农村公共教育资源，合理引导流动人口到中小城市和县镇安家落户，有利于减缓城市教育需求压力，实现农民工就业与子女入学（园）的适度分离，以科学的教育区域规划引领城镇化发展。中国特色城镇化发展，为以县镇教育为核心的农村教育发展提供了难得的发展机遇。

县镇是城市与乡村之间的连接点，县镇教育的发展将有利于减少农民工子女无序流动，发挥其重要的“蓄水池”作用。高度重视农村教学点等小规模学校的发展价值，合理进行中小学布局调整，遏制地方政府一刀切地“撤点并校”行为，有利于缓解城市教育压力。因此，加大农村幼儿园和农村中小学标准化建设力度，不断扩大优质教育资源覆盖面，有助于提高农村教育吸引力，增强农民工子女在户籍所在地就读意愿，缓解大城市教育供求矛盾，构建适应城镇化发展需求的有中国特色的教育发展道路。

【注释】

①国务院研究室课题组：《中国农民工调研报告》，北京：中国言实出版社，2006 年，第 25 页。

②国家统计局：《2012 年全国农民工监测调查报告》，国家统计局网站，2013-05-27，http://www.stats.gov.cntjfxjdfx/t20130527_402899251.htm.

③⑧全国妇联课题组：《全国农村留守儿童、城乡流动儿童状况研究报告》，2013 年 5 月。

④不包括在“不合格”的民办农民工子女学校读书的农民工随迁子女。如果将这类学生纳入公办教育并由流入地政府负担，短期内城市政府的教育支出压力会更大。

⑤高向东：《上海远郊区流动人口集聚研究》，《城市发展研究》2009 年第 2 期。

⑥雷万鹏、汪传艳：《农民工随迁子女“入学门槛”的合理性研究》，《教育发展研究》2012 年第 24 期。

⑦袁连生：《农民工子女义务教育经费负担政策的理论、实践与改革》，《教育与经济》2010 年第 1 期。

教育利益的界定甄别与法律调整*

——运用法律手段解决教育中的“老大难”问题

□ 褚宏启（北京师范大学教授）

国家为什么介入教育？孩子为什么要进学校读书？某些教育改革为什么步履维艰？“择校”顽疾为什么久治不愈？教科书和教辅材料市场为什么如此混乱？上述诸多问题的答案只有一个：利益使然。

教育是一个利益场。教育改革是对教育中利益关系和利益格局的调整。当前我国的教育改革进入深水区和攻坚期，教育中一些重大利益关系的调整势在必行。分析研究错综复杂的教育利益关系，是制定教育政策、完善教育立法、推进教育改革的逻辑起点。

本文明确提出并分析了“教育利益”这一概念，梳理了当前我国教育领域中的重大利益问题，提出要解决这些重大问题，必须运用国家权力尤其是通过法律手段。与国外的教育法相比，我国教育法对于关键问题、重大问题的解决，能力明显不足。当前法律手段在解决我国重大教育问题、调整重大教育利益关系中的作用并不彰显，亟待加强。

一、“教育利益”的含义与构成

何谓利益？利益即好处。教育利益是指教育主体及其相关主体从教育过程和结果中获得的、能满足其需求的好处。以学生的教育利益为例，该利益包括结果利益和过程利益两部分，涉及个体受教育的机会和资源、个体在受教育中的感受和幸福度（不受歧视、不被体罚和辱骂）、个体受教育的未来收益（经济、政治、社会地位的提高）等。

利益并非只是物质利益，人的主观感受也是利益的重要方面。西方一些思想家把利益与人的快乐、幸福相联系。爱尔维修（Claude Adrien Helvétius）就曾经指出：“一般人通常把利益这个名词的意义仅仅局限在爱钱上；明白的读者将会觉察到我是采取这个名词的比较广的意义的，我是把它一般地应用在一切能够使我们增进快乐，减少痛苦的事物上的。”[1]霍尔巴赫（Paul Heinrich Dietrich d' Holbach）则认为：“人的所谓的利益，就是每个人按照他的气质和特有的观念把自己的安乐寄托在那上面的那个对象；由此可见，利益就只是我们每个人看作是对自己的幸福所不可缺少的东西。”[2]

利益是一个社会关系范畴，它实质上是需要主体为了满足自身的需要而与需要对象之间关系的体现。[3]利益与人的主观需要息息相关，利益能否实现取决于外部客观条件是否允许。

概括而言，教育利益是教育主体（教育利益相

* 原载《教育学报》2013年第4期。

关者）与满足主体需要的资源（包括物质财富和非物质财富等）之间的关系，它表示主体的存在和发展的要求在与资源的结合中得到肯定，或者说资源以自己的属性满足了主体的需要，肯定了主体的存在和发展。

教育利益由以下因素构成。

（1）教育主体。即教育利益相关者，包括国家、教育行政机关、学校、教师、学生、家长等。教育主体是教育利益的追求者、享受者和实现者，利益的动态构成或者说利益的实现，都依赖主体的活动。

（2）主体的需要。主体的需要是指主体在与外界环境中互动产生的、主体存在和发展的不平衡状态。需要是利益的一般前提，没有需要就没有利益，需要是主体行动的动力，推动着主体追求与外界的交换活动。

（3）资源。资源是主体需要所指向的对象，包括物质财富和非物质财富。物质财富可以是货币（教育经费、助学金、奖学金、工资收入、有价证券等）、土地（教育用地）、房屋（教学用房、教育办公用房）、设施设备（实验仪器、计算机、课桌椅、运输工具等）、教材、图书等。物质财富是教育发展的重要保障条件，也是教育中个体追求的基本目标（所谓票子、房子、车子等）。

非物质财富指智力成果以及其他与人身相联系的非物质财富。智力成果指脑力劳动所产生的知识性成果，如科学发现、发明创造、学术著作、学术论文、文艺作品等。法律中对于知识产权的保护、政府部门或者专业组织对于学术规范的要求，都是为了保护智力成果、促进知识创新和技术创新。保护知识产权、严格学术规范对于促进高等学校的科学研究具有重要价值。而纵贯大中小学的创新精神与创新能力培养，一个重要目的是提高未来生活成员产出智力成果的水平。在知识经济时代，创新精神和能力的培养对于增进国家和个人的物质财富至关重要。与人身相联系的非物质财富包括公民的姓名、肖像、名誉、隐私、身体健康、生命等，以及组织的名称（如学校校名）。

（4）主体行为。是指主体作用于资源环境以取得资源的活动。只有通过主体的活动，才能使前三个因素结合起来，构成利益的现实状态。[4]180-182

每一主体不论是国家、学校、教师、学生、家长，都不是无缘无故进入教育场所的，都有其利益诉求，都在追求教育带来的现实的或者潜在的好处。

国家为什么介入教育？为什么大量投资教育，甚至把优先发展教育作为国家战略？有其政治原因、经济原因、文化原因等，教育有利于维护政治稳定、促进国家认同、促进经济发展、提升国家竞争力。以美国为例，美国的公立学校运动就是为了促进移民的文化融合与国家认同，而美国的《国防教育法》是为了发展经济与军事力量，争霸世界。

人力资本理论揭示出教育不是消费，而是一种具有战略意义的投资，教育改变了劳动力素质，成为经济发展的重要推动力。丹尼森（E. F. Denison）计算出 1929—1957 年美国教育对于国民收入增长的贡献率为 35%。[5]我国学者计算出 1978—1998 年教育对我国经济增长的贡献率为 31.51%，1995—2004 年教育对我国经济增长的贡献率为 23.93%。[6]143经合组织在《教育概览 2012：OECD 指标》中指出，劳动力所具有的技能以及这些技能的价格，决定了各个国家在全球市场中能否成功。由于服务和生产系统变得越来越复杂，它们需要拥有更高学历的劳动力。高素质的劳动力队伍不仅对高端技能部门很重要，对在低端技能领域维持总体成本优势也很重要。在全球劳动力流动性不断增加的背景下，为了吸引和留住技术员工，在促进社会整体公平和提供强有力的经济刺激之间取得适当的平衡变得更加重要。[7]

随着知识经济的到来，教育对于经济发展的作用更加凸显，因为在知识经济时代，知识资本对于经济增长的贡献远远超过物质资本，而包括高等教育在内的教育的使命就是知识传播与知识生产，高校科学研究成为知识创新和国家创新体系的重要构成部分。

因此，对于国家而言，教育蕴含着巨大的、复合的利益。管理、举办教育的过程对于国家来说是一个复杂的过程，由于国家的稳定与发展越来越依赖于教育的结果，即教育对于人力资本和知识资本的贡献，国家才会有那么高的热情投资教育。

而对于个体而言，如对于学生、教师、教育公务员而言，他们为什么要进入教育场所受教、施教、从事教育管理工作？

学历社会的来临使得学位证书或者学历证书成为向上流动的通行证。青少年接受教育是为了有一个更好的人生，受到好的教育意味着找到好工作、有高收入、有较好的社会地位、过着体面的生活。接受更高的教育意味着更高的成本投入，意味着更高的机会成本，但学生及其家庭在做教育决策时，在经过成本收益分析后，大多数家庭还是会毫不犹豫进行教育投资，在中国的一些家庭哪怕“砸锅卖铁”也毫不含糊。

教育经济学中的明瑟收益率是一种计算教育回报率的方法。根据2004年的计算，全世界的平均明瑟收益率为9.7%，就是说在其他条件相同的情况下，多接受1年教育可以使个人的收入增加9.7%，应该说教育收益率是很高的。经济发展水平较低的国家和地区明瑟收益率较高，低收入和中等收入国家的明瑟收益率接近11%，高收入国家为7.4%。[6]81经合组织在《教育概览2012：OECD指标》中指出，高等教育可以给个人在劳动力市场带来可观的收入回报。在OECD国家，完成高中教育的人的收入比没有完成高中教育的人高出23%，受过高等教育的人的收入会比受过高中教育和中等后非高等教育的人高出5%以上。获得高收入的潜在可能性有力地促使个人接受教育和发展技能。拥有高学历不仅能增加个人就业机会和减少失业，还能使个人得到高收入。从更广阔的视角看，受过较高程度教育的人的收入回报和全球劳动力市场急需的技能有关，尤其是国家经济发展越来越趋于以知识为本。不断增长的高收入回报能够表明受教育的个体供不应求。[7]138-139

学校是一个利益场。直接可见的利益主体就是学生、教师和管理者。学生带着自己的希望与兴奋而来，或许又带着失望与苦恼踏上归途。他们期待着热热闹闹的嬉戏，渴望着老师的表扬与同学的赞誉，向往着好的工作和灿烂的未来。教师从教，不仅会有物质利益方面的驱动，也会有理想的指引、社会责任感的驱使，甚至会是一种无可奈何的选择。在这里，当我们关注那一个个教师时，我们所能见到的，将不再仅仅是“传道授业解惑”者，而且是一个现实的生活者，有他的苦恼与无奈，有他的幸福与期望。学校教育是他生活的一部分，并真切地影响着他的生活质量。从抽象概念走向现实，能发现的是，教师与学生都是利益的追求者，学校教育中的管理者也是如此。[8]

尽管都是利益驱动，但与学生进入教育场所接受教育不同，教师进入学校、教育公务员进入教育行政机关等是为了谋生。在许多国家，教师职业受人尊重，有假期，经济收入稳定，职业安全系数高。当公务员更是很多人的追求，尤其是在“官本位”文化依然火热的中国社会。因此，教师从教未必都是为了崇高的教育理想，教育公务员从政也不意味着全心全意为人民服务而没有私心杂念。他们从事的是一种赖以谋生的职业，不需要把教育从业者美化神化。

学校作为教育的基本社会组织单位，是其组织成员的利益共同体。学校的命运与组织成员的命运往往连接为一体，一损俱损，一荣俱荣。学校为了自身的利益，为了证明自身存在的合理性与合法性，会发动一些变革，也会阻碍一些变革；会对上隐瞒一些信息，也会故意对外披露一些信息。另外，有人举办民办教育机构（如私立幼儿园和学校），是为了实现资产增值的牟利诉求。

上述例子基本都是对于结果利益（从教育的结果中得到什么、从事教育职业最后得到什么）的描述，在教育过程中，亦即教育主体追求教育结果利益的过程中，相关主体也会有大量的利益追求，也会发生大量的利益冲突，如政府与学校的冲突、学校与师生的冲突、师生冲突、教师间的冲突、学生间的冲突，等等。

要承认利益追求的合理性，不能把人和组织看成神，不能把教师、校长、局长等当成神，也不能把学生当成神，他们都有七情六欲，他们都不是全知全能，他们的理性都是有限理性。要正视利益，不回避利益问题。教育利益是普遍存在的，是多种多样的。但是，能够满足主体需要的资源是稀缺的，利益冲突不可避免。需要对教育利益冲突和教育利益格局进行深入研究，并运用国家权力有效解决利益冲突。

二、重大教育问题的甄别梳理与立法干预

教育法是调整教育利益关系的基本法律手段。教育法的功能不只是维持一定的教育秩序，解决教育中的摩擦和纠纷，其更重要的使命是具有前瞻性地推动教育的发展，要通过法律手段尤其是立法手段改变已有的利益关系结构与利益格局，促进新利益的生成。教育法要关注重大教育利益，并将之纳入法律调整的范围内。

重大教育利益是指根本性、长远性的教育利益，这种教育利益对于其他教育利益具有很强的前向关联效应和后向关联效应，会对教育利益格局造成深刻持久影响，会改变教育利益关系的现有格局，并会影响国家的经济利益、政治利益以及国际竞争力。重大教育利益往往与国家重大需求密切相关，涉及国家战略需求与广大受教育者的切身利益。

教育法能否大有作为，对于国家教育发展起到战略性推动作用，关键看能否把重大教育问题、重大利益纳入到教育法的调整范围。而教育立法及其实施，背后体现的是国家权力的运作。

国家权力是指国家、国家机关及其工作人员凭借和利用对资源的控制，以使公民、法人或其他组织服从其意志的一种特殊力量或影响力。国家权力具有以下特性：(1) 权力是和职位、组织机构结合起来而形成的一种相对稳定的社会意志，代表着一定阶级及其成员对社会的控制能力，具有权威性和影响力。(2) 权力是一种不对等的命令与服从的社会关系，权力一般都以命令—服从的轨迹运行，命令与服从既是权力的本质，也是权力实际存在的重要条件。(3) 权力的实质是一种价值控制和资源控制，即权力主体控制着价值和资源的支配权，它是实现权力主体意志、目标和利益的工具和手段。(4) 权力必须具备若干要素才能构成完整的权力，它包括：权力主体，即国家权力的拥有者和实施者；权力对象，即国家权力实施的对象；权力目的，即国家权力实施所要达到的目标；权力手段，即实施国家权力的各种措施；权力结果，即实施国家权力的效益和后果。[4]199-200

重大教育问题的存在既是对教育工作者的挑战，也是对国家权力的挑战。是否敢于直面这些尖锐的重大问题、是否能够有效解决这些问题，是对于国家权力的智、仁、勇的考问和考验。国家权力应该聪明、精明、有智慧，对于重大利益问题了然于胸，于绝顶处一览众山小，尽管不能放小，但必须抓大，抓小放大的国家权力是糊涂平庸的。国家权力应该有仁爱之心，有悲天悯人的人道主义情怀，始终以人为本，为民众服务，把人的自由而全面的发展放在心上。国家权力应该有勇气、有担当，应该充满激情迎接各种重大问题的挑战，在解决重大问题中大有作为，不能消极无为。国家权力应该智勇双全、有仁有义。

国家权力是推进教育改革、调整教育利益关系的重要资源，不可替代。国家权力分为立法权、行政权和司法权。对于教育法的创制和实施而言，三种国家权力都发挥着重要作用。在讨论教育法问题时，我们往往更关注教育行政权力的运作，这是不够的。要提高教育立法质量、加快教育立法进程，必须关注立法机构的运作程序和特点；要解决教育利益纠纷，必须提高司法机构处理教育问题的能力和水平。因此，要全面动员三种权力服务于教育法制建设。

教育法制建设，立法为先。需要注意的是，并非只有纯粹的立法机构（如国外的国会、议会，我国的人民代表大会及其常委会等）涉及教育立法工作，行政机构和司法机构也介入立法工作。政府及其教育行政部门也具有教育立法权，制定了大量的

教育行政法规、规章和其他规范性文件。在英美法系国家，判例本身就成为法律，具有普遍的约束力。在我国，尽管法院判决本身不能成为具有普遍约束力的法律，但最高法院的司法解释却属于立法的范围。因此，在教育立法中，要协同、协调发挥三种权力机构对于教育立法的不同作用，做到优势互补。

教育立法要关注教育重大利益、重大问题。三类权力机构特别是立法机关和行政机关，要把持续研究、深度研究重大教育问题作为立法调研的重点工作。教育法学研究也要把重大教育问题作为研究重点。

哪些教育问题涉及重大教育利益、属于重大教育问题，而应该列入教育法的调整范围呢?

《教育规划纲要》把我国教育发展新阶段存在的重大教育问题概括为："我国教育还不完全适应国家经济社会发展和人民群众接受良好教育的要求。教育观念相对落后，内容方法比较陈旧，中小学生课业负担过重，素质教育推进困难；学生适应社会和就业创业能力不强，创新型、实用型、复合型人才紧缺；教育体制机制不完善，学校办学活力不足；教育结构和布局不尽合理，城乡、区域教育发展不平衡，贫困地区、民族地区教育发展滞后；教育投入不足，教育优先发展的战略地位尚未得到完全落实。"

本文从教育系统与外部的关系，以及教育系统内部的核心要素优化两个视角，提出关涉重大教育利益的十个重大问题。

(1) 从教育结果、教育产出、教育质量看，教育所培养的人的素质不能满足人的自我发展与社会发展需求，教育需要提高教育效能，提高对于"人的自由而全面的发展"的贡献率、对于社会全面进步以及国家发展的贡献率。这是关涉人的根本利益和国家根本利益的最重大的问题。

(2) 从教育体系看，教育体系结构不合理，与经济结构、产业结构的匹配度需要提高，而且教育体系内部的横向沟通和纵向衔接不够，没有建立起"立体交叉桥"，能满足终身学习需要的终身教育体系还远未建立起来。这关涉到教育结构能否有效支撑经济结构调整和产业结构升级，关涉到每个公民终身学习需求的满足，关涉到在教育体系中的学生(尤其是中职生和高职生)能否有公平的机会升入高一级学校。

(3) 从国家战略关联度看，国家科教兴国战略与人才强国战略的关联度需要加强，与之相应，国家近年颁布的科技、教育、人才三个中长期规划的联系需要强化，科技发展、教育发展、人才队伍建设需要统筹，以做到"三江合流"，浑然一体。在有些国家，由一个国际机构统筹科技、教育和人力资源开发事务，具有很高的管理效率。这关涉到国家战略的协同性，以及国家战略意图的有效实现。

(4) 从教育投入看，国家和社会对教育的经费投入不足，教育优先发展的战略地位尚未完全落实。这会导致教育资源的外部配置效率不高，导致由于投入不足而使教育不能有效服务于国家发展。

上述四个问题都涉及教育系统与外部的关系，涉及教育从外部输入什么(教育投入)，向外部贡献什么(一定数量、结构和质量的人才)，以及教育系统与其他系统如经济、科技、人力资源开发的协作及匹配程度。这些都是最宏观的教育战略问题，是教育立法和教育政策需要考虑的优先事项。

(5) 从教学内容看，各级教育的课程知识繁难偏旧或者空疏无用，职业院校和高等学校在专业设置上结构错位、交叉重复，课程体系和专业设置需要优化。需要深化各级各类教育的课程改革，提高课程与培养目标的契合度，提高职业教育、高等教育的专业设置与产业结构的匹配度，进一步解决课程知识繁难偏旧、空疏无用的问题。教学内容是为落实教育目的服务的，现存问题不但影响学生知识结构的优化、增加学生的学习负担，还影响教育目的和教学目标的达成。

(6) 从教学方法看，我国各级各类教育中，教师使用的教学方法相对单一，比较陈旧，教师"满堂灌"、"一刀切"现象严重，学生"死读书"、"读死书"现象严重，素质教育推进困难，学生学习往往是被动学习，不利于学生自主学习和合作学习以及探究能力的提升，不利于培养学生的创新精神和实践能力，教学效益低，严重影响学生的全面发展、个性发展、主动发展与可持续发展。

（7）从教育队伍素质看，教师队伍、学校管理人员队伍、教育行政人员队伍的专业化水平不高，教育从业人员的职前培养体系（主要是教师教育）和职后培训体系不能较好满足教育发展的需要。教师的地位待遇有待进一步提高。教育从业人员整体素质不高成为我国教育又好又快发展的制约瓶颈。

（8）从教育系统内部资源配置与使用看，教育资源的内部配置效率低，使用效率低，存在浪费现象，教育信息化建设中浪费尤为严重，而且教育资源在区域间、城乡间、校际间、群体间的分配很不均衡。这个问题导致本来就不充足的教育资源不能被充分利用，导致区域间、城乡间、校际间、群体间有较大教育差距，导致“择校热”高烧不退，严重影响到教育效率、教育公平和教育秩序。

（9）从教育研究看，研究对教育发展与改革提供的智力支持严重不足。教育研究质量总体偏低，研究方法落后，实证研究偏少，高水平教育宏观政策和发展战略研究严重不足，与发达国家相比有很大差距。这种状况导致教育研究难以回答教育改革发展中的重大理论和现实问题，难以为教育决策、教育立法提供高水平的智力支持，难以为教育实践提供良好的指导，我国教育决策、教育实践的科学化理性化程度亟待提高。

（10）从教育体制机制看，教育体制机制不够灵活，特别是教育行政管理亟待改革，中央与地方之间权限不清晰、政府各部门之间教育管理职责交叉，政府教育行政职能转变不到位，政府对于教育的宏观统筹协调力度不够，政府对学校管得过多过细，学校办学自主权没有落实到位，学校缺乏办学活力。尤其需要注意的是，与素质教育、与促进“人的自由而全面的发展”相一致的评价制度体系没有系统地建立起来，评价制度体系包括学生的考试评价制度、教师绩效评价制度、学校督导评价制度、教育督政制度、区域教育政绩考核问责制度等。可以这样说，上面提到的九个问题都与政府管理存在的问题密切相关。

还有就是教育法制建设存在的问题，主要表现在法律法规体系不够健全，以及执行落实不到位。这个问题属于政府教育行政管理存在的问题，也是本文重点关注的问题。

概括言之，教育质量、教育公平与教育效率问题是我国当前最突出的教育问题，这些问题及其影响因素又具体表现在前述十个问题中，如第一个问题述及的是教育质量问题，而第五、第六、第七等问题论及的是影响教育质量的要素如课程、教学方法、教育队伍素质等问题；第二、第八两个问题涉及的显然是教育公平问题；第三、第四、第八等问题关涉的显然是教育效率问题。

把上述十个问题列入教育法的调整范围，不仅可以健全我国教育法律法规体系的基本框架，而且抓住了我国教育法律法规体系建设的重点领域。这些问题的解决，具有很强的关联效应，会带动其他很多问题的解决。

三、运用法律手段调整重大教育利益关系的优越性

上述十个问题已经存在很长时间，尽管采取了很多手段诸如宣传教育手段、行政管理手段、公共政策手段等来解决这些问题，但一直没有得到较好解决。已有的教育立法对于这些问题的实质性介入也非常不足，致使法律手段不能被充分运用于这些问题的解决。

当前，到了下大决心、动真格的时候了。必须用最强有力的法律手段才能解决这些“老大难”问题，才能改变教育利益格局。

法律手段从以下几个方面对包括重大教育利益在内的各种教育利益进行调整。第一，在对各种利益相关者的利益进行全面分析的基础上，根据人的发展和社会发展的需要，重新划定教育利益关系格局，确认、界定、分配各种教育利益。第二，协调各种教育利益关系，防止或者解决利益冲突。第三，保障、促进教育利益的实现。第四，促进某种

新生教育利益的形成和发展。法律本身不能创造教育利益，但在一定条件下，教育“良法”可以促使人们自觉追求的教育利益的形成和发展。这表现为以教育法的纲领性、超前性特点为基础，引导教育利益关系朝向预定方向发展，促使一种新生教育利益的形成和发展。如同美国法学家罗斯科·庞德(Roscoe Pound) 所言：“法律发现这些利益迫切要求获得保障。它就把它们加以分类并或多或少地加以承认。它确定在什么样限度内要竭力保障这样被选定的一些利益，同时考虑到其他已被承认的利益和通过司法或行政过程来有效地保障它们的可能性。在承认了这些利益并确定其范围后，它又定出保障它的方法。它还为了下列目的而规定各种价值准则：为了确定哪些利益应予承认，为了确定保障各种被承认的利益的范围，以及为了判断在任何场合下怎样权衡对有效法律行为的各种实际限制。”[9]

通过教育立法确定、分配、形成和发展某种利益，特别是某种重大教育利益，首先需要对已有教育利益格局及其成因有深入的研究，这样才能提出有针对性的利益调整策略，为法律调整的有效展开奠定坚实的智力支持。

以上文提到的教育体系结构调整为例。教育结构调整是一项艰巨的任务，涉及政府管理部门之间、区域之间、办学机构之间利益关系的调整。管理部门之间在权责博弈上的自身利益考量、地方政府的扩招冲动和学校升格追求、教育机构的生存危机、家长和学生在专业选择上存在的机会主义倾向等因素，都会对教育结构的合理性造成重要影响。要充分研究这些影响的方向和强度。同时还要站在国家利益高度，超越地方利益和部门利益，开展深入的预测研究，提出科学的教育结构调整策略。由于事关大局，高层级政府尤其是中央政府和省级政府必须有“铁腕”精神，通过完善管理体制加大对于教育体系的统筹力度，切实解决多头管理、交叉管理这一顽疾，解决“九龙治水”责任不明的问题，采取一些强硬的集权性、强制性举措，尤其是借助法律手段，坚定地推进教育结构的战略性调整。

法律调整是通过对教育利益的各种构成要素进行有选择的确认，并将其转化为法律上的权利义务进而影响人们的行为的。法律作为行为规范，其最直接的作用对象是行为。法律对于行为具有指引作用。行为指引是指法律通过对权利义务的规定，提供人们社会生活的行为模式，引导人们在社会活动中做出或不做出一定的行为。这种指引是通过三种法律规范进行的。授权性规范提供授权性指引，即允许人们做出什么行为，而实际上是否做出由权利主体自行决定，比如言论自由、学术自由、教学自由等。义务性规范提供义务性指引，引导人们履行积极义务，即要求人们积极做出法律要求的行为，如父母必须送子女接受义务教育。禁止性规范提供禁止性的行为指引，即禁止人们做出一定行为，如禁止教师体罚学生。这些规范能引导人们做出适当的行为。

每一种规范都规定了一种行为模式，这些规范的组合就构成一种利益关系模式。教育法在影响权利行为和义务行为的同时，将教育利益关系纳入到法律关系的模式之内，由此，教育利益关系得到了调整。

运用法律手段调整教育利益关系的优越性更为突出地表现在有国家强制力做保障。法律通过国家强制力来宣示国家对合法行为的肯定性后果和对违法行为的否定性后果。法律调整对违法行为的不利后果有明确规定，当违法行为引起惩罚性责任时，国家强制力就会出现，并按明确的标准对责任人给予相应制裁，这些制裁包括行政制裁、民事制裁甚至刑事制裁。

而道德调整和政策调整显然不具备法律调整的优势。道德调整是通过社会舆论、传统习惯、人们内心的信念来调整利益关系的。道德规范中对违反道德的行为应予以何种处置并无明确规定，而且，其制裁手段也只限于舆论的谴责，对当事人公然蔑视舆论的行为，道德的制约也时常显得无能为力。因而，有学者称法律的约束为“硬约束”，道德的约束为“软约束”。[4]251

政策调整比道德调整更有刚性，但其刚性远逊于法律调整。与政策调整和道德调整相比，法律调整对于行为主体可以做什么、必须做什么、不得做什么规定得更加明确清晰，对于不当行为的制裁方式规定得更加明确清晰，更重要的是，法律调整对于不当行为的制裁更为严厉，所谓违法必究，执法必严。

因此，即便不涉及具体的教育法律内容，对于教育利益关系的调整而言，仅仅是法律调整机制本身就具有实质性的效率价值和秩序价值。法律在国家手中，是一种卓有成效的教育管理手段。这是很多国家加强教育立法、强化教育法制的重要原因。

从学理上讲，法律责任的设定形成了一种倒逼机制，使行为人根据法律规定预测自己某种行为的法律后果，并根据此后果决定是否实施某种行为。人最后实施的行为是一种利弊权衡的结果。法律后果的设定与趋利避害之人性是有内在关联的，本质上与制度理论中激励与约束制度是原理一致的。企业家斗志昂扬追求利润与普通民众的安分守法，背后的道理并无不同。

可见，与其他手段相比，运用法律手段调整教育利益关系具有不可替代、无与伦比的优越性。当前我国的教育法从总体而言还比较软弱，不仅教育立法中对于重大教育问题关注不够，而且教育执法和司法的力度也不够，亟待改进。尽管改革开放30多年来，我国教育法律体系建设取得很大进展，但总是感觉教育法对于教育改革与发展的推动作用并不彰显，对于重大教育问题的关切和解决力度不够，教育法文本的形式意义、象征意义大于实质意义，教育中的一些老大难问题久攻不克。已经颁布的一些教育法律文本具有形式的美感，内容往往四平八稳，但中看不中用，回避重大教育利益，避重就轻，抓了芝麻漏了西瓜，法律条文中“干货”甚少，有些条文甚至聊胜于无。教育法中重大教育利益问题的缺席、缺位，使得教育法难以大有作为。人们在讨论重大教育问题的解决时，往往拿《教育规划纲要》、《教育振兴行动计划》等政策文本作为依据，而很少拿各种教育法律作为依据，可见教育法的无力状态和尴尬地位。

在我国，教育法律与教育政策存在严重的错位现象。我国各种教育法有国家强制力为后盾，但却没有充分关注重大教育利益，浪费了那么好的权力资源和那么好的调整手段；我国教育政策相对而言充分关注了重大教育利益，但却没有国家强制力作后盾，对于利益的调整力度显然不够。不论是在教育法律还是教育政策中，重大教育利益（教育改革目标）与国家强制力保障是分离的。而只有二者的结合才能使重大教育利益关系的调整得以完成。要改变教育法律与教育政策的错位现象，可以参考的路径是：（1）教育立法关注重大教育利益问题，每个法律文本中不论内容多么全面、形式多么完备，都必须把本领域核心利益的调整放在首位，法律文本要有实质内容，要有“干货”。（2）加大教育政策法律化的力度，尽快地、更多地把一些成熟的教育政策通过一定程序转化为教育法律法规，提高其实施的约束力。这两条路径都是为了把重大教育利益置于法律手段的调整之下。

【参考文献】

［1］北京大学哲学系外国哲学史教研室．十八世纪法国哲学［M］．北京：商务印书馆，1963：457．

［2］霍尔巴赫．自然的体系（上卷）（中文第2版）［M］．管士滨，译．北京：商务印书馆，1999：259-260．

［3］张玉堂．利益论：关于利益冲突与协调问题的研究［M］．武汉：武汉大学出版社，2001：39-44．

［4］公丕祥．法理学［M］．上海：复旦大学出版社．2002．

［5］王善迈．教育投入与产出研究［M］．石家庄：河北教育出版社，1996：222-226．

［6］刘泽云．教育经济学［M］．上海：华东师范大学出版社，2008．

［7］经济合作与发展组织．教育概览2012：OECD指标［M］．中国教育科学研究院，译．北京：教育科学出版社，2012：184-185．

［8］李家成．学校教育是一个利益场——“利益”视角下的学校教育［J］．安徽教育学院学报，2003（2）．

［9］罗斯科·庞德．通过法律的社会控制［M］．沈宗灵，等译．北京：商务印书馆，1984：36-37．

重点学校与非重点学校的校长领导行为比较*

□ 柯 政（华东师范大学博士）
□ 陈霜叶（香港中文大学助理教授）
□ 任友群（华东师范大学教授）

一、问题的提出

上海在 PISA 2009 中的出色表现，引起了世界各国对中国教育的关注。人们非常感兴趣的是，为什么一个社会经济发展水平不高的发展中国家的大城市，会有如此之高的教育质量。[1]西方学术界尝试从教师教育、传统文化、管理体制等多个方面来解释上海或者中国教育的成功经验[2][3]，却基本没有注意到重点学校制度这个可能的因素，因此本研究有足够的理由对此表示关注。纵观中国共产党领导下的教育政策史可以发现，每当决策者把提升教育质量作为教育政策的首要目的时，他们想到的办法都是建立或者恢复重点学校制度。[4]重点学校制度的主要内容是，政府根据一定的标准在各级各类学校中选出很小一部分比例的学校作为“重点学校”，通过政策干预把当时有限的办学资源集中投放到这些学校，让这些学校的教育首先发展起来。[5]

重点学校制度之所以被中共的最高决策层作为提升教育质量的一项重要战略举措，主要是因为决策者认为，这项制度能够在国家社会经济基础总体比较薄弱的情况下，较好地达到两个目的：第一，它能够尽快地培养出一批素质相对较高的人才，以满足当时国家建设急需；第二，它可以让一部分学校在办学上进行实验、摸索，以总结经验，并最终把这些办学经验传递给其他学校，带动其他学校的发展。[6][7][8]这也成为重点学校制度的两大基本假设。对于第一个假设，人们普遍认可；但对于第二个假设，存在着激烈的争议。很多批评者认为，在办学质量上，重点学校不见得比非重点学校更好，重点学校学生的平均成绩上虽然要明显高于其他非重点学校，但最主要的原因是重点学校招收到了本来就很优秀的生源。[9][10][11][12]不过，这种观点并没有得到数据支持。相反，近些年出现的几项经验研究都证明，即使控制了学生背景，重点学校还是体现出比非重点学校更高的学校效能。[13][14][15]但与西方社会常见的公立学校和私立学校效能比较研究不一样，当控制了学生背景之后重点学校仍然具有更高的学校效能，并不能推论出重点学校有更好的办学质量。因为现有的研究没有控制重点学校和非重点学校在教师素质方面的差异。之所以必须把教师素质单独抽离出来，而不是把教师素质高低看作学校办学质量的一个方面，是因为中国的重点学校一般都能招聘到本地区最优秀的老师，而他们之所以能招聘到这些优秀的教师，主要因为他们拥有各种各样的政策优势，而非由于学校自身的办学行为和策略。所以，如果不控制非学校自身因素所造成

* 原载《北京大学教育评论》2013 年第 1 期。

的教师素质差异，就如同不控制学生背景一样，无法真正地比较这两类学校办学质量的差异。

要具体指出哪些变量可以代表教师质量并准确地测量它们，是一件非常困难的事情[16]，而且教师质量与学校政策也存在着非常复杂的交互关系，所以，本研究从直接观察和比较重点学校与非重点学校的校长领导行为是否存在差异这个角度来研究这两类学校办学行为和策略的异同。学校的办学行为和策略在很大程度上体现在校长的领导实践上[17][18][19]，在中国尤其如此，学校的任何重大决定没有校长的同意都是不可能执行的。所以，要研究重点学校是否真如政策假设那样，在办学上给其他非重点学校以示范和引领，首先需要研究重点学校的校长领导行为是否与普通学校校长的领导行为确实存在明显差异？这正是本文所要回答的问题。

二、中国的重点学校制度

本文首先对中国独特复杂的重点学校制度及其发展历程做一个简单的梳理。在中国共产党领导下的教育政策实践中，把学校分为重点学校和非重点学校的制度设计，早在20世纪40年代的延安时期就已经形成。[20][21][22]当时，边区的文盲率达到了99%，不能满足革命斗争的需要，中共就以在“量”上迅速提高识字率为主要任务，所采取的措施就是大量地兴办学校，招收学生。据考察，小学生的数量从1937年的5 600人迅速增加到1940年的43 625人。[23]但由于客观条件所限，这些学校的教学随意性很大，教育质量标准也只能定得很低。到了1940年，当时的决策者认为学校扩展太快，教学也太随意，就展开了为期四年的“正规化”整顿，逐渐把教育政策的重心转移到提高教育质量上来。由于当时边区各方面条件无法让这么多学校同时提高质量，所以就出现了一种思路，即重点办好一部分学校。这就是最早的重点学校制度。

纵观新中国成立后几十年的教育政策实践，不难发现其基本逻辑结构都可以从延安时期找到根源。这主要表现在两方面：一方面，决策者经常在政策的重心是放在“质”还是“量”上做摇摆。另一方面，只要决策者认为主要任务是扩大“量”，那么采取的措施一般就是设置各种类型的学校，降低学校教学要求；而只要决策者认为主要任务是提高“质”，那么总是会提出建立或者恢复重点学校制度。

在新中国成立后几年，中共在教育政策上的重心主要是“量”，新政府开办了各种类型的学校，无论学校数还是学生数都有大幅度的提升。到了1953年，决策者开始认为，之前的教育发展计划过于冒进，注重“量”而忽视了“质”，于是开始把教育政策的重心放到提高质量上来。也正是在这个时候，中共正式提出了重点学校制度。1953年5月，中共中央政治局举行会议讨论教育工作，在这个会议上，毛泽东做出“要办重点中学”的指示。同年6月，教育部召开了第二次全国教育工作会议，提出了《关于有重点地办好一些中学与师范学校的意见》，对各地的重点中学数目进行了分配，最后确定全国194所学校为重点学校，占所有学校总量的4.4%。[24]1955年以后，中共决策层又开始认为，这样的教育发展速度适应不了轰轰烈烈的社会主义改造运动，于是在1958年开始了一场完全强调“量”的“教育大革命”，提出在15年之内基本普及高等教育。但这个思潮又马上得到了纠正，决策者认为“既要照顾普及，又要注意提高”，就把重心再次转到质量提升上来。此时，重点学校制度再次被提及。1962年，教育部正式发布《关于有重点地办好一批全日制中小学的通知》。据1963年9月的统计，全国共选定487所重点中学，占公办学校总数的3.1%。[25]

到了1966—1976年的“文革”时期，强调严格学术训练的教育政策路线被全面否定和抛弃，教学内容被缩减，教学质量大幅度下降，各种类型和层次学校之间的差异变得非常模糊，中学数量也因此在这十年间增长了700%。[26]“文革”结束后，邓小平认为“文革”时期的教育耽误了一代人，提出要抓教育，把政策重心重新移到提高教育质量上来。为此，他提出的一个重要政策就是全面恢复

“文革”前的重点学校制度。[27]据统计，邓小平自1977年复出之后做了一系列有关教育政策的讲话，每次都会提到重点学校政策问题，前前后后约有14次之多。[28]在此背景下，中国的重点学校制度迅速恢复。据统计，到1981年，全国共有重点小学5 271所，占小学总数的0.6%，在校生约417.7万人，占小学在校生的2.9%；共有重点中学4 016所，占中学总数的3.8%。[29]

由于重点学校制度在教育公平等方面存在着许多明显的问题，社会各界对重点学校制度一直持有批判。到了20世纪90年代，这种批评意见越来越强烈，甚至出现辩论双方尖锐对立的局面。在此背景下，决策者对重点学校政策进行了调整。这个调整在高中和义务教育两个阶段略有不同。在高中阶段，1995年，当时的国家教委出台了一项政策——《关于评价验收1 000所左右示范性普通高级中学的通知》，取消了“重点高中”这种说法，而改之以“示范性高中”。从政府的角度来看，此举的主要目的是淡化重点高中在资源、政策等方面的优势和特权，而突出这些学校要在如何办学上给其他学校做出示范和榜样，以此来减少政治方面的压力。但由于绝大部分“示范性高中”就是以前的重点高中，所以在公众看来这只是改了一个称谓而已。因此，直到现在，大部分家长、媒体甚至官员在日常交流中通常还是把它们说成重点高中。[30][31]而在义务教育阶段，情况变得更为复杂一些。由于义务教育更要讲求公平，在义务教育阶段实施重点学校制度，政府所面临的政治压力更大，这也就迫使政府拿出更大的决心来改革重点学校制度。在义务教育阶段，政府除了在名义上取消“重点学校”的称谓之外，还采取了一些实质性措施，比如要求学生“就近入学”，试图减少甚至取消重点学校和非重点学校之间在政策特权等方面的差异。但由于多方面的原因，这些措施并没有得到严格实施，所以，虽然没有了官方名义上的“重点学校”或其他类似的称谓，但各种各样的“重点学校”事实上依然存在。某个地方有哪些小学是“重点学校”，家长和教师也都一清二楚。而且这些学校之所以能够成为实质上的重点学校，主要原因依然是政策干预。比如，当前在择校市场上最受家长热捧的“民办学校”，其中很大一部分是从之前的重点学校逐步“转制”过来的。[32]而且，当前各地对这些民办学校在招生、学费等方面依然给予其他公立学校所不具有的特权，比如各地普遍允许民办学校跨区而且提前招生。

总而言之，当教育政策的重心放在提升教育质量时，决策者就会想到建立或恢复重点学校制度，重点学校制度一直都被决策者认为是提高教育质量的一个重要举措。在20世纪90年代之后，政府开始在名义上取消重点学校的称谓，努力淡化重点学校制度背后政策直接干预的色彩，但从实质上来说，无论在高中阶段还是义务教育阶段，重点学校依然是存在的，而且背后仍然体现出很强的政策干预色彩。

三、文献综述

（一）学校效能与校长领导关系

在学校效能研究（school effect）领域，《科尔曼报告》（*Coleman Report*）被认为是一份经典文献。在这份报告中，科尔曼（J. S. Colcman）等人提出，学校教育对学生的影响远没有想象得那么大，学校因素大约只能解释学生差异的5%—9%，很多之前非常重视的学校特征与学生的学业成绩都没什么关系，学生的家庭背景才是学生学业成绩最好的预测指标。[33]这项与大部分人日常经验相左的研究报告一经公布，迅速引起广泛的关注和争议，引发了大量的后续研究，也开启了学校效能研究的新领域。[34]在经过了几十年的研究之后，人们普遍认为学校效能是存在的，而且是有实质意义的。[35]

但对于学校效能到底多大，仍然是有争议的。[36]达利（Daly，P.）认为，科尔曼所估计的学生成绩9%可以被归结为学校因素的结论，有些类似于基准的味道。[37]序润斯（Scheerens，J.）在综述了总共28项研究后，得出学校因素大概能够解释11%—12%的学生成绩差异。[38]雷诺（Reynold，

D.）在综述了英国的有关文献后，也得出了类似的发现，认为学校之间的差异能够解释学生差异的8%—15%。[39]博斯克（Bosker，J.）和维特塞斯（Witziers，B.）在对103项研究进行元分析之后，得出了两个结论：第一，学校层面的差异能够解释学生成绩总差异的18%，而如果控制了学生背景之后，学校层面因素能够解释8%左右的差异；第二，在第三世界国家，学校层面能够解释更多的学生成绩差异，也就是说这些国家的学校效能更大一些。[40]

在确信学校效能的确存在之后，人们才会去比较不同类别学校的效能差异。公立学校和私立学校之间的效能比较，一直是学校效能研究领域的一个热点问题。科尔曼等人在20世纪80年代对公立学校和私立学校的效能进行了一系列研究，发现私立学校要比公立学校更能促进学生学业成绩。[41][42][43][44]这些研究让科尔曼等人再次卷入争论的中心。很多研究者批评，与之前的《科尔曼报告》一样，他们的研究方法存在着重大缺陷。[45][46]但相比于公立学校，私立学校能够更好地提高学生成绩这个结论，在很多后续研究中得到验证。[47][48][49][50]另外，很多研究也发现，私立学校不仅在总体上能够比公立学校对学生施加更好的影响，而且对那些不利弱势学生（disadvantaged students）帮助特别大。[51][52][53][54]

研究者对私立学校为什么能够在效能上优于公立学校也做出了很多解释。几乎在所有发现私立学校学生平均成绩优于公立学校学生的研究都验证了，私立学校在学生背景方面的优势是其中一个重要原因。在有些研究中，学生自身因素甚至被认为是主要的原因。PISA 2009的数据显示，在OECD国家中，私立学校学生的平均成绩要高出公立学校学生25分，但当控制了学生和学校的人口与社会经济背景后，私立学校的成绩优势就降低到3.4分，且不再显著。[55]卢宾斯基（Lubienski，S. T.）和卢宾斯基（Lubienski，C.）在分析了2003年NAEP的数据后，也得到了近似的发现。[56]

但更多的研究则认为，学生在私立学校的独特学习经历也是私立学校效能优势的重要原因。科尔曼等人就认为，私立学校和公立学校的学校效能差异一半来自学生背景，一半来自办学差异，或者说是校长领导的差异。[57]在之后的一篇文章中，科尔曼等人从另外一个角度再次证明私立学校办学行为本身对于私立学校能够取得学校效能优势的重要性。因为他们发现，那些采取了与私立学校类似办学策略和行为的公立学校，其学校效能就能达到私立学校的水平。[58]这些被认为是更好的办学策略和行为有很多，其中包括提供更多更好的学术课程，建立更为严格的纪律标准，要求学生做更多的作业并且作业设计得更为合理，塑造更好的追求学术成功的学校文化，等等。[59][60]卡纳洛（Carbonaro，W.）和考维（Covay，E.）运用从2002年开始收集的ELS（Education Longitudinal Study）数据发现，私立学校学生的数学成绩比公立学校的更好，主要原因是私立学校的学生修习了更多的数学课程。[61]

丘博（Chubb，J. E.）和莫（Moe，T. M.）把私立学校和公立学校的比较研究提升到了一个新的高度。他们的贡献表现在三方面：首先，他们敏锐地发现已有公立学校和私立学校的比较研究存在一个重要问题，即由于HSB（High School and Beyond）数据库的数据限制，研究大多未能深入学校组织内部，去考察分析公立学校和私立学校在学校结构和办学行为等方面的差异。[62]而在他们看来，只有先把这个问题弄清楚，才可能真正深入地分析导致公立学校和私立学校效能差异的因素。其次，他们提出了一个新的研究方向和领域。他们认为，已有的研究大多只关注公立学校和私立学校的效能差异以及造成这种差异的原因，但却很少思考决定一所学校是否有效的关键原因到底是什么。在他们看来，这才是更基本也更重要的问题。最后，他们研究并回答了自己提出的上述重要问题，发现私立学校和公立学校在组织结构、办学行为等重要方面的确存在明显的区别，而且这种区别直接关系到它们之间的学校效能差异。更重要的是，他们认为造成私立学校和公立学校在组织结构、办学行为等方面差异的深层次原因在于，公立学校受制于官僚政治，而私立学校受控于市场。[65][66][67]也就是说，他们认为，公立学校和私立学校之间的差异归根结底在于政治逻辑和市场逻辑的区别。所以，要使公立学校更加有效，最好的办法就是让他们走向市场。[68][69]

受到丘博和莫的研究启发，本研究选择从比较重点学校和非重点学校的校长领导行为来补充有关这两类学校效能的现有研究。正如丘博和莫所指出的，只有先弄清楚这个问题，我们才能够继续分析不同学校效能差异的原因。当然，这个选择也是基于对现有中国重点学校效能研究文献进行分析后的结果。

（二）中国的重点学校效能研究

自重点学校制度建立以来，对它的批评意见就不曾中断。① 综合这些文献可以发现，这些批评意见主要集中在如下两方面：第一，重点学校的存在使“应试教育”进一步恶化，极大地增加了学生的课业负担；第二，重点学校制度是人为地制造不公平，复制和凝固社会不平等的机制。但对于这些批评，支持者也予以回应。很多人指出，课业负担的加重并不是重点学校造成的[70]，而且重点学校甚至比非重点学校更加重视全面的素质教育。[71][72]对于重点学校与教育公平的关系，王厥轩认为，许多教育不公平问题与重点学校制度无关。[73]何雪莲甚至认为，重点学校制度的存在让教育更加公平了，这是一项有效地维护弱势群体教育利益的制度。[74]梁晨和李中清的研究也暗示，重点学校制度让更多的弱势群体子女有机会进入一流大学。[75]

近些年，有关重点学校和非重点学校的效能比较研究开始逐渐增多。袁振国认为，重点学校在办学上是否比非重点学校更好，是争论重点学校政策是否合理的一个基本问题。[76]与之前的争论一样，有关这两类学校效能比较的文章大部分是属于思辨式的非实证性研究。不过，近些年也出现了一些实证性研究的文章，试图用基于证据的方式来表达自己的观点。

马晓强等人运用增值评价（value added）和多层线性模型方法，对河北省一个地区 90 所高中学校学生的入学成绩以及毕业成绩做了分析，结果发现，重点学校学生的毕业成绩明显好于非重点学校，但成绩差异中有 60%是可以由学生入学成绩的差异解释的。如果再加上学生的家庭背景等变量，则可以解释学校间成绩差异的 80%。他们还发现，学校在毕业成绩的绝对平均值上的排名，与根据两年增值成绩为标准的排名存在正相关关系。[77]这意味着从总体上来说，重点学校给学生的增值高于其他学校。王家美也用类似的方法对江西一个地区的 30 所学校共 16 552 名学生的高考语文成绩进行分析，发现了类似的结论，即重点学校对学生语文成绩的增值要大于非重点学校。[78]杨向东和柯政运用倾向值（Propensity Score Stratification）和多层线性模型的方法，对中国 5 个地区 60 所学校共计 5 066 个学生的数学成绩进行分析，发现在控制了学生背景之后，重点学校仍然表现出更多的学校效能，但具体效能的大小则很不稳定。[79][80]

现有的实证研究都发现，即使控制了学生背景，重点学校还是表现出更高的效能，这说明学生背景条件的不同并不是造成重点学校学生平均成绩高的唯一原因。但这些研究都还存在着一个明显的不足之处，那就是只控制了学生背景，而没有控制重点学校和非重点学校所招聘到的教师素质差异。可能对一所私立学校来说，是否聘请到更高水平的教师，也是属于学校办学行为的一个重要内容，所以不需要过多地区分学校效能是由于好的办学还是好的师资造成的；但中国的重点学校之所以能够招

① 参见金生鈜：《精英主义教育体制与重点学校》，载《教育研究与实验》2000 年第 4 期；屈廖健、贺绍栋：《重点学校制度的社会学再批判》，载《江苏教育学院学报》2011 年第 27 期第 2 卷；杨东平、游永恒：《深刻反省我国的教育“重点制”》，载《教育学报》2006 年第 2 期。

聘到更高水平的教师，更多的是由于政策干预。这些政策干预，有些可能是直接的，比如政府给重点学校更多的编制，让他们招聘更多的教师，或者让他们首先挑选最优秀的大学毕业生；也有可能是间接政策干预的后果，比如由于重点学校可以争取到更多的办学经费、更多的择校费以及更好的学生，从而学校能够提供给教师更好的办公条件和薪水，进而能够吸引到更好的教师。所以，要比较重点学校和非重点学校的办学质量，必须对教师进校时所带来的素质差异以及其他背景因素予以控制，否则人们仍然有足够的理由认为，是政府制造了重点学校和非重点学校的效能差异。

现有的研究只是迈出了第一步。接下去是分析重点学校效能优势（控制了学生背景之后）是否真的是由重点学校不同的办学行为和策略所造成的。而要弄清楚这个问题，有一个更基本的问题是重点学校与非重点学校一些重要的办学行为和政策是否存在差异。显然，如果它们存在差异，还需要进一步分析这些差异在多大程度上对学校效能做出贡献；如果它们根本就不存在差异，那么可以肯定地说，重点学校的效能优势（控制了学生背景之后）并不是由其办学行为和政策决定的。本研究试图对这个问题予以回答。

（三）校长领导行为

对一所学校来说，所有来自外部环境以及学校内部的各种要求最终都会集中到校长身上，由他来权衡，并做出决定，所以，学校的办学行为和策略实际上主要体现在校长的领导行为上。[81][82]绝大部分研究者都相信，不同的校长领导对学校效能起着很重要的作用，但人们不确定的是校长的哪些领导行为更加有效。找到成功的校长领导行为，揭示哪些校长领导行为能够最有效地促进学生和学校发展，几乎是所有有关校长领导行为的研究甚至所有学校管理研究的理想。[83][84][85]

从已有的研究文献来看，校长的教学领导能够对学校效能产生明显影响，得到了最多的经验研究证据支持。[86][87][88][89]教学领导主要强调校长在学校教育核心内容——课程和教学等方面的领导责任和行为。[90]海林杰（Hallinger，R.）和墨菲（Murphy，J.）构建了一个教学领导框架，这个框架认为校长的教学领导包含着三个维度共计十项教学领导职责（functions）。[91]这套理论框架在校长领导研究领域有着广泛的使用。[92]

但越来越多的研究者指出，任何有效的校长领导都必须与特定的社会文化背景相联系。[93][94][95]从西方社会尤其英美国家所总结出来的有效的校长领导行为并不适用于其他文化背景下的学校，尤其是对有儒家管理文化传统的中国等东亚国家来说，直接套用这些研究结果来分析本国的校长领导行为可能并不合适，甚至会产生误导。①

不过遗憾的是，虽然大家都认识到不能简单套用在西方社会中总结出来的有效校长领导框架来分析解释中国校长的领导行为，但目前对中国校长来说哪些校长领导行为是有效的，学术界却缺少系统的研究。国内有很多有关理想的校长领导应该怎么做的文章，但这些文章基本上都是经验或感想式的、处方式的，缺少必要的证据和理论论证。[96][97]这就意味着在做中国校长领导行为之比较研究时，需要把西方有关校长领导研究的成果与对中国校长

① 有关这方面的研究结论可参见如下文献：Glatter，R. & Kydd，L.（2003）.‘Best practice’ in educational leadership and management：Can we identify it and learn from it? Educational Management & Administration，31（3），231-243；Qian，H.（2009）. The secondary school principalship in China：Leading at the cusp of change.（Doctoral dissertation）. The Chinese University of Hong Kong，Hong Kong；Ribbins，P. & Gronn，P.（2000）. Research principals：Context and culture in the study of leadership in schools. Asia Pacific Journal of Education，20（2），34-45；Walker，A. & Dimmock，C.（2005）. Leading the multi-ethnic school：research evidence on successful practice. The Educational Forum，69（3），291-304；Walker，A. & Hallinger，P.（2007）. Navigating Culture and Context：The Principalship in East and South-East Asia. In R. Maclean（Ed.），Learning and Teaching for the Twenty—First Century：Festschrift for Professor Phillip Hughes（pp. 255-274）. Dordrecht，The Netherlands：Springer.

领导的本土理解结合起来，探索性地选择一些对学校效能影响比较大的中国校长领导行为的变量。

四、研究方法

（一）数据

本研究的数据来自 2011 年所做的一项大规模调查所建立的数据库。在这项调查中，首先根据地域以及人口、社会经济发展水平等因素，在全国抽取了五个城市。这五个城市分别位于中国的东南西北中五个区域。在每个城市中，先根据学校地理位置（城区和郊区）以及学校类别（重点和非重点）进行分层抽样，然后再在其中随机抽取学校。最终对抽取的五个城市 60 所学校的学校校长进行问卷调查，其中很多问题涉及校长办学行为。除此之外，还收集这些学校的课程表和作息时间表。它们共同构成了本研究的数据来源。

（二）变量

1. 学校类别

在抽取的 60 所学校中，有 20 所是重点学校，40 所为非重点学校。

2. 学校办学行为和策略

本研究以校长领导行为来测量学校的办学行为和策略。由于有大量的证据表明校长的教学领导会对学校效能产生重要影响，所以本研究以海林杰和墨菲（1985）提出的理论框架作为基础，从中选择一些变量来测量中国校长的教学领导行为。考虑到校长领导的社会文化背景问题，本研究也对海林杰和墨菲的框架进行调整，删除了其中四项明显对中国校长不具有区分性的职责。对于其他六项职责，本研究根据中国校长领导所面临的真实环境，相应地选择了 11 个变量予以表达（见表 1）。

表 1　校长领导行为变量

职责（function）	变量	原因	编码方法
监控教学（supervising and evaluating instruction）	1. 听评课	除考试成绩之外，听评课是校长最常见的监控和评价教师教学的手段	以校长报告自己在过去一学年“直接参加的听评课课时数”作为听评课的频率
协调课程（coordinating the curriculum）	2. 开设的数学课程时间	可以考察数学课程与其他课程之间的关系	每周开设的课程数（从学校课程表中获得信息）×每节课的时间（从作息时间表中获得信息）
	3. 分层教学情况	可以考察校长如何协调课程与学生背景之间的关系	不同班级的课程内容不一样，记 1 分；不同班级课程内容一样，但难度要求不同，记 2 分；各班的课程内容和难度都一样，记 3 分
监控学生进步（monitoring student progress）	4. 由校外机构组织的跨校统一考试频率	考试是用以监控学生进步的最主要手段，而且这三种考试方式也是最为常见的	“从没发生过”，记 0 次；“每学年发生一次”，记 1 次；“每学期发生一次”，记 2 次（一学年是由两学期构成的）；“每半学期发生一次”，记 4 次；“每月发生一次”，记 9 次（一个学期约 4.5 个月）
	5. 校内跨班级统一考试频率		
	6. 任课教师组织的小测验频率		

续表

职责（function）	变量	原因	编码方法
保护教学时间（protecting instructional time）	7. 学生一天的在校学习时间	从这个变量可以看出校长对教学时间是否抓得紧	学生放学离校时间减去早上到校时间（从作息时间表中获得信息，单位：分钟）
	8. 周末补课情况	有些学校会把周末时间用于补课	如果在周六上午、下午和周日上午三个时间段，出现一次补课，记1分；两次记2分；3次记3分
促进专业发展（promoting professional development）	9. 有固定的校外培训机制	邀请校外专家给教师做培训是学校组织教师专业发展的一个重要方式	没有固定机制，记0分；有，记1分
	10. 教师专业发展经费开销比例	可以从一个侧面了解校长对教师专业发展的重视	以百分比表示
维持高的可见率（maintaining high visibility）	11. 在校工作时间	中国很多校长经常出差在外，而在校工作时间越长，老师见到校长的机会也越多	以校长自我报告的每周在校工作时间（单位：小时）来表示

虽然教学领导被广泛地认为是校长领导行为中一个很重要的内容，但校长还有其他很多重要的事情要做。[98]所以，本研究在教学领导之外加上了“争取办学经费和资源”和“改革组织管理制度”这两项可能对区分中国校长领导行为和能力有意义的职责，又分别用两个变量来表达这两方面职责。这样，本研究总共以15个变量出发比较分析重点学校和非重点学校在校长领导行为和策略上的差异。

3. 控制变量

很多研究又指出，包括学校大小、学生背景、教师经验和能力等因素在内的学校背景会对校长的领导行为产生重要影响。所以，本研究把学校所在的城市、学校规模（以初三年级学生总数来表征）、来自社会经济背景很差家庭的学生比例、来自社会经济背景优越家庭的学生比例、学校教师的教龄结构（以教龄在5年以下或者26年以上教师占全校教师人数比例来表示）、学校教师的学历结构（以未取得本科文凭教师占的比例来表示）作为控制变量。

表2 各变量的基本统计信息

变量	（均值±标准差）	最小值	最大值
学校类别（重点、非重点）	2.00	1	2
听评课课时数	69.16±39.33	20	200
课程开设时间	265.16±41.61	180	360
课程分层	/	1	3
跨校统考频率	3.11±2.14	0	9
跨班级统考频率	7.09±2.74	0	9
班内测验频率	7.86±2.59	0	9
学生一天在校学习时间	568.42±58.84	450	815
周末补课情况	0.16±0.56	0	3
校外专家的专业培训	0.87±0.34	0	1
教师专业发展的经费比例（%）	10.97±11.25	0	50
每周在校工作小时数	45.61±12.73	8	70

续表

变量	（均值±标准差）	最小值	最大值
争取到的额外政府经费所占比例（%）	6.86±11.03	0	50
争取到的各种社会赞助所占比例（%）	5.00±16.41	0	100
对组织机构的调整	0.34±0.48	0	1
对课程管理制度的变革	0.57±0.50	0	1
城市	/	1	5
学校规模（初三年级学生总数）	419.54±417.39	21	2 930
不利家庭学生比例（%）	23.08±24.97	0	89
优势家庭学生比例（%）	22.51±25.54	1	95
教师教龄结构（新手教师和老龄教师占学校教师的比例，%）	26.35±13.51	0	63
教师学历结构（本科以下教师所占比例，%）	9.50±15.54	0	80

（三）数据分析

本研究首先对学校办学行为和策略的所有变量以及所有背景变量进行独立样本 t 检验或者卡方检验，以分析重点学校和非重点学校在办学行为和策略上以及学校背景上是否存在差异。

其次，本研究通过多元线性回归的方法，分析当考虑了控制变量之后，重点学校和非重点学校在所有学校办学行为和策略上的变量上是否有差异。

最后，本研究运用判别分析（discriminate analysis）的方法，分析当同时考虑多个校长领导变量时是否可以判别出某个学校是否为重点学校，以此来帮助进一步判断校长领导行为与学校类别之关系。

五、研究发现

（一）重点学校和非重点学校的差异

为了研究我国当前的重点学校和非重点学校在学校背景以及办学行为和策略上是否存在现实上的差异，本文对重点学校和非重点学校在所有 15 个办学行为和策略变量以及除城市之外的其他背景变量上的差异，用独立样本 t 检验和卡方检验的方法进行分析。结果发现，在学校办学行为和策略的 15 个因变量上，除了组织管理机构的调整这个变量外，重点学校和非重点学校都不存在显著性差异。有 85%的重点学校校长报告自己曾对学校的管理结构做出过重大调整，而做出同样回答的非重点学校校长比例为 22%，卡方检验显示，$p<0.05$。

但在学校背景变量上，重点学校和非重点学校存在着明显的差异，它们在所有的 5 个变量中全部存在显著性差异。具体而言，重点学校比非重点学校的学校规模更大（$p<0.01$），来自不利家庭学生比例要少（$p<0.05$），来自优势家庭学生比例要多（$p<0.01$），教师的年龄结构更为合理（$p<0.05$），教师的学历结构更好（$p<0.01$）。

也就是说，重点学校和非重点学校处于两种很不相同的背景之下，但他们的办学行为和策略却基本一致。

（二）控制学校背景后的办学行为和策略差异

在运用多元线性回归的方法控制了背景变量之后，本研究发现，学校类型对 15 个因变量的回归系数有 14 个是不显著的；只有在课程管理制度变革这个变量上，学校类型的回归系数是显著的。由于回归系数是正值，所以这意味着当控制了这些学校背景因素之后，非重点学校校长比重点学校校长在课程管理制度上做出更多的改革。

表 3 学校类别对因变量的回归系数及显著性值

因变量	回归系数	显著性水平
教学领导		
听评课课时数	－23.63	0.098

续表

因变量	回归系数	显著性水平
课程开设时间	−27.18	0.101
课程分层	0.367	0.110
跨校统考频率	1.552	0.117
跨班级统考频率	−0.799	0.442
班内测验频率	0.123	0.908
学生一天在校学习时间	3.226	0.892
周末补课情况	−0.077	0.770
校外专家的专业培训	0.046	0.738
教师专业发展的经费比例	−0.003	0.951
每周在校工作小时数	5.517	0.256
争取办学经费		
争取到的额外政府经费所占比例	−0.048	0.256
争取到的各种社会赞助所占比例	0.083	0.316
改革组织管理制度		
对组织机构的调整	0.343	0.059
对课程管理制度的变革	0.413	0.034

值得一提的是，在没有控制学校背景时，重点学校校长比非重点学校校长在学校管理结构上有更多的变革，但从表3中可以看到，当控制了学校背景之后，非重点学校在管理结构的变革上做得多一点，并且接近显著性水平。

也就是说，总体上没有看到不同学校类型与学校办学行为、策略之间存在明显的相关关系。

（三）判别分析的结果

这个分析采取了与多元线性回归分析不同的思路，把学校类别看作因变量，而把学校办学行为和策略上的若干变量看作自变量，运用判别分析的方法来分析能否根据学校在这些自变量上的数据准确地判定其学校类型。显然，如果能够计算出一个或以上的判别方程，帮助根据自变量数据来有效判别学校类型这个因变量，那么就说明不同类别的学校在这些自变量上存在某种结构性的差异。如果计算结果显示不存在这样的判别方程，那么不同类别的学校在这些自变量上不存在系统性的差异。

由于在判别分析中，自变量个数在8—10个，函数的判别效果会比较理想，而且样本量至少要在自变量个数的5倍以上[99]，所以本研究根据变量间相关关系大小，最终从15个变量中选择了9个变量作为判别分析的自变量进行分析。经过运算，系统最终提取出了一个判别函数，但无法通过显著性检验，判别准确性为51.7，非常接近随机概率（见表4）。

表4　判别函数的一些统计信息

函数	根值	方差百分比	典型相关	Wilk's Lambda	卡方	自由度	显著性水平	正确判别的百分比（交差验证）
1	0.699	100	0.641	0.589	14.046	9	0.121	51.7

表4的结果说明，即使同时知道每所学校在这9个变量上的信息，也仍然不能明显地增加对学校类型判定的准确率。这意味着即使把众多学校办学行为和策略的变量综合考虑，也没有发现重点学校和非重点学校在这方面的区别。

六、讨论和结论

纵观中共领导下的教育政策史，一旦决策者认为当时教育政策的重心是提升学校教育质量，他们都会想到建立或者恢复重点学校制度这个办法。[100]把学校人为地分为重点与非重点，至少在直觉上违背了广大公众对教育公平的理解，也因此必然会遭受大量的政治压力。但决策者屡屡采用重点学校制度的办法不惜承受因此带来的在教育公平方面的政治压力，这只能说明在决策者心目中，重点学校制度是一条促进学校教育质量的好办法。那为什么决策者会认为可以通过重点学校制度来促进学校教育质量的发展呢？主要缘于两大基本假设：第一，通过重点学校制度，至少有一部分学校教育质量可以迅速得到发展，以满足国家建设对人才的需求；第二，这一小部分先发展起来的学校可以把自身的办学行为和经验传递给其他普通学校，最终带动其他所有学校的发展。[101][102]

这两大假设类似于“让一部分人先富起来，然后再带动其他人也富起来”的政策。对于第一个假设，现实已经证明是成功的，如同一部分人先富起来，一部分学校的确首先发展起来了，当前社会各行各界精英很大部分就来自这些重点学校的毕业生。但人们不确定并且有着激烈争论的是，这些先发展起来的学校是否真的能够如政策预期那样把自己的办学行为和经验传递给其他学校，以带动其他学校的发展。而要回答这个问题，首先需要弄明白的是，重点学校和非重点学校在办学行为上是否存在不同。如果研究发现在办学行为和策略上这两类学校存在明显的差异，那么可以继续分析这些不同是否对学校效能产生影响，从而判断重点学校的办学行为是否更好；而如果发现在办学行为和策略上两者事实上并不存在差异，那么可以认为重点学校之所以有更高的学校效能并不是由其办学行为带来的。

本研究的发现明显地倾向于第二种情况，即重点学校与非重点学校在办学行为和策略上并没有多大的不同。当然，由于本研究还存在一些不足，这使得根据本研究的结果做出推断时需要特别谨慎。首先，本研究虽然收集了全国 5 个城市 60 所学校的数据，但总的来说，样本数还是偏少，结论的稳定性还有待检验。其次，由于多方面条件限制，本研究对学校办学行为和策略的测量可能还不够深入，忽略了其他一些重要的方面。不过，从本研究的发现中，可以得出如下一些初步性结论。

第一，重点学校制度的基本假设存在问题。尽管目前无法排除这样一种可能，那就是重点学校制度在事实上依然以一种不为人知的方式在促进总体的教育质量水平，但政策所假设的那种方式——通过在学校办学行为和经验上的示范来带动其他学校的发展——并没有得到验证。前面分析过，重点学校制度之所以一直得到决策者的青睐，被看作提升教育质量的一大经验，一个很重要的假设就是重点学校可以在教学和办学上先行先试，然后把所积累的经验传递给其他学校。但从本研究的结果来看，这个政策假设并不成立。

第二，重点学校有更高的学校效能，可能主要还是来自政策效应。虽然很多研究已经揭示，即使控制了学生背景之后，重点学校还是表现出更高的学校效能[103][104][105][106]，但从本研究的结果来看，这部分高出的学校效能不大可能来自学校层面的办学行为和特征，因为重点学校和非重点学校在这一层面上并没有明显的差异。所以，这部分高出的学校效能很可能是来自教师层面的原因。也就是说，重点学校之所以在控制了学生背景之后依然具有更高的学校效能，很可能是因为重点学校拥有更高质量的师资。而由于重点学校和非重点学校在办学行为和特征上不存在明显区别，所以这不大可能是重点学校之所以能够招聘到更多更好教师的原因。由此可以推论，高素质的教师可能更多的是基于对学校工作环境、报酬、学校名声、地理位置、政策要求等方面考虑才选择重点学校的；而重点学校在这些方面的优势，很大一部分是政策干预的结果。

第三，重点学校和非重点学校虽然所面临的学校背景迥异，但他们的办学行为和策略却基本上是一致的，这说明我国中小学办学已经被高度制度化（institutionalized）了。按照迪马吉奥（DiMaggio，P. J.）和鲍威尔（Powell，W.）的理论，当在某一领域中处于不同情境下的组织却共同采取某些类似的行为模式时，就说明这套行为模式已经被制度化了。[107]而一旦某套行为模式被制度化之后，这种模式对大部分组织来说，就主要不是理性发展需要，而是出于一种合法性的需要了。[108][109]也就是说，此时是否采用某种行为模式已经主要不是基于技术需要，而是为了获取自身在组织域中作为一个组织的合法性。托尔博特（Tolbert，P. S.）和朱克尔（Zucker，L. G.）对美国公务员改革的分析就充分地证明了这一点。他们发现在早期，实行公务改革（civil-service reform）的城市都跟自身的管理需要密切相关，所以可以从这个城市的一些特征，如移民的数量、社会经济构成、城市大小等，相当准确地预测它是否会实行公务改革。但是到了后期，这种相关就没有了。[110]换言之，实行公务改革跟自身的管理需要已经没有关系了，只是大家都觉得城市就应该这么改，所以迫于合法性的压力，后来的城市也就这么去改革了。迪马吉奥和鲍威尔把这个趋同化的过程称为同态化（isomorphism）。他们认为同态化存在着三种主要的机制：强制性同态化（coercive isomorphism）、模仿过程（mimetic process）和规范压力（normative pressure）。[111]但学校之间在学校办学行为和策略上的同态化特征是如何出现的？其内在的机制是什么？对后续教育改革提出什么样的启示？这些问题超出了本研究的范畴，却是可以从本研究中引申出的几个有待后续研究的重要问题。

【参考文献】

[1] Cheng，K. M.（2011）. Shanghai：How a big city in a developing country leaped to the head of the class. M. S. Tuchker（Ed.）. *Surpassing Shanghai：An Agenda for American Education Built on the World's Leading Systems*（pp. 21-50）. Cambridge，MA：Harvard Education Press.

[2] Darling-Harmond，L.（2005）. Teaching as profession：Lessons in teacher preparation and professional development. *Phi Delta Kappan*，87（3），237-240.

[3] Tucker，M. S.（Ed.）.（2011）. *Surpassing Shanghai：An Agenda for American Education Built on the World's Leading Systems*. Cambridge，MA：Harvard Education Press.

[4] [8] [12] [20] [24] [25] [26] [76] [100] 袁振国. 论中国教育政策的转变：对我国重点中学平等与效益的个案研究［M］. 广州：广东教育出版社，1999.

[5] [7] [21] [27] [31] [101] 杨东平. 中国教育公平的理想与现实［M］. 北京：北京大学出版社，2006.

[6] [73] [102] 王厥轩. 重点中学还是要办好［A］. 钟启泉，金正扬，吴国平. 解读中国教育［M］. 北京：教育科学出版社，2000：324-329.

[9] 金一鸣，唐玉光. 中国素质教育政策研究［M］. 济南：山东教育出版社，2004.

[10] [22] 李素立. 基础教育中的重点学校现象：多视角的透视［J］. 河南教育学院学报，2010，29（6）：57-59.

[11] 任春荣，辛涛. 校际生源分层与教育公平［J］. 全球教育展望，2011（4）：65-69.

[13] [77] [103] 马晓强，彭文蓉，Sally Thomas. 学校效能的增值研究：对河北省保定市普通高中学校的实证研究［J］. 教育研究，2006（10）：74-84.

[14] [78] [104] 王家美. 教育增值评估的理论与实践研究［D］. 江西师范大学硕士学位论文，2009.

[15] [79] [105] Yang，X. & Ke，Z..（2012）. The effect of school choice on student's mathematical achievement in China. Paper presented at the annual meetings of the American Educational Research Association. Vancouver，Canada.

[16] Hanushke，E.，& Rivkin，G.（2010）. Ceneralizations about using value-added measure of teacher quality. Paper presented at the annual meetings of the American Economic Association. Antanta，GA.

[17] Blumber，A.，& Greenfield，W.（1980）. *The effective principal：Perspective on school leadership*. Boston：Allyn and Bacon，Inc.

[18] [62] [63] [65] [81] Chubb，J. E.，& Moe，T. M.（1985）. Politics，markets and the organization of schools. Paper presented at the Annual Meeting of the American Political Science Association. New Orleans，LA.

[19] Leithwood，K.（2005）. Understanding successful principal leadership：Progress on a broken front. *Journal of Educational Administration*，43（6），619-629.

[23] 卢乃桂. 教育革命的尝试：延安早期民众教育政策与活动的评价［J］. 教育学报，1984（12）.

[28] 腾讯网. 重点学校政策之变迁［EB/OL］. http://news.qq.com/zt2011/ghgcd/49.htm.

[29] 刘英杰，凌志谦，刘德宽. 中国教育大事典（1949—1990）［M］. 杭州：浙江教育出版社，1993：333-343.

[30] Wu，X.（2012）. School choice with Chinese characteristics. *Comparative Education*，DOI：10. 1080/03050068. 2012. 656901.

[32] 文东茅. 转制学校的合法性危机与重建［J］. 教育发展研究，2008（7）：31-34.

[33] Colman, J. S., Campbell, E., Hobson, C., McPartland, J., Mood, A., Weinfeld, R., & York, R. (1966). *Equality of Educational Opportunity*. Washington, DC: Government Printing Office.

[34] Teddlie, C., & Sammons, P (eds.). (2000). *The International Handbook of School Effectiveness Research*. London: Falmer Press.

[35] [36] Teddlie, C., Reynolds, D., & Sammons, P. (2000). The methodology and scientific properties of school effectiveness research. C. Teddlie, & P. Sammons (eds.). *The International Handbook of School Effectiveness Research*. London: Falmer Press. pp. 69-70.

[37] Daly, P. (1995). Public accountability and the academic effectiveness of grant-aided catholic schools. *School Effectiveness and School Improvement*, 6 (4), 367-379.

[38] Scheerens, J. (1992). *Effective School: Research, Theory and Practice*. London: Cassell.

[39] Reynolds, D. (1992). School effectiveness and school improvement: An updated review of the British literature. D. Reynolds, & P. Cuttance (eds.). *School Effectiveness: Research, Policy and Practice*. London: Cassell.

[40] Bosker, R. J., & Witziers, B. (1996). The magnitude of school effects: Does it really matter which school a student attends? Paper presented at the annual meeting of the American Educational Research Association. New York, NY.

[41] [57] Coleman, J., Hoffer, T., & Kilgore, S. (1981). *Public and Private Schools*. Chicago: National Opinion Research Center.

[42] Colcman, J., Hoffer, T., & Kilgore, S. (1982a). *High School Achievement: Public, Catholic and Other-private Schools Compared*. New York: Basic Books.

[43] [58] Coleman, J., Hoffer, T., & Kilgore, S. (1982b). Cognitive outcomes in public and private schools. *Sociology of Education*, 55 (2/3), 65-76.

[44] [52] Coleman, J. S., & Hoffer, T. (1987). *Public and Private High Schools: The Impact of Communities*. New York: Basic Books.

[45] Alexander, K. L., & Pallas, A. M. (1985). School sector and cognitive performance: When is a little a little? *Sociology of Education*, 58, 115-127.

[46] Page, E. B., & Keith, T. Z. (1981). Effect of U. S. private schools: A technical analysis of two recent claims. *Educational Research*, 10, 7-17.

[47] Bidwell, C., & Dreeben, R. (2006). Public and private education: Conceptualizing the distinction (pp. 9-38). M. Hallinan & Notre Dame (eds.). *School Sector and Student Outcomes*. IN: University of Notre Dame Press.

[48] [51] Bryk, A. S., Lee, V. E., & Holland, P. B. (1993). *Catholic Schools and the Common Good*. Cambridge, MA: Harvard University Press.

[49] [61] Carbonaro, W., & Covay, E. (2010). School Sector and Student Achievement in the Era of Standards Based Reforms. *Sociology of Education*, 83 (2), 160-182.

[50] Rowan, B., Raudenbush, S. W., & Kang, S. J. (1991). Organizational design in high schools: A Multilevel Analysis. *American Journal of Education*, 99, 238-266.

[53] Greeley, A. M. (1982). *Catholic high schools and minority students*. New Brunswick, NJ: Transaction.

[54] Morgan, S. L. & Winship, C. (2007). *Counterfactuals and Causal Inference: Methods and Principles for Social Research*. New York: Cambridge University Press.

[55] OECD. (2010). *Pisa 2009 Result: What Makes a School Successful* (Volume IV). Retrieved from http://www.pisa.oecd.org/dataoecd/11/16/48852721.pdf. p. 43.

[56] Lubienski, S. T., & Lubienski, C. (2006). What NAEP can tell us about school achievement? *Education Week*, 25 (26), 28-30.

[59] Youniss, J., & McClellan, J. (1999). Catholic schools in perspective: Religious identity, achievement and citizenship. *Phi Delta Kappan*, 81: 95.

[60] Hallinan, M., & Kubitschek, W. N. (2012). A Comparison of academic achievement and adherence to the common school ideal in public and catholic schools. *Sociology of Education*, 85 (1), 1-22.

[64] [66] [68] Chubb, J. E., & Moe, T. M. (1988). Politics, markets, and the organization of schools. *The*

American Political Science Review，82（4），1065-1087.

[67][69][82] Chubb，J. E.，& Moe. T. M.（1990）. *Politics，Markets，and the America's Schools*. Brookings Institution：Washington，D. C.

[70][72] 方勋臣. 重点中学可以休吗？[A]. 钟启泉，金正扬，吴国平. 解读中国教育[M]. 北京：教育科学出版社，2000：318-323.

[71] 傅禄建，应当办好重点中学[A]. 钟启泉，金正扬，吴国平. 解读中国教育[M]. 北京：教育科学出版社，2000：313-317.

[74] 何雪莲. 重点学校：从理念回归常识[J]. 教育科学研究，2010（6）：20-23.

[75] 梁晨，李中清，无声的革命：北京大学与苏州大学学生社会来源分析（1952—2002）[J]. 中国社会科学，2012（1）：98-118.

[80][106] 任友群，杨向东，王美，我国五城市初中生学业成就及其影响因素的研究[J]. 教育研究，2012（11）：40-47.

[83] Hallinger，P.，& Heck，R.（1996）. Reassessing the principal's role in school effectiveness：A review of empirical research，1980—1995. *Educational Administration Quarterly*，32（1），5-44.

[84] Gentilucci，J. L.，& Muto，C. C.（2007）. Principals' influence on academic achievement：The student perspective. National Association of Secondary School Principals. NASSP Bulletin，91（3），219-236.

[85][96] Hu，R.（2011）. School principal in mainland China：Core leadership practice（Unpublished Doctoral dissertation）. Hong Kong：Chinese University of Hong Kong.

[86] Edmonds，R.（1979）. Effective schools for urban poor. *Educational Leadership*，37（1），15-24.

[87][92] Hallinger，P.（2011）. A review of three decades of doctoral studies using the principal instructional management rating scale：A lens on methodological progress in education leadership. *Educational Leadership*，47（2），271-306.

[88] Marks，H. M. & Printy，S. M.（2003）. Principal leadership and school performance：An integration of transformational and instructional leadership. *Educational Administration Quarterly*，39（3），370-397.

[89] Murphy，J.（1990）. Principal instructional leadership. R. S. Lotto & P. W. Thurston（Eds.），*Advances in Educational Administration：Changing Perspectives on the School*（Vol. 1，Pt. B，pp. 163-200）. Greenwich，CT：JAI.

[90][94] Hallinger，P.（2003）. Leading educational change：Reflections on the practice of instructional and transformational leadership. *Cambridge Journal of Education*，33，329-351.

[91] Hallinger，P.，& Murphy，J.（1985）. Assessing the instructional leadership behavior of principals. *Elementary School Journal*，86，217-248.

[93] Dimmock，C.，& Walker，A.（2000）. *Future School Administration：Western and Asian-Perspectives*. Hong Kong：The Chinese University Press.

[95] Walker，A.，& Dimmock，C.（Eds.）.（2002a）. *School Leadership and Administration：Adopting a Cultural Perspective*. New York：Routledge/Falmer.

[97] Qian，H.（2009）. The secondary school principalship in China：Leading at the cusp of change.（Doctoral dissertation）. Hong Kong：The Chinese University of Hong Kong.

[98] Cuban，L.（1988）. *The Managerial Imperative and the Practice of Leadership in Schools*. Albany，NY：State University of New York Press.

[99] 张文彤. SPSS 统计分析高级教程[M]. 北京：高等教育出版社，2004.

[107][111] DiMaggio，P. J. & Powell，W.（1983）. The iron cage revisited：Institutional isomorphism and collective rationality in organizational fields. *American Sociology Review*，48，147-160.

[108] Meyer，J. W.，& Rowan，B.（1977）. Institutionalized organizations：Formal structure as myth and ceremony. *American Journal of Sociology*，83（2），340-363.

[109] 柯政，学校变革困难的新制度主义解释[J]. 北京大学教育评论，2007，（1）：42-54.

[110] Tolbert，P. S.，& Zucker，L. G.（1996）. The institutionalization of institutional theory. S. R. Clegg，C. Hardy & W. R. Nord（eds）. *Handbook of Organization Studies*（175-190）. London：Sage.

论公平有质量的学校管理改进*

□ 毛亚庆（北京师范大学教授）

改革开放三十多年以来，教育改革发展面临着新形势，提出了许多新问题，其中教育公平和教育质量问题成为相当长一段历史时期教育发展需要关注和解决的重要问题。2010 年颁布的《教育规划纲要》提出了教育发展的 20 字工作方针——“优先发展，育人为本，改革创新，促进公平，提高质量”，明确指出“把促进公平作为国家基本教育政策”，“把提高质量作为教育改革发展的核心任务”。教育公平和质量问题同时明确被放置到指导教育改革和发展的重要地位，这标示着致力于更加公平有质量的和谐共存的教育发展新阶段的到来。在这样的时代背景下，对于教育公平与质量问题的探讨，不仅需要从教育政策、制度等宏观层面加以解决，而且需要从学校管理等更为微观的层面加以思考。

一、什么是公平有质量的学校管理改进

提倡“公平有质量的学校管理改进”是我国基础教育发展到新阶段对学校管理提出来的新的重大命题。走向公平有质量的学校管理强调教育公平和教育质量应同时成为学校管理需要关注的价值取向，反映了人们对教育公平和教育质量的认识随着中国社会快速发展从先后关注、分别各表的阶段发展到当今呈现出一种共同关注、融合互动的新阶段。这种变化过程，反映出随着我国教育发展到新的历史阶段，教育发展的价值取向不再是单打独斗的单向度发展，而是和谐发展的整体推进，我们提出的“公平有质量的学校管理改进”的命题也是基于这样的认识与社会发展历史性的把握。

“公平有质量的学校管理改进”强调：没有公平的质量是不道德的，没有质量的公平是低层次的，兼顾公平和质量的学校管理改进是保障每一个受教育者身心潜能得到全面发展的基础，也是每一个适龄受教育者的基本权利。结合中国基础教育发展的实际，教育公平和教育质量的理解与认识应该到了交融的阶段，离开了谁来谈教育发展和学校管理的改进，都脱离了教育发展和学校管理的现实需求，偏离了教育发展和学校管理的未来走向。公平有质量的学校管理改进将公平视为学校管理的基本原则与重要基础，将有质量视为学校发展的核心要素与重要目标，公平和质量交融贯穿于学校管理的始终。具体表现在以下几方面。

（1）在入学上：教育公平应体现为学校是否全纳了所有的教育对象，使每一个适龄儿童无论个人身心状况、家庭背景、经济状况、社会境遇、宗教信仰、语言文化、民族属性等主客观条件如何，都有平等入学接受教育的机会；教育质量体现为保障教育质量的资源输入上，学校有必要的基础设施、生活设施、体育设施、教学设施；有较高水平的教师队伍，合理的生师比和合格的学历水平。

（2）在教育过程中：教育公平应体现为上述所有的儿童是否能够在学校生活中不受自己不能左右

* 原载《教育学报》2013 年第 3 期。

的外在因素的影响而被公正地对待；学校管理有民主参与的制度和机制，师生、家庭、社区能够参加学校管理；建立安全、健康、性别平等的支持性学校环境，尊重学生的差异性和多样性，培养学生快乐情绪、积极向上的心理品质，形成孩子的自信心和认同感。在教育质量上，应强调学校有效的教与学不仅是使学生掌握知识，也强调知识的掌握与儿童的经验相适应，从而通过学习提升学生适应生活的能力，促进学生获得有用的知识、技能、态度；通过建立支持性学校氛围，使学生的身体、情感、心理得到发展；通过民主参与学校管理，使学生的权利意识、社会责任、价值态度得以发展。

(3) 在教育结果上：教育公平应体现为学校是否给学生提供了达到某一规定水平的免费教育，使每个人都能有效利用所提供的教育机会，取得符合其个性、智力、能力的学业成就，从而为其未来发展创造条件；在教育质量上是否促使学生在价值态度、社会情感、知识技能诸方面得到全面而又有个性的发展，成为快乐、健康、知识丰富和适应社会的儿童，成为具有民主参与意识的现代公民。

“公平有质量的学校管理改进”是在公平上强调学校管理要关注所有的儿童在入学、教育过程以及结果上拥有同样的机会和权利，营造支持性的学校管理氛围，使学生能够被公正、平等地对待；在质量上学校管理在入口、过程及结果要以学生发展为中心，保障儿童各项权利为目标，促使学生身心得到健康全面发展。“公平有质量的学校管理改进”在学校管理上凸显如下特点。

(1) 促进教育公平是学校管理的基本价值取向。强调学校管理要关注和保障所有的儿童在入学、教育过程以及结果上拥有同样的机会和权利，能够被公正、平等地对待，这是学校管理的核心价值和基本原则。

(2) 以追求和落实质量是学校管理的重点和归属。强调学校管理要以学生发展为中心，建立参与与支持性的学校氛围，促使儿童在态度价值、社会情感、知识技能诸方面得到全面而又有个性的发展，培养具有民主参与意识的现代公民。

(3) 实施参与机制的学校管理创新。强调学校管理要实现形成不同利益主体民主参与的机制，在校内要注重教师和学生参与学校管理，尊重和实现儿童权利，保障儿童利益的最大化；在社区、家庭和学校之间要注重社区和家长的参与，形成学校健康发展的合力。

二、为什么需要公平有质量的学校管理改进

为什么需要公平有质量的学校管理改进，是因为无论是基于公平还是质量，在当前的学校管理中存在着如下需要面对和解决的问题。

1. 在教育公平上缺失全纳教育的理念，学生的基本权益没有受到应有的重视

在教育公平上学校管理没有全纳所有的儿童入学。在我们的教育中并没有完全做到承认并尊重每一个儿童入学与发展的机会、可能性和特殊性，许多身体有残疾的学生无法就近入学。调查数据显示，在6—14岁的246万残疾的学龄儿童中，有63.19%的人正在普通教育或特殊教育学校接受义务教育。[1]虽然残疾的学龄儿童的入学比率有了很大的提高，但离全纳所有的儿童入学还有一段很长的路要走。虽然残疾或缺陷在一定程度上阻碍了特殊需要儿童的发展，使其在生理、认识活动、个性发展等方面表现出异于普通儿童的特殊性，但这种特殊性并不排除其发展的可能性和可塑性。学校管理中管理者要更新观念，相信每一个儿童都是一个处于蓬勃发展之中的鲜活的个体，承认他们发展的可能性和独特性。不仅教育者要尊重，而且要引导学生学会尊重有特殊需要儿童发展的差异性，减少并最终消灭排斥，使有特殊需要的儿童在学校中在管理者和教师的引导下、同学的帮助下、社会的关注下，获得自身和谐的发展。同时仅仅关注身体残疾的儿童是不够的，学校要全纳所有的教育对象，特别是在我国社会转型时期，所形成的特殊处境的儿童群体，如流动人员的孩子、艾滋病患儿、吸毒家庭的孩子、留守儿童、女童等处境不利儿童受教育的需要应加以特别的关注，使每一个适龄儿童无

论个人身心状况、家庭背景、经济状况、社会境遇、宗教信仰、语言文化、民族属性等主客观条件如何，都有平等入学接受教育的机会。

在学校生活中，学生的基本权益没有受到应有的重视是教育公平不足的另一表现。学校总是一味地希望学生做这做那，一项一项地履行自己的义务，却很少告知他们可以享有哪些权利。学校生活中没完没了地排名次、铺天盖地的作业以及常常只从成人视角对学生规训的制度建设，常常只是体现了成人的意志，忽视了学生意愿的表达，学生的权利受到了漠视。这种情形导致在学校管理中缺失让学生参与到学校生活的机制，使学生没有机会行使自己的权利，表达对学校学习和生活的看法，没有制度安排与合理路径表达与自己利益相关的学校决策与制度建设的意见，使他们意识到自己的权利并被鼓励维护他们自己的权利；权利行使的缺失使学生不能主动承担起对自己、对学校、对社区应有的责任，从而使学生没有机会体验到通过自己的努力对学校工作改进所做出的有价值的贡献，而且通过这种贡献使学生发现他们的学校也由此变得更有吸引力、更友善了。

2. 在教育质量上，没有形成支持性学校氛围，忽视教学与孩子生活的相关性

支持性的学校氛围是学生身体和内在心灵得以健康发展的重要保障。支持性的学校氛围可分为“硬”与“软”两个方面，前者指学校有足够的安全的体育设施促进学生身体的健康成长，有无障碍的基础设施便于残疾的学生在学校内自由地前行，在教室里有必需的支持设备和适当的教学辅助设施，激发学生的学习兴趣。给学生提供更多的选择，满足学生的多样化兴趣的物质条件和基础设施。后者指学校中形成的一种教育氛围和人际关系。“硬环境”可能不是学校可以轻易改变的，但“软环境”却完全是学校管理者、教师团体和学生共同营造的。囿于种种原因，学校管理中存在诸多的问题：在制度的建设上总是以“不准”、“严禁”开头制定学校的规章制度，只体现的是对学生的规范，而不是激励；教师的态度与话语是斥责，而不是欣赏，是贬低和压制，而不是关爱和激发，不是积极的正能量的，这不可避免地对学生的心理产生不良的影响。为此，我们应提倡以学生需要为基础，建立人人都受尊重的校园文化与教室氛围。学校环境的建设以及教室布置要改变过去单调乏味、内容固定的布置方式，师生要共同发挥创造性，体现不同的特色，拓展校园的内涵，使其不仅仅是学习的场所，还有家的温暖、美的熏陶、创造的激情与成功的喜悦。

在教育质量上，学校教学忽视与孩子生活的相关性，学生生存及适应生活的能力没有得到应有的发展。长期以来学校教育在工具主义教育理论指导下，课程的定位过于强调学科本位，过多地关注了知识教学的有效性，教学内容忽视了与学生生活的适切性，过于注重知识的传承，过分追求学科严整的知识系统，忽视了与现实生活的联系。既不关注学生的经验在学习中的作用，也不关注所学的内容对学生生存能力的提升。城乡几乎采用了相同的教材，课程的呈现关注了主流的文化和知识，常以城市生活为导向，而忽视了本土的文化与知识，教材缺乏对边缘及乡村生活的关照；课程内容过于强调整齐划一，忽视了不同区域的亿万学生的差异性，课程变得凝固、僵化，缺少弹性；由于课程内容没有关注到学生，没有强调要促进学生参与就近地区的文化、课程、社区的活动，导致课程难以满足不同范围学生的广泛需要，学生适应生活及生存的能力没有得到应有的发展。

3. 在公平与质量的机制上，学校没有形成参与与合作的畅通机制

在学校管理中没有让学生参与到学校生活的机制，没有制度安排与途径表达与自己利益相关的学校决策与制度建设的意见；没有与家长建立足够的沟通合作机制，即使有也更多地只是关注沟通交流学习好坏的问责，而忽视了家长在儿童发展各阶段的保护和健康等方面所起到的重大影响；没有建立完善的学校—社区合作机制，忽视了社区对儿童成长起的不可或缺的作用；忽视了社区的各个方面都可以提供各种各样的学习机会，只要学习者与周边

的环境相互作用，儿童学习就发生了；忽视了社区中任何一个人都可以成为一个有用的教师，都是学校的教育资源。

三、公平有质量的学校管理改进缺失分析

在现实基础教育中，公平有质量的学校管理缺失原因是综合的、多方面的，既有教育自身的原因，也有社会的原因，概括起来主要有如下原因。

1. 成人的控制与教育“致命的自负”

长期以来人们认为，学校教育是有目的、有计划地培养人的活动，因此教育的出发点就应该不是从儿童出发的。它首要考虑的着眼点是现实社会存在和发展的需要，它的标准是成人的，而不是儿童的。现代社会经过千百年人类的精神产品的积累，已经是一个文化充分发达的社会，在这样的社会里，要成为一个合格的社会成员就必须在青少年时期尽快地具备在现代社会生存和发展所必须具备的基本知识与技能，才能在现代社会找到自己的立锥之地，找到自己生存和发展相对的空间，进而实现自己的存在价值和体现自己的人生意义。这样的社会就使教育必须把满足在现代社会求得实际生存和发展所必需的知识技能灌输给儿童，而儿童自身的兴趣尚无法产生时就被泯灭掉了。

为此，在现实的教育中，人们常从成人的视角来看待儿童的世界，儿童世界被演化为是一个被控制的世界。相对于成人而言，儿童社会化程度还很低，认知水平和身体各方面机能状况决定其基本处于对成人的依赖中，儿童的世界是被“给予”的，儿童是在成人支配和控制下不自觉地实现成长的。在现实生活中，儿童世界往往是按照成人的想象、成人的规则而被成人顽固地“建构”着，呈现出成人自我中心主义的压制与强迫。在这个成人主宰的教育里，导致出现了教育的“致命的自负”[2]：对儿童生命活动失去了敬畏之心，自以为成人文化是理性的、科学的、成熟的，而儿童文化是幼稚的、低级的，将成人文化自觉不自觉地强加给儿童；自以为掌握了儿童成长的规律，忽视儿童自发生活的意义，全面控制儿童的生活。因此在学校生活中，管理者与教师的责任感更主要的是一种社会的责任感，而不是对一个个具体鲜活的儿童的责任感。越是负责的就越要考虑现实社会对一个社会成员的要求，也就越是要用这样一个社会标准培养规范自己的学生。这使在学校管理和教育教学中不能过于迁就儿童的旨趣，而是要把儿童的旨趣纳入到自己预先设定学校管理与教育教学过程当中来，并且约束那些不符合这些过程的儿童旨趣。对于儿童而言，这就是当下现代学校管理与教育教学的纪律要求。

2. 儿童视角的缺失与“让孩子赢在起跑线上”

长期以来，沿袭自古代的“预成论”儿童观，家长、教师及学校管理者把儿童视为小大人，儿童与成人没有本质区别，导致在现实生活中，为增加生活和发展的实力使儿童“提前”进入到各种知识的训练课和辅导班之中，而不管这对孩子是否适合、是否有兴趣、是否需要。在教育的现实中，学校的管理者和教育者以及我们的家长常从自己的立场出发，把自己的需求当作儿童的需求，以自己的兴趣代替儿童的兴趣，最终以牺牲儿童为代价实现自己预定的教育意愿和目标。而其冠冕堂皇的理由就是“一切为了儿童”，其最有号召力的口号就是“让孩子赢在起跑线上”。看起来，儿童立场似乎是鲜明的、坚定的，但实质却是导致儿童在儿童立场上缺位，成人在儿童立场上越位，致使儿童立场异化为成人立场，最终闪现期间的只剩下成人的立场。其后果是让孩子“伤”在了起跑线上，“一切为了儿童”被改写成了“一切为了成人”，“一切为了儿童”导致儿童的发展却不是“为了儿童的一切”。这种假借儿童名义粉墨登场的成人立场致使教育的诉求呈现出功利化的倾向，而这种倾向又在“一切为了儿童”的旗号下畅通无阻。但现实的教育需要我们“回到教育应有的立场上去——真正站在儿童立场上。这就是教育的本义，是我们的回答。”[3]

在现实中，儿童不但要生活在成人的世界中，还要生活在自己的世界里，他在成人的世界中接受教育，获得更快的成长，但也要在自己的世界里获得自己的自由，感受生活的乐趣，体验世界的美和

人生的美。正是在他自己的世界中，他才能形成和发展他自己接受成人教育的独立的心理基础，并在这样一个虽稚弱但却独立的心理基础上自然地而非被迫地接受成年人的教育并不断充实和完善自己的内部世界，使自己渐渐成长起来并不失或尽量不失童年美好的心灵状态。但在现实中他们的这种心灵状态不是被破坏得太晚，而是太早，他们过早地被置入复杂的成人社会。这样导致他们没有拥有仅仅属于自己的世界，没有仅仅属于自己的心灵感知方式，没有真正做过孩提时儿童应有的梦想。他们毫无分辨能力地接受成年人的教导，造成创造力的过早枯萎和生命活力的过早消失，或者产生逆反心理，盲目地拒绝任何成年人的教导。

教育中存在的这些问题迫使学校的教育管理者和教育者必须思考，我们在自己的学校管理和教育中是否真正做到了对儿童权利的尊重？我们是否都真心实意爱我们的孩子？我们是否用完整的爱和健康的爱关注我们的孩子？在学校的管理和教育中我们对孩子的爱是否包含了对孩子的了解、尊重、关怀、给予、责任。如果缺失了了解，爱就是盲目的；缺失了足够的尊重，爱就会变为支配与控制；缺失了关怀和给予，爱就是空洞和苍白的；缺失了责任，爱就是轻薄的。作为管理者和教育者，我们不能一味地从自己的愿望出发，总是从成人的视角，以成人为中心看待学校的管理和教育。这种以成人为中心，说到底也就是自我中心、个人中心，对于儿童的发展常常表现出一种专制特征。所以，作为学校的管理者和教育者，我们需要多从自身找原因，改进学校管理和教育，而不要借着孩子的名义，推卸自己的责任和义务。

3. “发展等同于增长”与教育不公平

在社会现代化的进程中，由于发展首先并最集中体现在经济方面，人们便形成了“发展等同于增长”的认识，在现代化的语境中，发展逐渐定位为增长，人们意识中的“发展”主要就意味着经济的增长和财富的增加，这直接导致了重增长轻发展的GDP崇拜的思维方式和行为方式。中国的现代化属于后发展国家的现代化，其显著的特点就是现代化进程的急迫性。近几十年来的追求经济增长的发展模式在有效推进经济增长的同时，也造成了发展的片面性和偏狭性。单纯追求经济增长所造成的社会发展不平衡，首先表现为社会公平的严重缺失。由于贫富的差异，社会分层加剧，不仅导致社会群体上下流动的通道被阻隔，各阶层之间形成了清晰的界限，而且在这一发展的过程中社会的分层趋于固定化，这种固定化的实质是社会不平等结构的固定化，这种固定必然进一步强化社会群体之间的利益分化和不同身份的标签化。

这种身份的标签化会使不同身份的受教育者在享受教育资源和机会上受到不公正、不平等对待，也可能使他们在学校生活中受歧视、受排挤，受到教育制度、学校以及教师对他们划分等级并被区别对待。在这样的“发展等同于增长”的观念支撑下，教育质量的诉求也以成绩的好坏来加以衡量，从而忽视了儿童精神成长的完整性，湮灭了人格发展的意义，使人的发展呈现出狭隘化的取向。在这样的诉求下，教育被商品化、平面化，教育被赋予这样的一种定位：教育也是一种消费品，也是一种赢利的手段，教育追求的主旨是效率，人的尊严、自由、人格被视为微不足道的东西，人被拉扯成了只追求分数的平面，而在这一平面上撰写着的只是功利二字。人发展的多样性，人的内在品质都被简单化、被抽离掉了，在学生的生命体中“根本没有流着真正的血。”[4]

四、怎样进行公平有质量的学校管理改进

基于现实学校管理中存在的诸多问题，学校管理确实需要改进与创新。改进和创新需要借鉴学校管理的新理念，以及在这一理念指导下学校管理的现实做法。为此，学校管理改进应从如下的几个方面进行。

1. 在公平上要注重所有儿童的全纳性，要尊重儿童权利

全纳性教育的理念应成为学校管理的出发点。学校不能因背景或能力不同，使儿童无法入学校；

不能因语言和文化不同，地理位置偏远、少数民族边缘化、缺少完整或资源良好的学校，使儿童无法入学校；不能因绝对贫困的因素，使儿童无法入学校；不能因上学的机会成本对于许多家庭，特别是女童的家庭而言，在无形中增加了更大的负担，使儿童无法入学校；不能因学校教育质量，使人们认为上学不会为将来工作或生活前景提供增值效益，而且有破坏当地传统的风险，使儿童无法入学校。

在学校生活中我们应该剔除对儿童的排斥的现象，学校要培养儿童合作和积极学习的态度，培养他们宽容、关心、创造和自尊的品质，必须为儿童参加未来社会的生活做准备。在这个社会中，理解、和平、宽容、性别平等和友谊应是追求的社会基本精神。因此在学校生活中，如果儿童因为家庭背景、肤色、宗教信仰、身体残疾等原因而被排斥，这对儿童自我价值感的形成将是致命打击。为了保证儿童自我价值感的形成，需要在学校管理中必须对所有孩子公平对待。同时学校要维护这种儿童的权利，提供参与性的环境和机制，学校管理要有鼓励学生表达自己对学校生活和学习看法的机制，鼓励学生通过结对子或小组活动的方式完成学习目标和解决问题，鼓励学生对所学内容提问，从中发现更多的知识，更好地理解教材。

2. 在质量上学校要建立支持性的学校氛围，关注学习的有效性和相关性

身体、精神和社会关系的健康发展是儿童取得良好学习成绩的核心保障因素，因此学校必须建立关注儿童身体、心理健康成长的支持性的学校氛围。

第一，学校创设健康的学校氛围。学校要有有关身体健康的制度和硬件建设。学校要确保儿童有一个安全的身体环境和积极的心理环境，并且可以解决所有类型的学校伤害和暴力问题，例如虐待学生、性骚扰以及欺辱等；提供安全的水和卫生设施，形成一个能够提高学生卫生技能和行为的健康的学校环境；开展基于技能的健康教育，着重发展建立持续一生的健康习惯的知识、态度、价值观和生活技能。

第二，学校要提供心理支持的学校环境。对学校效能和儿童及年轻人的情感健康的研究表明，积极的学校心理环境对学生的行为、心理健康和安宁以及学习成果是很重要的。学校管理的目标要通过提供安全的、积极的学习环境来促进儿童的心理发展，包括游戏时间、课后活动及家校之间的往返等。这些与学校相关的各种环境因素，会极大地影响儿童对上学的感觉，影响高效的学习社会感情的气氛营造。提高学校环境对儿童的爱护可以大大促进儿童的良好心理健康的建立和保持。通过在快乐的环境中为儿童提供积极的经历，学校促进了心理和情感的健康和安宁，帮助儿童产生健康的自尊和自信。

第三，建立安全和保护性的学校环境。在安全的学校环境中，儿童受到保护，不受身体伤害，以及口头的、身体的、情感的和性的虐待。这包括间接形式的虐待，例如来自同伴的歧视、排斥和隔离。学校要清晰地、透明地、明确地制定政策、计划和标准运行程序，以确保所有学生的身体和情感安全。这些政策应对针对儿童安全的身体威胁、欺辱、骚扰和暴力进行阻止和干预；禁止体罚；促进操场上、班级里以及教工和学生之间的非暴力互动。

同时学校要达成儿童学习的有效性和相关性，必须强调儿童享有高质量的教育权利。提倡儿童从出生便开始积累早期学习经验，使儿童有学习的准备。同时，应该为儿童提供安全、保护、性别敏感的空间，避免暴力与虐待，确保健康与安全。教师应该具备较高的道德心、社会地位和动机，鼓励社区支持教师与学校改进教育以满足“全体儿童”的需要。为此在学校教学要以学生为中心，创设积极的、合作的、民主的学习方式与氛围，促进教与学过程的有效性；提供有组织的、适合儿童生活世界的教学内容和高质量的教育资源；提高教师的能力、品德、信誉、社会地位、收入状况以及他们对儿童权利的认知；帮助儿童学会他们需要掌握的知识以及教会他们怎样学习。

3. 学校要建立学生、家庭和社区参与的机制

学校建立让学生参与到学校生活的机制，使学生表达对学校学习和学校生活的观点。如果学生认为某些事情是错误的或者不公平的，或者认为学校需要改变时，能够为学生提供发表言论的机会而不必担心遭到报复，就会帮助学生意识到这就是赋予他们的权利并鼓励他们维护自己的权利。在学校中要鼓励儿童对自己负责，对社区负责，鼓励儿童使用道德推理、制定决策的方式，发展儿童的公平感、权利意识。随着儿童的不断成熟，可以让他们在学校的各种规则、权利和纪律等的决策上拥有更多的发言权。通过这些方式使儿童意识到自己对学校工作改进所做出的有价值的贡献，也使儿童发现他们的学校变得更有吸引力、更友善了。

学校必须明确地表明，家长是受欢迎的。家长有权利和责任配合学校。实际上，学校之所以需要家庭的参与，是因为家长在儿童发展各阶段的保护和健康等方面具有重大影响。家庭在儿童生活周期的每个节点上都产生着重大影响。充满爱心的家庭是促进儿童学习的最稳定、最可靠、无条件的支持力量。家庭也反映着社会最基本的价值。正因如此，让家庭参与并为家庭提供便利使其参与促进和改进儿童学习的干预措施可以是最有效和最持久的。所以学校应该意识到家庭是其最重要的合作伙伴，家庭能够为孩子提供物质、情感和智力关爱，这些关爱是顺利适应学校的基础。

建立完善的学校—社区合作机制使学校在社区中更好地发挥着教育功能。学习既不是局限在课堂中所教授的那些内容上，也不局限在课堂上所花费的那些时间上。无论何时何地，只要学习者与周围的环境相互作用、相互影响，学习就发生了。社区的各个方面（不仅仅是学校）都可以提供各种各样的学习机会。社区中任何一个想要促进学习的人，都可以成为一个有贡献的教师，这些人就构成了学习型社区。社区参与的另外一个重要方面是让学校向家长、家庭和社区居民开放，使之成为人们可以在此学习、娱乐、丰富提高，并获得所需要服务的场所。若学校成为社区的一个主要部分，学校就必然会拓展并建立更为广泛的各种联系和协作，这样就会最大限度地实现彼此之间的互惠，促进学生取得更大进步。

总之，在公平有质量的学校管理的改进中如果我们将儿童仅仅看作是需要被成人化的儿童，我们就会忽视儿童，尤其是会忽视儿童的权利。如果我们仅仅是以当前社会发展的需要，以功利化的取向来评价每个儿童的价值，我们不能平等地对待儿童，在很大程度上我们将损伤儿童的身心健康。如果我们将儿童看作是一个独立的主体，尊重儿童的人格，承认儿童是一个权利主体，认真听取并尊重儿童的意见，给予儿童充分的选择的机会，鼓励儿童自己安排自己的生活和学习，让他们从小学会选择，提供充分的选择机会，儿童个性发展才有了空间；如果我们肯定儿童之间的个体差异，不要求儿童在各方面保持一致性，儿童的发展才有了独自的想象力和创造性。在现实的公平有质量的学校管理的改进中我们必须认识到，儿童作为一个独立的个体，其生活是有独立价值的，他的未来不仅仅是为成人的生活做准备。作为一个主体，儿童有权利对有关自己的事情发表意见，成人教育的作用不是要泯灭儿童自己的意见，听取成人的教诲，而是共同帮助儿童形成自己的意见，挖掘自己的潜能，促进其身心的发展。

【参考文献】

[1] 国家统计局. 第二次全国残疾人抽样调查领导小组28日发布调查数据［EB/OL］. http://www.gov.cn/jrzg/2007-05/28/content_628609.htm.

[2] 熊华生. 为了儿童的幸福和发展——教育目的新论［D］. 武汉：华中师范大学，2006：87.

[3] 成尚荣. 儿童立场：教育从这儿出发［J］. 人民教育，2007（23）.

[4] 邹进. 现代德国文化教育学［M］. 太原：山西教育出版社，1992：32.

比较教育

当代日本教育体系改革的政策走向*

□ 张德伟（东北师范大学教授）

以1971年6月中央教育审议会（简称“中教审”）发表《关于今后学校教育的综合扩充与整顿的基本措施》的咨询报告为开端，日本开始推行近代以来的“第三次教育改革”，但是由于20世纪70年代的教育改革没有什么作为，所以又以80年代中期临时教育审议会（简称“临教审”）发表关于教育改革的四次咨询报告为标志，日本重新启动了第三次教育改革。这场已经持续三四十年的教育改革是在日本由工业社会向信息社会过渡，教育领域出现荒废现象或病理问题的形势下，面对日本社会发生重大结构性变化，为了培养适应社会发展变化的人才，消除“教育荒废”现象等问题，而对日本教育所做的整体性、根本性的变革。这场教育改革关涉了教育政策与制度、教育内容与方法等方方面面，对学校教育、家庭教育和社会教育各领域都进行了重大变革，其中一个突出的方面是在尖锐地批判明治时期以来特别是二战后形成和完善起来的旧的教育体制和教育体系的基础上，大胆构想并扎实地推进了新型教育体系建设①，这种新型教育体系可以概括为终身学习体系和个性化教育体系。40年来，每一个时期，日本的教育改革者都对构建新型教育体系应当遵循的理念、改革策略、具体措施做了深入的研究和探索。

本文运用文献研究法，主要以“中教审”、“临教审”、教育改革国民会议、教育再生会议等发表的教育改革报告为依据，对当代日本构建新型教育体系的政策走向进行概括性的梳理。日本学者市川昭午认为：教育改革是根据一定的教育理念，试图纠正现实教育中的缺陷或者改变其原有状况的过程，只有学校制度和教育体系等宏观层面上的制度改变才属于真正意义上的教育改革。[1]本文着重探讨当代日本教育体系改革，就属于市川昭午所说的真正的教育改革层面上的问题。相信本文的研究能够为我们认识日本教育改革与发展中的纲领性问题提供广角上的思考。

一、20世纪70年代：从终身教育的观点出发，“综合性地整顿整个教育体系”

20世纪60年代中期以后，日本的技术革新迅猛发展，日本社会更加复杂化，其学校教育在制度上、内容上和方法上出现了许多问题。因此，1967

* 原载《外国教育研究》2013年第12期。

① 日本在明治维新时期推行的“第一次教育改革”主要是引入了近代学校制度，特别是创设了义务教育体系。二战后推行的“第二次教育改革”主要是对学校教育体系的扩充、改革和重组，比如，延长义务教育年限，推进高等教育大众化。这两次教育改革都是为实现迅速追赶欧美发达工业化国家这一国家目标服务的，因此所建立的教育制度具有“追赶型教育”的性质，它们都是以学校教育为中心的，造成了学校教育体系的臃肿化，学校教育具有划一性、僵硬性和封闭性体质。于是，1971年乃至1985年以后的“第三次教育改革”把整顿或重组教育体系作为了一项重要任务。

年7月，文部大臣向“中教审”提出了“关于今后学校教育的综合扩充与整顿的基本措施”[2]的咨询，要求“中教审”在重新研究过去学校教育所取得的成绩，明确其所存在问题的基础上，提出改善学校教育的措施，同时适应今后国家、社会的发展，在立足于长期展望的基础上，研究学校教育综合扩充与整顿的基本措施。

接受上述咨询以后，“中教审”经过长达4年的慎重审议，于1971年6月发表了题为《关于今后学校教育的综合扩充与整顿的基本措施》[3]的咨询报告，在报告中明确提出了要研究“从所谓终身教育的观点出发，综合性地整顿整个教育体系”的主张。这个报告的主体内容是有关扩充和整顿学校教育方面的，但受兴起不久的终身教育思潮的影响，它还是提出了“综合性地整顿整个教育体系”的主张。该报告期望通过整顿贯通家庭、学校和社会的教育体系来培养肩负新时代的青少年，因此建议为了真正地探明家庭教育、学校教育和社会教育各自的作用，推进教育体系的综合性重组，要进行学术性的调查研究。

对于当时“中教审”提出的整顿教育体系的设想，日本学者渡部蓊做了这样的评价：应1967年7月文部大臣的咨询，1971年6月“中教审”向文部大臣坂田道太提交的咨询报告，可以说是战后首次而且恐怕也是最后一次对整个学校体系进行的真正的研究，但是把这次学校体系改革看成是失败的应该是妥当的。[4]

在笔者看来，“中教审”的1971年报告所倡导的教育改革，核心是学校教育体系改革，但不能就此说这次教育改革仅是针对学校教育的，正如“综合性地整顿整个教育体系”所表明的那样，家庭教育和社会教育也被纳入了视野之中。从历史的观点来看，二战后日本谋求教育体系的整体改革肇始于1971年6月“中教审”发表上述报告。但是，在整个70年代乃至到80年代前期，日本在改革教育体系上，除个别方面（如设置新构想大学）以外，总体上没有取得更多、更大的实质性成果。

二、20世纪80年代：“综合性地重组以向终身学习体系过渡为主轴的教育体系”

1982年11月，中曾根康弘上台，就任日本首相。1983年12月，经过总选举，第二次中曾根内阁成立。直到1987年11月，中曾根康弘连续执政5年时间。中曾根首相十分重视教育改革，把教育改革作为继行政改革、财政改革之后的又一项政治目标。为了推进教育改革，中曾根内阁通过制定《临时教育审议会设置法》（1984年8月）而设置了直属内阁总理大臣的咨询机构——临时教育审议会。1984年9月，中曾根向“临教审”提出了“为了实现适应我国社会变化和文化发展的教育，而谋求对各项措施进行必要改革的基本方针政策”的咨询。接受这一咨询以后，“临教审”在三年存续期间（1984年8月21日至1987年8月20日）先后发表了四次咨询报告，[5-8]为日本80年代中期以后的教育改革描绘了宏伟蓝图。

“临教审”的报告对构建新型教育体系进行了专门的研究，所提出的设想是“综合性地重组以向终身学习体系过渡为主轴的教育体系”。它们在阐述这种新型教育体系时用了这样几个关键词：“终身学习体系”、“终身学习体制”、“面向21世纪的教育体系”、“新型的柔软的教育网络”。围绕这四个关键词，“临教审”表明了构建新型教育体系的主要主张。

首先，“临教审”在“向终身学习体系过渡”、“整顿终身学习体制”的语境中，提出了前两个关键词。“临教审”主要从两个角度阐述了向终身学习体系过渡的问题：一是日本社会的发展变化，如青少年人口减少、中高年龄人口的比例增大，国民的价值观更加高度化、多样化，信息化和国际化的发展促使国民要持续地学习新知识、新技术，这些都要求日本要建立一个终身学习社会；二是纠正学历社会的弊端，克服教育荒废问题。进而，“临教审”认为，为了实现终身学习的组织化和体系化，要整顿终身学习体制，促进学校教育、家庭教育和社区教育的灵活化。

其次，“临教审”在重组“面向21世纪的教育体系”、建设“新型的柔软的教育网络”的语境中，提出了后两个关键词。“临教审”建议要“综合性地重组面向21世纪的教育体系”，并且阐明了重组教育体系的必要性、时代背景、目标和基本方向。关于建设“新型的柔软的教育网络”，“临教审”指出：第一，对于人生各个时期、各个发展阶段（从胎儿期、婴幼儿期到青少年期，成人之前，成人期和高龄期），要充分注意教育的连续性、适时性和选择性；第二，家庭教育、学校教育、社会教育、职业能力开发以及信息、教育、文化产业等提供的教育活动要与人生的各个时期相关联，为此，要重建综合性的教育网络；第三，从综合性的观点出发，重新调整提供文化、教养、闲暇、体育、健康、职业能力开发、信息等的各省厅的教育措施，使之成为更加有效的、多元多层的合作网络，同时重新调整官与民、中央与地方之间的任务分担机制；第四，向终身学习体系过渡，重组教育体系，要学习世界各国的先进经验，同时重新发现和评价有日本特色的终身学习的经验和传统，并创造性地发展这些经验和传统。

“临教审”高度重视构建新型教育体系问题，明确指出谋求以向终身学习体系过渡为主轴的教育体系的综合性重组是此次教育改革中的“最重要的课题”。“临教审”在批评过去学校教育体系的“副作用”（即带来教育荒废现象）和展望日本社会将发生重大变化（即国际化、信息化、成熟化等的进展）的基础上，构想了重组教育体系的基本方向，即“建设新型的柔软的教育网络”。

这样，“临教审”针对日本学校教育荒废问题，面向21世纪对日本教育提出的新挑战，在“向终身学习体系过渡”方针的指导下，明确提出了“建设新型的柔软的教育网络”的构想。这是日本首次明确提出的构建新型教育体系的整体构想。

对于日本80年代的教育改革，有关人士给予了各种各样的评价。例如，原内阁总理大臣中曾根康弘自己在《21世纪日本的国家战略》（2000年）、《想对日本人说的话》（1998年）、《自省录——作为历史法庭的被告》（2004年）等著作中认为，“临教审”主导下的教育改革失败了。[9]但是，不容否认的是，“临教审”真正撬动了日本历史上第一次不是来自外压而是源自内发的第三次教育改革的杠杆。90年代“中教审”、大学审议会和终身学习审议会等主导下的教育改革沿袭了“临教审”路线，其许多政策取向是为了完成“临教审”报告所提出的改革任务。而且，除了个别例外，“临教审”提出的改革建议几乎都付诸实施了。[10]这样看来，“临教审”主导的教育改革取得了非常大的成果。特别是对于构建新型教育体系，“临教审”首次明确提出了其基本方向和内涵，这是值得充分肯定的。

三、20世纪90年代：构建“发挥每个儿童和学生的个性和能力的教育体系”，实现“终身学习社会”

在20世纪90年代，日本的教育改革一方面继承“临教审”建议的积极要素，另一方面又适应新情况、针对新问题而有所发展和创新。主导这一时期教育改革的是“中教审”、大学审议会和终身学习审议会，它们发表的一系列咨询报告推动着一项项教育改革措施逐步得到了落实。在构建新型教育体系方面，“中教审”分别于1991年4月、1996年7月、1997年6月和1999年12月发表的四个咨询报告不仅明确提出了要构建什么样的教育体系，而且还明确提出了其构建路径。

1989年4月，文部大臣向“中教审”提出了“关于适应新时代的各项教育制度的改革”的咨询，接受这一咨询以后，“中教审”经过两年的研究审议，于1991年4月发表了题为《关于适应新时代的各项教育制度的改革》[11]的咨询报告，该报告主要对后期中等教育改革及与之相关的高等教育问题提出了建议，其中也阐述了构建新型教育体系问题。另外，1995年4月，文部大臣向“中教审”提出了“关于展望21世纪我国教育的应有状态”

的咨询，接受这一咨询以后，“中教审”经过两年多的研究审议，分别于1996年7月和1997年6月发表了两次题为《关于展望21世纪我国教育的应有状态》[12—13]的咨询报告，这两次报告阐明了今后日本教育改革的基本方向和构建新型教育体系的基本路径。此外，1998年11月，文部大臣向“中教审”提出了“关于初等、中等教育与高等教育衔接的改善”的咨询，“中教审”接受这一咨询以后，经过一年的研究审议，于1999年12月发表了《关于初等、中等教育与高等教育的衔接的改善》[14]的咨询报告，这个报告不仅提出了要构建一个什么样的教育体系，而且还就初等、中等教育与高等教育的全面衔接提出了具体的建议。

“中教审”的1991年报告在阐述高中教育改革问题时，从终身学习的观点出发，提出了改革教育体系的主张。该报告指出，为了解决学校教育中存在的问题，改革学校教育体系自不待言，还应该从广阔的终身学习的观点出发，改善整个教育体系。伴随日本社会和人们思想的变化，要使以学校教育为代表的固化的教育体系变成更加柔软的教育体系。今后，要综合性地把握包含学校教育在内的社会的各种教育和学习系统，以扩大人们学习上的选择自由，支援其一生的学习活动。由此看来，“中教审”的1991年报告在构建新型教育体系上所做出的重大理论贡献在于：以建设终身学习社会为目标，把强化学校教育与社会上各种教育和学习系统的合作作为了建立终身学习体系改革的首要的重点。

“中教审”的1996年报告和1997年报告首先明确提出了今后日本教育改革的基本方向，即在“宽松”的教育环境中培养孩子们的“生存能力”，另外，主张进一步采取措施纠正教育体系的划一性，实现“适应每个人的能力和适应性的教育”。在“中教审”那里，为了实现培养生存能力的目标，应当采取的首要策略是加强学校、家庭、社区的相互合作，在整个社会中来培养生存能力；其次是开展“适应每个人的能力和适应性的教育”，改善学校之间的衔接。当时，“中教审”已经认识到日本教育体系的划一性和僵硬性弊端，认为学校制度、教育内容和方法等整个教育体系没有充分尊重家长和儿童的自主选择，没有充分发展每个儿童多样化的个性和能力，因此主张通过改善学校之间的衔接来纠正教育体系的划一性。从表面上看，“中教审”的这两次报告并没有对构建新型教育体系进行专门的讨论，但由于“中教审”已经认识到纠正教育体系的划一性的必要性，而且提出了培养生存能力的两方面策略，因此笔者认为“中教审”在有必要改革教育体系的前提预设下，提示了构建新型教育体系的两条路径，即加强学校、家庭、社区的相互合作和改善学校之间的衔接。

到90年代末，日本终于明确提出了构建“发挥每个儿童和学生的个性和能力的教育体系”、实现“终身学习社会”的主张。这一主张是“中教审”在1999年报告中提出来的。该报告在回顾战后半个世纪日本教育发展历程之后，明确指出：“现在所推行的教育改革是根据临时教育审议会咨询报告的旨趣，沿着以中央教育审议会为首的各种审议会的咨询报告（的建议）来进行的。为了（构建）发挥每个儿童和学生的个性和能力的教育体系，实现（使他们）一生中适应能力与适应性、意愿与爱好等而能够学习的终身学习社会，而进行了各种各样的改革。”从这一段文字不难看出，此时“中教审”所构想的构建新型教育体系的内涵，一是构建“发挥每个儿童和学生的个性和能力的教育体系”，二是“实现（使每个儿童和学生）一生中适应其能力与适应性、意愿与爱好等而能够学习的终身学习社会”。另外，应当指出的是，与此前（“中教审”1991年报告）十分重视加强学校、家庭和社区的合作相比较，此次报告则重视的是改善初等、中等教育与高等教育的衔接。

20世纪90年代可以说是日本构建新型教育体系思想的成形阶段。这一思想的核心内容是：为了实现终身学习社会，培养孩子们的生存能力，通过强化学校教育与社会上各种教育和学习系统的合作，或者加强学校、家庭、社区的合作，建立终身学习体系；通过改善学校之间的衔接，或者改善初等、中等教育与高等教育的衔接，建立发挥学生的个性和能力的教育体系。后者可以概括为个性化教育体系。这些思想也表明了构建新型教育体系的两条路径：一是加强学校、家庭、社区的合作；二是改善初等、中等教育与高等教育的衔接。

四、21世纪初：构建日本独特的教育体系

世纪之交和进入21世纪以后，日本在其教育改革中更是把“教育体系改革”作为一项重要的政策性课题，而且在新型教育体系构建上突出了日本特色。

在21世纪日本教育改革发展中，小渊惠三内阁设立的教育改革国民会议提出的建议具有“划时代”的意义。该会议于2000年12月发表的《教育改革国民会议报告——变革教育的17条提案》[15]对于构建新型教育体系提出了新的主张。该报告明确指出，过去的教育体系已经落后于时代潮流，今后日本要构建“在发挥每个人的天赋才能的同时，培养在各自的领域中富有创造性的领导者的教育体系”。该报告还指出，战后的教育并没有认为“与他人不同”、“突出”是好的，战后教育所重视的平等主义孕育了陷入一律主义、划一主义的危险性，同时认为与他人同样就好的风潮产生了妨碍创造新价值、引领社会的领导者辈出的倾向。在时代发生巨大变化的今天，要把日本教育变革成为能够导引出每个人的素质和才能、培养富有独创性和创造性的人的系统。这个报告不仅在构建新型教育体系的提法上有了新变化，而且“把日本的教育变成……的系统”的表述表明日本在构建新型教育体系上开始注重日本特色。

2006年10月，为了构建日本符合21世纪的教育体制，谋求教育再生，推进追溯教育之根本的改革，第一次安倍晋三内阁设置了教育再生会议。[16]教育再生会议共发表了四次报告，[17—20]其中鲜明地提出了“构建我国独特的教育体系”的设想。教育再生会议对构建新型教育体系的提倡具有明显的国家主义倾向，它所认为的构建新型教育体系的目标是：建设每个国民具有健康身心和充分活力、得到国际社会尊敬和信赖、向世界开放的“美丽国家——日本”。在教育体系改革方面，教育再生会议提出了两方面策略。其一，建立“从幼儿教育到大学教育一贯的教育体系”，即根据社会的需要和学习者的需求、适应性、发展阶段以及各阶段教育的问题，建立柔软的教育体系，修改幼儿园、小学、初中、高中、大学的教育体系；建立最大限度地发展每个儿童的多样化才能的教育体系；推进“六三三四制”的弹性化。其二，为了对儿童、青年人和家庭进行综合性的支援，而“建立教育、福祉、警察、劳动、法务等的合作体系”。

综上所述，从20世纪70年代初开始，日本在推进第三次教育改革的进程中，各个时期几乎都把教育体系改革作为一项政策性课题，明确地提倡构建新型教育体系，并为此付出了坚实的努力。这种新型教育体系构建过程是一个前后承继、推陈出新的过程。所提出的构建新型教育体系的设想为我们认识日本教育改革与发展中的重大问题提供了很好的概念图示。

五、结语

教育体系改革在一个国家的教育改革中占有突出的位置。1971年以来的40多年间，日本从未间断过对构建新型教育体系的探索。“中教审”、“临教审”、教育改革国民会议、教育再生会议等在其报告中都对重组教育体系进行了多方审议，围绕如何构建终身学习体系和个性化教育体系进行了扎实的研究。这种理论探讨固然是十分重要的，但更重要的是日本为此开展了多种改革实践。其重要表现是日本政府在制定的多个综合性教育改革计划中对构建新型教育体系做了明确的规定。例如，“临教审”的咨询报告提出以后，日本内阁于1987年10月审议通过了《教育改革推进大纲》，[21]其中的第一项内容就是“整顿终身学习体制”。再如，90年代中期“中教审”的两次咨询报告发表以后，文部省于1997年1月制订并在此后多次修改了《教育

改革计划》[22]，其中与构建新型教育体系相关的内容有：在革新教育制度方面，“改善初等、中等教育与高等教育的衔接”；在与校外的社会进行积极的合作方面，“强化学校、家庭、社区的合作”。此外，教育再生会议的四次报告发表以后，文部科学省于2008年7月制订了《教育振兴基本计划》[23]，其中与构建新型教育体系相关的内容有：其一，“横向”的合作：对于教育，加强全社会的合作。即中央、地方政府、学校、家长、社区居民、企业、社会教育团体、民间教育人士、非营利组织(NPO)、媒体等各主体加强横向的合作，整个社会采取措施谋求教育的振兴。其二，“纵向”的衔接：实现基于一贯理念的终身学习社会。即根据新《教育基本法》所揭示的教育理念，致力于终身学习社会的实现；在纵向衔接上的改革包括：改善家庭教育与幼儿教育、幼儿教育与小学、小学与初中、初中与高中、高中与大学之间的合作与衔接，以及学校教育与职业生活的合作与衔接。这些教育改革计划的制订和实施极大地促进了构建新型教育体系这一改革目标的实现。

40年来，日本在历次改革教育体系的提法上并不相同，20世纪70—80年代提出的是建立终身学习体系，90年代提出的是建立个性化教育体系，进入21世纪以后提出的是建立日本独特的教育体系。那么，这是否意味着日本试图建立多种教育体系？其实不然。建立终身学习体系是教育政策制定者站在教育供给方的立场上而提出的，意在消解学校教育体系的臃肿化，提供新型的、柔软的、多样化的教育服务供给体系。建立个性化教育体系是教育政策制定者站在教育需求方的立场上而提出的，意在消除学校教育的划一性、僵硬性和封闭性，实现家长和儿童能够在多种多样的教育服务中加以选择，真正地发展学生的个性。而建立日本独特的教育体系的提法只是强调了“日本独特”的一面，这种教育体系的实质和内涵与终身学习体系和个性化教育体系别无二致，是将二者统一起来的称谓。

教育体系改革可以说是当代日本教育改革中的纲领性问题。日本改革教育体系本身只是手段，而不是目的，其最终目的是培养富有个性和创造性的人，进而把日本建设成为“有活力的社会”或“美丽的国家”。

【参考文献】

[1]［10］［日］市川昭午. 臨教審以後の教育政策［M］. 東京：（株）教育開発研究所，1995. 2，8.

[2]［日］文部大臣剣木亨弘. 諮問［EB/OL］. 昭和42年7月3日. http://www.mext.go.jp/b_menu/shingi/chuuou/toushin/710601.htm,1971-06/2004-10-08.

[3]［日］中央教育審議会. 今後における学校教育の総合的な拡充整備のための基本的施策について（答申）［EB/OL］. 昭和46年6月11日. http://www.mext.go.jp/b_menu/shingi/chuuou/toushin/710601.htm,1971-06/2004-10-08.

[4]［9］［日］渡部　蓊. 臨時教育審議会——その提言と教育改革の展開——［M］. 東京：学術出版会，2006. 46，10-12.

[5]［日］臨時教育審議会. 教育改革に関する第一次答申［R］. 昭和60年6月26日. 文部時報，昭和62年，(8月臨時増刊号)：50-76.

[6]［日］臨時教育審議会. 教育改革に関する第二次答申［R］. 昭和61年4月23日. 文部時報，昭和62年，(8月臨時増刊号)：77-181.

[7]［日］臨時教育審議会. 教育改革に関する第三次答申［R］. 昭和62年4月1日. 文部時報，昭和62年，(8月臨時増刊号)：182-268.

[8]［日］臨時教育審議会. 教育改革に関する第四次答申（最終答申）［R］. 昭和62年8月7日. 文部時報，昭和62年，(8月臨時増刊号)：8-49.

[11]［日］中央教育審議会. 新しい時代に対応する教育の諸制度の改革について（答申）［R］. 平成3年4月19日. 日本教育新聞，平成3年4月27日（資料版）.

[12]［日］中央教育審議会. 21世紀を展望した我が国の教育の在り方について（第一次答申）［R］. 1996年7月19日. 月刊高校教育，1996年，（8月臨時増刊号）：5-103.

[13]［日］中央教育審議会. 21世紀を展望した我が国の教育の在り方について（第二次答申）［EB/OL］. 1997年6月26日. http://www.mext.go.jp/b_menu/shingi/12/chuuou/toushin/970606.htm,1997-06/2004-10-06.

[14] [日] 中央教育審議会. 初等中等教育と高等教育との接続の改善について（答申）[EB/OL]. 平成 11 年 12 月 16 日. http://www. mext. go. jp/b _ menu/shingi/chuuou/toushin/991201.htm，1999-12/2000-05-10.

[15] [日] 教育改革国民会議. 教育改革国民会議報告—教育を変える17の提案— [R]. 平成 12 年 12 月 22 日. 教育委員会月報，平成 13 年，(2)：55-69.

[16] [日] 内閣会議. 教育再生会議の設置について [EB/OL]. 平成 18 年 10 月 10 日. http://www. mext. go. jp/b _ menu/shingi/chukyo/chukyo4/004/gijiroku/07012410/007. htm，2007-01/2011-04-01.

[17] [日] 教育再生会議. 社会総がかりで教育再生を—公教育再生への第一歩—（第一次報告）[EB/OL]. 平成 19 年 1 月 24 日. http://www. kantei. go. jp/jp/singi/kyouiku/kettei/070124honbun. pdf，2007-01/2011-04-01.

[18] [日] 教育再生会議. 社会総がかりで教育再生を—公教育再生に向けた更なる一歩と「教育新時代」のための基盤の再構築—（第二次報告）[EB/OL]. 平成 19 年 6 月 1 日. http://www. kantei. go. jp/jp/singi/kyouiku/houkoku/honbun0601. pdf，2007-06/2011-04-01.

[19] [日] 教育再生会議. 社会総がかりで教育再生を—学校、家庭、地域、企業、団体、メディア、行政が一体となって、全ての子供のために公教育を再生する～（第三次報告）[EB/OL]. 平成 19 年 12 月 25 日. http://www. kantei. go. jp/jp/singi/kyouiku/houkoku/honbun1225. pdf，2007-12/2011-04-01.

[20] [日] 教育再生会議. 社会総がかりで教育再生を～教育再生の実効性の担保のために～（最終報告）[EB/OL]. 平成 20 年 1 月 31 日. http://www. kantei. go. jp/jp/singi/kyouiku/houkoku/honbun0131. pdf，2008-01/2011-04-01.

[21] [日] 内閣会議. 教育改革に関する当面の具体化方策について—教育改革推進大綱— [A]. 昭和 62 年 10 月 6 日. [日] 文部省. 我が国の文教施策—生涯学習の新しい展開—（昭和 63 年度）[C]. 東京：大蔵省印刷局，昭和 63 年. 183-188.

[22] [日] 文部省. 教育改革プログラム [EB/OL]. 平成 11 年 9 月 21 日. http://www. mext. go. jp/b_Menu/hakusho/nc/t19991015001/t19991015001. html，1999-10-15/2011-06-23.

[23] [日] 文部科学省. 教育振興基本計画 [EB/OL]. 平成 20 年 7 月 1 日. http://www. mext. go. jp/a_menu/keikaku/detail/_icsFiles/afieldfile/2013/05/16/1335023_002.pdf，2008-07/2013-12-08.

比较教育学的概念建构及其现实意义*

□ 陈时见（西南大学教授）

比较教育学从19世纪初期诞生以来，经过差不多两百年的发展历程，现已成为教育科学中影响深远的重要学科，为人类认识教育提供了不可替代的学术视野，它不仅具有稳定的学术体系，而且拥有庞大的世界性学术组织；不仅在高等教育研究计划中占有重要的地位，而且是影响世界各国教育政策制定和改革发展的重要学术力量。不过，对于比较教育学的概念，人们却有着不同的论争。历史绵延至今，比较教育学概念的界定愈发多元。比较教育学概念的争论和多元的界定，一方面体现了人们对比较教育学概念的多种探索和不同认识，这恰好是推动比较教育学不断发展的学术源泉；另一方面也反映了比较教育学概念建构的紧迫性，这显然是比较教育学深入发展的重要基础。

一、为什么要进行比较教育学的概念建构

为什么要进行比较教育学的概念建构？从大的方面而言，比较教育学在我们所生活的这个越来越全球化的世界里遭遇了新的挑战，比较教育学的一些基本理论问题受到越来越多的关注。比较教育学的概念无疑是比较教育学最重要的基本理论问题之一，不仅是比较教育学科成熟的重要标志，而且对于比较教育学科的进一步发展具有重要的现实意义。具体而言，关于比较教育学概念的思考主要源于两个直接的现实问题：一是为何比较教育学作为已然存在的学科却不断受到质疑？二是比较教育学的概念界定为何存在容易产生歧义的模糊性？

首先，比较教育学至今已有差不多两百年的历史，在中国也存在了差不多大半个世纪，为何人们还要对比较教育学提出质疑呢？实际上，我们可以看到，在比较教育学的发展历程中，学术组织一直都异常活跃，专业学术期刊也受到高度重视，该领域的学术成果不仅非常丰富，而且广泛运用于教育研究之中，不断推动着各国教育理论的繁荣和教育实践的变革。当前，无论是教育政策的制定，还是教育改革的推动，或者是教育理论的发展，都在很大程度上依赖于比较教育研究的学术成果，比较教育学不仅是教育新思想、新思潮的集散地，而且是教育改革创新的重要动力源。

人们对比较教育学提出质疑，主要不是从比较教育学的作用、功能或意义等方面提出的，而主要是从学科合理性方面提出的。一方面，比较教育学的研究对象非常广泛，甚至包括教育整个领域，无所不包的研究范围导致比较教育学似乎失去了应有的边界。那么比较教育学究竟研究什么？它是否具有明确的研究指向？另一方面，比较研究法通常被认为是比较教育学的主要研究方法，但比较研究法显然不是比较教育学所独有的研究方法，因为比较研究法无疑是所有教育学科都经常使用的方法，无所不用的研究方法导致比较教育学似乎失去了研究方法方面的独特性，那么比较教育学究竟如何开展

* 原载《比较教育研究》2013年第4期。

研究？它是否缺乏研究方法的独特性？此外，随着比较教育研究的不断拓展和教育比较研究的广泛开展，比较教育学队伍似乎越来越壮大，不同教育学科的人员都进行着教育比较研究，无所不在的研究队伍导致比较教育学似乎失去了特定的专业学术队伍。那么比较教育学研究队伍与不同教育学科进行教育比较的研究人员是否有区别？比较教育学队伍是否具有专业性？如果对这些问题存在着多样化的认识，或者缺乏相对统一的认识基础，人们对比较教育学存在的合理性提出质疑，当然是正常的。所以，我们必须对这些问题进行明确的解释，对这些问题的不同应答在很大程度上决定着比较教育学纵深发展的方向。

其次，比较教育学已有概念不仅是多样的，而且存在着明显的歧义，缺乏相对统一的认识论基础。综观比较教育学的各种概念，从比较教育学的归属而言，应该说是达成共识的。绝大多数比较教育学概念都坚持认为，比较教育学是教育科学的一个分支，或者说是属于教育科学的范畴。事实上，虽然比较教育学的诞生及其后来的发展显然受到比较解剖学、比较语言学、比较文学、比较法学等多种比较学科的影响，但比较教育学从一开始就关注教育问题，而且始终如一地关注着教育问题，比较教育学也正是基于对教育问题的关注，并不断推动着教育的改革和发展而呈现出持久的生命力。离开了教育这个生根和养育的土地，比较教育学就会因为失去必备的土壤而消失。所以，坚持把比较教育学作为单纯的方法类学科，或者作为比较类学科，或者作为共享类交流平台，显然是违背历史而缺乏根底，当然是站不住脚的。教育是比较教育学赖以生存的沃土，比较教育学也给教育带来生机。这样的一种依存关系不仅使比较教育学深深扎根于教育的土地，而且将永远在教育的这片土地上耕耘不息。比较教育学是教育科学大厦中的重要组成部分，关注教育并促进教育的不断发展，无疑是比较教育学永恒不变的追求。因此，抛开教育科学而对比较教育学进行界定肯定是徒劳无益的。

目前，关于比较教育学的概念主要存在两个方面的问题。一方面，比较教育学的概念界定存在明显的多维性。有人认为比较教育是一门学科，即学科论；有人认为比较教育是一个研究领域，即领域论；有人认为比较教育是一种方法，即方法论；有人认为比较教育是一个国际教育交流的平台，即平台论。当我们把这些不同的认识完全分别开来进行讨论时，应该是没有什么问题的，因为不同的学者是从不同的维度对比较教育提出了不同的认识。当我们说比较教育是一门学科时，往往是从学科体系的维度进行讨论的。如果把比较教育视为一个研究领域，往往是从比较教育研究所涉及范围的维度进行讨论的。从这个维度而言，比较教育可能是某一具体学科范围内的研究领域，也可能是包括若干学科在内而超越某一具体学科范围的研究领域。如果把比较教育视为一种方法，往往是从研究方法的维度进行讨论的，通常是把比较教育研究视为比较研究方法在教育领域中的运用。如果把比较教育视为一种国际教育交流的平台，往往是从比较教育功能的维度进行讨论的，因为比较教育无疑具有国际教育交流的功能，对于国际教育交流具有直接的意义。由于这几个维度本来就不在同一个平面上，因而我们不能把这些不同的概念混合在一起来讨论。既然人们是从不同的维度提出的，那么，我们就不能因为有人提出比较教育学是一个研究领域，或者是一种交流平台，就否定比较教育学是一门学科。但有一点是可以肯定的，人们从不同维度对比较教育进行概念界定，在一定意义上反映了人们所处的不同国家的学术背景和学者自身的学术立场。从中国的教育学术背景而言，学科意识具有非常重要的学术地位，离开了学科这样的学术背景，不但难以找到学术研究的生根土壤，而且无法有效地凝聚学术队伍，相关的学术研究就会成为完全自由的兴趣集结，或兴或衰，顺其自然。所以，作为中国比较教育研究的学者，离开教育研究的学术背景，离开教育学科的学术立场，不仅会是缺乏根底的虚构，而且会对比较教育学的长远发展形成伤害。因此，我们需要更多地从学科的维度来讨论比较教育学，而且更应该从教育学科群的视角寻求比较教育学的发展定位。只有这样，我们才会真正把“比较教育学是教育科学中的一个分支学科”视为不容质疑的价值选择，比较教育学也才会真正成为凝聚比较教育研究学术队伍生生不息的力量源泉。另一方面，比较教育学的概念界定存在一定的模糊性。由于对一些关键性的问题和指向上存在着有意回避或者诠释不明，导致比较教育学概念界定的模糊性，这无疑是导致人们质疑比较教育学存在合理性的重要原因。比如，人们对比较教育学研究对象的认识总是存在着比较大的争议，甚至是含混模糊，因而很容易带来理解上的混乱。有学者认为，比较教育学是“以整个教育领域为对象”，也有学者认为，比较教育学是“教育史延伸到现在”，还有人认为，比较教育学是“用比较方法研究所有教育理论和教育实践问题”。这类无所不包的研究对象观实际上掩盖了比较教育学研究对象的独特性。那么，比较教育学是否有独特的研究对象呢？如果有独特的研究对象，比较教育学的存在合理性还会受到质疑吗？如果没有独特的研究对象，比较教育学是否也可以成为一门独立的学科呢？再比如，关于比较教育学的研究方法，通常人们认为，比较研究法是比较教育学的基本研究方法，但这里存在两个方面的疑问：一是比较研究法是几乎所有教育学科都普遍采用的研究方法，不是比较教育学所独有的研究方法，那么，比较教育学的研究方法具有怎样的独特性？二是比较教育学的很多研究成果都没有直接使用比较研究方法，而是运用了描述研究法、统计研究法、个案研究法、历史研究法等多种研究方法，那么，比较教育学在研究方法上究竟是怎样的？既然比较教育学的研究成果可以通过其他研究方法而获得，那么，“比较研究法是比较教育学的基本研究方法”是否过于武断？如果不能对比较教育学的研究方法进行明确的解释，比较教育学作为科学的存在合理性就很难让人信服。还比如，关于比较教育学的研究目的，大多比较教育学家都坚持把借鉴外国教育经验以改进本国教育现实作为比较教育研究的主要目的。但随着比较教育学的不断发展，比较教育学的研究目的亦呈现出多样化，比较教育学的概念界定应当顺应和反映比较教育学研究目的的变化，而不能仅仅停留在原初的认识水平上。正是由于人们对这些根本性的问题缺乏明确的共识，因而造成比较教育学概念界定的模糊性，进而助推了人们对于比较教育学存在合理性的质疑。因此，我们进行比较教育学的概念建构有助于明晰作为学科合理性认识基础的这些根本性问题。

二、比较教育学概念建构涉及的关键性问题

要对比较教育学进行概念建构，有几个关键性的问题是无法回避的。对这些关键性问题的诠释是进行概念建构的必要条件。事实上，长期以来在这些关键性问题上的有意回避或者含糊不清，是导致比较教育学科合理性受到质疑的重要原因。因此，我们必须要对这些问题进行深入细致的分析，并给出明确而具体的回答。

（一）比较教育学的本体论

虽然本体涉及学科发展诸多的核心问题，但最集中体现在学科的概念上，特别是体现在对研究对象的界定上。比较教育学的本体论应当清晰地表述其研究对象，具体地阐释其研究范围及其具体内容。

比较教育学有特定的研究对象吗？比较教育学的研究对象能够为比较教育学的研究范围及其具体内容提供明晰的解释吗？比较教育学必须做出明确的回答。中国比较教育学者在参考国外比较教育学者关于比较教育概念界定的基础上，对比较教育学的研究对象进行了阐释。20 世纪 80 年代初期，中国社会进入了改革开放新的历史时期。随着教育科学的发展，比较教育学被列入高等学校教育学专业的重要课程，比较教育研究成为人们了解世界教育发展和国外教育新理论的重要途径。因此，比较教育研究的主要任务在于研究和引进国外不同国家的教育发展经验和国外教育发展的新思想、新理论、新方法，比较教育学的研究对象很自然地被界定为“当代外国教育的理论和实践”。[1] 在以后近三十年的发展过程中，比较教育学基本上遵循这一思路，

将其研究对象确定为“当代世界不同国家或地区的各种教育理论与教育实践问题”，[2]“当代世界各国教育的一般规律和特殊规律”，[3]“不同空间或时间之间的教育理论与实践”，[4]“不同国家或地区的教育”，[5]“当代世界不同国家或地区的教育现实问题”，[6]“民族—国家教育”，[7]“当代不同国家或地区的教育”。[8]虽然不同学者在比较教育学研究对象的具体表述上略有差异，但基本内涵是差不多的，即在时间上特指当代，在空间上包括世界不同国家或地区，在范围上涵括教育整个领域，在目的上是全面了解和借鉴世界各国的教育。在过去相当长的一段时期里，其他教育学科出于自身发展的需要，迫切需要吸收世界各国先进的思想、先进的经验和先进的方法，而由于语言等方面的原因缺乏从事比较研究的条件，因而教育问题的比较研究为其他的教育学科所广为需要，比较教育研究也因为深入开展教育问题的比较研究而为其他教育学科的发展做出了贡献。正如王英杰先生所言，“在改革开放之初，只有比较教育学科的研究者从事比较研究，他们的研究成果被教育的其他各分支学科所引用，比较研究成为教育学科发展的动力之一”。[9]比较教育学顺应教育科学的理论发展和教育改革的现实需要，其研究对象扩展到涉及教育理论和教育实践的整个教育领域，这不仅满足了教育科学发展的需要，也适应了学校教育改革的现实需求。

从世界范围来看，由于比较教育学从一开始形成的非常强烈的借鉴取向，因而在相当长的一段时间里，比较教育学重在描述、分析和引介所谓“先进国家”的教育制度，从而为改革和完善本国教育制度提供借鉴。20世纪中叶以后，比较教育学的研究领域朝着宏观和微观两个方向拓展：一是继续将其他先进国家的教育制度作为研究的重点领域，以反思和指导自己国家教育的宏观决策，进而推动自己国家教育的整体发展；二是从学校内部教育改革实践出发，侧重研究不同国家学校教育内部的教育管理、课程设置、教学过程、考试制度、学习评价、师资培养等具体的教育事实。比较教育学的研究领域朝着微观方向进一步拓展。与此同时，教育其他学科出于自身建设的需要，其研究范围不断朝着各国学校教育内部延伸，进而出现了比较教育研究范围与其他教育学科的相互交叉和重叠。比较教育学研究范围的拓展虽然在特定的历史时期给比较教育学的发展带来了生机和活力，比较教育研究成果也为其他教育学科的发展做出了积极的贡献，但也造成了越来越多的比较教育研究成果是关于国外某一具体国家学校教育内部某一具体教育事实的研究，比较教育学的研究者大都“研究各自感兴趣的外国的教育”，[10]因而，比较教育研究越来越被理解为教育领域中的比较研究，即教育比较研究。比较教育学的研究对象也由此从早期的别国教育制度研究扩展到不同国家的教育理论与教育实践研究。

比较教育学研究范围的无限扩张，虽然在一定意义上促进了教育科学的发展，也给比较教育学自身带来了生机，但却导致了比较教育学边界的混乱和研究对象的模糊。“比较教育学的学科危机很大程度上来自于自身‘本体论’的模糊，即对自己言说对象的不确定性及其自身对其言说的合法性的怀疑”。[11]比较教育学发展到今天，比较教育学的学术生态环境已经发生了很大的改变。一方面，教育其他学科的学术队伍，不仅语言方面有了长足的进步，他们不再需要经过比较教育学科的学术队伍的翻译和引介，而是可以直接阅读、翻译和引介外文文献资料，而且他们出入世界各国的机会越来越频繁，可以直接深入到不同国家学校教育内部进行直接的了解。运用比较研究方法进行教育具体问题的教育比较研究，不再属于比较教育学研究者的特权。教育所有学科，出于自身发展的需要，都越来越多地开展教育比较研究，并通过教育比较研究获得最新的资料、数据以及认识和理解。正如有学者所言，“所有的科学都是比较的”，“如果没有教育的比较研究就不可能有普遍的科学教育研究”，[12]因此，“今天教育的各分支学科几乎无不从事比较研究”。[13]另一方面，当今世界发生了剧烈的变化，全球化发展进一步凸显了文化的差异性和多样性。对于不同国家而言，先进国家的教育模式不一定能够适应特定国家的教育发展需求，“单向的教育输入是对理想教育的扩大化，是对本土教育的忽视”，因此，“理想教育模式的移植很可能造成一种替代或者抹杀”。[14] 此外，单向的教育输入还会出现“单向性的教育贡献”，很容易造成教育殖民主义倾向，不利于国际教育的平等交流和合作互动。

综合上述分析，当今比较教育学的研究范围及其具体内容应当侧重两个方向去发展。一是重点回归，即研究重点从教育微观问题的比较研究回归到国际教育发展的整体性研究。既然比较研究法是教育所有学科都使用的研究方法，教育比较研究亦是教育所有学科的共有领地，那么，比较教育学自然可以依旧进行教育问题的比较研究，从不同于教育其他学科的视角对世界各国学校教育的微观教育问题进行研究，但比较教育学的研究重点应当回归到国际教育整体性发展方面，应主要侧重全球社会不同国家的教育制度、教育政策和国际教育交流合作等方面的研究。这不仅可以反映比较教育学的历史传统，而且可以体现比较教育学研究范围的独特性。比较教育学研究重点的回归和明晰有助于消除比较教育学本体论的模糊。二是领域拓展，比较教育学应当顺应全球化发展的潮流，坚持多元文化观念，突破“理想教育移植借鉴的思维范式”和“以发达国家为基本单元的传统分析框架”，研究领域应扩展到整个世界范围多元文化背景下国际教育发展的不同类型及其相互影响的关系。综合起来，可以对比较教育学的研究对象做出明确的回答，即比较教育学主要研究多元文化世界中国际教育发展的多样化类型及其相互影响关系。其中包括三个层面的具体内容：一是国别教育发展研究，即研究世界多元文化背景下不同国家教育制度的发展类型及其相互影响关系；二是跨国教育发展研究，即研究世界多元文化背景下跨国教育交流合作的发展类型及其对国际教育交流合作的影响；三是国际教育整体性发展研究，即研究世界多元文化背景下超越国家之上的世界教育整体发展走向及其对各国教育发展的影响。

（二）比较教育学的方法论

从比较教育学科发展而言，比较教育研究究竟是遵循什么样的方法论指导？比较教育学在其方法论上是否具有或者具有怎样的独特性？当今社会，综合、交叉与融合已成为学科发展的基本趋势，所以作为工具层面的研究方法，无论是比较研究法，还是统计研究法等其他研究方法，都可能被所有教育学科或其他学科所采用。相应地，比较教育学也可以广泛地采用所有教育学科或者其他学科的研究方法。这已成为不争的事实。但在方法论方面，不同学科却存在相差悬殊的质的规定性。比较教育学与其他教育学科在方法论上的差异性为比较教育的学科合理性奠定了基于方法论视角的基础。

比较教育学之父朱利安（Julian）早在1817年发表的《比较教育的研究计划与初步意见》中就曾明确地指出：“比较解剖学的研究促进了解剖学的发展。同样，比较教育的研究应当为完善教育科学提供新的方法。”[15] 比较教育学在近两百年的发展过程中，不断探索、丰富和发展其研究方法。虽然朱利安主张“构建系统的事实与观察，列于分析表中，以便对照和比较，从而推导出若干原理、一定规则，使教育成为近乎实证的科学”，[16] 但在19世纪，人们主要还是采用描述研究法对国外先进教育经验进行系统的描述和评论。20世纪上半叶，比较教育学在研究方法上转向了因素分析法，因素分析法成为这一时期比较教育学最为重要的特征。20世纪中叶以后，比较教育学广泛借鉴和运用社会科学研究方法，使比较教育研究方法走向多样化：一方面，比较教育学在其发展过程中形成了描述研究法、因素分析法、历史研究法、阶段研究法、假说验证法、问题研究法等较为成熟的研究方法；另一方面，比较教育学还从多种社会思潮中引入社会学、哲学、政治学、人类学等学科的新理论，并广泛引入和具体运用统计研究法、叙事研究法、人种志研究法、现象学解释法、个案研究法等多种社会科学研究方法，从而大大丰富和发展了比较教育研究方法。比较教育研究从早期的描述性研究和因素分析研究发展到今天的描述性研究、实证性研究、解释性研究、分析性研究、批判性研究等多元发展格局。“比较教育研究在引入这些思潮的过程中，逐步形成了切合自身的研究范式或方法，而这些范式或方法又被广泛地借用到教育科学中的其他学科研究中，为其他学科开阔了新的研究视野。”[17]由此可见，比较教育学在不断丰富和发展自身研究方法的过程中，也正如朱利安所指出的，为“完善教育科学”提供了新的方法。

虽然比较教育学要经常使用比较研究方法，但也经常使用文献研究法、历史研究法、统计研究法、调查研究法、个案分析法等多种研究方法。比较教育学为了实现其研究目的，可以使用比较研究方法，也可以不使用比较研究法而使用其他研究方法。事实上，比较教育学在19世纪的很长时期里，主要是运用现场考察法、描述研究法、历史研究法等研究方法开展研究，从而获得其他国家的先进教育经验。比较教育学在其研究中无论使用比较研究法还是使用其他研究方法，都是为了更好地进行比较，并通过比较进行判别和选择。可以说，比较教育学是通过教育多样化发展类型的比较而获得教育知识并进行价值选择。虽然比较教育学与其他教育学科都要进行比较，但却存在着明显的差异性。其他教育学科中的比较体现为工具性的技术方法，通过具体的比较研究方法获得具体的资料、数据或结论，这里的比较是在研究过程中所使用的一种工具，具有强烈的工具性特征。比较教育学中的比较与其说是一种操作层面的具体研究方法，不如说是一种哲学层面的比较视野，它超越了一般性方法的技术层面，而是体现为研究主体基于跨文化视野考察研究对象所形成比较的广度和深度，比较的目的在于获得整体性的认识。这里的比较具有研究主体的性质，比较也由此从技术层面转变为思维方式层面，从工具变成为目的。[18]正如奥利韦拉所指出的，比较教育学是“在两个或者以上的社会集团中发现的关系类型之间的关系”，“是研究和分析本质上都相似的现象的多样性”，“是从两个或更多的教育领域中发现的抽象的关系类型”，其目的在于“从更高的抽象水平上建立和阐述这些类型之间的新的关系”。[19]比如，关于学校教育制度，对比较教育学的思维方式而言，首先考虑的是不同国家学校教育制度的多样性，并从学校教育制度多种类型的考察中获得对学校教育制度的整体性认识，从而形成对现行学校教育制度的具体反思和价值选择。所以，比较教育学中的比较更多地体现为基于比较视野对教育发展多样化类型进行的反思与选择。

（三）比较教育学的目的论

关于比较教育研究的目的，不同比较教育学家提出了不同的看法。朱利安在《比较教育的研究计划与初步意见》中提出了两个方面的目的：一是通过对外国教育的比较研究为本国教育提供借鉴；二是通过建立国际性教育机构促进国际教育的相互理解和教育研究的国际合作。朱利安所表达的借鉴性目的受到后来众多比较教育学家们的认同，并成为比较教育学重要的价值选择。为了更好地实现比较教育研究的借鉴性目的，康德尔（Kandel）认为，比较教育研究重在找出影响教育制度差异的动力及其因素。汉斯（Hans）认为，比较教育研究重在发现主导各国教育制度发展的原则。[20]20世纪60年代以后，随着比较教育学的不断发展，人们进一步拓宽了比较教育学的研究目的。特雷舍韦（Trethewey）于1976年发表了《比较教育学的目的》，明确提出四个方面：一是增进对本国教育的理解；二是为教育发展与变革做出贡献；三是寻求教育发展的概括性原则；四是增进国际的相互理解与交流。波斯尔斯惠特（Postlethwaite）于1988年也提出了比较教育学研究的四个方面的目的：一是确认发生在国外而有助于改革本国教育制度的教育事实或现象；二是描述不同教育制度所呈现的教育异同现象，并说明其差异存在的原因；三是估计有关教育的决定因素或变项对于教育可能产生的影响；四是认清与教育实施成效有关的一般法则。哈尔斯（Halls）于1990年在其《比较教育：当代的问题与趋势》一书中也明确提出了比较教育学的三个目的：一是提供教育形态学（educational morphology）对全球不同形式的教育进行描述和分类；二是确定教育的相关因素以及教育与社会的关系与互动；三是寻求影响教育变革与持续发展的基本条件。[21]阿诺夫（Arnove）和托雷斯（Torres）等人于2003

年出版了《比较教育学：全球化与本土化的辩证关系》一书，他们在书中明确表达了这样的思想，即比较教育研究不仅“能致力于改善政策和实践”，“能改善和服务所有国家并使之更繁荣而推动变革”，而且也“应当在促进新一代用他们的才智在日益紧密联系的世界中，为促进国际和平与社会正义发挥更加重要的作用”。[22]显然，比较教育学的研究目的必然反映了社会发展的时代诉求和教育变革的现实需要。

综合起来，可以把比较教育学的目的观从整体上划分为三种观点。一是理论取向的观点。这一派的观点认为，人类所有的认识活动都是为了获得知识，比较教育研究也不例外，其主要目的亦是获得认识及相关的知识。正如著名比较教育学家贝雷迪（Bereday）所指出的，“比较教育的主要存在理由是其知识特性。我们研究外国教育制度只是因为我们想获得知识，因为人类总是追求知识。获取知识是比较教育证明自己有权与其他学术领域共存的唯一理由”。[23]二是实用取向的观点。这一派的观点认为，比较教育研究的目的在于借鉴先进教育经验改善教育实践。这一观点又包括具体服务于改善本国教育和改善世界教育两种观点。一种观点认为，比较教育研究“通过收集分析他国资料，具有增进国际了解的效果，而国际了解也是改善本国教育或发展的工具”，因此，“比较教育研究的最终结果是为政策的参考或预测政策施行的结果”，“达成改善自身教育的具体实用目的”。[24]另一种观点认为，“比较教育的目的不是介绍需要模仿或否定的模式，而是要了解不同人民，学习他们的教育和文化经验，归根结底，比较教育不是孤立地来改善‘一种’教育制度，而是通过改善各种具体的教育制度来改善整个世界的教育”。[25]三是综合取向的观点。这一派观点认为，比较教育学不仅要服务于教育实践的变革，而且要着力于学科理论的建设。德国比较教育学家施瑞尔（Schriewer）基于卢曼的系统理论提出了科学理论与反省理论的观点，并由此提出比较教育学的两种理论构建，即比较教育科学理论更加强调理论性，是为比较教育能够成为真正比较的科学服务的，而比较教育反省理论则服务于变化着的教育情境，为教育的现实行动提出指导。这无疑是企图把理论追求和实践服务进行有效结合的探索。

事实上，比较教育学如果要成为教育科学中的重要学科，就必须在促进理论建设和推动改革实践两方面做出同样的努力。如果只是强调对教育现实变革的推动，那么，比较教育学就会构建起完全基于教育现实需求的知识体系，比较教育研究就会变成为单纯的“各自感兴趣的外国教育研究”或者“多样而零散的教育问题比较研究”，比较教育学就会消失在研究者体现各自研究兴趣的公共领域之中。相应地，如果只是追求理论探索而不关注教育现实，这不仅偏离比较教育学的历史传统，而且导致比较教育学成为单纯的“思辨过程”或者各种社会科学新思想的“转场”，比较教育学就会失却其内在的活力和持久的生命力。只有正确处理好这两种取向的关系，才能真正科学构筑比较教育学合理的知识体系。比较教育学的知识体系对于比较教育学的概念构建具有直接的意义。

三、比较教育学的概念及其意义指向

综合上述分析，笔者尝试性地提出比较教育学的概念，即比较教育学是基于整体取向的比较视野，研究国际教育发展的多样化类型及其相互影响关系，进而促进教育理解和推动教育发展的一门教育学科。比较教育学的这一概念体现了这样一些规定性。首先，比较教育学是教育科学中的一个分支学科，是教育科学的重要组成部分，比较教育学离不开教育沃土的滋养，同时也不断为教育科学提供养料。其次，比较教育学是对国际教育发展进行的研究，主要是对世界范围内除本国以外的所有国家的教育发展和超越国家的跨国教育发展以及国际教育整体性发展及其影响关系进行的研究。国别教育发展研究是比较教育研究的传统和基础，跨国教育发展研究和国际教育整体性发展研究是比较教育研究新的拓展。再次，比较教育研究是一种跨界研究，是在世界教育整体发展的大背景下基于多样化发展类型而进行的跨文化研究。这种研究主要不是体现在技术层面的具体研究方法上，而是基于国际教育整体性发展的比较视野。最后，比较教育学的研究目的在于通过教育发展多样化类型的比较，提高人们对教育的理解和认识水平，从而推动教育科学发展和教育实践的变革。比较教育学正是通过多类型的比较分析获得对教育的更高层次的理解，促进人们对教育的深刻反思和价值选择。

明确了比较教育学的基本概念，比较教育学的知识体系相应地变得清晰起来。从总体上说，比较教育学的知识体系涵括比较教育理论研究和国际教育发展研究两个基础性研究领域，比较教育理论研究侧重比较教育基础理论及学科体系方面的研究，是比较教育研究的理论反思，具体内容包括比较教育学的本体论、方法论、知识论、价值论等方面，它不仅影响着比较教育的理论模型和分析框架，而且规定着比较教育学术队伍的学科信仰和话语体系。此外，它还担负着比较教育学核心概念、研究方式、学术规范的阐释与建构。国际教育发展研究主要是对国际教育多样化发展类型进行的研究，是比较教育研究的实践反思，既包括不同国家的教育发展类型及其相关的教育政策，也包括跨越国家的国际教育交流合作及其实践模式。在此，有三个问题需要特别指出。

第一，关于比较教育学与国际教育的关系。比较教育学是对国际教育多样化发展类型的比较及其反思，这是比较教育学的历史传统，也是比较教育学在新的发展阶段的一种回归，更是比较教育学在全球化背景和教育科学纵深发展新形势下的价值选择。因而不宜把国际教育从比较教育学中分离出来，国际教育是比较教育学的研究领域，是比较教育学研究对象的核心体现。相应地，国际教育也只有在比较教育学的框架内才具有学科的根底和生长的场域。

第二，关于比较教育学与发展教育的关系。发展教育是20世纪60年代以后逐步被提出来的，主要关注教育如何推进后进国家或发展中国家的教育发展。这主要反映了当时比较教育学研究主题重心的变化。但从全球化视角来看，发展中国家仍然是世界多元文化背景下平等的成员国，仍然属于国际教育发展研究的范畴。在全球化不断发展的今天，我们更应该坚持多元文化世界中国家之间的平等性和交流性，世界上所有的国家都是平等的成员，发达国家的教育发展对发展中国家的教育有着重要的影响，但发展中国家的教育也有其自身的传统和存在的合理性，并对世界教育的整体发展具有重要的影响。因此，发展教育研究完全可以纳入到国际教育发展研究的知识体系而成为比较教育研究的重要内容，不宜单独成为比较教育研究中与国际教育相并行的知识领域。

第三，关于比较教育学与教育比较研究的关系。比较教育学同其他教育学科一样都开展教育问题的比较研究，即教育比较研究，教育比较研究是所有教育科学公共的学术研究活动。所以比较教育学的研究主题仍然可以涉及各种具体的教育问题。但比较教育研究中的教育问题比较与其他教育学科中的教育问题比较存在截然不同的研究取向，比较教育研究中的教育问题体现在国别教育或国际教育发展的整体性背景之中，往往被置于国别教育这一大的背景。而其他教育学科开展比较研究中的教育问题则是体现在相应学科发展的背景之中，往往被置于该学科研究的现实需求的背景之中。所以，完全可以把比较教育研究中的教育比较研究纳入到国别教育研究或国际教育整体性研究范围之中。事实上，缺乏国别教育的完整了解，缺乏国际教育发展的大背景，具体的教育问题常常在一般性的研究中被误读或误解。比较教育研究可以把具体的教育问题还原到国别教育和国际教育的大背景中，可以真实地反映教育问题的本质内涵，还可以对这些教育问题的现实表现进行符合实际的甄别和准确的判断。

比较教育学的概念建构进一步澄清了比较教育学的学科使命和学术方向。一方面，比较教育学作为教育科学的分支学科，既要不断强化基础理论研究，加强自身的学科建设，提升学科发展的专业性水平，又要不断为教育科学创生和奉献国际教育发展的独特知识，丰富和发展教育科学的方法体系和理论体系，为教育科学的发展做出积极的贡献。比较教育学有必要通过自身的理论建设建立起自己的学科自信。另一方面，比较教育学作为研究国际教育发展的独特学科，不能仅仅坚持传统的教育借鉴取向，分析和判别先进国家教育发展的先进经验，并把这些先进经验借鉴到本国教育发展的现实中，推动本国教育的改革和发展；而是要更多地坚持教育理解取向，在平等对待国际教育发展多样化类型的基础上寻求教育发展相互关系的理解，增强对教育发展普适性和特殊性意义的认识，从而消除人们对不同国家教育的误解与偏见，真正促进教育的国际理解，推动国际教育的交流合作，促进教育科学的繁荣发展。可见，比较教育学以其独特的学科特性和学术优势，不仅可以在推动本国教育改革发展中发挥建设性的作用，而且可以在推动世界教育整体性发展中产生重要的影响，还能够为促进教育科学理论的繁荣发展做出积极的贡献。

比较教育学的概念建构有助于构筑比较教育学稳定的学术共同体。比较教育学学术共同体无疑是比较教育学持续发展的基本前提。如果比较教育学的学术队伍只是各自感兴趣的学术研究的随意集结或零散聚合，缺乏稳定的学术方向和研究取向，就不可能形成稳定的学术共同体。“在长期的科学发展过程中，基于不同的研究视野往往会形成不同的研究共同体，每一共同体都会形成特定的学术传统，从而形成不同的学术规范和学科信念，这是学科发展生生不息的基石”。[26]这就需要在比较教育学的学术队伍中凝聚一批具有明确学科意识和坚定学科信念并长期致力于比较教育学术研究的学术队伍。如果说比较思维是每个人与生俱来的，比较方法是每个教育研究学人必须具备的，那么，对于一个比较教育学科的研究者而言，就必须坚持整体取向的比较视野，聚焦国际教育发展的研究立场，在对教育问题进行研究时，很自然地从国际教育的多样化类型中寻求教育问题的理解，进而探寻教育问题的本质。比较教育学的概念建构明确了比较教育学的研究对象及其具体的知识领域，明晰了比较教育学的方法论原则及其具体的研究视角，揭示了比较教育学的发展方向及其具体的研究目的，对于建构比较教育学的学术规范、完善比较教育学的话语体系、创新比较教育学的知识内容无疑具有导向性作用。因此，比较教育学的概念建构对于比较教育学者形成稳定的学科意识和学科信念、明确比较教育学科存在的真实意义和独特价值、自觉担负起比较教育学的学科使命和学术责任产生积极的影响。

【参考文献】

[1] 王承绪，朱勃，顾明远．比较教育［M］．北京：人民教育出版社，1982．17．

[2] 成有信．比较教育教程［M］．北京：北京师范大学出版社，1987．13．

[3] 杨汉清，吴文侃．比较教育学［M］．北京：人民教育出版社，1989．8．

[4] 高如峰，张保庆．比较教育学［M］．上海：上海外语教育出版社，1992．32．

[5] 冯增俊．比较教育学［M］．南京：江苏教育出版社，1996．125．

[6] 卢晓中．比较教育学［M］．北京：人民教育出版社，2005．10．

[7] 朱旭东．新比较教育［M］．北京：高等教育出版社，2008．7．

[8] 冯增俊，陈时见，项贤明．当代比较教育学［M］．北京：人民教育出版社，2008．4．

[9]［13］王英杰．简谈比较教育学在改革开放30年中的发展与功用［J］．外国教育研究，2010，(2)．

[10] 顾明远，薛理银．比较教育导论——教育与国家发展［M］．北京：人民教育出版社，1999．28．

[11] 田小红．知识的境遇——中国比较教育学的学术生态［M］．北京：高等教育出版社，2011．151．

[12] Joseph P. Farrell. The Necessity of Comparisons in the Study of Education: The Salience of Science and the Problem of Comparability［J］. Comparative Education Review，1979，23 (1)：10.

[14]［21］陈时见．比较教育学［M］．重庆：西南师范大学出版社，2012．13，17．

[15]［16］朱利安．关于比较教育的工作纲要和初步

意见 [J]. 王晓辉译，比较教育研究，2004，(12).

[17] 刘宝存，张永军. 比较教育研究与教育科学的发展 [J]. 外国教育研究，2010，(2)：28.

[18] 陈时见. 论比较教育的学科体系及其建设 [J]. 比较教育研究，2005，(3)：36.

[19] 赵中建，顾建民. 比较教育的理论与方法——国外比较教育文选 [M]. 北京：人民教育出版社，1994. 326.

[20] Patricia K. Kubow，Paul R. Fossum. Comprartive Education：Exploring Issues in International Context. Pearson Education，Inc.，2003：11.

[22] 罗伯特·阿诺夫，卡洛斯·阿尔伯特·托雷斯. 比较教育学——全球化与本土化的辩证关系 [M]. 冯增俊等译，北京：人民教育出版社，2012. 20-21.

[23] Bereday. G. Z. F. Comparative Method in Education. New York. Holt，Rinehart and Winston. Inc.，1964：5.

[24] 沈姗姗. 国际比较教育学 [M]. 台北：正中书局股份有限公司，2000. 23.

[25] 何塞·加里多. 比较教育概论 [M]. 万秀兰译. 北京：人民教育出版社，2001. 91.

[26] 何茜，谢韦韦. 比较教育学科视野下比较的层次性探析 [J]. 比较教育研究，2008，(6).

比较教学论：21世纪比较教育学发展的一个重要领域*

□ 丁邦平（首都师范大学教授）

近年来我国比较教育学被一些学者批评为一个“边界过于模糊”的研究领域，“甚至产生了对比较教育存在的必要性的质疑”①。但比较教育学界内部也有学者认为，“比较教育学是教育研究的高级形态”，甚至说“比较教育学就是教育学本身，是教育学在新的历史时期的新的表现形式”。[1]这两种多少有些极端的观点似乎都能够自圆其说，而且在一定程度上也确实描绘了我国比较教育学的学科现状与困境。比较教育研究如何改变这一现状和走出这一困境，如何重新确立自身的真实身份，从而克服“身份危机”？这是今天我们这个时代的比较教育学者需要回答的问题。比较教育学从19世纪初诞生时起，研究者在不同历史时期和在不同国家都不得不为自己确立新的研究对象及其边界，寻找适合自己推动教育变革和自身发展的研究方法，确立自身在教育学大家庭里的学科身份。笔者认为这不完全是因为比较教育学不够成熟造成的，而是教育与教育学本身的复杂性、情境多变性的特征使然。比较教育学与教育学一样，无论是其研究方法还是其研究主题都不能不受到时代的制约与影响，都不可能置身于整个社会科学、人文学科乃至自然科学的发展状况之外。像教育学一样，比较教育学也不断变换自己的研究主题、学科身份和知识形态，以迎接各个时代对教育变革提出的挑战。那么，21世纪上半叶比较教育学面临什么样的挑战？当今全球化和知识经济时代又给比较教育学提出什么样的要求呢？笔者将通过探讨国内与国际比较教育学者对比较教学论的关注与探索来尝试回答这两个核心问题。

一、我国比较教育学者对比较教学论的关注及其超越

比较教育学在不同的历史时期有不同的重点研究领域，它们构成了各时期比较教育学发展的主要脉络或研究方向。比较教学论是我国改革开放30年来比较教育学重建以来的重点研究领域之一。作为比较教育学的一个子领域，比较教学论在我国早有前辈学者和同行进行了开拓性研究。自1980年比较教育学在我国高等院校进行学科重建以来，先后有东北师范大学罗正华教授和西南大学陈时见教

---

* 原载《教育研究》2013年第3期。

① 这类批评的声音大都来自非正式场合其他学科学者的私下交谈中，不见诸他们公开发表的论著中。但比较教育学者常常在论文中加以引用，并为之辩护。参见：王英杰的《再谈比较教育学的危机》一文，载《比较教育研究》2007年第3期；朱旭东的《试论“教育的比较研究”和“比较教育研究”》一文，载《比较教育研究》2008年第2期。

授撰文倡导比较教学论研究。[2]罗正华教授、陈时见教授以及福建师范大学已故的吴文侃教授还分别于1992年和1996年出版了《比较教学论》专著和主编了《比较教学论》教材。[3]这些研究成果主要关注比较教学论的学科体系与学科建设，它们为我国比较教学论奠定了重要的学科基础。

此外，比较教学论研究也体现在众多比较教育学者对外国教学论（以及教学理论）、课程论、学习论和评价论的研究上。与英美等国家的比较教育研究相比，改革开放以来我国比较教育学者对外国教学论（以及教学理论）、课程论、学习论和评价论的研究热情颇高。在20世纪80年代中期至90年代中期，我国《外国教育》、《比较教育研究》、《全球教育展望》、《外国教育研究》、《外国中小学教育》五份学术期刊共发表教学与课程方面的论文855篇，占总数的24%；从90年代中期至今，课程和教学成为热门的研究领域，这方面的论文达1 909篇，占总论文数的28%。[4]

从学科属性上看，比较教学论既可以归为比较教育学的一个子领域，同时也可以看作是教学论的一个分支学科，总之是一门跨学科的教育学科。从其研究对象与内容上看，比较教学论属于学校教育和课堂教学内容的微观基本理论与应用研究，主要关注国外的教学理论、方法、模式、课程、教学、学习、评价等方面的理论与经验。在欧美等西方国家，20世纪90年代以前比较教育研究“主要关注教育制度与学校的结构，或者是它们与整个社会之间的功能性相互关系”[5]，亦即更多地侧重对“学校外部事情”的研究，而忽视对学校与课堂内部事情的探讨。而我国从20世纪70年代末重建比较教育学科以来，由于教育改革尤其是课程与教学改革的需要，比较教育研究的一个重点一直是国外教学理论和课程与教学改革的经验。如80年代对苏联赞科夫、巴班斯基、苏霍姆林斯基和合作教育学派的研究，对美国布卢姆、布鲁纳、奥苏伯尔和加德纳等人教学理论的研究，以及对德国当代教学论特别是瓦根舍因和克拉夫斯基范例教学论和范畴教学论的研究，等等。在这方面，华东师范大学国际与比较教育研究所多年来尤其侧重于课程与教学论的比较研究。[6]但是，所有这些关于教学论（或教学理论）的研究，都是比较教学论研究的可贵发端。它们对国外的教学论与教学改革经验本身的内容进行了深入研究。在此基础上，我们更应当关注从跨文化比较的视角对不同国家、不同教育文化中的教学论（或教学理论）进行直接的、深度的比较研究，对不同国家或不同教育文化的各学科课堂教学改革进行直接的、深度的比较考察，这样才能促进比较教学论研究获得长足发展。

进入新千年以来，我国比较教育研究将朝什么方向继续前行？我们将根据什么标准来确定我们继续前行的方向？比较教育学作为我国教育学的一门独立学科不能也不应该漫无边际地进行研究，而应该有所为有所不为。笔者认为，21世纪上半叶我国比较教育研究应当有整体战略规划与选择，应当确定若干关注我国教育改革与发展并能够为此提供强有力的学术支持的重要研究方向或重点研究领域。确定这些方向和领域的依据首先应当是我国教育改革与发展的当前和长远的需要，尤其在当今全球化和知识经济时代更应为提高教育和教学质量做出应有的贡献。据此，比较教学论可以成为这样一个研究方向，因为这是比较教育学中最能够直接为课程与教学改革服务，尤其是为教师教育与教师专业发展直接提供学术支持的一个领域。

21世纪上半叶，我国比较教学论研究需要在以往30年对国外教学论或教学理论研究的基础上，在众多比较教育学者对各个国家教学改革进行国别研究的基础上，一方面，进行真正跨文化的、跨国家的教学论或教学理论比较研究。如从跨文化比较的视角研究德国教学论与美国课程论（及其教学理论）的文化差异、不同特色、联系与区别，[7]研究德国教学论与苏俄教学论的不同特色、联系与区别，研究苏俄教学论、美国课程论与中国教学论的差异、传承与发展，[8]研究北欧国家教学论及其与德国教学论与美国课程论、教学理论及教育心理学之间的关系，研究各国教学论或教学理论的本土化及其文化特色，等等。另一方面，比较教学论也需要对当前各国教学与课程改革的经验与教训进行跨文化比较研究，对各国文化传统及其对师生在教学过程中的微观影响进行田野调查。① 这两个方面的比较研究结合起来将深化、突破和超越以往我国以单纯引进和介绍外国教学论（或教学理论）和教学改革经验为特征的比较教学论研究，并为我国课程和教学的改革与发展提供强有力的教育学知识基础。

二、国际比较教育学者对比较教学论的探索及其启示

国际上，英美等英语国家的比较教育研究长期注重教育系统与社会政治、经济与文化之间的关系。这个传统是由英国著名的比较教育学家萨德勒在20世纪初所开创的。萨德勒反对19世纪末期英国比较教育研究专注于对其他国家教育现象本身的描述和脱离其文化背景的简单借鉴，在他看来，一个国家教育系统的真谛是与其文化密切相关的那种“无形的、不易捉摸的精神力量”。[9] 由他所开创的人文主义的因素分析研究和二战之后在美国兴起的科学主义的假设—演绎实证研究，如诺亚和埃克斯坦的比较教育研究，都不重视学校和课堂内部所发生的事情。这一偏向在20世纪70年代初期引起著名比较教育学家、威斯康星大学比较教育学教授卡扎米亚斯（Andreas M. Kazamias）的关注与批评。1972年，卡扎米亚斯在其主编的《比较教育学评论》第16卷第3期上发表了他在比较教育学年会上的会长演说，题为《比较教学论：70年代的一个（研究）任务》。② 卡扎米亚斯的呼吁在20世纪90年代以前并没有引起美国和其他西方国家比较教育学者的回应。美国比较教育学界继续其“宏大叙述”的研究，如80年代以来兴起的包括新马克思主义在内的冲突理论、依赖理论、批判理论、世界体系论、女性主义、后现代主义、后殖民主义等新的分析框架。[10]

然而，到了千禧年交替之际，随着新一轮国际教育改革对基础教育质量的关注越来越多，欧美国家一些教育研究者开始重新思考比较教育学的研究方向。例如，美国《课程研究学刊》（*Journal of Curriculum Studies*）的前主编、著名的课程论学者 Ian Westbury 与德国及其他欧洲国家的教学论学者在20世纪90年代展开了一系列的课程论与教学论的跨文化对话。[11] 再如，英国剑桥大学教育学院的亚历山大（Robin J. Alexander）教授率先对英、法、印度、俄、美五国小学的课堂教学进行了跨文化比较研究。在此基础上，亚历山大倡导建立比较教学论。亚历山大认为，当代英国比较教育研究忽视了教学论（pedagogy）的研究。他引用伦敦大学教育学院著名比较教育学家黎安琪（Angela Little）在2000年发表的一项研究结果，指出在1977年至1998年期间英国《比较教育》期刊上发表的以“课程内容与学习者经验”（教育学方面的内容）为主题的论文只占总数的6.1%，而以“教育改革与发展”为主题的论文却占31%。[12] 为了改变英国比较教育学界忽视与提高教育质量和教师教育密切相关的比较教学论研究的现状，亚历山大在1994—1998年期间进行了“五种文化中的小学教育”项目研究，跨文化比较研究了英、法、印度、俄、美五国的小学教学问题，以弥补英国比较教育学界长期以来忽视教学问题研究之不足的现状。

从20世纪60年代开始，出于对当时基础教育

① 这方面著名研究的例子，参见英国比较教育专家 Alexander，R. J. 的 *Culture and Pedagogy：International Comparisons in Primary Education* 一书，Blackwell Publishers 2000年版。

② 卡扎米亚斯在这个标题中所使用的英文表达是“comparative pedagogy”而不是“comparative didactics”，这是因为“pedagogy”在英文里是指教学或教学的科学，而“didactics”一词在英语国家的文献中不常见，且往往具有贬义。为避免与比较教育学（comparative education）混淆起见，这里把“comparative pedagogy”也译为“比较教学论”，与英文中的“comparative didactics”含义相同。详见 Kazamias，A. M. Comparative Pedagogy：An Assignment for the 70's，*Comparative Education Review*，1972，(3)。

教学改革的需要，法国首先在数学教育研究界兴起了学科教学论（disciplinary didactiques）研究。这种学科教学论类似于我国近30年来兴起的学科教学论，但其不同之处在于：法国学科教学论是在各个学科内的框架里发展起来的，与教育学没有什么联系；而我国学科教学论是在教育学的“观照”下发展起来的，它在学科体系、理论基础和研究框架方面都与教育学有着密不可分的联系。而且，法国学科教学论也与德国学科教学论有很大差异。法国学科教学论是独立的新兴学科，与普通教学论（general didactics）没有传承关系，因为法国不存在普通教学论；[13]而德国学科教学论（Fachdidaktik）与普通教学论形影相随，前者侧重应用研究，而后者则侧重理论研究。在学科教学论发展的基础上，从20世纪90年代开始法国有研究者提出建立一门新的学科：比较教学论（comparative didactics）。[14]但是，法国人所讲的“比较教学论”不同于上文亚历山大所致力于开创的“比较教学论”（comparative pedagogy）。前者是对不同学科教学，例如数学学科与法语学科的理论探讨，而后者则注重对不同教育文化中相似的教学思想、理念、实践的跨文化探讨。

综上所述，我们可以发现，比较教育学在经历了长达近两个世纪的演变后，在进入新千年之际终于开始重新关注学校和课堂内部的事情了。这里讲到“重新关注”，是因为19世纪的比较教育学家并没有忽视外国学校的课程与教学问题，如1830年代法国比较教育学家库森对当时德国普鲁士的教育进行实地考察，就非常关注教学方法问题。甚至连比较教育学的先驱朱利安也很重视对外国学校课堂的实地研究。只是到了20世纪初期，由萨德勒开创的比较教育研究传统更加重视形成国民教育制度背后的各种文化因素。一直到60年代以后，英美比较教育学者关注的都是教育制度研究和比较教育思潮与方法论研究。

20世纪90年代以来，无论英国、美国，还是德国、法国或其他欧洲国家，比较教育学者重新关注“学校内部的事情”，并形成了新兴的比较教学论，为新千年的比较教育学注入了新的发展活力。这一趋势也得到国际教育局和联合国教科文组织的比较教育学专家的肯定。例如，著名比较教育学家霍尔斯（W. D. Halls）在其主编的《比较教育学：当代问题与趋势》一书中把比较教育学分为四大研究领域：比较研究（comparative studies）、外国教育（education abroad）、国际教育（international education）、发展教育（development education）。而在比较研究中，又进一步分为比较教学论（comparative pedagogy）和教育内部和文化内部的分析（intra-educational & intra-cultural analysis）两个子领域。[15]比较教学论的兴起不是偶然的，这与近20多年来国际基础教育和教师教育面临的新挑战有密切关系。20世纪90年代以来由IEA开展的TIMSS评价和由OECD国家开展的PISA评价引起许多国家对别国课程与教学理论及方法的兴趣与关注。这对各国比较教育学界重视比较教学论研究有直接的推动作用。而且，各国对教师教育及其专业发展的重视，也为比较教学论研究增添了动力。例如，英国自新千年以来比较教育学的复兴，尤其是比较教学论和比较学习学（comparative learnology）的兴起，与英国历届政府重视提高基础教育质量和教师的再专业化是直接相关的。所以，英国近年来比较教学论已崛起成为比较教育研究中一个新的重点研究领域。[16]

三、关于我国比较教学论发展的思考

我国比较教学论研究至少需要在以下三个层面展开：一是对源自不同教育文化传统的教学论、课程论（及其教学理论）进行跨文化比较研究；二是对不同教育文化传统、不同民族国家的教学论和学科教学论进行跨文化比较研究；三是对各国课堂教学改革的经验进行跨文化比较研究。笔者认为，从这三个层面开展比较教学论的跨文化比较研究将构成21世纪上半叶我国比较教育学发展的一个重要方向。

（一）对源自不同教育文化传统的教学论和课程论（及其教学理论）进行跨文化比较研究

教学论（didaktik）最初是在德国及其他中欧

和北欧国家兴起和发展起来的一门重要的教育学科，它是教师教育和教师专业发展的一门基础学科，它与教育学（padagogik）一起对形成教师的教育理念和指导教师的教育与教学行为具有不可替代的作用。而在美国及其他英语国家从20世纪初期以来形成了另一种教育研究传统，即课程论及其与之相关的教学理论（theories of teaching/instruction）。根据英国教育学者西蒙（Brian Simon）的观点，英国基本上没有形成像德国及欧洲其他国家那样的教育学，[17]因此英国也与美国一样没有教学论这门学科。[18]而中国从20世纪初期开始，既引进了源自德国的教育学和教学论（最初假手日本），也引进了源自美国的课程论及其与之相关的教学理论。20世纪50年代以来，我国又引进了苏联的教育学和教学论。这三种源于不同教育文化的教育学说在中国教育文化的土壤上是怎样相互影响而发展起来的呢？换句话说，教育学、教学论、课程论（及其教学理论）是如何本土化或中国化而成为今日中国的教育学、课程论与教学论学科的呢？它们在中国化过程中是否有被误读，并由此给我国的教育和教学政策与实践造成了不良影响？这些都是需要进行深入的比较研究才能够弄清的重要理论问题，由此产生的比较教学论知识对我国今后教育学、教学论、课程论（及其教学理论）、学习论和评价论的健康发展都具有重要意义，对我国学校教育课程与教学实践的改革也具有积极的促进作用。

（二）对不同教育文化传统、不同民族国家的教学论和学科教学论进行跨文化比较研究

由于主要受苏联教育学和教学论的影响，我国自20世纪50年代以来教学论在学科建制上获得体制上的承认，成为教育学里一门重要的基础学科。改革开放以来，教学论学科发展迅速，不仅在许多大学建立了硕士学位授权点，还建立了20多个博士学位授权点，培养了数百名教学论专业的博士生。我国教学论学科在发展过程中，在学术上继承了苏联教学论理论的一些成果，但也没有全盘接受。例如，苏联教学论理论中有一个重要的概念，即“教养”，甚至提出了“教养论”，但在我国教学论著作中则很少使用它。这是跨国知识转移过程中必然产生的现象吗？再比如，如果说我国教学论在中国化的过程中形成了中国特色，那么，这些特色到底是什么？这些问题都需要开展中俄教学论比较研究。

同样，德国教学论对我国教学论也产生了一定的影响。20世纪初期，中国教育学者通过日本引进了德国赫尔巴特和赫尔巴特学派的教学论，这对规范清末民初的学校教学发挥了巨大作用。但从1915年新文化运动以后，中国越来越多地受美国教育制度和理论的影响。尽管陶行知先生主张把“教授”改为“教学”，倡导“教学合一”和“教学做合一”，强调教与学的统一与互动（这更贴近德国教学论的真谛），但实际上此后至40年代末期中国的“教学法”学科主要受美国不同流派的教学理论与方法的影响，强调“如何学”而不是“如何教”。显然，美国20世纪上半叶的教学理论与方法与德国赫尔巴特派的教学论有很大差异，前者强调“以学生为中心”的“学”，而后者则主张“以教师为中心”的“教”。所以说美国的教学法不同于德国的教学论。这种源于不同教学文化的教学思想也需要进行比较研究。

20世纪上半叶，德国教学论由传统走向现代，在两次世界大战期间有很大发展。可惜的是，20世纪上半叶中国到德国学习教育学的留学生没有人专门研究教学论，所以不可能知道德国现代教学论的真面目。① 直到改革开放后，华东师范大学李其龙教授从德国和奥地利留学回国后，才开始比较全

① 中国台湾师范大学教育学系刘蔚之教授对20世纪上半叶留学德国的中国教育学者进行了研究，发现中国教育史上第一群直接接受德国教育学之学者，于1928—1943年在德国完成9篇博士论文。其中无一人专门研究德国教学论。参见刘蔚之的《跨国知识转移研究：以中国对德国教育学的接受与转化（1928—1943）为例》，载中国台湾的《师大学报：教育类》，第52卷第3期第43—64页。

面地研究和介绍了德国教学论的新发展。① 那么，德国现、当代教学论有何特色？它与苏联（或俄罗斯）教学论有何不同？与中国当代教学论又有何不同？我们需要研究中国、德国、苏联（或俄罗斯）教学论之间这些“不同”，这也是今后我国比较教学论的研究任务。此外，北欧国家、南美各国、南非、亚洲的日本、马来西亚、印度尼西亚等国家都具有教学论传统，研究所有这些不同文化传统、不同民族国家的教学论及其特色也构成了今后我国比较教学论的研究课题。

（三）对各国课堂教学改革的经验进行跨文化比较研究

无论是在国际上还是在我国，比较教育学面临的挑战首先是为提高学校教学质量做出自己的学术贡献。比较教育学过去为教育决策和学校教育改革做出了有益的贡献，但在直接为课堂教学改革以及提高教学质量方面还有待发挥更大的作用，在教师职前教育和提高教师专业化水平方面也需要做出自己的贡献。我国比较教育学重建 30 年来虽然一直重视对国外课程与教学理论及其改革经验的研究，但主要侧重于理论与经验本身，而缺乏对外国学校和课堂教学的跨文化田野调查，因此很少了解外国学校和课堂内实际发生的事情。现在，我国比较教育学需要坚持“和而不同”的发展方向，除了对各国教学论、课程论（及其教学理论）、学习论和评价论进行跨文化比较研究外，还应当探索具有普适意义的教学、课程、学习和评价的原理，直接为教师教育和教师专业发展提供教育学知识基础，并通过教师教育和教师专业发展提高教师的品性和专业化水平，最终达到改进课堂教学质量、提高我国教育国际竞争力的目的。为此，我国比较教育学者还要深入不同教育文化的国家课堂内，直接通过观察和比较去发现表面看来相似而实则具有不同意义因而体现出不同教育文化特色的教学实践的真实含义，即那些隐秘的文化基因。

四、结论

综上所述，比较教育学在 21 世纪全球化和知识经济时代面临的一个主要挑战是为提高教育质量贡献自己的知识。因此，比较教育学需要确立其重点研究领域，其中之一便是比较教学论。通过比较教学论研究获得的教育学知识，可以为教师教育和教师专业发展提供不可或缺的教育学知识基础，并借此提高教师的品性和专业化水平，从而直接为提高教育质量做出应有的贡献。我国改革开放 30 年来比西方国家较早开展比较教学论研究，但需要在此基础上进一步扩展、深化和超越已有的比较教学论研究，尤其需要对不同教育文化传统的教学论、课程论（及其教学理论）、学习论和评价论进行跨文化比较研究，以及对当前教育先进国家的课堂教学改革实践进行跨文化的田野考察。西方国家的比较教育学界在世纪之交重新关注“学校内部的事情”，并形成了新兴的比较教学论的研究领域。这表明，为迎接 21 世纪全球化和知识经济时代给比较教育学提出的共同挑战，比较教学论作为一个新兴的重点研究领域，是包括我国在内的国际比较教育学发展的一个重要方向。

【参考文献】

[1] 田小红. 试论比较教育学与教育学知识之间的关系 [J]. 教育学报，2009，(5).

[2] 罗正华. 要进行教学论的比较研究——兼谈设置比较教学论学科的必要性 [J]. 外国教育动态，1990，(2)；陈时见. 教学研究的新视角——比较教学论 [J]. 广西师范大学学报（哲学社会科学版），1995，(2).

[3] 罗正华. 比较教学论 [M]. 长春：吉林教育出版社，1992；吴文侃. 比较教学论 [M]. 北京：人民教育出版社，1996；陈时见. 比较教学论 [M]. 南昌：江西教育

① 参见李其龙编著的《德国教学论流派》一书，陕西人民教育出版社 1993 年版。

出版社，1996.

［4］顾明远，等. 改革开放30年中国比较教育的重建与发展. 比较教育研究，2008，(12).

［5］Kazamias，A. M. Comparative Pedagogy：An Assignment for the 70's［J］. Comparative Education Review，1972，(3).

［6］钟启泉，等. 开拓比较教育科学研究的新视域——兼论比较课程与教学论研究的方法论特征［J］. 比较教育研究，2005，(3).

［7］丁邦平. 教学（理）论与课程论关系新探：基于比较的视角［J］. 比较教育研究，2009，(12).

［8］Deng，Z. Bringing Curriculum Studies and Pedagogik Together：Reconciling Two Competing Traditions［Z］. Paper Presented at the Symposium of Curriculum Reform in China：Theory，Implementation and Critique，Wah Ching Center of Research on China Education，the University of Hong Kong，2010.

［9］Bereday，G. Z. F. Sir Michael Sadler's "Study of Foreign Systems of Education"［J］. Comparative Education Review，1964，(3).

［10］Cowen，R. & Kazamias，A. M. International Handbook of Comparative Education［M］. Netherlands：Springer，2008.

［11］Westbury，I.，etc. Teaching as A Reflective Practice：the German Didaktik Tradition［M］. Mahwah，New Jersey：Lawrence Erlbaum Associates Publishers. 2000.

［12］Alexander，R. J. Border Crossing：Towards a Comparative Pedagogy［J］. Comparative Education，2001，(4).

［13］Caillot，M. The Building of A New Academic Field：the Case of French Didactiques［J］. European Educational Research Journal，2007，(2).

［14］Colomb，J. School Knowledge and Didactic Analysis：A Research Perspective in Comparative Didactics［J］. Instructional Science，1999，(27).

［15］Halls，W. D. Comparative Education：Contemporary Issues and Trends［M］. London：Jessica Kingsley Publishers/Unesco，1990. 23.

［16］Panel，C. The Rise and Fall of Comparative Education in Teacher Training；Should It Rise Again as Comparative Pedagogy?［J］Compare，2008，(4).

［17］Simon，B. Why No Pedagogy in England?［A］J. Leach and B. Moon. Learners and Pedagogy［C］. London：Paul Chapman Publishing. 1999. 34-45.

［18］Hamilton，D. The Pedagogic Paradox (Or Why No Didactics in England?)［J］. Pedagogy，Culture & Society，2007，(1).

我国非洲教育研究进展与特点*

——基于对中国知网1981—2012年非洲教育研究相关论文的内容分析

□ 刘宝存（北京师范大学教授）
□ 蓝晓霞（北京师范大学博士生）
□ 黄亚婷（北京师范大学硕士生）

由于历史、政治和经济等原因，非洲教育相对起点较低、发展较慢，动力略显不足，但是“教育在非洲国家重建、民族认同、社会、政治、经济发展中发挥着举足轻重的作用，开展非洲教育研究对有效地开展中非教育合作与交流、促进我国非洲学的发展以及非洲人才培养等方面均有着重要的学术价值和现实意义”。[1]因此，随着中非教育合作与交流的不断扩大与发展，曾经备受忽视的非洲教育研究自20世纪80年代以来越来越受到关注与重视，呈现出研究团队日益壮大、研究主题逐渐多样、研究成果不断丰富的欣欣向荣局面。

“考察学术期刊上发表的学术论文，可以使我们洞察一门学科或诸如学生事务这样实践领域是如何反映某些特定的事件或主题的”。[2]换言之，“我们可以将学术期刊视为一种特殊的文化制品，这种文化制品中包含着与特定学科或领域相关的历史和价值观”。[3]因此，从相关学术期刊刊登的文献可以追寻到非洲教育研究的发展足迹。本文基于中国知网（http://www.cnki.net/）中国学术资源总库1981年至2012年间收录的关于我国非洲教育研究的期刊论文，对非洲教育研究的核心作者群体、主要对象国和地区、非洲教育主题及常用方法以及非洲教育研究相关论文刊载期刊等非洲教育研究特点进行分析，总结回顾我国非洲教育研究所取得的进展，并分析了存在的主要问题，以全面把握20世纪80年代以来我国非洲教育研究的现状，以期促进非洲教育的研究发展，助力中非文化教育方面的交流与合作。

一、样本的选择及其分析

本文以非洲、撒哈拉以南非洲、东非、中非、西非、南非、北非，以及非洲五十多个国家名为关键词，搜索了中国知网从最早收录时间起（1979年，但非洲教育研究的相关文章最早刊登于1981年）到2012年期间所刊登的文章，从中筛选出与教育相关的文章，摒除编译信息之后，共搜到382篇关于非洲教育研究的期刊论文。其中，最早的非洲教育研究论文发表于1981年《西亚非洲》第三期，篇名为《南非教育制度中的种族歧视》。

* 原载《比较教育研究》2013年第6期。

分析这些文章可发现，发表于20世纪80年代的非洲教育研究文章内容多为在翻译基础上的简单概括性介绍，这部分文章总数为20篇，占总数的5.2%；发表于20世纪90年代的非洲教育研究论文有40篇，占总数的10.5%，文章内容多为介绍非洲地区主要国家的教育改革，这部分文章主要由《比较教育研究》（时为《外国教育动态》）刊发；其余的314篇论文都发表于2000年以后，占总数的82.2%。由此可见，非洲教育研究的兴盛是在2000年以后。在样本的分析上，本文将搜集的382篇论文中所包含的信息分解为论文数量的年度分布、研究者所属的单位、研究者的合作形式、研究主题、研究方法和论文所刊发期刊五个大类，并进一步依据其内部维度进行细分。然后，本文计算了上述各个分析单位出现的频次及其在总量中的比例。在进行资料统计时，笔者对预定的分析类别做了适当的修正，如研究方法的类别，预定的类别中有定量分析一项，但是笔者在统计的过程中发现，非洲教育研究相关论文中还没有真正使用定量分析方法的论文，因而取消了这一分类。最后，依据上述的统计资料和相关领域已有的研究成果，梳理其内部变化的特征，分析其存在的问题及其对后续发展的启示。

二、主要研究结果

（一）非洲教育研究核心作者群体

1. 研究人员所属单位

本文统计了382篇非洲教育研究相关论文作者（以第一作者为准）的所在单位（详见表1），发现非洲教育研究核心作者最为集中的单位是浙江师范大学，该校人员发表的文章数为104篇，占文章总数的27.2%，数量远远多于其他研究单位。浙江师范大学非洲教育研究中心成立于2003年，是国内首家专门研究非洲教育问题的学术机构。2007年，该中心发展成浙江师范大学非洲研究院，成为中国高等学校中第一家综合性的非洲研究院。此外，华东师范大学、浙江大学、华中师范大学、中央教科所（现中国教育科学研究院）以及天津工程师范学院等单位也有若干学者进行非洲教育研究，其所发表成果数量虽远少于浙江师范大学，但也是非洲教育研究必不可少的组成部分。

表1 非洲教育研究相关论文作者所在单位

单位	文章数	所占比例	排名
浙江师范大学	104	27.2%	1
华东师范大学	22	5.8%	2
浙江大学	12	3.1%	3
华中师范大学	12	3.1%	3
中央教科所（现中国教育科学研究院）	9	2.4%	4
天津工程师范学院	7	1.8%	5

2. 研究者之间的合作类型以及所获资助类型

非洲教育研究作为比较教育的一个研究领域，涉及跨国、跨文化和跨学科的比较形式。克服这些“跨越”困难的一个有效方式或许是通过学科内外合作以及国内外的合作，[4]因此研究主体间的合作程度也直接关涉研究的质量。本文统计了非洲教育相关研究的作者合作类型（详见表2），发现其中大部分论文皆为研究人员独著，较少涉及跨国、跨单位研究人员之间的合作，很少发现我国研究人员与非洲国家的教育研究人员合作发表的文章。不言而喻，中非研究人员的合作是沟通两国教育研究的较好方式，这样更能在准确把握非洲教育事实及规律的同时，通过中国研究人员的准确表达将研究成果引介到国内。从表2可以看到，72.5%的非洲教育研究皆为某一单位研究人员独立完成，在各种合作形式中同单位合作这种类型为合作主体。

表2 非洲教育研究合作情况

合作类型	文章数	所占比例	排名
独著	277	72.5%	1
同单位合作	77	20.1%	2
跨单位合作	11	2.9%	4
跨国合作	5	1.3%	6

国家各级政府部门、企事业单位和各类基金组织、各大院校等对教育研究的经费资助能直接体现

社会对这类型研究的需求。本文统计了非洲教育研究相关论文的基金类型，发现只有35篇文章受到基金的赞助，占总数的9.2%。其中14篇文章受到教育部委托课题“非洲高等教育国别研究工程”项目的基金赞助，余外文章是教育部哲学社会科学重大课题攻关项目“新时期中非合作关系研究”和教育部人文社会科学研究青年项目“中国对非援助研究”的研究成果。从中可以发现，非洲教育研究接受赞助的比例很低，但是级别很高。目前我国非洲教育研究尚未能接受到省级基金、市、厅级基金和院校基金的支持，可见非洲教育研究的普及面还较窄，其主要依赖的是国家对非援助的政策扶持，省市教育研究机构以及各大院校对非洲教育研究的关注还较少。此外，浙江师范大学在教育部基金的支持下几乎成了一枝独秀。

（二）非洲教育研究主要对象国及地区

本文对非洲教育研究相关论文的研究对象国及其地区进行了统计（详见表3和表4），发现非洲教育研究对象国相对集中。就研究对象国而言，最多数量论文关注的是南非，涉及南非的高等教育变革及创新、中等教育改革、基础教育重建以及教师教育体制、职业教育体制等方面内容。其次是埃及，研究内容涉及埃及大学改革、高等教育质量保障体系、中小学课程改革、孔子学院汉语教育等诸多方面内容。接下来受到关注的是尼日利亚，涉及大学财政困境、私立大学管理、义务教育均衡发展和职业技术教育课程改革等内容。再次为肯尼亚，谈及肯尼亚高等教育面临的困境、高校产学研相结合、职业技术学院管理体制、中小学教育等。此外，埃塞俄比亚、博茨瓦纳、乌干达、坦桑尼亚、喀麦隆、塞内加尔、赞比亚、苏丹、布隆迪、莫桑比克、卢旺达等国家也都受到了研究人员一定程度的关注，也有若干篇研究论文产生。除了上述国家之外，笔者没有发现关于其他非洲国家教育研究的论文。就研究区域而言，与研究对象国相对应，数量最多的论文研究南非，其次为东非，接下来关注的是非洲整体。特别值得一提的是，我国研究中非教育的论文数量仅有4篇，即这一区域除喀麦隆之外的6个国家都尚是非洲教育研究的盲点，未有学者对此有所涉猎。

表3 非洲教育研究主要对象国

国别	文章数	所占比例	排名
南非	106	27.7%	1
埃及	37	9.7%	2
尼日利亚	29	7.6%	3
肯尼亚	28	7.3%	4
埃塞俄比亚	21	5.5%	5
博茨瓦纳	13	3.4%	6
坦桑尼亚	12	3.1%	7
赞比亚	6	1.6%	8

表4 非洲教育研究主要地区

地区	文章数	所占比例	排名
南非	125	32.7%	1
东非	72	18.8%	2
非洲整体	69	18.1%	3
北非	54	14.1%	4
西非	37	9.7%	5
撒哈拉以南非洲	7	1.8%	6
中非	4	1.0%	7

（三）非洲教育研究所涉及的研究主题

“教育中对研究主题的分类常常是从纵向的各级各类教育和横向的具体主题两个维度来划分。但是从更能准确地表明研究对象的性质的角度看，横向维度的描述性更具有本质性”。[5]本文采用横纵向维度相结合的方式对非洲教育研究相关论文的研究主题进行了简单归纳。

高等教育一直是非洲教育研究的热点，各类期刊和学报上刊发的关于非洲高等教育研究的论文有111篇。这些文章主要关注的是非洲高等教育的管理体制、非洲某大学或地区的质量保障体系、非洲高等教育的财政来源、困境和出路以及高校合并、大学私有化、国际化和本土化等非洲高等教育改革①等内容。其中需要特别提出的是，高等教育质量保障是世界范围内各国高等教育改革的重要着力点，非洲高等教育也置身于这样的发展趋势中。与非洲高等教育领域其他主题的研究相比，国内学者在非洲高等教育质量保障体系这一主题上的研究成果相对较多。②

中小学教育也是非洲教育研究的一个热点领域，我国学者关注非洲基础教育体制的特点与发展、中等教育发展滞后原因与复兴策略、中小学语言政策的调整与影响以及中小学以结果为本的课程改革等内容。③ 据笔者统计，目前国内非洲中小学教育研究的文章篇数为 39 篇。职业技术教育是非洲各国人力资源开发的主要途径，近年来非洲出台了职业技术教育政策，各国职业技术教育改革取得了一定成果。[6]我国学者关注非洲职业技术教育的体制改革、经费投入、问题特点、发展趋势等内容④，笔者统计到了 24 篇关于非洲职业技术教育的论文。

教师教育也在非洲教育研究中颇受关注。学者们介绍了埃及、尼日利亚、博茨瓦纳等非洲国家中小学教师的职前培养、在职教育以及师资培养体制问题，教师教育政策等问题。⑤ 关于非洲教师教育研究的论文共有 22 篇。

中非国际交流与合作既是中国国际教育交流与合作的重要方面，也是中非全方位友好合作关系的一项重要内容，目前中国与 50 多个非洲国家建立

① 该主题部分研究成果请参见赵敏，邓明言. 撒哈拉以南非洲国家高等教育财政经费状况刍议 [J]. 西亚非洲，2008，(9)；楼世洲，郑崧，敬贵玲. 乌干达高等教育双轨学费制与入学机会 [J]. 外国教育研究，2010，(12)；楼世洲，岑建. 尼日利亚大学财政体制的困境与改革评析 [J]. 比较教育研究，2008，(6)；楼世洲，谢炎炎. 尼日利亚大学财政体制及财政困境探析 [J]. 浙江师范大学学报（社会科学版），2008，(1)；许序雅. 坦桑尼亚高等教育发展存在的主要问题 [J]. 西亚非洲，2011，(3)；季诚钧，徐少君. 埃及高等教育发展资助计划述评 [J]. 比较教育研究，2009，(5)；顾建新，王琳璞. 南非高校合并：成效与经验 [J]. 高等教育研究，2007，(8)；顾建新. 南非高等教育变革及其主要成效 [J]. 比较教育研究，2008，(11)；顾建新，张三花. 喀麦隆高等教育的发展与改革——历程、政策与经验 [J]. 西亚非洲，2005，(6) 等.

② 该主题部分研究成果请参见牛长松，顾建新. 南非高等教育质量保障体系：框架、特色与挑战 [J]. 比较教育研究，2007，(12)；翟俊卿，郭华萍. 南非高等教育质量保障体系浅析 [J]. 高等农业教育，2007，(1)；祝怀新，翟俊卿. 南非私立高等教育质量保障体制探析 [J]. 外国教育研究，2007，(5)；郑崧，郭婧. 乌干达高等教育质量保障的路径 [J]. 比较教育研究，2010，(11)；季诚钧，徐少君. 埃及高等教育质量保障和认证计划 [J]. 外国教育研究，2009，(3)；楼世洲，岑建. 尼日利亚大学教育质量保障体制改革的分析 [J]. 全球教育展望，2008，(10).

③ 该主题部分研究成果请参见李旭. 南非新政府的课程改革及其启示 [J]. 外国教育研究，2004，(6)；李旭. 当前南非初等教育国家课程政策鸟瞰 [J]. 西亚非洲，2004，(6)；方展画，吴岩. 南非国家课程的实施、调整及启示——评南非“2005 课程改革” [J]. 课程·教材·教法，2004，(10)；吴岩. 南非“2005 课程改革”中的生活课程 [J]. 外国中小学教育，2005，(1)；祝怀新，毛红霞. 南非“以结果为本的教育”课程模式探析 [J]. 外国教育研究，2006，(4)；祝怀新. 南非学校环境教育政策与策略评析 [J]. 外国教育研究，2002，(9)；张三花，钟福清. 二十一世纪埃塞俄比亚优质小学教育：议题、问题及策略 [J]. 外国中小学教育，2010，(1)；楼世洲，李卓颖. 撒哈拉以南非洲中等教育改革分析 [J]. 比较教育研究，2011，(4).

④ 该主题部分代表性研究成果请参见楼世洲，彭自力. 尼日利亚职业技术教育体制改革的分析 [J]. 比较教育研究，2010，(4)；万秀兰，孙志远.《非洲职业技术教育与培训振兴战略》之评析 [J]. 比较教育研究，2009，(11)；周志发，蔡丽娟. 赞比亚技术教育以及职业和创业培养发展阶段研究 [J]. 外国教育研究，2010，(12)；王素. 埃及的技术教育 [J]. 外国教育研究，1998，(5)；田腾飞. 南非职业技术学校国家课程改革评析 [J]. 职业技术教育，2011，(1).

⑤ 该主题部分代表性研究成果请参见楼世洲. 尼日利亚教师教育体制的变革趋势 [J]. 比较教育研究，2007，(12)；应永祥. 埃塞俄比亚中小学教师教育研究 [J]. 西亚非洲，2009，(11)；张屹. 南非教师教育制度的重建：进展与成效 [J]. 教师教育研究，2010，(4)；蔡宝来，袁利平. 南非教师教育的历史演进与改革发展 [J]. 外国教育教育，2005，(3)；谭春芳，徐湘荷.《南非教师教育和发展国家政策框架》内容及启示；姜勇，刘蓉慧. 南非教师教育新政策述评——构建平等与多元的师资培训体系 [J]. 外国教育研究，2007，(5)；陈时见，田腾飞. 南非教师教育的质量保障制度 [J]. 教师教育研究，2011，(6)；顾建新，牛长松. 南非教师教育政策的变革及其启示 [J]. 比较教育研究，2008，(6).

了教育交流关系，开展了多形式、多层次和多领域的教育交流与合作，因此这一主题自然就引发了我国非洲教育研究学者的重视。我国学者主要从学理的角度总结分析中非高等教育合作方式、特点以及成效。① 当前，我国与非洲的教育交流与合作主要是在高等教育领域，通过施行中非两国“20＋20”等项目，有效地实现了两国高等教育的资源共享，优势互补与取长补短。[7]我国关于中非国际教育交流与合作的论文篇数有17篇。另外，教育公平、性别平等、艾滋病教育、华人教育和幼儿教育等主题也在非洲教育研究中受到了一定程度的关注，这类主题亦有一定数量的论文发表。

（四）非洲教育研究的主要研究方法

就研究方法而言，笔者分析了所有的论文后发现，研究者主要采用的研究方法包括文献法、历史研究法、调查研究法、比较研究法和个案研究法五种（详见表5）。

表5 非洲教育研究主要研究方法

研究方法	文章数	所占比例	排名
文献法	318	83.2%	1
历史研究法	24	6.2%	2
调查研究法	24	6.2%	3
比较研究法	12	3.1%	4
个案研究法	12	3.1%	5

其中，文献法占据了绝对优势。文献是指记录有关知识的一切载体，教育文献法是对文献进行查阅、分析、整理，从而探索教育问题和现象、揭示教育规律的一种研究方法。文献法是人文社会科学研究中最常用、最基本的方法之一，研究人员通过对文献的研究，形成对事实科学认识的方法。[8]据统计，我国非洲教育研究论文中使用文献法的论文篇数为318篇，占总数的83.2%。

英国比较教育学家尼古拉斯·汉斯（Nicholas Hans）认为，唯有历史研究才能解释种种教育政策的差别。一个国家的教育制度深深根植于其民族历史之中，深受其历史发展过程中各种因素的影响。历史研究是人文社会科学研究中常见的方法，我国学者张笑霞将教育科学研究中的历史研究定义为借助于对历史事件、运动、人物及其背后的社会经济文化等史料的破译、整理和分析，认识研究对象的性质、特点和发展过程，从而找出历史经验和教训以及预测未来的一种模式。[9]美国学者梅雷迪斯·马克·高尔（Meredith Mark Eore）等认为，教育历史研究与其他类型教育研究的不同之处在于其要求研究人员通过搜寻如日记、官方文献、遗迹这些历史史料来发现数据，而其他类型的教育研究则要求研究者建立数据。[10]我国学者在非洲教育研究中也常用历史研究法去追溯非洲教育发展历程，以此有效揭示非洲教育的特点规律。据统计，这类型文章有24篇，占总数的6.2%。

调查研究法在社会科学领域被广泛运用，教育调查是指研究人员在一定的教育思想指导下，运用一定的手段，在自然状态下有目的、有计划、有系统地对研究对象的有关材料进行搜集、整理和分析从而了解教育对象，发现教育现象之间的关系，认识教育规律的一种研究方法。[11]非洲教育研究中教育调查多指教育考察团前往非洲各国进行实地考察以此获取具体生动的第一手数据和资料。除了教育考察团外，目前我国非洲教育研究还没有以其他诸如问卷调查等形式开展的调查研究。这类型文章篇数有24篇，占总数的6.2%。

自从涂尔干在《社会学方法的准则》中将比较研究法介绍为“阐述社会学证据的（最优）准则，并将之作为自然科学实验在社会科学中的对等原则来进行讨论”，[12]比较研究法就慢慢发展成了社会研究中具有独特贡献的方法。学者认为，比较是根据一定的标准，把彼此有某些联系的事物放在一起

① 请参见牛长松. 基于教育援助有效性视角的中非教育交流与合作评估——喀麦隆的个案［J］. 比较教育研究，2011，(12)；顾建新. 国际援助非洲教育发展及对我国的启示［J］. 西亚非洲，2008，(3).

进行考察，寻找其异同，把握研究对象所特有的质的规定性，比较研究是确定对象间异同的一种逻辑思维方法，也是一种具体的研究方法。[13]根据涂尔干的论证，比较的意义在于为因果解释论证提供依据。比较研究法在国内非洲教育研究中也有一定程度的应用，在涉及不同国别研究时，学者们则常用比较研究法进行分析，以此解释特殊性和普遍性。据统计，使用了比较研究法的文章篇数有 12 篇，占总数的 3.1%。

关于个案研究，国内学者通常认为个案研究是指研究人员对一个有界限的系统如一个个体、一个方案、一个团体、一个地区等，运用诸如观察、访谈、调查和实验等多样的研究方法，协助搜集完整的资料，以作深入翔实的描述、诠释与分析。[14]我国非洲教育研究中也有学者使用个案研究法，直接以某地区或是某国家、某大学为案例来分析问题，这样使得相关问题的分析获得了更为具体生动的个案支持，同时在研究过程中研究者和个案之间的互动也促使个案就具体的研究问题进行反思，从而做出改进，目前这类型文章有 12 篇，占总数的 3.1%。

（五）非洲教育研究相关论文主要刊载期刊

本文对非洲教育研究论文所刊发的期刊类型进行了统计（详见表 6）。研究发现，北京师范大学主办的《比较教育研究》是非洲教育研究成果最主要的发表平台。20 世纪 80 年代以来在《比较教育研究》上刊发的非洲教育研究论文数为 69 篇，占总数的 18.1%。同时，该杂志也是最早集中刊载非洲教育研究成果的刊物。早在 20 世纪 80 年代，其前身《外国教育动态》上就刊登了若干篇关于非洲教育研究的论文。《外国教育研究》亦是刊发非洲教育研究成果的重要刊物，30 多年来共有 47 篇非洲教育研究论文在《外国教育研究》上发表，占论文总数的 12.3%。《西亚非洲》作为主要刊载西亚非洲地区政治、经济、文化和教育等社会问题相关学术论文的权威性刊物，也刊发了相当一部分高质量的非洲教育研究论文。这部分文章数为 32 篇，占总数的 8.4%。此外，《外国中小学教育》、《世界教育信息》、《全球教育展望》、《教育发展研究》、《中国职业技术教育》、《高等教育研究》和《职业教育研究》等学术期刊也刊载了一定数量的非洲教育研究论文。大约半数的非洲教育研究论文都是由我国教育界权威性的核心期刊刊登，这也就很好地保证了我国非洲教育研究的质量和水平。

表 6 非洲教育研究相关论文主要刊载期刊

期刊名称	文章数	所占比例	排名
比较教育研究	69	18.1%	1
外国教育研究	47	12.3%	2
西亚非洲	32	8.4%	3
世界教育信息	17	4.5%	4
外国中小学教育	15	3.9%	5
全球教育展望	10	2.6%	6
教育发展研究	7	1.8%	7
中国职业技术教育	7	1.8%	7
高等教育研究	6	1.6%	8
职业教育研究	6	1.6%	8

三、我国非洲教育研究的特点及成因分析

2000 年以来，我国非洲教育研究相关论文数量呈倍数增长，论文数量的增加一定程度上反映了该领域研究的发展。根据检索到的相关文献，我国非洲教育研究的特点主要体现于以下几个方面。

首先，从研究主体来看，在非洲教育研究专门性学术机构的支撑下，我国非洲教育研究队伍日渐壮大，逐步形成了精干集中但同时也在向外扩张的专业研究团队。但是不可忽视的是，跟欧美等发达国家的教育研究队伍相比，非洲教育研究人员数量相对较少，研究力量不足。目前，国内非洲教育研究力量仍显薄弱。浙江师范大学非洲研究院承担了大部分研究任务，近三成研究成果都源自该研究机构，其他研究机构的非洲教育研究成果较少。这也体现了目前我国国别教育研究的常见问题，对发达国家特别是欧美国家的研究较多，对发展中国家特别是非洲、拉美等地区的研究有所不足。这种现状

的主要原因在于国别研究多以借鉴为目的，希望借鉴发达国家较为先进的教育理念和实践经验为我国相应的教育问题提供借鉴，因而对非洲等教育相对落后地区的关注有所不足。语言是限制非洲教育研究的另一重要因素，掌握非洲国家和地区语言的教育研究人员非常稀少，目前对非洲教育问题的研究也多通过英语等语言获得材料，研究人员很难获得一手的研究资料。

其次，从研究对象国来看，近年来国内非洲教育研究的辐射范围已经从南非、埃及和肯尼亚等非洲相对发达国家扩展到了博茨瓦纳、坦桑尼亚和赞比亚等非洲相对落后国家，研究对象国日渐丰富，使得国内对非洲整体有了更多元更全面的认识。南非、尼日利亚、肯尼亚、埃及、埃塞俄比亚等国家是非洲教育的热点国家，我国学者对这些国家的高等教育、基础教育以及幼儿教育中方方面面的问题都有所涉足。从研究区域来看，总的说来国内非洲教育研究区域基本集中在南非、东非、西非和北非等地区，中非地区很少涉及。由于南非等地区国家经济发展相对中非地区更加发达，社会也更加安定，教育的发展和改革成果也比较明显，对这些国家的研究资料也相对丰富。中非地区的教育整体比较落后，普遍缺乏系统的教育体系，且文化差异和交流困境也为对该地区的教育研究带来不便。利比亚、摩洛哥、阿尔及利亚、几内亚、尼日尔、乍得、刚果、安哥拉、纳米比亚等国家则是我国非洲教育研究尚未开发的处女地。在非洲教育研究中，这些国家的缺失也影响了我国对非洲教育的整体认识。

再次，从研究主题上看，我国非洲教育研究主要更多从宏观角度进行概括，注重对整体的把握，分析单位较大，对微观教育问题的研究比较少。国内非洲教育研究主要关注高等教育领域管理体制、质量保障、财政状况；非洲教育改革问题、中小学教育体制、语言政策、课程改革等问题，教师教育、职业技术教育以及中非国际交流与合作等问题。从学科发展的视角来看，这表明非洲教育研究还处于初期阶段，深化研究问题、关注微观研究将成为今后研究的主要方向。正如顾建新教授所言，“非洲教育各个环节的特征、内在各要素的结构及其相互关系，需要研究某类教育在非洲不同地区、不同国家的具体组织形式、实现途径和教育效果，更需要对不同国家的学校从办学目标、办学思想、管理过程到课程设置、教学组织、教学方法、教材类型、考试制度、学习时间、师生关系、社会联系等展开全面的理论与实践研究，分析其内在的运行机制”。[15]我国非洲教育研究尚需要深入到非洲教育的各个环节和各种基本要素中，开展全面的理论和实践研究，以此才能充分把握非洲教育的内在机制和发展规律。

最后，从研究方法上看，我国非洲教育研究的方法也日渐多样，在传统的文献法之余，个案研究法、比较研究法、文本分析法和历史研究法等具体方法都在非洲教育研究中有了不同程度的运用，更可贵的是国内非洲教育研究中也逐渐出现了在获取一手资料上占有独特优势的调查研究。尽管如此，我国的非洲教育研究从方法层面上看还是比较薄弱，研究方法较为单一，研究资料的获取渠道也非常有限。具体表现为大多数研究依赖于文献资料，而且鲜活的一手研究资料较少，缺乏实际考察和调研获得的研究资料，这也影响了非洲教育问题研究的可信度和影响力；另外，定量研究特别是调查研究非常少，研究者对研究问题、研究主题与研究方法的匹配方面重视有所不足。这一问题与我国的学术研究资助体系有很大关系。我国对包括非洲在内的发展中国家教育研究的资助主要依靠政府，社会资助和私人资助非常缺乏。在有限的政府资助中，非洲教育研究基金支持的数量和种类也非常有限，主要依靠国家层面的基金支持。研究资金的不足直接制约了实地研究和考察等成本较高的研究方法，也限制了高质量研究成果的获得，进而影响了研究人员的投入。由此可见，研究资金的不足成了制约非洲教育研究的重要瓶颈。

综上所述，本文认为应从推进新时期中非关系发展、提升中非合作水平的战略高度，充分认识加强非洲教育研究的重要意义。建议中央、地方、政府、社会、个人等各个主体，加大对非洲教育研究的经费投入，培育和壮大研究队伍，扩大研究对象，深化研究问题，创新研究方法，多管齐下，协同创新，努力促进非洲教育研究数量上的繁兴与质量上的发展。

【参考文献】

［1］牛长松．非洲教育研究综述［J］．西亚非洲，2011（6）．

［2］［3］Banning，James H.，Ahuna，Linda M. & Hughes，Blanche M. A Study of the NASPA Journal（1967—1996）：A 30-Year Reflection of Scholarship in Student Affairs Focusing on Race and Ethnicity. *NASPA Journal*，2000，38，(1)，59.

［4］［5］田小红．比较研究论述的形成——对我国比较教育研究中部分文献的内容分析［J］．比较教育研究，2010（7）．

［6］万秀兰，孙志远．《非洲职业技术教育与培训振兴战略》之评析［J］．比较教育研究，2010（3）．

［7］牛长松．中国与非洲教育合作的新范式［J］．比较教育研究，2010，(4)．

［8］金哲华，俞爱宗．教育科学研究方法［M］．北京：科学出版社，2011：84．

［9］张笑霞．教育科学研究方法［M］．北京：教育科学出版社，2009：419．

［10］［美］梅雷迪斯·D．高尔，沃尔特·R．博格，乔伊斯·P．高尔著，许庆豫等译．教育研究方法导论（第六版）［M］．南京：江苏教育出版社，2002：527．

［11］陈时见．教育研究方法［M］．北京：高等教育出版社，2007：79．

［12］［法］E．迪尔凯姆，狄玉明译．社会学方法的准则［M］．北京：商务印书馆，2007：139．

［13］裴娣娜．教育研究方法导论［M］．合肥：安徽教育出版社，1995：223．

［14］潘慧玲．教育研究的取径概念与应用［M］．上海：华东师范大学出版社，2005：183．

［15］顾建新，张三花．我国非洲教育研究二十年：回顾与思考［J］．西亚非洲，2004（6）．

教育信息技术

双轨教学的理论省思*

□ 杨宗凯（华中师范大学教授）
□ 刘三女牙（华中师范大学教授）

双轨教学是对信息化环境下教学结构与过程之本质的新认识与新概括。它以师生之间具有主体间性这一认识为哲学基础，以活动理论关于主体和客体借助于工具中介之交互这一观点为理论指南，按照当代认知神经科学所揭示的大脑左右两半球之功能分区以及记忆组织理论和双重编码理论，在电子双板这一技术系统以及相应的软件与资源支撑下对教学中的各参与要素之关系进行重构，将教学内容以双画面形式呈现，通过意义关联，促进学习者大脑语言系统与非语言系统激活，提高认知建构的效率，并以此为基础发展了一套基于双重编码理论的教学资源展示技术，解决了课堂教学中演示文稿只能顺序播放，无法前后对照从而建立起意义关联的问题。

一、双轨概念的哲学审视

教学是一种以认识为导向的特殊的实践活动，其中既有实践的主体——教师和学生，也有实践的客体——教学内容，还有主客体之间交互的工具中介——教学媒体与手段，而主体与客体之间借助于工具中介之交互的不断展开便构成了教学。长期以来，在对教学的理论研究之历史演进中，逐渐形成了一系列具有对偶性质的概念与范畴，比如“教师”和“学生”，“课程”与“教学”，“教学”与“学习”……在这些对偶的概念与范畴中，其中最重要和最根本的当属“教师”与“学生”。因此，如何认识教师与学生的关系，便成为任何一种教学理论构建的逻辑起点。双轨教学理论的建构也必须从教师与学生的关系出发。

事实上，双轨教学中“双轨”这一概念的确立，正源于对教师与学生之间关系的新理解与新认知。自赫尔巴特以来，传统的教学理论研究总是从孤立静止的世界观和简单机械的认识论出发，在分析与还原的思维模式中，剥离了人的意识，把教师和学生人为地割裂开来，进而把教师的“教”与学生的“学”人为地割裂开来，而没有认识到二者事实上是统一于有意识的人的教学实践的。近年来，越来越多的人开始把教学视为一种对象性活动和意义建构活动的辩证统一，认为有意识的人是这种意义建构活动的主体。在这种意义建构的实践中，有意识的人“使自己的生命活动本身变成自己的意志和意识的对象”[1]，不仅把自己和自己的生活作为一种对象性存在，把周围的环境作为一种对象性存在，而且人与人之间也互为对象性的存在。从这一视角来看，教学活动就变成了一种以有意识的人的精神生活和精神世界为对象，以促进人的和谐发展为旨归的精神性生产实践过程。这样一来，教师与学生之间就是一种“我和你”的平等对话关系，而不是“我教你”的灌输服从关系，其目标在于通过

* 原载《中国电化教育》2013 年第 8 期。

平等对话实现意义的生成与建构乃至于迁移，而不是知识的机械传输和被动接受。

如果我们把教师和学生之间的关系界定为一种“我和你”的平等对话型关系的话，那么就不能再简单机械地认为教师是主导、学生是主体了。事实上，教师和学生都是教学实践活动中的主体，这种主体性展现并统一于教学活动展开——教与学之间持续不断的对话——这一进程之中。“教”与“学”之间的对话包括两个方面：一是互为对象性存在的教师与学生的对话；二是教师和学生与作为外部环境的教学内容之间的对话。这两种对话都要借助于一定的工具中介。在信息化环境下，这种工具中介集中表现为各种教育信息技术手段。这样一来，就超越了传统教学理论研究中“主—客”二元对立这一具有浓厚二元论色彩的思维框架，为揭示教与学的关系提供了一个新视角。包括教师和学生在内的所有教学活动的参与者不仅是教学这种对象性活动的主体，而且是意义活动的主体。在双轨教学中，教学活动不仅是一种对象性活动，即认识活动和实践活动，教与学的关系也不仅仅是一种对象性关系，即互为对象的“主体—客体”或“我—它”关系，它也是一种意义活动和意义关系，即精神性交往活动和“主体—主体”或“我—你”关系。

二、双轨教学的科学基础

认知神经科学是20世纪60年代以来认知科学与神经科学不断融合发展的产物，因此它既具有认知科学的特征，又具有神经科学的特征，其目标在于阐明认知活动的大脑机制，即人类大脑如何调用其各层次上的组件，包括分子、细胞、脑组织区和全脑去实现自己的认知活动[2]。约翰·布鲁尔(John Bruer)曾经断言，认知神经科学将是未来奠定学习科学基础的最佳学科，而且它也依赖于认知心理学的研究方法，因此教育者的最佳策略，是将认知心理学纳入到研究中，然后在认知心理学和教育实践之间搭建一座“应用性”的桥梁，而在认知科学与神经科学之间搭建一座“基础性”的桥梁[3]。在早期，认知神经科学关于心智的概念框架主要有两个。一个是认知主义，它主要使用抽象的符号对外部现实进行表征。在“计算机”这一隐喻下，大脑被假设为信息的中央处理单元，感官知觉是输入通道，来自于外部世界的信号通过感官知觉汇聚在一起，并转递给中央处理单元进行处理，而后输出信息作为恰当的反应被转递回运动器官或输出通道。另外一个是建立在自组织这一基础之上的连接主义（connectionism)，在神经网络这一新的隐喻下，认为在那些简单且不具有智能的单元中，局部的连接按照激活、增值和学习的规则逐渐发生变化，从而表现出整体的特性，从而在一定程度上摆脱了“计算机”隐喻，建立了各种和大脑的神经系统结构与运转机制高度相似的理论模型。认知主义和连接主义这两个概念框架共享着以下这些基本假设：首先，心智的功能是通过表征发挥出来的；其次，知识来自于头脑中的信息加工，加工方法有可能是像计算机那样的运算，也有可能是像分布式神经连接那样的激活；最后，知觉、思维和行动具有模块化的工作机制。

认知神经科学关于学习与记忆的研究主要关注两大基本问题：一个是记忆的过程，包括记忆的编码、存储和提取等；另外一个是多重记忆系统的划分以及各种记忆系统的功能作用，而核心任务则是寻找记忆的神经基础以及记忆过程与神经机制之间的相互联系。在对这两大基本问题的探索中涌现的托尔文的记忆组织理论和佩维奥的双重模型，都在某种程度上揭示了双轨教学中学习与记忆的基本机制。

托尔文坚信，只有人才有意识。他吸收了米勒在研究短时记忆中提出的组块思想及其采用的信息论观点，对人类记忆进行了深入探索，将处于意识之中的人的长时记忆分为“情景记忆”和“语义记忆”两个系统。情景记忆是指有意识地对来自于记忆中的先前经验进行收集的能力，它处理的是个人的经验及其即时关系；而语义记忆则是指在记忆中对更加具有一般性的知识进行存储的能力，它处理的是与文字和概念之意义有关的信息，并对概念进行分类[4]。这两大信息加工系统是并行的，但相互之间又有部分地重叠。同时，他还把记忆的加工过程和记忆系统结合在一起，并认为记忆的存储和提取是两个彼此独立的功能。因此，总体来看，两个系统之间是串行编码、并行存储、独立提取的关系。事实上，对于任何教学与学习来说，其最为基本的目标都是增加学习者长时记忆的容量。如果教学与学习的内容不能够进入长时记忆，我们很难认为学习者的行为或能力倾向能够产生相对持久的变化，学习也就没有发生。而托尔文的组织记忆理论首次揭示了长时记忆中存在着两种不同类型的记忆系统，这两大系统之间串行编码、并行存储、独立提取的关系，表明学习过程中就记忆这一基础层面而言，存在着两个并行同时又有交互的信息加工“轨道”。

而佩维奥提出的“双重编码理论”则认为，大脑中存在着两个在功能和结构上均不相同、独立但又相互联系的对信息进行加工与储存的认知系统——言语系统和表象系统。言语系统用于加工言语信息，并将其以字符为基本单位编码储存在文字记忆区，它产生的是言语反应。表象系统用于加工非言语信息，它形成的是事物的心理表象，并把其作为基本单位存储在图像记忆区，同时也在对应的语言记忆区留下一个文字对照版本。在双重编码理论中，言语系统与非言语的表象系统的加工被划分为三个层次[5]（如图1所示）。第一个层次是表征的水平。它指当言语与非言语表征在感觉系统中被激活时所产生的加工，主要包括低水平的、由材料驱动的知觉再认和识别，它在很大程度上受事物本身所具有的特征的影响；第二个层次是联想加工的水平，即在言语系统内部语言单位之间或者图像系统内部图像单位之间所发生的加工，情境是联想加工中的一个重要变量；第三个层次是相关加工的水平，即参考联结。它是指一个系统的表征被另一个系统的表征所激活，从而在言语系统与非言语系统之间构造了一条潜在通道。相关加工允许非言语的意象表征激活不同的言语表征，同时也允许言语表征激活不同的意象表征。在相关加工的水平上，言语系统和非言语系统二者之间是以互补的形式共同对信息进行加工的。这两个系统是相互联系的，两大系统中加工的信息可以相互转换。

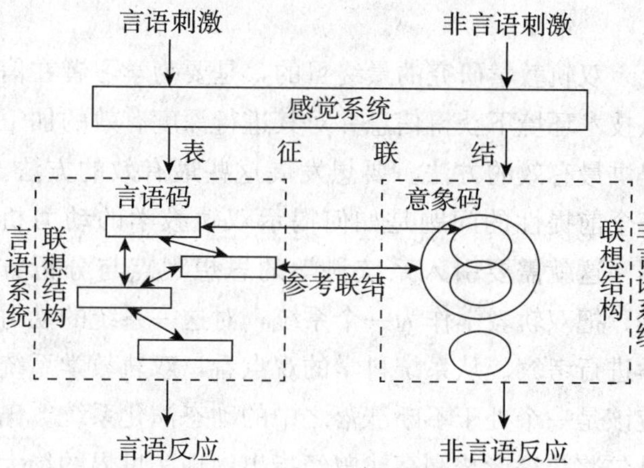

图1 双重编码模型

如果说托尔文的记忆组织理论揭示了学习在长时记忆这一深层部件中存在着“双轨”的话，那么佩维奥的“双重编码理论”则更加鲜明地揭示了在整个学习与记忆的过程中始终存在着两条信息加工的轨道，并描述了这两条轨道之间的关系。它表明，学习者在教学中是通过两个编码系统加工信息并在感觉记忆和工作记忆阶段形成对知识的信息和心理表征的。对于教学来说，双重编码理论提出的一个重要原则是：同时以视觉形式和语言形式呈现信息能够增强记忆和识别。知识可视化将知识以图解的方式表示出来，为基于语言的理解提供了很好的辅助和补充，大大降低了语言通道的认知负荷，提高了信息加工的效率，加速了思维的发展。传统的学习使用左脑，大量运用抽象思维，注重理性；而全脑学习则平衡了大脑的左右两半球，使多种思维灵活运用。双重编码理论强调左右大脑的协作处理机制，它支持的是一种全脑学习方式。在教学中，通过双画面的方式呈现教学内容，以多样化的教学内容代替单纯的文字，可以为学习者提供丰富多样的学习资源，创造一个图文并茂的多媒体学习情境，注重通过多种形式呈现教学信息，这样不仅可以激发、促进学习者大脑语言系统与非语言系统的发展，而且可以通过多样化的教学内容丰富课堂教学，激发学习兴趣，促进学习者对知识的掌握与迁移。

三、双轨教学的动力机制

双轨教学研究的最终目的，是要为学习者在信息技术环境下获得信息并对其进行深度有效的加工提供最有效的方法。要想发展这些最有效的方法，一个前提性的问题是如何揭示双轨教学的动力机制。这就需要引入系统科学的思想观点与分析方法，把双轨教学作为一个系统，对这一系统的动力学进行考察。从系统科学的观点看，双轨教学系统应该是一个处于不断涨落之中的动态演化系统。诺贝尔奖获得者普利高津曾经指出，现实世界的绝大部分都不是有序和稳定的，而是无序的“沸腾”过程。一切系统都含有不断涨落的子系统，有时很小的变化就能导致整个系统在不可预测的方向上重新组织，或者走向有序，或者走向混沌。但普利高津和斯滕伯格等人同时也认为，有序和组织可以通过自组织的过程从无序与混沌中自发产生出来。他们还进一步发现，在社会系统中，那些远离平衡态的系统具有创造新秩序的最大潜能。系统科学家告诉我们，处于非平衡态而远离平衡的系统具有自我更新与自组织的动力。那些在混沌边缘保持动态平衡的系统之所以被称为耗散结构，就是为了强调远离平衡是自组织之源。双轨教学系统正是这样一个复杂的动态系统，在这个复杂的动态系统中存在着持续的自我更新与自组织。这一系统演化的动力学可以用图 2 表示，虚线表示成功的、有意义的双轨教学系统演化过程，而实线则表示无意义或失败的双轨教学系统演化过程。

如图 2 所示的双轨教学的系统动力学模型揭示了双轨教学的复杂性，挑战了传统教学理论研究中作为主要关注焦点的线性教学程序，突破了传统教学理论研究中的这样一种决定论的预设，那就是教学的设计人员或者教师认为只要按照既定的教学程序，对学习者施加各种教学干预措施，就可以得到预期的学习结果。这种预成性的线性教学过程很容易被教学实践中遇到的各种不可控因素或突发事件所颠覆，由此导致了教学过程的难以预测[6]。在基于混沌和复杂性理论的双轨教学之系统动力学模型中，我们可以认为，教学过程是在平衡态与非平衡态之间的持续变换，不仅教学过程存在着多种路径，而且教学的结果也存在着很多种可能。这样一种具有高度复杂性的混沌动态的教学系统，显然要求我们将动态性和复杂性引入到双轨教学的设计过程之中。在以前的教学系统设计中，教学设计遵循固定的步骤来进行，全然不顾问题的条件和变量。而根据上述的系统动力学方法，双轨教学设计的处方是根据情境评价的诊断结果开出的，大多数学习问题并不要求采用教学系统设计的所有步骤。在整个设计过程中，可以根据对于过程中发生状况的评价结果对各个环节进行调整。这样，教学设计就成为一个对问题不断进行甄别，对教学不断进行调适的动态过程。这样一来，就突破了传统教学设计观基于牛顿机械决定论、视教学设计过程为线性的封闭系统，而线性的封闭系统具有确定性和可预测性的缺陷，从而让双轨教学的设计在本质上成为一种具有高度创造性的设计活动。

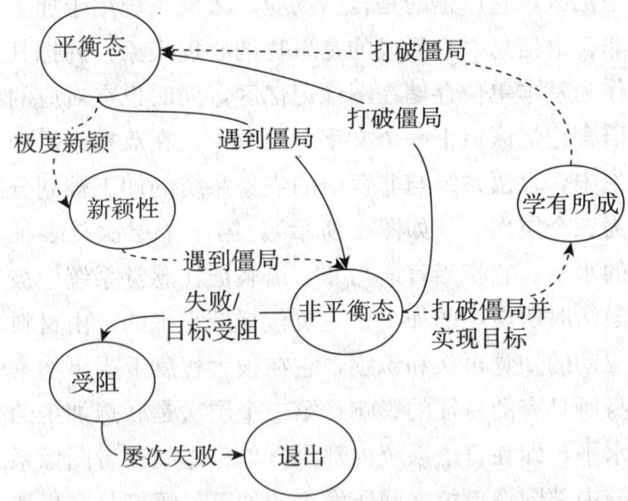

图 2 双轨教学的外部动力机制

在双轨教学的设计中，焦点在于对教师和学生借助于信息技术这一工具中介的交互进行设计，探索如何利用信息技术手段帮助学习者表征他们已有的知识结构，组织新的知识，并用于解决问题的工具，以更好地发展他们的批判性思维、创造性思维和综合思维能力。对信息技术的应用，首先要摆脱“指导主义”（这种观点认为知识是真实世界的客观表征，是外在于人的独立存在，而教学的主要任务就是把外在于人的知识灌输给学习者[7]）和行为主义以及计算机辅助教学系统的理念和思路，不是一味地拘泥于各种信息技术设施在传递教学内容的途径、呈现表征的方式上的作用，单纯地关注信息技术对教师传递信息的帮助，而是要从“构建主义”（即在皮亚杰建构主义的基础之上，更加强调在建造中学习）[8]的立场与观点出发，通过人工制品（artifacts）的创造，致力于促进媒体、认知与学习之间的交互，尤其是要关注如何把学习者置于学习活动的中心，让技术成为学习伙伴，成为支持知识建构的工具，成为支持“在做中学”的情境脉络（即学习者所处环境的一切要素的总和），成为支持社会性协商（即人际交互与协调）的媒体，这才是双轨教学设计及其实践应该具有的正确的技术观。

四、结束语

“双轨教学”这一概念是基于拥有自主知识产权的电子双板教学环境与相应的软件平台，在大中小学课程教学中推广应用积累的成功经验提出并发展出来的。它包括基于这一独特技术环境的新型课程教学模式及其相应的理论、策略与方法，其目的在于揭示由电子双板这一教育信息技术原始创新导致的教学过程中的师生关系的变化乃至于更为空阔之历史时空中的教育实践之主客体关系的变化。这一概念与理论的生命力取决于未来更为艰苦的基础理论探索和应用创新实践。本文仅仅只是对双轨教学的若干基本理论问题进行了初步探讨，目的是激起更为广泛的学术争鸣，以共同推动信息技术环境下的教学理论建设。

【参考文献】

[1] 马克思. 1844 年经济学—哲学手稿 [M]. 北京：人民出版社，1979. 50.

[2] 加扎尼加. 认知神经科学 [M]. 上海：上海教育出版社，1998.

[3] BATTRO A M，FISCHER K W，LENA P J. *The Educated Brain：Essays in Neuroeducation* [M]. Cambridge，UK：Cambridge University Press，2008. 44.

[4] Tulving，E. Episodic and Semantic Memory [A]. E. Tulving and W. Donaldson. *Organization of Memory* [C]. New York：Academic Press，1972. 381-402.

[5] PAIVIO A. *Mental Representations：A Dual Coding Approach* [M]. USA：Oxford University Press，1990.

[6] Jonassen，D. H. Certainty，Determinism，and Predictability in Theories of Instructional Design：Lessons from Science [J]. *Educational Technology*，1997，37 (1)：27-34.

[7] Hay，K. Legitimate Peripheral Participation，Instructionism，and Constructivism：Whose Situation is It Anyway [J]. *Educational Technology*，1993，33 (3)：33-38.

[8] Ackermann，E. Piaget's Constructivism，Papert's Constructionism：What's the Difference [DB/OL]. http://learning. media. mit. edu/content/publications/EA. Piaget%20_%20Paper.pdf，2013-07-01.

教育技术学科的独立性与开放性*

——斯坦福大学学习科学兴起引发的思考

□ 韩锡斌（清华大学副研究员）
□ 程建钢（清华大学研究员）

一、引言

2011 年笔者①在美国弗吉尼亚理工大学和斯坦福大学分别访学了一个学期，除了学术研究之外，还有考察教育技术学博士点建设经验的任务。当时随着清华大学教育学一级学科博士点的建立，教育技术学科面临如何从硕士点发展为博士点的艰巨任务。弗吉尼亚理工大学教学设计与技术（Instructional Design and Technology）学科点和斯坦福大学的学习科学与技术设计（Learning Sciences and Technology Design）学科点具有不同的特征：前者发展历史较长，秉承教育技术学科的传统；后者发展历史较短，显示出学科领域交叉研究的特点。令笔者印象深刻的是，斯坦福大学学习科学与技术设计博士点创建仅仅十年就显示出了令人瞩目的影响力。

根据 2010 年美国《教育媒体与技术年鉴》（*Educational Media and Technology Yearbook*）的评估数据（Orey，Jones，& Branch，2010），斯坦福大学学习科学与技术设计学科点的在校博士研究生数量（没有排进前 20）少于弗吉尼亚理工大学教学设计与技术学科点（排名第 14 位），但是在教育技术和学习科学两个主要期刊《教育技术研究与开发》（*Educational Technology Research and Development*）和《学习科学期刊》（*The Journal of the Learning Sciences*）上，前者发表的论文数量位居第 11 位，而后者没有排进前 20。这个评估样本包含来自全世界 150 多个大学的相关学科点，涉及学习、设计和技术（Learning，Design and Technology）以及信息与图书馆科学（Information and Library Science）。在重大研究项目获取方面也颇有成绩，从 2004 年开始美国国家科学基金会（National Science Foundation，简称 NSF）设立了七个国家学习科学研究中心，其中“非正式和正式学习研究中心”（Learning in Informal and Formal Environments Center，简称 LIFE Center）的核心成员就有斯坦福大学的学习科学学科点。从对美国国家教育信息化决策的影响来看，该学科点的带头人罗伊·丕（Roy Pea）是美国国家科学基金会“网络化学习任务项目”专家

* 原载《北京大学教育评论》2013 年第 3 期。

① 此处笔者指的是本文第一作者，文中关于斯坦福大学学习科学与技术设计学科点（H-STAR）的信息来自其相关网站和本文第一作者于 2011 年访学期间收集的资料。

组（The National Science Foundation Task Force on Cyber-Learning）成员，也是美国教育部“国家教育技术计划”（The National Educational Technology Plan）专家组成员，参与起草了国家层面的两个教育信息化纲领性文件《促进网络化世界的学习》（*Fostering Learning in the Networked World*）和《变革美国教育——技术强力支持的学习》（*Transforming American Education：Learning Powered by Technology*）。

另一方面，弗吉尼亚理工大学教学设计与技术学科点的一些做法却令笔者感到意外。在该校访学期间，笔者受学科点的邀请曾参加开设学习科学课程并建立学习科学研究生专业的教授讨论会。无独有偶，被称为“教育技术堡垒”的印第安纳大学早在2002—2003年就已经创建了学习科学的博士点(Carr-Chellman，& Hoadley，2004)。

再从教育技术和学习科学两个研究领域来看，虽然它们的研究目标都是技术促进有效学习(AECT Definition and Terminology Committee，2008；Sawyer，2006b，p. xi)，但是近些年来，两者在美国国家层面获得的支持却发生了明显的变化。2001年，时任美国总统的布什（George W. Bush）签署《不让一个孩子掉队法》（*No Child Left Behind Act of 2001*），“利用技术强化教育”（Enhancing Education Through Technology，简称EETT）作为其中的一个重要项目从2002年开始实施，2006年之后对该项目的投入却不断减少，到2011年完全停止①，这对教育技术学科的研究产生了重要影响。而2003—2006年间NSF共资助近1亿美元给学习科学，同时设立了七个国家学习科学研究中心以加速该研究领域的发展(Sawyer，2006b，p. xii)。另外，前述两个美国教育信息化纲领性文件的起草均由学习科学的学者主导，鲜有教育技术的学者参与。

为什么斯坦福大学学习科学学科点能够迅速崛起？已设有教育技术学科点的教育机构为什么还要创建学习科学博士点？从整个学科来看，教育技术与学习科学的关系是什么？为什么学习科学受到更多的关注与支持？教育技术学科在学习科学兴起的背景之下如何发展？本文首先回顾斯坦福大学学习科学兴起的历史，然后通过分析教育技术与学习科学的关系寻找该学科点迅速发展的根源，在此基础上进一步讨论如何在学习科学兴起的背景下发展教育技术学科。

二、斯坦福大学学习科学兴起的历史

20世纪90年代，时任斯坦福大学教育学院院长的理查德·沙威尔森（Richard Shavelson）意识到，教育研究应该关注迅猛发展的信息技术，力主成立相关的研究生专业。之后研究发展心理学和认知心理学的詹姆斯·格瑞诺（James Greeno）、布丽吉德·巴朗（Brigid Barron）等五位教师定期聚会，讨论筹建该专业点事宜。1996年斯坦福大学教育学院正式设立了学习、设计与技术（Learning，Design and Technology）硕士点，这个学制一年的项目旨在培养利用先进学习理念设计基于技术的学习产品、学习系统和相关社会环境的应用性人才。

2001年罗伊·丕加盟斯坦福大学教育学院，他作为学科负责人与詹姆斯·格瑞诺、布丽吉德·巴朗等学者一起设立了学习科学与技术设计(Learning Sciences and Technology Design）博士点；同年创办了学习创新研究中心（The Stanford Center for Innovations in Learning，简称SCIL)，该中心得到了Hewlett基金会、校长基金和NSF基金的资助，旨在面向K12和大学层面研究未来的学习和教学，支持相应领域的教育实践。上述研究中心和博士点的设立有利于凝练学科方向、汇聚学术队伍、构筑学科平台、争取科研项目和营造学术环境，为斯坦福大学学习科学的发展奠定了组织基础。2005年，学习创新研究中心与学校语言与信息研究中心（Center for the Study of Language

① 数据来自美国教育部（U.S. Department of Education）官方网站 http://www2.ed.gov/programs/edtech/awards.html。

and Information）联合创办了人类科学与技术研究所（Human Sciences and Technologies Advanced Research Institute，H-STAR）。

无论从该学科主要教职人员的学术背景、研究方向和学术成果，还是与美国学习科学重要研究机构的渊源关系，都可以清晰地看到斯坦福大学学习科学与技术设计学科点遵循着学习科学的发展思路。在硕士点的五位核心成员中，詹姆斯·格瑞诺作为核心人员于1988年在美国硅谷创建了学习研究所，是学习科学研究领域的早期代表人物之一；罗伊·丕于1988—1991年在该学习研究所任职，并得到詹姆斯·格瑞诺的指导。罗伊·丕在1991—1996年担任美国西北大学教育与社会政策学院（School of Education and Social Policy，Northwest University）院长，作为主要发起人创建了美国第一个学习科学博士点，而西北大学被认为是美国学习科学发展的策源地（Kolodner，2004；Edelson，2004）。1996—2001年，他加盟斯坦福国际研究院（SRI International，原为斯坦福大学的研究机构，后脱离学校独立运作），担任该院技术应用与学习研究中心的主任。2004—2005年，他担任学习科学国际协会的会长（President of the International Society for the Learning Sciences）。

罗伊·丕参与了美国国家层面教育信息化纲领性研究报告的起草以及国家研究委员会（National Research Council）于2000年发布的第一个系统阐述学习科学的报告《人是如何学习的》（*How People Learn*）的撰写，该学科点的其他教职人员，如布丽吉德·巴朗、纳伊赫·素阿德·纳斯里（Na'ilh Suad Nasir）、丹尼尔·舒瓦兹（Daniel Schwartz）、詹姆斯·格瑞诺（后来去了匹兹堡大学），也都参与了迄今为止最为完整系统地论述学习科学的《学习科学手册》（*The Cambridge Handbook of the Learning Sciences*）的撰写。

自H-STAR成立以来，该学科点将其研究从技术对学习的作用转向更广泛的"人与技术的作用关系"，包括人如何使用技术，如何更好地设计技术使得它更有用，在市场上更有竞争力，技术如何影响人的生活，技术如何影响人类在科研、教育、艺术、经营、商务、娱乐、传播、国家安全等方面的创新，等等。据其不完全统计，2010—2012年与H-STAR合作的35位教师和研究人员共出版专著33部，发表535篇学术论文，获得4项专利。这些统计数字反映了该学科点丰硕的学术产出，而蕴含其中的研究创新对社会、企业、家庭和政府方面产生的影响力更加令人瞩目。

三、斯坦福大学学习科学兴起的学科背景

斯坦福大学学习科学的兴起是学习科学研究领域迅猛发展的一个缩影，探究教育技术和学习科学之间的关系以及学习科学迅速发展的原因有助于更好地理解斯坦福大学学习科学兴起的深层次原因。本文借用卡·切尔曼（Carr Chellman，2004）提出的分析框架，从教育技术和学习科学的发展历史、研究目标和内容、理论基础、认识论和研究方法四个方面分析它们的异同点，在此基础上进一步探究学习科学备受关注的根源。

（一）教育技术和学习科学的学术共同体独立发展

从教育技术和学习科学的起源和形成过程来看，它们都创建了各自的协会、年会和期刊，是两个相对独立的学术共同体（Duffy，2004）。1923年美国国家教育学会影像教学部成立，1971年改名为教育传播与技术协会（Association for Educational Communications and Technology，简称AECT）；1953年《视听传播评论》（*Audio Visual Communication Review*，简称AVCR）创刊，1989年改名成为现今的《教育技术研究与开发》（*Educational Technology Research and Develop-*

ment)①；20世纪40年代美国设置教学技术学博士课程。1991年，人工智能与教育国际会议（即第一届学习科学国际会议）在美国西北大学学习科学研究所举办，《学习科学期刊》（*The Journal of the Learning Sciences*）创刊，西北大学建立第一个学习科学博士点（Kolodner，2004）。

教育技术的发展历史较长，其知识体系是不同学科背景的学者在研究与实践的基础上不断综合的结果，体现出比学习科学更为成熟的学科特征。20世纪20年代，视听传播研究的发展形成了应用各种媒体资源的模式；50年代，基于学习心理学的教学系统研究形成了个别化学习的模式；还有50—60年代发展起来的系统论、信息论和控制论对教育技术的影响，产生了运用系统方法进行教学设计的理论和方法。当这三个方面的研究成果被综合成一个促进学习的总体方法时，就形成了教育技术研究和实践领域的特点，从而确立了这个研究和实践领域的理论基础（Molenda，2007；伊利，1986；刘美凤，2006，p. 48）。教育技术较为成熟的知识体系有利于凝聚学术群体、系统化指导实践和专业化培养人才，但随之而来的就是教育技术学术群体的同质化倾向。反观学习科学，其兴起的历史短暂，目前的发展还不成熟，但它强调的是一个研究教与学的跨学科领域（Edelson，2004）。该领域研究者的学科背景多样化，包括认知科学、计算机科学、神经科学、社会科学等；而且研究体现出明显的团队特征，例如罗杰·沙克（Roger Schank）领导的美国西北大学学习科学研究所、约翰·斯利·布朗（John Seely Brown）和詹姆斯·格瑞诺领导的设在硅谷施乐公司的学习研究所、范德尔比特大学（Vanderbilt University）的学习与技术研究所中心和西摩·佩珀特（Seymour Papert）领导的麻省理工学院（MIT）的Logo研究小组等。

2005年，柯比等人（Kirby et al，2005）通过对两个共同体主办的学术刊物中论文的相互引用情况的分析发现，1991—2001年教育技术和学习科学两个群体对对方刊物的论文引用次数分别为112次和87次，占论文参考文献的比例在0.4%—0.5%；而且只有2.3%的作者同时在两个群体的学术刊物中发表论文。2007年，由教育技术界130多位学者参加编写的《教育传播与技术研究手册》（第三版）（*Handbook of Research on Educational Communications and Technology*）（Spector et al，2007）和前一年由60多位学习科学学者参与撰写的《学习科学手册》（Sawyer，2006a）是目前这两个研究领域研究成果比较全面系统的论述，然而这两个作者群体几乎没有重叠。可以看出，有着不同历史渊源的两个学术共同体处于平行发展状态。

（二）教育技术与学习科学有着相似的研究目标但路径不同

美国教育传播与技术协会对教育技术的最新定义是："通过创建、使用和管理适当的技术过程与技术资源以促进学习和提升绩效的研究与合乎道德的实践。"（AECT Definition and Terminology Committee，2008）学习科学的发展历史非常短，尚未形成该学术共同体普遍认可的定义。在《学习科学手册》中，学习科学被描述为：从认知科学、计算机科学、社会学、设计技术等多学科研究发展起来的交叉研究领域，着眼于更好地理解引发有效学习的认知和社会过程，从而重新设计教室和其他学习环境，促进人类更有效、更深入地学习（Sawyer，2006b，p. xi）。可以看出，学习科学与教育技术的研究目标都是利用技术促进人类有效学习。

但是两者实现目标的路径不同，教育技术领域关注如何基于教学理论、利用最有效的方法创建促进学习的技术系统，而学习科学关注在特定情境之下何种教学环境最适宜促进学习，从中探寻学习理论。教育技术研究各种教学方法，探讨什么时候在

① 摘自美国教育传播与技术协会（Association for Educational Communications and Technology，AECT）网站，http://www.aecl.org。

什么情境中使用何种方法；而学习科学则关注学习过程，探究在真实情境之下人们如何学习，在此基础上创建促进有效学习的环境（Duffy，2004）。如果说教育技术致力于已有学校体制下的教学系统设计，采用渐进式思路进行改革的话，那么学习科学则试图探索未来社会技术促进学习的规律，采用革命性的思路进行改革（Kolodner，2004）。

（三）教育技术与学习科学的理论基础趋于一致

教育技术与学习科学的研究都受到学习心理学和信息技术的交互影响。教育技术的早期研究虽然基于行为主义的学习理论，但随着计算机与互联网的迅速发展，基于认知主义、建构主义和连接主义的学习理论也成为教育技术的理论基础，体现在情境认知、协作学习、学习共同体等方面的研究中（Molenda，2007，p. 18）。学习科学伴随着计算机和互联网的发展和普及而兴起，重视引发有效学习的认知和社会过程的研究，力图构建促进有效学习的数字化环境，只不过学习科学更加强调社会建构和技术对学习环境的创新作用（Kolodner，2004）。

学习科学的学者认为他们的研究是认知科学的一个分支，与认知科学重视实验室研究相比，他们强调真实情境下的研究（Duffy，2004）；而与教学系统设计注重寻求实用的设计方法相比，他们强调对学习的理解（Carr-Chellman，& Hoadley，2004）。然而如果从构建学习系统和学习环境的角度来追溯学习科学的发展过程，那么可以看出它也是教育技术的延续。学习科学源于认知科学和计算机科学研究者将人工智能引入教育的探索，其研究延续了斯金纳（Burrhus Frederic Skinner）开创的基于实验心理学构建教学系统这条线索。研究发展的继承关系是从20世纪50年代的教学机器（Teaching Machine），到60年代的计算机辅助教学（Computer Assisted Instruction，简称CAI），到70年代的自动导师系统（Automated Tutoring Systems），再到80年代以后基于各类计算机系统开发的数字化学习情境（Learning Environment）。学习科学的一些学者一再强调他们关注的技术仅限于计算机和网络，不涉及其他媒体，如广播、电视、CD-ROM光盘等，以此说明他们与教育技术的区别（Carr-Chellman，2004）。但1990年范德比尔特大学认知与技术小组（Cognition and Technology Group at Vanderbilt，简称CTGV）引进了抛锚式教学（Anchored instruction）的思想，作为实施情境学习条件的一种手段，他们将富含信息的CD-ROM光盘环境作为解决复杂问题的场景，这就是教育技术领域中经常引用的“贾斯伯问题求解系列”（Jasper Woodbury Problem Solving Series）（Driscoll，2004）。因此学习科学与教育技术的学术共同体虽然相对独立，但从学习系统和学习环境研究的历史渊源来看，可以将学习科学看作教育技术在新时期的一个增长点。

（四）教育技术与学习科学的认识论和研究方法趋于相同且在变化之中

唐纳德·斯托克斯（Donald Stokes）于1997年提出了判别研究类型的著名方法，即用平面直角坐标系的两坐标轴分别表示研究的动机——是否寻求对问题的本质理解——和知识的性质——是否考虑实际应用（Stokes，1997）。在二十多年前，教育技术的设计者更倾向于用实验研究展示技术创新的有效性，体现出应用驱动的实践性研究；而学习科学则通过实验研究来证明或证伪学习理论，类似于认知科学的研究（Carr-Chellman，2004），体现出应用驱动的基础性研究。然而学习科学的研究者之所以重建一个不同于认知科学的研究领域，就是想解决实验研究的结果无法迁移到真实教育情境的问题（Duffy，2004），提出了理论与实践紧密结合的研究范式。基于设计的研究方法（Design-based Research）就是在这种背景之下得到了学习科学学术共同体的认可并迅速发展。学习科学的研究者将自身的研究领域称为“设计科学”（Kolodner，Barab，& Eisenberg，2004），设计知识的实用特征决定了学习科学与实验科学、自然主义科学的根本不同。从这个角度来看，教育技术与学习科学对自身研究性质的定位趋于相同。由于基于设计的研究方法依赖于特定情境，研究结论的外部效度受到很多质疑（Collins，Joseph，& Bielaczyc，2004），因此发展更加稳定且可行的研究工具仍然是两者共同面临的问题。

（五）学习科学兴起的根源

起源不同的教育技术和学习科学学术共同体虽然在研究目标、理论基础和研究方法方面有诸多共同之处，但时至今日两者仍然保持着相对独立性。如果说《教育传播与技术研究手册》和《学习科学手册》的作者群体不重叠体现了两个学术共同体致力于发展自身理论的努力，那么两者对对方主办的学术刊物中论文的超低引用率则可以说明它们对技术促进人类学习规律的探寻有着不同的视角和途径。学习科学对解决教育教学问题的效果还有待检验，但与教育技术相比，它至少在以下五个方面对技术促进学习的研究有更加全面、深入的理解。

1. 基于教育教学整体变革的研究视角

学习科学的研究者总结了产生于工业经济（Industrialized Economy）时代的学校教育教学的弊端，对人类如何学习、知识如何产生并运用这类教育教学的根本问题进行了重新思考，并达成新的共识：关注概念的深度理解、除了研究如何教之外更重要的是研究如何学、注重创设学习环境以促进学习而不是知识技能传授的教学方法、关注学习者已有知识的影响和作用、强调学习反思（Bransford，Brown，& Cocking，2001，pp. 3-27）。基于上述共识，学习科学的研究视角不再局限于技术如何应用于现行的教育教学中，而是探索如何变革产生于工业经济时代的学校教育教学理念和相关体制，创建适应数字化知识经济（Knowledge Economy）时代的学习环境（Sawyer，2006c；Kolodner，2004）。由学习科学研究者主导起草的2010年美国国家教育技术计划《改革美国教育——技术强力支持的学习》，第一次聚焦于对终身学习和生活中不同形式学习、校园内和校园外学习的整合支持以及学习、评价、教学、基础设施和生产率五个方面互相联系的本质特征。与教育技术致力于现有学校体制下的渐进式改革思路相比，学习科学则试图探索未来学校中技术促进学习的规律和形态，采用革命性的思路进行改革。

2. 多学科综合的研究路径

教育技术也强调多学科综合研究，但其逐步形成的学科特征带来了研究团队同质化和知识体系封闭化的倾向。学习科学则将自身定位于多学科的交叉研究领域，充分借鉴三四十年来多个学科在理解基于心理的思维和学习方面的成果，如：对大脑和心理的研究、对思维过程和学习过程的研究、对发生于思维和学习中的神经中枢活动过程的研究以及对能力发展的研究等（Bransford，Brown，& Cocking，2001，pp. 3-4）。学习科学的研究除了重视基于认知主义的心理学理论和基于人工智能心理过程的计算模型的传统，还运用社会建构主义心理学、教育技术的教学设计与开发、社会文化情境认知、分布式认知和协作式认知研究领域的理论和方法，特别借鉴了社会学家、心理学家和人类学家对学科专家实际工作过程的研究成果（Sawyer，2006c，pp. 5-13）。学习科学的学者在实际项目研究中也非常重视与其他学科研究者与实践者的协同，在起草2010年美国国家教育技术计划的专家团队中有五位来自哈佛大学、斯坦福大学、芝加哥大学、宾州大学等顶尖大学学习科学的学者，同时还有十位来自计算机科学、神经心理学、公共管理、创新研究、科技政策、数字媒体学习、科普与科技展览、开放教育运动等多学科背景的学者、政府官员和中小学技术主管。

3. 真实情境下的科研方式

对于教育是科学和还是艺术这个争论已久的问题，学习科学研究者的观点是将经典的、源自实验室的科学方法用于教育研究没有太大的前途。他们坚持在真实的教育教学实践环境下从事研究，与一线教师合作考察教学活动，据此形成技术支持学习的理论和方法并采用迭代方式不断优化，从而为教育教学提供坚实的科学依据（Sawyer，2006c，p. 15；Collins，Joseph，& Bielaczyc，2004）。教育技术的核心理论和方法是教学设计，或称为教学系统设计，设计的目的是产生有效的学习资源、学习活动、学习环境或学习产品等，这与基于设计的研究方法有本质的不同。学习科学的研究者称自身的研究领域为“设计科学”（A Design Science），将设计有效的学习环境作为探究学习规律的途径，同时研究得出的设计原则要源于理论，在理论的情境下被理解（Duffy，2004）。2004年《学习科学期刊》出版了一个专刊，题为《阐释术语“基于设计的研究”：学习科学方法方面的介绍》，收录了来自哈佛大学、印第安纳大学、加州伯克利大学、密歇根大学、西北大学、芝加哥大学、范德尔比特大学等多位学习科学学者在基于设计的研究方法方面的研究成果（Kolodner，Barab，& Eisenberg，2004）。

4. 技术对教育教学的创新作用

立足数字时代特有的“富技术”环境，学习科学研究者探索各种新技术可能会给学习过程带来有效支持和负面作用的规律，创建基于互联网络和移动终端的数字化学习环境，强调技术对知识获取可视化、协同化和社会化的支持过程。与教育技术相比，学习科学更加注重技术在正式与非正式学习环境中对知识获取和运用的真实过程支持的研究，而不仅仅停留在技术如何整合到学校已经成型的教学过程中。学习科学认为技术是当今社会和教育的有机组成元素，需要通过数字化学习环境的有效设计与开发促进有效学习；同时将这些系统深度应用于教育教学过程并长期跟踪与优化，以期获得对技术环境下教育规律的深层次认识（Maldonado & Pea，2010；Blikstein et al，2010；Dede，2009）。

5. 技术对教育评价的巨大影响

学习科学的研究者非常关注技术对教育评价产生的深远影响。技术对学校教学评价的影响体现在：解决学生学业成绩与教学评估之间有效关联的问题；在不影响正常教学的前提下，对日常教学提供反馈，促进教学评价朝多样化方向发展；依赖多源的数据，建立多层面的教学评价方式等。此外，基于Web2.0的在线学习不仅能更好地让学习者获得个性化的学习体验和学习帮助，而且可以借助随时产生的大数据（Big Data）分析学习者的学习行为、诊断学业问题，个性化地帮助学习者成长（洪超等，2013）。

虽然教育技术学术共同体比学习科学早很多、大很多，也成熟很多，而且与学习科学在研究目标和理论基础方面都有很多相似性，然而学习科学对研究视角、研究路径、科研合作形式以及技术对学习和评价创新作用的认识更加符合数字化知识经济时代人类学习研究的要求，因而其学术共同体发展很快，对教育界的影响与日俱增。

学习科学兴起的另外一个原因也不容忽视。与教育技术相比，学习科学短暂的发展历史使其对教育教学问题解决的效果尚未体现出来，而教育技术已然暴露出的问题虽然具有前车之鉴的价值，但也成为社会寄希望于后来者解决教育教学问题的口实。

四、教育技术学科发展的独立性和开放性

在学术研究中时常会产生两个或多个研究领域（或学科）边界不清的问题，教育技术这样的交叉学科尤其会频繁面临此类问题，如中国教育技术（电化教育）界先后出现的姓“教”还是姓“电”的争鸣、教学设计与教学论关系问题的辩论等。当出现一些影响社会走向的重大研究问题时，不同学科的边界会随着它们对该问题的应对之策而改变。数字化知识经济时代对人才培养提出了新的要求，学习科学给出了令人更加期待的研究视角和途径，同时国家层面对教育技术的质疑一直持续不断。教育技术学科是继续保持边界、独立发展还是调整边界、与学习科学融合发展？本文的观点是在保持学科独立性的基础上倡导开放性。

（一）教育技术学科独立发展的价值与合理性

1. 学科知识体系不断演进的需要

一个学科或研究领域相对独立存在的价值体现在通过自身的研究不断构建并丰富学科知识体系。经过近一个世纪的探索，教育技术学科不仅对各个时期的教育教学实践产生了重要影响，而且自身的理论体系也逐步趋于成型。《教育传播与技术研究手册》（第三版）总结了教育技术研究的理论框架（Spector，2007，p. 23），从理论基础到研究内容都有较为充分的描述，其中媒体学习和教学设计两

个方面都具有其他学科不具备的理论体系。除了其核心研究领域——教学设计有罗伯特·加涅(Robert Cagné)、戴维·梅瑞尔(David Merrill)、戴维·乔纳森(David Jonassen)等多位著名学者的著作之外，在媒体学习方面，理查德·梅耶(Richard Mayer)编著的《多媒体学习手册》(*The Cambridge Handbook of Multimedia Learning*，2005)也成为基于多媒体学习的经典理论。笔者统计了《学习科学期刊》中的论文引用梅耶发表论文的情况，结果表明：在1991—2001年和2002—2012年两个时间段的引用次数分别为9次和18次。虽然次数还是偏少但已呈现增长的态势，相信随着学习科学研究从学习认知过程的理解逐步深入到借助多种媒体促进学习的系统设计，引用次数还会继续增加。《学习科学手册》也将教育技术与建构主义、认知科学、社会文化学、学科知识研究一起作为学习科学的研究基础(Sawyer，2006c，p5)；与此相比，学习科学的研究者对其理论框架的梳理尚未成型(Koschmann，2004)。

《教育传播与技术研究手册》(第三版)还系统梳理了教育技术发展的历史(Molenda，2007)。基于历史轮回体现出来的规律，教育技术学者面对教育领域的各种热潮都能理性对待。如近两年来大规模开放在线课程(Massive Open Online Course. MOOC)和反转课堂(Flipped Classroom)等引发了新一轮教育信息化热潮，许多学习科学、计算机科学等领域的学者为之振奋。但教育技术著名学者罗伯特·瑞泽(Robert Reiser)在2001年的一个判断会让我们回归应有的冷静，他说：计算机和网络以及其他数字媒体将给教学实践带来比以往媒体更大的改变，但每个媒体出现时总能引发对教学实践变革的无限遐想，历史规律一再表明这样的改变都比倡导者预测的慢得多、范围小得多(Reiser，2001)。

因此，教育技术学科坚持自身独特的研究视角，丰富自身的知识体系，在特定领域发展人类知识具有其不可替代的理论价值；同时，继承教育技术近百年的历史遗产也是该学科独立发展的责任。

2. 学科培养专业人才、指导专业实践的需要

学科存在的另一个重要价值就是培养社会需求的专业人才并指导专业实践。无论学科点的设置数量、博士生的在校数量，还是对就业岗位描述的清晰程度以及学生的认知度，学习科学还不能与教育技术相提并论。以博士生的在校数量为例，在2010年美国《教育媒体与技术年鉴》排名前二十的学科点中，以“教育技术”命名的学科点有十四个，尚未发现单独以“学习科学”命名的学科点，只有印第安纳大学和犹他州立大学同时设有“教育技术”和“学习科学”。教育技术学科在学校、企业、政府等机构形成的日渐成熟的毕业生声誉及其专业人才特有的能力是其独立发展的实践价值。

3. 不同学科间协作创新的基础和前提

一个学科与其他学科合作研究的前提是该学科具有其他学科不具备的独特价值。与学习科学相比，教育技术体现出更为成熟的理论体系和实践规范，因而表现出更强的合作自信。在学科点建设方面，印第安纳大学在有教育技术学科点的情况下，又在2002—2003年成立学习科学学科点，宾州州立大学于2003年聘请两位年轻的学习科学研究者进入教学系统设计学科点的教职队伍(Smith，2004；Carr-Chellman，2004)。在学术交流方面，《教育技术》(*Educational Technology*)期刊于2004年出版一期专辑(Carr-Chellman & Hoadley，2004)，邀请教育技术和学习科学的研究者讨论教育技术和学习科学的关系问题。教育技术学者表现出对自身学科理论性的维护，同时不认为双方的分歧有宣传的那么大(Ragan & Ragan，2004；Spector，2004；Merrill，2004)。有些学习科学的学者对双方合作则有所担心，正如长期担任《学习科学期刊》主编的克洛纳(Kolodner，2004)所言，虽然一些学习科学的研究者主张要与教育技术合作共赢，但学习科学需要十五年以上的独立发展以使自身成熟，同时还要充分理解各自的理论体系及其前提假设、长处和短处，只有这样才可能获得共同发展的预期效果，否则只会使自己对学科基本

问题的认识更加模糊。有学习科学的学者特别提到，斯坦福大学作为学习科学的一个研究重镇在2001年成立博士点时，其名称不是“学习科学”而是“学习科学与技术设计”，将学科点名称的变化解读为与教育技术融合的信号（Carr-Chellman，2004）。学习科学对于两者融合创新所持的微妙态度耐人寻味，这种态度背后隐藏着学习科学理论体系不成熟所带来的不自信。

（二）教育技术学科开放发展的可能性和必要性

1. 教育技术与学习科学相互融合的难度

教育技术与学习科学的融合意味着两者构建同一个学术共同体，但从目前两者之间互不关联的情况来看，这几乎是一个不可能完成的任务。两者尤其是学习科学尚不具备成熟的理论体系和实践规范，目前还看不清对方的前提假设、长处和短处，也就谈不上融合。此外，教育技术和学习科学学术共同体秉承的价值观及其在学术界的地位也是两者融合的障碍。教育技术的研究通常被认为是源于媒体的教育应用，属于设计层面；学习科学则源于认知科学和教育心理学，属于科学层面。在学术界，科学层面的研究往往会拥有比设计层面的研究更为优越的地位。另外，毕业生的就业去向更加深了这种地位尊卑的认识。学习科学的学生受到更多的学术研究训练，就业于研究机构，从事科学研究；而教育技术的学生受到更多的岗位技能训练，就业于学校的教辅部门，从事协助教师的教学设计工作。这种价值观和地位的差别只会使两者越走越远（Kirby et al.，2005）。

2. 教育技术与学习科学相互合作的可能性

在保持两者独立发展的同时，开展相互合作得到了双方许多学者的响应。摒弃相互的偏见、提升接触的意识是合作的第一步。20世纪90年代初期，学习科学的研究者开始将课堂视为鼓励学生、教师和研究者进行实践和反思的学习环境而非单纯学术研究的实验室（Brown，1992），之后基于设计的研究方法得到了学习科学学术共同体的认可。学习科学的研究者将自身的研究领域称为“设计科学”（Kolodner，Barab，& Eisenberg，2004），学习科学与教育技术对自身研究性质的定位趋于相同，这为双方的合作奠定了认识基础。

清晰划分两者的边界并找到两者的交界点是双方合作的工作基础。有学习科学的学者认为，学习环境的设计和基于设计的研究方法就是学习科学和教育技术合作共赢的结合点（Carr-Chellman，2004；Barab，2004）。他们认为学习科学摒弃了原来认知科学基于实验室的研究方法，转而通过创建学习环境的过程探究技术促进学习的规律，而教育技术也不仅仅将设计作为实施教学的手段，开始关注通过设计理解学习。由此双方在研究性质和研究途径的认识上有了更多的共识。还有学习科学的研究者设想让教育技术更多地关注基于学习理论的设计理念的实施，而学习科学则回归到优化学习理论框架的研究中（Kolodner，2004）。虽然教育技术的学者并不认同甚至强烈反对学习科学的学者将教育技术理解为仅仅是实践层面的研究，例如梅瑞尔重申了教学设计的科学基础（Merrill，2004），但是双方毕竟已开始探讨合作的可能性。

3. 教育技术开放发展的必要性

在数字化知识经济时代，人类学习和教育教学体现出了新的特征，学习科学在研究视角、研究路径、科研合作形式以及技术对学习和评价创新作用的认识方面给予教育技术更多的启示。立足自身较为完善的学术共同体、理论体系和实践规范进行开放发展是时代的要求。

从更大的范围来看，教育技术触及了人类学习和知识传播这一具有普遍意义的命题。围绕这一命题，心理学、传播学、教育学、信息科学、知识工程、媒体艺术、设计学、脑科学、语言学、人类学、社会学、人机工程学、组织学、管理学等都从本学科的角度进行研究。不仅学习科学的研究发展很快，而且近年来新技术的不断涌现和对教育的关注，使得相关学科的学者纷纷加入研究的行列，如国际电子电机工程学会（IEEE）于2009年设立学习技术委员会（Technical Committee on Learning Technology）激励信息科学促进学习的研究。斯坦福大学计算机系教授的大规模开放在线课程和源自一个业余教学者的可汗学院（Khan Academy）更是引发了对未来学校形态和商业模式的研究与实践。

面对上述数字化学习的新浪潮，教育技术在作为一个独立的学科以其自身的视角继续发展其理论和方法之外，其研究视角和思路不应人为地“固化”和“窄化”，要适应数字化知识经济时代的发展，具有开放性和前瞻性，更要具有开创性。新技术的不断涌现、学习与教学的动态特质使得教育技术的研究永远不会枯竭（Molenda，2007，p. 25），保持学科的开放性恰恰是其活力无穷的体现。

4. 教育技术开放发展的路径

实现教育技术学科的开放发展，除了加强学术交流之外，最终还要落实到每个具体学科点的建设中。斯坦福大学学习科学与技术设计学科点伴随着学习科学研究领域的发展而兴起，除了受益于外部学术环境的拉动，该学科点学术研究的组织方式成为其影响力逐步增强的内部因素，也给教育技术学科点的开放运作提供了可供借鉴的案例。

从该学科点学术研究机构的设置来看，他们不依赖专职教师构建研究团队的方式能够灵活而有效地支持多学科交叉研究，很好地体现了开放和协同的组织理念。从理论与实践相结合的研究方式来看，该学科点贯通了研究与实践之间的界限，这种贯通不仅仅强调学者的研究面向教学实践解决真实问题，更重要的是学科点构建了全新的组织模式，这种模式能够在人员背景、团队组成、研究目标、研究内容、研究过程和研究成果分享等方面实现学术界、学校、政府和企业界的紧密结合。从更深层面来看，斯坦福大学学习科学学科点之所以能够自如地实现学术界和企业界的无缝对接，与该校创新精神和企业家精神相结合的文化传统以及身处硅谷核心的独特地位是密不可分的，这种大学文化与管理体制有其独特性。因此每个学科点需要在特定大学文化与管理体制中构建合适的研究与实践贯通的组织模式。

五、结束语

面对学习科学兴起的挑战，教育技术学科应当珍惜自身的发展历史，充分肯定自己理论体系和实践规范的独特价值。在此基础上，带着足够的自信迎接数字化知识经济时代教育教学的机遇和挑战，充分借鉴学习科学的新思路和新方法，开放共赢、合作创新。

教育技术不仅要以开放的心态处理好与学习科学的关系，还要与其他教育学科甚至非教育学科开放合作。当教育技术学与教育学其他学科的学者争论谁为教育领域的主流时，我们的社会已经从工业经济时代迈向数字化知识经济时代，教育与技术已变为共生共存的关系。当今社会来自教育学不同学科的研究者面对的研究对象已经从“工业经济时代的教育”转变为“数字化知识经济时代的教育”，试图在单一学科的范畴内发展相关理论来解决教育问题是不现实的，需要充分利用每个学科（包括非教育学科）的独特优势进行协同创新。立足于对数字化知识经济时代社会特征、教育特征和学习特征的全新理解，探索如何变革产生于工业经济时代的学校教育教学理念和相关体制，创建适应数字化知识经济时代的新课程、新专业和教育教学新形态，应该是教育学所有学科共同面临的问题。

【参考文献】

［1］AECT Definition and Terminology Committee.（2008）. Definition. In A. Januszewski & M. Molenda（Eds.），*Educational Technology：A Definition with Commentary*. New York：Lawrence Erlbaum.

［2］Barab S. A.（2004）. Using design to advance learning theory，or using learning theory to advance design. *Educational Technology：The Magazine for Managers of Change in Education*，44（3），16-19.

［3］Blikstein，P.，Buechley. L.，Horn，M.，& Raffle，H.（2010）. A new age in tangible computational interfaces for learning. *Proceedings of International Conference of the Learning Sciences*.

[4] Bransford, J. D., Brown, A. L., & Cocking, R. R. (Eds.) (2001). *How People Learn: Brain, Mind, Experience, and School (Expanded Edition)*. Washington D. C.: National Academy Press.

[5] Brown, A. L. (1992). Design experiments: Theoretical and methodological challenges in creating complex interventions in classroom settings. *The Journal of the Learning Sciences*, 2 (2), 141-178.

[6] Carr-Chellman, A., A. (2004). Learning and design: Why the learning sciences and instructional systems need each other. *Educational Technology: The Magazine for Managers of Change in Education*, 44 (3), 6-12.

[7] Carr-Chellman, A., A., & Hoadley, C. M. (2004). Introduction to special issue: Learning sciences and instructional systems; Begining the dialogue. *Educational Technology: The Magazine for Managers of Change in Education*, 44 (3), 5-6.

[8] Collins, A., Joseph, D., & Bielaczyc, K. (2004). Design research: Theoretical and methodological issues. *The Journal of the Learning Sciences*, 13 (1), 15-42.

[9] Dede, C. (2009). Immersive interfaces for engagement and learning. *Science*, 323 (59), 66-69.

[10] Driscoll, M. P. (2004). *Psychology of Learning for Instruction*. 3rd Edition. Boston: Allyn & Bacon.

[11] Duffy, T. M. (2004). Theory and the design of learning environments: Reflections on differences in disciplinary focus. *Educational Technology: The Magazine for Managers of Change in Education*, 44 (3), 13-15.

[12] Edelson, D. C. (2004). The Parallel Universes of the learning sciences and instructional design: A historical perspective. *Educational Technology: The Magazine for Managers of Change in Education*. 44 (3), 27-29.

[13] Gagné, R. M., Wager, W. W., Golas, K., & Keller, J. M. (2004). *Principles of Instructional Design*. 5th Ed. Wadsworth Pub Co.

[14] Kirby, J. A., Hoadley, C. M., & CarrChellman, A. A. (2005). Instructional systems design and the learning sciences: A citation analysis. *Educational Technology Research and Development*, 53 (1), 37-48.

[15] Kolodner, J. L. (2004). The Learning Sciences: Past, present, and future. *Educational Technology: The Magazine for Managers of Change in Education*, 44 (3), 37-42.

[16] Kolodner, J. L., Barab, S., & Eisenberg, M. (Eds.) (2004). Design-based research: Clarifying the terms. Introduction to the learning sciences methodology Strand. *The Journal of the Learning Sciences*, 2004, 13 (1), 1-128.

[17] Koschmann, T. (2004). The learning sciences: What's in a name? *Educational Technology: The Magazine for Managers of Change in Education*, 44 (3), 26-27.

[18] Maldonado, H., & Roy Pea, R. D (2010). *LET's GO! to the Creek: Co-design of Water Quality Inquiry Using Mobile Science Collaboratories*. WMUTE'10 proceedings of the 2010 6th IEEE International Conference on Wireless, Mobile, and Ubiquitous Technologies in Education, 81-87.

[19] Mayer, R. E. (2005) (Ed.) *The Cambridge Handbook of Multimedia Learning*. New York: Cambridge University Press.

[20] Merrill, M. D. (2004). The science of instruction and the technology of instructional design. *Educational Technology: The Magazine for Managers of Change in Education*, 44 (3), 45-46.

[21] Molenda, M. (2007). Historical foundations. Spector, J. M., Merrill, D., van Merrieboer, J., & Driscoll, M. (Eds.). *The Handbook of Research on Educational Communications and Technology* (3rd edition) (pp. 3-20).

[22] National Science Foundation. (2008). Fostering Learning in the Networked World: The Cyberlearning Opportunity and Challenge. *The Report of the NSF Task Force on Cyberlearning*.

[23] Orey M., Jones S. A. & Branch, R. M. (2010). The Preface of the Book. Orey M., Jones S. A. & Branch, R. M. (Eds.). *Educational Media and Technology Yearbook* (vol. 35, p. viii). New York: Springe.

[24] Ragan, T. J., & Ragan, P. S. (2004). False dichotomies, red herrings, and straw men: Overcoming barriers to facilitating learning. *Educational Technology: The Magazine for Managers of Change in Education*, 44 (3), 50-52.

[25] Reiser, R. A. (2001). A History of Instructional Design and Technology (Part 1): A History of Instructional Media. *Educational Technology Research and Development*, 49 (1), 53-64.

[26] Sawyer, R. K. (2006a) (Ed.). *The Cambridge Handbook of the Learning Sciences*. London: Cambridge University Press.

[27] Sawyer, R. K. (2006b). The preface of the book. Sawyer, R. K. (Ed.). *The Cambridge Handbook of the Learning Sciences*. London: Cambridge University Press: xi-xiv.

[28] Sawyer, R. K. (2006c). Introduction to the book. Sawyer, R. K. (Ed.). *The Cambridge Handbook of the Learning Sciences*. London: Cambridge University Press: 1-16.

[29] Smith, B. K. (2004). Instructional Systems and Learning Sciences: When Universes Collide. *Educational Technology: The Magazine for Managers of Change in Education*, 44 (3), 20-25.

[30] Spector, J. M. (2004). Instructional Technology and the Learning Sciences: Multiple Communities and Political Realities. *Educational Technology: The Magazine for Managers of Change in Education*, 44 (3), 47-49.

[31] Spector, J. M. (2007). Theoretical foundations. Spector, J. M., Merrill, D., van Merrieboert J., & Driscoll, M. (Eds.). *The Handbook of Research on Educational Communications and Technology* (3rd edition) (pp. 21-28).

[32] Spector, J. M., Merrill, D., van Merrieboer, J. & Driscoll, M. (Eds.). (2007). The *Handbook of Research on Educational Communications and Technology* (3rd edition).

[33] Stokes, D. E. (1997). *Pasteur's Quadrant: Basic Science and Technological Innovation*. Washington, D. C.: Brookings Institution Press.

[34] U. S. Department of Education Office of Educational Technology. (2010). Transforming American Education: Learning Powered by Technology. *The National Education Technology Plan*.

[35] 洪超，程佳铭，任友群，李馨. 新技术下学习科学研究的新动向——访学习科学研究专家 Roy Pea 教授 [J]. 中国电化教育，2013 (1)：1-6.

[36] 刘美凤. 教育技术学学科定位问题研究 [M]. 北京：教育科学出版社，2006.

[37] [美] 唐纳德 · P. 伊利. 教育技术领域：定义的表述. 外语电化教学 [J]. 1986 (4)：35-46.